《上海工会年鉴》编纂委员会

THE YEARBOOK
OF
SHANGHAI TRADE UNIONS

上海社会科学院出版社

9月22日，中共中央总书记、国家主席胡锦涛亲切接见参加中国工会第十四次全国代表大会代表

（许之丰摄）

5月27日，中共中央政治局常委、全国人大常委会委员长吴邦国视察上海联合汽车电子有限公司

（张培新摄）

8月30日，中共中央政治局常委、国务院总理温家宝视察上海宝钢集团公司

（贝金国摄）

中共中央政治局常委、国家副主席曾庆红视察上海沪东中华造船集团有限公司

（陈　飞摄）

中共中央政治局常委、国务院副总理黄菊春节期间视察上海宝钢“十五”规划项目工地

（王连宝摄）

5月28日，中共中央政治局委员、全国人大常委会副委员长、中华全国总工会主席王兆国视察上海市总工会

（金大元摄）

12月30日，中共中央政治局委员、中共上海市委书记陈良宇亲切慰问上海第六丝织厂退休劳模史林珍

（吴良荣摄）

11月20日，中共上海市委副书记、市长韩正到东海大桥建设工地慰问建桥工人

（陈志民摄）

11月9日，上海市人大常委会主任龚学平视察农工商超市

（殷淑荣摄）

5月30日，上海市政协主席蒋以任到三枪集团调研

（申卫星摄）

8月25日，中共上海市委副书记刘云耕在卢湾区社区招聘现场与应聘者交谈

（汪　昊摄）

中共上海市委副书记、市纪委书记罗世谦春节期间到医院看望慰问老同志

（王建国摄）

12月19日，中共上海市委副书记殷一璀向振兴中华读书活动先进授奖

（徐　赜摄）

1.9月14日，中共上海市委副书记王安顺为参加中国工会第十四次全国代表大会的上海工会代表团送行

（徐　赜摄）

2.9月20日，上海工会代表团赴京参加中国工会第十四次全国代表大会

（陈正明摄）

3.出席中国工会第十四次全国代表大会的上海劳模代表进入会场

（孙明敏摄）

4.上海工会代表在中国工会第十四次全国代表大会上认真行使民主权利

（陈正明摄）

5.上海工会认真传达贯彻中国工会第十四次全国代表大会精神

（吴良荣摄）

③

④

⑤

1.6月10日，中共中央政治局委员、中共上海市委书记陈良宇在上海市工会第十一次代表大会开幕式上作重要讲话

（吴良荣摄）

3.上海市人大常委会副主任、市总工会主席陈豪向大会作工作报告

（倪粉宝摄）

2.6月10日，上海市工会第十一次代表大会在友谊会堂隆重召开

（吴良荣摄）

4.6月12日，上海市总工会第十一届委员会第一次全体会议选举产生了上海市总工会第十一届委员会主席陈豪，副主席吴申耀、张兴淮、汪兰洁(女)、杜仁伟、谢峰

（吴良荣摄）

1.与会代表举手表决通过大会工作报告

（吴良荣摄）

2.代表们在会场外进行交流

（倪粉宝摄）

3.经上海市总工会第十一届经费审查委员会第一次全体会议选举，杜仁伟当选第十一届经费审查委员会主任

（吴良荣摄）

1.8月11日，市总工会启动慰问“抗非”勇士疗休养计划，上海市副市长杨晓渡向“抗非”勇士首批赴黄山休养团授旗

（吴良荣摄）

2.医务人员在“抗非”一线，精心治疗“非典”病人

（医务工会供稿）

3.市总工会向部分兄弟省市工会发出捐款慰问信，齐心协力为“抗非”作贡献

（华山青摄）

1.5月31日，市总工会举行“携手同行成长路，齐心协力抗非典”庆“六一”助学捐赠仪式，原市总工会副主席唐国才，市总工会副主席汪兰洁向困难职工子女送上助学帮困金

（吴良荣摄）

2.纺织工会组织开展“抗非典，促生产”立功竞赛。图为针织九厂口罩生产车间

（杜伟钧摄）

3.医务工会组织开展“抗击非典志愿者”活动，广大医务人员踊跃捐款奉献爱心

（医务工会供稿）

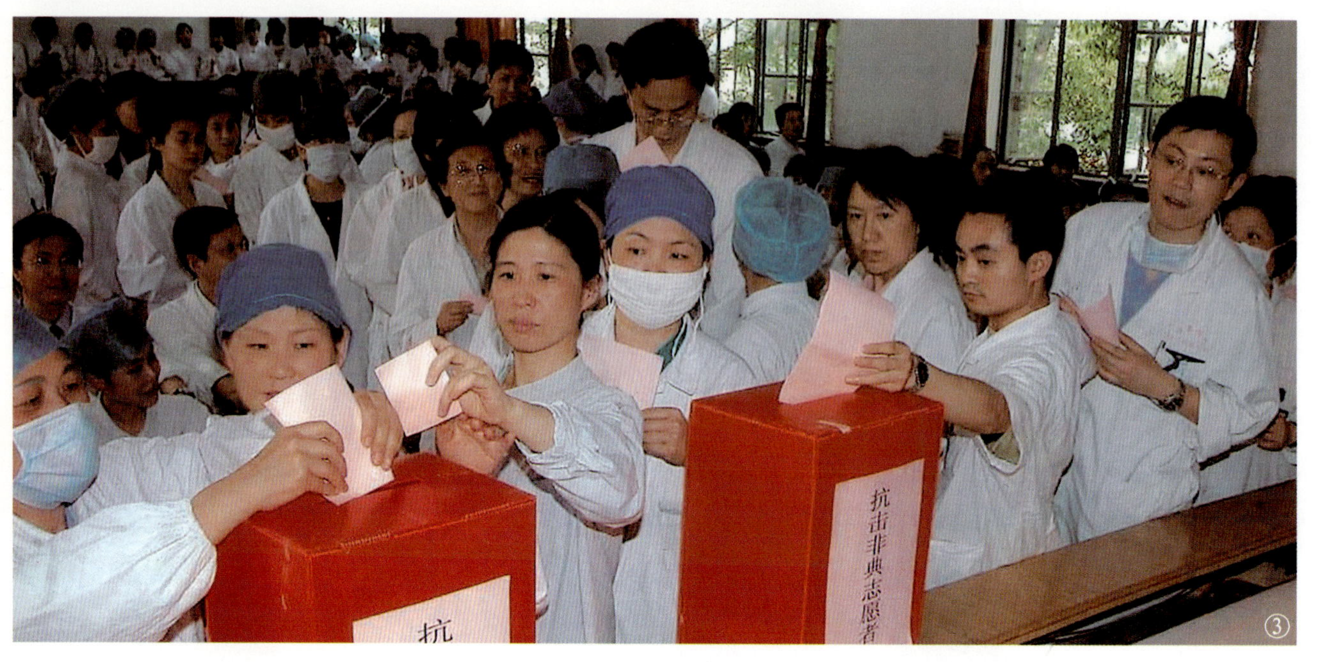

1.闵行区总工会慰问抗击“非典”的医务人员

（叶民强摄）

2.市慈善基金会主席陈铁迪接受中海集团工会主席陈德诚代表职工献出的爱心捐款

（顾惠根摄）

3.市级机关工会慰问市“防非”指挥部科技组科研攻关人员王建平及家属

（邱永前摄）

4.“抗非”期间，解除隔离的街道居民向医务人员献上鲜花

（医务工会供稿）

①

1.7月15日，市人大常委会副主任、市总工会主席陈豪，市总工会副主席吴申耀、张兴淮等慰问洋山深水港建设者

（吴良荣摄）

2.8月16日，首家以劳模名字命名的“上海电气李斌技师学院”挂牌成立，市总工会副主席张兴淮为学院揭牌

（吴良荣摄）

3.9月18日，市重大实事工程——大连路隧道贯通。图为隧道建设者为胜利贯通欢呼

（陆　致摄）

4.上海电力建设公司工会开展劳动保护安全承诺签字活动

（张文标摄）

②

③

④

1.劳动模范为上海市工会职工技协成立二十周年成果展开幕剪彩

（王小龙摄）

2.市总工会评选表彰十大工人发明家。图为第五届十大工人发明家候选人成果发布会会场

（吴良荣摄）

3.第五届上海市十大工人发明家、上海基础工程公司高级技师顾海金在卢浦大桥施工现场

（吴良荣摄）

4．第五届上海市十大工人发明家、宝钢热轧厂高级技师王军在认真检验设备

（吴良荣摄）

5．上海柴油机股份公司工会开展师带徒技能培训活动

（韩世先摄）

6．建工集团工会在卢浦大桥工地召开立功竞赛誓师大会

（缪云明摄）

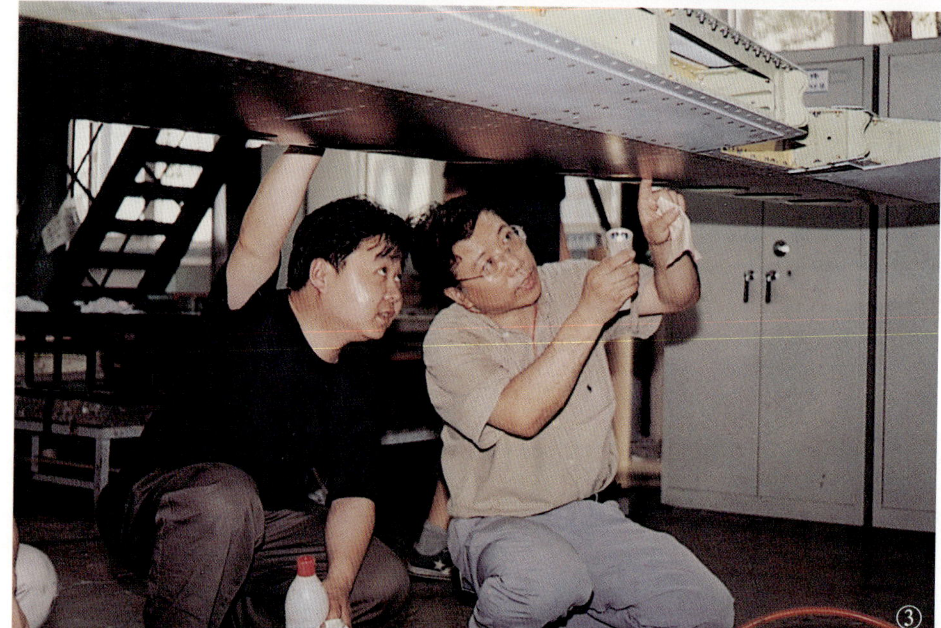

3.上海飞机厂工会以“我为支线飞机作贡献”为主题，开展波音平尾质量金牌劳动竞赛

（张先农摄）

4.航天职工欢迎“神舟”五号载人飞船试验队凯旋

（宋　哲摄）

5.中远集团工会配合行政开展水上安全生产检查

（丁建东摄）

1.第五届上海市十大工人发明家、航天局八〇〇研究所数控加工中心特级技师唐建平在“神舟”号飞船部件加工中进行技术革新

(吴良荣摄)

2.上海市十大职工技术创新标兵、上海机械施工公司一分公司高级技师陈月鸣在研究攻克磁浮专用吊运梁机械等技术难关

(吴良荣摄)

6.农工商集团工会举办女职工蛋糕裱花技能专场比赛

(桑树德摄)

1.7 月 29 日，市人大常委会副主任、市总工会主席陈豪慰问全国劳模倪海宝

（吴良荣摄）

2.8 月 26 日，市总工会召开“为了希望的明天”——上海工会助学帮困座谈会

（吴良荣摄）

3.9 月 9 日，市总工会副主席吴申耀、崇明县委书记龚德庆为明珠花苑外来劳务工服务中心揭牌

（陈进修摄）

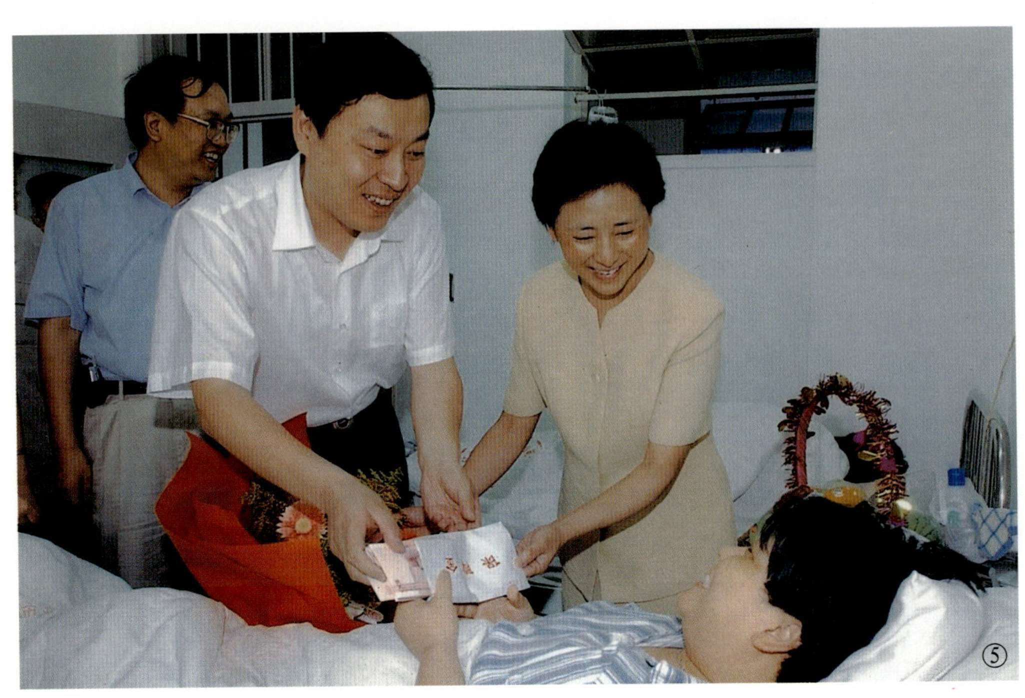

4.市总工会副主席张兴淮到中海(集团)工业公司立新船厂慰问高温作业的一线职工

(经济部供稿)

5.市总工会副主席汪兰洁、谢峰为第一份享受“女职工团体医疗特殊保障”的女职工送上赔付款

(丁　巍摄)

6.普陀区总工会与中国上海人才市场合作开办沪西人才市场

(于强礼摄)

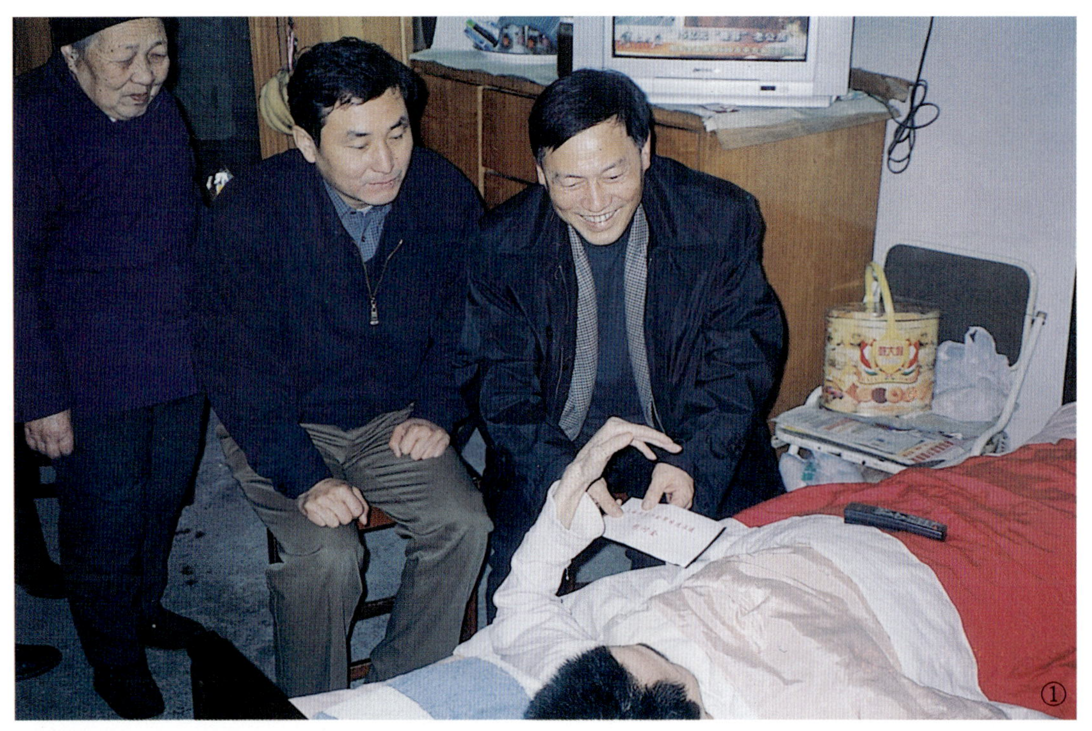

1.市总工会秘书长侯其彬慰问港务集团困难职工

（余伟勃摄）

2.纺织工会联合市“爱的教育研究会”共同开展困难职工子女智力教育。图为纺织工会主席王水官向研究会老师赠送锦旗

（徐志康摄）

3.黄浦区总工会与区政府召开劳动关系协调联席会议

（吕诚陆摄）

4.市总工会组织“托起希望的太阳”——上海工会送温暖工程巡礼活动

（姜志伟摄）

5.机电工会主席左山虎向困难职工子女发放助学帮困金

（冯克华摄）

6.12月6日，市总工会举行“进城务工人员法律咨询”活动。图为进城务工人员在咨询现场阅看宣传资料

（费大伟摄）

上海爱的教育研究会
幼苗因爱而成才
②

黄浦区劳动关系协调联席会议
③

⑤

第三个全国法制宣传日 上海市第十五届宪法宣传周
进城务工人员法律咨询活动
⑥

4.市邮政局以维护职工合法权益为议题进行第四次平等协商

（周　炼摄）

5.市总工会女职工委员会与普陀区总工会女职工委员会组织庆“三八”专场招聘会

（徐梅瑾摄）

6.杨浦区总工会成立“进城务工人员权益保障服务站”

（王　洪摄）

②

④

1. 市总工会召开纪念“三八”国际劳动妇女节93周年暨上海市十大杰出职业女性先进表彰大会

（吴良荣摄）

2. 金山区人民政府与区总工会召开第一次联席会议，专题研究转改制企业依法维护职工权益等问题

（龚　惠摄）

3. 青浦工业园区创业中心召开劳动关系三方协商会议

（王　华摄）

⑤

⑥

①

③

4.市总工会召开上海市非公企民主管理工作座谈会

（周永宝摄）

5.宝钢股份公司职工认真行使民主权利，参加对领导干部的民主评议

（董振新摄）

1.市总工会副主席杜仁伟带队下基层进行企业民主管理工作考核

(金　今摄)

2.上海汽车集团公司职工代表举手表决企业重大决策

(上汽工会供稿)

3.闵行区总工会加强三资企业民主管理。图为该区虹桥镇私企工资协商集体合同签订仪式

(叶民强摄)

1. 奉贤区总工会重视推进厂务公开。图为区厂务公开领导小组在商讨工作

（沈永明摄）

2. 上海机场(集团)有限公司职工代表行使民主权利，通过职代会议案

（江　旭摄）

3. 上海市机电工会、上海电气集团向获得“双爱双评”先进的外方优秀管理者颁奖

（冯克华摄）

4. 青浦上海新城经济区召开第一届职工代表大会

（王　华摄）

市人大常委会副主任、市总工会主席陈豪在“浦东职工素质工程推进会”上讲话

（蔡雪康摄）

市总工会副主席吴申耀为烟草集团高扬电站文明班组题词

（张佩华摄）

2003年上海读书节开幕式暨上海市振兴中华读书活动表彰会
上海市振兴中华读书指导委员会
2003年12月19日
①

上海工会深化素质工程
推进科教兴市现场交流会
②

③

上海电气(集团)总公司李斌班组
上海航天局唐建平班组
共创职业精神结对签约

1.2003年上海读书节开幕式暨上海市振兴中华读书活动表彰会会场

（徐　赜摄）

2.8月5日，市总工会在宝钢召开深化素质工程推进科教兴市现场交流会

（徐　赜摄）

3.教育工会组织上海市文明班组——山东中路幼儿园教师深入开展创建巾帼文明岗活动

（王美蓉摄）

4.著名劳模班组结对共创职业精神。图为签约仪式

（冯克华摄）

5.4月2日，市总工会召开"上海市职业道德十佳表彰会"

（徐　赜摄）

6.市总工会与市信息办公室联合举办职工网络文化大赛

（徐　赜摄）

1.市人大常委会副主任、市总工会主席陈豪向工人奇石捐赠者吕焕皋授予证书

（吴良荣摄）

2.在全国工人文化宫改革与发展理论研讨会上，全国总工会副主席黄彦蓉和市总工会副主席吴申耀为市工人文化宫成为“全国职工文化示范基地”揭牌

（金大元摄）

3.两块天然奇石——“工人”

（吴良荣摄）

4.上海工人画家向全国劳模李斌赠送油画

（冯克华摄）

5.“奋进中的上海电气”大型职工歌会

（戈苏强摄）

6.宝冶建设工会邀请东方书画院画师与职工共同举行“宝冶建设之春”书画会

（毛一新摄）

1.上海邮政工会举行"健康伴我行"健身跑活动

（厉文德摄）

2.南汇区总工会举行女职工健美操比赛

（纪　敏摄）

3.市总工会副主席、市退管会副主任谢峰在"上海市退休职工中国象棋比赛"上致词

（严水泉摄）

4.港务集团工会协同行政举办上海港集装箱装卸突破一千万箱庆典

（朱琪恒摄）

②

③

⑤

⑥

5.嘉定区总工会举办“希望杯”职工歌曲、戏曲演唱比赛

(陆保芳摄)

6.市总工会举办上海市女劳模、女企业家、女知识分子、女干部新春歌会

(徐梅瑾摄)

7.中海集团工会组织劳模先进游览江南水乡

(杜张伟摄)

8.教育工会组织教师艺术团走进校园为师生演出

(张宏良摄)

9.宝山区总工会举行职工太极拳、广播操比赛

(王 铮摄)

⑧

1.市人大常委会副主任、市总工会主席陈豪带队到基层单位调查研究

（徐国峰摄）

2.高桥石化股份公司工会举办工会干部学习贯彻“三个代表”重要思想学习班

（陈龙亭摄）

3.市总工会切实抓好机关系统干部党风廉政建设

（吴良荣摄）

4.机场集团上海航桥人力资源公司举行工会会员委托管理签约仪式

（江　旭摄）

5.上海各级工会重视加强工运理论研究和探索。图为市总工会召开工运研究会年会

（费大伟摄）

6.徐汇区成立社区餐饮行业工会

（虞　蔚摄）

7.崇明县成立首家私营企业理发(美容)行业联合工会

（陈进修摄）

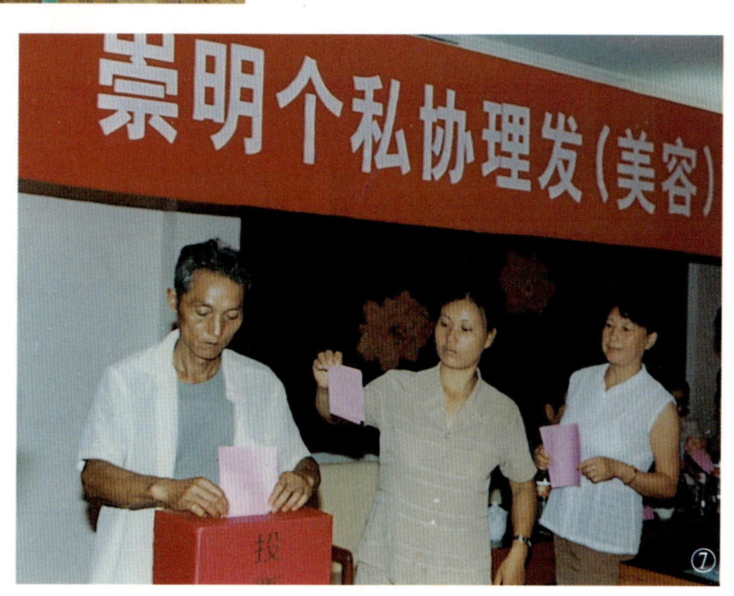

1. 上海市电信工会举行基层工会主席学习贯彻中国工会十四大精神交流会

（朱东亚摄）

2. 上海城市交通局工会组织工会干部参加“军营一日”国防教育活动

（杨松敏摄）

1.市人大常委会副主任、市总工会主席陈豪会见法国罗纳——阿尔卑斯大区总工会访华团

（张国峰摄）

2.市人大常委会副主任、市总工会主席陈豪率上海工会第七次访日团赴大阪访问

（李　庆摄）

3.法国总工会罗阿大区委员会代表在宝钢参观

（国际部供稿）

1. 市总工会副主席吴申耀会见来访的苏丹工人工会总联合会代表团

（张国峰摄）

2. 上海市医药工会和韩国国际写真交流会在沪联合举办中韩摄影爱好者作品交流展

（孙明南摄）

3. 上海市总工会和俄罗斯圣彼德堡、列宁格勒州工会联合会代表团在沪举办中俄工会工作研讨会

（张国峰摄）

编 辑 说 明

1．《上海工会年鉴》是一部全面、系统、真实反映上海工会工作和工人运动发展的大型史料性实用工具书，由上海市总工会主办，各区县局（产业）工会及市总直管单位供稿，《上海工会年鉴》编辑部负责编纂。

2．年鉴的主体内容采用分类编排的方式，设置栏目、类目（分目）、条目三级结构层次。以栏目为基本单元，栏目内设置若干分目，并以条目（照片、图表）为主要信息载体和基本撰稿形式。全书共设27个栏目，62个分目，选辑条目1053条，图例23幅，照片250幅，总约100万字。

3．在卷首专设"特载"、"专集"、"专文"栏目，为特约、特辑署名文章。"特载"辑载党和国家领导以及全国总工会、市领导的重要讲话；"专集"则集中收录了上海市工会第十一次代表大会的重要文件、名录、照片等；"专文"是特约市总工会领导对上海工会工作全局或某一领域、工作方面总结性、综合性的指导文章。

4．各栏目中凡属基层工会所提供的录用条目，其编排顺序均按区县局（产业）工会的编码表排列。

5．各栏目之首均设"综述"条目，区县局（产业）工会及市总直管单位均设"概况"条目，为各年度年鉴所必设，用以综合记述各个工作领域、各系统、各单位的总体情况，便于各年度间的延续和相互比较。

6．本年鉴对记事栏目作了适当调整，增设了"工会组织建设"、"职工素质工程"栏目，新设"组织体制"、"干部管理"、"机关文明建设"、"信息化管理"等分目。

7．本年鉴由区县局（产业）工会、市总机关部室和市总直管单位所提供的文章、条目、照片、图表等资料，截至日期为2003年12月31日。

8．"统计"栏目中所辑录的统计数据均由市总工会统计部门提供；条目中的数据由撰稿单位提供。

9．"附录"栏目选辑市总工会及区县局（产业）工会文件目录及辑录《劳动报》、《上海工运》、《工会理论研究》重要内容的分类目录，以增加年鉴两次文献线索性信息量。

10．本年鉴的目录索引，采用主题分析索引方法，按主题词首字汉语拼音字母顺序排列。

11．本年鉴制作CD－R光盘，便于查询和使用年鉴中的相关条目、数据和资料。

目　录

上海工会年鉴
2004

特　载

专　集

专文·讲话

大　事　记

概　况

重　要　会　议

重 要 工 作

重要工作图例

推进经济建设

工会组织建设

职工素质工程

协调劳动关系

维护民主权利

保障经济权益

加强自身建设

理论与调研

信息与信访

财务与经审

工会经济事业

友好交往

区县工会

局(产业)工会

市总工会直管单位

表 彰

统 计

附 录

索 引

在同全国总工会新一届领导班子成员和中国工会十四大部分代表座谈时的讲话

（2003年9月28日）

胡锦涛

今天，我们特意把大家请到中南海来一起座谈。刚才，张俊九同志介绍了中国工会十四大的有关情况，几位代表也发了言。大家讲得都很好，我为同志们取得的成绩感到由衷的高兴。

中国工会第十四次全国代表大会的召开，对于进一步团结动员全国广大职工群众为全面建设小康社会、开创中国特色社会主义事业新局面而奋斗，具有十分重要的意义。党中央对这次大会高度重视，中央政治局常委全体同志和在京的中央政治局委员、候补委员，中央书记处书记等同志都到会祝贺，曾庆红同志代表党中央在大会上致祝词，这充分体现了党对亿万职工群众的关心和对工会工作的重视。在全体代表的共同努力下，大会圆满完成了各项议程，选举产生了新一届全国总工会领导机构。在这里，我对大会的成功举行，向新当选的全国总工会领导班子成员表示衷心的祝贺！并借此机会，向全国广大职工群众和工会干部表示诚挚的问候！

我国工人阶级是在近代以来我国社会变革洪流中成长起来的一个伟大阶级。伟大的事业造就伟大的阶级，伟大的阶级推动伟大的事业。我国工人阶级作为一支独立的政治力量，一开始登上历史舞台，就显示出推动社会进步的巨大历史作用。无论是在如火如荼的革命战争年代，还是在热火朝天的和平建设时期，我国工人阶级在自己的先锋队中国共产党的领导下，都坚定地走在全民族伟大奋斗的前列，勇敢地担负起历史使命，以彻底的革命精神和蓬勃的创造力量，为实现民族独立和人民解放、国家富强和人民幸福建立了不朽的功勋。进入改革开放新的历史时期以来，在建设中国特色社会主义事业的火热实践中，我国工人阶级发扬光荣传统，开拓进取，艰苦创业，为深化改革、促进发展，维护稳定作出了巨大的贡献。

我国工人阶级之所以是先进阶级，是因为它始终站在时代前列，引领着先进生产力和生产关系的发展，善于顺应社会前进的潮流不断发展自身的先进性。党的十一届三中全会以来，在新的历史条件下，我国工人阶级的状况发生了深刻变化。一是队伍进一步壮大。随着改革开放的深入和经济文化的发展，随着经济结构战略性调整的推进和工业化、城镇化进程的加快，包括广大知识分子在内的我国工人阶级队伍日益壮大，大批乡镇企业职工、进城农民工、非公有制企业职工和新兴产业职工源源不断地加入工人阶级队伍，工人阶级作为我国劳动大军主体和现代化建设决定性力量的地位更加突出。二是素质进一步提高。邓小平理论和“三个代表”重要思想在职工群众中日益深入人心，广大职工群众的思想政治素质、文化知识水平和劳动技能普遍提高，工人阶级队伍的知识化进程明显加快，竞争能力、创新能力和创业能力不断增强，整体素质显著提高。三是利益进一步实现。随着经济社会的快速发展，广大职工群众物质文化生活明显改善，职工群众参与国家和社会事务管理、参与企事业民主管理的渠道更为畅通，维护职工合法权益的机制和条件不断完善。这些都深刻反映了新时期我国社会发生的巨大变化，也深刻反映了我国社会发展进步的必然趋势。完全可以相信，随着改革开放和社会主义现代化建设的不断推进，我国工人阶级的先进性必将得到进一步发展，国家领导阶级的地位必将得到进一步巩固，推动经济发展和社会全面进步的重要作用必将得到进一步发挥。

党的十六大提出，要在本世纪头20年，全面建设惠及十几亿人口的更高水平的小康社会。这是新世纪新阶段我国社会主义现代化建设的宏伟目标，是我们伟大的祖国基本实现现代化、我们伟大的民族实现全面振兴必经的一个发展阶段。我国工人阶级的前途命运是同党和国家的前途命运紧紧联系在一起的，我国工人阶级的地位和作用也是同党和国家事业的发展紧紧联系在一起的。全面建设小康社会，是全党全国人民在新世纪新阶段的历史任务，也必然是新世纪新阶段我国工人运动的主题。我国工人运动只有牢牢把握这一主题，才能始终坚持正确的方向，生机勃勃地向前发展。

包括知识分子在内的我国工人阶级，始终是推动我国先进生产力发展和社会全面进步的根本力量，是不断发展人民群众根本利益的坚定力量，是维护社会安定团结的中坚力量。我们要实现全面建设小康社会的宏伟目标，要不断促进社会主义物质文明、政治文明和精神文明的协调发展，要不断开创中国特色社会主义事业新局面，就必须坚持全心全意依靠工人阶级的方针，充分发挥广大职工群众的积极性、主动性和创造性，把他们紧紧团结在党的周围，同心同德地为党和人民的事业而奋斗。

在实现全面建设小康社会宏伟目标的进程中，我国工人阶级肩负着光荣而神圣的使命。希望全国广大职工群众进一步认清光荣使命，增强责任意识，充分展现主人翁风采，积极发挥主力军作用，努力为全面建设小康社会建功立业。一是要努力成为艰苦创业的模范。要深刻认识我国社会主义初级阶段的基本国情，牢固树立长期艰苦奋斗的思想，在本职岗位上脚踏实地、埋头苦干，积极探索、锐意创新，在成绩面前不骄不躁、不懈奋斗，在困难面前不屈不挠、顽强拼搏，通过辛勤的劳动创造更多的社会财富和更加突出的奋斗业绩，为社会主义现代化事业作出更大的贡献。二是要努力成为勤奋学习的模范。当今世界，新知识、新事物、新变化层出不穷，广大职工群众要更好地担负起历史赋予的光荣使命，必须不断提高自身素质。要主动适应社会主义市场经济深入发展和科技进步日新月异的新形势，自觉坚持学习，不断加强学习。要坚持用马克思列宁主义、毛泽东思想、邓小平理论和“三个代表”重要思想武装头脑，努力树立正确的世界观、人生观、价值观，不断提高思想觉悟和道德水平。要坚持用丰富的文化科学知识充实自己，努力掌握各种新知识新技能，不断增强劳动本领和竞争能力。三是要努力成为增进团结的模范。要大力发扬工人阶级识大体、顾大局的优良传统，正确处理整体利益和局部利益、长远利益和眼前利益、集体利益和个人利益的关系，正确认识和对待改革发展过程中利益关系和利益格局的调整，坚定不移地拥护党和政府推进改革发展的各项方针政策，自觉维护工人阶级队伍的团结统一，自觉维护工人阶级同其他劳动群众的紧密团结，自觉维护安定团结的政治局面。

面对新形势新任务，工会作为党领导的工人阶级群众组织，作为党联系职工群众的桥梁和纽带，一定要坚持以邓小平理论和“三个代表”重要思想为指导，认真贯彻落实十六大精神，充分发挥自身优势，全面履行各项职能，不断开创工会工作新局面，更好地动员广大职工群众为全面建设小康社会贡献力量。一是要坚定不移地贯彻执行党的路线方针政策。要进一步提高接受党的领导的自觉性和坚定性，进一步提高在全党全国工作大局下行动的自觉性和坚定性，真正把中央的路线方针政策和工作部署贯彻到工会的各项工作中去，充分发挥工会在促进改革发展稳定中的重要作用。二是要全心全意地为职工群众服务。要切实把表达和维护广大职工群众的利益作为工会一切工作的出发点和落脚点，倾听职工群众呼声，反映职工群众愿望，依法维护职工群众权益，满腔热忱地为职工群众做好事、办实事、解难事，特别是要为困难职工排忧解难，引导好、保护好、发挥好广大职工群众的积极性。三是要以改革的精神加强自身建设。要坚持和发扬工会长期以来形成的优良传统，同时要坚持解放思想、实事求是、与时俱进，不断研究工会工作面临的新情况新问题，积极探索新形势下做好工会工作的新途径新办法，最广泛地把职工群众组织到工会中来，最充分地把工会组织的活力激发出来。要加大非公有制经济单位工会组建工作的力度。切实维护好进城务工人员的合法权益。各级工会干部特别是领导干部是做好工会工作的关键，大家一定要认真实践“三个代表”重要思想，切实增强事业心和责任感，热爱工会事业，尤其要在加强学习、全面提高工作水平上狠下功夫，在转变作风、密切联系职工群众上狠下功夫，为工会事业发展作出优异成绩，不辜负党的重托，不辜负广大职工群众的期望。

我国工人阶级是我们党最坚实、最可靠的阶级基础，是我们国家当之无愧的领导阶级。坚持全心全意依靠工人阶级的方针，是由我们党和国家的性质决定的，是由工人阶级的历史地位和作用决定的。各级党委和政府必须毫不动摇地坚持这个方针，充分发挥工人阶级在推动经济社会发展中的巨大作用，广泛激发广大职工群众的主人翁责任感，切实尊重他们的首创精神，切实维护他们的根本利益，把他们的智慧和力量进一步凝聚到全面建设小康社会的伟大事业上来。要真正把立党为公、执政为民的本质要求，落实到制定和实施实现职工群众利益的政策措施上，落实到建立健全职工群众参与国家、社会事务管理和企事业民主管理的制度机制上，落实到关心职工群众生产生活、帮助困难职工排忧解难的具体工作上，使广大职工群众不断从经济社会发展中得到实实在在的利益。这里，我要特别强调的是，我国是人民当家作主的社会主义国家，绝不允许损害职工合法权益的现象存在，对那些无故克扣职工工资、随意延长劳动时间、漠视安全生产和劳动保护、侵犯职工人身权利等突出问题必须坚决予以纠正，造成严重后果的必须依法严惩。各级党委要进一步加强和改善对工会工作的领导，认真研究工会工作的重大问题，及时解决工会工作中遇到的实际困难，支持工会依照法律和自己的章程创造性地开展工作，更好地发挥工会在做好党的群众工作中的重要作用。

同志们，我国工人阶级从来就有创造丰功伟业的雄心壮志和强大力量。党中央相信,在全面建设小康社会的新征程上,我国工人阶级一定能够为祖国、为人民、为民族建立新的功勋。

我国工人阶级要在全面建设小康社会的伟大事业中发挥主力军作用

——在中国工会第十四次全国代表大会上的祝词

(2003年9月22日)

曾庆红

各位代表、同志们:

中国工会第十四次全国代表大会今天隆重开幕了。这是全国广大职工群众政治生活中的一件大事。开好这次大会,对于团结动员全国亿万职工深入学习贯彻“三个代表”重要思想和党的十六大精神,在全面建设小康社会、加快推进社会主义现代化的历史进程中,充分发挥工人阶级主力军作用,具有十分重要的意义。

我受党中央委托,向大会表示热烈的祝贺!向全国广大职工群众和工会干部致以诚挚的问候和崇高的敬意!

上世纪初叶,我国工人阶级就作为独立的政治力量登上了历史舞台,为中国共产党的创立准备了重要条件。八十多年来,在中国共产党的领导下,我国工人阶级在革命、建设和改革的各个历史时期,自觉站在时代前列,充分发挥了先进阶级的伟大历史作用。特别是改革开放以来,伴随着中国特色社会主义事业的蓬勃发展,我国工人阶级队伍不断壮大,素质日益提高,先进性不断增强,已经成为一个包括广大知识分子在内的,由各种所有制企业、各种机关事业单位的全体体力劳动者和脑力劳动者构成的统一整体。广大职工群众以坚定的政治立场、奋进的精神状态、博大的全局胸怀和高度负责的主人翁精神,积极投身改革开放和社会主义现代化建设的伟大实践,为深化改革、扩大开放、加快发展、保持稳定作出了巨大贡献。前不久,在抗击非典的斗争中,广大职工群众恪尽职守、勇挑重担,谱写了新的时代篇章。中国工会紧紧围绕党和国家工作全局,自觉与国家发展同步伐,坚持同职工群众心连心,把服务大局和服务职工有机结合起来,创造性地开展工作,取得了显著成绩。实践表明,我国工人阶级不愧为我国的领导阶级和民族振兴的开路先锋,不愧为推动经济发展和社会进步的中坚力量。实践同样表明,中国工会是党联系职工群众的桥梁和纽带,是国家政权的重要社会支柱。

我们党作为中国工人阶级的先锋队,同时作为中国人民和中华民族的先锋队,历来坚定不移地全心全意依靠工人阶级,坚定不移地全力支持作为工人阶级群众组织的中国工会的工作。长期以来,我们党提出了一系列关于工人阶级和工会工作的重大理论观点和方针政策,概括起来主要是:第一,中国工人阶级始终是推动中国先进生产力发展的基本力量,是我们党最坚实、最可靠的阶级基础,是我们国家当之无愧的领导阶级。在新的历史条件下,工人阶级的历史地位和作用没有变、也不能变。第二,全心全意依靠工人阶级始终是我们党不可动摇的方针,是我们从胜利走向胜利的重要保证。必须充分发挥工人阶级在改革开放和社会主义现代化建设中的主力军作用,必须切实维护职工群众的经济、政治和文化权益。第三,必须在实践中不断发展工人阶级的先进性,提高广大职工的整体素质,把他们锻炼成一支真正具有先进阶级理想、社会主义道德、现代科学文化知识和严格组织纪律的强大阶级队伍。第四,中国工会是中国共产党领导的职工自愿结合的工人阶级群众组织,贯彻全心全意依靠工人阶级的方针就必须充分发挥工会组织的作用。第五,中国工会必须围绕大局,发挥优势,全面履行各项社会职能,动员和组织广大职工群众为实现党的中心任务贡献力量。第六,中国工会必须把竭诚为职工群众服务作为一切工作的出发点和落脚点,在维护全国人民总体利益的同时,更好地表达和维护职工群众的具体利益。第七,工会工作是党的群众工作的重要组成部分,党要切实加强和改善对工会工作的领导,支持工会依照法律和自己的章程创造性地开展工作,等等。这些重大理论观点和方针政策作为毛泽东思想、邓小平理论和“三个代表”重要思想的有机组成部分,为新世纪新阶段我国工人运动的发展指明了方向。我们必须毫不动摇,一以贯之地全面落实。

江泽民同志在党的十六大报告中提出,要在本世纪头二十年,集中力量,全面建设惠及十几亿人口的更高水平的小康社会,使经济更加发展、民主更加健全、科教更加进步、文化更加繁荣、社会更加和谐、人民生活更加殷实。全面建设小康社会,是实现中华民族伟大复兴的一个必经的承上启下的发展阶段。经过这个阶段的建设,再继续奋斗几十年,到本世纪中叶,我国将成为富强民主文明的社会主义现代化国家,中华民族将实现伟大的复兴。宏伟的目标鼓舞人心,催人奋进。当代中国工人阶级一定要坚持以邓小平理论和"三个代表"重要思想为指导,在全面建设小康社会的历史进程中充分发挥主力军作用,再创历史新辉煌,再建历史新功勋。

工人阶级要在全面建设小康社会中充分发挥主力军作用,就必须进一步增强主动性。全面建设小康社会,是造福于工人阶级和广大人民群众的伟大事业,因而也是工人阶级和广大人民群众自己的事业。在全面建设小康社会的历史进程中,工人阶级既是建设者,又是受益者。工人阶级应当自觉认识到:全面建设小康社会的美景需要我们用智慧来描绘,全面建设小康社会的大厦需要我们用双手来建造,全面建设小康社会的果实需要我们用心血和汗水来浇灌。我国工人阶级要大力发扬历史主动精神,积极站在全面建设小康社会的最前列,充分展现先进阶级的时代风采。

工人阶级要在全面建设小康社会中充分发挥主力军作用,就必须进一步发挥创造性。全面建设小康社会是伟大的开创性事业。开创性的事业呼唤着创造性的劳动。我国工人阶级要坚持与时俱进,勇于开拓创新,为推动社会主义物质文明、政治文明和精神文明建设不断创造新的业绩。要紧紧围绕经济建设这个中心,立足本职,爱岗敬业,为促进经济发展和社会进步贡献智慧和力量;要始终站在改革的前列,坚决支持改革,积极投身改革,为完善社会主义市场经济体制献计献策。要正确行使当家作主的民主权利,依法参与管理国家和社会事务,依法参与本单位的民主决策、民主管理和民主监督;要正确对待改革过程中的利益关系调整,珍惜安定团结的政治局面,坚决做维护社会稳定的中流砥柱。要积极推动文明行业、文明单位、文明班组等群众性精神文明创建活动,大力弘扬劳动模范的优秀品质和崇高精神,用工人阶级的先进思想和模范行为影响和带动全社会。

工人阶级要在全面建设小康社会中充分发挥主力军作用,就必须进一步发展先进性。工人阶级的先进性,是同工人阶级推动历史进步的伟大作用相辅相成的,也是同工人阶级自身的全面发展紧密联系的。只有不断提高包括政治觉悟、文化水平和业务能力在内的整体素质,工人阶级才能进一步保持和发展自己的先进性。广大职工要适应实施科教兴国战略、人才强国战略的要求,适应建设全民学习、终身学习的学习型社会的要求,勤于学习,善于学习,争当知识型职工,不断提高学习能力;要树立强烈的开拓意识和敢为人先的首创精神,积极进行理论创新、体制创新、科技创新、文化创新和其他方面的创新,不断提高创新能力;要强化竞争意识、市场意识和风险意识,进一步更新观念,积极进取,努力增强自身优势,不断提高竞争能力;要发扬艰苦奋斗、自强不息的精神,扎实工作,勇于实践,掌握新技能,增强新本领,不断提高创业能力。完全可以相信,在全面建设小康社会的伟大实践中,我国工人阶级的力量将会更加强大,地位将会更加巩固,先进性将会进一步增强。

在新世纪新阶段,工会组织要准确把握自己的定位,做到围绕中心、服务大局,全面履行各项社会职能,突出维护职工合法权益的职能。这是工会组织实践"三个代表"重要思想的具体体现,也是适应现阶段我国劳动关系变化的迫切需要。各级工会组织要围绕全面建设小康社会的各项任务,进一步开展各种群众性建功立业活动,把广大职工群众的积极性、主动性和创造性充分调动起来,以做好本职工作的实际行动推动经济发展和社会进步。要把提高职工整体素质作为长期的战略任务,大力开展思想政治教育和职业培训工作,帮助职工群众不断提高政治觉悟、道德素养和劳动本领,真正成为适应改革开放和社会主义现代化建设要求的合格劳动者。实现好、维护好、发展好职工群众的根本利益,对动员和组织职工群众为全面建设小康社会团结奋斗具有十分重大的意义。工会组织要按照中央的要求和国家有关法律的规定,切实履行好表达和维护职工群众合法权益的基本职责,敢于维权,善于维权,当前要重点维护职工群众在收入分配、社会保障和劳动安全卫生等方面的权益,重点推动就业和再就业工作、为困难职工和劳动模范排忧解难工作。工会组织履行维权职能的工作力度要更大一些,措施要更得力一些,主动配合党委和政府,更好地维护广大职工群众的合法权益。

工会组织必须适应时代发展和社会生活的变化,以改革的精神不断加强自身建设,进一步开创工作新局面。要推动工会工作的群众化,坚持重心下移,切实转变作风,贴近职工群众,积极为职工群众说话办事,使工会组织真正成为"职工之家"。要推动工会工作的民主化,坚持民主集中制,建立健全各项民主制度,坚持依靠职工群众,在各项工作中充分体现广大工会会员的意愿。要推动工会工作的法制化,根据依法治国的要求,积极参与涉及职工和工会权益的立法和政策制定,坚持依法维权、依法治会,进一步把各项工作纳入法制化轨道。要扩大工会工作的覆盖面,最大限度地把职工群众组织到工会中来,最大限度地把工会工作做到职工群众中去。广大工会干部要增强使命感和责任感,加强学习,勤勉工作,始终同职工群众打成一片,切实当好党的路线方针政策的忠实执行者,当好职工群众合法权益的积极维护者。

实现祖国完全统一,是包括广大职工群众在内的全体中华儿女的共同心愿。中华全国总工会要继续加强同香港特别行政区、澳门特别行政区工会和劳动界的交流与合作,为保持香港、澳门的繁荣稳定作贡献;要继续扩大同台湾地区工会和劳动界的往来,积极促进两岸关系发展,坚决反对"台独"分裂活动,为完成祖国统一大业不懈奋斗;要大力开展国际交流与合作,积极参加国际劳工组织等多边活动,努力增进同各国人民的了解和友谊,不断扩大中国工会的国际影响,同各国工人阶级一道推进世界和平与发展的崇高事业。

胡锦涛同志曾经指出,只有充分相信和紧紧依靠工人阶级,加强同广大人民群众的联系,把各方面的积极性充分调动起来,中国特色社会主义事业才有最可靠的基础和保证。各级党委和政府要坚定不移地贯彻全心全意依靠工人阶级的方针,切实保证职工群众的主人翁地位,保证他们享受到改革发展的成果。要从全局和战略的高度，进一步加强和改善党对工会的领导，始终把工会工作摆在重要位置来抓。研究决定涉及职工群众切身利益的重大事项，要认真听取工会的意见。积极支持和帮助工会解决工作中的实际困难，为工会履行职责创造良好条件。

各位代表、同志们，在全面建设小康社会的伟大征程上，我国工人阶级责任重大，使命光荣。希望全国广大职工群众紧密团结在以胡锦涛同志为总书记的党中央周围，高举邓小平理论伟大旗帜，全面贯彻"三个代表"重要思想和十六大精神，同心同德，奋发图强，为全面建设小康社会、开创中国特色社会主义事业新局面，为实现中华民族的伟大复兴，作出新的更大的贡献！

最后，预祝中国工会第十四次全国代表大会取得圆满成功！

以"三个代表"重要思想为指导
团结动员广大职工在全面建设小康社会中
充分发挥工人阶级主力军作用

——在中国工会第十四次全国代表大会上的报告

（2003年9月22日）

王兆国

各位代表、同志们：

现在，我代表中华全国总工会第十三届执行委员会向大会作报告，请予审议。

中国工会第十四次全国代表大会是在新世纪召开的第一次代表大会，也是在我们国家开始全面建设小康社会的新形势下召开的一次重要会议。大会的主题是：高举邓小平理论伟大旗帜，以"三个代表"重要思想为指导，认真学习贯彻党的十六大精神，团结动员广大职工，充分发挥工人阶级主力军作用，为全面建设小康社会、加快推进社会主义现代化作出新的贡献，努力开创新世纪新阶段工会工作新局面。

一、中国工会的历史回顾、五年成绩及基本经验

在中国共产党的坚强领导下，中国工人运动走过了波澜壮阔的奋斗历程。在这个历史进程中，中国工人运动和工会事业始终与党的事业、党的命运紧密联系在一起。认真回顾历史，充分肯定成绩，系统总结经验，对于我们继承和发扬中国工人运动的光荣传统，努力做好新世纪新阶段的工会工作，有着十分重要的意义。

在长期的革命、建设和改革的伟大实践中，中国工人阶级不畏艰险，奋力拼搏，开拓进取，为实现民族独立、国家富强和人民幸福谱写了辉煌的篇章。新民主主义革命时期，工人阶级以自己特有的坚决彻底的革命精神和无所畏惧的英雄气概，前赴后继，不怕牺牲，为推翻三座大山，创建工人阶级领导的、以工农联盟为基础的人民民主专政的社会主义国家，建立了不朽的功勋。社会主义建设时期，工人阶级作为国家的领导阶级，发扬主人翁精神，奋发图强，奸苦创业，为改变国家贫困落后的面貌，实现国家的繁荣昌盛，创造了彪炳史册的光辉业绩。改革开放新的历史时期，工人阶级以高昂的斗志和饱满的热情，锐意创新，团结奋斗，努力学习现代科学技术和管理知识，积极投身改革开放和社会主义现代化建设的伟大事业，作出了不可磨灭的巨大贡献。历史证明，中国工人阶级始终紧紧跟随党的前进步伐，始终站在时代前列，始终发挥着先进阶级的强大作用，不愧为中国共产党的阶级基础和我们国家的领导阶级，不愧为我国先进生产力的代表，不愧为我国社会主义物质文明、政治文明和精神文明建设的主力军。

中国工会是我们党领导的工人阶级群众组织。长期以来，工会紧紧围绕党在各个历史时期的中心任务，积极开展工作，作出了重要贡献。革命战争年代，工会团结和组织广大工人群众，为夺取全国政权，实现人民当家作主进行了艰苦卓绝的斗争。新中国成立以后，我们党成为执政党，包括广大职工在内的亿万人民群众成为国家的主人，工会在组织职工投身经济建设、开展劳动竞赛、提高职工素质、丰富职工生活等方面，作出了不懈努力。改革开放时期，党领导全国人民建设中国特色社会主义伟大事业，工会适应改革开放和发展社会主义市场经济的要求，积极协调劳动关系，维护职工合法权益，保护、调动和发挥广大职工的积极性、创造性，在深化改革、促进发展、维护稳定中做了大量卓有成效的工作。实践证明，中国工会作为党联系职工群众的桥梁和纽带，作为社会主义国家政权的重要社会支柱，作为职工利益的代表者和维护者，在我国革命、建设和改革中已经发挥并将继续发挥不可替代的重要作用。

中国工会十三大以来的五年，是我国社会主义市场经济体制初步建立，经济结构战略性调整取得成效，国有企业改革稳步推进，对外开放进入新阶段，全国人民战胜各种困难和风险，继续沿着中国特色社会主义道路胜利前进的五年；也是工会组织顺应时代发展要求，围绕中心、服务大局，全面履行各项社会职能，突出维护职能，各项工作全面发展，从理论到实践都取得突破性进展的五年。这五年，党中央高度重视工会工作，作出了一系列重要指示，为做好工会工作指明了方向；各级党委和政府重视支持工会工作，及时帮助解决各种问题，为开展工会工作创造了良好条件。面对各项改革力度加大、再就业和社会保障任务艰巨、非公有制企业大量增加、经济关系和劳动关系更加复杂多样的新形势，工会提出重点工作“五突破”和加强自身建设的要求，明确“三个最大限度”的目标，强调维权工作要一手抓协调劳动关系机制建设、一手抓为职工群众办实事，切实履行代表和维护职工合法权益的基本职责，在党和国家工作大局中发挥了重要作用。这五年，在党中央的坚强领导下，全国总工会和各级工会干部、广大职工努力奋斗，取得了重大成就，是中国工会工作发展的最好时期之一。

*团结动员广大职工为改革和建设事业作出积极贡献。*广大职工立足本职，广泛开展经济技术活动，支持和投身改革的积极性得到发挥；职工队伍保持团结统一，在维护社会政治稳定中发挥了重要作用；职工职业道德建设和群众性精神文明创建活动深入开展，职工队伍思想道德、技术业务和科学文化素质进一步提高。

*源头参与成效显著。*建立健全源头参与的工作机制，与政府及有关部门召开联席(联系)会议制度、劳动关系三方协调机制基本建立，积极向党委、政府反映职工群众的意见和要求，参政议政力度进一步加大，渠道进一步拓宽；推动完成《中华人民共和国工会法》的修改和地方实施《中华人民共和国工会法》办法的制定，参与制定《中华人民共和国劳动法》等配套法律法规和有关政策，依法建会、依法维权的法律保障体系初步形成，从而推动了许多涉及职工利益问题的解决。

*协调劳动关系机制不断完善。*职工代表大会制度、厂务公开制度、职工董事职工监事制度等多种形式的民主管理制度不断发展；平等协商和集体合同制度、劳动合同制度、劳动争议处理制度、工会劳动法律监督制度进一步健全，促进了劳动关系的和谐稳定。

*维护职工劳动经济权益迈上新台阶。*协助党委、政府做好下岗职工基本生活保障和再就业工作，推动和监督“两个确保”、“三条保障线”特别是“低保”政策的落实，以养老、医疗、失业、工伤、生育保险为主要内容的社会保障体系逐步健全；督促企业解决拖欠职工工资问题，落实职工参与工资分配权利；实施工会劳动保护监督检查制度，群众性劳动安全卫生监督检查工作得到加强。

*为职工办实事、做好事取得明显成绩。*兴办一大批困难职工帮扶中心、职业介绍机构、职业培训机构和解困贸易市场、再就业基地，工会促进再就业工作成效明显；建立帮扶困难职工快速反应系统，职工互助合作保险等职工劳动福利事业不断发展；特困职工和劳动模范的帮扶工作取得重要进展，送温暖工程基本实现经常化、制度化、社会化。

*工会组建实现突破性进展。*新建企业工会组建步伐加快，国有、集体改制企业工会组织及时重建和巩固，乡镇、街道、社区和工业区、高新技术园区的工会组织体制基本建立，工会会员从9000万人发展到1.34亿人，工会组织力量进一步发展壮大。

*自身改革和建设进一步加强。*工会的思想、组织、作风建设得到加强，工会领导机关机构改革基本完成，协管干部工作力度加大，工会干部的素质不断提高。产业工会工作、工会女职工工作、财务工作、经费审查监督工作、与港澳台工会交流和工会国际工作等取得新的进展。

在今年抗击非典的过程中，各级工会密切配合有关部门，组织动员广大职工发扬工人阶级团结互助精神，坚守工作岗位、抓好生产，医务工作者临危不惧、救死扶伤，科技工作者尽职尽责、努力攻关，为取得防治非典工作的阶段性重大胜利，保持国民经济增长的良好势头，作出了新的贡献。

五年来的成绩是在过去工作和经验基础上取得的。在多年的实践中，各级工会组织和广大工会干部大胆探索，勇于创新，积累了宝贵经验。这些经验反映了工会工作的特点和规律，也是做好新世纪新阶段工会工作必须遵循的重要原则。

*(一)始终把科学理论作为工会工作的行动指南。*马克思列宁主义、毛泽东思想、邓小平理论和“三个代表”重要思想，是指导我们胜利前进的科学理论，是开展各项工作的强大思想武器，也是工会工作的行动指南。没有科学理论的武装，工会工作就不可能健康发展。只有坚持以科学理论为指导，解放思想、实事求是、与时俱进，运用马克思主义的立场、观点和方法，认真研究解决工会工作的重大问题，才能保持理论上的清醒和政治上的坚定，增强贯彻党的基本理论、基本路线、基本纲领和基本经验的自觉性、坚定性，使工会工作不断适应时代的发展要求。

*(二)始终把党的领导作为工会工作的根本保证。*中国共产党是领导中国工人阶级和各族人民不断从胜利走向胜利的核心力量。坚持党对工会工作的领导，是中国工会的政治优势和优良传统。工会组织和广大工会干部只有自觉接受党的领导，在思想上、政治上、行动上同党中央保持高度一致，认真贯彻执行党的路线方针政策，切实增强政治敏锐性和政治鉴别力，才能牢牢把握正确的政治方向，把广大职工紧密地团结在党的周围，战胜一切艰难险阻，不断开创新的事业。

*(三)始终把围绕中心服务大局作为对工会工作的必然要求。*党在各个历史时期的目标任务，都是为了最大限度地实现和发展包括工人阶级在内的最广大人民的根本利益。工会工作是党的群众工作的重要组成部分，历来是为党的中心任务服务的。党是人民利益的忠实代表，为党的中心任务服务与为职工群众服务根本上是一致的。只有始终把工会工作放到全党全国工作的大局中去思考、去把握、去部署，通过开展有特色、有实效的活动，团结和动员广大职工为大局贡献力量，才能切实找准位置，充分体现价值，有效发挥作用。

(四)始终把推动党的全心全意依靠工人阶级根本指

导方针的贯彻落实作为工会工作的主题。工人阶级是我们党最坚实最可靠的阶级基础,是社会主义国家的领导阶级。全心全意依靠工人阶级是由我们党和国家的性质与工人阶级的地位和作用所决定的,是我们党一贯坚持的根本指导方针。工会只有坚定不移地推动这一方针的贯彻落实,不断探索贯彻落实这一方针的有效形式和途径,使之贯穿于工会工作的始终,带动工会工作的各个方面,真正做到政治上保证、制度上落实、素质上提高、权益上维护,才能切实发挥工会组织应有的作用。

(五)*始终把保持与职工群众的密切联系作为工会工作的生命线*。工会是工人阶级的群众组织,密切联系职工群众是工会的最大优势,脱离职工群众是工会的最大危险。工会必须切实转变工作作风,想问题、办事情、作决策,都要心里装着职工群众,凡事想着职工群众,工作依靠职工群众,一切为了职工群众,尊重职工群众的首创精神,总结他们的经验,集中他们的智慧,听取他们的意见,反映他们的呼声。只有把竭诚为职工群众服务作为工会一切工作的出发点和落脚点,坚持为职工群众说话办事,遇事同他们商量,与他们同甘共苦,使他们切实感到工会是自己的组织,才能保持工会工作旺盛的生命力。

(六)*始终把维护职工合法权益作为工会必须履行的基本职责*。不断实现最广大人民的根本利益是我们党全部奋斗的最高目的。维护职工合法权益是工会存在和发展的必然要求,也是我们党赋予工会组织的重要任务。把维护职工合法权益作为工会的基本职责,反映了工会工作的客观规律,符合党和职工群众对工会组织的要求。只有在维护全国人民总体利益的同时,维护好职工群众的具体利益,才能把他们的积极性引导好、保护好、发挥好。

(七)*始终把提高职工队伍整体素质作为工会长期的战略任务*。提高职工队伍整体素质,是保持和发展工人阶级先进性的关键所在。职工素质的高低,不仅关系到企业的兴衰、职工自身利益的实现,而且与经济的发展、社会的进步紧密相联。只有教育帮助职工不断提高思想道德、技术业务和科学文化素质,努力发挥工会组织作为职工群众"大学校"的作用,才能建设一支有理想、有道德、有文化、有纪律的职工队伍,使工人阶级始终站在时代发展的前列,担当起历史赋予的光荣使命。

(八)*始终把依法办事作为做好工会工作的可靠保障*。依法治国,是党领导人民治理国家的基本方略,是建设社会主义政治文明的重要内容。坚持依法开展工作,把工会工作纳入法制化轨道,是贯彻依法治国方略对工会工作提出的客观要求,是推动工会工作蓬勃发展的必由之路。只有积极参与推动国家有关法律法规的完善,依照法律和工会章程独立自主、创造性地开展工作,依法维护职工权益,规范工会行为,加强各项制度建设,完善组织体制和运行机制,才能使工会工作逐步实现制度化、规范化。

中国工会在长期实践中取得的成绩和经验来之不易,必须倍加珍惜。这些成绩和经验的取得,是党中央正确领导的结果,是各级党委、政府及社会各界高度重视、大力支持的结果,是历届工会老领导、老同志艰苦奋斗、无私奉献的结果,是全国广大职工和工会干部、工会积极分子辛勤工作、不懈努力的结果。在这里,我代表中华全国总工会第十三届执行委员会并以本次大会的名义,向党中央,向各级党委、人大、政府、政协,向共青团、妇联等群众团体及社会各界,向中国人民解放军指战员、武警部队官兵和公安干警,表示衷心的感谢!向全国广大职工、工会干部、工会积极分子和长期从事工会工作的老领导、老同志,致以崇高的敬意!

在充分肯定成绩的同时,我们还要清醒地看到工作中存在的不足和问题。比如,维护职工合法权益的工作还面临许多困难,工会组建特别是把非公有制企业职工、进城务工人员组织到工会中来的任务还比较繁重,工会领导机关联系基层和职工群众还不够深入,一些基层工会的工作还需要进一步加强、作用还需要进一步发挥,还有许多重大理论和实践问题需要深入研究。这些我们都要高度重视,采取有力措施,逐步加以解决。

二、以"三个代表"重要思想统领工会工作全局

党的十六大把"三个代表"重要思想同马克思列宁主义、毛泽东思想、邓小平理论一道,确立为党必须长期坚持的指导思想,实现了我们党指导思想的又一次与时俱进。以江泽民同志为主要代表的当代中国共产党人,在建设中国特色社会主义的伟大实践中,逐步形成了"三个代表"重要思想这一系统的科学理论。"三个代表"重要思想涵盖经济、政治、文化和党的建设各个领域,进一步回答了什么是社会主义、怎样建设社会主义的问题,创造性地回答了建设什么样的党、怎样建设党的问题,是面向21世纪的中国化的马克思主义,是全党全国人民在新世纪新阶段继续团结奋斗的共同思想基础,是实现全面建设小康社会宏伟目标的根本指针,也是工会工作的根本指导思想。工会工作要适应新的时代发展和新的实践要求,开创新的局面,就必须坚持以"三个代表"重要思想统领工会工作全局,把"三个代表"重要思想贯穿到工会各项工作之中。要按照党中央的统一部署,兴起学习贯彻"三个代表"重要思想的新高潮,牢牢把握立党为公、执政为民的本质,把"三个代表"重要思想学习好、贯彻好、落实好,在武装思想和指导实践两方面都取得新的成效,切实做到对新世纪新阶段工人阶级和工会组织的地位作用有新认识,团结动员职工为全面建设小康社会作贡献有新作为,维护职工合法权益有新举措,最大限度地把广大职工组织起来有新进展,工会理论、体制和工作创新有新思路。

(一)*充分认识新世纪新阶段工人阶级和工会组织的重要地位与作用,进一步增强做好工会工作的使命感和责任感*。中国工会的地位作用始终与党的事业和工人阶级的命运紧密联系在一起,与党所处的历史方位和工人阶级的使命紧密联系在一起。"三个代表"重要思想是我们党着眼于当今世界和当代中国的时代特点和发展趋势、科学判断党在新世纪所处历史方位而提出的科学理论,反映了我国最广大人民的共同意愿。贯彻"三个代表"重要思想,归根到底要体现在推动先进生产力和先进文化发展、维护和实现最广大人民根本利益上。各级工会组织要深刻认识到,中国共产党作为领导人民掌握全国政权并长期执政的党,作为对外开放和发展社会主义市场经济条件下领导国家建设的党,始终代表中国先进生产力的发展要求,就需要努力提高工人阶级的整体素质,充分发挥他们的劳动技能和创造才能,使工人阶级作为先进生产力的主体,在解放和发展生产力中展示更加强大的力量;始终代表中国先进文化的前进方向,就需要大力弘扬工人阶级的崇高品质和创造精神,不断保持和发展工人阶级的先进性,用工人阶级的先进思想影响和带动全社会,为我国经济发展和社会进步提供精神动力;始终代表最广大人民的根本利益,就需要坚持把实现包括工人阶级在内的最广大人民的根本利益作为出发点和归宿,充分发挥工人阶级的积极性主动性创造性,在社会不断发展进步的基础上,维护和实现工人阶级的利益。

在新世纪新阶段,工人阶级仍然是推动先进生产力发展的基本力量,是社会主义事业的中坚,是我们党最坚实、最可靠的阶级基础,是我们国家当之无愧的领导阶级。工会作为党联系职工群众的桥梁和纽带,作为工人阶级的群众组织,必须按照“三个代表”的要求,紧紧围绕推动先进生产力和先进文化的发展,维护和实现人民群众的利益,做好统一认识、振奋精神的工作,进一步提高肩负新的历史使命的自觉性和坚定性;做好教育引导、促进发展的工作,为全面建设小康社会、加快推进社会主义现代化贡献力量;做好帮助服务、依法维权的工作,努力把职工合法权益实现好、维护好、发展好;做好团结联系、组织建设的工作,把广大职工紧紧凝聚在党的周围。只有这样,才能适应时代的发展要求,进一步提高在大局中的地位。从一定意义上讲,工会工作开展得如何、作用发挥得如何,关系到生产力的解放发展和全面建设小康社会目标的完成,关系到党的阶级基础和执政地位的巩固,关系到全心全意依靠工人阶级根本指导方针的落实和工人阶级主人翁地位的提高,关系到工人阶级队伍的团结统一和社会政治的稳定,关系到全国人民总体利益和广大职工群众具体利益的实现。在新世纪新阶段,各级工会组织和广大工会干部一定要从全局和战略的高度,充分认识工人阶级和工会组织的重要地位和作用,自觉担负起时代赋予我们的职责,进一步增强使命感和责任感,以高昂的斗志和良好的精神状态,切实做好新形势下的工会工作。

(二)紧紧围绕发展这个党执政兴国的第一要务,团结动员广大职工积极投身改革开放和现代化建设。贯穿“三个代表”重要思想的主题是发展,不断巩固和推进中国特色社会主义事业也要靠发展。深入贯彻“三个代表”重要思想,必须以富民强国为目标,充分调动包括工人阶级在内的全社会全民族的一切积极因素,为实现中华民族伟大复兴增添新力量。全面建设小康社会,是党和国家在新世纪新阶段的奋斗目标,既集中反映了党的事业发展的要求,也充分体现了工人阶级和最广大人民的共同心愿和根本利益,为工人阶级更好地发挥作用提供了广阔的舞台。自觉投身全面建设小康社会的伟大实践,是工人阶级光荣的历史使命。围绕发展这个党执政兴国的第一要务,把广大职工团结和组织起来,为全面建设小康社会、加快推进社会主义现代化贡献力量,是新世纪新阶段工会组织的根本任务。

在改革开放和现代化建设的进程中,随着我国科技革命和知识经济的发展,中国工人阶级队伍不断壮大,结构逐步优化,素质日益提高。特别是在社会主义市场经济条件下,广大职工面对挑战,迎难而上,顾全大局的胸怀、克服困难的意志、奋起创业的勇气、与时俱进的追求得到了充分的体现,工人阶级的先进性也得到了进一步发展。充分依靠这支肯于吃苦、乐于奉献、勇于创新的队伍提供的强大力量支持,我们才能实现新世纪的历史使命,把中国特色社会主义事业不断推向前进。各级工会要大力推动党的全心全意依靠工人阶级根本指导方针的贯彻落实,切实维护职工的合法权益,最大限度地保护、调动和发挥广大职工的积极性创造性,充分发挥工人阶级主力军作用。要教育和引导广大职工进一步认清形势,振奋精神,把思想和行动统一到十六大确定的战略部署上来,把智慧和力量凝聚到全面建设小康社会的奋斗目标上来,聚精会神搞建设,一心一意谋发展,为促进社会主义物质文明、政治文明和精神文明建设多作贡献。

(三)着眼于维护职工群众的合法权益和巩固发展安定团结的社会政治局面,建立稳定协调的劳动关系。实现人民的愿望、满足人民的需要、维护人民的利益,是“三个代表”重要思想的根本出发点和落脚点。改革开放以来,党和政府从维护最广大人民群众的根本利益出发,努力把改革的力度、发展的速度和社会可承受的程度协调统一起来,制定了一系列方针政策,采取了许多有力措施,职工的合法权益得到了较好的实现,我国的劳动关系在总体上是健康协调的。同时也必须看到,职工群众合法权益受到侵犯的现象在一些地方仍然存在,有的还比较严重,导致一些企业劳动关系矛盾激化,劳动争议和群体性事件时有发生,已经成为影响职工队伍团结稳定的重要因素。稳定是改革和发展的前提,也是维护和实现职工群众利益的重要保障。没有稳定,改革难以进行,发展无从谈起,包括职工在内的广大人民群众的利益也不能得到有效维护和实现。广大职工分布在社会各个领域、各个行业,处于改革发展的第一线,维护好他们的合法权益,保持职工队伍的稳定,对于社会政治稳定具有至关重要的作用。因此,履行维护的基本职责,切实代表和维护广大职工的利益,是工会贯彻“三个代表”重要思想的根本要求,也是维护职工队伍和社会政治稳定的现实需要。

在我国社会深刻变革、党和国家事业快速发展的进程中,妥善处理各方面的利益关系,形成全体人民各尽其能、各得其所而又和谐相处的局面,一个很重要的方面就是要建立稳定协调的劳动关系。在建立和完善社会主义市场经济体制过程中,在公有制为主体、多种所有制经济共同发展条件下,只有建立起稳定协调的劳动关系,职工群众和有关各方的切身利益才能得到实现和维护,才能共谋经济发展、共享改革成果、共创美好生活。建立和完善稳定协调的劳动关系是一个长期的重要任务,各级工会要从实践"三个代表"重要思想、保持党和国家长治久安的高度出发,认真协助党和政府不断解决建立稳定协调劳动关系中遇到的新情况新问题,及时准确反映职工群众的愿望与呼声,维护职工合法权益,妥善处理职工群体性事件,化解矛盾,理顺情绪,切实把问题解决在基层、解决在萌芽状态。同时,要教育和引导职工正确看待改革过程中的利益关系调整,处理好长远利益与眼前利益的关系,把国家利益、企业利益和职工利益有机结合起来,不断增强改革意识、风险意识、创业意识和法律意识,为维护职工队伍团结统一和社会政治稳定作出积极贡献。

(四)最大限度地把广大职工组织到工会中来,不断增强党的阶级基础和扩大党的群众基础。全面贯彻落实"三个代表"重要思想,进一步提高党自身的创造力、战斗力,就必须不断增强党在工人阶级和广大人民群众中的号召力、凝聚力。工人阶级的力量在于工人阶级队伍的团结统一。要增强党的阶级基础,扩大党的群众基础,就必须适应实践的发展,不断巩固工人阶级的团结统一。随着我国社会生活和社会结构的深刻变化,特别是所有制结构和产业结构的调整,新的社会阶层出现,作为党的阶级基础的工人阶级队伍本身也发生了巨大的变化。知识分子作为工人阶级的一部分作用更加突出,非公有制企业职工、乡镇企业职工和社会中介组织从业人员大量增加,一大批进城务工人员成为工人阶级的新成员;许多人员的职业身份经常变动,就业方式灵活多样,在不同所有制、不同行业、不同地域之间流动频繁。适应我国社会的多样性发展,增强党的阶级基础,扩大党的群众基础,迫切要求我们最大限度地把他们组织到工会中来,维护工人阶级队伍的团结统一,进一步密切党和职工群众的血肉联系。

我们党是工人阶级的先锋队,工会是工人阶级最广泛的群众组织,工会建设和党的建设有着密切联系。要增强党的阶级基础,扩大党的群众基础,一个很重要的方面,就是要充分发挥工会的优势和作用,最大限度地把广大职工组织到工会中来,把他们团结和凝聚到党的周围。这是工会面临的艰巨任务和重要政治责任,也是广大职工的迫切愿望和要求。面对职工队伍发展变化的新情况,面对部分职工还没有被组织到工会中来的现实,各级工会组织和广大工会干部要从讲政治、讲大局、讲团结的高度,充分认识工会组建的重要性和紧迫性,积极争取各级党委、政府和社会各界的重视和支持,更好地把广大职工吸引和组织到工会中来。工会组织越壮大,作用发挥越充分,党的阶级基础、群众基础和执政地位就越巩固。

(五)坚持解放思想、实事求是、与时俱进,积极推进中国工会的理论创新、体制创新和工作创新。"三个代表"重要思想是我们党理论创新的最新成果,是与时俱进的科学理论。这一重要思想注重从人民群众的实践中吸取养分,体现了马克思主义理论创新的勇气,为我们不断在实践中推进理论创新打开了新的理论视野,提出了新的理论要求。贯彻和实践这一重要思想,必须坚持解放思想、实事求是、与时俱进,勇于和善于根据实践的要求不断进行创新,使工会工作体现时代性、把握规律性、富于创造性。理论创新是其他一切创新的前提和关键。只有坚持以理论创新为先导,才能不断推进体制创新、工作创新。多年来的实践证明,工会工作取得的每一次重大进展,都是与理论创新分不开的,开创新世纪新阶段工会工作蓬勃发展的新局面,仍然需要大力进行理论创新,进而推进体制创新、工作创新。

改革开放以来,面对新的形势和任务,我们在党的领导下,勇于实践,大胆探索,在工人阶级和工会工作的重大理论方面有了新的发展和创新。提出保障工人阶级和广大劳动群众的经济政治文化权益,是党和国家一切工作的根本基点,是发挥他们积极性创造性的根本途径,保证他们行使管理国家、管理经济和社会事务的权利,是社会主义民主的根本要求,要在政治保证、制度落实、素质提高、权益维护等方面充分体现,系统回答了在社会主义市场经济条件下怎样依靠工人阶级这一重大问题;概括新时期包括工会在内的群众工作带有普遍性、规律性的六条主要成功经验,进一步明确了新形势下开展群众工作应当遵循的重要原则;强调在新世纪新阶段工人阶级已经成为一个包括产业工人、其他工人、知识分子、管理干部在内的脑力劳动者与体力劳动者不可分割的统一整体,进一步丰富了如何正确看待工人阶级队伍自身发展变化这一理论问题;明确维护职工合法权益是工会的基本职责,是服从服务于党和国家工作大局的主要手段,进一步发展了新形势下工会工作总体思路,等等,为探索中国特色社会主义工会工作新路子奠定了坚实的基础。在新的历史时期,工会工作要在过去的基础上有所前进、有所提高,就必须及时把握时代发展的特征和社会变化的趋势,深入实际、深入群众,研究新情况、解决新问题,总结新经验、作出新概括,特别是加强对社会主义初级阶段宏观经济社会问题的研究,加强对工人阶级和工会基本理论问题的研究,加强对劳动关系现实问题的研究,加强对经济全球化和我国加入世界贸易组织给职工队伍和工会工作带来的新情况新问题的研究,从而进一步探索和把握新世纪新阶段工会工作的特点与规律,不断推进工会理论创新、体制创新和工作创新。

三、努力开创新世纪新阶段工会工作新局面

党的十六大提出全面建设小康社会、加快推进社会主义现代化的宏伟目标。本世纪头20年,是我国必须紧紧抓住并且可以大有作为的重要战略机遇期,也是工会工作乘势而上、全面推进的重要战略机遇期。国内外形势的发展变化,给工会工作带来了一系列新的机遇和挑战。全面建设小康社会,实现社会主义物质文明、政治文明和精神文明的协调发展,工人阶级肩负着光荣的历史使命,团结动员广大职工充分发挥工人阶级的创造力量,加快社会主义现代化建设,实现中华民族伟大复兴,是我们面临的艰巨任务;改革的深化和开放的扩大,使经济关系、劳动关系更加复杂,对工会履行维护的基本职责提出了新的更高的要求,建立健全协调劳动关系的机制,实现、维护和发展好职工的利益,保护、调动和发挥好职工的积极性,是我们面临的重要责任;职工队伍发展壮大,内部结构、劳动方式、分配方式、思想观念发生深刻变化,工会工作对象和范围

出现了新的情况和特点，密切同职工群众的联系，把广大职工更好地组织起来，保持工人阶级队伍的团结统一，是我们面临的现实问题；适应党的领导方式和执政方式的变化，加强工会自身建设，完善组织体制、改进运行机制和活动方式，进一步解放思想、更新观念，提高素质、与时俱进，是我们面临的时代要求；经济全球化的发展，加入世界贸易组织，我国在更大范围、更深程度上参与激烈的国际竞争，工会工作处于更加开放的经济社会环境，西方敌对势力对我“西化”、“分化”的图谋从来没有停止，深入研究各种国际因素对职工群众和工会组织的影响，有针对性地提出应对措施，是我们面临的紧迫课题。

根据新形势的发展要求，今后五年工会工作的目标任务是：努力提高职工队伍整体素质，团结动员广大职工投身社会主义现代化建设的作用更加突出；切实为职工说话办事，维护职工合法权益的效果更加显著；积极参与协调劳动关系和社会利益关系，机制建设更加完善；加快工会组建步伐，基层工会工作更加活跃；推进自身改革和建设，工会组织吸引力、凝聚力更加增强；广泛开展对外交流与合作，中国工会国际影响更加扩大。实现这些目标任务，是时代的要求，是党的重托，是广大职工的殷切期望。中国工会要主动承担起历史赋予的光荣任务，立足全局，围绕目标，锐意进取，真抓实干，努力开创新世纪新阶段工会工作新局面，在全面建设小康社会的历史征程中，充分展示中国工人阶级的时代风采。

（一）努力提高职工队伍素质，团结动员广大职工为全面建设小康社会建功立业。提高广大职工的整体素质，不断发展工人阶级的先进性，造就一支具有先进阶级理想、社会主义道德、现代文化科学知识和严格组织纪律的强大阶级队伍，是全面建设小康社会、实现中华民族伟大复兴的必要条件和必然要求，是工人阶级发挥主力军作用、巩固主人翁地位的重要保证。各级工会要把提高职工队伍整体素质，组织职工为促进经济社会协调发展作贡献作为重要任务来抓。

要在广大职工中兴起学习贯彻“三个代表”重要思想新高潮，深刻领会“三个代表”重要思想的时代背景、实践基础、科学内涵、精神实质和历史地位，坚持用科学理论武装广大职工头脑。加强职工思想政治工作，弘扬民族精神。加强职工的社会公德、职业道德、家庭美德教育，推动创建文明行业、文明单位、文明班组等群众性精神文明创建活动深入开展，在职工中倡导健康文明的生活方式。适应贯彻实施科教兴国战略和人才强国战略的需要，积极取得党委、政府和有关部门的重视与支持，深入开展形式多样的提高职工素质的教育活动。搞好工会宣传、教育和文体活动阵地建设，结合工会特点，发挥自身优势，大力加强职业培训，开展创建学习型组织、争做知识型职工活动，形成终身学习、全程学习、团队学习的机制。引导职工树立起与社会主义市场经济相适应的思想观念，着力提高职工科学文化、技术技能和业务素质，增强职工的学习能力、创新能力、竞争能力、创业能力，培育企业文化，推进职工队伍知识化进程，促进“造就数以亿计的高素质劳动者、数以千万计的专门人才和一大批拔尖创新人才”目标的实现。

要按照科学规律、市场经济规律和现代企业制度的要求，在广大职工中深入开展劳动竞赛、合理化建议、技术革新、技术协作、发明创造等多种形式的职工经济技术活动，认真实施“职工经济技术创新工程”，不断提高知识含量和科技含量，促进企事业发展重点、难点和关键点问题的解决。在各行各业开展争创“创新示范岗”、争当“创新能手”活动，动员和组织广大职工立足本职，学赶先进，争创一流，为提高企业经济效益、推动重点工程建设、促进国民经济持续快速健康发展贡献力量，在全面建设小康社会中建立新功，再创伟业。

（二）切实履行基本职责，在改革、发展、参与、帮扶的过程中维护好职工合法权益。群众利益无小事。凡是涉及职工群众切身利益和实际困难的事情，再小也要竭尽全力去办。工会要做职工的贴心人，履行好基本职责，必须围绕职工群众最现实、最关心、最直接的利益来落实，把维护职工合法权益贯穿到工会工作各个方面、各个领域，贯穿到推动改革、促进发展、积极参与、大力帮扶的全过程，为党和政府分忧，为职工群众解难，使他们切实感受到党的关怀与温暖，不断增强工会组织的吸引力和凝聚力。

在推动改革中搞好维护。改革是解放和发展社会生产力、推动社会全面进步的必由之路，也是更好地实现和维护职工利益的重要途径。只有坚持改革，才能使国民经济和国家的各项事业得到快速发展，才能使职工的利益得到更好实现。对广大职工为企业和国家作出的贡献，我们要充分肯定；对他们在改革过程中遇到的困难，我们要特别关注。我们要切实把推动改革与维护职工合法权益有机结合起来，教育引导广大职工切实转变观念，理解改革、支持改革、投身改革，不断增强企业的活力和竞争力，壮大国家的经济实力。同时，在改革涉及的利益关系调整中，采取切实有力的措施，维护和实现职工群众的切身利益。

在促进发展中搞好维护。发展是解决中国所有问题的关键。没有国家的发展，工人阶级的根本利益和长远利益就没有保障；没有企业的发展，职工群众的具体利益也得不到切实的维护。劳动就业、工资分配、社会保障、劳动安全卫生等是职工最关心的问题，工会维护职工合法权益，首先必须维护他们这些方面的利益。扩大劳动就业，增加工资收入，提高社会保障水平，改善劳动安全卫生条件，都只有在促进发展中才能得到实现。我们既要组织和引导职工群众发扬主人翁精神，为促进国家和企业的发展作贡献；又要在发展过程中代表和维护职工群众的合法权益，不断改善职工群众的物质文化生活，使职工群众共享经济社会发展的成果，得到更多的实惠和实实在在的利益。

在积极参与中搞好维护。参与是搞好维护的重要渠道。要根据社会利益关系和经济关系的发展变化，加大协调劳动关系的工作力度，积极参与有关法律法规和政策的研究制订，参与国家、社会和企事业单位事务的管理，把职工的意愿和要求体现在有关职工权益的法律法规和政策之中，从源头上、根本上维护职工的合法权益。大力推动建立和完善维护职工权益的法律保障体系，积极参与涉及职工切身利益的法律法规、政策和改革措施的制订；进一步拓宽和疏通参与渠道，建立和完善工会与同级政府和有关部门的联席会议制度、劳动关系三方协调机制，就涉及职工切身利益的突出问题，加强沟通协调，研究解决问题的办法和措施；坚持和完善职工代表大会制度、平等协商和集体合同制度，维护好职工的民主权利和劳动经济权益；建立健全厂务公开制度、劳动合同制度、职工董事职工监事制度、劳动关系矛盾预警机制和劳动争议处理制度、群众性劳动安全卫生监督制度、工会劳动法律监督和法律援助制度，组织广大职工参与和支持国有企事业单位劳动人事制度等改革；发挥群众监督和舆论监督作用，推动有关职工权益的法律法规政策的贯彻落实；对于侵犯职工合法权益的行为，工会要及时准确地反映情况，督促企业和有关方面采取措施，坚决予以纠正，决不允许侵犯职工合法权益的现象滋生蔓延。

在大力帮扶中搞好维护。帮扶是工会维护职工利益直接具体的体现。要从工会自身的特点和优势出发，满腔热情地为职工群众办实事、做好事。特困职工是职工中最需要帮助和关心的困难群体，也是维护的重点对象。要密切关注企业特困职工的生活问题，协助政府尽快把所有符合条件的困难职工家庭纳入“低保”范围。深入调查研究，及时掌握特困职工的基本情况，通过各种渠道加以反映，积极协助各级党委、政府及有关部门，共同把问题解决好，真心实意地为他们排忧解难。认真研究未参加养老保险而又无能力缴费的城镇集体企业退休人员的生活问题，切实保障他们的基本生活。协助党委、政府做好下岗失业人员再就业工作，推动国家有关再就业政策的贯彻落实，监督企业进一步规范劳动用工管理。深入实施送温暖工程，进一步建立和完善大中城市的困难职工帮扶中心，充分发挥工会再就业援助、职业培训、职业介绍和职业指导的作用，实现工会帮助下岗失业人员再就业的目标。办好职工劳动福利事业，增强工会为职工办实事的能力。一定要以满腔的热忱、扎实的工作，把党和政府的温暖送到广大职工的心坎上。

（三）大力弘扬劳模精神，促进全社会形成“尊重劳动、尊重知识、尊重人才、尊重创造”的良好氛围。伟大的事业需要伟大的精神，伟大的精神推动伟大的事业。在伟大的事业中不断涌现出来的劳动模范和先进人物，是工人阶级和广大劳动群众的杰出代表。在他们身上体现出来的主人翁责任感和艰苦创业精神、忘我的劳动热情和无私奉献精神，强烈的开拓进取意识和创新求实精神、良好的职业道德和爱岗敬业精神，是推动时代前进的强大动力，是伟大民族精神的重要体现。要认真贯彻“尊重劳动、尊重知识、尊重人才、尊重创造”的重大方针，切实尊重和保护一切有益于人民和社会的劳动，崇尚和学习一切有利于促进生产力发展的知识，爱护和培养一切为社会主义事业竭诚奉献的人才，鼓励和倡导一切有利于推动经济发展和社会进步的创造。要进一步营造学习劳模、尊重劳模、关爱劳模、崇尚劳模、争当劳模的社会氛围，充分发挥劳模的示范和导向作用，以劳模的先进思想和高尚情操影响和带动全社会，激励全体职工把聪明才智全面展示出来，把积极性创造性充分发挥出来。

各级工会要认真研究劳模工作遇到的新情况、新问题，进一步探索和完善培养劳模、选树劳模、表彰劳模、关心劳模的机制。加大培养工作力度，创造有利条件，提高劳模素质，努力培养和造就一大批反映时代特点、勇于开拓创新、具有奉献精神的先进人物。同有关部门一起，做好对劳模的推荐、评审和表彰工作，加强对劳模的宣传和服务。切实关心和爱护劳模，积极推动劳模政策的落实，并适应形势的发展提出新的政策建议。坚持分级负责、分级管理，通过建立劳模基金、劳模疗养休养基地等，切实帮助他们解决工作、学习和生活中的困难。特别是对遇到特殊困难和离退休老劳模的实际问题，要协助有关方面加以解决，让劳模感到在岗奉献无尚光荣，离岗退休深感温暖。同时，要加强对劳模的教育和管理，使他们更好地发挥模范带头作用。通过大力弘扬劳模精神，使劳动光荣、知识崇高、人才宝贵、创造伟大成为社会的共识，时代的新风。

（四）加快工会组建步伐，充分发挥基层工会组织的作用。改革的不断深入和社会主义市场经济的发展，使我国的职工队伍发生了全面、深刻的变化，迫切需要加强工会组建工作，充分发挥基层工会组织的作用。要深入贯彻实施《中华人民共和国工会法》、《中华人民共和国劳动法》，加大工会组建工作力度，坚持哪里有职工哪里就要建立工会组织的原则，推动形成“党委重视、政府支持、工会运作、各方配合”的工作格局，确保工会组建率和职工入会率有较大幅度的提高，使工会组建与不断变化的企业状况相适应，会员发展与不断壮大的职工队伍相统一，组织体制与不断加快的工业化、城镇化进程相协调。要重点做好非公有制经济单位和进城务工人员的工会组建工作。非公有制经济是我国社会主义市场经济的重要组成部分，工会参与协调非公有制经济、民办非企业单位劳动关系，维护职工合法权益的任务十分紧迫；进城务工人员是工人阶级队伍的新成员，在促进城乡经济发展、巩固工农联盟方面发挥着重要作用，他们在工作、生活中面临的困难和问题，需要工会组织予以更多的关心和帮助，维护好他们的合法权益，把他们进一步组织起来、团结起来。在社会变革中出现的新的社会阶层，是中国特色社会主义事业的建设者，其中许多人的工作和生活同样需要工会组织的关心，其合法权益同样需要工会组织的维护。要继续做好国有、集体改制企业工会组织的整顿、重建工作，坚决制止、纠正随意撤并工会组织和机构的行为。要进一步加强科研院所、大专院校等事业单位和机关的工会工作，积极探索发挥作用新的有效形式。要充分认识县级工会工作的重要性，切实加强县级工会工作，突出工作重点，更好地为基层和职工群众服务。上级工会要加强对县级工会工作的领导，努力帮助解决实际问题，为县级工会发挥作用创造条件。要加强乡镇、街道、社区工会组织的建设，充分发挥他们在工会组建工作中的重要作用。只有最大限度地把职工组织起来，才能真正保持工人阶级的团结统一，才能切实维护工人阶级的整体利益和职工的具体利益。

要加强基层工会建设，重视基层、活跃基层，为基层工会开展工作创造有利条件。对不同类型的企业，坚持分类指导，抓好试点，通过总结经验，推广典型，带动各项工作的落实。尊重基层工会的首创精神，重视发挥好基层工会在协调劳动关系、维护职工权益、促进企事业发展中的作用。在实践中积极探索企事业实行民主管理的有效形式，进一步完善基层工会领导干部民主选举制度。巩固和发展工会积极分子队伍，充分发挥他们的积极作用。基层工会要充分发挥职工代表大会作用，围绕企事业发展的难点、职工关心的热点，针对职工队伍的变化，深入开展建设“职工之家”和“双爱双评”等活动，满足职工多样性的需求，努力增强基层工会的活力。

（五）以改革精神加强工会自身建设，进一步提高整体工作水平。在新世纪新阶段，工会要适应新形势的要求，完成肩负的各项任务，必须以改革的精神加强自身建设，努力把工会建设成为坚持党的领导、实践“三个代表”、服务工作大局、切实履行职责、职工群众信赖的工人阶级群众组织。工会干部特别是领导干部，要强化政治意识，坚定理想信念，自觉同党中央在思想上、政治上、行动上保持高度一致，紧紧围绕党和国家工作大局开展工会工作；要强化责任意识，树立强烈的事业心和敬业精神，勤于学习，刻苦钻研，不断提高理论政策水平和业务工作能力；要强化创新意识，始终保持昂扬向上、与时俱进的精神状态，解放思想，转变观念，奋发有为，埋头苦干，创造性地开展工作；要强化群众意识，牢记“两个务必”，发扬优良传统和作风，改进领导方式和工作方法，克服机关化、行政化倾向，怀着深厚的感情，倾听职工群众的呼声与要求，了解他们的安危与冷暖，敢于说真话、报实情，更好地服务基层、服务职工，使工会组织真正成为职工信赖的家，使工会干部真正成为职工贴心的人。

加强调查研究，增强研究能力，提高调研水平，通过开展深入扎实的调研活动，及时提出具有指导性、针对性、前瞻性的政策意见和建议，及时向党委报告，向政府（行政）反映，更好地发挥工会作为党联系职工群众的桥梁纽带作用。进一步深化工会干部人事制度改革，加大干部教育培训和交流的力度，努力形成有利于工会干部和各种人才更好成长的机制。加强工会领导班子建设，按照有关规定配备好地方工会主席。推进工会廉政勤政建设，使工会领导机关和工会领导干部置身于职工群众的监督之中。

重视和加强产业工会建设，了解国外产业工会的发展动态，发挥我国产业工会的独特优势，不断探索和总结符合中国国情的产业工会工作新路子和新经验。要进一步理顺组织体制，明确工作职责，加大源头参与力度，围绕产业特点，创造性地开展工作，努力解决涉及本产业职工利益的政策性问题，积极探索产业工会履行职责、发挥作用的有效途径。

改革和完善组织领导体制，探索形成科学民主、高效务实的运行机制和自上而下的服务体系。理顺集团与大企业工会、乡镇街道一级工会的组织体制，有效发挥他们的作用。加强工会女职工组织建设，推动男女平等，切实做好维护女职工特殊利益的工作。推进工会信息化建设，加强工会信息统计工作和基础工作。依法收好、管好、用好工会经费，加强工会资产管理。进一步加强工会经费审查审计工作，切实履行审查经费收支和财产管理的职责。

各位代表、同志们，我们要认真贯彻“一国两制”方针，继续加强与香港特别行政区、澳门特别行政区劳动界的交流与合作，巩固和发展同港、澳爱国工会组织的长期友好合作关系，维护和促进香港与澳门的繁荣、稳定和发展。坚持“和平统一、一国两制”的基本方针，继续扩大同台湾地区工会和劳动界的交流往来，增进了解，扩大共识，团结广大台湾同胞，坚决反对“台独”等任何形式的分裂活动，促进两岸关系发展，推动祖国和平统一进程。我们相信，在所有中华儿女的共同努力下，祖国的完全统一一定能够早日实现。

中国工会在国际事务中要继续奉行“独立自主、广泛联系”的方针，大力开展交流与合作，积极参加国际劳工组织等多边国际活动，努力增进与各国工人和人民之间的了解与友谊，不断扩大中国工会的国际影响，共同致力于推动形成公正合理的国际工会运动新秩序，为推进世界的和平、发展和维护工人权益的进步事业，作出不懈的努力。

各位代表、同志们，党的十六大为我们描绘了全面建设小康社会的宏伟蓝图，确定了新世纪新阶段的奋斗目标，也为工会组织明确了工作任务，指明了前进方向。我们要紧密团结在以胡锦涛同志为总书记的党中央周围，高举邓小平理论伟大旗帜，全面贯彻“三个代表”重要思想，在十六大精神指引下，开拓进取，团结奋斗，努力开创新世纪新阶段工会工作新局面，团结动员广大职工为全面建设小康社会，实现中华民族的伟大复兴，作出新的更大的贡献！

（2003年9月26日中国工会第十四次全国代表大会通过报告）

在上海市工会第十一次代表大会开幕式上的讲话

（2003年6月10日）

陈良宇

上海工会第十一次代表大会是进入新世纪上海工人阶级的首次盛会，是一次承前启后、继往开来的大会，是全市广大职工政治生活中的一件大事。陈豪同志代表上海市工会第十届委员会向大会作的工作报告，回顾过去五年的工作和经验，提出今后五年的工作指导思想和工作目标，是一个比较全面、符合上海实际、有较强针对性的工作报告，希望各级工会组织结合各自实际，认真贯彻落实。

这次大会的召开，对于进一步动员和组织全市职工解放思想、振奋精神、团结奋进，弘扬上海工人阶级的优良传统，开创工会工作新局面，推进上海新一轮发展，具有十分重要的意义。在此，我代表市委、市人大、市政府、市政协向大会的召开表示热烈的祝贺！向全体代表、全市职工和工会干部致以崇高的敬意和诚挚的问候！

上海是中国共产党的诞生地，是中国工人阶级的摇篮。长期以来，无论是在烽火连天的战争年代，还是在波澜壮阔的社会主义建设和改革时期，上海工人阶级始终站在时代前列，始终与上海这座伟大的城市同呼吸、共命运。可以说，上海的每一项重要成就，都凝聚着上海工人阶级的心血和汗水；上海的每一次历史性跨越，都与上海工人阶级的伟大贡献紧密相连。

上海市工会第十次代表大会以来的五年，全市广大职工以强烈的责任感和使命感，立足新的实践，立足本职岗位，发挥自己的积极性和创造性，为世纪之交上海经济和社会的新发展作出了新的贡献。特别是在今年春节以后的这场突如其来的抗击“非典”战斗中，在以胡锦涛同志为总书记的党中央的坚强领导下，各级工会组织和广大职工按照市委、市政府的统一部署，发扬上海工人阶级特别能战斗的优良传统，无私奉献，英勇奋斗，在抗击“非典”战斗中起到了中流砥柱的重大作用，为推进上海社会主义现代化建设谱写了新的篇章。五年来，上海各级工会组织围绕大局，勇于创新，锐意进取，在推动职工队伍的知识化进程、建立和谐稳定的劳动关系、健全基层民主管理制度、维护职工合法权益、为职工办实事送温暖、加强工会自身建设等方面，开展了大量卓有成效的工作，取得了丰硕的成果。实践证明，上海工人阶级不愧为社会主义现代化建设的主力军，不愧为改革发展稳定的中坚力量；上海工会不愧为党联系职工群众的桥梁和纽带，不愧为职工利益的代表者和维护者。

迈入新世纪，我国进入了全面建设小康社会的新的历史阶段，上海也已揭开了新一轮发展的序幕。我们将按照中央对上海的战略定位，以实施科教兴市战略为总纲，站在新起点，实现新发展，再攀新高峰，努力把上海建成国际经济、金融、贸易和航运中心之一。上海的前程无限光明，我们的使命无比光荣。雄关漫道真如铁，而今迈步从头越。我们要坚持以“三个代表”重要思想为指导，着眼于新的实践和新的发展，不断研究新情况、把握新规律，理论上要有新的发展，工作上要有新的突破，真正把“三个代表”的要求贯彻到工会的各项工作中，努力把全市职工的积极性、创造性引导到上海的现代化建设上来。广大职工要继承和发扬光荣传统，继续走在时代前列，以更加昂扬振奋的精神，投身新的事业，争创新的辉煌。

一、上海工人阶级要不断增强主人翁责任感

工人阶级是我们社会主义国家的领导阶级，是推动社会前进的根本力量。工人阶级的主人翁地位是由我国的政治制度、经济制度所决定的。改革开放以来，随着经济结构的战略性调整、国有企业的战略性改组、公有制实现形式的多样化、非公有制经济的发展，一些企业的产权关系发生了变化，职工的就业方式更加多样。尽管经济和社会情况发生了深刻变化，但工人阶级作为国家领导阶级的地位没有变，工人阶级的主人翁作用没有变，我们党全心全意依靠工人阶级的方针没有变。

面对新的形势，广大职工要不断增强主人翁责任感，坚持主人之志，尽主人之责。只有牢固确立主人翁意识，我们才能更好地行使当家作主的权利，更好地体现工人阶级的先进性。广大职工要坚定不移地推进中国特色社会主义事业，坚定不移地支持党和国家在现阶段实施的各项方针政策，以自觉的主人翁姿态，积极参与国家经济、文化、社会事务的管理；以高度的主人翁精神，顾大体、识大局，正确对待改革过程中利益关系的调整，全力维护改革发展稳定的大局，展现上海工人阶级的时代品格和崭新风采。

二、上海工人阶级要在科教兴市和新一轮发展中继续担当起主力军的重任

上海已进入了人均国内生产总值从5000美元向7500美元迈进的新的阶段，这是一个艰险的历史性跨越。要穿越“瓶颈”，实现这一跨越，必须把科教兴市作为唯一的战略选择，把科技是第一生产力、人才是第一资源这“两个第一”的思想放在突出重要的地位。现代世界经济的发展越来越表明，经济的竞争说到底是科学技术的竞争，是劳动者素质的竞争。正是从这个意义上讲，劳动者素质高低是衡量一个国家、一个地区、一个城市综合竞争力的重要尺度。

改革开放以来，上海职工的素质总体上有了很大提高，但从实施科教兴市战略的要求来看，特别是与世界发达国家相比，我们还存在着相当大的差距。我们不但缺乏高科技方面的专门人才，还缺乏大批训练有素、基本功扎实的高级技术工人。目前，上海高级技能型人才只占技术工人的6%左右，而许多发达国家要达到30%至40%。因此，培养和造就一支高素质的职工队伍，对实施科教兴市战略，推进上海新一轮发展，实现“四个中心”的目标具有十分重要的意义。

广大职工要以强烈的时代紧迫感，确立终身学习的理念，把学习当作安身立命之本，在学习中提高素质，在实践中增强才干。特别是要树立技术工人也是人才的观念，立足平凡岗位，刻苦钻研技术，掌握最新技能，积极参与技术攻关、合理化建议、立功竞赛等活动，不断提升自己的创新能力、竞争能力、创业能力，努力成为与时俱进的新型劳动者，成为科教兴市战略的有力推动者。

三、上海工人阶级要大力培养各行各业的职业精神

伟大的事业需要伟大的精神力量。上海在实现新世纪宏伟目标的进程中，需要塑造与之相匹配的、具有时代特征和特大城市特点的城市精神。同先进生产力紧密结合的工人阶级，不仅是改革发展的主力军，也是塑造城市精神的领头羊。

职业精神是上海城市精神的基础。广大职工一定要在轰轰烈烈的现代化建设实践中，立足本职，爱岗敬业，从自己做起，从点滴做起，努力培育各具特色的职业精神，不断丰富上海城市精神的内涵，使上海城市精神同日新月异的城市形象一样呈现出独特的魅力。

伴随着上海这些年来的大发展、大变化，各条战线上涌现了一大批像包起帆、徐虎、李斌这样的劳动模范，他们的先进思想和模范行为不仅集中体现了工人阶级的传统美德，而且生动展现了新时代各行各业的职业精神。广大职工要以劳模为榜样，结合各自的产业特点、行业特色，开展生动丰富的精神文明创建活动，特别是要把崇尚科学、依法律己、诚实守信、职业礼仪等融汇到道德实践活动中去，大力倡导文明新风，涌现出更多具有时代特征的职业标兵、服务明星、文明窗口，彰显生动丰富的职业精神，为塑造上海城市精神谱写新的篇章。

四、上海工会要充分履行职责，发挥群众组织的独特作用

工会组织是工人阶级的群众组织，是党联系职工群众的桥梁和纽带，是国家政权的重要社会支柱。维护职工合法权益，参与国家社会事务管理，动员职工积极投身经济建设，培养社会主义“四有”职工，始终是工会组织的光荣职责。在改革开放、发展社会主义市场经济的背景下，上海职工队伍发生了新的变化，工会工作的领域和内容更加广泛多样。各级工会组织要以“三个代表”重要思想为指导，不断解放思想，主动开展工作，充分发挥群众组织的独特作用。

工会工作要融入到上海现代化建设的大局中，只有把握全市工作大局，才能找准自己的定位；只有围绕大局，才能大有作为。当前，要紧紧围绕实施科教兴市战略、推进政治文明建设、塑造城市精神等全市重点工作，发挥自身的特点和优势，积极开展社会需要、基层拥护、职工欢迎的工作和活动，大力推进群众性经济技术创新活动，鼓励职工进行技术革新、技术发明、技术开发、技术改造，把广大职工的智慧和力量凝聚起来、发挥出来，形成万众一心、千军万马推进上海现代化建设的新局面。

积极适应社会情况的新变化，切实把维护广大职工的经济、政治和文化权益放到突出位置。充分发挥工会在协调社会利益关系和企业劳动关系中的积极作用，把维护职工利益和企业利益结合起来，把包括广大职工在内的社会各阶层的积极性进一步调动起来，形成所有中国特色社会主义事业建设者都能各尽其能、各得其所而又和谐相处的崭新局面。

积极探索工会组织设置的新模式，进一步扩大在非公有制企业、社会团体、社会中介组织中的影响力，做到哪里有职工哪里就有工会。不断转变工会的领导方式，加强工会干部的作风建设，坚持民有所呼、我有所应，克服行政化、机关化的倾向，做到计划来自群众、活动吸引群众、工作依靠群众，使工会组织具有磁场一样的凝聚力、一呼百应的号召力、职工之家的亲和力。

五、各级党委要加强和改善对工会的领导，支持工会依法独立自主地开展工作

工会工作是党的群众工作的重要组成部分，党的领导是工人运动健康发展的根本保证。全市各级党组织要进一步加强和改善对工会的领导，切实把工会工作纳入党组织的重要议事日程，定期听取工会工作汇报，研究和解决有关问题，支持工会依照法律、章程独立自主、创造性地开展工作。

在深化“凝聚力工程”建设中，要充分发挥工会的助手作用，在关心群众、凝聚群众方面多办实事、多办好事。特别是在新经济组织、新社会组织和一些非公有制企业中，通过工会组织把体制外的职工团结在党的周围，增强党的工作的渗透力和影响力。这也是新形势下进一步巩固和扩大党的阶级基础和群众基础的重要途径。

工会干部是党的干部队伍的组成部分，各级党组织要做好工会干部的培养、使用工作，采取多种形式、多种途径，为工会干部创造锻炼机会。通过加强干部交流、轮岗等办法，把一批年富力强的干部充实到工会的领导岗位上，优化工会干部的结构，努力培养和造就更多忠于党、忠于人民、忠于工运事业的工会活动家。

上海新世纪发展的光荣使命已经历史地落到了工人阶级的肩上。我们相信，全市广大职工一定会以投身现代化建设的高昂激情，发扬光荣传统，勇挑时代重担，展现新的风采，再创新的业绩。让我们在以胡锦涛同志为总书记的党中央领导下，高举邓小平理论伟大旗帜，全面贯彻“三个代表”重要思想，认真落实党的十六大精神，励精图治、开拓进取、团结拼搏，把上海改革开放和现代化建设事业不断推向前进！

突出重点 狠抓落实
为完成工会十四大确定的目标任务而努力
——在全总十四届三次主席团(扩大)会议上的工作报告

(2003年12月21日)

张俊九

各位委员、同志们:

刚才,王兆国同志作了重要讲话,就深入学习贯彻"三个代表"重要思想,引导广大工会干部进一步增强政治意识、大局意识、团结意识和群众意识,进一步增强做好工会工作的使命感、责任感,抓住重点、突破难点,推动全年各项工作取得新进展,提出了明确的要求。王兆国同志的讲话,有很强的政治性、思想性和指导性,我们要认真学习、深刻领会,努力贯彻落实到明年工会各项工作中去。下面,我受书记处委托,向主席团作工作报告。

一、一年来工会主要工作回顾

一年来,各级工会以"三个代表"重要思想为指导,深入学习贯彻党的十六大精神,围绕中心,服务大局,全面履行各项社会职能,突出维护职能,各项工作都取得了新的进展。

(一)兴起学习贯彻"三个代表"重要思想新高潮,深入贯彻党的十六大、十六届三中全会和中央经济工作会议精神。

各级工会把学习贯彻"三个代表"重要思想和党的十六大精神作为首要政治任务来抓。各省、自治区、直辖市总工会和各全国产业工会普遍开展了学习党的十六大精神系列活动。党的十六届三中全会和中央经济工作会议召开后,各级工会采取多种措施,认真学习贯彻会议精神。通过学习贯彻,广大工会干部和职工加深了对"三个代表"重要思想重大意义和科学体系的认识和把握,提高了用"三个代表"重要思想指导工作实践和改造主观世界的自觉性和坚定性。

(二)认真学习贯彻党中央关于工人阶级和工会工作的重要指示,积极筹备、成功召开中国工会十四大,认真贯彻落实工会十四大精神。

各级工会通过学习党中央关于工人阶级和工会工作的一系列重要指示,明确了工人阶级在推进全面建设小康社会中的历史使命,更加坚定了贯彻落实党的全心全意依靠工人阶级根本指导方针的自觉性,更加积极地团结引导广大职工为改革开放和现代化建设充分发挥工人阶级的主力军作用。各级工会围绕起草好报告、修改好章程、选好全总领导机构,以高度的责任感、饱满的热情,把筹备工会十四大的过程,变成统一思想、提高认识的过程,变成深入调查研究、扎实推进工作的过程。在党中央的亲切关怀和国务院的大力支持下,在全体代表的共同努力下,成功地召开了工会十四大。工会十四大以后,全总及时召开了十四届二次主席团(扩大)会议,认真学习胡锦涛同志"9·28"重要讲话和曾庆红同志的大会祝词。各地工会及时向党委汇报、向政府(行政)通报、向基层传达会议精神。通过学习贯彻,各级党政更加重视和支持工会工作,工会工作方向更加明确,广大工会干部和职工群众精神更加振奋,工会工作出现了蓬勃发展的新气象。

(三)积极引导广大职工充分发挥工人阶级主力军作用,夺取防治非典和经济发展双胜利。

面对今年突如其来的非典疫情,各级工会团结动员广大职工,万众一心抗非典,迎难而上保发展,与全国人民一道,夺取了抗击非典阶段性重大胜利,为保持国民经济良好发展势头作出了贡献。

各级工会继续积极推进职工经济技术创新工程,推动职工经济技术创新活动向多层面、多方位、多角度深入开展。全总在国家三大重点工程——三峡工程、青藏铁路工程、西气东输工程开展了重点工程劳动竞赛,制定了《全国职工创新示范岗、创新能手评选办法》和《全国总工会职工技术成果奖励暂行办法》。全总表彰了抗击非典的先进集体和个人。各地、各产业工会结合本地区、本产业实际,开展了多种形式的劳动竞赛,近20个省级工会开展了创新工程示范岗和创新能手评选活动。全总及时表彰和慰问了在"神舟五号"飞船载人飞行试验中作出突出贡献的先进集体和个人。

各级工会积极协助党政加强职工队伍建设。组织开展了群众性精神文明创建活动和"创建学习型组织、争做知识型职工"活动。全总重新修订了职工职业道德"双十佳"评选表彰办法,举办了全国职工计算机知识普及应用活动汇报表演,并与国家有关部委联合举办了全国职工职业技能大赛,开展了全国"五一文化奖"评选活动,与国家体育总局等部门联合举办了"红色之路"全国职工团队健身挑战赛。全国有近三分之一的省级工会与有关部门联合实施了职工素质建设工程。

(四)积极协助党和政府推进再就业工作,努力为广大职工特别是困难职工办好事、办实事。

各级工会认真贯彻落实全国再就业工作会议精神，加大对落实再就业政策尤其是各项优惠政策的监督检查力度，及时向党和政府提出推动落实再就业政策的对策建议。全总发出了关于坚决制止用人单位非法解除非典患病职工或疑似非典患病职工劳动关系的紧急通知，维护职工的劳动权益。各地工会创办了一批再就业基地，大力开展职业培训、职业介绍工作。全总参与了国务院再就业工作部际联席会议的有关工作，重点参与了《关于国有大中型企业实行主辅分离、辅业改制和分流安置富余人员中劳动关系的处理办法》等文件的起草修改工作。

继续大力实施送温暖工程。元旦、春节期间，各级工会共筹资25.3亿元，走访慰问困难企业10.6万家、困难职工589.2万户。积极兴办困难职工帮扶中心，到今年6月底，全国共有10个省级总工会、235个地市级总工会和700多个县级总工会及部分行业工会建立了困难职工帮扶中心，经验收合格的省、地市级困难职工帮扶中心已达200个。帮扶中心已累计帮扶困难职工160.8万人次，其中推荐就业31.1万人次，就业培训19.2万人次，生活救助19.2万人次，累计发放救助款1.72亿元。

切实维护进城务工人员的合法权益。针对一些企业存在侵犯进城务工人员合法权益比较严重的情况，全总向党中央、国务院就清欠进城务工人员工资问题提出了对策和建议；下发了《关于切实做好维护进城务工人员合法权益的通知》；会同中央统战部、劳动保障部、全国工商联，联合下发了《关于充分发挥各自优势，共同做好维护职工合法权益工作的通知》，全总还就贯彻四家联合《通知》下发了文件，并建立了四家联系协调工作机制，共同研究协商解决有关维护职工权益问题。各地各产业工会把解决企业拖欠职工工资问题作为维护进城务工人员合法权益的一项重要工作来抓，取得了一定成效。

努力帮助劳模特别是困难劳模解决生产生活问题。经全总积极争取、国务院批准，国家财政拨出专款，向全国劳动模范发放了慰问金、生活困难补助金和特殊困难帮扶资金。“两会”期间，全总组织香港工商界人士捐款，定向资助工会发展劳模疗休养事业，继续举办“爱心献劳模”活动，资助全国劳模3519人、全国五一劳动奖章获得者1062人，继续组织全国劳模到北戴河、青岛等地疗休养。全国有16个省、自治区、直辖市制定了劳模管理办法，15个省、自治区、直辖市设立了劳模荣誉津贴，8个省、自治区、直辖市为劳模办理了补充养老保险，20多个省、自治区、直辖市总工会定期组织劳模进行体检和疗休养，还有一些省、直辖市建立了劳模医疗优诊制度。一些地方从今年开始每年拨出专款，解决省部级劳模生活困难、住房困难和医疗费拖欠问题。

加强群众性安全生产卫生宣传教育和监督检查工作。积极参加重、特大伤亡事故的调查处理，健全工会劳动保护监督检查三级网络体系，总结推广劳动安全卫生先进典型经验。有10万家企业、5000万名职工参加了由工会与有关部门共同组织的“安康杯”竞赛活动。

（五）进一步加强源头参与和协调劳动关系机制建设，促进劳动关系的协调稳定。

工会十四大前夕，中共中央政治局常委、国务院副总理黄菊同志主持召开全总与国务院与有关部门的座谈会，专门研究解决当前涉及职工群众切身利益和工会工作的一些重大问题。此后，国务院办公厅负责同志就落实会议精神专门到全总听取意见。目前，全国已有22个省、自治区、直辖市建立了工会与同级政府联席会议制度，有19个省、自治区、直辖市联席会议工作向市、县发展。全国和地方的一些产业工会与对口产业部门、行业协会建立了联席会议制度。全总向全国人大提出了立法规划建议；重点参与了《工伤保险条例》等法律法规的修改；推动最高人民法院制定了《关于在民事审判工作中适用〈中华人民共和国工会法〉若干问题的解释》。有19个省、自治区、直辖市出台了《工会法》实施办法。有16个省出台了地方性《集体合同条例》，一些地方制定了《职工民主管理条例》，有的省还制定了《企业职工代表大会条例》。全总与劳动保障部、中国企联召开了全国推进劳动关系三方机制建设经验交流会。全国有30个省、自治区、直辖市已经建立劳动关系三方协调机制，并正向市、县、乡镇（街道）延伸。各级工会继续坚持和完善职代会制度和平等协商、集体合同制度，推进厂务公开工作，促进了基层协调劳动关系机制建设。

全总与有关部委就所谓“职工维权组织”的情况进行了调研，并向党中央报送了调研报告，引起了党中央的高度重视；为协助各地党政做好职工队伍稳定工作，全总下发了紧急通知，提出了明确要求。各级工会进一步加强信息、信访工作，积极协助有关方面处理职工群体性事件。

（六）积极推进工会自身建设，工会组织的吸引力和凝聚力进一步增强。

各级工会适应新的形势任务要求，以改革精神继续加强思想、组织、作风建设，取得了明显成效。

各地工会大力加强基层工会组织建设，在继续抓好新建企业工会组建工作的同时，重视已建工会的巩固、提高和作用的发挥，加强了工会基层组织规范化建设。全总下发了《关于在新形势下深入开展建设职工之家活动的意见》。各地结合实际制定动态组建目标，推动建会工作重点难点问题的解决。继续加强开发区、乡镇（街道）、社区工会和区域性、行业性工会联合会的建设，不断扩大工会组织的覆盖面，提高职工入会率。继续广泛深入开展建设职工之家和“双爱双评”活动，不断充实新内容，基层工会组织的活力有所增强。

工会干部队伍建设特别是工会领导班子建设得到加强。全总抓住省市工会换届的契机，加大干部协管工作的力度，促进了省级工会领导班子建设。工会主席由同级党政副职干部担任的工作取得进展，目前，全总党组协管的36个省级工会领导班子中，已有28名工会主席由同级党政副职担任。全总新一届领导班子进一步完善了主席会议和书记处会议制度，并研究部署了进一步推进全总领导班子和机关干部队伍建设的工作。

各级工会通过举办学习贯彻“三个代表”重要思想培训班、工会业务培训班（全总分期分批举办了局级、处级和科级干部培训班)，使广大工会干部提高了用“三个代表”重要思想统领工会工作全局的自觉性和坚定性，为做好新世纪新阶段的工会工作打下了坚实的思想基础。

一年来，产业工会工作、工会女职工工作、工会财务工作、工会经费审查工作、工会劳动福利事业、与港澳台工会交流和工会国际工作也都取得了新的进展。

在肯定成绩的同时，我们还要看到，工会工作与党的要求、职工群众的期盼和形势发展的需要还有一定差距。主要是：还有大量非公有制企业职工、进城务工人员没有组织到工会中来，基层工会尤其是非公有制企业工会的规范化建设亟待加强；工会协助党政解决职工生产生活问题还有大量工作要做；一些国有企业改制和政府机构改革后工会组织体制没有理顺；工会理论政策研究工作相对滞后；上级工会对下指导服务不够，等等。这些都要求我们在今后的工作中努力加以解决。

二、2004年工会工作的指导思想和重点

2004年是实现“十五”计划的关键一年，是工会十四大后的开局之年。我们要全面贯彻党的十六大、十六届三中全会和中央经济工作会议精神，认真落实全国宣传思想工作会议和全国人才工作会议精神，努力实现王兆国同志在中国工会十四大报告中提出的“五个新”的要求和“六个更加”的目标任务，以“三个代表”重要思想统领工会工作全局，开创新世纪新阶段工会工作新局面。为此，一定要抓住机遇、迎接挑战、着眼全局、突出重点，锐意进取、狠抓落实。2004年工会工作的指导思想是：以邓小平理论和“三个代表”重要思想为指导，认真学习贯彻党的十六大、十六届三中全会和中央经济工作会议精神，紧紧围绕发展这个党执政兴国的第一要务，努力实现工会十四大提出的目标任务，全面履行工会各项社会职能，突出维护职能，大力加强工会基层建设，关心职工生产生活问题，团结动员广大职工，为全面建设小康社会、加快推进社会主义现代化贡献力量。明年的工作重点是：加强工会基层建设，发挥基层工会作用；关心职工生产生活，维护职工切身利益。

做好2004年的工会工作，要以“三个代表”重要思想为指导，全面贯彻党的十六大精神，着眼于服从经济建设这个中心和全党全国工作大局，着眼于促进社会全面进步和人的全面发展，始终坚持自觉接受党的领导，始终坚持以“三个代表”重要思想统领工会工作全局，始终坚持紧紧围绕发展这个党执政兴国的第一要务开展工作，始终坚持履行表达和维护职工合法权益的基本职责，在实践中不断开拓前进。各级工会组织要按照党中央的统一部署，兴起学习贯彻“三个代表”重要思想的新高潮，认真落实立党为公、执政为民的本质要求，与党中央保持高度一致，讲政治、讲大局、讲团结，加强思想政治工作，把思想政治工作寓于工会各项工作之中，在用“三个代表”重要思想武装工会干部和广大职工的头脑、指导工会工作实践、推动工会工作上取得新成效。全面建设小康社会是全党全国人民在新世纪新阶段的历史任务，也是新世纪新阶段我国工人运动的主题。牢牢把握这一主题，把广大职工团结和组织起来，为全面建设小康社会、加快推进社会主义现代化贡献力量，是新世纪新阶段工会组织的根本任务。工会组织要围绕中心、服务大局，履行职责、发挥作用，大力推动党的全心全意依靠工人阶级根本指导方针的贯彻落实，充分发挥工人阶级在全面建设小康社会中的主力军作用。要最大限度地把广大职工组织到工会中来，在改革、发展、参与、帮扶过程中维护好广大职工的合法权益，保护、调动和发挥好广大职工的积极性、主动性和创造性，并把这种积极性、主动性和创造性引导到促进改革发展稳定大局上来。同时要教育和引导职工正确对待改革过程中的利益关系调整，识大体、顾大局，积极支持改革、参与改革、推进改革。

工会十四大已对今后五年的工会工作作了全面部署，明年的工会工作在全总2004年工作要点中已做了安排，两项工作重点已经明确。下面我就做好明年的工作再强调几个问题。

（一）努力提高职工队伍整体素质，团结动员广大职工在全面建设小康社会中充分发挥工人阶级主力军作用。

教育引导广大职工努力提高自身素质，团结动员广大职工为促进社会主义物质文明、政治文明和精神文明建设协调发展发挥主力军作用，是工会工作服从服务于党和国家工作大局的长期的重要任务。各级工会要协助党政组织积极推进人才强国战略的实施，全面提高职工队伍的政治思想道德素质、科学文化素质、健康素质和劳动技能，弘扬和培育民族精神，使广大职工成为艰苦创业、勤奋学习、增进团结的模范，努力建设“四有”职工队伍，不断发展工人阶级的先进性。要加强职工思想政治工作，引导职工树立正确的世界观、人生观、价值观；深化职工职业道德建设，教育职工树立爱岗敬业、诚实守信、办事公道、服务群众、奉献社会的职业道德。大力开展“创建学习型组织、争做知识型职工”活动，制定开展“创争”活动的规划和考核评估体系，倡导职工树立终身学习的理念，努力提高广大职工的学习能力、创新能力、竞争能力和创业能力。积极推动用人单位贯彻国家有关职工教育和职业培训的法律法规，保证职工教育经费的落实，促进职工技术技能资格认证考核评估体系的建立，推动职工技术交流，培养和造就一大批具有较高素质、掌握较高技能的技术工人。督促和协助地方政府及企业行政，加强对下岗失业人员的转岗就业技能培训，对进城务工人员进行引导性培训和职业技能培训。整合工会宣传文化资源，形成工会宣传舆论声势，发挥工会舆论监督作用。推进工人文化宫、俱乐部和职工学校的改革发展，打造职工文化精品，更好地满足广大职工日益增长的精神文化需求。

各级工会要围绕明年经济工作的各项任务，深入实施职工经济技术创新工程，大力开展各种形式的职工经济技术活动。要大力拓展职工经济技术创新工程的领域，丰富内容，创新形式，完善保障和激励机制，使职工经济技术活动真正取得实效。继续开展多种形式的劳动竞赛活动，特别是开展三峡工程、青藏铁路、西气东输、西电东送、南水北调等重点工程建设竞赛活动，以及评选表彰“创新示范岗”、“创新能手”活动，将广大职工的主人翁积极性和创造性，有效地凝聚到推动企业发展和加速社会主义现代化建设上来，为推动科技进步、提高经济效益贡献智慧和力量。

要大力宣传劳模先进事迹，弘扬劳模精神，营造学习劳模、尊重劳模、关爱劳模、崇尚劳模和争当劳模的社会氛围，充分发挥劳模的先锋模范作用。完善劳模工作机制，加强对各条战线劳动模范和先进人物的培养、选拔、管理和服务，探索建立保持劳模先进性的激励机制。与有关部门一起做好2005年全国劳动模范表彰大会的筹备工作。

（二）切实加强工会基层建设，充分发挥基层工会作用。

加强工会基层建设，就是要按照党中央的要求，最广泛地把职工群众组织到工会中来，最充分地把工会组织的活力激发出来。

一是要继续抓紧抓好工会组建工作。要在巩固已取得成果的基础上，进一步加大工作力度，确保工会组建率和职工入会率不断提高，使工会组建与不断变化的企业状况相适应，会员发展与不断壮大的职工队伍相统一，组织体制与不断加快的工业化、城镇化进程相协调。从明年开始到2008年，全国每年要发展会员660万人。为实现这个目标，要做到凡是与用人单位确立了劳动关系或事实上形成劳动关系的劳动者，都要作为会员发展的对象，并尽可能启发职工的团结意识和组织意识，引导他们自觉加入工会。在突出抓好非公有制经济单位和进城务工人员工会组建工作的同时，切实加强国有、集体改制企业工会组织的整顿和重建工作，继续推进机关、事业单位工会的组织建设。从实际出发，积极探索、创新工会组建的方式，可以按行业、区域或就业群体的不同，建立不同类型的基层工会联合会，也可以由两个以上单位的会员建立联合基层工会；积极探索把进城务工人员组织到工会中来的各种组织形式，可以以重大项目工程，以楼、街、集市，以街坊小区、农村村区等为单位，组建进城务工人员工会联合会。适应会员尤其是进城务工人员流动频繁的特点，探索新的入会方式和会籍管理办法。积极探索县（市）、乡镇、基层单位三级联手促建会的途径，强化建会工作机制建设，建立完善评选表彰、定期通报等建会激励机制。加强工会组建工作的组织领导，建立健全工会基层组织建设工作领导协调机构，同时，要借助社会力量，与工商联等组织密切配合，共同做好工会组建工作，推动"党委重视、政府支持、工会运作、各方配合"工作格局的进一步完善。

二是要充分发挥基层工会的作用。要加强工会基层组织规范化建设，依法规范基层组织尤其是非公有制企业工会工作，把《工会法》、《中国工会章程》的规定落实到基层，实行基层工会社团法人资格认证。要推动不同类型的基层工会建立和完善与社会主义市场经济体制相适应的各种维权机制和制度，包括职代会和厂务公开制度、平等协商和集体合同制度、安全生产监督制度、劳动争议调解制度等。国有企业工会要积极主动地参与企业改制工作，创造性地做好股份制和混合所有制企业工会工作，非公有制经济单位工会要努力探索开展工作的有效方式方法。进一步推进基层工会的群众化民主化法制化建设，建立完善基层工会的各项民主制度，坚持工会会员（代表）大会各项制度，做到按期换届选举等。深入贯彻落实好《中华全国总工会关于在新形势下深入开展建设职工之家活动的意见》，明确"建家"的指导思想和总体要求，把工会基层组织的各项重点工作纳入"建家"活动之中，坚持继承与创新相结合，把基层工会建设成为组织健全、维权到位、工作规范、职工信赖、企业支持的职工之家。非公有制企业工会要继续开展"双爱双评"活动，并与建设职工之家活动结合起来。在落实"建家"基本要求和发挥基层工会作用的内容和标准上，对不同地区、不同类型企业、不同发展水平的基层工会，可以根据实际情况有所区别。要采取各种有效措施，切实发挥基层工会在协调劳动关系、维护职工利益、促进企业发展中的作用。

三是要加强县级和乡镇（街道）工会建设。加强县级工会和乡镇（街道）工会建设，对于加强工会基层建设具有十分重要的意义。上级工会要关心和支持县级工会工作，积极主动地协助党委选好配强县级工会领导班子；加强对县级工会干部培训，为县级工会推进工作创造良好的条件；加大对县级工会特别是西部地区县级工会的财力支持，努力为县级工会发挥作用、服务基层奠定必要的基础；区别各地不同情况，加强对县级工会工作的分类指导。要从实际出发，依法对乡镇（街道）工会加以规范，民主选举乡镇工会委员会或乡镇工会联合会负责人，推动区域性、行业性等各种形式基层工会联合会的建立；要开展"示范达标乡镇（街道）工会活动"，突出履行维护职能，将基层工会难以承担的部分维权职能承担起来，充分发挥这一级工会组织的作用。

四是各级工会领导机关要加强对基层工会的指导和服务。要坚持把工作重点放在基层，加强调查研究，搞好典型示范，实行分类指导，为基层提供理论、法律、政策和信息等方面的服务。全总要制定加强工会基层建设、激发基层工会活力的指导性文件，召开全国工会基层建设工作会议，研究工会基层建设中存在的问题，采取有效措施，推动工会基层建设工作迈上新台阶。在适当的时候，召开全国县级工会工作经验交流会，推动搞好县级工会建设。

（三）关心职工生产生活，维护职工切身利益。

关心职工生产生活，维护职工切身利益，当前，工会就是要协助党政组织解决职工就业再就业、收入分配和社会保障、劳动安全卫生等方面的问题。

要着力抓好困难职工帮扶中心建设。困难职工帮扶中心是工会协助党和政府解决困难职工生产生活问题的重要载体，是工会为党和政府分忧、为困难职工服务、展示工会形象的窗口。建设困难职工帮扶中心是推动送温暖活动朝着经常化、制度化、社会化发展的重要举措。各地工会要继续按照《中华全国总工会关于建立困难职工帮扶中心的意见》的要求，坚持面向职工、及时帮扶、快捷准确、释疑解惑、拾遗补缺、救急济难、因地制宜、长期坚持的原则，进一步加强对困难职工帮扶中心的规范性建设。通过强化组织领导，明确工作职责，健全机构设置，保证人员配备，加强制度建设，搞好内外协调，自上而下地扎实推进困难职工帮扶中心建设，做到成熟一个，建立一个，办好一个。要积极营造良好的社会环境，通过积极争取地方财政拨款补助和社会各界大力捐助，加大工会经费向帮扶中心倾斜的力度，构建稳定的资金来源渠道；要切实加强帮扶资金的管理和运作，建立健全相关的规章制度，提高帮扶资金的使用效率。困难职工帮扶中心要根据本地实际创造性地开展帮扶工作，通过信访接待、政策咨询、法律援助、职业介绍、职业培训、小额贷款、特困救助等多种形式和途径，为困难职工提供直接、快捷、方便的帮助和服务。要进一步丰富帮扶手段，健全帮扶组织网络，积极与政府有关部门和社会各方面协调配合，以促进再就业为重点，开发解决困难职工现实问题的新项目，帮助解决困难职工在就业、生活、医疗、住房、子女上学等方面遇到的实际困难和问题。

要进一步加大参与再就业工作的力度。继续协助各级政府部门、就业服务机构开展工作，并监督用人单位切实落实各项再就业政策，促进下岗职工、城镇新增劳动力和进城务工人员实现就业，推动中央下达到各地的再就业工作目标任务顺利实现。召开再就业工作经验交流会，表彰工会促进再就业示范单位。明年各地将有一大批国有大中型企业要启动主辅分离、辅业改制和分离安置富余人员工作，将要分离出来的富余人员数量较大，各级工会对这项工作要高度重视，积极参与。有改制任务的大中型国有企业的工会组织，要参加改制分流工作领导机构，参与改制分流方案的制订，切实维护职工的合法权益。改制分流方案特别是职工经济补偿、资产处置、股权分配和职工分流安置等重大问题，必须在向上级政府有关部门报批前经过企业职工（代表）大会审议通过。要努力发挥自身优势，通过工会职业培训和职业介绍机构、工会再就业基地、实施小额贷款项目、领导干部“一帮一”等多种形式，为下岗失业人员实现再就业办实事，努力实现全总提出三年三个150万的工作目标。

要积极协助党政组织和企业做好收入分配和社会保障工作。推动制定治理企业工资拖欠的法规、规章和政策，完善工资支付制度，建立工资支付监控体系，切实解决企业拖欠职工工资问题；注意研究和解决企业工资分配特别是进城务工人员工资分配中存在的问题。继续参与完善城镇社会保障体系试点工作，协助做好“三条保障线”的衔接工作；促进建立企业年金、医疗补充保险制度，以及社会医疗救助制度和多层次医疗保障体系。

要建立健全劳动安全卫生监督制度。监督企业落实国家各类劳动保护标准，不断改善职工的劳动和生活条件。积极推动“安全第一、预防为主”方针的落实，注重发挥工会劳动保护监督检查三级网络的优势，会同有关部门进行安全生产大检查和有毒有害化学品专项整治的督察工作，督促企业严格执行安全生产“三同时”制度。

要切实关心困难劳模的生活和身体健康。继续做好生活困难劳模的帮扶工作，推动并督促各项劳模政策的落实。重视劳模生活困难补助金、特殊困难帮扶资金和春节慰问金的发放工作，确保发放工作平稳顺利进行。

各级工会干部要深入到困难突出、矛盾集中的地方和企业中去，倾听职工呼声，反映职工要求，通过参与、帮扶和监督等各种途径，与政府有关部门和社会有关方面一道，推动职工群众生产条件的改善和生活水平的提高，尽心竭力为职工群众特别是困难职工提供帮助。2004年元旦、春节将至，各级工会要与党政部门密切配合，带着对职工群众的深厚感情，扎扎实实地开展好“两节”期间送温暖活动，把党的温暖、政府的关怀送到职工的心坎上，使每个困难职工家庭都能过一个欢乐、祥和的节日。

三、统筹兼顾，全面推进工会各项工作

工会工作是一个相互联系、相互促进的统一整体。我们一定要着眼全局，统筹兼顾，突出重点，整体推进，努力提高工会工作的整体水平。

（一）积极参与涉及职工利益法律法规和政策的制定。

要推动《社会保险法》、《劳动合同法》、《就业促进法》、《企业破产法》等法律法规的制定和《职工代表大会条例》的修改，推动民主管理立法和劳动争议处理方面司法解释的出台。要加强对地方工会参与立法工作的指导，继续推动《工会法》实施办法的制定工作。以纪念《劳动法》颁布10周年为契机，配合各级人大加大对《工会法》、《劳动法》等法律法规的执法检查力度，监督有关法律法规的实施。要进一步推动建立和完善工会组织与同级政府（行政）的联席（联系）会议制度，特别是要加大参与各级政府制定涉及劳动就业、收入分配、社会保障、劳动安全卫生和教育培训等政策的工作力度。

（二）加强协调劳动关系机制建设。

继续加强劳动关系三方协调机制的建设，推动三方解决当前劳动关系中的难点、热点问题。要加强与劳动保障部门、用人单位的沟通，加强劳动争议调解组织和仲裁机构的建设，提高工会参与劳动争议调解和仲裁的工作水平，促进劳动争议的妥善解决。坚持和完善职工代表大会和其他形式的企事业民主管理制度，进一步推动建立和完善现代企业制度中的职工董事和职工监事制度，把全心全意依靠工人阶级办企业制度化、规范化。要以非公有制企业为重点，继续推行平等协商、集体合同制度，积极发展区域性、行业性平等协商、集体合同制度和单项集体协议，加大推行工资集体协商工作力度，建立健全履约责任和监督制约机制，力争在建制率和覆盖面上取得新的突破，同时要做好改制重组企业集体合同续签、重签工作，指导职工签订劳动合同。

（三）切实做好维护职工队伍和社会政治稳定的工作。

要认真研究经济和产业结构调整，国有企业改制过程中涉及职工利益的各种问题，教育和引导广大职工理解改革、支持改革、投身改革，协助有关方面妥善处理好改革力度、发展速度与职工承受程度的关系。要及时准确把握职工群众的思想动态，畅通信息渠道，反映职工群众的愿望和呼声。建立和完善劳动关系矛盾预防、预报、预警机制，做好化解矛盾、理顺情绪、释疑解惑的工作，协助党政妥善处理职工群体性事件，切实把问题解决在基层、解决在萌芽状态。

（四）努力加强工会自身建设。

明年要着重做好以下工作：一是进一步理顺产业、地方和中央企业工会的领导关系。适应建立健全现代产权制度、完善国有资产管理体制、深化国有企业改革的需要，进一步加强对中央企业工会工作的领导。探索企业集团组建工会的形式，按照产业与地方相结合的组织领导原则，处理企业集团工会与分公司、子公司工会的关系，发挥地方工会和产业工会对企业集团分公司、子公司工会的指导作用。探索区域性产业工会的组建方式，在政府机构改革过程中妥善解决地方产业工会面临的新情况、新问题，充分发挥产业工会的作用。二是要加强理论政策研究工作。紧紧围绕新形势、新任务、新要求，尤其是贯彻党的十六届三中全会《决定》，完善社会主义市场经济体制给职工和工会带来的新情况、新问题，结合明年的重点工作，组织和整合全会力量，深入基层，开展调研，拿出有针对性、前瞻性的成果，在建立完善有效的工会工作机制和制度，形成合理的工作布局，工会组建和基层工会作用发挥，解决职工群众生产生活问题等方面，特别是在维护进城务工人员合法权益上，提出对策和建议，为推进重点工作提供理论政策服务。这里需要强调的是，党中央一直高度重视工青妇工作，作出了一系列重要指示，为做好工青妇工作指明了方向。各级党委在加强和改善对工青妇工作的领导中，也积累了宝贵经验。为进一步加强新形势下的工青妇工作，需要了解情况，分析问题，总结经验，从而提出有针对性的意见和建议。明年，我们将组织力量，围绕这一问题进行调研，会后就要启动。希望各级工会予以高度重视，共同努力做好这项工作。三是继续加强工会领导班子建设和干部队伍建设。要建立起向各级党委定期汇报的制度，更好地坚持自觉接受党的领导。强化各级工会干部的政治意识、大局意识、团结意识和群众意识，不断增进与职工群众的感情，保持不怕困难、迎难而上的精神状态，不断解放思想、更新观念、与时俱进。认真贯彻落实《党政领导干部选拔任用工作条例》，加大协管干部力度，按照干部“四化”标准和德才兼备、群众公认原则，选好配强各级工会领导班子。各级工会领导干部要坚持谋全局、把方向、议大事、抓重点、求实效，不断提高理论政策水平、参政议政能力、组织领导艺术以及为基层服务的自觉性。不断加大工会干部教育培训和交流的力度，建立健全促进工会干部全面提高素质、健康成长的机制，完善干部选拔、学习培训、轮岗交流和挂职锻炼等制度，强化对干部的监督机制，创造干部健康成长的环境。要继续加强工会女职工工作，加强工会财务和经审工作，积极发展工会劳动福利事业，搞好工会统计调查工作和信息化建设，推动各项工作取得新的进展。

要进一步做好工会外事工作。全面加强对大国、周边和发展中国家工会的双边工作力度，继续做好三大国际工会组织和区域性工会组织工作，积极参与国际劳工组织等多边组织活动，通过双边和多边的各种渠道，为我会参加2005年国际劳工局理事会换届选举创造条件。紧紧围绕工会十四大提出的目标任务，制订工会国际调研工作五年规划，坚持战略性、长远性、前瞻性和全局性的统一，有计划、有步骤地完成基础性国际调研、政策性国际调研和战略对策性国际调研任务。制订工会国际培训工作五年规划，搞好工会国际培训工作，进一步提高工会干部为改革开放和现代化建设服务的能力。

继续加强与港澳台工会的交流，为保持香港、澳门的繁荣稳定和实现“和平统一、一国两制”的对台基本方针服务。

同志们，让我们以邓小平理论和“三个代表”重要思想为指导，紧密团结在以胡锦涛同志为总书记的党中央周围，振奋精神、开拓进取，努力开创工会工作新局面，团结动员广大职工，为完善社会主义市场经济体制、全面建设小康社会，作出新的更大的贡献！

在上海市总工会十一届一次全委会上的讲话

（2003年6月12日）

王 安 顺

刚刚召开的上海市工会第十一次代表大会，是一次继往开来、求真务实、团结鼓劲的大会，会议开得很成功。市委和全总对这次会议很重视，陈良宇同志出席开幕式并作了重要讲话，对全市各级工会组织和广大职工群众提出了要求和希望，全总也专门发来贺电。大家一定要认真学习，深刻领会，并贯彻落实到实际工作中。

这次大会经过全体代表充分酝酿，选举产生了新一届市总工会委员会，我代表市委向新当选的上海市总工会十一届委员会主席、副主席、常务委员和经费审查委员会委员表示热烈的祝贺！市总工会新一届领导班子整体素质较高,群众基础良好,人员结构合理,体现了先进性、代表性、广泛性的特点,体现了革命化、年轻化、知识化、专业化的要求。市委相信,市总工会新一届领导班子一定能顺应新时期上海经济和社会发展的要求,担当起上海工会事业继往开来、进一步蓬勃发展的重任。

刚才,陈豪同志作了一个很好的讲话,明确了新一届委员会当前和今后一个时期工作的目标,并作出了具体的安排,很全面,我完全同意。下面,我代表市委再提几点要求。

一、进一步增强用“三个代表”重要思想指导新时期工会工作的自觉性

要真正运用“三个代表”重要思想指导新时期工会工作,就要在增强自觉性上下功夫。增强自觉性,需要提高三个方面的认识。

(一)“三个代表”重要思想是我们新时期一切工作包括工会工作的理论指南。

马克思主义具有与时俱进的理论品质,“三个代表”重要思想就是马克思主义在当代中国与时俱进发展的必然结果和充分体现。“三个代表”重要思想是对马克思列宁主义、毛泽东思想和邓小平理论的继承和发展,是在科学判断党的历史方位的基础上提出来的,反映了当代世界和中国发展变化对党和国家工作的新要求,是行动中的马克思主义,是中国化的马克思主义的最新理论成果。因此,“三个代表”重要思想不仅是加强和改进党的建设需要长期坚持的指导思想,是推进我国社会主义现代化建设事业的强大思想武器,也是做好新时期工会工作的根本理论指南。这说明,“三个代表”重要思想完全能指导我们新时期建设和发展的新实践,包括工会事业的建设和发展。

(二)新时期工会工作发展变化的新情况需要用“三个代表”重要思想来指导。

随着现代化建设事业的不断发展,随着社会主义市场经济体制的逐步建立健全,工会工作面临着许多新情况、新问题、新挑战。比如,工会工作对象的领域范围发生了巨大变化。国资管理体制和国有企业改革的深化,第三产业和新兴服务业等的迅速发展,使工会工作对象的领域范围大大扩展。又比如,职工队伍的结构构成发生了重大变化,既有失业下岗工人群体,也有知识分子创业群体,既有国有企业、国家机关事业单位职工群体,也有非公企业、多元产权制企业中的职工群体,上海职工队伍的构成成分日益多样化。再比如,工会工作对象的思想观念发生了重大变化,随着上海与国际经济联系的不断紧密,劳动关系日益复杂化,在一个更加开放的社会环境下,各种思潮、价值观念和生活方式也对广大职工群众带来了一定影响,增加了工会工作开展的难度。还比如,社会利益格局发生了巨大变化,人民内部矛盾有了种种新的表现形式,复杂化趋势不断加剧,群体性突发事件发生的概率增大,协调的任务越来越重。所有这些新情况、新变化都加大了新时期工会工作的难度,所引发的一系列理论和实践问题都需要作出强有力的说服和解释。伟大的实践需要伟大的理论。所有这些难题,都要以“三个代表”重要思想为指导来加以破解。

(三)运用“三个代表”重要思想指导新时期工会工作,要不断把握总结新规律。

党的十六大报告强调,我们一定要适应实践的发展,以实践来检验一切,自觉地把思想认识从那些不合时宜的观念、做法和体制的束缚中解放出来,从对马克思主义的错误的和教条式的理解中解放出来,从主观主义和形而上学的桎梏中解放出来。对于工会工作来说,我们就是要学会运用“三个代表”重要思想的理论和方法,加强对社会主义现代化建设规律的研究,加强对新时期职工群众队伍发展变化规律的研究,加强对新时期工会工作规律的研究,加强对工会自身建设规律的研究。通过认识规律、总结规律、掌握规律,不断破解难题,推动工会工作和工会事业向前发展。

解决思想认识问题是增强自觉性的前提。对以上三个方面的认识理解透彻了,在工会工作实践中贯彻运用“三个代表”重要思想的坚定性也就增强了,自觉性也就提高了。希望市总工会新一届领导班子和广大工会干部一定要首先在思想认识上到位,不断提高和增强运用“三个代表”重要思想指导工会工作的自觉性。

二、围绕中心、服务大局,进一步做好各项工会工作

工会组织是职工自愿结合的工人阶级的群众组织,是党联系群众的重要桥梁和纽带,是党的群众工作的重要组成部分。市总工会新一届领导班子要团结和带领全市各级工会组织和工会干部,认清所肩负的历史重任,增强光荣感和责任感,自觉把各项工作置于党和政府的工作大局中思考和把握,找准定位,体现作为,发挥作用。当前,要重点做好以下几个方面的工作。

(一)要明确新时期工会工作的根本任务,充分发挥工人阶级在上海新一轮发展中主力军的作用。

上海工人阶级从诞生的那天起,就是解放和发展生产力的主力军,就是推动历史发展和社会进步的主力军,就是实现我们党各阶段奋斗目标的主力军。上海取得的巨大成就是与我们工人阶级的共同参与和创造分不开的,上海未来发展的宏伟蓝图同样需要我们共同描绘。现在,上海已经确立并正在实施科教兴市战略,市委、市政府号召“走通华山一条路”,实现人均国内生产总值从5000美元到7500美元的跨越,推动上海新一轮发展。这是一个宏伟的目标,也是一项艰巨的任务,需要团结全市各行各业各界的力量,同心协力,艰苦创业,拼搏奋进。团结和带领广大职工群众为提升上海城市综合竞争力和率先基本实现现代化贡献智慧和力量,是全市各级工会组织和工会干部义不容辞的光荣职责,也是工会工作在上海新一轮发展中应当扎扎实实完成的根本任务。

多年来,上海各级工会组织和工会干部在团结带领职工群众支持改革、促进发展、维护稳定方面做了大量工作,取得了显著成效。在上海推进新一轮发展中,我们要继续发扬优良传统,紧紧围绕全局,将群众性经济技术创新活动和精神文明创建活动、职工素质工程建设、企事业民主管理等各项工作,同上海筹办世博会、培育城市精神、建设政治文明、健全社会保障体系和社会诚信体系等全局工作的具体要求相融合,广泛组织职工、宣传职工、发动职工、凝聚职工,把职工群众中蕴藏着的巨大的积极性和创造性充分调动起来、凝聚起来,转化为实现上海宏伟发展目标的巨大推动力。

(二)要认真履行基本职责,切实维护好职工群众的合法权益。

工会的桥梁和纽带作用发挥得好不好,在职工队伍中的地位、威信高不高,关键要看工会组织是不是真正履行了维护职工群众的合法权益这项基本职责。劳动者的合法权益能否得到有力维护,是事关改革发展稳定大局,事关经济和社会协调发展的大事。毫不动摇地坚持全心全意依靠工人阶级的指导方针,是我们党和国家的政治优势,也是社会主义事业蓬勃发展的重要保证。在改革发展稳定大局中,只有充分尊重、维护和保障广大职工群众的合法权益,才能使全心全意依靠工人阶级的指导方针得以真正贯彻落实,才能使职工群众的劳动热情得到正确引导和保护,才能使改革和发展获得强大的力量支持。

切实维护自己所联系的职工群众的合法权益,是工会组织的基本职责所在。全市各级工会组织和工会干部一定要立足长远,着眼大局,担负起维权的职能,把职工群众的经济、政治和文化权益实现好、维护好、发展好,继续保持上海心齐、气顺、劲足的大好局面;一定要从贯彻“三个代表”重要思想的高度,把竭诚为职工群众服务作为一切工作的出发点和落脚点,把维护职工群众合法权益的各项工作落到实处、抓出成效。维权要把握源头,积极参与有关协调劳动关系的法律法规的修订和实施,认真参加事关职工群众切身利益的规章制度和改革措施的制订和审议,使工会维权有法可依、有法必依。维权要健全机制,适应市场经济条件下劳动关系新特点的要求,积极探索和创新在企业、行业和区域中的平等协商和签订集体合同制度、三方协商机制、职代会制度、厂务公开制度等,形成和完善调整劳动关系的有效机制,实现工会维权的制度化、规范化、程序化。维权要突出重点,关注经济结构和产业结构调整过程中职工转岗分流的安置措施,关注企业转制改制过程中职工经济利益和民主权益的落实,关注不同所有制企业职工劳动生产条件的改善,关注特困职工和困难劳模的工作和生活,竭尽全力为他们排忧解难。

(三)要建立健全工会组织体系和工作体制,最广泛地团结和凝聚广大职工群众。

工会是党领导下的群众组织,是党联系职工群众的桥梁和纽带,它还有一项重要职责,就是必须自觉维护和巩固我们党的领导地位和执政地位。维护和巩固党的领导地位和执政地位的一个重要方面,就是要组织到位、工作到位。随着改革开放和社会主义现代化建设事业的不断发展,上海经济和社会结构将发生更为深刻的变化。工会工作要站在增强党的阶级基础和扩大党的群众基础的高度,毫不放松地抓好各级工会的组建工作,建立健全工会组织网络体系,最大限度地把各行业、各部门的职工群众组织到工会中,紧密团结在我们党的周围。

工会工作要在社会经济成分、组织形式、就业方式、利益关系和分配方式日益多样化的情况下,主动适应职工队伍的新变化,深入研究职工群体的不同需求,不断增强工会组织的凝聚力、吸引力。要研究如何适应国资管理体制和国有企业改革以及非公有制经济快速发展的形势,在扩大基层组织覆盖面的基础上,进一步改进和创新工作方式方法;要研究如何既兼顾社会各阶层的具体利益,又善于协调和整合各方利益,增强工会工作的影响力、渗透力。工会不仅要巩固在困难职工群众中的工作基础,还要加大在专业技术人员、青年职工等群体中的工作力度;不仅要维护好本市职工各方面的权益,也要把外来务工人员组织起来,保护他们的合法权益;不仅要重视经济结构调整中产业工会的建设,还要加强社区工会的组建,把非公经济组织和新社会组织的职工队伍纳入工作视野。只有工作方式方法创新了,工作制度健全完善了,才能使建立健全的组织网络体系更加巩固,工作有效性更为明显。

(四)要敢于和善于化解矛盾,妥善处理复杂的社会利益关系。

最广泛地把广大职工群众团结和组织起来,是巩固新时期党的执政基础、维护社会安定团结大好局面的一项根本保证。但在当前社会利益格局不断调整分化、利益矛盾关系不断复杂化的情况下,把广大职工群众团结和组织起来确实面临着许多困难和挑战。长期利益与短期利益、整体利益与局部利益、企业利益与个人利益、出资人利益与雇员利益、国家发展利益与社会群体利益等在不同时间、不同单位或企业有着千差万别的矛盾表现形式。这就要求我们各级工会组织和工会干部保持清醒的认识,勇于面对矛盾,充分发挥工会作为群众组织的职能优势,善于处理复杂关系,发挥好工会组织在群众工作方面不可替代的重要作用。

这里需要特别指出的是,职工群众从总体上讲是改革的受益者,但我们也必须看到,在社会转型、体制转轨、企业转制过程中,部分职工群众遇到了暂时困难,作出了局部牺牲,他们的利益可能会受到暂时的损失。对发展中的问题要通过加快发展来解决,对改革中的困难要通过深化改革来解决。各级工会要从讲大局、讲团结、讲稳定的高度,把维护职工群众现实利益与维护国家发展长远利益结合起来,积极妥善地化解复杂矛盾,既要引导职工群众理解改革、投身改革,又要帮助职工群众解决在改革过程中遇到的实际困难;既要引导职工群众自力更生、自谋职业、自主创业,又要千方百计为下岗失业人员再就业提供帮助;既要引导职工群众自尊自强、自立自信,又要积极主动地协助党和政府救急救难、扶贫帮困;既要引导职工群众自主学习、自我培养,又要想方设法为职工群众提高岗位技能创造条件;既要引导职工群众增强学法、懂法、用法的意识,又要真心实意地对权益受损的职工群众给予法律援助;既要及时全面反映职工群众的意愿和呼声,又要引导职工群众把党的主张化为自觉行动。总之,工会工作要把握好职工群众长远利益与现实利益的结合点,保证各利益群体共享改革和发展的成果,把广大职工群众的思想和行动统一起来,坚定职工群众对党的事业必胜的信心。

三、切实加强工会自身建设,进一步提高工会工作水平

在新选出的市总工会委员会中,既有经验丰富的老同志,也有年富力强的年轻同志,既有长期从事工会工作的专职干部,也有从其他领导岗位转过来的优秀干部,各区县工会班子换届后也是类似的情况。因此,面对新形势、新任务,加强各级工会班子的自身建设就显得十分必要和迫切。

(一) *要加强思想政治建设*。

加强思想政治建设,要牢固树立坚持党的领导的观念,把握好工会工作的方向。工会干部要学会把党的声音转化为工会的语言,把党的要求细化为工会的行动。加强思想政治建设,要把"三个代表"重要思想坚决、自觉地贯彻落实到工会的各项工作中。要按照中央的要求和市委的统一部署,兴起学习贯彻"三个代表"重要思想新高潮,把精心组织"三个代表"重要思想学习作为全市各级工会和工会干部当前和今后一个时期的首要政治任务。各级工会班子要认真组织好工会干部的学习,并通过工会干部的学习引导和带领全市广大职工群众深入学习。在学习中,要紧密结合工会工作实际,做到研究探索工会理论有新建树,工作范围有新开拓,工作体制、机制有新突破。

(二) *要加强组织建设*。

奋斗目标明确了,工作任务确定了,队伍就是关键。党的组织建设是这样,工会的组织建设也是这样。加强组织建设主要有两方面:一是要针对有的地方基层工会组织覆盖有空白点、工会工作有薄弱环节的状况,依法加强基层组织建设。二是要加强对各级工会干部的培训和教育,培养和教育出一批党的工会活动家。比如,可以充分利用工会系统的工会干部学院、工人文化宫等教育资源和阵地,结合党校、高校等单位,加大对工会干部的培训力度;同时,要为工会干部提供实践锻炼的机会,要关心他们的生活。总之,要建立一支稳定的高素质的工会干部队伍。

(三) *要加强作风建设*。

工会组织是党联系人民群众的桥梁和纽带,本质上是群众组织。要时刻注意加强和改进工会作风建设,注意克服和防止机关化、行政化的苗头和倾向。要坚持从职工中来、到职工中去的群众路线,时刻关注职工群众的利益和愿望,及时关心职工群众的安危和冷暖。要加强调查研究,不断增强工作的针对性和科学性。要出精神、有状态、鼓干劲,以良好的作风和精神面貌为广大职工群众多办事、办实事、办好事,不断增强工会组织的凝聚力、感召力。

刚刚胜利闭幕的上海市工会第十一次代表大会,为新时期上海工会工作明确了奋斗目标。会议选举产生了市总工会新一届领导班子,为全面完成大会提出的各项任务提供了坚强的组织领导保证。希望市总工会新一届领导班子带领和指导全市各级工会组织和工会干部,团结和凝聚全市广大职工群众,在邓小平理论和"三个代表"重要思想指导下,在市委领导下,不断解放思想、实事求是、与时俱进,开创上海工会事业和工会工作蓬勃发展的新局面,为新世纪上海新一轮发展再建新功、再立新业!

与时俱进　开拓创新　奋发有为
团结动员全市职工为上海新一轮发展贡献智慧和力量

——在上海市工会第十一次代表大会上的工作报告

(2003年6月10日)

陈　豪

各位代表,同志们:

现在我代表上海市总工会第十届委员会向大会作工作报告,请代表们审议。

一、过去五年的主要工作和基本经验

过去的五年,上海的改革开放不断深化,经济持续发展,城市面貌日新月异,人民生活水平日益提高,整个城市焕发出勃勃生机,为工运事业和工会工作提供了广阔的发展空间。上海工会抓住难得机遇,不断开拓前进。五年来,全市工会在市委和全总的领导下,以邓小平理论为指导,认真学习贯彻"三个代表"重要思想,紧紧围绕上海改革开放和现代化建设的中心任务,坚持贯彻党的全心全意依靠工人阶级指导方针,认真实践工会工作总体思路,切实履行维护职工合法权益的基本职责,努力探索具有上海特点的工会工作新格局,各项工作取得了新的进展和突破。工会第十次代表大会召开以来的五年,是上海工人阶级队伍不断壮大,整体素质日益提高,先进性进一步发展,在建设社会主义现代化国际大都市中作出新的贡献的五年;是上海工会围绕党的工作大局,积极发挥党联系职工群众的桥梁纽带和国家政权的重要社会支柱作用的五年;是全市广大工会干部振奋精神,求真务实,勇于实践,开拓创新,不断创造新时期工会工作新经验的五年。

(一)充分调动广大职工的积极性和创造性,工人阶级在改革开放和现代化建设中的主力军作用进一步发挥。

上海工会坚持把充分调动广大职工在改革发展稳定中的积极性创造性,发挥上海工人阶级的主力军和带头羊作用,作为工会服从和服务于全党工作大局的根本任务。各级工会组织广大职工,围绕建设上海工业新高地、重大市政工程实事项目、文明窗口优质服务和区域经济发展等广泛开展各类劳动竞赛,为上海经济和社会各项事业的持续发展,为建设一个充满生机和活力的城市作出了重大贡献。以"争创智能型班组,争当智能型职工"为主要内容的群众性经济技术创新活动不断深入,技术发明、技术革新、技术创新、技术攻关成果显著。五年来获职工技术创新成果1.27万项,申请专利1.24万项,涌现出一批工人发明家,充分发挥了广大职工的聪明才智。广大科技工作者的创造性劳动,提升了产业发展、产品开发和社会服务的科技含量,在提高科技对经济发展的贡献率方面发挥了重要作用。坚持弘扬新时期的劳模精神,大力宣传新时期可歌可泣的劳模事迹,营造学习劳模、学赶先进的氛围,评选了全国劳模和先进工作者135名、全国"五一劳动奖章"获得者225名、市劳模1767名,涌现出了一大批杰出职业女性,充分展示了上海工人阶级的崇高品质和时代风貌。

(二)构建多层次的劳动关系协调机制,工会依法维护职工合法权益的力度进一步加大。

上海工会坚持在建立社会主义市场经济体制过程中,把建立平等协商、集体合同制度,推动形成多层次的劳动关系协调机制,作为促进社会稳定和维护职工合法权益的重要手段。五年来,全市建立集体协商、集体合同制度的企业达7.1万多家,覆盖职工259万多人,155个产业(行业)建立了集体协商制度,共签订了1300多个区域性集体合同,3.2万多家国有、私营和外商投资企业开展了工资集体协商。市、区两级普遍建立了三方协商机制;大部分街道、乡镇建立了工会与政府的联席会议制度;区县局(产业)工会和不少基层企业工会建立了工会劳动法律监督组织和工会劳动保护监督检查网络;部分区县局(产业)工会成立了职工法律援助分中心,为权益受到侵害的职工无偿提供法律援助;还开设了民主管理投诉热线、女职工劳动权益求助热线、法律咨询信箱、职工权益保障网站等,构建了多层次的劳动关系协调机制,为依法维护职工合法权益、创造和谐稳定的劳动关系发挥了积极作用。市总工会加强立法参与和决策参与,先后参与了《上海市劳动合同条例》、《上海市工会条例》等180多条法规、政策的起草和修订,提出了涉及职工收入分配、劳动就业、生活和医疗保障等1000多条建议意见,发挥了从源头上维护职工合法权益的重要作用。

(三)推进基层民主管理制度建设,职工参与民主管理的渠道进一步拓宽。

上海工会坚持在发展社会主义民主政治中,把建立以职代会为基本形式的民主管理制度,作为扩大基层民主和维护职工民主权利的主要载体。各级工会积极推进市委转发市总工会党组的《关于在深化企业改革中进一步贯彻落实全心全意依靠工人阶级指导方针的若干意见》的贯彻实施,全市各区县局(产业)普遍制订了实施细则,促进了民主管理的不断加强和深化。在公有制企事业中强化职代会各项职权的落实,重大改革决策实行职代会预告制的达90.9%,涉及职工切身利益的方案实行职代会表决制的达87.3%,对民主评议信任率达不到要求的干部实行了免职建议制。在非公企业中探索民主管理有效途径,试行职代会制度取得突破性进展,依托社区、工业园区等建立区域性职代会,一些非公企业还探索实行了共商会、职工管委会等职工民主参与的新形式,扩大了非公企业民主管理工作的覆盖面。全面推进厂务公开制度,公有制企事业单位实施面达到86%以上,部分非公企业进行了试点,取得了较好的实施效果。职工董事监事制度和职工代表巡视制度等不断得到落实和完善。全市三分之二的职工代表接受了民主管理业务培训,增强了民主管理的意识,提高了参与民主管理的水平。

(四)积极为广大职工做好事办实事,工会发挥党联系职工群众的桥梁纽带作用进一步显现。

上海工会坚持在深化改革和完善社会保障体系中,把实施再就业和送温暖工程,建立互助互济职工保障体系作为团结凝聚职工、促进企业和社会稳定的有效途径。面对产业结构大调整和百万职工下岗分流,各级工会和广大职工积极支持和投身改革,体现了上海工人阶级识大体、顾大局的宽阔胸怀,为推进企业改革、维护社会稳定作出了突出贡献。各级工会积极推进再就业援助工程,通过实施"六个一批"计划,拓宽就业渠道,创造就业岗位,五年来共帮助安置下岗失业人员再就业21.6万人次,培训生产自救带头人6672名,扶持生产自救组织1500多家。推进送温暖工程的经常化、制度化和社会化,每年定向帮助1.5万户困难职工家庭,帮扶困难职工34万人(次),帮困基金积存额达到近6亿元;建立了10万户困难职工家庭档案,落实专人动态跟踪管理。在市政府及有关部门的支持下,配合医保制度改革,实施了职工住院、大病重病、退休职工住院和女职工特种重病等医疗互助补充保障计划,共吸纳在职职工、退休职工670多万人(次)。2002年,为60多万职工发放互助医疗保障金3亿多元。创办面向低收入困难群体的公惠医院,已累计发放医疗帮困卡近2万张。各级工会建立和完善了产业、地区和基层企业多层次的职工医疗互助组织,缓解了部分职工的就医困难,为医保制度改革的顺利推行发挥了积极作用。

(五)实施和推进职工素质工程,职工队伍知识化和技能化水平进一步提高。

上海工会坚持在实施科教兴市的发展战略中,把大力推进职工素质工程作为围绕大局、服务职工的重点任务。广泛深入地开展"建文明班组、创文明岗位、做文明职工"、"争创学习型组织、争当知识型职工"、振兴中华职工读书活动"进班组、进社区、进家庭、进双休日"等活动,涌现出一大批文明班组、文明岗位和文明职工。贯彻《公民道德建设实施纲要》,增强广大职工恪守职业道德、提高职业技能和遵守职业纪律的自觉性。每年开展百万职工大练兵活动,组织全市性职业技能大赛,创建职工素质工程教育培训基地,会同劳动部门建立"培训、练兵、比武、晋级"的机制,培养和树立了一批以李斌为代表的上海新一代技术工人标兵。与上海电视大学联合举办初级工商管理资格培训,近万名班组长通过培训充实了现代管理知识,提高了企业管理能力。开展以"巾帼建功、创业先锋"为主题的女职工双文明立功竞赛,办好女职工周末学校,建立优秀女职工人才库,鼓励女职工成为一专多能、一岗多能的复合型人才。加大职工文体事业的投入,开展形式多样的群众性文体活动,发挥组织优势,拓展阵地,培育人才,打造精品,造就了一批优秀的工人作家、工人艺术家,创作了《中国制造》、《故事2001》等一批荣获中宣部"五个一工程奖"和中组部"红星特别奖"的优秀文学艺术作品,丰富了广大职工的精神文化生活。

(六)加强工会组织建设,工会在职工群众中的影响力和凝聚力进一步增强。

上海工会坚持在所有制结构和产业结构调整中,把加强基层工会建设作为增强党的阶级基础和扩大党的群众基础的一项战略任务,最大限度地把广大职工群众组织起来,团结凝聚在党的周围。各级工会把新建企业工会组建作为工作重点,积极探索适应新形势的组织体制、机构设置、会员管理制度和活动方式。坚持以属地为原则、社区为依托、工会联合会或联合工会为主要形式的社区工会建会思路,探索以小区、楼宇、商业街、开发区和工业园区等为载体的多种建会形式,创新工会代表会员、上级代表下级的工作方式,全面推进工会的组织建设。至2002年底,全市新建企业工会组建率和职工入会率均已达到85%的目标。有1066个小区建立了工会联合会,1718个村级经济组织建立了工会。在社区和企业建立平等协商、签订集体合同制度、三方协商机制、劳动争议调解组织、职工法律援助组织,创建合格职工之家,建设工会志愿工作者队伍,探索和形成了"构筑两级平台,实现九个基本,建设一支队伍"的社区工作格局,增强了新建企业工会工作的有效性。

各级工会不断加强自身建设。努力转变思想作风,深入基层和职工,开展调查研究,总结典型经验,创造特色工作;加强干部队伍建设,重视年轻干部的选拔培养,实行干部挂职锻炼与轮岗交流,强化干部教育培训,加大协管力度;推进工会机构改革,改进工作方式,精简人员,精简会议和文件,严格日常管理,推进工会工作信息化,努力提高工作质量和工作效率。

过去五年中,上海工会对外交流合作不断拓展,围绕工会重点工作,专题考察和业务研讨逐步增加,已与17个国家和地区的工会建立了友好交流关系。财务工作坚持强化基础管理和依法收缴经费,保证了经费稳定增长和有效使用。经费审查监督工作坚持规范程序,强化审计,促进了工会经费和资产的管理。工会企事业坚持为工会全局工作和广大职工服务的方向,在改革和调整中取得了新的发展。

回顾五年来的工会工作,我们深深感到,上海工运事业和工会工作的发展,离不开市委、全总以及各级党组织的高度重视和正确领导,离不开各级政府和行政的大力支持和帮助,离不开广大工会工作者的辛勤劳动和开拓创新,更离不开全市职工群众的积极参与和支持。借此机会,我代表市总工会第十届委员会,向全市各级党政领导、广大工会工作者和广大职工群众表示崇高的敬意和衷心的感谢!

五年来上海工运事业的发展和工会工作的实践,使我们获得了十分宝贵的经验。

第一,必须坚持党对工会工作的领导,始终坚持正确的政治方向。党的领导是工会的政治优势所在,也是工运事业和工会工作健康发展的根本保证。坚持党的领导,就要用邓小平理论和"三个代表"重要思想统揽工会全部工作,不断增强贯彻党的基本理论、基本路线、基本纲领的自觉性和坚定性,善于把党的主张化为工会和职工的自觉行动,把各级工会和广大职工的思想和行动统一到党的路线、方针、政策上来。

第二,必须坚持以经济建设为中心,紧紧围绕上海改革发展稳定的大局开展工作。围绕大局是工会准确定位、履行职能、体现作为的关键。围绕大局,就要服从服务于党的中心工作,广泛调动和发挥职工群众的积极性和创造性,建立和谐稳定的劳动关系,促进改革发展稳定,发挥国家政权重要社会支柱作用。

第三,必须坚持工会工作总体思路,依法履行维护职工权益的基本职责。依法维护职工权益是工会的基本职责,也是工会服务大局、服务职工的主要途径。依法维权,就要大力推进《劳动法》、《工会法》和《上海市工会条例》的贯彻实施,加大参与协调劳动关系的力度,建立健全维权机制,确保职工合法权益落到实处,使工会真正成为职工利益的代表者和维护者。

第四,必须坚持密切联系广大职工群众,充分发挥党联系职工群众的桥梁纽带作用。密切联系职工群众,是工会赖以生存和发展的基础,也是党的群众工作在工会中的体现。密切联系群众,就要深入基层,扎根群众,及时了解和帮助解决职工群众关心的难点热点问题,时刻把职工安危冷暖放在心上,做职工意愿的知情人,职工困难的帮助人,职工呼声的代言人,职工权益的维护人,职工发展的引路人,不断增强工会的凝聚力,把广大职工紧紧团结在党的周围。

第五,必须坚持与时俱进,开拓创新,不断探索新形势下工会工作的新路子。创新是新时期工运事业和工会工作发展的不竭动力。与时俱进,开拓创新,就要使我们的思想观念和思维方式适应时代发展的要求,推进工会工作的理论创新、机制创新和方法创新;就要不断探索和把握新时期工会工作的特点和规律,善于总结推广新形势下基层工会的典型经验和特色工作,争创一流工作业绩;就要根据客观环境和职工需求的变化,不断改进工作的方式方法,拓展工作领域,丰富工作内容,增强工作的有效性。

回顾五年工作,我们既有成功的经验,也存在差距和不足。面对社会主义市场经济发展的新形势新任务,我们的思想观念、工作作风和工作方式有待于进一步转变;面对所有制结构和产业结构调整的不断深化,非公企业工会的组建及其工作有效性有待于进一步增强;面对劳动关系日益显现的市场化和国际化特征,工会立法参与、机制建设、法律监督有待于进一步加强;面对经济转轨和社会转型的新情况,工会的组织结构、工作网络和活动方式有待于进一步创新。我们一定要珍惜上海工会工作的优良传统和宝贵经验,正视面临的挑战和困难,团结奋斗,争取工会工作的新发展。

二、今后五年的指导思想和工作目标

我国已进入全面建设小康社会、加快推进社会主义现代化建设新的发展阶段,上海正处于新一轮发展的重要战略机遇期,上海工会工作面临着可以大有作为的新形势、新机遇,承担着党和人民赋予的历史重任。

党的十六大精神和"三个代表"重要思想为新时期工运事业和工会工作的发展指明了前进方向。党的十六大精神和"三个代表"重要思想是做好新时期工会工作的理论和行动指南。"三个代表"重要思想开拓了马克思主义理论的新境界,也对新时期工运事业和工会工作提出了新要求。我们要通过学习十六大精神,把思想认识提高到一个新水平,把贯彻"三个代表"要求的自觉性提高到一个新高度。紧密结合工会工作实际,深入学习贯彻党的十六大精神和"三个代表"重要思想,必须牢记发展是党执政兴国的第一要务,组织和动员职工学习掌握现代科学知识和劳动技能,为全面建设小康社会和实现上海新一轮发展目标贡献智慧和力量;必须最广泛最充分地调动一切积极因素,坚持贯彻党的全心全意依靠工人阶级指导方针,努力创造各尽其能、各得其所而又和谐相处的局面;必须把不断增强党的阶级基础和扩大党的群众基础作为工会的重要政治责任,最大限度地把广大职工组织到工会中来,努力增强工会在各社会阶层和职工群体中的凝聚力、号召力和亲和力；必须在发展社会主义民主政治、建设社会主义政治文明中努力发挥工会的作用，坚持不懈地推进和扩大基层民主，切实保障职工民主选举、民主决策、民主管理、民主监督的权利；必须坚持发展先进文化，弘扬和培育民族精神，加强思想道德建设，在职工中不断深化以诚实守信为重点的思想道德教育，塑造和培育城市精神和职业精神，不断推进职工思想文化建设；必须在深化分配制度改革、健全社会保障体系的过程中，妥善协调处理社会阶层或职工群体之间的利益关系，努力为广大职工群众谋利益办实事。

*上海建设社会主义现代化国际大都市的宏伟目标为工会工作提供了大有作为的难得机遇。*今后五年，是上海经济和城市建设进入新一轮发展的重要阶段，是站在新起点、实现新发展、再攀新高峰的重要战略机遇期。把上海建设成为国际经济、金融、贸易、航运中心之一，全面增强企业核心竞争力、国有经济主导竞争力、区域经济整体竞争力和城市综合竞争力，着力提升城市的国际化、信息化、市场化和法治化水平，是上海现代化国际大都市建设的主要目标和基本特征，也是全面推进新时期工会工作创新和发展的现实背景和强大动力。上海工会要认真思考如何围绕建设现代化国际大都市和新一轮发展目标，进一步调动和发挥全市职工投身改革发展的积极性和创造性，带领职工在实施科教兴市战略和培育城市精神中有新的作为；如何根据发展社会主义市场经济的新变化，进一步推进上海工会的体制创新、机制创新、工作方式创新；如何根据加入世贸组织、国际劳工运动和国际工会工作的新情况，研究对上海工会工作带来的影响及对策；如何根据上海所有制结构和产业结构进一步调整的要求，参与协调社会利益关系和企业劳动关系，把握好全面维护职工合法权益和推进改革发展稳定的关系，从而抓住机遇，迎接挑战，乘势而上，使上海工运事业和工会工作得到新的发展。

*新时期上海工人阶级队伍状况的深刻变化为工运事业和工会工作发展增添了新的动力。*改革开放以来，上海职工分布结构发生深刻变化，大量职工流向非公企业，对扩大工会组建的覆盖面和调整工会组织结构提出了新任务；职工就业观念更新，择业方式转变，就业结构性矛盾突出，对工会协助政府推进劳动技能培训和实施再就业工程提出了新要求；职工利益群体结构变化，收入差距拉大，部分职工困难程度有所加深，对工会参与协调社会利益关系，推进帮困送温暖工作提出了新课题；劳动关系发生变化，市场化、契约化的劳动关系逐步形成，企业劳动争议案件增多，对工会参与协调劳动关系、依法维护职工合法权益提出了新挑战；职工民主参与意识增强，民主参与热情日益高涨，对工会扩大基层民主，提高民主管理质量和水平提出了新期望；职工精神文化需求多样化，自我价值实现的要求凸现，对工会推进素质工程和促进职工全面发展提供了新动力。

展望前进道路，认清新形势、新任务，我们倍感使命光荣，责任重大，上海工会工作拥有广阔的发展前景；面对新世纪、新阶段，我们决心承前启后，继往开来，创造上海工会工作崭新的历史篇章。

今后五年工会工作的指导思想：高举邓小平理论伟大旗帜，全面贯彻“三个代表”重要思想，认真落实党的十六大和市第八次党代会精神，紧紧围绕上海现代化国际大都市建设的宏伟目标，坚定不移地贯彻党的全心全意依靠工人阶级的指导方针，依法履行维护职工合法权益的基本职责，加强参与协调劳动关系和社会利益关系的机制建设，努力为广大职工群众做好事办实事，充分调动广大职工群众的积极性创造性，团结动员全市职工为上海率先基本实现现代化而努力奋斗。

*今后五年上海工会的工作目标：*以建设社会主义现代化国际大都市为中心任务，以依法维护职工合法权益为基本职责，以建立平等协商和集体合同制度、建立以职代会为基本形式的民主管理制度为主要载体，以参与建立和谐稳定的劳动关系和社会利益关系为主要途径，以提高职工整体素质为主要抓手，以工会工作的理论创新、体制创新、机制创新和方法创新为发展动力，不断提高工会工作的群众化、民主化、法制化水平，努力探索和构建具有中国特色、时代特征、国际大都市特点的上海工会工作新格局。

——围绕大局，找准定位，团结动员职工群众在上海新一轮发展中建立新的功勋。广大职工的积极性和创造性明显提高，职工队伍综合素质明显增强，职工科技创新成果日益增多，先进模范典型不断涌现。

——履行职责，依法维权，在健全民主参与和劳动关系协调机制上有新的进展。平等协商、集体合同制度和以职代会为基本形式的民主管理制度不断完善，立法参与、联席会议、三方协商、法律援助、劳动争议调解、劳动保护和监督等配套机制基本形成。

——壮大组织，健全网络，在构建适应市场经济体制的工会组织结构上有新的突破。新建企业工会组建和职工入会取得新进展，产业、行业和区域有机衔接的工会组织网络不断健全。

——总结经验，探索规律，在丰富和发展新时期工会工作理论上有新的建树。在以“三个代表”重要思想为指导，实践和丰富工会工作总体思路的理论研究上取得新进展，在探索适应我国加入 WTO、多种所有制经济共同发展、职工队伍结构变化的工会工作基本内容、重点任务和活动方式等理论创新上取得新成果。

——发扬民主，依法治会，在工会的领导方式和工作方法上有新的改进。在探索和实践工会工作的群众化、民主化、法制化等方面有新举措，在上级工会代表下级工会和对基层工会进行分类指导方面有新进展，切实增强工会组织的凝聚力。

——振奋精神，与时俱进，在造就一支高素质工会干部队伍上有新的成效。努力建设一支忠于党和人民，政治坚定，作风过硬，业务精通的工会干部队伍。

三、今后五年的主要任务

今后五年，上海工会要在党的十六大精神和“三个代表”重要思想的指引下，围绕全面建设小康社会的奋斗目标,围绕上海新一轮发展的战略任务,努力开创新时期上海工会工作的新局面。

(一)深入学习领会党的十六大精神和“三个代表”重要思想,不断凝聚推进新时期工运事业和工会工作的巨大精神力量。

兴起学习贯彻“三个代表”重要思想的新高潮。学习贯彻党的十六大精神,是全市各级工会组织当前和今后一段时期的首要政治任务。要采取各种措施和形式,帮助职工群众深刻领会十六大的主题,深刻领会“三个代表”重要思想的时代背景、科学内涵、精神实质和历史地位,深刻领会解放思想、实事求是、与时俱进这一精髓,深刻领会全面建设小康社会的奋斗目标和战略部署,在学习中统一思想和行动、凝聚智慧和力量。要紧密联系职工群众的思想实际和关心的热点难点问题,广泛开展多层次、多形式的学习教育活动,结合实际,周密安排,精心组织,有计划、有步骤地在全市职工中兴起一个学习贯彻“三个代表”重要思想的新高潮。要把指导实践、推动工作、解决问题作为衡量学习成效的重要标准,把学习活动融入在为改革发展稳定作出贡献中,渗透在工会履行职责的各项工作中,不断增强贯彻“三个代表”重要思想的自觉性和坚定性。

牢牢把握“三个代表”重要思想对工会工作的新要求。学习贯彻“三个代表”重要思想,就要牢固确立“三个代表”重要思想对工会工作的指导地位,坚持把发展先进生产力作为思考和部署工会一切工作的根本要求,提高职工综合素质,激励职工勇于创造;坚持以发展先进文化来促进职工全面发展,丰富职工的精神世界,增强职工的精神力量;坚持把代表人民的根本利益作为工会工作的出发点和归宿,在维护好广大职工总体利益的同时,维护好职工的具体利益。要切实按照“三个代表”的要求,认真实践工会工作总体思路,把维护职工群众合法权益的基本职责,贯穿到促进发展、推动改革、源头参与、大力帮扶的全过程。

在实践“三个代表”重要思想中体现新时期工会的新作为。学习贯彻“三个代表”重要思想,要在新形势下充分发挥好工会各项职能的作用。要从巩固党的执政地位和执政基础的高度,最大限度地把广大职工组织起来,维护工人阶级队伍的团结和统一,反映和实现职工群众的意愿,把党的方针政策化为职工的自觉行动,进一步发挥好党联系职工群众的桥梁纽带作用;从贯彻党的全心全意依靠工人阶级指导方针的高度,最大限度地调动广大职工的积极性和创造性,积极参与国家、社会和企事业事务的管理,参与法律政策的制订和监督,进一步发挥好国家政权的重要社会支柱作用;从代表最广大人民根本利益的高度,最大限度地维护好广大职工经济、政治和文化权益,依法参与协调劳动关系和社会利益关系,为职工群众谋利益办实事,进一步发挥好职工合法权益的代表者和维护者的作用。

(二)团结动员全市职工肩负起历史重任,投身于上海科教兴市和新一轮发展的伟大实践。

以上海新一轮发展为契机,充分发挥工人阶级的主力军作用。工会只有围绕大局,服务大局,才能准确定位,才能有所作为。各级工会要围绕筹办世博会和上海新一轮发展的目标,组织发动广大职工以高昂的主人翁精神和高度的历史使命感,充分发挥积极性、主动性和创造性,为实现上海的跨越式发展作出新的贡献。要以高科技、支柱、新兴产业和重大工程、实事项目为重点,广泛动员,精心组织,开展多种形式的立功竞赛活动。要赋予劳动竞赛活动以更鲜明的时代特征,提高科技含量和创新水准。要以职工欢迎、企业需要、社会认可、效果明显为标准,结合各种岗位和工种特点,组织开展以降低经营成本、拓展国内外市场、保证技术质量、组织难点攻关、提高服务水平等为主要内容的劳动竞赛,激励广大职工在推进改革、加强经营、严格管理和技术进步中争创佳绩。

以实施科教兴市战略为动力,大力激发职工群众的创造热情和创新精神。创新是上海实现经济跨越式发展的关键,广大职工中蕴藏着创新的巨大潜能。要认真落实市委、市府确定的全面实施科教兴市战略,发扬上海工人阶级的首创精神,大力推进群众性经济技术创新活动,鼓励职工进行技术发明、技术革新、技术创新、技术攻关。注重激发各类职工群体的创新动力,要重视高等院校、科研机构等教科文卫系统职工在工会经济技术创新活动中的重要作用,要充分发挥广大科研开发人员、专业技术人员、经营管理人员及技术工人的创新能力,为他们多创成果、多作贡献提供机会和条件。深入开展群众性技协活动,帮助职工把原创性新成果转化为现实生产力,把合理化建议转化为经济效益,在实施科教兴市战略、推进科技创新和发展先进生产力中实现自身价值,体现新的作为。

(三)不断壮大工会组织和凝聚广大职工,增强党的阶级基础和扩大党的群众基础。

进一步加大新建企业工会组建的工作力度。针对上海职工队伍的流动特点和发展趋势,抓好新建企业工会组建是一项长期性、基础性的工作。要依法推进工会组建工作,按照“哪里有企业,哪里有职工,哪里就要建立工会组织”的组建原则,使新建企业工会组建率和职工入会率动态保持在85%以上。要抓好转制改制企业工会的巩固、恢复和重建,把大量产生的非公有制企业、社会团体、社会中介组织、非正规就业组织等纳入组建范围,努力把工会组织覆盖到不同所有制企事业的所有职工。按照同步组建、同等比例、同步运转的原则,加大女职工委员会和工会经审委员会的组建力度。不断创新工会组建形式,继续探索以属地为原则、社区为依托、建立工会联合会和联合工会为主要形式的组建方式,进一步完善社区工会两级平台,继续加强工业园区、开发区、商务楼宇、商业街和有形市场等工会组建工作,最大限度地把广大职工组织到工会中来。

进一步增强基层工会的活力和推进工作有效运转。增强基层工会的活力,健全工作机制和创新工作载体,保证工作运转正常有效,是增强工会凝聚力的关键所在。在改革和发展的新形势下,广大基层工会要解放思想,与时俱进,大胆探索,勇于创新,不断创新依法维权、民主参与、提高素质、服务职工的工作载体,丰富活动内容,改进活动方式，增强活动的吸引力。要加大工会在不同社会阶层和职工群体中的工作力度，增强工会在高学历、高技能、高收入职工群体和青年职工中的影响力，探索在专业技术人员群体中开展工会工作的重点内容和活动方式，使工会成为他们干事业和干成事业的好依靠。生产经营稳定的企业，要把加强工会组织建设与促进建立现代企业制度有机结合起来，引导职工在提高企业管理水平、培育企业文化上发挥积极作用；改制转制企业要保证工会组织健全和工作运转正常，引导职工正确对待改革过程中利益关系的调整；新建企业的工会要加大机制和制度建设力度，创新工作载体和活动方式，组织开展企业和职工欢迎、富有实效的各种活动。各级工会要加强对基层工会的工作指导，以创建“合格职工之家”为抓手，总结和创造推进工作有效运转的成功经验，克服“空转”和“不转”现象，不断提高基层工会工作的有效性，不断增强工会组织的凝聚力。

进一步优化产业、行业和区域有机衔接的工会组织网络。根据上海国有经济战略性调整和建立新型产业体系的新举措，工会的组织网络必须进行适应性的调整和创新。要巩固和完善市总工会、产业和区县工会、街道乡镇、基层组织工会四级组织体制，在国资管理体制改革中和产业结构调整中，加强工会组织的接转和重建工作，构建与国资及产业、行业管理体制相适应的工会组织结构。探索和试行在区域内组建行业性工会的有效途径，从组织体制上解决维护职工权益中带有区域和行业特征的共性问题，实现资源共享，优势互补。探索和构建产业、行业与区域之间条块结合、相互衔接、结构合理、渠道通畅的工会组织网络，形成统一、高效、科学的工会管理体制。

（四）紧紧围绕弘扬和培育上海城市精神，努力提高职工队伍整体素质和促进职工的全面发展。

深化以实现职工队伍知识化和技能化为目标的职工素质工程。推进职工素质工程是培养数以百万计的高素质劳动者，提高城市综合竞争力，促进职工全面发展的重要途径。各级工会要继续深化以“争创学习型组织、争当知识型职工”为主要内容的职工素质工程，不断提高职工的学习能力、创新能力和竞争能力，提高职工思想道德、科学文化、劳动技能和创造才能等综合素质。实施“职工技能登高计划”和“职工创新行动计划”，促进“职业培训、技术练兵、操作比赛、技能晋级”的有机衔接，为技术工人提升技能等级，加快培养高级技术工人提供更多途径，为科研等专业人员提高现代科技素养和科研能力、实现知识技能向现实生产力转化创造有利条件。开发整合工会教育资源，监督职工教育经费的合理使用，加强职工教育培训基地的建设，形成多层次的教育培训工作网络，为培养大批技术工人和一批高级专业技术人才作出努力。

塑造和培育以劳模精神为核心的职业精神。城市精神是体现城市文明程度的重要标志。各级工会组织要发挥劳动模范的示范带动作用，以打造职业精神为目标，发动广大职工积极培育、实践和弘扬上海城市精神。大力弘扬新时期劳模的优秀品格和先进事迹，焕发职工群众投身改革开放和现代化建设的劳动热情和创造精神。要切实关心劳模，特别要关心生活遇到困难的劳模和离退休老劳模，通过制订和完善有关政策措施，切实解决他们的实际困难。广泛动员各行各业的职工群众，共同参与提炼总结具有时代特征、行业特点、岗位特色的职业精神，形成共同的价值取向和行为规范。突出以诚信教育为重点的职业道德建设，构建与社会主义市场经济相适应、与社会主义法律规范相协调、与中华民族传统美德相承接的职业道德体系。以深化“建文明班组、创文明岗位、做文明职工”活动为主要载体，开展各类道德文明实践活动，在职工群众中进行世界观、人生观、价值观的教育，把上海职工队伍的优良传统和时代精神有机地统一起来。

加强以先进文化为导向的职工思想文化建设。培育和发展先进的群众文化，满足职工精神文化需求，增强职工精神力量，是加强职工思想文化建设的重要任务。要赋予“振兴中华读书活动”更强的时代感，继续办好上海读书节，增强职工自主学习、刻苦学习、终身学习的自觉性。重视培养群众文化创作人才队伍和工人艺术家队伍，增强文化创新能力，培育文化新人，建立职工文艺创作激励机制，扶植创作一批热情讴歌时代主旋律的精品力作，促进优秀精神产品的创作和传播。引导职工积极参与企业文化建设，为培育企业精神、塑造企业形象发挥主体作用，增强企业对职工的凝聚力和职工对企业的向心力。进一步加强工人文化宫、俱乐部和体育场等阵地建设，增强职工文体活动场所自身发展的动力和活力，推进工会文化事业的协调发展。

（五）不断提高工会依法维权的水平，努力建立和谐稳定的企业劳动关系和社会利益关系。

加大工会立法参与和法律监督的力度，从源头上维护职工合法权益。工会立法参与和法律监督，是从源头上维护广大职工经济、政治和精神文化权益的根本途径。各级工会要不断提高参与法律法规和政策制订的水平，积极推进有关劳动法律法规的建立和修订，重视与各级人大、政协和政府有关部门的协作和沟通，参与有关劳动关系法律法规的论证，参与同职工利益密切相关的政策制订的社会听证，提出工会的主张和意见。健全劳动法律监督组织和制度，严格依法办事，确保劳动法律法规得到有效执行。不断提高劳动法律监督的实效，定期对劳动合同、集体合同的实施情况进行专题检查，对保护劳动者权益的法律法规执行情况进行监督检查，对劳动保护措施不当和职工因工伤亡事故必须参加调查处理，依法维护职工劳动权利和人格尊严不受侵犯。不断提高劳动法律法规知识的普及率，加强《劳动法》、《工会法》和《上海市工会条例》等法律法规的宣传、教育和普及，使广大职工群众懂法、守法、用法，增强自我保护的意识与依法维权的能力。

加大涉及职工切身利益的政策研究力度，努力维护广大职工群众的经济利益。健全和完善维护职工经济利益的政策，事关社会稳定和广大职工劳动积极性创造性的发挥。要在上海推进经济结构和产业结构调整、深化企业改革和机制转换的过程中，加强对涉及职工切身利益的法律法规、方针政策的研究，提高在源头参与中维护职工权益的水平。要加强对劳动、资本、技术和管理等生产要素按贡献参与分配问题的研究。参与收入分配政策的研究和制订,促进调节社会和企业在一定范围存在的收入差距过大的现象。参与主要行业和职业工资指导价位的研究和制订,促进理顺收入分配关系和规范收入分配秩序。参与企业收入分配方案的研究和制订,促进按劳动、资本、技术和管理等要素对企业经营和效益的贡献进行合理分配,充分发挥和调动企业各方面的积极性和创造性。加强劳动和社会保障政策的研究和制订,依法保障转制改制企业下岗分流职工的合法权益,保障外来民工的劳动权益和经济利益,及时反映和协调解决职工在分配、养老、失业和医疗上遇到的问题,促进营造效率优先、兼顾公平的社会环境。

加大劳动关系协调机制建设的力度,促进维护职工权益工作的规范化和制度化。建立健全维权工作机制,是工会依法履行基本职责、建立和谐稳定劳动关系的重要保证。要把健全平等协商和集体合同制度作为维权机制建设的重点,确保覆盖面动态保持在85%以上,并不断提高履约率。继续健全产业、行业和区域性集体协商制度,扩大工资集体协商的范围,力求协商的质量和效果。加大建制力度,普遍建立健全联席会议、三方协商、法律援助、劳动争议调解、劳动法律监督、劳动保护责任及女职工特殊权益维护等各项制度,形成全方位、多层次、衔接配套的参与协调劳动关系和社会利益关系的机制。

(六)大力推进职代会建设和厂务公开,努力探索扩大基层民主和保障职工民主权利的有效途径。

进一步加强以职代会为基本形式的民主管理。职代会是企事业民主管理的基本形式,也是协调劳动关系和促进企事业发展的有效途径。各级工会要坚持把职代会制度作为基层民主管理的主要载体,在扩大建制率和提高实效上下功夫。要完善职代会制度,切实提高运行质量,全面落实职代会职权,实行职代会质量评估制度,着重推进平等协商、签订集体合同与职代会相衔接的各项制度建设,有效保障职工民主选举、民主决策、民主管理、民主监督的权利。要重视推进非公企业民主管理工作,力求职代会建制率逐年提高,职代会建制工作取得突破性进展。

进一步推进和深化厂务公开。推进厂务公开是企事业落实职代会制度的一个重要方面,也是现代企业管理的重要内容。要坚决贯彻中央和国务院两办关于厂务公开的通知精神,坚持对国有企业重大决策、生产经营发展规划、涉及职工切身利益的重大事项、领导班子建设等重要问题实行公开的制度,进一步规范公开的内容、程序和方式,明确公开的责任人和责任部门,把厂务公开融入企业经营决策、内部管理、干部选任、利益分配等制度建设中。要扩大厂务公开在非公企业的试点范围,加强指导力度,提高公开质量,保证公开效果。

进一步探索多种所有制企事业民主管理的有效形式。探索新形势下职工民主管理的有效形式是工会的一项重要任务。各级工会要不断完善职工董事监事制度、职工持股制度、职工代表巡视制度,完善工会和职工代表参与企事业民主选举、民主决策、民主管理和民主监督的制度。深入研究非公企业实行职工民主管理的理论依据、法律规定、实践基础和权利界定等问题,探索区域性职代会、民主协商会、共商共决会、职工管委会等有效形式,切实保障职工的知情参与、协商共决、审议通过、评议监督和选举罢免等权利。继续以推进"双爱双评"活动为抓手,努力构筑企业内部民主和谐、合作共事的"双赢"局面。

(七)深入实施再就业和送温暖工程,促进社会保障体系的不断健全和完善。

健全工会再就业援助服务体系,充分发挥工会促进再就业的组织优势。就业是民生之本、稳定之基、发展之源,协助政府和企业扩大就业和促进再就业是工会一项长期而紧迫的任务。要引导职工树立以劳动力市场为导向的就业观和择业观,抓好再就业典型的培育,扶持一批再就业带头人,建立创业基地,引导和帮助下岗失业人员自谋职业和自主创业。加强下岗职工的职业培训和转岗培训,利用工会的教育培训基地和资源,提高下岗职工的再就业技能和创业能力。加强工会职业介绍和劳务输出,参与开发多种形式的就业岗位和灵活多样的就业形式,扶植生产自救、非正规就业和劳务派遣等劳动组织,为下岗失业人员实现灵活就业提供服务和援助。完善工会促进再就业目标责任制,定期了解分析地区和行业的就业形势,反映下岗失业人员的愿望和要求,落实相应的责任措施。促进政府各项再就业优惠政策措施在下岗失业人员就业中落实到位。

继续深化帮困送温暖工作,努力为困难职工排忧解难。实施对困难职工的帮困救助,是党和政府对工会工作的要求,也是工会服务大局、履行职能的经常性工作。各级工会要按照"组织在政府、支撑在社会、工作在基层、落实在社区"的要求,协助政府进一步完善社会救助帮困体系,抓好工会帮困工作与地区和行业的联动,建立全市性的帮困工作信息网络,及时掌握困难职工生产生活情况。继续深化工会帮困送温暖工程,分层次解决城市特殊困难职工家庭的实际问题,进一步做好低收入职工基本医疗救助。

健全职工互助互济补充保障制度,推进社会保障体系的不断完善。建立以互助互济为原则的多种形式的职工补充保障制度,是完善社会保障体系并深受职工欢迎的重要举措。工会要继续办好职工住院、职工大病重病、退休职工住院、女职工特种重病等保障计划,有效缓解职工就医负担。进一步推进完善城镇企业职工基本养老保险、医疗保险和失业保险制度。促进最低生活保障、最低工资标准和失业人员保障制度等与上海经济和社会发展水平相适应,促进低收入职工生活状况的逐步改善。各级工会要满腔热情、设身处地、千方百计地为困难职工群体排忧解难,想其所想,忧其所忧,让他们共享经济和社会发展成果。

(八)以改革和创新的精神加强工会自身建设,推进工会工作的群众化、民主化和法制化。

坚持把各级工会的思想作风建设放在突出位置。工会干部的思想作风,事关群众组织的形象和工会工作的发展。各级工会要自觉加强思想作风建设，增强党的观念、全局观念和群众观念，树立正确的世界观、人生观和价值观，始终保持政治上的坚定性。加强思想作风建设的关键是保持和发扬解放思想、实事求是、与时俱进的精神状态，核心是保持同广大职工群众的密切联系。要自觉地从不合时宜的思想观念、思维方式和工作方法中解放出来，在理论和实践的结合上，取得新形势下工会工作的新突破。要继承和发扬“两个务必”的优良作风，身体力行，严于自律，努力成为职工群众的表率和榜样。各级工会干部要坚持与职工群众保持密切联系，深入基层和职工，开展调查研究，体察民情，了解民意，诚心诚意为职工群众谋利益办实事。要保持和发扬清正廉洁的工作作风，带领职工为改革开放和现代化建设贡献力量。

不断改进工会的领导方式和工作方法。改进领导方式和工作方法，推进工会工作的群众化、民主化和法制化进程是时代发展的要求，也是基层工会和广大职工的愿望。要探索依法治会的有效途径，把履行维护职工合法权益的职责纳入法制化轨道。依法组建工会，维护职工自愿加入工会的权利；依法建立维权和民主参与机制，严格依法履行职责；依法规范工会自身行为，健全工会内部的决策、执行、监督和信息反馈等制度；增强工会干部法律素质，提高依法维权能力和水平。要探索民主参与的有效途径，在思想上树立群众观点，以职工群众的根本利益为一切工作的出发点；在行动上密切联系群众，把职工群众的意愿和要求作为制订工作计划的主要依据；在工作上建立民主选举、决策、管理和监督的制度，保障职工群众的民主参与权益。要探索改进工作方法的有效途径，加强分层分类指导，不断总结和创造适应不同所有制、不同产业、不同地区、不同规模类型的工会工作的运行方式；推进重心下移和服务基层，不断总结和创造在工会组建、依法维权、民主参与等方面上级工会代表、服务和指导下级工会的有效方式；转变工会机关的工作方式，精简会议、文件和评比活动；加快工会信息化建设步伐，加强上海工会网站建设，统筹规划，分步实施，不断提高工会工作的信息化水平。

要进一步加大依法收缴工会经费的力度，确保经费收入持续稳定增长，坚持依法理财，规范财务管理。进一步发挥经审监督效能，重点加强对预算编制的审查，促进工会经费的合理使用。继续扩大与国外工会的友好交流，研究国际工运发展的现状和趋势，畅通工会对外宣传的渠道。工会企事业要坚持改革和发展，认真规划，严格管理，加强体制机制创新，更好地服务基层、服务职工。

建设一支政治坚定、作风过硬、业务精通的高素质工会干部队伍。工会干部队伍的素质是全面开创新时期工会工作新局面的决定性因素。要按照革命化、年轻化、知识化、专业化方针，培养和造就一支勤于学习、忠于职守、勇于创新、乐于奉献的工会干部队伍。改革和完善工会干部人事制度，把优秀人才集聚到工运事业中来。继续推进基层工会主席直选制、工会机关干部公开招聘制、工会领导干部民主推荐制等，不断完善工会干部选拔任用的制度。按照同级党委主管、上级工会协管的原则，重视工会各级领导班子成员的配备和考察，形成坚强有力、结构合理的领导集体。拓宽工会干部交流的渠道，注重工会后备干部的选拔和培养，为党的事业造就和输送更多的优秀人才。健全工会干部教育培训制度，拓展多形式、多渠道的培训模式，形成工会干部教育培训目标体系和管理体系。着力培养工会干部适应时代发展要求的理论思维能力，善于科学判断形势和解决新问题的能力，坚持依法治会和依法维权的能力，及时反映职工意愿、社情民意和为群众办实事的能力。

各位代表，同志们：

工会是党领导下的工人阶级群众组织，与广大职工有着天然的联系，上海工会应始终成为广大职工群众最可亲近、最可信赖、最可依托的职工之家。党的十六大确定的全面建设小康社会的奋斗目标，上海新一轮发展的宏伟蓝图，为上海工会肩负崇高使命和承担历史重任，创造了可以大有作为的历史机遇。让我们高举邓小平理论伟大旗帜，以“三个代表”重要思想为指导，紧密团结在以胡锦涛同志为总书记的党中央周围，在上海市委和全总的领导下，团结动员全市广大工会工作者和职工群众，同心同德，艰苦创业，锐意进取，奋发有为，为把上海早日建设成为社会主义现代化国际大都市而努力奋斗！

（2003 年 6 月 12 日上海市工会第十一次代表大会通过报告）

在上海市总工会十一届一次全委会上的讲话

（2003 年 6 月 12 日）

陈 豪

各位委员，同志们：

上海市工会第十一次代表大会已完成了各项议程，胜利闭幕了。这是一次在市委直接领导和关心下、在全体代表共同努力下取得圆满成功的大会，是一次团结民主、求真务实、开拓奋进的大会。大会总结了过去五年的工作和经验，确定了今后五年的指导思想、工作目标和主要任务，选举产生了市总工会十一届委员会。刚才,又选举产生了十一届委员会主席、副主席和常委会,选举产生了十一届经费审查委员会主任和副主任。市总工会十一大作为新世纪全市工人阶级政治生活中的第一次盛会,将对全市各级工会进一步贯彻落实党的十六大精神和“三个代表”重要思想,坚持党的全心全意依靠工人阶级的指导方针,坚持依法履行维护职工合法权益的基本职责,全面开创新时期上海工运事业和工会工作的新局面,具有深远的意义。

下面我就当前和今后一段时期的工会工作再讲几点意见:

一、解放思想,勇于创新,努力开创工会工作新局面。党的十六大把“三个代表”重要思想确定为党必须长期坚持的指导思想,实现了党的指导思想的又一次与时俱进。

我们要牢固确立“三个代表”重要思想对工会工作的指导地位。最近,中央和市委对进一步兴起学习“三个代表”重要思想新高潮进行了部署,各级工会要把学习贯彻党的十六大精神和“三个代表”重要思想作为当前工会工作的首要任务,有计划、有步骤地兴起学习贯彻“三个代表”重要思想新高潮。要紧密联系工会工作实际,通过学习,把我们对“三个代表”重要思想的认识提高到一个新境界,用“三个代表”重要思想统领工会工作提高到一个新水平。努力做到紧紧把握解放思想、实事求是、与时俱进这一精髓,把握发展这一执政兴国的第一要务,组织带领广大职工群众投身于现代化建设事业;坚持工人阶级作为国家的领导阶级和主人翁的地位不能动摇,作为改革开放和现代化建设的主力军作用不能削弱,全心全意依靠工人阶级的根本指导方针不能改变;要用工人阶级的先进思想和模范行动影响和带动全社会,努力形成劳动光荣、知识崇高、人才宝贵、创造伟大的时代新风,激励广大职工在新的起点上创造新的业绩,作出更大贡献。

始终坚持新时期工运事业和工会工作的正确定位。只有坚持工会工作的正确定位,才能有工会工作的作为,才能有工会组织的地位。坚持工会工作的正确定位,就要坚持党对工会工作的领导,把工会工作放到巩固党的执政地位和执政基础的大局中去把握,把党的方针政策贯彻到工会的全部工作之中,并化为广大职工群众的自觉行动,发挥好工会团结凝聚职工的桥梁纽带作用。坚持工会工作的正确定位,就要围绕大局开展工会工作,把促进改革发展稳定,促进职工队伍的全面发展,作为工会工作的根本任务,充分调动广大职工在推进上海新一轮发展、实施科教兴市战略和培育城市精神中的积极性创造性。坚持工会工作的正确定位,就要履行工会工作的基本职责,积极参与协调劳动关系,依法代表和维护好广大职工的经济、政治和精神文化权益。工会工作的正确定位贯穿一条主线,这就是新时期的工会要在党的领导下,成为发展先进生产力的推动者,弘扬先进文化的传播者,职工合法权益的维护者。

努力推进新形势下工会工作的创新和发展。解放思想,与时俱进,勇于创新,是开创新时期工会工作新局面的关键。要加强理论创新,不断深化对新时期工会工作特点和规律的认识,打开新视野,总结新经验,借鉴新成果,推动工运事业新发展。要加强体制机制创新,不断适应时代和形势发展的变化,探索适应对外开放不断扩大,国际化、市场化程度日益提高,所有制和产业结构调整不断深化的工会领导体制和组织结构,适应不同层次和不同群体职工需求的运行机制和工作制度。要加强方式方法创新,不断适应职工队伍状况变化和职工利益需求的变化,善于把党的方针政策、上级工会的工作部署和职工的利益需求结合起来,探索和创造广泛吸纳职工参与、具有各自特点、满足不同需求、富有特色和实效的新的工作载体和新的方法。全市工会要站在新起点,开拓新思路,构建新格局,努力开创工会工作新局面。

二、领会精神,明确任务,不断增强新形势下搞好工会工作的使命感和责任感。工会第十一次代表大会确定了今后五年的指导思想、工作目标和主要任务,当前全市工会工作的关键是狠抓落实,真正把工会十一大会议精神贯彻实施好。

认真传达贯彻市委领导的重要讲话精神。市委领导对上海工会工作高度重视和十分关心,从时代发展的战略高度,对上海工会工作提出了新的希望和新的要求。今天会上,市委副书记、市委组织部部长王安顺同志还要代表市委作重要讲话。全市各级工会要进一步学习领会市委领导重要讲话精神,认真传达和贯彻讲话精神,深入思考和研究贯彻落实讲话精神的工作措施,结合大会提出的目标任务,把今后五年工会的各项工作研究好、规划好、贯彻好,以不辜负党和人民的期望和重托。

不断增强工作的责任感和紧迫感。这次大会通过的工作报告,确定了探索和构建具有中国特色、时代特征、国际大都市特点的上海工会工作新格局的工作目标,并提出了促进发展、健全机制、完善网络、创新理论、改进方式、造就队伍等一系列具体目标和任务。各级工会要增强完成各项任务和实施各项目标的紧迫感和责任感,紧密结合上海实际,理清思路、研究计划、及时部署、抓好贯彻。

努力把工会十一大确定的各项重点任务落到实处。工会十一大报告提出了今后五年上海工会的八项主要任务,概括起来是:围绕一个主题,就是学习贯彻党的十六大精神和“三个代表”重要思想;抓住一条主线,就是团结动员职工投身实施科教兴市、培育城市精神和上海新一轮发展的伟大实践;把握五项重点,就是壮大工会组织、深化素质工程、协调劳动关系、扩大基层民主、兴办好事实事;实现一个组织保证,就是加强工会自身建设。各级工会都要进一步认清形势,明确任务,突出重点,狠抓落实。要紧密联系本系统、本单位的实际,研究和确定贯彻落实主要任务的措施,积极构建规范有序、行之有效的工作机制,广泛发动,精心组织,扎实工作,把十一大确定的工作任务真正落实到基层。

三、突出重点,全面推进,认真实施和完成今年下半年的各项工作目标和任务。年初的市总十届十次全会部署了今年的重点工作,这次工代会又提出了今后五年的目标和任务,各级工会要抓住重点,全面实施和完成今年各项工作。

以实施科教兴市战略和培育城市精神为重点，在上海新一轮发展中贡献智慧和力量。发动各级工会和广大职工群众积极投身于实施科教兴市战略和培育城市精神的实践，是当前工会的重点任务。我们要广泛发动和积极鼓励职工立足本职、争创一流、积极参与群众性经济技术创新活动，积极投入社会主义劳动竞赛，为上海科技进步和新一轮发展作出贡献。同时，在实践中不断提高广大职工群众的科学文化、思想道德、劳动技能和创造才能等素质；大力弘扬新时期的劳模精神，积极培育城市精神和职业精神。各级工会都要认真落实这次工代会报告提出的任务，落实好今年市总下发的科教兴市和培育城市精神的两个文件精神，进一步提高认识，统一思想，认真落实，团结动员广大职工不断创出新成果和新业绩。

以维护职工合法权益为基本点，把维权工作贯穿到改革发展稳定的全过程。要紧密结合上海实际，认真贯彻工会工作总体思路，在促进发展中搞好维护，既要调动和发挥职工群众在上海新一轮发展中的主力军作用，又要通过维权引导好、保护好职工群众的积极性；要在推动改革中搞好维护，既要团结职工群众支持和投身改革，又要维护好、实现好职工群众的切身利益；要在积极参与中搞好维护，既要增强职工群众的民主法制意识，又要通过各种措施保障职工参与国家、社会和企业民主管理的权利；要在大力帮扶中搞好维护，既要增强职工素质和提高竞争力，又要满腔热情地帮助职工群众解决实际困难，切实把工会的维权职责落到实处。

以健全工作机制为切入点，推进各项重点工作常抓不懈，抓出成效。下半年要抓住一些重点工作，并以此带动全面工作。一是抓紧新建企业工会组建。新建企业工会组建工作要一手抓组建率和职工入会率，一手抓建立工作机制，增强工作有效性。要紧密结合国企国资改革的进程，同步抓好工会组建工作，要下大力气抓好非公经济领域的工会组建工作，特别是在那些有实力、有规模、有一定社会知名度的民营、私营和外资企业工会组建工作要取得新的突破。二是广泛深入地推进职工素质工程。要紧密结合科教兴市战略的实施和促进职工全面发展，丰富素质工程的内容、形式、抓手，扩大职工的参与面，形成职工自我提高的新机制，及时总结经验，使职工素质工程不断结出新成果。三是要进一步健全平等协商、签订集体合同和以职代会为基本形式的民主管理工作机制，努力在抓好平等协商、签订集体合同的覆盖面和履约率，以及工资集体协商上有新进展，在抓好职代会的运行质量和探索非公企业民主管理有效形式上有新突破。四是实施好再就业、送温暖和职工互助保障实事工程，巩固和完善健全再就业和送温暖援助服务体系及多层次的职工互助互济补充保障机制，使困难职工的生产生活切实得到保障。

四、振奋精神，与时俱进，努力把新的历史条件下工会工作提高到一个新水平。新一届市总工会领导机构已经组成，面对新形势新任务，我们全体委员和广大工会干部的精神状态、工作作风和工作水平，是贯彻落实工会十一大精神，全面推进工运事业和工会工作发展的关键因素。

始终保持与时俱进、奋发有为的精神状态。我们全体委员和广大工会干部要成为勤于学习、刻苦钻研的模范，努力把工会建设成为学习型组织；要成为忠于职守、勇挑重担的模范，努力承担党和职工群众赋予的崇高使命和光荣职责；成为勇于创新、不断开拓的模范，不断推进新时期工会工作的理论创新、机制创新和工作创新；成为乐于奉献、艰苦奋斗的模范，始终坚持为党的事业不懈奋斗，与广大职工群众同甘共苦。新形势下我们一定要振奋精神，增强信心，知难而上，不断加压，奋发有为，努力创出一流的工作业绩。

努力提高做好工会工作的专业水平和工作能力。新一届委员和广大工会干部要不断加强自我修养，努力提高工会工作专业素质和工作能力，努力成为适应时代要求的知识化、专业化的工会工作者，成为能够担当重任、经得起风浪考验、职工群众满意、党所信赖的社会活动家。要重点学习党的基本理论，提高科学判断形势和理论思维的能力；学习掌握法律知识，提高依法治会和依法维权的能力；学习工会专业知识，提高履行职责和服务职工的业务能力；学习经济学和管理学知识，提高驾驭全局和开拓创新的能力；学习社会学知识，提高调查研究和反映社情民意的能力。

坚持和发扬深入基层、联系群众的工作作风。新一届委员和广大工会干部，要坚持党的群众路线和全心全意为人民服务的宗旨，要时刻把职工群众的安危冷暖放在心上，权为职工群众所用，情为职工群众所系，利为职工群众所谋。要深入基层和深入职工，开展调查研究，及时掌握和研究改革发展稳定中的新情况、新问题，及时反映职工的呼声和愿望，了解和掌握社情民意，提出制订政策建议和工作对策。要畅通反映职工意愿的渠道，建立反映职工意愿和社情民意的工作机制。要改进工会工作的领导方式和工作方法，克服机关化和行政化倾向，精简会议和文件，精简评比活动，提高活动的质量和效率。要加强工会工作分类指导，及时总结基层工会工作的特色经验，使上海工会工作不断有新的发展。

各位委员，同志们：

我们新一届工会委员会承担着带领全市各级工会组织和广大职工群众为推进上海新一轮发展团结奋斗的时代重任，肩负着代表和维护广大职工根本利益的历史责任。我们要在市委的领导下，高举邓小平理论伟大旗帜，认真学习贯彻“三个代表”重要思想，紧密团结在以胡锦涛同志为总书记的党中央周围，团结凝聚全市广大工会干部和职工群众，认清形势，牢记重托，脚踏实地，艰苦奋斗，为上海的工运事业，为上海的新一轮发展再创新业绩，再作新贡献。

上海市工会第十一次代表大会闭幕词

(2003年6月12日)

陈 豪

各位代表,同志们:

经过各位代表的共同努力,我们已经圆满完成了大会的各项议程。连日来,代表们认真学习领会市委书记陈良宇同志的重要讲话,增强了工会工作的责任感和使命感,进一步明确了工会工作的方向。代表们认真审议了大会工作报告,回顾总结了过去五年工会工作的成功经验,共同确定了未来五年上海工会的工作目标和主要任务。大会选举产生了新一届上海市总工会委员会和上海市总工会经费审查委员会和出席全总十四大的代表。这是一次民主团结、求真务实、开拓奋进的大会。大会闭幕以后,代表们还肩负着认真传达大会精神的责任,我们要共同努力,依靠全市各级工会,将会议的精神迅速传达好并贯彻到实际工作中去,动员全市工会会员和广大职工群众共同为完成大会所提出的各项任务,开创新时期上海工会工作的新局面而努力奋斗。

同志们,这次会议是新世纪第一次全市工会代表大会,是在我们国家进入全面建设小康社会,加快推进社会主义现代化建设的新阶段,是在上海开始新一轮发展,朝着建设国际经济、金融、贸易、航运中心之一和国际化大都市的宏伟目标迈进的关键时期召开的一次大会。新世纪上海快速发展的新形势,为工会工作提供了广阔的舞台和良好的机遇,我们要认真学习领会中央和市委领导对工会工作的指示和要求,认真学习贯彻大会精神,时刻牢记党和人民的重托,以不畏艰难、勇于探索、脚踏实地、坚韧不拔的精神,努力开创与现代化国际大都市建设目标相适应的工会工作新局面。我们要始终牢记广大职工群众的信任,做到权为民所用,情为民所系,利为民所谋,恪尽职守,不辱使命,更好地代表维护广大职工群众的根本利益。我们要坚持以"三个代表"重要思想为指导,在市委的领导下,振奋精神,同心同德,艰苦奋斗,开拓进取,为实现上海新一轮发展宏伟目标而作出上海工会新的贡献。

现在,我宣布,上海市工会第十一次代表大会胜利闭幕!

上海市总工会第十届委员会财务工作报告

(2003年6月12日上海市工会第十一次代表大会通过)

上海市工会第十次代表大会召开以来,各级工会坚持以邓小平理论和"三个代表"重要思想为指导,认真贯彻执行国家有关法律、法规、财经政策和全国总工会财务工作规定,坚持工会财务工作努力为广大职工群众服务,为工会整体工作服务,为两个文明建设服务,依法收好、管好、用好工会经费,实现工会经费的稳步增长,积极推进工会财务改革,建立完善工会财务制度,加强工会资产管理,促进工会企事业健康发展,为上海工会全面履行职能,推进各项工作,提供了坚实的物质基础。

一、五年来经费收支概况

(一)工会经费收支情况。

1998年至2002年上海市总工会经费总收入73293.4万元。其中:拨交经费收入69826.71万元,占总收入95.27%;上级补助收入883.5万元,占总收入1.21%;其他收入2583.19万元,占总收入3.52%。

1998年至2002年上海市总工会经费总支出70614.17万元。其中:

1.用于全市工会工作和职工活动支出28179.31万元,占总支出39.91%。主要项目为:补助下级工会经费19048.95万元,用于再就业援助工程、帮困送温暖活动、职工素质工程、文体活动等各类职工活动支出5264.86万元,再就业培训、创业专项资金1925.5万元,退休职工住院补充医疗互助保障计划补贴1000万元,公惠医院补贴700万元,工会干部保护专项资金200万元,中国劳动组合书记部旧址重建补贴40万元。

2.用于职工文化教育、文艺体育、各类福利事业的基础设施改建扩建及职工福利事业的补贴支出8824万元,占总支出12.49%。主要项目为:工会管理干部学院修缮改造和日常经费1980万元,休养度假中心(沙家浜)1935万元,市工人文化宫改造922.4万元,上海工人疗养院、西山休养院、东钱湖休养院、屏风山工人疗养院、黄山休养院修缮改造2030万元,市总幼儿园改造和日常经费270万元。机关大楼改造1686.6万元。

3.上解全国总工会经费11380.73万元,占总支出

16.12%。

4. 投资工会企事业共计13213.59万元,占总支出18.71%。主要项目为:上海工人疗养院(樱花宾馆)改造7500万元,上海国际海员俱乐部(海鸥饭店)改扩建3500万元,投资上海银行股份1123.59万元,劳动报社印务中心购置设备1090万元。

5. 工会行政费5611.94万元,占总支出7.95%。其中:人事费3485.52万元,公务费1076.71万元,设备费168.6万元,修缮费151.68万元,购置、更新车辆335.48万元,聘用人员、车辆保险、网络建设等支出393.95万元。

6. 计提各种基金和其他费用3404.6万元,占总支出4.82%。其中增收留成基金2235.76万元,财务专用基金645万元,其他费用523.84万元(老干部经费281.2万元,援助西藏日喀则职工之家改建88万元,向湖南等八省水灾捐款77.8万元,工纠队经费21.19万元,遗属补助20.18万元,残疾人就业保障会等其他支出35.47万元)。

五年收支相抵经费结余2679.23万元,扣除后备基金1549万元,加上届结余经费6504.73万元,累计结余7634.96万元。

(二) 市总工会直管单位资产管理费收支情况。

五年来,市总工会直管企事业单位上缴总收入6986.89万元。其中上缴资产管理费6625.63万元,利息等各项收入361.26万元。上届结余58.27万元,共计7045.16万元。五年总支出6983.25万元(其中:建造恒森商务大楼6600万元,办理城南商厦房屋产权证转让费用87万元,援助西藏日喀则工人文化宫和法人奖励等296.25万元)。本届结余61.91万元。

二、五年来工会财务工作回顾

(一) 依法做好经费收缴工作,确保经费收入逐年增长。

上海经济持续发展给工会经费收缴工作创造了有利条件,在各级工会的共同努力下,经费收入稳步增长。市总工会本届经费收入69826.71万元,比上届增长了9.86%。2002年上解市总工会经费超过100万元的区、县、产业(局)工会有54个,达到47%,各级工会财力明显增强。

但是在发展社会主义市场经济的过程中,工会经费的收缴工作出现了许多新情况和新问题。传统产业大调整,国有企业转制改制,职工人数锐减,直接影响了工会经费正常拨缴。非公经济快速发展,建会和收缴经费都遇到很大困难。各级工会以实施新修改的《工会法》和《上海市工会条例》为契机,加大依法收缴力度,千方百计采取有效措施。坚持巩固国有企业收缴经费的"主体"地位,确保一块;加强机关事业单位经费收缴工作,增长一块;加大转制企业、私营企业和外资企业收缴经费的力度,拓展一块。

市总工会在坚持确保依法足额上解全总经费和经费留成使用"向下倾斜"的原则,不断完善经费收缴目标管理制度。实事求是地调整传统产业的考核目标,保护国企收缴经费的积极性。对区县工会实行考核指标一定几年不变,超额部分除按比例上解全总外全部回拨,调动了区县收缴经费的积极性,增强了区县工会实力。积极疏通渠道,争取政府部门支持,落实了外资企业计拨工会经费税前列支的政策,推行了收缴工会经费专用收据,为收好经费营造了良好外部环境;开展了工会经费收缴工作全面竞赛,按月拨交,按季考核,半年通报,全年总结,解决了按时间均衡上解和及时到款问题;加强激励和约束机制,在评选劳动模范、五一奖状、模范职工之家、优秀工会工作者等先进集体和个人时,对欠交、漏交工会经费的实行"一票否决";工会财务和经审加强合作,下基层指导服务,及时掌握各单位经费收缴情况,认真开展工会经费审查监督。五年来,在全市各级工会共同努力下,工会经费拨交逐年增长,上解全总的工会经费逐年递增,连续五年居全国之首,被评为全国工会财务竞赛先进单位。

(二) 坚持正确方向,工会经费使用更趋合理。

上海市总工会坚持经费使用向基层职工倾斜,向维护职工权益倾斜,向工会重点工作倾斜,使有限经费发挥出更大效益;坚持发扬勤俭节约优良传统,从严控制机关行政经费支出,努力保持零增长。五年来,用于全市工会和职工活动、用于改造职工文化福利事业和上解全国总工会的支出占总支出的68.52%,而用于市总机关的行政经费仅占总支出的7.95%。围绕重点工作的推进,市总工会拨出专款用于再就业、救急济难、定向帮困、医疗帮困、送温暖活动等多种形式的帮困救助;用于就业培训中心大楼改造装修,为下岗失业人员提供职业培训和职业介绍;用于改、扩建全市文化、娱乐、体育、疗休养等职工福利设施,增强了社会效益,而且形成了沪东工人文化宫、沙家浜度假中心、职工就业培训中心等一批具有一定规模的新型职工活动场所。

(三) 深化工会财务制度改革,强化基础管理。

各级工会按照《工会预算管理办法》和《工会会计制度》要求,将加强预决算管理作为一项重要的基础性工作,认真编报预算,按规定程序审批经费收支预算和决算,严格按年度预算控制支出,使预算管理制度化。工会财务工作不断加强基础管理,1998年顺利完成了财会制度接轨工作,使工会财会核算更趋科学化;1999年开展了工会《会计基础工作规范化》考核工作,使财会工作更加规范化;先后两次对工会系统的"小金库"和银行账户进行全面检查整顿,并使检查经常化、制度化;不断推进工会会计电算化工作,提高了管理效率和水平;不断进行理论探索,积极研讨新时期工会财会工作的新特点和新思路,促使工会财务基础管理工作迈上新台阶。

(四) 强化资产管理力度,推进工会企事业的改革和发展。

五年来,上海工会坚持财务工作"三服务"宗旨,重点发展直接为职工服务的企事业,积极探索和推进工会企事业改革,修订并完善了《市总工会直管单位经营责任制考核办法》、《关于加强市总工会直属企事业单位资产管理的暂行办法》、《关于五万元以上投资项目需经社会审计的规定》等制度,使各直管单位规范了运作,经济效益和社会效益有了明显的提高,五年中新增资产15189万元,直属企事业单位的固定资产由原来的27972万元增加至43161万元,生存力和竞争力得到加强。职工福利性事业的服务功能不断增强并逐步由差额预算管理向自收自支管理过渡,工会管理干部学院、工人疗养院、文化宫、公惠医院、职工培训中心、幼儿园等单位还具备了一定的自我发展能力。市总工会投资的企事业,除樱花宾馆在建外,海鸥饭店、劳动报社以及参股的上海银行等都取得良好的经济效益。五年来,市总工会直属企事业上缴收入6986.89万元,全部用于再投入,其中参建恒森商务大楼6600万元,已投入使用并产生经济效益。

(五)严格市总工会机关预算管理,有效控制行政性开支。

本着科学、合理的原则,严格市总工会机关预算的编制、执行和管理,坚持做到合理开支、厉行节约,提倡少花钱,多办事,办成事。不断完善机关经费总包干、部门预算分包干、专项经费专项包干的制度,明确审批权限,严格把好关。同时,先后两次认真组织检查清理机关各部门预算外资金和银行账户,对《市总机关经费审批权限的规定》、《市总机关财务管理的暂行规定》、《市总机关若干经常性费用报销的规定》以及《实行机关预算包干的办法》等制度作定期修订,真正做到有章可循,照章办事。

回顾五年来的工作,由于各级工会共同努力,上海工会财务工作取得了显著成绩。同时,我们也清醒地看到工会财务工作面临许多新情 况、新问题。依法收缴工会经费的力度还有待加强;工会企事业经营管理的改革还相对滞后;经费独立管理和监督的机制还需进一步探索和创新;相对集中一定财力与坚持向下倾斜、为基层工会和职工服务原则的统一等问题还有待切实加以研究解决。

三、今后五年工会财务工作的建议

今后五年,上海新一轮发展和职工收入稳步提高,为工会经费逐年增长提供了基础。但随着改革进一步深入和市场经济体制不断完善,结构调整力度进一步加大,新经济组织和新社会组织大量涌现,必然给工会经费收缴和财务管理工作带来新的挑战。各级工会要以"三个代表"重要思想为指导,紧紧围绕工会重点工作,坚持为基层工会和职工服务的方向,为职工群众办实事、做好事,为工会全局工作提供更为坚实的物质保障。

(一)提高认识,落实责任,进一步加大依法收缴经费力度。

《工会法》和《上海市工会条例》确定了工会经费独立的原则,赋予工会自主收缴、管理和使用经费的法律地位,为工会收好、管好、用好经费提供了法律保证。要进一步宣传落实《工会法》和《上海市工会条例》,创造依法收缴经费的良好氛围。加大依法收缴力度,一级抓一级,层层抓落实。继续抓住重点,即大中型企业和机关事业单位的经费收缴;克服工作难点,研究新情况新问题,提出新措施;拓展新的增长点,做好各类新经济组织的收缴工作,力争组建和收缴同步进行。严肃财经纪律,对拖欠、截留、挪用工会经费和造成工会资产损失的,要严肃查处。各级工会都无权擅自改变上解工会经费的比例,或随意自主决定减免应上解的经费。加强检查监督力度,与经审会密切配合,自觉接受审计审查监督。坚持"收支两条线"原则,不允许设"账外账"和"小金库"。加强与财政、税务、工商、人事等部门的协调和与社会各界的沟通,创造一个全会重视、社会各方支持的工作氛围。

(二)开源节流,建章立制,进一步规范工会财务基础管理。

各级工会要进一步发扬艰苦奋斗优良传统,坚持勤俭节约原则,量入为出,综合平衡,合理使用经费。强化会计基础工作,规范财务管理,健全各项制度,实现归口管理。完善监督制约机制,堵塞体制转变过程中可能出现的漏洞。继续抓好工会会计基础规范化检查,实行拨交经费票据电脑管理。加强与政府有关部门协调,切实解决工会财务工作中遇到的政策性新问题。加强预算管理,严格预算编报和审批程序,健全预算的执行和监督机制。主动接受经审委员会和广大职工的检查监督,完善内部控制制度。

(三)合理配置,发挥效能,进一步确保工会资产完整和安全。

各级工会要依法管理好工会资产,充分发挥资产的效能。要认真总结经验教训,加强对资产管理的领导。协调处理好工会内部的产权关系,定期清产核资,盘活资产,合理配置,有效利用。推进工会企事业管理体制的改革,建立科学的投融资体制,确保资产的安全与完整,在取得良好社会效益的同时取得良好的经济效益。

(四)深化改革,强化培训,进一步提高财务干部整体素质。

各级工会要以改革的精神,着眼于调动基层工会积极性,着眼于建立适应多种所有制的工作格局,以科学的态度,遵循市场经济规律,依法理顺工会企事业的关系,建立有效的激励、竞争、监督和约束机制。继续做好会计专业技术人员的教育培训工作.形成良好职业道德,增强廉洁自律自觉性,提高专业水平和工作能力。广大工会财务人员要树立高度的事业心和责任心,勤奋学习,忠于职守,努力由掌握单一财会知识向掌握综合知识发展,既精通财务知识,又掌握税收、金融、物价、统计、审计、工商行政管理、电脑技术等知识,适应会计工作现代化。

工会财务工作是工会整体工作一个极其重要的组成部分,是贯彻"三个代表"重要思想和工会工作总体思路,为广大职工群众多办实事、多办好事的重要的基础性工作。各级工会要在市委和全总的领导下,继续提高对新形势下工会财务工作重要性的认识,加强对财务工作领导,站在新起点,实现新发展,攀登新高峰,开拓创新,扎实工作,为发展工运事业作出新的更大贡献。

上海市总工会第十届经费审查委员会工作报告

（2003年6月12日上海市工会第十一次代表大会通过）

一、对上海市总工会第十届委员会财务工作报告的审查意见

上海市总工会第十届经费审查委员会第十七次会议审查了上海市总工会第十届委员会财务工作报告。审查认为：

（一）上海工会第十次代表大会召开以来，各级工会以贯彻实施新修改的《工会法》和《上海市工会条例》为契机，加大依法收缴工会经费的力度，确保市总工会经费收入持续稳步增长。五年来，市总工会经费收入73293.4万元，其中拨交经费收入69826.71万元，比上一届增长9.86%。

（二）市总工会坚持为基层工会和职工群众服务的方向，保证工会各项重点工作的开展，确保工会经费支出的必要性和合理性。五年来，市总工会经费支出70614.17万元，其中直接用于全市工会工作、职工文体活动以及上缴全总经费等支出合计48384.04万元，占总支出68.52%。

（三）市总工会坚持“量入为出，综合平衡，合理安排，全面控制”的原则，加强工会经费的预算管理，从严控制机关行政经费的支出。五年来市总工会机关行政经费支出5611.94万元，占总支出7.95%。

（四）各级工会重视和加强财务管理工作，注重建章立制，强化统一管理，建立和健全各项管理制度；重视和加强工会资产和企事业的管理，社会效益和经济效益有了明显的提高。

（五）随着上海经济的发展和改革的不断深入，工会财务工作将面临许多新的情况和问题。建议各级工会要进一步加大依法收缴工会经费的力度，着力提高工会组建率和经费拨缴率，不断拓宽经费收缴的渠道；进一步建立健全财务管理制度，严肃财经纪律，规范工作秩序，加大培训力度，强化基础工作，不断提高财务工作管理水平；努力推进工会企事业单位领导体制和管理机制的改革，按照发展社会主义市场经济的要求，依法经营，规范运作，不断提高经济效益和社会效益。

（六）审查同意《上海市总工会第十届委员会的财务工作报告》，建议上海市总工会第十一次代表大会审议通过。

二、上海市总工会第十届经费审查委员会五年工作回顾

上海工会“十大”以来的五年，是上海工会实践工会工作总体思路，全面推进各项工作的五年；是上海工会高度重视和依法强化经审工作取得突破性进展的五年；也是各级工会经审会重视组织建设、制度建设，不断加大审计、审查监督力度，深入开展调查研究，积极探索经审工作新路子的五年。

一是坚持以邓小平理论和“三个代表”重要思想为指导，切实增强依法做好工会经审工作的使命感和责任感。

五年来，各级工会经审会坚持认真学习贯彻邓小平理论和“三个代表”重要思想，深刻认识新形势下经审工作面临的新情况和新要求，进一步解放思想，转变观念，增强责任感和使命感，用改革的精神全面推进工会经审工作。各级工会及经审会把经审工作放到发展社会主义市场经济的宏观环境、贯彻工会工作总体思路、依法治会、民主办会和工会加强自身监督的整体格局中来审视和把握，正确认识审查监督工作的重要性，依法履行审计审查监督职责，对经费的收、管、用和工会资产管理、经济活动实行有效监督，强化工会约束监督机制，保证工会组织和工会工作健康发展。各级工会经审会坚持定期召开经审全会，在同级审计审查、实务审计、制度建设和自身建设等方面，取得了明显的成绩，在工会全局工作中发挥了积极的作用。

二是强化会前审计，切实提高工会经审会的审查监督水平。

实行以“审计为基础”的会议审查监督是工会经审会五年来取得的突破性进展。各级工会经审会在坚持每年对同级工会经费预算方案进行会议审查之前，先由经审办或审计小组对本级工会财务收支情况、预算执行情况等实施实务审计，并把经费计拨工作列为审计重点，对本级财务决算报表的真实性、完整性、合法性进行审计，形成审计报告，作为经审委员会会议审查的重要依据，从而提高了经审会的审查监督水平。五年来，各级工会经审会共查出违纪违规金额1655.4万元，提出建议6384条，确保工会经费的正确使用，体现了对工会经费收支使用的民主监督和群众监督。

三是建章立制，切实加强工会经审工作的基础管理和制度建设。

市总工会经审会从建章立制着手，切实加强基础管理和制度建设，先后制定了各级工会经费预决算审查、基层工会经费预决算审计、市总工会直属单位资产和经营管理情况审计、基层工会企事业经营效益审计和专项基金审计等28项制度。同时，为了规范实务审计工作，提高质量，防范风险，各级工会建立完善了实务审计制度，相继推行各类审计工作底稿制度和经审工作电算化工作制度。建章立制，规范了工作程序，提高了审计工作效率和审查监督效能。

四是积极开展各项实务审计，切实加强各项审计监督。

各级工会经审会按照“上审一年，下审一级”、“查漏补欠”的要求，加大经费计拨审查力度，有力地促进了工会经费收缴工作。五年来，共查出欠交工会经费并补交入库

3620.75万元。市、区县局(产业)工会每年坚持开展对直属企事业单位、职工技协及各类专项基金的审计。五年来,各级工会经审会通过实务审计,为工会压缩支出、节约资金、挽回经济损失达3129.22万元,不仅增加了工会的收入,而且促进了工会经济活动的规范运作。

各级工会经审会坚持开展对工会基建、维修和改造项目的审计,审减金额达1414.49万元。坚持开展对工会和工会企事业单位领导干部的经济责任审计,促进了廉政建设,保证了工会企事业的健康发展。市总经审办还对有关区县局(产业)工会及其下属单位进行财务收支审计。各区县局(产业)工会和基层工会经审会也分别开展了财务收支、经济责任、基建维修和企事业单位经营状况的审计,从而切实加强了工会审计监督。

五是抓好“小金库”的清理工作,切实加强工会的廉洁自律。

2001年,根据中央、市委市府和全国总工会的要求,在市总工会党组的统一部署下,市总经审会积极配合财务部门组织开展了对工会和企事业单位“小金库”清理情况的检查。对发现的“小金库”,坚持一查清资金来源,二查清资金实际开支情况,三查清资金余额。在各级工会重视下,整改率达100%,从而促进了工会组织的廉政建设。

六是抓好业务培训,切实提高工会经审干部思想认识和技能水平。

市总工会经审会坚持每年开展业务培训,包括岗位资格培训、实务审计培训和审计电算化操作培训等,使工会经审干部的实务审计技能和工作水平显著提高。据统计,五年来有22142人次参加经审干部岗位培训,提高了审计专业技能水平。各区县局(产业)工会也组织形式多样的审计实务培训,为开展各类审计工作打下了扎实的基础。

七是开拓创新,切实加强经审工作理论和实践的探索。

五年来,各级工会经审会注重理论和实践的创新。市总工会经审会先后三次召开理论研讨会,对依法治会、依法自主管理经费与强化经审监督的关系、国有企业转制中工会经审工作面临的新情况新问题、市场经济条件下工会经审工作面临的新挑战等,进行了专题研讨,共收到论文500多篇。通过研讨,总结推广了区县局(产业)工会的新经验,拓展了工作思路,调动和发挥了各级工会经审干部的积极性和创造性,全市涌现了一批工会经审工作先进单位和先进个人。

回顾五年来的工作,我们主要的经验和体会是:

*(一)工会经审工作是工会重要的基础性工作。*工会经审组织必须严格按照“三个代表”的重要思想,忠实地履行《工会法》赋予工会经审组织的监督职能,把经审工作放到党和国家加强经济监督的宏观环境和工会加强自身监督的整体格局中来审视把握。

*(二)工会经审工作要坚持对工会代表大会和工会委员会负责的原则。*各级工会必须加强领导,增强大局意识,自觉接受监督,把强化经审监督作为依法治会、维护工会和职工合法权益的重要途径。全会重视,互相配合,协调步骤,努力形成合力。

*(三)工会经审工作必须进一步坚持以审计为基础。*各级工会必须建立健全以审计为基础的经审监督运行机制,提高审计的权威性和效益性;必须坚持“审、帮、促”原则,促进收好、管好、用好工会经费,促进工会财产管理,促进经济活动的规范运作,促进工会系统党风廉政建设。

五年来,本市工会经审工作取得的每项工作成绩,是各级工会领导重视和有关部门大力支持的结果;也是各级工会经审组织和广大经审干部解放思想,与时俱进,锐意创新,努力工作的成果。上海市总工会十届经费审查委员会向为本市工会经审工作付出辛勤劳动和做出积极贡献的广大工会经审干部致以崇高的敬意!向关心、支持工会经审工作的各级领导和有关部门表示衷心的感谢!

五年来,本市工会经审工作取得了一定的成绩,但也存在着不容忽视的问题:有的工会组织对工会经审工作的重要性和提高工会经审工作水平的紧迫性的认识与新时期的要求还有差距;审计审查监督的程序、手段、效果有待于进一步规范、落实、提高;工会经审干部的力量配置有待于进一步加强,业务素质有待于进一步增强。

三、对今后五年工会经审工作的建议

(一)进一步加强领导,完善工会经费独立管理和自我监督的有效机制。

各级工会要坚持以邓小平理论和“三个代表”重要思想为指导,开拓创新,与时俱进,按照创建现代化国际大都市工会工作新格局的要求,积极探索工会经费独立管理和有效监督的工作新路子。工会干部特别是主要领导干部要增强自觉接受经审监督的意识,支持工会经审会切实依法履行监督的职责。要重视提高经审干部的使命感和责任感,使他们进一步增强政治意识、大局意识和责任意识,坚持原则,忠于职守,促进经审工作更好地为工运事业服务。

(二)进一步加强组织建设和制度建设,严格按照程序开展工会审计监督。

各级工会要在工会组建时同步加强工会经审会的组织建设,做到经审会与工会同步筹备,同步选举,同步报批;要健全经审办机构,配齐配好经审干部,做到组织落实、干部落实、工作落实。各级工会要把经审工作摆上重要议事日程,定期听取经审工作汇报和审计审查情况通报,高度重视和及时解决审计审查发现的问题。经审会要积极参与工会财务制度和企事业管理制度的制订,努力构筑起科学规范的工会经费和工会资产的管理机制和约束机制。

(三)进一步加强各项实务审计,努力提高审计监督质量。

审计监督是经审监督的基本手段。各级工会经审会要切实加强以审计为基础的实务审计力度,对经费收、管、用实行全过程、全方位的审查监督。要把对预算编制和执行的审查作为重点,对预算编制原则、使用范围、收支状况和重大开支项目进行综合评价分析,提高财务管理和资产运作的质量。要继续推行工会企事业单位年度审计制度,检查和考核工会企事业单位经营实绩，加强内部监控管理。要坚持定期开展对工会各类基金的专项审计工作，加强对基金使用和管理的监督。要继续实行和加强工会主席和工会企事业单位负责人的离任审计审查。要加强工会经费收缴管理情况的专项审计，提高收缴管理水平。

（四）进一步加强业务培训，不断提高工会经审干部的整体素质。

要切实提高各级工会经审干部的业务能力和综合素质，突出培训重点，有计划地分期分批培训经审干部。今后五年中，各区县局（产业）工会经审干部的岗位培训率要达到100%，基层企业工会经审干部岗位培训率要达到90%以上，使经审干部持证审计率达到100%。有计划地举办审计程序规范化的业务操作培训，规避风险，增强权威性和有效性。争取用两年的时间，使本市工会审计程序规范化达标率为85%，五年内实现100%。进一步加强调查研究，总结推广新经验新做法，不断提高工会经审工作的整体水平。

各位代表、同志们，新时期工人运动和工会工作的新发展，对工会经审工作提出了新的要求，我们肩负着光荣而艰巨的任务。我们坚信，以“三个代表”重要思想和党的十六大精神为指导，按照上海市工会第十一次代表大会所确定的任务，新一届上海市总工会经费审查委员会在各级工会的重视和支持下，在各级工会经审组织和广大经审干部的共同努力下，依法加强工会经费审查监督工作，一定会取得更大的成绩！

上海市工会第十一次代表大会主席团、秘书长名单

（2003年6月9日上海市工会第十一次代表大会预备会议通过）

一、大会主席团成员（71名）

（按姓氏笔画为序）

马　强　王水官　王剑明　王晓华
王逢祥　王嘉余　卞恩君　左山虎
叶小英　叶森明　包起帆　吉永华
吕健康　刘跃俊　江　兵　杜乃根
杜仁伟　苏玉芳（女）李　斌　李介麟
李积荣　肖长松　吴　捷　吴　飚
吴由之　吴申耀　吴红星　吴建融
吴海中　汪兰洁（女）沈志荣　宋美红（女）
张兴淮　张安利　张树奎　张新康
陈　欣（女）陈　豪　陈鸿生　陈惠莹
陈德诚　林　锋　林爱娟（女）周　炜（女）
周文芳　房迪坤　胡云芳（女）胡怀坤
赵惠惠（女）侯其彬　俞宝麟　俞莉红（女）
夏玲英（女）徐　虎　徐少伯　徐以力
徐永炘　徐爱珍（女）高建华　唐国才
陶七一　黄金泉　曹群华　彭戌兰（女）
黄鸿强　蒋宝兴　傅小龙　谢中全
谢华庆（女）薛兴文　薛兴龙

二、大会秘书长

吴申耀

上海市工会第十一次代表大会主席团常务主席名单

（2003年6月9日上海市工会第十一次代表大会主席团第一次会议通过）

陈　豪　吴申耀　张兴淮　汪兰洁（女）杜仁伟

上海市总工会第十一届委员会
主席、副主席、常委名单

主　　席：陈　豪

副 主 席：吴申耀　张兴淮　汪兰洁(女)杜仁伟　谢　峰

常　　委：左山虎　刘晓敏(女)杜乃根　李积荣　肖长松　吴　捷　吴由之　吴红星　侯其彬　夏玲英(女)彭戌兰(女)

上海市总工会第十一届委员会
委员名单(共 109 人)

于卫良　马　强　王水官　王国栋
王剑明　王晓华　王逢祥　王嘉余
左山虎　叶小英　叶森明　包起帆
吉永华　吕健康　朱义明　朱从余
朱兆萍(女)任新我　刘晓敏(女)刘跃俊
庄毅群　江　兵　许守猛　杜乃根
杜仁伟　李　斌　李介麟　李虹鸣(女)
李积荣　肖长松　吴　捷　吴　飚
吴由之　吴申耀　吴红星　吴海中
吴建融　余忠兴　汪兰洁(女)沈志荣
沈建芳　沈旅铄　沈雄德　宋　震
宋美红(女)张　刚　张世虎　张立群
张兴淮　张安利　张建瑛(女)张树奎
张新康　陆兆飞　陈　欣(女)陈　豪
陈兆麟　陈明奋　陈鸿生　陈惠莹
陈德诚　林　锋　林宪成(女)林爱娟(女)
金以钲(女)周　炜(女)周文芳　郑　珊(女)
房迪坤　胡云芳(女)胡怀坤　胡玲梯(女)
赵跃华　赵惠惠(女)钟　雄　侯其彬
俞宝麟　俞莉红(女)顾圻清　顾晓春
夏玲英(女)夏惠珍(女)钱怀民　徐　文
徐少伯　徐永炘　徐季平　徐爱珍(女)
郭连生　高金平　高建华　陶七一
黄自萍　黄伟建　黄金泉　曹金珠(女)
曹群华　屠国明　彭戌兰(女)董之一
蒉鸿强　傅小龙　谢　峰　谢中全
谢华庆(女)蔡　军　蔡晓兰(女)潘新明
薛兴文

上海市总工会第十一届经费审查委员会名单

主　　任：杜仁伟

副 主 任：杨永平

委　　员：于志军　马忠荣　王治中　刘益平(女)　许妙根　杜仁伟　杨永平　肖荣珍(女)　林怀平　赵水良　袁一平　顾国青　徐文发　徐以力　舒建伟

出席中国工会第十四次全国代表大会
上海代表团名单(共 81 人)

代表团团长：陈　豪

代表团副团长：吴申耀

代表团成员：

一、代表(74 名，按姓氏笔画为序)

王水官　王剑明　王逢祥　方怀瑾
左山虎　叶小英　朱全忠　邬锡元
刘跃俊　刘维新　庄东辰　庄毅群
江　兵　安吉申　杜乃根　杜仁伟
杨　洸　李　军(女)李　泓(女)李　星(女)
李　斌　李介麟　李虹鸣(女)李积荣
肖长松　吴　捷　吴　飚　吴申耀
吴海中　吴晓蕾(女)谷常生　汪兰洁(女)

汪旭升 沙宝珍 沈培良 张世虎
张兴淮 张新明 张新康 陆浩东
陆敏之(女)陈 欣(女)陈 豪 陈玉香(女)
陈鸿生 陈德诚 林 锋 金岭梅(女)
周 炜(女)周文芳 郑 珊(女)胡云芳(女)
胡怀坤 胡蕴琪(女)赵惠惠(女)俞莉红(女)
夏玲英(女)夏晓梅(女)钱永霞(女)徐少伯
徐永炘 徐伟军(女)郭朝晖 高建华
陶七一 曹群华 彭戌兰(女)彭剑明(女)
董勤顺 黄鸿强 傅金娣(女)储征宇
谢华庆(女)戴进宝

二、特邀代表(7名)

王安顺 包信宝 滕一龙 丁文博
张剑英(女)胡茂元 陶依嘉(女)

上海市工会第十一次代表大会代表名单

上海市工会第十一次代表大会代表共800名

一、代表组成：

1．工会工作者代表471名，占58.88%。

2．工会积极分子代表77名，占9.62%。

3．劳动模范、先进生产(工作)者代表142名，占17.75%。

4．党政领导、管理人员和专业技术人员代表110名，占13.75%。

二、代表性别、年龄、政治面貌、学历等情况：

1．女代表251名，占31.38%。

2．年龄在55岁以下的代表有726名，占90.75%，其中35岁以下的代表有54名。

3．中共党员721名，占90.12%；共青团员8名，占1%；民主党派22名，占2.75%；群众49名，占6.13%。

4．大专以上文化程度的代表有722名，占90.25%，其中博士、硕士有80名。

5．有12名少数民族和台胞代表。

工会十一大代表名单

陈 豪 沈雄德 陈兆麟 叶卓麟
沈 洁(女)宋英心(女)张金娣(女)张海华(女)
林 锋 赵跃华 夏玲英(女)张渭明
袁继鼎 张增泰 杨伟民 方帼萍(女)
沈海庆(女)顾大僖 陈信元 程昌钧(女)
易 静(女)鲍日新(女)马 强 周崇礼
徐克涛 单友根 郑 珊(女)肖明第
孟 馥(女)王 彤 颜雅珍(女)吴 捷
吉永华 杨含娟(女)于培坚 苏玉芳(女)
陈苏明 顾圻清 李 渔 邹智慧
左山虎 周之龙 王立章 陆雅娟(女)
随幼君(女)冯克华 朱素宝 王秋萍(女)
王漫红(女)刘 敏(女)孙国泰 周顺娣(女)
金维荣 徐祖成 倪长关 秦建国
韩国华 鲍建国 忻惠发 郁惠平
顾美娣(女)李 斌 张传武 陈洪亮
俞 军 高坚平 韦 建 许国英(女)
陈忠保 陈贤国 曾乐才 朱国庆
侯其彬 沈志荣 邵军民 何大立
蔡建新 钱维忠 吴 平(女)张心定
杜乃根 屠国明 黄鸿强 陶丽娟(女)
生 青(女)刘伟民 张仁和 孙素勤(女)
张前庆 沈红珍(女)杨忠元 吴志敏
吴林芳(女)汪耀华 沈继清(女)沈德蒂(女)
张凤一(女)张 俊 张俞生 陈惠莹
袁国芳(女)谈业茂 黄 焱 储征宇
戴 军(女)王文英(女)孔海林 孙亚东
孙海全 杨凌风 陈 欣(女)黄月琴(女)
樊敏伟(女)潘德青 王嘉余 周 毅
金建伟(女)张安利 徐 宓 叶 玮
杜仁伟 张立群 于剑平 马立行
王立喜 王杏芝(女)王凌雨 王振荣
毛贤内(女)朱立文 刘立喜 杜品宏
李 艳(女)李世龚 何慎逵 吴晓红(女)
沈慧珠(女)纪康曼(女)周玉芳(女)胡云芳(女)
姜小书(女)姚志贤 梁超英 葛忠义
潘永康 柏 松 江雪珍(女)蒋宝兴
徐斯军(女)阮永军 史玮洁(女)戴进宝
彭树明 王建民 董信泰 江 兵
郑来生 郑豪杰 孙红梅(女)丰 颖(女)
唐国才 张 刚 王水官 谭军梅(女)
王树珍(女)凌建华(女)肖荣珍(女)陈 建
单幼新 林 建 沈重明 叶尔冲
丁宝康 周 嫤(女)庞申娟(女)苏寿南
蒋卫东 陈晓鸣 徐洪发 孙小根
劳克勤(女)陈明奋 陈颖杰 吴海中
庄仁松 许小青 金培元(女)叶森明
傅金娣(女)谢华庆(女)倪莉萍(女)沈繁康
郑伟清(女)周荣英(女)陈 克 庄毅群
张建平(女)顾晓春 张建瑛(女)何润培(女)
牛家平 李祥生 周国鸣 姚秉媛(女)
顾一清(女)徐小妹(女)徐季平 龚汉明
谢中全 李积荣 李国明 陆雄华

何向东 沈新月(女) 邬彭年 孙菊清(女)
乐强华 李永炎 程惊雷 熊传林
陈鹤庭 俞宝麟 孙德华 邹开伟
冯德兴 王尚燕 张庆桓 傅舒昆(女)
徐志梅(女) 沈 华(女) 陈兴昌 林维国
俞士海 张新康 陈鸿生 刘颜华(女)
严太宝 王思伟 周 斌 任能仕
卞恩君 王光才 王朝江 卢超英
冯国坚 朱义明 华雪英(女) 林怀平
郑丽萍(女) 俞佩君(女) 曹 民 崔以聪
彭培炎 于 敏(女) 朱亚毅 李爱芳(女)
孙 帆 劳兆利 李广武 杨奇华
胡恒法 杨绮英(女) 李桂红(女) 张 莹
任新我 宋 震 包起帆 王晓华
张家骏 吴鹏程 黄英赓 应充亮
侯敏玉(女) 吴徽章 应为健 何积恩
忻顺康 沈国兴 朱启平 于卫良
吴申耀 李介麟 王友良 姬承云
徐长华 徐绍辉 林伟达 夏家隆
阮素贞(女) 周蓓苓(女) 孙继元 袁丽敏(女)
臧晓敏 凌春霞(女) 许公仪(女) 王伟雄
包 军 孟祖耀 张惠冲 林 辉
房迪坤 颜铁观 李抗元 林伟民
徐以力 陈德诚 季 涛 沈祖强
赵小滨(女) 吴锦红 郝玉让 钱怀民
燕泰胜 汪良来 林爱娟(女) 周 炜(女)
虞盛虎 洪善定 肖长松 张国伟
秦伟忠 黄伟达 王秋娣(女) 何本权
陆绍机 秦宝华 钟伟荣 余忠兴
唐海寅 汤文洲 陈自怡 周文波
王德润 王志兴 袁斌臣 王 琦(女)
张新民 徐文发 吴 萍(女) 殷关福
姚延康 沙宝珍 徐爱珍(女) 林建白
侯秀琴(女) 陈美芳(女) 徐 文 徐贵泉
夏伟成 颛孙正宗 任正军 冯学武
赵学柱 董勤顺 邹映标 王逢祥
金忠银 戚大安 姚黄平 徐伟俊
徐静和 王永莉(女) 孙 梵(女) 薛怡卿(女)
朱长胜 王 震 乐振平 邵开平
金 燕(女) 肖振安 于志军 王仁康
朱兆萍(女) 孙绍锋 吴正存 吴建融
张良洪 郑志明 赵荣芳(女) 诸笑宇(女)
盛德龙 缪宗兴 张世虎 吴根福
李虹鸣(女) 任哥舒 黄晓非(女) 单富年
董之一 李正华 苏宝艳(女) 郭连生
张民权 李 平 毛雷杰 彭戌兰(女)
陆 雄 王德宝 赵兰娣(女) 徐惠平
荣雪伟 殷志发 应文炽 吴慧芳(女)
王纪华 陈锡海 陈伟国 杜学宗
陆惠章 钱伯渊 杨金宝 朱长德
王通宇 胡伟兴 葛邦中 黄嫣春(女)
季炳龙 包明法 沈国芬(女) 汪顺明
于东茂 李德平 石兴梅(女) 徐继红(女)
朱惠芳(女) 祝 彬(女) 王 辉 郭 慧(女)
钱 娟(女) 钱 怡(女) 陈惠芳(女) 沈平嬿(女)
许根桦(女) 周 奇 刘晓荣 汪敏君(女)
黄淑萍(女) 余 华(女) 吴福康 杨晓红(女)
曹益生 朱文豹 陶学为 吴慧中(女)
郭 峰 朱从余 冯志勇 夏惠珍(女)
谢幼书(女) 徐永炘 郭志刚 李荷玉(女)
潘 洪 钱瑞新 范芝芳(女) 梁永平
杨志明 王 辉 顾巧英(女) 张 兵
张 翼(女) 张树奎 孟正伟 章宝坤
徐中尼 胡玲娣(女) 席振平(女) 杨和平
高延平 刘益平(女) 陈 亮 蔡晓兰(女)
姚兰章 赵惠惠(女) 许妙根 徐益华(女)
宋 涛(女) 钱 燕(女) 杨有为 徐小年
施柏兴 吴锦骠 徐建国 褚党辉
钱 捷(女) 于扣仁 王 虹(女) 王忆卿(女)
王欢平(女) 王伯慈 叶新龙 孙培龙
朱 瑛 吴杰明(女) 宋志康 张爱军(女)
张新明 李 萍(女) 李宝其 李致峰
杨伟新 杨慧莲(女) 沈庆平 陈晓东
俞莉红(女) 姜伟兰(女) 徐晴雁(女) 莫 飚
曹 芹(女) 黄林法 龚天根 谢 芳(女)
戴明荣 丁向荣 王志刚 王宏英(女)
王秀琴(女) 叶小英 卢 峻(女) 史雅萍(女)
刘庆年 刘佩英(女) 朱德成 杨宝琴(女)
李宝根 林吉青(女) 金宏海 徐 虎
徐 整 徐寿康 鲍文捷 薛兴文
王和羲 王忠俊 刘小平(女) 刘小明
朱英豪 许建强 吴力坚 张长华
张明华 杨浩全 杨锦荣(女) 汪一屏(女)
沈荣兴 邹 华(女) 季学斌 林 强
金红霞(女) 徐少伯 徐素珍(女) 袁思伟
曹伟民 曹志平 朱炜华(女) 许 民
孙海燕(女) 李之光 张亦敏(女) 张兴淮
胡怀坤 程传玮 王亚敏(女) 王民霞(女)
王解华 印根荣 吕健康 朱启耀
朱建荣 孙定云(女) 沈月明 沈永连
沈跃青 沈德昌 陆桂芳(女) 陈伟芬(女)
金福妹(女) 孟祥伟 赵慧萍(女) 俞民明(女)
夏 英(女) 钱 英(女) 钱 坤 钱瑞林
倪建军 徐海明 徐 瑛(女) 唐伟清
黄佩娣(女) 曹伟光 盛建明 盛爱勤(女)
储颂辉(女) 撒菱海 吴 飚 张仙娣(女)
赵鑫宝 樊国强 沈宝娟(女) 徐惠娟(女)
石玉明 邹清家 赵贤耀 张全生
张富根 陈建兴 吴成明 张静明
赵路明 刘惠萍(女) 顾鹏鸿 毛文元

水 洁 黄华旗 许燕华(女)邵美华(女)
逢善穗(女)沈永福 唐秋华 吴文元
陈永华 李建萍(女)徐惠兴 杨康安
陶七一 陈阿根 庄建秀(女)吴建平
金以铔(女)吴顺芳(女)赵金隆 殷为民
陈 宏 卜尔东 曹群华 钱伟烈
刘 坚 杨永平 陈国华 薛 华(女)
刘 玲(女)刘连珍(女)刘美娟(女)吴振祥
苏作杰 王迎建(女)赵秀云(女)李永发
李 坤(女)华忠明 吴俊杰 曹致红(女)
王妙琴(女)唐云忠 李忠良 周宏伟
凌 峰 耿 玮 刘跃俊 杨 伟
杨 桦(女)李春花(女)李援朝 沈金忠
张伟东 姚根发 徐方云 彭 宏(女)
邱正言(女)施文权 孙秀强 张元虎
浦国平 王颖明 朱建国 徐 松
叶云晓 田依群(女)朱叶琴(女)任国伟
邹建新 俞佩莉(女)袁相贤 高建华
唐鸿飞 黄 玮(女)薛光明 王国栋
丁德兴 王明良 冯琴莲(女)朱云标
朱香凡 许玲宝(女)严 萍(女)汪旭升
宋龙飞 宋勤伯 张惠棠 张福弟
范耀明 黄瑜芳(女)曹品元 富燕萍(女)
潘新明 薛兴龙 汪兰洁(女)吴由之
华中炎 李根旺 吴荣辉 陆兴豪
周文芳 周志宏 姜波健 董恒芳(女)
潘顺琪 吴红星 高兴欢 王远明
沈新峰 张玉峰 俞栋余 夏大妹(女)
马连涛 查跃其 朱卫红(女)尹永顺
吴兴根 陈访清 方勇山 沈利云
沈明珍(女)张金春 沈芹芳(女)张秀芳(女)
林其辉 王立云 马晓燕(女)胡贵海
王国强 黄金泉 黄亚萍(女)王永康
邱伟庆 张志文 蒋凤芳(女)陆慧仙(女)
吴永兴 罗 明 何燧初 何伯仲
马秀芳(女)郭雪萍(女)夏志龙 赵欢荣
黄静波(女)邵兴华 喻正贵 王有香(女)
王作义 刘飞泳 许啸强 李 俞
肖鸣伟(女)宋美红(女)张玉兰(女)周贤良
茹海琳(女)赵松青 郭海英(女)高兴国
高福良 傅小龙 朱懿芹(女)沈鼎嘉
张利钧 陈 英(女)陈玉香(女)俞燕燕(女)
施炳祥 施燕娟(女)徐忠荣 黄 森
黄炎明 黄益民 王东流 王剑明
王静智(女)厉 明 孙启发 陈 虹(女)
邱红卫(女)李金刚 吴美娟(女)余海良
张家麟 季胜鹤 徐 超(女)潘金叶(女)

在上海市总工会十一届二次全委(扩大)会议上的讲话

(2003年12月24日)

陈　豪

上海市人大常委会副主任、市总工会主席
陈　豪

各位委员,同志们:

经过大家的共同努力,市总十一届二次全委(扩大)会议已圆满完成了各项议程,审议了市总常委会工作报告和通过了2004年工作要点。市委对这次会议非常重视,市委副书记王安顺同志专门到会作了重要讲话,高度评价了全市职工在上海经济和社会发展中的突出贡献,充分肯定了上海工会一年来的工作成绩,深入分析了工会面临的新形势新任务,对新一年的工会工作提出了明确要求。会后,我们各级工会要结合深入学习贯彻市委八届四次全会精神和全总十四届三次主席团(扩大)会议精神,把王兆国同志在全总会议上的重要讲话、王安顺同志在本次会议上的讲话精神传达好、学习好、贯彻好、落实好,努力把明年上海工会的各项工作提高到一个新水平。

会议期间,同志们围绕贯彻落实市委八届四次全会精神和全总十四届三次主席团会议精神,对明年的工会工作提高了认识,统一了思想,明确了总体要求和目标任务,增强了做好工作的紧迫感和责任感。对市总常委会的工作报告和2004年工作要点进行了认真的审议和讨论,畅所欲言,集思广益,提出了不少很好的意见和建议。会后,我们将根据大家的意见修改后向市委报告并下发。下面,我从贯彻落实本次会议精神的角度,再对明年的工会工作讲三点意见。

一、认清形势,把握大局,进一步增强做好新时期新阶段工会工作的紧迫感和责任感

我国已进入全面建设小康社会、加快推进社会主义现代化建设新的发展阶段,工会组织既面临着难得的历史新机遇,也遇到不少新挑战。为此,我们首先要认清形势,把握大局,始终保持清醒的头脑,始终坚持正确的方向,在新的历史条件下,切实增强做好工会工作的紧迫感和责任感,担负起党和人民赋予的历史重任。

(一)国际政治经济形势的变化为工会工作带来了新的机遇和挑战。从当前的国际形势看,世界多极化和经济全球化趋势在曲折中发展,全球经济显示出复苏态势,产业结构调整加快,产业升级与转移加速,综合国力竞争日趋激烈。在世界经济缓慢回升的背景下,如何采取有效政策措施,改善经济发展环境,推动经济持续增长,始终是摆在世界各国面前的严峻课题。我国的改革开放和现代化建设赢得了巨大的发展空间,特别是加入世贸组织为我国带来了重要的发展机遇,当前也是我国推进经济体制改革,加快经济和社会发展,保持发展强劲势头的重要战略机遇期。因此,我们要站在历史的高度,具备战略的眼光,紧紧围绕发展大局,把发展作为我们思考和筹划一切工作的主题,作为工人阶级和各级工会的崇高使命。

在世界经济的发展格局中,谁执科技创新之牛耳,谁就赢得主动,以科技为主导的竞争日趋激烈,以信息技术

为核心的科学技术突飞猛进，人才资源的争夺空前激烈。我国成功发射“神舟五号”载人飞船，标志着我国航天航空技术和科技水平的巨大飞跃。但是，与发达国家相比，我们在科学积累和技术水平方面还存在很大差距，原始性创新能力薄弱，核心技术供给不足，特别是科技和技术人才短缺，职工队伍技能素质不相适应。因此，我们要大力推进科教兴国战略和实施人才强国战略，牢固确立“科学技术是第一生产力”、“人才是第一资源”的思想观念，树立科学的发展观和人才观，大力推进科技和技术创新体系建设，提高创新能力，大力开发人才资源，优化人才成长环境，不断提高职工队伍综合素质，为加快发展提供坚强的人才保证。

当今世界和平与发展仍是时代的主题，但不公正不合理的国际政治经济秩序没有根本改变，传统安全威胁和非传统安全威胁的因素相互交织，世界各种思想文化相互激荡，一些敌对势力妄图对我国进行“西化”、“分化”的图谋从未停止。因此，深入研究各种国际因素对职工群众和工会组织的影响，有针对性地提出应对措施，是我们面临的紧迫课题。这就需要我们冷静观察，趋利避害，沉着应对，需要我们进一步加强对职工群众的形势教育和思想引导，加强精神文明建设，坚决维护工人阶级和工会组织的团结统一，更好地维护安定团结的政治局面。

（二）党的十六大和十六届三中全会精神为工会工作指明了前进的方向。党的十六大提出的全面建设小康社会的宏伟目标，是我们党全面贯彻“三个代表”重要思想，坚持立党为公、执政为民的高度体现，是民族利益、人民愿望和社会主义优越性的高度体现。全面建设小康社会向我们提出了加快经济发展、健全民主法制、提高全民素质、增强可持续发展能力的新的更高的目标和要求。党的十六届三中全会明确了完善社会主义市场经济体制的目标、任务、指导思想和原则，是我们党为实现新的历史跨越而作出的历史性决策。党的十六大和十六届三中全会对我们新时期新阶段的工会工作提出了一系列新的课题。我们要探索和实践如何以“三个代表”重要思想统领工会工作全局，围绕全面建设小康社会，充分发挥工人阶级在改革发展稳定中的主力军作用；如何在大力发展混合所有制经济，使股份制成为公有制的主要实现形式，大力发展非公经济的新形势下，对工会的组织体制和运行机制进行适应性的调整，把广大职工组织起来，团结凝聚在党的周围；如何在建立现代产权制度，完善公司法人治理结构中，坚持全心全意依靠职工群众，推进职代会和多种形式的民主管理；如何在改变城乡二元经济结构，逐步统一城乡劳动力市场，形成城乡劳动者平等就业制度中，吸收进城务工人员入会和维护他们合法权益；如何在深化劳动就业体制改革，完善就业服务体系中，加强职业教育和技能培训，做好就业和再就业工作，帮助特殊困难群体就业；如何在推进收入分配制度改革，健全社会保障体系中，切实履行工会协调社会利益关系和保障职工经济权益的职能；如何在构建国民教育体系和终身教育体系中，建设学习型组织，深化职工素质工程，促进职工的全面发展等等。我们必须进一步深入学习领会党的十六大和十六届三中全会精神，在社会主义市场经济不断完善的进程中，大胆探索创新，不断破解难题，把工会工作不断推向前进。

（三）上海新世纪新阶段发展的宏伟目标为工会工作提出了新的更高的要求。胡锦涛同志指出，全面建设小康社会是全党全国人民新世纪新阶段的历史任务，也必然是现阶段我国工人运动的主题。同样，推进上海的经济和社会发展，把上海建设成为国际经济、金融、贸易、航运中心之一的现代化国际大都市，也必然是新时期上海工会工作的主题。刚刚结束的市委八届四次全会，对明年全市工作提出了总体要求和重点推进的八方面工作。明年上海将紧紧抓住2010年世博会机遇，按照“五个统筹”、“五个坚持”的要求，按照稳定政策、适度调整、深化改革、扩大开放，把握全局、解决矛盾，统筹兼顾、协调发展的方针，进一步开创具有中国特色、时代特征、上海特点的发展新路，为全面建设小康社会作出新贡献。工会推进新一年的工作，就要自觉服从服务全局，紧密结合上海改革开放和现代化建设的实际，紧密围绕明年全市工作的总体要求，在高起点推进城市现代化建设和管理、全力实施科教兴市战略的总体部署、努力实践上海城市精神、推动各项社会事业全面进步、促进经济社会协调发展、推进精神文明建设、切实维护社会稳定、提高人民群众的生活水平和质量、稳妥有序地推进政治文明建设等经济社会的全面发展中，以强烈的紧迫感、责任感和使命感，动员组织广大职工为实现上海新世纪新阶段发展目标建功立业，充分发挥工人阶级在经济和社会发展中的主力军作用，在市委和市政府工作大局中更好地发挥工会组织的作用。

（四）新时期工会组织和职工队伍的变化发展为工会工作提出了新课题和新任务。面对新的形势和任务，工会组织自身的“会情”也发生了很大的变化。首先，在工人阶级和工会工作的重大理论观点和方针政策方面有了新的发展和创新，中央领导在中国工会十四大期间的讲话和工会十四大报告对此已作了比较系统的概括。其次，工会工作的思路和定位不断明确和清晰，从新时期工会工作总体思路的提出，到“五突破一加强”、“三个最大限度”、“一手抓机制、一手办实事”等工作要求的提出，直至工会十四大强调了以“三个代表”重要思想统领工会工作全局，全面履行各项社会职能，突出维护职工合法权益的职能，在改革、发展、参与、帮扶的过程中维护职工合法权益等，都对工会组织围绕大局、准确定位、明确职责提出了新的任务和要求。再者，工会工作对象和范围发生了新的变化。近年来，上海职工队伍状况正发生着历史性的深刻变化。在队伍进一步壮大、素质进一步提高、利益进一步实现的同时，还面临着一些亟需工会关注的新情况新问题。如随着混合所有制经济、非公经济、中小企业迅速发展，并已成为吸纳职工就业的主要渠道，促使体制外职工队伍规模不断扩大，但其组织化程度相对较弱；随着就业方式和劳动关系的多样化，劳务工、季节工、临时工、小时工等非充分就业和非正规就业劳动者的数量增多，但其社会保障水平相对较低；随着农村富余劳动力在城乡之间的双向流动就业，进城务工人员已成为职工队伍的新成员，但其劳动和经济权益维护状况相对较差；随着高科技产业、新兴产业和现代服务业的优先发展，科研和技术人才的需求量不断增长，但科研人员和技术工人总量不足等等。职工队伍发展中的这些新情况新问题，对工会调整和完善工作内容、组织体制、运行机制、活动方式和工作方法都提出了新的课题和新的任务。

二、把握重点，狠抓落实，把明年工会工作的主要目标和各项任务真正落到实处

中国工会十四大召开前后胡锦涛等中央领导同志所作的一系列指示精神，高度评价了工人阶级和工会组织在各个历史时期的重大贡献和作用，为新时期工运和工会工作发展，作出了理论和政策的概括，确定了奋斗目标和任务，创造了良好的环境条件。市委对工会工作也十分重视，为我们全市工会工作创造了良好的氛围和条件。在明年的工作中，全会上下要紧紧抓住这一大好时机，与时俱进、奋发有为，推动各项工作全面发展。

各级工会要认真贯彻这次会议审议通过的"2004年市总常委会工作要点"，结合对世情、国情、市情、会情的认识，结合本系统、本地区、本企业的工作实际，进一步统一思想、坚定信心、乘势而上、真抓实干，把全会确定的工作目标和任务真正落到实处，不断推进明年工会工作的创新和发展。

在客观分析新的形势和任务的基础上，根据中国工会十四大和上海市工会第十一次代表大会确定的任务目标，我们把明年工会工作概括为三项重点任务。这三项任务的部署和实施，体现了工会工作服务和服从于党和国家以及全市工作的大局，体现了对工会组织性质和特点的认识，体现了工会自身改革和建设的要求。推进这三项重点任务，是相互关联，相辅相成的。围绕发展大局是工会履行社会职能和基本职责的重要前提，维护职工合法权益是工会服务发展大局和职工群众的根本途径，加强自身建设是工会一切工作和活动的组织保证。明年上海工会工作要围绕这三方面任务，进一步做好总体的规划和部署，统筹兼顾，切合实际，突出重点，创出特色，抓出成效。

*（一）始终把促进发展作为工会工作的根本任务，充分发挥广大职工群众的主力军作用。*党的十六大以发展为主题，把发展作为党执政兴国的第一要务，党领导下的工会工作也必须毫不动摇地以发展为己任。各级工会要团结动员职工群众积极投身改革开放和现代化建设，在上海实施科教兴市战略、实践上海城市精神中，更好地发挥主力军的作用，更好地展示先进阶级的时代风采。上海工会要站在全局高度，把握发展主题，体现时代特征，把"创争"活动和职工素质工程、群众性经济技术创新活动、劳动竞赛、技术练兵、技能登高、职业精神和职业道德建设、群众性精神文明建设等工会的重要工作和活动，同上海新的发展要求紧密结合，与全市的中心任务紧密衔接。

*（二）始终把加强基层工会建设、增强基层工会活力作为工会工作的基本任务，充分发挥党联系职工群众的桥梁纽带作用。*加强工会基层建设、发挥基层工会作用，是明年全总的两个重点工作之一，也是我们各级工会必须常抓不懈的重要任务。我们要深刻认识到，只有抓好工会组建，把广大职工最大限度地组织起来，才能壮大工会组织的力量、扩大工会的影响，才能巩固党的阶级基础、扩大党的群众基础，才能更好地表达和维护职工的合法权益。要坚持"党建指导工建，工建服务党建"的原则，工会组织体制要与新的所有制实现形式和现代企业制度相适应，会员发展要与职工队伍壮大、职工流动加快的特点和趋势相适应，工会工作要与经济社会发展和职工的愿望需求相适应。要以新建企业、非公企业、转改制企业、"两新"组织为重点领域，以"三高"群体、青年职工、进城务工人员为重点群体，把职工群众最广泛地吸收到工会中来，把工会维护职能最广泛地覆盖到他们中去。要创新组建方式，形成工作特色，激发基层的活力和创造力。要坚持抓组建和抓作用发挥并举，尊重基层的首创精神，结合各自行业和企业特点，把握职工关心的热点难点，找准工作的切入点，形成"建家"活动的亮点，真正使基层工会组织建起来、转起来、活起来。

*（三）始终把维护职工权益作为工会组织的突出任务，切实做到在推动改革、促进发展、积极参与、大力帮扶中维权。*我们要始终清醒地看到，工会是经济关系、主要是劳动关系矛盾的产物，维权是工会产生和发展的客观需要和依据。我们党全部奋斗的最高目的，是实现最广大人民的根本利益。因此工会要实践好"三个代表"重要思想，就必须牢固树立"群众利益无小事"的思想，始终把履行维权职能作为突出任务，贯穿到工会工作的各个方面、各个领域，贯穿于改革、发展、参与、帮扶的全过程，在充分表达和有效维权上下功夫，把关心职工生产生活、维护职工切身利益落到实处。

首先，实现推动改革与维权的有机结合，就要教育和引导职工转变观念，理解改革，支持改革，正确对待改革中利益关系调整；同时又要坚持民主决策和源头维护，企业改革转制方案、涉及职工切身利益的改革措施，必须经过必要的民主程序，切实维护职工就业、分配、经济补偿、社会保障、职业培训等方面的权益。其次，实现促进发展与维权的有机结合，就要组织和引导职工发挥主人翁精神，为促进国家和企业的发展争作贡献；同时又要在扩大就业、提高收入、改善劳动条件、加强技能培训等方面，使职工群众得到实实在在的利益，共享经济社会企业发展的成果。其三，实现积极参与与维权的有机结合，就要加强立法和制订政策的参与，拓宽和疏通参与渠道，完善多种形式的民主管理制度，建立健全平等协商和签订集体合同制度；同时又要发挥群众监督和舆论监督的作用，促进劳动监督检查，推动有关职工权益的法律法规政策落实到位。其四，实现大力帮扶与维权的有机结合，就要发挥工会自身的特点和优势，突出维护的重点对象，协助党政做好下岗失业人员再就业工作；同时又要推进建设与上海经济发展水平相适应的社会保障体系，关注并帮助职工群众解决生产生活上的困难，推动扶贫帮困工作的经常化、制度化、社会化。通过扎实的维权工作，让广大职工感受到工会维权的作用,享受到工会维权的实惠,体会到党和政府的关怀和温暖。

(四)当前要重点做好维护稳定和帮困送温暖工作,真心实意为职工群众办实事、做好事、解难事。各级工会要从贯彻“三个代表”重要思想的高度,从立党为公、执政为民的要求出发,心系大局,情系职工,把为职工群众送温暖、办实事,把维护安定团结的大好局面,作为工会的重点工作,责任落实到人,工作落实到基层。

元旦和春节即将来临,各级工会干部要着重维护社会和企业稳定,积极协调劳动关系和社会利益关系。重点做好国有、集体转制改制企业职工的分流、安置和经济补偿工作,做好非公企业劳动关系协调和安全生产工作,要积极发挥群体性矛盾预警机制的作用,发挥企业劳动争议调解组织的作用,坚持按照“宜散不宜聚、宜解不宜结、宜顺不宜激”的原则,把工作做在前头,及时预防、有效化解劳动争议和利益矛盾,最大限度地把矛盾化解在企业内部,解决在萌芽状态。特别要配合市劳动监察部门在全市范围内开展的“以工资支付为重点的农民工权益保护”和“组织民工有序流动”的专项检查,重点关注进城务工人员被克扣、拖欠工资和违法中介、非法用工的情况,维护他们的合法权益,消除稳定工作的隐患。

要着重解决困难职工的生产生活问题,确保困难职工的基本生活。工会要从密切党与群众血肉联系的高度出发,怀着强烈的责任感和深厚的阶级感情,时刻把广大职工的安危冷暖放在心上,满腔热情地为困难职工排忧解难。要利用工会的帮困网络,及时掌握困难职工的基本情况,要重点关心困难劳模、离岗、失业、协保、长期患病职工的生产生活情况,真心实意地为他们解决实际问题。开展好元旦、春节的帮困送温暖工作,开展好“一日捐”活动,使党的温暖、工会的关心,真正为职工群众所看得见、摸得着、感受得到,使救急济难、互助互济工作产生实实在在的效果,尽力使每个职工家庭都能过上一个欢乐祥和的节日。

三、转变作风,改进工作,始终把加强工会自身建设放在突出的位置

以“三个代表”重要思想统领工会工作全局,以改革和创新的精神加强自身建设,是工会面对形势任务、发展环境和工作对象的变化,不断进行自我调整、自我完善的迫切需要,是工会组织永葆生机和活力的前提条件,也是落实好新世纪新阶段工会各项目标任务的组织保证。工会要承担起服务发展大局,表达和维护职工利益的时代重任,就必须突出抓好思想作风建设,努力克服精神状态和思想作风中存在的差距,切实解决领导作风和工作作风中存在的薄弱环节,不断增强工会组织的凝聚力、创造力和战斗力。

工会组织和工会干部的作风,关系到党与群众的密切联系,关系到工会的形象,关系到工会在职工群众中的影响力和凝聚力。我们要继承和发扬党和工人阶级的优良传统和作风,一切不符合工运事业发展要求、不符合职工利益的不良风气,都应坚决克服和消除。我们应清醒地看到,当前少数工会组织和工会干部在思想作风、学风、工作作风、领导作风上都存在一些亟需解决的问题。比如思想作风上因循守旧、不思进取,对新形势和新任务研究不深不透,习惯于原有的思维方式和工作思路;学风上脱离实际、不求甚解,习惯于以干代学,忙于事务,或不善于用理论指导实践,破解难题;工作作风上浮在表面,形式主义,习惯于开大会、发文件、搞检查评比,缺少一抓到底的实劲;领导作风上擅长发指令,习惯于机关化、行政化运作方式,不善于发现和分析问题、分类指导、督促检查、总结经验等等。对此,我们各级工会都必须把加强作风建设摆上重要议事日程,把工会干部队伍的思想作风建设放在突出位置。

一要深入学习“三个代表”重要思想,坚持党的领导,坚持工会工作的正确方向。进一步兴起学习贯彻“三个代表”重要思想的新高潮,坚持以“三个代表”重要思想武装工会干部和广大职工群众的头脑,仍然是当前和今后一个时期工会工作的首要政治任务。我们要通过深入学习,进一步提高以“三个代表”重要思想统领工会工作全局的认识水平和实践能力。要按照王兆国同志在全总主席团会议上的讲话要求,进一步强化政治意识,增强接受党的领导的自觉性和坚定性,充分发挥桥梁纽带和国家政权重要社会支柱的作用;进一步强化大局意识,坚持工会工作发展的正确方向,把职工群众的智慧和力量凝聚到上海未来发展的宏伟目标上来;进一步强化团结意识,不断发展工人阶级的先进性,维护工人阶级队伍的团结统一,以工人阶级的先进思想和模范行为,引领全社会更加自觉地团结在党的周围;进一步强化群众意识,立足工会自身的特点和优势,切实为职工群众办实事、做好事、解难事,增强工会组织在职工群众中的吸引力和号召力。

二要解放思想,与时俱进,始终保持昂扬向上、奋发有为的精神状态。各级工会干部都要顺应时代发展的潮流,适应社会主义市场经济的发展,自觉地把思想认识从不合时宜的观念和做法的束缚中解放出来,努力树立新观念,学习研究新理论,勇于投身新实践,不断创造新经验。要树立正确的政绩观,保持艰苦奋斗、奋发有为的精神状态,努力成为勤于学习,忠于职守,勇于创新,乐于奉献的工会工作者。

三要审时度势,把握大局,努力提高驾驭工会全局工作的能力和水平。工会干部要自觉提高理论政策水平和业务工作能力,在实践中掌握新知识,积累新经验,增长新本领。要在大局中找准工会工作的定位,体现工会工作的作为,正确协调和处理工会工作围绕大局、维护权益和加强自身建设的关系,善于把握工作重点,抓住典型,创出特色。要善于把握工会工作的特点和规律,不断提高科学判断形势的能力、驾驭工会全局工作的能力、应对复杂局面的能力、依法履行职责的能力。要以素质高、能力强、工作好、作风实为目标,成为想干事、能干事、干得成事的高素质的工会干部。

四要深入基层,调查研究,进一步改进工作方式和方法。工会基层组织是工会工作的全部基础,是不断增强工会工作有效性的关键所在,工会工作的动力源泉在于广大职工群众。各级工会干部要深入基层,深入职工,把工作重心放到基层工会和职工群众中去。要改进工作方式,根据混合所有制企业和非公企业大力发展的新形势,研究和实施对工会工作的分类指导,有针对性地开展工会各项工作,不断拓展上级工会代表下级工会的实现途径,增强上级工会为下级工会服务的意识。各级工会要把调查研究工作制度化,根据新的形势和任务,深入研究坚持以人为本和科学的发展观,促进职工自身全面发展的有效方法;深入研究在劳动关系和利益关系多样化的趋势下,表达和维护职工群众多元化需求的实现途径;深入研究在完善社会主义市场经济体制进程中,工会组织体制和工作机制的创新和发展等等。进一步畅通职工诉求渠道,表达职工愿望要求,反映社情民意,说实话,报实情,办实事,求实效,努力形成实事求是、求真务实的风气。

*五要建章立制,严格管理,建设严以律己、廉洁高效的工会干部队伍。*要加强工会领导班子和干部队伍建设,引导和教育工会干部树立正确的世界观、人生观、价值观和权力观、地位观、利益观,从严要求,严格管理、严格监督、严格执纪。要建立健全民主集中制,落实集体领导和个人分工负责制,发扬民主,依法办事,不断提高依法治会的自觉性。要加强各级工会组织的内部管理,完善规章制度,建立健全责任制,切实抓好工会劳动人事纪律,强化工会资产管理和财务管理,建立投融资公开招标和集中采购的制度。完善党风廉政责任制,重点抓好领导干部廉洁自律、防腐拒变教育工作,形成克己奉公、勤政廉洁的良好风气,把立党为公、执政为民的要求落实在行动上。

同志们,展望未来发展,我们信心倍增。让我们在市委的正确领导下,坚持以"三个代表"重要思想统领工作全局,勤奋工作,开拓进取,拓展工作新思路,开辟工作新境界,勇攀工作新高峰,努力在上海新世纪新阶段发展中再立新功、再创佳绩,全面开创现代化国际大都市工会工作新局面。

兴起学习贯彻"三个代表"重要思想的新高潮 切实把市工会十一大确定的各项目标任务落到实处

(2003年7月11日)

陈　豪

今天我们召开区县局(产业)工会负责人会议,研究部署上海工会系统认真学习胡锦涛同志在"三个代表"重要思想理论研讨会上的讲话,兴起学习贯彻"三个代表"重要思想的新高潮,学习贯彻市委八届三次全会精神,全面落实市工会十一大确定的各项目标任务,进一步提高认识,振奋精神,真抓实干,奋发有为,努力实现全年工会工作的目标任务,为全面开创今后五年工会工作新局面打好基础。

刚才,黄浦、青浦、仪电、建工和医务工会分别就进一步以"三个代表"重要思想统领工会工作全局,认真贯彻市工会十一大确定的各项工作目标和任务,大力推进下半年的各项工作,交流了工作的新思路和新举措。交流发言体现出三个特点:一是自觉地以"三个代表"重要思想为指导,二是自觉地围绕全市发展大局开展工作,三是结合自身实际,认真贯彻市工会十一大精神,富有创新特色。反映出自市工会十一大以来,在兴起学习贯彻"三个代表"重要思想新高潮的活动中,大家反映迅速、考虑全面、工作扎实,这为做好下半年的工作打下了很好的基础。

一、上半年工作的简要回顾

上半年,全市各级工会认真贯彻市委八届二次全会精神,按照年初市总十届十次全委(扩大)会议提出的全年工作的目标和任务,全面推进各项工作,较好地完成了上半年的各项工作任务。主要体现在以下几个方面:

一、动员广大职工群众,团结一致共抗"非典"

全市工会在市委和市政府的领导下,发扬顾全大局,团结协作,恪尽职守,勇于奉献的精神,组织动员广大职工投身到这场事关人民群众生命安全和身体健康的斗争中去。市总及时下发了《关于切实做好非典型肺炎预防工作的通知》,成立了防范非典工作领导小组。各级工会高度重视,把抗非工作作为一项重大的政治任务,研究和部署了抗击"非典"的工作措施,坚持一手抓防非,一手抓发展,动员广大职工坚守岗位、坚持生产、积极奉献,努力把经济损失降低到最低限度;加强了抗非工作的宣传,开展群防群治各种活动;加强劳动保护监督和对职工身体状况的监控;协调抗非中的劳动关系,维护职工的经济利益;对防非第一线医务人员及家属进行慰问,为"非典"重灾区提供急需物资等,充分发挥了工会组织在这次抗非斗争中的组织优势和重要作用。正像良宇同志在市工会十一大讲话中说的那样"在抗击'非典'斗争中,上海广大职工起到了中流砥柱的作用",也反映出我们工人阶级在这场突如其来的斗争中起到了主力军作用。只要我们团结一致,就什么困难都能克服,我们工会组织在现代化建设中也就能发挥出更大的作用。

二、组织广大职工群众为实施"科教兴市"战略和上海新一轮发展献计献策

市总下发了《关于开展为"科教兴市"建功立业活动的通知》,各级工会围绕市委和市政府提出的"世博会与上海新一轮发展"大讨论,广泛组织职工群众开展"我为'科教兴市'献一计"活动,并通过工会网站开展"金点子"献计献策活动,有82个区县局(产业)工会、2850多家企事业、125万职工参与了这项活动,征集了各种建议2500多个,"金点子"210个。市总召开了"科教兴市与上海职工"研讨会,进一步拓展了工作思路。各级工会以实施科教兴市战略为重点,以经济技术创新活动为载体,开展具有科技含量的劳动立功竞赛,开展技术发明、技术创新、技术开发、技术攻关和合理化建议等活动,使这一活动有了一个良好的开端。

三、发动广大职工群众,积极参与塑造和培育城市精神

市总下发了《关于开展"塑造城市精神,培育新时代职业精神"活动的通知》,召开了10多次各行业和各层次的职业精神座谈讨论会,不少区县局(产业)举行了具有行业和企业特点的讨论会,各级工会还组织职工群众广泛开展职业精神大讨论,《劳动报》也发表了系列专题讨论文章,着力培育新时期的上海职工职业精神,努力为培育上海城市精神发挥工人阶级带头羊作用。

四、胜利召开了上海市工会第十一次代表大会

各级工会高度重视,把市工会十一大作为全市职工政治生活中的一件大事,作为全面开创新时期上海工会工作新局面的新起点,作为推进当前工会工作的动力。在市委的直接领导下,经过全市各级工会和广大工会干部、职工群众以及代表的共同努力,我们胜利召开了上海市工会第十一次代表大会。大会完成了预定的各项任务,全面回顾总结了过去五年的成绩和经验,确定了今后五年工作的指导思想、工作目标和主要任务,选举产生了新一届市总工会领导集体和中国工会十四大的代表,使这次大会开成了一次团结民主、求真务实、开拓进取的大会,一次团结动员全市职工为上海新一轮发展贡献智慧和力量的大会。

五、围绕大局、突出重点,努力落实年初确定的工作目标和任务

一是工会组织建设取得新进展,社区新建企业工会组建继续推进,外资企业建会已达4595家,职工入会率94.58%,私营企业建会7.75万家,职工入会率98.43%。国有转制改制企业工会组织的调整、重建工作有效进行,工会组织结构不断调整和完善。各级工会重视推进基层工会工作的有效运转,为增强工会组织活力和工作有效性做了大量工作。二是实施职工素质工程取得新成效,推进实施"职工技能登高计划",开展职工大练兵、技能操作大赛、名师传艺等活动,利用工会教育培训基地开展岗位复合技能、信息技术、外语和科普知识等培训,举办第三期EBA资格培训,近4000名学员参加培训。三是健全协调劳动关系机制取得新突破,截止6月底,7.1万家企业建立了平等协商、签订集体合同制度,覆盖职工259.3万人,26家产业建立了集体协商制度,308个乡镇、街道和经济开发区建立了三方协商机制,2.8万家企业签订了工资协议。全市74个区县局(产业)工会和1200多家企业建立了劳动监督委员会。四是基层民主管理有了新拓展,厂务公开建制率已达86%,职代会民主评议领导干部实施面达到90%,内部分配方案经职代会审议表决的单位达78%。全市有6395家非公企业建立了职代会制度,职工董事监事建制率也有了提高。五是为职工办实事、做好事取得新成果,各级工会筹集资金8200多万元,在元旦、春节期间进行慰问,为部分困难职工解决了困难,区县局(产业)工会捐助帮困助学金2100余万元资助困难学生约6万名。上半年再就业培训达3043人次,组织1480家企业进行岗位招聘,有1万多人达成意向。工会推进三项保障计划,截止4月底,职工住院保障续保的258.2万人,重病保障续保的99.56万人,退休职工住院保障续保的226.8万人,共给付医疗互助保障金21.4万人次,金额1.04亿元。总的来说,上半年我们一手抓抗击"非典",一手抓各项工作,为完成全年各项任务打下了良好基础。

二、下半年工作的主要任务

上海正处在新一轮发展的重要关键时期,上海工会事业和工会工作面临着难得的发展机遇。最近,中央下发了《关于在全党兴起学习贯彻"三个代表"重要思想新高潮的通知》,市委八届三次全会审议通过了《关于认真学习胡锦涛同志在"三个代表"重要思想理论研讨会上的讲话,兴起学习贯彻"三个代表"重要思想新高潮的决定》,为全市各级工会兴起学习贯彻"三个代表"重要思想的新高潮,全面推动上海工会工作不断发展指明了方向,提出了新的要求。

此前,中共中央政治局委员、全总主席王兆国同志,中共中央政治局委员、市委书记陈良宇同志分别视察了上海工会工作,并分别就学习贯彻"三个代表"重要思想,以"三个代表"重要思想统领工会工作全局,进一步发挥工人阶级在社会主义现代化建设事业和改革开放中的主力军作用,在发展、改革、参与和帮扶中切实维护好职工的合法权益,认真把握和处理好坚持党的领导、围绕大局和推进工运事业和工会工作的一系列重要关系,以及培养和造就一支忠于党和人民、热爱工会工作的干部队伍等重要问题,进行了深刻的阐述,为我们工会在党的领导下,围绕大局,找准定位,切实履行好维护职能,充分发挥工会组织作为党联系群众的桥梁和纽带作用,国家政权的重要社会支柱作用,提出了新的要求。

在新的形势和新的任务面前,我们的工作十分繁重,责任十分重大,需要我们以更加积极主动的姿态,更加求真务实的精神,勤于学习、忠于职守、勇于创新、乐于奉献,脚踏实地地把各项工作引向深入、推向前进。

一、联系实际,深化学习,兴起学习贯彻"三个代表"重要思想新高潮

党的十六大提出,坚持用马克思列宁主义、毛泽东思想和邓小平理论武装全党,在全党兴起一个学习贯彻"三个代表"重要思想新高潮,这是一个关系党的事业继往开来,与时俱进的战略任务。最近,中央发出了在全党兴起学习贯彻"三个代表"重要思想新高潮的通知。胡锦涛总书记的"七一"讲话深刻阐明了兴起学习贯彻"三个代表"重要思想新高潮的重要意义,使我们对兴起学习贯彻"三个代表"重要思想新高潮有了更高的认识。市委八届三次全会对学习胡锦涛同志"七一"重要讲话和兴起学习贯彻"三个代表"重要思想新高潮专门作了决定,进行了部署。当前和今后一个时期,我们要把认真学习领会胡锦涛同志在"三个代表"重要思想理论研讨会上的讲话精神,兴起学习贯彻"三个代表"重要思想新高潮,作为首要的政治任务,切实抓紧抓好。

(一)充分认识工会兴起学习贯彻"三个代表"重要思想新高潮的重要意义。"三个代表"重要思想是十六大的灵魂,也是贯穿十六大报告的一条主线,学习贯彻十六大精神的核心是学习贯彻"三个代表"的重要思想,最重要的是兴起学习贯彻"三个代表"重要思想的新高潮。我国要全面建设小康社会,加快建设社会主义现代化,就必须用"三个代表"重要思想作为中华民族的强大精神支柱,作为全国人民团结奋斗的共同思想基础。同样,推进工运事业和工会工作,就要以"三个代表"重要思想统领工会工作全局,把"三个代表"重要思想作为贯穿和指导工会各项工作的根本指针。我们必须充分认识到,能否真正用"三个代表"重要思想指导和统领工会工作全局,关系到党的执政地位和执政基础的巩固,关系到党的全心全意依靠工人阶级指导方针的贯彻落实,关系到新时期工人阶级先进性的发展和整体素质的提高,关系到广大职工群众根本利益的实现。因此,我们要更加坚定和自觉地把学习贯彻"三个代表"重要思想作为首要的政治任务,按照中央和市委的统一部署,认真学习胡锦涛同志在"三个代表"重要思想理论研讨会上的讲话,兴起学习贯彻"三个代表"重要思想的新高潮,使"三个代表"重要思想日益深入人心,化为广大工会干部和职工群众的生动实践,贯彻到工会工作的各个领域、各个层面、各项具体工作中去。

(二)坚持理论联系实际,用"三个代表"重要思想统领工会工作全局。学习贯彻"三个代表"重要思想,重在提高认识,重在学以致用,重在开拓创新。胡锦涛总书记在"七一"讲话中提出"学习贯彻'三个代表'重要思想,既要对事也要对人。对事,就是要用'三个代表'重要思想来指导工作、推动社会实践。对人,就是要用'三个代表'重要思想来武装头脑、指导自我修养。"我们工会学习贯彻"三个代表"重要思想也要做到这两点。这就要求我们在学习中既要着力于武装头脑,又要致力于理论联系实际。要把学习与促进发展结合起来,努力探索工会如何围绕实施科教兴市战略,在群众性经济技术创新活动中取得新成果;要把学习与巩固党的阶级基础、扩大党的群众基础结合起来,努力探索如何在加大新建企业组建工会工作力度和增强基层工会活力方面取得新进展;要把学习与弘扬时代精神结合起来,努力探索如何围绕塑造上海城市精神和培育职工职业精神,大力推进职工素质工程,在提高职工队伍知识化和技能化方面取得新成效;要把学习与依法开展工会工作结合起来,努力探索如何加大工会立法参与、法律监督和劳动关系协调机制建设的力度,在提高工会依法维权水平方面取得新突破;要把学习与推进政治文明建设结合起来,努力探索如何推进职代会建设和厂务公开,全面落实职代会制度,在扩大基层民主方面开辟新途径;要把学习与关心帮助职工、为职工排忧解难结合起来,努力探索如何深入实施再就业和送温暖工程,促进社会保障体系的不断健全和完善,在为职工办好事、办实事方面体现新作为;要把学习与加强工会自身建设结合起来,努力探索如何在推进工会工作的群众化、民主化和法制化方面走出新路子。

(三)切实加强组织领导,把学习贯彻"三个代表"重要思想的各项活动引向深入。全市各级工会都要按照中央和市委的部署,按照市工会十一大提出的要求,有计划、有步骤地把学习贯彻"三个代表"重要思想的活动推向新高潮。要抓好工会干部学习这个重点,通过形式多样的学习和有说服力宣传教育,使各级工会干部的思想认识提高到一个新水平,学习贯彻的自觉性和坚定性提高到一个新高度。各级工会都要制订计划,精心组织,周密安排,认真研读江泽民同志关于"三个代表"重要思想的原著,结合学习《纲要》,通过培训、研讨、辅导、交流等形式,着重提高理论水平和思想认识水平。在职工群众中要广泛开展形象生动的学习、宣传和教育活动,通过辅导宣讲、主题活动、先进典型报告和利用各种宣传阵地开展有声有色的宣传教育活动。同时,工会干部要深入基层,深入班组参加学习宣讲,帮助职工释疑解惑,提高认识。各级工会要把学习落实的情况作为干部考核和工作考核的重要内容,列入相关考核序列中,从而把学习活动不断引向深入。

二、突出重点,狠抓落实,把市工会十一大确定的各项目标任务落到实处

上海市工会第十一次代表大会确定了今后五年上海工会的工作目标和主要任务,现在的关键在于落实。下半年要围绕贯彻市工会第十一次代表大会精神和年初提出的任务,要求做好六个方面的工作。

(一)进一步动员和组织广大职工为上海新一轮发展建立新业绩。团结动员职工在经济发展和城市建设中建功立业,始终是工会服从和服务大局的根本任务。对此,市工会十一大提出了明确的工作要求,各级工会要做到思想上高度重视,措施上扎实有效,行动上一以贯之。一是要抓住举办世博会和新一轮发展的机遇，围绕世博项目、市重大工程和重点项目开展劳动立功竞赛，要提高劳动竞赛的科技含量和创新水平，以一流速度一流质量、一流管理、一流服务为竞赛目标，激励职工奋勇争先，争创佳绩。二是要抓住行业、企业关键和重点的生产经营任务，发动职工开展技术革新、技术创新、技术攻关和合理化建议活动，充分发挥工会和职工在完成企业急难重任务中的主力军作用。三是要动员和组织职工投身企业改革，建立和完善现代企业制度，在加强经营、严格管理、降低成本、提高效益上焕发广大职工的主人翁责任感。把广大职工群众在抗击"非典"中形成的精神品质和凝聚力引导到日常生产和工作中来，为上海新一轮发展建立新的业绩。

（二）围绕"科教兴市"战略深化职工素质工程。我们要充分认识工会组织在科教兴市中能够发挥的作用以及作用所在，一是要全面理解和深刻领会"科技是第一生产力"，"人才是第一资源"的思想，树立科教兴市的核心是创新，关键是人才的观念，在更高起点上推进职工素质工程。二是要真正树立服从和服务大局的观念。推进科教兴市和实现上海新一轮发展，是当前和今后一个时期的工作大局。推进职工素质工程的出发点是不断增强上海职工队伍的整体竞争力和城市的综合竞争力，也是工会工作围绕大局、服务大局的重要体现。三是要真正树立起职工群众是科教兴市主体的意识。工人阶级是社会主义建设事业和改革开放的主力军，同样也是实施科教兴市战略的主力军，广大职工群众的参与、支持和贡献，是科教兴市和上海新一轮发展力量源泉。我们要化更大的精力，广泛深入地动员和组织广大职工投身科教兴市的实践活动，发扬上海工人阶级的首创精神，最广泛地开展群众性经济技术创新活动，把科教兴市的要求落到实处。四是要大力弘扬劳模精神，营造学习劳模、尊重劳模、崇尚劳模、争当劳模的社会氛围，树立劳动光荣、知识崇高、人才宝贵、创造伟大的时代新风。开展以劳模精神为集中体现的职业精神培育活动，为培育城市精神奠定基础。五是职工素质工程要以培育"四有"新人和大批高素质的劳动者以及专业技术人才为目标，以开展"争创学习型组织，争当知识型职工"活动为主要抓手，着力增强职工的学习能力、创新能力、竞争能力、创业能力，通过丰富多彩，行之有效的教育培训活动，促进职工素质的不断提高。当前要抓紧制订《深入推进职工素质工程纲要》，认真总结推广一批开展素质工程的典型经验，以进一步形成合力，推动素质工程更加深入地发展。

（三）切实加强和改进基层工会建设，不断增强基层工会活力。随着改革开放的不断深入，所有制结构、产业结构、社会组织结构调整力度不断加大，加强工会组建工作、理顺工会组织体制、改进基层工会工作的任务，十分紧迫地摆在我们面前。做好这项重点工作，既是服务新时期党建的需要，也是工会支持改革、参与改革、推进改革的需要，更是加强工会自身建设、增强基层工会活力的组织保证。当前和今后一个时期，我们一要继续强化新建企业的工会组建工作，把组建工作的重点继续放在社区，放在非公企业，特别要放在有代表性、有规模、有一定社会知名度和影响力的企业；二要紧密结合国企国资改革的进程，做好工会组织的组建、调整工作，切实做到工会组织不散、工会工作不断；三要进一步理顺工会组织体制，根据产业结构和区域经济结构的调整，要积极探索和调整工会组织管理体制，探索社区工会的组织形式，探索建立区域性产业工会组织，不断优化工会的组织结构，条块结合，既发挥行业的优势，又发挥地区的作用；四是全会上下都要化大力气推进基层工会工作的有效运转，增强基层工会的活力。要区别不同情况，采取不同措施，加强对基层工会的分类指导。不仅要加强新建企业工会组建后工作机制的建立，推动工作的正常运转，也要加强在国有资产结构调整和国有企业改制后，工会组织的巩固和重组工作，抓好转制改制后企业工会工作正常开展。要确保工会组织稳固、工会干部齐全、工作制度健全、活动正常有效，克服"空转"和"不转"现象，以不断增强基层工会的活力。

（四）继续加大协调劳动关系的力度，坚决维护好职工的合法权益。履行维护职工合法权益的职责，必须贯穿在工会工作的各个领域和各个方面。王兆国同志在视察上海工会工作时，再次强调了要把维护贯穿在促进发展、推动改革、积极参与、大力帮扶的全过程。我们要认真领会并结合上海的实际，把加强源头参与，协调劳动关系，维护职工权益的工作提高到一个新水平。当前，我们要着重抓好以下几项工作：一是探索和实践源头参与的有效途径，研究工会如何参与有关法律法规和政策的制订，参与企业发展规划和企业改革方案的制订，使维护职工权益有更完善的法律、政策和制度保障。二是要建立和健全以工资集体协商为核心内容的平等协商和集体合同机制，以这项机制对企业和职工的全覆盖为目标，不断提高签约率和履约率。三是建立劳动关系三方协调机制，力争所有的街道、乡镇、经济开发区全部建立三方协调机制，并从内容、形式和程序上进一步探索如何发挥三方协调机制作用的有效途径。四是要在规范企业劳动争议调解工作的同时，更加注重加强街道、乡镇、经济开发区和产业、公司层面的劳动争议调解工作，进一步健全劳动争议调解组织，加强调解人员培训，提高他们的业务素质。五是要加强劳动法律监督工作。第三季度，市总工会劳动法律监督委员会将与市人大专门委员会、市劳动监察大队联合进行《上海市劳动合同条例》执行情况和《上海市工会条例》执行情况的大检查。

（五）积极探索和实践工会和职工参与民主管理的新途径，不断扩大基层民主。我们要从建设社会主义政治文明的高度，从贯彻党的全心全意依靠工人阶级指导方针的高度，深刻认识职工民主管理工作的重要性，要从与上海改革开放和现代化建设形势相融合，与法律、政策和社会环境相协调，与建立现代企业制度、企业科学管理和企业文化建设相结合的角度，思考和推进职工民主参与和民主管理的工作。当前我们要着重抓好几项工作。一是不断推进以职代会为基本形式的民主管理机制建设，在国有资产结构调整中，坚持巩固和建立职代会、厂务公开等基本制度,努力提高职代会、厂务公开运行质量。二是积极探索非公企业民主管理的新形式,不断创造适合不同所有制、不同产业、不同规模企业的职工参与的有效形式。三是要继续推进建立联席会议制度,力争所有的产业、区县和街道都建立联席会议制度。

(六)抓好帮困和再就业工作,切实为职工办实事、做好事。胡锦涛总书记在"七一"讲话中提出"群众利益无小事"。工会必须坚决贯彻好这一重要讲话精神。实现职工的愿望,满足职工的需求,维护职工的利益,是工会的基本职责,也是我们的看家本领,离开了这一条,工会存在的基础就没有了。当前,要继续在促进再就业和帮困送温暖工作的经常化、制度化和社会化上下功夫,把实事好事做深入、做细致、做到位,特别是对困难职工群体,我们工会要更多地予以关心帮助,真心实意为他们排忧解难。要进一步落实工会促进再就业目标责任制,为下岗职工实现灵活就业提供服务和援助;要完善全市帮困工作信息网络,构筑社区工会帮困"基金+信息"双重网络载体;要继续实施和完善四项职工互助保障计划,以职工需要和满意为检验标准,不断提高互助保障工作的管理水平和服务质量。我们还要切实关心生活遇到困难的劳模和离退休老劳模,通过制订有关政策和措施,兴办实事,建立劳模基金等办法帮助他们解决实际困难。

三、转变作风,改进方式,把工会自身建设提高到一个新水平

我们正处在一个国内外形势不断变化和发展的新时期,我们工会组织和工会干部必须紧跟时代发展的步伐,在全面推进工会工作的同时,不断加强工会组织的自身建设,在维护广大职工根本利益的同时,不断改进工会干部的思想作风、工作作风和工作方式,使上海工会不断适应新形势的要求,与时俱进,真正成为党密切联系广大职工群众的桥梁和纽带、国家政权的重要社会支柱、职工群众根本利益的代表者和维护者。

(一)推进工会工作的群众化和民主化。工会是职工自愿参加的群众组织,必须把代表和维护职工群众的根本利益作为一切工作的出发点和落脚点,就必须做到像良宇同志所说的,真正做到计划来自群众,工作依靠群众,活动吸引群众,使工会组织具有磁场一样的凝聚力,一呼百应的号召力,职工之家的亲和力。为此,我们要转变思想作风和工作作风,注意克服和防止机关化和行政化的苗头和倾向,克服主要靠文件和会议推进工作的方式,把更多的精力和时间放在深入基层,调查研究和解决实际问题上。要研究和探索工会工作的目标确定、任务安排和日常管理等如何最大限度地依靠职工群众的参与,反映职工群众的愿望和要求,接受职工群众的监督和评价。要研究和促进工会开展的各项活动能够吸引广大职工群众,不断扩大影响力和职工群众的参与面。使工会组织深深根植于广大职工群众之中,工会的工作真正为职工群众支持和满意。

(二)推进工会工作的制度化、规范化和法制化。推进工会工作的制度化、规范化和法制化是不断提高工会管理水平的基本要求,也是工会适应社会主义市场经济,加强自身建设的需要。市工会十一大召开以后,工作的指导思想、工作目标和主要任务已非常明确,当前,我们要全面贯彻,抓好落实。各级工会都要深入研究,认真规划,创造性开展工作,形成实现和完成各项目标任务的长效机制,健全开展工作的规范性制度,建立起正常运转的工作秩序,明确推进工作的操作性要求,完善监督检查的反馈机制,不断提高工会工作的质量和效率。要充分认识到依法治会、依法维权、依法组建工会和开展工作既是工会工作的方向,又是当前十分紧迫的任务。市工会十一大报告就宣传和贯彻《劳动法》、《工会法》和《上海市工会条例》提出了工作要求,同时把探索依法治会的有效途径作为改进工会领导方式和工作方法的重点内容。希望我们各级工会和工会干部不断增强法律观念和法制意识,增强法律法规和政策制订的参与意识和参与能力,研究和探索工会依法治会、依法维权、依法组建工会和开展工作的有效途径,依法规范工会工作和工会干部的自身行为,以使党的领导、人民当家作主和依法治国的有机统一真正在工会工作中得以体现。

(三)加强工会干部队伍建设和工会内部管理。培养和造就一支勤于学习、忠于职守、勇于创新、乐于奉献的高素质工会干部队伍,是时代发展和工运事业发展的需要。要认真抓好学习,加强工会干部的培训教育。要在抓好学习"三个代表"重要思想的同时,加强业务学习,使广大工会干部的思想政治水平不断得到提高,新形势下开展工会工作的能力不断得到增强,善于根据形势的变化和发展,不断拓展新思路、探索新方法,创造新成果;要倡导奉献精神,抓好工会干部的思想作风建设,教育工会干部树立正确的世界观、人生观、价值观,正确认识权力观、地位观、利益观,在改造客观世界的同时,努力改造主观世界,努力克服形式主义、官僚主义作风和弄虚作假、铺张浪费行为以及各种消极腐败现象。鼓励工会干部以职工之忧而忧,职工之乐而乐,时刻把职工群众的安危冷暖放在心上,恪尽职守,勤奋工作,热诚为职工群众办实事做好事,为党的事业和职工群众的利益做出无私的奉献。要严格各项规章制度,加强各级工会的内部管理。严格执行党风廉政建设责任制,遵守领导干部廉洁自律的有关规定,严格执行民主集中制,按照规定的程序和制度处理日常事务,严格执行各项规章制度,加强工会财务管理、资产管理、人事管理等制度;加强检查,加强监督,严防违纪违法现象的发生,对各种违法违纪案件坚决查处,决不姑息。工会经审工作要发挥监督效能,规范程序,强化审计,堵塞漏洞,促进工会经费的合理使用。

(四)以"三个代表"重要思想为指导,加强工会工作理论研究。从实践与理论的结合上加以探索,回答和解决工会工作中遇到的新情况、新问题。当前国外一些工会组织也都遇到了一些新情况、新问题,出现了一些新动向。比如工会组织地位下降,劳资关系出现新的变化,青年职工对工会淡漠问题,工会工作面临被弱化的趋势等。从我们国家来说,党历来十分重视工会工作,但随着我国加入WTO,随着外商投资企业的不断增加,随着非公企业的发展，这些思潮与问题也会影响到我们的生活和工作中来。我们要对国内外政治、经济、文化、社会等方面发生的新变化及其对工会工作带来的影响系统地加以研究，及时认识和审视工会面临的新挑战、新机遇，自觉地用“三个代表”重要思想作指导，推动工会与时俱进，开拓创新，这也是上海工运事业继续发挥优良传统，继续为全国工运事业发展作出新贡献的责任与义务。

未来五年上海工运事业和工会工作发展的光荣使命已历史地落在全市工会和工会干部的肩上，让我们在市委的领导下，以“三个代表”重要思想为指导，认真学习贯彻胡锦涛同志在“三个代表”重要思想理论研讨会上的讲话精神，认真学习贯彻市委八届三次全会精神，坚定信心、振奋精神，开拓创新、奋发有为，不断开创上海工会工作的新局面，以实际行动迎接中国工会第十四次代表大会的召开。

在市总系统处级干部学习贯彻“三个代表”重要思想专题研讨班上的讲话

（2003年10月31日）

陈　豪

同志们：

深入学习贯彻“三个代表”重要思想，是当前全党全国人民的首要政治任务。根据中央和市委要求，我们举办市总系统处级干部学习贯彻“三个代表”重要思想专题研讨班，其中心内容就是结合学习贯彻党的十六届三中全会精神，深入学习贯彻“三个代表”重要思想，不断增强用“三个代表”重要思想统揽工会工作全局的坚定性和自觉性，从而不断推进上海工会工作向前发展，在上海实施科教兴市、实现新一轮发展中，在不断完善社会主义市场经济体制的历史进程中，更好地发挥工会组织的作用。下面，我讲四个问题。

一、认真学习贯彻胡锦涛同志重要讲话精神，深刻认识学习贯彻“三个代表”重要思想的重大意义

胡锦涛同志在中央举办的省部级主要领导干部学习贯彻“三个代表”重要思想专题研讨班的讲话中指出，兴起学习贯彻“三个代表”重要思想新高潮，关系党和国家工作的全局，关系实现全面建设小康社会的宏伟目标，关系中华民族的伟大复兴，关系中国特色社会主义事业的长远发展，是当前全党全国人民的首要政治任务。我们一定要按照胡锦涛同志的要求，从战略高度进一步认识兴起学习贯彻“三个代表”重要思想新高潮的重大意义。

第一，兴起学习贯彻“三个代表”重要思想新高潮，是坚持马克思主义指导地位，巩固全党全国人民团结奋斗共同思想基础的需要。我国是工人阶级领导的、以工农联盟为基础的人民民主专政的社会主义国家，我国实行以公有制为主体、多种所有制经济共同发展的基本经济制度，中国共产党是中国特色社会主义事业的领导核心，这就决定了我们必须坚持以马克思主义为指导。马克思主义是科学、是真理、是行动指南，只有坚持以马克思主义为指导，才能坚持我国的国体、政体，才能坚持和发展我国的社会主义事业。坚持以马克思主义为指导，事关全党全国人民共同理想信念和思想政治上的统一，事关国家安全和社会稳定，事关党和人民事业的兴衰成败。实践充分证明，马克思主义是指导人们正确认识和改造世界的普遍真理，只有坚持以马克思主义为指导，工人阶级及其政党才能实现自己的历史使命；与时俱进是马克思主义最重要的理论品质，只有随着时代和实践的发展而发展，马克思主义才能发挥巨大的思想威力。

巩固马克思主义的指导地位，最根本的就是要用“三个代表”重要思想这一马克思主义中国化的最新成果来武装全党、教育干部和人民。“三个代表”重要思想是同马克思列宁主义、毛泽东思想、邓小平理论一脉相承而又与时俱进的科学体系。这一重要思想紧密结合新的时代条件，生动而具体地坚持和发展了马克思主义，赋予马克思主义新的鲜活力量，开辟了马克思主义发展的新境界。坚持“三个代表”重要思想，就是真正坚持马克思列宁主义、毛泽东思想和邓小平理论；只有坚持“三个代表”重要思想，才能更好地坚持马克思列宁主义、毛泽东思想和邓小平理论。我们要通过兴起学习贯彻“三个代表”重要思想新高潮，巩固发展马克思列宁主义、毛泽东思想、邓小平理论和“三个代表”重要思想的指导地位，牢固树立“三个代表”重要思想这一强大精神支柱，把“三个代表”重要思想作为最宝贵的精神财富倍加珍惜，作为科学真理认真学习运用，作为根本指针长期坚持。

第二，兴起学习贯彻“三个代表”重要思想新高潮，是全面建设小康社会，全面履行新时期、新阶段工人阶级新的历史使命，不断开创中国特色社会主义事业新局面，实现中华民族伟大复兴的需要。十六大提出，我们要紧紧抓住本世纪头20年的重要战略机遇期，集中力量全面建设小康社会。全面建设小康社会的目标，是立足我国社会主义初级阶段的基本国情提出的，是在科学分析现阶段我国社会主要矛盾的基础上提出的，是在深刻把握国际国内发展大势的基础上提出的,进一步明确了工人阶级在新时期、新阶段的历史使命,反映了全党和全国各族人民的共同意志,体现了全国最广大人民的根本利益。实现这个宏伟目标,将是中华民族伟大复兴史上又一个重要里程碑,将使中国特色社会主义事业迈上一个大台阶。这个宏伟目标令人振奋又十分艰巨,并不是轻而易举就能完成的。刚刚闭幕的党的十六届三中全会,通过了《关于完善社会主义市场经济体制若干问题的决定》,明确了完善社会主义市场经济体制的目标、任务、指导思想和原则,提出了"五个统筹"的要求和"五个坚持"的原则,三中全会还审议通过了《关于修改宪法部分内容的建议》。所有这些,为我们把握战略机遇,全面建设小康社会提供了保障、创造了条件。

伟大的实践需要伟大的理论。胡锦涛同志在"七一"讲话中,深刻分析了我们在全面建设小康社会的过程中,将长期面对"重大课题"。"三个代表"重要思想为我们正确认识和处理这些重大课题,应对各种风险和挑战,实现宏伟目标,提供了科学的理论指导。

"三个代表"重要思想进一步回答了什么是社会主义、怎样建设社会主义这个基本问题,系统概括了我们党对社会主义建设规律的探索成果,科学预测了现代化建设的发展趋势,全面阐述了我国社会主义现代化的发展战略,是指引我们实现全面建设小康社会宏伟目标的根本指针。正如胡锦涛同志所指出,坚持以"三个代表"重要思想为指导,我们就能科学判断和全面把握国际形势的发展变化,正确应对世界多极化和经济全球化以及科技进步的发展趋势,抓住和用好重要战略机遇期,在日益激烈的综合国力竞争中牢牢掌握加快我国发展的主动权;就能科学判断和全面把握我国正处于并将长期处于社会主义初级阶段的基本国情,紧紧抓住经济建设这个中心不动摇,正确处理好改革发展稳定的关系,推动社会主义物质文明、政治文明和精神文明协调发展;就能科学判断和全面把握我们党所处的历史方位和肩负的历史使命,正确认识和妥善处理党在改革开放和发展社会主义市场经济条件下执政遇到的新情况新问题,不断提高党的领导水平和执政水平,增强拒腐防变和抵御风险的能力。我们要通过兴起学习贯彻"三个代表"重要思想新高潮,动员和组织广大职工,紧紧围绕全面建设小康社会和上海率先基本实现现代化的实践,把"三个代表"重要思想学习好、领会好、贯彻好,使"三个代表"重要思想成为全党和全国各族人民的自觉行动,万众一心地为全面建设小康社会、开创中国特色社会主义事业新局面而奋斗。

第三,兴起学习贯彻"三个代表"重要思想新高潮,是坚持立党为公、执政为民,始终保持党的先进性,不断巩固党的执政地位的需要。党的建设是中国特色社会主义事业的根本保证,党的先进性是党的生命线,是党生存和发展的根本依据,是得到最广大人民信任和拥护的根本条件。在新的历史条件下,我们党所处的环境、所肩负的任务和党员干部队伍的状况发生了新的变化,我们党已经从领导人民为夺取全国政权而奋斗的党,成为领导人民掌握全国政权并长期执政的党;已经从受到外部封锁和实行计划经济条件下领导国家建设的党,成为对外开放和发展社会主义市场经济条件下领导国家建设的党。始终坚持马克思主义政党的性质和宗旨,始终保持党的先进性和纯洁性,始终不脱离人民群众,是党执政后特别要注重解决的问题,越是长期执政,越是要防止脱离群众的倾向。胡锦涛同志指出:"一个马克思主义政党,如果不能顺民意、谋民利、得民心,就会动摇立党之本,削弱执政之基,阻塞力量之源"。"政之所兴在顺民心,政之所废在逆民心。保持同人民群众的血肉联系,是我们党始终立于不败之地,不断发展壮大的根本保证。""三个代表"重要思想为我们坚持立党为公、执政为民,始终保持党的先进性,提供了强大的理论武器。

"三个代表"重要思想创造性地回答了建设什么样的党、怎样建设党的问题,紧紧围绕保持党的先进性这个核心,提出了立党为公、执政为民的根本要求,指明了立党为公、执政为民的根本途径。只有解决好保持同人民群众血肉联系这个重大课题,忠实地代表最广大人民的根本利益,把最广大人民的根本利益作为我们一切工作的出发点和落实点,切实把人民群众的利益实现好、维护好、发展好,我们才能把亿万人民紧紧团结在党的周围,不断增强执政的群众基础。要把立党为公、执政为民落实到党和国家制定和实施方针政策的工作中去,落实到各级领导干部的思想和行动中去,落实到关心群众生产生活的工作中去,真正做到权为民所用、情为民所系、利为民所谋。

总之,从我们党把马克思主义基本原理同中国具体实际相结合的历史发展中,我们可以深刻认识到,坚持以反映时代特征和实践要求的科学理论指导实践,并根据实践的新鲜经验不断推进理论创新,是我们党始终坚持先进性、不断推进中国特色社会主义事业发展的根本保证。我们都要从这样的战略高度,更深入、更全面、更准确地领会和实践"三个代表"重要思想。

二、结合学习贯彻十六届三中全会精神,不断把学习"三个代表"重要思想引向深入

党的十六届三中全会形成的《决定》和《建议》,标志着我们党对在社会主义条件下发展市场经济的认识进一步深化了,运用市场经济规律的能力进一步提高了。《决定》必将成为我们在全面建设小康社会,实现上海新一轮发展中的纲领性文件。

改革开放是强国之路。这是我们党从长期改革实践中得出的一个重大结论,必须始终牢牢坚持。确立社会主义市场经济体制的改革目标,是我们党经过长期实践探索、吸取世界上一些国家发展经济正反两方面经验得出的重大认识,也标志着我们党对什么是社会主义、怎样建设社会主义这个根本问题的认识实现了重大飞跃。十六大在总结我们党带领人民推进改革实践的基础上,把坚持改革开放、完善社会主义市场经济体制纳入党必须长期坚持的基本经验。必须看到,我们已经初步建立的社会主义市场经济体制还不完善,还不适应全面建设小康社会的新要求,还不适应经济全球化趋势和我国加速发展和我国加入世贸组织后的新形势。要全面建设小康社会、加快推进社会主义现代化,要解决我国经济社会生活中的深层次矛盾和问题，要使我国在日益激烈的国际竞争中立于不败之地，就必须进一步深化经济体制改革，更好地使市场在国家宏观调控下对资源配置起基础性作用，进一步克服影响我国社会生产力发展的体制性障碍，不断为经济发展和社会全面进步提供强大动力。

结合学习贯彻三中全会精神，不断把学习“三个代表”重要思想引向深入，要求我们努力在用“三个代表”重要思想武装头脑，不断增强学习贯彻“三个代表”重要思想的自觉性和坚定性，用以在指导实践、推动工作上取得新进展。“三个代表”重要思想是在新的历史条件下运用马克思主义立场、观点和方法的典范，是我们学习马克思主义立场、观点和方法最现实、最生动的教材。用“三个代表”重要思想武装头脑，最重要的是深刻领会贯穿其中的马克思主义的立场、观点和方法。

第一，要深刻领会“三个代表”重要思想的根本立场。立场就是观察事物、处理问题的根本价值标准。立党为公、执政为民，是“三个代表”重要思想的本质，也是我们党必须恪守的政治立场。能不能坚持这个本质、这个立场，是衡量有没有真正学懂、是不是真心实践“三个代表”重要思想最重要的标志。坚持“三个代表”重要思想的本质和立场，就要坚持尊重社会发展规律和尊重人民历史主体地位的一致性，坚持为崇高理想奋斗和为最广大人民谋利益的一致性，坚持完成党的各项工作和实现人民利益的一致性，切实把人民群众的利益实现好、维护好、发展好；就要把广大群众是否赞成、是否受益作为决策和工作的重要依据，紧紧抓住人民群众最现实、最关心、最直接的问题，使我们的各项决策和工作真正体现群众的愿望、符合群众的利益，创新发展思路，创新领导方式和领导方法，使先进生产力和先进文化更快更好地发展起来，不断使群众从经济社会发展中得到更多的实惠；就要坚持正确处理各种利益关系，善于运用说服教育、示范引导和提供服务等手段做好新形势下的群众工作，充分调动群众的积极性、主动性和创造性，把群众紧紧团结在党的周围，就要切实关心群众的生产生活，深刻理解胡锦涛同志反复强调的群众利益无小事的道理，为群众诚心诚意办实事，尽心竭力解难事，坚持不懈做好事，把群众的积极性引导到集中力量加快发展上来，通过发展来解决面临的实际问题。

第二，要深刻领会“三个代表”重要思想的基本观点。基本观点就是从一定的立场出发，对事物或问题形成的基本判断和基本认识。“三个代表”重要思想作为科学的理论体系，深入分析当今世界和中国的实际，对人民群众的丰富实践作出了新的总结和概括，继承和发展了马克思主义关于人类社会前进最终是由社会生产力发展决定的，同时是由先进文化引导的，是由人民群众推动的等基本原理，提出了一系列新的思想理论观点。把握“三个代表”重要思想的基本观点，就要把握“三个代表”重要思想的时代背景、实践基础、科学内涵、精神实质和历史地位，着重领会其科学内涵和精神实质，着力掌握其科学态度和创新精神；就要把握“三个代表”重要思想在建设中国特色社会主义的思想路线、发展道路、发展阶段、发展战略、根本任务、发展动力、依靠力量、国际战略、领导力量和根本目的等一系列重大问题上进行理论思考取得的重大成果；就要把握“三个代表”重要思想用一系列紧密联系、相互贯通的新思想、新观点、新论断，进一步回答什么是社会主义、怎样建设社会主义的问题，创造性地回答建设什么样的党、怎样建设党的问题；就要把握“三个代表”重要思想从改革发展稳定、内政外交国防、治党治国治军各个方面，深化对建设中国特色社会主义规律的认识。

第三，要深刻领会“三个代表”重要思想的科学方法。马克思主义的科学方法就是辩证唯物主义和历史唯物主义的方法论。“三个代表”重要思想既坚持了马克思主义的世界观和方法论，又赋予它们鲜明的时代精神和实践要求。把握“三个代表”重要思想的科学方法，就要坚持马克思主义的认识论，坚持马克思主义的思想路线，解放思想、实事求是、与时俱进，一切从实际出发，理论联系实际，使党的理论适应不断变化的客观实际、符合党和人民事业发展的要求；就要深刻认识我国国情，全面把握广大人民群众的根本利益，使党的理论适应我国国情、符合实现人民群众根本利益的要求；就要用宽广的眼界观察世界，在国际形势的发展变化中审视我们党的历史任务和我国发展的历史方向，使党的理论适应时代特征、符合时代发展的要求；就要用全面的发展的历史的观点来判断形势、观察事物，正确认识主流和支流、成绩和问题、全局和局部，既要看到我们已经取得的巨大成就和有利条件，又要看到我们前进中的矛盾、困难和问题，对事业充满信心，对问题认真加以解决，倍加顾全大局，倍加珍视团结，倍加维护稳定。要紧紧抓住发展这个党执政兴国的第一要务，用发展的眼光、发展的思路、发展的办法，解决前进中的问题。

总之，我们必须从理论和实践的结合上深刻认识学习贯彻“三个代表”重要思想的重大意义。进一步提高对坚持党的指导思想的决定性作用的认识；进一步提高对党的指导思想与时俱进的重大意义的认识；进一步提高对“三个代表”重要思想是同马克思列宁主义、毛泽东思想、邓小平理论一脉相承而又与时俱进的科学体系的认识；进一步提高对“三个代表”重要思想是新世纪新阶段党和国家各项工作根本指针的认识。

三、用“三个代表”重要思想统领工会工作全局，不断把新时期工人运动事业推向前进

理论的价值在于指导实践，学习的目的全在于运用。学习“三个代表”重要思想，必须同党带领人民进行的伟大实践相结合，对工会组织来说，要与新时期工人运动的新实践、新探索相结合，在学习中不断加强实践，在实践中不断深化学习。

胡锦涛同志在同全国总工会新一届领导班子成员和中国工会十四大部分代表座谈时指出，“全面建设小康社会，是全党全国人民在新世纪新阶段的历史任务，也必然是新世纪新阶段我国工人运动的主题”。他高度肯定了工人阶级的先进性，认为工人阶级“始终站在时代前列，引领着先进生产力和生产关系的发展，善于顺应社会前进的潮流不断发展自身的先进性”。他要求工会组织“把表达和维护广大职工群众的利益作为一切工作的出发点和落脚点”。所有这些,为工会组织在新的历史条件下更好地用“三个代表”重要思想统领工作全局,不断推进工运事业,切实发挥工会组织作为党联系职工群众的桥梁与纽带,作为国家政权重要的社会支柱作用,进一步指明了方向。

工会工作要适应新的时代发展和新的实践要求,开创新的局面,就必须坚持以“三个代表”重要思想统领工会工作全局,把“三个代表”重要思想落实到工会各项工作之中。

(一)充分认识新世纪新阶段工人阶级新的历史使命,进一步增强做好工会工作的使命感和责任感

贯彻“三个代表”重要思想,归根到底要体现在推动先进生产力和先进文化发展、维护和实现最广大人民根本利益上。始终代表中国先进生产力的发展要求,就需要不断提高作为先进生产力代表的工人阶级的整体素质,充分发挥他们的劳动技能和创造才能,在解放和发展生产力中展示更加强大的力量;始终代表中国先进文化的前进方向,就需要不断弘扬工人阶级的先进性,切实发挥工人阶级作为物质文明和精神文明建设主体的作用;始终代表最广大人民的根本利益,就需要充分发挥工人阶级的积极性、主动性和创造性,在促进社会不断发展进步的基础上,维护和实现工人阶级的利益。

工人阶级的历史使命有着鲜明的时代感和明确的目标任务。贯彻落实十六届三中全会的《决定》,推进经济体制改革和其他各方面改革,是一项紧迫工作,也是一项长期任务。工人阶级要适应新形势新任务的要求,在实践中不断深化对市场运行规律的认识,不断提高自觉运用市场机制的能力,不断增强驾驭市场的本领,做到既使市场在配置中起基础性作用,又充分发挥社会主义制度的优越性,有效地克服市场本身存在的缺陷,推动经济社会更快更好地发展。全面建设小康社会是中国工运事业的主题,率先基本实现现代化、实现四个国际中心之一的目标,就是上海工运事业的主题。陈良宇同志在市委召开的领导干部学习贯彻“三个代表”重要思想专题研讨班上,结合上海新一轮发展实际,提出了9方面的要求,坚持立党为公,执政为民,要继续保持经济发展的良好势头;要坚持经济社会协调发展;要高起点推进城市现代化建设和管理;要正确处理改革发展稳定三者关系;要坚持正确的舆论导向;要加强社区建设和管理;要进一步融入全国、服务全国;要全面推进党的建设新的伟大工程;要掌握正确的工作方法,提高工作水平。完成这些任务,工会大有可为。从一定意义上说,工会工作如何,作用发挥得如何,关系到既定目标的完成,关系到广大职工的根本利益与具体利益的实现,关系到工人阶级队伍的团结与统一。

(二)最大限度地把广大职工组织到工会中来,不断增强党的阶级基础和扩大党的群众基础

贯彻“三个代表”重要思想,对工会当前和今后一个时期来说,必须不断增强党在工人阶级和广大职工群众中的号召力和凝聚力。工人阶级的力量在于工人阶级队伍的团结与统一。随着我国社会生活和社会结构的深刻变化,尤其是党的十六届三中全会作出完善我国社会主义市场经济体制以后,作为党的阶级基础的工人阶级队伍本身正在并且进一步变化,工会组织面临着把在不同所有制、不同地域之间以不同方式就业的职工组织起来的重要任务,特别是大量进城务工人员,作为工人阶级的组成部分,有着如何把他们组织起来,并不断提高其阶级意识和综合素质的问题。

(三)紧紧围绕发展这一党执政兴国的第一要务,团结动员广大职工积极支持改革、推进改革、积极投身上海新一轮发展的伟大事业

以“三个代表”统领工作全局,要求工会更加积极有效地团结动员广大职工,充分发挥工人阶级作为改革主体和现代化建设主力军的作用,在上海率先基本实现现代化,进一步完善社会主义市场经济体制的历史进程中,建功立业。自觉投身上海新一轮发展和深化改革的伟大实践,是上海工人阶级光荣的历史使命。围绕发展这一党执政兴国的第一要务,把广大职工动员起来、组织起来,是新世纪新阶段工会组织的根本任务。

为了完成这一任务,我们要在广大职工中,继续弘扬工人阶级的优良传统,不断发展工人阶级的先进性,不断深化职工素质工程,并把它作为工人组织一项长期的战略任务加以贯彻。要大力推动党的全心全意依靠工人阶级根本方针的落实,切实维护职工的合法权益,最大限度地保护、调动和发挥广大职工的积极性创造性,努力把广大职工的思想和行动统一到党的十六大和十六届三中全会确定的目标任务上来,把智慧和力量凝聚到全面建设小康和上海新一轮发展目标上来,聚精会神抓建设,一心一意谋发展,为促进物质文明、政治文明、精神文明的协调发展而作贡献。

(四)着眼于维护职工群众的合法权益和维护社会的稳定团结,建立稳定协调的劳动关系

稳定是改革和发展的前提,也是维护和实现职工群众利益的重要保障。没有稳定,改革难以进行,发展无从谈起,包括职工在内的广大人民群众的利益也不能得到有效维护和实现。维护好不同利益群体职工不同的利益诉求,对于维护社会稳定具有至关重要的作用。人民内部矛盾多数是由涉及群众切身利益的问题引起的。解决这些问题,关键是要坚持按政策办事,坚持依法办事,坚决维护群众的合法权益,坚决维护社会稳定。因此,履行维护的基本职责,切实代表、表达和维护职工的利益,是工会贯彻“三个代表”重要思想的根本要求,也是维护职工队伍和社会政治稳定的现实需要。

正确处理新时期人民内部矛盾,妥善处理各方面的利益关系,一个很重要的方面就是建立稳定协调的劳动关系。在改革力度不断加大,社会主义市场经济体制不断完善的过程中,建立和完善稳定协调的劳动关系是一个长期的重要任务。我们要协助政府不断解决稳定协调劳动关系中遇到的新情况、新问题,及时准确地反映职工群众的愿望与呼声,维护职工合法权益,切实把问题解决在基层,解决在萌芽状态。同时,要教育引导职工正确处理好根本利益与具体利益、长远利益与眼前利益、整体利益与个人利益的关系,为职工队伍的团结统一和社会政治稳定作出积极贡献。

四、用良好的学风、良好的作风保证学习任务的圆满完成

分期分批把领导干部集中起来进行轮训，首先是推动兴起学习贯彻“三个代表”重要思想新高潮的重要举措。我们每一位同志都要努力做持久学、深入学的表率；其次，这是加强和改进干部教育培训工作的必然要求；再次，这是提高领导干部思想理论素质的迫切需要。中央和市委决定对干部进行轮训，正是着眼于进一步提高各级干部思想理论素质，同时也是为了进一步引起各级干部对理论学习的重视；最后，对处级干部进行轮训，也是工会加强自身建设的需要。鉴于轮训工作的重要性，我就轮训本身，提三点要求：

第一，结合实际、认真学习。要坚持用马克思主义态度学习贯彻“三个代表”重要思想，注重做到“三个结合”，即坚持学习理论和指导实践相结合，坚持改造客观世界和改造主观世界相结合，坚持运用理论和发展理论相结合。“三个代表”重要思想来自实践，只有紧密结合实践去学，带着实际问题去学，才能真正学懂弄通。不重视理论学习，忽视科学理论的指导意义，是不可能学好理论的。脱离实际去学习理论，在学习中不用科学理论指导研究和解决实际问题，也是不可能学好理论的。希望大家紧密联系改革开放和现代化建设的实际，紧密联系新时期工运和工会工作的实际，紧密联系本单位本部门的实际，紧密联系自己的思想实际和工作实际，加深对“三个代表”重要思想的理解，不断提高理论思维和解决实际问题的能力，努力用学习的成果指导和推动改造主观世界的实践。

第二，善于思考、深入研讨。“三个代表”重要思想的精髓是解放思想、实事求是、与时俱进。只有发扬解放思想、实事求是、与时俱进的精神，才能真正学好“三个代表”重要思想。古人云：“学而不思则罔，思而不学则殆。”讲的就是要把学习同思考结合起来。希望大家积极开动脑筋，从理论和实践的结合上研究新情况、解决新问题，自觉地把思想认识从那些不合时宜的观念、做法和体制的束缚中解放出来，从对马克思主义的错误的和教条式的理解中解放出来，从主观主义和形而上学的桎梏中解放出来，努力使自己的主观认识符合不断发展的客观实际。

第三，潜心钻研，学出成效。我们要在这一短暂的学习时间里，潜心钻研，心无旁骛地搞好学习，真正把“三个代表”重要思想的基本观点、科学体系和精神实质弄清楚，把学习“三个代表”重要思想的基本要求搞明白，有计划地学习，有针对性地学习，通过学习，要在工作思路上有新的突破；要在精神状态上有新的形象；要在改造主观世界上有新的进步；要在作风建设上有新的成果。

特别需要指出的是，思考规划好明年的工作，意义重大。明年是贯彻十六届三中全会《决定》的关键年，是深化改革、促进发展的关键年。在这样一个重要的年份里，我们要继续深入学习贯彻“三个代表”重要思想，继续深入学习贯彻《决定》精神，紧紧把握全面建设小康社会这一新时期工人运动主题，紧紧围绕上海发展实际，切实履行好工会的职责，把实现好、维护好、发展好职工群众的根本利益作为思考问题和开展工作的根本出发点和落脚点，忠实执行党的群众路线。要按照锦涛同志的要求，一方面，从职工群众最现实、最关心、最直接的问题入手，千方百计地帮助职工解决生产生活中的问题和困难，做到抓紧、抓实、抓细，打好攻坚战；另一方面，充分认识关心职工群众生产生活这一工作的长期性和艰巨性，做到不断抓、坚持抓、长期抓，打好持久战。

总之，我希望同志们珍惜这次学习的机会，并把学习成果反映到年底的工作中，反映到明年的工作安排中，反映到带动本单位、本部门的学习热潮中。我更希望同志们把本次学习作为一个新的起点，使自己养成不断学习、终身学习的习惯，从而不断提高自身素质，更好地为广大职工服务，为上海工运事业服务，为上海的经济发展和社会进步服务。

新形势　新开拓　新作为

吴申耀

上海市总工会
副主席
吴申耀

党的十六大制定了全面建设小康社会的奋斗目标，提出了党在新世纪新阶段加强自身建设、领导全党全国人民全面推进我国的改革开放、社会主义现代化建设的许多新思想、新理论和新观点。这也对新的历史时期的工会工作如何与时俱进提出了许多新课题、新思考。面对新形势，工会工作一定要有新的开拓，新的作为。

一、进一步把握定位、转变职能

要实现党的十六大提出的全面建设小康社会的目标，工会同样面临着艰巨而繁重的任务。工会在过去改革开放、推进中国特色社会主义事业发展的各个阶段，都发挥了积极的作用。但始终还存在一个把握定位,转变职能的问题。

改革开放以来,党的领导方式在改革与完善;政府的职能在逐步转变;就是企业,也有一个转变"职能"的问题,企业已由一个"万事都管"的半行政性基层组织回复为市场主体。但工会的职能却没有根本性的转变。工会明确维护职工合法权益是工会的基本职责,这应该是一个重大的转变。但仔细分析一下各级工会领导部门的职责和工作内容,和过去相比几乎一样都没少。其结果是机构简不了,向下布置的任务少不了,下面围着上面转的情况改不了,实际是影响了工会基本职能的履行。这里有一个社会认识问题,社会上总将工会看成是"万能"工会,什么事工会不做的话,就被认为不配合、不主动。也有一个工会干部的习惯思维,总认为这也重要,那也重要,"一个不能少"。上面改了,下面有意见,下面改了,上面有意见。

在全面建设小康社会的过程中,社会经济成分、组织形式、利益分配和就业方式等多样化趋势将会更加明显,关系职工利益的各类新问题也会不断出现。对于关系职工利益的重大问题和矛盾,工会习惯于挺身而出、冲在前面,自己动手来解决。经常取代有关部门去包办有关事务。结果只是治标不治本,做了许多"做不了,做不好"的事情。有些工作与其他部门重叠,但手段较之落后,效率较之低下。随着社会主义市场经济体制的逐步建立,工会也应进一步明确角色定位。工会应该办一些为职工服务的实事,但应更多地通过推动立法和建制,推动政府政策完善,推动社会重视来解决发展中出现的种种问题。要以"深层次维护"来取代"浅层次维护"。

党的十六大又一次提出了"改革和完善党的领导方式","进一步转变政府职能"的问题。对于工会的定位与职能转变问题肯定会有不同的争论。我们应从更好地实践"三个代表",突出维护职能,发挥工会不可替代的作用,来深入思考一下工会转变职能的问题。

二、进一步完善和扩大基层民主的形式

人民当家作主是社会主义民主政治的本质要求。人民当家作主当然体现在人民参与国家社会事务管理的政治制度等。但如果广大职工在企业的基本政治民主权利都得不到体现的话,人民当家作主可能会成为一句空话。因此,党的十六大提出,要将扩大基层民主作为发展社会主义民主的基础性工作,并提出要坚持和完善职工代表大会和其他形式的企事业民主管理制度。

在国外,企业中也讲职工民主参与,欧洲一些国家主要通过工会与职工代表参加的企业委员会等形式来审议企业财务核算、职工培训计划、男女同工同酬、企业劳动就业、社会文体活动等,并发表自己的意见和建议。企业职工代表大会制度是我们国家创造的体现职工民主的好形式。但在当前形势下,职代会制度正面临许多新问题。一是经济体制改革之后,原有的职代会条例的法律基础正在消退。二是职代会条例是按"工厂制"横向管理体制设计的,与现代企业制度"公司制"纵向管理体制确有不相合之处。三是企业党的领导方式改变,职代会的领导主体发生疑问,职代会是行政领导下的机构还是工会领导下的机构?不管主体是谁,在理论和实践上都是个问题。四是非公企业的职代会还无法规可依。

因此,在企业扩大基层民主管理,如何完善职代会制度与探索其他民主管理形式,都需要进一步地研究与探索。第一,工会作为职工群众有组织的民主渠道,首先要发挥好工会在集体协商等方面的扩大基层民主的作用,要不然那就是"舍近求远"。第二,要从既有利于发扬民主又符合市场经济这一点出发,改革与完善职代会机构与职权设置。而不是如有些人所说,扩大基层民主就是扩大职代会的职权。第三,特别要探索非公企业职代会和其他民主管理形式,以保障非公企业职 工应有的民主权利,也为更好地调动职工的生产劳动积极性。

三、更好地维护不同职工群体的利益

随着全面建设小康社会进程的推进,职工群众中不同利益群体的分化将更趋明显。这是一种社会进步的表现,首先我们应该承认它。同时我们又应看到职工不同利益群体之间既有利益的一致性和互补性,也有其矛盾性。工会作为职工自愿结合的群众组织,不能只代表一部分群众的利益而不代表另一部分职工群众的利益。比较明显的是随着经济与社会的发展,习惯上称为"白领阶层"的职工人数会不断增加,他们中包括管理者群体、科技人员、教育文化界人员等。其中为数不少的是"高学历、高收入、从事高科技、年纪轻"的"三高一轻"群体,他们对工会的认同率低,对工会在维权方面的依赖度低,工会对这些职工群体的特殊利益诉求研究又比较少。他们中有很大一部分人与工会有一定距离。在今后的工作中,工会如果不能很好地代表和维护他们的特殊利益的话,工会工作实际会丧失一部分很重要的职工群众基础。另外,在同一企业,这些职工群体与普通职工在分配、待遇、管理等方面又存在一定的利益矛盾或冲突。如何既代表不同群体的利益,又要协调相互间的利益矛盾,也是工会工作的新课题。

在当前,我们要维护好困难群体的利益,这是工会义不容辞的职责。这个工作做不好,工会的维权职责就没尽到。但我们又不能将工会工作的目光仅仅盯在一处。在全面建设小康社会过程中,人民生活水平和生活质量不断提高的今后,工会不能代表与维护不同职工群体的利益,也不能说是尽到了维权职责。工会同样要以发展的眼光来思考自身的代表性问题。工会不能仅仅是弱势群体的代表。

四、正确处理维权中的利益矛盾关系

"党代表中国最广大人民的根本利益",包含了几层意义:一是党首先要代表与维护以最大多数普通劳动者为主体的人民的利益;二是在代表与维护"根本利益"的前提下维护"具体利益";三是正确反映与兼顾包括各阶层和不同方面群众在内的最广大人民的利益。因此党的十六大提出一切为我国社会主义现代化建设作出贡献的劳动都是光荣的,都应该得到承认和尊重。一切合法的劳动收入和合法的非劳动收入,都应该得到保护。在多种经济发展过程中出现的私营企业主等一些新的社会阶层,都是中国特色社会主义事业的建设者。因此,不能以过去“剥夺剥夺者”的思维来对待他们。这对工会来说,在非公企业的维护权益工作中如何既最大限度地维护职工利益,又要兼顾企业主利益、保护企业主经营与发展生产的积极性,是中国工会不同于国外工会的一个新的课题。

在一般情况下,工会“维护职工利益,共谋企业发展”的维权原则,比较好地体现了中国工会的特点,既有利于维护职工的眼前利益,也有利于维护职工的长远利益。但在实际工作中,企业主的利益与职工的利益始终处于竞争与矛盾中,如何最大限度地为职工争取利益与兼顾企业主的利益。其方法、其尺度都是值得研究的。

另外,对于罢工,现行法律不予保护,但也未规定是违法。在现实生活中,事实罢工已经时有发生。本企业工会如何对待这类行为?上级工会又如何对待如何兼顾各方利益、正确协调利益矛盾?这都是需要以法规来规范的问题,而不仅仅是“工作艺术问题”。在西方国家,长期的劳资冲突,使他们学会以法制来规范劳资矛盾的协调行为。通过颁布企业法、共决法、集体合同法等,规范劳资双方自主、依法协调劳动关系矛盾的行为。我国的《工会法》虽然规定了工会通过集体协商与集体合同来维护职工的劳动权益。但对于必要的协商程序、协商不成的处理、违约的责任等,还没有一部《集体合同法》来规范。这对工会正确协调处理维权中的利益矛盾关系带来了难度。工会应积极推动立法来规范政府部门、工会和企业主在集体协商谈判及其劳动关系矛盾协调中的行为,以确保兼顾各方利益,尽可能地保持企业生产经营与社会的稳定。

五、积极对待多要素分配中的效率和公平

党的十六大明确提出,要确立劳动、资本、技术和管理等生产要素按贡献参与分配的原则。这一原则首先承认了按资本要素分配的合理性。此外,市场对各要素分配起着极大的支配作用。还有,在劳动力过度剩余的情况下,劳动要素始终处于“廉价状态”。不说私营企业,就是在国有控股的股份制企业,经营者年收入高于职工平均收入几十倍的不在少数。这对工会维护职工的公平分配带来了很大的难度。在对待按多要素分配的效率与公平问题上,工会应换个思路。按党的十六大提出的“初次分配注重效率”,“再分配注重公平”的原则,工会要从过去比较重视初次分配的研究转向同时重视再次分配的研究。

首先,工会还是要通过积极推进企业工资协商谈判来维护和争取职工的分配利益。尽可能地提高职工收入分配的合理性,各级工会应将工资协商谈判作为集体协商、集体合同的主要内容。其次,工会要研究促进改革收入调节税。在这方面,存在的问题还很多。目前个人收入调节税的税收主要还是来源于普通收入者,对巨额财富收入者并没起到大的作用。应该降低普通收入者的个调税,而应大幅提高高收入者、特别是巨额收入的调节税比例。另外,在国外,企业主不能将企业资金随意抽调用作购房等个人消费,一旦抽调,政府就要收取高额收入调节税。而目前在我国,私营企业主的资金流向非常随意,他们可以从企业抽调资金用于购房购车等个人消费,却逃避了个人收入调节税。再次,工会要进一步促进完善社会保障与社会救助制度。在国外,政府财政收入很大一部分主要用于社会保障。我们国家的情况与国外并不相同,财政开支的范围也不尽一样。在目前经济发展的起步阶段,财政收入占国内生产总值的比重不多,要办的事多,需要花钱的地方也多。因此各级政府用于社会保障的财政支出比例都较低。但随着经济的发展,工会应促进各级政府不断提高社会保障在年度财政支出中的比例。最后,工会还要研究进一步促进提高教育、医疗、交通、住房等公共服务事业的水平。从政策上保证普通收入者和低收入及其家属都能享受必要的公共服务。包括向低收入者提供廉租房等。

弘扬新时期劳模精神　造就高素质职工队伍 充分发挥职工群众在上海建设和发展中的主力军作用

张兴淮

上海市总工会
副主席
张兴淮

新世纪新阶段,在市委、市政府的正确领导下,全市人民紧紧抓住2010年上海举办世博会的契机,在加快建设“四个中心”和现代化国际大都市的进程中,团结奋斗,开拓创新,取得了上海国民经济持续快速健康发展、各项社会事业全面进步的骄人业绩。上海各级工会围绕中心,服务大局,与时俱进,求真务实,不断深化素质工程建设,广泛开展群众性经济技术创新活动,充分调动和发挥广大职工的积极性、主动性和创造性,引导和凝聚全市职工为上海改革开放和现代化建设事业贡献智慧和力量。

胡锦涛同志指出,全面建设小康社会是全党全国人民新世纪新阶段的历史任务，也必然是现阶段我国工人运动的主题。同样，早日实现上海率先建成小康社会、率先基本实现现代化的宏伟目标，也必然是新时期上海工会工作的主题。在新的历史阶段，上海工会必须以“三个代表”重要思想为指导，紧紧围绕这一主题，大兴求真务实之风，牢固树立和认真落实科学发展观，找准工作的切入点，更好地团结和引导广大职工为上海的建设和发展建功立业。胡锦涛同志在全国人才工作会议上明确要求：“要努力造就数以亿计的高素质劳动者、数以千万计的专门人才和一大批拔尖创新人才，建设规模宏大、结构合理、素质较高的人才队伍，充分发挥各类人才的积极性、主动性和创造性，开创人才辈出、人尽其才的新局面，大力提升国家核心竞争力和综合国力，为全面建设小康社会和实现中华民族的伟大复兴提供重要保证。”因此，以上海未来发展为目标，加快提高职工的劳动技能和创新能力，培养和造就一支高素质的职工队伍，是工会落实科学发展观、促进职工全面发展的重要举措。

随着上海建设现代化国际大都市的步伐不断加快，提升职工队伍整体素质的重要性和紧迫性正日益凸现。近年来，上海工会在全国工会系统率先开展的职工素质工程取得了显著的成效，全市广大职工的思想道德、科学文化和职业技能素质有了明显的提高，为上海的经济发展和科技进步作出了突出的贡献。但同时，我们也应当清醒地看到，上海职工队伍整体素质与实施科教兴市战略、提高城市综合竞争力的要求相比还存在一定的差距。比如，职工技术技能结构还不尽合理，专业技术人才总量不足。特别是与发达国家相比，上海高层次、高技能的专业科技人才比较缺乏，高级技术工人的紧缺已在一定程度上影响上海产业结构的升级。据有关方面统计，当前上海高级技师在技术工人中所占比例不到1%，技师和高级工不到2%和8%。有些行业高级技术工人紧缺，甚至出现了“找高级技工比找研究生还难”的局面。

为了适应新时期上海经济和社会发展的要求，加快建设一支高素质的职工队伍是当务之急，也是上海工会义不容辞的历史责任。我们各级工会要以弘扬劳模精神为有力抓手，以深化职工素质工程为有效途径，不断提高广大职工的知识和技能素质，不断增强职工的创新创造能力，把广大职工的积极性和创造性最大限度地发挥出来，为上海新世纪的发展提供重要的人才保证和智力支持。

一、大力弘扬劳模精神，进一步发挥劳模的示范和导向作用，引领广大职工在推进科教兴市战略中充分发挥主力军作用。

在建设中国特色社会主义的历史进程中，涌现出了一批又一批劳动模范和先进人物，他们是工人阶级和劳动群众的杰出代表。广大劳模以其实际行动形成的解放思想、实事求是，紧跟时代、勇于创新，知难而进、一往无前，艰苦奋斗、务求实效，淡泊名利、无私奉献的劳模精神，已成为全社会的宝贵精神财富，成为激励广大职工创新、创造、创业的强大精神动力。

为了表彰近三年来为上海城市建设和社会进步作出杰出贡献的先进典型，弘扬和塑造上海城市精神，激励全市广大职工抓住发展的重要战略机遇期，同心同德，乘势而上，再攀高峰，再创佳绩，经市政府批准同意，2003年底市评选劳动模范工作委员会在全市开展了2001～2003年度上海市劳动模范和劳模集体的推荐评选工作。在市委、市政府领导的重视、关心和指导下，经全市推荐、评选产生了872名劳动模范和380个劳模集体。这次市劳模的评选过程遵照标准、坚持原则、规范操作、严守程序。推荐评选的对象坚持以“三个文明建设”成果为依据，以全市和全国同行业先进水平为尺度，面向经济建设和城市发展第一线，向高科技、支柱产业、重大工程建设、抗击非典及科技教育文化等方面适当倾斜，使本届劳模的构成呈现出与时代发展同步的鲜明特征，体现了在新的历史时期劳模评选工作先进性、时代性和代表性的有机结合。

本届劳模、劳模集体都是上海各条战线涌现出来的先进典型，是促进各行各业发展的排头兵。其中，中共党员占了总数的81%，表明了共产党员在上海现代化建设的历史进程中充分发挥了先锋队的模范带头作用。劳模中大专以上学历的占73%，具有中级以上职称的占63%，都达到了历史最高水平；企事业单位一线职工超过50%，而且大多是具有高学历、高技能的技术能手，知识型技术工人和“灰领”职工在劳模中比重增加，表明了高素质、高技能的劳动者在上海各项事业的发展中正起着越来越举足轻重的作用。尤其值得关注的是，本届劳模中有许多是科技创新、技术攻关、创造发明的能手。据初步统计，这些劳模的创新成果中，荣获市、部、国家科技成果奖的有318项，增补国内空白的有142项，达到或超出世界水平的有9项，开发新产品新品种1026项，创造发明获得专利194项等。他们的这些创造性劳动不仅产生了巨大的经济效益和社会效益，为推进科教兴市战略的实施做出了积极贡献；而且，他们的创新成果和创新精神，对激发广大职工的创造热情具有极大的鼓舞作用和现实的示范意义。

伟大的事业需要伟大的精神，伟大的精神成就伟大的事业。在上海实施科教兴市战略的进程中，各级工会必须大力弘扬劳模精神，在全社会营造学习劳模、尊重劳模、崇尚劳模、争当劳模的风气。同时，更要发挥劳模精神的引领作用，团结引导广大职工学赶先进、争创一流，充分发挥职工群众在上海现代化建设中的主力军作用，努力成为推动先进生产力和生产关系发展的主体，成为推动科教兴市主战略的中坚。

二、大力提高职工素质，进一步深化群众性经济技术创新活动，把培育创新人才和建设高素质职工队伍作为工会的重要任务。

科教兴市的核心是创新，关键是人才。各级工会应站在“第一要务”的高度，把深化职工素质工程，加快工人阶级知识化进程，作为工会的重点工作抓好部署和落实。市总工会通过全面实施《职工技能登高计划》和《职工创新行动计划》，在“深化素质工程、推进科教兴市”中继续发挥工会“源头参与的保证监督、构筑载体的组织引导、强化培训的考核示范”三大作用。

一是加强职工的劳动技能培训。各级工会继续主动协助和配合政府和行政有关部门做好职工技能培训工作，积极协助企业建立和完善职工培训制度，建立企业职工培训计划、教育经费使用情况向职代会报告制度，把职工培训计划和措施通过平等协商纳入集体合同，使职工培训的各项工作要求真正落到实处。市总工会和各区县局(产业)工会加强领导和源头参与，积极参与政府相关政策的制订，加强和市有关职能部门的联系，进一步增进沟通和协调，共同推进全市职工的教育培训工作。各级工会组织动员全市职工积极投入上海职工"技能竞赛月"，广泛参与"全国职业技能大赛上海选拔赛"的"百万职工大练兵"活动，用"培训、练兵、比武、晋级"四位一体的工作方法，促进全市性的"大培训、大练兵、大比武"活动，争取做到"工会培训到哪里，证书就发到哪里"。各级工会在深化职工素质工程建设中，坚持竞赛、练兵和培训活动的方法创新、载体创新，最大程度地吸引广大职工投入到技能操作培训中去。各级工会经常为职工提供信息，尽可能为职工参加自学考试、取得技术、技能和学历证书等创造良好的条件。倡导"技术工人也是人才"的理念，引导职工在学习文化知识与参加培训的同时，注重立足本职岗位钻研技术、提高技能，努力做到干一行、爱一行，专一行、精一行。为确保市总工会制定的每年10%的技术工人技能升一级、5%的职工拥有第二技能、8%的技术工人成为岗位或技能复合型人才目标的实现，各级工会积极研究探索职工岗位学习、自主学习、终身学习的动力机制和激励措施，鼓励广大职工争做"知识型职工"，实现职工学习观念的转变和整体素质的提高。经各级工会共同努力，2003年全市中青年职工计算机知识普及率达到55%的目标已基本实现。

二是加强职工创新能力的培养。各级工会在深化职工素质工程、推进科教兴市战略的过程中，大力开展以"双争"为主要内容的群众性经济技术创新活动。紧紧抓住班组建设、职工创新活动这两个切入点，以岗位为重点，积极引导和组织职工围绕科教兴市的要求，以科技创新、科学管理、提高质量、降低成本、增加效益为主要目标，把增强企业的市场竞争力和科技开发能力作为群众性经济技术创新活动的主攻方向。市总工会在全市组织广大职工开展了"科教兴市与职工研讨会"、"为上海科教兴市建功立业"、"我为科教兴市献一计"、"深化素质工程、推进科教兴市"现场经验交流会以及"500强智能型班组典型示范"等系列活动，积极响应市委、市政府实施科教兴市战略的号召，组织全市广大职工为科教兴市和上海经济社会协调发展建言献策，做到"计划、措施、落实、总结、反馈"五个环节紧紧相扣，上下互动，各行各业联动。各级工会通过富有知识含量和科技含量的技术攻关、技术革新、技术协作、技术发明等多种形式，帮助广大职工熟练掌握先进技术、先进设备和先进工艺，鼓励技术人员主动大胆地进行新技术开发和新产品研制，以促进企业不断提高科技创新能力，力争在发明专利和自主知识产权转化为现实生产力方面有新的突破，促使职工在帮助企业提高经济效益的同时不断增强自身的创造能力。

三是加强职工创新成果的激励。各级工会抓住"评先选模"的有利时机，运用表彰、奖励的有效形式，发挥"工人发明家"和"职工绝技高招"的评选、"先进操作法"的命名、班组长和职工"创新能力"培训等活动和工作项目的品牌优势，采取物质奖励和精神鼓励并重的方法，努力在社会上倡导尊重劳动、尊重知识、尊重人才、尊重创造的良好氛围。市总工会通过开展上海市十大工人发明家、职工技术创新标兵和技术创新能手等评选活动，调动职工创造活力，增强职工创新动力，发掘职工创新成果。同时，加大宣传力度，使数控机床专家李斌、专利大户孔利明等一批发明家和革新能手为社会所认同。各级工会积极探索精神激励、分配奖励、荣誉鼓励、榜样引领等各种激励途径，让更多职务发明者的劳动价值得到充分肯定和实现。为适应新的形势和任务，市总将进一步延伸此类评选活动的覆盖范围和参与面，让做出突出贡献的发明创造者和技术创新能手的工作业绩和成果，进一步为社会所认可，进而激励广大职工群众发挥聪明才智，争做贡献，争创佳绩。要通过各级工会持之以恒的共同努力，为上海的建设和发展培养一大批的创新人才、培育一支高素质的新型劳动者队伍。

三、大力维护职工的生命安全和健康权，进一步履行好工会的基本职责，为维护改革开放稳定大局奠定良好基础。

要调动、保护、发挥好广大职工的积极性、主动性和创造性，首先要维护好、实现好、发展好职工群众的根本权益。而工会维护职工的合法权益，首先就要维护好职工的生命安全和健康权。我们必须对此重要性加强认识。各级工会组织要以党中央关于安全生产的一系列重要指示作为工会劳动保护工作的指导思想，将工会劳动保护工作纳入工会维权工作的总体目标，深刻认识到维护职工安全健康的合法权益，既是落实职工的政治权益，也是维护职工的经济权益。为此，市总工会加强源头参与和监督检查的力度，加强同市安全生产监察局的联系，在全市范围开展"安康杯"劳动保护竞赛，取得了积极的成效。同时，市总和各区县局(产业)工会从事劳动保护工作的同志首先从自己做起，加强自身建设，提高责任意识；对各企事业单位工会负责劳动保护工作的有关人员加强指导，严格要求，做到认真检查，责任到人，敢说真话，敢于维权。紧紧依靠广大职工群众，及时发现和解决安全生产中存在的问题和隐患，充分体现群众监督在劳动保护工作中的作用，为切实维护职工权益打下扎实的群众基础。

各级工会结合各行业特点，按照自身劳动安全卫生的任务与要求，形成工会主席亲自抓、劳动保护监督检查员跟踪抓的工作格局。继续配备好专职劳动保护监督检查员，开展形式多样的群众监督检查活动。并加强劳动保护兼职人员队伍建设，在国有企业建立健全工会小组监督检查员制度，在非公企业则逐步配备监督检查员，发动广大职工群众及全社会的力量共同做好劳动保护工作。各基层工会建立健全工会劳动保护监督检查委员会，并积极发挥其作用，通过推进平等协商、签订集体合同制度和职代会制度，创造性地开展工作，充分发挥工会和职工代表源头维护、监督检查的作用。把国家法律法规赋予工会的劳动保护监督检查的权力、责任落到实处，把工会劳动保护监督检查《三个条例》的要求落实到位，切实表达和维护好职工的生命安全与健康权益，为更好地发挥职工群众的主力军作用、营造和谐的劳动关系、维护企业和社会的稳定奠定良好的基础。

创新思路　扎实工作　大力推进职工素质工程

汪兰洁

上海市总工会
副主席
汪兰洁

2003年，是贯彻落实党的十六大、十六届三中全会精神，努力实现中国工会十四大提出的目标任务，构建工会宣传教育文化工作新格局的关键之年。面对新形势新任务，各级工会宣教部门要以开拓进取、求真务实的精神，以切实维护职工的精神文化权益为宗旨，以推进科教兴市战略和弘扬上海城市精神为重点，创新思路，扎实工作，大力推进职工素质工程，不断开创工会宣传思想工作新局面。

一、深化认识，增强推进职工素质工程的责任感

上海工会开展职工素质工程三年来取得了积极进展和明显成效，为促进上海职工队伍素质的不断提升，进一步推进工人阶级知识化进程发挥了重要作用。进入新世纪新阶段，经济全球化和知识经济的影响日益深入，高科技迅猛发展，新知识新理念层出不穷。上海要率先建立和完善社会主义市场经济体系，增强企业核心竞争力、国有经济主导竞争力、区域整体竞争力和城市综合竞争力，提升国际化、信息化、市场化和法治化水平，建成国际经济、金融、贸易和航运中心之一，必须依托科技教育推动经济社会发展，大力开发人力资源，提高人才竞争制胜能力。随着社会转型、体制转换和社会生活的日益多样化，职工队伍结构、劳动方式、分配方式、思想观念等发生了深刻变化，特别是一大批进城务工者成为上海职工队伍的新生力量，使职工队伍建设出现了许多新情况、新特点，不同的职工群体形成了不同的素质层次，产生了不同的发展需求，这给职工素质工程的开展既带来了新的机遇，也带来了新的挑战。推进职工素质工程在新形势下的深化和拓展，对于培养数以百万计的高素质劳动者、一大批专业人才和拔尖创新人才，进一步提高职工队伍整体素质，促进职工的全面发展，努力发挥上海工人阶级在上海新世纪发展中的主力军作用，具有极为重要的意义。

二、创新思路，把职工素质工程推向新的阶段

我们要更加自觉地把职工素质工程放在社会经济发展的大背景下去思考和谋划，要适应形势的发展和职工队伍的变化，不断增强工会宣传思想工作的针对性、贴近性和实效性，体现工会宣传思想工作的吸引力、感染力和影响力，努力实现工作思路、工作模式和工作方法的新突破。

（一）加强职业道德建设，形成职业道德教育、实践和管理有机结合的运作机制。探索建立具有时代特征、上海特点和各行各业特色的职业道德建设体系，以弘扬新时期劳模精神为核心，大力弘扬上海城市精神和培育职工职业精神，引导激励广大职工努力实践“海纳百川，追求卓越”的上海城市精神，引导广大职工努力塑造以“敬业、诚信、创新、奉献、自律、学习、合作、卓越”为核心内涵的新时期职工职业精神，推进职业精神在各行各业的具体化。要以弘扬新时期职业精神为导向，以建设个人职业诚信为重点，以职业规范养成和职业生涯设计为突破口，形成职业道德教育、实践和管理有机结合的运作机制，突出职业道德建设的针对性和实效性，进一步提高职工队伍职业道德整体水平。

（二）全面推进“创争”活动，形成良好的学习激励机制。积极响应全总等中央九部委开展“创争”活动的号召，以创建现代企业的学习环境、学习氛围、学习组织和学习机制为主要内容，以开发人力资源为根本目的，以提高职工的学习能力、思维能力、创新能力为主要目标，进一步深化“创建学习型组织，争当知识型职工”活动。要树立科学的发展观、人才观和学习观，进一步创新“创争”活动载体，注重创建过程，提升创建水平，大力倡导“以人为本，学习为先”的学习型组织模式，加强学习型团队建设，构筑多样化职工学习平台，在职工中大力普及终身学习理念，营造良好的学习环境和氛围，不断提升团队学习力，促进职工学习自主化，为职工学习成才创造条件。

（三）建立职工教育培训网络，形成正规化、系统化、社会化的运作机制。积极开发和整合工会教育培训资源，充分发挥工会教育培训阵地的积极作用。积极开发和利用社会教育培训资源，继续与正规教育机构联手开展上海职工初级工商管理(EBA)资格培训等各种有较强针对性、适应性和实效性的教育培训活动，使职工教育培训走上正

规化、系统化、社会化的轨道。建立职工教育保障机制，完善和发展职工教育保障计划，努力形成社会各方共同投资和参与管理的职工教育投资新机制，多渠道、多形式地筹措职工教育资金，为推进职工教育培训提供有力的物质保障。

（四）构建职工综合素质评估体系，形成职工全面发展的动力机制。围绕培育上海城市精神和提升市民综合素质的目标，建立职工综合素质评估体系，制订职工综合素质的评估原则、评估标准和评估方法，对职工思想道德、科学文化、职业技能、创造能力、健康等综合素质进行科学的分析和评估。广泛开展上海职工综合知识测试活动，建立科学化、规范化、社会化的职工和市民读书综合知识网络测试系统，制订包括政治、经济、历史、文学、地理、科普和上海市情在内的测试内容，运用网上测试和书面测试的方法，吸引广大职工和市民积极参与，为不断提高职工综合素质、促进职工全面发展服务。

三、重在落实，制订好《实施纲要》

（一）全面规划、研究制订《上海工会推进职工素质工程实施纲要》。要提出推进职工素质工程的总体目标和要求，抓住四大载体：一是深入开展“创建学习型组织、争做知识型职工”活动，提出学习型企业、社区、团队的测评指导标准，培育一批创建学习型企业和学习型团队的先进典型，展示上海工会“创争”活动成果；二是举办首届上海职工发展国际论坛，邀请部分世界著名企业首席执行官（CEO）、政府官员、专家等参加，形成一批理论研讨成果，逐步建立和完善职工发展权益的表达和舆论宣传机制；三是举办“文明与科教兴市同行”主题活动，推出一批以高科技产业、支柱产业为代表的实施科教兴市战略的班组先进典型；四是启动初级工商管理（EBA）资格培训五年行动计划，在已培训2万名班组长的基础上，经过五年努力，力争完成培训10万班组长的目标。

（二）以培育职业精神为抓手深化职业道德建设。围绕弘扬和实践上海城市精神，继续大力推进各行各业塑造职业精神的群众性活动，在16家系统（行业）进行职业精神倡导公约签约的基础上，明年将举办上海职工职业精神倡导公约万家企业（网上）签约仪式，扩大职业精神知晓率和覆盖面，同时开展职业道德建设自我评估和展示活动，组织和指导各行各业塑造各具特色的职业精神。努力形成新时期劳模精神，分层次组织劳模报告团，深入基层宣讲劳模精神。继续评选表彰职业道德十佳标兵、十佳单位和上海职工精神文明十佳、百件好事，树立一批体现新时期职业精神的职业道德新典型和弘扬文明新风的带头人。

（三）大力推进职工读书活动，继续办好上海读书节。制订上海读书活动发展规划，拓展读书会、读书俱乐部等组织形式，切实发挥读书活动推荐书目的导向作用，把大面积提高市民综合素质作为读书活动的主攻方向，努力实现上海300万职工参与读书活动的目标。把读书活动与“创建学习型组织、争做知识型职工”活动更好地结合起来，培育和树立一批学习型企业、班组、团队，使读书活动成为职工自我学习、自我发展的有效活动载体。举办以科教兴市为主题、贯穿全年的新一届上海读书节，推出职工市民综合知识测试、征文演讲、推荐书目评选、百万读书卡发放等活动，建立上海读书节网站、进城务工者读书会等，并创建上海读书指数，形成上海读书节的品牌效应，进一步扩大上海读书节的社会影响。

我们要以邓小平理论和“三个代表”重要思想为指导，进一步加强工会宣传思想工作，全面推进职工素质工程。

坚持与时俱进　推进基层民主建设

杜仁伟

上海市总工会
副主席
杜仁伟

党的十六大报告，把发展社会主义民主政治，建设社会主义政治文明，确定为全面建设小康社会的重要目标，并对发展社会主义民主政治作了全面系统的阐述。这对于我们进一步解放思想、与时俱进，深化对社会主义政治文明的认识，发展社会主义民主政治，进一步增强推进基层民主建设的自觉性、坚定性具有十分重要的意义。

一、加强基层民主建设是发展社会主义民主政治，建设社会主义政治文明的内在要求

党的十六大通过的新党章第一次明确地作出了建设社会主义政治文明的规定，党的全国代表大会文件第一次对建设社会主义政治文明作出明确部署并将它与建设社会主义物质文明和精神文明一起确定为社会主义建设的三大目标。这是我们党对中国特色社会主义理论的一大发展，它明确了民主不仅仅是手段、形式，而且是目的、目标，没有民主就没有社会主义。社会主义愈发展，民主也愈发展。它表明了我们党对社会主义建设规律、对共产党执政规律、对人类社会发展规律的认识达到了一个新境界。我们要站在新的起点上，审视和把握基层民主建设，更好地推进职工民主管理。

首先，加强基层民主建设，要牢牢把握社会主义民主政治的本质要求。社会主义政治文明，最根本的是要坚持党的领导、人民当家作主和依法治国的有机统一。党的领导是人民当家作主和依法治国的根本保证；人民当家作主是社会主义民主政治的本质要求；依法治国是党领导人民治理国家的基本方略。共产党执政就是领导和支持人民当家作主，并把它始终作为我们一切工作的出发点和落脚点，立足于一切为了人民，一切依靠人民，一切工作都致力于为广大人民谋利益。发展基层民主，保证人民群众依法管理自己的事情，则是人民当家作主的本质要求在基层的具体体现，也是发展社会主义民主的基础性工作。

其次，加强基层民主建设，要充分体现人民群众依法直接行使民主权利的基本特征。加强基层民主就是要着力健全基层自治组织和民主管理制度，完善公开办事制度，保证人民群众依法直接行使民主权利，管理基层公共事务和公益事业，加强对干部实行民主监督。在企事业中就是要坚持和完善职工代表大会制度和其他形式的企事业民主管理制度，扩大民主参与，丰富民主形式，保证职工依法实行民主选举，民主决策，民主管理，民主监督，并享有广泛的权利和自由，尊重和保障人权。

第三，加强基层民主建设，要始终坚持以推动社会全面进步和人的全面发展为主要任务。反映在企事业的民主管理，就是要推动企业和职工的全面发展。要坚持和完善民主、科学的决策机制，严格履行民主程序，依法行使民主权利，有效保障职工的合法权益，使职工的主人翁地位和主人翁作用在企业和职工的全面发展中得以实现。

二、坚持与时俱进是深化基层民主建设，发展社会主义民主政治的本质特征

与时俱进是马克思主义的理论品格，是我们学习、贯彻“三个代表”重要思想的方法论。与时俱进，讲的是时机和时代，也就是我们要顺应时代发展的要求，用马克思主义宽阔的视野和眼光来观察事物的变化、把握发展趋势，坚定地站在时代潮流的前头，牢牢把握工作的主动权。

我们党在十三大确立了“一个中心、两个基本点”的基本路线，提出建设一个富强、民主、文明的社会主义现代化国家，到十六大确立了全面建设小康社会的目标，并进一步把社会主义物质文明、政治文明、精神文明建设一起确立为社会主义现代化全面发展的三大基本目标。提出了发展社会主义民主政治，建设社会主义政治文明的要求，这是我们党对长期以来实践经验的高度概括和科学的总结，体现了中国特色社会主义理论的更加成熟和完善，反映了社会发展的趋势和本质要求，显示了我们党与时俱进的马克思主义理论品格，也为我们与时俱进地推进基层民主建设拓宽了思路、拓展了空间。

坚持与时俱进，应努力做到与“事”俱进。与“事”俱进，要求我们按照客观事物的本来面目认识事物、创新理论、推动实践。应该看到，改革开放以来，我国工人阶级队伍已经并且将继续发生巨大而深刻的变化，这些变化是伴随着我国社会主义现代化建设和工业化进程、伴随着我国科技革命和知识经济的发展而形成的。我国工人阶级已经日益成为一个包括产业工人、其他工人、知识分子、管理干部在内的不可分割的统一整体，成为一个包括劳动和工作在各种所有制的企业和各种事业单位以及机关中的脑力劳动者与体力劳动者不可分割的统一整体。同时，我们还应该看到，包括知识分子在内的工人阶级和广大农民作为推动我国先进生产力发展和社会全面进步的根本力量与社会变革中出现的作为中国特色社会主义建设者的新的社会阶层在根本利益一致的前提下，在具体利益上是有明显差异的。职工主人翁地位在不同所有制企业实现的方式尤其是非公企业中，职工作为国家的主人、企业生产的主体、企业利益相关者和雇员身份如何有机地统一于企业发展、体现在企业民主管理的实践中，如何实现对可能影响职工利益的决策的知情和协商共决，如何完善法人治理结构、体现共同管理、共谋发展的思想，如何体现民主管理的共性与个性，形成合力，实现双赢。这些都需要我们从建设社会主义政治文明的高度、从法的角度、从企业的实际去研究和创新。

坚持与时俱进，应努力做到与“是”俱进。“是”即事物发展的规律，与“是”俱进就是按照实事求是的原则，忠实地反映和遵循事物发展的规律，并使我们的认识随着客观事物的变化而变化。我们既要看到基层民主建设的新趋势新特点，又要正确把握基层民主建设的基本规律、根本原则。实践证明：社会主义民主必须是与时俱进、依法有序。同样，企业民主管理也必须在党的领导下、以职工为主体由工会组织实施。面对新形势新要求，我们要坚持党的领导；坚持所有企事业都要实行民主管理；坚持职工更直接地依法行使民主权利、进行民主参与；坚持民主管理形式与内容的有机统一；坚持民主管理在实践中不断丰富和完善。坚持工人阶级作为我们国家的领导阶级的主人翁的地位不能动摇；作为改革开放和现代化建设主力军的作用不能削弱；我们党全心全意依靠工人阶级的根本指导方针不能改变的根本原则。

坚持与时俱进，应努力做到与“实”俱进。“实”即实践，实践是认识的基础，是检验真理的唯一标准。今天，我们讲与“实”俱进，十分重要的一点是无论办什么事情，都要立足于我国现在正处于并将长期处于社会主义初级阶段这样一个最大的实际。这就告诉我们，建设基层民主一定要从实际出发，因地制宜、因企制宜，在形式上既要坚持职代会的基本形式，又要有民主管理的多种载体和实现途径；在民主管理的职权上既要坚持刚性要求，又要考虑非公企业的特点，形成自己的特色；在运行的方式上，既要坚持维护劳动者的民主权益，也要考虑出资人的利益。要研究出资人身份的多样性给民主管理工作带来的新课题。

总之，基层民主建设应与社会主义民主政治的进程相一致，与全面建设小康社会的目标相统一，与社会生产力的发展要求相协调。

三、加强制度建设是推进基层民主、建设社会主义政

治文明的重要保证

正如十六大报告所提出的“发展社会主义民主政治，建设社会主义政治文明，关键在于制度建设，制度带有根本性、全局性、稳定性和长期性。基层民主作为社会主义政治文明建设的基础性工作，加强制度建设至关重要。

社会主义政治文明本质上是人民民主的政治文明，是一种新型的、为绝大多数人享有民主的政治文明。党的领导、人民当家作主和依法治国的统一性，反映在基层民主建设上应体现在党的全心全意为人民服务的宗旨，“立党为公，执政为民”的根本要求，代表最广大人民的根本利益，保持党同人民群众的血肉联系；体现在企事业单位，更多地应表现为全心全意依靠职工办企业，维护好、实现好、发展好广大职工的合法权益，密切党同职工群众的联系，推进企业和职工的全面发展。这是新时期加强基层民主制度建设中应着重把握的基本思想。

当前，加强基层民主制度建设，应依据改革开放和现代化建设的新实践，紧紧把握社会生活和社会结构发生的新变化，特别是要适应多种所有制经济的发展和职工队伍多元结构的新特点，适应经济、劳动关系变化的新情况，在民主管理的宏观思路方面要从制度建设着手，加强研究和探索。要进一步扩大民主参与，丰富民主形式、维护民主权益，不断加强企业民主制度建设、创新民主管理的体制和机制。要按照党的十六届三中全会精神，积极探索现代企业制度下职工民主管理的有效途径，要在健全和完善国有、国有控股企业以职代会为基本形式的民主管理的基础上，从运行机制上进行创新，深化厂务公开和职工董、监事制度，增强职代会在集体合同形成、审议通过、履约检查、修订续约中的作用和日常民主管理的实效；要在非公企业继续实行以职代会为基本形式的民主管理制度，探索民主管理的多种形式和有效实现途径；要在转改制企业中强化民主程序并规范运行，充分体现广大职工的民主意志。

总之，我们要以“三个代表”重要思想为指导，把推进现代企业制度下职工民主管理与社会主义政治文明建设相结合，自觉地把职工民主管理作为社会主义民主政治建设的一项基础性工作抓紧抓好，把党的全心全意依靠工人阶级的指导方针落到实处；与加强现代企业制度建设相结合，坚持完善法人治理结构、推进企业品牌发展战略、着力提升职工对企业的满意度，进一步调动广大职工的积极性、创造性，为发展先进生产力提供动力；与发展企业文化建设相结合，弘扬先进文化和管理理念，把民主、科学的精神、以人为本的理念、共同管理、共谋发展的思想，上升为企业文化，营造民主管理的良好氛围；与完善工会维权机制相结合，着眼于更好地发挥劳动关系协调机制的作用，更有效地维护职工的合法权益，更好地发挥民主管理在工会全局工作中的积极作用，为实现社会主义民主更加完善，社会主义法制更加完备，依法治国基本方略得到全面落实，人民的政治、经济和文化权益得到切实尊重和保障，发挥应有的作用。

总结经验　把握形势
全力以赴做好工会保障工作

谢　峰

上海市总工会
副主席
谢　峰

2003年上海工会在市委的领导下，坚持以邓小平理论、“三个代表”重要思想和党的十六大精神为指导，坚持贯彻工会工作总体思路，紧紧围绕上海改革、发展、稳定的大局，突出维护职能，在构筑特大型城市工会补充保障新机制方面进行了有益的探索和实践，取得了显著的成绩。今天我们召开上海工会保障工作会议的主要目的就是要回顾总结2003年上海工会保障工作，全面部署2004年元旦春节帮困送温暖活动和上海工会保障工作。尤其是要贯彻落实党的十六届三中全会、中国工会十四大精神，从工会履行基本职责出发，认真分析和把握工会保障工作面临的新形势、出现的新问题、存在的新矛盾，以改革的精神、创新的手段、扎实的工作、全局的观念，推动工会保障迈上新台阶。

一、认真学习党的十六届三中全会和中国工会十四大精神，进一步认识新时期工会保障工作的重要性

党的十六届三中全会通过了《中共中央关于完善社会主义市场经济体制若干问题的决定》，为我们全面建设小康社会提供了强有力的体制保证，其重大突破和理论创新将对今后一系列改革举措的策动，以及对新时期工会保障工作的发展都具有十分重要的指导意义。

十六届三中全会提出的新观点、新论断、新方针无一不对工会保障工作提出了新的要求，提供了新的舞台，创造了新的条件，也使我们的工会保障工作面临着新的压力。胡锦涛同志在“三个代表”重要思想理论研讨会上的讲话指出,群众利益无小事。凡是涉及群众的切身利益和实际困难的事情,再小也要竭尽全力去办。曾庆红同志在中国工会十四大上要求,工会组织要敢于维权,善于维权,当前要重点维护职工群众在收入分配、社会保障和劳动安全卫生等方面的权益,重点推动就业和再就业工作、为困难职工和劳动模范排忧解难工作。这些新要求的提出,既是工会组织必须研究的重点课题,更是工会组织必须直面的现实挑战。

因此,各级工会要坚决配合政府落实促进就业和社会保障工作的方针政策和各项措施,要按照工会十四大和上海工会十一大提出的具体要求,切实履行工会的基本职责,在改革、发展、参与、帮扶的过程中维护好职工合法权益。

二、认真总结经验,正确分析和把握形势,扎扎实实、全力以赴做好2004年的工会保障工作

(一) 2003年工会保障工作总结

回顾总结2003年上海工会保障工作,工会保障工作的最主要经验就是创新,主要表现在以下几个方面:

——在促进就业和推进再就业工作方面,上海各级工会继续完善三个机制,构筑五大体系,并落实“六个一批”的工作目标,坚持在加快经济发展中扩大就业,实现了工作向适应上海产业结构优化和推动上海新一轮发展转变;坚持在实施科教兴市战略中加快提高劳动者素质,实现了工作向人力资源培育开发和实现人的全面发展转变;坚持发扬工人阶级团结互助精神,实现了工作向配合政府提供公共就业服务,参与就业社会责任体系建设转变;坚持着力解决困难群体的就业问题,实现了工作从生活帮困向就业帮困的转变。

——在继续做好帮困送温暖工作方面,各级工会积极推进送温暖工程的经常化、制度化和社会化建设,结合帮困信息系统建设,实现了基础管理的方法创新;通过完善慰问对象筛选机制,实现了机制引导的方法创新;采用感人泪下的文艺形式,实现了总结宣传的方法创新;针对不同的帮困对象群体,实现了互助救济的方法创新;通过启动“一站式”工会保障载体探索,实现了运作模式方法的创新。

——在开拓工会互助补充保险工作方面,工会发挥党联系职工群众的桥梁纽带作用进一步显现。上海工会为配合医保制度改革,不断扩大职工住院、大病重病、退休职工住院和女职工特种重病等医疗互助补充保障计划的覆盖范围;进一步完善面向低收入困难群体的公惠医院的实物帮困功能;通过建立和完善产业、地区和基层企业多层次的职工医疗互助组织,有效地缓解了部分职工就医难的矛盾。

(二)当前上海劳动就业和社会保障制度改革的形势

1. 就业形势方面:就业压力依然严峻

随着上海新一轮发展的启动,上海同时也面临着新一轮不可避免的更深层次的劳动力结构调整,就业压力依然严峻。主要表现在:经济发展与促进劳动力就业存在明显的不协调;人员调整与推进新一轮发展存在明显的不同步;离土农民与纳入市场化安置存在明显的不适应;整体素质与满足新岗位要求存在明显的不对称;外来劳动力与现行劳动力就业条件存在明显的不平等。总的来看,就业既有总量上的矛盾,也有结构性的反差,还有体制中的缺陷。

2. 社会保障制度改革方面:必须清除体制性障碍

上海经济体制改革的成功有目共睹,与之相随的社会保障制度改革功不可没。但是随着改革的深入,注定社会保障制度改革要从“突破政策性障碍”转变为着力“清除体制性障碍”。当前由于认识上的原因,社会保障制度建设一直陷于被动配套的状态,缺乏针对中国社会结构变革的基础分析和社会保障整体建设的长远考虑,并主要表现在:现行社会保障制度与原有制度、未来制度衔接中发生的利益重新分配;制度治理结构中一元化与多元化的思想和方式的冲突;现有的社会保障体系内各要素之间缺乏有机的联系等方面。

(三)2004年的工会保障工作

2004年上海工会保障工作要紧紧围绕上海改革、发展、稳定的大局,突出维护职能,不断探索、完善以关心困难职工群体和弘扬职工互助互济精神为特点的,旨在形成与政府社会保障体系建设相配套的工会补充保障机制。主要做好几项工作:

——加大涉及职工切身利益的政策研究力度,努力维护广大职工群众的经济利益。各级工会要加强对涉及职工切身利益的法律法规、方针政策的研究,提高在源头参与中维护职工权益的能力和水平,依法保障转制改制企业下岗分流职工的合法权益,保障外来务工人员的政治、经济、劳动利益,及时反映和协调解决职工在分配、养老、失业和医疗上遇到的问题,促进营造效率优先、兼顾公平、稳定发展的社会环境。

——健全工会再就业援助服务体系,充分发挥工会促进再就业的组织优势。各级工会要加强下岗职工的职业培训和转岗培训,利用工会的教育培训基地和资源,提高下岗职工的再就业技能和创业能力。要加强工会职业介绍和劳务输出,参与开发多种形式的就业岗位和灵活多样的就业形式,扶植生产自救、非正规就业和劳务派遣等劳动组织。积极促进政府各项再就业优惠政策措施在下岗失业人员就业中落实到位。

——继续深化帮困送温暖工作,努力为困难职工排忧解难。各级工会要按照“组织在政府、支撑在社会、工作在基层、落实在社区”的要求,抓好工会帮困工作与地区和行业的联动,建立全市性的帮困工作信息网络,及时掌握困难职工生产生活情况,要分层次解决特殊困难职工家庭的实际问题,进一步发挥公惠医院医疗实物帮困的功能,进一步做好低收入职工助医、助学和助困等工作。

——健全职工互助互济补充保障制度,推进社会保障体系的不断完善。各级工会要继续办好职工大病重病、职工住院、退休职工住院、女职工特种重病等保障计划,要进一步发展和壮大工会互助保障事业,有效地缓解职工就医负担和生活压力。

三、要以改革精神加强工会保障干部队伍的自身建设,进一步提高整体工作水平

工会要建设一支政治坚定、作风过硬、业务精通的高素质工会保障干部队伍。要不断健全工会干部教育培训制度,形成工会保障干部教育培训目标体系和管理体系。

各级工会保障干部,要加强调查研究,通过开展深入扎实的调研活动,及时提出具有指导性、针对性、前瞻性的政策意见和建议,既做实干家,更做活动家,充分发挥工会作为党联系职工群众的桥梁纽带作用。要强化责任意识,树立强烈的事业心和敬业精神,勤于学习,刻苦钻研,不断提高理论政策水平和业务工作能力;要强化创新意识,始终保持昂扬向上、与时俱进的精神状态,创造性地开展工作;要强化群众意识,牢记"两个务必",更好地服务基层、服务职工,真正成为职工贴心人。

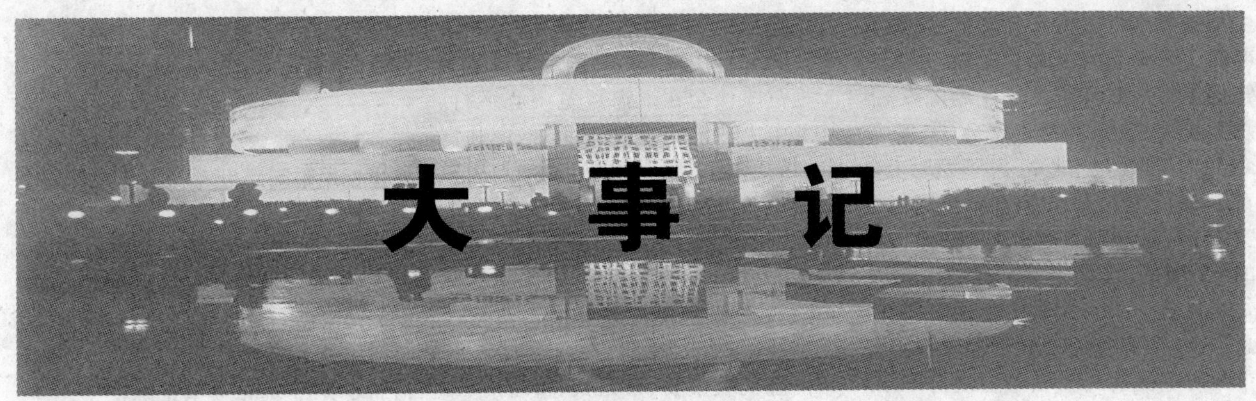

2003年大事记

一月份

6～7日 市总工会在海鸥饭店举行上海市总工会十届十次全委(扩大)会议。市委副书记殷一璀作重要讲话,市人大常委会副主任、市总工会主席包信宝作工作报告。市总工会副主席吴申耀、张兴淮、唐国才、李毓毅、汪兰洁,市总工会秘书长侯其彬出席。

21日 市总工会女职工委员会召开上海市女职工委员会三届五次全委(扩大)会议。市人大常委会副主任、市总工会主席包信宝出席会议并讲话,市总工会副主席、市总工会女职工委员会主任汪兰洁作工作报告。

22日 市总工会在海鸥饭店举行市工、青、妇领导与驻沪部队、武警总队首长春节团拜会。市人大常委会副主任、市总工会主席包信宝致辞,市总工会副主席吴申耀主持团拜会,市总工会副主席张兴淮、唐国才、李毓毅、汪兰洁,市总工会秘书长侯其彬出席团拜会。

25日 市总工会在海鸥饭店举行"托起希望的太阳——上海工会送温暖工程巡礼"活动。市委副书记殷一璀,市人大常委会副主任、市总工会主席包信宝,市总工会副主席吴申耀、唐国才,市总工会秘书长侯其彬等出席。

27日 市总工会在上海展览中心友谊会堂举行2003年上海市劳动模范春节茶话会。中共中央政治局委员、中共上海市委书记、市长陈良宇,市人大常委会主任陈铁迪,市政协主席王力平,市委副书记刘云耕,市委副书记、市纪委书记罗世谦,市委副书记、常务副市长韩正,市委副书记殷一璀,市人大常委会副主任龚学平,市政府常务副市长蒋以任等市领导应邀与200位劳模共庆新春佳节。殷一璀代表市委、市人大、市政府、市政协讲话,向全市劳模、先进工作者和广大职工祝贺新春,市人大常委会副主任、市总工会主席包信宝致辞,市总工会副主席吴申耀主持茶话会。市总工会副主席张兴淮、唐国才、汪兰洁,市总工会秘书长侯其彬和部分区县局(产业)工会领导等出席。

二月份

1日 市总工会领导率队分7路走访慰问了部分全国劳模和市劳模。

21日 市总工会女职工委员会和市职工保障互助会联合推出《女职工团体互助医疗特种保障计划》。市总工会副主席唐国才,市总工会副主席、市总工会女职工委员会主任汪兰洁出席动员大会并讲话。

27日 市总工会举行樱花度假村改扩建工程奠基仪式。市人大常委会副主任、市总工会主席包信宝,市总工会副主席张兴淮、唐国才为工程奠基。

三月份

3日 市总工会召开第十届委员会第十一次全体会议,选举陈豪同志为市总工会主席。包信宝同志不再担任市总工会主席的职务。李毓毅同志因工作变动,不再担任市总工会副主席职务。市委副书记殷一璀、市委常委、市委组织部部长王安顺出席会议并讲话。会议通过了《关于召开上海市工会第十一次代表大会的决议》及其他有关人事任免事项。市总工会副主席吴申耀主持会议。市总工会副主席张兴淮、唐国才、汪兰洁,秘书长侯其彬出席会议。

5日 市总工会在上海国际新闻中心召开上海工会纪念"三八"国际劳动妇女节93周年暨上海市杰出职业女性先进表彰大会。市人大常委会副主任、市总工会主席陈豪出席会议并讲话。市总工会副主席吴申耀宣读表彰决定。市总工会副主席、市总工会女职工委员会主任汪兰洁主持会议。市总工会副主席张兴淮、唐国才,秘书长侯其彬出席了会议。

14日 市总工会召开市总工会系统党风廉政建设干部大会。市人大常委会副主任、市总工会主席陈豪对市总机关系统党风廉政建设工作提出了要求。市总工会副主席吴申耀主持会议。市总工会副主席、市总工会党组纪检组组长唐国才回顾总结了2002年度市总机关系统党风廉政建设工作。市总工会副主席张兴淮、汪兰洁,秘书长侯其彬出席会议。

20日 市总工会为积极响应市委开展"世博会与上海新一轮发展"大讨论和实施"科教兴市"的战略号召,在全市广大职工群众中广泛开展"我为科教兴市献一计"活动,并通过工会网站广泛征集职工的金点子。

21日 市人大常委会副主任、市总工会主席陈豪会见了日本联合大阪事务局长伊东文生。

25～27日 中华全国总工会在上海召开全国工会宣传工作会议。全总副主席李奇生,全总宣教部部长谷常生及各省、市、自治区分管主席、宣教部部长等80余人出席了会议。市人大常委会副主任、市总工会主席陈豪,市总工会副主席吴申耀出席会议。会议介绍推广了上海、北京、天津等地工会宣传工作经验,提出2003年全国工会宣传工作任务和宣传中国工会十四大的工作要求。

31日 市人大常委会副主任、市总工会主席陈豪会见俄罗斯圣彼得堡市和列宁格勒州工联第七次访华团。市总工会副主席汪兰洁,秘书长侯其彬陪同会见。

31日 市总工会副主席吴申耀会见台湾谘纬非营利组织服务事业集团秘书长林昌辉先生。

四月份

8日 市总工会和新民晚报、东方网联合召开"从我做起,争当塑造城市精神的楷模"座谈会。市人大常委会副主任、市总工会主席陈豪出席会议并讲话。市总工会副主席汪兰洁主持会议。市文明办副主任陈振民、市总工会秘书长侯其彬等出席了座谈会。

9日 市总工会组织召开了"科教兴市与上海职工"大型研讨会。来自全市各界职工代表、劳模代表、企业家代表、工会干部代表参加了研讨。市人大常委会副主任、市总工会主席陈豪出席会议并讲话,市总工会副主席张兴淮主持了会议。

10日 市总工会召开全国厂务公开电视电话会议上海分会场会议。市委副书记殷一璀出席会议并讲话。市人大常委会副主任、市总工会主席陈豪主持了会议。上海14家区县局(集团公司)及基层单位被评为全国厂务公开先进单位并受到大会表彰。会议部署了下一阶段厂务公开工作。

18~20日 市总工会机关办公楼装修改造工程完毕并完成机关回搬。

23日 市总工会举行"瑞金医院—公惠医院肾内科联合病房"和"新华医院眼科中心—公惠医院分中心"成立揭牌仪式。市总工会副主席唐国才、汪兰洁出席了揭牌仪式。

23日 市总工会下发《上海市总工会关于切实做好非典型肺炎预防工作的通知》。

30日 庆祝"五一"国际劳动节劳动模范座谈会在上海展览中心举行。中共中央政治局委员、市委书记陈良宇,市委副书记、市长韩正,市人大常委会主任龚学平,市政协主席蒋以任,市委副书记殷一璀等市领导与出席座谈会的2003年全国"五一"劳动奖章(状)获得者和著名劳模代表欢聚一堂,共同庆祝全体劳动者的节日。殷一璀同志代表市委、市人大、市政府、市政协,向全市劳动模范、先进工作者和全体劳动者及家属致以节日问候。市人大常委会副主任、市总工会主席陈豪主持会议。市总工会副主席吴申耀、张兴淮、唐国才、汪兰洁,市总工会秘书长侯其彬出席座谈会。

五月份

1日 市总工会领导分别走访和慰问加班生产防非典产品的上海医疗设备厂、三枪集团等单位和职工。

1~5日 市总工会受全总委托向全市部分困难的全国劳模共290人发放慰问金31万元。

15日 市总工会举行"守望相助,共抗非典,上海职工百万助学金发放仪式",市总工会副主席吴申耀出席会议并讲话。

19日 市总工会经审会召开十届十七次委员会,市总经审会主任、市总工会副主席唐国才主持了会议。

28日 中共中央政治局委员、全国总工会主席王兆国到市总工会机关视察。王兆国同志在座谈会上作了重要讲话。市委副书记王安顺出席座谈会并讲话。市人大常委会副主任、市总工会主席陈豪作了工作汇报。市总工会副主席吴申耀、张兴淮、唐国才、汪兰洁,秘书长侯其彬及各部室负责人出席了会议。

29日 2002年度"五一"新闻奖评选揭晓。市总工会副主席吴申耀出席并讲话,秘书长侯其彬主持会议。

31日 市总工会举行"携手同行成长路,齐心协力抗非典"上海工会庆"六一"助学捐赠仪式。市总工会副主席唐国才出席会议,市总工会副主席、女职工委员会主任汪兰洁致词。

六月份

3日 市总工会领导赴卢浦大桥建设工地慰问建设者。市人大常委会副主任、市总工会主席陈豪发表了讲话。市总工会副主席吴申耀、张兴淮、汪兰洁,秘书长侯其彬参加慰问活动。

10~12日 市总工会召开上海市工会第十一次代表大会。中共中央政治局委员、上海市委书记陈良宇,上海市委副书记、市长韩正,上海市人大常委会主任龚学平,上海市政协主席蒋以任以及市委副书记刘云耕、罗世谦、殷一璀、王安顺等市领导出席了开幕式。大会选举产生上海市总工会第十一届委员会和经审委员会。

12日 市总工会召开十一届一次全委会,选举产生了市总工会第十一届委员会主席、副主席、常委。陈豪同志当选为市总工会主席,吴申耀、张兴淮、汪兰洁、杜仁伟、谢峰当选为市总工会副主席。

12日 市总工会召开十一届一次经审委员会,选举产生了市总工会第十一届经费审查委员会主任、副主任。杜仁伟同志当选为经费审查委员会主任,杨永平同志当选为经费审查委员会副主任。

20日 市总党组召开党组中心组学习(扩大)会议。市总工会党组书记陈豪同志主持会议,市委宣传部副部长郝铁川同志在会上就进一步掀起学习"三个代表"重要思想新高潮作辅导报告。市总工会副主席吴申耀、张兴淮、汪兰洁、杜仁伟、谢峰,秘书长侯其彬出席学习会议。

24日 市妇儿委和有关专家对市总工会贯彻实施《上海妇女儿童发展"十五"计划》情况进行中期评估,市总工会副主席、市女职工委员会主任汪兰洁出席并作汇报。

七月份

2日 市总工会举行"五一林"落成典礼。市人大常委会副主任、市总工会主席陈豪出席"五一林"揭牌典礼,市总工会副主席汪兰洁主持仪式。

3日 市总工会与市劳动和社会

保障局联合召开贯彻实施《上海市劳动合同条例》专项检查动员大会。市人大常委会委员、财经委委员吴士良出席大会并讲话，市社保局副局长叶明忠、市总工会副主席吴申耀作了动员。

15日 市总工会召开职工技协工作会议。市人大常委会副主任、市总工会主席陈豪到会并讲话。市总工会副主席张兴淮主持会议，秘书长侯其彬出席会议。

16～25日 市总工会领导分7路向冒着酷暑奋战在生产一线的广大职工表示慰问。

18日 上海市退休职工沙家浜休养基地揭牌启动。市总工会副主席、市退管会副主任谢峰出席揭牌仪式。

19日 市人大常委会副主任、市总工会主席陈豪，市总工会副主席吴申耀、张兴淮、汪兰洁、杜仁伟、谢峰，秘书长侯其彬等领导慰问市重大工程洋山深水港建设者。市总工会领导一行还慰问了东海大桥和海港新城现场施工作业人员。

20日 市人大常委会副主任、市总工会主席陈豪会见并宴请了日本H.I.S.株式会社访华代表团一行。

22日 市总工会、市妇联、市水务局联合举办"上海职业女性为新一轮发展建功立业——小郭热线专题报告会"。报告会由市总工会副主席汪兰洁主持，市妇联主席孟燕堃和水务局党委书记高亢作了讲话。

24日 全国人大内务司法委员会在沪进行《中华人民共和国老年人权益保障法》执法检查。市总工会副主席谢峰出席检查工作座谈会。

28日 市总工会副主席汪兰洁一行4人应越南胡志明市工会联合会邀请，出席胡志明市工联第八届工代会，汪兰洁代表上海市总工会致贺词。

八月份

5日 市总工会在宝钢集团召开"深化职工素质工程，推进科教兴市战略"现场交流会。市委副书记王安顺出席会议并作重要讲话。市人大常委会副主任、市总工会主席陈豪主持会议。宝钢集团公司党委书记刘国胜，工会主席卞恩君在会上作了经验交流。市委副秘书长、市委办公厅主任赵为民，市总工会副主席张兴淮、汪兰洁，秘书长侯其彬出席会议。

7日 市总工会召开上海市职工教育保障计划理事会，市总工会副主席汪兰洁出席会议并讲话。

11日 上海工会慰问"抗非"勇士疗休养计划正式启动。市人大常委会副主任、市总工会主席陈豪，副市长杨晓渡出席首批"抗非"勇士休养团赴黄山疗休养发车仪式。

15日 应中华全国总工会的邀请，以英国职工大会培训中心主任琳达·凯莉为团长的英国工会集体谈判代表团来沪进行交流访问，市总工会副主席吴申耀会见了代表团成员。

16日 市总工会举行全国职工职业技能大赛上海赛区选拔赛，市总工会副主席张兴淮、汪兰洁出席开幕式。

25日 以常务副议长尹承民为团长的韩国工会总联盟釜山广域市地域本部访华团抵沪，进行为期7天的访问交流。市总工会副主席吴申耀、汪兰洁会见了代表团。

25～31日 市人大常委会副主任、市总工会主席陈豪，市总工会副主席谢峰，秘书长侯其彬等一行9人到广东学习考察。

27～28日 全国总工会九城市职工队伍状况重点调查总结论证会议在上海举行。全总原书记处书记、研究室主任李永海到会并讲话。全总研究室副主任李滨生、张建国，市总工会副主席汪兰洁出席了会议。

九月份

8月31日～9月2日 以主席伊卜拉欣·艾哈迈德·坎杜里教授为首的苏丹工人工会总联合会代表团一行3人访问了上海。市总工会副主席吴申耀会见了代表团一行。

6日 上海举行2003年中秋慰问援边干部家属和少数民族地区挂职干部联欢会。市委副书记、组织部长王安顺出席联欢会并讲话。市人大常委会副主任、市总工会主席陈豪致词。副市长杨晓渡，市政协副主席宋仪侨，市总工会副主席吴申耀、张兴淮、汪兰洁、杜仁伟、谢峰，秘书长侯其彬出席联欢会。

10日 市总工会召开上海职工职业精神倡导公约签约仪式暨职业道德"双十佳"表彰会。市人大常委会副主任、市总工会主席陈豪出席会议并讲话。市总工会副主席汪兰洁主持会议。市文明办副主任陈振民，市总工会秘书长侯其彬出席会议。

11日 市总工会召开非公企业民主管理工作座谈会。中华全国总工会副主席倪豪梅，市人大常委会副主任、市总工会主席陈豪出席会议并讲话。市总工会副主席吴申耀出席会议，市总工会副主席杜仁伟主持会议。

12日 市总工会在普陀区举行上海工会推进女职工创业、再就业工作座谈会。中华全国总工会副主席倪豪梅，普陀区区委书记周国雄等出席了会议。会议由市总工会副主席、市女职工委员会主任汪兰洁主持。

12日 全国总工会女职工工作研讨会在上海召开。全总副主席、女职工委员会主任倪豪梅出席会议。全总女职工部部长范继英就女职工工作提出要求。市总工会副主席、市女职工委员会主任汪兰洁主持会议。

14日 市总工会召开上海市出席中国工会第十四次全国代表大会动员会。市委副书记王安顺，市人大常委会副主任、市总工会主席陈豪出席会议并讲话。市总工会副主席吴申耀主持会议。市总工会副主席张兴淮、汪兰洁、杜仁伟、谢峰出席会议。

16日 市总工会召开推进再就业工作会议。市人大常委会副主任、市总工会主席陈豪出席会议并讲话。市总工会副主席、女职工委员会主任汪兰洁出席。会议由市总工会副主席谢峰主持。

20日 市总工会在上海展览中心举行欢送出席中国工会第十四次全国代表大会上海代表团赴京仪式。市委副秘书长赵为民，市总工会副主席谢峰出席欢送仪式。

18～23日 应上海市总工会的邀请，以横滨市劳联书记长矢尾谷健司为团长的工作访华团一行4人来沪访问。市人大常委会副主任、市总工会主席陈豪，副主席吴申耀会见了代表团一行。

28日 市总工会副主席、市退管会副主任谢峰和上海市老干部局副局长方孔嘉为上海市退休职工法律咨询接待室揭牌。

29日 市总工会召开上海工会传达贯彻中国工会第十四次全国代表大会精神会议。市委副书记王安顺到会讲话。市人大常委会副主任、市总工会主席陈豪主持会议并传达胡锦涛同志重要讲话精神。市委副秘书长赵为民,市总工会副主席吴申耀、张兴淮、汪兰洁、杜仁伟、谢峰,秘书长侯其彬出席了会议。

十月份

13日 市人大常委会副主任、市总工会主席陈豪会见以总书记布律诺·布维尔为团长的法国总工会罗纳—阿尔卑斯大区委员会代表团全体成员。市总工会副主席吴申耀参加会见。

14日 市总工会召开贯彻中国工会十四大精神,加强工会基层组织建设工作会议。市人大常委会副主任、市总工会主席陈豪出席会议并讲话。市总工会副主席吴申耀、张兴淮、杜仁伟、谢峰,秘书长侯其彬出席了会议。

15~22日 应日本大阪府工会联合会的邀请,以市人大常委会副主任、市总工会主席陈豪为团长的上海市总工会第7次访日代表团一行7人,对日本进行了为期8天的友好访问。

20日 华东六省一市工会经审工作研讨会在上海召开。中华全国总工会经费审查委员会常委、经审办副主任汪忠汉出席会议并讲话。市总工会副主席吴申耀代表上海市总工会向大会致词。市总工会副主席、经审会主任杜仁伟主持了会议。

24日 市总工会召开学习贯彻“三个代表”重要思想交流会,市总工会副主席汪兰洁出席会议并讲话。

26~29日 以马丁·泰奇慕勒为团长的德国五金工会代表团一行14人来沪访问。28日下午,市总工会副主席吴申耀会见了代表团。

31日 市总工会举行市总直属机关系统处级干部学习贯彻“三个代表”重要思想专题研讨班开班仪式。市总工会党组书记、主席陈豪在开班仪式上作动员讲话。市总工会党组副书记、副主席吴申耀主持开班仪式。

十一月份

5日 市总工会召开2003年上海市工运研究会年会。市工运研究会名誉会长、市总工会主席陈豪到会讲话,市总工会副主席汪兰洁作工作报告。

10日 市总工会举行“大众保险杯”首届上海职工羽毛球公开赛开幕式。市总工会副主席吴申耀,市体育局副局长李伟听出席了开幕式。

11日 上海市工会职工技协举办二十周年成果展。市人大常委会副主任、市总工会主席陈豪,副市长杨晓渡,市总工会副主席张兴淮、秘书长侯其彬出席开幕式。张兴淮致词。

20~21日 国务院国有资产监督管理委员会在宝钢集团公司召开了中央企业实施职工素质工程现场推进会。国资委副主任、中华全国总工会副主席王瑞祥在会上作重要讲话。中华全国总工会副主席、书记处书记黄彦蓉,上海市人大常委会副主任、市总工会主席陈豪出席会议。

24日 中华全国总工会副主席黄彦蓉来沪调研。市人大常委会副主任、市总工会主席陈豪作了工作汇报。市总工会副主席吴申耀、谢峰,秘书长侯其彬参加了调研会议。

25~27日 全国工人文化宫改革与发展理论研讨会在上海举行。中华全国总工会副主席黄彦蓉出席会议。市人大常委会副主任、市总工会主席陈豪在会上致词。市总工会副主席吴申耀,秘书长侯其彬出席了会议。上海市工人文化宫被命名为“全国职工文化示范基地”。

28日 市总工会举行“迎世博,上海职工申博知识网上竞赛”。市总工会秘书长侯其彬,世博局副局长黄耀诚出席。

十二月份

4日 市总工会与解放日报报业集团联合举办上海职工职业精神论坛。市人大常委会副主任、市总工会主席陈豪出席并讲话。市总工会副主席汪兰洁出席会议。

6日 市总工会在全市范围内举行了“进城务工人员法律咨询”活动。市人大常委会副主任、市总工会主席陈豪,副主席吴申耀,秘书长侯其彬参加了活动。

11日 市总工会召开上海工会工作恳谈会。市委副书记王安顺出席会议并作了重要讲话。市人大常委会副主任、市总工会主席陈豪主持会议。各区(县)委书记或区长以及市总工会副主席吴申耀、张兴淮、汪兰洁、杜仁伟、谢峰,秘书长侯其彬参加会议。

19日 上海召开2003年上海读书节暨读书活动表彰会。市委副书记殷一璀出席会议并讲话。市委常委、市委宣传部部长王仲伟,市人大常委会副主任、市总工会主席陈豪,市总工会副主席汪兰洁出席会议。

21日 首家地区性行业工会——金山区纺织行业工会联合会成立。市总工会副主席吴申耀出席成立大会并讲话,同时,为联合会成立揭牌。

23~24日 市总工会召开十一届二次全委(扩大)会议。市委副书记王安顺出席会议并讲话。市人大常委会副主任、市总工会主席陈豪作工作报告。会议审议并通过了市总工会常委会2004年工作要点。市总工会副主席吴申耀、张兴淮、汪兰洁、杜仁伟、谢峰,秘书长侯其彬出席了会议。

26日 市总工会等单位举行上海市十大工人发明家暨优秀发明选拔赛表彰会。市人大常委会副主任、市总工会主席陈豪出席并讲话。市科委副主任俞国生,市总工会副主席张兴淮、汪兰洁,秘书长侯其彬出席会议。

27日 上海市首家进城务工人员权益保障服务站——杨浦区进城务工人员权益保障服务站成立。市人大常委会副主任、市总工会主席陈豪,杨浦区区委书记陈安杰为服务站成立揭牌。杨浦区区委副书记陈士维,市总工会秘书长侯其彬,杨浦区人大常委会副主任、区总工会主席王剑明出席了揭牌仪式。

30日 市人大常委会副主任、市总工会主席陈豪陪同市委书记陈良宇亲切慰问了退休劳模。

概　况

【组织概况】 上海市总工会机关设有办公室、研究室、组织部、宣教文体部、经济工作部、保障工作部、财务部、民主管理部、法律工作部、女职工部、国际联络部、事业部、经费审查委员会办公室等13个部室和机关党、纪、工、团,核定编制141名。截至年底,在编干部112名,其中女性43名。市总工会下辖上海工会管理干部学院等直管单位23个,所辖区县局(产业)工会135个;全市共有8.63万个基层工会,工会会员数为380.78万人,占职工总数的94.3%;全市工会专职干部共11263名。 (李　鸣)

【上海市总工会领导及各部室负责人名录】

中共上海市总工会党组名录

党组书记　陈　豪(2003.2)
党组副书记　吴申耀
党组成员　张兴淮　汪兰洁(女)　杜仁伟(2003.6)　谢　峰(2003.6)侯其彬　杜乃根
党组纪检组组长　汪兰洁(女)

上海市总工会第十届委员会主席、副主席、常委名录

主　席　陈　豪
副主席　吴申耀　张兴淮　汪兰洁(女)　杜仁伟(2003.6)谢　峰(2003.6)
常　委　(按姓氏笔画为序)
左山虎　刘晓敏(女)杜乃根　李积荣
肖长松　吴　捷　吴由之　吴红星
侯其彬　夏玲英(女)彭戌兰(女)

上海市总工会经费审查委员会主任、副主任名录

主　任　杜仁伟(2003.6)
副主任　杨永平

上海市总工会秘书长、副秘书长等名录

秘书长　侯其彬
助理巡视员　赵顺章
副秘书长　徐季平(2003.8)

上海市总工会各部室负责人名录

办公室
主　任　徐季平
副主任　李卫军
研究室
主　任　陈必华(2003.8)
副主任　桂晓燕(女)
组织部
部　长　杜乃根
副部长　刘卫新　宋钟蓓(女)
宣教文体部
部　长　张　刚
副部长　邵新宇(女)
经济工作部
部　长　宋　震
副部长　吕泰康
保障工作部
部　长　吴力坚
副部长　王厚富　陈美琴(女)
财务部
部　长　夏惠珍(女)
副部长　倪伟琦
民主管理部
部　长　张立群
副部长　吴　萌
法律工作部
部　长　屠国明
副部长　周向琳(女)　邬立群(女)
女职工部
副部长　丁　巍(女)
国际联络部
部　长　沈雄德
副部长　李　庆(女)
事业部

部 长 任新我
副部长 朱国庆(2003.8)

经审办

主 任 杨永平
副主任 黄银萍(女)

上海市总工会直属机关党、纪、工、团负责人名录

直属机关党委

书 记 侯其彬(兼)
副书记 宋钟蓓(女,2003.8)

直属机关纪委

书 记 宋钟蓓(兼,女)

直属机关工会

主 任 宋钟蓓(兼,女)
副主任 吕静芬(女)

直属机关团委

书 记 邬立群(兼,女)

(李 鸣)

【上海市总工会工作综述】 2003年,上海市各级工会深入学习"三个代表"重要思想,全面贯彻党的十六大精神,在市委的领导下,紧紧围绕"科教兴市"战略,动员和组织广大职工,为建设现代化国际大都市,塑造上海城市精神,发挥了重要作用。(1)动员和组织职工投身上海新一轮发展,发挥工人阶级主力军作用。开展"世博会与上海新一轮发展"大讨论,围绕上海产业结构调整、重大实事工程和企业发展,开展社会主义劳动竞赛,推进以攻克难关、提高质量、降低成本、增加效益为重点的立功竞赛活动和群众性经济技术创新活动,涌现了一批在本职岗位上作出创造发明和突出贡献的发明家和技术创新能手;举办了"第五届上海市十大工人发明家"评选活动,职工技协围绕"科教兴市"主战略,服务上海新一轮发展;响应市委、市政府创建国家园林城市的号召,组织10万班组开展共建"五一林"活动,有76个区县局(产业)系统、2865家单位、10余万班组捐款435万元,在宝山区兴建了25公顷的"五一林"。(2)贯彻"科教兴市"战略,深化职工素质工程。"我为科教兴市献一计"活动吸引了82个区县局(产业)工会的125万职工积极参与,各级工会全面实施"职工技能登高计划"、"百万职工大练兵"、"百项技能大赛"、"百佳技师传艺"等活动,加紧培养高技能和复合型的紧缺人才。据统计,全市有184万名职工参加了练兵活动,10%的技术工人实现了技能升级,6.9%的职工拥有了第二技能,10.6%的技术工人成为岗位或职业的复合型人才。(3)参与协调劳动关系,切实维护企业和社会稳定。坚持不懈地推进平等协商、签订集体合同和工资协商工作,在不同所有制企业中,扩大和完善工资集体协商的内容,探索多层次、多形式的工资集体协商模式。年内共有65350家企业签订了集体合同,涵盖职工271万人;共有33184家企业开展了工资集体协商,涵盖职工112万人;全市有12个区县建立了区级劳动关系三方协调机制,99个街道、106个乡镇、93个经济开发区也相应建立了这一机制;加大劳动法律监督,对全市3464家用人单位进行了执法检查;并为10310名职工提供了法律服务,组织法律专家现场为进城务工人员解疑释惑,筹建以进城务工人员为服务对象的"进城务工人员权益保障服务站"。(4)深化职工民主管理,促进基层民主建设。进一步推进基层民主建设,坚持以职代会为基本形式,积极探索非公企业民主管理的多种形式和实现途径,非公企业职代会建制数已达24564家,其中建立单独职代会6313家,联合职代会2139家,覆盖企业18251家;厂务公开进一步巩固深化,公开的重点已由改善职工福利待遇向促进职工全面发展和加强改进企事业管理延伸,有6000多家企业通过厂务公开,实现了"职工教育培训经费提取使用情况"的公开;职代会三项制度在转改制企业中的作用进一步得到强化,国有企业转改制等重大决策公开率达到92%,单位用工、职工分流等方案经职代会审议表决率达到82.5%。(5)完善保障工作体系,为职工办实事、谋利益。全年帮助2.9万名职工实现了再就业,培训生产自救带头人2165人,树立创业带头人100强,培训下岗协保和失业人员5万余人次;组织工会系统职介所、生产自救劳动组织、工会扶持的非正规劳动就业组织以及其他单位共计2470余家进场招聘,参加人数达71200人,有23080人达成就业意向;突出帮困工作的针对性,向低收入的困难劳模、特殊困难劳模补助帮扶慰问金265万元,落实帮困助学金2100余万元,对近6万名困难职工子女实施助学帮困,对生活困难、患大病重病的特困职工发放医疗帮困款592万多元,配合政府认真做好10.8万支内退休回沪定居人员的生活困难补助及医疗救助;进一步健全和完善与社会保障制度改革相配套的工会互助互济工作机制。年内,在职职工特种重病、在职住院、退休职工住院和女职工补充保险参保人数分别达到210.75万人、265.85万人、232.66万人和44.5万人,向49万人次给付互助保障金共2.35亿元。(6)加强社区工会建设,增强基层工会活力。继续依托社区、小区两级平台,坚持巩固与发展并举,狠抓新建企业的建会工作,已建会8.86万家,拥有会员162.6万人,其中,年内新组建基层工会2677家,新发展会员4.11万人,组建小区工会1601家、村级经济组织工会1634家,通过社会招聘、加大培训和考核力度等工作措施,进一步发展了工会志愿者和职业化的工会干部队伍,通过不同方式培训工会干部2.92万人次。

(华山青)

【上海市总工会经费审查委员会工作综述】 2月10日,市总十届经审会召开第十六次会议,审议了市总2002年经费收支决算和2003年经费收支预算。委员们建议对2003年工会经费预算要贯彻收支基本平衡的原则,不断挖掘工会经费收缴潜力,通过控制和压缩支出,缩小赤字;对专项资金支出大的工程项目要加强监控和规范操作;对上级和财政补贴应该按规定进账核算规范管理。6月12

日，市总十一届经审会召开了第一次全体委员会议，到会委员投票表决，一致同意杜仁伟同志为市总十一届经审会主任，杨永平同志为市总十一届经审会副主任。8月14日，市总十一届经审会召开了第二次全体委员会议，通报了市总经审办对市总工会2002年度工会经费收支预算执行情况的审计结果，听取并审议了市总工会2003年上半年度预算执行情况报告。委员们认为上半年度预算执行情况良好，特别是拨交经费收入为8477.82万元，完成预算的52.99%，达到了时间过半，任务过半的目标。会议一致通过市总工会2003年上半年工会经费预算执行情况报告。9月29日，市总工会十一届经审会召开了第三次全体委员会议，审议了市总工会关于追加2003年度工会经费收支预算的申请报告，听取了事业部就劳动报社印务中心申请1500万元添置印刷设备及投资回报情况所做的专题汇报。委员们认真分析了追加预算的必要性、合理性，指出部分预算的追加是由于会计处理政策的变化所造成的，原则同意了追加预算的申请。（杨永平）

上海市总工会经费审查委员会名录

主　任：杜仁伟　市总工会副主席、市总经审会主任
副主任：杨永平　市总经审会副主任、市总工会经审办主任
委　员：许妙根　徐汇区总工会经审会主任
马忠荣　黄浦区总工会副主席、区总经审会主任
肖荣珍　华申（国际）集团公司工会主席、纺织工会经审会主任
林怀平　宝钢梅山公司工会主席
徐以力　三航局工会
徐文发　绿化管理局工会主席
王治忠　中共上海市经济工作委员会干部
于志军　农行上海市分行工会副主席
赵水良　市社保局工会副主席
顾国青　瑞金医院财务处处长
舒建伟　解放日报组织人事处副处长
刘益平　民政局工会副主席
袁一平　审计局行政事业处处长

【上海市总工会女职工委员会工作综述】　2003年，市总女职工委员会以“三个代表”重要思想为指导，全面贯彻落实党的十六大精神和中国工会十四大、上海工会十一大精神，围绕市委、市政府的决策部署和上海工会工作大局，以“服务即维权，维权实事化”为宗旨，积极开展工作，完成了全年的各项任务。(1)以维护女职工的合法权益和特殊利益为基本职责，以维护女职工劳动权益作为工作的重中之重，利用社会力量，与《新民晚报》“女性世界”专栏携手开展女职工自主创业援助行动。年内，已帮助一批女职工解决实际困难，其中市总工会援助资金达45万，各类咨询达1000余人次。树立了20个女职工创业示范点，建立了由市政府、金融界、法律界、新闻界、高等院校以及优秀女企业家等组成的“女性创业指导专家后援团”，为女性创业营造良好的环境和氛围。因而荣获2004年上海市妇女工作优秀品牌奖。(2)继续发挥“16010999女职工劳动权益求助热线”的作用。在“女职工自主创业援助行动”中，热线作为一个重要的渠道，接受了276人次的求助；在《上海市城镇职工生育保险条例》修改后，与市劳动和社会保障局合作，开展为期一周的生育保险政策咨询和两年一次“妇科检查”专项投诉活动。一年来共接受咨询、求助1406人次，为702人次解决了问题；(3)围绕上海精神文明建设，着力塑造上海城市精神，开展“世博会和上海新一轮发展”大讨论，与《新民晚报》、东方网等单位联手，以“从我做起，争当塑造城市精神的楷模”为主题举行女劳模、女先进座谈会；与市妇联联手举办“上海职业女性为新一轮发展建功立业——小郭热线专题报告会”，号召全市女职工为上海的经济与社会发展建功立业。(4)以“三八”节为契机，开展“送保障、送健康、送法律、送岗位、送培训”系列活动。推出“上海市女职工团体互助医疗特种保障计划”，有近45万女职工参保；为10000名困难女职工免费妇科体检，并开展近百场免费女性保健知识讲座；编写出版了女职工周末学校首卷读本——《职业女性维权热线300问》；开展了“女职工维权宣传车进社区、到企业”活动；举办“三八”女职工劳务专场，有2000多名女职工参与了应聘，250余人达成了意向；为1000余名下岗女职工提供免费技能、创业培训，其中70%重新上岗。在上海市总工会庆祝“三八”国际劳动妇女节大会上，表彰了2002年度全国先进女职工暨上海市杰出职业女性10名；全国先进女职工集体6个；全国文明职工家庭3个；上海市心系女职工好领导12名；上海市先进女职工标兵117名；上海市女职工先进集体111个；上海市优秀女职工工作者30名。(5)接受市妇儿委对市总工会实施《上海妇女儿童发展“十五”计划》的中期监测评估。专家评委对市总工会为完成计划所做的工作给予了充分的肯定。上海市女职工委员会被评为2001－2003年度上海市青少年保护工作先进集体。（徐梅瑾）

【上海市职工技术协会工作综述】　2003年上海职工技术协会成立二十周年。在市总工会的领导下，上海市职工技协，按照5月7日陈豪同志调研职工技协工作时的讲话要求，在新起点上思考并做好全年的工作，紧紧围绕上海经济发展大局，全力发挥职工技协组织在实施科教兴市战略中的积极作用。(1)明确指导思想，认真做好三项工作。一是组织召开了市总职工技协工作会议，确定职工技协工作定位和工作方向。二是下发《上海市总工会关于在实施科教兴市战略中进一步加强职工技协工作的若干意见》，提出职工技协在新形势下的工作要求，明确了在实施科教兴市主战略中，上海职工技协的指导思想、工作目标、工作方式、工作重点和具体工作任务。三是举办了上海市职工技协成立二十周年成果展。共有180多个优秀成果参展，总结了上海职工技协成立二十年来，特别是近年来立足企业、面向社会、开展多种群众性技术活动的经验，展示了技

协在技术创新和科技成果转化中取得的成绩和成果。(2)深入开展群众性经济技术活动,推进职工技术创新。举办了第十七届市优秀发明选拔赛,共收到发明、创新成果550多个,经有关专家评审,最终评出优秀发明成果一、二、三、四等奖和发明产品实施推广奖389个,职工技术创新奖36个;组织了14项发明成果参加第十四届全国发明展览会,有12项获奖,其中金奖2项,银奖4项,铜奖5项。上海展团还获得优秀展团奖;继续开展了职工技协群众性经济技术创新各类先进的评选活动,共评出优秀技术成果58个,技术创新能手24名,技术明星18名,优秀组织者35名。在58个优秀技术成果中,有13项达到国际先进水平,13项达到国内先进水平;会同市总有关部门,组织开展了全国职工职业技能大赛。全市2000多名职工参加了各基层的选拔活动,661名职工参加了各工种的市级选拔赛。在全国决赛中,上海代表队获得焊工团体总分第二名,铣工团体总分第六名,1人获得焊工第二名。上海还获得大赛团体总分第八名和大赛优秀组织奖。年内,全市各级职工技协共提出合理化建议近15万条,完成技术革新、攻关和开发项目逾9500个,为企业解决生产难题2000多个,开展技术交流、技术培训等1600多次。(3)加强科技服务体系建设,推进科技成果转化。年内,在加强对基层技协的信息服务、开展各种社会信息的收集、整理、发布、交流和开发等工作;做好技术合同的认定登记服务、评比表彰技术合同管理工作先进集体;加强职工技术经纪公司的运作,开展职工技术中介、交易等科技服务工作,建立了市技协办、市高新技术成果转化服务中心东部分中心联合工作站,实施高新技术的推荐、高新企业的审核申报以及上市技术的咨询服务和科技项目的攻关服务。同时,酝酿成立了上海市职工科技创新基金,研究制订了基金管理、运作的初步实施方案。年内,全市职工技协坚持利用优势开展技术咨询、技术开发、技术培训、技术转让和技术服务等活动,全市职工技协有偿技术服务合同(营业)额继续超过10亿元。(4)规范职工技协建设,提高技协工作水平。年内,连续举办了9期技协干部培训班,600多名技协干部参加了学习培训。两次举行了区县局技协办主任会议,明确职工技协的形势和任务,提高区县局一级技协干部的工作责任心和管理水平。继续加强职工技协的组织发展工作,在职工技协财税政策已调整的情况下,新吸收职工技协团体会员150家。 (王小龙)

【上海市退休职工管理委员会工作综述】 2003年,退管工作围绕年初提出的工作目标,坚持为退休职工服务的宗旨,努力为退休职工办实事、做好事,各项工作取得了新的成绩。(1)注重做好退休职工住院互助补充保障工作,切实减轻患病退休职工的经济负担。2003年参保单位有14569家,参保退休人员有233万,参保总金额为1.16亿元。给付为47.25万人次,给付总金额为1.87亿元。其中,获得给付款4万元的有15人。切实减轻了患病住院的退休人员的经济负担。(2)注重为退休职工办实事。开展了送文化、送方便、送健康、送温暖、送光明的“五送”活动。为5500名退休职工优惠订阅了《新民晚报》;有900名困难退休人员免费安装了安康通呼叫器;500名特困退休人员得到了补助金;20名患白内障困难退休职工做了复明手术。据统计,全市退管系统全年有76.88万人次得到了帮困款或实物慰问,慰问的总金额达1.28亿元。开展尊老社会一条龙服务。新加入服务的单位有陈云纪念馆、上海科技馆、上海图书馆、上海海洋水族馆、上海黄浦江隧道观光有限公司。对70岁以上老年人发放优待证为14.8万张。19个区县退管会开展双月为老服务日活动,共177场,受益老年人达14万人次,参加志愿服务人员有8869人次。有49批3176名退休人员到杭州屏风山、宁波东钱湖和常熟沙家浜三个退休职工休养基地休养。成立退休职工法律咨询服务接待室和上海市退休专业人才开发服务部,为退休职工提供方便和服务。(3)开展调查研究,指导退管工作。市退管会对全市退休人员管理服务现状和存在问题,作了深入调查;对如何推进退休人员社会化管理,提出了若干建议。退休职工管理研究会共征集论文113篇。(4)加强指导服务,推进退管经济发展。召开了2003年退管经济工作会议,有16个单位作了交流发言,拓宽了工作思路。修订和完善了奖励办法,举办了退管经济商品展销会,使退管经济在激烈的市场竞争中更有活力。(5)注重自身建设,提高管理服务水平。市退休职工大学活动中心新辟为老服务区域,增设了服务项目,拓展了服务范围,提高了竞争能力。市退休职工大学新开办了2所分校,扩大了办学规模。市退休职工公寓改建了三幢公寓房,改善了老年人入寓居住条件。定期出版《上海退管信息》和《上海退休生活》杂志,认真处理和接待来信来访227件(次),派员上门探望32人次。 (沈和根)

【上海市总工会十届十一次全委会】 上海市总工会第十届委员会第十一次全体会议于3月3日在海鸥饭店召开。大会的主要任务是，就市总工会主要领导调整情况及召开上海市工会第十一次代表大会和有关人事事项履行相关程序。市委副书记殷一璀到会作重要讲话。市委副书记、市委组织部部长王安顺介绍了市总工会主要领导调整情况并作了讲话。经大会审议通过，陈豪同志增补为市总工会第十届委员会委员，并经投票选举，补选陈豪同志为市总工会第十届委员会主席。殷一璀同志代表市委对市总工会领导班子今后的工作提出四点希望，要求继续深入学习贯彻十六大精神，进一步增强政治意识，动员和组织全市职工为全面建设小康社会建功立业；依法履行维护的基本职能，进一步增强群众意识，坚定不移地贯彻落实党的全心全意依靠工人阶级的指导方针；充分发挥自身优势，进一步增强创新意识，围绕上海新一轮发展，实现工会工作与时俱进的新突破；班子建设常抓不懈，进一步增强大局意识，切实提高工会组织的战斗力、凝聚力和号召力。全委会还审议通过了其它有关人事任免事项，王晓华、刘跃俊和柏松三位同志替补为市总工会第十届委员会委员；审议通过了关于召开上海市工会第十一次代表大会的决议。

（桂晓燕）

3月3日，在上海市总工会十届十一次全委会上，市人大常委会副主任包信宝祝贺陈豪同志当选为市总工会第十届委员会主席　（吴良荣）

【上海市工会第十一次代表大会】 上海市工会第十一次代表大会于6月10日至6月12日在上海展览中心召开，来自全市各行各业的800多名代表参加了大会。这是进入新世纪上海工人阶级的首次盛会，是广大职工和工会干部政治生活中的一件大事，具有承前启后、继往开来的重要意义。大会在市委直接领导和关心下，在全体代表共同努力下，取得了圆满成功，是一次团结民主、求真务实、开拓奋进的大会。大会的主要议程是：听取、审议并通过上海市总工会第十届委员会工作报告，审议并通过上海市总工会第十届委员会财务工作报告，审议并通过上海市总工会第十届经费审查委员会工作报告；选举产生上海市总工会第十一届委员会、第十一届经费审查委员会；选举产生上海市出席中国工会第十四次全国代表大会的代表等。中共中央政治局委员、中共上海市委书记陈良宇，市领导韩正、龚学平、蒋以任、刘云耕、罗世谦、殷一璀、王安顺、黄跃金、范德官、王仲伟、包信宝、杨晓渡等出席了大会的开幕式。陈良宇同志代表市委、市人大、市政府、市政协作了重要讲话，高度评价了上海工人阶级和上海工会的历史地位和重要作用，体现了市委领导对广大工会干部的亲切关怀，寄托了对新时期工运事业和工会工作的殷切期望，为新时期上海工会指明了前进的方向，明确了奋斗的目标。市总工会主席陈豪作了《与时俱进，开拓创新，奋发有为，团结动员全市职工为上海新一轮发展贡献智慧和力量》的工作报告。中华全国总工会发来祝辞，共青团上海市委书记陈靖代表团市委、市妇联、市科协等社会团体向大会致词。大会全面总结了过去五年上海工会的主要工作和基本经验，分析了当前上海工会面临的新形势和新任务，明确了今后五年上海工会工作的指导思想和工作目标，并从八个方面部署了今后五年的主要任务。大会期间，代表们认真履行自

上海市工会第十一次代表大会会场 （倪粉宝）

己的职责和权利，审议通过了上海市总工会第十届委员会工作报告、财务工作报告和第十届经费审查委员会工作报告；通过无记名投票的方法，差额选举产生了由陈豪等109位同志组成的上海市总工会第十一届委员会，选举产生了由杜仁伟等15位同志组成的上海市总工会第十一届经费审查委员会；选举陈豪等74位同志为上海市出席中国工会十四大的代表，圆满地完成了会议的各项任务。大会号召要高举邓小平理论伟大旗帜，以“三个代表”重要思想为指导，紧密团结在以胡锦涛同志为总书记的党中央周围，在上海市委和全总的领导下，团结动员全市工会工作者和广大职工群众，同心同德，艰苦创业，锐意进取，奋发有为，为把上海早日建设成为社会主义现代化国际大都市而努力奋斗。

（桂晓燕）

【上海市总工会十一届一次全委会】 上海市总工会第十一届委员会第一次全体会议于6月12日下午在上海展览中心召开。会议的主要任务是选举产生市总工会第十一届委员会主席、副主席和常委。会上，市委组织部对市总工会第十一届委员会主席、副主席候选人名单作了说明，市总工会党组对市总工会第十一届委员会常务委员会委员候选人名单作了说明。经全体委员选举，陈豪同志当选为市总工会第十一届委员会主席，吴申耀、张兴淮、汪兰洁、杜仁伟、谢峰五位同志当选为市总工会第十一届委员会副主席，左山虎等十一位同志当选为市总工会第十一届委员会常委。市委副书记王安顺出席会议并作了重要讲话，对新一届市总工会领导班子和全体委员提出了希望和要求。陈豪同志在会上对各级工会传达贯彻市委领导重要讲话精神、贯彻落实上海市工会第十一次代表大会精神，以及当前和今后一段时期的工会工作作了部署，要求各级工会组织和广大工会干部解放思想，勇于创新，不断开创上海工会工作新局面；领会精神，明确任务，不断增强新形势下做好工会工作的使命感和责任感；突出重点，全面推进，圆满完成各项工作目标和任务；振奋精神，与时俱进，努力把新的历史条件下的工会工作提高到一个新的水平。

（桂晓燕）

【上海市总工会十一届二次全委（扩大）会议】 上海市总工会第十一届委员会第二次全体委员（扩大）会议于12月23至24日在上海展览中心召开。会议的主要任务是总结回顾2003年工会工作，研究部署2004年的工作目标和任务。市委副书记王安顺到会作了重要讲话，肯定了上海各级工会一年来取得的成绩，对下一年度的工会工作提出了明确的要求。市人大常委会副主任、市总工会主席陈豪代表市总工会常委会向大会作了工作报告。大会审议通过了《2004年上海市总工会常委会工作要点》，明确了新一年度上海工会工作的总体要求：以邓小平理论和“三个代表”重要思想为指导，认真贯彻党的十六大、十六届三中全会精神和市委八届四次全会精神以及全总十四届三次主席团会议精神，紧紧围绕上海发展大局，动员和组织全市广大职工积极为上海经济和社会协调发展建功立业；全面履行各项社会职能，充分发挥工会组织作为党联系职工群众的桥梁纽带作用和国家政权重要的社会支柱作用，维护安定团结的政治局面；突出履行维护职能，积极表达与维护好广大职工群众的利益，保护与调动好广大职工的积极性；以改革和创新的精神推进工会自身建设，不断提高工作整体水平，努力开创上海工会工作新局面。陈豪同志在大会的总结讲话中全面分析了工会工作面临的新形势新任务，要求各级工会在市委的正确领导下，坚持以“三个代表”重要思想统领工会工作全局，结合对世情、国情、市情、会情的认识，结合本系统、本地区、本企业的工作实际，把这次全委（扩大）会议确定的各项工作目标和任务真正落到实处。始终把促进发展作为工会工作的根本任务，充分发挥广大职工群众的主力军作用；始终把加强基层工会建设、增强基层工会活力作为工会工作的基本任务，充分发挥党联系职工群众的桥梁纽带作用；始终把维护职工权益作为工会组织的突出任务，切实做到在推动改革、促进发展、积极参与、大力帮扶中维权；始终把加强工会自身建设放在突出的位置，进一步统一思想、坚定信心、乘势而上、真抓实干，拓展工作新思路，开辟工作新境界，勇攀工作新高峰，努力在上海新世纪新阶段发展中再立新功、再创佳绩，全面开创现代化国际大都市工会工作新局面。

（桂晓燕）

【上海市总工会推进再就业工作会议】 为了认真贯彻全国再就业工作座谈会精神和上海市委、市政府传达贯彻会议的精神，市总工会于9月16日召开了“上海市总工会推进再就业工作会议”。市人大常委会副主任、市总工

9月12日，市总工会召开推进女职工再就业工作座谈会 （徐梅瑾）

会主席陈豪在会上要求上海各级工会紧紧围绕上海新一轮发展的大局，坚持在加快经济发展中扩大就业的同时，实现再就业工作向适应上海产业结构优化和推动上海新一轮发展转变；坚持在实施科教兴市战略提高劳动者素质的同时，实现再就业工作向人力资源培育开发和实现人的全面发展转变；坚持发扬工人阶级团结互助精神的同时，实现再就业工作向强化政府公共就业服务，参与就业社会责任体系建设转变；坚持解决困难群体就业的同时，实现从生活帮困向就业帮困的转变。陈豪同志就做好促进就业和推进再就业提出了五项具体工作目标：(1)进一步加强工会再就业目标责任体系建设，实现每年2万名下岗职工再就业指标；(2)进一步强化工会再就业创业扶持体系，加大对自主创业组织的资助，在力争到2003年底工会再就业扶持基金达到3000万元的同时，力争在两年时间内使工会扶持的创业组织和就业岗位再增长50%；(3)进一步健全工会再就业政策保障体系，参与劳动力市场建设，控制岗位流失；(4)进一步发展工会再就业援助服务体系，提高求职登记、就业指导、职业介绍、技能培训和档案管理等"一站式"、"一条龙"援助服务水平；(5)进一步完善工会再就业帮困救助体系，缓解下岗失业人员的生活困难。会议还向2003年度市总工会女职工创业示范点授牌。 （陈　晖）

【上海工会加强基层组织建设工作会议】 为贯彻落实中国工会十四大精神，进一步促进基层工会的建设，增强基层工会的活力，上海市总工会于10月14日召开"贯彻落实中国工会十四大精神，加强工会基层组织建设工作会议"。市人大常委会副主任、市总工会主席陈豪在会上作了重要讲话。市总工会副主席吴申耀、张兴淮、汪兰洁、杜仁伟、谢峰，市总工会秘书长侯其彬出席了会议。各区县局(产业)工会分管主席、组织部长200余人参加了会议。青浦区总工会、上海汽车工业总公司工会、浦东新区总工会、上海国际港务(集团)有限公司工会、黄浦区总工会、普陀区总工会在会上作了交流发言。陈豪同志在会上指出，要从贯彻"三个代表"重要思想的高度，进一步提高对加强工会组织建设重要性、紧迫性的认识。他强调，要把工会组建作为加强组织建设的重点工作，着力推进，常抓不懈。最大限度地提高工会组织覆盖面，最大限度地吸收职工入会，仍是当前工会组织工作的一项首要任务。做好组建这项重点工作，必须突出重点、把握方法、理顺体制、有序推进。组建的重心是新建企业，重点应放在社区，放在非公企业，特别要放在有代表性、有规模、有一定知名度和影响力的企业，增强工会在高学历、高技能、高收入的青年职工群体中的影响力。与此同时，还必须十分重视进城务工人员的工会组建工作。他强调指出，要以不断增强基层工会活力为目标，切实加强基层工会建设。第一步，要把工会组织建起来；第二步，要使工会组织运转起来；第三步，要使工会组织活跃起来。他要求切实做到上级工会代表下级工会，为基层创造良好的工作环境：一要从组织体制上加以保证；二要从工作机制上加以保证；三要改变工作作风；四要加强工会干部队伍建设。 （杨伟良）

【"科教兴市与上海职工"研讨会】 4月9日，市总工会邀请有关专家、学者、部分区县局(产业)工会主席和劳模、职工代表在海鸥饭店举行"科教兴市与上海职工"研讨会。市人大常委会副主任、市总工会主席陈豪出席会议并讲话。陈豪同志就上海工会及广大职工在贯彻科教兴市战略中如何更好地发挥作用提出三点要求：(1)各级工会和广大职工要深刻认识实施科教兴市战略对上海新一轮发展的深远意义。(2)上海工人阶级应当且必须充当实施科教兴市战略的主力军。(3)各级工会要动员组织全市职工为科教兴市和推动上海新一轮发展建功立业。陈豪同志强调，要深化职工素质工程，进一步提高职工队伍整体素质；要深化群众性经济技术创新活动，在实施科教兴市战略中贡献智慧和力量；要继续深入开展重点工程实事立功竞赛，不断提高立功竞赛的科技含量和创新水平；要加快工业新高地建设，在信息化带动工业化中发挥作用；要以举办2010年上海世博会为契机，推进科教兴市与塑造城市精神的有机结合。 （李　伟）

【上海工会"深化素质工程　推进科教兴市"现场交流会】 上海工会"深化素质工程，推进科教兴市"现场交流会于8月5日在宝钢集团召开。市委副书记王安顺出席会议并作了重要讲话。市人大常委会副主任、市总工会主席陈豪主持会议。市总工会副主席张兴淮、汪兰洁，秘书长侯其彬出席了会议。出席现场会的还有宝钢集团的领导以及各区县、部分局(集团公司)党委分管书记和各区县局(产业)工会的负责同志等250多人。王安顺同志在讲话中就进一步推进职工素质工程提出了三点意见：一是要兴起学习贯彻“三个代表”重要思想新高潮，进一步深刻认识实施职工素质工程的重要性和紧迫性；二是要大力推进职工素质工程，为上海新一轮发展作出新的贡献。要进一步加快上海职工队伍知识化、技能化的进程，进一步提高广大职工的创新意识和创造才能，为实施科教兴市战略注入新的活力，进一步加强职工队伍的思想道德建设，大力培养新时代的职业精神，为上海城市精神增添新的内涵；三是要加强领导，形成合力，把职工素质工程提高到一个新水平。要进一步落实领导责任制，密切配合，形成合力，建立和完善长效机制，增强工作的有效性。陈豪同志就贯彻王安顺同志的讲话精神，深化职工素质工程提出三点要求：一是要紧紧围绕科教兴市战略，大力推进职工素质工程；二是要大力培养职工职业素养，促进职工全面发展；三是要切实履行工会的维护职能，为推进职工素质工程提供思想和组织保证。宝钢集团工会主席卞恩君作了题为《精心推进职工素质工程，为实现宝钢集团战略发展目标而努力》的工作汇报，宝钢集团副董事长、党委书记刘国胜作了题为《积极进取，与时俱进，为实现创建世界一流企业的目标，培育出一流的员工队伍》的发言。（满顺华）

【上海职工“职业精神”论坛】 12月4日上午，上海市总工会和解放日报社在锦江小礼堂隆重举行上海职工“职业精神”论坛大型理论研讨会。市人大常委会副主任、市总工会主席陈豪出席会议并讲话。会议由市总工会副主席汪兰洁主持。市文明办副主任陈振民，解放日报社副总编辑陈大维出席了会议。来自本市120个区县局（产业）的工会主席和理论界、学术界、新闻界的专家、学者、教授以及部分企事业单位的党、政领导300多人共聚一堂，对培育上海职工职业精神的目标、任务、重点、方法、途径、机制和载体，展开了全方位的理论审视和应用性研究，为正在上海各行各业全面开展的以“塑造城市精神，培育职业精神”为主线的职工素质工程提供精神动力和智力支持。黄浦区区委副书记冯经文，上海市电信公司党委副书记、工会主席陈鸿生，上海石化股份有限公司总经理戎光道，静安区人大常委会副主任、区总工会主席周文芳，上海铁路局工会主席俞宝麟，上海复旦光华信息科技股份有限公司总经理张世永，上海阿尔斯通变压器有限公司总经理瓦利等30人在论坛上作了论文发布。从上海职工“职业精神”论坛上论文发布的内容看，既有对职业精神和城区建设关系的探索，又有对职业精神和产业发展的研究；既有对新时代劳模精神的思考，又有对国际化大都市职业新人素质的前瞻性探索；既有对学习型组织理论对培育职业精神作用的探讨，又有对培育行业特点企业特性职业精神的对策；既有对职业精神内涵的专题研究，又有各行各业培育职业精神的实践和思考。陈豪同志指出，上海各级工会把培育新时代的职业精神，作为塑造上海城市精神的重要基础工作来抓，进一步推进了职工“素质工程”的新发展；在构建新时代的职业道德教育框架，逐步形成新时代职业道德的准则和规范等方面取得了新的进展。上海各级工会组织要以“塑造城市精神，培育新时代职业精神”为主线，不断推动职工素质工程再上新台阶。一是要深刻认识弘扬城市精神，对于推动上海城市新一轮发展的深远意义；二是要大力弘扬劳模精神，努力发展工人阶级的先进性；三是要全面推进职工“素质工程”建设，努力培育与上海现代化建设事业相适应的职业新人。（刘宝华）

4月4日，市总工会召开“科教兴市与上海职工”研讨会（倪粉宝）

【上海市职工技协工作会议】 为进一步加强职工技协建设，动员全市技协会员和广大职工积极投身科教兴市战略，在上海新一轮发展中体现职工技协的新作为，上海市总工会于7月15日召开了职工技协工作会议。会议总结了上海职工技协二十年的工作经验，提出了当前和今后一个时期职工技协工作的指导思想和工作任务。市人大常委会副主任、市总工会主席陈豪到会并讲话。市总工会副主席、市职工技协会长张兴淮在会上作了题为《继往开来，与时俱进，在服务科教兴市战略中再作新贡献》的报告。市总工会秘书长侯其彬及本市各区县局（产业）工会主席，分管技协工作的副主席，市职工技协委员，部分基层单位的工会主席共160多人参加了会议。陈豪同志在讲话中充分肯定了上海职工技协成立二十年来的成绩。他要求职工技协积极主动地把工作重点调整到为科教兴市服务这一目标上来，自觉地把技协活动同科教兴市战略紧密结合起来，坚持职工技协的群众性、科技性、协作性，以技术创新为核心组织开展群众性技术活动；以发展为主题，搞好科技服务和科技成果转化，广泛调动职工群众参与实施科教兴市战略的积极性和创造性，进一步加强科技与经济的有效结合，加强产、学、研的

4月8日，市总工会、新民晚报等联名召开“从我做起，争当塑造城市精神的楷模”研讨会　　（倪粉宝）

密切合作，在实现上海经济跨越式发展中充分体现新时期职工技协的新作为。机电工会、浦东新区总工会、上海机务段工会、上海日立电器有限公司工会、市职工技协办公室等5家单位和上海港口设计研究院院长许宏纲、同济大学教授孙立军等在会上作了交流发言。　　（王小龙）

【非公企业民主管理工作座谈会】 9月11日下午，市总工会在海鸥饭店召开非公企业民主管理工作座谈会。中华全国总工会副主席倪豪梅，市人大常委会副主任、市总工会主席陈豪出席会议并作讲话。全总民主管理部部长庞义华，女工部部长范继英，市总副主席吴申耀，各区、县总工会主席，区县(产业)局分管副主席，各区县总工会民管部长等约80人出席了会议。会议由总工会副主席杜仁伟主持。今年以来，本市各级工会组织大力探索和推进非公企业民主管理，取得了明显进展，积累了一批具有普遍指导意义的非公企业民主管理经验，为在非公企业建立稳定和谐的劳动关系，促进了企业与职工全面发展提供了制度保障。倪豪梅同志在会上充分肯定了上海各级工会在推进非公企业民主管理工作中的成绩和经验，要求上海各级工会要站在工会全局工作的高度，认识、把握推进非公企业民主管理工作的重要性和现实意义。陈豪同志要求本市各级工会要进一步增强推进非公企业民主管理工作的自觉性和坚定性，以党建指导工建、工建服务党建为原则，以扩大民主参与、丰富民主形式、健全民主制度、维护民主权益为重点，以职工群众的根本利益为出发点和落脚点，努力探索以职工代表大会为基本形式，以“法人治理、共同管理、协商共决、共谋发展”为主要特征的，具有上海特色的非公企业民主管理工作的新路子。会上，普陀、静安、南汇3个区总工会以及上海色柯拉房产代理有限公司等8家单位作了交流发言。　　（周永宝）

· 政策摘编 ·

上海市对申请低保的职工收入计算问题作出新规定

上海市人民政府办公厅在2003年12月31日下发了《上海市民政局、上海市财政局、上海市劳动和社会保障局、上海市总工会关于本市申请低保的职工有关收入计算问题的意见的通知》(沪府办[2003]75号)，规定：

1. 企业撤消再就业中心以后，执行市劳动和社会保障局《关于再就业工作中劳动关系处理若干问题的通知》(沪劳保关发[1999]9号)的规定，男年满55周岁以上、女年满45周岁以上并签订《企业内部退养协议》和《解除进中心协议》的企业内退人员，在申请低保时必须提供上述两份协议以及单位出具的个人收入证明，按上述文件规定和单位出具的个人收入证明就可核定其收入。

2. 长病假职工，按照市劳动和社会保障局《关于加强企业职工疾病休假管理保障职工疾病休假期间生活的通知》(沪劳保发[95]83号)和《关于本市企业职工疾病休假工资或疾病救济费最低标准的通知》(沪劳保保发[2000]14号)核定其收入。

3. 协保人员及劳动合同中业改造人员，按其本人的实际收入(包括原单位补助等)核定其收入。

4. 除上述对象外，本市单位职工申请低保时，月工资收入低于本市最低工资标准的，差额部与由单位补足。高于本市最低工资标准的，按实际收入核定其收入。　　（王立铭）

·政策摘编·

上海市调整低保家庭成员重新就业后“救助渐退”办法

为进一步完善本市城镇居民最低生活保障制度，以政策导向鼓励就业，促进自立脱贫，上海市民政局、上海市财政局在2003年3月联合下发了《关于适当调整低保家庭成员就业后“救助渐退”照顾时间有关事项的通知》(沪民救发[2003]29号)文件。该文件规定，从2003年4月1日起，低保家庭成员重新就业后，及时如实向申请低保金的街道(乡、镇)社会救助管理所申报收入状况，办理重新核定低保金及“救助渐退”手续，“救助渐退”照顾时间从原来1至3个月调整为2至6个月。文件下达以前已经办理“救助渐退”手续的不再改变。

调整后的“救助渐退”照顾时间及低保金扣除部分核发标准如下：

1. 办理手续后的第一个月，按原核定低保金额发放。

2. 低保金扣除部分在每月200元(含200元)以上的，办理手续后的第二个月，低保金扣除部分发放六分之五，第三个月发放六分之四，第四个月发放六分之三，第五个月发放六分之二，第六个月发放六分之一，照顾时间为6个月，第七个月“渐退”终止，低保金扣除部分在每月200元以下至100元(含100元)以上的，办理手续后的第二个月低保金扣除部分发放四分之三，第三个月发放四分之二，第四个月发放四分之一，照顾时间为4个月，第五个月“渐退”终止；低保金扣除部分在每月100元以下的，办理手续后的第二个月低保金扣除部分发放二分之一，照顾时间为2个月，第三个月“渐退”终止。 (王立铭)

上海市进一步扩大廉租住房受益面

为进一步完善本市城镇最低收入家庭的住房保障制度，经市政府常务会议同意，市房屋土地资源管理局在2003年12月下发了《关于进一步扩大廉租住房受益面的实施意见》(沪房地资廉[2002]521号)，从2003年12月1日起执行。具体包括：

一、扩大受益对象

凡人均居住面积7平方米以下的下列家庭均可申请廉租住房：

1. 连续享受民政部门救助6个月以上的低保家庭；

2. 家庭人均收入低于570元(含570)，获得省、自治区、直辖市以及部以上劳动模范称号的退休职工家庭；

3. 月收入低于570元(含570元)的烈属、因公牺牲军人家属、特等或一级伤残军人及配偶。

二、调整配租面积

从原来人均居住面积5平方米调整为人均居住面积7平方米(包括原住房居住面积)。

三、调整配租标准

1. 调整租金配租标准。(1)对所在地区已冻结即将动迁的符合廉租住房条件的对象，按其应享受的补差面积资金(不足1平方米按1平方米计算)实行积累方式，但不同时享受面积保底标准，运迁时凭动迁协议一次性支付；(2)对非动迁地区的符合廉租住房条件的对象，统一确定租金补贴面积保底标准为补差面积不足10平方米的按每户补贴居住面积10平方米。2003年12月1日前已享受廉租住房租金配租的家庭，按登记备案的租赁合同到期给予调整。

2. 调整实物租标准。长宁、闸北、徐汇、卢湾、普陀、虹口、杨浦、黄浦、静安、浦东新区每户为10万元；闵行、嘉定、宝山、松江、青浦、奉贤、南汇、金山区和崇明县每户8万元。 (王立铭)

【上海工会认真学习《"三个代表"重要思想学习纲要》】 中央《"三个代表"重要思想学习纲要》下发以后，市总工会根据中央和市委的统一部署，立即下发通知，要求各级工会认真组织广大职工学习《纲要》，深刻学习领会"三个代表"重要思想。市总党组中心组带头学习《纲要》，发扬理论联系实际的优良学风，不断增强学习贯彻"三个代表"重要思想的自觉性和坚定性。通过学习《纲要》，在三个方面取得了成效：一是在思想认识上达到新高度；二是在联系实际上取得新突破；三是在组织学习上取得新进展。各级工会把学习理论与促进发展结合起来，动员组织广大职工群众在上海新一轮发展中建立新业绩；把学习理论与巩固党的阶级基础、扩大党的群众基础结合起来，努力在加大新建企业组建工会工作力度和增强基层工会活力方面取得新进展；把学习理论与弘扬时代精神结合起来，围绕培育上海城市精神和职工职业精神，大力推进职工素质工程，努力在实现职工队伍知识化和技能化方面取得新成效；把学习理论与依法开展工会工作结合起来，加大工会立法参与、法律监督和劳动关系协调机制建设的力度，努力在提高工会依法维权水平方面取得新突破；把学习理论与推进政治文明建设结合起来，推进职代会建设和厂务公开，努力在扩大基层民主方面开辟新途径；把学习理论与关心帮助职工、为职工排忧解难结合起来，深入实施再就业和送温暖工程，促进社会保障体系的不断健全和完善，努力在为职工办好事、办实事方面体现新作为；把学习理论与加强工会自身建设结合起来，努力在推进工会工作的群众化、民主化和法制化方面走出新路子。在开展群众性学习活动的基础上，市总工会召开了学习贯彻"三个代表"重要思想交流会，向全市推广了静安、普陀、上海石化、纺织、机电、汽车、铁路、运输、城市交通等系统工会学习贯彻"三个代表"重要思想的经验做法，印发《学习·实践·创新》一书，为基层工会深入学习贯彻"三个代表"重要思想，进一步推进工会工作提供理论指导。

（程友谨）

【上海工会学习贯彻中国工会十四大精神】 中国工会第十四次全国代表大会召开后，上海市总工会积极进行部署，专门下发了文件，要求各级工会认真传达学习贯彻中国工会第十四次全国代表大会精神，并着重抓好两个环节：一是层层传达学习贯彻。市总工会9月29日召开了传达贯彻中国工会十四大精神干部大会，传达了中央领导同志的讲话和大会的主要精神，市委副书记王安顺就上海贯彻中国工会十四大精神提出了具体的要求。市总工会党组专题组织学习中国工会十四大文件，进一步领会中国工会十四大精神。各级工会通过举办工会干部专题学习班、学习讨论会、报告会、研讨会等多种形式，精心组织学习，把中央领导讲话、中国工会十四大精神原原本本地传达到广大干部和职工，并结合学习"三个代表"重要思想和上海工会十一大精神，认真学习好、理解好、把握好中国工会十四大的精神实质，指导好工会工作的实践。二是结合实际，突出重点，把中国工会十四大精神贯彻到工会的实际工作中去。各级工会组织在学习贯彻中国工会十四大精神中，做到四个结合：与实现上海新一轮发展的目标相结合，与完善社会主义市场经济体制的要求相结合，与贯彻落实上海工会十一大提出的目标和任务相结合，与广大职工群众的

市总工会举行上海工会宣传系统学习贯彻"三个代表"重要思想交流会，推进学习活动深入开展　　（徐　赜）

意愿和期望相结合，始终牢牢把握“三个代表”重要思想和中央领导同志对工会工作的要求，围绕中心，服务大局，团结和凝聚广大职工群众，充分发挥工人阶级在实施科教兴市战略，推进上海新一轮发展中的主力军作用。

（夏伟民）

【上海各级工会学习贯彻上海工会十一大精神】 上海市工会第十一次代表大会召开后，各级工会认真组织学习贯彻会议精神。(1)层层部署，抓好落实。一是采取多种形式，传达、学习上海工会十一大精神，统一思想，统一认识。各区县总工会分别采取召开常委会、区总全委（扩大）会议，召开区委、办、局分管书记恳谈会，召开大口、集团公司、街道、小区工会主席会议和工会企事业单位党政领导会议，还有的区总工会主动与区有关部门联系协调，争取他们的支持，把重点工作落到实处以及紧密联系本地区的实际，专门拟定贯彻意见等形式深入贯彻落实。各局（产业）工会也根据市总提出的工作目标和任务，结合本单位的具体实际，确定了工作重点，制定了落实的措施。通过层层传达、学习，进一步认清了工会工作面临的形势和工会肩负的责任，明确了工会工作的重点，振奋了做好工会工作的信心。(2)联系实际，明确重点，确保工会各项任务的落实。一是注重抓学习。各区县局（产业）工会都把加强学习上海工会十一大精神作为首要任务，通过培训班、交流会、座谈会等形式，加深对会议精神的理解。二是明确抓机制。各区县局（产业）工会以组建社区工会，完善工作机制作为工作的重点，进一步建立健全社区工会的组织体系，构筑社区工会的两级平台，并探索市场工会的组织形式和管理模式，建立楼宇工会、一条街工会和都市工业园区工会。局（产业）工会注重强化职代会制度建设，以厂务公开为抓手，逐步形成依靠职工办企业的动力机制。同时，在协调劳动关系方面，通过平等协商、签订集体合同、建立三方协商机制等途径，维护最广大职工的根本利益。三是突出抓实事。在社区工会组建、机制运作和平等协商、集体合同制度的落实上抓实转；不断改进工会工作作风，深入基层，深入职工群众，脚踏实地，狠抓落实，在推进工会各项重点工作上抓实效；深入开展送温暖工程，帮助职工解决急、难、愁问题，在维护职工的合法权益上抓实事，切实搞好工会“民心”工程。

（夏伟民）

【上海工会十一大、中国工会十四大系列宣传活动】 上海工会十一大和中国工会十四大，是新世纪首次召开的第一次上海工会和全国工会代表大会。为了在大会召开前后营造良好的宣传工人阶级和工会的舆论氛围，市总工会开展了系列宣传活动，全面展示上海各级党政组织对工运事业和工会工作的重视、关心和支持，充分展示上海工人阶级在上海改革开放和现代化建设中的突出贡献和辉煌业绩，充分展示上海工运事业和工会工作的实践经验和积极成果。整个宣传活动突出了五大重点：一是各级工会贯彻落实党的全心全意依靠工人阶级指导方针的新实践和新发展；二是坚持党的领导，依照法律和工会章程独立自主、创造性地开展工会工作的重要成果；三是围绕上海改革、发展、稳定大局，引导广大职工理解、支持和参与改革作出的贡献；四是履行维护的基本职责，努力调动广大职工积极性、主动性和创造性的工作经验；五是加强“四有”职工队伍建设，不断提高职工整体素质的经验和成果。根据宣传总体要求，开展了新闻宣传、主题宣传和环境宣传三大宣传工作，组织近30家本市和中央新闻媒体开展新闻宣传，各媒体共刊登评论、通讯、特写、消息、图片新闻等200余篇，对上海工人阶级和工会工作成果进行了大容量、高规格的宣传报道。同时，编写下发宣传材料《与时俱进的上海工会》，组织基层工会开展黑板报、广播台、工会画廊等阵地宣传，并组织各工人文化宫、俱乐部开展环境宣传，为迎接上海工会十一大和中国工会十四大召开营造了较大的宣传声势。

（程友谨）

【第五届上海市员工信赖的好经理（厂长）评选活动】 为进一步推动本市贯彻落实党的十六大精神和“三个代表”的重要思想，总结和推广依靠员工办企业的先进事迹和先进经验，树立依靠员工办企业的先进典型，促进企业的管理和发展，完善企业劳动关系的协调机制，推动基层的民主政治建设，上海市总工会组织开展了“2003年上海市员工信赖的好经理（厂长）”评选活动。与前四届评选最大的不同点是本届评选首次突破了“所有制界限”，规定“不分所有制，凡本市企业均可申报评选。”经过基层单位申报；区县局（产业）工会推荐；申报材料审核；组织考察组到部分基层考察；张榜公布候选人事迹，进行员工信任投票。这项活动，是对企业经营管理者“依靠”素质的一次检阅；是广大员工对企业经营管理者满意度的一次测评。荣获先进称号的好经理（厂长）尊重劳动、尊重知识、尊重人才、尊重创造，是企业创业和发展的好当家人；他们体察民情、了解民意、集中民智、珍惜民力，是员工信任的贴心人。

（余 铮）

【市总联合各方力量 评选“职工最满意的企业”】 为进一步贯彻落实党的十六大和十六届三中全会精神，积极探索新形势下职工民主管理的新途径、新形式，推进民主管理工作与时俱进，不断增强基层工会的活力；同时，促进越来越多的企业能够成为对投资者负责、对职工负责、对客户负责、对社会负责、富有社会责任感的企业，上海市总工会会同市劳动局、市质量协会、市行为科学学会、市企业联合会、上海大学等有关单位首次开展了上海市“职工最满意的企业”评选活动。市总先后制定下发了《上海市总工会关于开展2003年上海市职工最满意的企业评选活动的通知》和《上海市总工会关于开展2003年上海市职工最满意的企业评选活动的实施意见》。这次评选在范围上打破了所有制界限，明确不同所有制类型的企业均可申报参加评选，同时设置了相应的资格和条件，要求申报职工最满意企业的单位必须建立协调劳动关系的相关制度，未发生重大劳资纠纷或群体上访事件；必须遵守国家有关法律、法规，无拖欠职工工资、欠交职工社会保险金等现象；必须依法组建工会、正常开展工会工作;安全生产措施得力、未发生重大安全事故;各项社会、经济指标名列本系统、地区前茅等。为保证评选的科学性、准确性、公正性,评选活动还首次引入了员工测评体系,通过对候选企业职工进行随机抽样,无记名测评的方式来了解和掌握企业职工满意度,并作为此次评选的重要内容。职工满意度测评工作历时一个半月,98家候选单位参加的抽样调查测评,涉及职工15万余人,参加问卷调查的职工数超过25000人。同时,市质量协会、市企业联合会、市行为科学学会等单位还负责对候选单位进行了实地考察,以进一步全面了解企业各方面的情况。评选不仅产生了一批受到职工好评和肯定的优秀企业,还为每一家参加评选的单位提供了各单位员工满意度分析报告,以利于工作的改进和提高。活动受到了基层单位的欢迎。据统计,全市共有48个区县局(产业)的105家单位参加了评选活动,涉及职工人数超过15万人。 (秦 勇)

【市总工会建成“五一林”】 为响应市委、市政府创建国家园林城市的号召,充分展示上海工人阶级的文明形象和时代精神,市总工会组织全市10万个基层班组开展了“班组共建五一林,绿化上海作奉献”活动,共捐款435万元,在外环线400米绿带集中建造一片永久性生态林,这片生态林被命名为“五一林”。2月20日,市总工会、市绿化办召开共建“五一林”活动表彰大会,76个区县局(产业)工会分获特别贡献奖、优秀组织奖和组织奖。7月2日,市总工会、市绿化办在“五一林”阳光大草坪举行“五一林“落成典礼,市人大常委会副主任、市总工会主席陈豪出席典礼并为“五一林”纪念碑揭牌。座落于外环线400米绿带宝山顾村段的“五一林”占地25公顷,绿树葱茏、芳草如茵,林中种植香樟、银杏、深山含笑、日本甜柿等各类乔木10万余株,还建有阳光草坪、森林野岛、亲水平台等景观,入口处重达26吨的“五一林”纪念石状如紧握之拳,象征着上海工人阶级的气度和力量。10月11日,市总工会、市绿化办在“五一林”举办上海职工健身跑活动,领略走进大自然、拥抱生命的美好感觉,动员广大职工从我做起,参与爱绿、护绿活动,共筑绿色美好家园。“五一林”的建成,使环城绿带又增添了一片新绿,为上海实现新建绿地6000公顷、城市绿化覆盖率达到35%、实现国家园林城市创建目标作出了一份贡献。 (程友谨)

【市总工会抗击“非典”工作 突出“五加强五到位”】 3、4月间,“非典”突袭上海,面对重大疫情的严峻考验,在市委的领导下,市总工会组织全市各级工会积极行动起来,切实做好防范“非典”、稳定人心的工作。从4月中旬至5月中旬,市总工会就做好防非宣传工作、组织工作,“五一”期间防非工作和稳定劳动关系工作等连续下发4个文件,团结动员全市500万职工同心协办,共抗“非典”。(1)加强学习,认识到位。市总工会要求各级工会从实践“三个代表”重要思想的高度,充分认识做好防非工作的极端重要性,把思想统一到党中央、国务院和市委、市政府的部署上来,把维护职工群众的身体健康和生命安全放在突出位置,高度重视,全力以赴,配合党政及有关方面,组织动员全市职工打一场群防群治“非典”的战役。(2)加强领导,责任到位。各级工会把配合党政及有关方面做好非典型肺炎预防工作,作为工会的重大任务,放到重要议事日程。市总工会专门成立了防非工作领导小组,各区、县、局(产业)工会均成立了相应工作机构,工会主要领导亲自抓、负总责,各部门协同配合,各负其责,做到思想统一,责任到人。(3)加强宣传,舆论到位。充分发挥基层局域网、黑板报、广播台、画廊、厂报、厂刊等宣传阵地和舆论工具的作用,大力宣传党和政府高度重视、防治和消除非典型肺炎的有效措施,大力宣传广大医护人员救死扶伤、无私奉献的精神,大力宣传人民群众齐心协力同非典型肺炎灾害作斗争的动人事迹,市总工会紧急编印5万册《“非典”预防手册》发到基层,对职工加强科普教育,广泛宣传疾病预防知识,消除职工的疑虑,增强职工健康保健意识,为保持正常的生产生活秩序营造了良好的舆论环境。(4)加强组织,机制到位。市总工会要求各级工会树立全局观念和大局意识,努力发挥工会群众性组织的优势和作用,各级工会都相继建立了有效的工作机制,结合工会特点和各系统各单位实际,健全了预防非典型肺炎的信息收集传递制度和工会与行政之间的沟通协作制度,积极配合政府和行政做好各项预防非典型肺炎的具体工作,确保了防非工作有序开展。(5)加强管理,措施到位。加强对非典型肺炎预防工作的过程管理,把各项工作做实做细做深入。一是做到不举办大型集体活动,不组织职工疗休养和集体旅游活动。二是督促企业认真

7月2日,市总工会主席陈豪和市绿化局领导为“五一林”揭牌(徐 晴)

贯彻市政府和全总通知要求，督促企业按规定做好涉及职工就业、工资及福利待遇的相关工作，切实保障职工的基本生活，稳定职工情绪，及时帮助解决部分职工在“非典”期间遇到的暂时困难。三是将预防非典型肺炎作为工会劳动保护工作的主要内容，充分发挥工会劳动保护监督网络群防群治的优势，积极参与有关部门对职工身体健康状况的监控，切实加强易感岗位等特殊群体的防治工作。四是增强职工的自我保护意识，引导职工注意个人卫生和健身锻炼，增强防病防灾能力，发动职工广泛开展公共卫生整治活动，清除卫生死角，加强监控防范。市总工会还密切关注外省市的疫情，加强与外省市工会的合作，市总工会先后向北京市总工会、广东省总工会、山西省总工会、河北省总工会、内蒙古自治区总工会等发去慰问信，并赠送慰问款55万元，向兄弟省市工会同行送上上海工会的一片深情厚谊。

（程友谨）

· 政策摘编 ·

上海市调整2003年医保年度个人医疗帐户及门急诊自负段标准、住院统筹基金起付标准和最高支付限额

根据《上海市城镇职工基本医疗保险办法》有关规定，经市政府批准，市医疗保险局下发了沪医保[2003]42号文件，规定自2003年4月1日起，调整本市2003年医保年度（2003年医保年度为2003年4月1日至2004年3月31日）职工个人医疗帐户以及门急诊自负段标准、住院统筹基金起付标准和最高支付限额。

在职职工个人医疗帐户，按个人缴费计入部分，以2003年2月本人实际缴费额为基数计算；按本市职工年平均工资计入部分，以2003年度本市职工年平均工资19473元为基数按规定比例（0.5～1.5%）计入。

退休职工个人医疗帐户，以2002年度本市职工年平均工资19473元为基数按规定比例（4～4.5%）计入。

门急诊自负段标准、住院统筹基金起付标准和最高支付限额以2000年度本市职工年平均工资15420元为基数，按规定比例计算。具体如下：

项目 / 对象		门急诊自负段标准（元）	住院统筹基金起付标准（元）	住院统筹基金最高支付限额（元）
在职职工		1542	1542	61680
退休人员	2000年12月31日前退休	308	771	61680
	2001年1月1日以后退休	771	1234	61680

上表门急诊自负段标准不适用于2001年1月1日后参加工作的在职职工。统筹基金起付标准不适用于门诊大病自负医疗费的计算。

（王立铭）

上海职工队伍分布图（按国民经济行业分）

（单位：人）

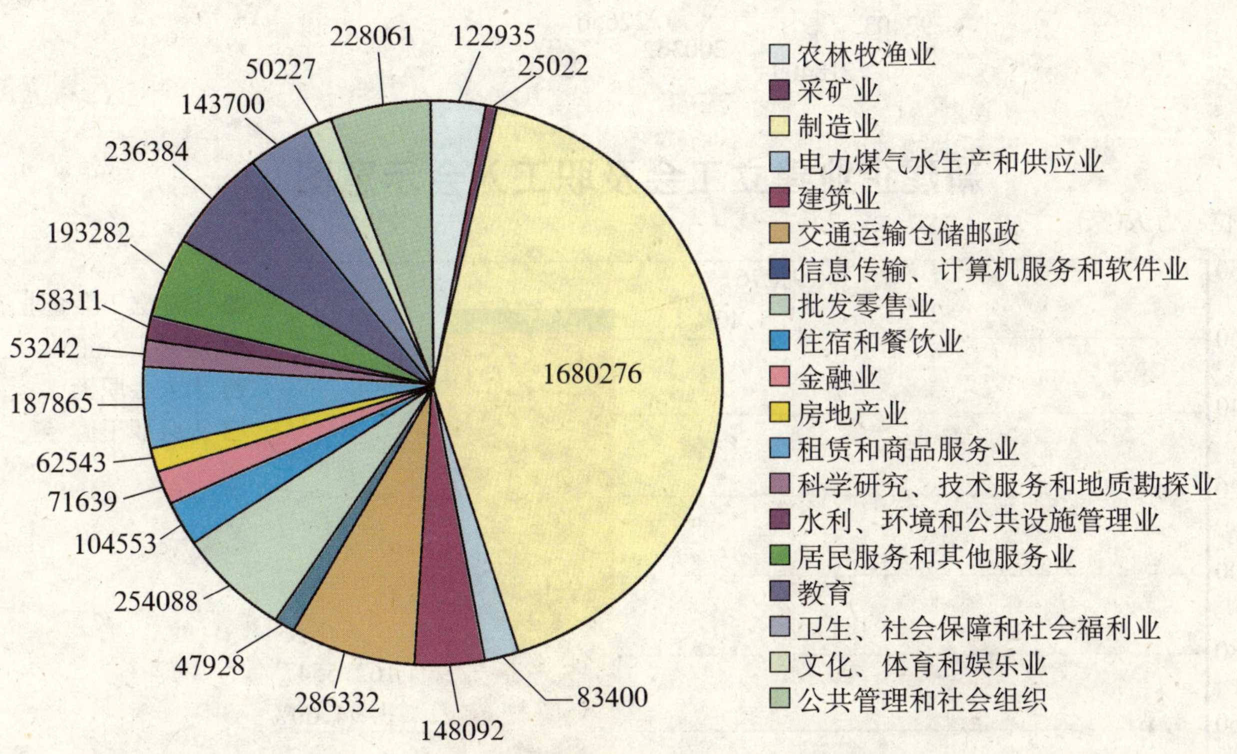

（吴　越）

上海职工队伍分布图（按经济类型分）

（单位：人）

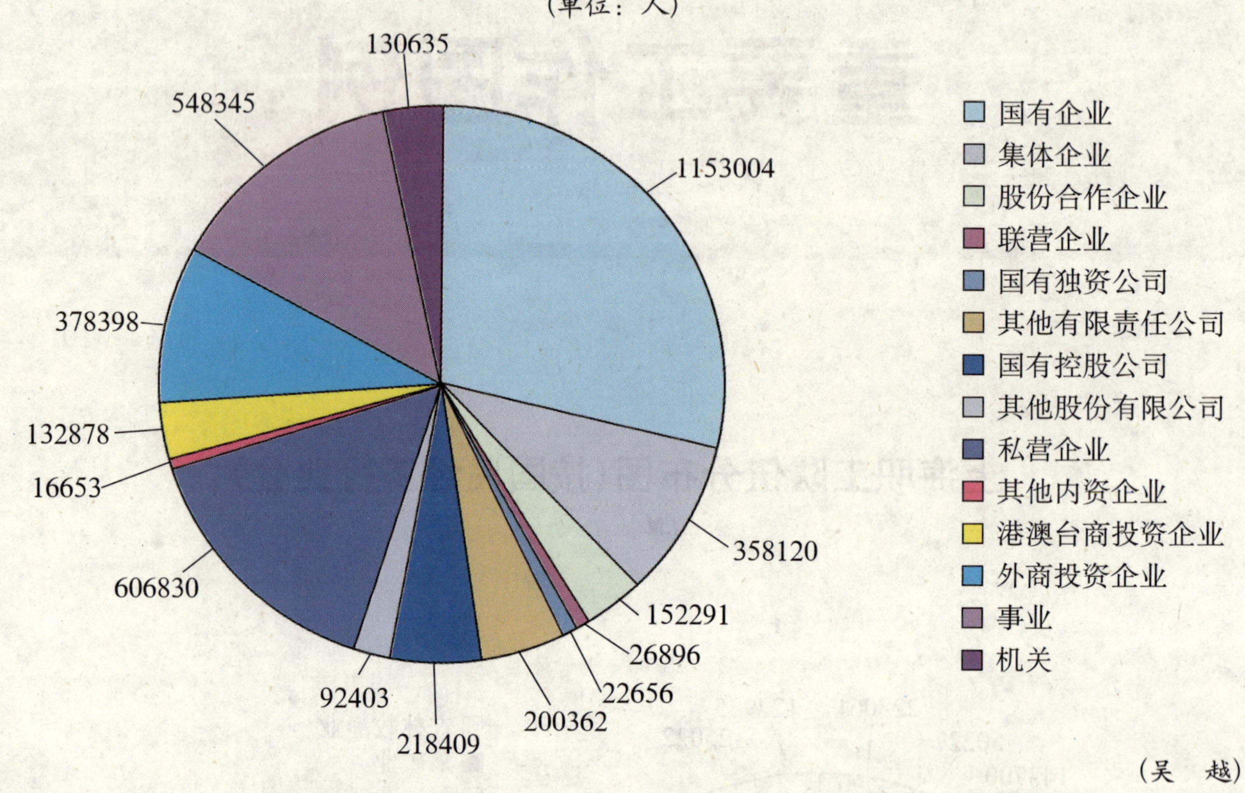

（吴　越）

新建企业建立工会及职工入会示意图

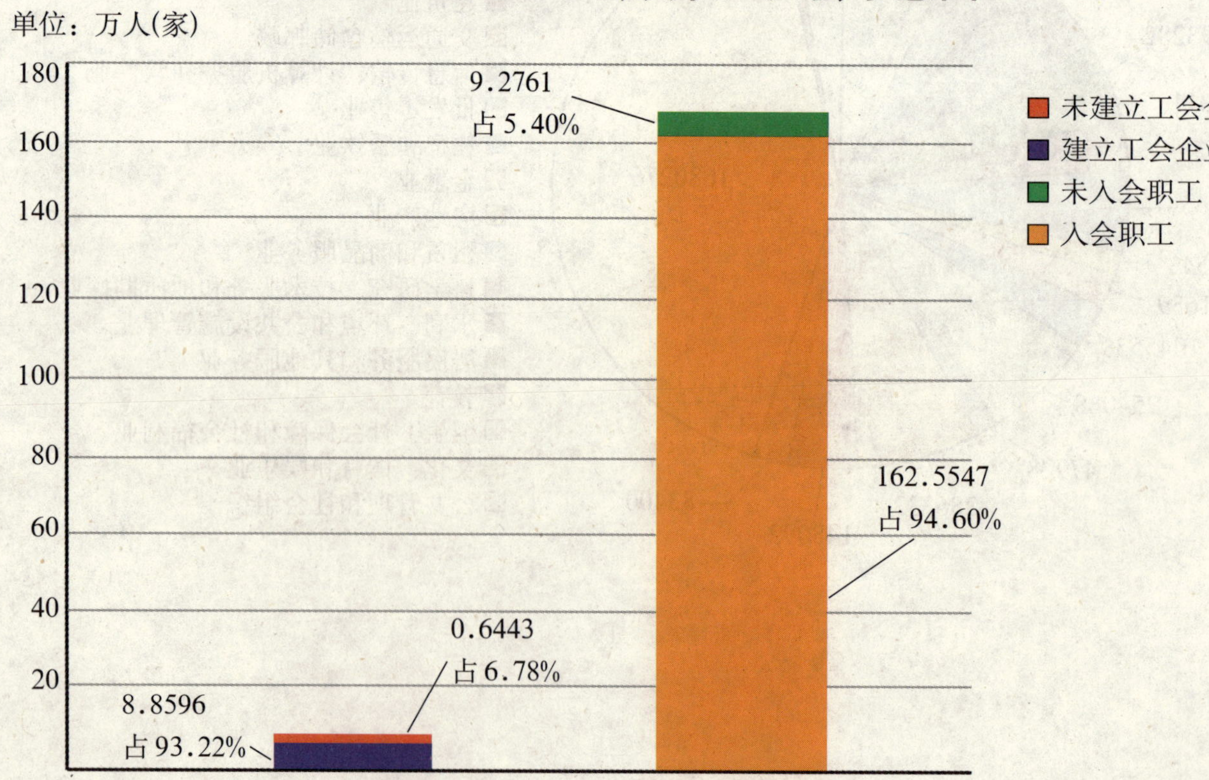

（杨　娟）

新建企业已建工会企业构成图

（企业总数：88596家）

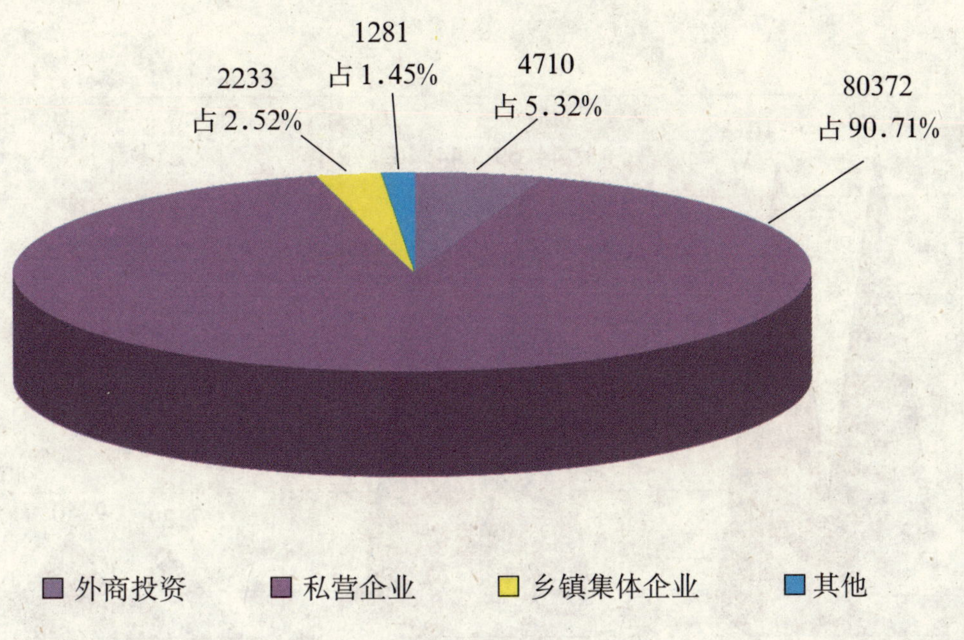

（杨　娟）

新建企业工会会员构成图

（会员总数：1527499人）

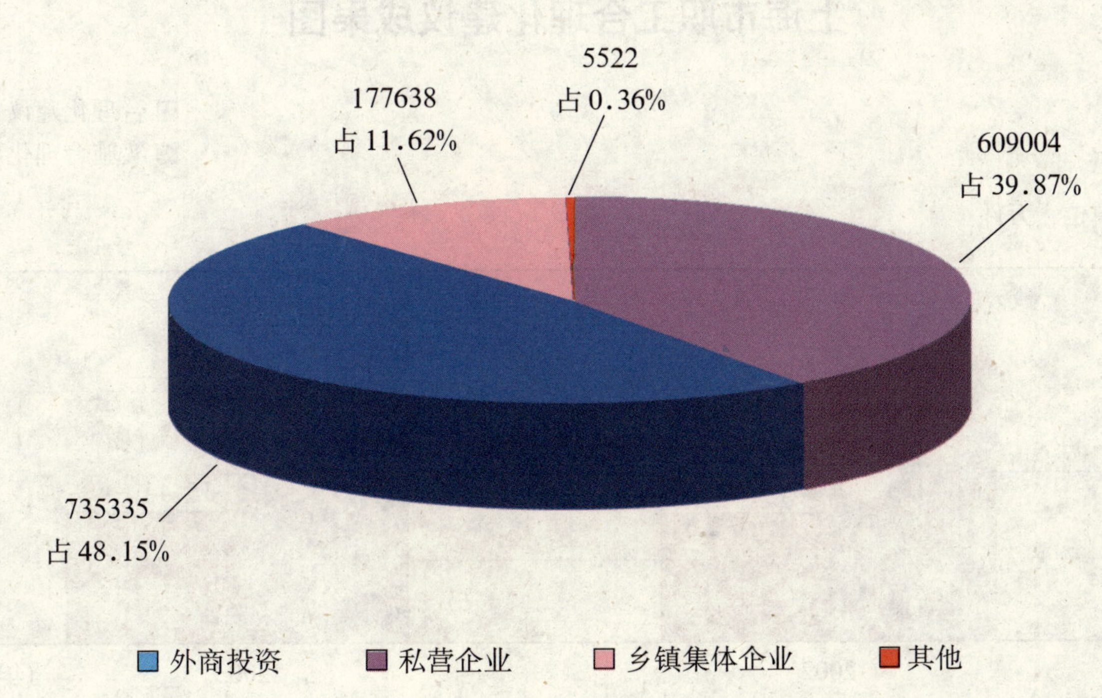

（杨　娟）

上海职工技能登高(成才)示意图

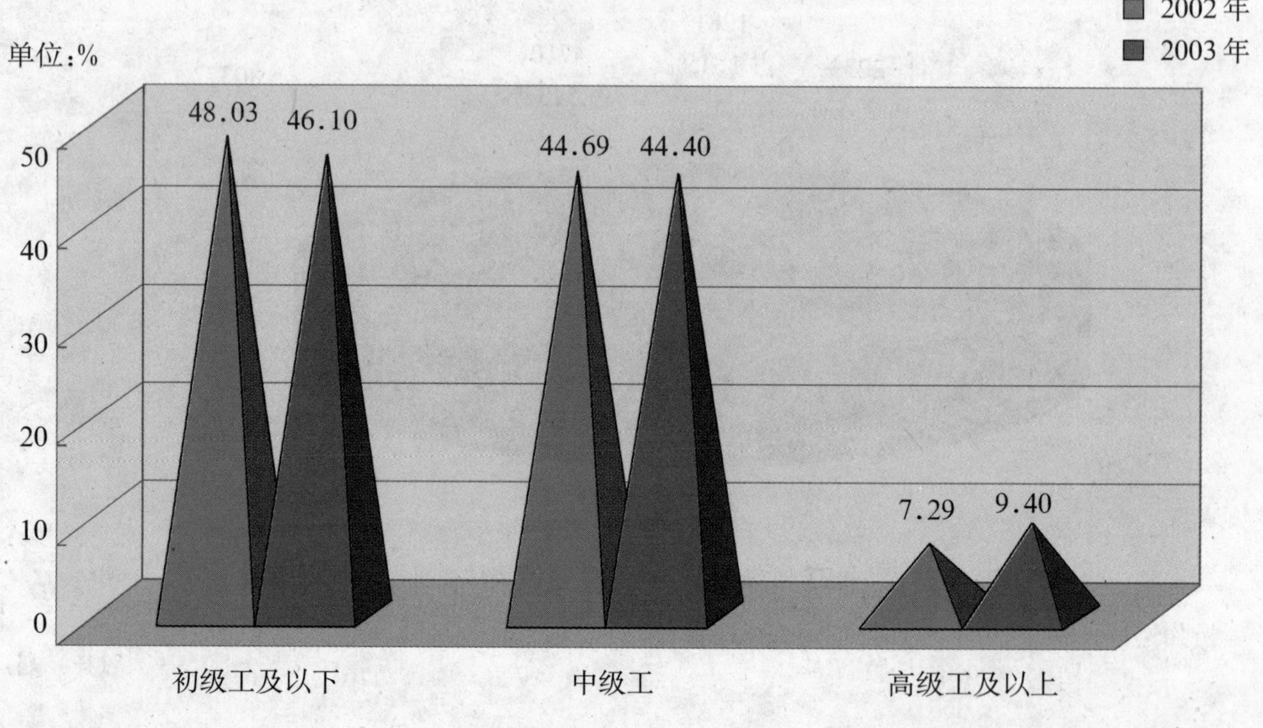

(李 伟)

上海市职工合理化建议成果图

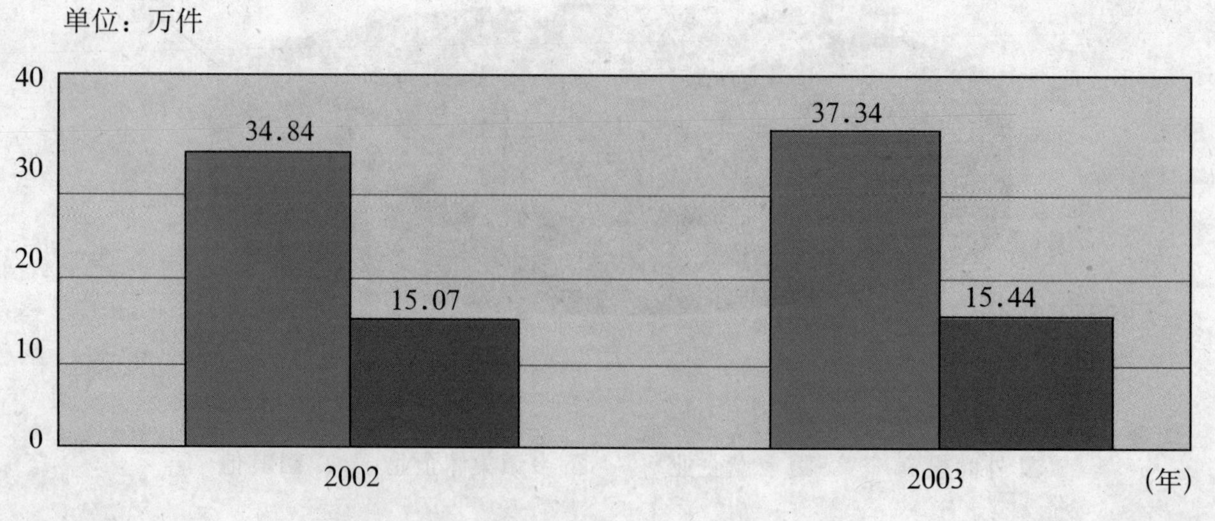

(满顺华)

上海市职工技术革新技术发明成果图

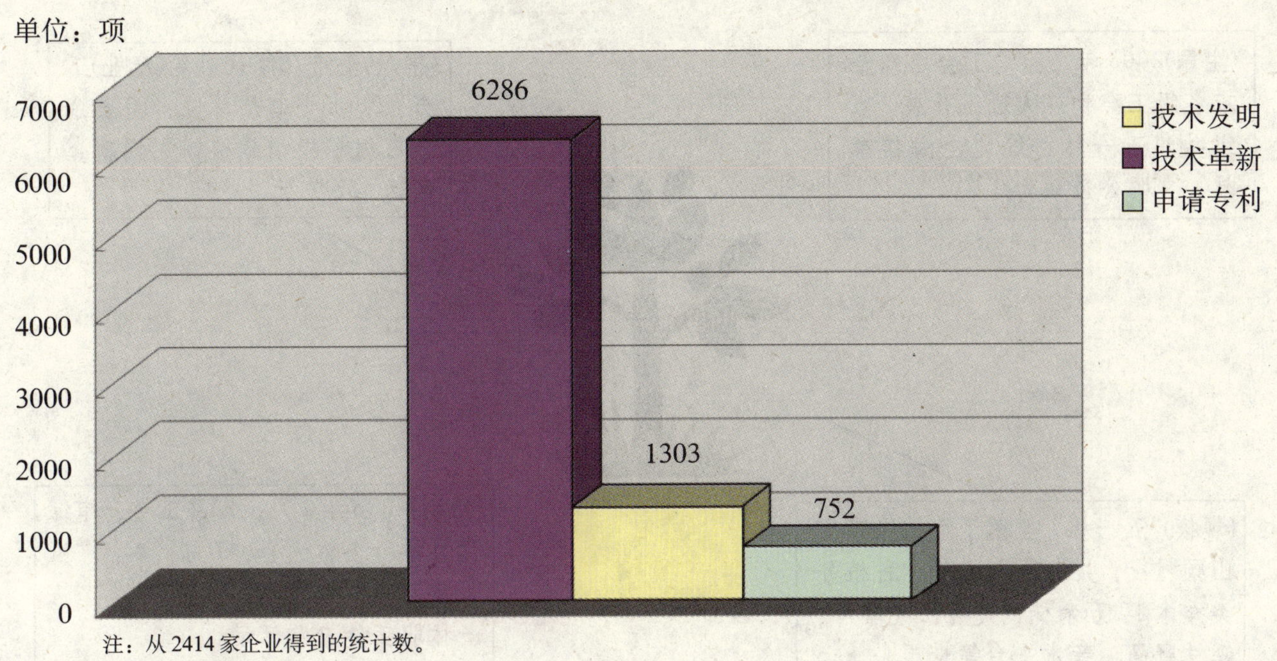

注：从2414家企业得到的统计数。

（满顺华）

上海读书节示意图

上海读书节开幕式暨上海市振兴中华读书活动表彰会，共126个读书先进单位、74个优秀读书小组和284名读书优秀个人受到表彰。

上海市民综合知识测试，参加总人数为18856人，合格率为77.1%，1.4万人拿到合格证书。

“我最喜爱的20本书”评选，收到选票17333张。

读书格言、读书征文活动，收到10055条格言和征文6145篇。

“读书与上海城市精神”专题报告会，举行5场报告会，出席人数3000多人。

上海外来务工建设者读书活动推进会，1000余名外来务工建设者参加。

上海工会全面实施职工素质工程，推进“创争”活动交流会，各级工会近500名代表参加。

（张　凡）

共建“五一林”示意图

(主题)2003年，市总工会组织全市各级工会和广大班组开展“班组共建五一林，绿化上海作奉献”文明公益活动。

(捐款)全市76个区县局(产业)工会、2865个基层单位、10万余个班组积极捐款植树，捐款金额达435万元。

(规模)“五一林”座落于环城绿带宝山顾村段，共占地25公顷，种植各类乔木10万余株，建有阳光草坪、森林野岛、亲水平台等景观。

(活动)2003年2月，市总工会、市绿化办举行表彰大会；7月，举行“五一林”建成典礼；10月，举办“五一林职工健身跑活动”。

(张 凡)

上海市初级工商管理(EBA)资格培训示意图

(宗旨)推进科教兴市战略，为大面积提高基层管理者知识和技能开辟一条便捷通道。

(内容)上海市初级工商管理(EBA)资格培训开设《管理学概论》、《经济学概论》、《法学概论》三门课程。

(特色)非学历培训与学历教育相沟通，学员学习分为EBA资格培训和大专学历教育两个阶段，均采取国家学历教育认定的学分制。

(成果)自2002年3月至2003年12月，共举办四期培训，近2万名学员参加，培训合格率达90%以上，近70%接读大专，172名学员获得奖学金。

(张 凡)

职工文体活动示意图

呼吸健身推广展示活动
全市各级工会、工会俱乐部
协会参加推广活动

"大众保险杯"
首届上海职工羽毛球公开赛
有1万名职工、58支队伍参赛

首届"上海热线杯"
上海职工网络文化·游戏大赛
5万名职工参赛

第八届"延锋杯"
上海市职工五人制足球锦标赛
1千名职工、144支队伍参赛

《上药杯》上海市职工
"人人运动"健身操比赛
1万名职工、207支队伍参赛

（宋　昶）

非公企业职代会建制情况（一）

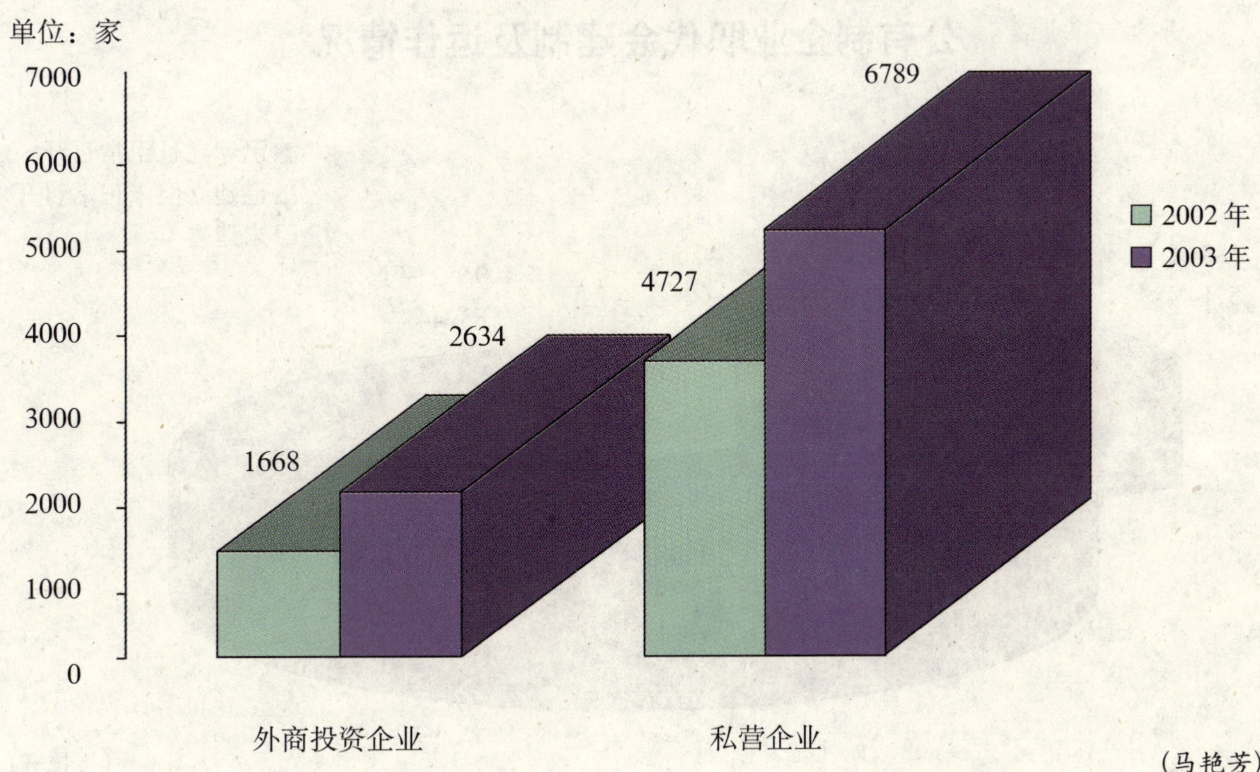

（马艳芳）

非公企业职代会建制情况（二）

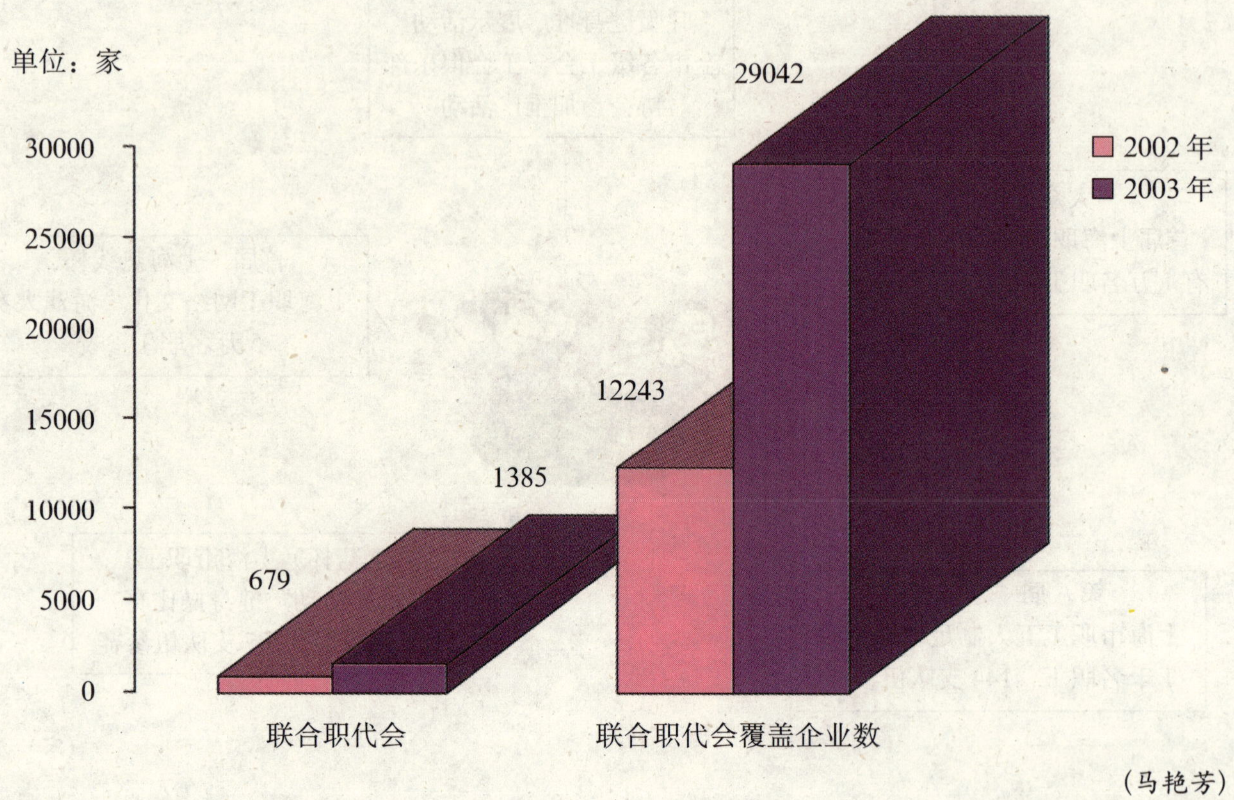

（马艳芳）

公有制企业职代会建制及运作情况

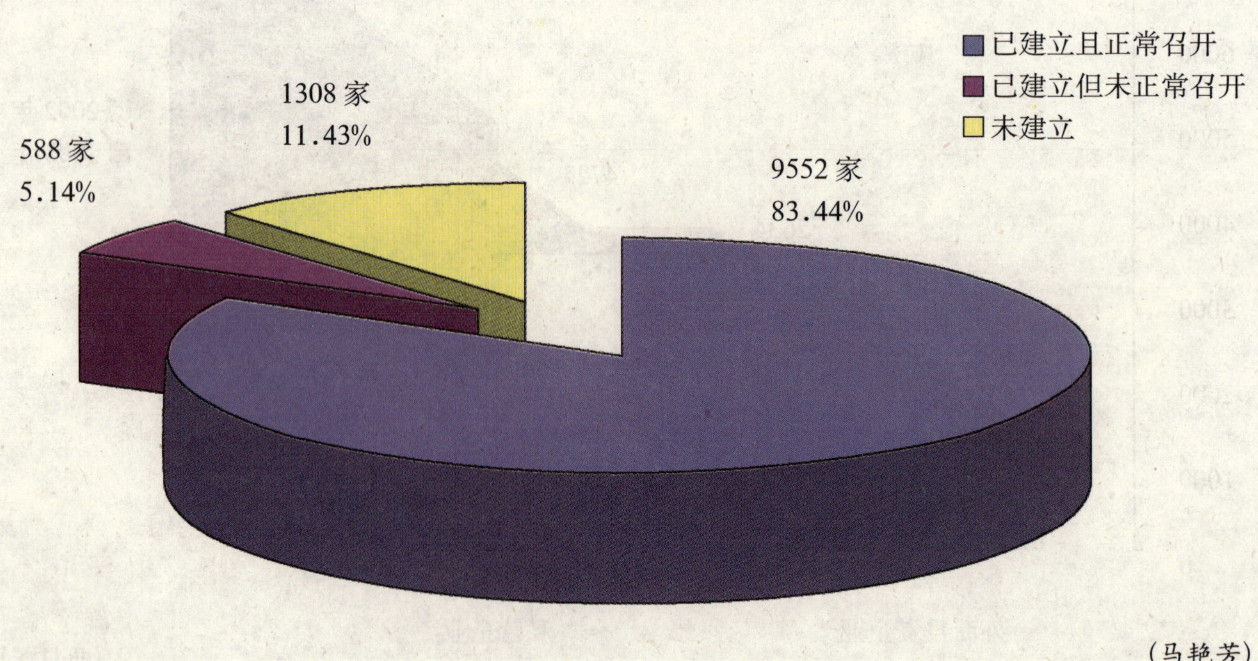

（马艳芳）

厂务公开实施情况

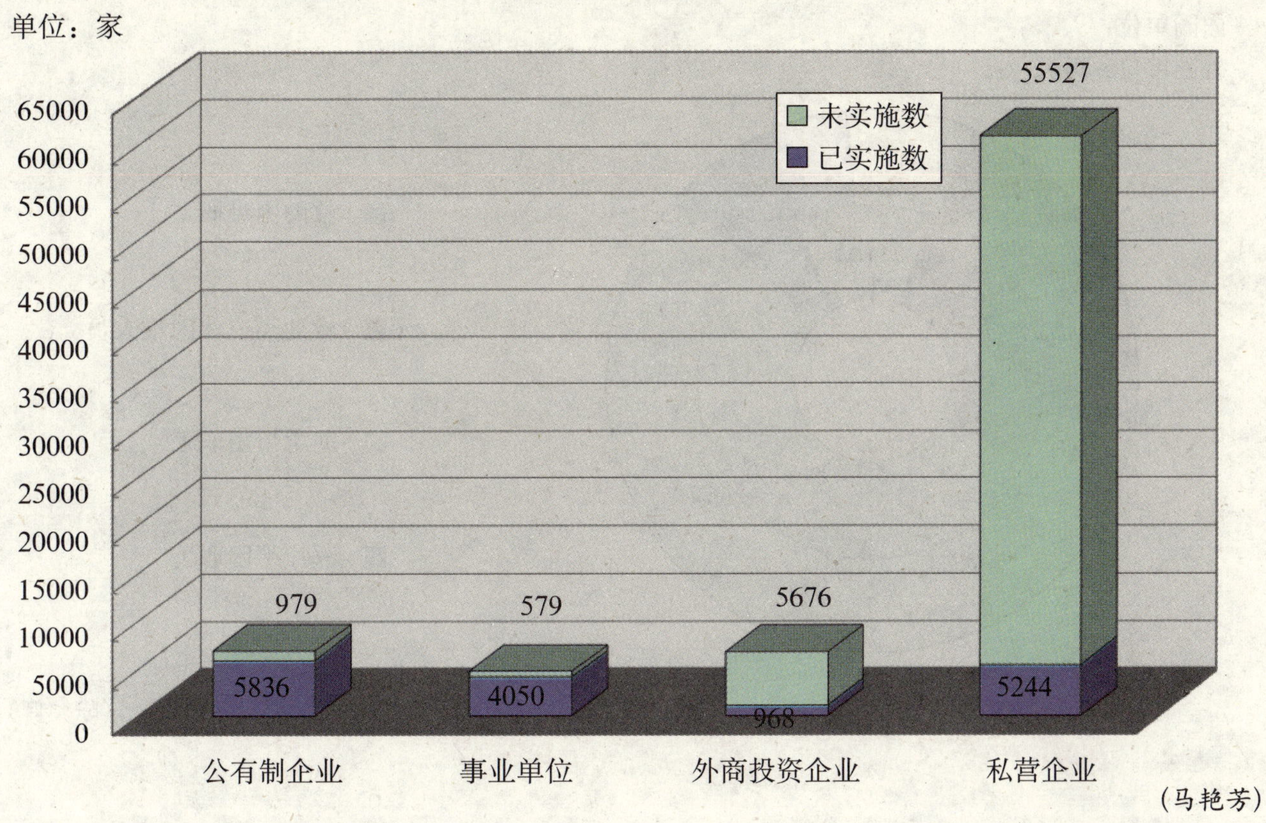

（马艳芳）

上海工会直接帮助就业困难职工实现再就业示意图

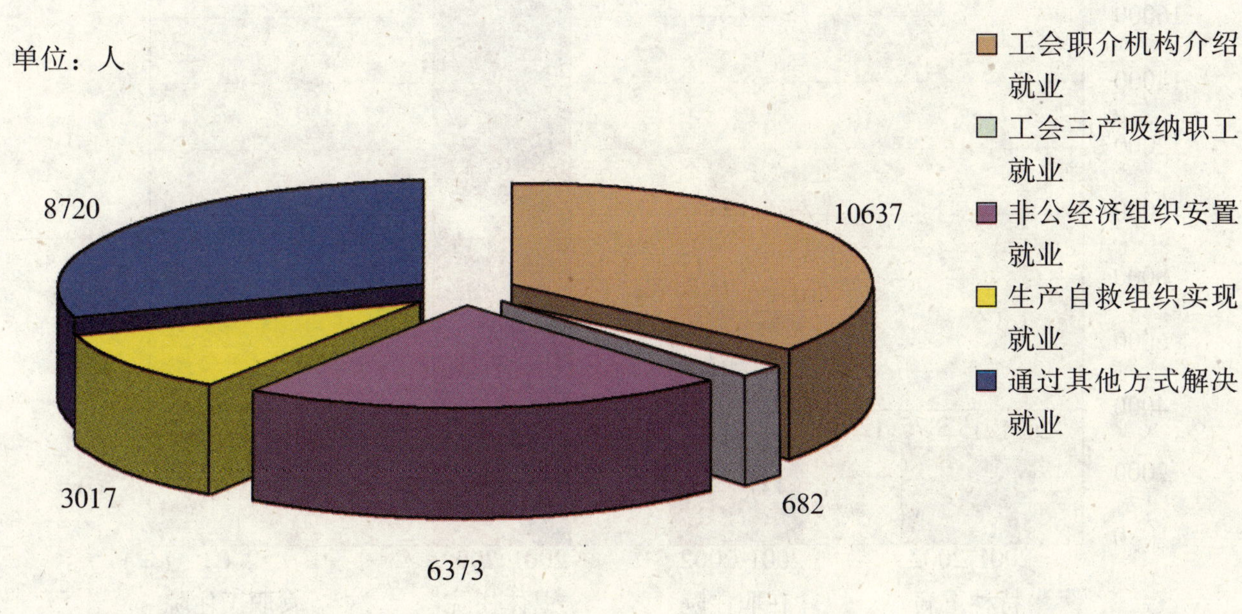

（陈　晖）

上海工会送温暖救助示意图

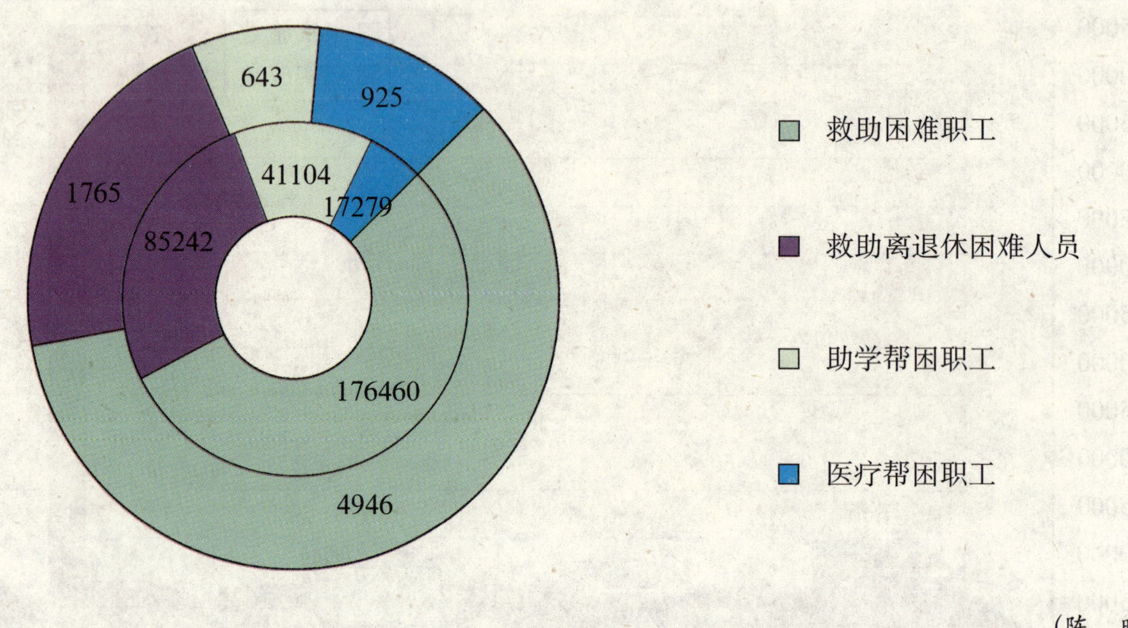

（陈 晖）

上海工会四项互助保障计划给付情况示意图

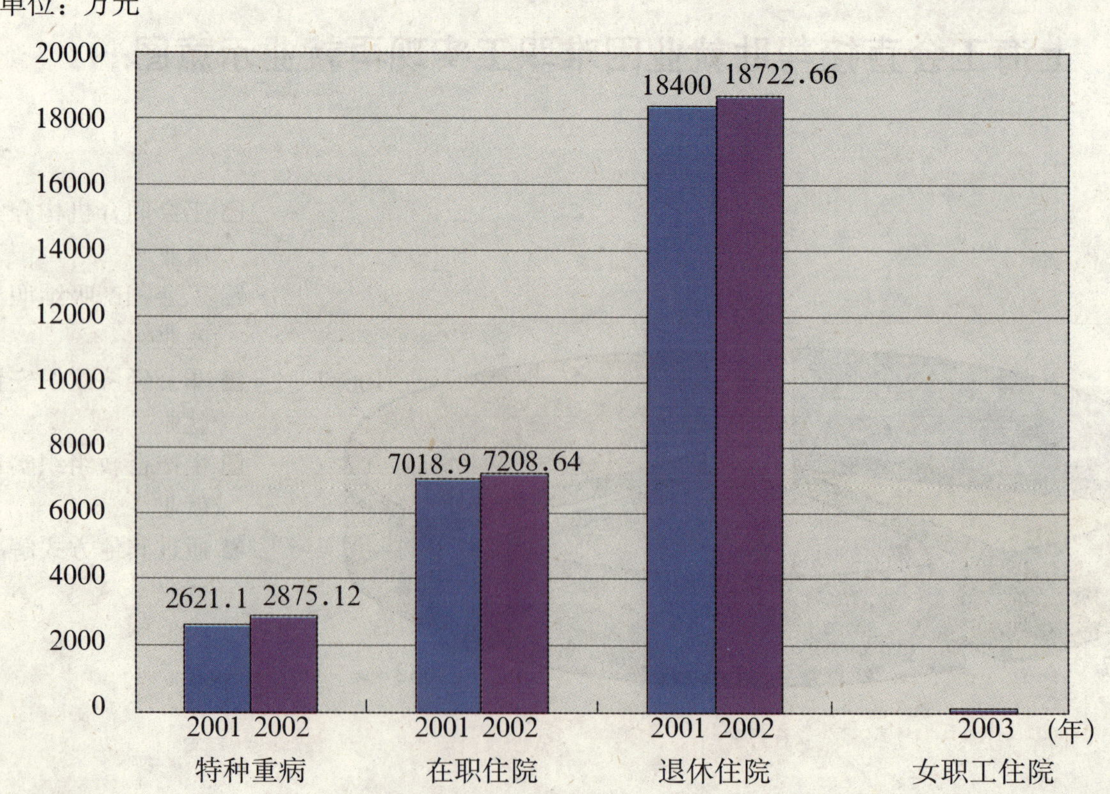

（陈 晖）

上海工会2003年四项互助医疗保障计划参保职工示意图

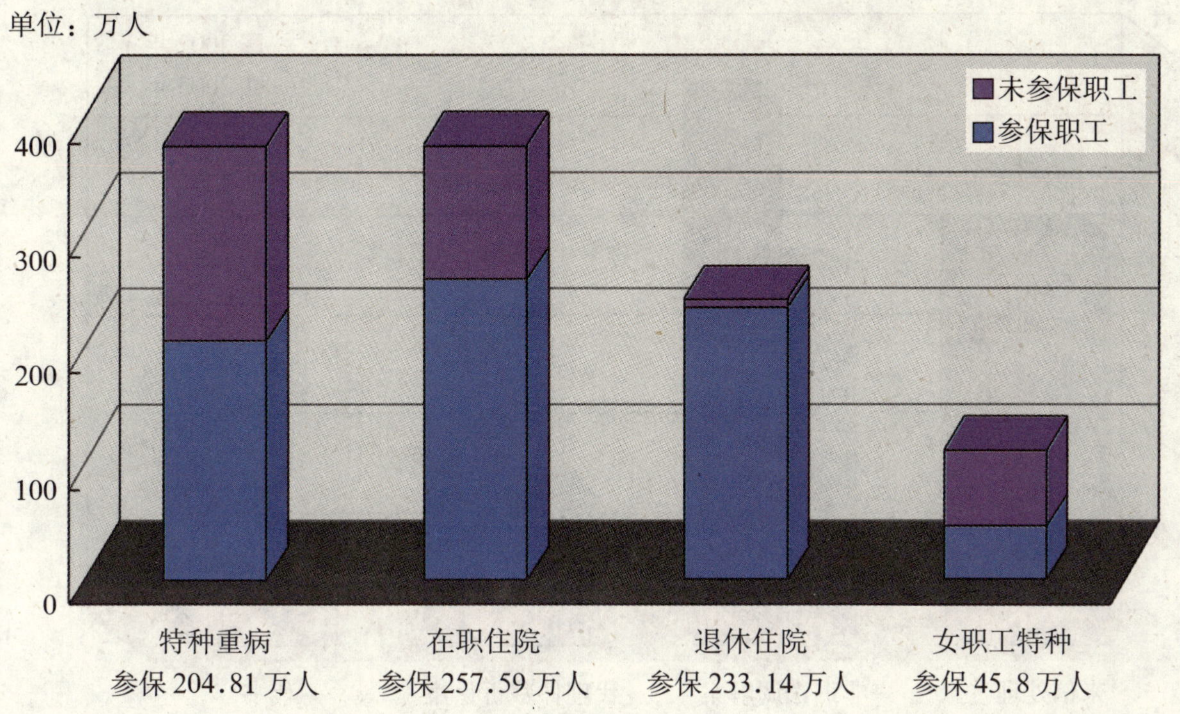

（陈　晖）

上海工会与劳动监察机构联合执法监督检查示意图

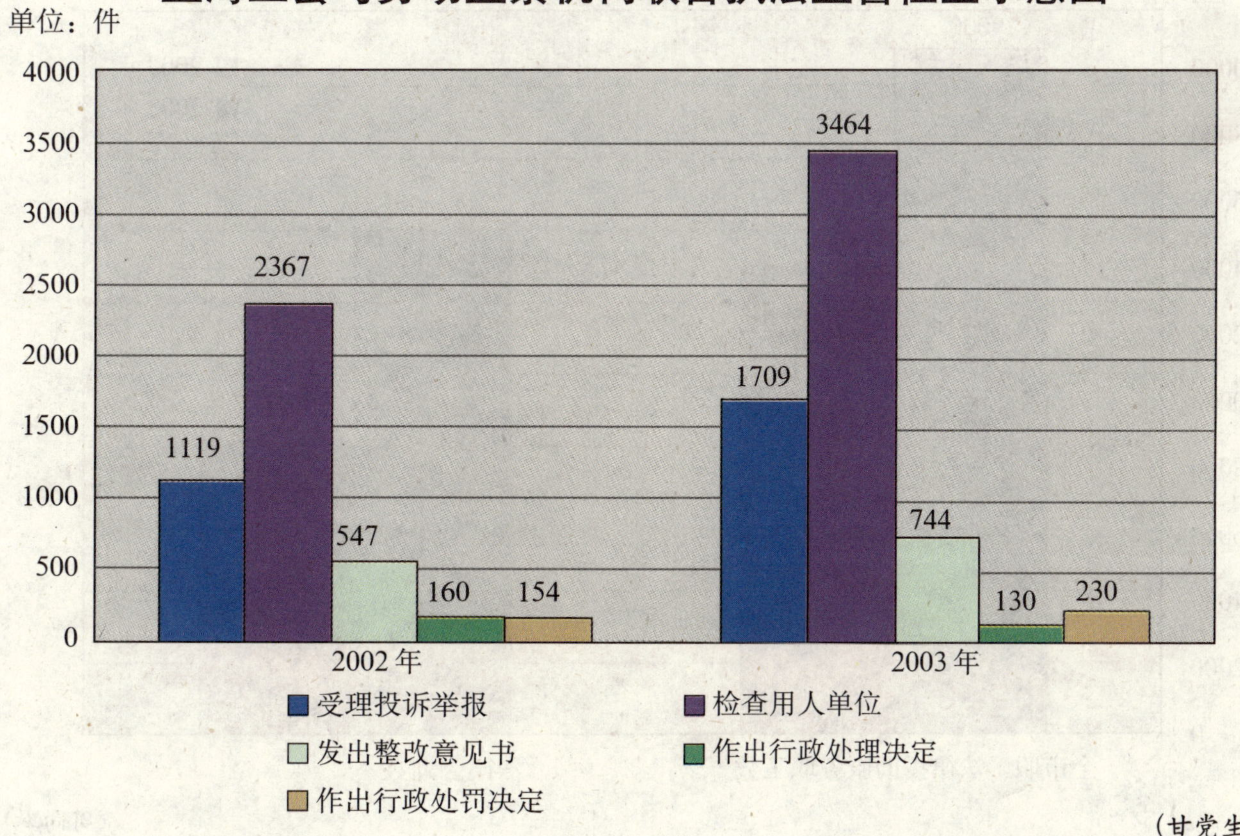

（甘党生）

法律维权示意图

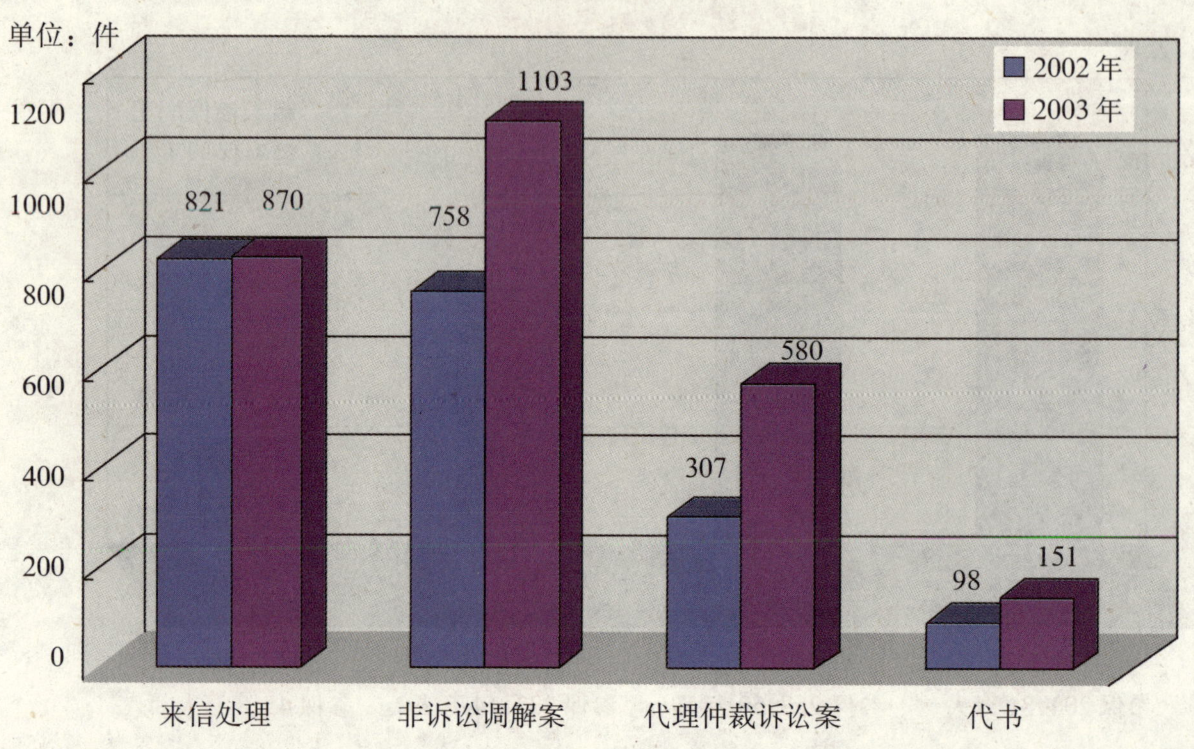

（周向琳）

上海工会实施法律援助（咨询）图

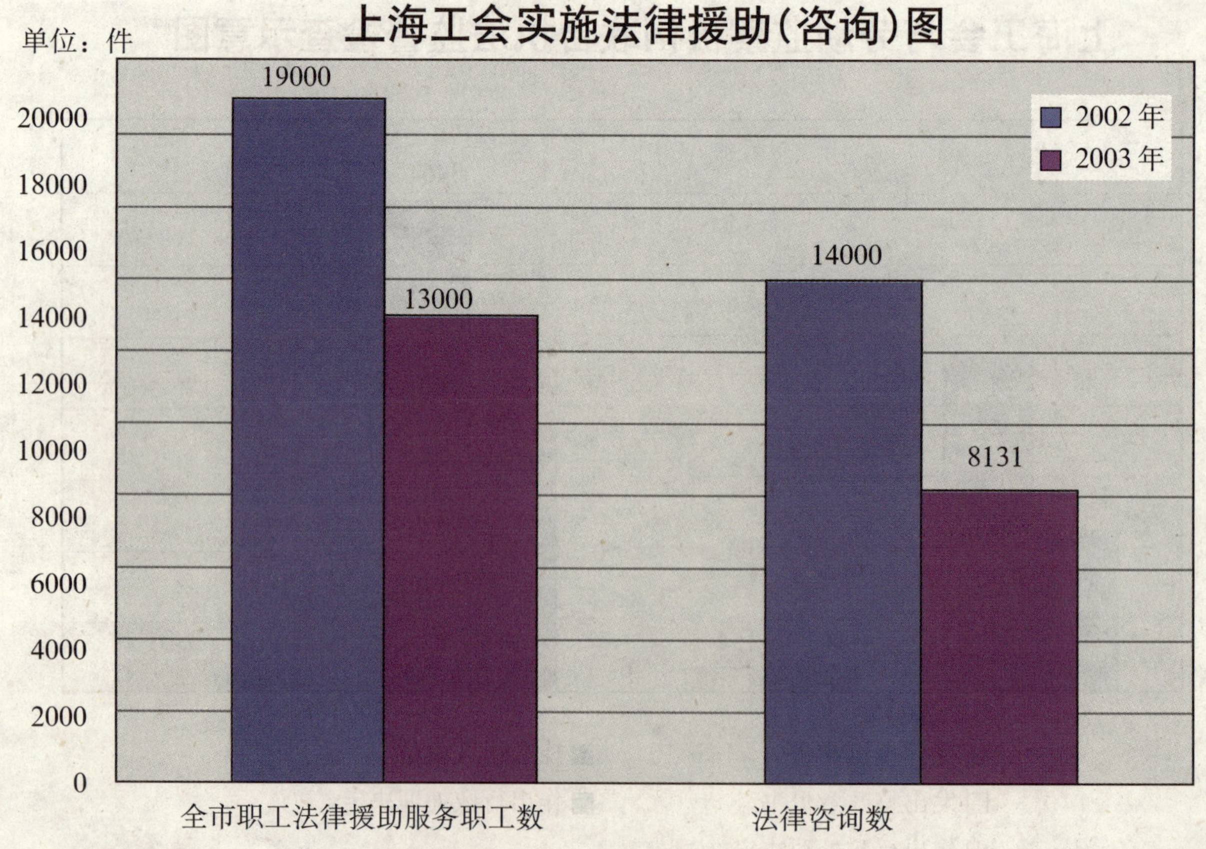

（周向琳）

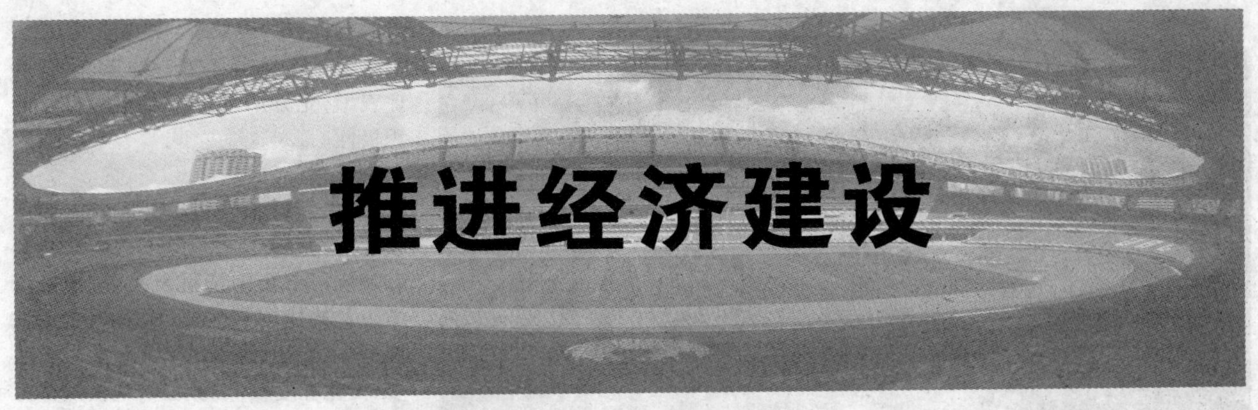

综　述

根据市委、市政府实施科教兴市战略部署，为了进一步动员组织全市各级工会和广大职工投身科教兴市，为上海新一轮发展贡献智慧和力量。2003年，市总工会继续以提高职工队伍整体素质，加快职工队伍知识化进程为重点，创新思路，拓展领域，积极开展深化素质工程，推进科教兴市活动。(1)广泛征集科教兴市“金点子”，开展了“我为科教兴市献一计”活动。全市共有82个区县局(产业)工会组织了2850多家企事业单位逾125万名职工参与这项活动。一是筹划召开了“科教兴市与上海职工”研讨会，进一步提高了各级工会和广大职工对科教兴市的责任感和紧迫感；二是下发了以倡导开展群众性经济技术创新活动、“重点工程、科技项目”立功竞赛活动为主要内容的《关于开展为科教兴市建功立业活动的通知》；三是组织召开了上海工会“深化素质工程，推进科教兴市”宝钢现场交流会，总结素质工程三年来的工作经验，部署上海工会服务科教兴市大局的工作举措。(2)启动两项计划，激发职工参与科教兴市的积极性和创造性。一是制订实施职工“技能登高计划”和“创新行动计划”。通过“百万职工大练兵”、“百项职工技能大赛”、“百佳技师传艺授教”、“百家培训基地模式推广”、“百户企业重点推进”、“百分之三高级工技能提升”等6大举措；运用“培训、练兵、比武、晋级”四位一体的工作机制，实现了素质工程确定的阶段性目标。二是市总工会会同市劳动和社会保障局、团市委共同组织开展了2003年“技能竞赛月”活动。据统计，全市有逾184万名职工参加了练兵活动，10%的技术工人实现了技能升级，6.9%的职工拥有第二技能，10.6%的技术工人成为岗位或职业的复合型人才。2003年，上海组队参加了全国职工职业技能大赛，分别荣获焊接比赛个人、团体第二名，并成为十个优秀组织单位之一。另外，还举办了“全球通杯”无线通信业务及技术应用知识大赛。三是继续组织开展重点工程实事立功竞赛。据统计，全市各级工会共组织、发动了120万职工参加全市72个综合赛区的立功竞赛活动。“创新行动计划”在全社会倡导“动手又动脑”的新理念，广泛开展了职工“技术创新、技术攻关、绝技高招、发明创造”等群众性经济技术创新活动，形成了人人学科学，个个求发展的社会氛围，实现了全市职工创新成果“十百千万”目标。全市33个行业，3249家企事业单位，52.8万职工参与这项活动，提出合理化建议15.4万件，总结推广先进操作法846项，技术创新6339项，技术攻关1179项，申请专利752项，获得专利660项。四是市总联合市委宣传部、市经委、市科委、市知识产权局、市劳动和社会保障局、上海发明协会共同举办了第五届上海市十大工人发明家评选活动，选树了一批职工技术创新标兵、能手，推动了职工绝技高招、创造发明、技术开发、技术创新、技术改进等群众性经济技术创新活动的深入开展。(3)整合教育培训资源，进一步深化职工素质工程。一是在总结了华东理工成教学院等10家培训机构的典型经验的基础上，市总工会又通过整合社会培训教育资源，命名了98家培训机构为第二批“上海职工素质工程教育培训基地”，提高了职工培训基地的覆盖率和影响力。二是完成了全总下达的上海中青年职工计算机应用知识普及率50%的目标，并以网页制作的成果赴京参加汇报表演，上海市总工会被评为优秀组织单位，2名优秀组织者、12名先进个人受到了全总的表彰。

(吕泰康)

“双争双智”活动

【上海工会创建学习型组织活动再上新台阶】 2003年3月，市总工会下发了关于进一步深化“争创学习型组织，争当知识化职工”活动，全面推进职工素质工程上新台阶的意见。各级工会紧紧围绕上海的改革和经济建设，从上海新一轮发展和实施科教兴市战略要求出发，发扬与时俱进的学习精神，以创建学习型组织为抓手，以加快工人阶级知识化进程、促进人的全面发展为目标，大力推进以创建学习型组织、培育知识化职工为主要内容的职工素质工程。在创建实践中，努力探索，不断创新，取得了新的成效。8月，市总工会下发了关于推荐评选2003年度上海市学习型企业、学习型社区、学习型团队创建奖的评选意见，开展了创建奖的评选工作，得到了广大基层的热烈响应和参与。上海电信、石化、医务、航天、城市交通、铁路、高化、黄浦、闸北、静安、普陀、杨浦、长宁、闵行等50个区局工会，在创建学习型组织的过程中，从普及终身学习的理念出发，注重学习环境、学习氛围、学习机

嘉定区总工会召开推进职工素质工程暨“双争双智”动员大会（陆保芳）

制的建设，注重职工的综合素质和学习能力的提升，培育和造就了一大批争创学习型组织的先进集体和学习成才标兵。在2003年度上海市创建学习型组织的评选活动中，市总工会命名表彰了新世界股份有限公司等58个学习型企业创建奖、上海市电信公司长途通信事业部交换维护中心等69个学习型团队创建奖、潍坊新村街道等29个学习型社区创建奖。

（刘宝华）

【闸北区总工会建立创建学习型组织的长效机制】 为了推进以“争创学习型组织，争当知识化职工”为主要内容的职工素质工程，增强创建活动的实效性，闸北区总工会在创建学习型组织的实践中逐步建立了一套长效机制。(1)签约机制。每年与全区各系统工会签订目标责任书，责任书规定了双方的权利义务，保证创建任务如期完成。(2)服务指导机制。按行业特点和创建难易程度进行分层分类指导，帮助各类企业确定创建目标、制定创建规划、落实相应措施。(3)巡视督查机制。通过对基层工会创建工作巡视督查，及时掌握创建状况、分析存在的问题，研究解决的办法。(4)提速机制。对创建条件好、起步早、基础扎实的单位提供更多的支持帮助，使其早日成为学习型组织。(5)评估机制。根据行业特点和各单位创建基础，制定相应多层次的创建标准，实施区总工会评估与系统工会评估相结合，积极发挥系统工会积极性，并由区总工会审定考核的评估办法。（孙沪芬）

【金山区金山卫镇创建学习型工会】 紧邻石化新城的金山卫镇现有基层工会56家，工会会员8560余名。镇工会以“创建学习型工会”为抓手，强化工会干部的教育培训。主要做法：(1)制订计划，采取措施，保证工会干部培训到位。镇工会制订了《工会干部培训计划》，坚持每季度一次工会主席例会，还规定镇和基层工会干部参加市总、区总各类培训，费用由镇工会统一支出，为工会干部学习创造了有利条件。(2)形式多样，注重实际，积极开展工会干部培训：一是在培训的内容上突出针对性，做好三方面的培训。理论培训，学习贯彻“三个代表”重要思想，增强工会干部的使命感、全局观；二是岗位培训，重点内容是怎样当好工会主席、工会干部应具备的基本素质等；三是专业培训，包括集体合同制度的建立与运作、民主管理、劳动保护、经费收缴等涉及工会工作诸方面的业务知识。在培训的形式上注重多样性，做到“三个结合”：一是理论学习与实践相结合，在学习的同时，请有实践经验的同志现身说法；二是授课与研讨相结合，在学习的同时把好的建议和存在的问题提出来，共同切磋；三是集体培训与个人自学相结合，镇工会确定每阶段不同的自学内容，将学习的材料和具体要求，发到基层工会，每季度工作例会上进行检查，年终讲评表彰，充分调动了工会干部自学的积极性。（吴 冲）

【烟草集团材料公司工会为职工储备技能搭舞台】 上海白玉兰烟草材料有限公司工会围绕科教兴企，积极探索职工技能培育之路，努力为企业发展开发人力资源。针对企业老职工多、文化程度较低的现状，积极发挥工会优势和作用，做到坚持以主角的责任意识，主动做好配角的工作；以定期协商沟通的方式，协助党政有关职能部门抓好人才培养、人才挖掘和人才的使用。工会通过倡导职工开展“三学”活动，建立职工“三学”激励机制，鼓励职工利用业务时间读书充电，自学成才，一专多能，成为技能复合型、储备型职工。如职工自学获得了高级电工、烹饪、驾驶、动力等工种的技能证书，则被认定为企业的储备技术力量，一旦需要即可走马上任，然后经过岗位实践考核后，予以全额报销学费。这一举措，得到广大职工的拥护和欢迎，大大激发了职工的“三学”热情，为推进职工素质工程，培育学习型企业创造了良好的氛围。（张荣虎）

【三航上海分公司工会打造员工升值平台】 三航上海分公司工会开展“创建学习型企业、塑造知识化员工”活动，坚持以人为本，充分为广大员工提供提升自我素质的机会和平台。公司工会从提升员工的自我价值出发，围绕“企业竞争归根到底是员工素质的竞争”这一要点，通过抓试点、树典型、创机制、不断推进读书活动，使企业核心竞争力得到提升。(1)坚持思想观念上与时俱进，体现员工的精神状态。通过自学、培训、研讨三结合和按需施教及抓好主流导向等方式，为广大干部员工提供信息，满足员工了解形势、转变观念、提高思想认识的需要，促进员工素质的提高。(2)坚持业务技能上精益求精，体现员工的工作能力。做到学习与技术管理技术攻关相结合、理论学习和实践锻炼相结合、开展“拜师学艺”和“名师带徒”等活动，满足企业发展需求，满足广大员工不断学习进步、提升自我素质需求。(3)坚持综合素质上的文明规范,体现员工良好的文明形象。通过抓好团队促个人、树典型促一般、制度约束和文化影响并重的方法,以团队文明形象的建设为主流,不断推进读书活动在企业内可持续地开展,为员工打造升值的平台。(唐钧达)

上海建设工会开展为上海新一轮发展建功立业活动 (汪建然)

【隧道工程股份公司工会创建学习型企业 增强核心竞争力】 隧道工程股份有限公司工会对创建学习型企业进行了有效的探索,并取得进展。(1)创建重点。学习和实践"五项修炼"。组建了骨干讲师团,深入到企业各个层面宣讲学习型组织的基本理念,通过中层以上干部的理论学习和讲师团的推广,要求企业各级领导必须当好"教练员、设计师和仆人"这三个角色,把"创建学习型领导班子和做学习型领导干部"作为创建的重点,由上而下从企业管理、决策层的"五项修炼"来推动企业的管理,调整企业的经营战略,革新企业的人才结构。通过设计使命故事,激励员工不断改善心智模式,实现自我超越,并以此构筑团队学习的氛围。注重对典型事例的总结和宣传,强化员工的创建意识。(2)创建效果。创建学习型企业有效改善了企业员工的心智模式,拓宽了领导的思路。"工作学习化,学习工作化"的良好氛围正在企业内逐步形成,企业的经营、管理机制也更趋于完善,综合竞争力不断提高。改进了企业人才结构,建立了良好的激励机制。由院士工作室和博士后工作站为人才金字塔尖,进行高精技术的研究开发和高级专业人才的带教;一大批具有丰富施工实践经验和专业理论知识的项目经理、技师为骨干,构成人才塔身,进行项目管理和技术开发、工艺革新;而广大技术工人和普通技术人员构成人才塔基,把智慧和技术转化为现实生产力。(徐桂珍)

上海铁路局举行创建学习型组织成果汇报会 (袁祥浩)

劳动竞赛(女职工双文明竞赛)

【市总工会对建设上海工业新高地立功竞赛活动进行表彰】 根据上海工业新一轮发展的总体要求,1999年市总工会与市工业党委、市经委在工业系统开展了"建设上海工业新高地立功竞赛"活动。三年多来,本市工业系统广大职工紧紧围绕技术改造、开发新品、拓展市场、提高效益等目标,在竞赛过程中知难而进、奋发有为、开拓创新、勇创一流,形成了"人人争做创业先锋,个个勇攀工业高地"的竞赛热潮,圆满地完成了第一阶段的竞赛目标。据统计,三年多来,全市工业系统共有220多万名职工参加了竞赛活动,提出合理化建议60多万条,共创经济效益45亿元。2003年,市总工会、市工业党委和市经委对在"建设上海工业新高地立功竞赛"活动中涌现的一批先进单位和个人进行了表彰,并首次评出"十佳女技师"。第一阶段竞赛活动呈现出三个特点:(1)竞赛面广,真正做到了全面动员、全员参加、全方位展开。(2)科技含量高,新技术、新材料、新设备得到广泛开发和运用。(3)技术创新热,群众性经济技术创新活动在立功竞赛中得到有效推进。(李 伟)

【市总工会加大力度推进重点工程实事立功竞赛】 上海工会紧紧围绕上海新一轮发展,全面贯彻科教兴市战略,克服"非典"的不利因素和历史罕见高温,积极组织、发动全市广大职工投身重点工程立功竞赛活动。立功竞赛推动了科技创新和管理创新，成为塑造上海城市精神的重要载体，优秀人才成长的广阔舞台。据统计，2003年全市各级工会共组织、发动了120万职工参加全市72个综合赛区的立功竞赛活动，在重大工程建设中工人阶级主力军作用得到充分展现。立功竞赛活动，主要呈现三个特点：(1)坚持服务于经济建设大局、服务于市民群众利益、服务于城市文明形象，注重质量、科技、环保、管理、素质同步提高。(2)坚持以群众性经济技术创新活动为抓手，组织广大职工重点开展绝技高招、创造发明、技术开发、技术创新、技术改进等活动，推进科技进步，增强了职工的创新意识，提高了职工创新能力。(3)坚持倡导树立和实践现代职业精神，进一步丰富了上海城市精神，其中，方便群众、服务市民已成为立功竞赛开展过程中所必须遵循的一条准则。（李　伟）

【市总工会开展为小康立新功　为世博添异彩立功竞赛】 上海市总工会女职工委员会开展了以“为小康立新功，为世博添异彩”为主题的双文明立功竞赛活动，全市各级工会女职工委员会积极响应，利用各种教育资源，加大培训力度，开展各类技术、技能比武，为广大女职工提高素质、展示风采搭建舞台。据统计，组织岗位技术技能女职工专场比赛的单位1170家，女职工参赛逾5.7万人次。市总工会、市劳动和社会保障局、烟草工会联合开展了“中华杯”女职工技能奖评选活动，评比表彰了11名奋战在基层一线的女职工，进一步激发了女职工岗位学习、岗位创新、岗位成才、岗位建功的热情。（徐梅瑾）

【市总工会开展女职工信息化知识竞赛】 为了进一步提升全市广大女职工的信息化知识水平和运用能力，在各级工会开展推进信息化知识进程，推进优秀女性成才活动的基础上，上海市总工会女职工委员会和上海市信息化委员会联合举行“上海电信杯”女职工信息化知识竞赛。有3万多人浏览了竞赛网页，有1000多名女职工参加了初赛、复赛，选拔出6名选手参加了首届“上海热线”上海职工网络文化·游戏大赛闭幕式暨“上海电信杯”上海市女职工信息化知识竞赛决赛。（徐梅瑾）

【长宁区建设系统开展立功建勋争高低竞赛活动】 长宁区建设工会围绕大市政基础设施建设、旧区改造和住宅建设、城区环境建设和管理、创建全国文明城区、上海园林城区、国家环境保护模范城区文明规范达标，突出“创、建、树”主题，开展了“比进度质量、比效率规范、比安全稳定、比文明精神”的立功竞赛活动，形成了各自的特色。(1)开展三项结合，做好动拆迁。把立功竞赛与依法动迁结合起来，中山公司在延虹绿地基地前期动拆迁立功竞赛活动中，设立公示栏，将各类政策、方案等上墙，创立信访制度，设立监督电话，使动拆迁工作公开、公平、公正有序地进行。这些规范的拆迁行为受到动迁居民的好评。同时把立功竞赛与搞活用人机制结合起来，试行了动迁项目经理责任制，并对项目经理明确了工作目标、要求、纪律，充分调动了经办人员的积极性。公司还把立功竞赛与以人为本结合起来，认真解决动拆迁工作中的问题和困难，坚决维护动迁居民的合法权益和合理要求。(2)发扬五种精神，创优建设项目。永达公司锁定市政基础设施建设的工作目标，以“安全生产、文明施工、达标创优、降本增效”为主要内容，开展以“创‘永达’品牌，塑‘永达’形象”为主题的立功竞赛活动，大力发扬无私奉献、顽强拼搏、严格要求、团结协作、勇于创新的精神。完成了河南焦作高速公路13标等一批重大市政基础设施建设项目，被评为上海市“优秀养护公司”。(3)塑造班组形象，树立公司品牌。公园公司在班组开展“比特色、赛文明、赶先进”活动，服务队提出了“规范操作、优质服务”工作法，向游客公开投诉电话，接受游客的监督，为公司树立良好的服务品牌和形象奠定了基础。（黄　玮）

【普陀区总工会开展争先创优作贡献建设新普陀立功竞赛活动】 为贯彻落实区委、区政府《关于在全区开展“全面建设新普陀、争先创优作贡献”主题活动的通知》的精神，2003年，普陀区总工会开展立功竞赛活动，坚持“五个围绕”：(1)围绕普陀区经济建设，新一轮招商引资、促进房地产业和都市型工业的发展。(2)围绕普陀区旧城改造、城市绿化、生态环境及城区交通等重大工程。(3)围绕区域精神文明建设，着力于提高企事业文明程度，提高职工文明素质。(4)围绕做好社会稳定工作和困难群体的帮困扶贫工作，促进就业和再就业等实事工程。(5)围绕科技攻坚、管理创新、技术攻关等重大项目及新兴主导产业的开发。整个活动历时两年半，分规划动员、实施推进、总结表彰三个阶段进

崇明县总工会举行庆“三八”先进事迹报告会　（陈进修）

行。2003年为动员组织阶段，征集“团结拼搏、开拓创新、迎难而上、勇于攀登”的立功竞赛活动会标已揭晓。

（沈丽萍）

【杨浦区总工会开展为杨浦发展建功立业“五个一百”主题活动】 杨浦区总工会紧贴“知识杨浦”建设，组织开展了以“服务大学城，聚焦五角场”为主题的推进杨浦市政建设“五个一百”活动。(1)组织百名动迁职工打擂台。区总工会和建设党工委、建设工会联手，组织600名动迁工作者开展了“奋战100天，加快区重大工程动迁步伐”的“三比三赛”立功竞赛，共组织开展各项竞赛和操作练兵活动115项，职工参与9000多人次，促进大市政建设动迁任务按时完成。(2)走访百名职工家庭。区总工会会同区商业工会集中走访慰问了五角场商圈动迁单位职工家庭，做好帮扶和思想稳定工作。(3)扶持百名下岗职工再就业。区总工会积极拓展渠道，为被拆迁单位下岗职工寻找再就业岗位100余个，帮助下岗的困难职工渡过难关。(4)结对百名困难职工子女帮困助学。区总工会与朝阳百货的15名困难职工子女结成了助学对子，对119名特困职工子女进行了帮困助学，并免费举办了困难家庭及动拆迁一线职工子女学习辅导班。(5)深入百家企业搞调研。区总工会组织相关工会主动到涉及改革改制、拆迁转制的企业进行调研，帮助解决企业发展和职工工作和生活中存在的实际问题。“五个一百”活动的开展，得到了区委的充分肯定和广大职工的欢迎。

（王　洪）

【静安置业集团工会开展新一轮劳动竞赛】 静安置业集团工会广泛开展了以“让群众满意，为双高出力”为主题的劳动竞赛。在活动中明确一个目标。即建设高品质生活居住区，实现集团发展战略目标。把握二个重点：一是开展以“比宣传政策到位、比安置方案准确、比管理服务优质、比动迁进度领先、比职业道德高尚”的动迁竞赛；二是开展“比服务诚信、比服务规范、比服务优质、比服务高效、比服务纪律”的物业管理竞赛。达到“三零”要求：物业管理中做到零距离、零返修、零投诉的工作要求。做到四个“确保”：动迁竞赛中做到确保时间节点、确保社会稳定、确保成本控制、确保高效廉洁。落实五项措施：计划制定、组织机制、宣传发动、过程管理、考核评比。

（任志明）

【闵行区总工会首次开展“闵行区十佳职业女性”评选活动】 闵行区总工会女职工委员会，根据市总关于开展“为小康立新功，为世博添异彩”为主题的女职工双文明立功竞赛活动要求，在全区范围内开展女职工双文明立功竞赛活动，在此基础上与闵行区妇联共同组织“闵行区十佳职业女性”的评选活动。评选活动自2003年8月开始申报，通过网上公告、调查、访谈、核实、从39名申报人中初步确定20名候选人，经过在《闵行报》刊登先进事迹，通过群众投票评选和专家评审小组的两轮投票评选，闵行区首届“十佳职业女性”脱颖而出，她们中有白衣天使温雪萍、市重点工程先进个人王建萍、市房产销售百强企业董事长沈慧琴、市高新技术学科带头人李芳英、三资企业职工的带头人张爱军、再就业带头人刘玉鑫、人类灵魂的工程师张蕊、人民检察官翁林芳、城市绿化的美容师春申园艺有限公司总经理沈锦芳、消费者的保护神闵行区消费协会秘书长顾玉娟等十位职业女性。闵行区十佳职业女性的先进事迹，通过报纸、电视、画册的广泛宣传，在全区引起广泛的关注，进一步推动了全区职业女性队伍的建设。

（张忆萍）

【嘉定区市政管理局工会开展实事工程“五比”立功竞赛活动】 嘉定区市政管理局工会在职工中开展以“比工程进度、比经营管理、比安全生产、比文明施工、比廉政建设”为主要内容的实事工程项目“五比”立功竞赛活动，极大地发挥和调动了职工的积极性和创造性。局工会制订了“工程进度、质量管理、安全生产、文明施工”的竞赛目标，成立了局竞赛活动领导小组，采取了四项竞赛措施：(1)制订竞赛计划，将目标层层分解细化，落实到基层、班组、个人。(2)做好宣传发动，在职工中营造“建一流工程，树一流形象，育一流人才”的良好氛围。(3)设立流动奖牌，按工程项目不同节点进行考核、评选。(4)制订奖惩办法并设立奖励基金30万元。整个活动措施有力、成效显著，已完成的四个实事工程项目获得了上级质监部门的嘉奖。

（唐身桂）

【上海电缆厂工会组织巧匠参赛显成效】 2003年7～8月，厂工会为了调动科技人员和能工巧匠的积极性，为

7月21日，市总工会副主席吴申耀慰问奋战在市重大工程——苏州河闸桥工地的三航局职工

（唐钧达）

企业的扭亏减亏作贡献，组织开展了大长度海缆系列产品劳动竞赛。在竞赛中，广大职工不断开拓，大胆创新，从50平方毫米海缆一直做到300平方毫米，以不断满足市场发展的各种需求，制造出不同型号的海缆近一万公里，创造经济效益近千万元。厂工会积极组织职工参与科技创新，自行设计研制出我国首根11万伏大长度水下交联电力电缆。由于在敷设期间正值严冬，参加工作的科技人员冒着严寒，在鲁西梁山水泊东平湖区一次挂网运行成功。（陈建英）

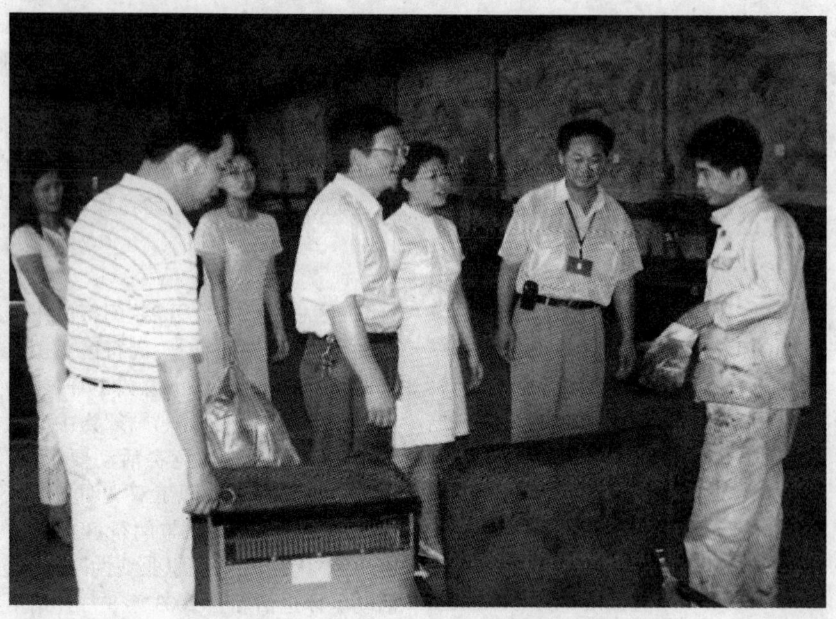
南汇区总工会到基层慰问生产一线奋战高温的干部和职工（纪　敏）

【化学工会开展"降一达零"活动有成效】 化学工会围绕华谊集团党委"降一达零"主题活动的要求，组织基层工会积极开展"降一达零"劳动竞赛，并取得实效。轮胎公司工会突出重点，推进竞赛，仅半年就节约三项费用2838.45万元，降低应收帐款1352.55万元。该公司所属双钱公司工会协助行政制定了48个降本节支攻关课题，年节约费用可达1361.03万元。丙烯酸公司工会围绕"降一达零"活动主题，提出了实现"三个为零"（重大人身伤亡事故为零、重大生产事故为零、重大设备事故为零）的安全目标，还开展了"三个一"活动，即每个车间与工会签订一份"立功竞赛责任书"；每个班组提一条"安全合理化建议"；每个职工签订一份"安全承诺书"。涂料公司工会在"降一达零"活动中，注重推进素质工程建设，提出职业技能升级要求，积极为职工学习能力、竞争能力、发展能力的提高创造条件。（虞仲义）

【轻工实业公司开展"我爱我家"大竞赛】 上海轻工实业有限公司工会围绕房产、物业管理，组织开展了"我爱我家"劳动竞赛。在各企业党政的支持下，通过组织一次培训，开辟一条热线，设立一个信箱，征集一份建议，评出一批"星级"员工，以达到培育职工精神，优化物业管理，提升竞争能力，融入城市精神创建的目标。竞赛活动在7个物业企业，30余个小区站进行竞技比武，取得了一定成效。(1)竞赛全面提升了员工"爱家"的意识。公司工会鼓励员工在重新上岗，转岗就业中赢得自信和成功，竞赛开展以来，分别向业主发出意见征询单52000份，回收50960份，回收率达到98%。涌现出无数好人好事，表扬信增加了95%，推荐"星级"员工32名，改变和改善了员工队伍的精神面貌。(2)竞赛全面提高了员工技能适应力。全公司实行菜单式培训计划，已开设16个工种，初、中、高三级技能培训班，培训人数达到370名。培训热潮还延伸为现场技术交流观摩活动。请进来，以劳模徐虎为师；走出去，到著名物业小区考察学习，在培训中提高业务能力，在交流切磋中强化技艺，形成企业自身的业务骨干队伍。（王振荣）

上海电气工会召开落实科教兴市战略，推进技术工人队伍建设大会（冯克华）

【医药工会建立"巾帼联谊会"】 医药工会在开展"巾帼建功"活动中，建立了以女经营者、女管理干部、女科技干部组成的女职工"巾帼联谊会"，为女职工搭建了岗位建功、岗位立业的平台，成为开展群众性经济技术创新活动的有力抓手。(1)组织"巾帼联谊会"成员交流信息、推广经验、加强协作，总结宣传医药行业优秀女性人才的先进事迹，向有关方面推荐德才兼备的女性人才。(2)"巾帼联谊会"开展各项活动,为女职工创造更多的学习和深造机会,对优秀女性人才安排多岗位的锻炼,提高她们的创造和创新能力,为她们提供施展才华的舞台。针对集团经济发展的重点、热点、弱点和难点,以技术改进和工艺改革为主攻方向,以强化管理、降本增效为重点,开展建功立业活动,形成了营销型、生产型、管理型的"巾帼建功"系统活动。(3)由"巾帼联谊会"推动群众性经济技术创新活动的开展,两年来组织开展各类"巾帼建功"竞赛105场,参加女职工达1.1万人次,取得了明显的经济和社会效益。 (孙明南)

【电力建设公司工会开展立功竞赛活动】 2003年,电力建设公司工会开展的立功竞赛做到了"五个坚持":即坚持工程建设的竞赛主题;坚持"出一流思想、人才、工程"的指导思想;坚持党政工团齐抓共管的组织机制;坚持竞赛与企业经营"五同时"原则;坚持竞赛的理论研讨与实践探索。强化"四个创新":竞赛内容、规划、台帐和考核创新。落实"五个到位":组织领导、规划措施、检查考核、工作制度和评比表彰到位。外高桥电厂二期工程60216只水压焊口一次合格率99.7%,在全国电建行业处于第一位。自行设计的"C形吊具"提高工效60%,填补了国内起重吊具空白。5#机组于12月20日提前实现并网发电,创公司历史最好水平。国家重点工程"三峡直流输电线路"的"一牵四"施工技术,高效率完成了国内第一次最大截面导线的架设,获得"国内第一牵"的美誉,受到三峡工程指挥部称赞,被国电公司评为"创一流输变电工程"。 (张文标)

【宝钢股份公司工会拓展劳动竞赛新领域】 2003年,宝钢股份公司工会紧紧围绕公司生产经营中心,积极探索与战略用户建立密切合作关系的新途径,拓展劳动竞赛新领域。公司工会与上汽奇瑞公司工会共同组织开展了"宝钢高强度汽车板在上汽奇瑞新款轿车上应用研究劳动竞赛",双方共同注重竞赛过程管理,加强交流沟通,适时召开竞赛推进会、阶段总结会,使竞赛取得明显成效。奇瑞公司投放市场的三款车型应用高强度钢板分别达到或超过劳动竞赛协议的目标,同时还对相变诱导塑性钢、BIF340钢板以及热轧酸洗高强度钢TL1110、TL1406系列钢板进行试验和应用。公司工会通过与奇瑞汽车公司开展跨行业的劳动竞赛,不仅促进提升了宝钢股份公司的研发能力,提升了为用户服务的满意度,而且通过科研人员参加竞赛过程跟踪,不断改进了生产工艺,满足了用户需求,增加了高强度钢板对奇瑞汽车的供货量,增强了双方合作的信心。 (王俊民)

【高桥石化公司工会劳动竞赛出成绩】 高桥石化公司热电事业部根据电业工作特点,有针对性地开展了"安全第一先抓牢,精调细操降单耗,严细结合出高招,现场管理展新貌"和"以人为本,信义当先,同心协力,奋战六亿五"的劳动竞赛。2003年,结合迎峰度夏和调考工作,提出"迎峰度夏战高温—用安全生产作保证;调考比武赛高低—以提高技能为目标"的要求。年内,又结合DCS项目的投入使用,提出了"提高技术水平,适应设备改造要求,确保安全生产,奋战12亿发电量"的工作目标。通过这些阶段性的劳动竞赛,大大调动了职工的积极性,克服8#机改造的影响,努力超额完成12.2亿度发电量,为企业节约46.4万元。 (周国华)

【上海石化公司开展劳动技能竞赛活动】 上海石化公司工会针对生产经营管理中的重点、难点和弱点,与公司行政一起组织开展以"精细管理、挑战先进"为主题的劳动竞赛活动和职工技能竞赛活动。将班组作为落脚点,以操作比武为抓手,以提高素质为核心,紧贴企业生产发展的需要。竞赛项目的重点放在特有工种上,强调化纤装置的多岗操作和化工装置的系统操作,注重技术技能的应用能力和对事故预案的应急应变处理能力的考核。而在通用工种竞赛项目的设置上,则注重复合型技能的考核,所有竞赛项目的竞赛标准均按照各专业工种高级工鉴定标准。首次在特有工种的决赛中,采用了"现场确认制",即在决赛现场对竞赛试题、竞赛形式、竞赛标准、竞赛组织等均由现场监督当场以予确认,并根据决赛结果,当场宣布成绩,当场宣布"技术状元"和"技术能手",当场宣布技术晋级名单。299名选手参加比赛,其中,7名选手荣获"技术状元"称号,50名成绩名列前茅的选手获"技术能手"称号,48人晋升高级工。 (施东亮)

【张家洼铁矿工会劳动竞赛创佳绩】 鲁矿集团张家洼铁矿工会围绕矿全年37万吨的原矿生产任务,制定了劳动竞赛计划,在实际工作中逐项落实。在港里矿井深146米水平掘支工段开展了巷道掘支劳动竞赛,通过竞赛,掘支速度由30米/月提高到了50米/月,确保了港里矿9月份顺利出矿。在运转工区200米水平拉矿段开展了运矿竞赛,使每小班运矿量达到了130车,运渣总量是去年同期的4倍。在运转工区副井工段开展了"保质量、保安全"劳动竞赛,提升矿量达到月平均4000车。在二工区采矿段开展了出矿竞赛,在工区全体员工的辛勤努力下,提前70天完成了全年出矿任务。配合集团公司工会在200米水平和350米水平开展了"文明巷道"竞赛,切实改善了井下施工作业环境。 (王 辉)

【航天局812研究所签约竞赛有实效】 上海航天局第812研究所科研生产任务日益繁重,面对星、箭、弹、船各型号并举,多阶段并存,研制、批产同时进行,完成任务的时间紧、压力大。所工会围绕服务经济工作,广泛组织开展劳动竞赛,以促进科研任务的全面完成。2003年,所工会以签约和节点管理的形式,注重三个结合,组织开展了20多项劳动竞赛。一是把劳动竞赛和"班组工程"结合,发挥了班组管理的潜力。二是把竞赛与注重过程管理相结合,分节点及时进行表彰和奖励,有效地激发了职工参与劳动竞赛的热情,提高了劳动竞赛的成效。三是把劳动竞赛和提合理化建议、技术革新(工艺改进)工作相结合,召开技术革新(工艺改进)成果发布会,对明显提高工效的革新项目进行重奖。

（曹柏峰）

【上飞厂工会开展高科技项目劳动竞赛】 上海飞机制造厂工会围绕国家高科技项目ARJ21新支线飞机，积极开展劳动竞赛活动，保证了2003年12月20日ARJ21新支线飞机首件零件的按时开工。在新支线飞机项目的设计和前期技术工艺准备工作中，提出了“比一比、赛一赛，看谁掌握新知识快，看谁在并行工程中工作主动性强，看谁为完成新支线项目节点任务贡献大”的劳动竞赛活动。如新支线飞机的工艺规范编制难度大，工艺技术人员在设计单位技术图纸还未完成的情况下，根据设计人员提供的有关技术数据，及时解决编制情况和遇到的技术问题，提前完成了ZPS的编制，一次性提交审核获得通过。根据美国波音公司的要求，配合波音平尾由月产10架份提高到13架份，开展了“抓质量、夺金牌、攻难关、上速率”劳动竞赛。

（竺海华）

【中海集运工会开展“讲、重、严、比”劳动竞赛】 中海集运工会组织广大职工开展“讲效益、重成本、严管理、比贡献”竞赛活动。(1)在第一季度制订工作计划，机关各有关部门对管理费成本等分解考核指标，各船成立竞赛领导小组，对物料、备件、燃油和绑扎索具等考核指标进行分解和细化。(2)第二、三季度公司职能部室和船工部有针对性地对机关和船舶检查，各项指标节支情况公开，在成绩突出的船舶召开现场交流会。(3)第四季度认真总结，按照生产经营目标责任书等内容统一考核，对竞赛中涌现出来的先进典型及时进行宣传和推广，对取得优异成绩的集体和个人进行表彰。

（钟文庭）

【中海油运工会开展“安全在我心中效率在我手中”竞赛】 2003年，中海油运工会以“安全在我心中，效率在我手中”为主题，开展“增收节支竞赛”、“安全生产竞赛”、“货运质量竞赛”。为确保竞赛扎实开展，在各船舶成立由主要领导挂帅的竞赛领导小组，制定竞赛计划和措施，加强宣传发动，引导职工踊跃投入。为提高船舶管理水平，严格各项开支的审批手续，加强对可变成本控制，制定层层分解、落实到班组和个人的经济责任考核制度，形成人人算成本，处处降成本，全船保安全的长效机制和良好氛围。（顾惠根）

【上港集箱工会组织开展“多作一箱也是贡献”群众性劳动竞赛】 围绕企业发展目标，上海港集装箱股份有限公司工会从三方面着手，组织开展了“多作一箱也是贡献”群众性劳动竞赛。(1)加强宣传。工会会同行政主管部门，运用宣传栏及宣传简报等各种形式宣传发动，提高了员工的参与率。(2)形成合力。在劳动竞赛中，集箱工会采取了“培训、练兵、比武”三位一体的工作方法，开展了网络知识、集卡操作和窗口服务大练兵活动和“向学习要素质，向学习要发展”活动，全年有5227人次参加各类培训、练兵和比武。各部门工会组织开展了“龙虎榜装卸竞赛”、“万箱无差错竞赛”等项活动。(3)成效显著。集箱工会通过开展“多作一箱也是贡献”劳动竞赛，增强了企业凝聚力、向心力，促进了集箱生产经营的顺利开展，经济效益有较大提高。全年完成集装箱吞吐量713.36万TEU，同比增长21％，为港务集团集箱装卸量突破1000万TEU作出了应有的贡献。公司有10名员工被评为港务集团“最佳员工”；10名员工被评为港务集团“优秀员工”。

（严明娥）

【上海邮政工会开展以发展核心业务为主题的专项劳动竞赛】 上海邮政工会针对企业经营任务和工作目标，开展了以发展核心业务为主题的各项劳动竞赛活动。3～5月份协助行政在所属区县局中开展了“抓好3、4、5月，力达275亿”发展储蓄余额专项竞赛活动，完成邮政储蓄280亿，超过了竞赛预定目标。9月份根据邮政局经营工作的要求，配合行政开展了“追‘非典’损失，促邮储发展”收储短程竞赛活动，使全局邮政储蓄余额突破了300亿元。以9月1日至12月底为竞赛周期，开展了“比业务收入、促生产发展，比窗口规范、促优质服务，比管理工作、促规范经营”的“三比三促”竞赛活动。2003年11月10日至12月10日在各区县局范围内开展了2004年“新邮预订”专项竞赛活动，在15个参赛单位中有13个单位实现了竞赛指标，全局超额完成了新邮预订任务。在区县局、专业局基层工会及营销员中开展了以“营销争达标，活动创特色”为主题的“营销员之家”达标竞赛活动。

（凌金华）

【上海移动工会开展“抗非典、促发展、保目标”劳动竞赛】 为挽回“非典”造成的影响，确保公司KPI指标的全面

全国总工会副主席王瑞祥深入宝钢股份公司运输部生产现场了解技术练兵、提高技能素质情况 （钟　群）

上海移动通信公司组织岗位技能竞赛 （隋 奕）

完成，上海移动通信工会围绕发展大局，从7月份开始，历时6个月，在全体员工中组织开展"抗非典、促发展、保目标"专题劳动竞赛。(1)营造宣传、竞赛的氛围。通过会议、内部媒体和活动的宣传，进一步明确竞赛要求和目的意义。(2)制定竞赛目标，竞赛内容涵盖公司各个工种，要求各单位针对各自的工作重点和难点设立竞赛目标及具体的竞赛措施。(3)加强中途管理，要求及时上报竞赛信息和竞赛数据，动态掌握竞赛情况。(4)加强部门协作，联手开展竞赛。(5)健全激励机制，采用积分和目标完成值相结合的办法设定不同的奖励标准。到12月底各单位全面完成了各自的挑战目标，为确保公司总体绩效指标的完成作出了努力和贡献。 （徐莉萍）

【上海电信工会承办首届"上海热线杯"网络文化、游戏大赛】 由中共上海市委宣传部、上海市总工会和上海市信息化委员会举办，上海市电信有限公司和《班组学习与生活》杂志社承办的首届"上海热线杯"上海职工网络文化、游戏大赛于8月11日开幕。此次大赛内容主要为网页设计制作和网络游戏比赛。历时一个多月的大赛采取边报名边比赛的方式。这项以网络为载体的大规模群众性活动，在上海乃至全国尚属首次。上海电信信产公司员工陈维娜、瞿哲分获上海职工网页设计大赛"最佳创意奖"和"最佳技术奖"。 （朱东亚）

【上海电信开展女职工"五星"竞赛】 上海电信公司工会女职工委员会在公司女员工中开展"确保业务收入，争当岗位明星"的劳动竞赛，号召公司全体女员工为拿下全年业务收入122个亿而团结拼搏、努力奋斗。通过竞赛，评选出一批上海电信的"营业之星"、"话务之星"、"营销之星"、"维护之星"、"管理之星"等岗位女明星。此次竞赛活动的评选，打破以往仅在公司在职员工中评选的惯例，将评选范围扩大到劳务工，以激励全体员工为完成公司业务收入作出贡献。 （朱东亚）

【航道局工会开展"五增强五提高"立功竞赛活动】 局工会以加强管理、完善机制、巩固荣誉、再创佳绩为目标，以洋山港工程、长江口工程、黄骅港工程、巴基斯坦工程等四大工程为重点，深入开展以"增强责任意识，提高生产效率；增强安全意识，提高防范能力；增强敬业意识，提高操作技能；增强质量意识，提高科学含量；增强成本意识，提高经济效益"为主题的立功竞赛活动。交建公司围绕管理、效益、安全、工期、质量、文明施工，提出了"塑造一流的企业形象，一流的工程质量，一流的工作效率，一流的竞赛成绩"的竞赛目标。洋山深水港区项目经理部制订了六项竞赛的具体内容，即工程进度、工程质量、安全生产、降本增效、文明施工和队伍建设等，并按照不同施工船舶和队伍，制订了相应的竞赛考核奖励指标。达华公司针对工程点多面广，流动分散，且小组人少的特点，提出"全方位、全天候、全过程"竞赛目标，以不断提高企业的服务质量和企业形象。 （杨建平）

【三航上海分公司工会在立功竞赛工作中突出"三化"】 三航上海分公司工会把重点工程立功竞赛工作落实于"三化"之中。(1)竞赛形式多样化。主要围绕"进度、质量、安全、经营、管理、效益、人才"等主题，开展文明工地创优达标赛、工程质量管理达标赛、超产值保工期达标赛、金钥匙竞赛、金靴子竞赛、金点子竞赛、金算盘竞赛、最佳工地安全锦标赛、最佳外包单位评选赛、最佳项目经理赛、预制构件质量竞赛和结对赛（项目部与项目部、公司与港务工程公司、同工种之间和上下道工序之间结对赛）等12项大竞赛活动。(2)中途检查制度化。坚持采取中途检查与业主检查相结合、定期检查与突出检查相结合、集体检查与领导小组成员个别检查相结合的办法。(3)竞赛管理科学化。要求参赛单位对立功竞赛过程实施计算机管理，将竞赛规划、工程进度、质量标准、工程节点、责任人等全部输入计算机，使工程得以有效控制，确保立功竞赛项目节点目标实现。 （唐钧达）

【建工工会突出"为世博出力、为上海争光"竞赛主线】 建工集团工会依托重点工程，发挥工会优势，突出"为世博出力、为上海争光"竞赛主线。(1)不断增强职工机遇意识。教育引导职工把"为世博出力、为上海争光"化为自觉行动，在卢浦大桥、F1赛车场、东海大桥、上海南客站、东方艺术中心、轨道交通M8线等重点工程建设中把每一项重点工程打造成达到国际水平、展示上海风采的精品工程。(2)精心设计竞赛组织方案。以"精品工程杯"竞赛为龙头，把争创"四个一流"（一流速度、一流质量、一流效益和一流经验）确定为共同的竞赛目标，充分发挥集团的整体优势，并在"保节点、不扰民 、铸精品、塑形象"上制定具有针对性的竞赛措施,从而确保把重点工程真正建成品牌工程和形象工程。(3)努力培育"建工人"职业精神。大力弘扬"建工人"的"四种精神"(顽强拼搏的奉献精神、知难而进的敬业精神、勇于开拓的创新精神和协同作战的团队精神),更好地体现和丰富上海的城市精神。（乔 瑜）

【市政局公路管理处工会开展强素质技能操作比赛】 市公路管理处工会开展以"展示窗口形象,塑造城市精神,争创文明行业"为主题,以"四优"(优美环境、优质服务、优良形象、优化管理)为内容的公路行业收费服务窗口职工业务技能操作比赛。为内强素质、外塑形象,实现公路管理处争创交通部、上海市文明行业及蝉联市优秀单位的目标,11月份先后分两个赛场举行操作比赛。一是由6个高速公司和5个贷款道路通行费征收站参加的书面测试、普通话演讲、点钞识钞、车型识别与电脑操作以及队列操5个项目的比赛;二是由市管、高速署、6个高速公司和十个区(县)共18个路政中队参加的普通话演讲、相关法律法规知识竞赛、法律文书制作和队列操4个项目的比赛。参赛者共达500多人次。（陶阿金）

【城交局工会举行巾帼文明岗位示范展示活动】 工会紧紧围绕上海新一轮大发展,以"为小康立新功,为世博添异彩"为主题,以女职工双文明立新功竞赛为主体,积极开展交行业的"巾帼文明岗"评选活动。11月初,局工会在地铁运营公司举行巾帼文明岗、巾帼文明岗服务品牌示范展示活动启动仪式。仪式上,地铁运营公司1号线、2号线、3号线的巾帼文明岗和公交服务明星马卫星、柯丽萍、邵爱珍签订了结对协议书;全国服务明星陶依嘉为女职工现场示范,介绍服务经验。（冯 华）

【水务局工会开展"五比五创"立功竞赛活动】 水务局工会面对新的形势和任务,以新的理念、新的思路、新的举措,为完成重大工程建设项目和实事任务,积极开展"五比五创"为内容的立功竞赛活动。比工程质量,创优良品牌;比队伍素质,创优秀人才;比管理水平,创优质服务;比科技含量,创优势企业;比廉洁自律,创廉政工程。全年局系统荣获市立功竞赛优秀公司9家、小金杯集体2家、先进集体27家,建设功臣12名、记功个人50名、优秀组织者9名。（陶 诚）

【上海远洋渔业有限公司劳动竞赛成效显著】 公司工会围绕经济建设中心,紧紧扣住远洋渔业新一轮发展战略,在生产船舶和广大船员中开展了"夺高产、降成本、创效益"为主题的创业杯、创业奖劳动竞赛。竞赛重点突出,即以大洋、过洋、鱿钓、围网四大作业方式的生产船舶为重点,突出安全、素质、效益。(1)形式与内容紧密结合,以"安全生产无事故"、"争当岗位明星"、"增收节支、挖潜增效"为载体,以创效益为主线。(2)目标措施和跟踪考核相结合,强化陆上服务管理和调动生产第一线船员积极性相结合,保证了竞赛活动有序开展,并收到明显效果。连续四届市劳模严顺昌率领公司第一艘金枪鱼围网船"金汇一号"征战中西太平洋作业,连续生产10个航次,创产值430多万美元。"上海市优秀专业技术人才"获得者钱兴龙率领远洋大型拖网加工船"开发"轮奔赴北太平洋渔场,日夜奋战21天,捕捞各类产品730吨,创造了实现产值约100万美元的新记录。劳动竞赛为公司圆满完成全年经济指标起到了积极的促进作用。（张建龙）

【市规划院工会开展"我为世博会献计献策"竞赛活动】 院工会开展"我为世博会献计献策"竞赛活动。在全院14个工会班组长会上进行宣传动员;4月下旬出版第一期"我为世博会献计献策"专集;制作了"世博会宣传专栏",组织职工建言献策。在讨论过程中,职工联系本单位本岗位本人实际,谈论上海要建设成世界级大城市,应具有怎样的城市精神和人文环境,体现了规划院职工的职业责任感和政治热情。院工会共收到各类应征稿件124篇,共出版了8期专刊和2期专栏,全院123名职工写稿,占总人数76%。院工会对评出的37名优秀论文和"金点子"作者进行了表彰和奖励。（王政龄）

【农工商集团工会创新劳动竞赛机制】 集团工会围绕整个集团的中心工作,开展以"增收节支比贡献,乘胜前进创佳绩"为主题的群众性合理化建议和经济技术创新活动。在新一轮劳动竞赛活动中,各级工会采取了思想动员、宣传鼓动、学习交流、表彰奖励、典型引导等形式,运用了质量管理的工作方法,制定规范、开展培训、中途考评、验收评审。广大职工积极投入群众性合理化建议和经济技术创新活动,为企业的降本增效、增收节支、新品开发和市场拓展等献计献策,共提出合理化建议2469条,其中被采纳实施876条,创经济效益7244.78万元。（桑树德）

短信息:

○ 11月28日,市总工会、世博办世博网和东方新闻网联合举办上海市庆祝申博成功一周年网络知识竞赛。（金帼英）

○ 4月中旬,三航局工会召开了重点工程立功竞赛工作论文发布会,有15家参赛单位参加了论文发布。（唐均达）

○ 公路管理处开展创建"上海市文明样板路立功竞赛"活动,年内有A20公路(环南一大道)、A1公路(迎宾大道)等8条公路相继建成市文明样板路。（陶阿金）

职工技能登高、创新行动计划

【上海职工计算机知识普及应用活动硕果累累】 市总工会根据全总要求,积极推进全市职工计算机知识普及应用活动,取得了丰硕的成果,加快了职工的知识化进程。据统计,全市共有2万多家企事业单位,300多万人次报名参加了各类计算机知识普及学习培训活动,中青年(45岁以下含45岁)职工中各类计算机知识普及培训率达到了56%,累计有210余万人次取得了各类、各等级的计算机操作资格证书。

市总工会组队参加了全国总工会、劳动保障部、信息产业部等部委在北京召开的全国职工计算机知识普及应用活动表彰大会，获得了“优秀组织单位”证书，上海还有17位个人受到了表彰。（李 伟）

【市总工会等单位联合开展上海市职工技能竞赛月活动】 为了进一步深化职工素质工程，推进科教兴市，全面落实上海职工技能登高计划，营造全市广大职工学习技能和提升技能的良好氛围，为培育高级“蓝领”打造快速通道，尽快改变上海技术工人尤其是高级技术工人的紧缺现象。由市总工会、市劳动和社会保障局、团市委联合举办了上海市2003年“技能竞赛月”活动。经过近6个月层层预赛，10月份进入决赛，对获得各竞赛项目第一名的金德华、葛晨罡等10位同志授予“上海市技术能手”荣誉称号；对李超、陶佩军等9位同志授予“上海市青年岗位能手”称号；授予上海市电气（集团）公司、上海市汽车工业（集团）公司等12个单位“技能竞赛月”活动优秀组织奖。在技能竞赛月活动预赛期间，由21个主管局、控股（集团）公司、区县、行业协会和工会组织电子商务、计算机辅助设计等10个职业（工种）2828名选手参加竞赛。全市组织127场次的各类考试，经过激烈的角逐，从中选拔出240名选手进入10月“技能竞赛月”的市级决赛。为了保证“技能竞赛月”活动顺利进行，竞赛组委会对各项竞赛活动的组织工作和方法进行认真研究，对竞赛场地、设备进行了精心安排。（满顺华）

【上海组队参加全国职工职业技能大赛】 根据全国总工会、科学技术部、劳动和社会保障部等部委关于举办全国职工职业技能大赛的通知精神，为了进一步激发全市广大职工学习技术的热情，自6月以来，市总工会、市劳动和社会保障局、市经委、市科委联合组织全国职工职业技能大赛上海选拔赛。9月，全国职工职业技能大赛上海选拔赛优秀选手名单揭晓。各工种选手经过激烈的角逐，上海柴油机公司的马飞、上海鼓风机厂公司的黄建忠、上海柴油机股份公司的杨立峰、上海电力安装一公司的夏强，分别获得上海选拔赛车工、钳工、铣工和电弧焊、手工氩弧焊比赛第一名；上海电气（集团）总公司、上海电力建设有限责任公司、上海船舶工业公司获得“全国职工职业技能大赛上海选拔赛优秀组织奖”。本次选拔赛呈现特点：(1)组织保证。由市总工会、市劳动和社会保障局、市经委、市科委及有关产业局、集团公司的领导，组成了上海市职工职业技能大赛组委会，全面组织领导上海的选拔活动，组委会下设办公室，具体负责选拔赛的日常工作。由上海电气集团总公司、上海电力建设有限责任公司和上海市船舶工业公司承办四个工种的选拔赛工作。(2)激励措施到位。对第一名选手授予“上海技术能手”称号，对选拔赛各工种的优秀选手，按照规定破格晋升高一等级的职业资格，选拔赛成绩合格者，也由市劳动和社会保障局核发高级职业资格证书。(3)参赛踊跃。全市近万名职工参与本次选拔赛，经过层层选拔，661名选手参加市级车工、钳工、铣工和焊接工比赛。上海推选了16名代表参加全国职工职业技能大赛。（满顺华）

【市总工会举办“全球通杯”上海市无线通信技术应用知识大赛】 由市总工会主办、上海移动通信有限责任公司承办的“全球通杯”无线通信业务及技术应用知识大赛于6月26日在海鸥饭店“全球通”国际会议中心举行决赛，共有10支团队进入最后决赛。比赛形式分笔试题、口述题、选答题、情景模拟题。通过决赛，中海电信公司代表队、上海电信公司长途通信事业部代表队获得团队一等奖；上海电信公司无线通信事业部代表队、沪东中华造船（集团）有限公司代表队获得团队二等奖；新长宁集团天山商厦代表队、闵行发展新型墙体材料办公室代表队、普陀区医务工会代表队、宝钢五钢第一代表队、上海建工（集团）总公司代表队、闵行区建设工程质监站代表队获团队三等奖。为感谢各参赛单位，上海移动通信有限责任公司为比赛最高分的参赛企业特设一个大奖，奖品为“网络随心、世界随身”的移动上网卡“随e行”；本次大赛开展以来，本市有上万名职工和市民点击上海工会网站和上海移动网站，关注“全球通杯”无线通信知识大赛。（满顺华）

【虹口区总工会开展四项职工技能竞赛活动】 9月，虹口区总工会与区劳动局、区团委联合举办2003年虹口区职工技能竞赛活动。竞赛共设中级中式烹饪、中式面点、计算机网页设计、汽车维修等4个项目，84名选手报名参赛。经过考核比赛，有33名选手获得了由市劳动和社会保障局颁发的中级证书，有14位选手获得了名次，5个单位获得了优胜奖，1个单位获得了优秀组织奖。（李 琪）

市机电工会举行女职工CAD选拔赛 （冯克华）

【市机电工会采取四项举措　提升女职工技能】 机电工会女职工委员会紧紧围绕总公司经济建设中心任务，开展全方位、多渠道的技术比武、技能培训和经济技术创新活动，采取四项举措，有效地提高了女职工的岗位竞争能力和应变能力。(1)组织和动员广大女职工参加各类技术练兵和技术比武，涌现出一批女高级技术工人。在上海电气职工技能大赛中有100位女职工参加了比赛，有近40%的女职工获得了高级技能等级证书。(2)开办女职工周末学校，针对女职工需求提供各种层次、不同需求技能培训及复合工种的培训，提供会计上岗、计算机信息网络知识培训，全年举办6期培训班，培训人数达200名。(3)组织女职工参与企业经济技术创新活动，通过合理化建议、技术革新和技术改造，提高女职工的主人翁积极性和创造性。(4)加大研究和探索提升女职工岗位技能的有效途径和方法，把提升女职工岗位技能和争创李斌式班组、争当李斌式职工，塑造电气女职工新形象有机地结合起来，为提升女职工岗位技能构筑成才平台。(张宝霞)

【上海汽轮机公司工会开展“三能”活动　提高职工素质】 公司工会推出“增智能、强体能、升技能”系列活动计划。(1)以科普知识进班组为平台，增长职工智能。工会编制以汽轮机科普知识为内容的学习材料，22个部门工会组织450个班组学习。1169名职工参与企业技术改进活动，提出561项改进项目，实施率83%，创造经济效益3800万元，其中有13项获上海市优秀发明奖。(2)以文明健康人人参与运动为目标，增强职工体能。坚持小型、业余、分散、多样的原则设置7个体育活动项目，1693名职工参与，形成人人参与运动的良好氛围。(3)以技能大赛为载体，提升职工技能。企业党、政、工、团形成合力，比赛与升级相结合，设置项目与职工需求相结合，1972名职工参加了各类培训，高级工以上技术工人上升到23.6%，83名职工获得了第二技能证书，增强了企业核心竞争力。(陶　良)

【“上锅杯”技能比赛呈现三大特点】 上海锅炉厂有限公司每年举办“上锅杯”职工技术操作比赛。到2003年10月已举办了十四届。2003年举办的第十四届“上锅杯”职工技术操作比赛有三个特点：(1)技能层次高、参赛人数多。全公司共有169人参加6个工种的竞赛，其中有5个工种是高级工以上的技能复考工种。(2)竞赛有新意，把技能比赛与推广先进操作法结合起来。在这届技能比赛中，公司结合企业生产难点、重点推广了上海市技术能手刘国善发明的“探伤双胶片法”和上海市劳动模范赵黎明创造的“小口径45°全位置焊接封底操作法”。(3)竞赛与开展学李斌，提高职工学习能力、创新能力相结合。有84人晋升高级工，企业高级工以上技术工人占技术工人总数的27%，有421名技术工人拥用第二技能。(王卫强)

【首批外地高级技术工人落户上海重型机器厂】 2003年8月，上海重型机器厂从外地引进了两位高级数控技工，他们是上海引进的第一批高级技术工人。引进的两名高级数控机床操作工在关键岗位发挥了重要作用。他们分别担任6640数控镗铣床操作主手，该机床可加工宽4米、长12米的大型零件，精度要求高。他们加工的零件能够一次性通过外国专家、客户和检查人员的联合验收，为厂主轧机任务的承接奠定了基础。(冯克华)

【上海振华造漆厂对一线关键岗位职工实行年薪】 上海振华造漆厂通过开展“建、创、做”，技术比武、技术练兵等活动，不断提升职工队伍的整体素质。厂对于身怀绝技的职工，在调查研究的基础上，大胆探索并推行了年薪制改革。结合自身产品的特点，首先把配漆配色工岗位确定为关键岗位，把配漆配色工作为关键工种，并每年由工会组织配漆配色工的应知考试和应会技术比武。该厂在一线职工中实行年薪制，作为尊重知识、尊重劳动、尊重人才、留住人才的重要举措，把是否实行这一制度作为厂行政和工会进行民主协商的内容。在集体合同中作明确规定，凡实行年薪制的一线岗位职工的年薪工资为上海市职工平均工资的3倍，约6万元，今后将随着上海市职工平均工资的提高而增长。2003年，对历年配漆配色工技术比武中获得优胜者称号的职工，再次进行严格的应知应会考试，对其中拔尖人才率先实行年薪制。此举，在全厂职工引起了很大反响，促进了一线职工学习技能、钻研技术的积极性。(虞仲义)

【医药工会推出“首席执业药师”挂牌服务新招】 医药工会在组织“医药与市民”大型主题活动中推出“首席执业药师”挂牌服务，对通过考核的首批

机电工会深入开展职工技术比武活动　(冯克华)

10名"首席执业药师"进行授牌仪式。要求"首席执业药师"在零售门店为市民服务中,做好辨别药品、对症买药等药品知识咨询,在为病家服务方面起到表率作用,并带领员工提高技能素质。"首席执业药师"挂牌服务面向市民群众、接受市民监督,体现了医药零售业员工的诚信服务承诺,展示了医药职工崭新的精神风貌。（孙明南）

上海有色金属(集团)公司工会开展职工技能培训和操作比赛。(袁世放)

【上电一公司工会开展"名师带高徒"活动成效显著】 为把上海外高桥电厂90万千瓦超临界火力发电机组建设成为我国21世纪的示范工程,上海电力安装第一工程公司工会提出了"第一次就把工作做好"的口号,在焊工中开展了"名师带高徒"活动,以提高职工的技能素质。通过签订师徒协议、加强中途检查和考核、每月评选"焊接能手"等活动,调动广大焊工特别是青年焊工的积极性。曾获得上海市、国家电力公司乃至全国焊接比赛优秀成绩的"老法师"们担当了带徒的重任。青年焊工虚心求教、认真学习、刻苦操练,技术水平得到了极大的提升。外高桥电厂二期工程的手工焊口共60216只,相当于60万千瓦超临界机组的2倍,焊工自行设计的焊接数据库管理软件,采用了新的焊接工艺,使焊接质量始终处于受控状态。在整套锅炉水压试验前,锅炉本体焊口的无损探伤一次合格率为99.7%,四大管道焊口的无损探伤一次合格率为100%,创造了我国电力建设史的最好水平。在2003年7月举行的全国职工技能大赛上海地区焊工选拔赛中,青年选手周小弟、夏强和学徒工张卓、徐福中包揽了A、B组的冠、亚军。周小弟和夏强代表上海市参加"2003年全国职工职业技能大赛",获得第二名和第十名的佳绩,为上海市赢得了团体第二名。（黄兴法）

【宝钢集团工会落实职工技能登高计划】 为落实市总提出的"职工技能登高计划",建立职工技能晋升的快速通道,激发广大职工,特别是青年职工学技术、学业务的积极性,宝钢集团工会层层发动,各子公司共组织94个工种、5.4万名职工参加了岗位技术大练兵和技能比赛活动。据统计,全年已有2048名职工获得高级工资格证书,有243名职工获得技师及以上资格证书,分别比2002年新增27.77%和22.27%;有12个队36名选手参加了"上海市技能大赛"8个工种的决赛,其中,中式烹调和数控机床2个参赛队均获得市团体第二名的好成绩。（姚颂良）

宝钢股份公司工会组织开展女职工"双增一优"立功竞赛（董振新）

【上海铁路局举办第二届职工暨第三届青工职业技能大赛】 8月至10月上海铁路局举办了第二届职工暨第三届青工职业技能大赛。300多名选手参加了计算机、运输、机务、车辆、工电和客运等6大赛区13个大项、涉及23个工种,共38个小项的比赛。这次大赛项目的设置注重了运输生产和安全紧密相关的主要工种、关键岗位的结合,适应了该局信息化战略和提速扩能的要求,尤其是新设的客票售票系统故障处理、货票制票和工电联合整治提速道岔等项目,较好体现了铁路装备发展的方向。参赛的对象体现了广泛性和群众性,选手中35周岁以下的青年职工占到88%。老同志积极传、帮、带,年青同志则抓住难得的学习机会,取长补短,虚心请教,学习提高。大赛使一大批业务尖子脱颖而出,涌现了39名全局技术能手,29名

全局青年岗位能手标兵,41名全局青年岗位能手,有124人按政策破格报考或免试参加工人技师评定。(汪国强)

【上海港引航站工会开展系列比武活动】 为适应企业发展的新形势,进一步提升职工队伍的整体素质,该站每年组织职工参加各类专业培训,更新专业知识2003年有91人次接受了船舶驾驶、英语等专业培训。站工会根据本企业的特点,组织开展了以各工种为单位的系列岗位练兵、技术比武活动。如组织船舶单位职工开展了绳结、绳插等水手工艺的练兵比武;组织汽车队职工在规章测验的基础上进行驾驶技术考核比赛;在机关职工中组织了计算机操作比赛;在全体引航员中组织开展了安全引航300艘次的安全操作比赛。职工群众踊跃参加,为创建一流引航站打下了人才基础。

(陆爱玲)

【上海邮政工会开展职工岗位技能练兵活动】 上海邮政工会努力适应邮政业务的发展需要,制订下发了《上海市邮政局2003年度深入开展职工岗位练兵活动的实施意见》,在全局范围内有计划、有组织地开展职工练兵活动。1月18日,举行了"万名职工业务技术大练兵"活动总结表彰会暨业务技术操作比赛。进行了投递、发行、营业、储蓄、驾驶等工种的业务技术操作比赛;对参加市邮政局业务操作比赛10个项目前三名的30名"业务技术标兵"和优秀组织单位进行了表彰。12月,邮政工会会同邮政储汇局在培训中心组织开展全局性邮政电子汇兑业务技术操作比赛。在职工业务练兵的基础上,归纳总结了邮政营业、投递等10个工种的先进操作法,编印小册子,组织现场巡回展示。据统计,全年全局共有17748名职工参加了业务培训,16646名职工参加岗位练兵,12699职工参加各级工会组织的操作比赛,比赛达677项(次)。产生了直属单位"业务技术能手"260名、支局生产科(部门)"业务操作能手"216名。

(凌金华)

【上海电信工会举办电信ADSL技能操作比赛】 由上海电信工会、公司人力资源部和网络运行部联合举办的2003年上海电信ADSL安装、维修、营销一体化技能操作比赛,于8月30日在电信培训中心拉开帷幕,电信16个基层单位48名宽带骨干选手参与角逐。赛程包括赛前封闭集训、笔试(应知)赛以及操作赛(应会)三大板块。对胜出的前10名选手授予"上海电信ADSL技术标兵"荣誉证章、奖金1000元以及绩效工资上浮一年等一系列奖励措施,极大调动了员工的积极性,在公司内掀起了一个员工宽带技能"大学习、大练兵、大比武"的热潮。有效促进了员工宽带技能素质的提高。(朱东亚)

【市政二公司工会开展"师徒结对"活动】 市政二公司工会运用多种方式培养人才,"师徒结对"是培养技工人才的一种有效形式。遵循本人自愿、组织审定的原则,签订"师徒结对"协议,协议规定结对期限、培训目标、培训内容、具体措施以及师徒双方的权利和义务,使"师徒结对"成为快速、有效培训技工人才的机制。轨道交通施工一分公司采取跟班作业、专项指导方法,使刚上岗的青年职工较快掌握盾构操作技术,很快成为一名合格"小师傅","小师傅"再与"小徒弟"结对。经过几年努力,轨道交通施工一分公司已拥有四支不同类型的盾构作业队,增强了市政二公司在轨道交通施工领域的竞争力。6月19日又有23对师徒签订了"师徒结对协议书"。

(吴惠中)

【上海大屯能源公司工会开展职工岗位技能比武大赛兴热潮】 公司工会注重提高职工的技能素质和业务素质,为职工展示技能提供舞台,2003年10月开展了职工技能比武大赛活动。公司工会与企业行政联合下发了比赛方案,在职工中掀起了学理论、比技术、展风采的热潮。据统计,参与练兵的人数为2.1万人次,参加公司决赛阶段比赛的选手有600人,在各基层单位分设了11个赛区承担37个工种的现场操作比赛任务。至12月23日,全部比赛结束,37个工种的冠军获得者被授予了"技术之星"称号。(谭会议)

【医务工会举行医务职工计算机技能大赛】 12月20日,上海市医务工会在上海大学举行2003年职工计算机技能大赛(初赛)。本次比赛,共有38家医院44支代表队和21家站所22支代表队参赛。为体现比赛的公平、公正,比赛试题和成绩评定全部委托上海大学负责。比赛分甲(医院)乙(站所)两组进行,每支参赛队有3位选手分别参加Word、Excel和Frontpage三项操作,根据比赛成绩,从甲乙两组选手中各产生3个项目的个人单项奖前六名。团体比赛分初赛和决赛,初赛中成绩排列靠前的22支医院队和12支站所队参加了12月27日举行的决赛。生物所和长宁区医务工会等9家单位获优秀组织奖。

(刘伟英 钱菊敏)

【农工商职工技能竞赛硕果满枝】 为加快农工商技术人才培养步伐,集团工会于2003年8月举办了职工"技能竞赛月"活动。此次技能竞赛内容包括维修电工、汽车维修、网页设计、电子商务、计算机网络技术、服装设计和女职工蛋糕裱花等7个项目。来自集团系统12个子公司43个基层单位的98名选手参加了比赛。各工种比赛分应知和应会两部分,凡申报技能晋级的均按照《中华人民共和国职业标准》中级职业资格水平,本次活动,共有17位选手实现了晋级。本次大赛还对获得各项目第一名的选手,授予"农工商集团技术能手"称号,对于年龄在35周岁以下的青年职工获得前3名的同时授予"农工商集团新长征突击手"称号。在集团工会选送的12名选手参加上海市职工技能竞赛活动中,农工商超市的李超、张薇蔚分获电子商务比赛全市第一名和第六名。(桑树德)

【市民政局举行全市殡仪服务员技能操作大赛】 为进一步健全和拓展民政系统特殊工种职工培训、练兵、比武、晋级"四位一体"长效机制,促进特殊工种国家职业标准的完善和实施,提升职工队伍的整体素质和职业技能。市民政局工会举办了全市中级殡仪服务员操作比赛。来自区县和市局属龙华、宝兴等13家殡仪馆49名殡仪

上海农工商工会组织开展职工"技能竞赛月"活动　（周沅生）

服务员竞相角逐。比赛涉及殡仪服务的职业道德、殡葬法规条例、追悼会礼厅布置、司仪主持、悼念仪式场面控制、业务接待等方面，比赛项目紧贴丧家需求和社会需要。43名殡仪服务员通过大赛获得市劳动和社会保障局核发的中级殡仪服务员职业资格证书，成为本市殡葬行业在国家中级殡仪服务员职业标准颁布以后的首批证书获得者，前三名选手同时获得"上海市民政局技术能手"和"上海市民政局青年岗位能手"称号。（刘益平）

【市信息化工作系统工会配合市总工会举办两项大赛】 为普及信息化知识，倡导健康上网理念，市总工会2003年先后举办了"上海职工网络文化·游戏大赛"和"女职工信息化知识竞赛"，受到全市职工的热烈欢迎。其中，首届"上海热线杯"上海职工网络文化·游戏大赛由市总工会与市委宣传部、市信息化委员会联合举办；"上海电信杯"女职工信息化知识竞赛由市总工会、市信息化工作系统工会联合主办。市信息化工作系统工会积极主动配合市总工会认真做好两项比赛的筹备和组织工作，组织市信息委机关工作人员为"女职工信息化知识竞赛"编写了400多道比赛用题，参与设计决赛"情景题"，组织技术人员对比赛电脑进行软件安装和调试，采集比赛用的各项图片资料，制订了决赛规则。（饶晨华）

【上海选手参加全国职工技能大赛5人获奖】 市总工会、市劳动和社会保障局、市经委、市科委于6月2日联合下发了《关于组织参加全国职工职业技能大赛的通知》，并开展参赛选手的选拔工作。据统计，有661名职工参加了车工、钳工、铣工和焊工的市级选拔赛，其中35岁以下的青年选手占47%，年龄最大的50岁，最小的20岁。选拔赛结束后，各承办单位对获得较好名次的选手集训，并根据考试成绩，予以综合评定，最终确定16名优秀选手代表上海参加全国职工职业技能大赛。其平均年龄为35.4岁，年龄最大的46岁，最小的25岁。上海选手在参加长春、沈阳和洛阳举行的大赛决赛中，发扬团结、协作、不断进取的精神，取得了较好成绩：上海电力安装第一工程公司的周小弟获得手工钨极氩弧焊、电弧焊决赛第二名；上海柴油机股份有限公司的杨立锋获得铣工决赛第六名；上海代表队获得焊工决赛团体第二名、铣工决赛团体第六名和大赛决赛团体总分第八名。上海市还获得大赛优秀组织者奖。（王小龙）

参与企业改革

【黄浦区总工会积极推进企业改革维护职工权益】 按照黄浦区"加大力度，奋战三年，基本完成全区国有（集体）企业改革"的目标，全区企业转制改革从2002年6月至2003年底掀起了高潮。区总工会积极推进企业改革，维护职工利益，全区企业转制改革一启动，区总工会就迅速层层传达企业改革会议精神，把思想统一到"紧紧围绕改革大局，坚持两个旗帜鲜明，带领全区广大职工为改革、发展、稳定出力"上来。区总工会设立了由主席任组长的推进企业改革领导小组和推进企业改革办公室，全年开展了四方面工作：（1）开展调查研究，掌握企业改革动态，为区委区府决策提供依据。组织人员分头走访基层，调查研究，举行座谈。及时把职工群众与工会干部的思想动态，通过《黄工内参》反馈给区委区府，并向有关部门提出具体建议。（2）强化参与力度，建立联系制

电信工会举行"ADSL安装、维修、营销一体化"技能操作比赛　（刘　瑶）

度，保证改革措施落实到位，全方位、整过程参与区层面的企业转制改革进程。在区府改革联席会议上，反映情况，提出意见；在改革政策出台前，主动与区体改办联系，提出工会方主张，强调职工安置方案须经职代会审议通过方能实施的意见；先后下发5个文件，对源头参与、民主程序、维护职工合法权益作了详细规定；指导各级工会全过程参与企业改革政策的研究、制订、出台；发生突发事件时，区总工会配合有关部门积极沟通、努力调解。(3)提升指导、服务水平，加强组建力度。企业转制前，指导集团工会按规定做好基层工会换届选举，做好工会档案整理，做好移交准备。区总工会及时汇编材料，在机关组织研讨，并邀请区劳动局、区体改办负责人向全区工会干部介绍本区改革情况，解释改革政策，及时举办转制企业工会干部改革政策培训班。(4)加强维护力度。指导各级工会发挥职代会作用，认真审议改革方案，切实维护职工的合法权益不受侵犯，对在企业改革中涉及侵犯工会干部和职工权益的事件，理直气壮地做好维护工作。企业转制后，区总工会指导9个社区工会做上门指导、服务新建企业工会工作，加强联系和沟通，督促企业组建工会或参加行业工会。第一批61家小企业民营属地化管理仪式后，指导落实职代会、平等协商、签订集体合同制度。(5)发挥工会教育职能，带领职工支持、参与改革。通过《黄工信息》及时向基层工会宣传改革情况和政策，及时总结、宣传基层工会的经验和做法。把转变职工思想观念，提高对改革认识作为宣传、教育重点，树立了一批生产自救带头人，引导职工支持、参与改革。

（盛进华）

【崇明县总工会在深化企业改革中重视发挥工会作用】 崇明县总工会把参与改革作为围绕大局、体现作为、维护职工合法权益的实际行动。(1)通过成立领导小组、下发工作意见、召开动员会、举办培训班等途径，提高工会干部对企业改制重要意义的认识，明确工会参与企业改制的方向和责任，有效地解决了解放思想与统一思想的关系。(2)通过召开改制企业工会主席及部分职工座谈会、在《崇明报》上开设《工会维权之窗》专栏等形式，教育职工理解改革、支持改革，并用法律维护自身合法权益。(3)落实制度，明确企业改制方案形成前必须充分听取广大职工的意见，落实职工的知情权和监督权；实施前必须经本单位职工代表大会或职工大会审议通过，对职工的合法权益必须得到维护；同时建立劳动关系预警机制，运用预测、预审、预报、预防等4项措施，工会干部当好改革中职工思想问题的第一知情人、反映人、协调人和督促落实人。

（陈进修）

【上海中远化工有限公司工会规范民主程序有实效】 中远化工有限公司是华谊公司职工分流力度最大的企业。针对整个化肥行业退出、吴淞地区多条生产流水线关闭、近万名职工下岗分流的紧迫任务，公司工会坚持规范人员分流民主程序，切实履行工会维护职能，妥善化解各种矛盾，在稳定全局中发挥了工会的积极作用。(1)工会全过程多层次参与人员分流工作。(2)工会组织职工代表听取企业关于停产实施计划情况通报。(3)工会认真参与起草企业职工分流方案。(4)工会负责听取并反映职工群众与职工代表对方案的意见。(5)依法召开职工代表大会，审议表决企业人员分流方案。(6)帮助职工了解人员分流方案的内容，配合党政做好职工思想工作。(7)关心分流职工的生活。(8)组织职工代表监督组对人员分流工作实施监督检查。（虞仲义）

【轻工业工会参与、服务、指导企业把好改制关】 轻工业工会围绕控股(集团)公司工作主题，在企业改制中，坚持履行民主程序，维护职工的合法权益制订了《关于在企业改制中坚持履行民主程序的指导意见》，为基层企业改制把好关。《意见》强调企业改制必须履行下列民主程序：工会代表应进入企业改制领导班子和工作班子，全过程地参与改制的各项工作；进入改制程序的企业，应将改制方案和涉及到职工切身利益的重大事项以及相关政策，及时告知职工，并充分听取职工代表及职工的意见；实施职工(代表)大会预报制度，在召开职工(代表)大会一周前，将职工(代表)大会的议程、改制方案及关于开好职工(代表)大会的预案，一并报上级工会；上级工会要做好相关的服务指导工作。（陈建国）

【针织工会参与改革调整把握“四个环节”】 针织工会在参与公司改革调整的过程中，积极发挥工会的源头参与作用，维护职工的合法权益，重点把握四个环节：(1)把握参与调整分流方案的起草环节。(2)把握配合企业做好

10月29日，中国海员建设工会主席吴子恒考察市重大工程苏州河闸桥工地（唐钧达）

方案宣传的动员环节。在初步方案未经职代会正式审议前,先将方案的主要内容在企业骨干中进行宣传,由企业工会听取职工意见后及时反馈修改,进一步完善方案。(3)把握企业职代会审议方案的程序环节。在职代会上首先通过审议各项方案的规定议程,包括审议通过方案的表决形式,然后让职工代表充分发表意见,确保职代会通过的方案具有法律效力。(4)把握方案实施过程中职工思想动态环节。在方案的实施过程中,公司工会派专人到现场,与职工沟通思想,宣传政策,对有特殊困难的职工提供介绍就业、帮困救助等。 (俞志益)

【宝钢建设公司工会在企业改制中坚持履行维护职能】 2003年10月,上海宝钢建设有限公司根据宝钢集团公司战略调整的要求,率先在集团内实施整建制的改制。在企业改制方案的酝酿、讨论、起草过程中,公司工会坚持履行维护职能,注重源头参与,积极为改制方案的制订建言献策。工会针对职工中普遍存在的"三忧"(忧企业今后的发展、忧个人今后的岗位、忧目前的福利待遇)想法,坚持讲清道理、统一思想的原则,运用开展"讲形势、摊家底、摆现状、求出路"大讨论、组织"征求职工对企业改制以及企业和个人今后发展方向的想法"的问卷调查、职工座谈会等形式,广泛听取职工的意见,使企业改制方案得到广大职工的理解和支持,在职代会上以无记名投票方式一次通过,保证了改制过程中企业各项生产秩序的井然有序和职工思想的稳定。 (李晓华)

【沪东中华造船公司工会源头参与确保改制分流平稳过渡】 公司工会在公司的改制分流工作中注重源头参与,公司工会参与改制相关政策和管理制度的起草制订,从总体上为改制的规范有序推进提供了保证;公司工会对改制单位工会进行具体指导,宣传、引导职工,反映职工愿望与呼声,要求改制单位工会在全面参与、积极推进改制中,及时准确反映职工意愿,当好职工代言人。改制中工会的作用主要体现在:一是教育和引导职工认识改革、正确看待改革中的利益关系调整;二是做好改制预案的交底;三是广泛听取、反映职工意见、建议,特别是涉及职工切实利益的愿望和呼声,使职工的每一条意见得到回复;四是组织召开职代会(职工大会)审议通过改制方案。2003年底公司已有10多个单位顺利实施改制,2000多名职工变更了劳动关系,在推进改制过程中,职工无人上访,企业生产稳定。 (周荣华)

【龙吴港务公司工会参与企业改革让职工当家作主】 为积极发挥工会组织和职工代表在企业重大工程建设中的参与作用,公司工会十分注重全过程、全方位的参与企业的重大事项,让职工当家作主,逐步建立起了"重大工程项目职工代表参与制度"。首先在预算投资1600万元的35KV变电站工程中进行尝试,公司工会选派了两名职工代表进入工程项目组,从工程预算、招投标到竣工验收全过程参与,职工代表在参与过程中既起到了监督保障作用,又为工程建设提出了很多有益的建议,该工程2003年建成,达到了"工程优质、干部优秀"的目标,工程费用比预算节约了400多万元。之后,公司工会认真总结经验,在继续参与防汛墙配套工程等重大项目的同时,强化了与职工代表的跟踪联系,了解掌握情况,通过《公司民主管理信息简报》向职工公开参与情况,收到良好效果,职工感到公司真正把职工当成了主人。 (张文忠)

【航道局工会在企业改制中把好政策关】 2003年,企业改制力度不断加大,工会维权工作面临新问题。航道局工会首先组织了两级工会干部学习中央八部委联合下发的文件以及相关的法律法规,组织部分试点单位主要领导到有关单位听取改制经验介绍,并把市总工会下发的企业转制法律法规、政策文件汇编下发到基层单位和局相关部门组织学习,为基层单位的转制工作提供依据。在上海航标厂开始协商解除劳动合同工作后,局工会干部10多次赴该厂宣传有关的政策法规,从政策上、操作程序上把关,帮助基层工会干部贯彻中央精神,使该厂的协商解除职工劳动合同方案几易其稿,并在厂职代会上顺利通过。职工在协商解除劳动合同后经济上得到了适当的补偿,企业和职工取得了双赢。 (钱文勤)

【港机厂工会做好改制中职工队伍的稳定工作】 上海港机厂改革改制工作的重点落在各分厂(车间),涉及职工达800余人。厂工会及时做好改制中职工队伍的稳定工作,突出"四个过程":(1)坚持全过程参与,把握维权职责。工会多次召集基层工会主席回顾总结历次改革的经验教训,探讨新的课题和难题,协调新的劳动关系。(2)畅通沟通渠道,提高改革透明度。努力做到上情下达,下情上传,引导职工理解支持企业改革改制,公开方案,提高改革透明度。(3)依靠职工智慧,坚持民主程序。为充分体现民情、民意,厂工会在参与制定改革改制方案前,广泛听取职工意见,方案形成后,又多次征求职工和职工代表意见,不断完善改制方案并经职工代表大会无记名投票表决通过。(4)分流渠道有选择,分流安置人性化。按职代会通过的改革方案,改制职工有多项分流选择,对分流职工,工会安排一次疗休养。人性化安置,稳定了职工队伍,促进了企业的生产经营。 (唐钧达)

【农工商工会在参与改革中坚持源头维护】 面对农工商历史上规模最大的归并整合改革,集团工会在支持、参与改革的同时,旗帜鲜明地强化源头维护工作。主要抓住三个环节加以推进:(1)源头参与。在制定集团归并工作的实施意见中明确规定了归并工作必须履行的民主程序,为改革过程中依法维护职工合法权益奠定了良好的基础。(2)及时沟通。集团关于下属单位归并、行政划归和优化整合的方案公布以后,集团工会及时分片召开基层工会主席座谈会,帮助大家认清形势,统一认识,并加强对职工思想的引导和教育。(3)认真实施。各单位工会在参与改革中按照集团规定的民主程序,认真开好三次会议,即通报会、协商会和审议会,对方案中涉及到职工切身利益的重大事项，职代会依法行使审议决定权。集团工会还专门对执行情况进行了督促检查。

（桑树德）

合理化建议

【市总工会开展“我为科教兴市献一计”活动】 根据市委、市政府开展“世博会与上海新一轮发展”大讨论和实施科教兴市战略的精神，市总工会在全市职工中开展了“我为科教兴市献一计”活动。各级工会围绕实施科教兴市战略，紧紧抓住上海新一轮发展的机遇，联系本行业、本地区和本单位实际，组织班组和广大职工开展大讨论和献计献策活动。闸北、静安、机电、宝钢、仪电、教育、电信、建设等62个区县局（产业）工会，组织6.9万家企事业单位逾38万职工参与献一计活动，共献计献策2.2万条。浦东新区总工会号召全区职工以筹办世博会为契机，以科技创新、制度创新、扩大开放为动力，开展大讨论；静安区总工会开展评选“金点子”、建设静安“高品位商业商务区、高品质的生活居住区”献计活动；上汽集团工会把发动广大干部职工参与“世博会和上汽集团三大战略目标”的大讨论，与塑造城市精神和培育“可爱的上汽人”结合起来；电信工会动员组织职工围绕教育、信息化、交通、通讯和人才建设群策群力；市政工会组织宣讲团深入一线进行宣讲，举办“市政行业规范服务”知识竞赛；市商业工会开展学劳模、树品牌活动，引导职工为商业新一轮发展再立新功；上海柴油机股份公司工会结合献计活动，组织全国劳模陈祖权等为代表的40多个攻关队，进行科技和技术攻关；市建设工会围绕“强功能、出轮廓、构体系”总体要求，提出了7个方面的课题，发动职工提出有质量、能操作的建议和方案；市教育工会提出整合教育资源、形成适应上海国际化大都市发展要求的教育体系的框架和思路等。在这项活动中，上海市教育局工会等27家单位荣获“我为科教兴市献一计主题活动优秀组织单位”称号。

（满顺华）

【虹口区总工会举行“我为虹口新一轮发展献一计”活动】 区总工会按照区委、区政府“紧紧抓住举办世博会的重要机遇，推动上海和虹口新一轮发展”的要求，在全区职工中开展了“我为虹口新一轮发展献一计”活动。经过层层发动，各产业局、集团公司工会在基层上报的建议中精选5~10份，送报区总工会。区总工会组成评委会，逐一进行评选，虹房江湾物业管理有限公司朱新根“百年老镇、锦上添花”等3篇获一等奖；七百集团的上海大众拍卖有限公司王玉麟“缓解就业矛盾，保持社会稳定，实现新一轮发展”等5篇获二等奖；建委上海虹口建筑设计有限公司唐列平“注重四川北路的整体开发改造”等7篇获三等奖。

（李　琪）

【卢湾区总工会组织职工为建设新卢湾献计献策】 区总工会根据区委部署和要求，积极组织各级工会开展世博会与卢湾区新一轮发展大讨论，为建设新卢湾献计献策。(1)发动在职劳模建言献策，13名劳模分别对本区城市建设、商业服务、工业发展、科技创新、社区建设及社会事业等工作提出了许多有益的意见和建议。区总工会及时将劳模们的意见和建议汇编成专辑，提交给区领导和有关部门。(2)组织工人体育场和工人俱乐部职工结合本单位实际，开展了世博会与工会产业发展的大讨论。工人体育场以“世博会与卢工发展”为主题组织研讨会，分别邀请了上海市集邮界、新闻界和有关专家座谈；并组织中层以上干部中开展座谈讨论，形成了卢工体育场发展的规划设想。

（葛家敏）

【嘉定区总工会开展“我为嘉定新一轮发展献一计”活动】 这次活动共征集到5216条建议，广大职工围绕嘉定区经济建设和社会发展的中心任务，联系工作实际，从不同的层面、不同角度建言献策。内容涉及建成国际汽车名城，打造嘉定精神；改善投资环境，加快经济发展；完善城市规划，推进城市化进程；加强思想道德建设，提升嘉定综合素质；加强社会保障，提高抗风险能力等各个方面。全区近10万名职工参与这次活动。区总工会筛选整理汇编了专刊，很多好的建议被政府部门采纳，得到了区委区府及有关部门的好评。

（唐身桂）

【崇明县总工会开展“我为科教兴县献一计”活动】 2003年5月至7月在全县职工中广泛组织开展了“我为‘科教兴县’献一计”为主题的合理化建议活动。全县各级工会认真组织，全体职工踊跃参与，紧紧围绕促进崇明跨越式发展这一目标，联系本地区、本行业、本单位实际，积极献计献策，共提出各类建议4000余条。经各委局乡镇工会精选上报，75条建议参加崇明县十佳“金点子”评选。经有关部门初评，确定了25条入围建议在《崇明报》上刊出；经全县职工投票评选，10条建议获得“金点子”奖，另有15条建议获入围奖。

（陈进修）

【化学工会发挥劳模联谊会献计献策作用】 化学工会在2003年下半年成立了化工系统劳模联谊会。结合劳模联谊会的筹建，化学工会、华谊评模办会同技师协会开展了合理化建议“金点子”奖评选活动。劳模先进、科技管理人员、高级技术工人等以创新的精神，踊跃为华谊发展和产业升级出谋献策，经层层推荐，有305条建议参加了“金点子”的评选。依据“技术先进性、经济可行性、安全可靠性、应用推广性”的评选标准，“金点子”奖评选共产生“金点子”建议5条、优秀建议10条。

（虞仲义）

【高桥石化公司工会开展“我为加强管理献一计”活动】 为提高广大职工民主参与的热情，提高职代会提案的质量，高桥石化公司工会开展了“我为加强管理献一计”提案活动。共收到91份有效提案，有89份提案得到了落实，其中精细化工事业部杨宏达“开展‘我为振兴企业能做什么’的主题活动”等10项提案获得优秀提案奖。（金　蕴）

【久事公司合理化建议活动形成制度】

上海久事公司是国有独资的综合性投资公司。公司工会在集团公司本部开展合理化建议活动，请员工针对公司的经营管理、员工培训、员工福利、工会工作等方面，结合本岗位的实际情况提出合理化建议，共有71人提交了75份建议，参与率达70%。所有建议经过分类，分别由相关职能部门领导提出处理意见，并逐一反馈至建议者本人。12份建议获得“优秀合理化建议奖”，3个部门获得“合理化建议优秀组织奖”，35份合理化建议，全文发表在公司内部局域网上。工会注重员工对工会工作所提建议的落实，及时安排两名长期患病在家休养的员工“浦东一日游”，并给予一定的经济补助，受到职工好评。 （陈书华）

【上海铁路局开展万名职工献万条金点子活动】 紧密围绕实现铁路跨越式发展、增收节支、运输安全等重点工作，上海铁路局工会和合建办大力开展提合理化建议和征集金点子活动。(1)开展“万千百十”征集活动和“三法”（先进操作法、先进工作法、先进管理法）创新活动，确定客货营销、以货补客、技术进步、科学管理、增收节支等多个攻关课题，采取“我为增收节支献一计”等形式吸引干部职工参与，全局有数万名职工参与，征集到各种“金点子”达万余条。(2)以“揭榜、攻关、增收、创效”为主要内容，抓好对“金点子”评审、推广应用，促进成果转化。 （鲍建忠）

【运输工会开展“为交运献一计”专题合理化建议活动】 运输工会组织开展了“我为科教兴市，发展交运献一计”专题合理化建议活动。围绕集团公司“三个着重点、三个着眼于”的经济目标，配合集团公司全力打造“10+1”亮点工程，联系企业生产经营中的重点、难点、新点，在努力做好集团“流、车、游”三篇大文章上，动员职工提建议、献点子、搞创新、出效益。各基层单位坚持面上铺开，点上突破，抓好重点环节，提高合理化建议的质量。注重一抓发动，强调参与；二抓提炼，注重质量；三抓送阅，求得支持；四抓落实，讲究效果。在各单位组织开展合理化建议的基础上，运输工会用多媒体发布形式，进行优秀合理化建议评选，根据建议是否具有创新、适用、高效、科学、先进和可操作性的标准，评出10条最佳合理化建议。 （尤绍华）

【上海移动通信工会开展“我为管理献一计”活动】 上海移动通信工会紧紧围绕企业“管理年”的战略目标，鼓励员工为企业发展出谋划策，开展合理化建议活动。(1)通过班组学习和各种宣传媒介，引导员工明确目标和任务并做好合理化建议动员工作。(2)按照合理化建议的流程，充分发挥各自优势和基层合理化建议的网络作用，以基层为单位组织员工围绕“我为管理献一计”这一主题，针对管理流程上的薄弱环节，提合理化建议。共收到合理化建议1600多条，参与率60%。(3)在基层推荐的基础上，召开公司合理化建议评审会，评选“金点子”、“银点子”。(4)推广优秀合理化建议成果，更好地激励员工参与企业管理。 （徐莉萍）

【中远集运工会合理化建议活动有实效】 随着经济全球化和上海改革开放及船运集箱事业的发展，中远船运集装箱任务日益繁重，针对新形势出现的新问题，中远集运工会组织船岸职工围绕企业经营管理、安全生产、增收节支、降低成本、提高经济效益等方面开展合理化建议活动。3520名职工提出合理化建议1038条，被采纳合理化建议330条，已实施合理化建议167条，产生经济效益735.46万元，为确保全年生产经营任务的完成发挥了积极的作用。 （许永贵）

【农工商德科公司工会以“四定”方式落实合理化建议】 农工商集团德科电子仪表有限公司工会，2003年在组织开展“奋战70天，夺取抗击非典和产销双胜利”竞赛活动的同时，因势利导在职工中开展了“一个点子一份金，积少成多企业兴”的合理化建议活动。整个活动围绕强化企业管理、提高产品质量、改进生产工艺、降低生产成本、扩大产品销路、优化产品竞争能力等各大环节。公司工会共收到职工合理化建议765条，为了使有价值的合理化建议尽快转化为生产力，公司工会把合理化建议的实施与企业高层管理人员的工作责任制相结合，指定实施负责人，作为工作考核的一项指标。公司14名高层负责人，每人都结合分管条线具体抓一项合理化建议的落实。通过定人、定时、定项目、定责任，激发和调动了全公司干部职工的生产积极性和创造性。 （桑树德）

技术创新

【市总工会等单位联合开展第五届上

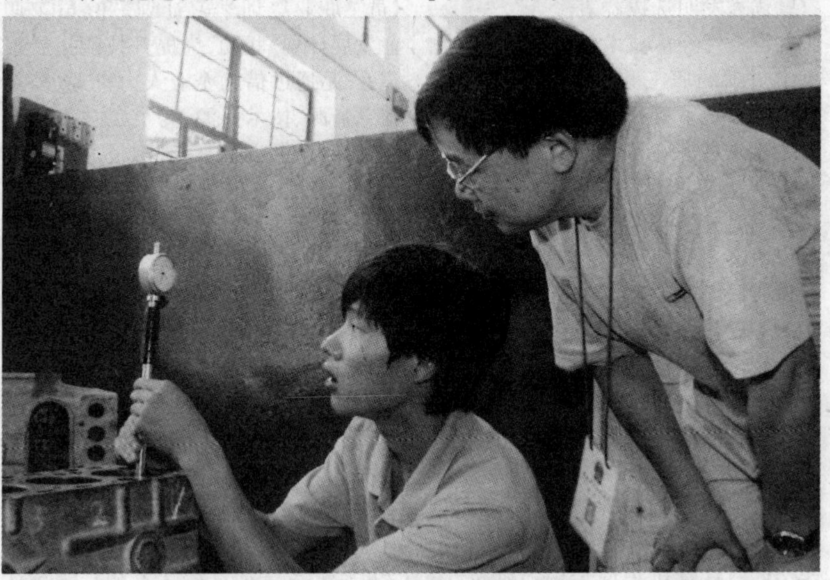

建工工会组织职工开展汽车修理技能竞赛 （蒋家荣）

海市十大工人发明家评选活动】 市总工会等6个委办局联合开展第五届上海市十大工人发明家评选活动。7月17日,发出《关于开展第五届上海市十大工人发明家评选活动的通知》。通过开展这项活动,选树一批工人发明家、技术创新标兵和技术创新能手,以进一步激励广大职工投入上海新一轮发展的积极性和创造性。按照自下而上、民主推荐、群众公认的原则,评选办公室在对推荐的125名参评对象预审的基础上,选出60名对象,由专家和历届工人发明家组成评审组进行初审,再遴选出20名候选人,主要事迹刊登在《劳动报》和上海工会网站及市工人文化宫,进行群众投票。11月21日召开第五届上海市十大工人发明家成果发布会,20名候选人用多媒体进行成果发布,由基层代表、专家进行投票评选。12月召开了评选表彰大会。该届评出的"上海市十大工人发明家、职工技术创新标兵"集中展示了工人阶级追求卓越、勇于创造的时代风采。其中共产党员占80%,市劳模、全国劳模占50%,平均年龄为43.2岁,高级技师和工人自学成才的工程师占70%。 (满顺华)

【市总工会等单位表彰上海市十大工人发明家和一批优秀发明成果】 12月26日上午,市总工会等单位在海鸥饭店隆重举行"上海市十大工人发明家暨优秀发明选拔赛表彰会",表彰一批在群众性经济技术创新活动中作出突出贡献的职工和先进集体。会前,与会者参观了第五届上海市十大工人发明家先进事迹和上海职工优秀发明技术创新成果展。大会上放映了DVD《智慧和力量－第五届上海市十大工人发明家风采》。大会授予宝山钢铁股份有限公司热轧厂王军等10名同志为"第五届上海市十大工人发明家";授予上海复星医学科技发展有限公司夏懿等10名同志为"上海市职工技术创新标兵";授予上海市安装工程有限公司的郑逸德等104名同志为"上海市职工技术创新能手"。表彰了上海申威达机械有限公司郭本侠发明的"SQZK型计算机程序控制切纸机"等41项优秀发明一等奖;宝钢上海梅山有限公司胡恒法发明的"喷煤用复合管装置"等92项优秀发明二等奖。 (满顺华)

【上海举办"联通杯"QC小组成果擂台赛】 为深化素质工程,实施职工创新行动计划,全市各级工会积极配合行政开展推进质量管理和QC小组活动,在总结、交流2003年全市质量管理小组活动取得经验和成果的基础上,9月18日,由市总工会、团市委、上海市质量协会主办,中国联通上海分公司协办,作为上海市质量月活动之一的2003年上海市"联通杯"QC小组成果擂台赛在松江圆满闭幕,大赛组委会举行了隆重的颁奖大会。这次杯赛是上海市首次QC小组成果擂台赛,共有51家企业58个QC小组参赛,58个QC小组成果经"资料评审"、"现场发表"两轮比赛,共产生一等奖8个、二等奖16个、三等奖24个。本次参赛QC小组的课题大多以改进质量、降废减损、提高顾客满意度为主。 (满顺华)

【普陀区总工会注重非公企业经济技术创新工作】 为充分发挥工会组织作用,最大限度地凝聚、培养和激励创新人才,调动非公企业职工的积极性和创造性,普陀区总工会一是通过抓机制、建立职代会、集体合同制度,为员工发展提供机制保障、为员工发展提供契约保障;二是通过建平台,将《员工职业培训学习计划》和《员工职业发展计划》联动,为提升技能拓展渠道;三是通过借助企业人力资源、外部信息资源、技术资源,为员工技术创新创条件,提供必备基础;四是通过打造企业文化和团队品牌,为提高员工综合素质提供动力,广泛开展群众性经济技术创新活动,努力打造高素质创新人才队伍。 (沈丽萍)

【闸北区总工会深化群众性技术创新活动】 区总工会围绕本区的产业结构调整、招商引资、市政道路建设、新型产业建设、高科技产品开发、教育、卫生、服务等方面深化技术创新活动。(1)坚持抓好长效管理机制建设,通过不断完善和充实各级工会的技术创新活动的组织网络,使群众性合理化建议和技术创新活动得到了进一步强化,全区各级工会共组织2.5万余人次职工参与各种技术创新活动,收到合理化建议5000余条。(2)坚持参与人力资源的开发,通过"争创智能型班组,争当智能型职工"及创建学习型班组等活动,在职工中营造学习氛围,组织广大职工参加各种新知识讲座、培训、论坛等活动,为广大职工搭起学习的平台。(3)紧紧围绕建设与上海中心城区地位相适应的新闸北目标,组织职工开展以"我为建设新闸北"献一计为主题的合理化建议和技术创新活动,通过技术创新,成功研制了"网络信息过滤器"和"无易通"软件,为闸北的信息化建设作出了贡献。 (倪增强)

【青浦区总工会广泛开展经济技术创新系列活动】 工会广泛开展以"我为家乡建设作贡献"为主题的经济技术创新系列活动,通过开展劳动竞赛、合理化建议、技术革新、创造发明等活动,引导职工立足岗位,积极投身经济建设主战场。全区有478个企业工会组织了各种形式的劳动竞赛,参赛职工10.8万人,参赛率达到82%;有432个企业工会组织开展合理化建议活动,参与活动的职工有8.9万人次,共提出合理化建议8343条,被行政采纳2003条,当年实施603条;组织开展技术攻关、技术开发项目535项。通过开展经济技术创新系列活动,激发了职工群众的主人翁积极性,促进了经济的发展。 (程天爵)

【上海现代电梯公司开展群众性经济技术创新活动成效显著】 上海现代电梯创造有限公司是中韩合资企业,现在职工175名。公司工会广泛开展以"爱岗敬业,现代在我心中"为主题的经济技术创新活动,突出"现代技术、现代世界"的企业精神,提出"一高一低"即提高产品质量、降低产品成本的竞赛目标。联系企业的实际,工会着重开展了群众性的合理化建议活动,实行"建议、培训、练兵、攻关"四体一位,建立了有工会、企业行政方面有关人员参加的合理化建议评审小组,明确了考核的程序和内容。职工为企业发展踊跃献计献策,全年收到合理化建议 165 条,被企业采纳 22 条,有 7 条当年实施,增创经济效益 125 万元。2003 年公司创销售收入达 3.3 亿元,利润 0.67 亿元。 (程天爵)

【上海锅炉厂为优秀技术工人著书立说】 上海锅炉厂有限公司为技术工人著书立说,2003 年由公司工会和教育中心共同编辑的《上锅技术工人先进操作法选编》出版发行。该书 32 开本,120 页,书中收集了 20 余篇电站锅炉制造过程中有关焊接、探伤、装配、弯管等当今行业内的先进操作方法,并配有作者简介和插图说明。这些操作方法都是经实践运用有明显效果,并且被认证在降低制造成本和提高工效方面有推广价值的先进操作法。23 位作者中,有焊接、探伤、电气领域的高级技师、维修钳工技师等技术工人中的佼佼者;书的出版发行,一方面使先进的操作方法及时在职工中得到推广;另一方面也使 23 位技优秀术工人的才华和价值得到了体现。 (王卫强)

【仪电工会加强"工作研究" 推行先进操作法】 仪电工会坚持创新活动与"工作研究"方法相结合,进一步推进了先进工作法的形成。"工作研究"方法活动遍及各企业,从生产第一线延伸到技术、管理等部门,深入到各个岗位。"工作研究"活动要求员工通过实践发现每一道工序、每一项操作、每一个产品中存在的问题,寻找解决方法、实施改进措施,从中加以总结、提炼。同时注重培育具有科技含量的先进方法,在管理和技术项目方面进一步深入挖掘、拓展,形象生动地展示职工的改进成果转化为现实生产力所产生的经济和社会效益,展示仪电员工与时俱进的先进性、创新性。 (胡 彬)

【轻工业工会举办职工科技创新成果展】 轻工业工会组织职工广泛开展群众性科技创新活动。据统计,职工提合理化建议 1 万多条,创造经济效益 3281 万元,职工技术改进项目 323 项,创经济效益 1.7 亿元。为进一步推进群众性科技创新活动向纵深发展,充分展示职工在推进企业改革和发展中的主力军作用。轻工业工会在上海图书馆举办了"科技兴轻、再铸辉煌"——上海轻工系统群众性科技创新成果展。85 块展版用静态(画册、展板、实物)和动态(DVD 光盘)相结合的方法,展示了轻工职工在群众性科技创新活动中的丰硕成果。展览会赠送出 2000 本画册和 1000 张 DVD 光盘。 (顾为工)

【轻工业工会总结推广科技创新活动八种方法】 轻工业工会通过群众性技术攻关、小改小革活动的调研,总结了立项签约、招标揭榜、擂台选优、申报评审、革新命名等 8 种群众性科技创新方法,推广了美铝铝业(上海)有限公司工会建立完善的提案管理体系、上海日立电器有限公司职工革新成果用职工姓名命名等 16 个单位群众性科技创新先进做法和高级电工李光辉等 21 个能工巧匠的先进事迹。工会协同科技发展中心起草了《关于进一步开展群众性科技创新活动的意见》,组织召开了上海轻工推进群众性科技创新活动暨"张心一式技术能手"表彰会,授予李光辉、翁跃康等十名同志为"张心一式技术能手"称号,为进一步开展群众性科技创新活动营造了良好的氛围。2003 年,各级工会组织群众性技术攻关 323 项,其中 27 项技术攻关成果被总工会评为"上海市职工技术创新成果奖",职工申请专利数 1000 项以上。 (顾为工)

市总工会主席陈豪参观上海轻工职工科技创新成果展 (徐俊彦)

【中铅公司设立职工"科技创新奖"】 上海第一铅笔股份有限公司工会重视合理化建议和群众性小改小革活动,围绕科技创新,以激励机制调动职工的参与积极性。公司工会把建章立制作为头道工序,修订了《中铅公司合理化建议和技术改进奖励办法》和《中铅公司科技创新工作推进规则》。明确了每项技术和合理化建议根据实施 12 个月后的累计效益给予 300 元至 4000 元的奖励,其获奖事迹作为评选先进、考虑晋级、聘任职务的依据等,调动了职工参与的积极性。2003 年,有 26 个项目实施完成,根据项目创造的效益经评审予以奖励,兑现奖金。工会还将其中效益最显著的项目成果制成展板,到下属子公司巡展,在职工中大力宣传科技带头人的先进事迹。 (杨志芳)

【上海纺织系统 46 家重点企业节约降本 650 万元】 为了完成 2003 年经济工作目标,纺织工会在 46 家年销售收入 5000 万元以上的重点企业中开展"降本创新、促销增效"立功竞赛活动。(1)通过加强与行政有关部门的合作,细化目标层层分解落实。(2)召开立功竞赛动员会和交流会,深化"世博会与上海纺织新一轮发展大讨论"、职工素质工程和群众性经济技术创新活动。(3)加强竞赛信息沟通,注意总结竞赛经验,抓好典型大力宣传。(4)纺织工会总结了12家企业工会开展立功竞赛的经验与方法，通过会议和简报进行交流，推进立功竞赛活动的深化。据统计2003年纺织重点企业实现群众性节约降本650万元。（杜伟钧）

【医药工会开展“我为打造航母献计谋”大讨论活动】 医药工会围绕上药集团提出打造中国医药“航母”的战略目标，在集团工会系统和员工队伍中，组织开展题为“我为打造航母献计谋”的大讨论活动。集团所属部分企业的工会工作者、劳动模范、先进工作者、科技人员、班组长和普通员工近200人参加了历时数月的大讨论活动。涌现出一批有理论、有实例、有数据、有分析，具有一定说服力的金点子和好论文。活动期间，还举行了“我为打造航母献计谋”医药员工论坛，来自集团各层面的员工踊跃发言。从发展谋略、市场运作、技术创新、员工素质等方面发表了建设性意见。大讨论活动增强了员工投身改革的积极性和创造性，让经营管理者倾听到员工对企业发展的真知灼见，出现共谋发展的良好局面。（桂光熔）

【上海电力安装一公司工会开展创新活动“C”型起吊工具显神威】 外高桥电厂二期工程，是我国第一座单机容量达百万千瓦的超临界燃煤发电机组，主体钢架标高109.4米，大板梁标高114.5米，重量达一万三千吨，和以往的钢架相比，钢架构件外型体积大、重量重，钢架吊装大都是高空作业，这给钢架吊装带来很大难度。上海电力安装第一工程公司工会组织开展了“双争双智”活动，钢架班职工在专业技术人员指导下，经过精心设计，群策群力成功试制了新型“C”型起吊工具，不但可以节省一台大型起重机具，而且不到3小时就能把斜梁稳稳当当地吊装就位，提高了功效60%，降低了施工成本，加快了钢结构的吊装速度，并大大降低了高空作业的强度和安全隐患。新型的“C”型吊具，在上海市总工会举办的“上海市职工技术技能创新比赛”中被评为三等奖。（黄兴法）

【宝钢股份公司工会推进孔利明式科技创新小组工作】 宝钢股份公司工会大力推进创孔利明式科技创新小组活动。(1)完善激励机制，为推进工作提供保证。一是政策倾斜激励，设立曾乐敬业奖和曾乐创新奖，先后有34名职工获奖；二是宣传教育激励，通过内外新闻媒体，宣传报道孔利明式科技创新小组的创新成果。(2)重视两个结合，加强工作过程的规范管理。一是与培训辅导相结合，普及了科技创新思维理念；提供了“如何申报专利技术秘密”等具体指导；二是与岗位相结合，引导职工确定技术攻关课题，运用技术创新手段和专业知识攻克难关。(3)搭建三个舞台。一是辐射舞台，创新小组成员到兄弟子公司讲学，发挥了“孵化器”作用；二是指导舞台，如经热轧厂杜国华指导的项目就有专利15项，技术秘密4项，操作法2项；三是搭建攻关舞台，创新小组每月召开推进会，组织小组成员对课题攻关。（汤在新）

【宝钢集团工会以职工技术创新小组为深化素质工程新载体】 宝钢集团工会积极引导职工增强学习能力、竞争能力、创新能力，以创建职工技术创新小组为深化职工素质工程的新载体。股份、浦钢、宝检等子公司已创建16个职工技术创新小组，这些小组以孔利明、陈阿威、杜国华、王 军等劳模、工人发明家为“领头雁”，吸引并组织企业一批能工巧匠，专攻生产经营中的难点和“拦路虎”。孔利明科技创新小组充分发挥每位组员的聪明才智，瞄准生产难点，解决实际问题，共取得创新成果300余件，获各类奖项47个。这些职工技术创新小组积极发挥示范作用，跨部门、跨单位帮教带徒，在生产一线形成浓厚的学习、竞争、创新氛围，为提高职工综合素质起到了促进作用。（钟 群）

【宝钢集团职工优秀发明硕果累累】 宝钢集团公司工会积极探索，拓展推进职工素质工程的新途径，要求各子公司工会搭建“职工技术创新小组”、“职工创造发明协会”等平台，激发职工的聪明才智和不断学习创新的积极性。在由上海市总工会、上海市发明家协会和上海市知识产权局联合举办的“上海市第17届优秀发明选拔赛”中，宝钢集团职工共获优秀发明奖66项，比2002年增长了60.97%，占全市550项的12%。其中，获一等奖2项、二等奖14项、三等奖38项、四等奖12项。一钢公司职工的发明成果还获得第十四届全国发明展览会的两个铜奖。（姚颂良）

【上汽集团工会实施“合理化建议排行榜”】 上汽集团工会在广泛开展“双革四新”、合理化建议活动的基础上，立足班组，立足岗位，实施企业合理化建议排行榜评比制度，重点考核各企业合理化建议参与率、实施率、人均建

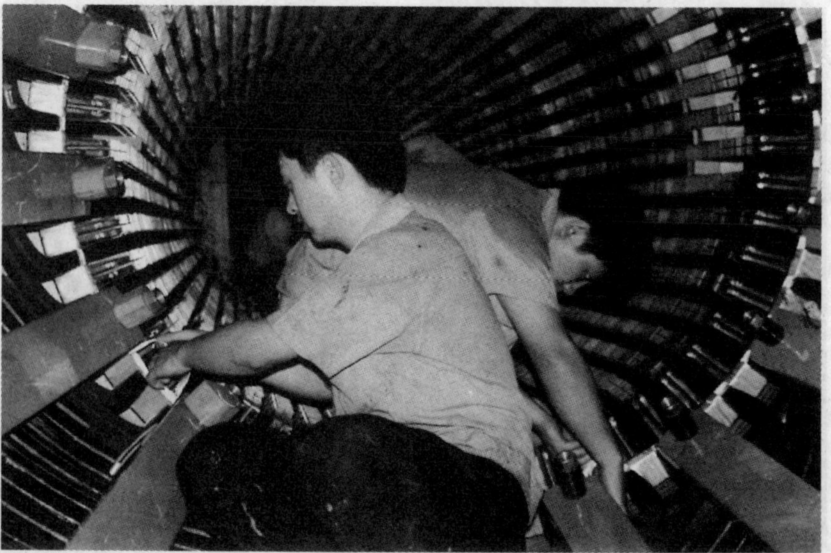

上海汽轮机有限公司工会组织职工开展技术攻关　（欧阳平）

议率和人均节约率。着重抓三个环节：(1)与行政部门联手，广泛发动，扎实推进。年初，工会组织开展“增强学习力，万名职工创新绩”主题活动，与技术质量部共同下发了《关于开展QC小组登记工作、合理化建议和“金点子”活动的通知》。(2)集团和企业分别开展了QC和“金点子”评选工作。工会和技术质量部、团委紧密配合，组织召开年度优秀QC成果、金点子发布会，表彰了18个优秀QC小组、10个“金点子”项目，以及140项(条)QC、“金点子”成果优胜奖。(3)加大群众性经济技术创新活动的力度。围绕集团“用户满意、全面创新、全球经营、人本管理”四大工程，工会始终把职工创新活动和提高素质作为重要工作来抓，举行以“创新——上汽发展的永恒动力”为主题的职工创新活动成果展，制订实施《上汽集团职工队伍综合素质提升计划》，形成职工创新活动奖励办法。施行一年来，职工的参与率从32%提高到46%，实施率达62%，已产生经济效益约6273.38万元。 (朱 晞)

【三航局工会召开第八届“主人杯”双献成果发布会】 10月31日，三航局工会召开第八届“主人杯”双献成果发布会，在36篇成果中筛选出16篇入围发布，最终东海大桥项目部耿学胜“东海大桥工程中高墩整体式承台施工技术”荣获一等奖、南京分公司蒋建荣“大体积砼裂缝控制工艺研究”和上海分公司张敏赢“长江口二期工程塑排船的改造与应用”荣获二等奖。“主人杯”双献成果发布会是三航局工会为职工发挥聪明才智、贡献智慧所搭建的一个舞台，是推进职工素质工程的一个载体。 (唐钧达)

【三航南京分公司工会开展“六小”创新活动】 三航南京分公司工会在职工中积极开展“六小”创新活动，旨在充分调动广大职工积极性和创造性，搭建职工施展聪明才智的广阔舞台。年初，公司工会根据年度企业科技开发及生产施工中的难点，确立在职工中开展小核算、小建议、小节约、小改进、小革新、小经验等“六小”活动。年中，组织公司有关部门对活动的开展情况进行跟踪了解，对活动项目进行监督、考核。年末，组织召开“技术创新、管理创效”成果发布会。 (唐钧达)

职工技协

【市技协举行四届三次全委(扩大)会议】 上海市职工技术协会于2003年1月15日召开四届三次全委(扩大)会议，动员全市技协会员和广大技协积极分子深入开展群众性技术活动，为实施科教兴市战略，为上海的两个文明建设作出新贡献。四届三次全委(扩大)会议全面总结了2002年全市的技协工作，提出了2003年的工作任务。上海铁路局、上海锅炉厂有限公司、上海电信技术研究院、上海化工机械二厂、上海市自来水市北有限公司、上工(集团)股份有限公司等6家单位的职工技协和上海港口设计研究院院长、全国劳动模范许宏纲在会上作了交流发言。 (王小龙)

上海市总工会召开职工技协工作会议 (金大元)

【上海参加第十四届全国发明展成绩斐然】 第十四届全国发明展览会于2003年10月24日至28日在厦门国际会议展览中心举办。由上海市总工会职工技协、职工科技中心组团参展的14项发明成果中有11项获奖，其中金奖2项、银奖4项、铜奖5项。第十四届全国发明展览会由国家知识产权局、国家科学技术部、全国总工会、中国发明协会、厦门市政府联合举办，来自全国各地，包括香港、台湾地区和解放军组成的30多个展团、1100多项发明参展。上海参展的项目是从上海市优秀发明选拔赛获奖项目中选拔出来的。上海市展团荣获“第十四届全国发明展览会优秀展团奖”。 (王小龙)

【市职工技协举办20周年成果展】 11月11日～13日，上海市工会职工技协20周年成果展在上海图书馆展出。为期3天的成果展，共遴选了180多个优秀成果登台亮相，充分展现了上海职工技协20年的辉煌业绩，显示了上海工人阶级的带头羊风采。 (王小龙)

【市技协创新活动评选出58个优秀成果】 为总结经验，鼓励先进，推动全市职工技协群众性技术活动的深入开展，市职工技协2003年开展了群众性经济技术创新工程各类先进的评选活动。这次评选出的58个优秀技术成果中，技术革新项目有17个，新产品有9个，新工艺有9个，新设备有7个，新技术有21个，其中达到国际先进水平的有13项，达到国内先进水平的有26项，这些优秀技术成果为企业创造了可观的经济效益。如上海大众汽车有限公司的“再造发动机”项目消化吸收了德国大众的先进技术，主要性能达到新机标准，而价格只是新机的一半。

该项目经实施，已为企业创造价值6000余万元。（王小龙）

【浦东新区总工会首次召开职工技协工作会议】 为了更好地推动浦东职工技协的发展，发挥浦东职工群众在科技兴市中的积极性和创造性，浦东新区总工会召开新区职工技协首次工作会议。会议内容：(1)总结回顾浦东新区职工技术协会三年来的发展。以录像片的形式紧紧围绕"能工巧匠的发源之家"、"科技实体的发源之地"、"体制创新的突破之旅"、"技术人才的成长摇篮"、"成果转化的孵化之器"这五个方面来展示浦东职工技协开展技术咨询、技术培训、技术转让、技术服务的成果。(2)提出新区职工技协今后三年的发展思路和目标。(3)政策上优化，与工商、税务、科技部门形成协力，进一步明确职工技协税收优惠政策，进一步规范创新职工技协的管理模式，进一步拓宽职工技协的活动领域。目标上量化，明确今后三年的主要发展要求，三年内全区职工技协组织数量翻番，达到400家以上；新区职工技协参股的技协和科技实体达到20家以上；全区职工技协签订技术合同超过千份，合同额达亿元。（蔡雪康）

【徐汇区职工技协加强对基层职工技协的指导和服务】 徐汇区职工技协立足实际，做好服务，努力创造良好的职工技协发展环境。(1)加强指导，提供咨询和服务。区技协办将职工技协注册、工商变更和工商年检的办事程序和要求印发至各基层技协；为基层技协提供方便，邀请区工商局和汇信会计师事务所上门办公，简化办理手续；为区河道所技协、绿化局技协和民营高新技术企业等新申办技术协会的工会给予政策指导。(2)抓好业务培训。以技协合同的签订、现行财税政策的运用和财务规范等为主要内容，分4次组织160人次对全区技协主任和财务人员进行培训，提高了技协干部的业务素质和工作水平。(3)关心和慰问基层技协。对12家基层技协进行高温慰问。加强服务和指导，使基层技协的积极性大大提高，全年全区基层技协技术项目的数量和合同总金额同比均增长近10%。（陶 俊）

上海市副市长杨晓渡参观上海市总工会职工技协成立20周年成果展（金大元）

【长宁区技协召开第四次代表大会】 长宁区职工技协第四次代表大会暨先进表彰会于2003年4月17日召开。会议听取了区职工技协工作报告和财务工作报告，选举产生了长宁区职工技协新一届领导机构第四届理事会。中山建设实业发展总公司职工技协、长宁区环境保护局职工技协和长宁区市政工程管理署职工技协等单位在会上作了交流发言。（陈伟明）

【长宁区职工技协探索新经济组织技协工作】 长宁职工技协积极探索新经济组织的职工技协工作，拓展了技协组织的领域。(1)深入企业，宣传政策。针对新经济组织中，民营、转制、房产等不同性质企业的情况，深入基层第一线，宣传开展技协活动的意义，同时对现有技协优惠政策进行讲解，使这些企业对建立技协组织有了明确的认识，统一了思想。(2)加大服务力度，开展"一条龙"服务。在具有一定条件的企业中，上门帮助组建职工技协组织，提供"一条龙"服务，如办理团体会员证、工商查名、取得营业执照等，提高了技协组建的工作效率，全年共新建了6家职工技协。(3)积极开展技协活动，推动民营企业经济的发展。在民营企业、困难企业开展职工技协活动，2003年共实现有偿服务收入130万元，创收40万元。（陈伟明）

【闸北区职工技协开展技术创新活动】 闸北区职工技协坚持技术创新活动的群众性、科技性、协作性和创造性，在闸北新一轮发展的实践中，充分发挥广大会员的聪明才智，通过报告会、讲座、交流会等各种渠道和方法，提高了广大技协干部和会员对科技兴市战略意义的认识，为全面实现建设与中心城区地位相适应的新闸北的目标，发挥了技协组织的独特作用。据统计，2003年，全区各级技协组织共完成技术攻关项目20多项，完成技术革新成果10多项，其中5项被评为市优秀成果，10多项参加了市技协举办的创新成果展览会，3位同志被评为市优秀组织者，区技协被评为2000～2003年度市先进集体。（刘绿宝）

【松江区总工会稳步发展职工技协显实效】 松江区职工技协围绕松江新三年行动计划目标，立足科教兴区的发展思路，坚持以"举旗帜、求规范、谋发展、抓效益"作为职工技协工作的主线，开展"四技"服务活动，全区技协工作取得明显实效。(1)谋发展，在新经济组织组建工会时，提出"有条件的工会组织都要成立职工技协"的要求，同时在非公企业中发展技协组织。对区自来水公司、上海华明电子金属柜厂、新桥水厂技协发展典型事例进行宣传和交流，参加上海市职工技协成果展。提出技协活动要同职工素质工程相结合、同群众性技术创新相结合、同企业技术攻关相结合，并进行技协有关政策的辅导，发展和壮大了职工技协队伍。(2)求规范，重点加强技协项目合同管理，做到凡是项目都有合同，凡是合同都经过认定，使技协项目合同合法有据。年内，全区技协技术服务或技术转让合同的覆盖面和认定率达90%。(3)抓管理，重点抓资金流入、流出的合理、合法、规范。在自查的基础上，区技协办分期分批，对所属所有基层技协财务管理情况进行了检查，发现问题及时沟通纠正。年内松江区职工技协合同总收入达4000万元，全区职工技协技术服务合同额等指标达到历史最好水平。（莫永涛）

【奉贤区总工会职工技协取得丰硕成果】 在实施“科教兴区”的战略中，奉贤区职工技协大力开展经济技术创新工程，为奉贤经济发展作出了新贡献。区畜牧兽医站职工技协在开展“降低奶牛结核病误检率的研究和应用”试验中，摸索出一套降低奶牛结核病误差率的综合措施，提出修改结核检疫PPD试验操作规程中PPD剂量建议，被国家标准制定委员会采纳，可为全市55000头奶牛，减少经济损失2800余万元。上海神力科技公司职工技协在承担国家863项目“燃料电池发动机”课题研究中，解决了电池的核心部件——“三合一”膜电极以及导流极板等一系列技术难题，试制的两台轿车用燃料电池发动机和城市大巴用燃料电池发动机，各项主要指标均达到设计要求。上海富士电梯有限公司职工技协主动承担电梯核心部件——控制器的攻关任务并获得成功，使企业产品上了一个档次。奉贤钢管厂职工技协通过不懈努力，成功研制开发出“白亮精密钢管”产品投放市场后，受到用户欢迎，提高了企业的经济效益，使一个原累计亏损600多万元的企业扭亏为盈，产值、利润逐年上升。（吴天麟）

【市涂料研究所技协会员参与研制“神舟”五号航天饮水舱涂料】 中国首次载人飞船“神舟”五号发射成功，举世瞩目。上海市涂料研究所技协会员参与研制的6532H航天饮水舱涂料应用于“神舟”五号飞船的饮水箱上。年初，上海市涂料研究所承接了“饮用水箱内壁涂层研制及涂复技术的研究”，所职工技协组织技协骨干，参与以工程师孙凌为组长的研制组，历时近一年完成了产品的研制和测试。研制的过程并不是一帆风顺的。一开始科研人员就遇到了涂层与饮用水杀菌剂相容性的难题，针对这一困难，科研人员进行了一系列的试验，设计了4套方案，8个试样涂料件，进行了一系列的性能测试，最终攻克了这一难题，使涂层与饮用水杀菌剂具有良好的相容性，储存一个月不会减少杀菌剂含量。（薛文海）

【上汽集团公司工会经济实体发展势头强劲】 拥有105家工会经济实体的上海汽车工业(集团)总公司工会，通过加强指导，加强管理，加强服务等举措，使本系统的工会经济事业走上健康发展的轨道。(1)依托优势，加快发展。上海延锋工贸实业公司依托延锋伟世通汽车饰件公司生产汽车内饰件国内领先的技术优势，先后在安徽、北京、重庆等地投资创办公司，开拓为国内汽车制造业配套服务市场。(2)延伸服务，自成特色。上海大众联合发展公司现有40余家子公司。在积极服务上海大众汽车公司的同时，不断向市场延伸，成功开发旧发动机再制造，客户已遍布全国近30个省市区。(3)拓宽领域，创造岗位。该系统现有的5000余名职工全部是主业分流的富余人员。上海浦韦星工贸公司支持主业改革，服务企业经济发展，先后吸纳安置母体企业——法雷奥汽车电器系统公司富余人员100多名，2003年实现营业收入7000余万元。（董长林）

【上海汽车地毯总厂职工技协为提升企业科技含量作贡献】 厂工会将推进企业技术进步作为自己责无旁贷的任务，通过职工技协发动职工开展多种形式的群众性技术活动，组织职工为企业实施技术革新，改造和“以国代进”开发项目近百个，其中一项填补了国内空白，近十项获得市级以上科技进步或优秀成果奖，原有地毯冲孔机由于五次正反面冲孔，产量低，报废率高，满足不了客户需求。攻关小组通过分析，研究造成产量低的主要原因，大胆改进冲孔方法，采用反曲连杆延伸及汽缸重新布局，由五次冲孔变为一次完成。提高产量五分之三，质量提高20%，为企业节省引进设备费用200多万元。帕萨特(B5)轿车轮罩地毯成型流水线的研制由该厂职工技协承担，技协攻关组经过3个多月的研究、设计、制造和连动调试，攻克了20多个技术难点，终获成功，产质量均达到进口设备的水平，而整条流水线的研制费用，只是进口设备的十二分之一。（蔡丽玲）

【交运系统职工技协坚持服务方针出成果】 交运系统职工技协在企业深化改革、产品结构调整中以科教兴市、科技兴厂为主题开展技协活动和群众性技术创新活动，取得成效。客轮公司职工技协利用自身的技能特长，针对船舶机电设备在航运时故障隐患发现慢、查找难这一课题，组织技术人员进行研讨攻关，研制成功CST－1型船用机电测试仪，为船舶运输业提供了一种快速高速、轻便多能、经济实用的检测工具，此成果获得了上海市职工技术创新奖。交运股份公司职工技协坚持将企业生产难点作为自己工作的重点，组织技协会员对轿车座椅调角器精冲及微变形热处理的洋设备、洋工艺进行攻关改进，使产品合格率从76%上升到98%。受到了企业的好评。交运系统职工技协在服务企业的同时，跳出以往过分依靠母体企业的模式，利用优势，面向社会，渗透市场，延伸开拓新的服务领域。西渡船厂职工技协将目光瞄准社会旅游业，主动出击，在全国各地承接大型游览娱乐设施的制造安装项目。设计制造的大转盘、过山车等产品遍布北京、广州、济南等大中城市。（徐晓骏）

【上海大学嘉定通用机械厂职工技协攻难关成果显著】 上海大学嘉定通用机械厂职工技协研究开发了多项感应热处理领域的高新技术，成功地完成了桑车19种零件的热处理攻关项目,并且成为独家配套厂。除了开发研制上海大众的新一代B5型轿车外,还承接上海通用的别克零件、汽车齿轮总厂的金杯、马自达、猎豹、POLO系列产品、美国伊顿公司的油泵轴、上海日立公司的空调压缩机零件、日本本田公司的电动机零件等试制任务。工艺技术、产品质量得到了德国、美国、日本热处理专家的认可和好评,并使嘉定通用机械厂桑车变速器零件高频热处理的生产,成为国内热处理行业的佼佼者。 (胡素平)

短信息:

○ 7月8日,闸北区技协召开"经济技术创新与建设新闸北论坛",着重提出了加强创新意识、人力资源培养和技术成果转化的工作要求。 (倪增强)

· 政策摘编 ·

上海市对重残无业人员实施门诊医疗救助

根据上海市卫生局、上海市残疾人联合会联合下发的《关于对本市重残无业人员实施门诊医疗救助的通知》(沪卫妇基[2003]1号),市残疾人联合会在2003年1月下发了实施办法(沪残联办[2003]014号),具体规定如下:

一、救助对象是具有本市城镇常住户口,年满16周岁以上,持有残疾人证,已办理手续领取最低生活保障金的重残无业人员(已享受城镇医疗保险的重残无业人员除外)。

二、救助标准是每人每年500元。

三、救助形式是上述对象持市残疾人联合会统一制作的《残疾人医疗帮困卡》到各区、县卫生局指定的社区卫生中心就诊,由就诊单位将药费(医保不能列入的药品除外)记入《残疾人医疗帮困卡》中,超出部分由残疾人自负。《残疾人医疗帮困卡》中当年结余资金可结转下一年度继续使用。

四、申请办法是本人或法定监护人向户口所在地的街道、乡镇残疾人联合会提出审请,填写申请审批表,报区、县残疾人联合会批准。 (王立铭)

上海对就业特困人员开展就业援助

为帮助就业特困人员实现就业,上海市劳动和社会保障局、财政局先后下发了沪劳保就发[2003]3号和26号文件,对就业特困人员开展就业援助,具体规定如下:

一、就业特困人员是指经街道(乡镇)劳动保障事务所和区、县就业促进中心确认的具有本市城镇户籍、处于劳动年龄段人员中,具有劳动能力、就业愿望迫切、就业能力特别差、经多次职业介绍仍未实现就业,个人及家庭符合城镇居民最低生活保障条件的失业、协保人员。

二、从事社区"四保"工作或由公益性劳动组织安置的就业特困人员,区、县就业促进中心按本市企业职工月最低工资标准的50%给予岗位补贴,使其月收入(含劳动收入和岗位补贴)在扣除各项社会保险费后,不低于本市企业职工最低工资标准,最高一般不超过本市企业职工最低工资的150%。其中,城镇登记失业人员参加社会保险,另行享受月最低缴费额的50%的社会保险缴费专项补贴。因本人健康原因或家庭原因不能从事全日制工作的,经街道(乡镇)和区、县就业促进中心批准后按小时计算收入,岗位补贴标准为小时最低工资标准的50%。

三、本市单位招用经劳动保障部门确认的就业特困人员从事"保洁、保绿"等后勤服务工作并与其签订一年以上劳动合同(含特殊劳动关系的劳动协议),按规定办理用工登记备案手续的,各区、县根据实际招用人数给予该单位一次性补贴,标准是每人每年2000元。其中,属城镇登记失业人员的,再增加2500元社会保障费补贴。补贴期限最长不超过两年。已享受房租补贴或开业贷款贴息的都市型工业园区企业不享受这一政策。另外,各区、县按上班路途远近给予适当的交通费,误餐费补贴,标准每人每月最高200元,期限最长不超过两年。 (王立铭)

综　述

2003年，上海工会组织建设工作以邓小平理论和“三个代表”重要思想为指导，学习贯彻党的十六大、十六届三中全会精神，全面落实中国工会十四大、上海市工会十一大提出的各项工作目标和任务，进一步加大工会组建力度，进一步增强基层工会活力，实现了上海工会组织工作年度计划的各项目标和任务。(1)工会组建工作。各级工会始终将工会组建作为重点工作，在继续抓好新建企业工会组建的同时，更加注重国有企业在转制、改制过程中的工会组织的重组和重建工作。在继续抓好新建企业职工加入工会组织的同时，更加注重吸纳高学历、高技能、高收入、低年龄职工和进城务工人员的入会工作，全市新建企业工会组建和职工入会取得了新进展。截至2003年底，全市新建企业建会88596家，职工入会152.7万人，分别比2002年增加了2677家和4.1万人。市总工会等14个单位，杜乃根等13位同志被评为“全国新建企业工会组建工作先进集体和先进个人”。(2)创建职工之家活动。各级工会本着建起来、转起来和活起来的工作思路，始终把创建职工之家活动作为增强工会基层组织活力的主要载体和内容，将工会工作的重心放在基层，注重增强基层工会的活力。(刘卫新)

工会组建

【上海新建企业组建工会取得新进展】　全市区县各级工会坚持巩固与发展并举，继续依托社区、小区两级平台，狠抓新建企业工会组建工作。2003年底，上海101个街道、128个乡镇全部建有一级地区工会组织；同时建立小区工会1601个，村级经济工会1634个，分别比2002年增加了18个和20个。新建企业建会88596家，职工入会152.7万人，分别比2002年增加了2677家和4.1万人，其中，私营企业建会80372家，职工入会73.5万人；外商投资企业建会4710家，职工入会60.9万人。在全国总工会首次对2000年以来新建企业工会组建工作进行的评比中，上海市总工会、黄浦区总工会等14个单位被评为“全国新建企业工会组建工作先进集体”荣誉称号，黄金泉等13位同志被评为“全国新建企业工会组建工作先进个人”荣誉称号。(刘卫新)

【徐汇区成立社区餐饮行业工会】　11月19日，徐汇区首家行业工会——田林社区餐饮行业工会成立，首批吸纳了20家独立工会和涵盖22家企业的联合工会，经42名地区餐饮业职工代表的无记名投票，选举产生社区餐饮行业工会委员会和经费审查员。在社区行业工会成立仪式上，职工代表们审议通过了《社区餐饮行业职工代表大会制度》、《社区餐饮行业劳动关系三方协商机制试行办法》、《社区餐饮行业集体协商试行办法》等文件，使组建和运转机制同步建立健全。徐家汇、漕河泾等街道也相继建立了社区餐饮行业工会。社区行业工会的建立加快了新建企业工会组建步伐，促进了新建企业工作的开展。(虞　蔚)

【徐汇区总工会多管齐下加强新建企业工会组建工作】　(1)加强工作指导和业务培训。摸清新建企业底数，把好转改制企业工会组织关系转移关；开展业务培训；在经费上予以大力支持，每年拨专款30万元用于小区工会干部的津贴；推行“上级工会代表下级工会”工作制度；建立“区工会干部权益保障资金”，保护基层工会干部的合法权益。(2)加强协作，形成合力。发挥区新建企业工会组建工作联席会议作用。区委组织部、区工商局、区外经委、区劳动和社会保障局、区工商联、区文明办等在新建企业开业时，共同做好工会组建宣传工作。在评选市区文明单位和其他先进集体和个人时，把建立工会组织作为必要条件，实行一票否决制。(3)依托社区——小区工会两级平台，提高工会组建工作的覆盖面。至9月底，全区13个街道、镇265个有新建企业的居委会全部建立小区(联合)工会，178家小区工会覆盖企业4217家，入会职工32127人。(4)抓好重点单位的工会组建工作。成立了襄阳服饰市场工会联合会，田林社区工会在原有小区工会基础上，重点抓好企业集中的办公大楼、好饰家建材市场工会组建工作。(虞　蔚)

【普陀区长寿社区工会组建工作创全市三个第一】　6月，普陀区长寿路街道社区工会联合会下发了《关于加快推进长寿社区商务楼宇等新经济组织、新社会组织工会组建工作的意见》，大力加快各种新经济组织和新社会组织的工会组织建设，一年中连创全市“三个第一”：一是在全市第一个建立长寿街道民办非企业单位联合工

打浦桥街道丽二小区联合工会成立大会 （田春梅）

会，把街道范围内30家民办非企业单位全部纳入工会组织，吸收550余名员工加入了工会。二是在全市建立第一个行业工会联合会——长寿物业行业工会联合会，涵盖65家物业管理单位和1625名职工，约占全区物业管理公司和职工的四分之一。三是在全市建立了第一个商务楼宇工会联合会——长寿路街道商务楼宇工会联合会，在学习兄弟区建立楼宇工会经验的基础上，长寿路工会克服各种困难，把全街道35栋商务楼宇，1550家各类企业全部吸收进工会组织。 （顾维兴）

【普陀区总工会形成"822"组建工作新思路】 (1)做到8个结合。从工会组织结构类型和形式上做到：行业与区域相结合，条与块相结合，工会联合会（联合工会）与工会组织员相结合，新经济组织建会与新社会组织建会相结合；从工会组建策略和措施上做到：重点突破和面上推进相结合，分解指标和绩效考核相结合，源头介入和指导服务相结合，组建工会和有效运作相结合。(2)实施2个管理。实施工会组建电脑动态管理和工会组织网络化管理。(3)加强2个建设。加强学习型工会团队建设，培育学习型工会团队162个，学习型工会干部443人；积极开展组织健全、维权到位、工作规范、职工信赖、企业支持的职工之家建设。

（金 今）

【闸北区总工会探索进城务工人员入会工作】 (1)开展调查摸底。通过街道和各大口系统对闸北进城务工人员作了初步调查摸底，做到底数清，心里明。(2)对进城务工人员状况进行分析。由于地理、产业结构和历史等原因，闸北的进城务工人员大多数从事劳动密集型产业和体力劳动，自身维权意识和维权能力弱，更需要有人帮助维权。(3)开展入会试点。闸北区市容局有进城务工人员800多人，区总工会在其下属的大宁路环卫所的47名进城务工人员中，发展了43名会员，举行了入会仪式。区中心医院工会也发展了30多名进城务工人员入会。(4)在试点的基础上，对全面发展进城务工人员入会进行了规划。 （周樊平）

【闸北区总工会采取多种措施加强新经济组织工会组建工作】 一是广泛宣传。通过宣传《工会法》和《上海市工会条例》等法律法规，使一部分法律意识较强的业主，产生自觉建会的行动，如上海新源变频电器股份有限公司。二是协同有关部门摸清新经济组织状况，督促业主依法建会。在有关部门帮助下，对全区新经济组织的数量、规模等进行摸底，对符合建会条件而业主缺乏建会意识的新经济组织，通过上门做工作等方法，督促他们依法建会。三是创建工会组建形式的多种模式。在抓好全区系统工会、地区工会等组织形式的同时，探索区域性行业工会、园区工会、大卖场工会、楼宇工会等多种建会形式。如北站街道的保健品市场工会、中瑞工业楼宇工会、建筑行业工会等。 （陆 非）

【杨浦区总工会多渠道探索工会组织网络建设】 一是加强同区域内各高校、市属企事业单位工会的合作，通过了杨浦区域工会联席会活动规则，联手开展打造"知识杨浦"系列活动；二是对区域内餐饮行业状况进行了调研，组建了杨浦区餐饮行业工会及九个系统（社区、镇）餐饮行业分会；三是推广大桥社区工会非公经济组织"三分式"（直属工会、行业工会、小区联合工会）工会组建法；四是加大楼宇工会

静安区总工会召开各系统集团公司工会工作恳谈会 （程忠俊）

组建力度，通过公开招聘楼宇工会专职干部，探索建立职业工会干部队伍；五是进一步规范工会组织工作格局，区总工会对行业工会、社区（镇）工会和直属工会进行管理指导；六是和区工商联、工商分局、科委、外经委、区社团局等单位定期协商，建立信息共享、合作联手、共同推进的互动机制，进一步促进非公企业工会的组建和运作。

（王　洪）

【黄浦区教育工会在三个新领域组建工会取得进展】　黄浦区教育工会在3所区属转制学校、7所民营独资学校、100余所社会力量办学单位组建了工会。(1)以点带面。经过调查摸底，针对民营独资学校、社会力量办学单位规模小，人员兼职多的特点，选择民营独资明珠中学进行试点。该校直选工会主席一举成功，再经宣传推广，全面推动了格致中学等3所区属转制学校、锦绣园中学等6家民营独资学校和社会力量办学单位的工会组建。(2)多方协调。针对社会力量办学单位资金薄弱的特点，区教育工会与办学管理者反复协商，形成共识，确定了办学单位行政拨交工会经费的制度。(3)先易后难。区教育工会按照各种非公学校组建基础的好差，采取分类指导方法，分别建立工会联络员制度、民管小组制度、职代会制度。(4)不断探索。针对民营独资学校、社会力量办学单位部分教职工同时又是公立学校教职工与工会会员三重身份的特点，经边实践边研讨，确定了在民营独资学校、社会力量办学单位中的教职工同时参加新建工会、履行会员义务、享受会员权利的操作原则。

（吕诚陆　倪宝忠）

【黄浦区建立机关工会联合会】　10月23日召开了黄浦区机关工会联合会第一届委员会第一次会议，通过了《黄浦区机关工会联合会章程》，黄浦区机关工会联合会正式成立。机关工会联合会设委员会、常务委员会以及经费审查委员会，任期均为五年。联合会以联合制为原则。区机关工会联合会受区机关党工委及区总工会双重领导，以区机关党工委领导为主；各机关工会接受机关工会联合会和同级党组织的双重领导，以同级党组织领导为主。区总工会有针对性地对机关工会联合会工作进行管理和指导。　（贺再励）

黄浦区新建企业工会组建形成操作流程框架

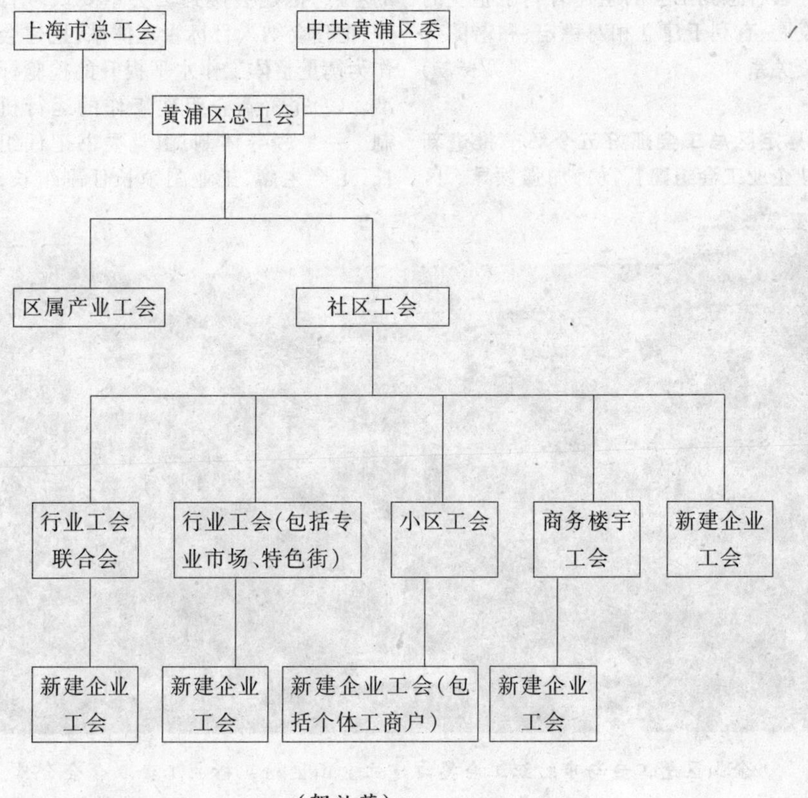

（贺歆莞）

【黄浦区总工会在“三高”群体聚集企业组建工会】　12月8日，上海科技京城工会联合会成立，实现了黄浦区在“三高”群体中组建工会的突破性进展。上海科技京城是上海中心城区唯一由市政府命名的高科技园区，是“三高”人才的聚集高地。南京东路社区工会把科技京城作为在“三高”群体中开展工会工作的突破口，继科技京城中共党总支成立后，以党建促工建，加强京城的工会组建和会员发展，形成了“党建指导工建，工建服务党建”的良好格局。新成立的科技京城工会联合会呈现“三个化”的特点：一是工会干部社会化。社区工会通过媒体和网站向社会公开招聘工会专职干部；二是程序民主化。工会联合会实行联合制，工会主席、经审主任由委员会无记名投票选举产生；三是章程制度规范化。依据有关法律法规制订工会联合会章程，从而使工会工作走上制度化、规范化的运作轨道。上海科技京城已组建13个基层工会（其中两个联合工会），覆盖企业26家，发展工会会员196人。另有5家企业建立了工会筹备组，13家企业表达了组建工会的意向。　（张　菁　戴立明）

【黄浦区总工会社区新建企业工会工作创“三新”】　(1)以新的理念进行工会组建。找寻社区内众多企业之间的内在联系，探索建立行业工会等工会组建的多种模式，实现分类指导，加强工会工作的针对性、有效性。(2)以新的思维方式找准工会工作的切入点。以服务为先导，服务好企业，服务好职工。通过维护职工的合法权益促进企业的良性发展，实现“双赢”。(3)以新的活动方法提高工会的吸引力。通过开展争创职工之家等具有工会品牌效应的活动，团结、凝聚职工。半淞园路社区工会始终以创建先进职工之家为动力，推动新建企业工会工作，动态组建率和入会率分别保持98%和96%。

（贺歆莞）

【黄浦区外滩社区成立非公企业工会行业联合会】 黄浦区首家建筑装潢、物业管理行业工会联合会于3月成立。该联合会由社区内从事建筑装潢、物业管理的私营、民营、外资企业基层工会按照联合制的方式组建而成。外滩社区工会针对非公企业工会组建后运行和管理上出现的问题，根据区总工会“创新组织体制”的精神，将社区内190家非公企业工会按行业分类，逐步建立条块结合，有行业特色的非公企业工会管理模式。建筑装潢、物业管理行业工会联合会建立后，交流同行业工会工作经验，研讨共同关心的热点、难点问题，推动工会工作的开展。

（张　菁）

【静安区公安分局成立工会】 5月，上海市公安局静安分局工会工作委员会正式成立。公安分局工会工作的重点：(1)加强职业道德建设，开展精神文明创建活动，树立良好的公安干警形象。(2)开展职工素质工程建设，不断提高公安干警的综合素质。(3)开展群众文体活动，丰富干警的业余文化生活，增强工会组织的凝聚力。(4)关心职工生活，努力为干警办实事，解决干警的实际困难，解除干警的后顾之忧。（郎爱民）

【静安区静安寺街道工会建立商务楼工会工作处】 静安寺街道地处闹市中心，有商业楼宇28幢，企业700余家，职工1万余人。为了加快工会工作全覆盖的进程，街道工会依靠社区党组织，在28幢楼宇中全部建立了工会工作处。工作处由大楼物业工会、小区工会牵头定期开展活动。主要为商务楼企业职工开展人才交流、劳动就业、司法援助、社区服务、医疗保健、文化体育等方面的服务和咨询，扩大工会的影响力、凝聚力。通过这些活动，融洽工会与企业、员工的关系，初步形成了哪里有职工哪里就有工会的工作格局。（凌惠康）

【宝山区总工会采取三项措施推进新建企业建会工作】 (1)重点倾斜，即重点在非公企业中发展工会组织。(2)剥离独建，即把已加入开发区联合工会的落地型、实体型、规模型、职工人数相对较多的非公企业，从联合工会中剥离出来，建立独立工会，共建立独立工会140家。(3)“党工”联合推进，即在非公企业中，把建立党组织和建立工会组织同步规划，同步操作，同步落实。（窦恺芳）

【闵行区成立首家行业联合工会】 9月29日，莘庄镇餐饮业联合工会第一次会员代表大会召开，标志着闵行区首家行业联合工会正式成立。莘庄镇餐饮业联合工会吸纳了镇内有一定规模、从业人员相对集中的餐饮业会员单位15家，会员344名。会员中有90%以上为外来务工人员。餐饮业联合工会成为吸收进城务工人员加入工会的有效载体。新成立的行业联合工会提出了新的工作思路，将代表行业职工与餐饮业主签订集体合同，开展工资集体协商，直接参与保护单位职工合法权益的工作；还将开展同行业的服务技能比武和厨师技能比武。餐饮业联合工会的成立让餐饮业职工感受到工会是职工自己的家；让餐饮业经营者感到工会的组建有利于企业的发展、有利于建立相对稳定、和谐的劳资关系。（乔世苏）

【嘉定区总工会抓好五个环节推进新建企业工会组建】 (1)加强领导。区总工会主席室人员及部室干部分片包干，负责指导基层组建工作。(2)建立和完善工作目标责任制。区总工会提出新建企业工会组建率和职工入会率保持在85%以上的组建目标。根据这个目标，实行严格的建会工作责任制，把全年目标分解落实到社区，把指标下达到基层，实行年初落实目标，年中达标竞赛，年底考核评比。(3)工会工作前移。对一些未建工会，但有一定规模的企业，区总工会采取工作前移的方法加强沟通，如走访慰问、文体活动、外出考察学习等。(4)抓薄弱环节。深入基层、排摸组建工作中的难点，针对台商企业组建难的问题，做到宣传、指导、服务上门、法规政策上门、执法检查上门。年内上海灿坤有限公司等一批台商企业组建了工会。(5)抓运作。区总工会以创建“合格职工之家”为抓手，做到建立一个、运作一个，有力地推进了工会组建和各项工作的开展。（唐身桂）

【金山区枫泾镇工会全面推进新建企业工会组建】 (1)提高思想认识。把新建企业工会组建始终作为工会工作的重点，把建会摆到工会重要议事日程，把建会纳入目标管理体系，把建会作为衡量整体工作水平提升的检验标准。(2)完善新企组建工作的运行机制。一是领导体制，由党委书记任组长，工会主席、工业副镇长任副组长，

金山区总工会与市纺织工会签订建立金山区纺织行业工会联合会合作协议 （肖　乐）

加强协调,形成合力;二是工作机制,由原来的纵向到底拓展为横向到边,形成纵横结合的运行模式;三是组织网络,镇先成立联合工会14家,对小型企业单独建会有困难的,采取“先入会、再建会”、“不建会也入会”的办法,直接让职工参加联合工会组织。(3)新企组建工作不断引向深入。一是摸清底数,明确任务,确保组建率和职工入会率均达到90%以上;二是宣传动员,依法建会,先后印发各种宣传资料500多份,还通过《枫泾报》广泛宣传;三是集中精力,攻克难关,重点抓住工业园区这个“牛鼻子”,先后有15家企业建会,入会职工1745人,还有16家企业正在筹建;四是加强服务,创造条件,坚持做到“五个一服务”,即编制一套建会操作程序和文件材料,定做一块工会组织牌子,建立一本工会会员台帐,刻制一枚企业工会公章,开设一个工会银行帐户。 (吴 冲)

【金山区供销社工会实行工会代表常任制】 (1)建章立制,规范操作。下发的实施文件中着重对工会会员代表的民主选举权、审议决定权、评议监督权、民主参与权和会员代表兼任职工代表的“一身两任”权等五项职权作了明确的表述。(2)结合实际,组织实施。以大会与代表工作小组相结合,完善工会代表常任制的组织形式。按照会员代表所在企业的属性,分别成立了基层、股份有限公司和区社本部会员代表等三个工作小组,每季度活动一次。建立工作制度,确保代表民主参与、民主监督的力度到位;建立调研制度,以工作小组为载体,以区社各项工作目标和群众关心的热点为内容,有针对性的工作;建立巡视制度,规定每年对区社的重点企业或主要资产的运作状况作一次巡视;建立培训制度,每年对全体会员代表进行一次形势任务和业务知识讲座;建立替补制度,确保会员代表的数量和质量。

(吴 冲)

【金山区建立纺织行业工会联合会】 金山区总工会和上海市纺织工会共同筹建的金山区纺织行业工会联合会,于2003年12月21日下午在区政府会议中心正式揭牌成立。具体做法:一是思想务虚。8月14日,区总与市纺织工会的主要领导就建立由区总领导、市纺织工会指导的金山区纺织行业工会的有关事宜进行了友好磋商,形成共识。二是方案设计。10月24日,区总和市纺织工会领导班子共同商定了区纺织行业工会联合会章程、筹建工作进度安排及筹建工作小组成员。三是宣传沟通。对“四个不变”等进行广泛宣传,即上下隶属关系不变、工会工作对象不变、会员会籍管理不变、经费上解渠道不变。12月上旬,全区81家纺织企业独立工会加入工会联合会成为首批团体会员,从业人员约2.5万人。四是协商推选。12月中旬,区总分四块召开团体会员小组会议,推选产生工会联合会委员15名。在此基础上,举行工会联合会第一次全委会,推选产生主席1人、副主席3人。五是争取领导支持。8月中旬以来,区总对各阶段工作进展情况,主动向区委、市总工会汇报,及时得到各级领导的重视、关心和支持。 (李援朝)

【崇明县总工会提出“六联六共”工作方式 推进居委社区工会组建】 随着社会主义市场经济的发展和企业改革的深入,一大批下岗失业人员相继进入了社区,建立居委社区工会已成为新时期工会组建工作面临的新课题。崇明县总工会积极探索组建居委社区工会组织的新路子,采取社区班子联建,共织工作网络;社区服务联办,共建服务设施;科学文化联教,共筑素质工程;思想工作联做,共育“四有”新人;扶贫帮困联手,共商帮困良策;社区环境联搞,共创文明小区的“六联六共”工作方式,在城桥镇22个居委社区和堡镇13个居委社区中全部组建了工会。 (陈进修)

【崇明县成立明珠花苑项目外来劳务工联合工会】 随着崇明大开发进程的加快,在外来劳务职工中建立工会问题已成热点问题。总建筑面积约30万平方米的明珠花苑项目是为崇明新城建设配套的商品房基地,施工高潮时外来劳务工超过5000人。崇明县总工会根据“哪里有企业、哪里有职工、哪里就要建立工会”的组建原则和全总《关于切实做好维护进城务工人员合法权益工作的通知》精神,以创新的思维,积极探索了在外来劳务工中建立工会的新模式。9月6日,崇明县明珠花苑项目外来劳务工联合工会委员会正式成立,并在4个施工队中分别建立分工会。为防止产生“空转”和“不转”现象,切实发挥工会作用,还建立了“外来劳务工(工会会员)服务中心”,其工作机制包括:组织法律顾问,开展法律咨询,法律援助等服务,加强对劳务职工的法律知识教育;督促施工单位将劳动安全卫生工作列入行政的议事日程,并确立各项防范措施,维护职工生命权;由县总出资为外来劳务职工办理工伤团体互助保障计划;同时对经济有特殊困难的劳务工给予一定的经济补助;组织志愿人员不定期地为外来劳务工提供无偿服务;组织参加各类教育、培训;指导施工单位工会结合本单位实际开展“建一流工程、创一流业绩、树一流品牌”为中心的劳动竞赛活动等。 (陈进修)

【崇明县成立首家个私企业行业工会】 理发、美容行业是崇明县个体私营经济中一个较为重要的组成部分,全县约有700多家店铺,近2000名从业人员。其行业特点是规模普遍较小,地点极其分散,员工固定性较差。为了将这部分员工有步骤地吸收到工会组织中来,崇明县私营企业协会工会在调查研究的基础上,先在100家个体理发店中发展了首批工会会员,并通过充分协商,确定了联合工会5名候选人名单。于7月24日召开了会员代表大会,根据《中国工会章程》规定的民主程序,以无记名投票的方式,选举产生了崇明个私协理发(美容)行业联合工会第一届工会委员会。这是崇明县个协、私协积极探索新建企业组建工会工作新模式的一次探索和实践。

(陈进修)

【仪电商社工会扎实推进改制民营企业工会属地化工作】 根据改制企业要达到“资产关系清、劳动关系清、房产关系清、党群关系清”的要求,仪电商社工会积极推进工会属地化工作,确保企业工会在属地化进程中做到工会组织不断,各项工作不乱,凝聚力不散。商社工会分三个阶段,采取了四条措施来推进这一项工作。(1)导入阶段。采取“三同步”,作到同步研究属地化工作,包括企业属地化工作的责任人,工作进程的时间节点;同步布置,工会组织关系属地工作列入企业改制计划;同步协调,协调好人员力量的安排和时间的统筹。(2)推进阶段。发挥好工会的纽带作用,有效作为,有力维护,在职工中提高威信。在资产关系、劳动关系基本理清时,联系好属地工作。(3)实施阶段。做好组织准备、文件准备和交接会议准备,通过细致的工作,保证小企业工会属地顺利进行。(陆剑文)

【机场(集团)公司工会建立“入会告诫制度”提高入会率】 上海机场(集团)有限公司工会通过调查分析,认为职工入会率主要受职工流动的影响。为此,机场集团公司工会加强督查,加强基层工会的组建和组织建设,建立了季度统计上报和职工入会告诫制度,设定90%为黄线(最低线),90~92%为临界线,对处于临界线的实行告诫,低于黄线的进行通报。实施以来,职工入会率基本保持稳定并逐步增长。同时,机场集团公司工会又开展了劳务用工和进城务工人员的调查研究工作,制定了劳务用工人员入会实施意见和临时用工人员的会籍管理办法。(郑培利)

【机场(集团)公司工会制定劳务用工人员会员托管制度】 上海机场(集团)有限公司下属各单位劳务用工大多来自航桥人力资源有限公司(劳务输出公司)。为维护机场劳务用工人员的合法权益,充分调动他们的积极性,机场集团工会督促和指导航桥人力资源公司建立工会组织,并采用委托管理方式,吸收会员,加强会员管理。首先在调查研究和听取基层工会意见的基础上,于8月份下发了《关于上海航桥人力资源有限公司职工入会和会员管理等问题的意见》,明确劳务公司和用工单位工会各自的职责和相互间的关系。其次通过座谈会、协商会议、劳务公司上门拜访等多次协调,9月举行了委托管理签约仪式,建立双方协作关系。劳务用工人员会籍管理原则是:职工通过劳务公司工会入会,会员关系和档案由劳务公司管理,会员向用工单位交纳会费,参加用工单位的活动,日常管理由用工单位负责。(郑培利)

【医务工会分步实施推进工会组建工作】 (1)自查与互查阶段。下发《关于对非在编职工入会管理进行检查的通知》,要求各基层工会进行自查;分综合性医院和专科医院两个组开展互查,查阅各单位有关的会籍资料,并对非在编职工入会管理的做法进行总结探讨。(2)召开会议,研讨推进阶段。召开各区县医务工会加强组织建设工作会议,交流工会组建和外来务工人员入会的做法,研讨如何加快推进卫生系统工会组织覆盖面和吸收职工入会的可行性意见。到市卫生产业中心开展专项调研,总结联合工会近年来工作经验,有序推进联合工会的工作模式。(3)下发文件,全面推进阶段。下发《关于加快推进卫生系统工会组建和会员发展工作的通知》,要求依法在新建的卫生事业单位、合资和股份制民营医院(医疗机构)组建工会,探索工会组建的形式,包括直管、代管、挂靠形式,要求动态的工会组建率达到85%。(王月英 项丰满)

短信息:

○ 10月30日,黄浦区公安分局工会工作委员会挂牌成立。(贺再励)

○ 闵行区七宝镇九星综合贸易市场成立市场联合工会,首批参加会员608人。(乔世苏)

○ 12月29日,体育局首批27名优秀运动员加入工会。(乐俊平)

运转工作机制

【上海工会加强探索 建立机制 推进工会组织建设】 2003年,全市各区县工会坚持“党建指导工建,以工建服务党建”的原则,自觉地把社区工会建设纳入党建总体目标内,进一步加强与有关部门的沟通协调,完善了工会协调劳动关系和维护职工基本权益的机制;加强了平等协商、签订集体合同、三方协调、与政府联席会议等机制与制度建设;通过社会招聘、加大培训和考核力度等工作措施,使街道和乡镇工会干部队伍的素质得到进一步提高,工会志愿者和职业化的工会干部队伍进一步发展;在组建区域性行业工会、开展基层工会主席直选和实行基层工会会员代表大会代表常任制等方面的探索,取得了新的进展。(李 鸣)

【徐汇区总工会开展多层次会员代表常任制民主测评工会工作】 (1)建章立制,明确要求。年初下发《徐汇区总工会关于工会代表大会代表常任制的若干暂行规定》、《2003年度徐汇区工会工作考核标准及办法》,从制度上加以明确和规范。(2)组织实施,讲求实效。各级工会以多种形式调动会员代表的参与积极性。区总工会率先召开会员代表大会,请代表们无记名测评区总工作。医务工会将102名代表分为4组,围绕完善民主评议干部、职业道德教育、职工素质工程和职工关心的热点难点问题等课题开展调查研究,在工代会上向代表汇报调研成果。华泾社区工会将参加测评对象扩大到社区内各企业工会主席和经审主任,参加测评的人数达108人,使测评工作更具代表性和客观性。(3)肯定成绩,找出差距。通过测评,各级工会了解和掌握了职工群众对工会组织的评价情况,如帮困送温暖、安全生产工作的满意度较高,但工资谈判、签订集体合同工作的满意度较低,使工会干部找到了工作的差距,明确了新一年工作的重点。(虞 蔚)

【长宁区华阳街道工会建立社区工会联谊分会 加强五项工作】 长宁区华阳街道社区工会联谊会在各社区建立了联谊分会,加强了五项服务:(1)分门别类,加强素质工程建设。根据各分会的行业特点,制定职工素质教育的规范要求,IT行业以技术升级为抓手、劳动密集型企业以物流管理、家政服务等技术培训为主、商业服务企业以职业道德和服务规范为重点。(2)联谊沟通，加强职工再就业。社区工会联谊会、行业工会联谊会、小区联谊会，开展各种形式的交流活动，促进了相互之间的了解。(3)共创先进，加强社区稳定。通过宣传劳动法规、帮助解决劳资纠纷、化解劳动争议，促进社区稳定。(4)建设企业文化，加强文明班组创建。以行业为单位，开展企业文化建设，各企业突出班组“建、创、做”活动，采取互相交流、典型引路的方法，形成良好的精神文化氛围。(5)来建走撤，加强工会组织建设。及时反馈社区内新企业的变化情况，并采取相应措施，做好工会组织的撤建工作，使新企业工会组织建设工作始终处于动态的管理之中。 (刘武军)

【长宁区天山路街道工会探索社区党群工作一体化】 (1)党群思想教育同步抓。采用党、工、团联合实施教育，以坚持用马克思主义理论育人、坚持用社会实践育人、坚持用多读好书育人、坚持用正确舆论育人、坚持用有效服务育人、经常用先进典型育人、坚持用先进文化育人等“七个坚持”作为联合实施教育的原则。(2)党群组织建设互促进。通过取长补短、逐步渗透的工作方法，党工团互相借力、共同努力，基本形成了党建带群建的工作模式，已在四幢商务楼建立了党工团联合服务点。(3)党群工作制度共实施。结合新经济组织党群工作的特点，制定了五项工作制度，即基本情况建档制度、联合走访接待制度、联席会议制度、典型共育制度、联合考核制度，通过街道新经济组织党群工作指导小组共同实施，取得了很好的效果。(4)共创党群工作品牌。党工团各自构筑自己的工作品牌：党组织突出“支部建在连上”和“支部建在阵地上”相结合的方式；工会组织社区“共创文明家园”和“职工素质工程”的工作模式：共青团建设天山青年都市俱乐部作为工作载体。 (陈金秀)

【长宁区程桥街道工会针对居民区不同特点 开展工会工作】 (1)推进自治管理，规范外来务工人员。根据新村农贸市场从业人员99%为外来务工人员的特点，居民区工会通过三个途径，实施自治管理。一是构筑载体，通过成立市场调解委员会、外来人员计协会、外来人员文体队、外来姐妹读书会等形式，加强外来务工者的管理。二是积极维权。通过落实调委会例会制度、学习制度以及奖惩制度等，增强外来务工人员的法律意识和自我保护意识。三是正面引导。注重加强对外来务工人员的思想教育，开展学文化、学法律、学先进的三学活动，根据各自治小组不同情况，利用辅导课、黑板报、集中培训等方式，加强对外来务工人员的职业道德教育，努力倡导文明新风。(2)拓宽就业渠道，安置下岗人员。程桥一村居民大多是市政动迁征地以前的农民，大部分年龄偏大、文化程度低、缺乏市场就业竞争力。小区工会针对此种情况：一是通过各种途径，加强对下岗失业人员的技能培训，改变他们的择业观念；二是推选私营企业负责人担任工会委员，使他们直接参与再就业工作；三是运用社区共建网络，先后与数10家新建企业及私营企业挂钩，安排下岗失业人员近20名。目前，小区下岗、失业人员安置率达98%。(3)开展分段管理，服务退休职工。 (卞초娣)

【普陀区长征镇工会探索建立经济园区工会代表专委会制度】 针对近年来存在的“工会组建容易运转难”的现象，长征镇在筹建经济区工会时，充分考虑有效地发挥会员群众特别是代表的积极性、主动性和创造性，在新曹杨高新技术开发园区尝试建立了代表专委会制度，与工代会年会制度结合，保证工代会制度的正常运转，提升工会工作质量。代表专委会是由园区工会代表大会代表组成，接受园区工会委员会领导。各专委会由10到14人组成，负责人由园区工会委员会委员担任。代表专委会为常设组织，内设民主管理委员会、劳动关系协调委员会、安全生产和劳动保护监督委员会、职工素质工程建设委员会、女职工委员会和代表提案审查委员会等6个专门委员会。代表专委会在园区工会联合会指导下开展工作。 (金 今)

【杨浦区大桥社区工会建立“三四七”服务机制】 杨浦区大桥社区工会积极开展“进百家企业，联千名会员”主题活动，建立服务企业和职工的“三四七”机制。“三”是工作带着“三问”进门。工会干部进企业带上一声党和政府对企业及职工的问候；带上一份有关企业和职工基本情况的问卷；带上一些如何做好企业工会工作的问题，真正做到重心下移，进门服务。“四”是当好“四联”角色。即带好联系卡，把写好自己联系地址和方式的联系卡送交企业和职工，作为联系企业和职工的名片和热线；当好联络员，在企业宣讲好国家的法律、法规，党和政府的政策、规定，把企业存在的困难和问题

卢湾区总工会召开“两新”组织工会建设会议 (郑国洪)

向有关部门反映好；开好联席会。组织一次企业负责人与工会(或职工代表)的工作联席会，建立平等协商平台，加强彼此的沟通和协商，进一步稳定劳资双方关系，把纠纷解决于萌芽状态；结好连心对，与企业的特困职工主动结对帮困。“七”是开展“七项协调”服务。即协调企业劳资双方的关系，维护职工及企业的合法权益；协调企业与周边的关系，为企业发展营造良好环境；协调社区职工就业与企业用人之间的关系，力争社区增岗、职工上岗；协调社区工会活动与社区活动的关系，促进社区两个文明建设；协调企业与企业工会的关系，促进企业民主管理；协调社区教育与职工发展的关系，推进素质工程建设；协调社区工会“一家三站”工作中遇到的热点、难点问题。（王　洪）

【黄浦区总工会编印新建企业工会组建长效机制宣传册】 为进一步巩固和推进社区内新建企业工会组建工作，黄浦区总工会总结、编印了新建企业工会组建长效机制宣传册500本，下发到区内所有社区和小区两级工会，供宣传与开展新建企业工会组建工作所用。宣传册包括《黄浦区新建企业工会工作指导协调小组成员单位职责》、《社区工会工作志愿者管理制度》、《转制企业工会工作交接操作法》、《社区工会组建工作目标考核激励机制》、《区总工会与各街道党政联系制度》、《社区工会两级工作平台建设及工作对象》、《黄浦区新建企业工会工作操作法》、《黄浦区新建企业工会组建操作示意图》等八项内容，对于社区和小区两级工会具有较强的工作指导作用。（贺歆莞）

【黄浦区总工会建立区总主席室与街道党政领导定期恳谈制度】 为更有效地推动社区工会工作，积极争取街道党政领导对工会的支持，营造工会工作良好的外部环境，黄浦区总工会建立区总主席室与街道党政领导定期恳谈制度。恳谈会围绕当前各社区工会关注的热点、难点问题，开展交流、沟通。（贺歆莞）

【黄浦区总工会形成《三高群体工作实施构想》】 在调研的基础上，黄浦区总工会形成了《黄浦区总工会三高群体工作实施构想》。《实施构想》包括：(1)主动争取区委和两级综合经济党委的领导与支持，紧紧依靠广大基层工会工作者与工会积极分子。(2)建立工作班子，向社会招聘组建三高群体工作志愿者队伍，设立三高群体服务处。落实人员责任，强化业务培训，通过这支队伍把工作辐射到三高群体。(3)调查摸底，建立动态档案。通过区外经贸委、招商中心等部门了解三高群体基本情况，全面掌握。依靠9个社区工会对辖区内三高群体较集中的所有商务、写字楼宇开展深入调查。(4)大力宣传，营造组建工会的社会氛围。向三高群体、经营者宣传工会的性质、任务及组建工会的意义。(5)筹建三高群体工会组织、促进工作实运转。筹建中，要保证三高群体在新建工会中的地位与数量。(6)建立优秀三高群体工会干部的培育机制，加强三高群体工会干部学习交流。一是典型示范机制；二是激励表彰机制；三是优胜劣汰机制；四是学习交流机制。(7)开展专题评比，展现事业成就。对三高群体取得的成绩，区总工会与相关工会为其设置专项奖励。《实施构想》还提出要为三高群体办9件实事。（吕诚陆）

【静安区总工会探索工会干部的社会化职业化】 静安区总工会积极探索工会干部的社会化职业化，在石门二路街道试点招聘职业工会干部，60余人报名，通过笔试、面试，录用了两名职业工会干部。在经过一段时间工作后，经大楼会员代表大会选举，王武军同志当选为恒安大厦工会主席，成为申城首位职业工会主席。职业工会主席的产生，解决了由于企业多，难以协商出一名专职工会主席的问题，解决了工会主席受雇于企业、难以维权的问题。区总工会和街道工会还制定了职业工会主席工作规范、考核奖励制度、经费收缴管理办法等，为楼宇工会的运作奠定了良好的基础。（徐根花）

【静安区石门二路街道东王小区工会开办健康救助站】 小区工会建立后，如何为三高群体职工服务，静安区石门二路街道东王小区工会在嘉发大厦开办了“健康救助站”。这是根据三高群体工作节奏快，压力大的特点开办的，整合社区和楼宇企业的资源，开办了29项服务项目，有社区卫生中心为员工提供的个性化的医疗保健服务，美容护肤、科学减肥到健康娱乐、心理咨询等。特别是“健康救助站”内的“舒心室”受到了“三高”群体职工的欢迎，增强了新建企业工会的凝聚力，切切实实为三高群体办了一件好事。（丁　红）

【静安区曹家渡街道工会整合社区资源 形成工会组建合力】 为了进一步加强工会组建工作的力度，静安区曹家渡街道建立了街道社区工会组建工作联席会议。联席会议由工商所、税务组、房管办、商会及街道有关部室组成，使工会组建工作做到在组织上实行联网，在工作上实行联动，在信息上实现联通。(1)组建的宣传面广、到位。工商所在企业年检时，税务组在征税时，房管办在物业管理中，商会在企业家会议上，经济科在招商服务中都加强对工会组建的宣传，发放资料，做好工作。(2)以党建带动工建。街道组织人事科和综合经济党总支在两新组织开展党建工作时，注重工会的建设。(3)遇特殊的企业，由工会与工商、税务等部门一起上门做工作。（张来生）

【闵行区城管局积极推行工会会员代表大会代表常任制】 为了切实发挥工会代表联系会员群众的桥梁和纽带作用，实现民主办会的宗旨，3月，闵行区城管局工会在调查研究的基础上，制订并下发了《关于实行工会会员代表大会代表常任制的意见》，推行会员代表大会代表常任制。构建会员代表的联系网络，制订会员代表的活动制度，提出将常任制工作与工会各项工作有机结合的工作要求，取得初步成效。年终，各位代表对局工会的年度工作采取民主评议的形式，分组织宣教工作、法律保障工作、劳动保护群众生产工作、民主管理工作、班子总体评价等方面进行了民主测评,并对局工会就加强各类培训工作力度、深入基层调查研究等工作提出了8项合理化建议。通过推行代表常任制活动,使局工会工作真正根植于会员群众之中,代表职工群众利益,为职工群众服务。 (乔世苏)

【金山区教育工会试行直选基层工会主席】 金山教育工会选择3个单位进行工会主席由全体工会会员直选试点,具体做法:(1)两上两下推选工会委员候选人。先由工会小组推荐工会委员候选人名单,由学校党支部讨论确定下一届工会候选人差额名单;再将工会候选人名单放到工会小组去讨论,各小组将本小组讨论同意的候选人名单报党支部,最后经学校党支部讨论后确定正式候选人名单。(2)选出工会委员。召开全体工会会员大会,依法进行无记名投票,差额选举工会委员。(3)当选的委员进行竞选演说。让教职员工能进一步了解新当选的工会委员。(4)全体会员直选工会主席。在各位当选的工会委员竞选演说后,全体会员以无记名投票方式在当选委员中进行工会主席直选。

(吴 冲)

【金山区海涯村联合工会运转取得实效】 金山区海涯村联合工会由上海金山漕泾空调器配件厂等4家企业工会小组组成,有353名职工,组建率和入会率都达到100%。村联合工会组建后,采取积极措施,工会工作取得实效。(1)建立职代会制度,加强企业民主监督。选出职工代表35人,企业重大事项都必须经过职代会审议通过后实施。(2)实施素质工程,提高职工整体素质。采取走出去、请进来的办法,开展职工技能培训和应知应会培训。(3)做好帮扶工作,维护职工切身利益。村联合工会为职工办了补充保险,已有3名职工理赔得到8千多元;募集帮困经费4万元,补助慰问特困职工29户;单位给全村退休职工每人每月发放120元退休金,支付村里所有职工的有线电视费;购置了一辆面包车,用于接送职工子女上学。

(吴 冲)

【金山区总工会与区政府举行首次联席会议】 10月21日,金山区总工会与区人民政府第一次联席会议在区政府会议中心举行。会议讨论通过了《金山区人民政府与区总工会联席会议制度的若干规定》、《关于职工合法权益维护的有关建议》、《关于解决我区农口劳模生活困难的有关建议》、《关于实业型新建企业组建工会的有关建议》,并形成了会议纪要。为了确保会议的顺利进行,区总注重抓好三个环节:一是会前精心准备。在与区政府领导以及有关委办局领导沟通基础上,确定会议主要议题,并着手起草相关文件材料,呈送有关领导审议修改,使相关文件材料不断完善,达成共识。二是会中协商共决。根据会前准备的相关议题,逐项进行认真讨论。三是会后推动落实。根据联席会议精神,区政府办公室和总工会办公室共同起草会议纪要,并呈报区长和主席审定后,送达有关区政府领导及委办局领导,并与相关职能部门共同拟定实施方案,发送到有关直属单位党政工组织,共同抓好落实。 (李援朝)

【飞乐股份公司工会加强基础建设 规范基层工会组织管理】 上海飞乐股份有限公司工会通过划分层次、突出重点、明确要求、落实责任,使工会组织管理上新台阶。(1)全面开展会员重新登记,同时,积极发展新会员,增加工会组织覆盖率。(2)做好工会干部协管工作,选配勤恳、公正、热心、进取的同志进委员会和经审会班子,加强了工会的亲和力和战斗力。(3)规范换届改选工作。公司工会加强指导督促,并争取党组织的支持,使所属企业工会做到按时换届、顺利交接。(4)强化组织管理。按照仪电工会要求建立了"一会一卡""一企一卡",使工会组织管理上了新台阶。 (张仁和)

【服装实业公司工会坚持"三性" 探索工会工作新模式】 上海服装实业公司是改制后以宾馆、餐饮、旅游等为主的经营实体,工会坚持"三性",积极探索新经济组织中工会运作的新机制。一是依法确保工会地位的合法性。为了适应公司不断调整经营模式和人员流动频繁等变化,公司工会始终把保证组织网络健全作为首要前提,建立起操作性较强的快速反应机制,在党政的支持下,做到工会主席(负责人)不缺位,避免了工会组织的"空转"现象。二是强化会籍管理的针对性。公司工会大胆创新,突破了以会籍转移证明为依据的会籍身份确认方法,采用本人申报确认、编外会员确认等方法。工会还建立了会员会籍管理台帐,每年调整两次,保证会员队伍基本情况准确清晰。三是坚持工会主题活动的长效性。公司工会围绕企业中心工作,选准主题竞赛的切入口,根据不同的经营重点设计不同的竞赛方案,充分体现个性,吸引职工投身经济建设主战场。 (王慎微)

职工之家

【市总工会大力开展创建合格职工之家活动】 2003年,根据市总工会的部署,全市各级工会认真开展了创建合格"职工之家"的活动。10月中旬市总召开了"贯彻中国工会十四大精神,加强工会基层组织建设工作会议",并下发了《上海市总工会关于深入开展建设职工之家活动的实施意见》、《上海市总工会关于进一步加强组织建设,增强基层活力的若干意见》等两个指导性文件。按照全总的要求,还开展了"全国模范职工之家"、"全国模范职工小家"评选活动,共评出"全国模范职工之家"20家,"全国模范职工小家"32家,全国优秀工会工作者"25名,"全国优秀工会积极分子"20名,"全国荣誉工会积极分子"5名。同时在中国工会十四大会议期间,上海送展的6部建家活动的电视专题片全部获奖,其中二等奖2部、三等奖1部和优胜奖3部。 (刘卫新)

【徐房维急修、现代电梯联合工会以创建为抓手 推进工会工作】 (1)坚持民主管理,建立完善的企务公开制度和有效的监督机制。健全企务公开制度,建立了6章17条实施规范,及时推出全员参与的互动机制,组织引导职工提建议、谈想法,为企业献计献策。

(2)重视职工培训,建设一支高素质的员工队伍。通过多种形式和载体提高职工整体素质,一是建立导学制——由企业领导、技术权威、操作能手各带一个徒弟,实行一对一的辅导;二是派送培训——输送一线职工参加技术培训和高等学历的学习;三是岗位练兵——激发员工学习技能的积极性,使更多的员工具备为用户服务的过硬本领。(3)关爱每一位员工,开展"献出我的爱、温暖他的心"的主题活动,构筑起企业与员工之间的"桥梁"。（虞　蔚）

【长宁区总工会采取四项措施　深入开展社区合格职工之家创建工作】 (1)构建政治民主网络。通过建立社区工会会员代表大会常任制,强化了社区工会会员代表的民主意识;通过会员代表大会对主席民主测评,提高了社区工会会员代表的责任感;通过建立与街道(镇)党政的联席会议制度,加强了工会工作的源头参与。(2)建立四项工作机制。根据区总工会提出的《在社区、小区、新建企业工会开展创建合格职工之家的实施意见》,各街道(镇)在建家工作中强化了四项工作机制:来建走撤的建会机制、劳动争议三方协商机制、平等协商签订集体合同机制、互助保障帮困送温暖机制,从源头上保障了职工的基本权益。(3)夯实工会工作基础。有针对性、实效性地制订了社区工会十项工作制度,即例会制度、学习制度、计划制度、联系制度、财务制度、评估制度、公开制度、民主办会制度、工会经费使用集体决定制度、重要问题和重大情况报告制度;建立了职工之家工作台帐。(4)培育"一街一品"社区工会工作特色。如新华社区工会探索出非公企业职工民主管理的四种有效途径;华阳社区工会首创社区工会联谊会;新泾镇创建园区工会职工学校;天山社区工会首推社区组织"共创文明家园"的主题活动;北新泾社区工会积极开展帮助弱势群体再就业;江苏、周桥社区工会建立网上职工学校等。（潘泳宽）

【黄浦区总工会形成"123"建家新思路】 (1)确立一个思想。以建家工作进一步推动工会重点工作,以推进工会重点工作进一步丰富建家内容,夯实基层工会组织的工作基础,促进工会各项重点工作的开展。(2)强化两个目标。国有、集体及其控股企事业工会建家工作以坚持"两个旗帜鲜明",代表、维护好职工合法权益,增强工会的影响力、凝聚力和号召力为目标;非公有制企事业工会建家工作以围绕履行基本职责,建立职代会为主要形式的民管制度及平等协商、签订集体合同制度、建立和谐劳动关系、取得"双赢"为目标。(3)坚持三个注重。第一,注重常建常新。一是建家内容不断与时俱进,2002~2003年度主要围绕学习贯彻《工会法》,认真履行工会基本职能,全面实施素质工程,强化自身建设等开展建家活动;二是荣誉称号不搞终身制,所有获得全国、市模范职工之家和区先进职工之家的工会都要参加新一轮建家活动。第二,注重过程培育。区总除了下发建家工作规范性文件外,还通过工会主席培训和交流,进一步明确建家工作目标、任务。区总组织建家单位工会干部开展中途检查、互查。第三,注重会员评价。一是建家工作向会员(代表)大会报告,接受监督;二是在正式验收前,严把会员群众认可关,明确会员群众的无记名测评满意率一票否决制,并由区总派专人深入基层进行会员群众满意率无记名测评。（贺再励）

【金山医院工会"三个坚持"建设职工之家】 (1)坚持工会代表常任制。一年中召开两次会议,对工会工作的计划、总结、经费和领导干部考核等重大事项进行讨论审议和民主评议。由会员代表组成工会工作评估小组,对院内工会开展的工作每月考核,奖惩挂钩。(2)坚持三级网络运行。形成院、科、班组纵向到底,横向到边的网络,覆盖全院每一位职工,上下呼应。在抗击"非典"的战斗中,充分体现了"家"的凝聚力,每天由工会小组长了解职工身体情况,采取"零"报告制度,发放防护用品,为在医学观察期的人员送书刊等,实现了院领导提出的"不让一个疑似病人漏掉,不让一个职工掉队,不让一位医务人员倒下"的目标。(3)坚持工会主席职权利相结合。为了改变以往部门工会主席积极性不高的状况,院工会制定并推行了工会主席"职、权、利"相结合的试行办法,即明确工作职责、下放工会经费审批权、享受正科级待遇,保证了工会各层面工作的有效开展。（吴　冲）

【青浦区总工会非公企业合格职工之家创建活动"三步走"】 一是制订操作规范。制订了《关于进一步加强非公有制企业职工之家建设活动的实施意见》,进一步明确了建家活动的目的意义、合格职工之家标准、考核管理办法,提出了建家活动目标。二是典型引路。在全区确定50家骨干企业作为

黄浦区总工会召开区先进"职工之家"表彰大会　（姜济中）

建家活动的典型单位，由区总领导和各部室分组负责联系，及时总结经验，在面上推广，推进全区建家活动。三是全面推广。把建会、建制、建家有机结合，把建家活动的重点放在工会运作的基本制度建设上，促进基层工会的规范运作。2003 年全区非公经济企业工会建立合格职工之家 411 个，占全区实地型企业的 86%，有力促进了非公企业工会的运作。（程天爵）

【市纺织工会深化建家创模活动】 纺织工会在全行业深入开展建家创模活动，制订了 5 类 26 条工作指标，有力地推动了工会的基础建设。通过创建，245 家工会通过了合格职工之家以上称号的验收，占 92%；其中模范职工之家 22 家，占 8%；先进职工之家 61 家，占 23%；合格职工之家 161 家，占 60%；发展新会员 454 人，为失散会员补办会籍 7945 人；170 家工会按规定办理或更换了工会社团法人登记，184 位工会主席经过培训取得了市总工会颁发的上岗证书。（林裕良）

【上汽集团工会开展建家创特色工作】 （1）明确要求。集团工会下发了《关于开展 2003 年度上汽集团先进职工之家、先进职工小家评选工作的通知》，通知明确了荣誉称号、考核内容、评选范围及比例、评选名额、评比方法等七个方面要求。（2）中途推进。（3）成果发布。年底召开创建先进职工之家、先进职工小家工会特色工作成果发布会。特色发布呈现几个特点：一是内容涉及面广；二是突出了工会职能；三是针对工会工作的难点、重点；四是探索了当前一些比较敏感的问题，如市场经济下多元用工的问题，转改制企业如何处理好改革、发展、稳定关系等。（沈新月）

【上海铁路局工会开展建家 20 周年系列活动】 4 月份，重新修订并出台了《上海铁路局基层工会创建模范职工之家考核标准》和《管理办法》；6 月至 9 月，与《上海铁道报》联合开展了“我爱我家”征文活动；采用多媒体演示方式，召开了全局建家工作经验交流会；表彰了一批建家工作优秀组织者。通过系列活动，总结、交流了建家工作经验，调动了工会干部和职工群众的建家积极性。（张志石）

上海市建设工会召开深入推进职工之家建设现场交流会（汪建然）

【上海市政设计研究院工会完善五项机制 创建模范职工之家】 （1）健全组织管理机制。做到每建一家新经济组织，工会组织同步建立，构筑起创建的平台，形成全院参与两级共创的新格局。（2）建立职工合法权益的表达维护机制。在创建过程中，坚持加强“全依”制度建设，加强民主参与、民主管理、民主监督，使各项重大决策、措施的出台，能最大限度地符合广大职工群众的愿望和要求。（3）建创建工作常抓不懈的考核机制。每年把创建目标，具体内容纳入院 TQC（全面质量管理）轨道，目标明确，责任到人。评选不搞终身制，同时把创建工作和工会日常工作有机结合，把工会的各项工作均纳入职工之家的考核范围。（4）建立适合市政院特点的企业文化建设的长效机制。院工会积极引导广大职工弘扬企业精神，充分发挥合唱团、集邮协会等作用，开展丰富多彩的“斯美杯”系列活动。（5）建立凝聚职工、为职工排忧解难的帮扶机制。院工会先后建立了住院保障制度，“一日捐”帮困制度，家访慰问制度，疗休养制度等。（汪建然）

【市教育工会以机制建设为抓手 推进教工之家建设】 （1）建立考评导向机制。形成了由三级指标及特色工作组成的“教工之家”内涵指标体系，并在保持主要指标基本稳定的基础上，根据年度的工会工作重点予以适当修订和调整。（2）优化激励机制。在原有两年评选一次先进教工之家的基础上，增加了评选先进教工之家免检单位。（3）建立奖惩机制。在将建家工作纳入文明单位评选指标范围的基础上，将建家业绩和高校工会主席的工作考核结合起来。（4）建立建家考核结果向所在学校领导反馈制度。（5）搭建两级建家平台。在巩固校级建家成果的同时，大力推进和规范二级院系、部门的建家工作。2003 年上海高校建家工作喜结硕果：华东师范大学工会在高校系统第一个被授予“全国模范职工之家”称号，复旦大学等 8 所高校工会荣获“上海市模范职工之家”称号，另有半数以上高校工会和一批部门工会跨入上海市高校“先进教工之家”和“模范教工小家”行列。（张渭明）

【上海财大工会给新会员送“名片”】 为了更好地做好青年教师工作，扩大工会在青年教师中的影响力，发挥工会的桥梁纽带作用，上海财经大学从教师节起，为新进校的每一位青年教师送上校工会“名片”，名片上印有“有困难找工会，工会是您温暖的家”，还印上校工会五位专职干部的姓名、分工和联系电话。这张名片在青年教师中引起很大反响，感到工会确实像一个“家”，从细微之处为大家着想。“名片”发出后，青年教师就各自所关心的问题向工会干部提出咨询，工会的同志都热情给予解答,并提供帮助。

(庄　清)

工会志愿者

【普陀区民营企业建立工会志愿者队伍】 普陀区民营企业——上海复星高科技集团工会积极探索民营企业工会工作新路子,建立一支既是“组织者”、也是“策划者”和“奉献者”的工会志愿者队伍。工会志愿者作为集团各级工会的得力助手,在党组织和工会领导下,利用业余时间,协助工会完成上级工会交办的各项任务,做好工会的基础工作,参与工会各项活动的组织和策划,听取和反馈员工的呼声和建议。集团首批发展了5名工会志愿者,平时带胸牌开展工作,列席工会会议。集团工会将把志愿者队伍扩大到40人,以促进民营企业工会工作规范化和有效运作。

(金　今)

【普陀区教育工会开展“爱心志愿者”活动】 (1)建立了“爱心志愿者”活动网络化的组织系统。在区级层面成立了“爱心志愿者”服务总队;在学区和区直属单位成立“爱心志愿者”服务分队;在每个基层单位成立“爱心志愿者”服务分支队。同时还建立了“爱心志愿者服务队”联络员网络,由各单位工会干部担任联络员。(2)建立规范化的管理机制。一是制定严格的制度保障。区教育工会制定了《普陀区教育系统“爱心志愿者服务队章程”》、《爱心志愿者服务队队员须知》,《爱心志愿者服务队表彰条例》等一批规章制度,使活动有章可循;二是提出严格的培训要求。凡是报名参加“爱心志愿者服务队”的成员都必须参加一定时间的培训,熟悉和掌握活动的内容和要求;三是实施严格的规范服务。志愿者入队需正式报名填写《登记表》,并持有上岗证,在服务期间要认真填好活动记录卡。

(顾维兴)

· 政策摘编 ·

都市型工业园区企业享受房租补贴或开展贷款贴息

为鼓励和促进失业、下岗协保等人员实现现就业,上海市就业促进中心在2003年6月下发了《关于都市型工业园区企业享受房租补贴或开业贷款贴息的操作意见》(沪就失[2003]16号)。具体规定如下:

一、补贴范围是本市外环线范围以内、经区政府认定的都市型园区的劳动密集型非公企业,生产经营地和注册地在同一地点的,可以申请享受房租补贴或开业贷款贴息。

二、补贴期限是2003年1月1日至2005年12月31日,每年申请一次。一年内,只能申请享受房租补贴或开业贷款贴息中的一种。

三、补贴标准是根据当年企业实际使用的失业、协保人员和本市农村富余劳动力人数,按企业当年人均房租或人均贷款利息为标准予以补贴,但年度人均房租或人均贷款利息高于2000元的按2000元计算。

四、申请手续是企业向所在地的区、县就业促进中心提出申请。

五、支付方式是市失业保险管理中心将补贴款划到区、县就业促进中心,区、县收到后五天内连同区、县补贴的30%部分一并划到企业帐户。

(王立铭)

职工素质工程

综　述

2003年，上海各级工会认真学习贯彻党的十六大精神和"三个代表"重要思想，以推进科教兴市战略和培育上海城市精神为主线，积极推进职工素质工程，切实维护广大职工群众的精神文化权益。(1)宣传工作开创新局面。把认真学习、宣传、贯彻十六大精神和全面贯彻"三个代表"重要思想作为上海工会宣教文体工作的首要任务，充分发挥工会宣传阵地的作用，在广大职工中兴起学习贯彻"三个代表"重要思想的群众性热潮。加大工会新闻宣传力度，大力弘扬劳模时代精神，营造宣传上海工人阶级和工会工作的良好舆论氛围。(2)职业道德建设注入新内涵。推出《上海职工职业道德建设实施意见》，进一步明确新时期新阶段开展职工职业道德建设的指导思想、目标、任务、原则、方法和具体要求，组织各级工会和广大职工围绕弘扬城市精神，开展职业精神大讨论，形成《上海职工职业精神倡导公约》，建立职工职业道德评估体系，全面提高职工职业道德水平。(3)工会精神文明创建活动取得新成效。围绕上海精神文明建设"两提高"目标，开展新一轮"建、创、做"活动，加强班组建设，提升班组管理水平，为文明单位、文明行业和文明城区创建工作打下更加扎实的基础。坚持引导职工走读书明理、读书立志、学习成才道路，举办新一届上海读书节，开展读书系列活动，在读书方式、活动规模、社会功能等方面进行了积极探索。组织10万班组共建"五一林"，在创建国家园林城市中发挥上海工人阶级和工会组织的重要作用，展示上海职工的文明形象。(4)职工教育培训形成新机制。围绕科教兴市战略，以培育知识化、技能化职工为重点，深入开展"争创学习型组织，争当知识型职工"活动，在职工中普及终身学习的理念，评选学习型组织创建奖。初级工商管理(EBA)资格培训不断扩大规模，在2002年举办两期培训的基础上，2003年又举办了两期培训，使培训总人数达到近2万名。职工教育保障计划稳步发展，努力构建社会各方共同投资和参与管理的职工教育投资新机制，为职工教育培训提供有力的经费保障。(5)职工文化建设拓展新路子。拓展和完善职工文体活动组织网络，制定职工文体工作发展规划，广泛开展丰富多彩的职工文娱活动和群众性体育健身活动。制定下发《上海职工文体事业发展报告》，提出新世纪工会文化事业单位的发展方向和具体要求，努力探索经营产业化、业态集团化、管理现代化、项目品牌化、功能社会化的发展新路。　(张　刚)

思想道德和职业(劳模)精神

【上海工会开展职业精神大讨论】　市总工会在全市各级工会和广大职工中广泛开展职业精神大讨论活动，以教育和培养一大批新时代的职业新人为目标，把开展"城市精神和职业精神"教育的过程，作为培育、褒奖和发扬先进的过程，构建与上海城市新一轮发展相适应的上海职工职业精神建设框架，提炼出以拼搏精神、独立精神、诚信精神、合作精神、学习精神、创新精神、敬业精神、奉献精神为主要内容的新时期上海职工职业精神。4月，市总工会和劳动报联合举办上海工会"城市精神和职业精神"座谈会，来自全市各条战线的专家学者、工会干部、企业的党政干部、职业道德标兵、职业道德先进集体的代表从理性思考和生动实例相结合的角度，座谈讨论城市精神与职业精神，职业精神和职业道德，职业精神与价值观、行为方式等，形成了共识。9月，15个重点行业和单位的代表在市总工会发起的《上海职工职业精神倡导公约》上签字。　(刘宝华)

【市总工会推出《上海职工职业道德建设实施意见》】　市总工会推出《上海职工职业道德建设实施意见》。《实施意见》，对新时期职工职业道德建设的指导思想、奋斗目标、基本原则、教育内容、活动组织和组织领导作了充分阐述，要求各级工会以构建与社会主义市场经济体制相适应的职业道德体系为出发点，以教育、引导和激励职工参与职业道德新实践为立足点，开展具有时代特征和上海特色的职业责任感教育、诚信教育、劳动观教育、遵章守纪教育和职业礼仪教育，组织开展职工职业精神大讨论、职业生涯设计、诚信礼貌展示、职业规范对照、职业道德培训和职业道德先进评选等活动，努力营造加强职业道德建设的强大声势和良好氛围。并要求各级工会加强对职业道德建设的组织领导，明确任务和职责，做好全面规划，根据形势发展需要，逐步构建一套职业道德建设的评估体系，为职业道德建设提供衡量标准和考核依据，对职业道德建设的过程和成效给予科学认定，从而确保职业道德建设常抓不懈，取得实效。

（程友谨）

【市总工会表彰上海市职工精神文明"十佳"好事】 市总工会开展了2002年度（第18届）上海市职工精神文明十佳好事评选活动。经过职工投票与评委评选，最终评出大众出租营运公司五分公司王伟雄"义务描绘方便图"、新华医院上海儿童医学中心"义卖救助贫患儿"、中远集装箱运输有限公司子牙河轮"火中勇救76船员"、上海职工帮教志愿者青浦监狱帮教小组"'活雷锋'帮教'浪子'"、上海市金山区人事局范华伟"赤手勇斗持刀徒"、上海市电信有限公司"绿波"艺术团"'绿波'艺术进社区"、上海重型机器厂尚润卿"工会主席赤子心"、石泉街道洵阳新村钱先大"廿三年奉献社区"、上海市环境卫生恒丰水上运输站吴金龙"垃圾堆里寻巨款"、东航客舱服务部五分部"凌燕"乘务示范组"'凌燕'助学双胞胎"等10件好事为2002年度上海市职工精神文明十佳好事；锦江出租汽车公司吴锡雄"锦江司机的承诺"等20件好事为2002年度上海市职工精神文明十佳好事提名奖；上海石油化工股份有限公司水厂"真情送给危难人"等好事为2002年度上海市职工精神文明百件好事。（金帼英）

【市总工会表彰上海市职工职业道德"双十佳"】 市总工会开展了2002年上海市职工职业道德"双十佳"评选活动。经过评委会评选，最终评出宝山区医疗保险事务中心、上海电信大客户服务中心、上海日立家用电器有限公司用户咨询服务中心、高桥石化公司化工三厂、黄浦区职业介绍中心、上海移动通信有限责任公司、上海电视台新闻综合频道《新闻透视》栏目组、上海市第一食品商店、仁济医院、上海市杨浦公安分局肖玉泉中队等为上海市职工职业道德十佳单位；上海大众发动机厂徐小平、华东师范大学教育管理学院陈玉琨、上药集团医疗器械股份有限公司医疗设备厂崔祝平、上海地铁运营有限公司保洁队陈秀英、上海铁路分局第二工务段金泰祺、上海市传染病医院巫善明、上海三枪集团苏寿南、上海市浦东新区人民法院葛建萍、上海银行浦东分行陈新康、上海市基础工程公司秦宝华等为上海市职工职业道德十佳标兵；评出上海航空公司客舱部等35家单位为上海市职工职业道德先进单位；评出上海市电信有限公司北区电信局徐栋等34位同志为上海市职工职业道德先进个人。（金帼英）

【市总工会推荐评审2003年度全国"五一"劳动奖状（章）】 根据全国总工会《关于推荐评选全国"五一劳动奖状"、全国"五一劳动奖章"的通知》要求，市总工会按照全总评选原则和评选条件，严格履行民主程序，组织了2003年度全国"五一"劳动奖状（章）推荐评审工作。上海市宜川中学等12个企事业单位和上海市徐汇区徐家汇环境卫生管理所徐家汇女子清道班等6个班组获得全国"五一劳动奖状"荣誉称号，刘晓荣等42名个人获得全国"五一劳动奖章"荣誉称号。

（唐维生）

市总工会表彰上海市职工精神文明"十佳"好事和上海市文明班组、红旗文明岗 （徐 赜）

【市总女职工委员会组织城市精神大讨论】 为充分发挥广大女职工在精神文明建设中的特殊作用，市总工会女职工委员会与《新民晚报》、东方网等单位联合举办了以"从我做起，争当塑造城市精神的楷模"为主题的"世博与上海新一轮发展大讨论"，来自科教文卫、工业、商业、外经贸、交通等系统的女劳模、女先进结合各自实际，就如何争当培育和塑造上海城市精神的楷模畅所欲言，建言献策。市总工会主席陈豪充分肯定本次活动，要求各级工会进一步认清培育和塑造上海城市精神的重要性和紧迫性，充分利用工会的组织优势，为塑造城市精神添砖加瓦。（徐梅瑾）

【浦东新区总工会开展职工素质工程系列活动】 浦东新区总工会制定《2003年浦东新区职工素质工程行动方案》，开展了读书活动、职业道德优化活动、职工创新活动、做智能型职工与创学习型班组活动、职工教育培训与练兵比武活动和职工自学成才评比等六大主题活动。年中，举办"当代职工素质与上海城市精神"论坛，年末，举办"现代企业员工职业精神"论坛。组织工会干部培训班16次，培训新上岗工会干部1190余人次。完成各类职工技能培训57期，参加培训学员共4900人次，1007名职工获得劳动部门颁发的等级证书。浦东公交行业组织的参赛队代表新区参加上海市职工技能大赛，获得总成绩团体第一名和个人二、四、五名的佳绩。（蔡雪康）

【徐汇区总工会开展职业精神大讨论

做到三个结合】 徐汇区总工会,开展职业精神大讨论活动,做到三个结合:一是与发挥劳模的先进模范作用相结合。通过座谈会、征文、拍摄电视专题片等活动,弘扬劳模爱岗敬业、无私奉献的职业精神;二是与“建、创、做”活动相结合,涌现出一批市文明班组、市红旗文明岗和市级学习型团队;三是与迎接世博,岗位建功相结合。区商委组织职工围绕“塑造和培育城市精神,从我做起,从自身企业做起”主题开展交流和讨论,激发了职工主人翁积极性。 (虞 蔚)

嘉定区总工会举办“世博会与上海新发展”大讨论 (陆保芳)

【长宁区总工会探索劳模管理“四结合”模式】 长宁区总工会在劳模管理上做到“四个结合”:一是与宣传相结合,召开劳模座谈会,宣传全国五一劳动奖章获得者的先进事迹,区总工会下发了《关于动员全区广大职工“以劳模为榜样,培育新时代职业精神,为长宁经济和社会跨越式发展作贡献”的意见》,为“塑造城市精神,培育新时代职业精神”大讨论奠定了基础;二是与教育相结合,区总工会组织50余名劳模、先进赴延安等地考察,接受延安精神教育,激励劳模永做时代的领头羊;三是与维护相结合,组织在职劳模和离退休劳模体检,关心和慰问患病、困难劳模,落实政府给予劳模的各种福利待遇,组织劳模及家属外出疗休养;四是与信息化管理相结合,通过对农业劳模、市、部劳模、全国劳模身体、经济、住房、家庭等情况调查,建立健全劳模档案资料,实现了劳模管理信息化。 (王国瑛)

【普陀区总工会实行劳模先进预备人选培训制度】 为加强对先进模范人物的培育,努力营造学先进、争先进、赶先进的良好氛围,普陀区总工会实行劳模先进预备人选培训制度,即按先进模范预备人选要求选树一批各行业中较有影响的先进模范人选,形成先进模范人选梯队,如区市容环卫局开展陈扣娣班组“8个一”宣传活动,区人民医院举行了于井子护理小组挂牌成立仪式,全区共有200余名先进预备人选参加培训。 (沈丽萍)

【杨浦区总工会组建劳模讲师团】 杨浦区总工会成立了由著名劳模领衔的“杨浦劳模讲师团”,11位具有高学历、高技能、掌握高科技知识的全国劳模和市劳模被聘为讲师团成员,主授各类技能和知识培训课程,2003年劳模讲师团成员共为职工培训授课近千人次,并免费开办困难家庭及动拆迁职工子女学习辅导班,受到职工普遍欢迎。 (王 洪)

市总工会召开上海职工“现代职业精神”大型研讨会 (徐 赜)

【宝山区职业道德先进单位发出倡议书】 宝山区医保中心等职业道德先进单位向全区职工发出倡议:(1)弘扬爱岗敬业的奉献精神,激发高度的职业责任感,培养高尚的职业情操,以亲切的语言接待人,以良好的形象感染人,以满意的服务温暖人,在所从事的职业活动中实现自己的人生价值;(2)倡导诚实守信的合作精神,诚信做人,诚信经营,诚信服务,共同打造宝山的信用品牌;(3)发扬与时俱进的创新精神,勇于革新,善于思考,敢于向未知领域大胆挑战,充分发挥的积极性、主动性和创造性,力求各项工作有新举措;(4)强化终身学习的进取精神,坚持不懈学文化、学科学、学技术、争创学习型班组、争当知识型职工;(5)培养追求卓越的奋斗精神。以“改革勇攀第一峰、竞争勇夺第一名、工作勇创第一流”的雄心壮志,在改革开放中敢为人先,在建设发展中永不懈怠,在宝山加速发展中争先创优。 (王 铮)

【金山区"职业精神大讨论"活动富有成效】 金山区总工会联系实际,组织职工开展"职业精神大讨论"活动。一是开展职业精神用语征集活动,各直属工会提出职业用语456条,评出了金山区"十佳"职业用语。二是开展先进人物职业精神电视片展映活动,区总工会选拔了10位先进人物,将他们的优秀职业精神制作成电视光盘通过区电视台播放,并将光盘分发到各基层单位,组织全区职工观看和讨论;三是引导职工通过学习先进人物事迹,寻找自身不足,积极整改,不断提高。 (薛建忠)

【青浦区总工会引导职工争做"可爱的青浦人"】 青浦区总工会在全区职工中开展"培育新时代职业精神,做可爱的青浦人"大讨论。工会通过宣传青浦加快推进城市化进程三年行动纲要和新一轮发展目标,广泛开展形势任务教育,引导职工确立"我是青浦新一轮发展的主人,青浦发展人人有责"的意识。努力培育刻苦钻研的学习精神、恪尽职守的敬业精神、与时俱进的创新精神、诚实守信的诚信精神、团结协作的拼搏精神、艰苦奋斗的奉献精神,共同塑造城市形象,争做"可爱的青浦人"。 (程天爵)

【崇明县开展职业精神大讨论】 崇明县总工会响应崇明县委的号召,根据市总工会的要求,广泛开展以"塑造崇明岛人形象,培育新时代职业精神,迎接崇明跨越式发展"为主题的大讨论活动。活动期间,县总工会机关,组织了专题讨论,县总工会女职工委员会举行了"适应时代要求,塑造女职工新形象讨论会",在各基层工会组织大讨论的基础上,组织了"培育新时代崇明职工职业精神,为实现崇明跨越式发展建功立业论坛会",上报参加论坛会的论文共48篇,16篇论文获奖。通过大讨论,形成以创新精神、敬业精神、诚信精神、公益精神为主要内容的崇明职工职业精神。 (陈进修)

【李斌获全国机械工业技术标兵称号】 2003年,上海液压泵厂工人、全国著名劳模李斌被中国机械冶金建材工会和中国机械工业联合会授予"全国机械工业职工技术改进技术创新标兵"称号。李斌作为专家型数控操作工,在生产实践中善于技术创新。最近5年多来,李斌带领全班同志在企业拓展市场、开发新产品的过程中大胆创新,完成新产品开发23项,其中达到国际尖端水平1项、国家级重点项目8项、各种民用液压产品开发8项,使企业累计增加销售1800万元;并完成工艺攻关186项、产品加工工艺编程1050条,提高生产效率3倍以上,直接创造经济效益700万元;自制模具,为企业节约108万元。2003年,李斌技术革新共43项,节约产品成本43万元。 (沈 贤)

【上海汽轮机有限公司以劳模名字命名设备】 上海汽轮机有限公司首创以劳模权正钟的名字命名一台设备"权正钟叶根铣"。为完成700万千瓦汽轮机的盘车任务,解决汽轮机转子叶根轮槽铣生产瓶颈口,公司成立了以劳模权正钟为首的攻关小组,从图纸设计到另部件加工,从数控电脑程序编制到安装调试成功,仅用了120天时间和200万费用,为企业节约了大量外汇,并赢得了时间。他研制的叶根强力磨床和纵树叶根槽数控双头铣,分别获得市优秀发明一等奖和上海科技发明与专利产品金奖、市科技进步二等奖。 (张耀瑋)

【市机电工会评选表彰精神文明"十佳"好事】 上海市机电工会以评选十佳好事为抓手,推进企业精神文明建设。上海重型机器厂尚润卿八年如一日,甘当一位工伤死亡职工父母"干儿子"的事迹,荣膺2002年度上海市职工精神文明十佳好事称号;上海振华轴承总厂离休干部邹进修捐资2万多元为家乡修路,捐资1万多元帮助失学儿童、上海汽轮机厂有限公司王荣贵坚持十年热心救灾报社会和上海纺织机械总厂售后服务组"诚信兑现承诺,好事佳话频传"的事迹被评为2002年度上海职工精神文明百件好事。 (瞿新祥)

【自仪公司工会开展"主人翁风采"小故事征集活动】 上海自动化仪表股份公司工会"以确保主营盈利目标,人人都做一件实事"为主题,开展"主人翁风采"小故事征集活动,公司工会在企业报开辟《主人翁风采》专栏,分期刊登小故事,并将100个小故事编印成《自仪职工风采——小故事集锦》,并对100件实事进行评选,最终评选出"十佳实事"。 (刘伟民)

【市轻工业工会开展"兴轻工、扬品牌"宣传活动】 上海轻工业工会以城市精神大讨论为契机,开展"兴轻工、扬品牌"宣传活动,引导职工树立知轻工品牌、爱轻工品牌、用轻工品牌产品的

中远集运锦云河轮船员为被营救的鲁崂渔0696号渔民披上大衣 (丁建东)

意识。活动分为三个阶段：一是轻工品牌收集整理阶段，各公司(集团)、直属企业工会将旗下有市场、有质量、有知名度的以主要品牌集中起来，对其名称、商标图案、产品种类、曾获得过的荣誉、品牌的创立时间及其演变发展过程等进行宣传介绍；二是基层组织学习、竞赛初赛阶段，各级工会根据轻工业工会下发的轻工品牌产品宣传资料，组织职工进行学习，提高职工的轻工品牌意识，同时开展知识竞赛活动，使职工认识到只有宣传、爱护、购买、使用轻工品牌产品，才能促进轻工企业的发展；三是打擂台竞赛阶段，各公司(集团)、直属企业工会在下属企业开展学习、知识竞赛活动的基础上，组队参加轻工业工会举办的“兴轻工、扬品牌”千人知识竞赛。通过上述活动，对帮助职工树立新时代职业精神和为轻工业发展建功立业的意识起到了积极作用。 （顾为工）

【上海刀片厂工会开展“创业改变人生”教育活动】 上海刀片厂工会在全体员工中开展了“创业改变人生”系列教育活动，帮助员工提高市场和职业竞争意识。该项活动共分三个步骤进行：(1)开展“欢迎加盟肯洁公司”的“模拟当老板”活动，由员工自由组成“模拟加盟小组”，共同探讨加盟该店的可行性，工会同时选派员工到肯洁公司实习一周，体会当老板的艰辛和喜悦；(2)开展“你最敬佩的创业者是谁?”评选活动，使员工在参加评选的同时领悟到创业的真谛；(3)举办创业培训班，请上海创业教育培训中心的老师和创业成功者授课，提高员工创业意识，还组织员工去义乌进行市场考察，帮助员工增强应变能力和心理承受能力。 （张桂祥）

【市医药工会构筑“诚信为本”理念】 市医药工会以开展上海“医药与市民”活动日为平台，向社会展示医药员工的职业精神，构筑“诚信为本”的企业文化理念。(1)各基层工会主席签署了《职业精神公约》，向社会公开诚信承诺；(2)通过举办“医药与市民”活动日，向社会庄严承诺：致力于优质的药品和一流的经营服务，全心全意为人类的生命健康事业服务；严格执行药品质量经营的管理规范，一丝不苟、诚实守信，满腔热情为社会和病家提供放心、爱心和亲情；(3)激励上药职工实践“关爱生命、创造健康”的企业精神，构筑“诚信为本”的企业文化理念，为集团经济新跨越营造良好的社会氛围。 （孙明南）

【宝钢集团公司创新劳模协会工作】 宝钢集团公司劳模协会组织协会会员投身“我为‘两个世界一流’作贡献”立功竞赛，有针对性地开展合理化建议、献计献策、张榜招标、技术攻关和创造发明、名师带高徒以及推广“先进操作法”等活动，为动员劳模实现集团公司战略目标构筑新平台。据统计，全年劳模协会会员共提出合理化建议493条，创经济效益9,000余万元；节约投资1,119万元；技术成果应用于重大工程项目后产生综合经济效益10.5亿元；申请专利71项；形成技术秘密31项。协会还组织劳模参观科技馆、城市规划馆和“东方绿舟”，编辑出版《上海宝钢劳动模范论文选集》，慰问生病、困难劳模90人次。 （王书明）

【高桥石化公司工会征集职业道德格言警句】 高桥石化公司工会开展职工职业道德格言、警句征集活动，共征集到各基层工会推荐的格言、警句1670多条。公司工会通过《高桥石化报》开展评选最佳和优秀格言、警句活动，从4870张选票中评选出20条最佳格言、警句和50条优秀格言、警句，并编辑出版了格言、警句选，下发基层班组供职工学习。 （陈　宣）

【市烟草工会开展新劳动观大讨论】 上海烟草工会组织职工开展新劳动观大讨论，教育引导职工确立适应集团新一轮发展需要的劳动观念。在实施中，强调以深化企业文化内涵为宗旨，以班组为抓手，培育“以人为本”的班组文化理念培育。强调班组文化必须来源于班组实际生活，体现于生产经营管理等各个环节，体现出职工的共同价值取向。烟草储运公司工会结合企业特点，精心培育班组建设理念，创造出“我劳动我快乐、你快乐我快乐”、“职工在我心中、满意在我手中”以及“上岗一分钟、规范六十秒”等体现时代特征的班组管理文化，为提升职工素质，推进企业文化建设发挥了积极的作用。 （江洪生）

【中海集团工会大力弘扬劳模精神】 中海集团工会大力开展学习、宣传、弘扬劳模精神活动，组织所属单位采写劳模、先进型事迹材料，“五一”前后在《海运报》上分批登载，激励员工弘扬工人阶级优良传统，集团工会召开劳模座谈会，特邀杨怀远等不同时代的劳模畅谈劳模精神新内涵，发扬光大劳模精神。 （邱明和）

【市运输工会开展企业诚信教育】 上海运输工会组织开展企业诚信教育活动，编辑发行了《企业诚信教育实务手册》，收集了20多例诚信服务典型在全系统推广，交运集团19家企业在南京路世纪广场公开亮相，用一台生动活泼、形式新颖的歌舞节目，向社会作出诚信承诺。交运集团所属交通高速、交通大宇、交通大众、沪东客运站、浦江游览、水上巴士、公兴搬场等纷纷开展了诚信教育，推出了“党员示范车”、“诚信示范岗”等服务方式，使“处处讲诚信、人人守诚信”在交运集团蔚然成风。 （吴　明）

【上海邮政工会大力宣传劳模“十强”意识】 上海邮政工会宣传邮政劳模的“十强”意识：即忠于人民，忠于邮政事业，实践“三个代表”的政治意识强；胸怀全局，发展邮政，加快邮政现代化建设的大局意识强；自觉学习，完善自身，勇攀高峰，进取意识强；解放思想，转变观念，与时俱进的意识强；重视科技，注重培训，跟上时代朝流，科技兴邮的意识强；善于探索，敢于实践，勇气百倍，改革创新意识强；不畏艰难，奋力拼搏，攻坚攻关意识强；淡泊名利，不计得失，奉献意识强；爱岗敬业，率先垂范，带动周边的责任意识强；谦虚谨慎，摆正位置，扎根群众的意识强，在全局范围内营造了学习劳模先进、争当劳模先进的良好氛围。

（凌金华）

【上海市政局工会组织职工认真学习“三个代表”重要思想】 为了贯彻中共中央《关于在全党兴起学习贯彻“三个代表”重要思想新高潮的通知》精神，在广大市政、燃气职工中兴起学习贯彻“三个代表”重要思想新高潮，上海市政局工会组织了“三个代表”重要思想宣讲队，15名职工宣讲员经过集中培训学习，自己动手编写《“三个代表”重要思想的意义、地位、作用》、《“三个代表”重要思想的主要内容及全面实现小康社会的目标》、《如何为上海新一轮发展作贡献》宣讲稿，深入工地、车间、班组进行宣讲，3000多名职工参加听讲。局工会还与局党校联合举办学习“三个代表”重要思想知识竞赛，检验职工学习成果。（经根宝）

【市水务局工会开展“做可爱的水务人”系列活动】 上海市水务局工会广泛开展“塑造城市精神，培育新时代水务职业精神，做可爱的水务人”系列活动，举办了“小郭精神”报告会，开展以职业精神、职业理想、职业道德、职业纪律、职业责任、职业品位、职业能力、职业知识为基本内容的职业格言创作、征集活动和“导师带徒”结对活动，与全国劳模李斌签定师徒带教协议，结合“世博会与上海水务精神”大讨论开展“劳模谈水务职业精神、职工谈身边可爱的人”活动，以培养一大批新时代的水务新人为目标，塑造上海水务职工职业精神。（陶 诚）

【华源集团工会实施三种职工培养模式】 华源集团工会在推进职工素质工程的实践中，针对不同岗位的职工，实施三种不同的培养模式：一是精心设计适应一线职工的专业技能培训课目，实施职工素质提升的企业培养模式；二是针对市场上缺乏中高级技术工人的现状，着重做好中高级技工的业务培训，实施职工素质提升的社会培养模式；三是在中高级管理人员中构筑职工素质提升的精品培养模式。并建立“宏观指导、分类推进”的工作机制、“通力合作、齐抓共管”的管理机制和“倡导创新、鼓励先进”的激励机制，确保职工素质工程健康开展。

（陈卫中）

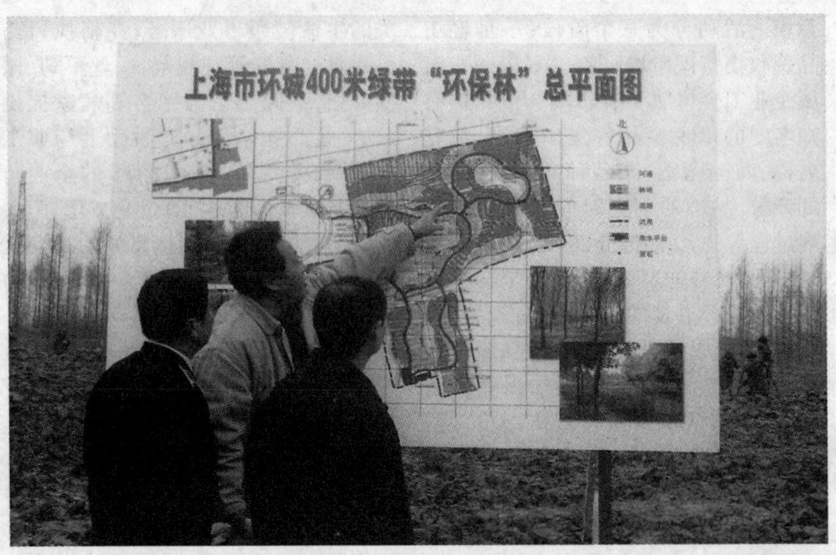

由市环保系统职工捐款建设“环保林” （夏伟成）

【环保工会集资60万元建设环保林】 市、区两级环保局机关、所属单位和职工通过法人和自然人相结合的捐款集资方式，捐款金额60余万元，建设“环保林”。“环保林”选址在浦东新区外环线与华夏路交界处，整个林地按公园规格设计建设，在60余亩的土地上，围绕人工湖景，近两万株大小苗木将形成一座环保生态园林，象征着环保职工建设天更蓝、地更绿、水更清、居更佳的追求和使命。（夏伟成）

【教育系统劳模为科教兴市献良策】 市教育工会积极组织劳模围绕师德建设与城市精神塑造，产学研一体化与科教兴市，素质教育改革与创新，人才培养与人力资源开发等内容建言献策，各级各类学校的67名劳模提出了70条有关科教兴市的金点子，市教育工会将评出的“十佳金点子”及其他建议整理汇编成册，呈送本市有关部门和领导参考。（张渭明）

【市医务工会开展职业精神大讨论】 上海市医务工会在所属基层工会中广泛开展“塑造城市精神，培育新时代职业精神”大讨论，在此基础上推荐华东医院工会主席吴弢、上海第二医科大学附属仁济医院党委书记陈佩参加上海市总工会和解放日报联合举办的“上海职工职业精神论坛”，吴弢以“加强医院文化建设，培育新时代的医疗职业精神”为题、陈佩以“诚信，医生职业精神之源”为题，分别作了论文交流。另外，医务职工以“救死扶伤是我们的天职”、“用肩顶开通向健康和光明的闸门”、“一切为病人谋利益”、“乐为市民答疑解惑”、“医务人员也没有节假日”、“甘做临时爸爸和临时妈妈”、“敬业是最高境界的职业精神”、“医务工作者是第一道防线”、“敬业爱岗无私奉献”、“折射出白衣战士的人生观和价值观”为题撰写的书面发言，被刊登在2003年5月30日《劳动报》第12、13版“工会新闻”的两个版面上，展示了医务职工的职业精神。

（项丰满）

【市医务工会评选职工精神文明“双十佳”好事】 上海市医务工会，在全市卫生系统中开展了2002年度上海市医务职工精神文明“双十佳”好事评选活动，得到各区县医务工会和直属基层工会的积极响应，共收到“双十佳”好事评选材料60件，从中评出邓达“为了贫困地区的孩子”等10件好事为十佳好事个人；评出新华医院儿童医学中心“罗医生义卖”等10件好事为十佳好事集体。医务工会下发了《关于表彰上海市医务职工精神文明“双十佳”好事的决定》，要求卫生系统各级工会认真组织职工学习“双十佳”好事，大力弘扬社会主义道德风尚。（刘伟英）

【市民政局工会开展“培育民政职业精神”活动】 市民政局工会在所属工会

中广泛开展“塑造城市精神，培育民政职工精神”主题活动，内容包括“我为民政发展献一计”合理化建议、殡仪服务员技能操作大赛、民政职业精神格言征集和“做可爱的上海人，创民政事业新辉煌”演讲比赛等，100余条合理化建议参加评选，百余条职业精神格言入围，24个基层工会组队参加局演讲比赛，为职工搭建了提升素质的舞台。　（胡　芳）

培育知识化、技能化职工

【市总工会举办申博成功一周年职工网络知识竞赛】　在中国申博取得成功一周年纪念日前夕，上海市总工会、东方新闻网站、世博网联合举办了庆祝申博成功一周年职工网络知识团体邀请赛。此次知识竞赛以中国申博历程、世博会知识等为主要内容，以邀请参赛的形式组织各代表队参加，来自各区县、委办局和大型企业的38个代表队参加了比赛，最终上海电信长途事业部获得团体第一名。主办单位还在网上组织了网民自发参加的庆祝申博一周年个人组知识竞赛，全国14个省市的近万名网民参加了竞赛。　（金帼英）

【普陀区总工会成立职工优秀人才发展促进会】　普陀区总工会积极贯彻人才强国战略，成立了“普陀区职工优秀人才发展促进会”，以“服务、帮助、沟通、发展”为宗旨，发挥工会密切联系群众的组织优势和促进党的人才工作发展的重要补充作用。职工优秀人才发展促进会的会员对象主要是具有高学历、高技能、高职称的“三高”优秀人才。促进会有三大职能：(1)服务帮助。主动了解会员的身心健康和身体健康状况，帮助会员解决工作和生活中遇到的困难。(2)交流沟通。为会员提供各种层面的交流展示活动，扩大交流领域，增强信息沟通，开拓优秀人才视野。(3)举办发展论坛。经常举办各种论坛，广泛开展学术交流，让优秀人才为普陀发展建言献策。　（顾维兴）

【普陀区总工会开展“青工网上行”活动】　普陀区总工会以“普陀青工网上行”活动为载体，着力提高青年职工的学习兴趣和技能素质。到2003年年底，普陀青工网友在册数已发展到1470人，在普陀区总工会网站设置的“普陀青工论坛”上发表贴子1560篇，内容涉及“新一轮上海大发展和新时期职工职业精神大讨论”、“青年职工素质之我见”、“科教兴区——畅想普陀新一轮发展大讨论”等，为提升职工素质和职工全面发展提供了舞台。　（张国瑞）

市总工会举行“全球通杯”无线通信技术应用知识竞赛　（徐　赜）

【普陀区医务工会建立职工素质积分制度】　普陀区医务工会建立了职工素质积分制度，采用量化管理办法，对设定对象制定相应的学习内容、时段、指标和分值并实施积分考核。具体做法是：实施分级培训、分级积分考核；制定具体指标，设立合理分值，建立考勤台帐；确定参与积分对象，实施积分考核；工会和院部联合操作，建立积分台帐，开展质量讲评。职工素质“积分制”目标明确，内容科学，把“积分”记入档案，作为对部门和个人奖惩的依据，激励职工自我加压、自觉学习。　（顾维兴）

【杨浦区总工会参与打造“知识杨浦”】　杨浦区总工会紧紧围绕科教兴市战略，发挥自身优势，通过多种形式宣传杨浦大学城建设，积极参与打造“知识杨浦”。(1)举办《五高科杯》建设“知识杨浦”职工区情百题知识大考场活动，活动历时3个多月，25个高校、市属国企和区属系统、产业、社区(镇)在内部选拔的基础上组队参赛，区总工会将比赛的所有试题编印成《区情知识问答手册》，作为创建学习型组织的辅导材料；(2)依托杨浦区域工会联席会，在全区高校、大中型企业及各级工会组织中开展“知识杨浦与职工发展论坛”论文征集活动，为实现“工业杨浦”向“知识杨浦”的转变献计献策；(3)开展“实践‘三个代表’，打造‘知识杨浦’”征文活动，结合创建学习型组织开展交流；(4)运用振兴中华读书活动等载体，培育和树立一批职工自学成才标兵，动员和激励广大职工积极参与“知识杨浦”建设。　（王　洪）

【松江区总工会开展三项竞赛活动】　松江区总工会为促进松江新一轮经济发展，广泛开展三项竞赛活动：一是围绕产业结构调整、重大实事工程建设和企业中心工作，组织1万多名职工开展劳动竞赛；二是组织3000多名职工开展重点工程立功竞赛活动；三是开展群众性经济技术创新活动，先后组织10570名职工参加各类技术操作比赛。　（莫永涛）

【上海电气李斌技师学院招收首届学

员】 上海电气李斌技师学院首届招生354名学员，共开设数控机床工、机械冷加工、维修电工、钳工、电焊工等12个紧缺工种班级，实施"学院加工厂、学历加技能"的办学模式。首批36名学员已于2003年8月毕业，获得了上海劳动和社会保障局及李斌学院颁发的技能等级证书，在工作岗位上发挥了技术骨干作用。 （冯克华）

李斌技师学院举行首届学员开学典礼 （冯克华）

【李斌成为液压行业享受"年度薪酬"第一人】 为培养更多李斌式高技能人才，有效推进高素质技术工人队伍的形成，《关于在高级技术工人中实施年度薪酬制度的规定》和《关于在公司技术工人中实行"上海液气特殊技能津贴"的实施办法》于2003年在上海电气液压气动有限公司内施行。专家型技术工人李斌因在工作岗位上作出突出贡献，成为液气行业享受"年度薪酬"待遇的第一人。 （沈 贤）

【市机电工会推出自学成才奖励办法】 为了加快上海电气技术工人队伍的建设，上海机电工会制定了《关于对自学成才的技师、高级技师实施奖励的暂行办法》，对通过自学获得国家劳动部颁发的技师、高级技师的电气系统技术工人给予奖励，对在岗技术工人年龄45岁以下(含45岁)，通过自学考试后获得技师资格证书的一次性奖励2000元，获得高级技师资格证书的一次性奖励3000元，激励职工自学成才。 （瞿新祥）

【上海玩具公司工会实施牵手结对导师制度】 上海玩具进出口有限公司工会在新员工中实施"人生发展启航牵手结对"导师制度。新员工进公司之初，公司就选派业务或管理能手与其结成对子，并依据每一位新员工的专业特长和岗位设置，为其度身定制人生发展目标。公司工会在导师制度实施过程中，把中途管理和年终考核相结合，专门设计制作了师徒联系卡，为师徒双方完成目标计划提供方便。 （沈惠珠）

【市纺织工会评选纺织建设英豪】 年初，上海纺织控股公司和上海市纺织工会联合发出了《关于开展评选表彰"上海纺织建设英豪"的通知》。这次上海纺织建设英豪评选活动，在指导思想和活动设计上充分体现了"发展与成才"的主题。年底，纺织控股公司和纺织工会召开表彰大会，命名王伟等60位同志为第二届"上海纺织建设英豪"。命名王伟为"市场营销行家"排头兵、董国华为"新品设计开发专家"排头兵、裘国英为"优秀班组长"排头兵、王俊为"技术创新标兵"排头兵、刘德琼为"操作技术能手"排头兵、余锦渊为"1+1群再就业带头人"排头兵。纺织工会要求广大纺织职工认真学习和发扬英豪勇闯市场的开拓精神、推陈出新的创新精神、身先士卒的奉献精神、勇于攻关的进取精神、苦练技能的勤奋精神、自强不息的创业精神，为构筑上海都市纺织新形象再创新辉煌。 （杜伟钧）

【申一毛条公司工会引导职工设计职业生涯】 上海申一毛条公司工会把开展职业生涯设计作为深化职工素质工程有效载体，用队伍分析和问卷调查等方法，详细了解职工文化素质、技术技能、学习能力等方面的现状和要求，并以此为基础，设计了技术比武、竞赛争先等自身才能的展示平台。由于该平台充分考虑到不同职工的不同起点，把公司的长期目标和职工个人短期目标结合在一起，又以岗位技术技能培训提高为重点内容，涉及到生产、管理、经营等诸多部门和岗位，因此，职工十分乐意地参与设计活动，不仅提高了职工队伍的整体素质，同时也提高了企业的综合竞争力。 （李 盈）

【市区供电公司推行首席岗位制】 市区供电公司推行首席岗位制(即在岗位序列中设立首席岗位)，为普通员工实现理想、发挥潜能、提供了舞台。第一次被聘的59个首席岗位中有首席作业手35名、首席班长20名、首席工程师4名，这些首席岗位员工的工资在原有基础上增加两个岗级，但不搞终身制，每两年重新评定一次，不合格者即失去资格。在"首席岗位制"推行实施过程中，工会坚持舆论引导，注重宣传典型人物，努力营造积极向上、爱岗敬业、不断学习的良好氛围。 （茅雪康）

【市电力公司工会开展"双十佳"评选活动】 上海市电力公司工会开展评选"十佳智能型班组"、"十佳知识化员工"活动。在各单位酝酿推荐的基础上，产生了20个候选班组及18名候选人"，工会将候选班组和候选人事迹做成宣传版面，在各基层单位举办巡回展，近8000名职工观看了巡展，1800名职工参与投票评选。公司工会还在文明班组班组长联谊会会刊《班组与文明》上刊登了候选班组和候选人事迹，组织系统内各大班组和职工认真学

习。 （钱幼树）

【一钢公司工会为职工设计发展前景】 为了深化职工素质工程，上海宝钢集团一钢公司工会推出“典型班组、职工发展前景设计和培育工作”新举措。这项工作首先在荣获“班组建设特别贡献奖”、“学习型班组”、“知能型班组”和“操作维护能手”称号的班组和职工及拥有“发明专利”、“技术秘密”、“先进操作法”的优秀职工中开展，具体做法是：(1)发挥职工经济技术创新协会的优势，建立实施设计和培育工作的网络；(2)聘请公司技术技能专家、高级讲师对“典型班组、职工”实施“一对一”授课、培训；(3)工会在配置工具书、资助计算机软件、组织参与技能升级比赛、开办各类专业讲座等方面提供保障服务；(4)公司工会成立领导小组和工作小组，对活动进行全过程的指导、管理和考核。 （李兴亚）

【鲁矿集团工会深化素质工程】 鲁中冶金矿业集团公司工会积极推进职工素质工程，开展了五项工作：(1)组织职工认真学习党的十六大、十六届三中全会精神，开展“学知识、强素质、展风采”读书活动；(2)会同行政举办了电焊工、车工、选矿工、核算员4个工种200余人参加的技术比武、岗位竞技活动；(3)深入开展《安全生产法》、《职业病防治法》宣传周活动，对来自基层的74名劳动保护监督检查委员会委员进行培训；(4)举办3期计算机培训班，90余人参加培训并取得了计算机初级资格证书；(5)注重对工会干部的业务知识培训，对基层110余名专兼职工会干部进行了一周的脱产培训，并组织学员到山东铝厂进行了参观考察，拓宽了工会干部视野。 （杨庆荣）

【外高桥造船公司工会注重职工素质工程实效】 上海外高桥造船有限公司工会紧贴企业发展目标开展职工素质工程。(1)开展“对标与创新”活动，鼓励职工不断超越自己，促使企业赶超国内外先进水平；(2)加大培训力度，工会配合行政开展技术培训、技能培训、技术考核、操作比赛等活动，加大技术考核和技术能手评比力度；(3)树立企业品牌，公司工会围绕企业建造的17.5万吨散货船和15万吨FPSO首制船，开展岗位练兵和星级员工竞赛活动，2003年顺利实现交船3艘共50万载重吨的目标，并得到了承接32艘共510万吨的订单。 （席　敏）

【市烟草工会为职工成才搭建平台】 上海烟草工会在推进职工素质工程中推出五项措施：一是开办职工“周末学校”，举办了电脑网络、办公自动化培训班，483名职工参加培训，250名职工通过上海市计算机考核；二是鼓励职工自学成才，评选读书先进集体和个人，发挥自学成才奖励基金的作用；三是输送班组长参加市总举办的初级工商管理培训，已有81人取得资格证书；四是举办职工技术创新成果汇展，对近年来形成的38项创新成果实施了8.63万元的奖励；五是开展劳动竞赛和技术比武活动，组织了“兴科技、上质量、开新品、创品牌、降成本、拓市场”等一系列劳动竞赛，开展了烟叶分级、烟叶保管保质、手工烟包装、铲车驾驶、营业员营销、胶印和凹印机长等12个项目的行业性技术比武，为职工创造了良好的发展空间。 （江洪生）

【长江汽车检修公司工会推进“三学”活动】 上海长江汽车测检维修有限公司工会努力为职工构筑“学知识、学技术、学技能”平台，在技术工人中积极开展全员培训、全员练兵、全员考核工作。公司采取以“自主培训”为主，“外送培训”为辅，并结合技术比赛和以“内聘外邀教师”相结合的形式，先后举办了11期职业技能培训班，共有381人次分别参加了SVW—2系统、汽车软件操作、单机与信息网络安全、财务软件操作、规范汽车维修结算、检测员、检验员、特殊工种和服务质量等14个项目的培训。在企业内部，对314名技术工人进行技能考核和技术比赛，技术工人的技能考核合格率达到100%。 （王钦良）

【市邮政工会推出职工素质工程三项举措】 上海邮政工会推出三项举措，不断提高职工素质。(1)开展征文、演讲等活动，弘扬上海邮政的“五种精神”。(2)开展以“争创智能型班组，争做智能型职工”为主要内容的群众性经济技术创新活动。(3)贯彻市政府“职工技能振兴计划”和市总工会“职工技能登高计划”，深化职工业务技术大练兵活动和“建、创、做”活动，努力培育职工良好的职业理想、职业技能、职业道德和职业精神。 （陈千涛）

【市建设工会推进职工素质工程注重“六个增强”、“六个转变”】 市建设工会以培养一支适应上海城市建设和发展要求的职工队伍为目标，注重“六个增强”和“六个转变”。“六个增强”是：

建工集团工会为《创优之道——优秀项目经理管理经验集》举行首发式

（缪云明）

增强职工的思想道德觉悟，引导职工树立新时代职业精神；增强职工的专业知识、操作技能和技术更新能力；增强职工的关键核心能力，发挥职工的自主创造性；增强职工的现代社会意识；增强职工的现代心理素质；增强职工的身体素质。“六个转变”是：指导思想从单一型人才培训向复合型人才培训转变；实施目标从一次性上岗培训向可持续发展的人力资源开发转变；实施内容从适应型、考核型向提高型、储备型转变；实施重点从追求数量向规模、质量、效益相统一转变；实施目的从单纯注重学历向培养专业核心能力转变；实施情况的评价标准从对职工基本技能向发展潜能转变。

（汪建然）

【市建工工会汇编《创优之道》】 上海建工集团工会会同人力资源部，把优秀项目经理的成功管理方法编成《创优之道——优秀项目经理管理经验集》。该专集以工程项目为载体，以管理案例为表现形式，总结出“合同管理上水平、建桥信誉创一流”的优秀项目经理秦宝华、“勇克磁浮制梁难关”的优秀项目经理郑逸德等88位集团优秀项目经理的独特管理经验，反映了集团推行项目管理的轨迹，展示了项目经理用智慧和勤劳铸就的一大批建筑精品，为提高项目管理水平起到了积极作用。

（乔　瑜）

【市绿化局工会评选“十佳”服务明星】

市绿化局工会紧紧围绕创建绿化文明行业目标，培育“爱岗敬业、勇创一流、知难而进、奋发有为、诚信服务、与时俱进、锐意创新”的职业精神，开展上海绿化行业“十佳”服务明星评选活动，通过万名绿化职工的投票评选和“上海绿化网”的公众评选，评选出上海野生动物园导游兼驾驶员施燕、和平公园保洁工陆凤英等绿化“十佳”服务明星，集中展现了绿化职工良好的文明形象和高尚的职业精神。

（王均富）

【市新闻出版工会开展职工岗位技能竞赛】 市新闻出版局工会围绕“科教兴市”开展职工岗位技能竞赛活动，举办上海出版印刷行业图形图像制作员业务技能竞赛，组织印刷行业印前设计人员参加上海市“灰领”大奖赛，取得较好名次，印刷员工参加各类技术培训和技术练兵活动的占70.4%，中级工由原来的17.8%上升到45%，高级工由原来的4.4%上升到7.9%，初、中级图书发行员已占职工总数的30%以上，高级图书发行员超过150人，有3名职工被破格晋升为图书发行技师。

（陈宏华）

短信息：

○ 上海教育工会建立“优秀青年女教师成才资助金”，首批优秀青年女教师54人获得资助。

（朱小娟）

班组建设

【上海工会“建、创、做”活动不断深化】

市总工会围绕上海精神文明建设“两提高”新目标，以培育上海城市精神为宗旨，大力开展新一轮“建、创、做”活动，进一步深化创建内涵，拓展创建外延，在巩固现有创建基础并向新经济组织、新社会组织延伸的同时，着重向代表上海经济发展方向的支柱产业、高新技术领域和展示上海现代化国际大都市形象的窗口行业拓展，不断形成新的创建特色和亮点：一是形成了文明职工——文明岗位——文明班组——文明单位——文明行业的“创建链”效应，使“建、创、做”活动对文明单位、文明行业创建的基础作用日益明显；二是形成了“建、创、做”活动在国有企业和非公企业齐头并进的“联动”效应，“建、创、做”活动不仅在纺织、机电、轻工、市政、电信等系统国有企业广泛开展，而且已成为静安、普陀、宝山、长宁等区加强非公企业职工思想道德建设的主要载体，使“建、创、做”活动呈现出新的发展态势；三是形成了对基层班组、岗位文明程度的“提升”效应，新的创建标准突出了思想观念、职业道德、团队学习的内容要求，使创建工作质量有了进一步提升。根据新的评比方法，评出20家“建、创、做”活动先进单位、733个2001～2002年度上海市文明班组和324个2001～2002年度上海市红旗文明岗，于2003年初由市总工会和市文明办予以联合表彰，进一步扩大了“建、创、做”活动的社会影响。

（程友谨）

【市总工会开展500强智能型班组典型示范交流活动】 市总工会在总结群众性经济技术创新活动经验成果的基础上，围绕“科教兴市”战略，制定职工创新行动计划，选择100多个企业进行试点，开展500强智能型班组典型示范活动。据对本市85个区县局的统计，有1.35万家企事业单位和1.15万个班组、146万名职工参与“双争双智”群众性经济技术创新活动。据对618个智能型典型示范班组的调查，智能型

农工商工会组织职工观看“建、创、做”活动成果展览　（周沅生）

班组在倡导职工“动手又动脑”创新创效等方面取得可喜成果，其中职工文化学历、技术等级水平不断提升的占86%，制定学习岗位知识和提高技能目标措施的班组占96%，开展职工操作比赛、总结先进操作法、开展合理化建议和技术创新活动、学习和应用计算机管理的班组占82%，开展劳动竞赛降本增效、创新创效取得成效的班组占91%，发扬团队精神实现“1+1>2”效应的班组占100%。市总工会召开了500强智能型班组典型示范交流会，宣传推广先进班级的典型事例。（满顺华）

【黄浦区总工会深化“建、创、做”活动】

黄浦区总工会以《黄浦区创建文明城区实施意见》为依据，以“建、创、做”活动为抓手，推进职工素质工程。(1)拓展创建范围。创建面从企事业单位扩大到机关、社区、非公经济组织，“建、创、做”活动覆盖全区各行业，提出“创建特色班组”、“小班组进大市场”等要求，做到创建内容与时俱进；(2)注重三个抓手。建立区创建领导小组，形成区总工会主席亲自挂帅，各大口工会主席为目标第一责任人的创建领导体系，制订班组建设考核指标体系，建立班组长培训制度，树立班组建设排头兵，通过班组长演讲比赛、先进班组与争创班组结对、特色班组交流、班组台帐展示等载体推进“建、创、做”活动；(3)加强创建管理。开展集中考核、分组评审等管理工作，确保创建质量。（俞菊鸣）

【黄浦区总工会确立学习型组织创建工作新思路】 总工会确立了在文明单位中开展学习型组织创建的工作思路，确定年内要建成100家学习型企事业的工作目标，全区近500家文明单位中制定学习型组织创建计划占85.6%；把学习型创建列入行政工作计划的占78.7%；成立领导小组落实工作措施，职工教育经费按1.5%提取的占76.8%，注重因企制宜、学用结合的占70%；领导身体力行带头学的占69.5%；鼓励员工自学成才，并给予一定奖励的占48.9%。在区首届终身学习宣传周上，命名了42家学习型企事业、34家学习型团队、14名学习型企事业优秀组织者，46家学习型企事业获得创建奖，35名职工获得学习成才奖。（程　坚）

【李斌班组与唐建平班组结对互学】

上海电气集团专家型技术工人、著名劳模李斌所在班组与上海航天局800所特级技师全国五一劳动奖章获得者唐建平所在班组签订“互帮互学、共创职业精神”结对协议书。协议提出结对互帮互学的目标：一是要带头塑造城市精神，培育职业精神；二是积极开展争创“创建学习型班组，争当智能型职工”活动；三是倡导终身学习、团队学习的理念。双方商定：共同探讨解决生产加工中的重点难点问题，攻克技术难关；了解掌握数控加工领域的新动态、新技术；交流学习心得、共享学习资源，提高学习能力；建立定期互访制度，开展定期交流。（冯克华）

【上海人造板机器厂评比星级职工】

上海人造板机器厂有限公司开展“星级职工”评比活动已有数年，2003年对《公司星级评比实施办法》进行了重新修订，《办法》体现了三大特点：一是组织领导严密，评审委由主要职能部门负责人组成，工会主席任评审委主任，厂党政联席会议最后审定；二是评比程序严格，星级职工的产生必须履行由班组民主推荐、以支部为单位集中公示、报厂评审委审定等程序，优先评选具有个性特点和有典型事迹的职工；三是评选标准高。一线工人评五星级，必须有高级工以上技能证书，并在相当级别的技能比赛中获第二名以上，并获得两次以上星级职工荣誉或获得一次以上市局(总公司)等荣誉称号；四是奖励条件优厚，凡评为星级职工的均上明星榜，给予工资晋级，享受最高等级的度假旅游(出国游)，不同等级的星级职工享受相应的岗位津贴。（拜孝林）

【飞乐音响公司工会开展三大班组活动】 上海飞乐音响公司工会加强新形势下的班组建设，开展了三大活动：(1)“星级班组”评比活动，把先进的班组管理方法、创新的文化氛围、多层次的班组培训、掌握多种技能、团队协作精神都作为评比要求，增强员工的工作热情、竞争意识、敬业精神和协作精神；(2)互帮互学活动，组织职工积极参加培训学习，不断掌握新的管理方法，把学到的新知识及时运用到实际操作中，大大提高了工作效率；(3)优秀员工评选活动，激励员工为塑造企业品牌、企业形象和企业精神不断自我加压，自我提高。（仰美娣）

【市纺织工会开展班组安全建设年活动】 市纺织工会将2003年定为“班组安全建设年”，会同纺织控股公司共同搞好班组安全建设工作。(1)加强思想建设，编写了2000份《班组安全建设》学习材料，下发到生产一线班组，组织安全生产、劳动保护知识培训，制定和完善班组及岗位机台的安全操作，特别重视对外来务工人员安全意识、安全技术和安全操作规程的教育。(2)加强组织建设，发挥生产组长和工会组长的作用，坚持安全生产“二长负责制”，在安排生产的同时提出安全要求，保证生产和安全两不误，对200名班组安全员和劳动保护检查员进行安全生产劳动保护知识培训。(3)加强制度建设，根据各单位生产工作的特点，制定和完善班组安全工作的管理制度和岗位安全操作规程，重点抓好安全制度和操作规程的落实，坚持每月一次的班组安全活动日和每天上岗前的安全提示工作，围绕安全管理和安全技术措施，开展专项合理化建议和技术改进，及时消除事故隐患。（杜伟钧）

【市纺织工会深化“建、创、做”活动】

上海纺织工会通过丰富多彩的活动，不断增强“建、创、做”活动的凝聚力、号召力和感染力。申达工会积极开展丰富多彩的职工业余文化活动，促进了申达新一轮发展；飞达羽绒厂工会开展品牌文化活动，升品牌旗、唱品牌歌、组织以品牌形象为内容的乒乓比赛、羽毛球比赛等，激发了企业各层面员工爱厂爱岗爱品牌的热情；司麦脱印染厂组织员工开展“在岗一分钟、守责六十秒”的立功竞赛，鼓励员工向一专多能、一岗多证、一人多用发展；联吉合纤公司设置了“精神动力阶梯”、“成才建功阶梯”，帮助员工树立奋发向上的观念，形成“创学习型企业、做知识化群体”的良好氛围；黎明服装机械厂开展征集企业精神用语活动，填写“岗位规范一名话”用语，打造“用户满意工程”，促进了企业生产。全系统涌现出市文明班组 32 个、市红旗文明岗 10 个、纺织系统文明班组 145 个、纺织系统红旗文明岗 34 个。（俞进艺）

【市电力建设工会开展形势任务教育活动】 上海电力建设工会根据形势的发展和企业的实际，开展了形势任务教育活动。组织“科教兴市、建功立业”大讨论，教育职工面对现实、勇于挑战，做好本职工作；运用局域网进行“三个代表”重要思想学习心得的交流；将“服务忌语”印发到班组，开展“始终与用户的意愿保持一致”的服务理念宣传教育活动；教育职工以“主角精神当好配角”，强化职工的危机意识和责任意识；宣传先进人物事迹，在施工班组推行班组《学习园地》上墙等，不断提高职工思想道德素质。

（张文标）

【上电二公司工会开展“五进、四增强、十个一”活动】 上电二公司工会在班组建设中开展“五进、四增强、十个一”活动。“五进”即道德、文化、科技、法律、职业安全健康进班组，使班组成为职工开展职业道德教育、提高文化技术素养、推动两个文明建设的基础阵地；“四增强”即增强班组服务、质量、效率、成本四种意识；“十个一”即围绕班组建设重点组织一次研讨活动，为提高职工道德素质进行一次道德法制教育，为提高班组长素质组织一次管理知识培训，为优化工艺推广一项先进作业法，为提高工程质量解决一个难题，为安全生产和文明工地创建揭一个短，为提高职工技能组织一次技术比武，为降本增效出一个金点子，为企业改革提一条合理化建议，为提高竞争能力多学一门技能。（龚洁庆）

上电二公司工会召开班组建设工作研讨会 （龚洁庆）

【五钢公司工会开展班组“质量缺陷诊治”活动】 上海宝钢集团五钢公司工会在班组中开展“质量缺陷诊治”活动，以机组和流水线为观察点，以发现缺陷—提出整改—实施整改—过程管理为具体操作环节，不仅使班组员工进一步强化了质量意识，而且通过班组在生产过程中的自我监督，及时发现产品瑕疵并及时整改，克服了因生产装备老化给产品质量带来的缺陷。据统计，2003 年五钢公司班组提出“质量缺陷诊治”建议 625 项，大多数在生产过程中发现并诊治整改完毕。

（陈美坤）

【高桥石化公司工会推广班组建设经验】 高桥石化公司工会，认真分析班组管理现状，推广了炼油事业部的“落实四个机制，强化班组建设，造就一大批热爱企业、技能一流的职工队伍”、化工事业部的“坚持‘六有’工作体系，确保班组建设工作有成效”等班组建设管理经验，树立了炼油事业部蒸馏二车间的“班组建设的关键是选好用好班长”、化工事业部苯酚车间的“突出三个重点，实现三个变化”、热电事业部运行部“从抓管理入手，全面提高班组建设”，以及炼油事业部催化三车间四班班长的“班组管理要发扬三种精神”等先进典型，进一步明确了班组建设的目标和措施。（张振良）

【市航天局工会促进职工素质“三提高”】 上海航天局工会以促进职工“政治素质、技术素质、创新素质”三提高为目标，促使班组建设从加强质量管理不断向全面管理、规范管理、建设班组文化方向发展，促使职工从提高质量意识、责任意识向提高职业素养、技术素养、学习素养、创新能力等方面全面发展。以宣传唐建平先进事迹为重点，注重宣传与奖励并重、挖掘与培育并重，活动与机制并重，通过命名唐建平班组、开展行业内外班组结对，设计、工艺、操作班组流水结对等活动，全面提高职工队伍整体素质。

（张爱娣）

【航天 811 所注重班组文化建设】 上海航天局第 811 研究所注重班组文化建设，及时总结、提炼职工质量格言和班组行为规范。以创建学习型班组为目标，通过各种活动形式，引导职工提高学习能力。组织开展以“学习、质量、文化”为主题的“质量文化节”和“班组文化节”，举办班组论坛（科研成果交流、科技前沿国内外最新技术发展动态），倡导理念文化（班组格言征集、评比、汇编）、形象文化（班组风采展板、书法展、摄影展）、制度文化（班组管理手册）等，将班组文化建设作为提高员工素质的有效途径。（庄仁松）

【四七二四厂工会开展班组升级达标活动】 四七二四厂工会通过班组升级达标活动实现班组建设的“三提升、创一流”目标，即：提升部队（用户）满意度、提升操作技能、提升工作业绩，争创一流职工队伍。在活动中始终坚持出优质产品、育四有新人的宗旨，开展岗位职业道德教育、征集我喜爱的格言、评选先进操作法、合理化建议、月评十佳好事及“6S”现场管理、贯标等活动，把“产品即人品，质量即道德”的职业理念和道德理念贯穿于职业道德教育的全过程，通过推荐新书、专题广播、网络学习进班组等多种形式，引导职工不断更新技能，努力做到精一门、会两门、学三门，使职工在岗位上不断进取，成为复合型人才。（金玉艳）

【高扬烟草公司工会建立员工能力评价体系】 上海高扬国际烟草有限公司工会以班组管理创新为抓手，建立员工能力评价体系，导入先进管理理念，瞄准高效规范要求，促进员工管理素质提高。以人为本创建诚信满意班组，树立“一切为消费者满意尽责、一切为维护产品信誉尽力”的工作理念，形成了一批各具特色的管理创新成果，其中电站班组总结的“岗位成才、岗位奉献”工作经验在全国烟草行业提高职工队伍素质现场会上进行了介绍，该班组被全国总工会授予“全国五一劳动奖状”。（张 晔）

【上海卷烟厂工会提升班组管理三项能力】 上海卷烟厂工会深入开展以提高班组质量控制能力、解决生产实际问题处置能力和管理实践能力为主题的班组创新活动，并制定了五项措施：一是加强对班组的教育，开展了“管理——情、理、法”培训和“管理小超市”学习活动，引导班组员工树立以诚信维护品牌形象、以规范确保产品质量、以技能提升控制精度、以学习增强创新能力的理念；二是开展管理创新活动，以“诚信、规范、技能、学习”为主题，抓好班组管理创新教育，培育了12个管理创新班组和10个“诚信满意”班组；三是开展技术练兵比武活动，全年组织技术比武15项、参训551人，“班组一事一训”24项、参训801人，形成“一事一训”案例文本11项；四是建立班组业绩评审制度，对班组先进管理方法应用、文化氛围培育和产品质量指标完成情况等进行综合评估

城市交通局工会大力推进班组文明建设 （杨松敏）

考核；五是强化职工产品质量意识，总结职工维护产品质量的格言和事例，并加以宣传推广。（潘荣德、薛 蛟）

【浦东集装箱公司“班组课堂”体现三大特色】 上海港浦东国际集装箱有限公司工会“班组课堂”体现出“实、多、好”三大特色。“实”即贴近生产实际，紧紧围绕企业中心开展培训；“多”即形式多样，参与班组众多，生产班组达到100%；“好”即效果好，效益、效率提升明显。如公司下属的劳模班组大型修理组，利用“班组课堂”加强文化技术学习和交流，有4名组员获得大专自学毕业证书，3名组员的专业技能上了一个等级，班组所承担的桥机设备完好率、出勤率常年保持在98%以上，为公司生产的持续增长提供了技术支持。（马建忠）

【闵南船厂工会开展班组长联谊活动】

闵南船厂工会围绕“新”、“精”、“实”，坚持开展班组长联谊活动。(1)理念“新”，在班组长中推广“修好一条船就是一条好广告”、“船东就是上帝”等10句经营理念，使他们成为理念的模范执行者；(2)队伍“精”，要求班组长在技术上不断钻研，立志成为优秀的“灰领”，带领组员学技术，增技能；(3)活动“实”，每年举办2次活动，总结交流，取长补短，达到共同提高的目的。（沈 彪）

【上海移动通信工会开展培训注重“四个结合”】 上海移动通信公司工会以提高员工综合素质为目的，在培训上注重“四个结合”。一是骨干培训和一般培训相结合，二是专题培训与合格上岗培训相结合，三是外派培训和座谈交流相结合，四是适时培训与定期培训相结合。通过引导员工确立争先观念、搭建技术比武平台、竞聘上岗、绩效考核、组织班组技术攻关、技术创新等举措，瞄准技术服务前沿，开发班组员工的竞争能力、创新能力。近年来，涌现出动力维护部电力班等7个市文明班组、南京路营业厅等5个市红旗文明岗，网优中心高掉话专治小组荣获全国信息产业系统先进集体。（高侍颖）

【市城建集团工会成立班组长联谊会】

上海城建集团工会成立集团班组长联谊会，为提高班组长素质和交流班组建设经验搭建了平台。在班组长联谊会筹备过程中，城建集团工会做好四项工作：(1)起草班组长联谊会章程，明确班组长联谊会的宗旨、主要任务、会员的入会条件、权利和义务、组织机构及主要职责、活动经费来源等；(2)班组联谊会成立前，由各级工会办理会员书面申请手续报集团工会审批；(3)在筹备过程中反复酝酿联谊会会长、秘书长等领导机构成员；(4)做好班组长联谊会成立大会的准备工作并制订成立后的工作计划。（徐新康）

【建设机场道路工程公司三分公司工会设立“家庭热线”】 建设机场道路工程公司三分公司工会为了稳定职工情绪，设立了“家庭热线”，无论职工家里发生什么事，只要打通，在上海留守的内块管理组就会派人上门帮助解决问题，做好职工家属的思想工作，以此来解除职工的后顾之忧。内块管理组利用“家庭热线”开展生日送礼、困难救助、排忧抚慰等活动，发挥了“加强前方，稳定后方”的作用。

（陈立民）

【燃气浦东销售公司工会成立班组宣讲团】 燃气浦东销售公司工会针对基层单位点多面广、流动分散的特点，成立了“班组政治学习宣讲团”，结合职工思想心态，对全公司职工进行宣讲。主要做法是：(1)整合资源。宣讲团成员有党委、行政、工会、纪委、团组织领导、政工部门负责人和部分党支部书记，这些人既有一定的政策理论水平和宣讲表达能力，又有一定的实际工作经验，保证了宣讲质量；(2)选题准确。宣讲团发了300多张职工思想现状调查问卷，对不同层次、不同工种的职工进行抽样调查，了解职工思想热点，确定宣讲课题；(3)形式多样。公司用工、分配制度改革工作一度在职工中引起震动，职工希望改革民主化、透明化，宣讲团及时抓住这个热点，多次与有关职能部门研究，形成有质量的专题宣讲材料。为配合班组升级工作，宣讲团深入各个班组开展“加强班组建设，提高企业素质”的宣讲，并指导班组开展学习。

（雷　雯）

【自来水市南公司工会推行“五、八”创建模式】 自来水市南公司工会根据公司生产服务供应工作要求及各基层单位生产服务特点，提出了“提高五大共性能力，塑造八类个性班组”的学习型班组创建模式。五大共性能力（即班组学习知识能力、团队协作能力、自我管理能力、整体超越能力、创新拓展能力）是对所有班组的共同要求；八类个性（即优质制水型、规范服务型、准确抄表型、管网管理型、便民小修型、满意后勤型、效益经济型、科学管理型）是根据各基层单位的生产特性所提出的特殊要求。通过推行学习型班组“五、八”创建模式，在公司全体职工中营造工作学习化、学习工作化的氛围，帮助职工树立终身学习的理念。

（陶　诚）

【市规划局工会提出学习型班组“五提高”要求】 提出规划局工会开展创建学习型班组工作，要求在创建工作过程中做到“五提高”：即提高学习能力、提高工作效率、提高工作质量、提高整体素质、提高竞争能力，并以此作为创建验收标准，为推进职工素质工程的发展提供了新的平台。年底召开了创建学习型班组工作交流会，交流发言的有获得2003年上海市500强智能型班组称号的测绘院三分院四科和规划院道路交通规划所上海市文明班组测绘院浦东分院管网科等。局党委领导充分肯定工会创建学习型班组的工作成效，希望各级工会营造学习氛围，创新学习方式，推动创建工作上一新台阶。

（王政龄）

海事局工会召开船员培训工作研讨会　　（吴锦红）

【东旺公司工会加强班组建设】 农工商集团东旺总公司工会把班组建设作为促进企业发展的一项重要工作来抓，专门下发了开展创建文明班组活动的通知，提出了创建目标和创建要求。总公司所属东旺塑料厂在全面实行5S管理的基础上，为加强企业管理和班组建设，在全厂推行了OEC管理工程，并通过OEC管理达到了预期的目的和效果，不仅提高了管理精细化程度，，而且提高了流程控制能力，流程受控率达100%，时间达到80%。天驰药机公司在操作工中开展评选质量标兵的活动，制定了降低劳动力成本的新规定，使全年加班费下降了15%以上；在物流管理上制定了奖惩办法，使全年物耗下降15%以上。（桑树德）

职工培训

【上海工会“EBA”培训规模不断扩大】

由市总工会与上海电视大学联合开办的初级工商管理(EBA)资格培训，社会影响和培训规模不断扩大，在2002年开办两期培训的基础上，2003年又开办两期，迄今已举办四期培训，近2万名学员参加，培训合格率达90%以上，近70%的培训学员进入上海电视大学工商管理大专继续深造学习。为了激励各级工会和各教育培训点认真做好EBA培训工作，鼓励广大学员勤奋学习、岗位成才，市总工会、上海电视大学共同出资设立上海市初级工商管理(EBA)资格培训暨大专学历教育组织奖和奖学金，组织奖奖励对象为积极组织职工参加EBA资格培训的区县局（产业）工会、基层工会以及认真组织培训教学管理的电大教育培训点；奖学金奖励对象为成绩优秀、工作出色的学员。市总工会、上海电视大学举行颁奖仪式，联合表彰EBA培训组织奖,发放首届奖学金,20家单位获组织奖,172名学员获首届奖学金,获奖者大多为一线班组长和基层管理人员,其中年龄超过35岁的达46.5%,年龄最大为54岁,最小为22岁。

(程友谨)

【恰尔斯公司工会开展一专多能岗位培训】 恰尔斯安装工程有限公司工会大力开展职工技术培训,依托社会办学,提升员工的技能等级,使进入公司三年以上的员工都拥有两种以上技能,拥有各类资质证书的管理人员有32人,其中高级工程师3名,具有三级资质的项目经理有11名,拥有入网安全上岗证的员工有200余名,促进了公司持续发展,公司成为上海市区供电公司电气A类Ⅰ级进网电气安装(维修)施工单位,荣获市电力工业局"先进集体"、市设备管理协会维修行业工作委员会优秀单位等称号。(虞 蔚)

【长宁区医务工会开展信息化竞赛】 为适应"数字长宁"和"数字医院"的发展,不断提高医务职工队伍的信息化水平,推进医疗卫生单位的信息化建设,长宁区医务工会举办了第十届"康泰杯"信息化竞赛。本次竞赛以专业知识为核心,以多媒体制作为载体,以网络知识为依托,设置公共卫生知识和财务两个竞赛项目,使卫生系统18家单位均能参加竞赛,达到了面向广大职工的效果。各医院还以竞赛为抓手,开展了计算机网络知识和公共卫生知识的培训,2158名职工参加培训,占应培训人数的87.1%,营造了积极向上的学习氛围,为职工搭建了展示才能的平台。(孙启凤)

【荣欣公司工会狠抓员工培训】 上海荣欣家庭装潢有限公司工会紧紧围绕公司经营理念,结合公司实际,在提高员工素质方面着重抓了三项工作。一是开展全员专业化培训,把公司100余名业务员安排到上海大学进行为期3个月的脱产培训,安排公司监理人员到建工学校学习,对公司55岁以下的科室人员进行电脑培训;二是开展外来务工人员单项技术培训,对公司木工、水电工、漆工、泥工等共2000余名外来务工者进行技术新标准培训,提高他们的技能水平;三是建立员工培训机制,在公司总部设立培训中心,每月二次定期对设计师、监理、业务员进行学术交流培训,组织员工参观相关企业木门厂、地板厂、油漆厂等,设立展示厅,将培训成果拍摄成电视片进行展示交流,提高员工学习业务技能的积极性。(李悦琳)

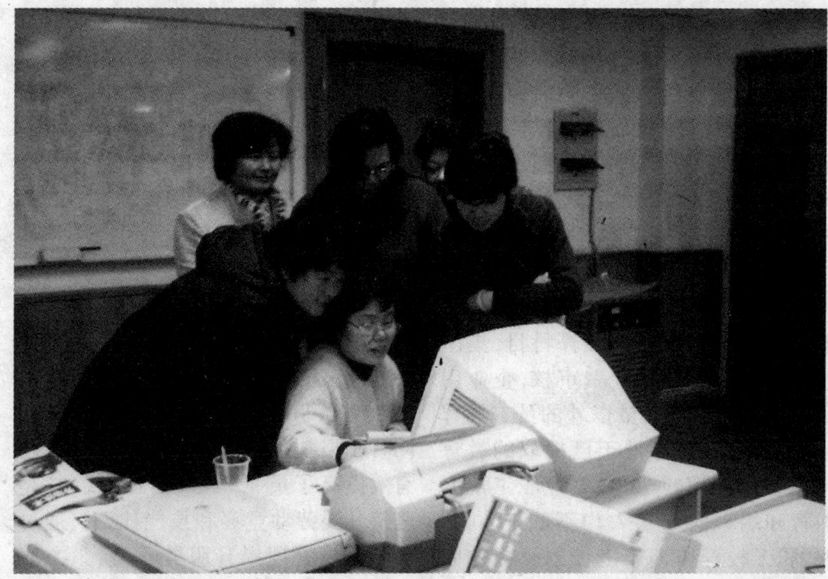

静安区总工会为女职工开展多媒体培训 (陈继烈)

【宝山区总工会成立新建企业工会干部函授中心】 为了切实提高新建企业工会干部业务素质,宝山区总工会成立了新建企业工会干部函授中心。函授对象为私营企业、民营企业、外商投资企业等新建企业以及各经济发展区的职工代表、工会委员、工会负责人等。函授中心根据新建企业工会的特点,采取函授培训形式,2003年函授培训工会干部约400人次,受到了基层工会和工会干部的欢迎。(窦恺芳)

【市机电工会举办"技术工人与振兴上海装备制造业"论坛】 上海电气集团、上海市机电工会为了培养适应现代化建设的技术工人,振兴上海装备制造业,专门举办论坛,达成四点共识:一是要建设国际化大都市,就要大力发展制造业,大力培养具有良好职业道德、掌握高超职业技能的技术工人;二是熟练的技术工人既是企业核心竞争力的重要组成部分,也是城市综合竞争力的重要组成部分,技术工人是振兴装备制造业的基础力量,培养一大批高级技术工人是当务之急;三是打造"数字电气",必须建立可持续发展的职业技术培训机制和运作机制,要把职工技术培训作为一项战略任务持久地抓下去;四是要把"李斌学院"办成为振兴装备制造业输送高级技术工人的基地。(冯克华)

【市轻工业工会开展"菜单式"培训】 上海轻工业工会整合教育培训资源,对职工开展"菜单式"培训。一是结合练兵比武开展练前学、比后训,由职工自己选择培训项目,分别举办了中级计算机维护和维修、中级维修电工、物业管理、中高级营销员等九大项目、41个培训班,有1622余名在岗职工接受了免费培训;二是结合再就业工程开展上岗、转岗培训,贯彻先培训、后上岗的原则,为离岗转岗职工再就业提供学习、培训的机会;三是结合轻工业发展和企业实际需求,开展紧缺工种培训,1600多名职工接受了免费技能升级和第二技能培训。据不完全统计,全系统有52000人次的职工参加了政治理论、岗位技能、再就业观念、安全知识、法律法规等各类培训,并选送近400名职工参加市总工会举办的EBA资格培训。(张 帆)

【市医药工会完善职工教育培训监督

管理机制】 市医药工会充分发挥平等协商、集体合同的协调、保障作用，把职工教育培训纳入平等协商、集体合同的内容，建立职工教育培训的监督管理机制。列入平等协商、集体合同内容的有职工教育经费按职工工资总额提取比例、职工教育培训总体规划、各层面教育经费的使用比例等。通过平等协商，他职工教育经费的提取纳入企业年度财务预算科目，集团行政加强职工教育经费审核，企业用于除中高级管理人员以外的员工教育培训费用，一般不低于已提取的教育培训经费总额的70%，企业职工年度教育和培训时间年人均不低于40小时，职工教育培训年度计划须提交职代会审议。（陈　嵘）

【宝钢集团工会组织近千名职工参加EBA培训】 宝钢集团工会积极组织班组长和基层管理者参加上海初级工商管理（EBA）资格培训，两年多来已连续输送四批共951名学员。为方便职工就近参加培训，集团工会积极争取宝钢教培中心和一钢公司的支持，开设了宝钢教培中心和一钢公司两个培训点。各子公司工会干部深入基层，进行宣传发动，落实培训人员和培训经费，一钢公司教培处专门为学员配备了专职班主任；宝钢教培中心主动增加授课时间，重点解决学员在电视教学中遇到的疑点和难点问题。学员普遍反映培训有收获，不仅开阔了眼界，而且所学的课程对今后的工作很有帮助，大部分学员已进入大专阶段学习。宝钢集团有11名学员获EBA资格培训暨大专学历教育奖学金，集团公司工会获优秀组织奖。（卞玉兰）

【市烟草工会构筑“1243”职工教育培训工作机制】 烟草工会为推进职工素质工程，着力构筑“1243”职工教育培训工作机制：“1”是办好一所学校——“周末学校”；“2”是建设好二个协会——高级工协会和女职工技术创新协会；“4”是开展好四项活动——每年一次的大型文体活动、两年一次与技术职称评定挂钩的行业性技术比武活动、每年以班组达标升级考核为抓手的管理创新成果发布活动和以管理技术创新为目标的群众性经济技术创新活动；“3”是建立三个激励机制——建立班组建设奖励基金、技术创新奖励基金和自学成才奖励基金。（江洪生）

【烟草三产工会职工教育培训“三坚持”】 上海烟草（集团）公司三产管理部工会从维护职工的发展权出发，加大教育培训力度，做到三个坚持：一是坚持观念转变与制度管理相结合。工会利用正反典型事例，抓好警示教育，不断增强职工的危机感和责任意识，同时严格执行教育培训的管理制度，有效提高了员工学习的自觉性；二是坚持开展劳动竞赛和技能比武。通过开展受控管理提升服务质量，举办职工技能标兵操作展示活动，增强员工争先创优的积极性和主动性；三是坚持营造员工自学成才的良好氛围。工会先后开设了电脑网络、办公自动化、情景英语、烹调技术和营业员、餐馆服务员等级培训班，最大限度地满足员工的自我发展愿望。（纪　华）

【上海铁路局工会大力推进学习型组织创建工作】 上海铁路局工会根据局党政工团联合下发的《关于创建“学习型组织”的实施意见》的要求，举办了120多名班组骨干参加的创建学习型组织骨干培训班，重点抓好108个试点班组，围绕创建目标，通过普及创建理念、培训创建骨干、建立创建网络、推广创建典型，形成了一批创建成果，召开了创建学习型组织成果汇报会，全局30个单位以多媒体和书面形式汇报了创建经验和体会。局工会还以杭州分局创建学习型组织为典型调查单位，形成了重点调研报告，对下一步的推进工作提出了新的建议。（邹开伟）

【中海货运二部工会创建“学习型船舶”】 中海货运二部工会开展创建“学习型船舶”活动，涌现一批先进典型，长建轮就是其中之一。长建轮船员学习热情高涨，学习管理文件体系和管理知识，学英语、学法律，船员参加各种培训达149人次。开展创建“学习型船舶”活动，提高了船舶管理水平，对船员熟悉管理文件体系，适应港口各类检查，提高商务活动应变能力起到了积极作用。（顾惠根）

【上海邮政邮区中心局工会开设“流动课堂”】 上海邮政邮区中心局工会在职工班车上建起了职工思想教育“流动课堂”。每趟班车安排2名宣传员，轮流值勤，佩牌上岗，宣传员由基层单位领导和生产骨干担任。宣传内容主要围绕局情形势任务和重大时事新闻、先进典型事迹、热点问题等，注重与业务练兵、学习邮政新业务、新规则相结合，与“迎接世博会，上海百万市民学英语”活动相结合，同时，注重职工思想动态反映，在职工乘车时，抓紧收集职工所思、所想、所求等热点问题。该局工会还建立了宣传员例会制度和信息反馈制度，完善职工班车“流

中海集团工会举办职工演讲比赛　（邱明和）

动课堂"的长效管理。（刘　贞）

【上海移动通信工会开展岗位练兵活动】　上海移动通信工会积极创造条件，搭建技术比武舞台，使员工学以致用，不断提高员工劳动技能。在活动中注重比武内容与公司通信生产的实际相结合，与提升企业核心竞争能力以及重大突击任务相结合，与一专多能、规范操作相结合。围绕公司的发展需要，先后组织开展了大客户服务、交换、数据维护、业务支撑维护等公司级11个项目和基层级竞赛23个项目为主体内容的比赛，16个基层单位2530余人次报名参加公司级比赛。竞赛形式有书面答卷、现场演示、模拟操作等，产生了10个"技术业务标兵"、17个"岗位操作能手"能手、63个等级奖，为上海移动构筑人才高地提供了智力支持。（隋　奕）

【市房地局工会加强从业人员培训】　上海市房地资源管理局工会为提高行业从业人员依法行政的能力和服务管理水平，加强职工培训，先后举办了房地产政策法规、业务技能、从业岗位、技师和高级技师等50多个项目的培训，还组织投资理财、医疗保健等各类讲座20余次。为了提高教育质量，局有关部门认真制订培训方案，不少培训项目由局领导亲自授课，并严格进行考核，对不合格者进行复训和补考。据统计，全年培训各类从业人员3.2万人次。为提高房地产行业从业人员素质提供了全方位的优质服务。（饶　斌）

【市医务工会开办护士专升本辅导班】　上海市医务工会为实施《关于在本市市级医院中开展"护士素质工程"的通知》要求，开办首批《护理学》专业专升本辅导班，旨在提高护理队伍的业务知识和专业素质，使护士的综合能力适应卫生发展的需要。首批《护理学》专业专升本辅导班的学员由所属各基层单位选送，委托复旦大学护理学院负责管理。学员通过2个多月的系统学习辅导，统一参加2003年成人高考，在达到成人高考录取分数线以上的学员中确定50名对象，列入培养范围，给予一定的费用资助，并对学员跟踪管理，确保学习质量。（钱菊敏）

【华夏宾馆工会帮助员工提高岗位技能】　华夏宾馆工会配合行政开展职工培训工作，积极发挥工会组织的优势和作用。(1)由职代会审议通过《关于员工享受培训奖励基金的规定》，规定主要由行政出资，工会管理，建立培训奖励基金，对符合规定条件的所有员工给予享受其培训考试费30%的奖励；(2)制定具体详细的年度培训计划，采用集中办班和个别报名相结合的方式组织培训，全年共有140名员工参加了岗位技能等级培训，对126名通过考核获得上一个等级的职业技能证书的员工给予奖励，并对各工种岗位技能考试成绩前三名的员工给予人均300元的奖励；(3)对获得岗位技能等级证书的在岗员工实行岗位技能等级工资（津贴），进一步加大对岗位技能等级培训的普及面和对高级技能人才的培养力度。（周红霞）

电信工会首届员工自学成才表彰会　（沙金明）

短信息：

○　上海电站辅机厂有限公司由行政和工会共同出资80万元建立职工（子女）教育奖励基金。（史春群）

群众文化

【市总工会举办上海职工网络文化大赛】　为引导职工争做与时俱进的新型劳动者，为上海新一轮发展贡献才智，市委宣传部、上海市总工会和上海市信息化办公室联合举办首届"上海热线杯"上海职工网络文化大赛。大赛内容包括网页设计制作比赛和网络游戏比赛。总计有百万人次浏览了大赛网页，有近万人参加了各个项目的比赛，评出了"上海职工网络文化大赛十大强队"、"十大强手"及"我是网上游戏小高手"等。（邵新宇）

【上海工会开展"五一"主题活动】　市总工会组织全市工人文化宫、俱乐部开展"立主人志，同铸城市精神；尽主人责，共谋上海新发展""五一"主题活动，20场职工文化活动在全市铺开。活动突出时代性和大众性，推出了一批群众文艺精品，把上海职工的优秀节目与国外知名演出团体的精品节目相融合，充分体现上海海纳百川的品质和国际化特征。（邵新宇）

【市总工会壮大职工俱协组织】　上海市工会俱乐部协会自1987年成立至今，不断发展壮大组织体系，目前全市共有14个区建立了俱协组织，呈现出以国有企业为主体，加快发展三资企业和社区组织的多元化态势，逐步形成了以满足最广泛的职工需求为宗旨，以重大节庆日为契机，以文体活动为主要抓手，以区内联动为主要形式的运作模式。面临新形势和新任务，市工会俱乐部协会在市总工会的指导下，着力建设“134 工作体系”，即每年推出一项主题活动，充分发挥市工会俱协的指导力、影响力和吸引力三种力量，从俱协组织的工作定位、突破点、关键环节和工作基础四个方面入手加快构筑职工俱乐部平台。

（邵新宇）

【全国工人文化宫改革和发展研讨会在上海举行】 为加强工会文化建设，全国总工会在上海召开工人文化宫改革和发展研讨会，中华全国总工会副主席、书记处书记黄彦蓉，市总工会主席陈豪出席会议。会上，北京、湖北、桂林、上海、江苏和黑龙江等省市总工会代表与部分省市工人文化宫负责人作了交流发言。陈豪同志在致辞中指出，工人文化宫在新时期要有更大作为，就必须积极发挥引领职工先进文化的强大功能和重要作用，要通过打造职工满意、市场欢迎的工会文体事业，维护好职工的精神文化权益。市总工会根据会议要求，积极探索新形势下工人文化宫发展的新路子，准确把握和找准工会文化事业的定位，推动工会文化事业健康发展。（邵新宇）

监狱局工会组织职工艺术摄影展 （张 鹏）

【奉贤区职工文体活动形式多样】 奉贤区总工会组织职工开展形式多样的文体活动，丰富职工精神文化生活。(1)组织广场文化活动，历时一个月，有 321 个基层工会组队参加，共演出 26 场次，吸引近万人次前来观看；(2)举办奉贤区第一届职工乒乓赛和职工桥牌赛，职工踊跃参加，区级机关不少党政领导也以普通工会会员身份参加角逐；(3)举办各类健身操培训班，全年共举办 17 期，培训骨干 500 多人。

（沈永明）

奉贤区总工会举办职工戏曲、歌曲大奖赛 （沈桂君）

【宝钢集团工会用文艺活动弘扬安全文化】 宝钢集团工会积极开创用文艺宣传安全生产的新形式，宣传弘扬宝钢的安全文化。在由国家安全生产监督管理局、中华全国总工会联合举办的“全国安全生产文艺汇演”中，宝钢集团选送的三首原创歌曲获得 1 金、2 银和优秀创作奖的好成绩，其中歌曲《安全责任重于泰山》受到国家安全生产监督管理局及汇演组委会的好评，为宝钢赢得了荣誉。 （计兆琪）

【宝钢集团职工文化建设成绩显著】 2003 年，宝钢集团公司工会组队参加上海市以及全国的各类文艺比赛成绩显著。在“全国冶金歌手大赛”上，宝钢集团参赛选手获得了歌手及创作歌曲共 3 金、3 银的好成绩；在上海市第五届“阳光·大地”党团员优秀歌曲演唱赛上，宝钢集团合唱团获得第三名，参赛选手获得 2 银 2 铜，总体水平上了新台阶，宝钢集团公司获以上两项赛事优秀组织奖。在“全国冶金系统职工美术、书法、摄影展”上，宝钢集团获得 15 金、16 银、12 铜的优异成绩。

（计兆琪）

【上海石化股份公司工会推进企业文化建设】 上海石化股份公司工会广泛开展企业文化活动，把“目标与差距”主题班会作为主要抓手，与创建学习型班组相结合，为配合抗击“非典”的宣传，公司工会先后组织出版了 5 期《工会之窗》抗非专刊，刊登了近百篇文章和照片、漫画。以参加中石化集团公司 5 年一次的艺术作品展览为契机，组织职工进行摄影、书画创作和交流活动，丰富职工的业余生活。积极参加上海市安全月活动，组织创作了小品、沪剧演唱节目参加表演评比。与金山区石化街道共同举办文化艺术节，积极探索企业文化活动向社区延伸的新路子。（施东亮）

【鲁矿集团举办第三届职工文化活动周】 鲁中冶金矿业集团公司于9月22日——9月28日举办了第三届职工文化活动周。活动周设有街舞比赛、文艺汇演、家庭才艺展示等5场专场演出和书法、绘画、摄影、集邮8个展览类项目，有700余名职工参加了各类表演，先后有9000余人次到现场观看，展示了鲁中职工的艺术水平和健康向上的精神风貌。（王　辉）

市政局第六届职工艺术节（经根宝）

【烟草储运公司班组文化体现"三个性"】 上海烟草储运公司工会班组文化工作中努力体现"三个性"：一是体现班组文化培育的科学性，根据企业实际，将培育品牌文化、行为文化、服务文化、形象文化作为班组文化培育重点；二是体现班组文化培育的针对性，工会根据不同班组，确立培育重点，实行分类指导，如对云西路仓库司机一组，以培育品牌文化为重点，对汽车队机修组则以培育行为文化为重点，深化班组文化建设的内涵；三是体现班组文化培育的实效性，强调以人为本培植员工文化，塑造班组精神，形成各具特色的班组格言、共同愿景、核心价值观和服务理念。（许资新）

【上海铁路局工会实施"火车头文化"建设工程】 上海铁路局工会对全局文化线建设情况进行调查研究，研讨在铁路跨越式发展中加强工会文化事业建设工作。行政、工会共同投资223.1万元，重点建设沿线66个文化活动中心、207个文化园、1119个文化室和1388个文化点。局工会举办"贡献者之歌"职工故事大赛，职工共创作了140多个故事，经过层层表演和选拔，32名故事员参加了路局决赛；举办第三届火车头文艺群星奖美术、书法、摄影大赛，共征集作品140多件，并选送作品参加全路展览，获优秀组织奖。（邹开伟）

【上港集箱工会开展"集箱大家园"活动】 上海港集装箱公司工会以文联协会、爱好者协会为平台，组织员工开展"集箱大家园"活动，努力营造奋发向上的企业文化氛围。(1)明确目标，宣传到位。根据活动要求，成立工作小组，制定活动计划和年度阶段目标，广泛宣传"集箱大家园"精神，塑造独具"集箱"特色的企业文化；(2)精心组织，体现特点。根据企业内投资企业多、企业性质各不相同、各层次员工有着不同需求的特点，有针对性地开展活动。如结合企业推行办公自动化要求组织计算机操作比赛，开展演讲比赛、征文活动、图片展览、读书交流以及其它各类文体活动，丰富员工的文化生活；(3)突出重点，力求实效。发扬"集箱大家园"精神，关心困难员工，连续三年资助上海市100个困难家庭的品学兼优的学生，以实际行动履行了上港集箱"发展自身，回报社会"的承诺。（严明娥）

上海市邮政局举行首届职工运动会（厉文德）

【港务集团工会探索职工文联工作新途径】 上海港务集团工会积极探索改革发展过程中的职工文联工作新途径。一年来，海港影评协会、集邮协会等贴近企业的生产实际，坚持业余为主，化整为零，量力而行的原则，开展了小型多样、生动活泼的活动，书法协会、美术协会等重心下移，开展"为基层送书画"活动，不仅美化了基层环境，而且为海港的工人艺术家提供了展示才华的舞台。（林碧娅）

【邮政市南区局工会成立周承章邮品促销会】 上海邮政市南区局工会成立了以全国邮政服务“百优”先进个人周承章名字命名的“周承章邮品促销会”，制订了章程和活动制度。一是开展学习和推广周承章邮品销售和窗口服务的先进经验；二是组织会员进行集邮知识、新邮特点和销售方法的学习；三是组织会员针对邮品销售的目标任务和销售的困难，进行市场需求热点、用户特点、邮品推介切入点的分析、探讨和咨询等活动；四是开展互帮互学，收集和沟通信息，交流邮品销售方法；五是组织会员进行学习交流，充分挖掘职工的营销潜力，促进集邮业务发展。（王正诒）

【市政局工会举办第六届职工艺术节】

上海市政局工会举办第六届职工艺术节，组织了《班组之声》演唱、“城市精神在市政”演讲、《申城放歌》诗歌散文征文、职工书画、象刻、摄影、集邮、收藏作品展、《阳光灿烂的日子》艺术插花等比赛，还组织了职工演讲技巧与演讲稿写作讲座、摄影爱好者采风、职工群众文化活动研讨座谈会、艺术作品欣赏讲评等活动，局系统2000多名职工参加，充分体现了“群众性、广泛性、多样性”特点，使职工艺术节成为市政、燃气职工盛大文化节日。（经根宝）

【市政工程建设公司工会举办职工个人艺术展】 上海市政工程建设发展有限公司工会举办职工个人艺术展活动，分别是：刘勇《西部风情》摄影展、林卓君演唱会、陈征萍《花卉》集邮展、蒋仲燕邮票漫画展、唐铮勇绘画展、李鸣《花鸟》画展。职工个人艺术技艺和作品在公司展示、展出后并到市政局机关巡回展出，受到上级单位和兄弟单位的一致好评。为了满足职工展示技艺的愿望，公司工会又陆续推出装饰画、书法、收藏等职工个人艺术展，促进职工的精神面貌积极向上。（徐奕芳）

【市教育工会开展“八个一百”活动】

在庆祝第十九届教师节之际，市教育工会开展了“八个一百”活动，即组织百名教育劳模为科教兴市献良策，启动百名优秀女教师成才资助金，组织百名本科毕业生赴小学任教，组织百名海岛教师“心与上海一起跳动”城市一日游，组织“三十教龄正年青”百名教师庆生日活动，组织百名骨干教师体检，组织百名青年教师专场联谊舞会等，为基层工会开展庆祝教师节活动起到了示范作用。（顾伯超）

【市医务工会参与企业（行业）歌大赛】

市医务工会参与由人民日报华东分社、解放日报、新民晚报、冠生园（集团）有限公司、上海人民广播电台文艺频率、上海音乐家协会共同主办的上海市“冠生园杯”企业（行业）歌大赛暨“优秀企业（行业）歌”评选活动，市医务5支歌队进入总决赛，华东医院、中山医院、瑞金医院歌队获一等奖，曙光医院、仁济医院歌队获三等奖。在优秀企业（行业）歌评选中，华东医院《天使是你的名字》、中山医院《托起生命的艳阳天》、瑞金医院《广慈博爱诚信奉献》、曙光医院《永远和曙光在一起》、普陀区妇婴保健院《生命之光》、虹口区广中地段医院《献给天使的爱》等6首院歌被评为上海市“优秀企业（行业）歌”。上海市医务工会获大赛弘扬文化大奖和优秀组织奖。（刘伟英）

【市工人文化宫影视创作连获奖项】

2003年市工人文化宫被全国总工会命名为“全国职工文化建设示范基地（影视话剧创作）”，市工人文化宫创作并参与拍摄的反映私营企业党建题材的电视连续剧《故事，2001》荣获中央组织部“红星特别奖”，主创人员受到市委书记陈良宇同志的亲切接见。市工人文化宫电视制作中心拍摄的电视片参与第四届全国模范职工之家优秀工会工作者电视片评选，《光明顶的故事》、《第二故乡》获二等奖；《构筑“五大机制”》获三等奖；《我爱我家》、《我们的精神家园》、《当代主人翁》获优秀奖。（刘　骏）

短信息：

○　9月11日，上海长江轮船公司工会举办以“展长航风采、创上轮辉煌”为主题的首届职工文化体育节。（黄铁明）

○　11月8日，市体育局工会举办“祖国至上”歌会，一线运动员、教练员共1500余人参加。（乐俊平）

○　12月26日，由上海船舶工业公司工会推出的《我眼中的上海船舶工业》摄影集首发式在上海船舶职工活动中心举行。（林创廷）

读书活动

【上海隆重表彰读书活动先进集体和

船舶工会举行《我眼中的上海船舶工业》摄影集首发式

（刘炳源　陈光时）

优秀个人】 2003年上海读书节开幕式暨振兴中华读书活动表彰大会12月19日在上海国际新闻中心隆重举行。市委副书记、市读书指导委员会主任殷一璀、市委常委、宣传部部长王仲伟,市人大常委会副主任、市总工会主席陈豪等出席会议。会议由市委宣传部副部长宋超主持。殷一璀高度评价读书活动在提高市民素质和城市文明程度方面作出的贡献,要求各级工会深刻认识深入开展读书活动对于全面推进科教兴市战略的重要意义,努力适应上海社会经济发展的新要求,加快劳动者的知识化进程,为塑造培育城市精神和实施科教兴市战略提供智力支持和精神动力。市委常委、宣传部部长王仲伟,市人大常委会副主任、市总工会主席陈豪为上海市民综合知识测试活动揭幕。会上隆重表彰了一批上海市振兴中华读书活动先进集体和优秀个人,新世界股份有限公司等126个先进单位、宝钢股份有限公司孔利明科技创新读书小组等74个优秀读书小组和徐逊华等284个优秀个人受到表彰。市总工会副主席汪兰洁介绍了两年来上海市读书活动的基本情况和主要经验。上海石化股份有限公司工会主席高金平、普陀区总工会主席叶小英、复旦光华信息科技股份公司副总经理杨明、新华医院上海儿童医学中心胸外科副主任护士符丽娟、上海航天局第800研究所特级技师唐建平作了交流发言。 (刘宝华)

【2003年上海读书节】 市读书指导委员会举办了2003年上海读书节,读书节的主题是"读书,将希望变成现实"。读书节推出了上海市民综合知识测试、新世界杯"我最喜爱的20本书"评选、"读书,将希望变成现实"知名人士与职工大型座谈会、"读书与上海城市精神"专题报告会、上海工会创建学习型组织推荐表彰会、"读书让生活更美好"征文活动、校园读书活动展示交流活动、"我爱读书,我爱我家"读书格言征集、"跨世纪的毛泽东"诗歌朗诵会、"外来建设者读书活动"推进会等10大活动,数十万市民和职工积极参与。

(刘宝华)

【上海读书活动呈现新特点】 历时21年的上海读书活动,在实施科教兴市战略的伟大实践中,迈出了新的步伐,呈现出三方面的新特点:(1)读书活动参与面和覆盖率不断扩大。各级读书指导委员会、工会把读书活动纳入精神文明建设总体规划,融入企业文化、社区文化、校园文化建设中,据不完全统计,目前上海读书活动的参与面已达70多个区县局、80多个街道、500多所学校、2000多个基层单位和250万人,形成了读书活动多层面蓬勃发展的新局面;(2)读书活动以创建学习型组织为抓手,进一步加快工人阶级知识化进程。创建学习型组织、争当知识型职工活动成为读书活动在新形势下的延伸、深化和发展,各级工会注重学习环境、学习氛围、学习机制建设,注重提高职工的综合素质和学习能力,培育和造就了一大批争创学习型组织的先进集体和学习成才标兵;(3)读书活动主题内容、组织形式、活动方式发生新变化。读书内容已经从原来单一的岗位技能知识向计算机、外语和新知识、新技术领域拓展,读书活动组织形式,从原来以班组为主要单位的读书小组活动向自由组合、个性鲜明的学习型团队转变,活动方式从原来的知识竞赛、演讲、征文等传统形式,扩展到网上读书交流、读书网页制作、远程教育学习、信息化教育等,基层创造的"师徒结对读书"、"在线图书馆"、"读书联谊会"等新形式,展现了上海读书活动勇于探索,不断创新的崭新风貌。大力推进读书活动进社区、进楼宇、进家庭活动,有效提高了广大社区居民的整体素质、生活质量和社区文明程度。 (刘宝华)

【徐汇区教育工会开展"铸造师魂"读书活动】 徐汇区教育工会以读书活动铸造师德师魂,建立读书活动长效机制,组织师德演讲、书评、征文活动,举办读书活动现场会,并与学校的办学特色相结合。东二小学教师撰写了298篇有关学习陶行知教育思想和二期课改的文章、个案,其中12篇在有关报刊上发表。田林中学组织教师学习《教师法》、《工会法》、《教育法》、《学校校代会基础知识问答》等,提高教师参与学校民主管理和民主监督的积极性。 (虞 蔚)

【普陀区总工会开展非公企业读书活动】 普陀区总工会把读书活动作为提升非公企业职工综合素质的一个重要途径,推出"每月一书"读书书评活动,有2000余名职工参加,构筑学习型组织和知识化员工创新平台。注重加强职业道德教育渗透,引导非公企业职工树立正确的世界观、人生观和价值观。许多非公企业通过读书活动提高团队成员的协作能力、互补能力,引导非公企业职工将个人的发展与企业发展有机结合起来。 (张国瑞)

表彰振兴中华读书活动积极分子 (徐 赜)

【闸北区总工会建立读书沙龙】 闸北区总工会针对不同职工的不同读书需求，建立5个读书沙龙：一是创建学习型组织读书沙龙，研究和探索创建学习型组织的方法与实践，为全区各级工会开展创建工作提供理论指导；二是交际外语读书沙龙，为有志于提高英语口语水平的职工提供一个交流环境，为建设新闸北培养外语人才；三是花卉种植读书沙龙，学习花卉种植知识，交流花卉种植经验，增强职工养花护花的意识；四是养生保健读书沙龙：为广大职工学习医学知识提供有效渠道，在职工中普及养生保健知识；五是环境保护读书沙龙，引导职工增强环保意识，为闸北环境保护作贡献。

（王宏南）

【市化学工会推进班组读书活动】 化学工会以创建学习型组织为目标，组织基层班组开展读书活动，建立公司、企业、班组三级工作网络，营造职工读书活动良好氛围。轮胎公司所属大正轮胎公司物理试验班组作为市读书活动先进班组，引领全公司47个读书小组积极向"创建学习型班组，争做知识型职工"迈进。天原集团所属76个读书小组围绕"学知识、促发展，学科学、求创新，学技术、出成绩"开展读书活动。把学习力转化为创造力。

（杨定虎）

【市纺织工会开展主题读书活动】 纺织工会根据纺织"1+1"群再就业带头人创业事迹编写，报告文学集《展开放飞的翅膀》，并将此书作为是开展读书活动的劳动教材。书中的典型人物是纺织第二次创业极其珍贵的财富，也是广大职工学习的先进榜样，纺织工会总结提炼出敢为人先、不等不靠；抗争命运、逆境崛起；百折不挠、坚韧不拔；敢于挑战、超越自我；锲而不舍、永远不言败；白手起家，谋求发展等6种精神，围绕6种精神开展主题读书活动，得到了基层工会的积极响应，华申、针织、菊花、服装等企业工会利用班组学习、座谈交流等形式引导职工开展主题读书活动，使广大职工深受感染。

（俞进艺）

【上海移动通信工会开展争当"可爱的移动人"主题活动】 上海移动通信工会开展争当"可爱的移动人"主题活动，以爱社会、爱岗位、爱学习、爱家庭、爱同事为主题，挖掘员工身上的"闪光点"，通过征文、演讲比赛，用身边人的事迹教育员工。工会将获奖征文、演讲稿汇编成《平凡中的色彩》一书，还将优秀演讲内容拍成录像发放到各基层单位，组织员工观摩，引导员工争当"可爱的移动人"。

（高侍颖）

【吴淞水厂工会实施全员学习工程】 上海吴淞水厂工会拓展企业文化，构建学习型企业，倡导科技兴企，知识育人，实施全员学习工程。高起点、多层次、全方位加大培训力度，建立有效的激励机制，成立文化沙龙、人人读书会，进一步办好《本土文学》、《真情理念集》等企业刊物，提升班组品位，营造积极向上的学习氛围。职工积极参加各类培训活动，学技能、学文化蔚然成风，职工的技能素质和文化水平得到新的提高。

（于新华）

体育活动

【市总工会举办三大职工体育赛事】 为了贯彻落实《全民健康计划纲要》，营造"人人运动"的良好氛围，2003年市总工会与市体育局等有关方面联合推出了三大赛事：(1)第八届"延锋杯"职工五人制足球锦标赛，共有16支甲级队、128支乙级队参赛，此项比赛对促进足球运动在职工中的普及起到了积极作用；(2)"上药集团杯"健身操比赛，比赛分中青年、中老年两个组别，历时一个多月，来自全市各系统的207支队伍参赛，18支队伍进入决赛，最终虹口区工会俱协、浦东新区梅园街道获中老年组金奖，上海应用技术学院、上海雷允上药业有限公司获中青年组金奖；(3)"大众保险杯"职工羽毛球公开赛，共有支代表队参赛，市教工队获团体冠军。市总工会、市体育局还在"抗非"期间普及推广"呼吸健身操"活动，帮助职工树立健康意识，提高身体素质。

（邵新宇）

【市总工会下发《上海市职工文艺创作奖励暂行规定》】 为建设职工文化精品工程，夯实职工文化基础工程，促使反映社会改革发展的重大题材文艺作品不断涌现，市总工会制定了《上海市职工文艺创作奖励暂行规定》规定，对在职工文艺创作领域中作出贡献的个人和集体进行奖励，对荣获国家级奖的组织单位和主创人员将奖励5万元－30万元，并对重大题材作品创作每年提供10万元的前期启动资金。

（邵新宇）

【市总工会推出《上海职工文体事业发展报告》】 市总工会推出《上海职工事业发展报告》，进一步加强职工文化建设，努力为基层工会和广大职工服务。《报告》提出了要建立职工文体活动服务保障体系，通过活动指导、组织

市总工会与市体育局联合举办"延锋杯"五人制足球赛　（徐　赜）

网络、制度建设、提供服务等形成多层次、多样化群众性文化活动新格局,将职工文化与企业文化、校园文化、社区文化融会贯通,树立职工文化的独特品牌。《报告》提出了职工文体事业发展的指导思想和基本原则,明确了"建设中发展,发展中建设"和布局最优化、运作市场化、管理企业化、经营集团化的职工文体事业发展总体要求。 (邵新宇)

市绿化局工会参加市"十佳绿化志愿者"文艺演出 (忻丁盛)

【上海工会群文先进获表彰】 上海工会群众文化先进获得"上海市群众文化奖励基金"表彰,市工人文化宫陈东湖、宝钢集团公司文体中心计兆琪荣获"群众文化工作先进个人",上海市教育工会李建林、宝钢集团公司职工徐顺令、黄懋立和宝钢(集团)公司创作的小品《真心实意》荣获"职工文艺创作和演出优秀作品奖",由陈念祖作词、计兆琪作曲的歌曲《中国节日》荣获"第十届上海十月歌会声乐创作金奖"。 (邵新宇)

【长宁区总工会开展职工健身活动】 长宁区总工会广泛开展职工文体活动、举办"三八姐妹运动会",80多家市属企业、区属单位、新建企业组队参赛,近千名女职工参加了融健身、娱乐、趣味为一体的各项比赛;举办"活力上海、激情长宁"小足球锦标赛,72支队伍参加,展示了青年职工的青春活力;举行"生命在于运动,健康掌握在自己手中"职工拳操比赛,来自全区各行各业的29支参赛代表队进行了激烈角逐;举办长宁区职工首届乒乓球比赛,百余名职工参加比赛,丰富了职工的业余文化生活。 (李悦琳)

【普陀区总工会成立职工演艺中心】 普陀区总工会成立普陀区职工演艺中心,把文体工作职能从区总宣教部剥离出来,精减管理层次,明确任务职责,制定了以节为线贯穿全年的工作思路,围绕重点节庆,开展丰富多彩的职工文体活动,做到月月有歌声、季季有比赛。职工演艺中心实行市场化运作,既承担全区职工文体活动的组织职能,又参与市场化运作,在市场竞争中发展壮大职工文体事业。 (顾维兴)

【普陀区机关工会实施"人人运动"计划】 普陀区机关工会针对机关干部活动少、职业病多的状况推出了"人人运动"计划,把工作重点放在服务机关干部、倡导机关文化、提高机关干部身体素质上,广泛开展广播操、太极拳、游泳、足球、等体育活动,建立分层分类指导、全员参与全面普及的活动机制,为机关干部建立个人健身档案,营造了"人人运动,人人健康,人人高兴"的良好氛围。 (顾维兴)

长宁区总工会和区团委联合举办"活力上海、激情长宁"大众体育活动 (吴志华)

【卢湾区工人俱乐部打造"蓝天"乐队】 卢湾区工人俱乐部组建了"蓝天"铜管乐队,乐队自创立起就坚持每周排练的制度。为了迎接世博会,体现上海国际化城市的形象,乐队除熟练演奏中国乐曲外,还排练了"曼哈顿海滨"、"那波里舞曲"等许多美、俄、奥、意、德、法、捷、匈等国的经典名曲。"蓝天"铜管乐队以自己良好的素质和演技在激烈的市场竞争中脱颖而出,成为上海礼仪市场上一支有影响的工人铜管乐队。 (金忠华)

【静安区总工会举办职工运动会】 静安区总工会举办历时半年的第九届职工运动会,来自区属单位、市属企事业单位及新建企业的67个代表团参加比赛。比赛既设置了田径、游泳等传统的竞赛项目,也设置了拔河、钓鱼、桥牌等群众喜闻乐见的比赛项目,各类比赛项目共有20项,参赛队达607个,运动员2610名,是历届职工运动会中比赛时间最长、参加人员最广、比赛项目最多的一次。 (陈章翠)

【莘庄工业区工会组织外企员工开展文体活动】 上海市莘庄工业区工会组织外资企业员工开展文体活动,年初,举办迎新春长跑比赛,有近600名外企员工参加,其中有不少是法国、美国、日本等国的员工;年中,举办乒乓球团体对抗赛,有35家外企的40支队伍参加比赛;年末,举行有12家外企组队参加的"爱我家园"莘庄工业区大型新年歌会。 (宋志康)

【宝钢股份公司工会举办集邮联展】 宝钢股份公司工会与中国一汽集团公司工会联合举办首届集邮联展,展出的20部96框集邮精品中有在全国集邮展中获一等奖的《马克思主义与中国革命》及孙中山、毛泽东、"文革"极品、外交纪念、祖国名山、汽车、运输工具、人、船、海洋等专题邮品。邮品集宝钢股份、一汽公司职工集邮之精品,展职工艺术气息之风采,反映了中国革命的艰难里程和文明古国的悠久历史,折射出广大职工热爱祖国、感悟人生、热恋生活的精神境界。 (曹欣生)

【宝钢集团工会举办班组体能大赛】 为提高职工健康素质,培育精诚合作的团队精神,探索推进职工素质工程的新载体,宝钢集团工会举办了首届"班组体能大赛",从各子公司层层选拔产生的37个班组分"力"、"跑"、"跳"三项,进行了激烈紧张、情趣横溢的比赛。班组体能大赛的举办,鲜明体现了宝钢集团公司"苛求、创新、一流"的企业精神。 (计兆琪)

【烟草印刷厂工会举办第五届职工操作运动会】 上海烟草印刷厂工会每两年举办一次的职工操作运动会已坚持十年。本届操作运动会以提高职工生产作业过程和质量控制能力为目标,采取岗位练兵、同工种竞赛的组织方式,提高职工自我学习能力和生产作业控制水平。重点突出了胶印机长、凹印机长、铲车驾驶员等岗位的技术比武,124名职工参加了技能竞赛。在技术比武中,厂工会及时总结和拍摄了胶(凹)印操作、换版、设备保养、拣片、糊盒等主要工种8部规范操作法,作为职工技能培训教材,为规范生产作业,提高产品质量发挥了积极作用。 (吴国屏)

【上海邮政工会举办首届职工运动会】 2003年7月至12月,上海市邮政局工会举办了首届职工运动会,在历时5个月的时间内,举行了7大类18个项目的比赛。比赛项目设置除跳长绳、广播操、拔河、长跑等职工喜闻乐见的群众性项目外,还设置了乒乓、篮球、自行车等竞技性比赛项目,全局近5000人直接参加了各项项目的比赛,近万人参加了体育健身活动,有146个团体和个人获得了各类奖牌。 (厉文德)

【上海移动通信工会文体活动体现三大特点】 上海移动通信公司文体协会以员工文体志愿者队伍为主体,坚持"业余、小型、多样、自愿"原则,因地制宜地组织开展各类文化体育活动,三个特点:(1)依靠公司文体志愿者队伍,相继成立若干个文体分会,通过开设培训班,举办文化讲座,组织多种比赛,有效地促进了员工业余爱好活动的健康发展;(2)发挥基层单位灵活机动的组织优势,以公司集中组织为活动点,各基层单位分散组织为活动面,形成上下联动的活动局面;(3)借助社会资源,设立员工业余健身活动基地,每周日下午对公司员工开放,举办了羽毛球、健身操等培训班。达到了普及与提高的目的。 (隋 奕)

【上海海洋石油局职工文体活动有声有色】 上海海洋石油局工会把丰富职工的业余生活、提升职工的团队精神作为工会密切联系群众、维护职工合法权益的重要工作来开展。举办了职工保龄球赛、职工卡拉OK比赛、职工书画摄影展等。为了满足职工的文化需求,局工会先后成立了书画、摄影、交谊舞及钓鱼协会,每个协会均吸纳40余名会员,经常开展活动,深受职工欢迎。 (耿卫军)

【市绿化局工会开展绿化宣传系列活动】 市绿化局工会围绕创建国家园林城市的目标,精心组织了绿化宣传系列活动。一是3.12植树节期间在徐家汇公园组织了一场"创建国家园林城市,共筑绿色美好家园"主题宣传活动,数千名市民观看宣传演出;二是7月上旬与市总工会联合组织了"五一林"千名职工健身跑活动,全国劳模李斌、陶依嘉、王震、施柏兴参加了这项活动;三是10月26日在静安寺广场组织了一台表彰上海市"十佳绿化志愿

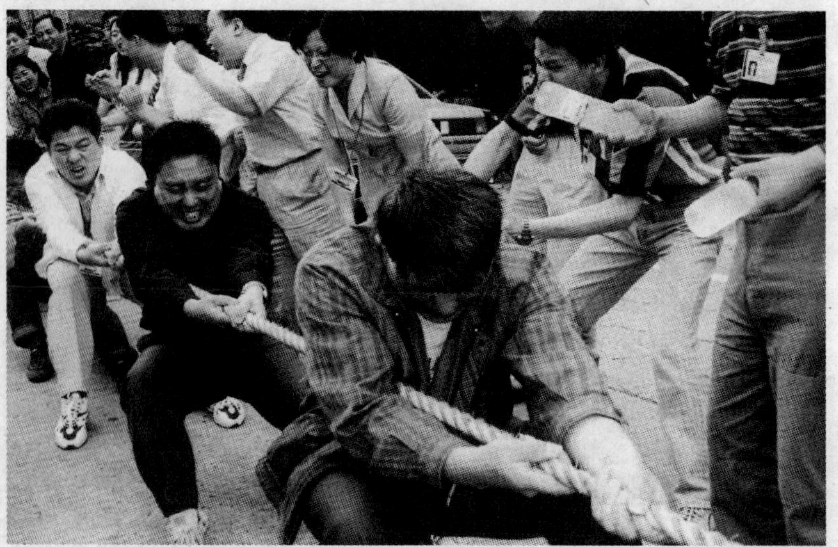

中远集运公司工会开展丰富多彩的职工文体活动 (丁建东)

者"的文艺演出，东方电视台进行了录播。通过一系列的宣传活动，使"创建国家园林城市"深入人心，提高了上海市民爱绿、护绿、植绿的意识。（王均富）

【上海水务职工在全国比赛中获奖】上海水务局工会组队参加在湖北武汉市举行的2003年全国水利系统游泳比赛，上海水务男女代表队获得2块金牌、2块银牌、13块铜牌、团体第三名的优良成绩。（陶　诚）

短信息：

〇　徐汇区总工会和区体育局联合举办职工运动会，共设17个比赛项目，2000余人参加。（虞　蔚）

〇　8月1日，卢湾区总工会举行"庆八一"军民长跑活动，60多支队伍参加。（马联泓）

〇　9月6日，电信首届员工运动会在上海国际体育中心开幕。（朱东亚）

〇　3月，上海市城市交通管理局首届职工运动会开幕，有30支代表队5000余人参加了各项比赛。（吴梅芬）

共抗"非典"

【市总工会组织"抗非勇士"疗休养】为了充分体现党、政府和工会以及社会各界对在抗击非典中作出突出贡献的医护人员的关心，市总工会会同市医务工会组织了防治非典先进工作者疗休养活动。2003年8月11日首批25名在抗击非典斗争中作出重大贡献的医务人员、科技工作者代表及家属近百人开始了为期五天的黄山疗休养之行。市总工会主席陈豪，副市长杨晓渡出席发车仪式。陈豪向市卫生局、医务工会转交了市总工会慰问防治非典先进工作者疗休养专项基金20万元。杨晓渡为上海市总工会、市医务工会防治非典先进工作者休养团授旗。市总工会和市医务工会共组织155名抗非先进工作者及其家属200多人进行了疗休养。（陈　晖）

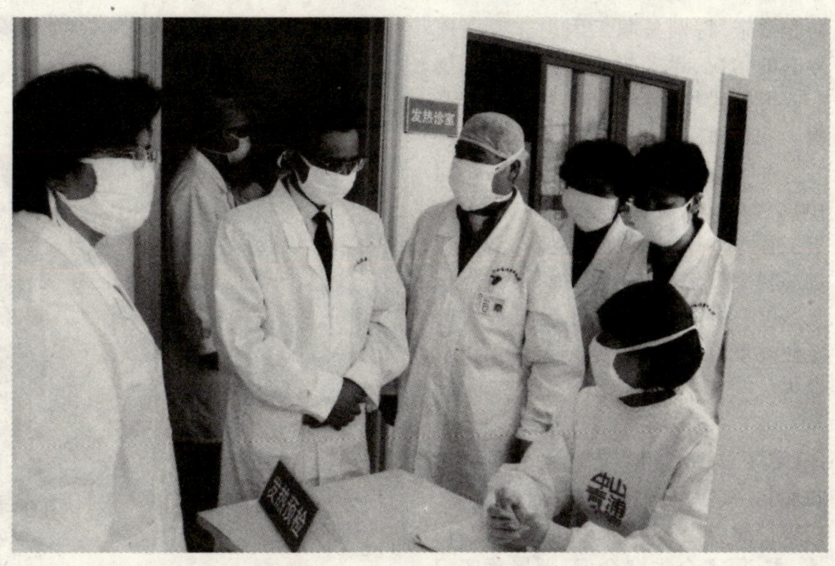

青浦区总工会慰问抗非一线的医务人员（王　华）

【徐汇区各级工会齐心协力抗击"非典"】徐汇区各级工会在突发的"非典"灾难面前，及时调整工作部署，推出一系列举措，区总工会上门慰问区疾病预防控制中心的一线医务人员，送上1万元慰问金，为基层职工送上7万余元的消毒水、电风扇等防范用品，对100余家非公企业开展安全生产检查；区医务工会要求医务人员严格消毒隔离的规范程序；区教育工会充分发挥监督作用，保障教职员工身心健康；徐家汇、斜土等社区工会发动工会干部和工会志愿者投入防治工作中；天平、长桥、康健等社区工会走访新建企业工会，发放有关预防"非典"的宣传资料等，在抗击"非典"工作中发挥了工会组织应有的作用。（虞　蔚）

【普陀区三方协商机制办公室落实防非措施】普陀区三方协商机制办公室按照区委"非典"防治工作的全面部署，下发了《关于发挥三方协商机制作用，关心外来者身体健康，落实防范非典措施的紧急通知》，启动紧急约见制度，加快落实非典防治理措施。各经济区充分运用广播、黑板报、画廊等宣传阵地加强"非典"防范知识的宣传，扩大职工知晓率；切实保障职工的休息权，减少加班时间，加强工间操等锻炼，增强职工体质；加强对有毒有害工种的劳动保护，对临床诊断病人、疑似病人以及留院观察或接受医院观察者，隔离期间按出勤处理。（金　今）

【杨浦区总工会开展防非"五个一"活动】杨浦区总工会开展防非"五个一"活动，发挥工会独特的作用。(1)发一封慰问信。区总工会、区医务工会向奋战在防治非典型肺炎战线上的广大医务工作者发出慰问信，向他们及其家属表示慰问；(2)筹集一批慰问专款。区总工会和区医务工会各拨款10万元，作为防非工作慰问专款，直接用于慰问表现突出的医务工作者；(3)集中进行一次慰问活动。区总工会领导带队，对防非第一线医务工作者的家属进行上门慰问；(4)认真开展一次安全保护检查。对一批企事业特别是非公有制企业的职工安全保护工作进行全面监督检查，保障职工身心健康和人民生命财产的安全；(5)及时报道一批好人好事。通过新闻媒体大力宣传在防非斗争中涌现出来的先进人物和先进事迹，举办《众志成城，抗击非典——杨浦职工专题摄影展》，弘扬抗非勇士的无畏精神。（王　洪）

【黄浦区总工会在防非中探索超常规工作模式】黄浦区总工会在防非中探索超常规工作模式：(1)区总工会全体机关干部迅速行动，到170个基层工会了解情况，分发册子，听取意见，指导工作；(2)围绕大局广泛动员职工防非，并督促检查基层工会防非预警制度；(3)建立防非专项基金，动用13.2万元，及时慰问了抗非一线医务人员、卫生老师社区医疗互助保障代理点理赔员等；(4)检查全区街道中非公企业防非措施，特别是职工因患非典而遭辞退的情况，迅速提出整改意见。抗非取得阶段性胜利后，区总工会又开展了“四个联手”工作，即与区经贸委、旅游办联手开展“振兴企业，发展黄浦100个金点子”征集评选，与区重大实事工程办联手开展立功竞赛；与区劳动局联手开展职工操作练兵技能月；与区国资办、体改办联手全过程参与企业改革，取得了抗非与工会工作双成果。　（吕诚陆）

小东门街道工会开展“抗非典大家唱”宣传教育活动　（胡德勤）

【嘉定区总工会组织志愿者为抗非作贡献】 嘉定区总工会根据区“防非”指挥部紧急会议精神，立即召集镇、街道、委、局工会主席会议，部署落实组建工会志愿者队伍，为进入本区公路道口的外来人员填报“健康信息联系卡”输入电脑任务。会后各级工会紧急行动，抽调精兵强将，一支160人组成的工会志愿者队伍在短短6小时内建成。区总工会及时协调工人大厦腾出网吧作为电脑输入的战场。来自各条战线的160名志愿者每天分三个班次，连续奋战24天，完成了96万份“健康信息联系卡”的输入任务。　（唐身桂）

【化学工会企事业为抗击“非典”出力】 “非典”期间，市场抗非的消毒剂一时脱销，医疗、防疫等用户纷纷告急。化学工会下属企业上海申博化工有限公司、上海真岭科工贸公司等自觉调整生产经营方向，毅然停下一些利润较高的常规产品经营活动，组织精干班子和最强人员，集中力量在最短的时间内研制生产市场急需的消毒剂过氧乙酸获得成功，并在第一时间组织批量生产，加班加点，向市场提供了80多吨过氧乙酸，为缓解市场急需作出了工会企事业应有的贡献。（薛文海）

【纺织系统工会抗非“三到位”】 纺织系统各级工会在抗非斗争中做到“三个到位”：一是宣传到位。各级工会充分发挥宣传阵地的作用，宣传非典预防措施，帮助职工掌握预防知识，化解疑虑，消除恐惧心理，稳定人心；二是组织到位。各级工会干部进车间，下班组，在现场解决问题。许多企业工会还将群防群治网络转为非典预防监督体系，建立疫情及时上报制度，对职工身体健康实施有效监控，切实保护职工的身体健康和生命安全；三是措施到位。纺织工会组织了抗“非典”用品生产企业厂际竞赛，通过树立先进典型、推广先进操作法等措施，鼓励职工熟悉生产工艺，刷新生产指标，纱布和口罩的日产量节节升高，最多达到300%以上，确保全市抗“非典”用品的物资供应。　（王慎微）

崇明县总工会慰问抗非一线医务人员的子女　（陈进修）

【港务工会动员职工抗击“非典”】 上海港务集团各级工会动员组织全港职工抗击“非典”，确保企业稳定和安全生产。各基层工会积极开辟宣传渠道，加大“防非”工作宣传力度，集装箱码头有限公司工会编辑防非工作专刊，军工路港务公司等基层工会则利用广播、录像、黑板报等各种传媒宣传上级有关防非工作指示精神及本单位工作部署，使职工人人关注防非工作，个个参与防非工作。协助行政建立三级防非预控网，落实工作责任制。集团工会领导还到海港医院、客运服务总公司和海港公安局，慰问战斗在防非工作第一线的职工，并到基层生产单位了解、指导基层防非工作。　（张晨琦）

【上海邮政工会一手抓“非典”防治一手抓通信生产】 上海邮政工会坚

持一手抓“非典”防治，一手抓通信生产，拨出100万元资金，为全局职工购置防非物品；加强领导值班制度，严格疫情报告制度，制定突发事件应急预案；配合党政抓好邮政通信生产，组织各级营销员参加“营销达标”竞赛活动；总结和宣传抗击“非典”的先进典型和好人好事，及时捕捉职工在预防“非典”中的热点、难点和求助等信息，对在“非典”时期遇到各种困难的职工和家庭给予及时的帮助；发挥各级工会劳动保护监督网络群防群治的优势，确保职工生命安全和企业通信安全。（陈千涛）

【上海移动通信工会认真做好防非工作】 上海移动通信工会认真做好防非各项工作，开展“抗击非典献爱心”募捐活动，经全员组织发动，公司100%的在职员工参与了募捐，另有407名内退员工和419名劳务工和部分离退休员工也加入了募捐的行列，共募集捐款368128元。为一线员工发放防非中药，增强员工身体抵抗力。组织各基层工会开展开设一条电话热线、发放一本宣传资料、设立一个防非典检查员、设立一本“防非典”台帐、建立一项定期检查制度。（徐莉萍）

【中远工会八大举措抗击“非典”】 中远集装箱运输有限公司工会采取八大举措抗击非典：(1)配合公司党政，参与做好“非典”的预防控制工作，及时召开工会干部会议，布置落实公司非典防治工作有关重大安排和要求；(2)利用《工会工作》双月刊、《工会工作通讯》电子周刊，宣传非典防治工作和有关非典预防知识，并为每位陆地职工和船舶购买发放《非典预防措施手册》；(3)执行有关规定，做好疾病的源头控制；(4)宣传职工抗击非典的感人事迹；(5)会同船舶管理公司工会对30艘到港船舶进行慰问；(6)调拨20万元，为医院、防疫站医生购买营养品和防非典用品；(7)切实做好安全生产宣传教育和职业道德教育；(8)及时调整职工培训方式，利用公司内部局域网开展《工会法》、《安全生产法》等有关法律法规、卫生常识、劳动保护知识培训。非典期间，全系统没有发生1例“非典”病例，职工情绪稳定，工作正常运行。（周培军）

【上海机场工会当好抗非“四大员”】 上海机场(集团)有限公司工会要求各级工会组织、工会干部当好抗非“四大员”：一是当好宣传员，发挥工会宣传优势，增强职工抗击“非典”的信念和自我保护能力，充分调动职工战胜抗击“非典”的积极性；二是当好服务员，增强服务意识，关心职工身体健康，成为职工困难的第一知情人、第一报告人、第一帮助人，保证一线员工和临时工、劳务工、外来务工等人员不发生一例“非典”病例；三是当好监督员，充分发挥各级工会劳动保护监督检查员作用，监督各项防非规章制度和安全措施的落实情况，发现问题及时纠正；四是当好战斗员，深入一线，发动职工一手抓安全生产，一手抓抗击“非典”。（郑培利）

【市医务工会在抗非中履行维护职责】

上海市医务工会在抗击非典战役中，从维护医务职工的根本利益出发，开展一系列旨在保护医护人员健康与安全的活动：(1)布置职业防护。在第一时间召开医务工会系统“加强医务人员职业防护”会议，把关注医务人员职业防护作为当前工会工作的重中之重，强化工会的劳动保护职能，做好各项保障工作；(2)慰问抗非人员。市医务工会领导到4家收治非典病人的定点医院和市卫生局防病办公室，慰问在隔离病区工作的医护人员，将全国总工会、市总工会和市妇联向卫生系统捐赠的55万元转赠给35家市级医疗单位和19家区县下属的医疗单位；(3)落实抗非保险。医务工会与太平洋保险公司就医疗责任保险以外的疾病控制人员、“120”急救人员、卫生管理和卫生监督人员以及与防非有关的科研人员的非典保险、保险额度等条款进行多次协商，最终促成了该公司无偿为医务职工提供职务保险；(4)接受社会捐赠。医务工会承担接受社会各界对卫生系统捐赠的职责，2个月内累计接受捐款904万余元、捐物3万余箱（折合人民币3600万余元），并将这些款物分送到抗非第一线；(5)评选抗非先进。医务工会评选表彰医务工会系统抗非先进集体和先进个人，汇编上海市医务女性抗非先进事迹集《她们选择无畏》，并将各大报刊报道的医务人员抗非文章汇编成《白衣天使的奉献—2003医务人员抗“非典”纪实》，大力弘扬抗非精神。（周崇礼　钱菊敏）

【茉莉花艺术团慰问“抗非”一线职工】

市工人文化宫茉莉花艺术团对本市医务、医药、纺织、城市交通等系统11个基层单位的一线“抗非”职工进行了为期17天的慰问演出，首场演出在上海市传染病医院举行，艺术团特意送

水务局工会慰问“非典”期间坚守岗位的基层职工　（石建兴）

上为医务工作者创作的歌曲《天使的脚步》和独脚戏《忘不了》,为奋战在抗非第一线的医护人员送去了欢乐。艺术团还分别赴市疾病控制中心、肺科医院、一电公司和局龙头股份公司等单位进行慰问演出,表达了职工文艺工作者对抗非勇士的一片真情。

(刘　骏)

· 政策摘编 ·

补充互助医保指南

上海市在职职工住院补充医疗互助保障计划(一年期、三年期)上海市退休职工住院补充医疗互助保障计划

补充医保计划 / 内容	《上海市在职职工住院补充医疗互助保障计划》(一年期)、(三年期)	《上海市退休职工住院补充医疗互助保障计划》
参保要求	凡已参加上海市基本医疗保险的在职职工,均可由单位组织团体(须80%以上职工)参加本计划。 "三年期"或"一年期"由单位自主选择	凡属于上海市城镇职工医疗保险保障范围的本市退休职工,均可通过本人原单位的退管会,组织80%以上退休职工团体参加。
缴费金额	"一年期"每人35元; "三年期"每人100元; 分别保障一年和三年。	参加者每人应缴纳90元,实际缴纳75元(2004年度暂定),其余由政府及有关部门补贴。 缴费一次,保障一年。
保障责任	★纳入上海市基本医疗保险范围的: ①住院治疗; ②按住院医保标准结算医疗费用的急诊观察室留院观察治疗; ③门诊大病治疗; ④家庭病床治疗。 ★补充医疗保障金的给付标准: ①门诊大病治疗(在基本医疗保险范围内的个人自负部分,以下同):按50%给付; ②其余三种情况治疗:起付线以上封顶线以下部分按60%给付;封顶线以上部分按70%给付; ★首次参保执行30天免责期/满期日起十天内续保,取消30天免责期。 ★每一保障年度内最高可达40,000元。	

四项互助医保计划均为团体计划,需单位组织80%以上职工参加(10人以下单位需100%职工全体参加)(周红燕)

协调劳动关系

综　述

上海各级工会突出依法维护，协调劳动关系，努力促进企业和社会稳定发展。(1)积极参与各项立法工作，从源头上维护广大职工合法权益。2003年，市总工会参与了《中华人民共和国破产法》等7部国家和地方性法规的立法工作，并就市人大五年立法规划提出了关于《上海市集体合同条例》和《上海市职工民主管理条例》两项立法建议。(2)持之以恒地推进平等协商、签订集体合同和工资协议工作。4月初，市劳动和社会保障局与市总工会联合发出通知(沪劳保综发[2003]14号)，对进一步深化本市企业开展工资集体协商工作提出了五点意见。第三季度，召开了全市工会集体合同工作会议，进一步明确工作重点，推进全年工作目标的实现。(3)不断探索新形势下劳动关系三方协商机制，维护改革、发展、稳定的大局。5月份召开了市一级的劳动关系三方协商机制第二次会议。明确工作重点要加快推进地区三方协商机制的建设，建立和健全区、街道(乡镇)两级的劳动关系三方协商组织。(4)工会劳动法律监督工作进一步得到加强，联合执法监督检查取得一定成效。7月至8月，本市劳动监察机构与工会劳动法律监督委员会联合组织了50多个执法监督检查小组，出动劳动监察员和工会劳动法律监督员近万人次，对全市3464家用人单位进行了执法监督检查。(5)职工法律援助工作进一步拓展，依法维权落到实处。截至2003年底，全市各区县局(产业)工会共成立职工法律援助分中心34家，262个街道、乡镇成立了职工法律援助机构，共为13000余名职工提供了法律服务。(6)深入基层，深入群众，认真开展调研，积极探索工会法律工作的新情况和依法维权的新方法。一是5月至10月，市总工会与市人大内司委联合开展了对本市贯彻《上海市工会条例》的实施情况进行联合调研检查活动。形成了关于本市贯彻《上海市工会条例》情况的调研总报告1份和专题报告24份。二是8月至11月，市总工会与市政协社会和法制委员会一起对本市企业劳务工的现状进行了联合调研，对40个区县局(产业)中的363个企业和4000名劳务工进行了调查，本市20余家区县局(产业)工会也相继开展了专项调研活动，并形成了调查报告。(7)妥善处理"非典"防治时期的劳动关系。市总工会发出了关于做好"非典"防治时期稳定企业劳动关系工作的通知(沪工总法[2003]125号)，要求各区县局(产业)工会督促企业认真贯彻市政府和国家劳动和社会保障部、全国总工会发出的有关"非典"防治时期做好社会保障工作、妥善处理劳动关系的通知精神，切实保障职工群众的基本生活，促进社会的稳定。　(郁立群)

参与立法

【市总工会积极参与各项立法工作】　2003年，市总工会积极参与市人大《上海市城市规划条例》、《上海市人口与计划生育条例》、《上海市旅游条例》、《上海市人事争议仲裁办案试行规则》等7部地方性法规的立法工作，提出50余条修改意见。根据市人大五年立法规划，提出了关于《上海市集体合同条例》和《上海市职工民主管理条例》两项立法建议。在地方立法和有关改革政策的出台过程中，市总工会就职工关心的热点和难点问题积极提出建议，如关于《上海市人事争议仲裁办案试行规则》(讨论稿)中，就当事人为无行为能力或者限制行为能力的人，明确提出了"其经济利益的维护"，应当由其法定代理人或者利害关系人参加仲裁活动；关于人事争议处理结果有利害关系的第三人，提出了"仲裁委员会认为第三人与本案有利害关系的，可追加第三人参加仲裁活动"；关于仲裁委员会对回避申请应当及时作出决定，其决定应明确"是否回避"；关于仲裁处理人事争议案件，明确了"应当开庭进行"。同时，在参与立法过程中，及时将职工的意愿和要求向市委、市人大、市政府通报，发挥了工会在同级人大、政协机构中的参与作用，积极参加与职工权益密切相关的有关法规的起草和修改工作，并提出工会的意见和建议。　(何玲智)

【黄浦区工会界别政协委员提交职工权益保护提案】　2003年3月，由区总工会推荐参加黄浦区二届一次政协会议的区检察院干部、司法部门律师、审计部门干部、产业集团与社区工会主席、企业董事、劳模和非中共人士等工会界别10名政协委员在会议期间不负众望，积极为维护全区职工合法权益呼吁，交出7个提案。检察院干部方大强专门到区总工会等单位了解职工社会保障、工会法律维护等情况后写出提案；卫校教师周德远专门到劳动和民政部门了解职工就业培训和老年就医等情况后也交出了提案。会议期间，踊跃发言，积极呼吁，一要进一步理顺企业与职工的劳动关系，尊重企业职工的生存权和劳动权；二要在推进企业发展中进一步提高职工的待遇，最大限度地调动职工参与企业改革和发展的积极性。会后表示要继续深入基层，调查研究，多提建议，为全区职工说话办事。（姜济中）

宝山区总工会成立职工法律顾问团（黄爱民）

劳动关系三方协商机制

【推进建立多层次的劳动关系三方协商机制】 抓住重点，典型引路，总工会及时总结，在全市范围内进行推广多层次劳动关系三方协商机制运行模式，目前本市大部分区县建立了地区的劳动关系三方协调机制。各区县在一手抓新经济组织建会工作的同时，另一手抓地区劳动关系的三方协调机制的建设工作，普陀、闸北、青浦、静安、徐汇、浦东、奉贤等区县创造了许多新鲜的经验，为有效地协调地区劳动关系，维护职工合法权益，开创社区工会工作的新局面发挥了作用。在市三方协商联席会议的指导下，逐步形成区县、街道（乡镇）和基层各级三方协调机制网络。市三方联席会议主要做了以下工作：一是讨论修改《上海市劳动关系协调联席会议办公室工作制度》；二是讨论关于以联席会议办公室名义向市领导建议设立本市企业欠薪保障金的有关事项；三是研究解决“协保”政策实施中的难点问题；四是积极推进本市多层次劳动关系三方协商机制的建立。截止2003年12月底，本市建立三方协商机制的总数为314个；五是联席会议办公室就本市部分区县区域性、行业性平等协商和集体合同工作进行调研，并进行分类指导，以推进本市区域性、行业性平等协商和集体合同工作的深入、规范地开展。（郐立群）

徐汇区政府与区总工会举行第二次联席会议（虞 蔚）

【浦东新区实现街、镇、开发区域三方协商机制全覆盖、全运转】 新区总工会在总结新区各街、镇劳动关系三方协商机制经验的基础上，分步骤全力推进各开发区域三方协商机制的建立。在4月份和12月份，相继建立了外高桥保税区、张江高科技开发园区、金桥出口加工区的劳动关系三方协商机制，实现了新区所有27个街、镇、开发区域三方协商机制的全覆盖，并开展了正常工作。2003年，新区各街、镇及开发区域共召开了三方协商委员会会议31次。协商议题涉及职工利益的各个方面，主要有：关于深化平等协商、集体合同工作；关于建立劳动争议调解委员会；关于推进工资协商谈判、签订工资集体协议工作；关于建立劳动安全预警机制和开展非公企业民主管理工作等。各三方协商委员会在前瞻性地研究有关企业发展和职工维权的普遍性、倾向性问题的同时，还积极开展对本地区、本区域发生的有影响的群体性劳动纠纷的协调和化解工作，为新区建立和谐稳定的劳动关系和良好的投资环境发挥了积极的作用。（蔡雪康）

【徐汇区总工会建立健全劳动关系协商机制实施“三步走”】 （1）调研先行。会同区人大内务司法工委共同开展企业分配状况、工资集体协商的专题调研，下发问卷近800份，召开若干专题座谈会，走访了不同所有制企业，形成调研报告，夯实工作基础。（2）源头规范。针对薄弱环节，区总工会制订了《徐汇区劳动关系协调机制实施办法》,同区劳动和社会保障局联合制定了《关于进一步规范企业开展工资平等协商工作的意见》,规范协商程序,明确实行自主决定工资制度及工效挂钩、目标效益工资等制度的企业都应建立工资集体协商机制。成立了徐汇区工会工资集体协商顾问团,指导、协助、代表下级工会开展工资集体协商。(3)多元覆盖。在原有的区、社区、企业三个层面建制的基础上,探索小区工会代表非公企业职工履职的途径和方法,由小区工会主席依据职代会的决议与企业主逐一签订合同,提高了集体协商的权威性和有效性,目前已有100多家企业通过这一方式签订了企业集体合同。 (李 璎)

【长宁区劳动局和区总工会举行联席会议】 2003年11月,长宁区劳动局和区总工会举行了联席会议,会议明确了三条意见:一是建立三方协商机制。由劳动局负责,拟定三方协商机制方案。二是建立高级技术工人人才库。由区总工会负责,在2004年上半年完成修改,加快启动。三是加强外来劳务工管理。春节前,进行拖欠外来劳务工工资的检查。区总工会和区劳动局共同发文,对外来务工纠纷中突出的拖欠工资问题,加以规范;双方组织检查人员对外来务工人员集中的企业单位进行突击抽查。会议还商议劳动争议仲裁庭的工作重心要下移;要加强在外来务工人员的管理和执法检查等方面的配合和合作。(李悦琳)

【普陀区总工会"四个轮子一齐转"推进劳动关系协调机制规范运作】 普陀区总工会指导基层将协调劳动关系的集体协商契约机制、非公企业职代会共决机制、联席会议议事机制和法律援助监督机制(简称"四个轮子"),按各运作过程的联系性有机衔接,针对区域、行业和基层企业三个层面,逐步建立了有时间节点和衔接要求,按程序操作的工作机制。为保证"四个轮子一齐转"的有效运作,区总工会注重把握载体、队伍、运作条件三配套。(1)指导基层创建了非公职代会六种模式、三方协商机制四个主体形式、工资集体协商三种"以上代下"方式。(2)建立了区工资协商专家顾问团、二级服务指导小组、调解监督员队伍和200多个基层民管法律监督小组。(3)编写并印发了《非公企业职代会操作手册》、《三方协商机制议题——百题集》。(4)培育、选树了以长风社区"四个轮子一齐转"的区域性典型;以宏泉、新星、瑞雪、纷华、百业信等企业"四个轮子一齐转"的基层企业典型和普陀区大型卖场行业工会"四个轮子一齐转"的行业性典型,推进了全区劳动关系协调机制规范运作,提高了各项机制运作的有效性。 (韩金荣)

【黄浦区劳动关系协调联席会议形成制度化】 2003年6月份黄浦区成立区劳动关系三方协调指导委员会。12月18日,举行黄浦区劳动关系三方协调指导委员会第一次全体会议暨黄浦区劳动关系协调联席会议。会议讨论通过了区劳动关系协调联席会议组成人员;讨论通过了《黄浦区劳动关系协调联席会议制度》、《黄浦区劳动关系协调联席会议办公室工作制度》、《黄浦区劳动关系协调联席会议成员产生办法》和《2004年黄浦区劳动关系协调联席会议工作要点》。会议以文件形式确定,2004年,区劳动关系协调联席会议将开展6项工作:(1)根据"二法一条例"精神,完善区劳动关系协调联席会议的组织运作机制。(2)建立地区与行业组织网络,明确职能,提出工作重点,指导全区劳动关系协调机制的建立。(3)举行集体合同与工资集体协商工作政策培训班、经验交流会。(4)指导全区改制企业依法规范调整劳动关系。(5)有重点选择部分企业开展调研,就存在问题提出建议。(6)调研全区劳动关系的现状、趋势与有重大影响的集体劳动争议事件,向区府提供预警报告和对策建议。 (吕诚陆)

【静安烟糖公司抓住"四个环节"确保工资协商规范运作】 上海烟草集团静安烟草糖酒公司在开展工资集体协商工作中,按照"重在建机制,务求规范化"的原则,抓住四个环节,确保协商工作的规范运作。(1)确定双方代表,成立了以工会主席为员工方首席代表和总经理为行政方首席代表各3人组成的工资协商小组。(2)提出协商议题。一是建立工资集体协商制度;二是设立全公司的工资总额水平;三是确定最低工资标准;四是制定工资分配方案。(3)注重协商程序。制定了代表产生、提出议题、听取意见、讨论修改、协商一致的规范程序。(4)产生协商结果。协商产生的"工资协议书"经职代会讨论,并表决通过后,由双方首席代表签字。抓住四个环节,工资协商取得了理想的效果,调动了职工群众的积极性。 (高志扬)

【静安区召开三方协商会议 协调企

静安区政府与区总工会举行第五次联席会议 (霍 达)

业劳动关系】 2003年4月,静安区三方协商会议召开第三次会议,会议通过了《关于改制企业劳动关系调整的指导意见》,明确了当年工资集体协商的目标和任务。12月,区三方协商联席会议又召开了第四次全会,会议审议通过了《关于静安区企业单方面解除职工劳动合同履行告知程序的意见》,规定了企业单方面解除职工劳动合同必须依法告知工会。会议对全区2003年工资集体协商工作作了总结,并决定2004年在五个街道全面推广建立社区劳动争议调解中心。(陈继烈)

【宝山区建立劳动关系协调三方联席会议制度】 2003年10月16日宝山区劳动关系协调三方联席会议召开。(1)通过了《宝山区劳动关系协调三方联席会议实施办法》。明确了联席会议组成成员、组织领导、运作机制和协商内容以及协商会议的有关规则并决定设立宝山区劳动关系协调三方联席会议办公室负责日常工作。(2)通过了关于进一步推行集体合同和工资协商工作等有关事宜。会议决定由区劳动和社会保障局、区总工会将《关于进一步推行集体合同和工资协商工作的意见》、《上海市宝山区企业工资集体协商工作实施意见》等相关文件及2003年宝山区开展工资协商谈判的企业名单联合行文,上报区政府,经转发后贯彻执行。(窦恺芳)

【仪电工会协调劳动关系 落实协商共决权】 仪电工会协调劳动关系,注重落实职工协商共决权。(1)最大限度地建立健全集体协商机制。健全运行功能,提高运作技巧,突出维护职能。(2)最大限度地签订集体合同。紧紧抓住"三个率"的落实,建制率达到88.9%,续签率达到95.8%,履约率达到95%。(3)最大限度地完善法律援助体系。加强组织落实,注重政策咨询,把握个案处置,进一步落实了职工的协商共决权。(生 青)

【仪电商社工会重视维权策略 维护改制企业职工权益】 在深化国企改革中,仪电商社工会抓住机遇,研究政策法规,运用好维权策略,推进维权工作,落实职工的劳动权、基本保障权和参与权。在维护职工劳动权中,工会强调职工招聘实行"三公",岗位设置公开,岗位标准和薪酬公开,竞聘结果公开,避免暗箱操作。对特困职工做好安排,落实职工基本保障权。同时,工会重视群体性矛盾和个体性矛盾的分析处理,维护了企业和职工队伍的稳定。(陆剑文)

【轻工业工会举办多元投资企业协调劳动关系论坛】 2003年11月,上海市轻工业工会举办"多元投资企业建立稳定和谐劳动关系论坛"。众多有识人士的热情参与,从不同角度,阐述多元投资企业建立稳定和谐劳动关系的重要性,并交流了经验做法。会后,轻工控股(集团)公司行政与轻工业工会通过第十次集体协商达成共识,控股公司党委和行政,印发了《上海市轻工业工会关于推进多元投资企业职工民主管理的意见》,为指导多元投资企业进一步深化职工民主管理起到了积极作用。(陈建国)

集体协商与签订集体合同

【上海3.42万家企业开展工资集体协商工作】 上海市总工会与上海市劳动和社会保障局联合下发了《关于进一步深化本市企业开展工资集体协商工作的通知》,要求本市各企业进一步建立和完善工资集体协商制度,探索多层次、多形式的工资集体协商模式,扩大和完善工资集体协商的内容。据统计,2003年共有3.42万家企业开展了工资集体协商,签订了工资协议,共涵盖职工101.39万人。其中:国有企业1184家,涵盖职工39.1万;外商投资企业1711家,涵盖职工22.79万;私营企业30552家,涵盖职工31.99万;乡镇(集体)企业788家,涵盖职工7.49万。此外,本市还签订了547份区域性工资协议,涵盖企业27830家,涵盖职工32.75万;签订了117份行业性工资协议,涵盖企业385家,涵盖职工3.27万。(谈育明)

【上海建立"平等协商集体合同制度"企业达77613家】 2003年市总工会要求各区县、产业(局)工会普遍建立"平等协商集体合同制度"。据统计,2003年本市有77613家企业开展平等协商签订了集体合同,共涵盖职工341.62万。其中:国有企业2666家,涵盖职工215.76万;外商投资企业2624家,涵盖职工32.56万;私营企业70161家,涵盖职工75.74万;乡镇(集体)企业2162家,涵盖职工17.56万。2003年本市签订了876份区域性集体合同,涵盖企业43125家,涵盖职工50.03万。(谈育明)

闸北区政府和区总工会举行第二次联席会议 (糜玉树)

【宝山区总工会首批21家非公企业开展工资集体协商】 (1)抓调查研究。区总工会同各乡镇、街道、公司(集团)工会通过排查摸底,确定了具备实行工资集体协商的16家非公企业和区级层面转制企业5家进行先行试点。(2)抓帮助指导。一是试点前宝山区总工会首先会同区劳动和社会保障局、区税务局等有关单位,联合召开21家先行试点工资协商单位负责人及所在乡镇工会负责人会议,统一思想;二是将区劳动和社会保障局制定的《企业工资集体协商合同书》的范本下发到21家企业,对范本中所涉及的内容实行面对面的逐条解释;三是区总工会成立由专业人员组成的工资集体协商顾问团,具体帮助指导实施。(3)抓规范操作。一是协商代表必须依照法定程序产生,即职工方由工会代表、企业代表由法定代表人或由其指定的人员担任;二是协商程序必须依照规定执行;三是抓协商内容的全面性,即必须包括工资协议的期限、工资分配制度、工资标准和工资分配形式;职工年度平均工资水平及其调整幅度,奖金、津贴、补贴等分配方法,工资支付办法;变更、解除工资协议的程序;工资协议的终止条件;工资协议的违约责任;双方认为应当协商约定的其他事项。 (窦恺芳)

【松江区工会协调劳动关系突出"五个抓"】 一抓推进平等协商签订集体合同工作。凡新建企业成立工会必须同时签订好集体合同,对形成集体合同的文本按要求进行审阅,按规定程序签订,年内342家企业新签集体合同,累计全区签订集体合同数14963家,涵盖职工15.36万人。二抓三方协商机制的完善和运行。各镇、街道和园区等工会进一步健全三方协商制度,结合各单位实际,由行政代表、工会代表、业主代表三方,就本区域内企业和职工共同关心的问题,普遍开展了协商。三抓劳动执法检查。与区劳动和社会保障局一起,对220家企业开展劳动法律执法检查,通过检查,为333名职工补签劳动合同,75名职工补办录用手续,追缴职工综合保险费94.69万元,有效缓解劳资矛盾。四抓职工法律援助工作。举办大型法律咨询会,为外来务工人员维权释疑解惑,开通了"松江区职工法律援助热线",建立周六职工法律咨询制度,为110名职工提供了法律援助。五抓职工来信上访的调处。全年共调处职工来信和集体上访63件/批,共接待156人次。通过突出"五个抓",缓解了企业劳动关系。 (莫永涛)

【奉贤区总工会推进集体合同工作三级协商机制】 由区劳动和社会保障局、区总工会以及区企业协会、私企协会、外资企业协会三方代表参加的奉贤区协调劳动关系联席会议第一次会议于8月22日召开,这标志着奉贤区区、镇、经济园区三级协调劳动关系的三方协调机制已全部健立。三级三方协调机制的建立和规范运作已成为协调企业劳动关系,实现企业和职工"双赢",推动奉贤新一轮发展的助推器。全区已有1977家企业通过平等协商、签订了集体合同,134家非公企业签订了工资集体协议,职工对集体合同履约满意率达到85%以上。 (沈永明)

上海电气(集团)总公司第六次集体协商签字仪式 (冯克华)

【市机电工会集体协商签订职工培训协议突出"六个重点"】 市机电工会与电气集团举行第六次集体协商,签订了《学习李斌,推进技术工人队伍建设》和《关于合理使用1.5%职工教育经费的规定》两个协议。协议重点:一是明确目标。规定每年10%以上的技术工人技能升一级,全行业高级工以上技术工人的比例每年上升1.5个百分点;至2005年使全行业拥有第二技能的职工占全行业技术工人总数的30%以上;1.5%的职工教育经费中的50%以上的费用用于技术工人的职业技术培训。二是明确要办好李斌学校,探索市场化的运作方法,把李斌学校办成培养高级技术工人的基地。三是明确了培训机构,各企业要健全负责技术工人培训的工作机构,配置必要的培训设施,总公司人力资源部要为企业培训提供场所、师资、信息、政策和其他服务。四是明确要重视技术工人的使用和培养。五是明确激励机制,鼓励岗位成才,提出企业各级要建立和完善鼓励技术工人提高职业技能、参与技术创新活动的激励机制。六是明确民主监督,强化目标考核,规定职工培训教育情况必须向职工代表大会报告,职工教育经费要纳入企业的全面预算。企业职工教育培训规划和教育经费的使用情况要向职工代表大会报告,并通过企业集体合同予以约定,接受职工代表的监督。 (冯克华)

【化学工会积极推进行业工资集体协商】 化学工会抓住机遇,与华谊公司人力资源部通过联合召开"上海化工系统推进工资协商工作研讨会",由先行单位介绍经验,积极推进全行业的工资集体协商工作。会议达成三点共识：一要注重加强学习，熟悉政策业务。二要注重从实际出发，突出协商重点。根据不同所有制、不同经营状况、盈利水平，按照职工的愿望和要求，重点协商职工迫切需要解决，企业有能力解决的问题。三要注重依法维权，处理好三个关系，即要正确处理好职工工资和企业效益的关系；工资分配与职工个人贡献的关系；工资分配制度效率优先和兼顾公平的关系。加强分类指导，分步实施，逐步加大推进力度。 （虞仲义）

【化学工会与华谊公司行政举行第八次民主协商取得实效】 化学工会与华谊公司行政举行了第八次民主协商会，双方就化学工会提出的4个议题进行了充分协商，达成共识，取得实效。一是会后由化学工会会同华谊公司行政有关部门对《上海化工系统企业在调整和转改制过程中履行民主程序的若干意见（征求意见稿）》进行修改；其后由工会和行政联合发文，指导基层企业的转改制工作。二是双方同意联合下发《上海化工系统工资集体协商试行办法》，在2004年进一步扩大工资集体协商试点，并要求在试点中坚持做到“四个注重”（注重学习培训，注重调查研究，注重从实际出发，注重依法维权）。三是双方商定从2003年起的5年内，公司每年至少出资30万元，工会每年出资20万元，不断扩充化工职工救急济难帮困基金，2003年华谊行政出资120万元，其中80万元用于扩充化工职工救急济难基金。 （虞仲义）

【宝钢集团梅山公司工会实行集体协商观察员制度】 公司工会着力建立健全三级集体协商、两级集体合同制度，即法人单位通过协商签订集体合同、其他单位通过集体协商签订补充协议。公司工会实行了集体协商观察员制度。观察员负责了解、掌握分工对口基层单位集体协商工作的进展情况，帮助协调解决有关问题，对基层单位草拟的集体合同（协议）的内容预审把关、帮助完善，并以观察员身份出席基层单位的集体协商会议，参与双方的协商谈判，全过程了解和监督基层单位集体合同的履行情况等。2003年，在公司工会派遣的观察员的帮助指导下，14个子公司或单位的行政方与工会方代表进行了首次集体协商，签订了首批集体合同或补充协议。 （邵铭惠）

【长江计算机集团一届三次职代会通过集团公司《劳动管理规范》】 集团工会拟定了长江计算机（集团）公司《劳动管理规范》。《规范》共10章62条，明确了职工招聘、劳动合同的签订、变更和解除；企业劳动关系中的特殊问题；工资分配、社会保险和福利；劳动保护、安全卫生和工时制度；职业资格和劳动纪律；职工劳动争议；工会的权利和义务等条款。11月26日，集团公司召开了第三次集体协商会议。双方代表充分发表意见。依据有关劳动法律、法规，结合集团实际情况，对条款逐字逐句探讨斟酌，达成了修改意见，使《规范》更趋合理完善。经提交集团第一届第三次职工代表大会审议，一致通过。 （朱毅敏）

【江南造船（集团）公司注重集体合同内容常签常新】 1996年以来，公司每三年续订一次集体合同，每次续订，工会与行政进行认真协商，确立新的内容。2003年签订的第三份集体合同，新明确规定了职工最低工资和最低生活保障线，以及长病、重病的救济标准。工会每年确定重点，对集体合同进行履约检查，协商解决存在的问题。近年来，公司已形成了重要问题事先协商，重大政策落实协商，发现问题及时协商的制度。 （马宝生）

【烟草工会规范行业集体协商机制】 烟草工会与公司行政方一起就规范行业履行集体协商机制进行了认真磋商，并达成一致意见。双方对集体协商应遵循的指导思想、协商原则、协商项目内容、运作程序和具体要求等五个方面，逐个细化，制定了41项规定。 （江洪生）

【合资企业上海龙马神汽车座椅有限公司建立工资协商制度】 2003年7月，公司进行了首轮工资协商和第四份集体合同签约。在正式协商之前，工会召开不同层次人员参加的座谈会，听取职工的想法和需求，收集到20条建议和补充修改意见，经整理翻译后，分发给外方总裁和其他中方行政代表，要求行政方进行研讨后回复工会。在协商过程中，工会首席代表又多次与外方总裁进行沟通协商，在涉及职工切身利益的职工工资待遇、工作时间、作息休假、劳动安全、保险福利等问题上，工会采取有理、有利、有节的方法，据理力争，促使协商达成共

市化学工会与华谊（集团）公司人力资源部行政举行工资集体协商研讨会 （虞仲义）

识，确保首份《工资协议》的顺利签订。（陈水鑫）

【市联运总公司工会在提高集体合同质量上下功夫】 (1)摸清情况，工会在起草集体合同前，开展调查研究。一是了解民情，了解职工对集体合同具体条款的需求；二是了解政情，听取行政的意见，在起草合同文本前达成共识；三是了解实情，掌握企业生产经营的基本情况。(2)把握重点。总结推行平等协商、集体合同制度的经验，注重把职工生活福利、劳动关系方面的重点内容，写进条款。(3)严格把关。在拟定集体合同条款时，做到"三个一律不进"，即属于管理范畴的，一律不进集体合同；能进规章制度的，一律不进集体合同；对维护职工权益无实质性内容的，一律不进集体合同。(4)重在落实。在落实集体合同具体条款时，工会以"四多"抓落实，一是多听，及时掌握信息，做到心中有数；二是多走，经常到基层单位走走，了解集体合同贯彻落实的情况；三是多想，思考工作中存在的问题，研究对策；四是多做，能自己办好的事，主动去做，减少其他部门和基层工会的压力。（周　祯）

【建工集团就加强职工教育培训议题进行平等协商】 集团工会加强企业职工教育培训的协商议题与集团行政达成四个方面共14项内容的协议：(1)在加强职工教育培训组织领导方面，有企业年度职工教育培训计划、职工教育经费预算及执行情况均应提交职工(代表)大会审议，集团总公司应组织职工代表和相关部门对其执行情况进行巡视检查等要求。(2)在提取职工教育经费方面，有企业应按规定提取不低于工资总额1.5%职工教育经费，并做好专项核算；工会应根据企业职工教育培训的总体规划，编制工会经费中职工教育费预算等内容。(3)在确保职工接受必要教育培训方面，有职工接受基础性教育每年应不少于8小时，在岗职工接受针对性培训每年应不少于1次等内容。(4)在充分发挥职工教育培训中心作用方面，有企业领导应重视和关心职工教育培训中心发展，及时帮助解决实际困难等内容。（乔　瑜）

【益善殡仪馆签订集体合同　增强企业凝聚力】 2003年12月上海市民政局所属益善殡仪馆举行了集体合同签约仪式，成为市民政局首家签订集体合同的企业化管理的事业单位。此份集体合同覆盖面广，包括事业编制和按企业用工制度招收的新进职工，覆盖率100%；签订合同程序规范，工会与行政进行多次平等协商，合同草案经职工大会审议同意。集体合同以契约的形式，明确行政和职工双方的权利义务，确定奋斗目标，为在特殊行业中加强职工民主管理，履行好工会的维护职能和营造"双赢"局面开了一个好头。（郑佩玲）

短信息：

○ 12月12日，宝山区总工会职工法律顾问团正式成立。（窦恺芳）

○ 11月7日，闵行区总工会与闵行区司法局联合组建的"闵行区职工维权律师志愿团"正式成立。（薛华良）

劳动争议调解与仲裁

【加强社区劳动争议调解　预防化解劳动关系矛盾】 全市19个区县中已有一半以上的街道(乡镇)建立了各种形式的调解机构。如黄浦区在董家渡街道建立由工会、司法科主持工作的社区劳动争议调解委员会，建立了由劳动、工会、企业三方的劳动争议仲裁调解庭，配备了专业人员，必要的工作场地和设施，建立了咨询调解的操作制度，一年来共参与调解了50余起劳动纠纷，初步形成了"工会牵头，劳动科配合，司法科运作"的工作模式，区总工会在所属9个街道推广了董家渡街道经验做法，推进劳动争议调解工作的开展。闵行区在13个街道(乡镇)建立了劳动争议调解委员会，并在2个镇同步设立了劳动争议仲裁调解庭，共咨询接待87人次，协调劳动争议35件，还有效化解数起集体上访事件。杨浦、闸北等部分街道将劳动争议调解工作引入人民调解委员会中，即社区工会、司法机构以及政府有关部门人员共同参与人民调解委员会办案，对调解案件的工作规则、操作程序、司法文书等统一按人民调解的规则办。此外，有的地区还将劳动争议调解纳入法律援助工作中，避免机构重叠，职责重复。（周向琳）

【黄浦区董家渡街道探索劳动争议调解新途径】 在黄浦区总工会与区劳动和社会保障局指导下，董家渡街道党政工经过实践和探索，开辟劳动争议调解的新途径。(1)提高认识，创新

杨浦区总工会成立全市首家职工援助中心。图为援助中心工作人员、一级英模肖玉泉的妻子张美丽正在给职工办理理赔手续　（王　洪）

思路。一是劳动争议仲裁调解向社区下移;二是企业劳动争议调解组织向社区外移;三是社区人民调解内涵向劳动争议延伸。从维护社会稳定大局出发,社区人民调解范围不仅限于居民纠纷,而是向人民调解与劳动争议仲裁调解结合延伸。(2)建立机构,推进劳动争议调解工作的发展。董家渡社区率先依法建立了劳动争议先行调解的工作机构——社区劳动争议调解委员会,配备了专职、兼职调解人员。同时又设立了区劳动争议仲裁委员会董家渡调解庭,该庭属区劳动争议仲裁委员会派出庭,配备了兼职仲裁员,负责社区劳动争议仲裁案件的调解。这两个机构的建立,整合了劳动保障、司法行政、工会在基层社区的功能作用,为化解社区劳动争议,防止矛盾激化,促进社会稳定起到积极作用。(3)完善制度,加强劳动争议调解工作的力度。一是大力宣传,转变群众思想观念,引导企业、员工通过法律途径保护自己的合法权益;二是建立健全制度程序,加强调解队伍建设,制订了接待登记、调解回访、档案管理、疑难杂症集体讨论指导、案件审批、政务告示等6项制度,并逐步建立起一支掌握劳动法律法规政策的劳动争议调解员队伍。 (吕诚陆 黄 铮)

【黄浦区总工会举办社区劳动争议调解工作解难释疑培训班】 2003年7月始,区总工会、区劳动和社会保障局经常到区内各街道听取社区劳动争议调解工作进展情况及运作中的问题,并为各街道劳动、司法科、社区工会干部梳理、研究与破解难题,辅导对策与方法。9月,区总工会、区劳动和社会保障局、区司法局又联手举办社区劳动争议调解工作解难释疑培训班,为各街道劳动、司法科、社区工会干部作辅导,受到参与者欢迎。

(吕诚陆 杜 琴)

【静安区江宁街道建立劳动争议调解中心】 静安区江宁路街道为了缓解劳资矛盾,建立和谐稳定的劳动关系,在区总工会、区劳动局、区司法局的指导下,于2003年9月建立了街道劳动争议调解中心。中心接待人员由工会、劳动安全科、综合司法科等部门人员组成,主要任务是接待来访咨询、宣传法律法规、调解劳动争议。至年底,共接待来信来访28人次,为进城务工人员追回拖欠工资5000元,并协助街道劳动部门加强了对私企用工制度监督检查。 (范小莉)

【建工工会明确劳动争议调解委员会“五项职责”】 建工集团劳动争议调解委员会第一次会议审议通过《上海建工(集团)总公司劳动争议调解委员会章程》,并就当前企业劳动关系比较集中的问题及如何发挥劳动争议调解委员会的作用展开分析讨论,并明确“五项职责”:(1)调解委员会成员要努力学习掌握相关法律、法规和政策,始终坚持公正合法的调解原则,不断提高调解工作水平。(2)在开展调解工作中,要充分考虑企业和职工的实际承受能力,坚持维护企业利益与维护职工利益的统一。(3)调解委员会要定期组织企业劳动关系状况调研和案例分析,并对完善企业劳动关系相关制度提出积极的建议。(4)调解委员会要依法办案,并做到沟通及时,处理迅速,答复明确。(5)集团总公司调解委员会要重视发挥基层单位调解委员会的作用,并建立必要的工作制度,规范调解程序。 (乔 瑜)

【水产(集团)总公司工会坚持季度“工情”会议制度 完善长效预警机制】 上海水产(集团)总公司工会为及时化解矛盾,把问题尽可能地解决在基层,解决在萌芽状态,公司工会坚持每季度“工情”会议制度,及时了解职工的意愿与要求,了解劳动关系中出现的新情况、新问题,撰写内部信息提供给领导参阅,切实把表达和维护职工利益落实到具体的措施上,体现在维权长效机制作用的发挥上。同时,各级工会还积极从源头上参与了职工群访疏导工作,促进企业改革、发展和稳定。 (汤宝龙)

工会劳动法律监督

【加大工会劳动法律监督力度 切实维护职工合法权益】 2003年,全市共建有3798个工会劳动法律监督组织,工会劳动法律监督员约12320余人,开展了女职工劳动保护、禁止使用童工、劳动合同执行情况等监督检查。在7~8月间,市总工会劳动法律监督委员会与市劳动监察总队在全市范围内开展了《上海市劳动合同条例》执行情况专项检查。全市80%的企业按监督检查的要求进行了自查自纠。市总工会与市劳动和社会保障局于7月3日在解放日报、文汇报、新民晚报、劳动报等报刊上共同发布了《关于贯彻实施〈上海市劳动合同条例〉专项检查的公告》,并联合召开了《上海市劳动合同

金山区总工会与区司法局联手建立职工法律援助中心 (朱建群)

条例》专项检查动员大会，下发了关于开展贯彻实施《上海市劳动合同条例》专项检查的通知(沪劳保监发[2003]33号)，设立了举报电话，接受广大劳动者的投诉举报。7月4日至8月15日，市、区县劳动监察机构与工会劳动法律监督组织共受理举报投诉案件1709件。全市劳动监察机构与工会劳动法律监督委员会联合组成了50多个执法监督检查小组，对3464家用人单位执行《上海市劳动合同条例》的情况进行了联合执法监督检查，涉及从业人员349836人。在监督检查中，查实存在各类违法违规行为的用人单位共1104家，其中不订立劳动合同67家，不办理用工登记手续43家，不按规定缴纳社会保险费378家，不按规定缴纳外来从业人员综合保险费284家，违法延长劳动者工作时间96家，克扣拖欠工资72家，其他164家。同时，全市各级劳动监察机构在这次监督检查中共发出《限期整改指令书》744份，作出行政处理决定130件，作出行政处罚决定230件，处罚金额110.3万元。通过监督检查补签劳动合同、补办录用手续6584人；追发3953名劳动者被拖欠工资352.1万元；追缴社会保险费1156.6万元，涉及职工11172人；追缴外来从业人员综合保险费304.4万元。对被检查的用人单位，劳动监察机构还建立劳动监察诚信档案并予以监控。

(甘党生)

【嘉定区总工会采取三项措施　加强劳动执法检查力度】 嘉定区总工会会同区劳动和社会保障局，从7月16日至8月15日组织对本区用人单位开展贯彻实施《劳动法》和《上海市劳动合同条例》的执法检查。一是对区总工会全体机关干部进行业务培训，掌握政策和检查方法；二是采用看、问、查、访，了解掌握实情；三是提出改、惩、建、奖、整改办法，使职工权益得到有效保障。这次共检查了166家企业，涉及从业人员18045人。发出限期整改指令书48家，涉及职工1957人。到2003年底有45家落实了整改措施，为1888人落实了有关权益，其中：为218名职工追缴社会保险费58.45万元；为191名劳动者与用人单位补签了劳动合同；为961名外来务工人员补办综合保险，追缴综合保险费31.06万元；为518名职工追回克扣拖欠工资53.46万元；行政处罚9家。

(唐身桂)

【医药工会运用法律手段切实维护职工合法权益】 (1)聘请8名兼职法律顾问，组成法律顾问处，定期为医药职工进行义务法律咨询服务，解答有关劳动法律法规等问题，对基层单位有关劳动纠纷依法向行政提出建议，全年共接受法律咨询108人次。(2)注重劳动争议调解委员会工作，组建基层以上的行业性公司劳动争议调解委员会，以点带面，发挥在协调劳动关系中的法制宣传作用、调解作用、依法维护作用。(3)深入开展法律知识培训和法律教育工作。医药工会聘请有关劳动法律专家，培训基层工会主席和基层单位人力资源部负责人。在集团的《上海医药报》上开辟“员工法律信箱”专栏，宣传劳动法律知识。(4)增强工会法律援助工作。注重发挥市职工法律援助中心医药分中心的作用，为困难职工和因履行维护职责而遭受侵害的基层工会干部免费提供法律援助。(5)加强工会劳动法律监督检查工作，确定劳动法律监督检查的重点。开展了基层单位集体合同签订、续订、履行情况检查，改制企业劳动合同的履行、变更、解除和终止的监督检查，职工劳动安全和劳动保护问题的监督检查切实维护职工合法权益。

(孙明南)

【机场集团工会加强劳动法律法规的普及教育】 一是全年活动早规划。年初制定了2003年普法教育活动实施计划。二是开展“提升职工法律素质，做新一代上海人”普法宣传教育活动，开辟了普法专报。三是组织班组学习，下发《劳动法学习资料》475册。四是进行调研检查，检查基层《劳动法》、《上海市劳动合同条例》、《上海市工会条例》贯彻落实情况，基层工会自查率达95%以上。五是举办普法教育测试，工会干部147人参加了答题，90%以上的工会干部对《劳动法》、《上海市劳动合同条例》、《上海市工会条例》及相关配套法规掌握较好，对劳动关系的案例具有一定的分析能力。

(郑培利)

【上海大屯能源股份有限公司工会加强工会法律监督】 2003年7月公司工会设立法律工作部，公司工会所属8个基层工会相应明确了一名副主席和一名专职工会干部分管和具体负责工会劳动法律工作。在此基础上，进一步加强制度建设，先后修订了劳动法律监督检查通报制度、职工来信来访接待处理制度、困难职工法律援助制度、劳动争议调解信息反馈制度。公司和所属单位均成立了职代会劳动法律监督委员会，一年两次对基层单位进行集体合同履行情况、劳动保护、安全生产、劳动安全卫生等进行监督检查，对发现的问题责令有关部门限期

医药工会举办“劳动法律培训班”，培训基层工会干部和人力资源干部

(郭忠伟)

整改。建立健全两级劳动法律监督委员会和劳动争议调解委员会，建立了困难职工法律援助机制，为困难职工提供法律咨询、法律服务和法律援助，化解矛盾，促进稳定。

（李沛华）

职工（外来务工人员）法律援助

【上海工会法律援助机构积极为职工提供法律服务】 上海35家职工法律援助机构共为13000余名职工提供了法律帮助。其中法律咨询8000余人次；来信处理870件；非诉讼调解争议1103件；代理仲裁诉讼案件580件。年内两级法律援助机构共参与指导或协调个体和群体争议158件。其中涉及劳动合同继续履行或变更、终止、解除的55件；涉及经济补偿、赔偿的59件；涉及劳动关系、社会保险、经济补偿等混合性问题28件；涉及工龄计算、社会保险费等问题11件；其他涉及工伤认定及退休条件等方面的问题5件。

（周向琳）

长宁区总工会组织进城务工人员法律咨询活动 （吴志华）

【市职工法律援助中心举办进城务工人员法律咨询活动】 12月6日市职工法律援助中心和各区县职工法律援助分中心在全市范围举行了“进城务工人员法律咨询”活动。咨询活动的主会场设在市沪西工人文化宫，19个区县分别设立了分会场。这次活动共发放了3500余份宣传资料，接待咨询1500余人次。为了切实保障进城务工人员的合法权益，根据市总工会的要求，各区县总工会相继建立了进城务工人员权益保障服务站。12月27日本市首家进城务工人员权益保障服务站——“杨浦区进城务工人员权益保障服务站”揭牌成立。

（甘党生）

【浦东新区工会坚持“三贴近”凝聚进城务工人员】 新区工会以“三贴近”的工作思路，做好在外来务工人员中组建工会、依法维权和教育培训工作。(1)建立贴近外来务工人员的工会组织网络。一是以重大项目工程为载体组建外来务工人员工会联合会。成立了“浦东新区外来建设者工会联合会”，在各重大项目工程基地，成立“外来建设者工会联合会分会”，并且在重大项目工程的各标段建立工会组织，形成贴近外来务工人员的三级工会组织网络。二是以楼、街、集市为载体组建外来务工人员工会联合会。三是以街坊小区、农村村区为载体组建工会联合会。(2)贴近外来务工人员特别需要，做好维护工作。一是维护外来务工人员的劳动收入权益，有针对性地制定了“外来务工人员权益集体合同”，推进在外来务工人员中开展平等协商、签订集体合同工作。二是维护外来务工人员的劳动保障权益，制定了“浦东新区施工单位实施劳动保护监督条例”，明确提出了外来务工人员的劳动保护用品发放标准、住宿条件、伙食标准、工伤事故的治疗赔偿标准、生病治疗补助标准等。三是维护外来务工人员组织和参加工会的权益，如在重大项目工程组建工会，实行在工程招投标工作中承诺组建工会，全面实施集体合同与招投标书同时签订。(3)贴近外来务工人员的文化需求，建立三项机制，推进素质工程。一是阵地机制。在开发区工会联合会设置“员工服务中心”，在街坊小区、村区联合工会设置“员工活动中心”。目前，已有4个开发区工会联合会成立了“员工服务中心”或“员工活动中心”，

浦东新区总工会与新区法院、劳动局等联合召开法律工作恳谈会

（蔡雪康）

设置率达70%。二是活动机制,区总工会坚持每年为外来务工人员组织一次大型活动,如"迎五一——外来务工人员广场文艺活动"等;围绕重大项目工程或企业生产经营活动,组织"安全质量无事故百日竞赛"、"创建国家优质工程"、"争创市文明工地"等劳动竞赛、技术练兵、比武等活动,提高外来务工人员的员工意识。三是服务机制,大多数"员工服务中心"开设了为外来务工人员提供购买节日回乡车船票、租房中介、小孩入托等服务;在重大项目工程,坚持"三送"活动,即送书到工地,送戏到工地,送温暖到工地。

(刘学庚)

【长宁区依托社会资源　强化劳动关系协调工作机制】 (1)依托社会资源,培训工会志愿者。借助华东政法学院劳动法律服务中心和社区丰厚的法律人才资源,对社区职工法律服务站的工会干部和志愿者进行法律法规、规章制度的培训。(2)建立工作机制,协调劳动关系。一是建立三方协商机制,通过各社区三方协商机制,积极推行企业的平等协商和签订集体合同制度;二是建立劳动仲裁进社区机制,在新华街道、华阳街道工会试点,与区劳动保障部门联手,使各类劳动争议纠纷化解在基层;三是完善职工法律服务站工作机制,在遵循双方参与原则、平等协商原则、依法协商原则的基础上,各社区职工法律服务站建立了一系列工作制度,如每天热线接待制度,每周一次法律现场咨询协调制度,每月一次通报制度,每季度一次例会分析制度。年内,各社区职工法律服务站共接待来信来访137起,接听热线228个,成功调解各类劳动争议纠纷78起。

(王亚文)

【普陀区桃浦镇维护进城务工人员合法权益】 镇工会在建立劳动关系三方协商机制、开展平等协商、签订集体合同的基础上,通过有效措施,提高维权质量。一是筹建了务工人员维权基金,并且发挥工会监督作用,解决企业拖欠员工工资等问题。二是送法律上门,镇工会深入园区,利用务工人员休息时间开展法律援助现场咨询活动,向务工人员发放工会法律援助手册;制作了劳动关系书面咨询表,由务工人员当场填写或事后邮寄。

(金　今)

【中日合资腾发建筑公司工会为进城务工人员抓"两头"给"奔头"】 公司成立于1996年底,职工182人,其中60%是外省市籍进城务工人员。公司工会做好进城务工人员工作,重点抓"两头",给"奔头":(1)抓基本收入、劳动保险与"生活福利、素质提升"两头。一是工资、保险与休假制度方面,对进城务工人员一视同仁。凡是国家保护职工利益的法律、政策一出台,公司均积极为职工争取与办理。如为进城务工人员办理了社会保险;实行进城务工职工年休假制度。二是福利与培训制度方面,公司专门建造进城务工职工2人一间的集体宿舍、一家一间的家属宿舍;(2)让每个职工有"奔头"。公司给每个职工留有个人发展、晋升的空间,职工们感到有"奔头"。

(吕诚陆)

【黄浦区总工会从四个方面关心进城务工人员】 (1)政治上同关心,突出一个"尊"字。组织进城务工人员专题培训,学习《工会法》;给予进城务工人员一定的先进评选比例,全区进城务工人员已有10人次获得"区优秀员工"或"区新长征突击手"称号。(2)待遇上同水平,体现一个"公"字。上海色柯拉房产经纪有限公司、永利工业制带有限公司等单位集体合同明确规定,根据"贡献大小、责任轻重、效益优先、奖优罚劣"原则实行同工同酬,制定工资分配方案;许多单位按规定为进城务工人员缴纳了综合保险。(3)生活上同保障,把握一个"情"字。从建机制着手,制度上保证进城务工人员权益。(4)培训上同机会,强调一个"学"字。工会注意对进城务工人员的"充电",集中对他们进行岗位、技能培训。

(贺歆莞　贺再励　程　坚)

【黄浦区总工会制定基层工会主席权益保护援助办法】 区总工会制定了《黄浦区基层工会主席权益保护援助办法(试行)》。该《办法》分总则、享有权益、援助条件、援助办法、附则等5章22条,还附一个《黄浦区基层工会主席援助金筹措、使用和管理暂行办法》。《办法》先后经区总工会全委会审议,常委会讨论通过。基层工会主席权益保护援助是区总工会对工会干部在任期内依法履行职责中,遭受不公正待遇,致使其政治、经济、劳动、生活等方面的合法权益遭到侵犯或者遭遇重大生活困难时,按照有关法律、法规和政策,给予其必要的精神和物质方面的支持和援助。适用黄浦区总工会所辖在职的各级工会主席、副主席以及经审主任、副主任等。

(贺再励)

黄浦区总工会在豫园商城中心广场开设"进城务工人员法律咨询专场",为进城务工人员提供法律帮助

(林志祥)

【静安区总工会积极开展进城务工人员维权工作】 (1)区总工会与区劳动局联合对全区进城务工人员的状况进行了调研,召开进城务工人员工作座谈会,对进城务工人员使用人数较多的单位作了有关法律、政策的培训。(2)下发了《静安区总工会关于做好维护进城务工人员合法权益工作的意见》,要求各级工会关心、了解进城务工人员的工作、生活、学习,帮助解决实际困难,组织加入工会组织,切实把维权工作落到实处。(3)在精达电流调整器厂开展了组织进城务工人员加入工会和维护进城务工人员基本权益的试点工作,召开了试点工作现场会。

(郎爱民)

【宝山区职工法律援助坚持"两个面向"】 宝山区职工法律援助分中心坚持面向基层,面向职工,敢于抓热点,抓难点,善于为基层各级工会组织和广大职工提供法律服务和法律援助。全年接受法律服务1021人次;调解集访、上访6件;受理法律援助30件,59人次;接待3人以上集访5件,共36人次;参与职工劳动争议仲裁全部胜诉。

(窦恺芳)

【机电系统建设路桥公司采取四项措施凝聚劳务工】 (1)协调关系,增进认同感。把工作延伸、覆盖到外聘工群体,使外聘工和企业、外聘工和老职工很快融为一体,增进了外聘工对企业、对工会组织的认同感。(2)抓好培训,提高知识力。工会制订外聘工教育培训计划,参与和组织外聘工培训工作,对外聘工进行职业道德、职业精神、职业纪律教育;在公司内实行外聘工内部技术等级制,鼓励外聘工学技术,并定期进行技术升级考评工作。(3)主动介入,提高控制力。一是摸清外聘工的基本情况,按照工会组织管理的原则,把外聘工编入相应的工会小组,由外聘工担任工会组长;二是发动外聘工参加工会组织的劳动竞赛、合理化建议活动等,对表现突出的给予表彰奖励,在先进评选上一视同仁;三是坚持外聘工列席工代会制度,保障外聘工对企业工作的知情权、参与权。(4)关心生活,增强凝聚力。一是改建宿舍,为每间宿舍安装空调,使外聘工有较好的休息环境;二是对生病、工伤的外聘工做好慰问安抚工作,对家中遭受灾害的外聘工,落实好帮困措施;三是每年春节前召开表彰会,肯定外聘工为企业发展作出的贡献。

(郝才源)

【仪电置业公司工会职代会确立规章 保障劳务职工合法权益】 仪电置业公司职代会通过了《公司劳务协议实施细则》,明确劳务工在劳动保护、劳动报酬、劳动管理方面的权利。现已有376名集体劳务工与各子公司签订了《劳务聘用协议》,占集体劳务工的92.3%。职代会还通过了《关于统一职工岗位工资的办法》,保证了劳务工在劳务费标准、病事假待遇、奖金和其他福利待遇上与在编职工同工同酬。公司明确规定集体劳务工有培训教育权,100%的劳务工接受了岗位培训。公司职代会增补了劳务工代表,增选1名集体劳务工代表进入主席团。公司工会开展了会员登记工作,95%以上的集体劳务工进行了重新登记。劳务工享有晋级和评选先进的权利,有53名劳务工担任了管理工作,占集体劳务工的13%,成为公司物业管理的业务骨干。

(周美芳)

宝山区总工会举办进城务工人员法律咨询活动 (黄爱民)

【上海四建租赁二分公司工会落实"四个一" 保障劳务工合法权益】 分公司工会注重依靠"四个一",切实保障劳务工的合法权益。(1)建立一个劳务工管委会,推进民主管理。管委会由全体劳务工选举产生,设主任1名、委员5名,分公司工会主席任管委会顾问。管委会围绕劳务工生产、生活开展民主管理,代表劳务工与企业加强沟通协调。(2)编辑一本《劳务工手册》,明确权利义务。《劳务工手册》共4章20条,主要包括劳务工上岗前必备条件、企业规章制度及工作标准等内容,还附录《上海市外来流动人员管理条例》等相关法规和政策。(3)成立一个劳务工工会小组,创建职工小家。建立劳务工互助基金会,建立宿舍卫生值日制度,建立劳务工活动室,组织劳务工参加各类技术练兵和立功竞赛活动,在劳务工中营造争先创优的氛围。(4)创办一所劳务工学校,提高综合素质。劳务工学校邀请钢铁战士刘琦和劳务工先进代表人物作报告,开设法制教育课和岗位技能培训,100%劳务工已取得普法证书和上岗证书。

(赵振星)

短信息:

○ 2003年5月,沪东中华造船(集团)有限公司成立工会法律咨询服务屋,每月15日、30日为职工来访咨询接待日。

(周荣华)

维护民主权利

综 述

2003年,上海职工民主管理工作坚持以“三个代表”重要思想为指导,认真贯彻实施修改后的《工会法》,以坚持和发展职代会制度,巩固和深化厂务公开工作,探索和推进非公企业民主管理为重点,服从服务于改革、发展、稳定的大局,为促进企业劳动关系的稳定和谐,推进经济和社会的协调发展,发挥了积极作用。(1)职工代表大会制度在促进企业改革、发展、稳定,促进职工利益的有效维护中得到坚持和发展。以职代会为基本形式的职工民主管理逐步实现了五个转变;即在重职代会建制的同时更注重作用的发挥;在重具体利益维护的同时更注重根本利益的维护;在重民主管理结果的同时更注重坚持民主程序的履行;在重民主管理基本形式完善的同时更注重民主管理有效途径的探索和创新;在重职工代表的民主参与的同时更注重职工代表的素质提高和作用发挥。(2)厂务公开在促进现代企业制度建设、加强企业科学管理的进程中得到了巩固和深化。集中表现为:厂务公开向企业的重点领域进一步延伸;向非公企业进一步拓展;制度化、规范化建设进一步加强;厂务公开的机制性作用愈益显现。其作用主要反映在以下五个方面:即厂务公开促进了现代企业制度建设和企业的管理和改革;促进了企事业重大决策的科学化、民主化、程序化;促进了企事业单位领导班子建设和党风廉政建设,密切了领导干部与职工群众的关系;促进了企业分配制度的规范化,维护了职工的合法权益;促进了以职工代表大会为基本形式的企事业单位民主管理制度的建立和健全,加强了基层民主政治建设。(3)非公企业民主管理在持续推进中逐步完善工作机制。在调查研究和总结成功经验的基础上,2003年市总工会对推进非公企业民主管理提出了明确的要求,即以扩大民主参与、丰富民主形式、健全民主制度、维护民主权益为重点,以保障职工群众的根本利益为出发点和落脚点,努力探索以职工代表大会为基本形式,以法人治理、共同管理、协商共决、共谋发展为主要特征的具有上海特色的非公企业民主管理工作的新路子。根据这一要求,市总工会对非公企业民主管理的实现形式,提出了“2+X”模式:“2”即职代会和集体合同两项制度,“X”即其他多种形式。以此,实现两项制度的互动,两项制度作用的叠加,进而建立和完善协调劳动关系的有效机制。(4)工会推进民主管理工作的途径和方式在实践中得到发展和创新。一是开展了职工最满意企业的评选。2003年市总工会会同市劳动和社会保障局、市质量协会、市企业联合会、上海大学、新华社上海分社等十家单位开展了职工最满意企业的评选活动。二是积极推行职代会质量评估制度。市总在认真总结上海石化等单位职代会质量评估办法的基础上,率先在长宁区、宝钢(集团)公司以及其它部分基层单位进行试点培育,通过职工群众对职代会运行质量的测评,及时发现问题,不断规范和提高职代会运行质量。在此基础上,市总工会制定形成了《职工民主管理工作评估考核办法》(试行),以更好地保证和促进民主管理工作质量的提高。三是积极试点职工代表竞选、直选制度。市总工会在实施对职工代表新一轮民主管理知识培训的基础上,又及时总结和推广了上海电信公司、闵行水厂、南市水厂、市南供电公司探索职工代表民主选举方面的成功经验。这些单位根据各自的特点,探索实施职工代表的“直选制”、“竞选制”“述职制”、“撤换制”、“奖励制”。这些制度的设置和推行,使职工代表的整体素质得到了提高。（张立群）

职代会制度建设

【公有制企事业单位职代会工作进一步巩固提高】 全市各级工会积极稳妥地推进职代会制度,坚持在企业改制转制中涉及职工切身利益的方案职代会审议表决,积极推进职代会与集体协商、集体合同制度的有机结合,进一步加强职代会闭会期间的民主管理,试点推进职代会代表民主竞选、民主直选工作和职代会质量评估制度,继续抓好职代会代表培训,使全市公有制企事业单位职代会工作进一步巩固提高。据统计,本市公有制企事业单位职代会建制率达88.57%,正常召开率达94.20%。职代会职权得到进一步落实,其中:职代会民主评议干部建制率达到职代会建制数的83.43%;单位用工、裁员、下岗分流方案经职代会审议的达92.28%,表决率为86.77%;单位内部工资奖金等分配方案经职代会审议通过的达62.37%;四金交缴情况向职代会报告的达87.07%;业务招待费向职代会报告的达84.41%。各地区、系统、基层单位继续推进强化职代会制度，企事业单位重大改革决策实施年初向职代会预告制达79.75%；涉及职工切身利益方案经职代会无记名表决的达60.43%；实行职代会民主评议干部信任率达不到60%的不称职干部免职制达19.88%；集体合同草案经职代会(员代会、职工大会)审议通过的达54.6%；实行教育培训经费提取、使用情况向职代会报告的达58.96%。（吴　萌）

【积极推进联席会议制度】 建立各级政府与工会定期协商沟通制度，是工会源头参与和维护的有效机制。一年来，经过全市各区、县工会的努力，共有14个区工会与区政府建立了联席会议制度，其中，2003年新建6家；233个乡、镇、街道工会与同级政府建立了联席会议制度，其中，2003年新建48家。联席会议制度为各级政府了解职工疾苦，在改革调整中切实维护职工合法权益，为促进经济发展，维护社会稳定发挥了积极作用。（吴　萌）

【美天集团拓展民主管理渠道】 美天集团围绕“三年脱困”的中心工作，积极拓展民主管理渠道，发挥职工代表参政议政作用，使职工代表民主管理由单项参与转变为双向参与。(1)建立职工代表巡视制度。集团组织23名职工代表到所属的玉屏菜市场、诸安浜菜市场等基层单位，通过对企业网点管理流程等工作的巡视检查，了解企业改制过程中脱困、发展的思路和方法，使企业发展与职工权益保障紧密结合。(2)组织职工与行政恳谈。集团领导通过与职工代表座谈通报，就进一步依靠职工办企业，加强企业民主管理，维护职工的合法权利等重大问题与职工代表广泛沟通交流。从而促进了集团厂务公开的深化。（邱长发）

【黄浦区探索职代会民主评议领导干部新方法】 黄浦区积极探索职代会民主评议领导干部的新方法，使民主评议内容更贴近职工，便于代表更直观地测评。区厂务公开领导小组通过《关于做好2003年度区管企事业单位职代会民主评议领导干部的若干意见》，强调职代会民主评议领导干部与党组织年终考核领导干部和领导班子的内容既要有联系又有要区别。其联系在于，通过职代会的评议和干部考核的测评会，使职代会的民主评议与上级党组织对领导班子、领导干部的年终考核更紧密地结合；其区别在于，更注重职代会民主评议的实效性，着重围绕厂务公开以及职工关注的企业改革、发展和经营管理、职工权益保障等12项内容，进行职工代表无记名的满意度测评，极大地提高了基层职工代表的参与率和测评的准确性。民主评议结果采取双向公开报告制，评议的实效性更为显现，一方面，评议结果通过党委或工会向职代会或代表组长会议向全体代表公开；另一方面，将评议结果向被测评领导干部作书面反馈，同时，将评议结果向上一级党组织报告评议结果成为干部年度考核、奖惩、任免的重要内容。（贺再励）

【新世界股份有限公司双向交流架起经营者和职工之间的“连心桥”】 新世界股份有限公司在建立法人治理结构过程中，依靠职工办企业，不断增强职工的责任意识。(1)坚持职工代表巡视制度，拓展职工代表的参与视野。将巡视内容从原来的职代会决议的落实、职工切身利益的改革方案、集体合同履行情况等内容，拓展到对董事会、经理室有关公司重大决策的履行情况的检查、落实以及公司经营管理过程中的重点难点的解决方面，并注重把每年两次职工代表巡视制度安排在职代会召开之前，以利于职代会参与企业管理的有效性。(2)通过职代会提案的征集，提高职工代表的参政水平和能力。围绕公司“一业特强，多元发展”和做强百货业、发展连锁业的总体思路，公司通过班组民主管理会等形式，组织职工代表广泛征集职代会提案，职工代表围绕公司改革、制度规章、收入分配、劳动保护、生活福利、职工教育等方面，共提出提案74份，公司领导针对提案提出的问题，面对面与职工代表沟通探讨，提升了提案质量，强化了双向交流。(3)注重以定期沟通为渠道，构建职工民主管理的双向交流平台。公司坚持举行定期双向交流会，使职工及时了解企业发展过程中的重大问题。（吕诚陆　周海峰）

【静安区深化“五位一体”考核】 静安区总工会与区纪委、区委组织部、区国资办、区税务局、区审计局五个部门加强了对区属六大集团公司的考核，并以此为契机加强企业职代会建设。主要特点是：(1)职代会召开前全部召开预备会议，选举主席团，由主席团主持考核工作。(2)党政工领导的述职报告和企业年度报告提前发给代表，广泛征求意见。(3)经营状况、招待费使用、教育经费的收支等重大问题向职代会报告，发挥职代会作为厂务公开载体的作用。(4)职代会代表全部参加培训。(5)建立职工董事、监事述职

普陀区长风街道召开社区第一届职工代表大会　（金　今）

和评议制度。通过“五位一体”考核，提升职代会在企业的地位，同时也使“五位一体”的考核工作更加符合企业的实际。（程忠俊）

【梅龙镇集团民主管理不断深化】 梅龙镇集团在做好企业民主管理各项工作的基础上，不断深化民主管理的内涵：(1)不断凸现企业民主管理的机制性作用。集团通过制度建设，对企业民主管理工作明确分工，从而形成了党组织加强对民主管理工作的领导，行政努力实施企业管理中的民主行为，工会充分发挥监督实施作用，员工积极参与的新局面。(2)不断深化企业民主管理的内容。做到民主管理与工资分配改革相同步，提高员工收入与国有资产保值增值、股东利益相同步，各工种收入向市场接轨与促进企业连锁发展相同步。(3)不断深化企业民主管理的措施。集团公司针对民主管理的薄弱环节开展“自我诊断”活动，找出企业管理的漏洞，使企业的效益不断提高。（蔡银美）

【宝山区规范国有资产退出和企业转制行为】 为规范国有资产退出和企业转改制行为，宝山区总工会会同区国资办、劳动和社会保障局、区经委、经商委等十部门联合制定了《关于规范新一轮企业改制和区属国有（城镇集体）资本退出工作的规定》，从制度上保证国有资产的保值增值和职工合法权益的有效维护。规定明确：一是凡需转制企业，应在改制前，及时召开职工（代表）大会，依法选举产生新一届工会委员会；二是明确工会负责人必须进入企业改制领导小组；三是拟改制企业应召开职工（代表）大会，企业改制方案必须提交职工（代表）大会审议，涉及职工切身利益的重大事项，职工（代表）大会具有决定权和否决权，职工（代表）大会形成的书面决议须报上一级工会备案；四是凡企业转制中明确量化到职工的资产或专项资金，应由企业行政和工会负责成立由职工代表对等参加的管理机构，负责对专项资产或资金的管理。（黄爱民）

【市西实验中学建立零距离对话制度】 闵行区市西实验中学校长与教职员工零距离对话制度建立实施以来，不断丰富和完善，已成为教代会之外的日常民主管理的主要形式。学校基本形成了每月一次校长对话会制度，教职员工通过对教代会决议落实情况的咨询监督、对学校教育、管理等方面工作的广泛探讨，使许多问题在与校长面对面的沟通中得到了较好的解决。零距离对话制度做到了四定二化：定时、定点、定主题、定对象，从而使之经常化和制度化。目前，这一制度正在全区教育系统推广和普及。（叶民强）

【奉贤区粮油总公司建立领导与职工代表对话沟通制度】 为及时了解民意、体察民情，奉贤区粮油总公司根据企业实际，适时建立了公司领导与职工代表对话沟通制度。对话沟通制度根据企业情况，每季度或半年举行一次，由董事长、总经理等领导向职工代表通报公司经营运作情况和重大决策实施情况，职工代表向公司领导当场质询，提出职工当前最关心的热点问题，公司将根据职工代表提出的问题责成职能部门予以落实和解决。

（沈永明）

【崇明教育工会对校长进行任期目标考核】 2003年5月，崇明教育工会根据局党委的要求，具体承办了全县93所学校及幼儿园党政主要领导三年任期目标考核的组织工作，其中评议党支部书记69名，行政责任人93名。为组织好这次考核评议，县教育工会精心作出了部署，专门下发了通知，并举办了基层工会主席培训班。考评期间，各基层工会广泛听取教职工意见，组织教师代表听取校长、书记的述职报告和对党政干部进行书面民主评议，安排教师接受个别访谈，最后由各基层工会写出《对学校党政领导三年任期目标达标情况的评价报告》。工会直接参与考核工作，履行了工会组织的基本职责，维护了教职工的民主权益，发挥了工会的作用。（陈进修）

【电站辅机厂有限公司推行职代会质量评估制度】 上海电站辅机厂有限公司出台了《职工代表大会质量评估实施办法》，对职代会方案的预告、议程的安排、程序的履行、质量的运行、表决的形式、会务的安排、决议的执行、内容的公示等8个方面予以评估，其方式采取无记名投票形式，在听取职工代表意见的基础上，对8项内容分别测评打分。质量评估每年举行一次，其评估分值如达不到80%满意率的，公司主要领导必须深入各职工代表小组，听取代表和职工群众意见，对职工反映的主要问题和原因进行分析研究，提出整改措施，整改结果向全体职工张榜公示，并在下次职代会上予以通报。职代会质量评估制度的制定，增强和调动了职工代表民主参与的积极性和主动性。（史春群）

【机电工会在参与企业转制中“坚持四个强化　把好四个关”】 市机电工会在参与企业改革转制中，着力强化工会参与企业转制工作的制度性和规范性运作，初步形成了“坚持四个强化，把好四个关口”的思路和操作方法。(1)强化制度参与，把好企业改革转制源头关。工会积极参与总公司《关于规范国有企业改制运作的若干指导意见》、《关于国企改制中职工劳动关系处理的实施细则》、《关于在国企改制中试行公示制度的实施细则》和《关于国企改制中职工劳动关系托管的实施细则》等指导性文件的制定，进一步从制度上规范了企业转制行为，为各级工会源头参与企业转制提供了机制保证。(2)强化政策参与，把好企业改革转制方案审议关。工会参与了总公司转制工作领导机构，就企业转制方案所涉及的有关职工经济补偿、劳动关系处理、民主程序履行等内容进行事先审议，指导基层工会在参与企业转制过程中，更好地反映和表达好职工群众的意愿和要求。(3)强化民主参与，把好职代会民主程序关。要求转制企业对履行职代会民主程序制定计划，作出承诺，同时要求基层工会配合行政，认真做好职工群众的思想教育工作，完善职代会制度建设。(4)加强方案实施参与，把好企业改革稳定关。要求工会积极参与企业转制方案的实施，做到宣传方案口径不走样；解释方案理解不走样；落实方案内容不走样；

维护职工合法权益力度不走样。

（朱汉民）

【锅炉厂建立重大技改项目通报会制度】 上海锅炉厂工会在公司党委的支持下，按照厂务公开的实施要求，在企业内建立了重大技改项目通报制度。9月23日，公司集箱车间8100平方米扩建工程竣工投入使用不久，公司便召开了由工会主席主持的首次重大技改项目通报会，听取该项目总师办、装备公司行政负责人对工程立项、预算执行、审批程序、采购、施工和安装的工作汇报，与会的职工董、监事和职工代表分别就该工程的相关问题进行了咨询，并对工程中存在的问题和不足提出了建议和意见。重大技改项目通报制度的建立，进一步促进了企业厂务公开的实施，增强了干部的民主意识和廉政建设。

（王卫强）

【仪电系统民主监督形成机制】 仪电工会不断深化“年协商、季巡视、月通报”活动，强化了民主监督，形成了具有仪电特色的民主监督的有效形式。(1)年度协商，聚焦重点，形成源头整合机制。工会与公司行政举行年度协商会议，抓住职工关心的难点、热点问题，协商研究，形成共识，采取措施，源头解决。(2)季度巡视，跟踪难点，形成过程督查机制。根据协商确定的主题，公司组织季度巡视活动，由仪电工会负责牵头，职工代表、工会干部和专门人员参与，检查了工会组织建设的状况、厂务公开民主监督工作、劳务人员政策落实等工作，总结经验，发现问题，督促整改。(3)月度通报，抓住热点，形成日常沟通机制。公司行政与仪电工会召开月通报会议，就职工关心的热点、难点和焦点问题进行通报，双向沟通、达成共识、即时协调，解决了职工技能培训与升级、社会保障金缴纳等12个问题。

（生　青）

【仪电置业公司工会依托有效载体 完善民主管理】 公司工会依托民主管理的“四大载体”，落实运行机制，依法维护职工的合法权益。(1)通过职代会审议通过了公司劳动合同管理实施细则、公司劳务合同实施细则、员工培训工作实施细则等6个议题，体现职工的知情权、参与权、评议权和维护权。(2)通过集体协商解决职工关心的切身利益问题，使职工的合法利益得到了有效维护。(3)通过职工代表巡视制度推进重点工作的落实，全年巡视了集体合同履行、合理化建议实施、劳动卫生安全制度落实和创优达标等工作。(4)通过民主评议干部落实职工民主监督权利，职工代表在评议中注重“公平、公正、公开”的原则，使民主评议工作有了新的进展。

（周美芳）

【华原精细化工有限公司工会实施职代会质量评估制度】 从规范职代会民主程序，提高职代会质量，增强职工代表民主参与的主动性和积极性出发，在司属各基层工会中推行了职代会质量评估制度，要求各单位在每次职代会召开后的一定时间内，组织职工代表对本次职代会在职权行使、民主程序、会议质量等方面进行评估。具体做法：一是公司工会统一会务工作、民主程序、议程安排、报告质量、表决形式等评估的基本内容；二是统一评估的基本要求，即由职工代表按满意、基本满意、不满意三档进行无记名投票评定，评估结果及时张榜公布；三是要求各单位，制定本单位的职代会质量制度或实施细则，并提交职代会审议通过；四是评估后针对职工代表不满意的评议项目，企业的党政工领导必须认真听取职工代表的意见，分析原因，提出整改措施。

（虞仲义）

【化学工会和华谊行政联合发文推进职工代表巡视工作】 化学工会与华谊公司行政经平等协商联合下发了《关于建立上海化工系统职工代表巡视制度的若干意见》，各基层企业普遍重视，广泛推行。各级工会根据化工企业的实际情况，一是把职工代表巡视的内容重点放在检查集体合同履约情况和涉及职工切身利益的重大问题上；二是把行政经济目标和企业重大项目进展情况、新品开发、以及安全生产、劳动保护列为职工代表巡视的主要内容，起到了对行政工作的监督和推动作用。吴泾、氯碱、焦化、染料和上硫等企业，通过发动职工代表有针对性地对企业安全生产和环保工作中存在的问题进行重点巡视，推进了企业的安全生产、环境整治和清洁工艺生产等。上海化工厂有限公司工会，则通过坚持每个季度开展职工代表巡视督查的工作制度，以反馈单的形式将督查意见和建议反馈给有关责任人，推进了行政工作。

（虞仲义）

上海市化学工会与上海华谊（集团）公司行政举行第八次民主协商会

（虞仲义）

【嘉丰飞龙公司建立八项维权制度落实“依靠”方针】 嘉丰飞龙公司工会为了使党的“依靠”方针在制度上得到保证，在措施上得到落实，在途径上得到拓宽，先后制订了八项维权制度。即工会源头参与制度、职工代表大会工作制度、民主评议监督制度、业务招待费等向职代会报告制度、职工董监事制度、集体协商签订集体合同制度等。这八项制度的建立，从企业建章立制的源头上保障了职工的主人翁地位，保证了职工的民主参与权、知情权、评议权和监督权的落实。同时，保证了工会在企业各项政策制定过程中的源头参与，有利于在企业重大决策制定中维护职工的合法权益。（王建敏）

【上棉七厂从“三个环节”入手建立职代会质量评估制度】 为了提高职代会的运行质量，赢得职工的认可和满意，厂工会自我加压，从“三个环节”入手建立职代会质量评估制度。第一环节是立项，把涉及职工切身利益的焦点问题、职工普遍关心的热点问题、职代会决议等作为评估的主要内容。第二环节是公示，厂工会重新修建了厂务公开栏、代表巡视栏、综合信息栏等，让职工知情，接受职工的评论。第三环节是巡视，坚持定期组织职工代表对企业生产情况、成本管理情况以及职代会决议执行情况进行巡视，发现问题及时整改。在具体内容上，采用与集体合同条款相结合、与民主评议工作相结合、与工会工作相结合。在操作方法上尝试三种形式，即发扬民主让代表评，实事求是由工会评，征询意见请党政评。（张春梅）

【市南供电公司竞选产生职工代表】 公司工会尝试推出竞选职工代表制度，各分公司换届时，所有代表100%竞选产生，党政群管理干部无一例外。由于把握好了宣传发动、组织推荐、竞选演讲、差额选举等各个工作环节，产生的35名公司级职工代表，其年龄、学历、素质、能力等，与上届代表比较都有明显改变。学历在大专以上的18名，（其中，硕士研究生1名）占51.43%；中级以上职称的9名，占25.7%；年龄在35岁以下的15名，占42.86%；管理人员22名，占62.8%。竞选代表的尝试取得实效，使职工代表综合素质得以明显提升。（邓建忠）

【上电二公司坚持民主恳谈会制度】 公司工会积极推行了民主恳谈会制度，架起了一条领导与职工联系的桥梁。恳谈会在一年两次职代会的前期召开，由各基层工会召开二级民主恳谈会，职工围绕公司改革发展、企业管理、市场开拓、人才培养、职工福利等问题提出建议和意见。公司工会将基层恳谈会的建议和意见汇总后，以书面形式报告企业领导，然后由工会与行政协商确定议题，召开公司一级民主恳谈会。出席对象有工程技术人员、科室管理人员、一线工人等各个层次的人员。职工在恳谈会上面对面地与领导沟通，就有关问题提出建议和质询，并可要求限时给予答复。民主恳谈会制度起到了“上情下达，下情上达”的作用，有利于维护职工与企业双方利益，使监督与协助相一致，将职工的意志统一到企业的决策上来，实现企业各项工作目标，促进了民主管理的深化。（龚洁庆）

【电力建设有限责任公司加强职代会制度建设】 公司及各基层单位工会，严格执行职代会工作规范，做到了“五个必须”：一是必须在每年的一季度完成公司及基层单位职代会的召开工作；二是职代会议程和文件必须要符合职代会规定的内容；三是职代会闭会期间必须发挥职代会专门委员会和专门小组作用，履行职代会闭会期间的民主管理职能；四是企业领导干部必须在职代会上进行述学和述职报告，接受职工代表无记名测评；五是企业重大事项和涉及职工切身利益问题必须实行无记名投票，确保职工的民主参与权利。在职代会召开前，各级工会通过民主恳谈会、职工座谈会等形式，围绕企业的重大事项和涉及职工切身利益的重大决策，广泛听取职工的建议和意见。在不断完善公司和基层单位职代会制度建设的基础上，公司工会积极推进了多经企业和工地、车间职代会制度的建设，全系统多经企业职代会建制率达89%；工地和车间职代会建制率达90%。（张文标）

【宝钢集团工会推行职代会质量评估制度取得实效】 宝钢集团公司工会继续深入推行基层单位职代会质量评估制度，评估内容包含职代会职权履行情况，职代会预告制、表决制、免职制等三项刚性制度实施情况，职代会制度建设和职工代表培训工作等情况，由基层单位的职代会代表实行评估。质量评估结果与企业领导班子和领导个人业绩考核挂钩，与领导个人的先进评比挂钩，与基层单位党建和工会工作的考核挂钩。全年开展职代会质量评估的子公司共17家，占子公司总数的74%；职工代表对职代会质量表示“满意”的有12家，占子公司总数的70.6%；对职代会质量表示“比较满意”的有5家，占子公司总数的29.4%。通过质量评估，查找出存在的问题或有待改进和完善的共40项，并列入整改计划。（潘宪生）

【宝钢集团公司工会制定集团公司职代会制度】 2003年，上海宝钢集团公

上电二公司工会坚持民主恳谈会制度（龚洁庆）

司工会在党政支持下，制定了《上海宝钢集团公司职工代表大会制度》。该《制度》一是规定了职代会的职权。听取和审议集团公司行政年度工作报告；听取和审议集团公司重大改革方案、重要规章制度等；民主评议集团公司领导人员。二是规定了职工代表的权利、义务。职工代表经过规定的民主程序产生并实行常任制；职工代表在职代会上有选举权、被选举权和表决权，必须参加职代会及其工作机构所组织的民主管理活动等。三是规定了职代会的组织制度。职代会届期为三年；职代会行使职权的表决形式，根据每次会议的表决内容确定。集团公司职代会制度的建立，对围绕宝钢新一轮发展战略，加速推进一体化运作，探索现代企业制度下职工民主管理的有效途径，具有重要作用。（潘宪生）

【航天设备制造总厂依靠职工群众推行职工代表论坛制】 上海航天设备制造总厂探索推行了职工代表论坛制度。职工代表论坛制，是以职代会或其他专题会议为形式，由职工代表就企业的改革发展、生产经营方针、分配改革、劳动保护、职工生活福利等方面工作，发表意见，谏言献策。为推进这项制度，厂制定了《厂职工代表论坛试行办法》，该办法在职代会表决通过后实施。11月，召开了第一次职工代表论坛会，围绕企业将实行新一轮经济责任制的基本改革框架，职工代表各抒已见，畅所欲言。针对代表们集中反映的意见和建议，厂领导班子认真研究，高度重视，一一予以采纳。职工代表论坛制，让职工直接参与改革、管理，密切了干群关系，增强了企业的凝聚力。（张同球）

【江南造船（集团）公司工会修改完善八项企业民主管理制度】 公司工会修改完善了《职工代表大会实施细则》、《全心全意依靠职工办企业若干规定》、《集体协商集体合同实施办法》、《劳动争议调解工作实施细则》等八项民主管理制度，通过职代会的立法程序使之成为企业的法规，并编入《公司管理规章》，以此作为职工参政议政的主要依据。（马宝生）

【烟草（集团）公司优化职代会代表结构】 上海烟草（集团）公司于2003年12月30日召开第四届职工代表大会第一次全体会议，选举产生新一届公司职工代表202名，其中一线职工代表59名，占29.21%；工程技术人员代表83名，占41.09%；领导干部代表60名，占29.7%。代表结构得到优化，女职工代表占28.71%，大专以上学历代表占69.30%。职代会期间，还选举产生了公司集体协商代表和民主管理管理委员会成员，审议通过了续签的公司《集体合同》。

（江洪生）

【广电集团组织职工代表巡视基层企业】 广电集团工会于7月15日～18日组织职代会民主管理专门工作小组和职工权益保障小组就职代会建制、集体合同签定及履行情况、安全生产、防暑降温、职工医疗保障、劳动合同实施情况等方面，到基层单位进行了巡视检查。代表们听取了企业经营者的汇报，查阅了有关原始资料，召开了职工座谈会，直接倾听职工的呼声，提出了整改建议。广电系统国有企业中，基本上建立了职代会制度，在合资企业中也实行了职代会制度的试点。一年来，集团系统除新建企业外，95%以上企业签订了集体合同，履约率达到90%以上；90%企业建立了平等协商机制；50%以上建立了工资集体协商制度，推进了基层民主管理。（朱金妹）

【张华浜港务公司工会以质量评估推进职代会运行机制】 在推进企业民主管理的实践中，公司工会注重抓职代会制度运作质量。在年初职代会上，公司工会就职代会的议程安排、表决形式、报告质量、民主程序和会务工作等方面，以征询单的方式请职工代表进行评定，开展职工代表对职代会质量的评估。经评估，公司91名职工代表对职代会议程安排满意率94%，基本满意6%；表决形式满意率100%；报告质量满意率89%，基本满意率11%；民主程序满意率97%，基本满意率3%；会务工作满意率95%，基本满意率5%。通过职代会质量评估，进一步调动了职工代表民主参与的积极性和主动性，提高了职代会的运行质量。

（秦嗣英）

【市运输工会建立职代会预报预审制度】 市运输工会建立了职代会预报预审制度。职代会预报的内容含行政工作报告，需要职代会审议和决定的企事业重大问题，包括企事业改革改制、职工分流方案、重大投资项目决策的可行性方案、生产经营管理中的重大事项、集体合同文本和履约情况等。职代会预审的内容包括企事业重大问题，涉及职工切身利益的重大问题，重要规章制度和其他事项。职代会预报预审的工作要求：（1）明确预报的时间，企事业单位召开职代会前七日，必须填写“预报预审表”，如有涉及职工切身利益的重大议题应附书面材料一

上海烟草（集团）公司召开四届一次职工代表大会（张佩华）

并上报。(2)明确预审要求，对涉及职工切身利益的重大议题，运输工会会同有关部门进行预审。如有不同意见，及时向下反馈，必要时可直接与预报单位行政及有关部门进行协调。(3)对不能按时召开职代会的企事业单位实行报告制，说明不能按时召开的原因及打算和措施。建立职代会预报预审制度，有利于工会源头参与，依法协调劳动关系，规范职代会制度的有效运行。　(王国平)

【市邮政局平等协商签订新一轮集体合同】 邮政工会在深入基层调查研究的基础上，就职工所关心的热点、难点问题(如职工收益、医疗保险、作业环境的改善)等内容作为重点，寻找最佳结合点，积极与行政进行平等协商，在此基础上，共同制定了2003年新一轮《上海市邮政局集体合同》。合同就企业的经营发展，深化改革的目标任务，改善职工的生产生活条件和职工收益的提高等内容作了确定和量化，并提交局职工代表大会以无记名投票表决的方式审议通过，从制度上保障了职工的合法权益。　(顾奇良)

【邮政工会组织职工代表开展专题巡视检查】 为进一步发挥职工代表参与企业管理的作用，2003年10月28日至29日邮政工会组织了20名职工代表以企业生产经营和服务工作为专题，以听取汇报、实地巡视检查和召开座谈会等形式开展了巡视检查。职工代表在巡视检查中，听取了7个基层单位关于经营和服务工作情况的汇报，到6个生产支局进行了实地巡视，召开职工座谈会6次，检查了40多个营业窗口的经营服务情况。巡视检查活动做到了“三个结合”：一是巡视检查与专题报告相结合，即职工代表分别听取分管局领导、相关处室负责人的专题工作报告，并到基层单位进行专题检查，以验证工作报告内容与基层落实情况的一致性；二是巡视检查与专题评议相结合，职工代表对企业工作进行评估，提出建议和意见，并形成各专题的巡视评价报告；三是巡视检查与民主协商相结合，结合在巡视活动中归纳的问题与局党政领导进行双向沟通，并由巡视检查小组向职代会作巡视检查情况报告。　(凌金华)

【上海电信工会在坚持和创新职代会制度上下功夫】 (1)制度层面的创新。建立了两级职代会为主体的多级民主管理制度，界定了公司和基层两级职代会的权限分工，形成了多级管理，各有侧重，相辅相成的职代会体制。(2)内容层面的创新。实施公司领导向职代会述职并接受职工代表民主评议制度，评议结果利用适当时机向职工代表公开反馈；将干部任用情况、干部廉洁情况、教育培训经费使用情况、业务招待费使用情况列入职代会专题报告。(3)形式层面的创新。实行员工旁听职代会制度。每次职代会分别有60多名员工通过报名和基层工会推荐参加旁听；职工代表列席公司总经理办公会议制度，每次有两名职工代表列席总经理办公会议；职工代表和公司领导双月沟通制度，就员工关心的问题以及企业改革发展等内容进行面对面的沟通。(4)机制层面的创新。制定出台了《上海电信职工代表管理办法》。实施职工代表“五制”：一是竞选制。3月，在两级基层职代会代表的选举中，有10～30%比例的职工代表竞选产生，在1369名代表中，有242名通过竞选当选为职工代表；二是述职制。规定职工代表每年向选区职工进行一次述职，汇报履行职工代表职责的情况；三是培训制。每年对职工代表进行专题培训；四是撤换制。对不履行代表职责的代表，进行撤换，以保持职工代表队伍的生机和活力；五是奖励制。在职工代表述职的基础上，根据职工代表履行代表职责的实绩，按照职工代表总数的10%～20%比例，试行A、B、C三档奖励，以更好地调动职工代表参政议政的积极性。　(朱东亚)

【建工集团职代会重视发挥民管会作用】 为加强职代会闭会期间民主管理 集团职代会建立提案处理、资产经营、权益保障和民主评议4个民主管理专门委员会。各民管会围绕职代会确定的各项任务，主动参与、建言献策。(1)提案处理民管会认真组织职工代表提案，并会同承办部门专题研究和落实。(2)资产经营民管会认真听取和审议集团投资情况汇报，提出进一步完善投资控制和预警机制，超前研究各种市场因素对投资的潜在影响，重视吸引和培养一批高智商、高素质的投资管理专业人才等三方面建议。(3)权益保障民管会先后14次组织职工代表对26个工地防范“非典”和防暑降温措施落实情况进行检查。(4)民主评议民管会召开职代会民主评议干部工作现场会，推广市建七公司“量化评议指标、强化过程监督、细化工作环节”的有效做法。　(乔　瑜)

【建材集团职工代表参与日常事务监

上海邮政工会以企业经营、服务为专题开展职工代表巡视检查活动

(蔡俊皓)

督管理见成效】 上海建材集团工会注重把职代会闭会期间的职工代表参与企业日常事务监督管理作为重点工作。(1)集团职工代表履行职责,深入基层开展职工民主权益、职工安全生产和劳动保护权益、职工生活保障权益等调研工作,沟通信息渠道。(2)推出"职工代表活动日"。(3)职工代表参加总经理办公会。人员由职工推荐,经职代会无记名投票通过;任期与职代会换届同步;制定相应规定,赋予权利和义务;职工代表每次收集职工的意见和建议,在总经理办公会上作专题反馈;成为职工代表参政议政的渠道和窗口。(4)干部竞聘上岗,职工代表当考官。司属系统凡实行经营者竞争上岗或管理干部竞聘上岗的单位或部门,组织部分职工代表参加考评小组参与考评。 (朱荣玉)

【南市水厂实施职工代表直选制度】 为了进一步加强职工代表队伍建设,南市水厂工会实施职工代表直选制度。职工通过毛遂自荐、群众举荐、直选演说、群众提问、评委测评等方式参与职工代表的竞选,企业工会在代表的产生过程中,坚持直选条件、直选过程、直选结果三公开原则。13名代表候选人通过竞选,最终产生了10名正式代表。 (陶 诚)

【水务局系统职代会制度建设进一步加强】 水务局工会以制度建设为先导,坚持企业重大决策预告制、涉及职工切身利益重大方案的否决制和领导干部民主评议制的推进和完善。上水闵行公司二水厂在职代会审议通过重大事项时,采用无记名投票方式,反映职工代表的意愿。局工会注重职代会监督职能的强化和落实,进一步规范和完善职代会民主评议干部制度,加大职工群众在选人用人上的知情权、参与权、选择权和监督权。 (陶 诚)

【科技工会制定职代会工作规范】 为进一步健全和完善上海市科技系统企事业单位职工(代表)大会制度,指导基层职工(代表)大会依法规范运作,上海市科技工会结合科技系统实际,制定《上海市科技系统企事业单位职工(代表)大会工作规范(试行)》。《规范》共分10章,通过设计职代会召开流程图,突出了规范性和可操作性;通过建立质量评估制度、报告制度,强调了职代会运行质量。《规范》于2003年8月26日下发至各基层工会,对全系统基层职代会规范操作具有一定的指导作用。 (陶 薇)

【市监狱局工会建立预警报告制度】 局工会建立了预警报告制度,规定了5项报告范围:一是基层单位发生各类工伤、交通、火灾等伤亡事故及自然灾害造成严重后果的情况;二是在干警、职工中发生意外伤亡、家庭突发性变故等引起特殊困难的情况;三是基层单位在改革、发展中涉及到干警、职工切身利益迫切需要解决的问题;四是在干警、职工中出现违法违纪现象,造成不良后果的情况;五是干警、职工关注的热点、难点问题。基层工会每月向局工会上报预警报告,局工会在汇总疏理后,坚持每月1期《热点透视》向局党委汇报,切实做到"对上报实情,对下讲真话"。2003年1至12月局工会向局党委上报了12期《热点透视》,含139条内容,其中群众反映的热点问题105条,事故及违纪情况34条,为各级党政领导及时掌握和解决问题提供依据和信息。 (李志军)

厂务公开工作

【召开全国厂务公开工作电视电话会议上海设立分会场】 2003年4月10日,全国厂务公开协调小组召开了"全国厂务公开工作电视电话会议"。会议的主要任务是,深入学习贯彻"三个代表"重要思想和党的十六大精神,交流经验,表彰先进,研究和部署今后一个时期的厂务公开工作。中共中央政治局委员、中华全国总工会主席王兆国出席会议并作了重要讲话,就如何进一步做好厂务公开工作讲了四点意见:一、统一思想、提高认识,深刻理解推进厂务公开工作的重要意义;二、肯定成绩、总结经验,进一步明确搞好厂务公开工作的努力方向;三、抓住机遇、乘势而上,努力把厂务公开工作全面引向深入;四、明确责任、分工协作,切实加强对厂务公开工作的领导。会上,由中共中央纪委、中共中央组织部、国务院国有资产监督管理委员会、监察部、中华全国总工会联合下发了《关于深入贯彻党的十六大精神,做好2003年厂务公开工作的通知》和《关于表彰全国厂务公开工作先进单位的决定》。普陀区等3家单位荣获"全国推行厂务公开工作先进单位"称号,中国石化上海石化股份有限公司等11家单位荣获"全国厂务公开工作先进单位"称号。会上,天津市委副书记、纪委书记邢元敏,湖北省荆门市委副书记杨泽柱,中石化江苏油田党委书记陈济中,兰州铝业股份有限公司总经理李宁分别在会上作经验介绍。中共上海市委副书记殷一璀出席了上海分会场会议,并在大会结束后就上海深

全国厂务公开电视电话会议上海分会场 (倪粉宝)

入开展厂务公开工作作了讲话。

（余 铮）

【上海厂务公开工作扎实开展 呈现新特点】 2003年，上海的厂务公开工作在市委的正确领导下，认真贯彻落实中央“两办通知”精神和“全国厂务公开工作电话电视会议”精神，厂务公开工作不断取得了新的成绩。呈现以下新的特点：(1)加强了厂务公开与现代企业制度相结合的力度。一是将厂务公开纳入企业管理制度之中；二是加强了职代会制度建设的力度。(2)厂务公开向企业管理的重点领域延伸。一是加强了自上而下的指导力度，积极推行职代会质量的评估；二是从源头上把好职工代表的“素质关”。(3)加强了厂务公开向非公有制企业延伸的力度。一是落实以职代会为基本形式的民主管理制度有进展；二是建立厂务公开制度有进展；三是探索民主管理的多种实现途径有进展。(4)加强了难点问题公开的力度。一是以厂务公开维护职工发展权；二是以厂务公开确保企业转改制的顺利进行；三是以厂务公开促进企业分配制度的规范化。(5)加强了厂务公开监督检查的力度。年底统计：公有制企业单位实施数为5836家，建制率为85.63%；事业单位实施数为4054家，建制率87.50%；其中：实行生产经营状况公开的单位数占厂务公开单位总数78.59%，实行物资采购、工程招投标公开的单位数占厂务公开单位总数47.63%。非公有制企业、外商投资企业实施数为968家，建制率为14.57%；私营企业实施数为5244家，建制率8.63%。 （余 铮）

【浦东新区总工会开展厂务公开评估活动】 为掌握新区厂务公开的进展情况，推广经验、发现问题，新区工会在各直属单位中开展厂务公开评估活动。评估活动显示：(1)新区直属的开发(集团)公司厂务公开趋于成熟。陆家嘴集团坚持职代会、厂务公开的分级建制、规范操作；浦发集团在改革中坚持民主程序，连续两年组织职工代表进行厂务公开专项巡视。(2)新区各职能局厂务公开主动、扎实。建设、社发、环保、经贸等四个局的454个单位的职工代表对厂务公开的平均满意率达到93.7%。(3)新区街镇重视厂务公开。川沙镇工会会同镇纪委、集体资产管理公司共同推进厂务公开检查工作；高行镇制定了《关于在非公企业试行厂务公开的实施意见》，对非公企业厂务公开的内容、程序、方式等作了明确的规定；唐镇工会采取双向选择、菜单操作的“2+X”的民主管理模式，较好地解决了非公企业民主管理、厂务公开等问题。

（叶新华）

【长宁区推进困难企业厂务公开工作】 长宁区在经委系统7家困难、亏损企业积极开展厂务公开工作，取得了较明显的成效：一是健全了企业的职工代表大会制度。每年一季度企业行政向职工代表报告工作，在职代会闭会期间，民主监督小组对重大问题的落实进行检查监督。二是加强了经营者依靠职工办企业的思想。浦江电机厂通过企业债务与厂房出租收入的公开，取得了职工群众的支持和理解。三是落实职工知情权。厂务公开开展以来，这7家单位均在企业改革、重大事项、生产经营、领导干部廉洁自律等方面，通过召开全厂职工大会、职工代表大会、公示公开事项，让职工知情。四是维护了职工的切身利益。厂务公开的推行，使职工切身利益相关的四金缴纳、医药费清欠和公积金挪用等问题受到职工的关注，企业领导也作为工作的重中之重，认真予以解决。

（屠宝麟）

【普陀区以先进的质量管理理念推进厂务公开】 普陀区在公有企业厂务公开工作中，引入ISO9004质量管理理念，制定了厂务公开制度规范化、程序民主化、体系文件化标准，编写了《普陀区厂务公开质量手册》。以典型引路，完善了职代会制度，强化了领导干部承诺制、重大决策预告制、重大方案表决制、不合格干部离职制及公开过程中的定期报告、职工评估、责任追究、考核激励等制度，较好地解决了厂务公开“流于形式走过场”的现象。2003年，区商委将快乐集团贯标试点工作落实到整个系统，全面推广快乐集团“四个核心环节，八个公开程序”的操作经验，强化贯标管理过程中每一个接口的分析和改进，通过全过程程序化管理来充分达到职工群众的满意度，提高了厂务公开质量。

（韩金荣）

【黄浦区厂务公开工作成效明显】 黄浦区厂务公开领导小组办公室于2003年6月份开始对区辖企事业单位厂务公开执行情况进行调研。一是认识不断提高，合力进一步增强。许多单位把厂务公开工作与企业管理有机结合起来，特别是企业转制过程中，自觉推行厂务公开。二是责任得到明确，制

上海大众汽车重视发挥职工在参与企业改制中的主人翁作用。图为长江维修站职工大会 （章 伟）

度进一步健全。各单位普遍建立了厂务公开责任制,已建单位580家,达96%。三是公开贴近实际,内容进一步完善。各单位能从本单位实际出发,注重厂务公开的实效性,注意把企业发展中的难点、职工关心的热点和涉及职工切身利益的焦点作为厂务公开的重点。同时,公开的形式也由单向发展到双向发展,呈现多渠道多样化。四是厂务公开的推行促进了职代会制度的建设,通过公开使职代会的职权进一步落实,质量有所提高。

(贺再励)

上海市邮政局举行局务公开工作成果发布会 (蔡俊皓)

【金外滩集团推进企务公开】 (1)紧紧抓住围绕发展、深入调研、目标考核三条主线,扩大职工对公司重大问题的知情参与权,激励职工共同为破解企业难题贡献聪明才智。(2)企务公开与创建学习型企业联动。一是健全完善上岗机制,将合适人员配置到合适岗位上锻炼,形成管理人才与技术人才齐头并进局面;二是加大培训力度,形成上下互学互助的竞争氛围;三是推动企业的廉政建设,健全了一系列规章制度,完善了约束自律机制。

(浦永熙)

【静安城建配套发展公司厂务公开坚持"六个结合"】 静安区城建配套发展公司注重把推进厂务公开工作作为扩大基层民主的重要载体、职工参政议政的重要渠道,坚持做到六个结合:(1)与重大经营决策相结合,在公司建设项目的制定过程中做到先公开、后决策;(2)与分配制度相结合,防止暗箱操作,保证分配合理;(3)与增加企业效益相结合,做到企业发展,职工得益;(4)与干部制度改革相结合,公开竞聘,体现群众意愿;(5)与党风廉政建设相结合,强化领导责任追究制度;(6)与企业稳定工作相结合,把好企业改制和职工分流关。 (伍为芬)

【彭浦机器厂完善制度推行物资采购公开】 在深入推行物资采购公开中,建立了完善的管理制度和决策机制。厂工会会同行政有关部门编制了《供方评估信息表》、《供方货源查考记录表》和《供方业绩评审表》。职代会一致通过《关于职代会参与采购公开评审的决定》,成立了采购项目价格评审组,并实行每年二次向职代会报告的制度。职代会民主管理小组全过程参与企业物资采购评审组工作。在企业实行采购公开实践中,工会注重把握四个环节:一是采购点是否根据价格评审组评审要求定点;二是需变换采购点是否具有客观理由,是否做到"四同"(同类供应商、同价格采购、同质量产品、同交货期),是否报请企业价格评审机构和工会认可;三是物资采购交货期是否准时,货物是否采购进库;四是付款是否根据评审价格支付。这四个环节既是工会参与采购公开的内容,更是职代会监督考核采购公开的主要依据。

(孙国泰)

【电子信息职业技术学院推行校务公开】 上海电子信息职业技术学院结合学院的实际,积极推行校务公开,把学院的重大工作通过多种形式向全校教工交底,广泛征求大家的意见,不断完善方案。(1)以无记名投票方式通过奖金分配方案。学院在中高职一体化办学后的第一次教代会上,采用无记名投票的方式通过了《关于教职工奖金分配暂行办法》,受到教职员工的欢迎。(2)利用院报发布改革信息。学院在推行人事制度改革中,利用院报《上海仪电教育报》,以答读者问的形式,介绍了改革的目的、内容、步骤、配套措施和难点,回答了群众关心的敏感问题,使教职员工进一步了解、支持和参与改革。 (周俊瑜)

【汇盛电子机械设备公司针对质量难关开展厂务公开】 汇盛公司针对产品质量和销售难点,召开质量与销售问题情况发布会,实行厂务公开,同时举办"销售明星"和"服务明星"的立功竞赛活动。公司把产品质量问题向广大职工群众交底,把品牌市场占有率和价格定位,销售队伍和销售网点的建立,开机合格率及返修率,提高产品国标和企标的标准,生产方式改进,元器件采购及管理责任方面存在的问题摊开来,请职工谏言献策,出金点子。同时,组织发动职工寻找工作流程上存在的问题,提出措施,形成实施方案,周而复始,累积成效。围绕质量难关开展厂务公开活动吸引了职工群众踊跃参加,既解决了长期困扰企业的质量销售问题,也调动了广大职工的积极性。

(俞来园)

【东海毛巾厂搭建双向交流平台营造温馨职工之家】 上海东海毛巾厂工会开展每月一次的"厂长与职工对话会"。(1)"对话会"沟通了民主管理的渠道,职工把企业当成了家。企业重大问题,如产品质量、物资比价采购降本措施、催讨应收款等都是厂长在对话会上与职工共商、共识和共同推行的,形成上下互助,同心协力谋发展的生动局面。(2)"对话会"搭建了双向交流的平台,职工感受到家的温馨。通过对话会,厂长知晓职工对企业的希望和要求,积极为职工谋利,工会也积极为职工维权,通过集体合同的签订,使职工在劳动环境的改善等方面得到实惠。(3)对话会成为形势教育的载体,职工用东海精神撑起这个"家"。"乘风破浪,扬帆远航"的东海企业精神成为每次对话会的基调,激励和凝聚职工与时俱进,迎接挑战。

(徐佩娜)

【电力建设有限责任公司厂务公开突出"四个化"】 公司工会从落实职代会决议、开展调查研究和做好意见反馈三方面开展了厂务公开工作。(1)公开内容做到广泛化。有企业重大经营决策、重大项目投标、减员分流方案等内容。(2)公开形式做到多样化。运用民主恳谈会、企业报、公开栏和宣传橱窗等形式进行公开,并利用计算机网络扩大职工知情度。(3)公开程序做到规范化。明确审批人、责任人、发布部门及公开的时间和范围。(4)公开监督做到群众化。以调查表征询不同层次职工的意见,实施情况向职工代表报告,在企业重大改革举措出台前,广泛听取职工意见,注重源头参与。

(张文标)

【宝钢股份公司工会构筑实施"3113"厂务公开体系】 宝钢股份公司工会在深化厂务公开中,积极探索现代企业制度下职工民主管理的有效途径,着力构建并实施"3113"厂务公开体系:"3",即坚持和发展职工代表大会、平等协商签订集体合同和职工代表董事、职工代表监事三项制度;"1",即充分运用公司先进的信息技术,建立一座推进厂务公开的信息平台;"1",即在推进厂务公开的进程中拓展畅通一条兼具柔性化和亲情感的沟通渠道;"3",即实行规范信息披露、深化厂务公开和保守公司秘密。"3113"厂务公开体系的构建实施,有力地推动了公司厂务公开工作的深入发展。

(鲍伟兴)

【宝钢集团开展厂务公开专项检查】 宝钢集团公司工会会同法务部、监察部、财务部等有关职能部门,对8家子公司执行会计基础规范和内部会计制度的情况开展厂务公开专项检查,检查内容为会计行为规范、采购付款、销售收款、资产管理等。先由子公司按集团公司下发的检查提纲组织自查,并写出自查报告,再由集团公司厂务公开专项检查组逐一进行检查。为提高检查工作的科学性和准确性,还邀请会计事务所的专家参与检查。通过检查,共查找出问题148项,所有被检查的子公司,针对本企业存在的问题与不足,都提出了整改措施和计划。年内,厂务公开专项检查组又组织"回头看",检查整改措施的落实情况。

(潘宪生)

【鲁中工会大力推进厂务公开工作】 一是通过各类培训学习,提高干部职工的思想认识,为全面推进厂务公开奠定思想基础。二是完善制度建设,积极探索厂务公开工作的运作机制。制定了《关于贯彻落实中央企业工委深化厂务公开工作精神的通知》、《厂务公开工作考核办法》、《厂务公开工作责任规范》和《关于做好2003年厂务公开工作的通知》等制度性文件,形成了厂务公开规范有序,职责明确,责任到位的工作格局,同时引入了厂务公开责任追究制度,将厂务公开工作纳入文明单位和经济责任制的考核。三是突出重点,不断创新厂务公开的内容和形式。注重发挥两级职代会在厂务公开工作中的主渠道作用,围绕公司确定的四项重点内容,认真抓落实,健全职代会的各项制度,企业的重大决策方案、生产经营的重大事项,坚持提交职代会审议;涉及职工切身利益的改革方案坚持职代会表决;分配制度的改革方案坚持提交职代会民主决策。

(杨庆荣)

【小官庄铁矿矿务公开迈上新台阶】 (1)员工分配实现了由结果公开向过程公开的转变。矿把每月工资结算情况,普通员工月收入前100位的人员名单、矿领导月收入情况定期在矿务公开栏上公开;各工区(车间)分配方案必须经民主管理小组成员集体研究通过。(2)畅通多种公开渠道。一是坚持把职代会作为公开的基本形式;二是把矿情发布会、月末例会、生产调度会作为公开的补充形式;三是把公开栏作为公开的必要形式;四是把局域网、广播、电视、黑板报等媒体作为公开的辅助形式,尤其是局域网的开通,促进了矿务公开工作,上网一查便知,增强了公开的及时性。(3)落实规章制度,监督考核并举。小官庄铁矿成立了由纪委牵头的监督检查小组,制定了公开考核办法,引入了责任追究制度,监督检查小组定期考核检查,对员工反映的问题认真落实整改,有效地堵塞了管理上的漏洞。

(王　辉)

【江南造船(集团)公司坚持厂务工作"六公开"】 公司坚持厂务工作"六公开",即层层公开、反馈公开、过程公开、决策公开、事先公开、难点公开。使厂务公开不断向生产经营、改革和管理领域延伸,增强工作的透明度。公司通过"六公开"制度,制定了《岗位绩效工资制实施办法》、《1997年后进

鲁中冶金矿业集团公司认真推进厂务公开　　(黄　畅)

公司职工住房货币化分配方案》等制度,体现了厂务公开的规范性、公正性和群众性。 (马宝生)

【上海飞机制造厂厂务实施"九公开"】 2003年上海飞机制造厂通过职代会厂务公开栏、厂报、工厂局域网等载体,从九个方面推行了厂务公开:(1)企业生产经营情况公开;(2)企业财务情况公开;(3)员工奖惩实施办法和实施情况公开;(4)员工岗位竞聘情况公开;(5)干部竞聘评议情况公开;(6)职工培训情况公开;(7)采购项目公开;(8)企业专项整治、技改招标事项公开;(9)关系职工切身利益的事项公开,在此基础上,积极推进厂属子公司、事业部的厂务公开工作。为了解职工对厂务公开工作的认可情况,及时听取职工群众的意见和建议,企业工会适时进行了厂务公开实施情况的问卷调查,调查结果表明:职工对企业厂务公开满意和基本满意率为83.7%,认为厂务公开主要是由于领导重视的为68.5%,认为是职工民主意识增强为57.9%。企业厂务公开领导小组根据职工群众提出的意见和建议,将不断完善企业的公开机制,使厂务公开、职工民主管理工作更贴近企业的发展和职工满意度的提高。

(王贤民)

【港务集团工会拓展"三个渠道" 深化厂务公开】 (1)拓展职工知情渠道。集团下属各单位以职代会为主渠道,通过职代会对企业经营重大问题审议,对关系职工切身利益方案的表决,对领导干部的民主评议,促进了职工群众参政议政。各单位还以公开栏、企业报、厂情发布会等公开形式将企业的生产经营状况、重大决策等公布于众,让职工知情,向职工交底。(2)拓展双向沟通渠道。各单位深化厂务公开工作,在以往单向沟通的基础上向双向沟通发展。采取了"沉下去摸情况,请上来听声音"的做法开辟了公司领导与职工代表之间的沟通渠道。下发了《厂务公开反馈表》,在公司内部初步建立起公开事项发布与职工反馈的双向互动机制。(3)拓展信息反馈渠道。部分基层单位在本企业的局域网上开通了"经理信箱"和设立了"厂务公开联系箱",通过各种载体及时收集职工的意见并加以落实整改,形成了点面结合的厂务公开信息收集反馈系统。 (焦小涵)

【上海港引航管理站工会坚持以民主管理促引航生产】 站工会通过开展"三个化",坚持以民主管理促进企业的引航生产。(1)厂务公开制度化。已形成比较完善的厂务公开组织机构和制度。以职代会为基本形式,配之以定期的站情发布会,每月一次的站务会,《引航之声》报和厂务公开专栏为辅助形式。通过上述多种渠道将站生产经营、投资项目方面的重大决策、涉及职工切身利益方面的重大事项以及领导干部廉洁自律方面的有关情况及时告知全体职工。(2)站情发布规范化。由站工会牵头,做好职工热点问题的收集,在通报会上站长针对职工关心的热点重点问题,把生产经营情况公开,把经营者的思路公开。(3)内部分配民主化。开展集体协商,实行内部分配的民主管理。经过协商,确定内部分配的初步意见和向生产一线特别是向高强度高风险岗位倾斜的原则,为职代会顺利通过内部分配方案打下基础。 (张哲明)

【长江轮船公司建立五项制度 推进厂务公开】 长江轮船公司着力建立厂务公开长效机制,以目标责任制、工作汇报制、职工评议制、检查考核制、责任追究制这五项制度来确保厂务公开。公司把厂务公开工作列入本单位党委和行政的年度工作目标,形成党委统一领导,党政共同负责,有关方面齐抓共管,职工群众广泛参与的领导体制和运行机制。并把此纳入企业民主管理的决策机制、监督机制和协调劳动关系机制以及党风廉政建设责任目标和企业管理规范,公开的内容、程序、形式、时间都一一落实到位。公司厂务公开协调领导小组坚持每年召开1~2次会议,认真听取、审定重大公开事项,协调和解决实施中的有关问题。厂务公开协调领导小组每年向职代会报告厂务公开工作情况;由职工代表组成的评议小组,定期听取职工对厂务公开的意见;厂务公开监督小组每年不少于2次,对公开事项的政策依据、公开程度及承办情况实施定期或不定期的监督检查。擅自实施,导致矛盾激化,职工集体上访或造成其他严重后果的,将给予该单位纪律处分。

(黄铁明)

【邮政南市支局注重听取职工意见制定分配办法】 支局通过合理调整分配办法激发职工积极发展邮政储蓄,在拟订分配办法,这一事关职工切身利益的问题上充分听取职工意见。在对职工进行个别听取意见和集体座谈后,采纳了职工提出的以各网点每月增长70万元为保底数、增长150万元为奋斗台阶的意见。分配方案的出台经过了由全体职工选举产生的11名同志组成的职工代表小组的充分审议和表决通过,以局务公开的方式向全体职工公布。经试行一个月,邮政储蓄余额增长1256万元。注重倾听职工心声,严格按民主管理程序处理职工的热点、难点问题,促进了支局的全面发展。

(王正诒)

【电信工会深化厂务公开】 公司厂务公开工作小组将厂务公开的内容由原来的35条合并、修改为27条,并调整了公开范围和公开频次,增加了公开时间。同时,将《关于上海市电信有限公司进一步推进厂务公开制度、民主管理工作的通知》和《民主管理、厂务公开资料汇编》作为正式文件和资料印发到各基层。为了解、掌握各基层单位民主管理、厂务公开工作的开展情况,工会组织人员对部分基层单位进行了调研,推广了浦东电信局、长途通信部等单位深化民主管理、厂务公开工作的经验。 (朱东亚)

【航道局实施项目公开 建设"阳光工程"】 长江口深水航道治理工程是经国家批准,由交通部组织实施的国家重点工程。上海航道局为完成好在建项目,按照局党委《关于下发局企务公开工作若干考核标准的通知》精神,紧紧依靠项目部全体员工,坚持项目管理公开,以顽强拼搏的精神,完成一期工程产值6.2亿元,工程质量优良,创造了良好的经济效益和社会效益。主要做法是:(1)提高对项目公开重要性的认识,增强自觉开展企务公开工作的自觉性。(2)克服畏难情绪,增强群众观念。(3)积极探索项目公开内容,落实项目公开渠道。(4)与工程合同同步签定《廉洁协议书》,建设"阳光工程"。 (刘昌明)

【三航上海分公司创建职工满意企业】 (1)注重民主建设,强化职工当家作主意识,以良好的事业氛围凝聚职工。对公司重大决策、重大管理制度、重大改革方案和重大人事任免都经职工代表大会审议并向职工公开,让职工参与决策。(2)建立维权通道,及时为职工排忧解难,以"关心、爱心"工程凝聚职工。在保障职工福利、建立维权快速通道、优化职工工作环境方面,公司先后出台了《青年技术骨干和职工自购住房房款补贴办法》和《职工住院补充医疗互助办法》等,对职工的急事、难事及时予以解决。(3)加快企业发展,强化企业品牌,以企业良好的发展前景凝聚职工。职工代表对领导班子民主评议的平均分达90分以上,从侧面反映出职工对企业的满意程度。

(唐钧达)

【三航南京分公司工会开辟"回音壁"专栏】 在公司内部刊物《航务之窗》上开辟了"回音壁"专栏。一是解答企业改革改制中职工所关心的难点、热点问题;二是对职代会闭会期间一些涉及职工切身利益的企业重大决策进行公布,如对广大职工十分关心的职工自住房购房补贴发放情况及职工公积金、养老金缴交情况进行公布,加强宣传力度,从而取得了广大职工的理解和支持,增强了企业的凝聚力。"回音壁"专栏的开辟,扩大了公开的范围;深化了公开的内容;规范了公开的程序;注重了公开的效果;促进了厂务公开工作真正落到实处。 (唐钧达)

【机场集团工会开展厂务公开评价活动】 上海机场(集团)有限公司工会为进一步推进厂务公开工作,8月份组织职工代表开展了厂务公开评价活动。共设评价内容14项,包括对厂务公开内容、公开形式、公开程序、公开范围、真实性、代表知情参与程度等的评估。集团工会把评价情况原汁原味地向厂务公开领导小组反映,同时把领导小组的意见反馈给职工代表。同时集团工会开展了基层厂务公开情况的调查,推进了集团各级厂务公开工作。 (郑培利)

【市建二公司厂务公开贯穿中小企业改制全过程】 (1)加强组织领导,统一思想认识,制订推进改制指导意见。(2)把握重要环节,体现三者利益。一是坚持"一企一策"方针,切实制订改制方案;二是维护职工利益,努力体现职工愿望;三是方案在修正中完善,在完善中统一思想;四是把握方案的整体性和解决问题的实在性,真心实意为职工服务。(3)坚持民主程序,平稳推进改制。做到改革政策公开、企业资产情况公开、审议内容公开、审议程序公开。为防止侵占职工利益,转制企业的经营者还作出职工收入不提高,股东不分红;改制前的福利待遇不变;设立职工身份转换补偿基金,开设专户存储等公开承诺。 (吴有德)

【燃气浦东销售公司工会推行企业厂务和工会工作"双公开"】 企业改制重组后,燃气浦东销售公司工会不断加强管理民主和民主管理,积极推进厂务公开和会务公开。(1)成立管理民主与民主管理研究会。围绕企业的改革、发展和稳定,重点研讨厂务公开内容与途径、形式与方法,推动了理论与实践的结合。(2)制定了《上海燃气浦东销售有限公司厂务公开工作条例》,对公司厂务公开的目的、原则、内容、形式、程序以及相关要求作出了明确的表述和规定。同时,还制定了《工会工作公开制度》,实行企业厂务和工会工作的双公开,从制度上确保了厂务公开的全面扎实推进。(3)把企业重大决策和涉及到职工切身利益的内容分归为重点、热点和难点三大类,采取重点事项重点抓、热点事项及时抓、难点事项分步抓的办法,有的放矢,分步推进,从而使厂务公开基本达到全覆盖,企业管理基本实行全透明。

(施谷昕)

【大屯能源股份公司厂务公开工作进一步加强】 (1)完善厂务公开制度。公司下发了《关于加强厂务公开考核的意见》,制定了对各直属单位和职能处室厂务公开工作的百分考核表,建立了监督机构,制定了监督制度,使厂务公开考核和监督工作有章可寻。(2)加强监督检查。4月15日至18日,公司工会会同党政纪等职能部门对司属的各单位厂务公开的实施落实情况进行了检查,并对检查情况予以了通报。(3)加强理论研究,开展了厂务公开征文活动,并汇编了《十五年的公开历程》一书。(4)抓好总结交流。召开了厂务公开工作会议,表彰了一批厂务公开先进单位。 (刘春龙)

【市科技工会推行所务公开有新进展】 上海市科技工会积极探索在科研院所实施所务公开的方法和途径,2003年,市科技党委、科委联合下发《关于深入学习贯彻党的十六大精神,进一步开展所(厂)务公开工作的通知》,对进一步深化科技系统所务公开工作提出了新的要求,将推进所务公开列为基层文明单位考核重要内容,为推进整个系统的所务公开工作提供了组织和制度上的保证。同时,为了加强对基层职代会的指导,结合科技系统实际,制定了《上海市科技系统职工代表大会工作规范》,将所务公开的主要内容融入职代会职权中去,使所务公开与职代会工作有机地结合起来。据统计,目前全系统有76%家单位每年在职代会上公开本单位有关改革改制重大决策方案;所有单位对涉及职工切身利益和职工生活福利的的重大事项都提交职代会表决通过;有53%的单位实行职代会民主评议干部制度。

(陶 薇)

【农工商跃进有限公司厂务公开求"真"务"实"】 农工商集团跃进有限公司工会在开展厂务公开过程中,坚决杜绝"重要的东西不公开、公开的东西不重要,真实的事情不公开、公开的事情不真实"现象,真正让广大职工群众知厂情、议厂事、参厂政,履行好民主权利,对企业实行有效监督。公司工会还围绕企业生产经营的重点、职工关心的热点、改革发展的难点，不断延伸厂务公开的领域和内涵。所属飘鹰公司、跃进工具厂、雅苑物业公司等单位对企业的招投标、采购等实行“阳光操作”和比价采购；凡重大方案出台先制定草案，让职工代表充分讨论，职代会作出决议；对班组实行生产工作任务分配、效益分配、奖惩情况“三上墙”制度等，在职工中产生了积极的影响。（桑树德）

职工董监事制度（持股会）

【全市职工董事监事制度向非公经济领域拓展】 随着非公经济的迅速发展，职工民主管理的领域不断拓宽，职工董事监事制度的建制数在非公企业中也逐年提高。据2003年底对全市86个区县局（产业）的统计，在全市3386家公司制企业中，有1525家企业建立了职工董事制度，1632家企业建立了职工监事制度，建制率分别为45%和48.2%；实际职工董事人数为2092人、职工监事为1906人；全年培训了职工董事1288人、职工监事1180人。其中，在外商投资企业中，有543家企业建立了职工董事制度、396家企业建立了职工监事制度，还有865家企业建立了工会列席董事会制度。在私营（民营）企业中，有855家私营（民营）企业建立了职工董事制度，722家建立了职工监事制度，1695家企业建立了工会列席董事会制度，较去年有所增加。在不少企业中，还建立了职工董事监事培训制度、述职制度、评议制度等，提高了职工董事监事参政议政的水平和能力。（秦　勇）

【静安区建立董监事评议制度】 静安区在全区六大集团公司中建立了职工董监事评议制度。评议制度要求职工董事、监事逐一向职代会述职，汇报在董事会、监事会中研究企业重大经营决策、干部廉政建设和涉及职工利益方面所做的工作，然后通过由全体职工代表的无记名投票的方式来进行考核，并在职代会上公布评分标准。经过测评，增强了职工董事、监事在董事会、监事会反映职工的意愿、维护职工权益的自觉性。（郎爱民）

【建工工会规范职工持股会工作】 建工集团工会根据建委(2002)182号文件要求，结合集团推进中小企业民营转制实际，经过调查摸底，下发了规范职工持股会工作实施意见，对集团内60家职工持股会提出“一企一策”原则，积极稳妥推进规范职工持股会工作。年底，已有11家持股会完成股权转让，撤销建制，减持股份达1897万元（股），涉及职工1655人；8家持股会停止运行，占持股会总数13.3%，其股份已转让或退还职工，减持股份达937万元（股），涉及职工1206人；4家职工实际没有出资的虚拟股权的持股会撤销建制，上报备案，占持股会总数6.7%；正在运行的的37家持股会则逐步建立内部交易平台，引导股权向经营骨干集中或积极寻找社会投资者，从而为持股会所在企业民营化创造条件。（乔　瑜）

非公企业民主管理

【市总工会召开非公企业民主管理工作座谈会】 9月11日，市总工会召开非公企业民主管理工作座谈会。普陀、静安、南汇等3个区总工会以及唐镇工会、上海色柯拉房产代理有限公司等8家单位作了交流发言。会议要求上海各级工会要站在工会全局工作的高度，认识、把握推进非公企业民主管理工作的重要性和现实意义。要进一步增强推进非公企业民主管理工作的自觉性和坚定性，以党建指导工建、工建服务党建为原则，以扩大民主参与、丰富民主形式、健全民主制度、维护民主权益为重点，以职工群众的根本利益为出发点和落脚点，努力探索以职工代表大会为基本形式，以法人治理、共同管理、协商共决、共谋发展为主要特征的、具有上海特色的非公企业民主管理工作的新路子。（周永宝）

【市总工会加大非公企业民主管理的推进力度】 (1)坚持以职代会为基本形式，进一步加强了对非公企业民主管理建制工作的指导。根据上海非公经济快速发展的实际，市总工会提出了要探索以职代会为基本形式，以法人治理、共同管理、协商共决、共谋发展为主要特征的推进上海非公企业民主管理的新路子。一年多来，非公企业民主管理的工作在全市广泛推进。2003年底，本市共有2634家外商投资企业建立了职（员）工（代表）大会制度，6789家私营（民营）企业建立了职（员）工（代表）大会制度；区域性、行业性、工业园区联合职代会建制数为1385家，覆盖企业数29042家。(2)因区制宜、因企制宜，加大了区域性、行业性职代会制度的探索实践力度。一是通过建立区域性、行业性职代会制

卢湾区总工会开展外企工会工作研讨（田春梅）

度的途径，协调所属小企业劳动关系；二是通过区域性、行业性职代会制度的平台，搭建社区、工业园区、行业、楼宇等与所属小企业的沟通交流渠道；三是通过区域性、行业性职代会制度，促使所属企业诚信于社会和社区。(3)积极探索民主管理的多种形式和实现途径。在积极倡导非公企业实现以职代会为基本形式的民主管理的基础上，市总工会和各区县产业工会还引导和指导企业创建适应企业发展实际的其它民主管理形式和途径，丰富民主管理的实践形式。（周永宝）

【徐汇区总工会推进非公企业民主管理】 全区有246个非公企业工会建立职工(代表)大会制度，覆盖非公企业4252家。区总工会通过制订下发《小区工会工作规范》、《非公企业职工代表大会制度实施办法范例样本》、《社区职工代表大会试行办法》等规范性文件，为社区工会开展民主管理工作提供了制度保证，明确非公企业应以职工(代表)大会为基本形式，通过知情建议权、协商共决权、评议推荐权、选举罢免权和检查监督权落实非公企业职工民主权利，使非公企业职工共同参与社区和企业建设。区总工会还召开非公企业民主管理成果发布会，发表、推广工作经验。（虞　蔚）

【长宁区注重民办学校教职工民主管理制度的探索】 长宁区教育系统注重在司属的3所民办学校、2所转制学校探索建立教代会制度，使民办学校的民主管理工作逐步深入和不断完善。在推进过程中，区教育工会依据民办和转制学校的不同情况和特点对教代会提出了不同要求。一是对转制学校，坚持转制前的基本做法，做到民主管理制度不退、工作不断、程序不乱，从而推动了转制学校教学质量的不断提高；二是对于民办学校，则从建立工会入手，通过教代会民主管理制度的探索，防止和解决了工会组织的空转现象，强化了工会干部的责任意识，激发了教职工群众的民主意识，调动了广大教职工为办好学校而献计献策的积极性和创造性。（叶云晓）

【长宁新华街道探索非公企业职代会模式】 根据企业的实际情况和需要，已形成了四种非公企业职代会的模式：(1)职工代表大会制度模式。(2)职工代表大会和股东大会并列模式。上海凯伦电子技术有限公司有职工63名，股东23人，部分职工具有职工和股东的双重身份，企业采取股东大会与职代会两会合一、职权分别行使的方式，逐一落实劳动者权益和所有者权益。在程序上则先召开职代会，实施审议权、决定权、讨论通过权；再开股东会，审议企业的销售、利润、股份的增值、利息分红等股东大会的有关事项。(3)全体职工大会制度模式。(4)民主议事会制度模式。高新技术企业上海启博科技有限公司有职工26名，公司工会组织员工推选职工代表，及时反馈员工意见建议，工会主席、职工代表与行政进行平等协商，共决、共议涉及职工切身利益等问题。（田志华）

【长风街道社区职工民主管理紧扣“四个性”】 普陀区长风街道形成了社区、小区二级职工代表大会为主要形式的职工民主管理参与、共决、维权和共创的特点。(1)体现职工参与的广泛性。通过举办12期培训、小区职代会试点和层层召开企业主、工会和员工座谈会，印发“建议书”来掌握劳资双方对召开社区职代会的心态。(2)注重协商共决的程序性。通过征集，收到“社区职代会议案建议书”89份；表决通过了《长风社区职代会试行办法》、《社区集体合同》、《集体协商办法》；选举出三方协商机制代表和民管监督委员会成员。(3)注重依法维权的针对性。根据社区实际成立了社区法律援助中心和志愿者队伍，印发了《长风社区职工民主管理工作操作手册》，确定了工会维权工作责任制。(4)体现与社区共创互动性。通过了“社区文明建设共创倡议书”，社区工会“双爱双评工作制度”；同时，职代会上宣布成立了“长风社区职工素质工程指导委员会”和“普陀区职工优秀人才促进会长风分会”，开展了推进社区建设，协调劳动关系“人献一策”活动。（韩金荣）

【普陀区非公企业民主管理实现新跨越】 2003年，普陀区非公企业民主管理制度建设实现了新跨越。一是非公企业职代会由试点探索走向普及推广，非公企业职代会制度建设在实践中得到了企业和职工双方的欢迎。1650余家非全企业建立了职代会制度，覆盖职工3万余人。二是非公企业职代会的六种模式、五项职权在实践中得到企业经营者和职工群众的普遍认可。三是非公企业职代会为推进工会工作搭建了平台。通过对非公企业职代会职权的确定，明确平等协商代表的产生和罢免、集体合同草案都要通过职代会审议，从而使平等协商、集体合同制度与职代会制度有机衔接，双向保障、相互促进。（金　今）

【风颖广告有限公司制定《职工民主议事规则》】 私营企业风颖广告有限公司从企业实际出发，在企业坚持每年召开两次全体职工大会外，探索建立适应企业发展的职工日常民主管理新形式——职工民主议事会。民主议事会由工会牵头，其成员中公司经营者占20%，中层管理人员占30%，一线职工代表占50%。议事会每季召开一次，民主议事会为职工了解企业、为发展出谋划策提供了有效的平台。在议事会的基础上制定了《民主议事规则》，《规则》规定，议事会凡讨论涉及职工利益之事均需通过无记名投票方式经民主议事会审议表决；企业每年评选公司“敬业职工”和“进步职工”。（吕诚陆　黄　铮）

【静安区总工会探索非正规就业组织民主管理新途径】 非正规就业组织是为解决下岗失业人员就业的一个实体，但不具有独立法人资格，不能成为集体合同签约的主体。针对这一现状，静安区总工会和南京西路街道工会积极探索在非正规就业组织中开展民主管理的新模式。6月6日，南西街道“大家乐”非正规就业组织民主议事会正式成立。1260余名职工推选出的工会干部、组织者、员工代表及列席代表59人，通过网络形式召开了第一次会议。会议讨论通过了《集体劳动标准约定书》，对组织者和员工的权利义务、工资、奖金、福利待遇及安全生产等内容作了明确的规定，形成了全体成员共同遵守的劳动用工行为准则。民主议事会的成立，是非正规就业组织职工群众参与民主管理的一个新创举，为调动非正规就业组织中职工群众的积极性和创造性提供了有效的平台。 （朱水淼）

【全市首家楼宇职代会召开】 2003年6月18日，全市首家楼宇职代会——静安区律德大厦首届职工代表大会胜利召开，这是静安区总工会探索非公企业民主管理，在建立专业街职代会、经济园区职代会后又一新的形式。主要特点：(1)加强宣传发动工作。街道工会和楼宇工会对大楼内31家不同性质、不同规模、不同归属的企业单位做好工作，争取支持。(2)上级工会主动代表下级工会。区总工会和街道工会深入基层，指导工作，制定规范，保证了职代会的质量。(3)严格民主程序。在职代会上通过了《静安律德大厦入驻企业集体合同》、《静安律德大厦工资集体协议》等规范制度。 （张来生）

【青浦区非公企业职代会制度建设突出“三统一”】 青浦区总工会在非公企业中大力推进职工(代表)大会制度建设，取得了新突破。2003年底，全区已有328家非公企业建立职工(代表)大会制度，占应建制实地型非公企业87%，其中工会联合会19家，涵盖了所属企业1209家。为了推进非公企业职代会建制工作，区总工会划片包干，重点联系，建立了50家试点联系单位，树立了30家企业作为民主管理的示范单位，广泛宣传推广。在实际操作中，根据非公企业的特点，因地制宜，注重“三个统一”：一是注重形式和内容的统一，形式上根据企业实际，既有职工(代表)大会，又有共商会、协商会等切实可行的各种形式，并逐步引导向职工(代表)大会过渡；内容上，注重涉及职工切身利益问题的共商共决，体现统一性。二是注重数量和质量的统一，强调非公企业职代会既要有一定的数量，又要保证质量。三是建会和建制工作的统一，对一些基础较好的企业，在工会组建的同时，便着手建立职工(代表)大会制度。 （程天爵）

【青浦区总工会关心非公企业“四高”群体 增强工会凝聚力】 2003年8月青浦区总工会组织专人对“四高”(高学历、高职称、高技术、高层次管理人员)群体进行了调研，调研走访24家企业，召开“四高”人员座谈会12个，发放问卷420份，历时一个多月，基本上摸清了“四高”群体思想状况，对工会认可程度和对工会工作的要求。在此基础上，区总工会制定了《在非公企业“四高”人员中加强工会工作，增强工会凝聚力的试行意见》。(1)要求各级工会组织应注重在非公企业“四高”人员中宣传工会的主张要求，使他们充分认识工会组织，了解工会工作。(2)根据“四高”人员的特点，依法维护他们的合法权益，提高他们对工会工作的认同感，增加其向心力。(3)提供有效服务，帮助“四高”人员解决具体困难，培养工会的亲和力。(4)沟筑情感交流平台，增强工会凝聚力。(5)吸纳“四高”人员进入工会干部队伍，改善工会干部队伍的结构。 （程天爵）

【南汇区非公企业民主管理制度有新进展】 南汇区总工会全面推行非公企业民主管理制度，年初区总三次召开各镇工会主席(专职干部)分片会议，研究对策，形成共识、落实了措施。一是加强领导，建立和调整镇级非公企业民主管理领导小组；二是要求各镇制订实施意见，通过党委文件的形式下发至各基层工会，做到重点明确、工作齐抓；三是对基层工会主席进行培训，统一思想，提高业务水平，为全面推进奠定基础；四是摸底调查，典型引路，以点带面，使南汇区全面推行非公企业民主管理制度上了新的台阶。 （徐文安）

【南汇区总工会在非公企业工会组建中推行“三联动”】 按照“建起来、转起来、活起来”的要求，区总工会加强对非公企业工会的组建力度，在2003年有495家非公企业建立了工会组织。全面推行“三联动”举措，即同时建立工会组织；同时签订集体合同；同时建立非公企业民主管理制度。通过“三联动”的落实，真正使企业工会建起来、工作转起来、组织活起来。 （徐文安）

【崇明陈家镇在非公企业中推广“四变四不变”承诺】 该镇上海裕港电磁线有限公司转制为非公企业后，及时完善职代会制度建设，公司总经理、上海市劳动模范范玉章在职代会上郑重承诺“四变四不变”，即企业性质变了，党组织在企业中的领导和监督地位不变；企业机制变了，积极依靠职工办企业的宗旨不变；企业经济

闸北区总工会重视中小企业转制改制。图为区总工会与香港丽新集团劳动局在汇贡大厦产权分割暨交楼协议上签约 （糜玉树）

状况变了,不断发展的信念不变;企业管理体制变了,职工的经济待遇不变。镇党委抓住这一典型,通过召开现场会在全镇非公企业中推广,并举一反三抓落实,从而使该镇的大多数非公企业都能以这样的承诺取信于职工,充分调动了职工的积极性和工作热情。(陈进修)

外商投资企业工会工作

【市总工会继续加大外资企业工会工作力度】 2003年,市总工会继续加大对外资企业工会工作的推进力度,至年底,在6644家外资企业中,已建职工(员工)代表大会制度的企业2634家,占总数的39.64%,其中,集体合同草案经职(员)代会审议通过的1852家;有968家企业实行了厂务公开制度;有543家企业建立了职工董事制度,职工董事552人;396家企业建立了职工监事制度,职工监事447人;有865家企业工会负责人列席董事会,参与讨论涉及职工切身利益的重大事项。(周永宝)

【百利加防腐工程公司工会探索外资企业工会工作新路子】 上海百利加防腐工程有限公司是一家德国在沪的外资企业,公司工会以"维护职工合法权益,共谋企业健康发展"作为企业工会工作的首要任务,积极探索外资企业工会工作路子。(1)提高工会干部的责任意识。公司尚未成立党组织,为切实维护职工利益,工会干部提高责任意识,宣传我国有关法律法规,积极争取外方老总对工会工作的支持,把党的群众工作做到职工中去。(2)从关心职工的热点问题着眼,为职工办好实事。如工会与企业方签订了集体合同;工会通过努力取得了公司有关人事、工资、奖金及劳动保障等事宜的参与权以及对劳动法律的监督,劳动争议的调解、仲裁与诉讼权;督促公司按《劳动法》规定缴纳了"四金";为外地员工办理了"社会综合保险",并按规定让员工享受"年休假"、"探亲假";落实二年一次妇科体检等,使员工在外企也同样感受到了国家政策的保护和安全感,增加了工会组织和企业的凝聚力。(3)针对外企职工学习少、活动少、沟通少的特点,工会搭建服务职工的平台。先后开展了城市精神、怎样做一个可爱的上海人等讨论;利用业余时间组织各类文体活动;既提升企业文化,又树立工会形象。(曹德洪)

【伊而国际时装公司工会建立周四接待日制度】 上海伊而国际时装有限公司是一家中日合作企业,有员工500多名。由于5名工会委员都是兼职、上班时间难以开展工会工作,为加强与职工的沟通,公司工会设立了工会接待日制度。接待室设在工会办公室,每周四中午11:30~12:30,工会利用职工午餐休息时间,安排2名工会委员值班,职工如有问题要反映,或有意愿要表达,可以直接到接待室与工会干部面对面的沟通交流。这一制度的设立受到了职工的普遍欢迎,成为公司工会联系职工群众的有效桥梁。(叶民强)

【电器股份公司工会探索创新合资企业工会工作路子】 上海电器股份有限公司下属国有和合资企业14家,职工5149名,公司工会根据在公司经济发展中合资企业的地位日益突出的发展走势,加大了对合资企业工会工作探索创新。(1)创办"JV·OK"沙龙,深受外籍老总的欢迎,为中外双方的合作营造了一个宽松和谐的氛围。(2)开展了"双爱双评"和"企业爱员工、员工爱企业、降本增效献一计"的主题活动。(3)强化平等协商机制,提高集体合同签约率,推进工资集体协商,合资企业集体合同签定和续签率达到98%,工资集体协商签约率达到90%。(4)开展岗位练兵、技术比武、名师带高徒、市劳模班组和局级先进班组结对开展学李斌互帮互学竞赛。一年来,共涌现出6家"白玉兰金奖"合资企业、4家"白玉兰银奖"合资企业、9位"李斌式技术能手"、6个"李斌式先进班组"。(顾美娣)

【上汽集团总公司工会创合资企业工会工作特色】 上海汽车工业(集团)总公司工会注重外资企业工会工作的基础性建设,逐步形成了具有上汽特点的外企工会工作新路子。(1)坚持"三同时"原则,注重加强合资企业工会组建工作。在合资合同、章程谈判的同时,明确组建工会的条款;在委派合资企业中方董事、行政领导的同时,确定工会主席人选,筹建工会;在企业(单位)筹建的同时,筹建工会组织。(2)坚持"三隶属"互联,注重完善合资企业工会管理模式。集团工会坚持属地、属业、属资管理互联,处理好服务、指导和代表的关系,注重完善合资企业工会管理模式。(3)坚持"三延伸"发展,注重扩大合资企业工会组织基础。在巩固现有工会会员的基础上,把工会组织的服务对象向劳务工、非正式用工人员延伸;向高学历职工、外方雇员延伸;向外籍员工延伸,把最广大的职工团结在工会周围。(4)坚持"三公开"运作,注重提高合资企业工会维权能级。合资企业的工会组织公开,企业必须为工会提供办公场所,配

松江区总工会重视外资企业工会工作。图为区总工会到日本独资单位东洋电装有限公司与外方经理商讨工会工作 (莫永涛)

置办公设施；合资企业党委书记兼工会主席身份公开，以职工权益代表的身份列席董事会和参加企业高层管理会议，参与重大决策；合资企业工会工作公开，同合资外方总经理等面对面公开交流；把签订集体合同和平等协商作为工会维权公开的主要内容和途径。(5)坚持“三平台”构筑，注重搭建合资企业工会活动舞台。构筑职工参与企业经济工作平台，在企业跨越式发展中体现工会的实力；构筑职工参与企业民主管理平台，在建立稳定和谐的劳动关系中体现工会的能力；构筑提高职工素质的培育平台，努力创造职工发展空间，在关怀服务职工中增加工会工作动力。(6)坚持“三加强”要求，注重创新合资企业工会工作思路。集团工会在加强合资企业工会工作中，注重合资企业工会干部综合素质提高，做到“三个加强”：即加强思想建设、加强能力建设、加强组织建设，不断创新工作思路。 （沈新月）

【浦东威望迪自来水公司建立员工与行政高层沟通制度】 2003年，公司建立了员工代表定期与公司高级管理层沟通制度。首次沟通会于3月14日举行，来自公司各基层单位不同岗位的18位员工代表与合资公司董事长（中方）、总经理（外方）直接面对面零距离接触。员工代表共提出14个当前员工最关心的热点问题，公司董事长、总经理对员工代表提出的问题一一作了解答，阐述公司对这些问题的看法及意见。员工沟通制度的设置，为促进劳动关系和谐稳定提供了制度保证。 （陶　诚）

“双爱双评”活动

【市总工会开展“双爱双评”活动　表彰非公经济组织先进单位和个人】 1月20日，上海市总工会召开2002年度上海市非公经济组织“双爱双评”表彰大会。近年来，本市非公经济组织日益壮大，为了表彰先进，发扬先进，进一步贯彻落实《劳动法》、《工会法》等法律法规，促进企业健康发展，创造和谐劳动关系，增强企业的凝聚力和竞争力，市总工会经考核评比，在大会上宣布了表彰决定：授予上海上汽大众销售有限公司等10家企业为“2002年度上海市双爱双评活动十佳先进企业”称号；授予上海ABB变压器有限公司等26家企业“2002年度上海市双爱双评先进企业”称号；授予康立德（Ludo Cornotensis）、奚子龙等51位经营者“2002年度上海市外商投资企业、私营（民营）企业优秀员工之友”称号；授予于东茂等38位员工“2002年度上海市外商投资企业、私营（民营）企业优秀员工”称号；授予普陀区总工会等10家单位“2002年度上海市双爱双评活动优秀组织奖”称号。 （周永宝）

【黄浦区外滩社区工会营造非公企业劳动关系和谐稳定的氛围】 外滩社区工会通过评优秀员工之友、优秀员工、优秀工会干部的“三评”，造就业主爱员工，员工爱企业，工会干部爱工作的良好氛围，较好地促进了非公企业劳动关系的和谐稳定。(1)充分发挥工会群众组织优势，向业主宣传“以人为本、善待职工”观念；向职工宣传“企业是我家，发展靠大家”观念；向企业工会干部宣传“立足本职、关心职工、献策于企业”观念。(2)在党组织领导下，以民主测评的方式，组织职工群众评议企业业主、工会干部与业主评议先进员工、员工评议工会干部的“三评”活动，促进“三爱三评”深入人心。(3)在社区工会不断探索民主管理新模式。从建立职代会制度、企业工会主席列席董事会制度、员工群众参加的劳资双方座谈会到推行工会代表常任制，促使“三评”工作上新台阶。 （吕诚陆）

【静安区总工会组织新建企业开展“三爱三评”活动】 在全区广泛开展了“业主爱员工、员工爱企业、企业爱社区”的活动。一年来，通过开展征文、中途检查、经验交流等活动形式，促进了新建企业经营者对员工的尊重和关爱，促进了新建企业民主管理制度化建设，也促进了新建企业与社区的紧密联系。通过活动，在广泛听取职工意见的基础上，评出了一批“爱社区的优秀企业”、“爱员工的优秀员工之友”和“爱企业的优秀员工”。 （黄世和）

·政策摘编·

职工门急诊医疗费先用个人账户当年的资金支付

职工在门急诊就医时所发生的医疗费用先用个人账户内当年资金支付。账户内当年资金用完后，再用账户内历年结余资金支付。个人账户内资金全部用完后，还不足以支付的医疗费用由个人现金支付，但是如果个人现金支付的费用超过了上一年度本市职工年平均工资（目前这一标准执行为15 420元）一定比例后，超过的部分由个人和医保基金共同支付。

（摘自《上海职工劳动保障权益手册》）

保障经济权益

综　述

2003年，上海工会保障工作紧紧围绕党的中心工作和改革、发展、稳定的大局，不断探索和完善与政府社会保障体系相配套的上海工会补充保障新机制，切实维护职工合法权益。(1)注重调查研究，进行源头参与，是工会依法维护职工权益的有效手段。市总工会参与了市政府组织的"上海社会保障体系"调研，同时，组织部分区、县、局(产业)和基层工会对企事业单位互助医疗补充保障办法、企业内离岗职工状况等社会热点问题进行调查，及时向市委、市政府反映情况，为政府部门决策提供了依据。(2)推动工会再就业援助工程建设，是工会依法维护职工权益的重要组成部分。各级工会积极宣传落实各类再就业扶持的优惠政策，大力开展对生产自救带头人的政策业务培训与扶持工作，对生产自救组织给予资助，积极营造离岗失业职工自主创业、自谋出路的良好氛围。通过市总培训中心举办劳务招聘会为下岗协保、失业人员中就业困难对象牵线搭桥，开展再就业援助活动。(3)做好工会帮困送温暖工作，是工会依法维护职工权益的有效措施。2003年元旦、春节期间全市各级工会持续深入地开展了送温暖活动。市总工会通过举办"托起希望的太阳——上海工会送温暖工程巡礼"活动，用文艺形式营造帮困送温暖社会氛围。全市近百万职工在工会的动员和组织下，开展"一日捐"活动，捐款3200多万元。市总工会指导部分区建立了工会互助服务中心，在全市各级工会中继续做好1.5万户左右的"定向帮困"工作；推动68个区、县、局(产业)工会筹措帮困助学金2100余万元，对近6万名困难职工子女实施了助学帮困；实施医疗帮困，共发放医疗帮困款592万多元。市总工会还会同市社会帮困基金会、市职工救急济难基金会共同出资630.484万元，为13661户次困难职工家庭提供帮困，使2003年成为历年来帮困资金投入最多，帮困力度最大的一年。(4)开展工会职工互助保障工作，是工会依法维护职工权益的主要支柱。市总工会在落实"三项医疗互助补充保障计划"的同时，又推出了女职工团体互助医疗特种保障计划。各级工会配合督促企业按市政府的有关规定提取工资总额的2%，建立企业内部的互助医疗基金和互助组织1016个，基金近2.1亿元，参加的职工达84.3万人次，有效地缓解了职工就医难的矛盾。　(王立铭)

再就业

【市总工会完善"一大机制五大体系"构筑工会再就业援助工程】　上海工会围绕市政府提出的新增40万就业岗位的实施目标，在实现"六个一批"工作目标的基础上，进一步建立和完善了由"一个核心机制和五大支撑体系"构成的上海工会再就业援助工程。一个核心机制就是全力参与和推进上海劳动力市场发展和规范的工作机制；五大支撑体系就是工会再就业数字化的目标责任体系，市场化的创业扶持体系，规范化的政策保障体系，网络化的就业服务体系，社会化的帮困救助体系。充分发挥上海工会已建成的拥有23家职业介绍机构和5个劳务公司的职介网络，全年共培训2280名生产自救创业带头人，帮助2.9万名的下岗职工实现再就业，举办劳务招聘会6场，组织2470余家单位进场招聘，参加人数达71200人，其中23080人达成就业意向。　(陈　晖)

【市总工会积极扶持生产自救带头人促进再就业】　发挥"1+1群"再就业倍增效应，培育扶持生产自救带头人

纺织工会召开纺织"1+1群"创业促进会联谊会　(徐志康)

是上海工会帮助下岗职工开展生产自救实现再就业的有效措施之一。市总工会在继续开展再就业培训、职业中介的基础上,对生产自救带头人在精神、物资上给予积极帮扶。市总工会表彰了100名自强不息生产自救带头人,并通过市职工救急济难基金会出资10万元,对其中20名代表每人奖励5000元。召开了2003年工会推进再就业工作会议,由市职工救急济难基金会出资4万元,奖励了20家女职工再就业示范点。通过市社会帮困基金会出资10.8万元、市职工救急济难基金会立波创业基金出资26.5万元,为纺织、轻工和区属系统等13家下岗职工生产自救组织以及好事服务中心提供资助,帮助经营困难的生产自救带头人缓解了资金紧缺的矛盾。2003年市总工会通过市社会帮困基金会、市职工救急济难基金会立波创业基金累计出资51.3万元,为53家生产自救组织提供了资金帮扶。 (曹国芬)

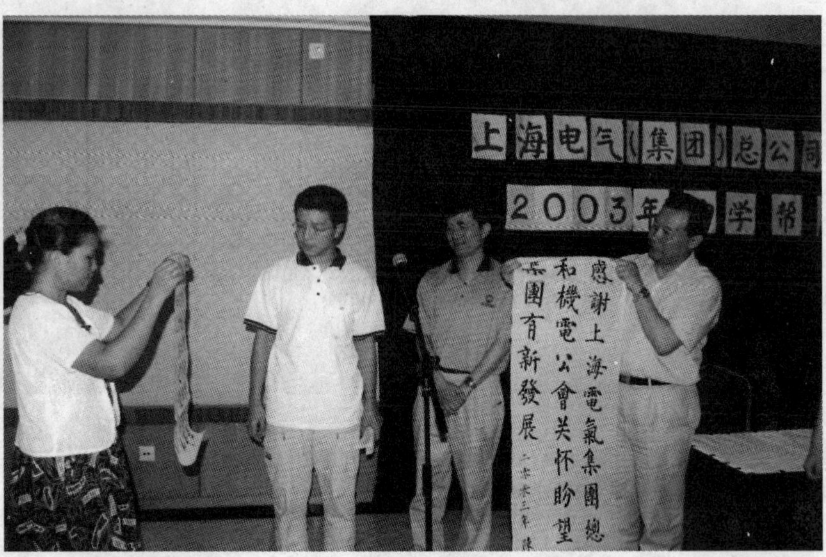

上海电气(集团)总公司举行助学帮困结对签约仪式 (冯克华)

【市总工会开展女职工创业援助行动】 市总工会积极弘扬女性自主创业之路,在创业中实现自身价值。市总工会通过树立20个女职工创业示范点,组建由市政府、金融界、法律界、新闻界、高等院校以及优秀女企业家、女领导等组成的"女性创业指导专家后援团",召开上海工会推进女职工创业、再就业工作座谈会,进一步贯彻和落实中央再就业工作会议精神,开展女职工创业援助行动,积极推进女职工以创业实现再就业。 (徐梅瑾)

【杨浦区评比表彰推进再就业工作"双十佳"】 杨浦区总工会和区劳动和社会保障局联合评比表彰2001~2003年度杨浦区推进再就业工作"双十佳"("十佳"创业带头人、"十佳"再就业指导员),并在全区广泛宣传先进事迹。 (江欲红)

【宝山区通河街道工会建培训基地拓就业渠道】 通河街道工会根据失业工人的文化程度、技术水平、年龄结构和对职业的需求,开设了移动电话维修员(初、中级)、房地产经营中介员、物业管理、绒线编织、家政服务、花卉园艺、插花员、西式点心(初、中级)、营销员(中级)、超市营业员、开业指导创业班等专业培训。与此同时通河街道工会还加强了推荐就业的力度,择优推荐学员到房产公司、各大超市、西门子公司、中国电信等单位去面试,仅中国通信信息话务员招聘面试,街道内就有近百人参加。街道工会还在街道内设立区总工会定点家政服务窗口,成立了绒线编织社等非正规就业组织,促进再就业。 (施建荣)

【嘉定区总工会开展"双千"活动结硕果】 区总工会根据扶贫帮困和再就业工作的实际,向全区各级工会发出《关于组织开展"千名结对帮困、千名就业"活动的实施意见》(简称"双千"活动)。区内各级工会纷纷贯彻落实,经过一年的共同努力,落实结对帮困1046户,帮助1810名困难职工实现了再就业。整个活动呈现出四个特点:一是声势大。区总工会认真做好宣传发动工作,努力营造氛围,全区有90%以上的工会组织开展了"双千"活动;二是范围广。在排摸的基础上,对全区困难职工家庭和再就业困难对象基本做到全覆盖、不遗漏;三是志愿者多。参与结对帮困的志愿者人数达到3846人,其中处级干部252人、工会及其他干部1919人、职工1615人;四是效果显著。"双千"活动不仅有明确的活动方式和要求,而且有经济上的帮助,精神上的安抚,工作生活上的帮扶等。区总工会还建立定期汇报交流、定期考核制度,促进送温暖工程向纵深、长效发展。 (唐身桂)

【崇明县总工会积极推进再就业工作】 崇明县总工会在推进职工就业工作中重点抓三个环节:一抓树立典型,加强择业观教育。县总召开了以"艰苦奋斗,自强不息,为实现崇明跨越式发展建功立业"为主题的工会就业工作座谈会,确定了6个工会就业培训基地,表彰了10名生产自救带头人,并在《劳动报》、《崇明报》等新闻媒体上宣传先进事迹。二抓工会职业介绍工作,为下岗失业人员再就业牵线搭桥。到职介所求职登记的有245名,成功推荐188人,其中协保失业人员70名,退休人员4名,农村富余劳动力114名。三抓就业培训。年内通过中华职校和劳动保障局职业培训中心,先后举办家政服务员、初级家政保育员、物业管理员等培训班3期,培训193名下岗协保和农村富余人员,均取得了上岗证书。同时举办了"佳汇杯"家政服务员技能大赛。 (陈进修)

【市机电工会"五管齐下"推进再就业】 一是注重源头参与。在企业转制改制中,通过职代会民主管理,审查职工分流安置方案,防止岗位大量流失。二是注重基础管理网络。建立109人参加的再就业援助员队伍,强化了机电工会和直属单位两级再就业工作网络。三是注重发挥机电职介所作用。加强与用工单位沟通和联系，通过96个用工单位谋求1500多个岗位，经职介，已经帮助1000多人找到新的职业岗位。四是注重开展各类生产自救和非正规就业活动。通过各级工会努力，已帮助1000多人自主就业，并涌现再就业典型20个。五是注重抓好再就业宣传工作。机电工会编写了《就业与再就业指南》专题材料，宣传讲解再就业新政策，讲解举办非正规就业方法和知识，下发各级工会。还编撰《路，从这里延伸》一书，宣传弘扬本系统20个再就业先进典型。（宋福根）

【电缆厂工会多渠道帮助下岗职工再就业】 上海电缆厂工会在企业改革转制中积极开展再就业工作，在2003年使企业内50%的下岗职工找到了新的工作。主要做法包括：(1)储备知识，奠定再就业基础。通过二级周末学校，共计有1271名职工参加了各类技能培训，拥有岗位外第二技能证书。(2)调动各方，拓宽再就业渠道。通过行政职介、工会职介、职工互助职介，“帮扶身旁边下岗人，争做再就业热心人”，共同推进职工再就业。(3)调查摸底，明确再就业意向。通过了解下岗职工的技能和就业意向，做到工作有的放矢。(4)典型引路，树立再就业榜样。厂工会先后树立了5位再就业先进个人。(5)积极沟通，传递再就业信息。通过职业介绍援助员，使下岗职工即使掌握就业信息。(6)热心服务，搭建再就业桥梁。凡是有大型的招聘会，厂工会总是千方百计通知下岗在家的职工参加推介。（陈建英）

【轻工业工会为创业带头人著书】 为了以榜样的力量进一步引导职工转变观念，推动再就业工程，轻工业工会编辑出版了以《创业交响曲》为主题的两本一套丛书，从关怀、生存、拼搏、勤奋、责任、改制、奉献等7个章节，用大量的图片和小故事，追寻创业者的足迹、采撷创业者的风彩。《创业交响曲》采撷的再就业带头人先进事迹在轻工行业职工中引起很好反响。

（张　帆）

【轻工业工会建立和完善促进再就业机制】 轻工业工会在全行业中进一步建立和完善了促进就业机制。(1)通过建立职工培训机构，为离岗职工掌握转岗技能“充电助力”。全系统已创办16所女职工周末学校，与14个办学质量较高的单位建立协作关系，为离岗职工培训创造条件。(2)通过建立和完善就业中介机构，为离岗职工再就业“铺路搭桥”。轻工业工会建立了职业介绍所，已与160多个用工单位建立了协作关系，其中与30多家企业和单位建立长期协作伙伴，通过再就业工作目标考核，最大限度地帮助职工实现再就业。(3)通过建立创业带头人培育机制，为离岗职工再就业“引路导航”。工会积极从舆论、物质、资金、政策、精神、荣誉等方面扶持创业带头人，共培育和扶持了生产自救带头人532名，吸纳离岗职工就业7343名，先后为3万多人次离岗职工进行再就业技能培训。（李小云）

【轻工业工会举办“上海轻工创业者风采展”】 轻工业工会在2003年举办了“创业交响曲——上海轻工创业者风采展”。展览共分关怀、生存、拼搏、勤奋、责任、改制、奉献等七大部分，共100个版面。通过集中展示后又送到各基层工会进行巡回展示，并挑选优秀的生产自救带头人现身说法，交流系统创业经验，使广大干部和职工中受到激励和教育。（李小云）

【宝钢集团公司工会开展互助职介扩大再就业】 群众性的互助职介活动是宝钢集团公司工会推进再就业工作的新载体。所谓互助职介，就是工会动员在职职工为身边本部门的下岗职工介绍工作，帮助他们再就业。集团公司工会通过与集团公司人事部、集团公司就业管理中心联合制定下发了《关于开展“创造岗位，促进就业”系列活动的通知》，对互助职介活动作了全面部署大力推广。根据基金章程规定，每互助职介成功1人，奖励职介者1000元；成功职介1名“4050”人员上岗，奖励2000元，奖金在由集团公司行政和工会筹资的再就业带头人创业基金中支付。集团公司工会开展的互助职介活动共使2443名职工走上了新的工作岗位，基金奖励达222.8万元。

（陈　晖）

帮困送温暖

【上海工会扎实开展2003年元旦、春节送温暖活动】 市总工会下发了《关于认真开展2003年元旦、春节送温暖活动的通知》，要求各级工会根据本系统、本地区的实际，加强领导，广泛动员，在党政所望，职工所需，工会所能的结合点上下功夫，精心组织2003年元旦、春节期间帮困送温暖活动。为确保困难职工过一个愉快祥和的新春佳节，各级工会在调查摸底的基础上

市总工会和一钢公司工会联合举办再就业带头人培训班　（唐焱彪）

拟定了重点慰问救助对象。市总工会在主席室的带领下，机关干部分成12个慰问组，对近50个区、县、局(产业)的部分困难职工家庭进行上门慰问，并筹集好元旦、春节送温暖慰问启动资金100万元。2003年各区、县、局(产业)工会及基层工会共筹集慰问救助款8000多万元，会同党政领导慰问困难职工30多万人。春节期间市总工会举办了“迎新春送温暖劳务洽谈会”；会同各地区工会和主要行业工会举办了中小型人才劳务市场；组织近百万职工踊跃参加“捐一日工资，献一份爱心”的“一日捐”活动；社会各界和企业事业单位也积极资助帮困送温暖基金，推动职工互助互济活动的开展。

(王立铭)

【市总工会举办“托起希望的太阳——上海工会送温暖工程巡礼”活动】 为了展示上海工会送温暖工程活动十年的丰硕成果，市总工会在2003年元旦春节期间举办了“托起希望的太阳——上海工会送温暖工程巡礼”活动。活动首次以文艺形式，通过一批反映真事、讴歌真人、抒发真情的文艺节目宣传送温暖工程。活动中，市总工会对获得“生产自救带头人100强”称号的丁自均、胡志凤、魏红等百位同志进行了表彰；向纺织系统上海绿藤实业发展有限公司、闸北区永和小区保洁站等20家生产自救组织发放创业资助款；向接受工会助学帮困的学生代表发放了助学金；李斌、黄静华、陶依嘉等10名全国劳模、市劳模与10名学业优秀的特困职工子女结对互学，上海金融系统全体干部职工、上海市级机关工会和上海绿地集团分别向上海市社会帮困基金会捐赠187万元、10万元、8万元的帮困基金。

(陈　晖)

【市总工会拓展助学帮困渠道为困难职工家庭送希望】 市总工会动员各级工会进一步拓展助学渠道，加大助学帮困力度。为扩大助学对象知识面，市总工会通过文新报业集团资助和市社会帮困基金会、市职工救急济难基金会共同出资，为本市1000户困难职工子女赠订了2003年新民晚报。在“托起希望的太阳——工会十年帮困送温暖巡礼”活动中，市职工救急济难基金会出资为参加会议的44名困难职工子女代表发放了2.2万元助学帮困金。在“六一”前夕，市总举行了“携手同行成长路，齐心协力抗非典”为主题的助学帮困仪式，由市职工救急济难基金会出资发放了2.5万元助学帮困金。为总结交流各级工会助学帮困经验，不断拓展助学帮困形式，2003年秋季开学前，市总工会组织召开“为了希望的明天——工会助学帮困座谈会”，并由市职工救急济难基金会出资为参加会议的50名困难职工子女代表发放了2.5万元助学帮困金。2003年，市总工会会同市社会帮困基金会、市职工救急济难基金会共同出资，通过各种形式累计助学4535人次，帮困金额156.64万元。

(曹国芬)

【市总工会加大医疗帮困力度为困难职工办实事】 市总工会通过各种形式加大医疗帮困力度，对列入市总工会直接定向大病帮困的近1700户大病重病的低收入特困职工家庭，在春节、劳动节、国庆节三大节日前每次发放500元帮困金，总计244.88万元，分别由市社会帮困基金会出资184.08万元、市职工救急济难基金会出资60.8万元。另外对因换肾、心脏手术等急需支付大额医疗费的特困职工家庭进行一次性医疗帮困。对支付医疗费用较多的患严重慢性病的困难职工家庭给予公惠医院医疗帮困卡。每张卡享受500元免费医疗救助，资金主要由市医药集团捐助，市社会帮困基金会出资63.591万元、市职工救急济难基金会出资30万元，共发放公惠医院医疗帮困卡5000张。为1030困难职工家庭发放了一次性医疗帮困金。

(曹国芬)

【全总、市总和社会各界关爱劳模】 2003年，累计发放全总全国劳模慰问金149.25万元，共有1534人次的全国劳模及全国五一劳动奖章获得者在春节、“五一”及国庆前夕领到了慰问金。市劳模协会收到社会各界人士给困难劳模的捐款共计35万元，共有720人次困难劳模受助；还收到社会各界人士赠送给劳模的价值近200万元物品；上海市老年基金会、上海市慈善基金会、上海冠生园集团有限公司、昂立集团、上海金加瀛公司等都向老劳模、困难劳模献出了一片爱心。

(唐维生)

【市总领导高温季节下基层慰问一线职工】 7月16日至25日，市人大常委会副主任、市总工会主席陈豪，市总工会副主席吴申耀、张兴淮、汪兰洁、杜仁伟、谢峰，秘书长侯其彬等领导分路到上海电信工程公司管道分公司、上海深水港建设工程、上海市城市排水市中运营有限公司曲阳水质净化

上海市总工会举办“托起希望的太阳——上海工会送温暖工程”巡礼活动

(姜志伟)

厂、三航局上海分公司苏州河闸桥工程项目部、上海东亚联合建筑实业(集团)有限公司强生古北花园项目经理部、上海江桥生活垃圾焚烧厂、上海红双喜冠都有限公司、上海振华造漆厂、上海沪光客车厂、上海金山公路建设有限公司、上海彭浦机器厂、上海联吉合纤公司、上海铁路分局水电段、上海通用汽车有限公司等企业进行高温慰问,深入车间、班组,看望顶着酷暑,坚守岗位,奋战在生产一线的广大职工,送上关心和问候。 (沈兰萍)

市总工会召开上海工会助学帮困座谈会 (曹国芬)

【市总工会开展庆"六一"帮困助学活动】 为了解除奋战在抗非一线女职工的后顾之忧,帮助其子女安心学习,过一个有意义的六一儿童节,2003 年 5 月 31 日上海市总工会举行了"携手同行成长路,齐心协力抗非典",庆六一帮困助学仪式。市总工会领导给 50 名单亲、困难女职工的子女送上帮困助学金 500 元,市教育局、新闻出版局、外经贸、纺织、城市交通管理局以及轻工工会还向小朋友赠送了学习和生活用品。 (徐梅瑾)

【浦东新区总工会切实把帮困送温暖工作做细做实】 (1)机制救助,突出实效性。元旦、春节期间,推出了"五个一百"帮困措施:新区劳模协会与100 名困难劳模;新区退管办与 100 名困难退休职工;新区机关、直属企事业干部与 100 名困难职工;新经济组织工会与 100 名困难职工;浦发集团和经贸局工会与 100 名困难家庭子女分别结成帮困对子,全年新区总工会直接用于结对帮困的金额为 25 万元。(2)重点帮助,突出针对性。加大对困难企业职工的帮困力度,千方百计为困难职工子女缓解就学压力,2003 年新区工会对 289 名困难职工的子女共发放了 10.08 万元助学金。(3)合力救助,突出社会性。针对上海城市老龄化的特点,对患重大病、慢性病及一老养一老或孤老的 2133 特困人员,实施医疗救助、临时补助、结对帮困共计 120 万余元;继续配合政府,做好支内支疆退休回沪定居人员的帮困工作,全年用于这类人员的各类帮困金额共计 1647 万元,12.3 万人次;创办新区职工保障中心,构筑医保、市总补充医保和新区互助保障三级职工互助互济补充保障机制,全年共为约 4 万人次理赔近 1700 万元。 (蔡雪康)

市总工会领导慰问建工集团卢浦大桥建设者 (缪云明)

【浦东新区总工会试行"四个属地"职工分流方案】 新区总工会针对企业转制改制中涉及的职工分流问题,提出"四个属地"(即属地管理、属地就业、属地帮困、属地保障)的帮扶方案。(1)"属地管理":企业工会将分流职工的名单送新区总工会,新区总工会按职工的居住地址,移交给各社区、镇工会。由各社区、镇工会建立分流职工帮扶联系档案,在与职工签订分流协议时,给有困难需要帮助的职工每人一张"职工帮扶联系卡"。职工可以持"职工帮扶联系卡"直接到居住地所属社区、镇工会(工作站)联系、登记,提出具体的帮扶请求。(2)"属地就业":对有就业要求的分流职工,社区、镇工会给予积极帮助。根据职工的不同情况和需求免费进行就业培训、就业指导、就业推荐等帮助。(3)"属地帮困":对生活困难的分流职工,由社区、镇工会列入帮困名册,并根据各职工不同的情况,采取不同的形式,实行结对帮困、助学帮困、一次性救助等帮困措施。(4)"属地保障":如果分流职工按照政策规定可以享受"低保",社区、镇工会(工作站)通过政府有关方面予以联系落实;如果职工分流后,暂时没有找到工作,社区、镇工会(工作站)应帮助指导领取失业金等。 (赵兰娣)

【徐汇区总工会深化三项帮困举措】 (1)经济帮困。加大帮困资金的投入，2003年三大节日期间，区总工会帮困基金共拨款48万元，救助职工1800余人；全区各级工会共救助困难职工近4万人次，金额800余万元；启动区总工会特困职工定期帮困制度，每年拨款3.6万元对区属企业30名困难职工进行定期帮困；做好支内、支疆退休回沪人员帮困救助工作，通过各社区救助所对8000余名有关人员发放了近630万元的各类补助。(2)政策帮困。区总工会建立了工会政策咨询志愿者队伍，面向本系统职工群众全面公开政策咨询热线和办事制度，帮助、指导困难职工用足、用好政府各项救助政策。(3)助学帮困。结合帮困信息系统的建立，明确各产业(系统)、集团公司、社区工会重视凝聚各方力量，动员社会资源，通过部门结对、企业单位结对、领导干部结对等形式，确保结对助学帮困户数达到本系统困难职工总数的10%。

(李　璎)

【长宁区总工会围绕"个十百千万"办实事送温暖】 个——建立一个机制，长宁区工会干部权益保障机制；成立二个中心，长宁区总工会就业指导中心、工会法律服务中心；设立三大基金，帮困基金、创业基金、大病基金。十——为50名退休老劳动模范进行健康体检；创立20家爱心特色助老企业；帮扶20名再就业带头人；培育30名长宁区女职工创业带头人；十个街道(镇)全部建立了退管会。百——为118名重病特困职工提供定向帮困；为100名就业困难职工提供免费岗位技能培训；开展"百家企业为百名贫困学生助学活动"；全年发放300张帮困医疗卡；为700名职工进行了"职工网上行"培训；为300名新建企业女职工进行免费妇科体检。千——资助1500名困难企业的困难职工参加职工住院医疗补充保险；资助1000名单亲困难女职工参加女职工重大病补充医疗保险；为1500名困难企业女职工进行妇科体检；帮助1000名下岗失业人员实现再就业。万——组织5万余名职工参加职工互助医疗补充保险；组织3.8万余名退休职工参加职工住院医疗补充保险。

(赵永康)

【北新泾街道工会开展"送医进社区"活动】 街道工会会同街道有关科室与上海新虹桥医院共同开展了"送医进社区"的系列活动。(1)领导重视，召开专题会议。对如何实效"送医进社区"进行了专题研究，制订了方案，落实了责任制。(2)广泛宣传，推进落实。通过街道黑板报、宣传栏等形式，举行健康系列知识讲座，聘请专家参加讲课，使社区居民、困难职工了解了预防疾病的知识，增强了预防疾病的意识。(3)组织免费体检，安排困难职工专项检查。街道工会落实安排社区下岗失业人员、协保人员和外来员工近2400人，免费为他们体检，其中，发现1名女职工患有癌症，得到了及时治疗。帮助社区中的困难群体"无病先防、有病早治"，为社区困难群体排忧解难，使社区困难职工感到工会大家庭的温暖。

(朱明瑛)

【普陀区甘泉街道社区工会帮困建机制　促转变】 普陀区甘泉路街道社区工会在开展扶贫帮困过程中，加大帮困机制建设的力度，坚持机制帮困、长效帮困。(1)建立救助源头参与机制。发挥三方协商机制和联席会议作用，由办事处出资2万元，为地区内384名困难职工办理了职工住院保障计划。(2)建立生活救助机制。实施"一帮一"、"五送"(送思想、送岗位、送技术、送信息、送关爱)帮扶活动计划，为困难职工办实事、办好事。同时还开通职工热线电话，及时了解职工困难和需求。(3)建立再就业机制。开办社区工会培训学校，建立下岗失业职工和用工单位联系网络，通过培训让下岗职工掌握了新的技能，帮助一批职工走上了新的工作岗位。工会帮困工作实现了"三个转变"。一是建立困难职工档案，实行动态管理，开展结对帮困长期帮困，变年终关怀为终年关怀。二是深化送温暖的内涵，以送钱送物帮困重点向送技能、送岗位转变，变"授人以鱼"为"授人以渔"。三是针对不同职工的不同困难原因，实施不同的帮困举措，提升送温暖工作层次，变共性服务为个性服务。

(顾维兴)

【杨浦区总工会整合帮扶资源　搭建"1+3"联动帮扶体系】 区总工会率先在本市建立了集生活救助、就业指导、法律援助、互助保障、为老服务、信访接待等服务功能为一体的杨浦区总工会职工援助中心，和各社区(镇)工会已有的"三站"实行联动，开展"一门式"援助服务，形成"1+3"联动帮扶体系。即"1"为区总工会职工援助中心；"3"为11个社区(镇)建立区总工会职工援助中心社区(镇)分中心，下设三站，分别为职保理赔站、就业服务站和法律援助站。区总工会统一为"三站"挂牌，统一招聘职保理赔员、就业指导员和法律援助员，专门从事工会职工援助工作。推行"八项操作管理制度"(《关于特困人员补充救助的实施细则》、《帮困基金管理规定》、《帮困基金会会计管理制度》、《职保理赔处(点)管理制度》、《职保理赔互助结对和差错公示制度》、《关于推行职保理赔免检责任制和示范员指导制工作的实施意见》、《职工援助中心工作人员守则》、《职工援助中心考核办法》)和"三项公开"(公开援助对象、公开援助程序、公开监督方法)，确保"1+3"联动帮扶体系能有效发挥作用。全年共为上万人次职工提供援助服务。

(王　洪)

【黄浦区总工会开展"十个助"帮困援助活动】 黄浦区各级工会开展助训、助岗、助困、助医、助学、助保、助模、助干、助法、助老等"十个助"活动，取得了新成果。(1)助训：各级工会培训职工技能3283人次。(2)助岗：多次联办再就业援助招聘，达成用工意向2206人，实现再就业2641人。(3)助困、助医、助学：全区工会为职工助困、助医、助学共2.1万人次，帮困金520万元。(4)助保：各级工会组织19万人次的在职职工、13万余名退休职工参加各类职工保障互助计划。其中，905名社区失业协保人员也参加了职工保障互助计划。(5)助模：各级工会把劳模工作纳入年度考核，写进集体合同，实行了为劳模建档、探望、解困、体检、学习、

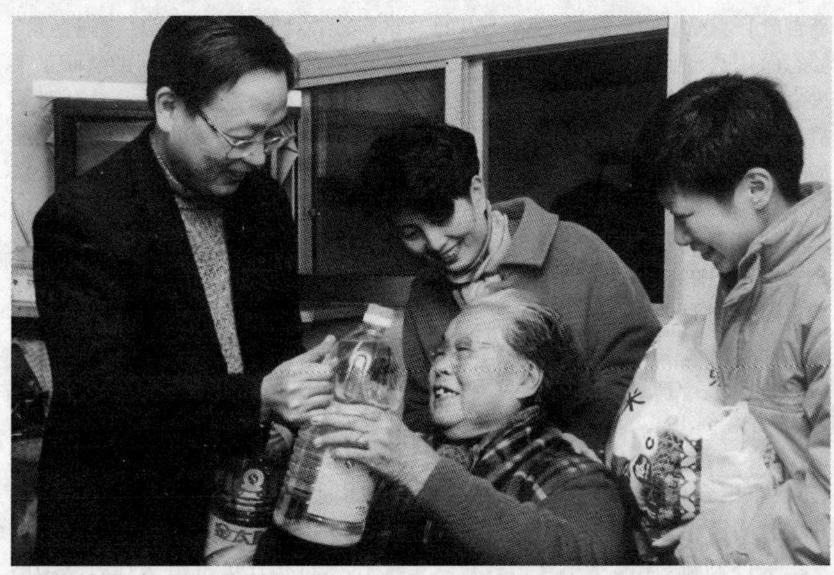
杨浦区总工会建立困难劳模帮扶机制。图为区总工会上门慰问困难劳模　（王照辉）

宣传等制度。(6)助干：实施了《黄浦区工会主席权益保护援助办法》。(7)助法：实施《区劳动关系协调机制指导委员会工作办法》；试行了社区“人民调解引入劳动争议调解”机制；抓了非公企业中409家维权薄弱点两法一条例执行情况巡视、检查、整改；在区总工会机关倡导调研，征集建议，探索为“三高”群体办实事的新途径。(8)助老：重点帮扶困难退休职工，引导各级工会在建档立卡、走访慰问、组织参保、为老服务上做出各自的特色。

（吕诚陆）

【豫园集团工会抓住“六个环节”建立长效稳定帮困机制】 (1)建立资金来源机制。由行政、工会、职工共同形成帮困资金来源主体。(2)建立完善的动态困难职工档案，运用电脑化管理，并不断调整完善。(3)建立工作责任制。集团党委总揽全局，落实责任。集团行政统筹安排，筹集资金；集团工会全面负责帮困运作。形成了党办负责宣传，人事负责政策解释，稳定办负责信访等多方合作机制。(4)建立工作任务制。主要做好五个确保：确保上岗职工570元工资收入和退养、待岗职工生活底线；确保上岗职工的“四金”解缴和下岗、协保职工的“三金”解缴；确保协保费的解缴；确保对符合规定的困难对象的关心；确保集团、子公司领导自愿结对帮困助学到位。(5)建立慰问走访工作制。除重大节日慰问走访形成制度外，还要形成经常关心特困职工和特别关心突发受灾职工的制度。(6)建立就业援助制度。包括改革中尽可能保留岗位、不流失岗位；改革后积极创造岗位，寻找岗位，安置下待岗职工。（吕诚陆　黄冠鸣）

【新新(集团)有限公司工会多形式多渠道构建济困解困两项机制】 上海新新(集团)有限公司工会为职工编织了一张帮困网，筑造了一道保障墙。(1)多形式的济困机制：一是建立“阳光工程”帮困基金会，着力扶助系统内特困职工；二是开展“千人帮困结对”活动，形成“职工有难，专人帮困”的良好氛围；三是倡导基层工会建立帮困互助基金会，集团直属企业已有12家建立了“大病、重病帮困基金”、“特困职工帮困基金”、“子女学费帮困基金”。(2)多渠道的解困机制：构建就业解困机构，搭平台，送岗位，帮助困难职工脱贫。一是建立“减压阀”，即以系统内部车管公司为集团劳务中心，至今已成功拓展非机动车停放点300余个，新增道路协管、绿化保洁、综合整治、小货车运输等社会公益项目，大大减轻了集团再就业工作的压力；二是设立“中转站”，即以系统内劳务公司为就业中介，与社会大型超市、酒店保安、民政部门等100余家用工单位相继建立业务关系，先后使608名下岗职工重新上岗；三是选好“带头人”，即支持职工敢于创业，带头创业，相继创办了快餐中心、保洁服务社便民服务社等10个非正规企业，带出了多名创业者，吸纳了一批下岗职工再就业；四是建立“信息网”，系统内用工必须坚持“先集团、后社会”的招聘原则，实现人力资源系统共享。集团《一周短讯》还开辟用工信息栏目，为系统相关企业提供就业信息。（曹志平）

【闵行区拓宽困难劳模帮困渠道】 闵

黄浦区总工会给万有全富南商厦生鲜食品配送中心高温作业的一线职工送上慰问品　（杨小珍）

行区总工会、工商业联合会心系困难劳模，积极拓宽帮困渠道，促成10家私营企业与10位困难劳模结成帮困对子，并于4月24日举行了结对仪式，确定了帮困形式：每年“五一”劳动节和“十一”国庆节前，企业方分两次捐款给10位困难劳模，每人每次600元。9月18日企业方代表还与区总工会、工商联一起对10位困难劳模进行了走访慰问。（骆秋炎）

【嘉定区教育工会开展“善待教师十项实事”活动】 (1)加大教职员工培训力度，全年不少于5000人次。(2)落实优秀教师津贴，建立健全激励机制。(3)协调落实教职工的购房贴款。(4)分期分批组织教师体检，组织健康咨询活动。(5)为教职员工每天提供一份牛奶。(6)开展百名工会干部与百户困难教师家庭结对帮困活动。(7)为困难教师家庭提供就业岗位。(8)建立退休教师重大疾病帮困基金。(9)成立教工文体协会，完善教工健康设施。(10)成立“党外知识分子联谊会”和“女教师俱乐部”。围绕实事活动，推出4项举措：一是会同局党政联合发文，采用签约形式，向全区教职工公开承诺；二是明确目标，组织全区教职工参与大讨论；三是成立领导班子和工作小组，制订实施细则；四是组织实事竞赛活动和定期考核制度。（唐身桂）

【松江区总工会加强劳动模范的管理和服务】 (1)从加强管理入手，开展对劳动模范的调查和建档工作，对全区400多名历届劳模开展了两次较为详尽的调查，并初步建立劳模家庭情况档案。(2)开展多种形式的帮困，除区总与各级工会干部定期或不定期地走访慰问劳模外，采取经济条件好的劳模帮困难劳模的“三定”结对形式为困难劳模解困。(3)定期组织劳模体检，年内，组织全区劳模到松江区中心医院进行健康检查。(4)宣传劳模事迹并开展各类活动，组织劳模疗休养；召开座谈会向劳模通报工作；通过媒体宣传劳模风采等。（莫永涛）

【青浦区总工会为职工群众服务迈上新台阶】 区总工会以第一责任人的姿态深化送温暖工程，突出了医疗救助、助学帮困、就业援助，努力为职工群众排忧解难，全年帮困职工人数达8982人次，帮困金额超过350万元。通过千名工会干部结对就业帮扶活动，不断推进再就业工程，全年工会帮助2026名下岗职工实现再就业。医疗互助保障计划覆盖面进一步扩大，全年新增职工住院、大病重病、退休职工住院和女职工特种重病补充保险60432人，参保金额199.2万元。（程天爵）

【市机电工会以五项举措完善帮困新机制】 (1)开展定向帮困。缓解特困职工实际困难，保障基本生活。各级工会定向帮困6800多人，帮困资金投放625.8万元。(2)开展助学帮困。总公司领导个人出资助学帮困已坚持4年，每人每年出资1200元，结对帮困20人；各直属单位党政工干部资助235位困难职工子女；机电工会加大助学帮困力度，投放助学帮困资金60万元，使500多个特困职工子女直接受益；全系统用于助学帮困资金达386.4万元。(3)开展结对帮困。春节前，总公司党政工领导走访18个困难企业和100户困难职工；总公司处级以上干部定期走访特困职工家庭60户。(4)下发专项帮困款。元旦、春节、五一节、国庆节，电气集团和机电工会对困难的基层企业，下发专项职工帮困款共149万元。(5)开展医疗帮困救助。对一些因患重病、大病致贫的特困职工，实行医疗救济救助。对重病大病困难职工给予救济补助全年15万元；发放医疗帮困卡200张；全系统用于医疗帮困328万元。（宋福根）

【上海柴油机股份有限公司工会制定三项制度帮困助学】 三项制度包括：一是制定领导干部捐资结对帮困助学制度。在《办法》中，对受助学生范围、受助活动方式都作了明确规定。二是建立领导干部捐资结对帮困助学联系制度。制度要求领导干部每年对受助学生家访不少于1次；经常与受助学生联系沟通，关心受助学生生活、学习、思想、品行等方面情况，努力帮助受助学生解决实际困难。三是建立领导干部结对帮困助学信息沟通制度。印发了领导干部结对帮困助学联系手册，要求结对领导及时、认真填写联系走访记录，也要求受助学生定期填写思想、学习、品德情况汇报，通过联系手册及时了解帮困助学工作的双向信息，使帮困助学工作有针对性、有实效性。（韩世先）

【仪电工会保障工作抓特色建机制】 (1)加强对社会保险金交缴情况的巡视督查，形成巡视通报机制。每年4月份定期向行政通报巡视情况，杜绝欠缴现象。(2)重视社会保障政策宣传，在仪电工会信息中刊登有关学费减免、廉价租住房等落实社会救助的一系列政策，为困难职工送政策。另外，各级工会干部利用各种资源，争取多方支持，到社区街道帮助特困职工落实救助渠道，拓展了保障工作的新空间，着力体现帮困工作的针对性有效性。据统计，2003年1月至10月，全系统有2793人次获得了社区医疗、低保救助，共得救助款381.9万元。（张爱卿）

【轻工业工会形成“三、三、三”常效帮困运行机制】 为使帮困工作真正落到实处，轻工业工会实施了“定人、定时、定额”的三定帮困制度；建立了产业级、公司级、厂级三级帮困网络；设立了产业级、公司级、厂级三级帮困基金。按照“三、三、三”帮困运行机制，全年四大节日，对3000余名困难职工实施救济，全年帮困金额达800多万元。全系统已有近1500名党政工领导与困难职工结对帮困，其中42名中、外方经理与62名特困职工帮困结对；14名创业带头人与39名特困职工子女结对进行助学帮困。（张帆）

【纺织工会开展助学成才活动】 纺织工会发出“助一人成才，帮全家脱贫”的倡议得到了纺织各集团公司的积极响应，着重采取了4条保证措施：一是实施经济帮困，做到不让一个困难职工的子女因付不起学费而辍学。全年系统帮助贫困职工子女20253人次，金额达295.5万元，其中纺织工会直接帮助的100个孩子中，15人全部实现了大学梦。二是实施精神帮困，注重塑造困难学生健全的人格。三是实施资源帮困，整合帮困力度，为困难职工子女成才创造良好的学习条件。四是实施志愿帮困，在100个助学成才的孩子中招募助学志愿者，鼓励他们在接受别人给他爱的同时，也懂得把爱传递给他人。（俞进艺）

【宝钢集团梅山公司工会落实帮困助学措施】 梅山公司职工互助基金会推出了帮困助学的一系列救助措施，对当年的学杂费抵支家庭收入后还低于上海市民最低生活保障线的职工家庭给予一次性补助。如子女属于9年制义务教育，按照学费的100%给予救助；如子女就读高中、中专、职校、技校、特殊学校（聋、哑、盲），按照学费的50%给予救助；如子女当年考入全日制高等院校，按照每户2000元的标准给予救助。全年，梅山公司工会对168户因学致困职工家庭，分别给予1000～4000元的助学慰问金，救助总额达42.7万元，受助学生225人，为困难职工雪中送炭，减轻了子女就学带来的压力。（邵铭惠）

【石化工会全方位开展送温暖工作】 上海石化工会针对公司分配制度改革方案出台后，职工的思想热点问题，及时化解矛盾，做好稳定工作。元旦、春节期间，按困难程度共列出265户特困职工家庭作为公司级特困对象，分别给予600～1000元的慰问金，共发放慰问金21.86万元；国庆期间，公司又对260户特困职工家庭，分别给予了400～800元的慰问金，共发放了慰问金16.84万元。公司党政工领导在节假日探望了23户特困职工家庭；28家单位的党政工领导干部1700余人，分别对长病在家、患病住院和经济困难的2300余名在职、退休职工进行了探望和慰问。“一日捐”活动中，总计有35293人参加，占职工总数的99.94%，捐款总额达118万余元，人均捐款33.45元；为了配合防治“非典”工作，制定了职工去医院发热门诊就医的医疗费补助办法，共慰问223名职工，补助了19717元。开展了以送培训、送政策、送服务、送保障、送温暖的“五送”活动，维护女职工权益保障工作，切实为女职工办好事、办实事。通过开通了22888女职工热线，每月10日、20日、30日的工作日下午为职工提供咨询服务。（施东亮）

市总工会副主席杜仁伟向困难职工子女送上秋季助学帮困金 （曹国芬）

【鲁中工会健全帮困网络帮扶救助困难职工】（1）健全帮困网络。鲁中工会将困难职工按照特殊困难、一般困难、临时困难进行划分，形成了集团公司工会帮特殊困难职工、二级单位工会帮一般困难职工、基层工会帮临时困难职工的三级帮困网络。健全了特困职工档案，通过调查摸底，为32位特殊困难职工发放了特困证。对持证的特困职工，其子女入学，房租、水、电、暖的费用，因病住院费用，有线电视收看费用等给予了很大的政策优惠。（2）精心组织“送温暖”活动。先后两次为73名特殊困难职工进行帮扶救助，发放帮困金48400元；鲁中两级工会组织在元旦、春节期间，走访慰问困难职工690人次，发放慰问金136120元；看望住院职工112人次，支出慰问金8204元。（3）多方筹措帮困基金。下半年，鲁中通过行政出一点、工会经费挤一点、职工群众捐一点的方式，将帮困基金扩充到了100万元，加大了帮困力度；指导二级单位建立了职工互助储金会，对临时困难职工及时进行救助。（王　辉）

【江南造船（集团）公司工会倡导“贴心服务”理念】 公司工会始终按照“暖心帮困经常化，扶贫解困制度化，帮扶责任目标化”的工作思路，通过行政出一点、工会拿一点、职工捐一点的资金募集办法，相继建立了总金额达680万元的《职工救急济难互助基金》、《离退休职工解困基金》、《医疗帮困基金》、《职工住院保障基金》。2003年（集团）公司工会新建立了《职工重大疾病互助基金》，还通过建立《困难补助办法》和《助学帮困办法》等三级帮困网络，对困难职工实行最大限度的帮助，公司用于职工生活困难补助的金额达90余万元，各类基金救助金额达120余万元，救助1200人次。公司工会以贴心服务理念，对重病困难职工实施特殊援助。开展了“挽救生命，献一份爱心”募捐活动，共募捐到20余万元送到医院，帮助职工进行了骨髓移植。（马宝生）

【中海集团工会帮困助学】 2003年中海上海地区各单位992名特困职工子女得到工会帮助渡过难关。但他们提出“决不让一个困难职工子女因生活困难而辍学”，该公司677名特困学生共获助学金27万余元。对部分待岗、退养、患病职工因子女读书造成家庭经济困难的对象，不仅从公司“送温暖基金”中给予帮困，而且开展了帮困助

学捐款活动，有 40 名干部共捐款 9300 元。（李春华）

【中海集团工会开展高温慰问活动】 集团工会在近 20 天的高温天气中，先后慰问了中海工业立丰船厂等 14 个基层单位职工和中海集运、中海货运 10 余艘到港船舶船员，共为 6955 名退休职工、困难职工和重病职工发放了近 47 万元慰问品和慰问金。（顾惠根）

【中海集团工会为两个困难群体帮困送温暖】 一个群体是 4000 名困难职工。这部分职工在生活上、经济上遇到一定困难，工会通过各种途径，对这部分职工进行帮困救助，使他们在生活上有了不同程度改善。全年通过工会帮困基金帮困 6110 人次，金额达 2648038 元，工会帮困 3628 人次，帮困金额 2253351 元；行政困难补助帮困 2482 人次，金额 394687 元。另一个群体是 1413 名待岗职工。协助党政将待岗职工再就业摆上工会重要议事日程。上海海运工会成立了由工会主席挂帅的再就业工作领导小组，要求基层工会组建相应的组织。上海海运工会对公司内待岗职工开展调查摸底，基本掌握了待岗职工再就业意向。公司工会与再就业服务中心联办培训班，培训 115 名待岗职工。通过培训使 87 名待岗职工走上工作岗位。为鼓励和引导待岗职工自主创业，自谋职业，上海海运工会筹建再就业扶持基金，通过小额借款、一次性资助和贷款贴息等形式，对待岗职工生产自救予以资助，对中介再就业成功者，酌情给予奖励。（李春华）

【中海上海船员公司工会为困难船员办实事】 2003 年上海船员公司工会为 2 千多名困难船员寄一份慰问信和慰问金；公司领导上门慰问 10 名特困船员。公司行政拨款 150 万元投入上海船员公司工会帮困基金，为 1381 名困难船员补助 21 万多元，707 名困难船员得到上海市、上海海运及船员公司行政三级帮困基金 120 多万元。公司工会出资 50 万元作为运转制船员再就业的启动基金；为 15010 名船员（包括退休职工）住院医疗补充出资 46 万多元；为 39 名身患重绝症的船员办理上海市总工会及上海海运二级工会帮困卡。开展“献爱心月”活动，发动船员捐款 16 万元，用于帮助困难船员，工会还为 230 多名困难船员建立帮困档案，实行跟踪关心。（卢启汉）

【港务集团工会建立特困职工子女助学奖励基金】 港务集团工会在继续做好日常的助学帮困活动基础上，推出了一项帮困助学新举措：经集团工会全委会认可，集团工会从历年节余经费中拨出 100 万元，建立了特困职工子女助学奖励基金。该助学奖励基金主要是对集团所属困难企业中的困难职工子女，当年考入普通高等院校的，根据高考成绩，一次性给予 500 至 2000 元不等的助学奖励金，使这些职工子女在顺利进入高等学府时，不仅得到物质上的资助，更得到精神上的激励。全集团共有 8 家困难企业的 159 名困难职工子女得到了资助，资助总金额为 15 万元。（夏健根）

【港务集团退管会组织开展敬老节系列活动】 在上海市第 16 个敬老节期间，港务集团退管会积极组织开展了敬老节系列活动：一是召开块组长代表座谈会，交流工作，畅谈学习中央两办 16 号文件精神的体会；二是举行港务集团退休职工交谊舞比赛；三是组织了“老码头看新港区”活动，在沪东集箱公司党政工的大力支持下，50 余位退休块组长参观了集团公司最先进的集装箱装卸码头。（余伟勃）

【长江轮船公司工会重视助学帮困】 8 月份，开学前夕，上海长江轮船公司工会走访了多家特困职工家庭，开展调查研究。在调查的基础上，对助学标准进行调整，总体上浮约 30%。凡特困职工子女考上大学、大专的，录取当年还可获得一次性奖励 2000 元。同时，2003 年，公司工会助学活动还形成了一条新的制度：公司工会本部干部以后每周必须走访一户特困家庭，随时掌握特困家庭的情况，同时对生大病、考上大学家庭必须及时上门家访，真正体现工会干部是“职工意愿的知情人、职工困难的帮助人、职工权益的维护人”。秋季助学活动中，共有 65 名特困职工收到了 60700 元助学款，助学金额和助学面都是公司历年来之最。截至年底，上海长江轮船公司工会共资助特困学生 266 人次，资助费用达 12 万多元。（马吉怡）

【上海邮政工会开展多途径多层次帮困送温暖】 上海邮政工会将帮困送温暖工作作为工会重中之重，一是明确了各级工会主要负责人是困难职工的“第一责任人、第一帮助人”，建立了党政领导班子对涉及重要帮困方案集

港务集团工会慰问老港区职工（朱建民）

体讨论决策的工作机制。二是逐步形成了局、基层二级帮困工作体系，有39个基层工会建立了帮困基金会，做到“制度完善、内容具体、对象明确、操作规范、专人管理、专款专用”，保证组织、制度、基金“三落实”。三是健全和完善了局、基层二级工会困难职工档案376个，并构筑了信息反馈机制，发现情况及时予以解决。四是实行日常帮困救助和定期帮困救助相结合，加大走访慰问的力度和规模，缓解了一些职工暂时的生活困难。据统计，全局有402名各级领导干部上门慰问困难职工946名，日常帮困救助和定期帮困救助金额为173.7万元，救助困难职工达4853人次。（顾奇良）

【航道局工会落实“三线、五送、一开通”工作】 航道局各级工会坚持依法维护职工的合法权益，把“三线、五送、一开通”作为工会帮困送温暖的基本要求，一是继续认真做好“企业职工最低工资标准线、下岗职工基本生活保障线、城镇居民最低生活保障线”这三条保障线的落实工作。二是对困难职工特别是特困职工加大帮困力度，切实做到“五送”即送政策、送信息、送医疗、送培训、送实物。三是为职工开通法律援助的渠道，热情为职工法律法规咨询服务，依法维护职工正当权益，积极为职工排忧解难。为进一步做好帮困送温暖工作，局工会还对全局78户特困职工家庭开展了大规模走访慰问并展开帮困调研工作，对两级工会帮困情况、特困职工需求、困难程度等情况进行了全面的了解，并据此对下一步帮困工作作出部署。（汪正林）

【三航浦东分公司工会建立帮困助学基金】 三航浦东分公司工会根据企业集体合同规定，由职工自愿募捐参加、公司行政和工会各出资5万元，建立了公司“困难职工子女就学帮困基金”。9月份，大、中、小学相继开学，在基层工会摸底调查和困难职工自行申报下，公司共收到28份子女就学帮困申请报告，在工会统一进行审核及提出初步帮困意见后，全公司有16位困难职工子女经公司帮困领导小组审批获得了基金的资助。（唐钧达）

【中远集运工会开展“扶贫济困送温暖”捐助慰问活动】 1月15日，中远集运工会组织开展“捐一日工资、献一份爱心”活动。总部机关、船舶管理公司机关、陆产总公司机关及各基层单位、计算机中心、中国部（上海中货）3853名职工共捐款178590元。6～10月，中远集运工会派出12个慰问组对浙江、江苏、安徽3省的87个县（市）的1012户船员家庭进行了慰问。11月，为贯彻落实上海市政府扶贫济困工作会议精神，中远集运开展了“扶贫济困送温暖”捐助活动，共计2422名职工参加了此项活动，向灾区和贫困地区捐助棉衣、棉裤、毛毯、绒毯、毛衣裤等物资总计6772件（条）。（许永贵）

【交通局工会举办劳模结对爱心助学活动】 春节前夕，上海市城市交通管理局工会为迎新春举办了“劳模结对爱心助学”活动。劳动模范与困难职工子女结对，这是交通局工会在原有的助学、助智的基础上，拓展为助信，提高这些困难家庭子女的信心，发挥劳动模范的先进精神，用劳模的无私、顽强、耐劳、爱心的优良品质，去引导、激励他们。

（冯华）

【市容环卫局工会以“两个结合，三个注重”开展结对助学】 市容环卫局工会先后举办了“大手牵小手，真情暖人间”和“爱心传递”两次大型助学结对帮困仪式，在全局掀起了助学结对的高潮，产生了较好的实际效果。主要做法是“两个结合、三个注重”。一是助学与助医相结合，助医效果最直接，解困难职工燃眉之急；助学的效果最长久，解困难职工根本之难。二是助学与结对相结合，助学是结对的重要目标，结对是助学的实现途径，结对增强了助学的实效，助学提升了结对的内涵。三个注重是：一是注重建立齐抓共管格局，营造共帮互助的良好氛围。已初步形成了党政领导重视、工会牵头、共青团组织、处室部门等各方积极参与的齐抓共管新格局，营造出了共帮互助的良好氛围。二是注重拓展结对助学外延，提升结对助学的实质内涵，从经济型单一救助发展为精神、生活、学业等方面综合帮助，从“输血型”简单帮困拓展为“造血型”发展帮困。三是注重创新结对助学形式，放大结对助学的绩能实效，逐步显现受助对象的多样化、授助主体的多样化、联系方式的多样化、帮助方式的多样化。在结对助学的基础上，环卫系统共有12户困难职工家庭走出贫困。（钱传东）

【水务局工会深入开展帮困送温暖工程】 市水务局工会指导各级工会进一步明确帮困送温暖的重点对象，加大助学帮困的力度，筹集慰问救助款和助学帮困款55余万元，配合党政领导慰问困难职工3000余人次和助学帮困150余人。深化“三项医疗互助补充保障计划”和女职工特种医疗保险。开展“捐一日工资、献一份爱心”活动，捐款总额38万余元，捐款全部用于建立和扩大各级工会帮困基金和职工互助互济活动。（陶诚）

【大屯能源股份公司工会多举措做好帮困送温暖工作】 上海大屯能源股份公司工会通过建立领导干部与特贫困职工结子帮扶制度，采取措施对特困职工在保证基本生活必需的基础上，重点进行造血性的帮扶，尽力从根本上帮助特困职工脱贫。通过建立健全“助病、助困、助学”三助基金，筹集资金达130多万元，对因病致贫、特困职工家庭及特困职工之女就学给予支助。为加强对基金的管理，修订和完善了“三助”基金使用管理办法，努力把基金用在最需要的困难职工身上。全矿区有近30名患大病和突遇天灾人祸的职工家庭分别得到了1000～7000元的资助，有60余名考入大中专院校的困难职工子女得到了400至4000元的资助。积极发挥互助储金会的作用，提高互助储金标准，职工互助储金额达到48万多元，在解决职工急难问题上发挥了积极作用。坚持做好职工困难补助，两级工会对困难职工发放补助及各项慰问金达158万余元，资助大病职工230人，金额11万元，助学350人，用款27万元，为遇突发事件的特殊困难职工募捐15人次，捐款28万元。公司工会女工委建立了“女职

工特殊重大疾病基金”募集资金 20.34 万元。 （王诗合）

【上海卫生系统落实帮困送温暖三项举措】 元旦、春节期间，卫生系统各级工会和退管会按照救助帮困工作会议精神，落实帮困经费，加大帮扶力度，切实做好帮困送温暖工作。市卫生局党政领导从有限的经费中拨出专款，亲自带领相关处室干部家访 7 名在职和 3 名退休困难职工，并送上帮困慰问金；各基层党政领导也从行政经费中拨出专款，并出动干部 2000 多人次上门慰问。医务工会、退管会也积极开展帮困送温暖活动，着重抓了 3 项工作：第一，从基层上报的 125 名困难户中挑选 20 户困难家庭进行摸底慰问，为局党政领导上门慰问做好前期准备；第二，加大帮困力度，慰问困难人数较上年增加一倍，确保困难人群的覆盖面；第三，提高人均帮困额度，帮困补助金额较上年有明显增加，最高金额达 1000 元，全市卫生系统各级党政工组织通过拨专款落实帮困经费；市医务工会通过职工救急济难基金、退休职工帮困基金等补充渠道，共帮困慰问 11250 人，发放慰问金达 341 万元。 （吴嘉民 项丰满）

【医务工会加大对患有恶性肿瘤女职工的帮困力度】 上海市医务工会对患特有恶性肿瘤的女职工加大帮困力度。一是开展调研，摸清情况。在市级医疗单位的 4 万余名职工中女性占 65%以上，特别是患恶性子宫癌和乳房癌的比例有所增加，且发病年龄有所下降。根据情况分析，患女性特有恶性肿瘤的比例始终占女性全部疾病的 31%左右。二是在调查分析的基础上，为使不幸患特有恶性肿瘤的女职工及时得到有效的治疗和早日康复，经主席会议研究，专门下发了沪医工(2003)9 号文件，决定在不影响其他患病职工得到补助的同时，对这些患特有恶性肿瘤的女职工给予一次性补助 2000 元，若有复发再给予适当的补助。年内，共有 15 名女职工得到了这一帮困补助。 （童秀妹）

【新闻出版工会重视帮困工作】 年初开展实施“一日捐”活动，共有 77 家单位参加“一日捐”，总金额达 336317 元。积极开展送温暖活动，春节期间，对系统困难职工进行家访、慰问。局工会下拨 23680 元专款，资助印刷集团、新技术集团部分困难企业 1184 名女职工进行妇科检查；局系统在职人员帮困补助金额为 99800 元，退休人员困难补助为 123400 元。下拨帮困助学款 121800 元，帮困助学 349 人次。其中在职 334 人次，金额 116400 元；退休 15 人次，金额 5400 元。17 家单位与 40 余位学生助学结对；局行政拨出 10 万元专项经费，定期对患重病、大病的，一老养一老的，退休早、收入低的，其子女有残疾的等特殊情况的给予重点资助。 （陈宏华）

【文新报业集团技协助老帮困获殊荣】 9 月 29 日，在上海商城剧院召开的上海市助老帮困和为老服务先进表彰大会上，文新报业集团职工技协获得“上海市助老帮困先进集体”和“上海市特困老人助养助医工作先进集体”称号，并被命名为“上海市爱心助老特色基地”。文新报业集团职工技协把助养孤老作为弘扬技协精神，为社会服务的一件“份内事”，自发助养了 10 位孤老，平时关心老人们的生活，问寒问暖，请华东医院的专家为老人体检，送医送药上门；老人们生活有不便时，组织报社的青年职工义务为老人服务。每到高温季节上门送防暑降温用品，逢年过节，送慰问品、请老人同吃年夜饭已成了文新报业集团工会职工技协的“规矩”。 （朱志成）

【农委系统开展扶贫帮困工作】 年初，农委系统共有 2525 名干部职工参加了捐献活动，总金额 4.53 万元。根据市府统一部署，为支援江西、云南省受灾地区，10 月份开展了募集衣被活动，共有 1663 人参加，共募集衣被 5400 件。此外，农委各级工会对患有重病和丧失劳动力的特困家庭给予定点帮扶。每逢国庆、元旦、春节等重大节日，农委各级工会积极配合党政领导走访慰问救助特困户 158 人次，向贫困户发医疗卡 30 户，慰问金额达 14.6 万元。 （许有宗）

【长征总公司工会采取多种形式开展帮困救助】 农工商集团长征总公司工会以“拓宽就业培训渠道，帮困解难凝聚民力”为工作出发点，着力推进再就业工程和社会保障工作。工会通过举办多期再就业技能培训班，为公司内协保、失业职工再就业打下良好的基础，工会还与社保中心联系，积极推荐、鼓励他们用学到的一技之长，服务社会再创新业，一年中共有 321 名协保、失业职工重新获得了再就业的机会。在“送岗位”的同时，工会又通过多种形式做好帮困救助工作，帮困 664

7 月 30 日，市职工保障互助会召开二届十次常务理事会议一致通过市总工会副主席谢峰（左二）接任市职保会理事长 （徐国峰）

人次,投入金额22.8万元;医疗帮困520人次,救助金额1.72万元;助学帮困122户,助学金额2.46万元;定向帮困122户,帮困金额7150元。每逢重大节日,工会还带上礼品和慰问金,登门慰问敬老院的孤寡老人、特困家庭职工及住院的病人。工会还为全公司347名协保人员建立了困难职工计算机信息网络;分别为全场3083名在册职工和4438名退休职工办理了住院互助保险。 (桑树德)

短信息:

○ 12月25日,上海电信公司帮困基金会召开会议,对做好帮困送温暖工作提出新的要求。 (朱东亚)

○ 8月,中远集运工会召开帮困助学事迹报告会,总结介绍了公司连续5年来的帮困助学情况。 (周培军)

○ 7月24日,南汇区总工会组织37名品学兼优的困难职工家庭子女参加夏令营一日活动。 (朱 雁)

职工互助保障

【市职保会互助医疗保障计划覆盖面再创新高】 市总工会通过上海市职工保障互助会在全市职工中开展的四项互助医疗保障计划,因配合了上海市医疗保险制度改革,适应了广大职工的需求,较好地体现了政府所望,职工所需,工会所能的特点,因而参加四项互助医保计划的职工逐年增多,经各级工会的共同努力,2003年全年参(续)保职工551.68万人次,同比上升2.8%;有效会员达741.34万人次,同比上升13.5%。互助补充保障覆盖面进一步扩大。四项互助医保计划参(续)保见下表:

内容 / 计划	2003年全年参保人数		
	参保人数	有效会员	占职工比例
特种重病	66.8万人	204.81万人次	55%
在职住院	205.5万人	257.59万人	69%
退休住院	233.58万人	233.14万人	(占退休职工)97.5%
女职工特种	45.8万人	45.8万人	41.6%
合计	551.68万人	741.34万人次	—

(按《2003年上海统计年鉴》刊载:2002年底,上海职工为373万人,退休职工为240万人,在岗女职工为110万人。)

(周红燕)

【上海60余万(人次)职工获互助医疗保障】 上海市职工保障互助会根据市总工会的要求组织全市职工开展的四项互助医疗保障计划,提倡"聚小钱,办大事"、"无病我帮人,有病人帮我"的工人阶级团结友爱互助互济精神。2003年,又为60.59万人次患大病、住院治疗等参保职工给付互助补充医保金2.89亿元,同比上升3.5%和3.2%,全年给付情况如下:

内容 / 计划	2003年全年参保人数	
	给付人数	给付金额
特种重病	3330人	2875.12万元
在职住院	13万人	257.59万元
退休住院	47.25万人	233.14万元
女职工特种	96人	45.8万元
合计	60.59万人次	741.34万元

截至12月底,四项互助医疗保障计划累计给付137.85万人次、6.84亿元的互助医疗保障金。 (周红燕)

【市职保会加强“特种重病”、“女职工特种”保障计划审核管理工作】 上海市职工保障互助会全年给付“特种重病”、“女职工特种”保障计划互助医保金3426人次、2954.07万元，为患大病的参保职工送去了精神上的慰籍和经济上的援助。但申请给付时瞒报、错报、重复申报，甚至篡改病史等不规范操作现象时有发生。为了对全体参保会员负责，职保会加强了“特种重病”、“女职工特种”保障计划的管理及审核工作。一是制定了《关于加强特种重病规范给付的通知》下发至各区县局（产业）工会。二是职保会内部加强审核力量，新增医生，每天分组到医院核查。2003年，共走访医院1325家次，给付3330多人次，核实3040人，核查占给付总数的90%以上。经到医院核查，共有110人次不符合要求，占核实总数的3.62 %，直接避免经济损失94.45万元。三是完善计算机监控机制，增加对隐瞒、重复和盲目申报进行实时记录，定期通报，使不规范现象得到明显控制。四是开辟审核绿色通道，积极与市卫生局沟通，得到理解和支持，专门印发了“关于本市医院配合《特种重病团体互助医疗保障计划》提供保障对象部分病例资料的通知”，全市二、三级医院的病史查询全面向职保会开放，审核工作走上了一条顺利便捷的快速通道。 （周红燕）

【市职保会区县工会服务处（点）给付互助医保金工作上新台阶】 市职保会19个区县总工会服务处、130个社区工会服务点在加强管理，方便职工等方面动足脑筋，挖潜创新，建立了一系列便民措施，如信访接待制度，高龄病人上门服务制度，预约登记制度等等，2003年服务处、点共为35.2万人次的退休职工办理了住院、门诊大病等补充医疗保障金给付手续，占退休职工给付总数（47.25万人次）的75%，同比上升10.6%；服务处给付计算准确率达到99.99%，同比上升1.3%。

（周红燕）

【市职保会开通网站及基层单位查询系统】 上海市职工保障互助会为了进一步方便区县局（产业）工会、基层参保单位及广大职工群众，不断提升互助保障工作的科技含量。继2002年通过电信ADSL网，向区县服务处发布退休职工参、续保即时信息，便于退休职工就近及时办理给付手续之后，2003年1月又开通了职保会网站（www.shzbh.org.cn），通过互联网向各区县局（产业）工会传送信息，使之及时掌握系统下属各单位的参（续）保信息和互助保障金给付情况。职保会的最新政策、各项互助保障计划、及时动态也通过网上第一时间发布，方便了各区县局（产业）工会开展互助保障工作的数据统计，加强了上下沟通与联系。7月，面向基层单位的查询系统全面建成，参保单位上网后，只需输入参保编码，其单位参加互助医保、获互助医保金信息即可尽数掌握。目前网站的点击率每天达280次左右。同时网站信箱也充分发挥作用，电子邮件为职工提供了及时有效的服务。 （周红燕）

【徐汇区总工会抓住重点推进职工互助保障工作】 2003年徐汇区总工会把帮助困难企业职工参保作为推进职工互助保障工作的重点，采取“各出一点”的方式落实参保金，即：由区总工会出资、动员企业行政、工会和职工个人出资相结合，切实扩大困难企业职工的参保率，最大限度缓解困难职工的医疗负担。2003年，区总工会出资8.4万元补助了4200名困难职工参加了特种重病和女职工特种医疗保障计划。通过重点推进的方式进一步扩大和提高了互助保障工作的影响力，确保了各项医疗保障计划的广覆盖。2003年徐汇区在职职工住院保障计划参保5.3万人次，参保金额190万元，给付1400人次，金额130万元；特种重病参保3.6万人次，参保金额220万元，给付43人次，金额41.6万元；退休职工参保5.2万人次，参保金额260万元，给付2.58万人次，金额1000余万元。 （李　璎）

【长宁区总工会探索职保工作新方法】

长宁区总工会积极探索有效的职保工作新方法：（1）积极宣传引导，开辟职工互保工作新天地。在推进职保工作过程中，强化各种渠道、各种形式的宣传引导，争取全社会方方面面关心和支持职保工作。（2）加强调查研究，拓展职工互保工作新领域。明确提出“加强宣传，积极引导，认真组织，稳步推进”的非公企业职保工作指导意见。（3）力求全面覆盖，织就职工互保工作新网络。由系统、街道（镇）工会与区总工会和行政领导协调，以1:1相应出资资助，完成了全额资助经委、商委系统及转制企业1200名困难职工参加住院计划、1000名单亲、困难女职工参加女职工重大病医疗计划的区总年度实事工作目标。（4）注重指导服务，提升职工互保服务新水平。通过强化职保

市总工会副主席唐国才、汪兰洁为区县局（产业）工会女职工委员会代表送上女职工团体互助医疗特种保障计划投保单 （徐梅瑾）

工作服务处(点)建设,加强业务培训、抓好评比考核,促进互保工作开展。2003年,区职工参保职工住院医疗计划54744人,基本上实现了全覆盖;参保职工重大病医疗计划59661人次,参保率达115%;退休职工参保人数3.9万余人;有13958人次参加补充养老计划,参保金额达900多万元,共有3674名职工获得各类理赔救助款达191余万元,有23897余人次的退休职工获得理赔款844余万元。(赵永康)

【普陀区重视发挥市区两级医疗补充保障作用】 普陀区积极发挥市、区两级职工互助医疗补充保障作用,一是在动员职工参加市总工会职工互助补充医疗保障计划的同时,探索建立了普陀区职工互助互济生活补充保障网络,使特困职工在获得市互助保障给付的同时也能获得区互助保障的给付,为全区职工增加了一道"双保险"。二是增加新险种、扩大覆盖面。区保障计划继99年推出区重病保障计划后,又连续推出了"普陀区女职工重病保障计划"、"普陀区职工住院保障计划"等新险种。全区有83229人次参加市区两级重病保障计划,有187936人次参加了市区两级住院保障计划,有27167人次参加了市区两级女职工重病保障计划,进一步扩大了覆盖面。至2003年底,全区累计有73659人次获得市区两级各类险种的给付,获得保障金额达29884426.9元。(顾维兴)

【闸北区总工会牵头化解医疗突出矛盾】 闸北区建立由区总工会、医保办、民政局、地区办、信访办、劳动保障局、妇联等部门领导参加的闸北区化解特殊困难群众医疗突出矛盾联席会议制度,区政府明确联席会议由区总工会牵头召集,并设立了由区总工会、区地区办、区医保办、区民政局等筹集的化解经费45万元。在受理16起由市、区领导和信访办转来的信件中,当事人涉及离岗、无业、个体、退休人员等,都因患重大疾病耗去数额相当的药费而影响正常生活,请求政府帮助解决。对由领导批示的每封信件都做到认真核实,提出处理意见,对有影响的当事人则协调有关部门解决,经统计,16名当事人共需自理药费55万元,通过各方努力共救助12.66万元,其中化解经费支出4.68万元。(徐梅生)

【闸北区总工会建立维权窗口贴近困难职工】 闸北区总工会职工互助服务中心于3月成立。"中心"面积130平方米,有工作人员10名,设立职业介绍、互助保障、帮困救助、支内补助、法律援助、信访接待、女工热线等7个项目。为整合力量,协同工作,建立了由分管主席负责,职能部门参加的职工互助服务中心管理委员会;为方便职工,规范操作,制作了8块宣传版面,分别对每个项目服务对象、条件、程序等作出明确规范的说明;为加强管理、各司其职,把7项服务划分为职业介绍、互助保障、救助援助三大板块,然后细分到具体人。经过近1年运作,有三大好处:一是方便职工。原来分散在五处地方接待集中到一个中心,体现了"一门式"服务。二是提升形象。原来借用场所接待条件简陋,现在窗口条件一流,使求助职工进入中心感受"职工之家"的温暖。三是有利协作。原来分散办公、人手少,信息不畅,为解决职工困难或问题,很难体现及时,现在一起办公,可以做到便捷、及时,在服务过程中体现互助协作、工作互补。中心建立以来,办理在职、退休住院保障计划等11万余名,理赔(含代办点)2.7万余人次,计1092万余元;求职登记796名,介绍成功595名;救助、补助、援助、信访、热线共接待(听)312名。(徐梅生)

【杨浦区总工会完善职保工作"六个机制"】 一是调研机制。确定2003年4月份为调查研究月,对全区三项医疗保障计划落实情况进行了广泛调查摸底,对应保未保情况、工作的难点和薄弱点,做到底数清、情况明。二是责任机制。推行工作目标责任制,由区总工会与各条口和直属工会签约职保工作目标责任书,进一步明确职责。三是管理机制。充分利用市职保会的网络优势,对各系统的参保、续保情况随时进行跟踪。加强与基层的信息沟通,保证职保续保工作的及时性、有效性。四是操作机制。制定下发了《关于全面参加工会两项互助保障计划》等相关文件,明确参加对象,资金来源,有关措施、运作途径等操作条款,并开展职保工作达标竞赛活动。五是约束机制。探索把互助保障内容写入集体合同,从法律上予以明确。六是培训机制。抓好职保干部和基层理赔员队伍业务培训,下发了《关于推行职保理赔免检责任制和示范员指导制工作的实施意见》,推广理赔免检责任制和示范员指导制,保证理赔差错率降低到最低限度。(王 洪)

【黄浦区教育系统在职、退休教职工参保率达到三个"100%"】 黄浦区教育

城市交通管理局召开工会系统帮困基金工作推进会 (杨松敏)

工会踊跃参加市总工会《职工保障计划》。第一轮参保，各单位采取节省其他支出，以“三个一点”办法，为职工办了《住院医疗保障计划》。局行政为职工办了《特种重病医疗保障计划》。第二轮参保，局行政在教育经费不宽裕的情况下，根据市医改文件精神，每年拨出专款积极参加，2003年又新增办理了女教职工参加的《女工保障互助计划》，使三个《保障计划》参保率均达到100%。在此基础上建立了医疗帮困基金，为全体在职教职工和退休教职工解决了后顾之忧。除了全区8083名在职教职工的三个《保障计划》参保率均达到100%外，对全区12000名退休教职工，区教育工会则采用局行政拨一点，基层单位行政出一点，个人自愿拿一点的办法也使其全部参加《退休职工住院补充保障计划》，投保率也是100%。 （倪宝忠）

【千思装潢装饰公司工会开展“稳人心、暖人心、得人心”工程】 千思公司是家在全市知名度较高的私营企业，该企业工会自1995年11月成立至今，在黄浦区总工会和外滩社区工会领导下，紧紧围绕公司经营目标，以“稳人心、暖人心、得人心”工程，获得了会员和职工热情支持，增强了工会对职工的凝聚力。该公司每年拨万元专款支持工会开展工作。工会在每年国庆、元旦、春节都举行大型联欢会，开展文体活动。工会还关心职工生活，高温季节发放防暑降温品，加强安全生产督查，春节为困难职工“送温暖”。为了解决职工生病和住院难题，工会牵头成立了《千思职工送保基金》，根据员工病情轻重，给予相应的医疗补助；此外工会还为职工办理了太平洋保险公司“职工意外保险”，参加了市总工会的职工互助医疗保障。 （马卫星）

【宝山区总工会提前完成四项互助保障计划】 宝山区工会通过重点宣传、重点落实、重点突破等方法，在各级基层工会积极配合下，职工互助保障工作提前两个月全面完成了年初制定的工作目标。“在职职工住院补充医保”投保率达88.3%；“特种重病互助医保”投保率达77.8%；“女职工特种重病互助医保”参保人数达14669人；“退休职工住院补充医保”参保人数比去年增加15.8%；其他各项保障计划参保人数已达到15%。办理退休职工住院给付人次比去年同期增加30%，在职职工住院给付和特种重病给付人数也比去年同期增加。 （窦恺芳）

【金山区总工会职保工作卓有成效】 2003年，金山有71026名职工参加了各类补充保险，投保金额428万元；先后有5120人次获得理赔，给付保障金273.3万元。区总被市职保会评为2003年度先进工作委员会。主要做法：(1)、建立工作目标责任制，对全年的职保工作做到指导思想、管理责任、量化指标、考核办法、奖励措施五个明确；(2)、通过开设专题讲座、宣传典型事例，利用各种渠道，扩大职保工作的影响力，如运用枫泾地区火灾有9户投保户理赔到位，烟糖公司一职工大病理赔2.8万元等一些发生在职工身边的具体事例，在全区范围内大力宣传，使“为社会献一份爱心，给自己留一份放心，让家人多一份安心”的工作宗旨深入人心；(3)、扩大投保的覆盖面。枫泾镇工会将职保工作延伸到村级联合工会，消灭了基层工会的空白点；兴塔、张堰等镇工会积极发展新险种，消灭了职保险种上的空白点；教育局、烟糖公司、实业公司等单位也在原有的投保基础上扩大数量；(4)、加强服务管理，避免操作过程中出差错，确保资料准确，资金安全。 （王 韩）

【松江区工会突出维权为职工办实事】 通过各级工会干部的广泛发动，在由区委领导带头开展的“一日捐”活动中，全区53348人次的干部职工共捐款182万元，扩大了工会帮困基金。区总工会与区领导一起，定期或不定期地分别为675名特困职工，送上70.87万元的大病和助学帮困金，以镇、街道、企业局和公司为主的各系统工会，与党政领导一起，慰问5785户困难职工家庭，通过一年来的帮困，已有156名困难职工家庭摆脱了贫困。区总全体机关干部在继续开展“一对一”形式的助学结对帮困的同时，努力做好困难退休职工的帮困工作，在开展的“三定”帮困和节假日慰问中，共慰问824户本区和支内回沪的困难退休职工家庭，送去慰问金和医疗帮困金42.29万元，配合政府对全区1170名支内回沪人员发放补助金100.20万元，并协助政府做好稳定工作。区总工会和全区各级工会采取培训、职介、目标考核、奖罚结合等方法，为下岗、协保和大龄特困职工提供就业帮困，先后使1250名下岗职工获得再就业。参加与社会保障制度改革相配套的工会互助互济工作，截至2003年12月底，在职职工特种重病、在职住院、退休职工住院、女职工补充保险参保人数分别达到21822人、36876人、19553人和3042人，2003年1～12月，累计为1526人次在职职工办理给付金额95.62万元，为5199人次退休职工办理给付金额155.38万元。 （莫永涛）

【南汇区总工会抓好职工互助保障工作】 南汇区总工会全年各类保障的投保人数为28264人，投保金额为2806056元，赔付人数7242人次，赔付金额为2256063.70元。同时，为切实保障退休职工的互助保障，区总根据《上海市退休职工互助医疗保障计划》，结合实际要求，年初专门又下达了通知，并针对如何切实关心弱势群体，帮助解决退休职工生活上的实际困难提出要求，通过努力，全区有23106人参加了投保，比上年净增3045人，投保额达115530元，比上年增加152250元。有158名的无主管单位的退休职工在4月份参加了投保。2003年我区共有5431名退休职工得到了医疗赔付，共计金额1615120元。

（朱 雁 鞠林苹）

【机电工会“五个到位”保证保障计划提前达标】 全系统近16万名职工中，特种重病投保率80.58%，职工住院投保97.25%，补充养老和意外保障投保率36.23%，退休职工住院补充保障投保97%以上。推进职工团体互助保障工作主要特点是“五个到位”：一、突出维护职能，思想认识到位。机电工会领导思想认识到位把推进职保工作作为突出工会维护职能的一个途径。通过举办学习班，提高各级工会的认识，增强推进保障工作的主动性和积极性。二、立足服务基层,宣传工作到位。机电工会认真开展层层宣传发动,把互助保障的各种宣传资料发放到各基层单位进行宣传,层层做好组织发动工作。三、加强组织网络,管理工作到位。机电工会在几年的工作中形成了一个"投保、续保、给付"的有效运营网络。做到及时投保、及时续保、及时给付。四、加强定期分析,检查督促到位。机电工会定期检查各项保障计划进度和给付情况,定期召开会议,进行分析督促,要求基层单位及晨投保续保。这样就保证各项指标提前达标。五、重视表彰奖励,激励机制到位。机电工会重视物质奖励与精神激励相结合的激励机制。每年都根据基层单位各项指标的完成情况评选优胜单位、先进单位,并且给予这些单位一定的物质奖励,调动了各基层单位工作的积极性,从而使各项补充保障投保率、续保率比上年有显著的上升。

(宋福根)

【电气液压气动有限公司工会为协保职工办理四项保障】 上海电气液压气动有限公司工会在与行政进行工资集体协商和签订《集体合同》时,规定在职职工要全部参加市总工会的在职职工"住院医疗"、"特种重病"、"意外伤害"和"女职工特种医疗"等四个保障计划外,同时还特别规定,要为行业内的协保、内退等人员参保提供财力支持。目前,液气行业已为3007人次的协保、内退等人员,办理了市总工会的"住院医疗"、"特种重病"、"意外伤害"和"女职工特种医疗"等四个保障计划,从而使液气公司职工"住院医疗"、"特种重病"、"意外伤害"和"女职工特种医疗"等四个保障计划的投保率,分别达行业在册人数的160%、105%、102%、105%。根据公司《集体合同》的规定,十个特殊工种的97名职工还办理了商业"人身保险",为这些职工患大病、重病系上了一根"保险带"。

(沈　贤)

【化学工会建立企业内部补充医疗保险基金】 2003年化学工会为化解和缓冲医疗保险制度改革给职工带来的医疗风险,把推进用不超过工资总额2%的费用建立企业内部补充医疗保险基金设为年度工作重点考核指标,纳入工会达标竞赛考核。在推进工作中,化学工会通过抓调研,从职工收入和医疗负担两个层面,力求做到情况明、底数清;通过抓协商,与公司行政就建立企业内部补充医疗保险基金达成共识,形成了积极推进,分步实施的推进目标,并以会议纪要形式下发到所有公司、基层单位,使推进工作有了制度保证;通过抓典型,用试点来推动面上工作,初步形成了建立企业内部补充医疗保险基金"七个必须"的做法:一是必须明确指导思想;二是必须建立组织机构,明确领导班子和工作班子;三是必须明确基金的来源、比例、解缴时间和负责部门;四是必须明确基金管理原则和有关制度;五是必须明确基金使用对象、范围和标准;六是必须明确审批手续和支付办法及其他需明确的条款;七是基金使用办法必须经职代会(联席会议)审议通过。在各级企业行政的支持和工会努力下,到2003年底,已有31个单位建立了企业内部补充医疗保险基金,基金额达921万余元,有5890名患病职工得到了企业内部补充医疗保险基金的补偿,金额达113.04万元。职工群众尤其是得到基金救助的职工纷纷赞叹企业内部补充医疗保险基金为他们再筑了一道保障屏障。

(王有福)

仪电工会召开2003年度职工保障工作推进会　(张爱卿)

【化学工会倾力编织职保网】 2003年,化学工会大力实施功能整合,倾力编织职工互助保障网,实现了新的突破。一个目标,即确定了稳步扩大职工互助保障计划的覆盖面;督促25%的企业建立内部补充医疗保险基金;做好各类保障计划参投(续)保给付理赔服务工作;继续对患大病重病职工实行医疗补贴的工作目标。二大机制:一是构筑源头参与机制,坚持每年一次与集团公司行政进行平等协商,通过协商解决一、二个职工群众最迫切需要解决的问题;二是构筑参保工作机制,初步形成了化工职工互助保障工作委员会会议制、年度目标责任考核制、季度双向通报制、半年公示参保进度制、中途管理制、保障干部业务培训制等。加大三个力度,即一是加大宣传力度,印发了保障计划简介和培训资料,同时,用活生生的事例作"有声"或"无声"地宣传;二是加大工作力度,在系统内组织了新一轮职工互助保障工作达标竞赛,用A、B、C分类法分层次推进参保工作;三是加大推进力度,全行业有31个单位建立了企业内部补充医疗保险基金,基金总额达921万余元,有5890名职工得到救助。四个坚持,即坚持发挥职工互助保障工作委员会的作用;坚持骨干单位示范作用;坚持分类指导;坚持争取党政支持推进职工互助保障工作,力求取得新成效。年底,全系统有78517名在职职工和71472名退休职工参加了住院保障计划，有63961名职工参加了特种重病保障计划，有18063名职工参加了养老(意外)计划，有13995名女职工参加了女职工保障计划，全系统有16791人次(包括退休职工)共获得764.34万元的理赔金。(王有福)

【轻工业工会构建保障互助机制增强职工抵御抗风险能力】 轻工业工会从增强职工抵御抗风险能力出发，努力构建保障互助机制。一是积极拓展多种类型医疗补充保险，组织职工参加以市总工会职工保障互助会为主要保障机构的多种医疗补充保险。2003年，全系统职工参加《上海市在职职工住院补充医疗互助保障计划》14万多人，续保率为118%；参加《特种重病团体互助医疗保障计划》11万多人，续保率为93%。二是积极开展形式多样的职工医疗互助保障活动，与行政联合下发《关于建立职工补充医疗保险基金》的通知，要求以“三个一点”的办法建立企业职工补充医疗保险基金，充分发挥其救急济难的功能。(李小云)

【纺织工会加强职工投保过程管理】 由于企业转改制幅度加大，职工总数持续减少，对纺织职工互助保障工作带来很大的难度，纺织工会紧扣“维权”这根主线，把开展职工互助保障工作作为为职工办好事、办实事的突破口。年初制订考核计划，年中实行跟踪检查，年末搞好总结评比使这项原本感到很难的工作，在各行业集团公司工会的大力辅助下，取得了显著的成绩。一抓续保工作，使已经参保的单位期满时继续保持，及时做好信息汇总传递。让参保单位领导做到心中有数，做到续保不脱期。二抓难点企业，想方设法把职工组织到互助保障范围中来。三抓减少“空白点”，让职工充享受互助保障防御医疗风险的能力，上棉十七厂厂大人多，参加互助保障是一笔很大的支出，工会千方百计争取行政的支持，为2000多名职工投了特种重病保障。在困难情况下，纺织职工的投保工作仍取得了满意的成绩，2003年在职职工参加住院互助保障107000余人，完成指标的100 %以上；参加大病互助保障24362人，超过指标5%；女职工参加特种互助保障9062人；其他险种19581人，超过指标5%；退休职工参加住院互助保障283530人，完成指标97.17 %，全面超额完成了市总考核指标，职工也从投保中尝到了甜头。(俞进艺)

【宝钢集团工会建立特种大病救助专项资金】 2003年，宝钢集团工会积极完善健全四个层次的补充医保体系，基本解决了医保改革后因病就医职工自付医疗费增加的矛盾。随着医保改革的深化，职工自付药费支出继续增加，一些困难职工仍因特殊病例自付医药费用大而无法承受，影响生活。为此，集团公司工会建立了特种大病救助专项资金，总额80万元，由股份、化工、宝信、益昌等子公司“一日捐”上交的资金34.5万元和集团公司工会帮困资金出资41.5万元组成，自当年6月份起，该资金就救助了了8名因患白血病、或器官移植、或安置人工关节的职工，金额达6万元。(蒋晓农)

【石化工会发挥职工帮困互助基金的作用】 上海石化公司工会为加大帮困力度，4月和10月，在调研的基础上，先后对《公司职工帮困互助基金管理实施细则》的有关条款的帮困力度和范围进行了完善和扩充，更好地发挥职工帮困基金的帮扶作用。2003年公司共有52名职工获家庭困难补助金116,857元，有74名职工获医疗费补助87,177元，有33名死亡职工家庭获死亡补助金116,355元，1名职工因工伤获补助金4,200元，累计发放各类帮困互助金32.46万元，同时还为31名因各种原因死亡职工办理人身保险理赔。(施东亮)

【石化工会组织动员职工参加上海市职保会保障计划】 上海石化公司工会通过各种途径宣传上海市职保会的各项保障计划。2003年组织了26家单位、24652名职工参加了《在职职工住院补充医疗保障计划》，4439名职工参加了《特种重病团体互助保障计划》，3859名女职工参加了《女职工团体互助医疗特种保障"》，270名职工参加了《职工团体意外伤害互助保障计划》。公司工会女职工委员会还为今年受表彰的先进女职工办理了特种重病和女职工特种保障计划。今年共有870人次获《在职职工住院补充医疗保障计划》给付的保障金48.75万余元，有7名患重病职工获《重病保障计划》给付的保障金7万元。(施东亮)

【上海船厂职工互助医疗保障实现双保险】 上海船厂工会在企业行政支持下组成了“救急济难基金会”、“医疗互助基金会”和“一日捐基金会”等三个基金会，加上绝大部分在职职工和退休职工参加的市总组织的住院医疗

12月6日，上海医药集团在“医药与市民”主题活动日中，向公惠医院捐赠价值300万元的药品、药械 (孙明南)

保障，一起共同解决了职工因病等原因造成的生活困难的帮扶问题。“职工医疗互助基金会”脱胎于“职工医疗补贴互助基金会”。根据医保改革的要求，工会出面补充了与之相匹配的互助补充医保的内容，通过采取个人、工会、行政三方出资的原则，实行“个人医疗费超限额后费用全额互助”和“职工住院床位补贴全员享受每天10元的补贴”等优惠政策，使职工在参加市总的保障计划，又参加厂内医疗互助基金会后，门诊、住院、特种重病都得到了双保险，不仅扩大了互助范围，更增强了医疗互助的保障力度。2003年厂内有1名女职工，2月份突患急性重症肝炎、医疗费用去5、6万元。10月份又发现患乳腺癌，再度住院手术。医疗费总计超过15万，而且无力负担3万余元自负医药费。正是有了这“双保险”，她一共从市总住院保障和厂医疗互助基金会、救急济难基金会得到了近3万元的互助保障金，解决了燃眉之急。目前，厂医疗门诊部还采取了厂内看病优惠，医疗费用仅收成本费等方法，作为“送温暖、去隐患工程”来推进，帮助职工有病早就诊、早治疗，以免小病拖成大病，真正做到防病于未然。（周恋云）

【上汽集团工会构筑“五助”服务保障体系】 上汽集团工会按照“特困对象要定人、帮困途径要定向、送温暖要定时”的要求，构建“困难救助、求学资助、医疗补助、创业帮助、法律援助”的“五助”服务保障体系。为建立准确、及时的二级帮困工作信息网络，先后设计了特困职工、重大病职工、求学资助职工、女职工和历届劳模等五个数据库，实施动态化、数据化管理，全面掌握各个群体职工的生活状况。2003年共补助困难职工20041人次，补助金额达385万元。(1)困难救助。一是对特困职工定期进行帮困援助，二是对遭受意外事件导致生活困难的职工给予及时的困难补助。2003年，上汽集团各级工会干部上门慰问4793户职工，慰问金额185万元。(2)求学资助。开展“曙光计划”求学资助活动，资助困难家庭学生共计675人，出资33.72元。(3)医疗补助。推行“四项”保障计划，在职职工、退休职工、特种大病和女职工大病保险总人数达80468人次，总金额433万元，理赔305万元。(4)创业帮助。建立上汽集团工会“创业基金”，无息贷款给困难企业工会创办“三产”，帮助390人实现了再就业，其中工会“三产”吸纳143人。(5)法律援助。设立职工法律援助中心和热线电话，成立了职工志愿者队伍，拓展为职工排忧解难的空间。今年共接待和妥善解决来信来访13次(件)，涉及职工98人。（杨宝妹）

【上海铁路局工会构筑互助保障三条防线】 上海铁路局工会为完善全局职工互助合作保障体系，规范各类基金的运作，年初下发了“关于进一步整合、完善职工互助合作保障体系中各类基金的指导意见”，提出了“织就一张履盖全体职工的互助合作保障网络”，建起“三条防线”的工作设想，即救急济难的生活防线，医疗救助的生命防线，规范有序的制度防线；力求达到四个“有所”，即对职工困有所帮、贫有所济、病有所医、亡有所助；做到两个“决不”，即决不让一个职工因生活困难而过不下去，决不让一个职工子女因生活困难而辍学。2003年4月1日局工会又启动建立了“上海铁路局职工互助合作保障基金”和“上海铁路局火车头送温暖工程基金”，半年来共就助学、助医和职工死亡等对153人进行了补偿，金额达32.93万元；局工会在春节、国庆以及抗击“非典”和水灾期间，共送出慰问金累计达250万元。（曹建国）

【港务集团工会推进职工多层次医疗互助保障体系建设】 为了切实减轻职工的经济负担，缓解重病特困人员的经济困难，通过企业内的互助补充保险和医疗救助活动，切实得到多层次的医疗保障。具体做法为：一是实行职工门急诊自负段医疗费的补贴，按职工出生年月和参加工作时间的差别分别给予40%至60%的补贴；二是实行职工住院起付标准医疗费的补贴，补贴标准与门急诊自负段医疗费补贴同口径；三是全员投保市总工会的《特种重病团体医疗互助保障计划》和《在职职工住院补充医疗互助保障计划》；四是实行医疗统筹基金最高支付限额以上住院医疗费个人自负部分的补贴，补贴标准为个人自负额的100%；五是实行特殊疾病患者的特殊补贴，根据特殊疾病患者家庭的困难程度，在享受上述四项互助补充保险待遇之后，按个人实际自负医疗费数额的50%给予补贴。退休职工实行全员投保市总工会的《退休职工住院补充医疗互助保障计划》和特殊疾病患者的特殊补贴两项待遇。其特点为：(1)广覆盖性，即在职职工和退休职工都列入实施范围，且在职职工不仅包括在岗人员，还包括各种形态的离岗人员。(2)多渠道性，即所需资金由企业行政、工会、职工个人三方筹措。(3)特事特办性，即对重病特困职工医疗费负担特别困难的可通过特殊补贴的办法解决。（夏健根）

【上海邮政系统首轮职工重病医疗互助保障会运作见成效】 上海邮政工会在局党委的领导下，于2001年1月1日建立了由工会发起，职工自愿参加的重病医疗互助保障会。保障会成立三年来，共有19261名职工参加。截至年底，按章程规定，对患有肾功能衰竭、恶性肿瘤、重症肝炎、心脏瓣膜置换手术、冠状动脉血运重建术、在职死亡等六种情况共110人办理了保障金的给付手续，给付标准为10000元/人，共计支付保障金110万元，具体为：男职工72人，女职工38人(其中患重病74人，在职正常死亡36人)，这些职工分属27个基层单位。（顾奇良）

【上海移动通信工会以多种形式完善职工保障机制】 上海移动通信工会不断完善员工的保障机制。具体包括：一是为每一位员工投保上海市在职职工住院补充医疗互助保障计划，全年投保金额124285元，并为79名员工办理了保额反馈手续。二是为公司全体女职工投保上海市女职工团体互助医疗特种保障计划(三年期)，总金额67万元。三是对公司困难员工的档案进行整理，出台公司帮困实施细则。同时，根据基层单位上报的帮困名单，经公司帮困理事会审议通过，全年共帮困37人,总金额136500元。此外,还不定期对困难员工实施困难补助,全年补助员工229名,总金额99300元。四是在元旦、春节期间开展送温暖及"献爱心、一日捐"活动,共募集捐款172756元并列入公司帮困基金。五是在节前做好困难员工的摸底工作,配合行政做好帮困送温暖工作。六是组织1819名员工进行健康体检,对查出患有疾病的员工及时督促治疗。

(徐莉萍)

【建工集团以协议形式完善企业补充医疗保险取得新进展】 在对医保制度实施后职工医疗费负担情况广泛调研的基础上,集团工会代表职工与集团行政通过平等协商签订了《关于完善企业补充医疗保险的协议》,着力减轻职工医疗费负担,尤其是缓解了因病致贫职工的经济压力。2003年,在双方的共同努力下,《协议》明确的各项要求得到较好落实:(1)集团所属各单位在100%参加基本医疗保险的基础上,普遍建立职工医疗互助会,并按不超过职工工资总额2%提取职工医疗救助专项基金。(2)截至年底,参加市总工会"职工住院补充医疗保障计划"和"特种重病团体互助保障计划"的职工分别为35532名和38229名,参保率分别达86.4%和93%,分别比年初提高58和33个百分点。(3)集团内职工医疗互助会都经本单位职代会讨论,制订《职工医疗互助会章程》及实施办法,基本做到程序规范、运作公开和专款专用。(4)对因病致贫的特困职工采取变事后医疗补助为事先预支补助或借款就医,由职工医疗互助会给予自负段医疗救助,由集团救急济难基金重点帮困,申领市总工会《医疗帮困卡》等多项医疗帮困措施。

(乔 瑜)

【市教育工会形成医疗保障工作新机制】 市教育工会在党委行政支持下,与基层单位工会部门通力合作下,努力从新思路探索教职工医疗保障工作。一切以教职工的需求为宗旨,大力倡导"有病保平安,无病作奉献"互帮互济的精神,规范了工作流程。2003年,共有近5万名教师参加了与平安保险公司签订的《教育系统补充保障医疗计划》。为更大幅度地减轻患特大疾病教职工的经济负担,市教育工会与平安保险公司共同建立重大病急救专项基金,用于参保教师发生重大病和特困的援助,并成立了领导小组,制定《上海市教职工重、大病援助资金使用暂行办法》、《上海市教职工重、大病援助资金管理暂行办法》。2003年,市教育工会直接给予60位患重、大疾病教职工每人5000元至20000元援助,有效缓解了患病职工的暂时困难。市教育工会还从专项基金中拨出数十万,帮助基层建立二级援助基金。

(刘光震)

【科技工会为参加住院保障职工实施理赔补贴】 为推进科技系统医保制度的顺利实施,建立职工多层次医疗互助互济保障体系,2003年上海市科技工会对系统内参加《上海市在职职工住院补充医疗互助保障计划》的职工实施理赔补贴,即对投保并获理赔的职工给予理赔部分的80%补贴。1~12月科技工会共补贴金额24.7万元,共有304人次受益,其中最高受益者一次获得补贴2.2万元。(陶 薇)

【市体育局成立局系统职工帮困基金会】 市体育局系统职工帮困基金于8月15日建立,这是市体育局进一步推进凝聚力工程建设,对局系统为国家体育事业作出重要贡献的运动员、教练员及生活困难职工提供资助和帮助的一项重要举措。市体育局系统各单位踊跃捐款,支持基金的工作。全局广大干部职工和单位共捐款1132525元,增强了基金会优抚帮困的实力。在帮困基金会首批帮困对象中,有已经退役、长期患病的著名足球守门员张惠康,有已故的前航海模型世界冠军刘海清的家属,有患病的现役蹼泳运动员吴月娟和上海市跳水池职工祁龙扣、奥林匹克俱乐部职工吴菲。

(乐俊平)

【农委工会做好三项保障计划的投保、续保和给付管理工作】 按照市总保障互助会要求,上海农委工会积极做好"特种重病"、"在职住院"和"养老保险"三项互助医疗保障的投保、续保、管理和给付等服务工作。截至12月底,农委工会共有11383人次参加了各类保险,超额完成了市总保障部规定的考核指标,保险金额达82万余元。2003年为参加职工住院医疗保障计划的在职职工进行理赔228人,金额达10万余元;在职职工特种重病理赔16人,金额为13万余元;为退休职工理赔216人,金额为9万余元。 (许有宗)

【良友集团工会实施医疗救助缓解低收入职工就医困难】 为了缓解身患慢性病或重病的低收入职工生活困难,在集团党政领导的支持下,集团工会2003年实施了《集团职工医疗互助救助计划》,重点对集团系统月人均生活费低于350元或400元(扣除自负医药费)的职工实施救助,对其自负医药费包括门诊和住院"自负段"及"共负段"中的自负部分,扣除参加市职工互助会获得的补充医疗保障金后,由集团职工医疗救助计划再给予其70%或50%的补助。为了保证医疗救助工作的公正、合理,集团工会制订了详尽的《实施细则》,坚持对有关原始单据的审核制度,实行救助对象事前在本单位公示,每月救助情况在《上海良友》报公布,接受广大职工群众的监督。实施医疗救助三年,集团系统已有1234人次职工获得140.72万元的医疗救助。医疗救助计划的实施,极大地缓解了低收入职工就医自负医药费的困难,深受广大职工欢迎,各级党政领导高度评价实施医疗救助对稳定职工队伍,促进改革发展的作用。

(周黎琮)

【良友集团工会建立帮困基金关爱"双特"退休职工】 上海良友集团工会在集团行政的大力支持下,建立了旨在帮助集团系统在粮油企业的发展中作出过特殊贡献、目前生活遇到特殊困难的退休老劳模及具有高级技术职称的退休职工"双特"帮困基金。"双特"对象属"一老养一老",月人均生活费低于500元或者扣除本人及配偶参加"医保"的自负医药费后,月人均生活费低于500元的,就能获得"双特"帮困基金的定期补助。"双特"对象因家庭

特殊困难，也可申请临时补助。“双特”退休职工帮困基金的建立有效地缓解了老劳模、老知识分子的生活困难。（周黎琼）

劳动保护

【全市“安康杯”劳动保护竞赛成效显著】 按照《中华全国总工会、国家安全生产监督管理局关于开展全国“安康杯”竞赛活动的通知》要求，市总工会、市安全生产监察局紧紧围绕“掌握安全生产知识，争做遵章守纪职工”的竞赛主题，继续在全市范围内大力开展“安康杯”劳动保护竞赛取得成效。主要表现为：(1)领导重视，健全机制。成立了市和地区(行业)二级“安康杯”竞赛领导小组，通过“安康杯”竞赛，在企业中逐步形成“大安全”的安全理念，确保安全生产。(2)强化宣传，提高意识。加大了对“安康杯”竞赛活动的宣传力度，扩大了影响。积极探索竞赛活动的形式，组织开展了征集评选职工职业安全卫生格言、警句活动。同时，还开展了“申城安全生产十日行”活动，深入本市的11个区县和部分企业，采用明察暗访的形式，进行深入检查。(3)开拓创新，注重实效。运用安全知识自我学习，安全知识自我交流(班组学习)，安全隐患自我检查，安全行为自我表扬等形式，推行“人性化”管理模式，强化职工“我要安全”的安全理念。(4)结合实际，解决难点。将“安康杯”竞赛与“防非”工作紧密结合，一手抓抗击“非典”，一手抓安全生产不放松，充分发挥工会劳动保护群防群治作用。（郇明亮）

【市“安康杯”竞赛办公室开展征集评选职工职业安全卫生格言警句活动】 市“安康杯”竞赛办公室根据2003年“安康杯”竞赛和“安全生产月”活动主题要求，在全市“安康杯”竞赛参赛单位中，开展征集评选职工职业安全卫生格言、警句活动。本次活动得到了各参赛单位的积极响应，共收到职工职业安全卫生格言警句作品11565条。经评审，由上海静安园林绿化发展有限公司职工周毅忠创作的“欢笑与安康同在，痛苦与冒险同行”等100条格言警句荣获“最佳创作奖”；由上海市闵行区莘庄环卫所创作的“造楼房靠打基础，保安全靠抓班组”等140条格言警句荣获“优秀创作奖”。对在本次活动中组织发动工作成绩突出的上海宝钢集团公司等22个“安康杯”竞赛办公室，授予“优秀组织单位”称号。（郇明亮）

【市总工会充分发挥工会劳动保护监督检查员作用】 根据《工会劳动保护监督检查员工作条例》和《工会劳动保护监督检查员暂行管理办法》的有关规定，2003年，市总工会对工会劳动保护监督检查员的工作实绩进行了考核。据统计，全国总工会和上海市总工会任命的工会劳动保护监督检查员共300人，担任现职人数为125人，参加考核人数为104人。全年工会劳动保护监督检查员共参与、制订和修改国家及本市劳动保护方面法律、法规、条例、标准等48项次，完成调查报告、专题报告、论文等43篇；进行安全大检查1238人次，查出隐患3909项，提出整改意见3345条，采纳3159条，采纳率为94%；监督企业整改重大事故隐患和严重职业危害作业点69项，使用《限期解决问题通知书》15次；共参加伤亡事故调查处理207起，提出意见571条，采纳563条，采纳率为99%；参加新建改建扩建生产建设项目“三同时”审查验收61项，提出意见286条，采纳257条，采纳率为90%。（沈兰萍）

鲁中冶金矿业集团公司深化“安康杯”竞赛，组织了《安全生产法》宣传月活动，图为《安全生产法》知识竞赛活动现场（黄 畅）

【上海工会开展群众监督检查 确保元旦、春节安全生产】 根据《中华全国总工会办公厅关于元旦、春节做好工会劳动保护群众监督检查工作的紧急通知》精神，各级工会会同企业行政，结合行业特点，开展形式多样的群众监督检查活动。共出动32525检查人次，查出各类事故隐患10256个，及时整改率达到91.3%，确保了本市区域内元旦、春节期间无发生重大因工伤亡事故，确保了交通运输系统在春运期间没有发生一起人为的因工死亡事故，是历年来本市春运安全生产最好的一年。（张新民）

【“安康杯”竞赛推动企业安全管理】 以全国“安康杯”竞赛活动为载体，以工会劳动保护监督检查为动力、以提高“职工劳动保护意识和安全技能”为目标推进企业安全管理和班组安全建设。交通邮电系统各企业行政和工会纷纷发文参与竞赛，制定竞赛办法，参赛单位达到146家，占全市参赛数的三分之一，共有2108个班组参加竞赛活动，通过竞赛活动有力地推进了企业班组安全建设，涌现出一批先进的典型和经验，逐步形成了良好的安全氛

围班组出现了人人参与、人人有责、措施严密、落实到位的新局面。（张新民）

【市总工会参与对有毒有害化学品生产、销售和使用的专项普查】 各级工会组织积极配合企业行政开展专项整治活动，组织职工开展以“查隐患、保安全、消除危险源”的专项普查，共查出事故隐患10256个，及时整改率达到91.3%。上海各级工会参与有毒有害化学品生产、销售和使用专项整治工作情况向国务院督检组作了专门汇报，得到好评。（张新民）

【静安区总工会开展安全生产“八个一”活动】 静安区总工会在6月“安全生产月”中，围绕“实施安全生产法，人人事事保安全”的活动主题，认真开展“八个一”活动：(1)召开一次劳动保护监督检查委员会工作会议，研究问题，制定措施。(2)健全一支工会劳动保护安全生产监督员队伍。(3)在职工中广泛开展一次安全生产宣传活动。(4)组织一次安全生产知识竞赛。(5)组织一次班组主题学习，重点学习《安全生产法》。(6)组织职工代表开展当一天安全生产检查员活动。(7)开展一次安全生产大检查。(8)举行一次安全生产监督检查经验交流和总结。（陈章翠）

【医药工会从三方面健全安全生产工作机制】 一是健全安全生产劳动保护监督三级网络。设置企业安全生产劳动保护监督检查委员会和车间(工段)检查组、班组安全检查员，开展监督检查工作。二是对企业新进职工三级安全教育制度、职工转岗安全教育制度、特殊工种持证上岗和复训制度的执行情况进行监督。在全体员工中开展了“安全承诺”签约活动，签约率达100%；协助行政建立事故隐患和职业危害限时整改制度；配合企业开展危险岗位应急预案演练，提高职工安全防范意识。三是健全安全生产报告制度。企业发生轻伤事故、重伤事故、重大伤亡事故和职业病，行政必须同步通报企业工会；重大伤亡事故和职业病，由企业工会同步上报上级工会；工会建立参与工伤事故、职业病的调查、处理制度。（陈 嵘）

上海飞机制造厂工会与技术部门一起开展职工安全生产咨询活动

（张先农）

【上电二公司工会突出“实、严、防、比”开展班组劳动保护活动】 一是抓思想意识，突出一个“实”字。班组通过每周一次的安全学习及每天的班前和收工会，分析安全隐患，对事也对人，提高思想认识。二是抓行为规范，突出一个“严”字。班组通过学习工会劳动保护“三个条例”和有关规章制度，坚持从每个人做起，努力养成良好的安全行为。三是抓防范措施，突出一个“防”字。班组通过群防群治，做到了“三个交代”：交待说明作业环境的安全情况；交待使用工具的性能、操作技术及注意事项；交待可能发生事故的施工环节、部位及应采取的防护措施。四是抓对照，突出一个“比”字。对照同行业及兄弟班组在安全工作上的先进做法，自找差距不断提高安全作业水平。通过班组劳动保护活动，为班组安全生产创造了良好的氛围。（朱 坚）

【电力建设责任有限公司工会运用各种形式开展劳动保护监督】 上海电力建设责任有限公司所属各级工会在“安全生产月”和“劳动保护群防群治”活动中，开展了“安全责任重于泰山”接力棒签字活动；企业领导下班组当一天安全员活动；劳动保护示范岗评比活动和“7.17”警示日纠正安全违章活动；组织职工进行了《三个条例》学习培训和安全知识竞赛；组织了“工会劳动保护监督员工作实施细则”和“职工劳动安全卫生法律法规问答”学习活动；组织职工签订全员安全承诺责任书；配合企业行政进行安全大检查，落实各项整改措施。在企业施工生产活动中，工会运用多种形式发挥了劳动保护监督的作用。（张文标）

【高桥石油化工公司工会在“安全活动月”期间开展三项活动】 (1)“十个一”活动，即读一本安全生产知识的书；提一条安全生产合理化建议；查一起事故隐患或违章行为；写一条安全生产体会；做一件预防事故的实事；看一场安全生产录像或电影；接受一次安全生产知识培训；忆一次事故教训；当一天安全检查员；开展一次安全生产签名活动；提高对安全重要性的再认识。(2)班组专题安全分析活动，即举办以“安全生产责任重于泰山”为主题的“安全生产月”黑板报展评，教育职工牢固树立安全第一的思想，自觉反对习惯性违章违纪现象。(3)季节性防暑降温检查活动，即公司工会组织部分职工代表按照劳动保护的有关规定。重点检查了职工食堂、操作室、高温休息室、危险品仓库、移动电具、空调设备等，对检查出的14个问题和

安全隐患提出了整改建议。（张振良）

【有色金属（集团）公司工会注重抓好劳动保护工作】（1）组织基层企业开展“安康杯”、“安全生产宣传月”活动，进行“安全月”黑板报巡回展评，共有14个企业参加，通过巡回展评，提高职工的安全自我防范意识和能力。（2）五一、十一、春节三大节日期间，公司工会与行政有关部门对企业进行了安全生产和非典期间的卫生工作检查，督促企业安全生产，及时对存在的事故隐患进行整改。（3）抓好防暑降温工作，公司工会坚持在高温期间下车间、班组慰问。共慰问职工10000余人，慰问金65万元。（4）组织高温、有毒有害岗位的劳模、先进疗修养。（5）增强职工自我保护意识，强化职工安全培训。共组织1800名职工进行安全生产培训。（林　华）

【航空发动机制造厂工会切实维护职工劳动安全健康】　一是健全工会安全生产、劳动保护工作的组织网络，学习贯彻安全生产劳动保护工作的法律法规，开展职工教育活动；二是加强劳动保护、安全生产的监督责任，坚持做好每日的现场巡视工作，发现问题会同行政安全生产部门及时协调处理；三是积极参与生产作业环境和生产工序中的调研活动，向工厂提出合理的意见和建议，改善职工的劳动生产条件；四是做好冬夏季节生产线上的职工慰问，把组织的心意送到职工的心坎上，增强职工的工作积极性。（吴顺发）

【中海集团工会开展职工安全格言、警句征文活动】　集团工会在全系统开展了职工安全格言、警句和“安全大家谈”征文活动，动员职工为安全生产献一句格言，谈一条经验，讲一次教训，给一个提醒。活动共收到职工创作格言、警句2467条，“安全大家谈”征文168篇。参与职工1500多人，有37艘船舶和部分机关部室员工全员参与，体现了参与活动的群众性和广泛性。集团工会整理汇总，评选出一批优秀安全格言、警句和征文，编印成册，下发各基层、船舶、班组，作为开展群众性安全教育的生动教材。（陆洪新）

【港务集团工会多管齐下协助企业抓好防暑降温】　一是提前安排早布置。在盛夏来临之前，集团工会就下发《关于认真做好2003年夏季防暑降温工作的通知》，各基层工会根据《通知》要求，及时落实、积极参与本单位的防暑降温工作。二是组织认真检查保落实。组织职工劳动保护管委会成员和部分职工代表，对防暑降温工作执行情况进行认真检查及时反馈。三是工会发挥优势办实事。如龙吴港务公司工会在俱乐部录像室内新增30只铁床，并配上凉席等用品，为农民承包工提供良好的休息环境。四是领导深入一线送清凉。在持续高温日子里，集团、基层两级工会主要领导，深入生产建设第一线慰问，及时解决在慰问中发现的防暑降温工作的薄弱环节。（张晨琦）

【航道局船运公司开展“安全誓言”活动】　船运公司在参加“安康杯”劳动保护竞赛活动中，组织各基层、船舶开展“安全誓言”活动。安全誓言内容：“为了企业发展，为了安全生产，为了家庭幸福，我决心做到：贯彻《安全生产法》，坚持“安全第一”，反对“三违”，做到“三不伤害”。严格执行操作规程，搞好安全生产。积极工作，决不违章。为实现重大、大事故为零的目标而努力奋斗！”通过开展“安全誓言”活动，职工群众安全第一的思想进一步巩固和提高，对消除事故隐患，防止各类事故的发生起到了推动作用。（叶　明）

【航道局交建公司开展“安康杯”竞赛活动】　一是制订竞赛活动工作计划并成立竞赛领导小组。二是开展形式多样的活动：征集职工安全卫生格言、警句；与各船舶签订《安全生产协议书》，与职工（包括聘用人员）签订《员工安全承诺书》；参加上海市“安保杯”知识竞赛。三是强化安全生产责任制，做到四个到位、四个确保：即措施到位，确保施工中的安全难点在现场得到及时解决；制度到位，确保各项规章制度层层落实；人员责任到位，确保各岗位人到责任到，建立好安全保证体系；奖罚到位，确保各项考核制度的实施。四是加强对新职工、外包工的安全教育与管理，不留安全隐患“死角”。（汪正林）

【三航局工会认真组织安全生产月活动】　一是认真学习文件精神，拟订活动实施方案。局工会先后两次组织两级工会主席学习上海市“关于开展2003年安全生产月活动的通知”精神和《安全生产法》、《劳动法》。在此基础上，对安全生产月活动作出安排：6月上旬，各单位制定活动月实施方案并着重进行思想发动和宣传教育；6月中旬各单位组织自查和整改；6月下旬

中海集团工会开展船舶安全生产、劳动保护检查（顾惠根）

各单位进行补课和活动小结，局工会适时组织抽查，确保活动月处于受控状态。二是进行广泛宣传发动，营造活动月良好氛围。全局两级工会通过职工大会、板报、图片和专栏等形式，广泛宣传安全生产、劳动保护等法律法规，举办生产骨干、班组长劳动保护知识培训班，使安全生产月活动深入人心。三是发挥组织网络作用，充分显示活动成效。全局劳动保护监督检查员加大群防群治检查监督力度，确保安全生产不留死角。在活动月中，全局共张贴安全生产劳动保护宣传画、标语1675条(幅)，参加安全专题教育人员1716人次，参加安全知识考试4992人次，查出各类事故隐患187条，整改率达100%。 (唐钧达)

三航局工会到董家渡轨道4号线抢险工地进行高温安全生产检查 (唐钧达)

【中远集运工会开展"安全在我身边、降本增效从我做起"活动】 围绕"安全、效益"这一主题，全员发动、全员参与，形成"人人事事讲安全，降本增效献计策"的群众性劳动竞赛良好氛围。在内容上提出"八个我要"，切实要求职工树立"安全是最大的效益"的观念，变"要我安全"为"我要安全"，即我要读一本与安全生产相关的书；我要学唱一首与安全生产相关的歌；我要发现一个安全事故隐患；我要纠正一个违章操作；我要养成一个安全习惯；我要吸取一个安全事故教训；我要获得一点安全启示；我要提出一条合理化建议。 (周培军)

【建工工会将劳动保护工作纳入集团"文明工地"综合考评】 集团工会在坚持多年对施工项目劳动保护动态考核的基础上，从年初起将劳动保护工作标准划分为两大类7项100分制考核细则，纳入集团"文明工地"综合检查考评之中。第一大类为保证项目，包括组织制度、活动措施、内业资料、班组建设等4项内容；第二大类为一般项目，包括季节性措施、预防职业病、劳防用品等3项内容。考核细则实施一年来，施工现场的劳动保护得到进一步规范，内业资料、班组"三上岗一讲评"及季节性劳动保护措施等得到进一步加强，有效地杜绝了多人伤亡事故的发生，降低了伤亡事故的频率。 (何连成)

上海海事局工会举行职工安全知识智力竞赛 (吴锦红)

【医务工会从三方面抓好劳动保护】 第一，健全工作机制。联合卫生行政有关部门开展专题培训和专项检查，完善工会劳动保护监督网络，100%的基层工会都设置了劳动保护监督员，加大职工劳动保护工作的力度。第二，组织专题培训。7月23～25日，邀请市安全生产监察局、市治安消防学校和市总工会有关方面领导作安全生产法、消防法和工会劳动保护"三个条例"专题辅导，组织华东医院、市六医院在培训班上作单位消防和大型电器设备的维护保养及常规检查、安全生产台帐设置和要求等方面的经验介绍，研讨如何搞好劳动保护监督工作，提高全系统工会劳动保护监督员的政治思想、业务素质和工作责任心。第三，开展专项检查。检查内容是：防暑降温和劳动保护的组织实施情况、危险品仓库和药库管理情况、院内大型设备设施安全运行情况、院内人员密集场所的消防设施配置和安全通道畅通情况等，采取自查、抽查、复查相结合的方法进行，会同卫生行政有关部门对所属18家单位进行了联合抽查，并按要求对一线医务职工进行了高温慰问。 (吴嘉民 项丰满)

短信息:

○ 水务局工会开展“安全生产月”系列活动。 (陶 诚)

○ 三航南京分公司工会编印《劳动保护安全生产提示卡》宣传册。 (唐钧达)

○ 中海集运工会开展船舶(班组)安全竞赛,评出优胜船舶10艘。 (孙志富)

○ 化学工会开展劳动保护专项调查,问卷调查71家企业,实地调查15家企业。 (虞仲义)

○ 宝钢集团梅山公司工会建立劳动保护值长监督检查制度。 (邵铭惠)

女职工专项权益

【市总工会依托热线建立女职工维护预警机制】 市总工会继续发挥“16010999女职工劳动权益求助热线”的作用,积极探索和尝试建立女职工权益维护预警机制,从而更有针对性地开展维权工作。2003年在市总工会开展“女职工自主创业援助行动”中,热线作为一个重要的渠道,接受了276人次的求助;在《上海市城镇职工生育保险条例》修改后,又通过热线与市劳动和社会保障局联合举行了为期一周的生育保险政策咨询活动;8月还开展了“妇科检查”专项咨询、投诉活动,并对通过热线求助的困难女职工给予免费妇科检查,切实有效地维护了女职工的生命健康权益。 (徐梅瑾)

【市总工会开展“三八”节为女职工“五送”活动】 “三八”节期间,市总工会女工部开展了“送保障、送健康、送法律、送岗位、送培训”的五送系列活动。送保障——市总女职工委员会和市职工保障互助会联合推出“上海市女职工团体互助医疗特种保障计划”,各级工会女职工委员会积极响应,为女职工送保障,现已有近45万女职工参保。送健康——与公惠医院联手为1万名困难女职工免费妇科体检;举办百场女性保健知识讲座,5000人参加。送法律——与市新闻出版局工会、市总法律部等合作,编写出版了女职工周末学校首卷读本——《职业女性维权热线300问》,并与烟草工会开展了“女职工维权宣传车进社区、到企业”活动。送岗位——与普陀区总工会联合举办女职工劳务专场,有2000多名女职工参与了招聘。送培训——与好事服务中心等单位共同努力,年内累计为1000余名下岗女职工提供了免费技能、创业培训,其中70%重新上岗。 (徐梅瑾)

【市总工会女职工委员会被评为2001～2003年度上海市青少年保护工作先进集体】 2003年是上海妇女儿童发展“十五”计划实施的第三年,市妇女儿童工作委员会对部分成员单位和区县妇儿工委实施上海妇女儿童发展“十五”计划的情况进行了中期监测评估,市总工会是市妇儿工委成员单位,也是被选定的重点被查单位。2003年6月26日,市妇儿工委专家评估组,对市总工会实施上海妇女儿童发展“十五”计划进行了中期监测评估。专家评估组对市总工会实施上海妇女儿童发展“十五”计划,给予了高度评价。上海市总工会女职工委员会被评为2001～2003年度上海市青少年保护工作先进集体。 (徐梅瑾)

【宝山区总工会女职工委员会依法维护女职工权益】 (1)加快女职工委员会的组建,立足社区工会两级工作平台,做到与工会组建同步,同样比例,同步运转。全区在非公企业中,已组建工会女职工委员会的118个。(2)继续完善健全源头参与机制。区各级女职工委员会参与三方协商机制、集体合同等涉及女职工切身利益的决策过程。(3)进一步强化维护的援助机制。依托16010999求助热线,开拓各种求助途径,维护女职工权益;加强工会女工干部和女职工的维权业务培训,向广大女职工发放《女职工权益法规政策汇编》。(4)积极推进《女职工团体医疗特种保障计划》,全区共有14593名女职工参加;抓好女职工两年一次妇科检查的落实率,为100名特困女职工免费进行检查。新增设通河家政服务分社和罗店家政服务分社,为通河、罗店地区下岗失业女性再就业创造条件。 (窦恺芳)

【南汇区总工会女职工委员会精心组织女职工妇科检查】 南汇区总工会女职工委员会认真贯彻实施女职工劳动保护规定,一如既往关心女职工的身心健康,认真抓好一年一次的女职工妇科检查工作。2003年,全区共有5523名女职工参加了妇科检查。通过检查,共查出患有各类妇科病的人数为1800人,占检查人数的51.3%,查出各种妇科病例2541例,基本达到了无病防病,有病早治的目的。 (朱 雁)

黄浦区总工会和区劳动和社会保障局联合举办创业入门培训班

(姜济中)

【奉贤区总工会扶持发展女性自主创业基地】 (1)在资金上扶持。发动全区女职工捐款，筹资创建女性自主创业示范基地。(2)在信息上服务。区总工会女工办经常走访有关部门，了解市场行情，及时将有关信息提供给女性创业示范基地。(3)在技术上帮助培训。利用周末学校开设技能知识课，邀请行家传授技能知识，为女性自主创业基地培训下岗女职工。2003年全区已扶持发展女性自主创业示范基地30家，其中养殖业12家，种植业13家，加工业5家，其他行业10家。示范基地共创利242万元。青村万象电扇厂下岗女职工陶顺莲创办的缝帮加工场和奉贤交通总公司下岗女职工朱九妹创办的通航河道保洁公司分别被市总工会命名为“上海市总工会女性自主创业示范基地”。 (范逸明)

【化学工会女职工委员会以新思路推进女职工工作】 化学工会女职委紧紧围绕华谊“十五”发展规划和改革发展的总体目标，通过学习贯彻《两法一条例》，以及《妇女权益保障法》、《婚姻法》等，提高了女职工的法律意识。通过开展化工女职工劳动保护专项调查，摸清了情况，为决策提供了依据。通过开展以“提素质、促成才”为主题的女职工双文明立功竞赛，使一大批女职工在职业技能比武活动中脱颖而出。通过开展姐妹帮姐妹活动，加大了对单亲困难女职工的帮困送温暖的力度。通过培养和宣传女职工先进典型，促进了女性成才。通过开展女职工合理化建议活动，发现了人才，在《上海华谊》报上开辟女性成才专栏。 (虞仲义)

【宝钢集团各级工会为女职工送健康保险】 宝钢集团各级工会层层宣传、发动，落实投保费用，组织广大女职工参加上海市职工保障互助会推出的女职工团体互助医疗特种保障计划。据统计，共有29802名女职工(包括离岗退养女职工)参加了该保障计划。7月，宝钢集团一钢公司一患病女职工，成为上海市享受该保障计划理赔的第一例，得到了市职工保障互助会送出的1万元保障金，到年底全集团共有6名女职工得到了此项保险理赔。 (卞玉兰)

【长江计算机集团工会开展网上评选“长江十佳女性”活动】 “三八”节前夕，集团工会开展以“树长江典范，展巾帼英姿”为主题的网上评选“长江十佳女性”活动。由各企业推荐，集团工会汇编材料上网，全体职工投票，选出童茵等十位同志为“长江十佳女性”，并汇编了“十佳女性”先进事迹的宣传小册子，供广大职工学习。为进一步调动女职工投身改革发展的积极性。集团工会又于8月召开由部分企业女领导、十佳女性代表、部分女工干部参加的女职工座谈会。 (朱毅敏)

【上海铁路局工会举办“三八”节系列活动】 举行上海地区女职工跳绳、踢毽子、飞标和绳毽接力比赛，100余人参加；举办女职工书法和绘画比赛，收到作品50余幅；组织女职工学习十六大精神知识竞赛，3000余名女职工干部和女职工参加；开展2001～2002年度“巾帼文明岗”服务品牌和“岗位女能手”评选。产生路局级“巾帼文明岗”服务品牌10个、“岗位女能手”30名。各级女职工委员会还通过广播、专刊、女工园地等，宣传优秀女职工的先进思想和事迹。 (丁秀琴)

【三航南京分公司工会开展女职工“巾帼绘‘十五’创新展丰采”活动】 在女职工中积极开展以“素质提升工程、巾帼建功工程、维权畅通工程、文明建设工程、组织建设工程”为主要内容的“巾帼绘‘十五’，创新展丰采”活动。具体做法为：(1)以“争创学习型组织、争当智能型女职工”活动为载体，开展“新世纪女职工素质自我达标”活动。制定《公司女职工素质自我达标活动实施细则》，组织女职工法律知识竞赛。(2)开展“姐妹情、献爱心”活动。建立特困女职工档案；帮扶单亲女职工家庭；积极参与集体合同签订；从源头上维护女职工合法权益和特殊利益。(3)开展“我爱交通我爱家”征文活动和“争当文明市民、文明职工、文明成员”的活动，强化社会公德、职业道德、家庭美德的“三德”教育。 (唐钧达)

【新闻出版工会参与编辑出版职工权益保障手册】 工会女职工委员会在“三八”节前夕，协助市总工会编辑出版了《职业女性维权热线三百问》，并联合全市区、县、局、产业66家单位的工会干部共同参与编写出版《上海职工劳动权益保障手册》。在上海书城举行首发式，邀请了市总工会法律部和有关专家开展法律咨询，面对面为广大读者释疑解惑。 (陈宏华)

退休职工专项权益

【市退管会工作重在维权】 退管会突

徐汇区退管会组织志愿者到社区开展为老服务活动 (沈蓓华)

出维权办实事，取得显著成效。(1)实施《上海市退休职工住院补充医疗互助保障计划》有了新进展。参保单位14569家，参保退休人员233万，参保总金额为1.16亿元；给付47.25万人次，给付总金额为1.87亿元；其中，获得给付款4万元的有15人；切实减轻了患病住院医疗退休人员的经济负担。(2)为退休人员办实事，让他们得到实惠。在文新报业集团、市老年基金会、上海公惠医院等单位支持下，开展了送文化、送方便、送健康、送温暖、送光明的"五送"活动。5500名退休人员优惠订阅了《新民晚报》；900名困难退休人员免费安装了安康通呼叫器；500名特困退休人员得到了补助金；20名患白内障困难退休人员做了复明手术。全市退管系统开展"冬送温暖，夏送清凉"工作，慰问了76.88万人次，慰问总金额为1.28亿元，让广大退休职工感受到了党和政府的关怀。 (沈和根)

杨浦区总工会下属的四家老年护理医院积极拓展为老服务事业，图为中秋节护理人员为住院老人送上甜甜的月饼 (张金桥)

【市退管会成立"上海市退休专业技术人才开发服务部"开发老年人才资源】 由上海市退管会办公室、上海市退休职工活动中心筹办的"上海市退休专业技术人才开发服务部"在上海市退休职工活动中心正式成立。这标志着上海退休职工中的专业技术人员将得到合理、有序的流动，上海老年人才市场和上海老年人才资源将得到进一步的开发和利用。目前，上海有退休职工250多万人，其中专业技术人员就有数十万。开发上海老年人才市场、发挥上海退休专业技术人才的作用，是退休职工"老有所为"的需要，也是广大退休专业技术人员的呼声。上海市退管会办公室根据上海老龄工作的要求和上海老年人才的供需形势，把成立"上海市退休专业技术人才开发服务部"作为2003年上海退管工作的五项实事之一。新成立的"上海市退休专业技术人才开发服务部"的主要服务对象是：具有中级以上职称的退休人员或相当职称的退休专业技术人员。主要业务是为退休专业人才提供政策咨询，提供信息，登记推荐服务。"上海市退休专业技术人才开发服务部"的办公地点设在上海市退休职工活动中心。 (周惠明)

【长宁区退管会落实社区退休职工的社会化管理】 长宁区退管会对"退休职工管理社会化"进行了有效的尝试。在试点的基础上，2003年根据中共中央办公厅、国务院办公厅《关于积极推进企业退休职工社会化管理服务工作意见的通知》的要求，全区10个街道相继成立了退管会。建会后，利用社会资源，发挥社区优势，调动企业关爱退休职工的积极性，为广大退休职工服务。通过创建"爱心助老特色单位"活动，发展了爱心助老特色单位25家。根据不同企业的特色和优势，为社区老人提供车辆服务、活动场地、医疗保健服务和咨询，共为退休职工送温暖、送关怀，开展各类为老服务活动20余项，提供活动经费为133万元。长宁区9家爱心助老特色单位被评为2003年上海市爱心助老特色基地。 (孙吉娣)

【闸北区退管会建立帮困机制关爱困难退休职工】 (1)将帮困登记表发放到各基层单位，对全区各系统的困难退休职工重新进行调查、摸底和登记，使帮困工作做到心中有数。(2)将帮困范围扩大到全区8个街道，使街道范围内的困难退休职工家庭得到党和政府的关爱。(3)建立了走访帮困制度，每月坚持走访慰问10户困难退休职工家庭。据统计，区退管会全年共用去帮困金额10多万元，为1000多户困难退休职工家庭送上慰问品和慰问金；全区各级退管组织全年用于帮困的金额达200多万元，使20000多名困难退休职工受益。 (陈荣华)

【闸北区退管会坚持开展为老服务活动】 为了使为老服务活动落到实处，在活动开展之前先通过告示、黑板、网络等媒体通知小区居民，使为老服务活动家喻户晓。为了使服务内容符合老人的需要，区退管会组织了中医咨询、养生保健、测量血压、理发、修伞、磨剪刀、裁剪、绿化咨询、气功推拿等志愿者队伍为社区老人提供便民服务。敬老节期间区退管会还协同区老龄委、人事局、老干部局、司法局、公安局、房地局、检察院、法院、妇联等部门联合设摊为老人提供咨询服务，维护老人的权益。2003年区退管会会同商资公司、金贸公司、区城建系统、区教育系统等退管会开展为老服务活动20多项，志愿者达600多人次，服务对象达20000多人次。 (陈荣华)

【卢湾区退管会探索退休职工管理服务新途径】 卢湾区现有退休职工7.3万人，区属系统退休职工近5万人。(1)区退管会就如何抓好企业与社区服务的结合点,做好退休人员过渡期的管理和服务展开调研,提出在街道建立社区退管会,并在居委会设立退管分会,为广大退休人员构筑新的"家园",使对退休人员的管理和服务做到"组织不散、工作不放、关心不少、服务不变"。(2)在社区退管组织落实之后又制定社区退管会与企业退管会的联席会议制度。(3)对急需帮助和服务的居住在本区的孤老、独居、特困和不能自理的退休职工,由社区退管会和企业退管会共同开展"企社联手,双重关爱"的活动。活动开展以来,基本达到了"企社互动、关爱到位、动态及时、生活多彩"的效果,受到了广大退休人员的欢迎,也为进一步推进社会化管理服务打下了基础。

(陈金林)

【宝山区退管会多管齐下为退休职工办实事】 (1)坚持做好退休职工住院互助保障工作,共为32522名退休职工办理了投保手续,投保率达到99%,理赔3984人次,理赔总金额149万元,使患病退休职工的经济负担得到了切实减轻。(2)开展冬送温暖夏送清凉的"双送"活动。全区退管系统共向困难退休职工"双送"达6100人次,送去慰问金146万余元。(3)定期开展为老服务活动。组织志愿者在社区设摊,将服务送到退休职工家门口,共举办8次为老服务活动专场,累计开设服务项目160个,受益退休职工3500人次,参加为老服务志愿者达400人次。(4)落实困难退休职工帮困工作,共对65名特困退休职工实行了"三定"帮困,为41名高龄特困老人安装了安康通,为5227名70岁以上高龄老人办理了敬老优待证。 (窦恺芳)

【闵行区退管会认真做好退休职工社会化管理基础工作】 闵行区退管会贯彻落实中办发(2003)16号文件精神,认真做好退休职工社会化管理基础工作,不断完善退管组织机制。2003年全区9个镇、3个街道已全部建立了社区退管会组织,村委会、居委会都有专人负责退管工作,形成覆盖全区的三级退管工作网络。为了提高社区退管干部业务水平,举办了两期退管干部业务培训班。全区企业退管工作做到"组织不散、工作不断",企业与社区退管组织联手共建服务平台,使退休职工得到双重关爱和双重服务。

(薛华良)

【金山区拓展"双月为老服务"活动】 金山区退管会把传统的"双月为老服务"活动在保留原有的街头设摊形式的基础上,又增加了上门服务的新形式,主要做法是:(1)组织队伍。会同区卫生局并发挥各基层退管会的作用,组织一支由医生、律师、理发师傅、企业技术职工和工会干部及工会积极分子等组成的志愿者队伍。(2)形成制度。在每双月的16日分别进入石化街道和朱泾、枫泾、亭林和张堰四大镇的敬老院,免费为院内的老年同志提供验血、量血压、医疗咨询、法律咨询、理发、修补生活用品等各类服务。据统计,2003年,参加为老服务的志愿者近百人,服务项目有20项,被服务人数达1200人次。 (徐秋萍)

【松江区退管会"五个坚持"为退休职工做好事】 (1)坚持做好退休职工互助保障和帮困救助工作。采取广泛宣传,层层发动,精心组织,分片或集中管理形式,使306家单位共22746名退休职工参保,参保率117%,参保给付3972人次,计116.68万元;对350名特困职工和86户退休困难家庭进行帮困,总金额14.33万元;对270名"支内回沪"特困人员开展节日慰问和医疗救助16.3万元。(2)坚持开展双月为老服务活动。(3)坚持开展"尊老社会一条龙"服务。共发放"高龄老人优待证"1300张,卫生系统继续开展"四优先"服务,为高龄老人提供免费、优惠、优先服务。(4)坚持开展适应老年人文体活动,成立了松江区退休职工艺术团,举办柔力球培训活动,开展皮球、钓鱼、扑克等比赛活动。(5)坚持做好来信来访工作。特别是支内回沪退休职工来信来访,共处理和接待来访28件(次),上门探望16人,并做到事事有回音,件件有答复。

(莫永涛)

【奉贤区总工会双管齐下为退休职工办实事】 一是办好退休职工活动室。奉贤工会大厦启用后,区总工会专门腾出七楼一个层面作为退休职工活动场所,开设了乒乓房、阅览室、棋牌室、老年大学教室等,星期一到星期五是活动室对外免费开放日。据统计,2003年退休职工活动室免费接待前来参加活动的老同志21600人次。二是开设义务门诊。区总工会退管办与区卫生局合作,在退休职工活动室开设义务门诊,每月10日是义务门诊日,医生上门到退休职工活动室为老同志测血压、健康咨询、推拿按摩等,深受广大退休职工的欢迎。 (范逸明)

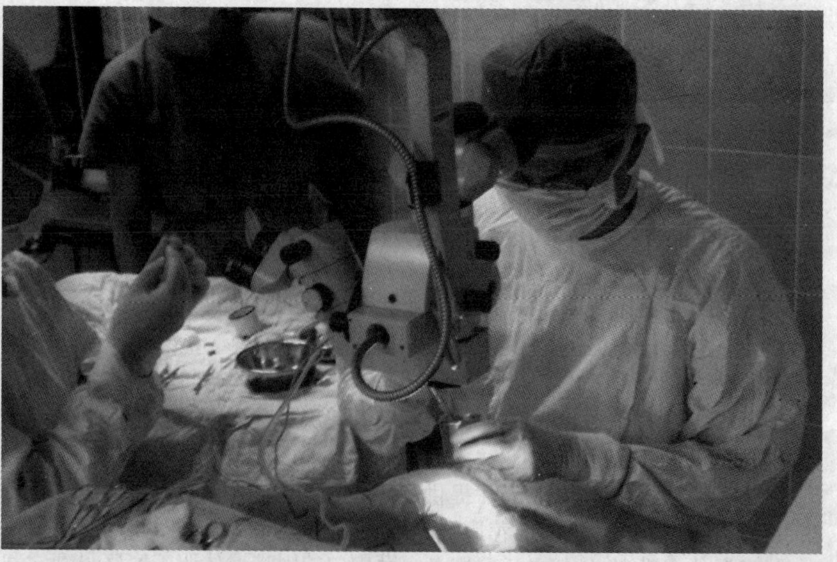

公惠医院为困难职工免费进行白内障超声乳化手术 (石志伟)

【华谊(集团)公司加大困难退休职工帮困力度】　上海华谊公司退管会通过抓提高认识,解决思想问题;抓拓宽思路,解决方法问题;抓增强意识,解决责任问题,使退休职工参保率达到98%,全年有10000余人次获得各种理赔,理赔金额400余万元。通过抓重点对象帮困,使特困退休职工的生活困难得到缓解,全系统共发放各类补助慰问款187万元,化工退休职工解困基金发放补助17.6万元;全系统三级组织"两送"工作共慰问退休职工26462人次,慰问金额达到300余万元。

(虞仲义)

【烟草退管会开展为老服务有特色】　一是坚持为退休职工做好事、办实事,把党和企业的关爱送到千家万户。全年系统内走访慰问退休职工6300多人次,困难补助金额55.14万元;组织象棋、扑克、交谊舞、呼吸操和敬老节趣味性项目比赛等5个专场,参与娱乐活动达2600多人次;针对老年多发性疾病,每季度举办一次健康讲座,累计有400多人次参加。二是坚持开展教育引导工作,不断提高退休职工的自身素质。局退管会年内举办了3期电脑培训班,有120名退休职工参加培训,考试合格率达97%;同时贴资鼓励退休职工参加老年大学读书,以召开老年大学学习交流会的形式,引导广大退休职工确立终身学习的理念。

(江洪生)

【电器科学研究所坚持做好过渡时期退管工作】　上海电器科学研究所现有退休职工827人。在退管工作逐步向社区化管理的过渡时期,退管会坚持做好四项工作:(1)2003年是建所50周年,所领导为每位退休职工发放了一份价值200元的精美礼品,寄送慰问信达1600余封。(2)学法懂法,维护退休职工权益,近年来和有关各方处理和解决了退休职工中婚姻矛盾,邻居纠纷,住房问题等6起。(3)排忧解难,办实事做好事,由行政出资4万余元为退休职工办理住院补充医保,投保率达100%,理赔金额达5万余元。(4)坚持"夏送清凉,冬送温暖"的敬老爱老传统。当年探访人数达240余人次,帮困金额达2万余元,实物发放金额达1万元;办理70岁以上老年证50人。

(杨明麟)

【海洋石油局工会尽心做好为退休职工服务工作】　虽然退休职工的管理和服务职能已逐渐向社会化过渡,但海洋局工会在转型期间,依然把为退休职工服务,让退休职工共享改革开放的成果,作为工会的一项重要工作来抓。2003年,局工会继续召开了退休职工座谈会,向退休职工通报了局的经济发展形势,听取了退休职工的意见和要求。节假日、高温、严寒其间,走访和慰问了生活困难的退休职工家庭,送去了慰问品和慰问金。继续办理了退休职工的医疗保险。"非典"过后,先后4次组织退休职工去植物园、西塘等地郊游。

(耿卫军)

【新闻出版工会管好用好退休职工重病互助补充基金】　至10月底,新闻出版工会重病医疗互助补充基金共资助195位身患重病的退休职工,资助金额达到76.5万元。市新闻出版工会退休职工重病医疗互助补充基金,其来源按照三个一点原则:即局行政拨款一点,局工会、退管会资助一点,系统内退休职工缴纳一点。系统内共有6681位退休职工参保,占系统退休职工总人数的66%。为管好、使用好基金,坚持"四方把关"制度(即基层退管干部把关、局退管会把关、专职医生审核把关、互助基金会主任把关),并将原来参保的5类病种增加到10类。

(陈宏华)

短信息:

○　2003年,青浦区有14905退休职工参加了住院补充保障计划,参保率高达98.8%。

(程天爵)

○　新闻出版工会出资修缮改造嘉定老年公寓"晚晴楼",系统内12位老同志乔迁新居。

(陈宏华)

职工疗休养

【市总工会深化疗休养事业改革　促进疗休养事业发展】　为了更好地维护广大职工疗休养权益,保护职工身体健康和促进社会进步,市总工会努力与政府有关部门协调,疏通政策,积极争取市财政对工会疗休养事业的支持。同时,市总工会还加强对工会疗休养事业的宏观指导、协调和服务。各级工会认真按照社会主义市场经济规律开拓发展疗休养事业,不断提高疗休养的管理水平和服务水平,积极开拓疗休养服务新领域,努力打造工会自己的特色服务,使工会的疗休养事业始终坚持为广大职工服务的方向。为了提高疗休养院所的市场竞争力和服务水平,各级工会加大对重点疗休养院所的基本设施的改造和投入,加快疗休养院所的更新改造和配套建设以及内部管理制度的改革,推动疗休养院所向集休养、旅游、康复、保健等为一体的多功能综合服务基地发展。为深化疗休养事业改革,各级工会及疗休养院所以市场为导向,逐步做到向依法自主经营、自负盈亏、自我约束、自我积累、自我改造、自我发展、自我提高的方向发展。据统计,2003年各级工会组织疗休养人数86151人,其中一线职工62195人;劳动模范6185人,有毒有害岗位职工6307人。

(陈培红)

【市总工会开展劳模疗休养等活动】　市总工会为关心劳模身心健康,丰富劳模业余生活,继续组织劳模开展各项活动。先后组织劳模前往景德镇、黄山、长江三峡、北戴河、青岛等地休养,组织了一批在职劳模到日本去学习考察。劳模协会还积极组织老劳模到市总下属的各疗养院休养。上海工会的4个劳模之家坚持每月举办两次讲座和文艺活动,受到了广大劳模尤其是退休老劳模的欢迎。

(唐维生)

【市总工会沙家浜休养院抓管理拓市场　推进疗休养工作】　(1)理顺、完善内部经营管理体制,加强经营目标的管理和考核,抓好院所设施功能的整合,健全市场化的竞争机制和多元化的经营机制。(2)通过招引资,盘活存量资产,逐步解决历史遗留问题。(3)充分运用媒体、广告、网络加大市场宣传力度,积极寻找拓展市场的合作伙伴，努力适应市场需求和职工需求的变化，推动院所科学定位，调整、提高院所发展方向。(4)依法开展疗休养活动，积极组织广大职工特别是先进模范人物到院所休养、度假。2003年共组织休养、度假约2.5余万人次，接待休养4532人，招商引资及追回债权收入201万元。（郭金蓉）

【嘉定区总工会认真组织好职工疗休养】(1)加强领导，列入考核。把职工疗休养工作列入全年工会工作考核内容，分解指标下达到各局、公司、镇、街道工会，年中加强监督检查，年未进行考核评比。(2)加强宣传，沟通信息。积极主动与基层工会沟通，了解基层工会疗休养工作情况，及时提供疗休养信息。(3)热情服务，保证质量。详细介绍每条休养线路的情况，认真听取职工对疗休养工作的意见和建议，注重接送好每个疗休养团队，使参加疗休养的职工深切体会到工会之家的温暖，做到职工满意、领导放心、企业称心。(4)加强学习，提高素质。加强疗休养旅游业务的学习和研究，不断丰富业务知识，提高组织协调能力。（陆保芳）

【医务工会把办疗休养转向管疗休养】上海市医务工会充分发挥医务工会和基层工会两个积极性，把办疗休养转向管疗休养，2003年组织78批共2941人次参加22个点的职工疗休养活动。(1)规范操作，把职工疗休养人数、经费总额和个人承担的比例等提交职代会讨论，防止疗休养工作的随意性。(2)加强对基层工会职工疗休养工作的考核，评出19个优秀组织奖单位。(3)严格把好疗休养团队领队的人选关，要求派出单位选派认真负责、精明能干的干部做领队，加强对领队的培训，评出5名好领队。(4)加强对参加疗休养职工的教育，要求积极配合领队共同做好疗休养的安全工作，全年未发生意外事故。(5)把单纯的职工福利性疗休养向福利性与先进性相结合的疗休养转移，结合“抗非”先进的评选，共组织767人次“抗非”一线医护人员参加疗休养。（王月英 项丰满）

【市工人疗养院加强质量管理率先建立ISO9001质量管理体系】为了提高疗养院的服务档次，加强医疗窗口质量管理和后勤保障质量管理，上海市工人疗养院决定在全国疗休养业率先建立ISO9001:2000质量管理体系。建立了内审员队伍，采用职工、班组、科室和院部四级管理网络，拟写了27个程序文件，近90个相关文件。制定了“科学的管理制度，务实的工作作风，优质的全程服务，创新的事业精神”的质量方针；确定了创“市文明单位、全国模范疗养院，宾客满意率95%以上，绿化占有率40%以上，体检准确率99%以上，安全防范率99%以上”的质量目标；树立了“送你一个健康”的服务宗旨和“源于诚信、融于热心”，“没有最好、只求更好”的服务理念。2003年7月15日通过ISO9000国际认证工作，9月份领到摩迪认证公司授予的铜牌和认证证书。（卓介江）

· 政策摘编 ·

工伤职工工伤医疗期间可享受的待遇

工伤、职业病患者在医疗期间可享受的待遇：

(1) 工伤和职业病的医疗期为1~24个月，严重工伤需延长医疗期的，最长不超过36个月。工伤期满后仍需治疗的，继续享受工伤医疗待遇。

(2) 医疗费用，包括所需挂号费、住院费、诊疗费、药费、路费全额报销，其中因工伤、职业病住院或者急诊观察室留院观察所发生的医疗费用，超过自负段部分的费用由医疗保险统筹基金支付50%，其余部分以及有关的门诊急诊医疗费用，根据国家和本市有关规定，由用人单位负担。

(3) 住院治疗期间，按本市企业职工因工出差伙食补助标准的三分之二享受住院伙食补贴，目前标准为每人每天10元。

(4) 经医院确定需护理的，护理费按医院护工标准发给。

(5) 工伤医疗期间，改发工伤津贴，标准为本人负伤前12个月的平均月工资性收入。

(6) 职工无过错，企业不得解除劳动合同。

注：从2004年1月1日《工伤保险条例》正式施行起，上述第(2)项由工伤保险基金支付；第(3)项伙食补贴标准由“三分之二”改为“70%”，仍由单位支付；第(5)项仍由单位支付。（摘自《上海职工劳动保障权益手册》）

加强自身建设

综　述

(1)全力以赴、精心准备,圆满完成了上海市工会十一大和中国工会十四大的各项组织人事工作。上海市工会十一大和中国工会十四大的有关组织人事筹备工作,是2003年上海工会组织部门重中之重的工作。为此全市各级工会在2月份就开始着手筹备,制订了严密的工作计划和工作程序,进行了严格的工作人员培训,做到"分工明确、职责明确、责任明确",确保各项筹备工作能够按照时间节点要求高质量地进行。按照《工会法》、《中国工会章程》规定的民主程序,选举产生了800名上海市工会第十一次代表大会的代表、74名上海市出席中国工会第十四次全国代表大会的代表;于卫良等109位同志当选为上海市总工会第十一届委员会委员;左山虎等17位同志当选为上海市总工会第十一届委员会常务委员会委员;陈豪同志当选为上海市总工会第十一届委员会主席;吴申耀、张兴淮、汪兰洁、杜仁伟、谢峰等5位同志当选为上海市总工会第十一届委员会副主席;于志军等15位同志当选为上海市总工会第十一届经费审查委员会委员;杜仁伟同志当选为上海市总工会第十一届经费审查委员会主任。3月份,市总工会协助市委组织部完成了市总主要领导的交替工作。(2)不断完善工会组织管理体制的建设。2003年,市总工会配合党政机关机构改革,初步理顺了新组建的市国资委、综合、经济、合作交流、社会工作等5个党委系统下属企事业单位工会组织的隶属关系,有15家单位挂牌市总工会。在上海化学工业区组建了全市首家区域性的工会组织——上海化学工业区工会委员会,在金山区组建了全市首家地区性的行业工会组织——金山区纺织企业工会联合会,在原上海市新闻出版局工会的基础上组建了产业工会组织——上海市新闻出版工会。(3)配合区县局党组织,做好工会领导班子协管工作。2003年市总工会进一步加强了与有关单位党组织的联系、沟通,积极配合区县局党组织,按照干部协管原则,加强工会领导班子建设。全年有机电、港务等28家单位进行了换届选举和领导班子调整,涉及区县局(产业)工会领导干部50余人次。地区工会主席按同级副职配备也有了较好的进展,已有10个区县的总工会主席是由区县人大常委会副主任兼任的。(4)开展工会干部教育培训工作,努力提高工会干部的综合素质。由于非典原因,上半年工会干部教育培训工作进度受到了一定的影响。下半年,市总工会充分发挥工会管理干部学院教育培训基地的作用,举办了全市性的工会副科级干部培训、新上岗基层工会主席培训、工会干部专业培训、工会干部适应性培训等培训班169期,受训约2.9万人次。还举办了市总机关年青干部双休日实用能力培训、市总机关系统以"树组工干部形象"为主题的组工干部"公道正派"教育培训和两期有131人参加的市总机关系统处级干部学习贯彻"三个代表"重要思想专题研讨班。(5)进一步转变作风,开展调查研究。市总工会根据上海工会组织工作的新情况、新任务、新要求,有的放矢地对基层工会组织建设状况、建设职工之家活动开展情况和进城务工人员基本情况等进行了调查研究。《上海市工会组织状况的调查报告》在市委组织部组织的上海组织工作调研报告评比中获二等奖;《上海市外商投资企业工会组织状况的调查报告》在上海工会优秀调查报告、论文评选中获一等奖。

(刘卫新)

组织体制

【选举上海市总工会第十一届委员会委员】 6月12日,上海市工会第十一次代表大会召开第二次全体会议,以无记名投票方式差额选举上海市总工会第十一届委员会委员。大会应到代表800人,实到代表794人,因病因事请假6人。大会发出选票794张,收回选票794张,有效选票794张。选举结果,于卫良等109位同志当选为上海市总工会第十一届委员会委员。经统计,在新一届市总工会委员中,原市总工会十届委员继续当选的65人,占59.6%;新当选的44人,占40.4%。在委员组成方面,工会工作者89人,占81.6%;工会积极分子6人,占5.5%;劳动模范和先进生产(工作)者3人,占2.8%;管理人员和专业技术人员11人,占10.1%。在109名委员中,来自新建企业的委员占了一定的比例。其中,私营企业委员1人,占0.9%;外商投资企业委员1人,占0.9%;社区工会委员1人,占0.9%;各类经济技术开发区委员2人,占1.8%。在109名委员中,女委员24人,占22.0%;民主党派人士2人,占1.8%;非党群众1人,占0.9%。在年龄结构方面,35岁

上海市总工会第十一届委员会第一次全体会议　（倪粉宝）

以下1人，占0.9%；36岁至40岁6人，占5.5%；41岁至45岁10人，占9.2%；46岁至50岁33人，占30.3%；51岁至55岁47人，占43.1%；56岁以上12人，占11.0%。在文化程度方面，研究生以上学历32人，占29.4%（其中1人为博士研究生）；大学学历35人，占32.1%；大专学历40人，占36.7%；高中和中专学历2人，占1.8%。（李　鸣）

【选举上海市总工会第十一届经费审查委员会委员】 6月12日，上海市工会第十一次代表大会召开第二次全体会议，以无记名投票方式差额选举产生上海市总工会第十一届经费审查委员会委员。大会应到代表800人，实到代表794人，因病因事请假6人。大会发出选票794张，收回选票794张。选举结果，于志军等15位同志当选为上海市总工会第十一届经费审查委员会委员。经统计，在新一届市总工会经审会委员中，原市总工会十届经审会委员继续当选的4人，占26.7%；新当选的11人，占73.3%。在委员组成方面，工会工作者10人，占66.7%，审计和财务干部5名，占33.3%。在15名经审会委员中，女委员2人，占13.3%；中共党员15名，占100%。在年龄结构方面，40岁以下1名，占6.7%；45岁至50岁8名，占53.3%；51岁至55岁6名，占40.0%。在文化程度方面，研究生以上学历2名，占13.3%；大学学历6名，占40.0%；大专学历7名，占46.7%。（李　鸣）

【选举上海市出席中国工会第十四次全国代表大会代表】 6月12日，上海市工会第十一次代表大会举行第二次全体会议，以无记名投票方式差额选举上海市出席中国工会第十四次全国代表大会代表。大会应到代表800人，实到794人。大会发出选票794张，收回选票794张。选举结果，陈豪等74位同志当选为中国工会十四大代表。在当选的74名中国工会十四大代表中，包括全总机关和中国国防邮电工会下达给上海选举的代表各2名。74名代表的组成是，工会工作者49名，占66.2%；工会积极分子6名，占8.1%；先进劳模人物13名，占17.5%；科技人员3名，占4.1%；其他3名，占4.1%。其中，社区工会代表3名，占4.1%。74名代表中，女代表24名，占32.4%；民主党派人士2名，占2.7%；非党群众8名，占10.8%；少数民族代表3名，占4.1%。在年龄结构方面，35岁以下6名，占8.1%；36岁至45岁16名，占21.6%；46岁至55岁48名，占64.9%；56岁至60岁4名，占5.4%。在文化程度方面，大学本科以上学历54名，占73.0%（其中研究生26名）；大专学历18名，占24.3%；高中（中专、技校）以下学历2名，占2.7%；高级职称36名，占48.6%；中级职称29名，占39.2%；初级职称1名，占1.4%。（李　鸣）

【选举上海市总工会第十一届委员会主席、副主席、常委】 上海市总工会第十一届委员会第一次全体会议于6月12日召开。大会以无记名投票方式选举产生上海市总工会第十一届委员会主席、副主席和常务委员。大会应到委员109人，实到109人，发出上海市总工会第十一届委员会主席、副主席选举票109张，收回109张；发出上海市总工会第十一届委员会常务委员选举票109张，收回109张。选举结果，陈豪同志当选为上海市总工会第十一届委员会主席；吴申耀、张兴淮、汪兰洁、杜仁伟、谢峰同志当选为上海市总工会第十一届委员会副主席；陈

上海市总工会第十一届经费审查委员会第一次全体会议　（倪粉宝）

豪、吴申耀、张兴淮、汪兰洁、杜仁伟、谢峰、左山虎、刘晓敏、杜乃根、李积荣、肖长松、吴捷、吴由之、吴红星、侯其彬、夏玲英、彭戌兰等17位同志当选为上海市总工会第十一届委员会常务委员会委员。 （李 鸣）

【选举上海市总工会第十一届经费审查委员会主任、副主任】 上海市总工会第十一届经费审查委员会第一次全体会议于6月12日召开。会议以无记名投票方式选举产生上海市总工会第十一届经费审查委员会主任、副主任。大会应到委员15人，实到14人，发出上海市总工会第十一届经费审查委员会主任、副主任选票14张，收回14张。选举结果，杜仁伟同志当选为上海市总工会第十一届经费审查委员会主任，杨永平同志当选为上海市总工会第十一届经费审查委员会副主任。 （李 鸣）

【陈豪等9位同志当选为全国总工会第十四届执行委员会委员】 中国工会第十四次全国代表大会于9月22日至9月26日在北京召开。9月24日，大会举行全体会议，选举产生中华全国总工会第十四届执行委员会委员和中华全国总工会第十四届经费审查委员会委员。全总十四届执委采取差额选举方式产生，上海推荐的陈豪、汪兰洁、王水官、胡云芳、黄鸿强、王剑明、卞恩君、陈德诚、吉永华等9位同志全部当选。全总十四届经审委采取等额选举方式产生，上海推荐的杜仁伟同志当选。9月25日，在分别召开的全总十四届执委会第一次全体会议和全总十四届经审会第一次全体会议上，陈豪同志当选为中华全国总工会第十四届执行委员会主席团委员，杜仁伟同志当选为中华全国总工会第十四届经费审查委员会常委。 （李 鸣）

【中国东方航空集团公司工会直接挂靠市总工会】 为适应中国民航体制改革的需要，经市总工会同意，从2003年7月起，中国东方航空集团公司工会直接挂靠市总工会，中国东方航空股份有限公司工会即日起接受中国东方航空集团公司工会领导，不再接受市总工会的直接领导。 （邵丽倩）

上海市工会第十一次代表大会代表在举手表决 （倪粉宝）

【原上海海上救助打捞局救捞分离组建两家工会】 10月，经国务院批准，实施变救助打捞合一为救助打捞分离的行政管理体制改革，原交通部上海海上救助打捞局更名为交通部上海打捞局，并成立交通部东海救助局。为此，经市总工会同意，工会组织体制相应作了调整，原中国海员工会交通部上海海上救助打捞局委员会更名为中国海员工会交通部上海打捞局委员会，并组建中国海员工会交通部东海救助局委员会。 （邵丽倩）

【中海(集团)总公司工会直接挂靠市总工会】 为加强协调，统一领导，经市总工会同意，从12月起，中国海员工会中国海运(集团)总公司委员会直接挂靠市总工会，中国海员工会上海海运(集团)公司委员会即日起不再接受市总工会的直接领导。 （邵丽倩）

【上海工会理顺国资委系统工会组织关系】 2003年，市总工会根据上海党政管理体制改革后，市国有资产监督管理委员会所属单位党组织关系发生变化的现状，积极稳妥地提出了理顺国资委系统工会组织隶属关系的方案。经与国资委党委商定，原上海市商业工会所属上海水产(集团)总公司工会、上海良友(集团)有限公司工会、上海糖业烟酒(集团)有限公司工会、上海蔬菜(集团)有限公司工会；原上海市对外经济贸易工会所属上海兰生(集团)有限公司工会、上海外经(集团)有限公司工会、东方国际(集团)有限公司工会、上海东浩国际服务贸易(集团)有限公司工会、上海市锦江航运有限公司工会；原上海市发展计划委员会系统工会所属上海久事公司工会、上海申通(集团)有限公司工会、申能(集团)有限公司工会；原上海市建设工会所属上海城市建设投资开发总公司工会；原上海市市级机关工会工作委员会所属上海光通信公司工会；原上海市机电工会所属上海电器科学研究所(集团)有限公司工会的工会组织关系自2003年12月起隶属上海市总工会。 （杨伟良）

【虹口区工会召开第三次代表大会】 9月17日，虹口区工会第三次代表大会在区青少年活动中心隆重召开，虹口区委书记孙卫国、区长程光、区人大主任应蓓仪、区政协主席葛文卿、市总工会副主席杜仁伟、区委副书记许虎清、区委组织部长龚若栋、副区长陈静薇等参加了会议。会议回顾总结工会过去六年工作，明确了今后五年工会工作的指导思想和工作任务，选举产生了以宋美红为主席，孔春明、尤兴国、郑蔚芸为副主席的虹口区第三届工会委员会，选举出以孔春明为主任的虹口区第三届经审委员会。

（李 琪）

虹口区总工会召开工会代表会议 （李 琪）

【黄浦区总工会实施工会代表大会常任制】 黄浦区总工会积极探索地方工会代表大会常任制，改变以往参加代表大会的代表在选举产生了新一届"两委会"后，其使命即告结束的现象，使工会工作始终处于广大职工群众的参与、监督之中。(1)明确职权。代表任期与该届工会委员会相同，在工会代表大会会议期间或闭会期间，拥有选举或确认权、通过或审议权、评议监督权、巡视质询权等四项职权。(2)完善形式。采用代表大会与闭会期间建立相关职权的民主管理、劳动法律监督、职工生活保障、职工教育和劳动保护监督、非公经济工会工作、工会资产及企事业等6个专门委员会相结合的组织形式，相对于区总工会各部室职能并发挥其作用。(3)健全制度。建立了联系沟通、调查研究、巡视检查、代表质询和代表培训等五项制度，保证代表参与和监督。(4)探索运作。一是会议参与。在每年的区工会代表大会上审议文件。二是巡视质询。组织代表巡查区属企事业单位贯彻"两法一条例"及工会工作目标完成情况。三是书面咨询。书面征求代表对区总工会工作意见、建议。四是评议监督。各社区工会实施代表常任制后，普遍实行了一年一次对社区工会工作无记名测评的做法。在区工会代表大会上对区总工会"两委会"工作无记名测评。五是业务受训。组织代表参加工会干部双月讲座及有关业务知识的培训，提高代表议事能力和工作水平。六是强化专委会职能。注重发挥各代表专门委员会的作用，听取并研讨区总工会职能部室工作情况。（贺再励）

【闵行区区级机关工会实行管理册制度】 闵行区区级机关工会全面实行工会工作管理册制度。工会工作管理册主要内容有基层单位工会基本情况、年度工作计划、季度工作要点及完成情况、开展各类活动和工会大事记等。推行该制度后，较好地规范了基层工会工作，初步达到了"三性"目的，即：可查性，详细的工作记录，便于检查指导工作，强化了资料管理；可比性，各工会之间工作有可比性，考核有针对性；可操作性，涵盖了工会工作的主要内容，为及时把握分析工会工作提供了依据。（俞龙祥）

【金山区总工会自身建设取得新成果】 2003年初，金山区总工会召开了区工会第二次代表大会，确定了今后五年工会工作的目标和任务，选举产生了新一届区总工会领导班子。还先后帮助指导34家直属工会完成换届改选，占换届计划的88.2%；为提高工会干部的素质，区总与市工会管理干部学院联手举办了两期工会干部新一轮上岗培训，162名参训者都取得证书，还直接下基层培训工会干部100多名，提高了工会干部的思想水平和业务能力；区总工会加强了机关内部管理，调整了内设机构，新设事业部归口管理工会三产、职工技协、职工疗休养和退管经济实体，为工会经济的发展搭建了新的工作平台；区总机关以创建文明单位为抓手，开展争"优质服务、优秀素质、优良作风、优异成绩、优美环境"的"五优"活动。（吴 冲）

【松江区工会召开第二次代表大会】 松江区工会第二次代表大会于8月20日下午在松江区行政中心8号会议楼隆重举行开幕式。区四套班子领导和来自全区各系统的250名工会代表和12名列席代表出席大会。吴红星代表区总工会第一届委员会向大会作《与时俱进，奋发有为，为松江实现跨越式

闵行区总工会领导集体在认真学习《"三个代表"重要思想学习纲要》 （叶民强）

松江区工会第二次代表大会在松江区行政中心召开 (莫永涛)

发展贡献智慧和力量》的工作报告。在8月21日下午举行的第二次全体会议上,选举30名松江区总工会第二届委员会委员。在随后召开的松江区总工会二届一次全会上,选举吴红星等13人为松江区总工会第二届委员会常务委员,选举吴红星为松江区总工会第二届委员会主席,高兴欢、张泰昌、阮珍珍、顾彬为副主席。 (莫永涛)

【青浦区总工会召开第二次代表大会】

6月26日至27日,青浦区工会第二次代表大会胜利召开。出席会议的正式代表217名,列席代表26名。吕健康代表区总工会第一届委员会作了题为"与时俱进、奋发有为,团结动员全区职工为青浦新一轮发展努力奋斗"的工作报告,报告认真总结了区工会第一次代表大会以来的工作,提出今后五年青浦工会工作的指导思想、总体目标和主要任务。会议选举产生了青浦区总工会第二届委员会委员23名、经费审查委员会委员5名。在随后召开的区总工会二届一次全委会上,选举产生了常务委员9名,选举吕健康为区总工会主席,吴为涛、陆桂芳为副主席。 (程天爵)

【南汇区总工会召开第二次代表大会】

9月8日至9日,南汇区工会第二次代表大会在南汇东方电影院胜利召开。大会讨论并通过了区总工会一届委员会工作报告、财务工作报告和经费审查工作报告,提出了南汇工会工作今后五年的指导思想和主要奋斗目标。出席该次大会的正式代表248名,选举产生了南汇区总工会第二届委员会委员27名,第二届委员会常务委员9名,经费审查委员会委员5名,潘新明当选为区总工会主席,颜龙弟、刘京蕾当选为区总工会副主席,颜龙弟当选为经费审查委员会主任。 (纪 敏)

【奉贤区总工会建立市工会十一大代表活动日制度】 出席上海市工会第十一次代表大会的18位奉贤代表,在上海市工会第十一次代表大会闭幕后,经过讨论,同意建立奉贤代表组活动日制度。活动日规定每年安排代表组活动1-2次,每年列席奉贤区总工会全委会,并明确了活动的主要内容:一是对区内外的工会工作进行考察;二是对工会工作中的热点、难点问题进行研讨;三是对促进区工运事业的发展提出建设性意见。7月中旬,代表们在庄行镇进行了首次视察活动,在目睹了庄行镇发展规划目标及镇区迅猛发展的现状后,代表们深受鼓舞,诚恳地道出了希望工会同步发展,共同为促进地区改革建设作贡献的心愿。 (袁正花)

【奉贤区总工会制定《三年行动计划纲要》】 奉贤区总工会在汇集"工会与奉贤新一轮发展"大讨论、大调研成果的基础上,制定了《2003—2005年奉贤区工会三年行动计划纲要》。着重勾画了结合奉贤实际的六大工会工作体系:一是建立和健全以打造职业精神、实现职工队伍知识化、技能化为目标的职工素质工程体系;二是建立和健全以促进劳动关系和谐稳定为目标的协调劳动关系工作体系;三是建立和健全以推进社会主义民主政治建设为目标的职工民主管理工作体系;四是建立和健全以帮助职工排忧解难、多做实事好事为目标的职工补充保障工作体系;五是建立和健全以巩固和加强党的执政基础为目标的工会组织工作体系;六是建立和健全以形成与时俱进、充满活力的工会工作新格局为

青浦区工会第二次代表大会在青湾电影院召开 (王 华)

目标的自身建设工作体系。凸现了三个特点：一是与奉贤改革发展形势相适应，与党在新时期对工会希望相适应，与广大职工群众对工会要求相适应；二是涵盖了工会的全部工作，又突出了维护的基本职能；三是体现了"群众利益无小事"的精神，有利于工会更好地发挥桥梁和纽带作用。（沈永明）

【崇明县总工会机关建设有新举措】 为切实加强县总机关作风建设，提高县总机关的战斗力和工作效率，崇明县总工会党组在2003年修订完善了机关联系基层、廉政建设、议事决策、机关工作目标考评、领导干部开展谈心活动、机关用车管理、机关考勤及休假等7项规章制度。同时实行了机关干部与乡镇工会"一助两"联系制度，即每位机关干部挂钩联系两个乡镇，主要任务是了解掌握所联系乡镇工会工作的总体情况、重点工作完成的进展情况、职工群众关心的热点问题和工作中的难点问题；帮助乡镇工会定期分析、研究在工作中出现的新问题、新情况、新动态，并提出指导性的工作意见和建议；及时传达并落实上级工会阶段性工作要求，并及时反馈基层对县总工会的要求、意见、建议等。联系的结果与机关干部目标考核结合起来。还根据工会工作的热点、难点，广泛开展调研，形成了《崇明城桥镇商服非公经济组织的调查和思考》、《崇明劳动模范生活状况及其帮困对策建议》、《在外来劳务职工中建立工会的意义及操作思考》、《崇明新建企业工会运行情况及其对策》等多篇调研文章，其中两篇被《上海工会内参》选用。（陈进修）

【市机电工会提出五年工作思路】 2003年，市机电工会提出了五年工作思路：(1)构筑以实现和谐稳定健康的劳动关系为主要目标的长效协调机制。经过五年的努力，在机电工会系统健全和完善劳动关系协调机制，实现制度化、法制化、网络化管理。(2)构筑以推进基层民主制度化、规范化、程序化为主要目标的职工民主管理长效工作机制。经过五年的努力，要形成以职工民主参与、民主协商、民主监督为基本内容的多渠道、多形式、多层次的适应社会主义市场经济体制发展的职工民主管理工作运行机制。(3)构筑以实现职工经济利益为主要目标的职工补充保障长效工作机制。五年内要实现100名带头人参加业务培训目标，参加职业培训职工达10000人次，帮助10000名下岗和失业人员实现再就业。力争使所有的基层企业都参加市总集体补充保障投保工作。要扩大特种重病补充保险的覆盖面，参保人数要达到10万人，参保率达85%以上。扩大职工住院补充保险的覆盖面，参保人数要达到12万人，参保率要达95%以上。工会劳动保护监督检查委员会的建制率要达到100%。(4)构筑以实现产业工人知识化，推动信息化带动工业化为主要目标的职工素质工程长效工作机制。基本目标是职工合理化建议活动和技术创新项目，参与率、采纳率、实施率都要达到60%。技术攻关、技术革新项目要实施5000条(项)。智能型班组要创建250个，班组签约结对要新增100对，拜师学艺每年增加200对。李斌式班组要创建50个，李斌式职工要培训50名。努力争取使不少于三分之二的职工参加总公司和企业办的各类培训班以及女职工周末学校等培训，五年内培育培训基地达到30个以上；每年有10%的职工技能升一级，每年有10%的职工拥有第二岗位技能。(5)构筑以富有活力，具有务实精神和创新精神为主要目标的工会自身建设长效工作机制。基本目标是形成适应社会主义市场经济的工会组织体制、工作机制和活动方式，工会工作的群众化、民主化和法制化水平明显提高。（冯克华）

上海市电力公司工会第八次代表大会 （龚 汇）

【上海市电力公司工会第八次代表大会】 12月4日至5日举行上海市电力公司工会第八次代表大会。会议代表共133人。帅军庆同志作《全面贯彻全心全意依靠工人阶级的根本方针，围绕上海电力大局，充分发挥工会的桥梁纽带作用》的讲话。大会听取了沈志荣同志代表公司工会第七届委员会所作的《学习"三个代表"重要思想，在电力事业发展中谱写工会工作新篇章》的工作报告，审议了工会财务工作和经审会工作两个书面报告。大会对公司工会第七届委员会工作予以充分肯定，对今后一个时期提出的指导意见和工作目标表示赞同，批准了这三个报告。会议选举产生了公司工会第八届委员会和经费审查委员会。沈志荣连任工会主席，王芸任工会副主席。於凯任经费审查委员会主任。大会要求各级工会，紧密联系上海电力的实际，大力加强自身建设，大胆创新工会工作方法，把工会组织建成维权到位、工作活跃、党委放心、行政支持、职工信赖的先进职工之家。（郭有成）

【宝钢集团一钢公司工会开展工会委员联系班组活动】 为有效推进工会

各项工作,宝钢集团一钢公司工会制订并实施了“工会委员会委员联系班组”的工作制度。该公司工会委员会21名委员每人每月联系一个班组,并具体做到:(1)了解并掌握班组基本情况;(2)参加不少于一次的班组学习和活动;(3)与班组长或工会组长谈心一次;(4)与班组职工个别谈心不少于一次,重点倾听职工的呼声、要求、意见、建议;(5)向班组提一项建设性意见或合理化建议;(6)及时向公司工会反映动态信息;(7)以了解、沟通、服务、指导为联系班组的方式方法。委员们到班组后,做到平易近人,与职工平等相待,不干预、不影响班组正常工作。

(李兴亚)

【航天806所工会对下属分会推行考核制度】 上海航天局第806研究所试行对分工会每半年一次的考核制度,考核组由所工会正、副主席和三位专职工会工作人员组成。根据考核评分情况,年度评选出先进分工会委员会和优秀分工会主席,进行通报表扬和奖励。同时,为增强分会工作的自主权,所工会根据各分会会员人数,按人均30元活动经费下拨到分会。各分会委员会有了自己的活动经费后,根据分会的实际情况,分别开展了许多职工喜闻乐见的活动。如:质量达标班组座谈会、读书活动交流会、演讲比赛、广播操比赛、乒乓球比赛、各类讲座等等。这不仅使职工的文体生活丰富多彩,而且通过活动的开展使职工和班组的综合素质得到了全面提高,增强了凝聚力。通过一年的试行考核,各分会工作明显有了改观,所工会在此基础上进一步完善考核制度,并将半年度考核变为季度考核,考核组成员吸收了各分工会主席参加。根据考核组考核评分情况,将下半年度人均下拨活动经费改为“凝聚力工程”经费。实行“凝聚力工程”经费与考核结果相挂钩。最高经费和最低经费全年人均相差最大的达85%以上。通过考核,806所工会的整体工作不断上台阶,职工对工会的信任和满意程度得到了很大提高。

(张　雪)

【上海广电(集团)有限公司召开第二次工会代表大会】 3月28日,上海广电(集团)有限公司工会第二次代表大会在海鸥饭店隆重举行。出席会议的正式代表130人、列席代表39人,邀请代表6人。会议听取和讨论了集团工会主席江兵同志代表第一届工会委员会所作的题为《为建成“世界的上广电、卓越的SVA”发挥工会组织桥梁纽带作用》的工作报告,会议产生了17人组成的集团工会第二届委员会和由5人组成的经费审查委员会。大会明确了今后五年的工作任务。

(朱金妹)

【复兴船务公司工会建立五项工作制度】 (1)工会月度例会制度。具体内容是回顾上月工作,布置下月任务,分析职工思想现状,提出有针对性的工作措施;(2)工会干部双月学习培训制度。组织工会干部和部门工会主席进行相关业务知识学习或培训,以提高他们的政策业务水平;(3)公司工会干部联系基层部门工作制度。要求工会干部经常深入基层了解情况、沟通协调、指导工作,帮助他们解决实际困难;(4)工会信息编报制度。要求工会干部及时将职工的思想情况和特色工作组成文字稿,供党政工领导决策参考;(5)工会会务公开制度。凡工会的重要事项都要由全委会集体民主决策。通过落实这五项工作制度,使上海港复兴船务公司工会的自身建设得到了进一步的加强,对促进工会各项工作起到了积极的作用。

(陈增祺)

【市运输工会试行工会工作评估机制】 运输工会制定并在直属单位工会组织实施了工作评估机制试行办法,具体做法如下:(1)工作评估的内容。评估以履行岗位职责及年内工会重点工作落实情况为主要内容。具体从围绕大局、实事工作、素质工程、工作创新、劳动关系、制度建设、自身建设、定量指标、经费上缴等重要工作要素进行评估。评估要素根据每年工作重点进行调整。(2)工作评估的原则。坚持评估内容与岗位职责相一致;组织绩效、管理绩效与个人绩效相统一;定性评估与定量评估相结合的原则,使工会工作评估机制起着增强工会自身活力和促进企业发展的导向作用。(3)工作评估的形式和计算。一是采取“自己评、会员评、党组织评、上级工会评”的评估形式。二是计算以自评分、会员评价分、党组织评价分、上级工会评价分为分值,按2:3:3:2的比例综合评估。即综合评估分=自己评分值×20%+会员评分值×30%+党组织评分值×30%+上级评分值×20%,评估得分侧重于会员评和同级党组织评,占总分的60%;自己评和上级工会评,占总分的40%。运输工会还对工作评估的组织、工作评估的反馈及考核作

广电集团工会召开第二次工会代表大会　(朱金妹)

出了具体规定,从而较好地激活基层工会组织的活力。 (王国平)

【上海移动通信工会建立"巡回联系日"制度】 为了进一步加强与员工的联系,上海移动通信工会从2002年12月开始,建立两级工会主席"巡回联系日"制度。联系日的宗旨是通过两级工会主席与员工零距离的沟通,一是广交员工朋友、密切联系。二是倾听心声、了解需求。三是解疑释惑、适时引导。四是协调矛盾、解决困难。年初,由公司工会制订全年的联系日日程安排表,下发到各直属单位工会,要求基层工会主席事先通告员工。直属工会主席也需根据自身实际,制定单位内部的联系计划并负责落实。2003年,两级工会共巡回走访了基层单位208次,仅公司层面就走访了16家基层单位,收集员工意见和建议63条,还将员工关心的热点问题,集中递交相关部室处理。通报联系解决员工的实际困难。如:1860话房的空气浑浊问题,员工劳动合同续签问题等。为履行维护职能,发挥桥梁纽带作用做出了积极尝试。 (徐莉萍)

【三航宁波分公司工会在自身建设中突出"三加强"】 三航宁波分公司工会在自身建设过程中,突出"三个加强"。一是加强政治学习建设。建立两级工会干部坚持每月集中学习与业余自学相结合,坚持每月在学习基础上写一篇学习心得的制度,并注重提高学习效果和学习内容的针对性。二是加强工作作风建设。建立工会干部"争先创优"考核机制,造就一支能脚踏实地、兢兢业业、无私奉献的工会工作者队伍,造就一支能理论联系实际、密切联系群众、加强工作调研的工会工作者队伍。通过考核,两级工会干部中出现了围绕企业中心任务,带领职工开展立功竞赛活动的多了;致力于工地文明创建工作,提高职工队伍素质的多了;关心职工疾苦,维护职工合法权益的多了;自觉学习业务,适应新形势的多了等好现象。三是加强工会组织建设。首先是组织多种形式的培训;其次是对洋山港项目部等8个基层工会进行改选;第三是重新修订《基层工会工作考核办法》;第四是健全了会员档案。 (唐钧达)

【上海机场集团工会在改革中加强管理】 上海机场(集团)有限公司工会在机场集团公司内部体制改革中加强管理,及时制定下发《关于集团管理体制改革中理顺工会组织关系和发挥职代会作用有关问题的意见》。该《意见》要求在企业体制改革中做到"四同步"和"一发挥":各基层工会隶属关系的改变与行政和党组织关系的改变同步;会员关系转接工作与工会隶属关系转移同步;新建单位的工会主席候选人与新建单位选配领导班子同步;新建职代会制度和新建工会组织同步;工会组织和职代会继续积极发挥作用。《意见》下发后较好地理顺了基层工会组织的隶属关系,明确了职代会代表的身份,加强了工会组织建设,确保改革中工会组织不散,工会工作不停,职代会作用不减。 (郑培利)

【市医务工会召开第六次代表大会】 7月16日至18日,上海市医务工会在上海青松城召开第六次代表大会,216名正式代表和25名列席代表出席会议。大会审议通过了马强代表医务工会第五届委员会所作的题为《贯彻"三个代表"重要思想,团结动员全市医务职工为推进上海卫生改革与发展而努力奋斗》的工作报告,审议通过了周崇礼、顾国青分别代表第五届工会委员会和经费审查委员会所作的财务工作报告、经费审查委员会工作报告;大会选举产生了31名上海市医务工会第六届委员会委员和7名经费审查委员会委员。经医务工会六届一次全委会选举,产生了9名常务委员会委员,马强当选为主席,周崇礼、陈蓓、王玉琦当选为副主席;顾国青、周志根分别当选为经审主任、副主任。 (钱菊敏)

【市民政局召开第四次工会代表大会】 9月4日,上海市民政局工会第四次代表大会在市双拥大厦隆重召开。局属45个单位117名代表、65名列席代表出席会议。张敬苗作了题为《与时俱进,务实创新,团结动员全局职工为上海民政新一轮发展建功立业》的报告。大会审议通过了市民政局第三届工会委员会工作报告、财务工作报告和经审工作报告。在局工会第四届委员会第一次全体会议上,通过选举产生了市民政局第四届工会委员会和经审委员会,周其军当选为新一届工会主席,刘益平为副主席,卓琼当选为经费审查委员会主任。 (胡 芳)

短信息:

○8月22日,上海电信公司党政领导与职工代表就《上海电信员工全面发展白皮书》有关内容进行沟通。 (朱东亚)

○4月16日,市水务局工会召开工会代表会议选举参加上海工会第十

市民政局工会召开第四次代表大会 (李永刚)

一次代表大会的代表。（陶 诚）

○ 12月30日，上海市新闻出版局工会更名为“上海市新闻出版工会”。（陈宏华）

干部管理

【西藏日喀则地区第二批工会干部来沪挂职锻炼】 10月21日至11月28日，根据全国总工会《关于工会援藏工作有关事项的通知》(工函字[2002]103号)精神和西藏自治区总工会日喀则地区办事处的要求，西藏日喀则地区第二批工会干部一行5人来沪挂职锻炼。这次西藏工会干部来沪挂职分两阶段进行，第一阶段由市总工会组织集中学习和考察，第二阶段被分别安排到市城市交通管理局工会、普陀区总工会、长宁区总工会、徐汇区总工会和闵行区总工会担任主席助理，进行挂职锻炼。由于各挂职单位领导重视，第二批西藏工会干部来沪挂职工作进展顺利。（李 鸣）

【普陀区科技工会积极探索民营企业工会干部专职化】 普陀区科技工会以工会干部专职化配备、专业化培训和思想上专心、精力上专注为重点，着力推进民营科技企业工会干部专职化工作。(1)加强宣传沟通，争取经营者支持。科技工会十分重视对企业经营者的宣传沟通，重点宣传《工会法》和民营企业组建工会的目的意义，以及加强企业工会配备专职干部有利于协调劳动关系促进企业发展的关系，增进企业决策者对工会工作的理解和支持。(2)抓好典型宣传，推进工会干部专业化工作。科技工会先后培训和推广了宏泉、复星、致达等企业实行工会干部专职化建设的典型经验和具体做法，有力地推动了科技系统工会干部专职化建设。(3)开展工会干部专项教育和专业培训，提高专职干部工作水平。先后举办了2期《工会法》、《劳动法》等工会法律法规学习班，多次选送专职工会干部参加上级举办的专业培训班学习，提高他们的专业工作水平与能力。科技工会还制定了相关考核考察制度，重点考核专业工会干部对工作的“专心、专注”程度以及开展工作的专业能力与业绩。至2003年底，全区科技系统已配备专职工会干部48名，占工会干部总数的26.8%。（顾维兴）

市仪电工会举办工会干部集训班（蔡立辉）

【市仪电工会形成后备干部挂职锻炼交流机制】 市仪电工会与控股公司组织人事部协同努力，坚持贯彻《关于做好上海仪电各级工会后备干部推荐和管理工作的通知》的精神，组织实施青年、后备干部挂职轮岗锻炼，取得明显的效果。至2003年底已有8名来自不同企业、不同岗位的青年干部先后到仪电工会进行轮岗锻炼。通过轮岗锻炼使后备干部的配备工作更加务实、有效，使仪电工会工作充满生机活力。也使青年干部得到了锻炼，拓宽了工作视野和思路，掌握了新的科学工作方法，增长了才干。（生 青）

【自仪公司工会专题调研出新招】 自仪公司工会开展专题调查研究，狠抓工会干部队伍建设，提出新招数，采取新对策。公司工会通过调研分析了工会干部兼职化明显增多、干部的配备逐年减少、年龄明显偏高、待遇有所降低、人员流动性趋于增大的现状，提出工会干部队伍建设将进一步精简化和高效化；工会工作将进一步兼职化和职业化；人才的素质将进一步复合化和专业化的对策。强调要引起各级党政组织的重视，以求形成共识，把工会干部队伍建设纳入党的干部队伍建设系列，统筹考虑和规划，合理优化工会干部的结构，努力培养和造就工会干部队伍。强化工会干部的自身学习和各类政治理论、业务知识的培训，使之具备与承担工作相适应的专业知识、工作能力。加大对工会干部的交流、轮岗、兼职以及职业化等方面的探索，拓宽工会干部队伍建设的新路。（刘伟民）

【宝钢集团梅山公司推进基层工会主席直选制工作】 宝钢集团梅山公司工会把基层工会主席直选制工作作为加强自身建设的重点，循序渐进，积极稳妥地加以推进。为了加强对基层工会主席直选工作的规范指导，梅山公司工会制定下发了《关于加强和推进工会主席直选工作的指导意见》，对直选工作的领导、主席候选人的产生程序、选举范围的确定、选举方式的选择以及任期内主席的变动、副主席的直选等问题作了明确和规范。全年，该公司范围内已直选产生了122名车间工会主席，直选率达到98.9%；同时还直选产生了8名党委级单位的工会主席和1名党总支级单位工会主席。（邵铭惠）

【上海港务集团工会注重做好体改过程中的基层工会主席协管工作】 随着港务集团第二层次体制改革的深入，集团工会下属4家基层工会所在单位被归并,2家基层工会所在单位进行了改制,全年共有15家基层单位的工会主席发生了变动,占港务集团所属基层工会的40%。为做好体制改革过程中的基层工会主席协管工作,港务集团工会注重从以下四方面入手:一是加强对基层工会组织机构的动态管理,在年初及时拟定了《2003年集团下属应换届工会基本情况一览表》,让集团工会领导和集团党委人事组织部门了解基层工会组织机构和工会主席的最新现状;二是不定期的与集团党委人事组织部进行沟通、协商,提出对部分改制单位基层工会主席和接近退休年龄基层工会主席进行合理安置的意见和建议,切实维护基层工会主席的合法权益;三是集团工会领导经常深入基层单位工会,与每一位新任基层工会主席和离开工会领导岗位的老主席进行交流、谈心,帮助他们解决实际问题,并通过赠送纪念品和组织外出参观等,使离开工会岗位的老主席能切实感受到上级工会组织的温暖。尤其是注重与基层党政领导的沟通,为基层工会主席创造良好的工作环境。四是关心新建、转制企业工会负责人的设置工作,在各级党政组织的重视、支持下,切实做到新建、转制企业的党政工班子同步筹建、同步安排。(张晨琦)

【建工工会制定工会干部对口联系基层实施办法】 建工集团工会为进一步落实"贴紧经济、贴紧改革、贴近群众"的工会工作方针,制订《关于集团总公司工会干部对口联系基层实施办法》,要求全体干部转变工作作风,增强群众观念,经常深入基层,多做调查研究,体察民情,了解民意,更好地为职工群众服务。《实施办法》规定:(1)对口联系的做法。要求工会干部定期到所联系的单位了解情况,听取工会组织对职工群众中热点问题的反映;直接到改制企业、项目部、分公司、车间、班组听取职工群众的反映和建议;建立信息直联点,从一个企业、单位的特定群体,收集和了解职工群众的思想反映。(2)对口联系的内容。包括及时掌握职工群众在某一时期所关注的重点;职工群众在某一时期迫切需要解决的困难或问题;职工群众对本单位或集团在生产经营、内部管理、领导作风等方面的意见或建议;基层单位涌现的先进事迹、先进人物;工会工作中的创新思路、有效方法、特色成果等。(3)对口联系的工作要求。做好调研准备,突出重点,兼顾一般;注意全面收集基层情况,防止只注重自己分管的工作;注意自身形象,不随意爽约、不迟到;每季向集团工会提供一份调研报告。《实施办法》还明确,对口联系基层作为工作职责,纳入对工会干部的综合考评。(乔瑜)

【市教育工会开展"我怎样当好工会主席"演讲暨工会主席工作考评】 市教育工会于12月25日举行了"我怎样当好工会主席"演讲,组织有关方面对高校、区县教育工会专职主席或常务副主席2003年度的工作进行考评。参加考评的各位工会主席就围绕教育改革、发展、稳定的中心工作,积极维护广大教职工的政治民主、经济生活、精神文化权益,深入开展以校务公开为主要内容的民主工程、以师德建设为主要内容的素质工程和以补充医保为主要内容的保障工程建设等方面工作情况进行了演讲交流。最后评出了21名优秀等级和17名优良等级的工会干部,并将考评结果通报各高校工会和同级党组织。(张渭明)

【工会干部管理学院重视做好重大工程中的纪检工作】 学院党委高度重视党风廉政建设和反腐败斗争,2003年,结合学院正在进行的扩建工程,提出了学院对重大工程监督的基本思路和措施,主要有:(1)在学院新校区筹建办公室设立临时党支部,筹建中的党员过双重组织生活,即:每月一次在临时党支部过专题组织生活会,主要围绕基建工作及有关政策进行纪律学习,做到警钟常鸣。另外,按各自组织关系,在原支部过组织生活。临时党支部成员共同推选支部书记(纪委书记被推为支部书记),从组织上做到早参与、早防范。(2)建立工会学院"党员基建人员廉政约定"制度。以《党员领导干部廉洁从政若干准则(试行)》和《中国共产党纪律处分条例》和《中国共产党党内监督条例(试行)》以及《关于违反土地管理规定行为行政处分暂行办法》等法律法规为依据,学院纪委与直接参与基建工作的党员同志订立廉政约定,规范基建中的行为,注重监督基建的全过程,从制度上制约个人行为,防范违纪问题。如约定中规定:"不介绍直系亲属参与招标投标、物资采购";"有亲朋好友参加招标投标、采购,必须事先报告,由组织上安排其他人员负责洽谈";"采购、对外联系须有两人以上参与,对自己采购的物品要留样品、价格、经销商、联系人(经办人)联系电话、地址等资料备查,以及要经过上网市场调查等";还规定"谁主办、谁负责"。(3)严格按规定,由学院与勘察、设计、施工、监理等单位签订"廉政责任书",规范甲、乙双方行为,明确责任。(4)程序上加强前期监督。在基建费用的使用上,重大款项原则上都要事先经过党政班子共同讨论后确定基数;在执行中,必须经分管领导和主管领导共同审核签字,方为有效;基建帐款须以支票、转帐等形式支付,使每一笔重大款项去向明确。(谢鹰)

干部教育培训

【市总工会机关处级干部学习贯彻"三个代表"重要思想专题研讨班】 11月2日至11月6日,市总工会举办了市总机关处级干部学习"三个代表"重要思想专题研讨班。研讨班分两期,市总工会机关系统共有131名处级干部参加了研讨班。市总工会党组对这次研讨班高度重视,研讨班开办之初,市总工会主席、党组书记陈豪同志为研讨班作了重要的动员讲话。研讨班结束之前,市总工会副主席、党组副书记吴申耀同志分别为两期研讨班作了总结讲话。在两期研讨班学习期间,学员们分别听取了市委党校和工会学院老师的两场"三个代表"重要思想的专题辅导讲座,并利用课余时间,自学了《"三个代表"重要思想学习纲要》的有关章节。在分组讨论中,大家联系各自的工作实际,进行了充分的讨论。认为这次专题研讨班至少取得了以下

3个收获:(1)进一步增强了学习贯彻“三个代表”重要思想的自觉性和坚定性;(2)进一步提高了全面把握“三个代表”重要思想科学体系的能力;(3)进一步明确了坚持用“三个代表”重要思想统揽工会工作全局的重要意义。专题研讨班学习期间,学员们还参观了江苏省昆山经济技术开发区,听取了昆山市总工会的经验介绍。

(李 鸣)

【市总机关党委加大反腐倡廉工作力度】 2003年,机关纪委主要做了以下工作:一是两次召开了机关系统加强党风廉政建设干部大会,大会传达了中纪委和市委党风廉政建设干部大会的精神,总结机关系统党风廉政建设和反腐败工作的情况,认为机关系统的党员干部在加强学习,增强反腐倡廉的自觉性;坚持从严治党,加大惩治腐败分子的力度;完善制度,强化监督等方面取得了新的成效和进展,并对下阶段的反腐倡廉工作提出了新的要求。二是协助司法机关查办案件,坚持做到惩防并举。三是受理及处理直属企事业单位职工的纪检来信,共17封,纪委对其中的一些来信内容进行了核实,还对其中的一些来信进行了澄清事实工作,并下发了部分纪检信访通知书。四是配合审计、财务等有关部门一起开展清理机关部室和直属企事业单位的“小金库”、帐外帐,及纪检查帐工作。 (杨诞晏)

【长宁区总工会建立工会巡视员制度】 区总工会聘请了工会巡视员以加强工会自身建设。工会巡视员由市工代会代表中的劳动模范、党政领导、基层工会主席组成,参与和监督区总工会工作。(1)工作宗旨:从依法治会、民主办会、公开工会工作事务的要求出发,将会员群众的需求、社会发展的需要、职工代表的建议反映给区总工会,对区总工会的工作目标、实事项目的实施实行监督,进一步推进工会群众化、民主化、法制化进程。(2)工作内容:结合区总工会试行工会会员代表大会常任制,列席各次区总工会代表大会;根据区总工会有关工作要求,参加区总工会组织的有关会议和活动;

徐汇区总工会举办工会干部业务培训班 (王红星)

按照职工群众的愿望和要求,组织调查研究和下基层工会巡视;配合区总工会机关转变工作作风,听取会员群众的意见并及时反映情况和提出建议。(3)工作职责:发挥市工代会代表在长宁区工会会员代表大会常任制中的作用,体现会员代表及时反映广大会员的意见、愿望和呼声,密切区总工会、基层工会、会员群众之间的直接联系,进一步加强基层民主政治建设和加快工会自身建设。(4)工作制度:工会巡视员聘期为3年,聘期内每年参加区总工会会员代表大会,每年组织一次调研、巡视活动,每年列席参加区总工会有关重大会议和活动。

(陈慧君)

【市医药工会采用案例式授课方式加强干部培训】 针对工会缺少懂劳动法律、劳动工资、社会保障方面专门人才的情况,市医药工会根据“增长知识、联系实际、强化能力、拓展信息”的要求,采取课堂面授、专题报告、研讨交流、情景模拟、案例分析、调查研究、参观考察等形式培训基层工会主席。案例式培训,是先由律师讲解基本理论知识,课后将学员分成5个小组,每组1个案例题,由小组组长另行安排时间组织专题讨论。在统一意见的基础上,由每组派1名学员,在下次上课时代表小组上台讲解、进行案例分析,由学员当劳动争议调解员、仲裁员,其他小组学员可提问题或补充,最后由授课老师点评、解疑释惑。这种上下互动、互相启发、集思广益的授课形式,深受学员的欢迎。 (黄德胜)

【烟草印刷厂工会自身建设做到“四个强化”】 上海烟草印刷厂工会把抓好工会自身建设,作为提高工会组织战斗力的关键要素。努力做到四个强化:一是强化工会干部专业知识普及率。创造各种途径,输送工会干部参加上岗资格培训。到2003年底全厂工会专职干部拥有市总工会颁发的“工会干部上岗资格证”、“劳动争议调解员证”、“劳动法律监督员证”达100%。同时,每季度由厂工会安排一个与工会工作密切相关的教育专题,统一组织工会干部培训。二是强化工会干部计算机运用能力的培训。利用双休日,组织工会干部参加局工会开办的“周末学校”电脑培训班,使在职工会干部85%以上取得计算机初级、办公自动化、会计电算化、网络管理等证书。三是强化工会制度建设。重点抓了三项制度的建立,建立集体合同、集体协商制度,从机制上维护职工的合法权益;建立定期下基层调查研究制度,增强工会工作的针对性和有效性;建立职工思想沟通和动态分析制度,及时准确地表达职工的意愿,发挥好党与职工群众间“桥梁”作用。四是强化工会干部创新能力的培育。采用课题制方法,开展工会工作课题立项,促进工会干部以创新的思维抓好分管工作的探索实践。经年底职代会民主测评,厂工会工作的总体满意率达99%。

(吴同屏)

【航道局加强工会干部思想作风建设】 年初,航道局工会对加强和改进自身建设作出规定,并作为一项制度列入工会干部考核内容。根据规定要求,局工会人员和基层工会干部建立联系基层和联系职工群众的工作制度,各级工会领导每年到生产一线调研时间不少于20个工作日。通过调研,了解情况,总结经验,加强指导,帮助解决实际问题。坚持每年一次工会系统政研会专题研讨会的制度,各级工会领导和专职工会干部每年撰写涉及工会工作全局的论文或调查报告。工会办公室人员进一步树立工会工作一体化、一盘棋思想,不断增强服务意识、忧患意识和创新意识,主动热情地为基层工会服务,一年来,两级工会干部队伍建设取得了较好成绩。局工会办公室人员在10月进行的基层工会民主测评中得到了好评。 （汪正林）

【市教育工会以创建特色工作推进工会工作上台阶出水平】 市教育工会在指导基层工会工作中坚持抓好特色工作的创建活动,通过理论创新、机制创新、内容创新、方法创新和载体创新的途径,努力在工作实践中逐步形成自己的优势和特点,创造自己的特色和品牌。2003年,市教育工会成功举行特色工作演讲交流活动,26个高校工会、13个区县教育工会和4个基层学校工会67项特色工作,经初选后,有49项参加了大会交流,对经评委会评审后的20项特色工作予以表彰。如华东师大的"建立培养基金,资助攻读学位"、上海交大的"科技扶贫"、复旦大学的"院士、长江学者周末度假"、同济大学的"提案工作"、海运学院的"理论研究促进工作新发展"、虹口区教育工会的"建立学习性组织"、奉贤区教育工会的"建立校务公开'三大员'制度"、闵行区教育工会"开展星级文明班组创建活动"等。这些特色工作已在教育系统各级工会层面上形成了良好的辐射作用。 （顾伯超）

【工会管理干部学院培训班干部注重"三个领先"的特色】 上海工会管理干部学院紧紧围绕工会工作重点,坚持"服务大局,服务基层"的宗旨,自觉地将"三个代表"重要思想贯穿于各类培训之中。在"非典"肆虐,培训工作受影响时,积极调整培训计划,以10个月的时间抓回了损失。2003年共举办各类培训班167期,培训各级各类干部达29221人次,培训工作又创历年新高。该院做法:一是注重特色领先。首先,将"三个代表"重要思想贯穿于培训的全过程。仅《"三个代表"重要思想与工会工作》这一课全年授课就达300余场。不仅山东、河南、江苏、江西以及新疆等地工会干部来沪听课,还应邀前往北京、青海、辽宁、海南等地宣讲。其次,每年都要根据形势变化和工会工作的热点、难点问题,及时开出"新菜单",先后开设了《贯彻中国工会十四大精神与工会维权的新思考》、《工会法实施中的难点、疑点和重点》以及《应用电化手段,强化工会经审工作》等课程,努力使培训课程具有时代新特色和新内涵,体现时代新动向和新成就 ,并聘请一批区县局工会主席走上讲坛。二是注重科研领先。每期培训不满足于课堂教学,要求学员结合单位实际去思考和回答"当前工会工作面临的最大困惑与最大难题",并将"工会工作的创新和你的有益尝试"作为培训结束时的考核试题,以达到学以致用的目的。三是注重自身建设。在培训受"非典"影响而停顿的二个多月里,组织培训部全体人员前往江苏、浙江两省学习取经,学习他们在非公经济工会干部中开展岗位培训的先进经验等,并分别下基层,对工会培训工作如何进一步创特色进行了深入调研,为做好培训工作打下了良好的基础。 （王连祥）

短信息:

○ 市轻工工会制定了加强常委会自身建设,实行述职述学的《关于加强常委会自身建设的意见》。 （张 帆）

机关文明建设

【市总工会机关加大对直管单位领导考核力度】 2003年,为加强市总工会机关自身建设,市总党组提出了"一支队伍、两个服务、三个观念、四种精神"的机关自身建设目标,即建设一支忠于党、忠于人民的高素质干部队伍;努力做到服务大局、服务基层与职工群众;牢固树立党的观念、全局观念和群众观念;大力发扬勤于学习、忠于职守、勇于创新、乐于奉献的敬业精神。全机关开展了"三优三满意"活动,推行了以岗位责任制为主要内容的年度考核办法,进一步强化了机关的思想、组织、作风和制度建设。同时,为加强对市总直管单位领导干部的管理,市总党组在进行直管单位领导干部收入分配情况调查的基础上,加大了直管单位领导干部考核和奖惩力度,变单一的经济指标考核为全面的综合考核,进一步推进了直管单位领导班子建设。 （邵丽倩）

【市总机关部室开展"三优三满意"文明部室目标考核】 市总机关各部室开展"三优三满意"文明部室活动,通过考核和评比,促进各部室认真学习实践"三个代表"重要思想,围绕上海新一轮的发展,不断加强政治理论和业务学习,提高工会工作水平;不断改进工作作风,深入基层,密切联系职工群众,廉洁勤政高效;不断开拓创新,积极探索和实践新时期工会工作新方法,表达和代表职工群众新途径,完成各项工会工作任务。市总机关各部室"三优三满意"文明部室考核突出工作实绩,比作风、比服务、比文明,以群众满意、基层满意为衡量尺度。具体要求为:(1)工作实绩:工作成绩明显,有创新、有特色,体现上海工会工作水平。(2)工作作风:深入基层,服务基层和职工群众,部室间服务、协调好。(3)文明办公:办公室整洁优美,工作人员举止文明,遵守内务规定好。(4)自身建设:政治业务学习、党员组织生活正常有效,团结廉洁好。"三优三满意"文明部室考核评比分三个层次:先进部室、达标部室、不达标部室。有严重责任事故和违法违纪现象,为不达标部室。通过机关各部室和基层工会的推荐和评比,主席室讨论决定:市总工会组织部、财务部、保障工作部、经济工作部获得2003年度先进部室称号。 （高国强）

【长宁区总工会深化凝聚力工程建设】 长宁区总工会围绕区委深化“凝聚力工程”建设，强调了提高认识、统一思想和重在行动、贵在务实的思想作风，强调了在党组织的领导下形成工作合力和体现工会组织的独特作用，强调了创造具有长宁工会特色的“凝聚力工程”的新经验。(1)进一步思考探索深化“凝聚力工程”建设。一是分层次组织学习，提高认识，统一思想。组织区总工会党组成员专题学习，研究传达贯彻区委深化“凝聚力工程”建设的意见；组织区总工会科级干部学习探讨，认真讨论深化“凝聚力工程”建设切实可行的建议和设想；组织区总工会全体干部传达学习，强调要在深化“凝聚力工程”中发挥作用、做出表帅；组织系统、街道、基层工会干部进行座谈，交流开展“凝聚力工程”建设的经验和体会。二是发文件提出要求，凝聚职工，创出特色。区总工会三届七次全委会讨论通过《关于在深化“凝聚力工程”建设中进一步发挥工会组织作用的意见》，并下发全区所属工会组织。(2)进一步强化拓展深化“凝聚力工程”建设。一是在原有基础上强化凝聚力工程。首先，完成了年初提出的“个十百千万”的实事工程工作目标；其次，加强了新经济组织的工会组建工作，共组建了7家楼宇工会、4家园区工会、1个IT行业工会。第三，弘扬了劳模精神、培育了新时期职工的职业精神，组织职工积极参与长宁新一轮发展的大讨论，组织“培育上海城市精神，塑造长宁文明城区”的职工演讲比赛，组织职工开展技术练兵、技术比武等立功竞赛。第四，通过评选职工信赖的好领导、组织大型企业的工会干部专题讲座、参观学习先进企业的好经验、验收厂务公开等工作，推进企事业单位的民主管理，探索新经济组织不同形式的民主管理制度。二是在新的形势下深化凝聚力工程。首先，全年与华东政法学院联手建立了法律援助中心，在全区10个街道(镇)建立分中心；其次，2003年区和各街道(镇)先后建立了劳动关系三方协商机制，推进了集体合同的签订；第三，区总工会在做好防暑降温工作中，特意为新经济组织的外来务工人员送去了防暑降温用品；第四，今年区总工会和各系统、街道都实行了工会代表常任制制度，工会工作接受全体会员代表的审议；聘请不是区总工会代表的市工会十一次代表大会的4名代表为长宁区工会工作巡视员。三是在机关干部中强调凝聚力工程。加强对全体机关干部的教育，以“思想观念先进、职业道德良好、言行举止文明、学习氛围浓厚、机关管理严格、综合业绩突出”为目标，强调思想教育，树立服务意识，塑造公仆形象；强调制度建设，凝聚机关干部，营造和谐氛围。

(陈慧君)

【静安区机关工会创学习型科室】 静安区机关工会近年来把创建学习型科室作为全年工作的重点，坚持党组织领导、行政支持、部门为主，科室为基础、科长重视、工会具体操作。做到部门大计划、会员小计划、部门创建讲普及，会员学习要有量，创建活动有形式，促进岗位提升有成效。先后开展了读书演讲、知识竞赛、读书知识大奖赛、微型读书论坛、科室专题论坛、科长书评、科长论坛等活动，组织基础公文、计算机、普通话、公务员形象等20多场练兵竞赛活动，逐步形成了创建学习型组织的六项制度：目标计划制、创建工作汇报制、创建工作讲评制、创建活动互带制、新思路创意评选制、工作台帐和目标基础考核制。98%的机关科室参与了创建活动，公务员的素质得到提高。

(董恒芳)

【烟草工会探索自身建设有效运作机制】 烟草工会把抓好自身建设作为增强工会组织吸引力、号召力、战斗力的一项重要措施。在实践中探索符合烟草实际的工会自身建设有效运作机制：一是突出“四种能力”培育，促工会干部素质提高。烟草工会要求各级工会干部在提升“转变观念、应变、学习、创新”能力上下功夫，以此订计划、抓培训、评绩效。2003年，烟草工会举办了一期有63名干部参加的工会业务培训班，并组织53人次的工会干部外出学习考察。二是开展“四个一”活动，促工会整体建设上水平。烟草工会系统围绕“建立一套规章制度、培养一支骨干队伍、营造一种向上氛围、创建一条自成特色路子”的“四个一”建设目标，指导基层开展建家活动。至2003年底，全行业99%的工会干部拥有上海市总工会颁发的上岗资格证、劳动争议调解员证和劳动法律监督员证；工作上基本建立“制度化、规范化、机制化”的运行格局，保证工会工作有序有效地落实。三是建立上下互动的考核评价体系，促工会工作方法、作风的改进。烟草工会运用建立“星级职工之家”考核、工会工作课题立项管理和定期下基层开展调研、局工会干部与基层建立联系点制度等办法，控制和管理年度工会工作目标落实情况；运用满意率民主测评方式，每年2次由基层工会干部、职工代表对行业工会各条线工作的业绩进行评价，评价结果在烟草工会全委扩大会上公开反馈，促进了工会自身建设。

(江洪生)

【三航局机关工会大力推进文明处室创建活动】 三航局机关工会以“内强管理、外树形象、转变作风、提高素质”的文明处室创建为载体，加强工会自身建设。2003年在重新修订文明处室管理条例的基础上，着重对考核内容和方法进行了改进，并将局长在职代会工作报告中的36项经济技术指标、14项精神文明实施项目以及年度管理费控制指标列为创建工作的主要考核内容，要求全体员工坚持创建宗旨不动摇，围绕“六好”不放松，努力做到以创建促工作。通过创建，改变了机关门难进、事难办、脸难看的状况，特别是机关分流、人员精简后，全体员工为基层服务的意识在增强，办文办事的效率在提高。年终，基层单位对机关工会的文明处室创建活动评议结果为：管理方面对机关各处室满意率82.4%，较满意17.6%；服务方面对机关各处室满意率83.2%，较满意16.4%，基本满意0.4%；指导方面对机关各处室满意率69.3%，较满意30.3%，基本满意0.4%；廉洁方面对机关各处室满意率95%，较满意4.6%，基本满意0.4%。“管理、服务、高效、廉洁、表率”的文明创建宗旨已成为该机关全体员工的行为准则。

（唐钧达）

【城交局工会开展“军营一日”活动】 城交局工会在平时的工作中十分重视发扬团队精神，为更好地提升工会干部的整体素质，培养和锻炼一支拉得出、打得响的工会干部队伍，局工会与海军上海基地联系，组织局工会委员和基层工会干部到部队开展“军营一日”活动，通过实地打靶，听官兵介绍连队艰苦朴素优良传统，参加军舰日常训练，向官兵赠送学习书籍等，大大激发了工会干部拥军爱民的热情，增强军地之间友谊。（姬承云）

【市教育工会大力打造机关文化精神】 2003年伊始，市教育工会提出，为了保证各项工作都能始终贯彻落实“三个代表”的精神，把广大教职工的积极性引导好、保护好、发挥好，把广大教职工的利益实现好、维护好、发挥好，促进每一个机关干部都能始终保持奋发有为的精神状态，提高服务大局、服务会员的责任意识和事业意识，2003年开始，从人人做起，大力打造机关文化精神。做到：(1)人人爱岗位，尽职责；(2)人人勤学习，谋发展；(3)人人讲团结，会合作；(4)人人有热情，善服务；(5)人人重调研，求实效。

（顾伯超）

【海鸥饭店文明创建活动有新突破】 2003年，上海国际海员俱乐部海鸥饭店以“三个代表”重要思想为指导，坚持改革创新，与时俱进，克服了“非典”和建造苏州河河口水闸带来的巨大困难，全面推进两个文明建设，各项工作取得了来之不易的成绩。2003年，在取得突出经营业绩的同时，饭店党委以“凝聚力工程”为抓手，积极开展新一轮创建文明单位活动，追求更高、更优、更新、更好，力求创建活动有“海鸥”特色，有新的突破。为了把新一轮创建工作抓好，在党委领导下，由饭店精神文明建设领导小组具体负责部署、宣传、检查、督导，确保创建规划的落实。各党支部负责抓好创建工作，各部门把创建活动列入部门工作规划。新一轮创建规划经职代会审议通过，成为广大职工共同认可的任务和奋斗目标。在创建活动中，党委提出要做到“四个优”、“四个一流”，即以优美的环境、优良的设施、优质的服务、优秀的员工，倡导一流的工作、一流的业绩、一流的品牌、一流的队伍，使“优美的海鸥在风浪中争第一”的企业精神更加发扬广大。在创建活动中，广大党员发挥先锋模范作用，不断增强在岗位实践中贯彻落实“三个代表”重要思想的自觉性和坚定性。不论在抗击“非典”的战斗中还是在日常工作中，党员们积极带头，发扬奉献精神，为群众作出表率。党支部的吸引力、感召力和影响力提高了，凝聚力增强了，激发了职工报效企业的热情。在创建活动中，党委紧密围绕饭店经营工作的目标，着力塑造有海鸥特色的优质服务，开展全面质量管理活动，推广人性化、个性化服务，营造小型、舒适、温馨、高雅、精品酒店的氛围；努力形成以优美、诚信、创新和学习型企业为主要特征的“海鸥”企业文化；扎实推进“职工素质工程”，大力开展培训、教育，发挥工会、共青团组织的作用，积极开展“建、创、做”活动，培养一支适应“海鸥”发展，有市场竞争力的员工队伍，使创建活动取得了实效。

（朱克卿）

【市总幼儿园精神文明创建活动有特色】 在市总机关党委和各级领导的长期关心扶植下，上海市总工会幼儿园从1997年至今连续6年获得“市文明单位”称号。市总工会幼儿园坚持“两手抓，两手都要硬”的指导方针，积极开展精神文明创建活动，长期以来思想政治工作不松劲，采取多种形式组织职工认真学习、终身学习，用培育城市精神来凝聚人心，以提升职工队伍综合素质和文明程度。该园多名职工被评为“市总机关系统双文明建设百件好事”。以全面落实“公民道德建设实施纲要”为重点，大力推进创建工作。该园始终坚持以“一切为了幼儿，为了幼儿一切，为了一切幼儿”为根本出发点，保育及后勤、保健工作进一步创新“十勤”特色，不断完善和充实二十三项优质服务措施，赢得了社会、家长的信誉和称赞。两个文明建设上台阶的同时，爱心奉献、扶贫济困的高尚风貌已在园内形成，该园连续几年开展每位职工每月固定自愿资助街道社区内6户贫困孤老、残疾、失去劳动能力的家庭的活动，此项捐款至今累计已达57600余元，为政府、社区帮困组织分忧解难，为贫困群众送去了社会主义大家庭的温暖，也进一步丰富了单位创建活动内涵。（周稼超）

信息化管理

【建设上海工会网站】 上海工会网站是市总工会信息化建设的重要组成部分，是上海400万职工的家园。为让上海工会网站更具亮点，上海工会网站于6月9日进行了改版，根据网站“面向社会、服务大局、服务基层、服务职工”的宗旨要求，从版面的整体格局及板块色彩、网站实现的功能等角度，对上海工会网站的风格及内容进行了重新设计布局。改版后的上海工会网站在功能上增强了与基层的互动，增设了工会十一大专栏、法律援助、金点子论坛、十大工人发明家评选、2003年技能月竞赛等项目，在原有栏目基础上增加了参阅资料、工作交流、港澳台交流、“双十佳”评选等栏目，制作了宣传上海市女职工创业示范带头人等特色项目专栏，提供了与基层沟通的渠道，更好地发挥上海工会网站的宣传阵地作用。一年来，网站的点击率、流量大幅上升。有59个外省市及基层单位的网站和上海工会网站实现链接。

（璐蓓莉）

【市总工会启动OA系统建设】 市总机关办公自动化系统（简称OA系统）建设于2003年初正式启动进入实施阶段。根据市总机关大楼重新装修改建后的布局，以及实现信息化建设硬件设施的基本功能，市总信息化建设的总体框架分为三套网，两套线，一个系统，垂直主干采用千兆光纤，横向采用百兆电缆，综合布线采用纯物理隔断的屏蔽和非屏蔽二套网络布线作为OA系统的硬件平台。年底，完成了OA系统建设的主要硬件设施配套工作，完成了大楼的综合布线及机房装修工程、内外网信息点的调试检测、网络设备安装调试、服务器的安装调试、硬件平台联合测试、安全系统安装调试以及机关全体工作人员新旧电脑设备的调整升级等工作,各项硬件设施基本调整到位。市总OA系统软件开发总体上包括公共模块和业务模块两部分,分五个阶段实施:(1)OA系统项目构思;(2)OA系统项目初始调研;(3)OA系统项目基础模块试点开发;(4)OA系统项目试运行及业务模块两次调研及开发;(5)OA系统项目总体正式运行。到2003年底OA系统的公共模块(基础模块)已初步完成框架,各部门业务模块已着手开发。(瑶蓓莉)

【长宁区江苏路街道工会建设退休职工社会化管理信息平台】 信息化建设是"数字长宁"整体战略的重要组成部分。2003年,江苏路街道把退休职工社会化管理工作摆上重要议事日程,并着手酝酿退休职工管理模式的改变。为此,街道工会对社区11000多名退休职工实施网络化管理,把退休职工生活、文化水平、健康状况、居住条件等个人28条档案资料信息全部输入计算机,通过街道"社区政务管理系统工作平台",与居委会之间加快了信息传递的速度。2003年,街道工会率先在西浜居委会进行试点,取得了明显成效,然后在街道13个居委会全面铺开,实现了无纸化运作。同时,建立居委会退休职工管理工作制度,每季度由居委会干部负责退休人员的进出统计和电脑信息的日常维护,实现了信息资料的动态管理。(武慧芳)

【闵行区总工会建立工会网站】 为提高工会工作的信息化水平,4月30日,闵行区总工会建立了工会网站,网站主要设置权益维护、生活保障、组织建设、民主管理、劳模风采等栏目。并将2003年闵行区职工技能操作竞赛总结表彰大会设在工会网站上举行。

(俞龙祥)

【上海铁路局工会推行电子会务建设】

上海铁路局工会为落实铁总"关于加快铁路工会电子会务建设的实施意见"要求,成立了上海铁路局工会电子会务建设领导小组。路局和分局(大口)工会共投入资金约142万元,在硬件配置上做到两级工会领导机关干部每人一台电脑;利用双休日或全脱产方式举办了10期分层次机关干部计算机知识培训班;依托局域网,建立了路局、分局(大口)工会独立的网页,路局和各分局(大口)工会实行了联网,通过网上发布文件、信息等,提高了工会工作的效率,在展示工会工作、联系职工群众、服务基层工会等方面搭建了沟通的平台。(陆梅红)

【港务集团工会充分发挥互联网信息传递优势】 为增强工会信息传递的及时性和准确性,港务集团工会改革传统的工会信息传递方式,积极探索利用互联网络的优势传递工会信息。一方面,集团下属各基层工会纷纷利用集团的局域网络,向集团工会传递各种工会信息、工作交流材料和工运论文等;另一方面,集团工会也充分利用市总工会的信息网站,向市总传递港务工会的各类工作、活动信息。其中"上海港工会动员组织全港职工齐心协力迎战'非典'"、"上海港各级工会多管齐下协助党政战高温"和"上海港处处涌动帮困献爱心热潮"等6条信息被市总工会信息网站录用。互联网络成了上海港工会信息工作更好地为工会各项工作服务的助推器。

(张晨琦)

· 政策摘编 ·

《特种重病团体互助医疗保障计划》《女职工团体互助医疗特种保障计划》

《上海市女职工团体互助医疗特种保障计划》上海市职工保障互助会和上海市女职工委员会特设计了《女职工团体互助医疗特种保障计划》,于2003年"三八妇女节"前推出。

保障对象:凡上海市机关、企事业单位未满55周岁的女职工(包括下岗、协保、乡镇企业和外来务工的女职工),都可由其所在单位统一组织团体参保,参保人数须达到单位女职工总数的80%以上(少于10人须100%参保)。

保障期限:每三年为1期。首期参保执行180天免责期,已参保市职工保障互助会"特种重病保障计划",并仍在保障期内的参保女职工,执行90天免责期。

保障费(参保单位可任选一种缴费方式):1. 每人每份36元,保障期满不返还。2. 每人每份400元,保障期满返还400元。

参保份数:在一个保障期内每人只能参保1份。

保障范围:原发性乳腺癌或原发性女性生殖器官癌:包括子宫癌、子宫颈癌、输卵管癌、卵巢癌、阴道癌和外阴癌。

医疗互助保障金的给付标准:1.免责期后首次确诊患乳腺原位癌或女性生殖器官原位癌,给付每份5000元。2. 免责期后首次确诊患原发性乳腺癌或原发性女性生殖器官癌(不包括原位癌),每份给付10000元。

慰问金制度(已享受90天免责期优惠者除外):在保单生效日90天后的免责期内首次确诊患乳腺癌或女性生殖器官癌,并经住院治疗者,给付慰问金标准为:满90~119天为500元;满120~149天为1000元;满150~179天为2000元。

期满续保:保障期满后30天内续保,不执行免责期。

医疗互助保障金的申请与给付:首次确诊后的90天内提出申请,需提供以下材料:

1. 经投保单位盖章的"女职工医疗互助保障金申请给付审批表";
2. 被保障人的身份证原件和复印件;
3. 上海市二、三级医院(不包括康复医院、疗养院、联合病房等类似医疗机构)出具的病史卡、诊断证明、出院小结、手术报告,及病理切片、血液检验等确诊疾病的检查报告单等。

(周红燕)

《特种重病团体互助医疗保障计划》及《女职工团体互助医疗特种保障计划》表

内容 / 保障计划	《特种重病团体互助医疗保障计划》	《女职工团体互助医疗特种保障计划》
参保办法	单位组织80%以上在职职工参加(10人以下单位须全部参加)	单位组织80%以上的在职女职工参加(10人以下单位须全部参加)
缴费办法	三种方法任选一种: 每份60元; 或每份340元,到期还310元; 或每份620元,到期还620元; 最多可参加二份 保障三年	两种方法任选一种: 每份36元; 或每份400元,到期还400元。 每人参加一份 保障三年
保障责任	被保障人自保单生效之日180天后(三年保障期内)首次确诊患:尿毒症、恶性肿瘤、重型肝炎、心脏瓣膜置换手术、冠状动脉旁路手术、再生障碍性贫血、颅内肿瘤手术、重大器官移植手术、主动脉手术等九种重大疾病之一,可获得每份10,000元互助医疗保障金。 首次参保执行180天免责期。 满期日起三十天内续保,取消180天免责期。	被保障人自保单生效之日180天后(三年保障期内)首次确诊患:原发性乳腺癌或生殖器官癌等6种大病。原位癌给付5000元,原发性癌给付10000元,90天至180天免责期内患癌相应给付慰问金。 首次参保执行180天免责期。 已参加《特种重病团体互助医疗保障计划》的单位,首次参保执行90天免责期。 满期日起三十天内续保,取消180天免责期。
慰问金制度	自保单生效之日后90~119天,慰问金500元;120~149天,慰问金1000元;150~179天,慰问金2000元。	

(周红燕)

理论与调研

综　述

2003年上海工会理论研究和调查研究主要围绕以下重点展开。(1)认真学习贯彻党的十六大精神和"三个代表"重要思想,深入领会和把握新世纪新阶段的工运主题。深入学习党的十六大精神,以"三个代表"重要思想统领工会工作全局,是市总工会对年度工作的重要部署和总体要求。据此,市总工会组织开展了多层次、多形式的学习教育活动。在深入学习的基础上,召开了上海工会系统学习贯彻"三个代表"重要思想交流会,在市总工会系统处级干部中组织了专题研讨班,提出不仅要在全面把握"三个代表"重要思想的系统理论上下功夫、在增强学习贯彻"三个代表"重要思想的自觉性和坚定性上下功夫,而且要在运用"三个代表"重要思想指导工会工作的实践上下功夫。要坚持工会在党的工作大局中的准确定位,坚持把党的中心工作,作为工会工作服从和服务的大局,把团结凝聚广大职工,为全面建设小康社会贡献力量和智慧,作为工会工作的根本任务;要坚持把推动职工队伍不断提高素质作为工会工作的重要内容,充分调动和发挥广大职工群众在推进上海新一轮发展,实施科教兴市战略和培育城市精神中的积极性创造性,为经济发展和社会进步提供智慧和力量;要坚持将维护职工合法权益作为工会的基本职责,积极参与协调劳动关系,代表和维护好广大职工群众的经济、政治和精神文化权益,将代表和实现包括工人阶级在内的广大人民群众的根本利益作为工会工作的出发点和归宿。下半年市总工会研究室组织开展的《用"三个代表"重要思想统领工会工作全局,构建具有国际大都市特点的工会工作新格局》的课题研究,较深入系统地反映了学习研究和探索的成果。(2)从全面建设小康社会和实施科教兴市战略的时代要求出发,研究探索工会服务大局的任务和途径。实施科教兴市战略和培育城市精神,是上海启动新一轮发展的途径。探索工会在服务这一大局中的新作为,也是2003年上海工运研究的重点和热点。市总工会召开"科教兴市和上海职工"专题研讨会,认识和明确工会参与上海经济社会发展的作用和任务。围绕市委提出的塑造上海城市精神和争做"可爱的上海人"的要求,组织开展了上海职工职业精神大讨论,提炼形成的"敬业、诚信、创新、奉献、自律、学习、合作、卓越"为主要内容的上海职工职业精神,得到了普遍的认同。全市各级工会也围绕创建学习型组织、深化职工素质工程组织了研究和探讨,拓展了思路、达成了共识。(3)从上海工会承先启后、继往开来的要求出发,对工会如何更好发挥作用进行研究。围绕2003年上海工会召开第十一次代表大会,对近年来上海工会工作进行了系统的回顾,在总结经验的基础上,研究新问题、规划新发展。召开了各种类型的座谈会,听取了党政领导、各级工会工作者和职工群众的意见和建议,为全面反映上海工会工作的现实和发展要求,实现上海工会工作在原有基础上的新跨越起到积极作用。根据上海工会"十一大"提出的目标任务,下半年市总机关各职能部门联合开展了工会工作的课题调研,关于用"三个代表"重要思想统领工会工作全局、构建具有国际大都市特点的上海工会工作新格局,关于加强工会组织建设、增强基层活力,关于深化职工素质工程、实施科教兴市战略,关于加强职工思想道德建设,关于健全以平等协商、签订集体合同制度为重点的协调劳动关系配套机制,关于健全以职代会为基本形式的民主管理制度,关于职工生活保障状况,关于推进工会工作信息化、关于国际劳工组织的核心劳工标准同我国劳动立法的比较等9个重点课题的调查研究,为研究部署2004年市总和职能部门的主要工作提供了依据,也为"十一大"以后上海工会工作的良好开局奠定了基础。(4)对新世纪新阶段工会维权所面临的新问题的研究。2003年上海工运研究还关注许多新问题。如关于进城务工者的权益问题、企业转改制过程中的职工权益问题、非公企业的职工的民主权利问题等,这些研究取得了一定的成果,有效地拓展了工会维权的领域,推动了工会工作的创新。(5)进一步开发调查研究成果,推动调研成果的转化。调研报告《新时期上海职工队伍的变化特点和发展趋势研究》和专题报告《上海职工内部结构变化的研究报告》在全总评比中分别获得一等奖;进一步开发职工队伍调查的成果,上海职工队伍阶层分化的研究,为市委关于非传统安全问题的课题研究所吸收采纳,成为该课题的重要组成部分。　(吴　越)

工运理论研究

【市总工会组织开展工会工作9个课题调研】　为贯彻上海工会第十一次代表大会精神,切实把大会提出的指导思想、工作目标和主要任务落到实处,市总工会在下半年组织实施了9个重点课题的调查研究。包括关于用“三个代表”重要思想统领工会工作全局,构建具有国际大都市特点的上海工会工作新格局问题的研究;关于加强工会组织建设,增强基层工会活力问题的研究;关于深化职工素质工程,实施科教兴市战略问题的研究;关于加强职工思想道德建设问题的研究;关于健全以平等协商、签订集体合同制度为重点的协调劳动关系配套机制问题的研究;关于健全以职代会为基本形式的民主管理制度问题的研究;关于职工生活保障状况的研究;关于推进工会工作信息化问题的研究;关于国际劳工组织的核心劳工标准同我国有关劳动立法的比较研究。这一系列工作调研由市总领导、市总部分常委任课题指导,由各职能部门具体负责实施,并整合了工会系统各方面的调研力量,形成了一批有质量的调研成果,部分课题还形成了工作实施意见,进一步细化、量化了上海工会第十一次代表大会的目标任务,为研究部署下一年度及今后一个时期的工会工作提供了重要依据。拓展了新的发展思路,提出了新的工作举措,在一定程度上实现了调查研究前瞻性和操作性的有机结合。 (桂晓燕)

【市总工会参与市委关于城市非传统安全问题研究】 根据市委的要求,市总工会参与了市委关于城市非传统安全问题的研究,承担了其中的分课题《上海职工阶层分化对城市非传统安全的影响及对策》的研究。研究报告认为,加速转型期社会分化最为激烈的莫过于社会阶层结构的分化,其发展势头之迅猛,表现形式之复杂,对公众心态冲击之强烈,对社会稳定和安全影响之巨大,都是前所未有的。研究报告分析了当前社会阶层分化的现状,肯定了阶层分化带来的积极作用,提出了阶层分化过程中影响社会稳定和非传统安全的若干突出矛盾。一是收入分配不公,贫富差距过分扩大,少数人非法暴富,造成社会心理普遍失衡;二是劳动关系矛盾凸现,劳动者权益受侵犯,造成劳资对立和冲突;三是干部与群众的距离拉大,引起干群关系矛盾扩大和深化;四是形成庞大的社会弱势群体,对社会稳定和安全带来冲击;五是工人农民阶层政治、经济、社会地位下降,对党的执政基础构成严峻挑战。研究报告针对阶层分化带来对非传统安全的影响提出了若干对策。(1)按照“三个代表”的要求加强党的建设,努力改善党群、干群关系。要通过制度性的安排保证“立党为公,执政为民”原则在广大党员特别是党的领导干部身上得到真正体现,从根本上破除“官本位”意识。要建立各级领导干部密切联系广大群众的制度,扩大领导干部联系普通群众的渠道。要加大党风廉政建设力度。要严肃查处群众反映强烈的领导干部收入、住房、用车、子女等问题上的以权谋私不正之风,进一步实行领导干部个人财产申报制度,并创造条件实行领导干部个人财产公开制度。要坚决惩治腐败,遏制腐败蔓延势头。(2)坚持全心全意依靠工人阶级的方针。要把贯彻方针的具体内容列入各级党政领导干部的目标责任制;要改善人大代表和政协委员的结构,提高普通工人的比例;要确保各项改革政策使大多数群众得利;要通过立法的形式建立职工参与制度;要坚持正确舆论导向;要在基础教育中加强工人阶级地位作用和全心全意依靠工人阶级方针的教育。(3)加快社会主义民主政治进程,推进政治文明建设。要扩大基层民主,进一步坚持和发展以职代会为基本形式的企事业单位民主管理制度;要建立完善科学民主的决策机制;要建立完善群众性的监督制约机制;要提倡在群众中对各级干部特别是领导干部保持一种合理的、恰当的怀疑态度;要制定立法和政策出台的法定程序。(4)大力加强社会劳动关系协调机制建设。要进一步建立和完善地区劳动关系三方协调机制;建立完善产业、行业、企业的平等协商、集体合同制度;建立完善劳动争议调解机制;加大劳动法律监察力度和惩处力度;普遍建立劳动关系预警机制;研究罢工问题并制定应对罢工预案。(5)建立和完善社会各群体利益代表和反映机制。充分发挥各群众团体的独特作用,充分反映本团体联系群体的意见呼声,形成党统一领导下的具有权威性的各群体利益的代表者与代言人。(6)改革分配制度,完善社会利益协调机制。运用税收手段调节过高收入,运用财政政策调节过低收入,运用法律手段规范分配行为;要打击和取缔非法收入,健全监督机制。(7)倡导、营造关注社会公平,关爱帮助弱势群体的社会氛围。(8)加强和改进思想政治工作,构筑用先进理论指导的、有中国特色的社会主义初级阶段的价值体系。 (诸兆亮)

【上海市工运研究会召开2003年年会】

11月5日下午,上海市工运研究会召开2003年年会。来自全市各级工会、科研院校、政府机关、企事业单位的工运研究会顾问、专家、理事和会员、团体会员的代表200余人出席了会议。会议通过了市总工会副主席、市工运研究会会长汪兰洁代表理事会所作的工作报告,通过了市工运研究会理事会人员调整建议名单,市人大常委会副主任、市总工会主席、市工运研究会名誉会长陈豪到会并讲话。陈豪指出,新世纪新阶段工运研究会的工作首先必须牢牢把握主题,始终坚持工运研究的正确方向。全面建设小康社会,是全党全国人民在新世纪新阶段的历史任务,也必然是新世纪新阶段我国工人运动的主题。工运研究会的宗旨在于服务于蓬勃发展的工运事业,因此,新世纪新阶段工运研究会的一切工作只有围绕这一主题,才能始终坚持正确的方向,为上海工运事业的发展做出应有的贡献。陈豪提出,必须坚持解放思想、实事求是、与时俱进,努力推进工会理论、体制和工作的创新与发展。要勇于和善于根据实践的要求和形势的变化,从理论与实践的结合上,不断研究新情况,解决新问题。当前一是要进一步加强对新时期职工队伍新情况新问题的研究。随着职工队伍不断扩大,内部不同利益群体也将更加显性化。要思考工会如何表达、代表和维护广大职工群众的根本利益,同时又要维护不同群体的具体利益,还要维护好职工队伍的团结统一;二是要进一步加强对工会工作规律和创新的研究。在新的历史条件下,工会工作要在过去的基础上创新和发展前进、就要及时把握时代发展的特征和社会变化的趋势,认真研究国情、市情、会情的变化,进一步把握新世纪新阶段工会工作的特点和规律,更好地围绕党的中心工作,全面履行各项社会职能和履行维权的基本职责;三是要进一步加强以改革的精神推进工会自身建设的研究。从时代的发展要求审视工会的自身建设,工会仍有许多不适应的方面,需要不断加以改革和完善。要始终高度重视工会的自身建设和改革,使工会组织在新的历史下,始终充满生机和活力。陈豪提出,工运研究会要加强自身建设,不断提高整体工作水平。要坚持不懈地抓好思想建设,增强大局意识,责任意识,创新意识,群众意识;要踏踏实实地强化能力建设,有计划地开展深入扎实的调研活动,增强调研能力,进一步提高调研活动指导实践、推动工作的实际效果;要有重点地进行多层次的课题研究,整合工会系统、社会各界和基层企事业单位方方面面的研究力量,切实增强发现、研究和解决工作中碰到的新情况、新问题的能力;要不断提高将调研成果转化为工作实践的能力,及时提出具有指导性、针对性、前瞻性的政策建设和意见;要加强队伍建设,把加强调查研究同推进工作、转变作风、培养高素质、专业化的工会干部队伍结合起来。工运研究会要继续发挥专家委员和政策咨询委员的智囊作用,继续发展团体会员,继续加强专业学科委员会的组织建设,继续发挥个人会员的积极性和创造性,逐步形成和壮大上海工运研究的骨干队伍和核心力量,为工会事业发展提供人才资源和智力支持。大会表彰了获得优秀团体会员称号的浦东新区工运研究会、闸北区工运研究会、卢湾区工运研究会、普陀区基层工会工作研究会、虹口区工会工作研究会、机电工会工运研究会、纺织工运研究会、化工工运理论研究会、宝钢集团工会工运研究会、电信工会工运研究会、港务局工会工运研究会、建工工运研究会、卫生系统工会工作理论研究会、宝钢股份公司工运理论研究会等十四家单位并向30位获优秀论文奖项的作者颁了奖;还进行了优秀工运论文和优秀团体会员的工作经验交流。（吴　越）

【市工运研究会举办面向公众的社会科学普及活动】 11月,上海市社会科学界联合会联手全市百余家学会举办面向社会公众的社会科学普及周,工运研究会参与了这项活动。市工运研究会专家委员、华东师范大学人口研究所王大奔副教授来到市工运研究会设立的分会场,做了题为《进城务工人员的劳动权益和劳动关系问题》的讲课。前来听讲的既有工会干部,也有普通职工和市民。王大奔在讲课中指出,伴随我国社会工业化城市化的发展和全面建设小康社会的进程,农村劳动力跨地区流动而形成的农民工——即进城务工者群体已经成为城市就业大军中一支不容忽视的力量。以上海为例,这一群体已占上海户籍人口的四分之一强。这支队伍在为上海城市发展做出贡献的同时,也给上海的劳动就业带来了积极的影响:降低了上海从业人员的年龄,缓解了上海产业越来越新、人口越来越老的矛盾,降低了上海劳动力成本,提高了上海的产业竞争力。然而,这支队伍的生存状况值得关注:一是劳动条件较差,主要从事苦脏累险的工作,安全难以保障;二是收入较低,就业不稳定,生活难以保障;三是居住条件大多较差,难以融入城市社会;四是子女读书难,半数以上超龄上学,近10%失学、辍学;五是生活比较单调枯燥。总之,他们大多生活在社会底层,是社会学意义上的"边缘人"。王大奔指出,进城务工者群体是工人阶级队伍中的新兴群体,他们处于劳动关系中的弱者地位,权利特别容易受到伤害,工会应将维护他们的权益视为自己的重要职责。国家也应对他们公平对待、合理引导、完善管理、搞好服务。（吴　越）

【闸北区工运研究会召开专题研讨会深化调查研究工作】 针对新形势下工会工作遇到的热点问题,闸北区工人运动研究会于年初制定了全年的调研课题和计划,以专题研讨会为载体,组织基层工会参与调查研究,反映新情况、研究新问题,为工会重点工作的推进创造有利环境。先后组织召开了"塑造城市精神,培育新时代职业精神"、"推进区域性、行业性工会组建工作"、"劳动争议调解工作"3个专题研讨会,举办了"贯彻科教兴市战略、建设新闸北论坛"、"闸北新一轮发展形势报告会"等活动。全区各级工会共完成调查报告论文60多篇。调研活动不仅吸引了各级工会的广泛参与,而且在调研课题的确立上有新意、内容和深度上有突破。如改制企业的用工、印刷行业的劳动力成本、进城务工人员管理状况等内容都是首次涉及,

市总工会副主席、市工运研究会会长汪兰洁代表理事会在工运研究会年会上作工作报告　（费大伟）

所反映的问题和提出的建议得到重视，其成果在相关工作的推进中得到体现。（糜玉树）

【纺织工运研究会围绕热点问题开展调查研究】 纺织工会充分发挥工运研究会的协调组织作用，围绕工会工作面临的热点难点问题，组织各行业集团公司工会开展专题调研。针对纺织行业职工工资水平相对较低的现实，组织力量参与市总工会关于劳动力成本的调研，为市总工会的调研提供了典型数据和材料；针对纺织行业职工反响较强烈的离岗职工问题、职工家属劳保问题开展了专题调研；还在基层工会中开展了关于工会干部的劳动关系保护的专题研究；探索工会参与精神文明建设的长效机制，开展了关于“建、创、做”活动的专题调研。纺织工运研究会开展调查研究注重创新形式，着眼于提高工会干部思考问题、解决问题的能力。形成了条块结合，厂际结合的调研模式，为各级工会干部拓宽思路、提高研究能力创造了条件。召开“工会主席研究课题发布会”，为推广交流调研成果提供了阵地。纺织工运研究会注重调研成果的转化，在调研的基础上，他们在探索条块结合的行业工会体制上迈出重要步伐，2003年试点成立的上海金山纺织行业工会联合会，即是调研成果转化为工作成果的有效尝试。（俞进艺）

【中远集运工会成立工会工作研究会】

4月，中远集运工会成立工会工作研究会，并以“效益、发展、维权”为主题召开第一次年会。年会共收到论文48篇，涉及“聚精会神抓效益、一心一意谋发展，打好效益翻身仗”，“工会在企业改制的各种利益矛盾中如何发挥协调作用”、“深入实施送温暖工程的思考”、“新形势下船员思想动态分析及对策”、“按照‘三个代表’的要求，努力提高工会依法维权的能力和水平”以及“新形势下工会干部的必备素质”等内容。（周培军）

【全国教科文卫体系统在沪召开工会女职工工作理论研讨会】 10月13日至16日，中国教科文卫工会女职工委员会在沪召开“全国教科文卫系统工会女职工工作理论研讨会”，上海市教育工会承办了这次会议。来自全国28个省市自治区教科文卫工会及部分基层工会女职工委员会近80人参加了会议。中国教科文卫工会副主席万明东、上海市总工会副主席吴申耀、汪兰洁、上海市教育党委副书记翁铁慧先后到会并讲话。上海市教育工会主席、上海市教育系统妇女工作委员会主任夏玲英从与时俱近的工作体制、富有特色的工作载体、开拓创新的工作机制等三个方面向与会代表介绍了上海教育系统的女教职工工作。（朱小娟）

【全国科技系统民主管理工作研讨会在沪召开】 10月14日至16日，中国教科文卫工会在上海召开全国科技系统民主管理工作研讨会。上海市科技工会承办了这次会议。全国19个省、市、自治区的教科文卫工会领导，部分科研院所党政领导和工会干部60余人出席这次会议。中国教科文卫工会副主席万明东、上海市总工会副主席杜仁伟出席会议并讲话。上海市科技党委书记李铭俊就如何加强党委对工会工作的领导，推进基层民主政治建设作了介绍，上海市科技党委副书记、科技工会主席吴捷汇报了科技系统近年来基层民主管理现状以及取得的成效。（陶薇）

课题调研

【关于上海工会互助保障工作状况的调研】 市总工会保障工作部对上海工会开展互助保障工作情况进行了调研。据统计，上海各级工会（企业）现有医疗救助基金和职工互助互济组织1016个，基金结存额近2.1亿元，参加的职工达84.3万人次。以医疗互助保障为主的职工互助保障基金组织，灵活多样而稳定发展，资金筹措方式全方位、多渠道。市总工会利用工会组织网络优势，通过市职工保障互助会，先后推出“在职职工特种重病团体互助保障计划”、“在职职工住院补充医疗互助保障计划”和“退休职工住院补充医疗保障计划”等三项职工互助医疗保障计划。作为医疗保险制度的有益补充，提高了职工（包括退休人员）基本医疗水平，增强了职工的自我保障意识，弘扬了工人阶级互助友爱精神，成为全市医保改革的一项配套措施，为职工编织起又一道保障网。至今，已累计给付127.87万人次，金额6.05亿元。另一方面，此项工作推进中还面临着一些问题，一是职工医疗互助保障工作的刚性不强，只是提出了指导性意见，一定程度上影响了职工互助医疗保障的有效开展；二是一些单位、部门和个人对开展多层次互助医疗保障的认识不足；三是困难企业建立职工互助医疗保障基金难度较大；四是企业内部职工医疗互助保障与三项职工医疗互助保障计划发展不平衡；五是退休职工住院医疗互助保障计划资金缺口越来越大。为进一步完善职工互助保障工作，调查提出了如下建议：(1)要结合当前的医疗保险制度改革，着重开展企业内部职工医疗互助保障，推进多层次医疗保障体系的建立；(2)要充分运用企业集体协商制度等方式和手段，开展企业内部医疗救助和职工互助互济工作；(3)要建立困难职工互助保障基金，着重解决低收入困难人员的医疗问题；(4)要进一步发动和组织职工参加市总工会的三项医疗互助保障计划，同时要不断完善和扩展三项保障计划，以满足职工多层次、多样化的医疗服务需求。（桂晓燕）

【关于上海工会信息化建设的调查与思考】 为了全面掌握上海工会信息化建设现状，有针对性地提出相关措施，市总工会办公室通过问卷调查与个别访谈的方式，对工会信息化建设情况进行了调查。调查表明，工会信息化建设取得了积极进展，各级工会对加快信息化建设的认识有了提高；市总和各区县局（产业）工会在信息化的硬件设施建设上有了较大改进；以上海工会网站为代表的网上阵地得到较快发展，现已有20多个单位建立了以工会工作为主要内容的网站或在单位局域网内建立了工会信息平台；利用公务网的信息平台，已逐步实现市总与区县局(产业)工会的网络联系。调查显示,各级工会信息化建设和应用主要存在以下问题:一是对信息化建设和应用重视程度有差异,少数单位还存在“说起来重要,做起来次要,遇到困难不要”的现象;二是信息化建设和应用因单位发展水平不同而存在差异,总体而言,技术含量高、经济效益和管理较好的单位,其信息化水平较高,反之则信息化水平较低;三是在技术实现上有较大差异,应用软件开发处于滞后状态;四是在管理理念上存在一定的差异,缺乏严格的规章制度;五是在资金投入上存在差异,造成信息化建设在低水平徘徊。为进一步加强工会信息化建设,推动工会工作的创新和发展,调查提出了以下思考:(1)广泛开展信息化宣传教育,提高全会的信息化意识,并加强培训,普及知识,增强信息化的技术应用能力。(2)建立健全信息化建设组织机构,加强统筹规划,统一领导。(3)以政策法规为导向,制定信息化建设的相关政策。(4)加大信息化建设的资金投入,形成制度化。(5)加强信息化人才队伍的建设,提高工会信息化工作的水平,逐步培养和形成一支适应信息化建设要求的技术人员队伍和干部队伍。

(桂晓燕)

【关于上海企业使用劳务工情况的调查】 8月至11月,上海市总工会和上海市政协社会和法制委员会联合对上海企业劳务用工的现状进行了调查。调查报告指出,首先,大量农村劳动力向城市转移成为劳务工的主要来源。这次调查363家企业使用的101101名劳务工中51145名为进城务工人员,占劳务工总数50.58%。上海郊县农村富余劳动力也进入了劳务工的行列。其次,国企改革分流人员及失业人员成为劳务工的重要组成部分。据对363家企业使用劳务工的调查,下岗、协保和失业人员中从事劳务的人数已占劳务工总数的49.28%。调查报告分析了当年企业劳务用工的现状:一是劳务用工形式多样化。在363家调查企业中,企业用工总数350672人中劳务工为101101人,用工形式主要有:(1)个人与劳务型公司签订劳动合同,再由劳务型公司作为劳务工派往企业工作;(2)企业与个人直接签订劳务合同;(3)企业与市外劳力服务组织或与外地劳动力直接签订劳务合同;(4)企业直接使用劳务工而未与其签订劳务合同。二是劳务工的报酬和社会保障多样化:有以岗位来确定劳动报酬的基数;有以企业与劳务型公司签订的劳务协议来确定劳动报酬的基数;有根据不同的劳务工来源确定劳动报酬的基数。劳动报酬支付主要有两种形式:企业直接支付,通过劳务公司支付。社会保险费的缴纳有三种方式:一由劳务型公司按规定缴纳“上海市城镇职工社会保险费”;二由个人作为自由职业者缴纳“上海市城镇职工社会保险费”;三由企业按规定缴纳“外来从业人员综合保险费”。此外有一些企业根本不为劳务工缴纳社会保险费。调查报告提出了当前企业劳务用工中存在的主要问题。第一,企业扩大劳务用工外延,使部分劳务工的基本权益受到侵害。企业为了追求利润最大化,将劳动合同异化为劳务合同;劳务工的工资报酬、安全卫生和社会保险水平较低;劳务工的劳动保护条件差,工伤事故比例高;劳务工的社会保险少缴、漏缴现象比较严重。第二,劳务型公司用工不规范。主要是不签订劳动合同,劳动合同期限不确定,对劳务工疏于管理。第三,劳务工游离于工会组织之外,合法权益难以维护。工会组建在劳务型公司成为空白点,劳务工入会率低。第四,政府有关部门对劳务用工监管不到位。劳务用工底数不清、对劳务型公司管理不力、劳动监察难到位。调查报告对规范劳务用工提出建议:一是规范劳务用工,促使劳动力市场有序发展。严格控制劳务用工的范围,梳理和整顿劳务型公司,企业加强对劳务工的管理。二是加大工会组建力度,履行工会维护职能。劳务输入企业应吸纳劳务工加入工会组织,工会组织应加强对劳务工的合法权益的维护。第三,加大劳动监管力度,加强执法检查。　(诸兆亮)

【关于上海印刷、服装行业劳动力成本的调查】 市总工会保障工作部对上海印刷、服装行业劳动力成本情况进行了调查。调查报告分析了企业从业人员和职工基本情况及企业经营现状。调查涉及的62家企业生产经营成本总费用为人均12.4万元。其中用于购买生产所需的原材料成本人均6.4万元,占成本总费用的51.6%;全年人均燃料动力成本支出0.4万元,占总成本3.2%;用于支付职工工资、社会保险费以及各种福利支出和从业人员劳动报酬的人工成本2.8万元,占成本总费用22.6%;其余为企业的管理成本支出。劳动力成本(人工成本)是指企业在一定时期内支付给单位全部劳动者所产生的一切费用总和。支付给离岗职工的生活费也包括在人工成本内。2002年底全部职工和从业人员的人均人工成本为24553元。具体分析:(1)在岗职工的人工成本及构成。2002年平均每个在岗职工的工资收入是17781元,低于全市在岗职工平均工资23959元的水平。若将企业支付的基本保险、补充保险、商业保险、住房公积金、福利费用、教育经费、劳动保护费、住房补贴、工会经费都计算在内,则在岗职工的人均人工成本是27962元,其中职工工资在人工成本构成中占63.6%。私营企业在岗职工的工资、社会保险、公积金、商业保险、职工福利占人工成本的98%,是人工成本的主体,其中工资所占比重为82.9%,社会保险、公积金只占12.1%,是各种所有制中最低的。其它所有制企业在岗职工人工成本也是由以上五项构成,且占比重高达99.8%,不同的是社会保险、公积金的比重要高于私营企业,为18.4%。国有企业在岗职工的人工成本构成与前两种所有制比较呈多样化状态,工资、社会保险、公积金、商业保险、职工福利仅占人工成本75.4%,其中工资占人工成本的比重最低为52.5%,而企业为职工缴纳的社会保险和公积金占人工成本的比重相对较高。此外国有企业还要支出教育费、劳动保护费、住房补贴、工会等费用。可见私营企业和其它所有制企业是靠降低职工社会保险支出和职工福利待遇来达到降低人工成本的目的,从而提高了工资在人工成本中的比例。(2)没有劳动关系的从业人员人工成本支出。没有与企业签订劳动关系的从业人员人均人工成本支出只有8522元,月均710元。(3)离岗人员生活费。被调查企业离岗职工人均年生活费4140元,即月均只有345元。2002年这些企业支付给离岗职工的生活费总额占人工成本2.8%。调查提出了以下思考:一是上海地区传统行业的从业人员工资并不比周边地区高,劳动力工资水平的高低并非是左右资本投向的主要因素。二是建立劳动关系的职工社会保险支出占人工成本比重过高,增加了企业人工成本的投入。上海企业要为建立劳动关系的职工交缴工资总额43.5%的养老保险、医疗保险、失业保险和公积金,在全国各城市中名列第一。三是传统制造业向上海周边地区转移是上海优化产业结构的必然趋势,劳动者的工资收入水平不是影响投资者选择投资地点的主要因素。四是低商务成本不能一味强调压低人工成本,更不能抑制最低工资标准调整。五是工会应该参与推进企业内部收入分配制度改革工作。

(诸兆亮)

【关于企业内离岗职工基本生活保障状况的调研】 市总工会保障工作部对机电、纺织、轻工、杨浦区、普陀区的国有和集体企业(包括部分事业单位)内的离岗职工基本生活保障状况进行了一次专题调查。调查所涉及的离岗职工是指在2003年6月底前,由于各种原因已经离开本人生产和工作岗位,但仍保留原单位劳动关系的职工,不包括新老"协保"人员。调查采取问卷和座谈会相结合的方法,共下发调查表1660份,收回有效调查表1078份。通过对调查数据的整理分析汇总,形成专题调查报告。经调查,企业内主要有八大类离岗职工,即内部退养待退休人员、长病假人员、内部协保人员、停薪留职人员、托养托管人员、征地待岗人员、轮流歇工人员、劳务输出人员等。这次调查实际涉及企业1395家,职工离岗比例达34.68%,其中离岗女职工占46.07%。经数据分析,国有企业职工离岗比例低于集体企业,但平均离岗职工人数是集体企业的四倍多;离岗职工比例与企业生产经营状况的关联度不高,离岗比例最高的是盈利企业,企业生产经营状况越好,企业安排职工内部退养、待退休的离岗比例越高;离岗年限在三年及以上的长期离岗人员占总数的65.43%;近一成半的离岗职工没有参加社会保险;50%以上的参保离岗职工按照或低于最低缴费标准570元缴纳社会保险,缴费基数长期偏低将使其面临今后养老金水平过低的潜在矛盾;离岗职工中停止缴纳公积金的约60%,参加市总工会两项在职职工补充保障计划的不到50%;离岗职工生活费低于全市最低工资保障线的占46.21%,其中轮流歇工人员的生活费几乎全部低于这一保障线;近一半的长病假职工疾病救济费低于规定的最低标准456元;离岗职工收入由于按应得或虚拟收入计算,因而难以得到"应保尽保";离岗职工的家属劳保、医疗帮困救助等福利待遇受到明显影响;迫切要求上岗的离岗职工占18.83%,比例不高;收入太低是离岗职工面临的最大困难,其最大的愿望是能给予提前退休的待遇。针对调查的情况,调查提出了以下建议:(1)市政府有关部门要高度重视和关心离岗职工问题,制定相应政策,确保其基本生活;(2)建立健全社会保障体系,完善劳动力市场,开拓就业岗位;(3)编织政府救助、工会帮困、社会帮助的多层次帮困网络,切实做好离岗困难职工的"应保尽保"工作;(4)研究制定离岗职工最低生活费保障标准,进一步规范离岗职工劳动关系;(5)研究确定离岗职工参加社会保险的最低缴费基数,建立合理的调整机制。 (桂晓燕)

【关于职工民主管理工作的调研】 为贯彻落实上海工会十一大提出的工作目标,市总工会民主管理部组织开展了上海职工民主管理工作的专项调研。调查认为,近年来伴随上海经济的发展、所有制结构的调整和企业转改制的进行,职工民主管理工作取得以下新的进展。一是职工代表大会制度在企业转改制过程中发挥了积极作用,在全市进行转改制的2920家企业中,有2826家企业实行了转改制方案向职代会预告制度,在2128家实行裁员分流的企业中,职工分流安置方案经职代会审议表决的有1678家,职工在企业转改制过程中的知情和参与权利得到了一定的保障。二是厂务公开制度作为基层民主政治建设的重要组成部分,得到了进一步发展,全市有5836家企业和4054家事业单位实行了厂务公开制度,占12616家被统计单位的78.4%,厂务公开的内容不断向企业管理的重点领域和职工关心的热点问题拓展。三是非公企业的民主管理试点工作取得成功,确立了较明晰的工作思路和方法,全市有2634家外商投资企业和6789家私营企业建立了职(员)工(代表)大会制度,区域性、行业性、工业园区联合职代会建制数为1385家,覆盖企业29042家;职代会作为职工民主管理的基本形式得到坚持的同时,探索了职工民主管理的多种形式和实现途径。调查认为,职工民主管理在推进过程中也存在一些问题,主要是部分党政领导对职工民主管理的认识存在误区,职工民主管理的工作环境氛围有待进一步改善;现行法律法规对职工民主管理的规定过于原则、缺少法定的标准和程序、适用主体不明确等制约了职工民主管理的推进;随着改革的深化和社会主义市场经济的完善,职工民主管理的内容、形式同样面临与时俱进、改革创新的任务。为此建议:(1)加强舆论宣传和扩大沟通交流,消除误区,不断深化对职工民主管理的认识。(2)积极探索非公企业民主管理的实现途径,实现平等协商、集体合同制度与职代会制度的有机结合,强化协调劳动关系的机制性作用。(3)加强对民主管理问题的研究,建立和培养一支具社会影响力和号召力的专家学者队伍,促进民主管理的理论创新、制度创新和工作创新。(4)加强与政府、立法机关、参政机关的交流沟通,争取社会各界的支持,努力促使民主管理成为文明单位的评比条件纳入考核内容。(5)继续加大调研力度,推动制定上海职工民主管理的立法规划,促进职工民主管理的法制化进程。 (吴 越)

【关于贯彻《上海市工会条例》情况的调研】 为了促进《上海市工会条例》(以下简称《条例》)的全面贯彻实施,

市人大内司委、市总工会于2003年5月至10月联合开展了贯彻《条例》的调研检查活动。共组成43个调研检查小组,围绕19个专题,向420户企业、382家工会、1260名职工开展问卷调查,同时对1600余家基层企业贯彻《条例》的情况进行了专项检查。调查表明,《条例》的实施,为本市工会工作提供了比较完备的法律依据和强有力的法制保障,工会的维权职能进一步突出,在职工中的认可度不断提高;工会的组织体制进一步完善,工会组建率不断提高;劳动关系三方协商制度、政府与工会联席会议制度、平等协商签订集体合同制度等劳动关系协调机制得到确立、不断推进和完善;以职代会为基本形式的职工民主管理制度进一步发展;上级工会对下级工会的领导和指导进一步强化;对工会工作者的保护力度进一步加强。调查同时反映,《条例》的贯彻,存在以下问题:一是基层工会组建工作难度大,职工入会遇到许多现实的新课题,如非公企业工会组建存在阻力,用工形式的多样化给职工入会带来难度,国有企业转改制过程中工会组织消失、会员流失的现象比较严重;二是平等协商、签订集体合同工作的运行水平不高,一些企业带有明显的走过场现象,一些企业签约流于形式,合同签后束之高阁,履约率不高,协商中双方主体地位不平等现象大量存在;三是现行的民主管理形式跟不上企业发展的现实需要,所适用的法规明显滞后,难以指导现实;四是随着企业的改制和调整,工会履行职能遇到许多新问题,出现一些“空转”工会和“挂名”主席;五是工会经费收缴难度较大,企业拖欠、少缴甚至不缴工会经费的现象时有发生;六是对违反《条例》的责任追究执行主体不明确,致使一些与法规相悖的行为难以得到纠正。调查针对上述情况提出建议:(1)要积极探索多样化的工会组建形式,不断提高职工入会率和工会在职工中的渗透力;(2)要进一步强化平等协商、集体合同工作,从完善法规、加强指导和加大宣传培训力度等方面努力,进一步促进劳动关系协调机制的完善健全;(3)要高度重视职工民主管理的立法工作,尽快开展这方面的专题调研;(4)要强化工会的维权手段,进一步凸现工会的维权职能;(5)要加强工会经费的收缴工作,通过相应的立法和某些条款的实施细则来进一步完善《条例》。(吴 越)

【关于建立和完善工资集体协商机制的研究】 自1998年起,市总工会与市劳动和社会保障局携手推行工资集体协商制度,至2003年底全市已有3万多家企业进行了工资集体协商,涵盖职工90多万人。其中:国有企业2000多家,涵盖职工47万;外商投资企业1700多家,涵盖职工22万;私营企业26000余家,涵盖职工20万;乡镇(集体)企业500余家,涵盖职工4万人。为了解这项工作的进展情况、取得的经验和存在的问题,市总工会法律部组织开展了专题调查。调查认为,上海推行工资集体协商工作,主要有以下成功的经验和做法:(1)密切配合、形成合力。市总工会和市劳动和社会保障局密切配合,每年联合发文件、联合召开交流会,共同推进这项工作。(2)加强分类指导,创新协商模式。针对不同的企业性质、规模和效益特点,加强分类指导和帮助,及时树立典型,总结推广成功经验。在坚持企业内部工资集体协商基本形式的同时,探索了区域和行业层面的工资协商,对一些暂不具备平等协商能力的私营企业采取由上级工会与区域或行业的企业代表先行协商签订区域或行业工资协议,再通过与单个雇主进行第二次协商确定工资协议的办法,已有500多个小行业或街道、乡镇、开发区、科技园区的联合工会与相应企业组织签订了区域或行业性工资协议。(3)练内功借外力,提高协商水平。市总工会和市劳动和社会保障局多次联合举办培训班,培训工会协商代表,同时,建立“上海市工会工资集体协商顾问团”,聘请有关专家和律师任顾问直接参与或指导企业开展工资集体协商。浦东、黄浦、普陀等区也相继成立了顾问团,取得较好的效果。调查认为,工资集体协商工作在取得上述成绩的同时也存在一些问题,主要是一些企业的协商程序不规范,工资协议内容空洞、照搬劳动法律条款,缺乏量化和可操作性,甚至在协议中制定与现有法律、法规相悖的土政策。为此提出建议:一是加快上海集体合同立法及相关政策的制定,以进一步规范集体合同和工资协商工作;二是建立工会工资协商顾问团,进一步明确和突现上级工会代表下级工会的职责;三是加强对基层工会开展工资集体协商工作的分类指导,上级工会应针对不同企业的特点,为基层企业开展这项工作提供切实有效的帮助。(吴 越)

【关于上海工会实施科教兴市战略的研究】 市总工会经济工作部对上海工会深化职工素质工程,实施科教兴市战略进行了调查研究。调查反映了上海职工科技知识、劳动技能、创造才能的现状:当前上海职工的文化程度普遍提高,受教育年限增加,呈现低学历职工逐年递减,高学历职工逐年递增的发展态势,但文化结构仍不能适应社会发展需要,整体文化水平依然偏低,电脑、外语等新技术培训仍显薄弱;职工劳动技能水平有所提高,至2002年本市初级工已达68万,中级工约64万,高级工约8.5万,高级技师和技师约1.9万,但高级技术人才仍显缺乏,技术工人中高级工以上所占比例只有7%左右,与发达国家30%比例差距明显;职工创造才能明显提高,但原创和二次创新缺乏。调查报告分析认为,当前影响职工素质工程深入的主要制约因素有:教育体制落后,职业教育始终得不到应有的重视;“技术工人也是人才”的观念在大多数人心目中仍未真正确立;人力资源认识上的误区,不少企业不重视从企业内部挖掘潜力;职工学习经费不能完全落实,科技成果转化机制不够成熟,职工素质工程推进力度不平衡等。报告提出了上海工会深化职工素质工程,推进科教兴市战略的对策:(1)进一步确立技术工人也是人才的理念,优化人才环境。(2)进一步开发整合工会教育培训资源,切实加强职工教育培训。(3)采取有效措施监督企业执行职工教育经费规定,充分保障职工学习权利。(4)大力实施职工技能登高计划,不断提高职工的技术等级和岗位技能素质。(5)大力实施职工创新行动计划,培养职工创新意识和创新能力。

（邹卫民）

【关于加强职工思想道德建设的研究】 市总工会宣教部组成课题组开展关于《加强职工思想道德建设，推进职工素质工程的调研》。调研认为，职工思想道德建设是职工素质工程的重点工作，是提高职工思想道德素质的主要途径。两年来，上海各级工会立足于各行各业改革发展具体实践和职工群众思想实际，不断提高职工队伍思想道德素质，取得了较为明显的成效。具体表现在：(1)理论教育常抓不懈。各级工会广泛发动和精心组织广大职工群众认真学习《“三个代表”重要思想学习纲要》，为深化改革和促进发展起到了思想先导的作用。(2)职业道德教育内容不断深化。市总工会推出《上海职工职业道德建设实施意见》，在全市各行各业掀起职业精神大讨论的热潮。在此基础上制定了《上海职工职业精神倡导公约》，号召全市职工共同树立和实践以敬业精神、诚信精神、创新精神、奉献精神、自律精神、学习精神、合作精神和卓越精神为核心内容的现代职业精神，使“海纳百川、服务全国，艰苦奋斗、追求卓越”的城市精神在职工中获得广泛认同。(3)读书活动再掀热潮。读书活动作为职工思想道德建设的重要载体，迄今已走过20年历程，活动的参与面和覆盖率不断壮大，“四进”格局日益巩固。(4)“建、创、做”活动展现活力。形成了文明职工——文明岗位——文明班组——文明单位——文明行业的“创建链”效应，形成了在国有企业和非公企业齐头并进的“联动”效应，形成了对基层班组、岗位道德素质和文明程度的“提升”效应。(5)职工文化建设拓展新路。调查分析了目前职工思想道德建设存在的问题：对职工思想道德建设的理论认识和实际操作存在脱节现象；职工思想道德建设的发展不平衡；职工思想道德建设的创新力度不足；工会宣传干部队伍萎缩、战斗力减弱。据此提出以下建议：一是加强领导，努力纠正思想认识与实际操作相脱离的倾向；二是突出重点，努力体现职工思想道德建设的时代性和针对性；三是推进创新，建立和完善职工思想道德建设长效机制；四是稳定队伍，不断提高职工思想道德建设工作水平。

（邹卫民）

【关于用“三个代表”重用思想统领工会工作全局的研究】 围绕“用‘三个代表’重要思想统领工会工作全局，构建具有国际大都市特点的工会工作新格局”的工会工作总体要求。市总工会研究室通过调研，在理论上进行了阐述：(1)正确把握新世纪新阶段工会工作面临的新形势。从当前的实际情况来看，工会工作形势发生了很大变化。工作领域更加广阔，工作对象更加复杂，工作内容更加丰富，工作方式方法更加多样，工作矛盾更加繁多。就维权来说，涉及矛盾十分复杂，有的还相当尖锐。(2)用“三个代表”重要思想统领工会工作的内涵和途径。“三个代表”作为工会基本指导思想的含义是，在制定工会工作路线、方针、政策以及确定具体的任务、目标、内容、方法时，都必须从“三个代表”重要思想出发，有利于推动生产力特别是先进生产力的发展，有利于推动先进文化发展、社会主义政治文明和精神文明建设，有利于维护全国人民利益和职工整体利益，达到“为职工群众说话办事”的基本要求；工会要按照党的要求和自身的特点通过创造性的工作，努力贯彻、落实、实践“三个代表”的精神；工会贯彻实践“三个代表”重要思想，要有自己的目标定位和具体要求，要体现工会的个性，要和履行工会基本职责结合起来；工会贯彻实践“三个代表”思想，应该遵循“四统一”的原则：自觉坚持党的领导与依法照章独立自主开展工作的统一，围绕中心服务大局与依法维权服务职工的统一，向职工群众宣传党的方针政策与向党组织反映职工群众意愿呼声的统一，组织动员职工充分发挥社会主义建设和改革发展的主力军作用与全面维护职工群众主人翁地位和权益的统一。工会实践“三个代表”思想，必须围绕经济建设中心，推动生产力特别是先进生产力的发展；必须突出维护基本职能，履行好职工利益代表者维护者的基本职责；必须用先进思想、先进文化引导、教育职工群众，为培育“四有”职工队伍发挥作用；必须加快自身建设自身改革的步伐，按照群众化、民主化的要求，改进领导方式和工作方法，加强会员自治意识，加强工会内部的民主选举、民主管理、民主参与、民主监督。工会实践“三个代表”重要思想的主要途径有：推动落实党的全心全意依靠工人阶级的方针，参与协调劳动关系和社会利益关系，职工素质工程，立功竞赛和经济技术创新工程，参与国家与社会事务管理和推进基层民主政治建设，促进就业，帮困“送温暖”，为职工办实事等。(3)实践“三个代表”重要思想，开创上海工会工作新局面。首先，要深刻认识“三个代表”重要思想的主题，坚定不移地服务于中心工作，最大限度的调动职工群众积极性，推动社会生产力发展。其次，要牢牢抓住“三个代表”重要思想的本质，坚定不移地履行维护的基本职责，努力实现好、维护好、发展好职工群众的经济、政治、精神文化权益。再次，要按照贯彻“三个代表”重要思想“既要对事又要对人”的要求，大力加强职工队伍和工会干部队伍建设，加强工会自身改革。

（诸兆亮）

【关于加强工会组织建设和增强基层工会活力的调研】 2003年9月至10月，市总工会组织部开展了“关于加强工会组织建设，增强基层工会活力”的调研。这次调研通过召开座谈会、走访基层单位、发放调查问卷、查阅文献资料等方法进行，在借鉴以往调研的成果和实践经验的基础上，对本市工会组织建设的现状及其存在的问题进行了理性分析和思考，探索加强工会组织建设、增强基层工会活力的目标、途径、办法和载体，为做好今后工会组织工作提供了对策和思路。调查全面反映了工会组织建设取得的成绩，全市新建企业工会组建工作取得阶段性成果，截止2003年7月底，全市新建企业已建工会企业数为8.65万家，工会会员数为152万人；地方和产业工会组织体制不断得到理顺，新建企业工会领导体制初步得到确立；基层工会群众化、民主化进程不断加快，涌现出一大批基层工会组织的示范群体；转改制企业工会组织总体上实现平稳过渡,基层工会组织得以巩固,作用得到发挥。调查分析了当前工会组织建设中存在的问题,一是新建企业工会组建难的问题仍然没有从根本上得到解决,外商投资企业、部分私营企业特别是小企业组建难度大;二是不同社会阶层或群体对工会组织认可度不同,影响了最大限度地吸收职工入会。如包括进城务工人员在内的劳务工入会难问题相当突出,高学历、高技能、高收入的青年职工参加工会的意愿不强;三是仍有不少基层组织缺乏活力,在国有企业中创建职工之家活动发展不平衡,在一些非公有制企业中工会组织"不转"或"空转"现象严重;四是产业和行业工会组织体制仍有与形势不相协调的地方,如产业工会与地方工会的关系有待调整,本市行政机构的改革使大量企业工会的挂靠单位有待明确,以新建企业为主的区域性行业工会有待完善;五是个别改制、转制企业存在工会会员流失、工会组织名存实亡的问题。调查提出了加强工会组织建设、增强基层工会活力的思路,一是加强依法建会的力度,最大限度地把广大职工组织到工会中来。二是探索新建企业工会组建新模式,努力开创新建企业工会组建新局面。要调整工作对象,变做业主工作为做员工工作;要转换工作角度,变组建先行为服务、活动先行;要改进工作方式,变工会主席单一产生模式为多样化产生模式;要拓宽工作领域,把进城务工人员及时组织到工会中来。三是推进工会组织改革,创新工作机制和活动载体,增强工会组织的吸引力和凝聚力。要转变观念,找准工会工作定位,从传统的福利型、活动型向服务型、维权型和工作指导型转变;要创新机制,理顺多方工作关系,如增强工会组织在不同职工群体中的吸引力和凝聚力,进一步理顺、协调和健全产业、行业和地区工会组织体制,在非公企业中进一步探索上级工会代表下级工会的新型工作机制等;要改进方法,寻求新的运作方式。四是重视对"三高"群体的服务和维权,增强工会的感召力。五是加强指导,规范操作,改进会员会藉管理,确保改制、转制企业工会组织的重建和巩固。六是深入开展建设职工之家活动,进一步增强基层工会的活力。

(桂晓燕)

【浦东新区开展非公企业民主管理情况调研】 浦东新区总工会于2003年9月份组织了关于非公企业推行民主管理制度的专题调研。召开了外资、私营企业的7个座谈会,深入街镇实地调研,涉及企业631家、职工26578人。调研反映了新区非公企业民主管理工作发展的现状:一是职工(代表)大会制度逐步建立,成为民主管理的载体。在实际操作中,非公企业职工(代表)大会主要有两种形式:百人以上企业职代会独立建制,目前建制率为调研企业总数的20%。企业职代会重点实施对经营发展重大问题的知情权、对有关职工切身利益的问题如"员工手册"的制订、规章制度的讨论、"四金"交纳等情况参与权和集体合同的共决权;小区(村)联合工会职工(员工或会员)代表大会,建制率为40%。如,梅园社区的荣城小区、高行镇的高行村等小区(村),都建立了职代会制度。工会联合会通过职代会的平台,组织企业业主、职工代表就工会工作和企业经营管理有关问题互相协调、达成共识,签订集体合同。二是平等协商、签订集体合同得到普遍实行。调研的693家企业集体合同签约率为94.1%,143家25人以上企业,单独工资集体协议签约率为46%。调查反映,对于平等协商、集体合同这一基础性工作,绝大多数非公企业都能接受,绝大多数工会还相当认可。原因是合同条款以劳动法律为依据,也经过双方协商一致,同时维护了企业和职工的利益。三是探索了职工民主管理的其他形式。除了职代会、平等协商两项民主管理的基本制度之外,不少调研单位还创造性地建立了多种民主管理形式,如职代会专门委员会、民主评议干部、民主共商会、总经理联络员、行政领导接待日等。唐镇工会将非公企业民主管理的各种形式以菜单方式告知基层工会,确立了在建立职代会、平等协商等两项必备制度的基础上,自行选择非公企业民主管理其他形式的"2+X"的制度模式。

(蔡雪康)

【徐汇区总工会对企业分配状况开展调查】 针对当前企业所有制形式呈多元化发展、企业内部分配形式和结构发生变化的情况,徐汇区总工会开展了关于徐汇区企业分配状况的调研。发放近800张调查问卷,结合座谈会和走访企业等方式,形成了调研报告。调查发现,46%的被调查企业执行上海市工资增长指导线,收入分配形式主要为岗薪工资、结构工资、计件工资,少数企业实行模糊工资制度。工会在推进分配制度改革中起到了积极的作用:推进工资平等协商,实现职

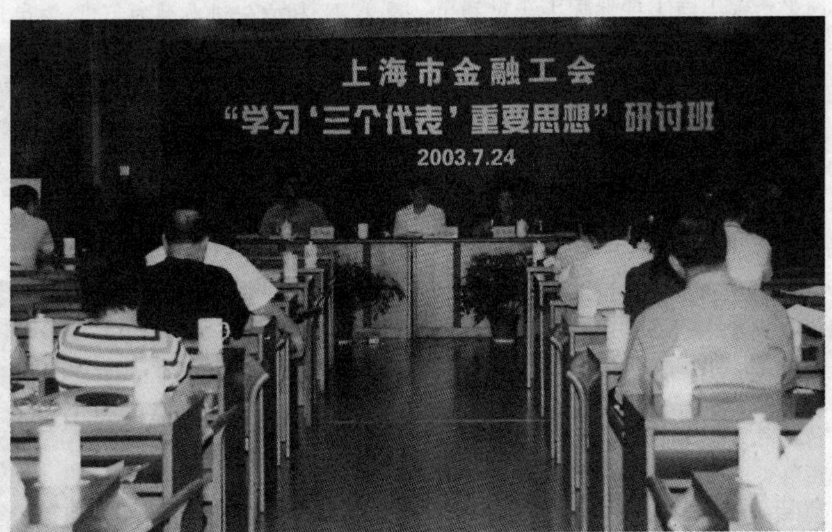

市金融工会举办工会干部学习"三个代表"重要思想研讨班 (卫国强)

工工资同企业效益同向调整；配合行政积极推进岗薪制度改革，努力构建企业工资激励机制；合理确定劳动、资本、管理和技术参与分配的比例，体现社会主义按劳分配为主的分配原则；采取有力措施，确保困难企业职工工资福利逐年提高；根据企业效益，在增加工资的同时，逐步增加职工的福利待遇。同时，也发现存在的问题：部分经营者片面理解法人治理的概念，企业分配由经营者个人说了算，缺乏对其有效的监督；工资平等协商机制的建制率偏低，且运行水平不高；有的企业按生产要素分配的比例明显失衡。对此，调查建议：(1)切实开展对有关法律法规的监督检查，推进平等协商机制的全面建立；(2)创新方法，提高工资协商的有效性；(3)构筑工会干部的维权机制，切实履行上级工会代表下级工会的职责；(4)加大分配制度政策研究，逐步理顺分配关系。区总工会将这一调查结果作为2003年与区政府联席会议的主题，引起区政府领导的高度重视，提出了8条相关意见以确保职工合法权益的落实。（虞　蔚）

【虹口区总工会在商业系统开展工会干部保护情况专题调研】 虹口区总工会对商业系统82个单位工会干部在政治、经济、工作和生活待遇情况进行了专题调研，特别是对转制、改制企业工会干部保护情况进行了重点调研并形成了调查报告。通过专题调研，商业系统工会干部保护工作得到增强，在企业改制过程中上级工会对下级工会干部的保护已提前介入，对工会组织班子的确定、工会主席岗位职务的安排、政治经济待遇的享受，包括参股、入股，都提出了较规范的措施。（李　琪）

【仪电工会开展劳务用工调研】 针对仪电系统大量使用劳务人员的劳动用工情况，仪电工会开展了劳务用工专题调查，从劳务人员劳动合同签定及执行情况、劳动保护状况、综合保险政策落实情况、技能培训和文化教育的情况、居住、业余文化生活状况、加入工会、拨交经费的情况等六方面进行了深入的调查。以求全面反映劳务人员的权益落实状况，研究在特殊劳动关系状况下的职工权益维护问题。调研在六个子公司进行，并对这些公司下属的安普、纽康、阿尔卑斯、浦江特种气体、怡南置业、惠家等六家企业的劳务用工各项政策落实情况作了巡视。通过调查研究提出了合同管理、安全管理、保险管理、教育管理、生活管理、组织管理等六项管理方面的建议和对策。该项调查的成果及时向公司通报并列为集体协商的议题得到公司行政的重视，并制定措施，加以落实。在劳务人员入会方面已经取得突破性的进展。对劳务人员合法权益的维护深化了工会工作，也为企业发展提供了良好稳定的环境。（张爱卿）

【仪电工会开展劳模实态情况调研】 仪电工会在全系统开展了劳动模范情况的实态调查。调查的范围为全系统所有获全国劳动模范、全国“五一”劳动奖章和上海市劳动模范称号者。以求进一步摸清劳模实态状况，加强和规范对劳模的管理服务。为弘扬劳模精神，提升企业文化和精神创造良好的环境。调查反映，仪电系统获得上海市劳模称号共249人，其中获得全国“五一”劳动奖章7人、全国劳模称号10人。男性劳模180人，占72%；女性劳模69人，占28%。调查总结了企业在培养、推选劳模和树立先进典型方面的经验和做法，重点推广了自仪DCS分公司先后培育四代劳模、企业以培养、挖掘、树立先进典型为契机，为员工充分发挥聪明才智搭建舞台的成功经验。（生　青）

【纺织工会开展工会干部劳动关系保护调研】 纺织工会在上海纺织所属299家已建立工会的企业中，对工会干部劳动关系的现状进行了专题调研。通过调研，发现上海纺织绝大多数企业，都能根据《劳动法》和《工会法》的有关规定，对工会干部劳动关系进行保护。但少数企业还存在诸如擅自调动工会干部的工作岗位；企业转制，工会未及时重组，工会干部劳动合同到期只能终止等侵害工会干部权益的现象。纺织工会通过调研针对这些现象提出了加强工会干部劳动关系保护的具体措施。首先加大对工会干部劳动关系保护的宣传力度，特别是《最高人民法院关于在民事审判工作中运用〔中华人民共和国工会法〕若干问题解释》实施后，积极做好工会干部劳动关系司法保障的宣传工作。其次，及时制定了“关于在企业深化改革中规范工会组织工作程序的若干意见”，规范了工会组织工作的程序，及时地做好工会组建和换届改选工作。同时加强对工会干部的培训，努力提高工会干部的素质，建立工会联合工作委员会制度，设立工会干部劳动关系保护法律援助基金等。该调研报告《工会干部劳动关系保护的调研及思考》，荣获2003年全国财贸轻纺烟草行业优秀调研成果二等奖。（王芳山）

仪电工会召开学习贯彻中国工会十四大精神工作务虚会　（生　青）

【港务集团工会开展老港区功能转换后职工分流安置情况调查】 为更好地发挥工会组织在企业改革、发展中的源头参与作用，协助党政搞好老港区功能转换后的职工分流安置工作，港务集团工会开展了“上海港老港区功能转换后职工分流安置情况调查”。本次调查具有三个显著特点：一是涉及面广，参与者多。调查对象涉及20家基层单位和三分之二以上集团在册职工。采用问卷调查、召开座谈会和与基层单位领导个别访谈、研讨等方法。共有9792名职工参与了问卷调查，近230名职工代表、部门党政工负责人和基层职能部门领导分别参加了21个座谈会。二是基层重视，全力以赴。调研引起所涉及单位工会的高度重视，为此召开了专题会议，宣传调研的意义并作出具体部署。部分基层工会还以集团工会下发的调查表为范本，重新制作了适合本企业及职工现状的调查表、统计表，以求真务实精神确保调研圆满完成。此外，相关单位党政领导和职能部门，也积极支持、协助本单位工会，主动参与座谈、研讨等活动。三是各方支持，追求实效。本次调研不仅得到基层单位党政工组织的重视，也得到了集团党政领导和各职能部门的理解、支持。在调研过程中和调研报告的专家咨询会上，集团党政领导和各职能部门负责人，对调研的侧重点及分流安置的对策措施、配套建议的可行性，提出了许多有价值的思路和建议，使调研报告提出的对策、建议能更符合集团实际。在各方通力协作下，本次调研取得了积极成果，形成了《关于上海港老港区功能转换后职工分流安置的调查报告》，为集团领导下一步的改革决策提供了数据、动态等方面的翔实依据。在集团总裁办公会议上，集团领导专题研究了工会调研报告提出的对策建议，并明确要求在老港区功能转换过程中，凡涉及职工的分流安置问题，要参考集团工会的调研建议。该调研在确保老港区功能平稳转换中发挥了一定的作用。　(张晨琦)

【上海移动通信工会开展劳务工、外包工现状调研】 为探索解决上海移动劳务工、外包工的入会问题，最大限度地把他们吸收到工会组织中来，上海移动通信工会对劳务工、外包工队伍现状开展了调研。调研以公司劳务工、外包工较为集中的客户服务中心为重点，从2003年9月开始，分三个阶段进行。(1)设计调研提纲。工会先后与客服中心联合成立了调研项目组，共同商讨调研的内容、形式。确定了以问卷抽样调查、召开部分员工座谈会及个别访谈的调研形式，并拟订调研提纲，设计调查问卷。(2)采集调研数据。一是随机发放了调查问卷302份(其中外包工210份，劳务工92份)回收问卷302份，并按不同层面召开了三次座谈会。二是对问卷调查的数据进行统计。三是与润迅上海地区主管、客服中心领导进行沟通、访谈。(3)分析研究对策并撰写调研报告。在对座谈会、问卷调研和个别访谈的内容和数据进行分析、汇总的基础上，研讨问题的对策，并就难点问题走访了市总组织部、公司财务部、人力资源部、企划部，进一步开展深入的研讨并在此基础上完成调研报告。该调研提出了以转会管理、入会代管、半直接管理等形式将外包工、劳务工吸纳到工会组织中来的有关措施，规范了公司工会的会籍管理工作。　(徐莉萍)

【建工工会开展投资企业职工思想状况调查】 为推动建工系统改革改制的稳步进行，建工集团工会开展了投资企业职工思想状况调查。调查重点了解在推进民营属地过程中职工的思想动态。调查表明，投资企业广大职工对企业深化改革、推进民营属地的认识有了进一步提高，理解与支持企业改制的思想正逐渐占据主导地位；越来越多的企业经营者与职工赞同企业民营化，并把民营看作是一次拓宽发展空间和实现自我价值的绝佳机遇；认为改革发展中的问题要用改革发展来解决，希望通过深化改革和推进民营属地使企业和职工得到“双赢”。调查显示，部分投资企业职工对深化企业改革、推进民营属地工作还存在一些想法，如对企业搞民营属地心有疑虑，对减员分流经济补偿不太满意，对撤销持股会一刀切持有异议，对获得公司更大支持要求迫切等。产生上述思想动态的主要原因是对国有企业仍有依恋情结，对企业发展前途信心不足，对项目部帮扶表示怀疑等。此次调研提出以下建议：(1)进一步宣传深化投资企业改革，推进非公有制企业发展的重要意义；(2)坚持规范操作、程序公开，积极稳妥地推进投资企业民营改制工作；(3)确立共享改革发展成果的观念，给予投资企业更实在的支持和帮助；(4)帮助投资企业在转制民营前建立现代企业法人治理结构，完善民主管理制度，选好“挑头人”；(5)重视广大投资企业职工的切身利益，想方设法提高他们的生活水平。　(杨钟春)

优秀工运论文、调研报告简介

【上海工会开展培育城市精神和职业精神活动的调查报告】 由市总工会宣教部撰写的《上海工会开展培育城市精神和职业精神活动的调查报告》一文指出，党的十六大以后，上海进入新一轮发展的历史机遇期，上海各级工会充分认识到培育城市精神和职业精神的重要意义，明确了工会在其中的重要作用。上海城市精神内涵十分丰富，既有“五敢”：发展敢攀高峰，探索敢冒风险，工作敢争一流，奋斗敢作牺牲，竞争敢为人先；又有“四永”：创新永远领先，责任永志不忘，开拓永无止境，奋斗永不言败；还有“开放、创新、负责、理性、友善、诚信”十二字精神，在此基础上形成了“海纳百川服务全国，艰苦奋斗追求卓越”的城市精神。市总工会联合部分重点行业，号召全市职工共同树立和实践以民族精神为魂，以敬业精神、诚信精神、创新精神、奉献精神、自律精神、学习精神、合作精神和卓越精神为核心的现代职业精神。调查报告总结了上海工会一些主要做法：学习宣传“十六大”精神，促进职工树立崇高的职业理想；发挥劳模先进的示范带动作用；开展各类传统教育，增强职工职业责任感；开展立功竞赛活动，提炼职业精神；开展“建立行业规范，制定岗位守则”等活动;创建学习型班组,提高职业能力。调查报告提出了开展活动中遇到的主要问题:部分单位认识不到位,发展不平衡,缺少生动的活动平台和载体。报告对进一步开展培育城市精神和职业精神活动提出几点思考:要努力实践城市精神,促进群众性精神文明建设上新台阶;要以“弘扬城市精神,培育职业精神”为重点,推动职工素质工程再上新台阶;要把培育职业精神活动,深深扎根于职工精神文明建设的生动实践中;大力弘扬劳模精神,进一步发挥劳模和各行各业先进标兵的示范作用。 (诸兆亮)

【关于本市农口劳动模范情况的调查报告】 由市总工会经济工作部撰写的《关于本市农口劳动模范情况的调查报告》一文提出,目前本市农口劳动模范中存在以下困难情况:一是年龄偏大,身体状况差。在被调查的1797名农口劳模中,60岁以上有692名,占38.51%。农口劳模长期超负荷工作,很多人积劳成疾。崇明县115名农口劳模中,有87人患有器质性疾病,占42.2%。奉贤区256名农口劳模中,身体健康的仅47人,占18.36%。二是收入偏低,困难突出。农口劳模大部分退休早,退休养老金低,有的既无养老保险,又无医疗保险。农村退养劳模年收入人均在1350元左右,同时他们的老伴都是农村妇女,每月只有60~100元养老金,夫妻年收入在2000元左右。他们的收入普遍低于农村的最低保障水平(人均年收入2240元)。三是医保不落实,就医有困难。全市1797名农口劳模中,无医疗保险的有370名,占20.595;参加农村合作医疗有340名,占18.92%。农村医疗保险只能限额报销少量药费,解决不了医药费支出。奉贤区一位市劳模患胃癌住院用去2万多元,合作医疗只能报销200元,病逝后给家人留下万余元债务。调查报告分析了农口劳模困难情况的主要原因:年龄普遍较大,无法达到自给自足,子女又在农村,资助父母很有限;镇、村养老保险标准低,大多数劳模只享受每月10~15元的村级养老金,还仅限于70岁以上;医疗费支出大;有关政策没有落实到位,部分劳模没有享受到劳模津贴,南汇区243名农口劳模仅有71名办理了按文件都应办理的补充养老保险。调查报告提出以下建议:适当提高农口劳模的生活保障水平,达到每月300元,由民政局拨款统一发放;对农口劳模实行特殊的医保政策,发放每年150~300元的医疗帮困卡;设立农口劳模专项困难补助基金。 (诸兆亮)

【建立工会女职工组织社会化维权机制的对策】 朱莉颖撰写的《建立工会女职工组织社会化维权机制的对策》一文认为,随着社会主义市场经济体制的逐步建立,劳动就业结构、社会群体间的利益结构发生变化,工会维权对象的复杂化和维权工作领域的扩大,要求工会女职工维权工作必须形成开放式、社会化格局。总结近年来的探索经验,这一社会化维权格局有以下方面组成:(1)源头参与机制,通过推荐优秀女职工进入企业各级领导班子、进董事会、监事会等,拓展女职工参议议政渠道;通过职代会、平等协商、集体合同等途径,参与企业民主管理,表达和维护女职工劳动权益和特殊利益;建立“优秀职业女性人才库”,培养和推荐女干部;积极参与涉及女职工权益的法律法规的制定和修改,从源头上维护女职工的合法权益。(2)教育培训机制。通过建立目标、制定计划、组织考核和给与激励等一系列制度,促进女职工的政治、法律、文化、技能素质的提高,创办女职工周末学校、东方女性网络学校等载体,为女职工提高素质创造条件。(3)监督检查机制。借助社会执法力量,形成对女职工劳动权益和特殊利益的落实情况的监督检查网络。经常性地会同市人大、政协等有关部门,开展对有关法律法规执行情况和女职工劳动保护情况的监督检查,通过情况报告、参与处理、督促落实整改、监督复议、通报联系等制度,及时纠正侵权行为。(4)法律援助机制。市女职工委员会建立的“女职工劳动权益求助热线”为女职工答疑解惑,排忧解难,代理诉讼和非诉讼调解;社区、基层单位设立的“女职工维权信箱”接受女职工信访,形成维权网络。(5)实事服务机制。树立“服务即维权,维权实事化”的理念,致力于为女职工办实事、谋利益。如建立“女性创业指导专家后援团”、“上海女职工自主创业援助基金”,为下岗失业女职工创业提供帮助;组织为特困女职工免费体检。文章认为,为了更好发挥社会化维权机制的作用,一是必须加大宣传力度。创造维护女职工劳动权益和特殊利益的良好氛围;二要加强工会女职工组织建设,继续推进新建企业和社区工会女职工委员会的组建,构筑网络,搭建维权平台。三要加强干部队伍建设,培养一支既热爱工会女职工工作,又具备专门知识的

全国总工会副主席、全国总工会女职工委员会主任倪豪梅到上海电信调研女职工工作 (徐梅瑾)

女工干部队伍。（吴　越）

【新时期上海工会国际工作的思考】

赵顺章撰写的《新时期上海工会国际工作的思考》一文认为，工会国际工作是工会工作的一个重要方面，在经济全球化、中国入世以及上海新一轮发展的形势下，工会国际工作面临新的更高要求。其一，经济全球化对工会国际工作提出了挑战。以跨国公司为载体的经济全球化造成的劳动关系国际化、工人就业形式和经济利益多样化、集体谈判分散化基层化等一系列问题必然要反映到上海来。其二，中国加入世贸组织后对工会国际工作形成压力。中国入世后一是要求扩大社会对话范围，二是要求实施统一的国际劳工标准，这是无法回避的趋势。其三，上海新一轮发展对工会国际工作提出要求。上海要加快城市的国际化、市场化、信息化和法制化建设，作为基础较好、发展较快、工作条件相对优越的上海工会外事部门应该抓住机遇，奋发有为。当然，国际工作有自身的特点和规律，立意高远但要注重实际，持续发展更要巩固提高，开拓创新必须夯实基础。当前必须抓好几件事：(1)坚持发展是硬道理，在“质”的提高上下功夫。一是要围绕工会工作大局，深化工会热点问题的研讨；二是扩大工会干部视野，提高国际对话水平；三是进行力所能及的调查研究，介绍国际工运、外国工会工作和国际通行规则，同时，要大力提高友好访问的质量。(2)要完善基层外事接待的网络，做好热点问题的对外宣传。基层的宣传接待是基础，接待基地的建设是关键。市总工会提出的调整、开辟100个外事接待基地的系统工程一定要落实好。(3)要关注研究国际工运的现状和趋势，熟悉国际劳工领域的通行规则，更好地借鉴市场经济发达国家工会工作的经验和教训，以做好我们的工作。(4)要重视工会外事干部的培训，提高工会外事干部的素质。（诸兆亮）

【关于新区劳务工使用情况的调查报告】　浦东新区总工会《关于新区劳务工使用情况的调查报告》是在对该区范围内使用劳务工的情况进行调研而形成的报告。报告分析了当前从事灵活就业的劳务工的组成情况：一是下岗职工，其中一部分未同企业解除劳动关系；二是失业人员；三是部分停产和开工不足企业的富余职工；四是本地征地或富余农民；五是外省市农村(镇)劳动者。调查显示，外来劳动力已成为新区劳动力队伍的重要组成部分。从1993年到2002年，新区流动人口增长了243%，其主体是年轻劳动力，年龄为15～39岁的占了74%。外来劳务人员为新区创造了巨大的劳动价值，弥补了劳动力缺口，还刺激了区域消费。调查显示，企业使用劳务工的主要来源是劳务型公司的中介，劳务工与用人单位只有使用和被使用的关系。新区使用劳务工较多的行业大多集中在建筑、餐饮服务、制衣缝纫、电子制造业等。与合同用工形式相比，越来越多的企业倾向于使用劳务工特别是外来劳务工，原因在于：使用劳务工的成本比合同工低，可以减少管理成本和工作量；季节性用工、有毒有害工种、艰苦工种本地劳动力资源短缺，外来工相对稳定。通过问卷调查发现，针对外来工还存在一些片面认识；适合外来工在沪就业的劳务市场建设滞后，一些外来工就业没有经过有关劳务中介，属于私自招工；对企业使用外来工情况要进一步加强督查，外来从业人员社会保险等工作尚需大力推进；对劳务工的法律观念、就业技能的教育培训需加强；劳务公司行为需进一步规范，如中介收费偏高、扣款说明不清楚、代表职工争取权益不够等。调查提出了进一步做好劳务工工作的建议：(1)实行流动就业管理和人口管理联动操作方式，促进外来劳动力从多头管理向一体化管理转变；(2)建设开放的劳动力市场，为实现外来劳动力资源的市场化配置创造先决条件；(3)全面实行合同化劳动用工管理制度，为外来劳动力市场配置打好基础；(4)健全社会保障体系；(5)加强培训，不断提高劳务工的整体素质；(6)关心外来员工生活，切实做好劳务工的社区服务和管理工作；(7)树立典型，努力营造尊重、关心、爱护外来务工人员的社会氛围。（桂晓燕）

【静安区工资集体协商的实践与思考】

周文芳撰写的《静安区工资集体协商的实践与思考》一文指出，静安区总工会从1997年开始关注并试行建立企业工资集体协商制度，在探索中求发展，在发展中求实效，找准工作切入点，取得了一定实效和经验。首先，领导重视，形成合力，是推进工资集体协商的保证。静安区总工会通过召开区工会与区政府联席会议、建立三方协商联席会议制度、与区政府劳动部门联合下发文件和开展检查等形式，全力推进工资集体协商工作，取得进展。其次，大力宣传，提高认识，是推进工资集体协商的前提。特别是企业经营者的顾虑和各种想法，需要工会做大量的宣传教育工作。再次，围绕中心，抓住难点，是推进工资集体协商的重点。不能搞“一刀切”和一个模式，要根据企业的具体情况，按照职工的愿望和要求，把职工迫切需要解决、企业又有能力解决的问题作为协商的主要内容。还有，加强指导，狠抓落实，是推进工资协商的关键。区总工会从开展调查研究入手，组织不同企业工会干部培训学习，同时加强检查督促，在检查中进行分类指导。区总工会还成立了专家顾问团，制定了协议样本，组织成果交流，相互促进，同时做好续签工作。文章对进一步做好工资集体协商工作提出了几点思考：(1)要认真学习十六大报告中对社会主义分配制度的全新论述，加强对劳动分配规律的研究和运用。(2)要发挥行业协会作用，探索和推行行业性或区域性工资协商制度。(3)要充分发挥三方协商机制的作用，加强劳动关系的宏观调控。(4)要探索体外代表参与协商，发挥职代会的监督作用。上级工会代表下级工会，企业外专家参与协商谈判等形式，可以使协商更有效、更规范、更客观。（诸兆亮）

【因地制宜开展非公经济民主管理】

由静安区总工会撰写的《因地制宜开展非公经济民主管理》一文提出，近年来静安区总工会根据区域情况和特点，从以下途径着手，推进非公经济民主管理制度建设：(1)加强前瞻性思考，全面认识推进非公经济民主管理的重要性。以贯彻十六大精神为重点，努力实践“三个代表”重要思想；以静安区实际情况为出发点，因地制宜、因企制宜开展工作；以共谋企业发展为落脚点，努力开创民主管理的“双赢”局面。(2)加强开拓性实践，全面创新推行非公经济民主管理的方法、内容和形式。一是小区联手，上下联动，建立威海路汽配街行业职代会制度。区总工会加强与行业协会的沟通和协调，共同推进工作；将平等协商机制融入职代会制度，落实了维权职能；在体现代表的广泛性和选举的民主性上，注重把握上级代表下级原则、大企业优先原则、代表结构广泛性原则、代表选举民主性原则。二是抓住机遇，趁势而上，建立楼宇职代会制度。加强宣传，提高认识，发扬坚韧不拔的精神；主动争取上级工会的领导和支持；严格按照民主程序，规范操作；根据楼宇经济特点，开展文明楼宇创建活动。三是因企制宜，创新形式，建立非正规就业组织议事会制度，使民主管理有了新的载体，民主沟通有了新的渠道。(3)加强可行性规划，全面探索推进非公经济民主管理的新路子。在进一步调查研究的基础上，科学、合理、有效、可行地规划好非公经济民主管理的探索和推进工作，同时要探索职代会闭会期间的非公经济民主管理，探索非公经济职工董事监事制度和非公经济民主管理的其他形式。 (诸兆亮)

宝山区总工会召开学习贯彻中国工会十四大会议精神讨论会（孟建行）

【关于构筑促进就业社会责任体系的思考和建议】 赵清芬撰写的《关于构筑促进就业社会责任体系的思考和建议》一文认为，作为老的工业区和人口导入区，近年来普陀区就业压力很大。一是失业人数不断上升。2003 年 5 月全区登记失业人数达 1.8 万余人，还不包括大约 3.8 万未登记的隐性就业人群，他们的就业处于不稳定状态；同时，全区 1.5 万协保人员中有三分之一以上实现就业比较困难，此外，残疾人和“二劳”人员也是就业的最大难点；二是新增劳动力就业问题凸现。全区每年三校毕业生 5000 人左右，部分不能继续深造流向社会，使青年失业人员的就业问题逐步凸现。本次调查中，30 岁以下的失业人员占了 18%。三是离土农民就业困难。仅长征、桃浦两镇有近 1.6 万农民离开土地，其中处于就业年龄段的有 5000 人，这部分人员有的年龄偏大，有的技能较差，相当一部分就业困难。四是转制分流人员增多。由于将加大区内中小企业的转制改制，由此带来新一轮人员分流安置问题。仅长征、桃浦两镇统计，企业转改制将涉及职工 9672 人。文章认为，解决失业问题需要建立形成以“政府、用人单位、劳动者、其他社会阶层”为主体构成的全社会共同促进就业的工作框架、以“政府主导、市场运作、社会参与”为要求的全社会共同促进就业的工作格局和以“目标考核、监督调控、舆论引导”为手段的全社会共同促进就业的工作机制。同时，还必须处理好以下关系：(1)发展经济和促进就业的关系；(2)加大用工监督执法力度与保护投资环境的关系；(3)推进改革和控制岗位流失的关系；(4)促进就业和保障基本生活的关系。 (吴 越)

【工会干部职业化问题刍议】 顾维兴撰写的《工会干部职业化问题刍议》一文认为，工会改革的根本在于实现工会组织的职业化。在计划经济时代，中国工会极少、也不可能从职业团体的角度认识自身组织的性质和作用。而随着中国加入 WTO 组织，我国全面加入了经济全球化行列，我国工会必须用职业化的视角，重新审视新时期工会的工作定位和发展方向，从职业团体的角度认识自身组织的性质和作用，以维护职工利益作为工会的基本职业与职责。文章提出了工会职业化改革必须解决的几个问题：(1)克服思想认识上的误区。包括工会组织的职能定位误区和工会工作定位误区，要克服工会职能的缺位与工作上的越位现象。(2)走工会社会化与行业化方向。面对市场经济体制的严峻挑战，工会组建应以跨企业的联合工会或工会联合会为主，实现工会组织社会化，拓展工会活动空间，壮大工会力量，促进工会发展，并促进“上级工会代表下级工会”作用的发挥，增强工会的维护职能。同时要支持建立行业协会，以更好地适应市场经济的发展变化，制定出更具有合理性、操作性、有效性的行业劳动标准及行业集体合同。此外，也不妨借鉴世界各国工会在注重自身组织号召力和工作有效性、重塑工会形象上的一些有效做法。 (邹卫民)

【论当前职工民主管理中的问题及其对策】 黄爱民撰写的《论当前职工民主管理中的问题及其对策》一文认为，当前企业民主管理存在着如下值得我们深思的情况：计划经济条件下国有企业职工主人翁地位绝对性与市场经济条件下企业多元结构现状的前后变化，给推进职工民主管理带来巨大的冲击；建立现代企业制度职工民主管理的必然性同低层次民营企业经营者落后理念之间存在的较大落差，给推进职工民主管理带来观念上的冲撞;新形势下企业民主政治建设的发展要求与职工队伍素质的参差不齐之间的矛盾,影响了基层企业民主政治建设的进程;传统意义上的职工民主参与、民主管理模式受到企业转改制的冲击,基层工会维权遭遇困惑。报告提出了改进企业民主管理的几条对策:(1)确立以源头参与、过程管理为重点的民主、科学的职工民主管理的法律地位,研究新形势下职工民主管理的新方法、新途径。(2)自觉将以职代会为基本形式的职工民主管理工作融入建立现代企业制度建设之中,服务和服从于企业的经济建设。(3)内联外动,动员全社会的力量,努力形成一个有利于企业职工民主管理的良好氛围,积极实施职工素质,实现职工队伍素质与企业民主管理水平的同步发展。(4)坚持与时俱进,努力创新实践,全面建设具有中国特色的企业职工民主管理工作机制。 (邹卫民)

【从维权转向争权:市场经济条件下我国工会的理性选择】 任贤胜撰写的《从维权转向争权:市场经济条件下我国工会的理性选择》认为工会要适应形势的发展要求,更好地担负起新时期的历史使命,基本职责应从"维权"转向"争权"(为职工争取新的权益)。该文认为,维权职能已不能满足新形势新任务对工会工作提出的新要求,维护职工合法权益是与单一公有制相适应的我国工会组织的职责,社会法治化建设的进程使公民的法定权利日趋明确和有保障;同时,劳动关系日益回归本位,职工与经营者利益分化,职工在利益分配中主张个人权益意识的觉醒要求工会职责有新的取向。文章指出,经济权益应是我国工会当前为职工争取权益的首要目标,其具体内容应主要表现在工资、福利、工时、劳动条件、培训、民主参与、经济补偿等七个方面。并且提出,集体行动是工会履行职责的必要保证,集体行动是工会组织与生俱来的本质特性,只要存在真正的雇佣和被雇佣关系,存在劳动关系双方的矛盾和斗争,工会集体行动的必要性就存在;我国工会现行的运作方式并不足以履行自己的职责,必须找到刚性的手段;工会为职工争取权益需要集体行动,对罢工和罢工行使权的关系要有正确的认识。

(桂晓燕)

【工会组织如何为进城务工人员提供服务】 闵行区总工会撰写的《工会组织如何为进城务工人员提供服务》一文认为,闵行区作为城乡一体化的新区,近年来吸纳了大量的外来务工人员。这一群体对闵行区的就业、社会治安、城市管理等都产生了一定影响。区总工会针对工会组织如何为进城务工人员提供服务进行了大量调研和工作尝试。调查反映,这一群体年龄较轻,平均年龄较本市户籍从业人员低了近9岁,文化程度较低,同时权益维护面临着较大困难,亟需工会组织为其提供维权服务。调研报告提出要重点从三个方面加强对进城务工人员的权益维护。一要创新形式,多管齐下,加大进城务工人员的入会力度;二要为进城务工人员提供维权服务,如通过宣传教育提高这一群体的自身维权意识,建立工会定点或流动维权服务站,签订包括进城务工人员在内的集体合同并监督执行,切实解决工资拖欠问题,整治针对进城务工人员的乱收费问题等;三要深化素质工程建设,提高进城务工人员的整体素质,利用区总工会的教育培训基地,依托社会资源,输入地和输出地相衔接,其他管理相配套,把教育、管理、服务有机结合起来,不断提高这一群体的职业技能和综合素质。报告也提出了维护进城务工人员权益所面临的问题及对策建议:(1)关注这一群体需要全社会和政府各职能部门的共同努力,建议成立由政府或工会牵头,工商管理、劳动监察、社会保障等部门参与的议事机构;(2)为进城务工人员提供服务需要经费和人力的投入,建议通过筹措社会资金、采取互助保障、整合再就业资源等方式探索解决的途径。 (桂晓燕)

【崇明县城桥镇商服非公经济组织的调查和思考】 《崇明县城桥镇商服非公经济组织的调查和思考》一文,是崇明县总工会会同城桥镇党委、县私企协会对城桥镇镇区内非公商业服务业经济组织进行全面调查而形成的报告,旨在摸清现状,了解业主、员工对工建、党建的想法。调查显示,在城桥镇镇区内注册开业的商服私企有24家,从业人员350余人,其中20%为下岗协保人员,40%为农村富余劳动力,30%为待业人员,10%为外来打工者。注册开业的个体经营户为1287户,从业人员1100余人,下岗协保人员、农村富余劳动力、外来人员各占三分之一。三大服装市场个体经营户786户,从业人员1450余人,其中下岗协保人员约有10%,农村富余劳动力70%,外来打工人员20%。以上员工月收入在400~900元,多数为500~600元。报告提出了调查中发现的一些问题:党组织工作基础薄弱,组织生活不正常;业主、员工法制意识不强,没有依法以契约形式确定劳动关系;企业没有培训员工的计划,上岗前不经过培训,上岗后也不组织培训;企业不为员工依法缴交社会保障金;任意延长工作时间;有些私营企业使用集体的营业执照,有的经营者不亮照经营,有的经营内容与营业执照不符。业主对党建、工建的认识可分四类:积极上进型、教育争取型、与我无关型、反对阻碍型。员工的认识可分三类:比较积极、与我无关、认为党建、工建没有作用,大致是各占三分之一。调查报告对抓好非公经济组织党建、工建工作提出思考:(1)要切实加大宣传教育力度,提高业主和员工的法制意识和对党建、工建的认识;(2)要探索多种组建形式,提高工会组建率和覆盖面,包括单独组建、覆盖组建、同步组建、借力组建、跟踪组建;(3)要积极发挥工会作用,体现工会的影响力和凝聚力。 (诸兆亮)

【崇明劳动模范生活状况及帮困对策建议】 崇明县总工会撰写的《崇明劳动模范生活状况及帮困对策建议》是在对全县劳动模范的基本情况进行调查而形成的调查报告。报告指出,截至2003年6月,崇明县共有市级以上劳动模范301人,其中机关、企事业单位82人,农业劳模219人。部分农业劳模生活困难问题值得重视。一是农业劳模总体收入水平较低。月固定收入超过800元的占40.2%,500~800元的占 12.8%,300~500 元的占 4.1%,300元以下的占 42.9%。二是规定享受的津贴没有全部到位。尚有 3 个乡镇的 6 名农业劳模没有落实有关津贴待遇,主要原因是财政困难。三是年龄大丧失劳动力。219 名农业劳模中,最大 96 岁,最小 44 岁,大部分在 55~70 岁之间,60 岁以上有 115 人。四是疾病缠身,医药费负担重。全县有 115 名农业劳模不享受医保待遇,其中有 87 人患有不同类型的器质性疾病。报告对帮助农业劳模解困提出如下建议:(1)要从贯彻"三个代表"重要思想的高度,认识做好劳模工作的重要性。(2)要克服困难,全面落实劳模待遇。乡镇和劳模单位要把落实劳模待遇作为重要工作来抓,不能以"财政困难"影响劳模待遇落实。要明确经费来源,原则上由单位行政负责落实,确有困难由乡镇财政解决。(3)适时提高劳模津贴待遇标准。劳模荣誉津贴至今停留在 8 年前每月 50 元的水平上,建议可参照全市农村生活最低贫困线为基本标准,同步实施和提高。同时将劳模荣誉津贴经费纳入社会保险基金范畴或市财政拨专款。(4)进一步加大对困难劳模的帮困力度。财政拨出专款建立劳模补助基金,建立经常性的帮困机制,为困难劳模实施医疗优惠。 (诸兆亮)

【论协调劳动关系中的法律援助】 姚志贤撰写的《论协调劳动关系中的法律援助》一文指出,在建立和完善社会主义市场经济体制的过程中,微观经济领域发生了一系列变化:企业成为市场主体,职工成为社会人,劳动用工由国家计划分配变为市场招聘,劳动关系契约化,就业终身制变为可选择制。当前,劳动用工中存在的有违法律的行为具体表现为:试用期不签劳动合同,不缴纳社会保险费;企业随时对员工调岗调薪;企业规章制度出台不符合法定条件即约束员工行为;以需企业批准为由限制员工辞职等。文章认为协调劳动关系应完善法律援助体系,给予处于弱势地位的员工以法律援助。一要规定"履行劳动法律相关知识告知义务"为企业录用员工的必备程序,为形成和谐的劳动关系打好基础;二要强化集体合同在协调劳动关系中的法律地位,使劳动者通过集体协商、签订集体合同在劳动关系中真正成为平等主体;三要明确工资集体协商是建立现代企业分配制度的法定机制,增强法律保障对劳动关系中核心权益维护的力度;四要建立劳动法庭体制,对弱势群体的权益实施倾斜性保护。 (桂晓燕)

【培养知识型员工的对策思考】 机电工会撰写的《培养知识型员工的对策思考》一文认为,全面建设小康社会和知识经济不断发展的新形势,呼唤高素质的知识化劳动者。培养知识型员工需要建立四大长效机制:(1)系统的培训机制。技术的发展日新月异、更新周期越来越快,因此必须树立终身学习的理念,发挥企业、社会、个人的力量,形成系统的学习培训机制,不断提高技术工人队伍的知识技能结构。当前,迫切需要改革职业教育体制,更新职业教育的手段、内容和方法。(2)有效的激励机制。要采取切实措施逐步改变技术工人待遇偏低的现状,实行工资待遇与技术水平直接挂钩的办法,并实行多样化的激励措施。如薪酬激励,加大技能水平在薪酬中的比重,对作出突出贡献的优秀技术工人实行高福利计划,对企业所需的特殊人才试行协商工资制度,给予特殊薪酬待遇,设立专项奖励基金予以奖励等;培训激励,为技术工人提高素质提供各种机会和条件;岗位激励,建立人尽其才、才尽其用的用人机制,使技术工人的价值在工作实践中不断得到企业的认可,为技术工人创造良好的成长环境。(3)有针对性的培育机制,在青年工人中广泛开展职业技能生涯导航活动,对青年工人的职业技能发展进行思想引导、行为指导和过程督促。要抓宣传普及,引导青年工人树立正确的职业发展观;抓信息传递,实现青年工人与企业的共同发展;抓培训锻炼,为青年工人提供切实的服务,抓规划,把青年工人职业生涯导航活动纳入企业人力资源开发体系中。(4)合理的流动机制。要建立学位证书与职业资格证书并重的制度,为技术工人的发展打开上升通道;要健全技术工人升级考评制度,畅通技术工人获得深造的各种渠道,合理配置技术工人资源,形成充满活力的人才队伍。 (吴 越)

【关于企业经济发展与职工经济利益关系的调研报告】 周之龙、朱汉民撰写的《关于企业经济发展与职工经济利益关系的调研报告》,是在对上海电气系统 10 家国有企业和 10 家合资企业调查的基础上,对深化企业工资分配机制进行探索而形成的报告。调查反映,10 家国企职工 1998 年人均收入 1.37 万元,分别占当年产值的 0.008‰和利润的 0.128%,2002 年人均收入 1.97 万元,分别占当年产值的 0.0054‰和利润的 0.14%;10 家合资企业 1998 年人均收入 2.66 万元,分别占当年产值的 0.0058‰和利润的 0.0035%,2002 年人均收入 3.9 万元,分别占当年产值的 0.0059‰和利润的 0.0037%。职工的工资收入来源主要有工资、奖金、福利三块组成,从增资情况分析,除个别国企过去五年中有 1~2 次工资微调、合资企业通过工资协商每年有 5%~10%不等的增资外,提高职工收入主要是通过提高奖金和福利。调查反映,来自职工方面的要求增资的呼声较大,尤其是国有企业。认为职工的薪酬增长与企业经济增长不成合理的比例关系,同时也与职工的实际劳动付出不成合理的比例关系。对此,企业方的看法是:其一,市场竞争激烈,实物量的递增并未使企业经济效益递增;其二,由于企业以往的亏损,补亏还贷压力大,其三,上级公司考核基数过高,其四,盈利后增资容易,但明年利润下滑后难以减资,其五,部分合资企业是从原国有企业分离出来,虽效益好,但怕增资引起母体企业职工思想动荡,其六,部分合资企业认为职工工资已超过市场劳动力平均价格,增资理由不充分。对此作者认为,(1)应坚持劳动力产权薪酬设计理念,实现按劳分配与按要素分配的有机结合,在注重资本要素的同时,要关注知识、技术要素的作用。(2)坚持按劳分配与按贡献分配相结合,实现劳动力价值补偿和增值的统一,劳动力所有权与资本权的统一,使职工的经济利益与企业的经济发展得到同向发展。(3)坚持工资、奖金和福利分配的刚柔并进,实现企业经济发展与职工的经济利益捆绑发展。 (吴 越)

【工会干部劳动关系保护的调研及思考】 王芳山撰写的《工会干部劳动关系保护的调研及思考》一文认为,由于工会干部特定的使命,容易与企业产生矛盾,其劳动关系也容易受到影响。经2003年上海纺织工会对所属299家企业调查发现,少数企业存在以下侵害工会干部劳动关系的现象:一是擅自调动工会干部的工作岗位;二是工会干部劳动合同到期,企业即行终止劳动关系;三是由于各种原因工会组织届满未换届改选,工会主席的劳动关系难以保护;四是企业转制,工会未及时重组,工会主席合同到期只能终止。这些情况,与《工会法》、《上海工会条例》的规定相悖,也使法律规定的保护条款难以发挥作用。文章认为,随着工会维权职能的越来越突出,保护工会干部的劳动关系日趋重要。应从加强司法保护、依靠组织保护和提高工会干部的自身素质几方面来维护法律赋予的权利。文章建议:(1)要加大对工会干部劳动关系保护的宣传力度,使企业行政、职工普遍了解有关法律的规定;(2)规范工会组织工作程序,做好工会组建和换届改选工作;(3)加强工会干部培训,努力提高工会干部素质;(4)建立工会联合工作委员会制度,保护集约管理企事业工会干部的劳动关系;(5)设立工会干部劳动关系保护法律援助基金,为被侵权的工会干部提供经济援助;(6)借助地方工会领导与产业工会指导相结合的纺织企业工会联合会的平台,探索工会干部社会化和职业化以及劳动关系保护的新机制。 (吴 越)

【加强工会干部队伍建设工作】 刘伟民撰写的《加强工会干部队伍建设工作》一文认为,近年来,随着企业组织体制、经营机制的不断改革,工会干部队伍发生了较大变化。以所在的自动化仪表行业和下属企业工会干部情况为例,呈以下特征:一是兼职化明显增多。公司层面工会主席50%左右兼职,基层除个别传统国有企业外,外资和改制企业基本是兼职,目前各种多元体制的企业也逐步实行了兼职化。二是配备数明显减少。公司一级一般“1+2”或“1+1”模式,即1位主席加上1至2名工作人员,基层一般1位主席再配1名兼管其他工作的人员,个别单位则完全“打统仗”。三是老龄化明显增高。目前在岗的工会干部基本都在40岁以上,可从事工作4~5年或临近退休的不在少数。个别单位把工会作为过渡性的岗位来安排。四是待遇明显偏低。多数单位未能按副职配备,因而待遇普遍较低。五是流动性明显增大。近年来随着国有资产的改革调整和企业的重组,工会干部队伍进出频繁,在带来活力的同时,由于培训跟不上,存在一定的不适应性。六是吸引力明显减小。希望从事党群工作的干部少,年轻人更不愿放弃专业从事群众工作。文章认为,工会干部队伍出现的新情况与现有的体制机制相关,从改革发展的态势看,工会干部建设应趋向队伍的进一步精简化和高效化、干部配备的进一步兼职化和职业化以及干部素质的进一步复合化和专业化方向发展。为适应这一要求,必须加深认识,引起重视,着力规划。要将工会干部的培养纳入党的干部建设的序列,统筹考虑和规划;要在注重选拔配备符合条件的人选的同时,加强对工会干部的培训,着力从素质上提高;要加大对工会干部的交流、轮岗、兼职以及职业化等方面的探索,在工会干部的培养、配备和使用上形成与新体制相适应的新机制。 (吴 越)

【在现代企业制度框架内探索民主管理有效途径的思考】 卞恩君撰写的《在现代企业制度框架内探索民主管理有效途径的思考》一文认为,如何在现代企业制度下,加强民主管理,既充分保障企业职工的民主权利,又切实保证出资者的权益和经营者依法行使经营管理权,这是一个民主管理与时俱进的课题。在国资委成立,国有资产出资人代表到位,《企业国有资产监管条例》出台后,这一问题具有紧迫性。首先,在认识上,必须做到三个坚持:必须坚持建立现代企业制度的改革方向,加快国有企业改革;必须坚持党的“全心全意依靠工人阶级”的根本指导方针,深化企业民主管理;必须坚持保障职工民主管理权利和保证出资人权益与经营者权力的有机统一,促进改革发展稳定。其次,在制度上,必须做到三个正确把握:正确把握企业职代会的职权定位,注意理顺职代会与出资者权益、经营者之间的权利关系;正确把握厂务公开与职代会的关系,注意在坚持职代会审议重大事项的同时,拓展厂务公开的多种形式,尽可能扩大职工的参与和知情权;正确把握企业职代会制度的运作,要注重职代会制度的日常运作,既充分发挥职代会的作用,又不影响企业出资者和经营者决策的效率。再者,在操作上,必须做到三个充分发挥:充分发挥工会的职代会工作机构的作用,源头参与涉及职工切身利益的制度、方案的制定;充分发挥职工董事、职工监事的作用,这是在公司法人治理结构内实现职工民主管理的重要体现;充分发挥平等协商、签订集体合同的作用。 (桂晓燕)

【工会关注企业转改制工作的若干问题】 秦允宗撰写的《工会关注企业转改制工作的若干问题》一文认为,当前企业转改制过程中存在一些不容忽视的问题。第一,对国有资产的处置存在误区。包括对国有资产处置权限、土地使用权转让、转改制后企业性质体制的认识均存在误区。主要原因是干部职工对有关法律和政策缺乏了解,同时企业转改制是系统工程,各方面工作相互关联和影响。第二,资产转移后企业和职工之间的劳动关系未清理。有的企业资产已经交割,但职工的劳动关系没有及时转移;有的企业多次转改制,但职工的劳动合同主体并未变更,或虽然变更了主体而职工未确认。原因主要有:一些领导认为由原企业剥离出来转入新企业,大股东仍为原企业,变更企业主体多此一举;原企业经济拮据,不变更合同暂缓支付补偿金;职工自我维权意识较淡薄,没有提出要求。第三,职工分流安置方案制定难以突破就业瓶颈。职工对分流安置方案不满意主要有:协商解除劳动关系的小年龄段职工认为补偿金太低；老弱病残职工认为内部退养的生活补贴太低。职工不满的根本原因是当前就业形势严峻，再就业相当困难；职工认为以往计划经济时代的付出没有得到相应回报和政策倾斜；职工攀比心理严重要求提高补偿标准等。第四，厂务公开、职工民主管理遇到新情况。企业转改制前期，"暗箱操作"比较突出，缺乏双向沟通与理解。从目前企业转改制情况来看，履行好职代会民主程序确有一定难度。职工代表结构不合理，做好职工代表工作有难度，职代会审议一旦被否决流产重新审议更加艰难。文章提出若干建议：要加强学习，掌握政策；要源头参与，职工知情；要监督检查，理顺关系；要上下结合，坚持维权；要规范操作，体现民意；要配合党政，做细工作。（诸兆亮）

【坚持五项民管制度　切实推进厂务公开】 陈惠莹、虞仲义撰写的《坚持五项民管制度，切实推进厂务公开》一文认为，华谊集团结合上海化工企业的特点和实际情况，坚持开展厂务公开，形成了五项制度，发挥了积极的作用。一是坚持重大事项向职代会报告制度，有效促进了企业在调整改革中的稳定。华谊集团所属国有控股公司均要将"四金"缴纳、业务招待费使用、职工教育培训费提取及使用和干部职工分房（住房补贴）等重大事项，包括企业关停并转迁调整改制方案，均向职代会报告。集团公司有76个单位实施重大事项向职代会预告制，16个单位实行领导干部收入向职代会报告制，21个单位实行干部职代会民主评议信任率不到60%免职制度。二是坚持职工代表巡视制度，有效地提高和促进了企业管理水平。集团公司下发了《关于建立上海化工系统职工代表巡视制度的若干意见》，在全系统推行职工代表巡视制度。在职代会闭会期间，定期组织职工代表巡视督查，对集体合同执行情况、行政工作目标和生产管理情况以及涉及职工切身利益的重大问题进行督查，起到很好的监督和推动作用。三是坚持企业重大决策共决的制度，有效地推进了企业的科学决策。将涉及企业发展、调整的重大决策内容提交企业有关专业委员会和职工代表大会进行讨论，让职工参与企业重大问题的决策，使企业顺利地完成了调整和转改制任务，实现了从调整中发展到发展中调整的战略目标。四是坚持企业经营者民主推荐制，有效地推进了经营者的选拔改革工作。为使工作规范有序，化学工会制定了经营者民主选举、民主推荐的12条意见，现有40多家二、三级企业经营者经民主选举、民主推荐产生。五是坚持工会与行政开展民主协商制度，有效维护了职工合法权益。从1996年起建立化学工会与华谊公司行政进行民主协商的制度，至今已经举行七次民主协商会议，也推动了各子公司和基层企业民主协商工作的开展。（诸兆亮）

【关于我国职工家属劳保制度改革的思考】 罗伟树撰写的《关于我国职工家属劳保制度改革的思考》一文提出了目前我国职工家属劳保制度存在的一些问题。一是比例有反差。在职与退休职工都要承担起付线以下的费用，但家属劳保不设起付线，报销比例一律50%，致使有人借用家属劳保看病。二是报销有困难。许多国有企业存在拖欠家属医疗费问题，而且越积越多，危及社会稳定。三是执行有难度。职工申请办理家属劳保往往被单位以"是合资企业"、"效益不好"为理由而拒绝，有些单位把责任推向职工配偶一方。在就业难情况下，职工权益往往受侵害。四是风险难承担。根据现行制度，只要单位与职工确立了家属劳保制度，单位必须承担职工家属50%医疗费，经济效益不好的单位根本无法承担。五是保障有遗漏。一些没有生活来源的孤寡老人和单身残疾人，不能享受到最需要的保障。文章在回顾了我国职工家属劳保制度的产生、发展后，提出了职工家属劳保制度改革的若干对策。(1)确定目标。把职工家属劳保纳入社会保险系列，可由个人、企业、社会共同承担。(2)研究方法。个人、企业、社会负担比例如何，需要进行大量调查研究工作。(3)修订法规。原《中华人民共和国劳动保险条例》已不能适应现代社会需要，应由《社会保险法》替代。(4)转变观念。要树立新的社会保障观念。(5)工资政策。职工工资中应增加相应部分，最低工资也要相应提高。(6)民政部门补助与家属劳保制度改革并行。(7)政府给予一定补贴。政府投入一定社保基金，提供一定补助。(8)借鉴国外经验。许多国家逐步建立完善了社保项目，形成正常家庭的基本生活保障圈，具有参考价值和借鉴意义。（诸兆亮）

【关于上海港老港区功能转换后职工分流安置的调查报告】 上海国际港务（集团）有限公司工会撰写的《关于上海港老港区功能转换后职工分流安置的调查报告》一文，提出了搞好职工分流安置的总体思路：年龄偏大、接近法定退休年龄的，退出岗位养起来；人到中年的，原单位补贴一块、再就业补充一块；年轻的，协议解除或终止劳动合同，鼓励直接走向市场。调查报告同时提出了分流安置的若干对策措施：一是内部待退，养好一批。目前集团内离法定退休年龄不足5年的职工有7382人，养起来可以大大减轻再就业的压力。二是争取政策，消化一批。市委市府对黄浦江开发涉及国有企业职工分流安置予以高度重视，要抓住机遇，积极争取优惠政策，帮助消化一批老港区的职工。三是整合产业，稳定一批。结合集团第二层面改革，对现有基层单位进行必要整合，做好规划协调工作。四是发展集箱，带动一批。集装箱是集团发展的主旋律，只要坚持公平竞争、在同等条件下优先录用老港区职工，同时把适宜老港区职工就业的岗位清理整合，随着集装箱产业的发展，完全可以带动一批老港区职工再就业。五是主业延伸，分流一批。集装箱产业形成一个巨大的产业链，装卸仅仅是一个环节，延伸的空间是巨大的。当前可以重点研究集装箱运输，包括港内运输、集箱代理货、清洗维修、大型堆场等。六是强化中介，输出一批。七是面向洋山，储备一批。八是扩大试点，协解一批。调查中有977人愿意协议解除劳动关系，按人均9万元补偿金计算共需8793万

上海诺华动物保健有限公司

上海诺华动物保健有限公司是由中国和瑞士合资的我国目前最现代化且获首家GMP认证的兽药生产企业，占地60亩，坐落于杭州湾畔的奉贤区五四农场界内。公司工会从成立起就本着“服务企业、服务员工、服务社会”的宗旨，积极探索合资企业工会建设的新路子，努力建设一个具有鲜明特色、充满活力、企业支持、员工欢迎的新型工会组织。公司工会率先在农场局内签订“集体合同”；在系统内建立“诺华行为准则”；在企业内创立“合理化建议奖”。在服务社会上，开展一年一度的旨在保护环境，有益社会的“诺华公益日”活动；在企业文化上，强调和提高“服务理念”；在凝聚力工程拓展上，推行送工会温暖、送人间真情、送生日蛋糕的“三送”活动。公司工会切实有效地开展各项工作，屡次获得：中华全国总工会“模范职工小家”、全国外商投资“双优”企业奖、上海市“双爱双评”先进单位、上海农工商集团先进工会等荣誉。

中共中央军委主席江泽民参观访问瑞士诺华总部

诺华公益日，爱心献社会

授予：上海诺华动物保健有限公司

2002年上海市双爱双评活动

先进企业

上海市总工会

二〇〇二年十二月

公司荣获“双爱双评”先进企业奖牌

一个充满活力的现代化工厂

诺华十周年庆典

上海汽车工业

2003年5月27日，中共中央政治局常委、全国人大常委会委员长吴邦国在中共中央政治局委员、上海市委书记陈良宇，市长韩正的陪同下，视察了联合汽车电子有限公司

上海汽车工业（集团）总公司主要生产经营轿车、客车等整车及其配套零部件，2003年上汽集团提前二年实现了“十五”计划确定的主要目标，全年整车产销突破80万辆，其中主导产品轿车实现销售59.7万辆，同比增长44.7%；实现销售收入1870亿元，同比增长46.5%。在实现跨越式发展中，集团工会在党委和市总工会的领导下，以“三个代表”重要思想为指导，围绕中心、服务大局，进一步增强工会工作的使命感、责任感。按照“五个推进、一个加强”的总体要求，紧紧围绕集团“一手抓当前，确保经济工作再上新台阶；一手抓长远，全面实现‘三大战略目标’”工作中心，动员和组织广大职工在完成上汽集团2003年经济工作目标中发挥了主力军作用。

2003年8月29日，中共中央政治局常委、国务院总理温家宝在中共中央政治局委员、上海市委书记陈良宇和市长韩正的陪同下，视察上海通用汽车有限公司

上海市人大常委会副主任、市总工会主席陈豪出席上汽集团四届一次职代会

上海大众高级技师徐小平被评为上海市职业道德十佳标兵

上汽集团工会开展“曙光计划”活动，对集团困难职工子女进行助学帮困

（集团）总公司

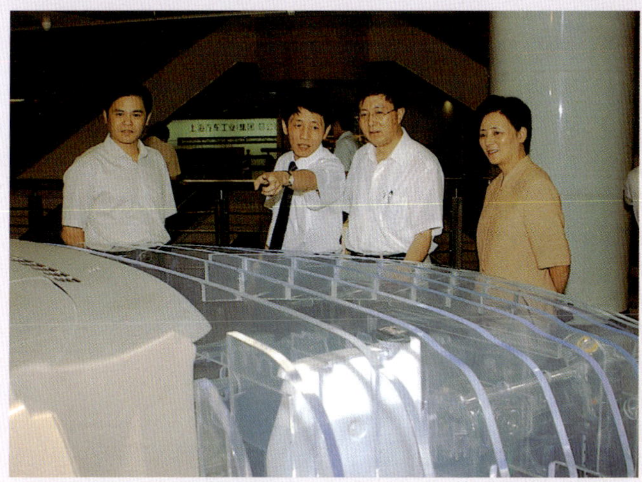

上海市人大常委会副主任、市总工会主席陈豪到上汽集团调研，并参观上汽展示厅

上汽集团党委副书记、工会主席李积荣光荣出席中国工会十四大。上汽集团总裁胡茂元作为特邀代表光荣出席中国工会十四大

上海汽车股份有限公司总经理赵风高在上海市推进厂务公开会议上作经验交流

工会主席李积荣在“上汽之夜——2004年元宵空中大联欢”活动中，通过电波向全体中外员工和职工家属致以节目祝贺

上汽集团工会积极组织开展各项文体活动，丰富职工业余文化生活

推进职工素质提升计划，组织开展“万名职工岗位大练兵，百名职工技术大比武”活动

上 海 通 用

2003年8月29日，中共中央政治局常委、国务院总理温家宝在中共中央政治局委员、上海市委书记陈良宇和市长韩正陪同下，视察上海通用汽车公司

职代会休息时，中外员工代表交流意见

开展岗位培训、技术创新活动。图为培训现场，员工们认真思考，努力实践

员工表演的节目，为公司迎新年团拜活动增添了欢乐

汽车工会

上海通用汽车坚持“以客户为中心，以市场为导向” 的经营理念，经过六年的建设，已形成赛欧紧凑型轿车、别克君威轿车、别克GL-8商务公务旅行车和别克凯越轿车四大系列16种品种的产品矩阵，年产20余万辆整车、10万台自动变速箱和25万台发动机。上海通用汽车在不断开拓国内市场的同时，努力寻求拓展海外市场，参与国际竞争。继别克GL10出口菲律宾后，2004年1月起又向加拿大凯米公司出口大排量V6发动机，最高年出口量将达10万台。企业的发展既靠市场适销的高质量产品和科学高效的管理，更需一支富有团队精神和使命感，注重学习和积极创新的员工队伍。上海通用汽车工会围绕经济建设中心，以人为本，通过培训提升员工素质，在创建学习型组织活动中，形成全员在工作中学习、在学习中工作的氛围；在开展合理化建议和技术创新活动中，调动员工的积极性和创造性；赋予维权新内容，关心员工生活，提高员工满意度，使工会成为员工之家。在2003年获得上海市学习型企业创建奖、职工合理化建议和技术创新活动先进集体、被授予上海市“模范职工之家”光荣称号。

为新员工进行入门培训

员工放弃节日休假加班生产，领导到生产现场慰问员工

工会组织各类体育比赛活动，受到员工欢迎

宝山钢铁股份有限公司冷轧厂

中共中央政治局常委、国务院总理温家宝视察宝钢股份公司冷轧厂

随着宝山钢铁股份有限公司新一轮战略发展目标的确定，作为公司主要成材厂之一的冷轧厂，进入了生产、建设和发展任务并举的重要时期。为培养和造就一支与冷轧生产、建设和发展相适应的员工队伍，厂工会紧紧围绕中心任务，坚持以开展“争创智能型班组，争做智能型员工”活动为载体，以“推进职工技能培训，促进职工技术创新”活动为抓手，大力加强职工素质工程建设，职工的综合素质得到大幅度提升。职工技术创新小组活跃在生产第一线，攻难关，解难题，形成诸多专利、先进操作法等创新成果。同时，建立《工会会员信息管理系统》，推出倾听一线员工心声，服务广大职工群众五项举措，营造了关心、依靠、激励员工奋发向上的工作氛围。积极开展群众性文体活动，增强员工体质，陶冶员工情操，在参加股份公司首届职工运动会和艺术节中均荣获团体总分第一。

建立《工会会员信息管理系统》，提高了工作效率

组织职工参加宝钢集团公司班组文化大赛获二等奖

劳动竞赛取得可喜成果

职工技术创新活动结硕果

上海中环投资开发(集团)有限公司

上海中环投资开发(集团)有限公司是具有国家一级资质的房地产开发企业。中环集团成立至今,已累计开发各类建筑1000多万平方米,并先后荣获全国房地产百强企业、上海房地产五十强企业、上海市重点工程实事立功竞赛优秀公司八连冠、上海市文明单位三连冠荣誉称号。在上海万里城的开发建设过程中,曾荣获1997年全国跨世纪住宅小区方案优秀奖;1998年"大同杯"上海最佳住宅特别奖;1999年建设部"百龙杯"新户型时代精品户型设计全国唯一组委会特别金奖、上海市第一届优秀住宅评选金奖、新中国50年适合最佳住宅小区大奖;2000年建设部创新风暴住宅设计金奖;2001年上海市第二届优秀住宅评选金奖;2002年中国首届优秀住宅环境设计大赛建筑形态金奖和景观设计金奖;2003年上海市第三届优秀住宅银奖。中环集团坚持"不断加压,不断超越,不断创新"的企业精神和"创造卓越,贡献社会"的企业价值观,努力把上海万里城建设成为一流的绿色生态示范居住区。

中共中央政治局常委、国务院副总理黄菊视察万里城

召开第三届思研会年会

开展群众性长跑活动

公司外景及上海万里城全景

召开职工代表大会

上海巴士实业（集团）股份有限公司

中共中央政治局委员、上海市委书记、“2002网球大师杯赛”组委会名誉主任陈良宇和大赛冠军雷登·休伊特向观众致意

巴士股份是全国首家城市公共交通上市公司。在岗员工近6万人，是上海最大的城市交通客运企业，由市内公交、出租、埠际客运、旅游客运、轨道交通、车辆租赁、集装箱货运、水上旅游巴士等八大门类构成了巴士集团的核心产业。在积极发展交通核心产业的同时，文化体育产业也取得了长足的进步。上海喜力网球公开赛、上海POLO女子网球公开赛以及2002年网球大师杯赛的成功举办，大大提升了巴士品牌形象。伴随着企业的发展，“尊重人的价值，勇于承担责任”的巴士企业文化核心已经形成并已融入企业改革、发展和管理的全过程。巴士集团设立的“巴士白马基金”自2002年8月份正式启动以来，已使6000余名巴士员工从中受益，受益金额600多万元。在企业文化的感召下，巴士员工的凝聚力空前提高，巴士集团被评为2003年上海市职工最满意的企业，集团总经理王力群同志被评为2003年员工信赖的好经理、2001-2003年上海市劳动模范。当前，巴士集团正通过深化内部改革，提高管理效率，加快科技创新，全面迈向现代企业。

巴士集团第1000辆VOLVO城市客车下线投入926路营运

巴士高速公司引进的金华尼奥普兰BFC6125-A豪华旅游客车，发动机排放达到欧Ⅲ标准，埠际客车向高档次发展

巴士出租公司星级驾驶员不断涌现，提升了企业服务品牌

巴士联谊公司引进的奔驰豪华旅游客车，塑造了巴士旅游客运的崭新形象

上海良友（集团）有限公司

上海良友（集团）有限公司是按现代企业制度组建的大型企业集团，主要经营粮油储存、批发、加工、大宗贸易、进出口、连锁销售、物流配送以及资产经营和实业投资等业务。集团以科技创新为先导，以产品质量为核心，以企业文化为底蕴，创出乐惠牌大米、海狮牌精制油、沪1（雪雀）牌面粉、味都牌面制品、海鸥（淘大）牌调味品等五大“上海市名牌”产品。集团工会在集团党委和上级工会的领导下，坚持以“三个代表”重要思想统揽工会工作全局，紧紧围绕集团党政中心工作，积极开展创建学习型班组活动，优化集团职工队伍整体素质；深化职代会、厂务公开制度；完善职工利益保障机制；团结和动员广大职工为实现集团新一轮发展建功立业。

上海市副市长冯国勤视察良友便利店

续签集团集体合同

职工关注的厂务公开栏

丰富多彩的职工文体活动

源源不断的名牌产品——“海狮”精制油

上海市排水市南防汛管理所

上海市副市长杨雄在水务局局长张嘉毅的陪同下到市南所视察防汛工作

上海市排水市南防汛管理所是上海市城市排水市南运营有限公司下属专业防汛基层单位，防汛泵站分布在徐汇、卢湾、部分黄浦、长宁、闵行五个行政区域，担负着57.33平方公里防汛排水和污水输送的重任。辖区内有市府、外国领事馆、繁华商业区等重点服务对象，服务质量直接关系到企事业单位和居民的生命财产安全、社会稳定和国际声誉。在市水务局、排水市南公司的领导下，市南防汛管理所以“内增素质、外塑形象”为企业发展目标，推出“小水务青年暴雨巡视突击队”等特色服务，连续两年获得市级“优秀青年突出队”荣誉称号。2003年其下属的黄浦班组被中华全国总工会授予“模范职工小家”荣誉称号。

职代会上，代表们认真参政议政

“3.22世界水日”向市民征询反馈意见

参观宋庆龄故居，接受爱国主义教育

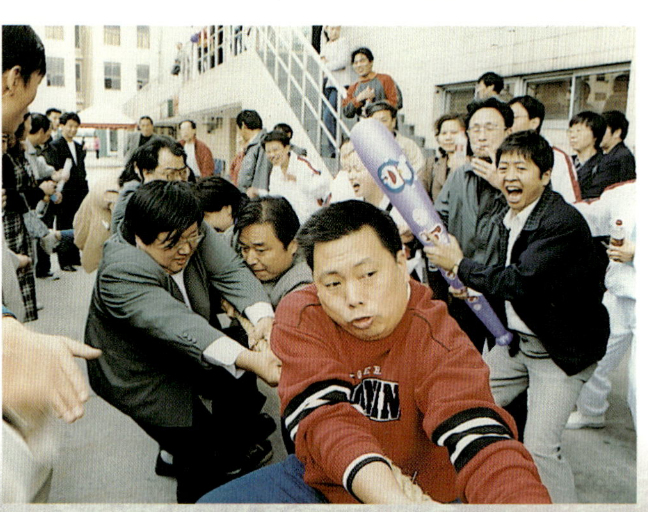
组织开展形式多样的文体活动，丰富企业文化

宝钢集团上海第一钢铁有限公司

宝钢集团上海第一钢铁有限公司工会是全国“模范职工之家”，下辖17个二级工会，有会员1万余名。2003年，围绕企业建设不锈钢精品基地的目标任务，组织立功竞赛、职工技术发明专利、推广先进操作法等活动，发挥职工群众的积极性、创造性；深化厂务公开，进一步完善职代会基本制度，切实保证企业劳动关系协调发展；开展“典型班组和职工”发展前景设计及培育工作，推进职工技能升级比赛，深化“职工素质工程”；进一步完善“十线一网”为内容的保障体系，切实关心好职工群众的生活冷暖，促进企业帮困扶贫再就业工作；加强自身建设和改革，健全自身建设各项制度，依法治会，依法维权，努力做到一切工作以方便基层、服务基层、为职工群众欢迎为出发点和归宿，为企业的改革发展稳定作出新的贡献。

大力推进职工经济技术创新活动，图为公司总经理伏中哲向全国总工会副主席黄彦蓉介绍职工技革成果

围绕不锈钢工程开展立功竞赛，图为公司工会主席冯国坚到热轧厂慰问一线职工，为他们鼓劲

推进“十线一网”职工互助保障体系，图为公司工会副主席瞿慧珠在“三八节”亲切慰问患病的女职工

11月20日，国资委在一钢召开中央企业推进职工素质工程现场汇报座谈会

积极推进企业文化建设，图为一钢职工合唱队高歌《一钢之歌》，荣获2003年“冠生园杯”企业歌大赛特等奖

上海国际港务（集团）有限公司

2003年1月，上海港务局按现代企业制度改革组建为上海国际港务（集团）有限公司，改革使港务集团工会的工作机构、人员发生了新的变化，也给港务集团工会注入了新的血液，增添了新的活力。在集团党委和上级工会的领导下，在集团行政的支持和全体工会干部的共同努力下，一年来，港务集团工会抓住老港区功能转换，抗击“非典”，奋战高温和帮困助学等涉及职工切身利益的工作热点，在推进企业改革，促进企业发展，确保企业稳定方面作出了新的努力，在市总工会召开的“贯彻全总十四大精神，加强工会组织工作”会议上，集团工会领导作了题为《适应港务体制变化，探索工会自身建设》的交流发言；在全国港口工会联委会上，港务集团工会的工作汇报，得到了全国海员建设工会的好评。

全国海员建设工会主席吴子恒与集团副总裁、全国劳动模范包起帆亲切交谈

集团党委书记张国强为出席基层工会主席培训班的工会干部讲课

港务集团工会出席上海市工会第十一次代表大会的代表

参加集团工会举办的基层工会主席培训班的成员，赴江西革命老区参观考察

集团工会向前来指导工作的全国海员建设工会领导汇报工作

大众交通（集团）股份有限公司

大众交通（集团）股份有限公司通过参与上海公交第二轮改革，已经发展成为拥有4.5万职工、1.5万台大小车辆的大型企业集团。2003年集团上下经受了“非典”的考验，在服务行业第一个荣获“全国质量管理奖”。集团工会积极贯彻“三个代表”重要思想和全总十四大精神，积极探索维权新机制，深入推进职工素质工程，加大培训力度，依托企业文化建设，努力营造良好的企业发展氛围和职工发展环境，集团获得了市学习型组织创建奖。集团成立十五周年前夕，朱镕基同志写来贺信，信中写道：欣逢大众交通成立十五周年，谨表祝贺。大众交通受命于困难之际，创业于竞争之中，坚持竭诚为上海人民服务之宗旨，锐意进取，决不言退，严格管理，卓尔有成。切盼贯彻始终，毋忘初衷，勇攀高峰，再创辉煌。

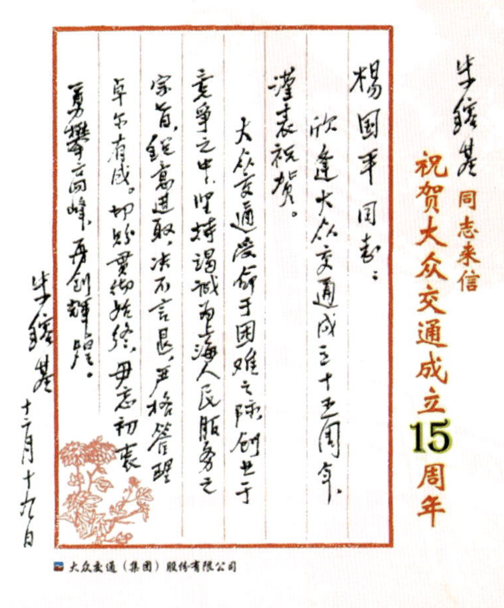
朱镕基同志来信
祝贺大众交通成立15周年

杨国平同志：
欣逢大众交通成立十五周年，谨表祝贺。
大众交通受命于困难之际，创业于竞争之中，坚持竭诚为上海人民服务之宗旨，锐意进取，决不言退，严格管理，卓尔有成。切盼贯彻始终，毋忘初衷，勇攀高峰，再创辉煌。
朱镕基
十二月十九日

大众交通（集团）股份有限公司

12月19日朱镕基同志为大众交通成立15周年写来贺信

市总工会副主席吴申耀和绘制方便地图而获得上海市职工精神文明十佳好事称号的驾驶员王伟雄合影

集团第五次工代会选举产生新一届工会领导集体

交通局工会和集团领导出席大众劳模共建会成立仪式

“一切为大众”大型文艺晚会展示了大众十五年的辉煌发展之路

上海市仪表

市总工会副主席吴申耀到仪电工会指导工作，并参观上海仪电展示馆

仪电工会出席上海市工会十一大代表

上海市仪表电子工会紧紧围绕发展战略纲要的实施，开拓创新做好工会工作。企业以职代会为主要形式的民主管理制度做到组织健全，制度完善，运作规范，管理有序，形成了比较完整的民主监督、民主管理体系；牢牢把握两个维护有机统一，协商机制健全完善，协商机制在各个层面普遍地建立，集体合同的建制率为88.9%，续签率为95.8%，履约率为95%；积极推进保障工作的社会化、规范化、系统化，利用各种资源，拓宽帮困渠道；抓好劳动安全保障工作，组织“安康杯”竞赛活动；抓好系列教育，把培训教育与“塑城市精神，培育新时代职业精神”结合起来；积极开展技术培训、岗位练兵、技术比武活动；开展“建、创、做”活动，开展“争建学习型班组”、“争建团队型班组”、“争建开拓进取型班组”活动，进一步深化了职工素质工程建设，推进了仪电职业精神、职业责任、职业能力和职业素养的形成和发展；切实加强工会自身建设，完善工作制度和工作规范，加强科学管理，建立工会数据库，为实行信息化管理打下基础。

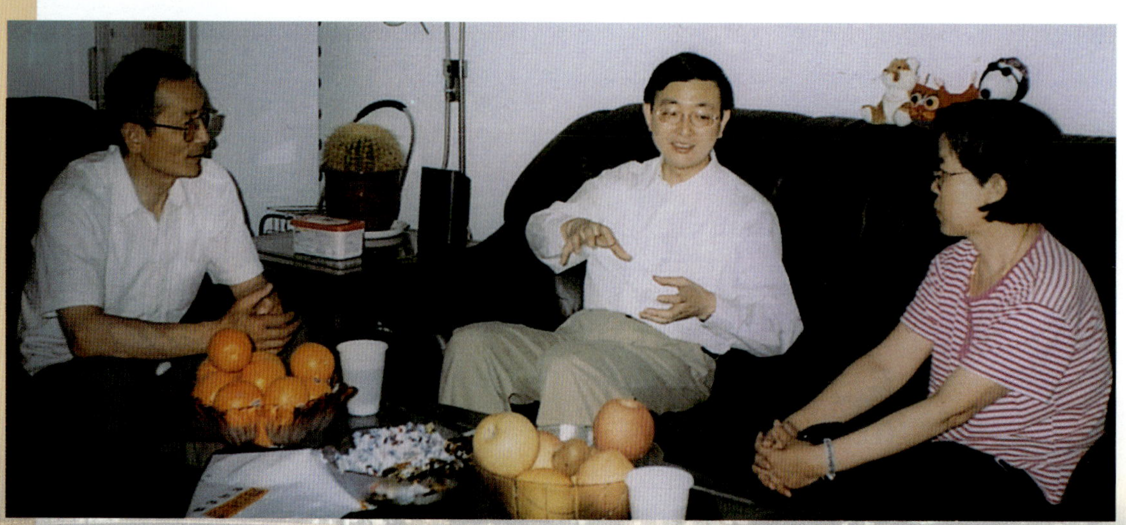
仪电工会主席蒉鸿强慰问上海仪电优秀员工天和电极箔公司总工程师郑自荣

工会和行政举行集体协商

召开外商投资企业联谊会

考察参观LG飞利浦曙光电子公司展示馆

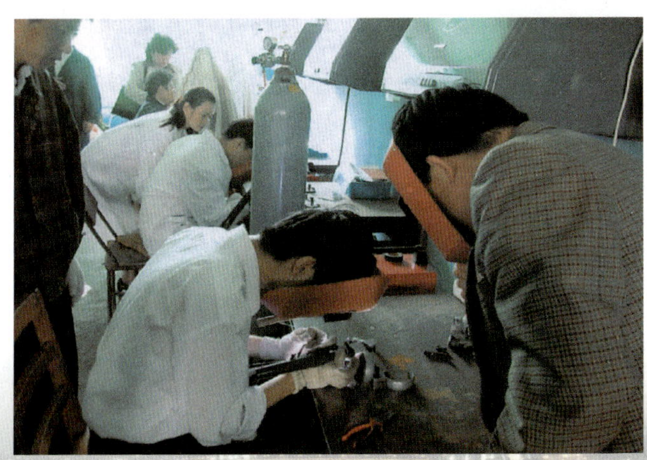
举行职工操作技能比赛

上海亚尔光源有限公司召开运动会，丰富职工业余生活

上海移动通信有限公司

市总工会副主席张兴淮向公司党委书记、总经理郑杰颁发全国"五一"劳动奖状

公司每年举行行政、工会集体协商会议

坚持职代会制度，深化民主管理

上海移动通信有限责任公司是中国移动（香港）有限公司下属全资子公司，主要经营上海地区的数字蜂窝移动电话（网号"135、136、137、138、139"）、IP电话、互联网接入业务以及相关的信息服务、技术开发、技术服务等其他业务。2003年工会围绕公司"管理年"的目标，充分发挥工会的组织优势，按照"机制健全完善管理，源头参与双向维护，素质提升促进发展，形式多样丰富内涵"的工作方针，通过劳动竞赛，合理化建议等群众性经济创新活动，发动员工积极投身于企业的改革和发展；通过深化民主管理，加大帮扶力度，落实职代会实事，努力协调劳动关系，稳定员工队伍；通过班组创建，主题教育和"十佳"好事推荐等形式，提升员工的综合素质，培育员工的职业道德，推动企业的文化建设。工会成立的短短4年中，先后获得工会系统颁发的各种荣誉60多项，并荣获全国"模范职工之家"称号。

召开合理化建议评审会

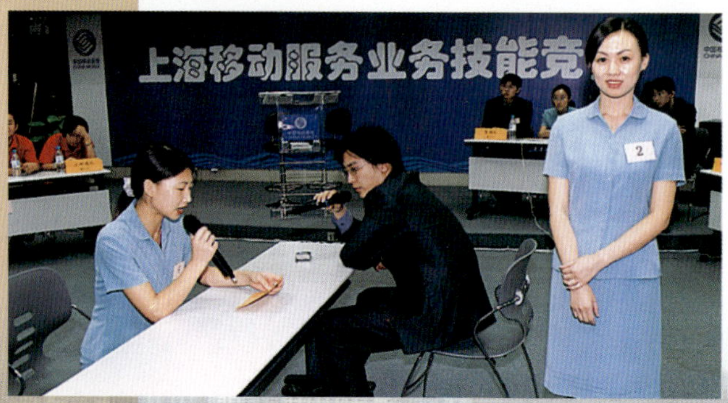

开展业务技能竞赛

公司首届运动会开幕式

上海现代建筑设计(集团)有限公司

集团荣获2003年全国"五一"劳动奖状

上海现代建筑设计(集团)有限公司现有员工2300余人,其中有中国工程院院士2名、国家设计大师3名和一批长期从事建筑设计工作的资深专家,创作设计了一大批重大的、标志性工程项目,如东方明珠、上海八万人体育场、上海博物馆、上海科技馆、上海F1赛车场、北京国家电力中心、越南国家体育场等。5年来,有300余项目(次)荣获国家、部、市优秀设计和科技进步及詹天佑工程大奖。现代设计集团工会以"三个代表"重要思想统揽工会工作,以依法维护职工权益为基本职责,加强职工民主管理,完善协调劳动关系机制,深化职工素质工程。华东院创作部、上海院创作部分别被评为上海市500强智能型班组,集团荣获2003年全国"五一"劳动奖状。

集团举办第二届"现代杯"职工体育健身节

检查F1赛车场项目设计组开展劳动竞赛情况

坚持职代会制度,审议通过有关重大议案

关心职工生活,集团领导慰问老专家

中港疏浚股份有限公司

公司于2001年6月经国家经贸委批准成立，公司共有员工744名，其中各类专业技术人员295名，公司以精良的装备、精湛的技术、精诚的服务和安全的操作参与国家数十项南北重点港口建设，屡获奖项，全国不少港口、行道、新生陆域都留有施工服务成果。公司积极应对我国加入WTO后的机遇和挑战，提高企业竞争能力，巩固国内疏浚市场，拓展国际疏浚市场，振兴我国疏浚产业。公司创立以来，荣获国家、市级多项荣誉，2003年公司工会荣获全国"模范职工之家"称号。

市总工会副主席汪兰洁及局、公司领导在市模范集体航汉4008轮检查指导工作并一起合影

召开立功竞赛表彰会

坚持职工代表大会制度

组织船员家属活动

慰问"贤内助"

上海市隧道工程轨道交通设计研究院

上海市隧道工程轨道交通设计研究院是国内从事软土隧道和城市轨道交通设计研究专业机构，在该领域中的设计研究能力达到国内领先水平。院连续五年荣获市勘察设计综合考评优等和优秀勘察设计单位称号，还多次荣获上海市文明单位、上海市优秀公司和局优秀职工之家等荣誉称号。多年来，院工会紧紧围绕改革、发展、稳定的工作目标，认真贯彻"全依"方针，积极推行厂务公开，进一步加强民主管理，有效地开展凝聚力工程建设、帮困送温暖活动、创建"巾帼文明岗"、重点工程实事立功竞赛等活动，促进各项重点实事工程顺利完成，取得了物质文明和精神文明双丰收。

文明单位
Model Unit
上海市人民政府颁发
Issued by
Shanghai Municipality

荣获文明单位称号

市建委书记陈士杰、市政局党委书记杨沛田、城建集团领导到院调研指导

工会主席周全达主持职工生日聚会

亚洲第一、世界第二的上海外环隧道

职工参加工会组织的文体活动

中国海运(集团)总公司

中国海运(集团)总公司是一家跨地区、跨行业、跨国经营的中央特大型企业。现有职工 4 万多人，拥有近 400 艘各类运输船舶。集团工会在党组和行政领导的支持关心下，紧紧围绕企业中心工作，通过开展"中海杯"、"安全生产月"、"反三违月"、"安康杯"、"船舶班组安全竞赛"等劳动竞赛，调动广大职工积极性，使公司经济效益逐年提升，2003 年利润突破 30 亿元。集团工会认真落实"三个代表"重要思想，依法维护职工合法权益，推行厂务公开，推进职工再就业与素质工程建设，创建学习型船舶，塑造一流船员队伍，为中海集团创建成为世界一流航运企业发挥积极作用。

中海集团 2003 年 12 月向上海市慈善基金会捐赠 100 万元。图为：中海集团总裁李克麟，党组书记李绍德，工会主席陈德诚和市慈善基金会会长陈铁迪在一起

中海集团工会举办全系统职工演讲比赛

中海集团领导检查上海市劳模集体"长建"轮的机仓管理工作

中海集团工会开展安全生产检查

陈德诚主席慰问国产最大的 5668teu 集装箱轮"新青岛"号首航船员

上海汽轮机有限公司

公司为劳模喝彩，以劳模名字命名“权正钟叶根铣”

上海汽轮机有限公司是我国汽轮机生产的摇篮，是国有控股的中外合资企业，现有职工近5000名。建厂50年来，为国家提供电站汽轮机8000万千瓦，占国内火电装机容量的三分之一。公司工会坚持以企业持续发展为主题，维护大局，积极开展民主管理；以提高职工素质为目标，营造氛围，弘扬先进树立标兵；以完善职工保障为重点，多办实事，做好职工帮困工作；以拓宽工作领域为方向，转变作风，加强工会自身建设。公司工会连续保持全国“模范职工之家”的荣誉称号。

2003年厂庆50周年之际，上海汽轮机有限公司第100台30万千瓦汽轮机发运仪式

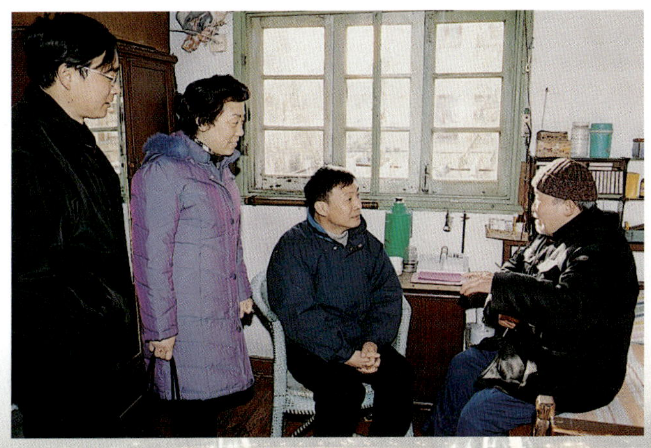
公司领导慰问特困职工家庭

坚持举办两年一次的文化艺术月和职工运动会

上海市外高桥保税区新发展有限公司

公司领导班子研究公司发展规划

上海市外高桥保税区新发展有限公司于1993年4月17日成立，负责外高桥保税区二期3平方公里招商引资、开发建设。引进了英特尔、IBM、惠普、飞利浦等一大批跨国公司，吸引投资达22.6亿美元，形成了高科技信息产业园区。2003年新发展公司园区工业总产值280亿元，区内企业出口总值35.6亿美元，保税交易市场交易额118.9亿美元。新发展公司逐步走向现代企业制度，推行投资主体多元化，并先后三次召开了公司（系统）工会代表大会，激发了全体员工主人翁精神。公司连续四次荣获上海市文明单位，并先后通过ISO 14001和ISO 9001国际标准体系认证。

组队参加外高桥保税区歌咏比赛

承办外高桥保税区首届运动会篮球赛

召开公司工会第三次代表大会

新发展信息产业园区情景

上海船舶工业公司

公司工会围绕中船集团公司"531"目标，充分发挥广大职工主力军作用，为实现全年各项经济目标建功立业。十六大召开后，公司工会迅速下达了《关于学习贯彻落实党的十六大精神的通知》，积极宣传"劳动光荣观念"、"以法治会观念"、"群众观念"、"创新观念"，不断提高工会干部和职工群众的思想认识。公司工会组织职工参加各类培训14206人次，参加各类练兵4625人次。江南造船（集团）有限责任公司、沪东中华造船集团公司、上海船厂被评为上海职工素质工程教育基地。公司工会开展2003年"冬送温暖夏送清凉"活动，慰问3202人，慰问金总额31.2万元，发出防"非典"慰问信3018封。公司工会为基层工会添置了健身器材，四家院所举办了第一届院所杯乒乓球比赛，组织了呼吸操的推广和普及。公司工会的各项工作正在不断开展并提高到新水平。

公司领导慰问困难职工

上海船舶工会信息

公司职工代表队参加技能比赛

公司职工在全国工程建设系统第六届焊工技术比赛中获奖

《我眼中的上海船舶工业》职工摄影集首发仪式

上海柴油机股份有限公司

2003年，上柴工会紧紧围绕公司跨越式发展目标，认真履行工会职能，积极开展各项工作，为公司胜利实现产销7万台柴油机目标作出了重要贡献。工会工作在紧贴生产经营，深化民主管理，提高职工队伍素质，完善帮困送温暖工作机制，加强工会自身建设等方面迈上了新的台阶。公司被评为上海市振兴中华读书活动先进集体、全国机械工业职工技术改进创新示范单位。公司工会保持了全国和上海市“模范职工之家”称号。

公司工会会同企业行政开展高师带徒活动

接待前来参观访问的日本JAM东京视察团

召开《上柴改制十年间》征文获奖作品座谈会

组织工会干部交流学习心得体会

积极配合行政开展质量月活动和班组建设工作

上海上汽大众汽车销售有限公司

上海上汽大众汽车销售有限公司拥有遍布全国各地的300余家特许经销商和500家特约维修站，为近200万上海大众用户提供销售和售后服务。近几年公司销售力不断提高，从一般营销——服务营销——忠诚营销，三年上了三个台阶。2003年实现轿车销售39.6万辆，创造了全年销量的历史新高。面对公司的快速发展，工会紧扣“凝聚力工程”主题，从健全机制，拓宽员工成长空间；创新理念，培育健康企业文化等着手，凝聚人心，激发干劲，为提高公司竞争力发挥积极作用，先后获得上海市“模范职工之家”，上海工会特色工作十佳成果奖，上海市“双爱双评”十佳先进企业业等荣誉称号。

开好职代会，深化民主管理

“非典”期间公司领导慰问市场一线员工

职工技术大比武总决赛

中外员工新春联谊会

公司领导为先进员工颁奖

上海市医药股份有限公司

上海市医药股份有限公司是以分销为核心业务的中国规模最大，网络最广，实力最强的医药经营企业。现有总资产55亿元，净资产16亿元，员工4000多人，年销售额100多亿元，创利2亿多元。作为一个战略领先，业务领先，发展领先的上市公司，正以建设具有国际竞争力的中国一流的医药大公司，打造中国医药商业航空母舰为战略目标，加快推进国际化战略，构筑国际合作平台，优化资源配置，实施品牌经营，拓展国内外市场，在更高层次上提升核心竞争力，在新的起点上实现跨越性发展。公司倡导“关爱、健康”的文化理念；创造“团结、宽容、向上”的工作氛围；崇尚“效率、负责”的工作作风；为每一位病家和客户提供真诚温馨的服务，为每一位在公司工作的员工提供施展才华的舞台和发展上升的空间。

公司第三届职工运动会第八套广播操比赛

公司第三届职工艺术节“秋之韵”开幕式

公司第三届职工运动会足球比赛

公司第三届职工运动会拔河比赛

职工大合唱《上海医药之歌》

上海机场(集团)有限公司

上海机场(集团)有限公司工会坚持突出一个重点,紧紧围绕“安全、服务、效益”开展工作;认真落实第一职责,依法维护职工的合法权益;努力抓好第一要务,不断深化和拓展职工素质工程;始终立足一个基点,积极加强工会的自身建设;在推进机场的改革和发展中较好地发挥了工会的桥梁纽带作用。5年来,共有59个集体和26人次受到全国和市工会系统的表彰。

学习贯彻中国工会十四大精神培训班

新春献爱心公益行动

集团工会召开班组工作交流会

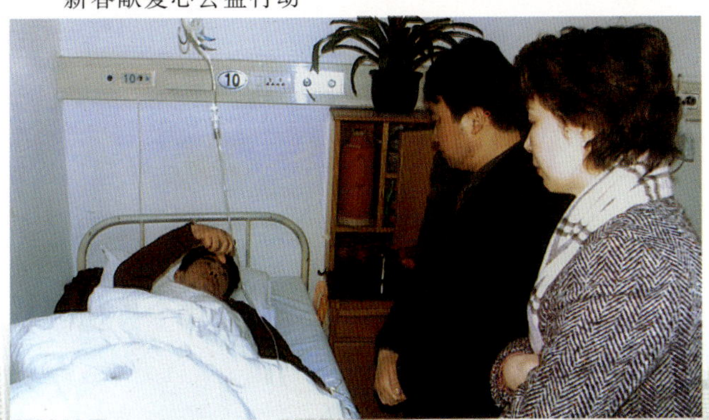

工会干部探望重病职工

第三届“空港杯”篮球比赛

华东理工大学工会

校工会认真履行职责，积极参与学校民主管理，建立和健全了校、院两级教代会制度，并已形成规范。通过师德建设座谈会、优秀教师社会实践考察活动，以及建立“青年教师攻读博士基金”，鼓励和资助青年教师岗位成才等措施，努力提高青年教师的综合素质。工会开展劳动争议调解工作，依法调解劳动关系，及时化解矛盾。工会建立了“法律咨询中心”，开通了“法律咨询服务热线”，受到了教职工的好评。坚持开展建设学习型工会活动，分层次对教职工进行岗位技能培训，提高职工的整体素质和创新能力。定期对校、院两级工会的建家活动进行考核、评选。学校工会在1995-2003年中，曾连续五次被评为上海市教育系统“先进教工之家”，2000年被评为上海市“模范职工之家”。

庆祝教师节，召开师德建设座谈会

慰问教职员工

加强考评交流，建好职工之家

开展寓教于乐活动，浓厚校园文化

组织师生开展抗击“非典”宣传教育

上海市嘉定自来水有限公司

公司工会以邓小平理论和“三个代表”重要思想为指导，认真学习贯彻党的十六大、十六届三中全会和中央经济工作会议精神，努力落实工会十四大提出的目标任务，突出工会的维护职能，开展平等协商，签订集体合同，坚持企业重大决策和涉及职工切身利益的大事，由公司职工代表大会审议，员工素质和企业管理水平上一个新台阶。

开展厂务公开和民主评议

职工联欢，展示风采

职工参加社区文艺会演

厂务公开园地

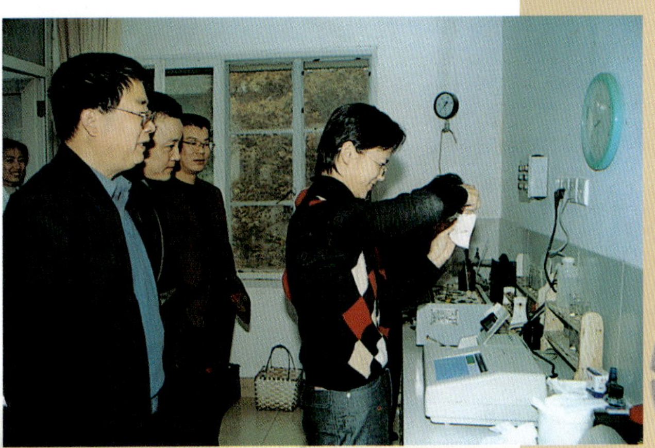
开展职工技术练兵活动

上海市电信工会

上海市电信工会下属32个基层工会、14个外企工会、2110个工会小组，会员22956名，其中女会员7678名。工作机构设组织宣传部、经济工作部、权益维护部和工会办公室。主要工作：（1）开展技能培训、交流、研讨、开辟网上学习园地。（2）召开职代会，就涉及员工福利、公司改革方案等进行审议和表决。下半年职代会通过了《员工全面发展白皮书》，使广大员工倍受鼓舞。（3）积极推进员工素质工程，全面开展职业精神大讨论，组织十佳好事评选。（4）完成国家信息产业系统劳模评选。（5）在全公司试行员工住房补贴办法，为全体员工购买了每人500元的商业保险；为每位女员工购买医疗保险，完成员工健康体检7000名；女员工妇科专项检查1825名。（6）参加上海市首届“职工最满意企业”评选工作。（7）继续推行工会主席直选工作。（8）成功举办首届员工运动会。（9）开展劳动保护竞赛活动。

程锡元总经理慰问战高温电话卡销售员工

电信公司总经理程锡元和工会主席陈鸿生在电信工会一届八次全委扩大会上

党委副书记、纪委书记、工会主席陈鸿生到中区电信局慰问冒高温在居民小区设摊促销电信新业务的员工

职工代表开展民主管理巡视

电信公司首届员工运动会——赛龙舟

中国石化上海石油化工股份有限公司

2003年，上海石化工会以“三个代表”重要思想为指导，全面学习贯彻党的十六届三中全会和中国工会十四大、上海市工会十一大精神，紧紧围绕提高公司经济效益、增强国际竞争力这一中心，不断推进职工素质工程，加快职工队伍知识化进程；不断深化三级民主管理，丰富和发展职工民主决策、民主参与、民主管理的内容和形式；不断加大维权力度，维护职工合法权益；进一步动员和组织职工群众投身公司的发展建设，做了大量的工作，取得了一定的成效，在企业改革、发展、稳定中发挥了积极作用。

审议公司分配制度改革方案

职工群众在观看厂务公开栏

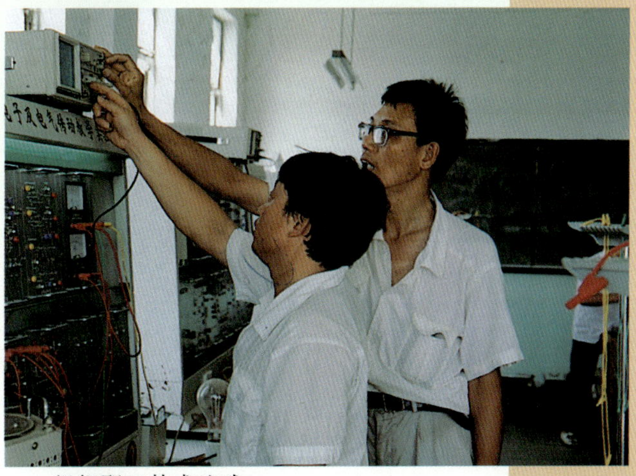

组织职工技术比武

以职工技能竞赛为抓手，推进职工素质工程建设

举办2003年职工文化艺术节

宝钢集团企业开发总公司

召开工会全委扩大会研究工会工作思路

宝钢集团企业开发总公司是隶属于上海宝钢集团公司的全资子公司。近几年来，公司工会以维权为“天职”；以“快、全、实、强”（工会组建“快”、会员发展“全”、制度建设“实”、干部配备“强”）为原则；以“五到位”（注重民主决策，源头参与到位；面向基层工会，服务指导到位；着眼群体维护，反映意愿到位；致力具体维护，排忧解难到位；联动职能部门，协调配合到位）为工作思路；努力加强工会自身建设，最大限度地调动企业各方面积极因素，把维护职工合法权益落到实处。工会被评为“全国工会干部教育工作先进单位”、“全国模范职工之家”；企业荣获了全国500家“重合同、守信用”先进企业、全国“安康杯”竞赛（上海赛区）先进企业等荣誉称号。

工会代表职工与行政签订集体合同

丰富职工业余文化生活，组织文艺汇演和足球比赛

组织职工开展技术比武

“非典”期间，动员职工积极参与无偿献血

上海建设科学研究院有限公司

研究院自2001年由事业单位转制为企业后，在服务于上海城市建设、管理和运营中，坚持“深化改革，科技创新，开拓进取”，被市科委认定为高新技术企业。院工会紧紧围绕院的改革发展，服务大局，积极履行维权职能，以富有我院特色的工会工作方法和适合院广大职工特点的活动载体，不断推动党的“全依”方针的落实，积极构筑党政工“三位一体”的建家特色和工会工作格局，形成了一系列行之有效的建家工作考核机制；以求真务实的工作姿态和实践，注重建立厂务公开的参与机制、协调机制、监督机制和运行机制；积极推进职工素质工程，创建学习型企业和培育弘扬企业文化；在我院两个文明建设中发挥了积极作用，为院获得“全国厂务公开先进单位”、“市文明单位”五连冠、“市立功竞赛优秀公司”六连冠等荣誉作出了应有的贡献。

院长、书记为院博士后科研工作站揭牌

开展民主管理工作交流座谈

院党委书记、工会主席、老院长一行专程到江西革命老区参加援建的上海建科希望小学建校五周年庆典大会

院工会组织的“迎国庆”系列比赛之一：体现团队精神的旱地龙舟赛

高温酷暑期间，院党政工领导亲临工地慰问

江南造船(集团)公司

江南造船（集团）公司迄今已经历了139个春秋，她曾孕育了中国第一代产业工人，为发展我国民族工业和造船工业作出了重要的贡献。今天的江南已成为以建造高新技术产品、承接国家重大工程和国防重点项目为主的国有大型企业。近年来，江南工会认真实践“三个代表”重要思想，紧紧围绕生产经营这一中心和公司可持续发展战略，深化建设职工之家活动，以“维权、服务、创新、务实”为创建工作方针，以深入开展“发挥主力军作用，展现主人翁风采”主题活动为创建工作载体，通过不断完善建家工作体系，健全建家工作标准，规范建家工作管理，营造建家工作氛围，努力探索一条具有时代特征、行业特点、江南特色的建家工作新路子。公司工会于2003年被授予全国“模范职工之家”荣誉称号。

构筑以职代会为基本形式、厂务公开为重点的企业民主管理工作体系

弘扬劳模精神，营造学习劳模、关爱劳模、争当劳模的企业氛围

举办适合企业特点、职工喜闻乐见的文娱体育活动，丰富职工业余文化生活

公司领导走访慰问特困职工家庭

开展技术培训操作比赛，培养和造就高素质、高技能技术工人

上海大众汽车有限公司

深化民主管理，开展领导干部民主评议

上海大众工会以“三个代表”重要思想为指导，深入学习贯彻《工会法》，服务大局，突出维护，依法治会，与时俱进，更好地发挥工会桥梁纽带作用。抓好职工思想道德、文化技术的教育，促进员工队伍文明建设，激励员工的生产积极性、创造性；继续开展以“创智能型班组，做智能型员工”为抓手的员工素质工程；积极推进公司民主管理，落实职工代表大会基本职权，搞好民主参与、民主监督、民主决策；调动广大职工的积极性，为完成公司各项经济工作目标和任务拼搏奋斗。

坚持职代会制度，推动企业新一轮发展

组织中外员工足球友谊赛

公司领导参加中外员工手拉手，共创绿色植树活动

欢快的旋律，优美的舞姿，公司员工表演民族舞蹈

上海吴淞水厂

吴淞水厂确立拓展企业文化、创建学习型企业的总体思路，以整体提高职工队伍的学习力、创造力、竞争力素质为工作目标，大力支持由制水一线班组首创的“T+1”降本增效技术工人明星竞赛。经过三年来的自主研发，研制成功了已被列入国家“863”重大科技项目的子课题一新型混凝剂聚合硅酸铝，使制水混凝剂的单耗与传统混凝剂相比下降了20%~25%，在两江入海口的复杂水情条件下，出厂水质明显改善，平均达到了0.12NTU。在加快完成科研技术的生产应用过程中，将班组制水成本引入“T+1”技术工人明星竞赛，提高了一线职工应用新技术的能力，培养了有技术含量、有文化含量的技术工人示范岗，全面提升了制水现场科学管理水平。制水班组获得了上海市文明班组光荣称号，达到了竞赛出人才、出管理、出效益的目的。

研究“T+1”竞赛实施方案

荣获上海市文明班组称号的一线职工

进行新型混凝剂搅拌试验

向参观人员介绍班组建设情况

“T+1”竞赛水质讲评

上海市快乐（集团）有限公司

上海市快乐（集团）有限公司是一家中型商业企业集团。集团党委书记、董事长徐寿康为2000年度全国劳动模范和国内贸易部劳动模范。总经理唐建荣2001年被评为上海市职工信赖的好厂长（经理）。集团1997年被上海市商业委员会评为优秀企业，2000年被中华全国总工会授予全国“模范职工之家”称号。集团公司在企业改革过程中，积极探索运用“四个环节、八个程序”的程序化管理机制，加强了监督管理力度，营造了干部与职工“齐抓共推，通力合作，良性互动”的民主氛围，保证了厂务公开渠道的安全畅通，为推进企业改革、发展、稳定发挥了积极的作用。

深化民主管理，召开职工持股会

召开企业发展研讨会

党委书记、董事长徐寿康，总经理唐建荣春节期间下基层慰问职工

组织“我爱祖国”歌咏比赛

开展职工献爱心募捐活动

上海港龙吴港务公司

上海港龙吴港务公司是一家从事集装箱和各类进出口货物装卸、堆存、储运的综合性港口企业，2003年货物吞吐量突破1800万吨，集装箱吞吐量达到76万TEU，成为黄浦江上游最大的物流仓储中心和内贸集装箱水运枢纽，先后获得全国"五一"劳动奖状、上海市文明单位等荣誉。多年来，公司工会在建家活动中，坚持"全心全意依靠工人阶级"方针，不断加强企业民主管理，深化厂务公开，做到制度上保证，源头上参与，在坚持职代会制度的基础上，逐步探索建立起了厂情发布会、厂情共商会、职工代表参与公司重大项目等制度，设立了厂务公开联系箱、经理信箱等，在全过程参与中维护职工的合法权益，实现"双赢"目标。2003年，公司工会被中华全国总工会授予全国"模范职工之家"称号。

厂情共商会上，公司领导与职工代表共商企业发展大计

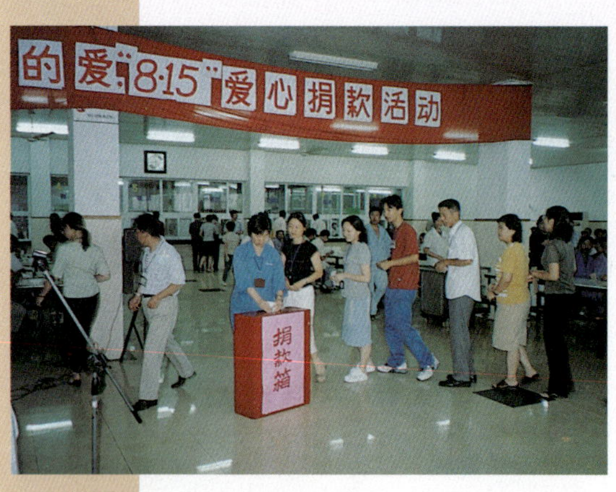

开展"8·15"爱心捐款活动

职工代表投票表决公司重大事项

少数民族承包工在迎春团拜会上载歌载舞

公司集装箱码头

上海三菱电梯有限公司

开展集体协商

干群共商企业发展大计

上海三菱是一家由中方控股、中方管理的中外合资企业。1987年开业，现有中方员工1780人，外方员工6人，主要经济技术指标已连续十一年名列全国电梯行业第一名。近年来，更是上海三菱发展最快的时期，企业始终贯彻全心全意依靠员工办企业的方针，尊重员工主人翁地位，重视民主管理，中方员工的权益得到了有效维护，广大员工的收入和福利随着企业的发展同步增长，实现了企业和员工的“双赢”，广大员工对企业的满意度很高，对企业的发展前景充满信心，大家都自觉地为这个大家庭辛勤劳动。公司曾荣获全国“五一”劳动奖状和全国“模范职工之家”称号，公司总裁范秉勋勇于开拓，业绩卓著，深受员工爱戴，被评为上海市“十佳”好厂长和全国劳动模范。

全国“五一”劳动奖状授牌仪式

在职代会上表彰先进

上海燃气市北销售有限公司

上海燃气市北销售有限公司是专门从事燃气销售服务和输配管理的国有独资企业，经营范围包括煤气、天然气销售、燃气器具检修服务、燃气配套工程和燃气管道施工，经营区域涵盖上海市杨浦、虹口、闸北、普陀、宝山、嘉定等6个行政区，公司拥有员工1800余人。近年来，公司工会紧紧围绕企业中心，组织带领职工群众为企业改革、发展、稳定作贡献，进一步加强职工队伍和工会自身建设。工会坚持以职代会、厂务公开为主要形式的民主管理制度；坚持开展“创建学习型组织、争当知识化职工”活动，提高职工队伍综合素质；坚持定点、定向帮困和设立帮困基金会相结合的职工保障体系；以求真务实、开拓进取的创新精神做好各项工作。2003年公司被评为上海市文明单位、市立功竞赛活动优秀公司、市学习型企业。

党委书记、董事长崔忠毅为职工运动会优胜队颁奖

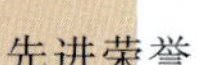

先进荣誉

总经理强敏勤向用户宣传安全用气知识

公司客户服务中心

工会主席周浩与特困职工进行帮困签约

闵行区华漕镇工会

召开镇工会第一次会员代表大会

闵行区华漕镇工会在镇党委和上级工会的领导下，紧紧围绕中心工作，以实际行动服务大局，努力在全镇两个文明建设中发挥工会应有作用。镇工会坚持在新形势下聚合优势，在高起点上有所进步的工作目标，总结和推广工会组织建设上的“旺春模式”；开展“建、创、做”活动上的“风华经验”；提高工会工作效能上的“大顺方法”；推进工会群众生产上的“长盛举措”等行之有效的做法。进一步巩固和发展工会组建成果；强化和突出工会维权职能；开展和推进素质工程；注重和加强自身建设；镇工会先后荣获区先进工会集体和市“模范职工之家”称号。

举办法律知识讲座

举办“五月的歌”职工文艺演唱会

开办工会干部培训班

开展“金秋十月”职工技能竞赛

上海市医药工会

召开会员代表大会，总结经验，部署工会工作

上海医药（集团）有限公司是国内医药行业中最大的企业集团公司，2003年以200.50亿元的销售收入在中国医药企业中名列榜首。上海市医药工会紧紧围绕上药集团中心工作，在推进职工素质工程，开展群众性经济技术创新活动和维护职工合法权益等方面，做了大量卓有成效的工作，得到上级工会、本企业党政和广大会员的好评，被评为中国能源化学系统优秀工会。

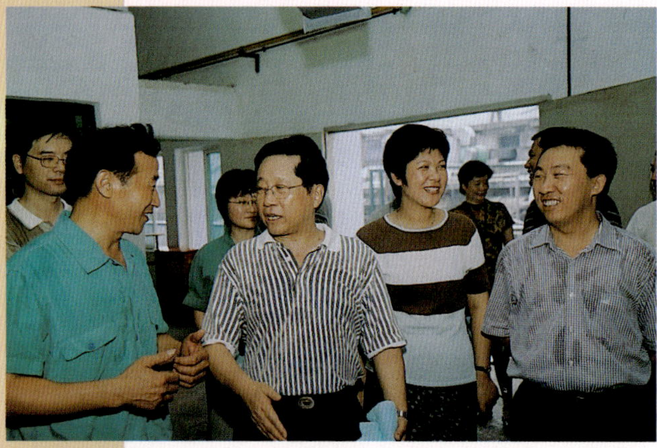

上药集团党委书记、董事长周玉成，医药工会主席陈欣下基层进行高温慰问

医药工会和上药集团每年举行集体协商，就涉及职工切身利益的事项达成协议

积极开展职工文体活动，组织职工参加市职工健身操比赛并获金奖

举办“医药与市民”大型主题活动，各级工会代表职工签订《诚信公约》，向社会进行诚信承诺

上海高桥石油化工公司

公司工会下属10个基层工会，职工14828人，其中女职工4992人，会员14828人。工会机构设生产劳动保护部、民主管理部、生活女工部、宣传文体部和办公室。2003年，公司工会在邓小平理论和"三个代表"重要思想的指引下，按照公司党委的要求和行政的方针目标，统一思想，振奋精神，克服了连续41天的高温给职工生产、生活带来的困难，战胜了突如其来的"非典"疫情给生产带来的挑战，团结带领广大工会干部和职工，立足本职，服务大局，为公司超额完成集团公司下达的各项经济指标尽了力、添了彩。公司全年销售收入首次突破200亿元大关，达到230.42亿元，同比增长42%，发挥了工会积极作用。

以工会换届改选为契机，加强工会组织建设

公司党委书记何德先慰问全国劳动模范张建杰

积极参与"读书与城市精神"演讲比赛

公司经理江正洪慰问全国劳动模范朱仁荣

举办女职工多媒体制作周末培训班

上海烟草(集团)公司

上海烟草(集团)公司抓住新一轮发展机遇,加快了以“国内一流、国际先进”为目标的改革建设步伐。2003年,公司按照国家烟草专卖局有关调整工业企业结构的要求,积极拓展卷烟主业和配套产业,实施了与北京卷烟厂的战略性重组,全年实现工商税利148亿元,利润60亿元,净资产增加到242亿元,经济运行质量和效益连续九年获得全国烟草行业一等奖。烟草工会在企业改革发展中,坚持“着眼于前瞻性、着力于现实性”的工作原则,提出并实践了“三个紧密、六个进一步”的工作思路,探索了一条以维护企业发展利益与维护职工合法权益相结合的“双发展”路子;形成了“维护中发展、发展中维护”的工会工作运作模式;为保证企业综合竞争力与职工综合素质的同步提高发挥了较好的作用。

在“烟草行业提高职工队伍素质现场交流会”上高扬公司电站班组获表彰

烟草集团公司与北京卷烟厂联合重组签约

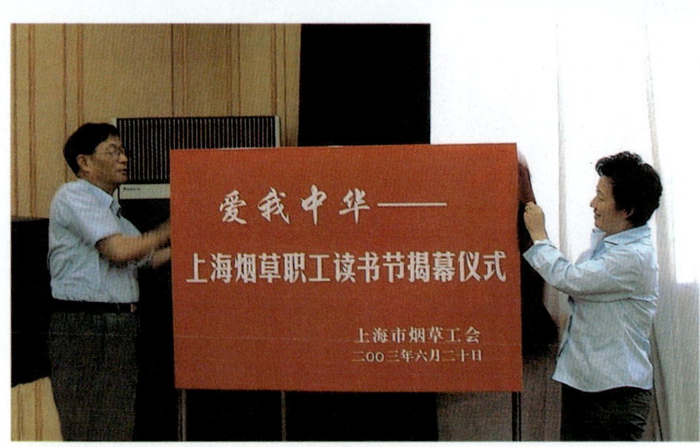

爱我中华职工读书节揭幕仪式

烟草集团组建十周年升旗仪式

在质量月中举行香烟手工包装技术比武

上海梅林正广和（集团）有限公司

召开职工素质工程推进会

上海梅林正广和（集团）有限公司工会以素质工程建设为抓手，积极开展“争创智能型班组、争做智能型职工”活动。近三年每年开展评比智能型班组和智能型职工，共评出行业级智能型班组38个，智能型职工213人。开展了“培训、练兵、比武、晋级”四位一体技能登高活动；组织职工参加岗位练兵、技术比武44项，共2609人次参加，开展技能培训5897人次，促进了职工队伍整体素质的提高。

开展操作技能比武活动

组织职工计算机操作比赛

举办素质工程教育班组长培训班

表彰智能型班组和智能型职工

上海宝冶建设有限公司

上海宝冶建设有限公司于2003年1月17日改制成立，是具有工程施工总承包特级资质的大型国有控股建筑企业，公司综合实力曾连续八年蝉联上海市建设企业50强第一名。按照公司法人治理结构，建立了职工董事、监事制度，工会主席担任监事会主席。按照公司资本构成，设立了员工集体股权。工会结合实际，认真探索新形势下的民主管理工作，积极发挥职代会作用，形成了职工董事、监事由职代会选举产生并向职代会报告工作的制度。在职代会专门机构中设立了员工集体股权管理委员会；在职代会的授权下行使职权。以宝钢股份"十五"规划项目为主战场的立功竞赛活动焕发勃勃生机，2003年被评为市重点工程实事立功竞赛优秀公司。

公司党委书记、董事长程志广看望特困职工

工会主席刘安义代表员工和公司总经理张创一签订首期集体合同

组织"宝冶建设之春"职工书画活动

公司召开一届一次职代会暨第一届工会会员代表大会

宝冶建设首届职工"足协杯"足球比赛

上海强生制药有限公司

上海强生制药有限公司成立于1995年，注册资金为3500万美元，是全球最大的非处方药生产销售公司-美国强生公司与上海第一生化药业有限公司在中国联合设立的第一家专业生产自我保健药品的制药公司。公司的宗旨是以优质的产品及完善的售后服务为大众健康服务。公司厂房坐落于上海闵行经济技术开发区，1998年11月获得中国药品GMP认证证书，1999年12月通过了国际环境管理体系ISO14001认证，2002年9月又荣获了OHSAS18001职业安全健康管理体系的认证证书。高度的职业道德标准和对提高生活质量的承诺在强生公司成立后的发展历程中一直信守不渝。公司承担对顾客、对员工、对社区和对股东负责的责任，这一信条使强生公司成为世界上处于领先地位的医疗保健产品公司。公司有着一支具有丰富专业知识和很高文化素养的员工队伍，在不断奋进的团队精神鼓舞下，锲而不舍地努力工作着，无论对医护工作者还是消费者，都满怀信心地承诺：将全心全意提供最优质的产品。

杨傅建仪（前右二）总经理荣获市总工会2002年度“优秀员工之友”称号

员工大会暨集体合同签约仪式

杨总参加上海医药工会“与健康同行“桥牌赛

签订集体合同

杨总与员工参加第六届上海泰瑞福克斯慈善慢跑

上海日立电器有限公司

上海日立工会坚持以邓小平理论和“三个代表”重要思想为指导，在公司党委的领导下，工会积极参与企业的民主管理，注重源头参与、决策参与、高层参与，始终坚持职代会为基本形式的企业民主管理制度，成为广大员工参与决策、参与管理、参与监督的有效载体。公司建立健全了劳资双方的协商对话制，在维护企业员工利益的同时，工会注重以人为本，尊重员工首创精神，把爱国、爱企、爱岗融为一体。公司工会被评为全国“模范职工之家”。公司荣获全国群众体育先进集体、全国外商投资企业“双爱双评”先进单位等称号，2003年公司荣获全国“五一”劳动奖状。

公司工会主席于剑平与公司总经理沈建芳签订《集体合同》

公司领导带头参加慈善募捐

召开员工代表大会

组织形式多样的职工学习技能活动

家访困难职工

元一次性支出，集团财力是可以接受的。报告对加强分流安置工作提出配套建议：分散管理，统一协调；制定标准，参照执行；强化培训，提高技能；加强领导，明确职责；高度重视，协保人群。（诸兆亮）

【企业管理现状与思考】 航道局工会撰写的《企业管理现状与思考》一文，是在2003年6月局工会组织职工代表巡视12个基层单位后形成的调查报告。报告提出，全体员工围绕局的中心任务，努力拼搏，扎实工作，取得可喜成绩。主要体现如下方面：凝聚人心，奋发有为，投入航道主战场；强化民主，职能规范，塑造企业新机制；提升素质，服务主业，学以致用练内功；帮困救助，一方稳定，持续发展谱新章。巡视中职工反映了一些问题需要引起高度重视。一是法人治理结构与转机建制中的规章制度。目前法人治理结构运作不够规范，规章制度沿用局内文件对外交往不便。二是企业决策中需要引进会计监察与律师到场制度，顺应监察专业化趋势。三是一流的设备需要一流的管理与人才，这样才能产生一流的经济效益。四是主辅分离问题，辅业单位希望加快步伐，早日有具体的操作导向。五是局管项目部工资奖金高低不一，挫伤一部分人积极性。六是建立人才高地要有一个好的用人机制。七是优化配置和有效开发利用人才，使青年人才能够脱颖而出。八是住房制度改革问题亟待解决，货币分房方案早日出台成为广大职工的迫切希望。九是希望局统一颁发内容有针对性的员工手册。（诸兆亮）

【新时期教育工会建设刍议】 斯阳撰写的《新时期教育工会建设刍议》一文认为，教育工会是教职工的群众组织，是教职工利益的代表者和维护者。但由于现行教育工会是从计划经济体制下走过来的，自身带有一些痼疾，应从民主建会、实力强会、依法治会的思路出发，努力加强自身建设，更好适应形势的要求。第一要在民主建会上有新的举措。要进一步明确教育工会组织的性质和任务，中国工会有维护全国人民总体利益的社会责任，但基层教育工会则应强调依法维护教职工的合法权益，主要就是代表教职工应对劳动争议、争取或改善工作条件和福利待遇、代表维护教职工的社会政治地位；要做到计划来自群众、活动吸引群众、工作依靠群众，切实把教职工的呼声和意愿作为开展工会工作的第一信号；要坚持会务公开、会员评议、会员选举，将推进基层工会民主作为增强工会组织吸引力和凝聚力的方向和突破口。第二要坚持实力强会，在依靠物质力量维护教职工利益上有新的举措。要坚持为困难教职工雪中送炭，在推动政府健全社会化帮困救助体系的同时，建立各种形式的互助基金，起到拾遗补缺的作用；要关注高学历、高技能、高素质、高收入的教职工群体，关爱先进生产力的代表，增强工会在这一群体中的吸引力、凝聚力。第三要坚持依法治会，努力把教育工会的各项工作纳入制度化轨道。其任务一是通过建立健全教育行政部门和工会代表的劳动关系协商机制、联席会议制度、集体聘用合同制度、教职工代表大会制度、劳动争议调处制度和劳动法律监督检查制度等，促进教职工民主权利和各项合法权益的制度化、规范化和法制化。二是强化对学校行政权力的制衡，在涉及教职工权益的劳动标准、有关改革措施和规章制度的出台过程中，争取源头参与和开展协商；同时真正落实教职工对学校领导的民主评议和民主选举权利。（吴　越）

【高校高级知识分子健康状况调查及改进对策研究】 杨权斌、鲍日新、刘苏平撰写的《高校高级知识分子健康状况调查及改进对策研究》一文，是在对上海海运学院高级知识分子健康状况进行调查研究，并通过互联网补充其他省份兄弟院校相关信息的基础上，对高校高级知识分子的健康状况做出了定量与定性的分析后形成的报告。调查表明高校高级知识分子群体健康状况堪忧，具体表现为：高校高级知识分子群体中健康人比率极低，常见病发病率高，特殊病历不容忽视，健康状况随着年龄增长逐渐下降，男女患病比率则因病而异。文章探寻了影响高校高级知识分子健康状况的几个因素，认为主要在于高负荷工作带来的透支使其健康长期处于入不敷出的状态；高责任的工作岗位使之心理负荷过重；缺乏科学的生活理念形成的不良生活习惯；学校缺乏严谨可行的提高教师身体素质的操作机制。由此，文章提出了改善高校高级知识分子身心健康的几条对策：其一，要强化高级知识分子健康工作是学校工作重要内容、身体健康和心理健康是高级知识分子健康双重目标、高级知识分子健康工作是高校工会工作重要内容的三种意识。其二，要抓住工作安排科学化、健康教育系列化、饮食营养个性化三个关键。其三，要构建好人际交往、娱乐健身、医疗保障三个平台。（邹卫民）

【公司多种用工形式中劳动保护工作的应对措施】 宝钢股份公司冷轧厂工会课题组撰写的《公司多种用工形式中劳动保护工作的应对措施》一文，是对公司多种用工形式下现场作业人员队伍素质与劳动保护问题进行调研而形成的报告。文章认为，公司多种用工形式的实行，尤其是岗位协力工（置换工）队伍的大量涌现，岗位协力工与生产单位员工基本素质上存在差距的现实，直接给现场安全管理增加了难度，给劳动保护工作带来了新的难点：一是劳动保护日常教育如何在岗位协力工队伍中落实；二是特殊工种作业的岗位协力工技术水平怎样提高，三是如何切实增强他们的能力素质。文章认为要树立生产单位员工与岗位协力工都是先进生产力的观念，并提出以下几条应对措施：(1)实行生产单位与岗位协力单位联动抓教育、联动抓培训、联动抓管理“三联动”。(2)把好招工录用、操作上岗“两道关”。(3)建立生产单位与岗位协力单位劳动保护工作信息沟通渠道。（邹卫民）

【职代会与厂务公开关系之研究】 朱义明、鲍伟兴撰写的《职代会与厂务公开关系之研究》一文认为，职代会与厂务公开都是维护职工合法权益的有效途径,而把握好推行厂务公开与坚持完善职代会制度建设两者间的关系是一个很现实的问题。文章列举了职代会与厂务公开的8个相同:相同的指导思想,相同的目标,相同的组织领导,相同的实行主体,相同的基本任务,相同的依靠对象,相同的工作机构,相同的实施范围;3个不同:两者产生的时代背景不同,法律地位不同,权限规定不同。文章认为职代会与厂务公开相同是主要的,不同是次要的,本质是一致的。在思路上要以推行厂务公开来促进职代会制度的建立健全和发展创新,以坚持和发展职代会制度来达到不断巩固和深化厂务公开的目的,在工作中要注意在总体上把握把厂务公开纳入职代会制度的建设之中,实现依法推行和深化厂务公开;在实际操作中把握坚持将职代会作为推行厂务公开的主要载体;在具体落实上把握将厂务公开的主要内容纳入到职代会的各项职权中去。同时,要预防和克服因强调坚持和发展职代会制度而忽视推行和深化厂务公开,或者因强调推行和深化厂务公开而忽视坚持和发展职代会制度的倾向。

(邹卫民)

【《安全生产法》实施的难点及对策】 石云撰写的《〈安全生产法〉实施的难点和对策》一文认为,《中华人民共和国安全生产法》的颁布标志着我国安全生产进入依法管理的新阶段,标志着安全生产法制时代的开始,而安全生产法制时代的全面实现则有赖于《安全生产法》的切实执行。文章列举了我国实施《安全生产法》一年来存在的几个难点:安全生产法制教育形式上的重运动式教育轻日常教育,教育对象上的重职工群众轻企业经营者,教育范围上的局限于国有企业忽略非国有企业和教育资源上的逐步萎缩使得安全生产法制教育难以达到应有的效果;生产经营单位安全生产条件客观上存在着难以符合法定标准,且在经济全球化背景下还面临发达国家转嫁生产安全事故的的状况;安全生产依法监管难以真正到位;安全生产依法监督难以切实进行等。文章对如何采取有效对策切实执行《安全生产法》提出了建议:(1)建立安全生产法制教育的长效机制,要体现系统性、全民性、日常性。(2)促进生产经营单位的安全生产条件标准化,实行危险评价和风险评价。(3)加大国家安全生产依法监管的强度。(4)加大工会安全生产依法监督的力度,其一是要尽快恢复独立设置的劳动保护部,其二是要培养一大批懂专业、懂法律的安全生产监督干部队伍。

(邹卫民)

【可资借鉴的西方工会经验】 王贤森撰写的《可资借鉴的西方工会经验》一文认为,集体谈判和三方协商机制日益显示出强大的生命力。各国工会在推进集体谈判和三方协商机制制度过程中,创造了不少可贵的经验。一是以积极的作为,影响国家劳工立法,并尽力促进集体协商纳入法制化、规范化轨道运作。力促国家通过劳工立法,建立、提供较为完善的集体谈判法律依据与保障,并依法运作,是当今西方市场经济国家工会普遍采用的方式。这在瑞典、美国、卢森堡等国较为典型。现在绝大多数市场经济国家工会,不仅大力促使国家当局提供健全完善的集体谈判法律、法规,而且在集体谈判中或在履行集体协议中以及在劳资争议的处理中,都能自觉严格依据法定程序运作。二是为了提高集体谈判的质量,谋求劳动者更多的权益,西方市场经济国家工会在集体谈判中促使内容范围更趋扩大,成果享受的覆盖面更趋广泛,谈判代表的素质更趋提高。集体谈判范围从工资报酬、工作时间、福利保险等逐步扩大到采用新技术、变更管理组织、工厂迁移拍卖等原来被看作是雇主特权范围内的一些问题。原先谈判成果只有参加协商的工会的成员才能享受,现在这一界限正在逐渐消失,有的国家非会员也能受到集体协议的保护。谈判代表往往由职业化的专家担任,懂法懂行,提高了谈判质量。三是在集体谈判中,西方市场经济国家工会往往注重本国实际,并善于审时度势,及时调整对策,体现出一定的灵活性。尽管国际劳工公约和建议书对集体谈判的程序、内容等都有一定的指导性的规范,西方国家工会在具体实施过程中,既不随意违背,又不拘泥于某些具体规定,而是从本国实际出发,灵活把握。在全面建设小康社会的伟大进程中,中国工会应立足我国实际,同时借鉴西方市场经济国家工会一切有益经验,把集体谈判和三方协商机制工作不断推向前进。

(诸兆亮)

信息综述

2003年工会信息工作坚持以“三个代表”重要思想为指导，紧扣中心，服务大局，围绕新时期、新形势下工会工作的新任务、新要求，畅通信息渠道，发挥信息的作用。(1)按照具有代表性，适应新发展；坚持实效性，有利于作用发挥；坚持系统性，保持工作连续稳定；坚持精简、高效等四方面要求，对市总工会信息组和信息员作一次调整，重组市总工会信息网络，重新聘用了市总工会信息员，制定了信息工作考核制度，完善了信息工作组织网络。(2)积极发挥信息工作的作用。一是对工会系统贯彻落实市委、市政府提出“世博会与上海新一轮发展”以及实施科教兴市战略和塑造城市精神开展大讨论，工会信息以紧扣这一重大活动为契机，积极地反映工会系统组织开展的各项活动的情况，向市有关领导和部门提供了大量的信息。围绕“世博会与上海新一轮发展”的主题，组织收集和报送了工会系统重点工程开展劳动竞赛的有关信息。围绕科教兴市战略，组织收集和报送了工会系统职工中开展“我为科教兴市献一计”活动的信息。围绕塑造城市精神的讨论，组织收集和报送了工会女职工中掀起的“从我做起，争当塑造城市精神的楷模”的活动以及市总工会开展的“城市精神和职业精神”大讨论的信息。这些信息的报道占到信息总量的30%，推动了大讨论活动的深入开展。二是在抗击“非典”期间，各级工会万众一心，众志成城抗击“非典”，涌现出大量的典型事例，通过信息渠道，及时地报道和反映了各级工会“一手抓防治非典，一手抓经济建设”的情况。如普陀区总工会发挥劳动关系“三方协商机制”的作用，督促非公企业落实防范“非典”措施。市仪电工会团结一心抗“非典”，勤奋工作创业绩等进行了宣传，这些信息占到信息量的30%，对防“非典”，促工作起到了鼓舞的作用。(3)在贯彻工会工作的主要任务方面，及时反映工会工作中的热点、难点问题，做好各类信息的收集、整理和报道。如加强新建企业工会组建工作是工会的一项重点工作，信息工作围绕工会组建工作，一方面对工作中创造的新鲜经验进行积极的报道，另一方面针对工作中出现的问题积极开展调研，《当前工会组建工作中的难点》提出了工会组建工作的“四难”，并针对“四难”提出具体的对策措施。随着改革的不断深入，企业加快了改革改制的步伐，针对工会工作存在的问题以及工会组织的变化，进行了专题的信息调研，编写了《对企业转改制中基层工会工作存在的问题的分析》、《职工反映企业转改制中的突出问题》和《机构改革后部分产业、集团工会工作中应引起重视的几个问题》以及《适应企业的发展变化，积极探索工会组织的新形式》等信息，为领导提供了有价值的调研信息。(4)办好信息媒体，加大信息报道的力度。为加快信息报道，10月初创办了《信息快报》，以第一时间反馈基层工会在贯彻市总工会的各项工作中的新思路、新经验和新成果，全年出版《信息快报》45期，得到市总领导的肯定，已在全市工会系统形成一定的影响。同时，还重点做好《工会内参专报》、《上海工会通讯》、《上海工会网站》的信息报道，全年《工会内参专报》出版40期，《上海工会通讯》出版32期，《上海工会网站》刊截各类信息资料478篇。通过信息媒体的宣传报道，及时地反映了工会工作的成果和经验，及时地反映了工会工作中热点和难点，既扩大了工会工作的社会影响，又反映了工会工作中的问题及对策，为推进工会工作起到了积极的作用。（夏伟民）

信息

【徐汇区总工会注重发挥信息主渠道作用】 (1)重视信息员队伍建设。在区27个产业(系统)和社区工会中挑选政治坚定、业务娴熟、作风扎实的工会干部担任信息员。针对工会工作实际，组织百余人次参加培训班和研讨会。(2)以《徐工情况》为载体，通过计算机网络、电子邮件等多种方式报送信息，及时反映各级工会在改革、发展、参与、帮扶中履行维权职责的工作成果。(3)建立工会信息考核制度和工作竞赛机制。下发《徐汇区工会信息工作目标管理实施意见》，将信息工作列入基层工会年度考核指标，要求各级工会建立谁主管、谁负责的工作机制，使信息上报制度化、经常化。(4)完善信息采用情况通报制度。在提高信息质量的基础上开展工作竞赛，评选“信息优胜单位”、“优秀信息员”等，调动各级工会组织和信息员的积极性。(5)引导工会信息员主动配合工会工作重点，开展调研。新徐汇集团公司工会组织了对职工收入和生

活保障状况的调查;龙华社区工会对加强新建企业工会运转工作进行专题研究等。（虞 蔚）

【机电工会不断完善报送高质量信息的工作机制】(1)以服务大局的理念获取信息。机电工会坚持以促进企业发展经济的角度来采集反映信息。在工会及时反映了上海电气电站事业部开展"守合同、讲信誉、树形象、承诺签约劳动竞赛"的信息后,在机电系统8个单位的事业部中迅速开展了同一形式的竞赛。(2)以履行维护的责任提炼信息。工会集中1个月的调研,收集了基层工作的经验,提炼成"坚持三个强化,把好三个关口"的信息,在基层工会引起较好反响,为推动改革,维护职工利益提供了很好的借鉴。(3)以推动实践的视野完善信息。在信息工作中,用总结推广新鲜做法、推动实践的视野,使信息不断完善,成为推动工作的动力。在调研中写成的"按照维护要求,做好进城务工者工作"的信息被市总工会作为内参送到市府有关部门。(4)以工会创新的深度挖掘信息。上海电气日益重视技术工人,特别是高级技术工人的培训。各基层工会纷纷出新思路,开新渠道。集团工会充分挖掘了这个具有创新意义的重要信息,写成了"升格李斌学校,升华激励机制,升级技能大赛,深化技术培训"的信息,立即为市总工会录用,为开展技术工人的培训起到了积极作用。（冯克华）

【市纺织工会将信息对称原理应用于信息的采编发】 为了改变工会信息通常是自下而上单边采集,信息服务的对象大多是领导和组织,信息资源的供体和受体很不对称,客观上阻隔了职工对工会在维权方面所作努力的了解等情况,纺织工会将部分信息的采编,放在事件发生的现场,通过面对面的信息互换交流,提高了信息传播的速度和真实度。如纺织调整转制企业劳动关系的处理容易引发不稳定因素,一直是信息工作关注的重点。在实践中发现,其中的有些矛盾和摩擦是可以避免的,只是因为职工对现行政策、文件不够熟悉,又缺少获取信息的渠道,才导致矛盾的产生。纺织工会坚持在向职工了解信息的同时,为职工传递相应的信息。2003年,工会信息工作围绕转制企业劳动关系的协调,多次集中了信访、法律、保障等各方面力量,定期举行劳动法律、劳动保障政策等的咨询,为职工答疑解惑,提供相关信息。还经常深入改制企业现场办公,实现面对面的信息交换,提高了工会信息的时效和质量,提高了信息的录用率,得到职工的肯定。（王慎徽）

【医药工会建立劳动关系预警信息反馈机制】 医药工会为预防劳动关系矛盾冲突的发生,努力将劳动争议解决在萌芽状态,积极建立劳动关系预警信息反馈机制。一是在各基层单位建立劳动关系预警信息员队伍,由基层工会主席负责,发现劳动争议苗子,逐级向上级工会反映。二是加强对预警信息员的培训,使预警信息员认识可能形成劳动争议的事件或正在发生的劳动争议,运用电话、传真、书面或电子邮件逐级反映。三是组织基层工会干部召开协调劳动关系座谈会,及时反馈各单位关于劳动关系矛盾问题,掌握信息。四是组织工会兼职法律顾问下基层,及时了解转制、改制企业中劳动关系处理的信息,发现问题后,使上级工会能够及时和基层沟通,对明显有违劳动法律法规的情况,下发法律建议书,要求纠正。（孙明南）

【电力公司工会评选特色工作】 上海市电力公司工会坚持工会工作的总体思路,创造性地开展工作,创特色、争一流,有效地推动了工会工作不断迈上新台阶。由基层工会上报的38篇(件)特色工作的成果,从一个侧面展示了上海电力工会工作绚丽多姿的时代风貌,突现了广大工会干部的创新精神和开拓意识。其主要特征:一是创造性。如闵行供电分公司工会积极探索劳动保护工作的新思路,打造安全生产"推进器"的做法具有显明的创造性。它不仅实实在在地维护了职工的合法权益,而且有效地促进了企业的生产发展和职工队伍的稳定。同时也充分显示了工会干部的实干精神和创新意识。二是实效性。如沪北供电分公司工会"唱响企业文化三首歌"的工作,从单位的实际需要出发,抓课题文化,把工会工作与企业的改革、发展、稳定紧密结合起来,使这项工作具有坚实的基础,取得实实在在的效果。三是可推广性。如市东供电公司工会"贴心人、有心人、热心人"的工作,起步于市东公司下属基层单位的一、二个班组,通过总结典型,逐步规范,然后在市东公司全面推广。（郭有成）

【市邮政工会以"六个注重"推动信息工作】 (1)注重制度建设。加强了信息工作的目标管理和考核,制订了《上海邮政工会系统职工思想动态信息反馈制度》。(2)注重信息网络建设。及时调整和充实了各级工会信息员,建立了一支44名工会干部组成的工会信息网络队伍。(3)注重信息工作的中途管理。每季提出工会信息需求要点,每季公布信息采用情况并进行动态管理。(4)注重信息调研。带着问题深入基层一线,了解职工的生产生活情况,加强对职工思想动态信息的捕捉,全年收集职工关注的热点和有关求助等方面的动态信息800多条,为领导正确决策提供了依据。(5)注重业务培训。邀请专家进行授课,对工会信息网络成员进行信息业务辅导,召开了工会信息工作会议,讲评和分析信息工作情况。(6)注重信息编报质量。全年编辑《上海邮政工会信息》26期,各基层工会供稿280余篇,为办好信息简报提供了信息源。（陈千涛）

【大屯能源工会推行"快、亮、新"的宣传教育方法】 上海大屯能源股份公司工会围绕企业的改革与发展,不断提高和完善宣传教育的工作方法和内容。在总结的基础上,推行了"快、亮、新"的工作方法。快:迅速传达贯彻上级工会工作及重要会议精神,做到安排部署快,有具体要求;检查落实快,有指导意见;总结评比快,有经验典型;进步提高快,有拓展深度。中国工会十四大召开之前,提出了抓好"四个一"活动的安排意见;十四大召开期间,掀起了"学习宣传贯彻"的热潮;十四大召开之后,落实了"学习与培训"

的措施，使十四大的学习宣传与培训教育收到了较好的效果。亮：由工会主要负责十七个基层单位的环境宣传阵地，通过开展阵地建设竞赛、现场观摩学习、督促检查指导，一改过去笨、旧、乱的现象，基本上做到了亮化、美化、规范化、制度化，形成了纵横交叉、上下一体、点面结合的宣传网络。特别是四个生产矿井的井口、铁路管理处的大型电子宣传幕，更体现了宣传手段的现代化和时代性。另外，姚桥煤矿、铁路管理处、电业分公司等单位的画廊、宣传栏、公开栏等宣传阵地都给人以耳目一新的感觉。新：工会的宣传教育适应“工作学习化、学习工作化”的新理念，20名工会宣教干部全部参加了电脑资格认证培训。各基层单位工作全部实行了电脑文字处理、下载图文资料、电子邮件传递等信息化管理。（樊福秀）

短信息：

〇中远集运工会开展年度工会特色工作评选，有23家基层工会的特色工作分别获十佳成果奖和特色工作成果奖。（周培军）

督查工作

市总工会办公室围绕市委、市府和全总、市总的工作重点以及有关重要会议、重要工作、重要文件、重要精神的贯彻落实情况进行了专项督查。(1)抓好市委、市政府重要会议精神和工作部署的督查。按照市委督查室的工作要求，就贯彻市委八届三次全会精神的情况进行督查，起草了“上海市总工会认真贯彻市委八届三次全会精神，积极推进工会工作，保持良好的工作开局”的督查报告。陈良宇同志到市总工会调研后，对新时期工会工作提出了具有指导性的意见，各级工会认真学习贯彻陈良宇同志的讲话，并结合工会工作的实际，进一步理清思路。市总工会办公室注重学习贯彻落实情况的督查，起草了“上海市总工会认真学习贯彻陈良宇同志的重要讲话精神，努力在更高起点上，更好地服务大局，服务职工”的报告，市委督查室专门编发了督查简报。市委、市政府在全市组织开展了“世博会与上海新一轮发展”大讨论，市总工会积极组织各级工会投入大讨论，围绕实施科教兴市战略和塑造城市精神的课题，通过开展金点子活动、专题论坛等形式，在工会系统形成一个高潮，并将情况及时反馈。(2)抓好专项工作的督查。元旦、春节期间，各级工会按照党中央和市委的要求，积极开展帮困送温暖工作，为贯彻落实这一要求，市总工会办公室重点进行督查，并就上海总工会全力以赴做好2003年元旦、春节送温暖工作的情况撰写专项督查报告。在面临“非典”考验中，市总工会在市委的领导和部署下，按照市委八届二次全会提出的各项重点工作及市总工会年初制定的工作目标和任务，积极发挥工会作用，齐心协力抗“非典”。市总工会办公室就工会贯彻中央“一手抓防治非典，一手抓经济建设”的情况进行了督查，起草了“全市各级工会组织采取积极措施，一手抓防治非典，一手抓经济建设”的情况报告。(3)抓好工会“两会”精神落实情况的督查。2003年是工会换届年，上海工会召开了第十一次代表大会，中国工会召开了第十四次全国代表大会，“两会”对未来五年工会工作提出了具体的目标和任务。为了认真学习贯彻好“两会”精神，市总工会办公室重点抓好督办，形成了专项督查报告。(4)抓好落实市人大代表书面意见和政协委员提案的督办工作。根据市人大、市政协的有关规定，办公室认真办理市人大代表、市政协委员的书面意见和提案。坚持做到组织落实、责任落实、经办人落实、工作要求落实，按时完成了12件人大代表书面意见和政协委员提案的办理，得到代表、委员和有关部门的肯定。（夏伟民）

工会新闻工作

【市总工会与市委宣传部联合开展上海“五一新闻奖”评选表彰】 为了表彰宣传工人阶级和工会工作的优秀新闻作品，激励各新闻单位进一步加强工人阶级和工会工作新闻宣传的力度，市委宣传部、市总工会联合开展了2002年度“上海市五一新闻奖”评选工作。参评内容：(1)对上海工人阶级在城市两个文明建设中发挥主力军作用、推动上海经济社会全面发展的新闻报道；(2)对上海工会围绕改革、发展、稳定大局，在参与改革和经济建设中积极发挥作用的新闻报道；(3)对上海工会探索建立特大型城市工会工作新格局、制定新举措、解决新问题、取得新经验的新闻报道；(4)对上海各条战线劳动模范、先进人物和普通劳动者先进事迹、时代风貌的新闻报道；(5)反映职工群众呼声愿望和上海职工关心的热点问题的新闻报道。经评委会严格评审，从新闻单位选送的38篇候选作品中评出一等奖4篇、二等奖8篇、三等奖9篇和提名奖6篇，由市委宣传部、市总工会予以联合表彰。经市总工会推荐和全国总工会评选，上海4篇作品获2002年度全国“五一新闻奖”。（程友谨）

信访综述

2003年，随着上海国有企业改革力度的不断加大，非公经济的发展，城市建设步伐的加快，信访工作也面临着许多新情况和新问题。市总工会信访工作坚持以“三个代表”重要思想为指导，充分发挥工会的维护职能，扎扎实实做好信访矛盾的化解和防范工作；同时与时俱进、开拓创新，努力探索工会信访工作的新思路新方法，为上海社会稳定和发展服务。截至年底，市总信访办共受理职工群众的来信来访4491件(次)，与去年同期相比下降28.3%。其中来信2873件，同比下降30.2%；来访1618批、3013人次，与去年同比分别下降24.8%和5.8%。分析信访情况有以下特点：一是职工群众来信来访基本平稳有序；二是集体上访明显上升，全年有集体上访97批1306人次，分别比去年同期上升90.2%和53.1%；三是转改制企业涉及劳动关系和民主管理方面矛盾明显上升，职工主要是对缺少知情权、分流安置方式以及解除劳动关系的经济补偿标准等表示不满。针对上述问题，市总工会信访办着重抓了以下两项工作:(1)树立全局观念,抓好三个环节。一是抓机制。完善了区县局(产业)工会信访工作网络组织。组建了5个(条块)组,坚持每季度开展1次网络组交流活动,每月定期上报信访信息,以此作为全年工作考核评估依据之一,半年通报1次,年底进行总结评比,推动信访工作条块结合,信息畅通。二是抓协调。在日常受理信访中,市总信访办注重维护职工的基本权益,发现明显有侵害职工权益的信访案例,主动抓好协调,疏导和化解矛盾。三是抓信息。市总信访办充分发挥信访网络组成员的信息渠道作用,要求及时预警预报,以便在企业改制方案出台前,超前介入,做细工作,及时研究对策,将矛盾化解在企业内部。2003年纺织行业调整改制力度依然很大,市总信访办曾多次深入到纺织控股公司下属单位,参与审议职工分流方案,从维护职工权益的角度督促改制企业做到操作规范,方案合理合法。同时,市总信访办还根据市里安排,参与了市工业党委等部门就企业调整改制中突出问题的联合调研。(2)规范信访程序,突出两个重点。一是初信初访的处置率。认真学习贯彻《上海市信访条例》,严格按照信访程序,妥善处置职工群众来信来访。对初次来信来访的职工,做到能解答的,受理当天就给予答复。无法解决的,即讲明道理或及时转有关责任单位阅处。对于比较复杂的问题,则指明解决的渠道,或建议走法律途径来解决,基本做到件件有回音,事事有答复。二是化解突出矛盾。在处置信访过程中,市总信访办将领导批示的信件、职工的联名信、扬言信、集体上访作为化解矛盾的重点抓好。领导批示件除及时转送有关部门处理外,还重点抓好督办和汇报。全年共落实市委、市府、市总工会领导批示件464件、市信访办函告件20件;对突发性矛盾和集体上访等案例,则根据轻重缓急,耐心解答,宣传政策,及时与有关单位联系,取得共识后一起做工作;对严重闹访、缠访、恐吓等,则通知有关地区综治办协助做工作,宣传法制,达到有效化解矛盾的目的。三是加强业务培训,提高三个能力。认真贯彻实施《上海市信访条例》,组织信访办公室全体工作人员进行《条例》的业务学习培训,还利用网络交流活动时间,组织区县局(产业)工会的信访干部逐条逐章学习培训,提高了区县局(产业)工会信访干部的信访预警能力、化解矛盾能力、依法处理和解决突发事件的能力。

(谭海珠)

【长宁区总工会信访工作做到“三个强化”】 一是强化信访工作领导责任,凡是涉及集访和重大信访,强调事前预警、事后汇报、领导会签;二是强化基层信访工作,处理好职工群众的初信初访,将矛盾化解在基层;三是强化矛盾调节处理的力度,讲究实效,避免发生重复信访。同时,信访干部注重维护职工合法权益,妥善处理劳动争议案件,为职工争取各类经济补偿21余万元,有效地化解了劳资纠纷,维护了职工的权益。

(陈慧君)

【杨浦区总工会提供“一门式”信访服务】 成立了职工援助中心,拥有职业介绍、就业指导、法律援助、互助保障、信访接待等多项功能,为职工群众提供“一门式”服务。形成了“一家四站”(职工之家,再就业指导站,劳动争议调解站,法律咨询服务站,劳动法律安全监督站)共享资源,互通信息,上下联动,网络运作,为工会信访工作提供了一个有效的载体。同时区总还在各街道(镇)成立了进城务工人员权益保障服务接待分站,260个小区成立了进城务工人员信访接待点,形成了区、街道(镇)、小区三级服务网络。完善了区总工会信访接待工作制度,全年共妥善处理职工来信来访451件次,为杨浦的改革发展和社区安定发挥了作用。

(王 洪)

【嘉定区总工会信访工作到位】 依据有关法规精神,把信访工作做好、做到位。一是领导重视亲自抓信访。坚持把工会信访工作纳入重要议事日程和工作考核内容,坚持领导接待日制度参与接待处理;二是求真务实解难题。在受理信访中,做到满腔热情对待,客观公正处置,发生一件,办结一件。三是运用法律见成效。积极为职工提供法律咨询服务,主动与劳动仲裁部门联系,指导帮助职工申请劳动仲裁,为职工代写申诉书、起诉书,并担当委托代理人,通过法律途径,维护职工合法权益,收到实效。

(唐身桂)

【市化学工会重视调整企业的信访工作】 化学工会针对上海华谊(集团)公司企业转制力度大的特点,从预防和化解矛盾,促进稳定出发,做到“三重视”:一是重视收集企业职工思想动态。及时将信访中遇到的重要信息,向集团公司党政领导通报,为领导决策服务。二是重视企业人员分流安置方案(草案)审定。化学工会信访人员参与草案的磋商与研究,了解掌握基层的实情,把容易引发职工队伍稳定的各类矛盾和因素化解在源头。三是重视企业职代会和信访个案的调查。化学工会信访人员与其他职能部门一起,与基层共同商讨信访个案遇到的新情况、新问题,指导基层工会履行民主程序,跟踪信访个案处理的结果,维护职工合法权益,维护企业的稳定。2003年共受理职工信访98件,结案率达到100%;参与调处集访32批,计492人(次)。

(秦允宗)

【轻工业工会采取切实有效措施做好信访工作】 认真开展职工信访工作,妥善处理职工信访事项,一年来共受理职工信访207件/人次,较好地发挥了作用。一是思想统一,领导重视。牢固确立政治意识、责任意识、群众意识,切实加强领导。二是抓好四个环节:1月1次主席办公会议,每周1次稳定工作例会;领导亲自批阅信件,身临现场处置突发事件;强化信访工作考核;争取各方支持,形成合力共同处置。三是坚持制度,明确职责。实行信访工作责任制,谁主管,谁负责;坚持信访分析报告制度,掌握动态,争取工作主动权;坚持督办制度,限时结案;坚持联席会议制度,收到了实效。四是依法办理,有情操作。做到热情接待,依法受理,积极协调,化解矛盾,为职工排忧解难。

(袁盛德)

【市医药工会建立信访和法律有机结合的工作机制】 医药工会针对工会信访中劳动关系原因信访占较大比例的实际，探索和试行信访和法律有机结合的工作机制。一是积极宣传法律法规。引导职工依法对照自己的行为和要求，使职工明白自己的要求是否合法。二是运用法律法规解释上访职工具体的要求，分清合法要求与不符合法律规范的要求，对劳动争议上访事件，引导职工走法律途径，依法调解、仲裁和诉讼，对确有困难的特困职工由工会法律援助中心进行法律援助。三是深入基层企业，对上访职工有关劳动关系的问题和企业行政沟通，阐明法律关系，创造条件促成对话，对确实违反劳动法律的行为，发出书面法律建议书，要求纠正。四是注重劳动争议调解工作，对职工中容易引起上访或已经发生上访的劳动关系矛盾由基层以上的行业性公司的劳动争议调解委员会进行调解，依法、及时化解信访矛盾。 (孙明南)

【高桥化工事业部在企业改制中重视做好信访工作】 高桥石化精细化工事业部工会针对企业改革中，减员分流、变更劳动合同等一系列改革举措，设立工会信访接待室，负责接待职工的来信来访工作。对涉及分流职工的家庭情况进行分类编册，对困难职工家庭进行了家访慰问，对容易发生的问题及矛盾做好必要的备案。针对职工夫妇双双待岗回家，又逢女儿生病住院，情绪十分低落的情况，工会及时向有关部门反映，经协调，安排了其中1人上岗工作，缓解了职工家庭困难。在企业实施改革过程中，工会信访与有关职能部门密切配合，走访职工家庭38户，接待职工来访26人次，协助党办处理职工集体上访2起，缓解了矛盾。工会通过细致有效的思想工作，使一些原来情绪较为对立的职工，转变了观念，发挥了工会群众性组织的桥梁纽带作用，促进了企业改革的顺利进行。 (奚华光)

【港务集团工会组建工会信访信息员队伍】 2003年上海港在积极开拓经营、大力发展集装箱优势产业的同时，稳步推进黄浦江两桥间老港区产业结构调整和功能转换。为切实做好“调整”这篇大文章，集团工会高度重视职工群众的来信来访，于年初及时组建了全港信访信息员队伍，并进行了两次专题业务培训，在提升自身素质的基础上，努力做好企业与职工间各类矛盾的协调工作。一是力求在工作形式、工作制度、工作方法上进一步求真、务实。从职工一件件、一桩桩的“难”“忧”信访件中找出矛盾的症结，加强对信访情况的综合分析和协调能力。二是在具体工作中，重点抓好来信来访的办结率，通过反映、协调、沟通，实实在在地帮助职工解决后顾之忧。全年信访25起，比往年信访量下降了57%。 (林碧娅)

·政策摘编·

持有《上海市居住证》人员的社会保障权

基本养老保险

持有《上海市居住证》的境内人员或者未加入外国籍的留学人员，可以参加本市基本养老保险。

持有《上海市居住证》的境内人员，其在户籍所在地建立的养老保险关系和个人养老保险账户储存额不转移。离开本市时，本市的社会保险经办机构应当将其养老保险关系和个人养老保险账户储存额转移到其户籍所在地的社会保险经办机构；当地未建立社会保险机构的，将其个人养老保险账户储存额中个人缴费部分及其利息一次性支付给本人。

持有《上海市居住证》、未加入外国籍的留学人员离开本市时，本市的社会保险经办机构应当将其个人养老保险账户储存额中个人缴费部分及其利息一次性支付给本人。

基本医疗保险

按规定参加本市基本养老保险的持证人员，可以参加本市城镇职工基本医疗保险。离开本市时，本市的医疗保险经办机构应当将其基本医疗保险关系和个人医疗账户储存额转移到其户籍所在地的社会保险经办机构；当地未建立社会保险机构的，将其个人医疗账户储存额及其利息一次性支付给本人。

住房公积金

持有《上海市居住证》的境内人员，可以按规定在本市缴存和使用住房公积金。已在户籍所在地缴存了住房公积金的，可以将在户籍所在地缴存的住房公积金余额转入本市住房公积金账户；原缴存的住房公积金年限和余额，可以与在本市缴存的住房公积金年限和余额累计计算。离开本市时，可按规定办理职工住房公积金账户存储余额转移手续。

(摘自《上海职工劳动保障权益手册》)

财务与经审

财务综述

全市工会财务工作，认真贯彻“三个代表”重要思想，落实中国工会十四大、上海工会十一大精神，自觉服从和服务于改革大局，把握工作重点，依法做好工会经费的收缴和管理工作，努力实现工会经费的稳步增长。(1)联系实际，与时俱进，以“三个代表”重要思想统揽工会财务工作。根据上海工会工作的目标，结合财务工作实际，组织部分区县局(产业)工会的财务骨干集中学习。明确在上海面临新一轮经济发展形势下工会财务工作的新要求，新任务。明确收好、管好、用好工会经费是为职工服务，为工会工作全局服务的需要。(2)加强工会财务管理体制，注重运用对工会财务内部管理机制的有效监督与工会工作物质保障的长效管理相结合的管理模式，把财务管理纳入正常化轨道，加强制度建设，理顺产权关系，加强工会资产管理。根据《工会法》、《企业破产法》及有关政策规定，制定了《上海市总工会关于加强破产、转改制企业工会资产管理工作的通知》。完善基础设施，加强网络管理，全面提升财务管理水平。制定了财务内部局域网管理设想，建立健全财务网络系统，并顺利通过了试运作阶段，在全市范围内组成“一带二”的电算化网络系统。2003年已有80%的区县局(产业)工会进入电算化管理轨道。结合全市各区县局(产业)工会财务实际，下发了《关于加强工会财务管理工作若干规定的通知》。健全和完善财务监督机制，实行集中管理和强化票据管理。根据市总党组的统一部署，实行对市总各部(处)、室的帐户进行集中管理，从源头上加强了对资金的统筹规划，提高资金的使用效率。在推行会计电算化工作的进程中，又将票据打印工作推上了议事日程，把这项工作纳入财务基础管理范畴。要求全市各区县局(产业)工会财务逐步推行。(3)坚持工会经费的使用方向，服务基层，服务职工。在工会经费的使用中，坚持三项制度和五项原则。三项制度，即：坚持工会经费预算管理制度；坚持集体领导下“一支笔”审批制度；坚持一年一度的经审审查制度。五项原则，即：有利于加强维护职能的原则；有利于服务基层的原则；有利于提高工会工作整体水平的原则；有利于保证重点工作顺利实施的原则；有利于节约经费开支的原则。建章立制，抓预算管理。结合实际，下发了《上海市总工会经费审批管理办法》和《上海市总工会机关预算外资金审批办法》的通知。贯彻“小额、合理、必须”的原则，保证对重点工作资金的投入。建表登帐，抓固定资产管理。下发了《上海市总工会关于转发〈中华全国总工会办公厅关于工会固定资产管理办法〉的通知》，要求各单位严格贯彻《通知》精神，采取自查和互查相结合的形式，定期组织力量开展检查，并将固定资产管理工作列入会计规范化考核范畴。在规范经费管理的同时，坚持工会经费的使用方向，牢固树立努力为广大职工群众服务、为基层服务的意识。继续加大对职工活动俱乐部、疗休养院所、文化宫、工会管理学院等文化设施的资金投入。适当压缩工会行政开支，确保了对上海工会重点工作的资金投入。(4)加强工会经费收缴，确保经费收缴稳步增长。坚持在依法收好工会经费上下功夫，加大依法收缴工会经费力度。全年市总上交全总经费同比上年增长了5.6%。各区县局(产业)工会上交市总在100万元以上的共有58家，其中：500万元以上的有7家，300至500万元的有15家，100至300万元的有36家。上海汽车工业(集团)总公司工会和宝钢集团公司工会创历史记录，工会经费收缴突破了1000万元大关。在全市各级工会的共同努力下，2003年收缴经费与2002年相比大部分单位都保持了稳步增长，其中：黄浦、松江、徐汇、静安、仪电、医药、电力、海运、中远、电信、移动、发展计划、科技和文广工会等单位上交的经费都有大幅增长。主要措施是：加大经费收缴力度，形成依法收缴经费的氛围。以学习贯彻《工会法》和《上海工会条例》为突破口，广泛宣传工会经费收缴的新规定，提高拨缴工会经费的法律意识，努力创造依法收缴的良好环境，把收缴工会经费纳入了法制化轨道。深入调查研究，强化指标管理，在层层分解落实中促增长。摸清情况，分析现状，从实际出发，按规定分解落实指标。以条块管理相结合的方式，一级考核一级，层层分解落实，不留空缺。做到100%的区县局(产业)工会组织与市总财务部签订了上解经费协议书，在考核管理制度上保证了全年工会经费的落实。进一步完善经费收缴的激励机制，强化约束机制。对全市各区县局(产业)工会每年分四个季度进行考核评比，健全和完善超收回拨奖励办法、财务竞赛办法和财务管理自查办法。

(夏惠珍　唐文韵)

财务

【加强工会财务规范化管理】 一是抓好工会财务科学分析。市总财务部专门下发《关于开展工会经费收缴分类统计、分析工作的通知》,要求对经费的组成分门别类,认真分析研究,为领导决策提供依据。二是进行了全市范围内的会计基础工作规范化复查(回头看)工作。44.4%的单位达到90分以上;44.4%的单位达到80分以上;11.2%的单位达到70分以上,99%的被查单位合格。为加强工会财务的长效管理机制,制定了从2003年起的三年内对已达标的各区县局(产业)和部分基层工会组织分期分批进行(回头看)的复查计划。三是加强专业学习,不断提高工会财务人员的业务水平。因地制宜,结合工会工作实际讲授工会财务理论。举办了《工会会计电算化软件培训》和《工会会计专业知识培训》,参加对象达到1800多人。四是积极研究工会财务理论。组织工会财务干部研究探讨工会财务管理理论,撰写论文,开展交流。有10篇论文被《中国工会财务》杂志及其他期刊刊用。

(夏惠珍　唐文韵)

【徐汇区总工会把握工会资产管理四个环节】 以资产收益为中心,把握四个环节,将工会资产管理任务落到实处。(1)抓制度建设。建立了《徐汇区工会资产管理试行办法》,明确区总工会有关部门的资产管理职责,以及工会组织分立、合并、改制和撤销时资产管理的要求。(2)落实目标责任制。对区工人文体中心主任、五月苑大酒店经理、区职工疗休养中心主任等实行任期聘任制,通过签约形式落实社会、经济责任目标。制订考核意见,明确工会资产年度的保值、增值指标与上缴资产收益的指标,建立资产经营实绩与经营者收入挂钩的奖惩办法,落实工会资产所有者资产收益权、人事选择权、重大决策权、资产处置权等四项基本权能。(3)严格投资决策程序。区总工会在决策区工人文体中心3000多平方米空置楼面改造方案的过程中重视做好事前的可行性研究。召开区总工会全委会审议投资项目,对方案、投资项目的收益和还款等事项进行分析,向政府职能部门和有关专家咨询,避免工会资产流失。(4)加强对资产运行情况的监督。实施财务监督,建立会计记帐中心,委派财务总监,及时了解和掌握区总直属企事业单位经营活动动态情况,实施审计监督,实行年度审计。通过帐面核对、凭证查阅、实地抽查,对工会资产管理的经济性、效果性进行审查、分析和评价,针对资产管理存在的薄弱环节,提出整改意见和建议。

(许妙根)

【长宁区总工会实行新建企业工会经费收缴“统一领导、分级管理”新方法】 针对新建企业工会组织蓬勃发展与工会经费收缴严重脱节这一工会财务工作面临的新问题,积极探索街道工会财务管理体制,实行“统一领导、分级管理”的新方法,从而加强了工会经费收、管、用工作。一是深入新建企业工会调研,加强认识,理顺渠道。对临空园区内新建企业工会工作进行了调研,拟定新建企业工会财务工作流程,逐步理顺工会经费收缴和财务管理的渠道。二是加强会计基础工作建设。在对新建企业工会会计考核的基础上,要求已建工会的新建企业建立工会账户,以基础工作推动工会经费收缴。三是加强政策宣传,积极开展财务培训。组织新建企业财务干部培训2期,参加人数近250人,同时加强财务互助网络建设,建立财务互助组。四是根据不同情况,分类制定政策。针对各自特点,会同街道工会对所辖区域的新经济组织应缴经费进行测算,确定基数,采取定数额、定比例的方法收缴工会经费,达到了社区工会经费收缴在2002年的基础上增长10%。

(洪胜利)

【新世界百货工会探索企业转制后工会经费收、管、用“四心”方法】 年初,新世界百货公司所属企业开始陆续由国有转制为民营。在新形势下,公司工会探索了工会经费收、管、用的“四心”方法。(1)用心宣传贯彻修改后的《工会法》。把宣传、贯彻《工会法》作为工作切入点,从增强全体干部职工的法制观念入手,为依法做好工会经费收缴提供思想保证,向全体基层党政干部分发了《工会法》,举办了学习《工会法》培训班,并利用板报、知识竞赛等形式向职工群众宣传《工会法》。(2)细心做好收缴工会经费的协调工作。在企业里,要有行政领导的支持和财务人员的配合,工会经费的收缴工作才能取得满意效果。公司工会经常与基层行政干部和财务人员保持联系,开展家访、慰问、谈心等沟通与协商活动。由于深入细致的协调工作,工会经费收缴得到了全体基层企业行政领导的大力支持。(3)精心组织工会财务工作竞赛。公司工会坚持组织以收好工会经费为内容的工会财务工作竞赛。对积极解缴经费的企业和个人进行1年2次的考核、表彰和奖励,对工会财务人员实行1年2次慰问。(4)坚持按制度办事要有恒心。工会管好、用好工会经费坚持5个原则:即有利于保证重点工作顺利实施的原则;有利于服务基层的原则;有利于加强维护职能的原则;有利于节约开支的原则;有利于提高工会整体水平的原则。并坚持3项制度:即坚持工会预决算管理制度;坚持集体领导下“一支笔”审批制度;坚持一年一度的经审制度。对于重大开支,坚持公司工会委员会和经审会集体讨论后报党委同意后使用。

(吕诚陆　陈雅珍)

【金陵公司工会经费收缴使用形成良性循环机制】 公司工会加大工会经费收缴力度,规范经费管理制度,所属企业工会经费收缴连续3年做到“月月清”,工会经费用于为基层服务,为广大职工服务上,增强了工会的凝聚力。为全面、及时、足额收缴工会经费和管好用好经费,工会采取了3项措施:一是调研摸底、突破难点。公司工会对所属基层工会经费上缴情况专题调研,分析摸清拖欠经费的情况和原因,采取针对性措施,通过逐一上门、专题访谈、个别沟通、召开专题会研究等,终于消灭了“空白点”。二是争取支持、组织保证。工会主动争取公司和企业党政支持,做到企业有关财务人员变更及时沟通,尽量保持财务班干部稳定。三是规范制度、机制保证。公司工会建立财务预决算制度,实行“一支笔”审批制,采取专人专管,帐目公开,强化工会经审,开展专题培训,促使工会经费收缴、使用形成了良性循环机制。（王达维）

【仪电工会清理壳体企业工会财务管理遗留问题】 针对壳体企业工会财务管理历史遗留问题,提出收、转、关、销、清、断、补等7项工作要求,确定相应的措施,使壳体企业工会财务管理工作线条理清、工作到位。仪电系统社保中心有壳体企业67家,企业工会情况不尽相同,为此,提出8条要求:(1)工会印章、财务专用章收齐,由各分部统一保管,规范使用登记手续;(2)注销原工会财务帐户;(3)工会经费全部转移到上级工会帐户;(4)关闭工会三产、技协;(5)核对工会法人代码证,办理注销手续;(6)摸清人员状况,包括职工数、会员数、协保人员数、劳动关系、帮困情况;(7)了断债权债务关系;(8)补缴法定保障金。这8项工作的开展,解决了历史遗留问题,为下一步工作打下了基础。（王建萍）

【化学工会经费收缴做到重收、严管、活用】 化学工会财务工作由工会主要领导直接分管,做到年初有预算,考核有制度,培训有要求,收缴有目标,中途有管理,激励有措施,年终有总结,坚持做到收、管、用一起抓。(1)依法抓好收缴。依靠《工会法》及税收政策支撑,运用一级管一级的网络,在全系统内基本做到应缴尽缴,应缴足缴。尽管全系统的职工人数在下降,但全年收缴拨缴经费同比提高了13.6%,超额完成了上级核定的经费收缴指标。(2)不断提升管理水平。通过发挥工会财务网络作用,坚持一级抓好一级,一级管好一级,做到重收、严管、活用。(3)抓好财会队伍建设。通过组织财会人员再教育培训、电算化培训和新上岗人员业务培训,提高财会人员自身素质。(4)严格编制预决算。通过预决算参与宏观调控,保障重点工作支出,确保经费使用合理,做到年初有预算,年底有考核,审定核算到各部室,运用“资金卡”记录,量入为出。

市运输工会召开工会财务工作会议（杨继松）

(5)定期进行财务分析,对资金运用、现金流量、资金存量,作对比和预测。（虞仲义）

【医药工会加强工会经费管理】 一是组织了一支由财务骨干组成的检查验收队伍,对集团下属96家基层工会进行为期3年的会计基础规范化检查验收,转变工会财务工作对经费“重收轻管”的状况,对被查出问题的单位要求限期纠正,使基层工会财务规范化检查的合格率达到了100%。二是使用工会财务电算化软件,在下属的工会财务部门推广,使医药工会的财务工作更规范、会计信息更及时、更准确。三是把基层工会财务人员的培训作为财务管理工作的一个重点。多次组织专业培训,尤其是新进工会财务人员的上岗培训和专业培训,当年参加培训的工会财务人员达80人,参加培训率90%以上,促进了工会财务人员专业技能的提高。（步　浩）

【邮政工会开展工会会计基础工作规范化考核验收】 为促进工会会计工作规范化建设,在上海邮政工会系统开展了会计基础工作规范化考核验收活动,完成了39个基层工会考核验收,占全部基层工会95%。在考核验收中共发现6大类54个问题,并逐一得到了整改。平均考核分达到84.5分,全部通过考核验收。考核验收工作形成了3个特点:(1)突出了严改结合。“严”即严格按照考核标准和考核程序开展。“改”即对存在的问题不护短,坚决整改。(2)考核验收与审计工作相结合。考核验收请经审人员一同参加,从经审角度审视和评价工会会计基础管理现状,共同推进基础管理。(3)考核验收与业务培训相结合。注重财会人员业务技能的提高。（姚荣根）

【电信工会获全总“工会财务工作先进单位”称号】 市电信工会始终把工会财务工作作为工会的重要工作来抓,通过开展工会财务竞赛,充分调动基层工会的积极性,使经费收缴工作稳步发展,财务管理逐步规范,经费使用更趋合理。在上海市总工会财务竞赛中市电信工会连续多年被评为一等奖。2003年又出色完成了市总工会财务竞赛各项考核指标,财务决算总收入创历史新高,同比增长85.8%,超额完成市总工会下达的经费上缴任务,同比增长20.8%,荣获全国总工会财务工作先进单位称号。（朱东亚）

【医务工会强化财务管理】 (1)举办财务经审干部培训班。要求工会财务经审干部把握方向、严格管理、规范操作。(2)认真贯彻《工会法》,加大工会经费收缴力度．对部分不按时上缴或少交工会经费的单位及新组建的联合工会上缴经费情况,及时与基层工会和行政财务部门沟通,并采取有效措施,确保工会经费及时足额到位。(3)规范工会会计基础工作,调整考核标准,会同同级经审会对17家基层工会的会计基础工作进行考核。(4)推进会计电算化管理，规范会计核算，加快会计信息传递，制定大单位率先开展会计电算化管理的计划，培训22名财务人员，陆续启动会计电算化初始操作。(5)认真编制年度预算报告，坚持常委会审议制。(6)开展年度财务评比，制定有关评分标准，加大对基层工会财务工作的考核力度。　(童秀妹)

短信息：

○上海港务集团工会制定下发了《上海国际港务(集团)有限公司工会财务管理的若干规定》。　(张　莉)

经审综述

新老两届经审会围绕工会工作全局积极开展工作，经审组织的作用得到进一步的发挥。(1)围绕重点，全面审计。认真做好市总工会2002年预算执行情况的审计。根据全总及市总有关规定，市总经审办认真负责地履行了对市总工会2002年工会经费收支决算的审查审计监督职责。经审办认为：2002年度财务部加大收缴经费力度，拨缴经费收入比预算增长7.88%，圆满完成了收缴经费任务。经费支出控制严格，会计资料齐全、帐目清楚、手续完备、收据齐全，货币资金真实，清理并明确了有关帐户的核算内容。同时经审办针对财政补助收入的结转、投资和事业支出的划分、各部门帐户的集中核算等问题提出了审计建议，为市总经审全委会审议市总2002年经费收支决算提供了可靠依据。(2)加强审计监督，提高工会财务管理水平。一是在区县局(产业)工会审计方面。继续对部分区县局(产业)工会主席离任进行经济责任审计，确保工会干部的正常交替和工会组织的健康发展。全年经审办主要开展了对医药工会、港务工会、金山石化股份公司工会主席的离任审计，配合运输工会、闸北区总工会经审会开展了对原主席的离任审计。针对存在的问题，经审办提出了意见和建议：及时、足额收缴工会经费，按资金用途和金额规范投资与借款程序，加强对投资单位的管理，进一步完善资金增值和管理办法，防范和控制投资和借款风险，确保资产在安全完整的前提下保值增值。二是开展基本建设项目和维修改造工程的审计。按照《上海市工会系统基本建设维修改造工程竣工决算审计暂行办法》的规定，对实施基本建设和维修工程竣工后的企事业单位加强审计。委托审计事务所对黄山休养院、干部学院、嘉定公寓、浦东公寓、度假中心、科技中心、工人疗养院、西山休养院等8家直管企事业的基建维修改造工程等项目进行了审计，送审价1536.61万元，审定价为1184.66万元，核减额350.94万元，核减率为22.85%，为直管单位节约使用了有限资金。到2003年底，市总工会和区县局(产业)工会两级经审会先后对2867户基层单位行政计拨工会经费和解交工会经费的情况进行审计，共审计出欠交、漏交工会经费(指40%部分)547.06万元，经上下各级努力，已催交到帐403万元，补交率为74%。通过以上各项审计，市总和区县局两级工会共挽回经济损失785.39万元(其中：基建核减额450.09万元)，纠正违纪现象192条，违纪金额326.12万元。(3)开展调查研究，总结经验，明确目标。一是深入基层加强调研，明确发展方向。根据全国工会经审工作会议精神和《中华全国总工会关于加强工会经费审查监督工作的意见》，市总经审工作坚持"抓基层、建机制、抓实务、上水平"的工作方针，通过组织部分区县局(产业)工会经审会主任，按专题深入基层进行调查研究，并起草了市总十届经审工作报告和调研报告，认真总结了市总十大以来工会经审工作的进展情况，提出进一步发挥经审作用、确保经审组织有力有效开展工作、依法审计、拓宽审计领域、规范审计程序、提高审计效率等建议，进一步明确了今后发展方向。二是突出工作重点，开展专题研讨。10月20日，华东六省一市工会经审工作研讨会在上海兴华宾馆召开。全国总工会经费审查委员会常委、经审办副主任汪忠汉与华东六省一市工会经审主任和经审工作者等50余人参加会议。会议从宏观角度、站在全局的高度认真分析了当前和今后一个时期加强工会经审工作所面临的新情况、新问题，研究了省市工会经审组织在组织建设、制度建设方面出现的新特点、新要求，并就工会经审组织在组织创新、制度创新、工作创新方面形成了新的共识。三是加强考核、指导，夯实基础，规范审计。经对27个单位的考核，90分以上为18户，占67%，较2002年有明显进步。通过目标管理考核，进一步规范了审计行为，有效地督促了各区县局(产业)工会经审会严格执行工会审计操作程序，完善审计档案管理，重视审计复核工作，逐步完善内部控制制度。同时为提高经审干部业务素质，市总经审办与工会管理干部学院联合举办3期经审干部的业务培训，有322名学员参加培训，上机操作工会信息管理软件系统；市总还首次与市审计局培训中心联合举办了审计上岗证培训班，有175名经审干部接受培训，为工会经审人员实施持证上岗规范管理创造了条件，使基层工会经审干部的业务素质有了进一步的提高。

(杨永平)

经审

【市总工会经审办开展实务审计　规范财务管理】　2003年，市总经审办继续开展了对市总工会经费、市总直管企事业单位和区县局(产业)工会的审计，共进行了各项审计15项，其中：对本级单位审计项目为2个，对直管单位(包括部分直管单位的下属单位)审计项目为7个，对区县局(产业)工会审计项目为7个。在审计中，针对有的单位财务管理和控制不严，资产管理不规范，经营状况不佳，会计核算不规范，历史遗留问题不解决，工会经费拨缴不正常，投资和借款程序不规范随意性强，对投资单位管理不严，集团性工会由工会经费支付专职人员工资等问题，分别提出了财务规范管理要求。包括：要完善内部控制制约机制，加强财务监控力度；取消小金库，收入全部入大帐；业务操作过程中应设置内部控制制度；按收支审批权限制度规定，执行审批程序；加强原始凭证审核，对要素不全原始凭证不予受理；加强对下属单位的管理；完善有关会计核算；招待费用等应建立审批监督制度和向职代会报告制度；进一步加强科学决策，提高资产的使用效率；进一步完善财务人员交接手续,保证财务资料的安全、完整;加大依法收缴工会经费力度、规范投资和借款行为、加强对投资单位的管理、进一步完善资金增值和管理办法等意见和建议。

(黄银萍)

【市总工会经审办做好全总经审先进推荐评选】 上海市总工会根据《中华全国总工会关于推荐、评选全国工会经审工作先进集体、先进工作者的通知》的要求,经过各区县局(产业)工会申报、推荐、提名,市总经审办结合历年对各区县局(产业)工会经审工作考核情况进行综合评审,并经市总十届经审会审核,向全国总工会推荐了3个全国工会经审工作先进集体和5名全国工会经审工作先进工作者。中华全国总工会于2003年8月作出关于表彰全国工会经审工作先进集体和先进工作者的决定(总工发〔2003〕22号),表彰了84个全国工会经审工作先进集体、128名全国工会经审工作先进工作者。其中,市总经审会推荐的3个集体和5名个人受到了表彰。先进集体为:上海市总工会经费审查委员会办公室、上海市闵行区总工会经费审查委员会、上海市化学工会经费审查委员会;先进工作者为:卢湾区总工会经审会主任宣学军、纺织工会经审会主任姚敏儿(女)、商业工会经审会主任李绍胜、农工商(集团)总公司工会经审会主任郭志刚、国际港务(集团)有限公司工会经审会主任胡庭亮。

(黄银萍)

【市总工会经审办开展规范检查 提高审计质量】 2003年,市总经审办继续在全市区县局(产业)工会范围内开展经审审计程序规范化工作,并按30%的抽查比例进行考核验收,保证工会经审审计工作的质量,提高经审工作效率,维护工会经审的严肃性。考核验收工作分为单位自查、抽查验收、总结整改三个阶段,市总经审办组织了21位工会经审业务骨干,分成7个考核小组完成了验收工作。考核检查采用表格式评分制,满分为100分。全年安排了34家被验收单位,实际参加考核27个单位。通过考核综合评分,达到90分以上的优良单位有17家,占总考核户数的63%。考核的主要特点:(1)领导重视程度提高;(2)经审工作力度加大;(3)经审培训力度增强,保证了经审审计程序规范化工作的顺利开展。

(卢能飞)

市总经审办与市审计局培训中心为各区县局(产业)工会经审会主任和经审干部举办《审计上岗证》培训班 (卢能飞)

【市总工会经审办抓好工会经审干部岗位培训】 为了使工会经审干部与国家审计和国际审计相接轨,使工会经审干部业务水平上一个档次,使工会经审干部逐步达到持国家内部审计协会颁发的审计证上岗。2003年,市总经审办委托上海市审计局培训中心举办了《审计上岗证书》培训班,有175名工会经审干部系统地学习了审计应用文写作、内审作业指导、经济责任审计等有关课程,通过业务培训,提高了工会经审干部业务素质和审计技巧,取得了合格证书。此外,还组织了3期经审干部岗位培训班,组织62个单位321名经审干部参加了工会经审软件应用培训。

(卢能飞)

【黄浦区总工会开展实务审计 推动工会廉政建设】 (1)形成合力,以学习宣传《工会法》为先导。全面开展修改后的《工会法》、《上海市工会条例》宣传贯彻落实工作,组织两级工会开展经审业务培训,帮助基层工会干部、掌握运用《工会法》,为依法开展工会经审工作夯实基础。(2)突出重点,全面开展历年工会经费的计拨专项审计。组成专项审计小组,按规范程序下审,年审查单位达30%。按照"一级抓好一级、一级指导一级、一级负责一级"的要求,精心组织自查和互查,做到审查(审计)与发动相结合、与学习相结合、与调研相结合、与整改相结合、与考核相结合、与奖励相结合,取得了实效。(3)建立制度、全面推进工会经审工作的目标管理。区总工会经审会注重工作重心下移,全面推进基层工会经审工作开展,制订下发《关于开展经审工作目标考核的通知》,对全年经审工作的目标、任务和考核办法作了具体部署。通过对42个直管工会审计,查出欠、漏交工会经费28万元、补交工会经费12万元,实施审计并出具审计报告120份,提出审计建议67条,核减维修改造费用15.8万元,为推动工会廉政建设取得了实效。

(朱敏嫣)

【嘉定区总工会开展工会经费计拨上解审计竞赛】 为促进工会经费的依法计拨和上解,嘉定区总工会经审会于2003年3月下发了嘉总工审(2003)2号《关于开展基层企事业工会经费计拨上解审计竞赛活动的通知》,对审查审计的时间、范围、内容和竞赛活动的安排、考核等提出了明确的要求。全区有23个镇、街道和部分局、公司工会经审会参加了竞赛活动。据统计,参加2003年度工会经费计拨上解审计竞赛的基层企事业工会有768家,参赛率达80%以上。通过竞赛和考核,有35家企业补交上解经费13.6万元,而且纠正了一些企业拨缴工会经费不及时、不足额的问题,增强了企业依法拨缴工会经费的意识,保证了工会工作的正常开展。 (陈振发)

【化学工会建立经审评价制度】 通过建立经审工作评价制度,促进工会经审组织在工运事业健康发展中发挥作用。一是将经审组织是否与工会组织同步建立,经审组织是否正常开展工作作为验收"合格职工之家"和评选"先进职工之家"的条件之一,从源头上保证工会经审工作正常开展。二是每年对公司、直属企业经审工作进行考核评比,从制度建设、审计实效、工作规范等方面对经审工作进行检查考核评比,以此促进经审工作的有效开展。三是对经审报告的规范化进行交流评比,从审计报告的种类、结构、格式等方面进行交流和评比,以提高实务审计报告的质量。 (沈之歌)

【宝钢集团工会推行经审实务审计工作底稿双轨制度】 集团工会经审会对开展的各项实务审计严格规范7个工作程序,推行"工作底稿双轨制度",即一套工作底稿为审计人员在审计时的手写登录稿,另一套工作底稿用升级软件进行电脑登录。实行"工作底稿双轨制度"的意义和作用,一是有利于增强工会经审人员的责任意识;二是有利于规范实务审计的必要程序,提高工会经审实务审计的水平;三是有利于增强对工会经审人员的保护,使每项审计经得起时间的考验,在电脑有案可询,有据可查;四是有利于提高工会经审人员的办公自动化业务水平。宝钢集团工会经审会不仅在该级工会的各项实务审计中坚持推行"工作底稿双轨制度",而且还为基层工会经审会刻制发放实务审计工作底稿的光盘,要求在实务审计中也实行"工作底稿双轨制度",并列入对基层工会经审工作的年度考核。 (孙康华)

【宝钢集团工会经审会开展工会经审专题调研】 集团公司工会经审会按照市总的要求,组织工会经审干部开展关于"修改《中国工会章程》有关工会经审工作内容"的专题调研。召开多次座谈会,听取工会经审干部、工会积极分子以及职工代表的意见,并把调研情况进行认真汇总,对原《中国工会章程》其中的7项条款提出了28处修改意见或建议。为配合全总开展的筹备中国工会十四大的工作,还开展了工会经审工作情况的专题调研。宝钢集团公司工会经费审查委员会从组织建设、工作制度建设、业务建设等三个方面回顾情况、查找不足、发现问题、制订对策。这次专题调研,针对性强,收到预期的实效。 (孙康华)

【教育工会制订落实实务审计规划】 市教育工会制定了第一轮审计工作规划和方案,计划用三年时间对所属50余个高校工会和直属工会的经费收支状况进行审计。继上一年对复旦、交大等11所高校工会审计后,2003年又对同济、东华等20所高校工会的年度经费收支状况开展审计。一是依法审计,力求审计工作程序化和规范化,从发出审计通知、征求审计报告意见直到送出审计意见书等各个审计环节坚持做到规范有序,使审计工作更具有合法性和权威性。二是将经费审计和会计规范化考核相结合,便于上级工会更加全面客观了解工会财务工作状况,有利提高工会财务管理整体水平。三是审计人员上下结合,审计组由上级工会和基层工会审计财务干部组成。通过对基层工会的实务审计,加强了经常性的监督和指导,基本杜绝了财务的违纪现象。促进了基层工会经费的收管用,2003年全年经费收缴达到历史最高水平。 (张渭明)

· 政策摘编 ·

外来从业人员住院医疗的待遇

因患病或者非因工负伤住院的,住院发生的医疗费用在起付标准以下的部分,由外来从业人员自负;起付标准以上的部分,由综合保险基金承担80%,外来从业人员承担20%。住院医疗费用的起付标准为上年度全市职工年平均工资的10%。

用人单位和无单位的外来从业人员缴费满3个月的,享受住院医疗待遇的最高额,为上年度全市职工年平均工资;连续缴费满6个月的,享受住院医疗待遇的最高额,为上年度全市职工年平均工资的2倍;连续缴费满9个月的,享受住院医疗待遇的最高额,为上年度全市职工年平均工资的3倍;连续缴费满一年以上的,享受住院医疗待遇的最高额,为上年度全市职工年平均工资的4倍。

(摘自《上海职工劳动保障权益手册》)

工会经济事业

综　述

为发展工会企事业，更好地体现服务宗旨，在2003年，市总事业部认真贯彻“三个代表”重要思想，落实市总工会十一大会议精神和年度工作方针目标，重点抓了五方面的工作。(1)加强工会企事业的经营管理。2003年全市工会企事业共1014家，比2002年减少235家，从业人员22635人(其中安排企业下岗人员4579人)，比2002年减少8197人。全年营业收入为3996亿元，比2002年减少6819万元，上缴国家税金27997万元，比2002年减少1522万元，实现利润总额6.15亿元，比2002年减少4918万元，全年人均创利税27162元，比2002年增加5613元。营业收入5000万以上的11户；1000万元以上的有47户；500万元以上的有51户。(2)加强直管单位的资产重组和考核。从抓明晰产权关系入手，加强工会企事业资产管理和考核工作。市总对部分直管单位进行了资产重组，对经营管理比较好，并能适应市场经济发展的单位进行了投资和全面改扩建，同时在经营机制和管理模式上实行了改革，取得了比较好的效果，如市工人文化宫、海员俱乐部、市工人疗养院、劳动报社、工会培训中心等单位的经济效益和社会效益都有了很大的提高。据统计，市总工会直属事业单位资产总计38123万元，负债总额9975万元，净资产总计28148万元(其中固定资产21206万元，专用基金2925万元，事业基金4017万元)，企业化管理单位8个，资产总计77005万元，负债合计61303万元，所有者权益15702万元。(3)完成市总机关办公楼的改造。抓紧抓好工程前期准备、土建结构加固、设备安装与内部装潢等工作。整个改造工程在质量控制、资金控制、时间进度控制上，基本达到了预期目标。(4)积极做好直管单位发展改造的前期工作。落实市总工会对直管单位关于资产要在优化和运运中实现保值、增值，有条件的情况下实现跨跃式发展的思路要求。2003年对樱花度假村改扩建项目进行了提高星级档次的前期论证及报批等手续工作；对屏风山疗养院、东钱湖休养院、工人疗养院发展的定位，实现对现有院所升级换代工作展开了市场摸底，接触了部分内外商投资者，为制定方案做了基础工作；对海鸥之星地块整体改造事宜与黄浦区建设公司进行了洽谈；沙家浜度假村存量资产盘活的工作也已起步。(5)探索直管单位的改制改组工作。针对直管单位存在的资源分散、各自为政、优势不能互补、品牌难以做大、竞争力弱化、管理力度不到位的状况，根据市总工会领导对直管单位改革思路的定位，经过调研与多个方案比较，提出了直管单位组建管理集团的初步方案。　(薛剑霞)

工会经济(三产)

【徐汇区总工会规范工会三产管理】徐汇区总工会规范工会三产管理，提高工会三产的运作质量，实现工会三产的保值增值。(1)开展清产核资工作，防止工会资产流失。发放自查表格，调查摸底。汇总统计数据并组织力量走访核实，掌握基层工会三产资产的总量和投资比例。(2)制定《徐汇区工会企事业清产核资产权界定实施意见》，明确工会投资的工会企事业的产权关系和工会企事业产权界定工作应遵循的原则。完成18家工会三产的清产工作，对其中3家连年亏损或已停业的单位劝其办理了工商歇业手续，将3家行政全额出资的单位转为行政三产，界定了12家工会三产的产权，理顺了工会资产产权关系。(3)严格规章制度，加强工会三产财务监控。规范基层工会三产财务工作制度，制定财务工作竞赛办法，建立监督机制；每季度召开财务例会，及时了解情况，发现问题及时纠正；依靠工会经审力量，对8家工会三产进行财务审计，补收服务经费近10万元。　(陶　俊)

【化学工会从五方面规范管理工会企事业】　一是在年初召开“化学工会第九次企事业工作会议”，向全系统工会企事业提出了加强管理工作的具体要求，特别是要求工会企事业骨干单位在年内建立健全财务、资产、资金、经营和安全及职工技协的“四技”活动制度。二是制订和下发了《关于加强化工系统工会企事业财务管理工作的若干规定》以及《化工系统基层职工技协章程(框架)》等制度，使基层工会企事业规范管理工作有章可循。三是举办“规范加强财务管理工作及相关知识”培训，帮助基层工会企事业负责人和财务人员掌握了财务管理专业知识，找准基层单位在财务管理工作方面的薄弱环节。四是对10家基层工会企事业骨干单位，就建立健全有关基础管理制度进行检查，深入了解基层工会企事业制度建设的经验做法和存在的问题。五是召开了"化工系统工会企事业骨干单位制度建设交流会"。

（薛文海）

【运输工会落实工会企事业经济责任考核】 市运输工会坚持工会企事业为改革开放、发展生产力服务，为职工群众服务，为发展工运事业服务的方向，建立了对4家直属企事业单位：交运松江休养院、交运青浦休养院、交运俱乐部、交通运输职工技术协会的经济责任考核制度，签定了经济责任协议书。经济责任协议书的内容包含经营方式、经营期限、经济考核目标和考核的奖励与处罚等，明确各考核单位必须做到经济责任考核到位、管理责任措施到位、安全责任制度到位。采取签约形式和直属企事业单位达成经济责任考核，加大了实业兴会的力度。

（徐晓骏）

【工会学院扩建新校区立项启动】 工会管理干部学院紧紧抓住高职教育发展的机遇，以培养适应现代化需求，具有创新精神和实践能力人才为方向，积极从成人高等教育向普通高等职业技术教育转型。经市总工会主席办公会议决定，在奉贤庄行购置土地400亩建设学院新校区，并同意吸纳社会资金，以股份制方式探索学院运作新模式。此项目已经上海市发展和改革委员会批复同意立项。学院与庄行镇共同研究成立了新校区筹建领导小组，下设筹建工作小组，在人员配备、项目招标、建设资金筹措等各项工作方面已进入实质性启动。2003年底，学院与庄行镇签订了购置土地意向协议，并完成了校园规划的初步设计。

（谢　鹰）

退管经济

【上海退管经济实现户均产值200万元】 2003年，市退管会提出了"加强管理、完善机制、强化服务、推进发展"的工作思路，把对退管经济的管理职能，逐步转变为服务职能。组织基层实体考察经济区开发政策，为基层实体提供政策服务；组织经营者沙龙活动，为基层实体提供商品信息、新产品推介服务；举办了"上海市退管经济商品展销会"；根据市场需求，成立了"上海市退休职工专业技术人才服务部"，挖掘老年人才，开发老年人才资源，使退管经济有一个长足的发展。至年底，全市退管经济户均产值达到200万元。在户均创利、上缴国家税收、用于退休职工福利费等方面也均比上一年度有所提高。

（周惠明）

· 政策摘编 ·

生育医疗费补贴和生育生活津贴表

项　目	自然流产		生　育	
	妊娠3个月以下（或宫外孕）	妊娠3个月（含）以上7个月以下	妊娠7个月（含）以上生产	妊娠不满7个月早产
生育医疗费补贴	200元	400元	2500元	
生育生活津贴计发期限	1个月	1.5个月	3个月（难产者，增加0.5个月；多胞胎生育者，每多生育一个婴儿增加0.5个月；晚育者增加0.5个月）	

注：生育生活津贴分二档：第一档，生育妇女缴纳社会保险费累计满一年的，其生育生活津贴按下列办法计发：①从业妇女，按本人生产或流产当月的城镇养老保险费缴费基数乘以本人按规定享受的生育生活津贴期限计发。个体工商户及其帮工、自由职业者的月生育生活津贴标准最高不超过本市上年度职工月平均工资；②在领取失业救济金期限内的失业妇女，按经失业保险经办机构核准的本人生产或流产当月的失业救济金标准乘以本人按规定享受的生育生活津贴期限计发。超过失业救济金领取期限的失业妇女，按本人生产或流产当月的本市同类人员的失业救济金标准乘以本人按规定享受的生育生活津贴期限计发。从业妇女，其生产或流产当月领取的生育生活津贴，因本人上一年度月平均工资收入高于全市职工月平均工资300%、超过部分不计入缴费基数而不足缴费年度工资性收入的，不足部分应当由单位发放。

第二档，生育妇女缴纳社会保险费累计不满一年的，其生育生活津贴按下列办法计发：①从业妇女，按本人生产或流产当月本市企业职工月最低工资标准乘以本人规定享受的生育生活津贴期限计发；②在领取失业补助金期限内的失业妇女，按经失业保险经办机构核准的本人生产或流产当月的失业补助金标准乘以本人按规定享受的生育生活津贴期限计发。超过失业救济金领取期限或者暂停领取失业救济金，以及符合领取失业救济金条件但未领取过失业救济金的失业妇女，按经失业保险经办机构核准的本人生产或流产当月的本市同类人员的失业救济金标准乘以本人规定享受的生育生活津贴期限计发。

（摘自《上海职工劳动保障权益手册》）

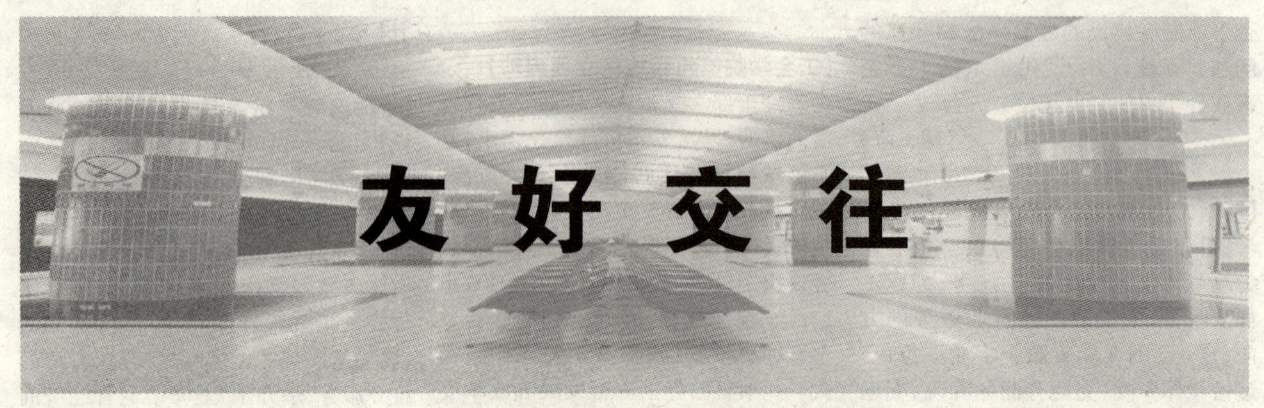

友好交往

综　述

2003年,上海工会国际工作面对新的形势,紧紧围绕上海工会工作的总体要求,努力克服"非典"带来的负面影响,继续加强与国外友好工会组织的联系,积极拓展对外交流,宣传中国经济建设所取得的成果,帮助外国朋友正确认识中国,认识上海,认识中国工会。全年共接待国(境)外工会来访团组65批,596人次。在大量的接待活动中注重加强关于市场经济条件下工会业务的交流,以及工会面临经济全球化的对策探讨。重要客人有英国职工大会代表团、德国五金工会代表团、法国总工会罗阿大区委员会代表团、丹麦综合工会代表团、葡萄牙工人总工会代表团、韩国釜山劳总代表团、日本横浜市劳联代表团、苏丹工人工会总联合会代表团等。为纪念上海横浜两市缔结友好城市30周年,市总工会与有关区和产业工会邀请了日本工会的青年工作者来沪参加以"和平-发展"为主题的研讨会。出国(境)考察与培训是工会干部了解外部世界、参与国际劳工事务的主要途径。组派了大型培训团组赴德国进行为期三周的培训考察。培训团成员了解了德国工会的特色、地位及其作用,以及德国企业中职工参与制度的形成过程、主要形式和运作情况。职工参与所寓含的科学、民主的管理思想以及在企业管理中所发挥的积极作用,给培训团成员留下了深刻的印象和启迪。由于受到"非典"的影响,全年出访团组数量大为减少,共25批,116人次。产业工会的对外交流得到了进一步的拓展。市住宅局工会与俄罗斯圣彼得堡市和列宁格勒州工联所属建筑工会建立了友好关系。工会国际工作注重通过各种形式让全市各级工会拓宽视野、了解发达国家工会工作的经验。市总工会国际部会同法律部编译了《国外集体合同选编》一书,比较详细地介绍了国外工会的集体合同,为推动全市的集体协商和集体合同制度的建立和完善,促进企业建立和谐稳定的劳动关系提供了帮助。同台、港、澳地区工会的交流也在向更深层次发展。年内,与台湾中华联合总工会建立了交流关系,并组团赴台湾交流访问。此外,市总工会还接待了高雄市总工会、台湾中华联合总工会、香港消防工会、澳门工会等工会团体组派的交流团。

(沈雄德)

2003年上海工会与外国和台湾地区工会主要交往简表

团　　名	时间	交往	人数
越南胡志明市劳联第5次访华团	2.20-28	来访	7
俄罗斯圣彼得堡市和列宁格勒州工联第7次访华团	3.30-4.8	来访	6
上海工会代表团赴越南参加胡志明市劳联工代会	7.28-8.2	出访	4
韩国劳总釜山地域本部访华团	8.25-31	来访	5
上海市总工会访问意大利代表团	9.12-22	出访	6
丹麦综合工会联合会第3次访华团	9.21-29	来访	3
法国总工会罗阿大区委员会第4次访华团	10.12-19	来访	6
上海市总工会访问日本代表团	10.15-22	出访	7
上海工会赴德国考察团	11.2-13	出访	5
上海工会赴德国培训团	11.8-28	出访	20
上海工会赴巴西考察团	11.13-23	出访	7
上海工会赴台湾考察团	12.10-19	出访	10
上海市总工会访问日本代表团	12.24-31	出访	6

(张国峰)

上海工会出访

【陈豪主席率团出访日本】 应日本大阪府工会联合会(简称“联合大阪”)的邀请,以市人大常委会副主任、市总工会主席陈豪为团长的上海市总工会访日代表团一行7人,于2003年10月15日起对日本国进行了为期8天的友好访问。这是陈豪主席到任后的首次出访,对此,该会前田修会长表示十分荣幸和感谢,希望通过上海市总工会访日代表团的到访,进一步增进两地工会组织之间的理解与合作。陈豪主席也在致辞中高度评价了“联合大阪”长期为促进两地友好事业所做出的积极贡献,表示今后将一如既往地同“联合大阪”以及其它有长期友好交往关系的工会组织发展友好事业,为中日两国人民世代友好、为促进亚洲和世界和平共同做出积极的贡献。在日的交流考察,使团员对日本的工运现状、政治以及经济等情况有了一定的了解:(1)日本工会运动处于举步维艰的时期。由于连续10多年经济不景气和经济全球化带来的一系列问题,大阪府地区失业率已经超过8%,职工的生活水平普遍下降,联合大阪会员已从1989年成立初期的60万人以上下降至目前的40多万。工会的组织在萎缩、功能在衰退,不少职工以及社会各界批评“联合大阪”是大型企业的工会组织、维护并代表的只是大型企业职工的权益。(2)日本工会正在寻找新的发展空间。面对工会运动的困境,“联合大阪”积极寻找新的发展空间。为了保障职工的合法权益,改善职工的生活,该会提出:回到“联合”成立时的原点进行思考,到生产第一线去深入了解职工在想些什么、需要些什么,作为地方工会组织应该为他们做些什么。要为职工排忧解难,让职工感受到工会组织的切实存在,从而投身到工会组织中来。要把工作重心放在中、小企业,在临时工,短工较集中的地区(企业)开设咨询服务,通过画报和座谈会等形式,宣传法律赋予他们的权利,为他们释疑解惑。工会要以及时有效的服务,赢得职工的信任,以此实现提高工会组织率的目标。(3)对当前的政治、经济状况不乐观。“联合”大阪对日本当前的政治和经济普遍持不满态度。一是对小泉政府不满。认为先是修改《宪法》,后是派兵参加联合国的自卫队,接着颁布《有事法则》和修改历史教科书,他们认为这会把日本带到非常危险的境地。二是由于全国失业率已经增加到5.5%,完全没有储蓄的家庭约占家庭总数的20%,职工对退休后的生活忧虑重重。三是对就业前景不乐观。由于大型企业大量裁员,中小企业不录用正式职工,20%的大学毕业生没有正式工作。目前,全日本的临时工、短工人数已达到1400万之多,他们认为临时工、短工的大量出现,将影响到正式职工待遇的下滑。 (李 庆)

【吴申耀副主席率团访问日本】 由上海市总工会副主席吴申耀为团长的访日代表团一行6人于2003年12月24日至12月31日赴日本进行了友好访问,受到了横滨市劳联和大阪市劳联新老朋友的热情接待。访问期间,代表团先后拜会了大阪市劳联和横滨市劳联,就在世界经济全球化的大趋势下,如何更好地维护工会会员权益等问题进行了广泛而深入的交流。日本工会界的朋友就日本目前的发展状况做了分析和交流。他们认为,日本经济的发展受经济全球化和资产私有化两个因素的影响日渐加深,日本工会组织面临着许多新问题,需要研究应对的策略。在经济全球化过程中,日本工会微观上设法适应企业经营的变化给工人和工会带来的新问题,宏观上则注意资本流动和劳动力转移给工人和工会带来的新情况,特别是资本、劳动力在国际范围内流动和转移的加强,要求发达国家工会与发展中国家工会联合行动。日本工会开展劳资谈判和签订集体合同的经验同样给予访问团以启示。在经济全球化的条件下,日本劳资之间进行集体谈判和签订集体合同都是行业一级或产业一级、乃至全国的。在各种生产要素自由流动的基础上,客观上可以规定行业工资标准,甚至产业、全国的工资标准,这样有利于避免企业中的工会代表因谈判或签约遭到企业方的直接报复。 (邵新宇)

【汪兰洁副主席率团赴越祝贺胡志明市工联第八届工代会召开】 应胡志明市工会联合会的盛情邀请,由汪兰洁副主席率领的上海市总工会代表团一行4人于2003年7月28日抵达胡志明市,专程祝贺胡志明市第八届工代会隆重召开。汪兰洁副主席代表上海市总工会在会上致贺词。上海市总工会和胡志明市工联于1996年正式建立友好关系。7年来,两地工会兄弟般的友好关系日益加深,特别是共同探讨社会主义市场经济条件下工会面临的热点问题,把两地工会组织之间的距离进一步拉近。此次赴越,团员们切身感受到了胡志明市工会联合会对上海市总工会的尊重和深厚情谊。同时也看到了胡志明市在建立市场经济体制的改革中,工会参政议政、组织职工积极投身到生产实践中去并依法维护职工的合法权益等职能的有效体现。如在帮助外来劳务人员解决住房难、帮助职工不断提升知识和技能素养以适应市场经济发展的需要等方面的工作等,给团员们留下了较深的印象。胡志明市及越南各地近百家新闻媒介报道了上海市总工会赴越祝贺团的消息。前首相范文进、越南全国工会联合会主席和胡志明市市委书记等亲切会见了代表团。

(李 庆)

【上海工会培训团赴德考察】 11月8日至29日,上海市总工会劳工企业管理参与经验培训团一行20人,在汪兰洁副主席带领下赴德国进行为期3周的培训。在德国培训期间,培训团成员与德国工会人士就德国工会组织的作用、地位、当前任务、发展前景和运作模式、德国的劳资共决政策、工会与雇主协会的合作情况等问题进行了深入的探讨,使大家对德国工会的组织体制、运作机制、工作方法、、德国劳工企业管理参与的法律保障、运作情况、实行效果,以及当前德国工会面临的形势、工作中的难点及采取的对策措施等有了初步的了解。期间,培训团还拜会了德国工会联合会,联邦议会、萨克森州工会联合会,并实地考察了一些企业。德国劳工参与企业管理的思想早在二战之前就已提出,付诸实施则是在战后，这有其特定的历史背景。战后德国作为战败国，其领土被盟军所占领，占领区内的一些垄断资本家特别是煤炭、钢铁企业的资本家，因与法西斯有牵连而被捕或外逃，致使许多企业无法开工或正常生产。在战后德国重振经济、人民渴望生活安定的关键时刻，历史赋予重新建立起来的工会新的使命。他们在组织工人、恢复生产、振兴经济中发挥了重要的作用。工会适时提出了劳工有权参与企业管理的要求，垄断资本家鉴于当时工会的重要作用以及自身力量的软弱，接受了工会的提议。占领当局也为了利用工会的力量来牵制垄断资本家，防止他们在没有监督的情况下利用自身力量实现其政治和经济野心，同意在英占区的煤炭和钢铁企业中建立由等额劳方代表和资方代表，以及一名双方认可的中立代表组成的监事会，在经理会中有一名工会和企业委员会推荐的劳工经理，从而创立了煤炭和钢铁企业劳资对等共决的模式。而一度被希特勒法西斯专制政府取缔的体现工业民主的企业委员会也得到了恢复。1950 年 5 月，垄断资本家想乘盟军移交管理权时取消劳资共决制度。德国工联针锋相对地提出了共决立法要求，五金工会和煤矿工会举行全行业大罢工，迫使联邦议院于 1951 年 4 月通过了《煤钢共决法》。在以后的 25 年中，德国工会经过漫长而又艰苦的斗争，于 1976 年促使联邦议院通过了《共决法》，把劳资共决推向了煤炭和钢铁企业之外的其他行业。

（沈雄德）

【上海市总工会代表团访问意大利】 应米兰总工会的邀请，以市总工会秘书长侯其彬为团长的上海市总工会代表团一行 6 人于 2003 年 9 月 12 日至 22 日访问了意大利。分别拜会了米兰总工会、佛罗伦萨总工会和意大利总工会，与总书记乔治·罗勒、国际书记齐万尼·赞潘里奥洛等就双方关心的问题进行了坦诚友好的交流。代表团所到之处均受到热情欢迎和友好接待。代表团在意大利宣传了中国改革、发展、稳定的大好形势，介绍了上海工人阶级政治地位、民主权利、经济状况的可喜变化和上海工会工作的发展情况，使意大利工会对中国和中国工会有了比较全面的了解。代表团也了解了意大利工会组织的现状及其在国家政治、经济生活中的作用，考察了工会在依法协调劳动关系、维护职工合法权益等方面所开展工作的情况。鉴于两地工会同样遇到在高新技术企业内组建工会难的问题，双方商定 2004 年米兰总工会代表团访沪期间将与上海市总工会就如何吸引高新技术企业中白领阶层加入工会举行一个小型研讨会。

（张国峰）

3 月，市总工会主席陈豪会见由主席柳申克·加利率领的俄罗斯圣彼得堡市和列宁格勒州工联代表团　（张国峰）

【港务集团工会组团赴日本大阪港交流访问】 10 月 15 日至 22 日，上海国际港务集团工会组成了第三次访日代表团前往日本大阪港，进行友好交流访问。代表团在日本期间，拜会了日本大阪港湾劳动组合协议会，与大阪港运输同盟及下属组织的新老朋友们进行了交流。上海港工会与日本大阪港工会早在 1982 年就开始了友好交往，1997 年后，两港工会友好关系进入新阶段，1997 年至 2002 年间，日本大阪港湾劳动组合协议会 3 次组团来上海港交流访问，上海港工会也两次组团访问日本大阪港。上海港工会实施政企分开改革后，工会领导人和工作机构发生了变更，通过访问，进一步继承和发扬了原上海港务局工会与日本大阪港工会长期保持的友好交往传统，促进和深化了两港工会和两港员工之间的交流和友谊。

（张晨琦）

短信息：

○ 9 月 24 日，电信工会友好访问团应日本 NTT 工会大阪总支部的邀请对日本进行为期 7 天的访问。

（朱东亚）

工会和友好团体来访

【俄罗斯圣彼得堡市和列宁格勒州工联代表团第七次访华】 应上海市总工会邀请，由柳申克·加利主席率领的俄罗斯圣彼得堡市和列宁格勒州工会联合会代表团一行 6 人于 2003 年 3 月 30 日至 4 月 8 日访问了中国上海、西安和北京。此系该工联第 7 次派团访华，目的是进一步加深两地工会间的友谊，了解中国工会在新经济条件下如何开展工作、如何促进就业和社会保障、工会对世贸组织、跨国公司的态度以及如何在跨国公司中组建工会等方面的情况。市人大常委会副主任、市总工会主席陈豪、副主席汪兰洁和秘书长侯其彬会见了代表团一行，并与之进行了亲切友好的交流。代表团还拜会了上海住宅发展局工会、普陀区总工会，参观了宝钢股份有限公司、兆麒服饰贸易有限公司、徐汇区一住宅小区，并举行了有约 30 人参加的“如何在中小私营企业开展工会活动”研讨会。圣彼得堡市和列宁格勒州工联下辖 43 个产业工会，有 120 万会员。近年来，该工联积极开展国际间的工会合作，已同 43 个国家的工会组织友

好交往。自1990年与上海市总工会建立友好关系以来，双方已在多层面开展了交流和合作。（张国峰）

【丹麦综合工会联合会代表团第三次访华】 应上海市总工会邀请，由副主席斯蒂恩·安德森率领的丹麦综合工会联合会代表团一行3人（国际书记苏涅·博格和顾问佛来明·卡尔森）于9月21日至29日访问中国。代表团在沪拜会了上海市总工会和普陀区总工会，参观了宝钢和一家私营企业。在江苏期间，他们分别参访了南京奥迪康听力技术有限公司，安凯特常州公司和参观阿法拉伐流体设备（昆山）有限公司，考察了工会如何在丹麦投资企业开展工作等情况。通过交流，他们认为丹麦在华投资企业提供的工作条件和工资待遇都在江苏平均水平之上，回国后可将这些情况放心地告诉丹麦总公司会员。他们希望丹麦在华投资企业的工会干部和会员能与丹麦总公司的同行交往，或通过电子邮件互通情况，或进行自费交流。

（张国峰）

10月，市总工会副主席吴申耀会见美国洛杉矶联合教师工会代表团

（市总国际部）

【法总罗阿大区委员会代表团访华】 应上海市总工会的邀请，以总书记布律诺·布维尔为团长的法国总工会罗纳——阿尔卑斯大区委员会代表团一行6人于10月12日抵沪，进行为期8天的友好访问。除上海外，代表团还赴杭州和北京进行交流访问。上海市人大常委会副主任、市总工会主席陈豪会见了代表团全体成员。陈豪向法国客人介绍了上海近年来的经济发展及工会工作情况。双方对两地工会近几年来的交流成果给予了充分肯定，并对今后的友好合作领域进行了探讨。双方都表示，两国工会工作各有特点，可以相互学习，要进一步扩大交流范围，尤其是加强基层工会间的交流，推进两地工会间的友好合作关系。市总工会副主席吴申耀和汪兰洁也分别会见了法国客人。（张国峰）

【韩国劳总釜山地域本部代表团访华】

应上海市总工会的邀请，以尹承民常务副议长为团长的韩国劳总釜山地域本部（以下简称釜山劳总）第6次访华代表团一行5人于8月25日抵沪，进行为期7天的交流访问。今年是上海市总工会和釜山劳总缔结友好关系10周年。对此次来访，上海市总工会给予了极大的重视和极高的礼遇。除了上海，代表团还访问了昆明、大理、丽江等地。通过对以上城市的访问，代表团成员目睹了中国经济蓬勃发展的现状，了解了中国悠久的历史文化和丰富的少数民族风情，领略了中国美好的自然风光。此次釜山劳总访华的目的是：(1)与市总工会共同为云南省总工会和韩国出租汽车产业劳联釜山地域本部（以下简称釜山出租汽车工会）促成友好交流关系；(2)了解"非典"疫情后的中国工运情况，介绍金融危机以来韩国工会的情况和工人的就业情况等。代表团在上海参观了浦东新区，访问了上海汽轮发电机有限公司，拜会了市总机关。吴申耀副主席和汪兰洁副主席会见了代表团全体成员，双方进行了较广泛的交流。

（崔春吉）

【上海·横滨工会举办两市结好30周年纪念活动】 为纪念上海和横滨两市结

市总工会副主席张兴淮率上海工会代表团访问瑞典哥德堡市

（办公室供稿）

好30周年，上海市总工会和横滨市工会联盟(以下简称“横滨市劳联”)举办了以“和平与发展”为主题，以增进两地工会青年干部直接交流、促进中日两国世代友好为目的的交流活动。上海市浦东新区工会组织新区的青年工会干部参加了由双方代表共同组办的“面向未来，共同发展”的交流会。会后，访华团一行前往南京，参观了南京大屠杀纪念馆，倾听了幸存者对当时惨绝人寰经历的回顾，团员们上了一堂沉重的历史教育课。访华团团长矢尾谷健司表示，此次专程组织工会青年干部来访，一是重温“和平”的重要性，二是寻找走出困境的“金钥匙”。由于近年来不少日本工会干部对日本10多年来经济形势难以走出低谷、职工就业没保障、市民生活水准不断降低、工会的新作为又在哪里感到十分迷茫。为此，希望通过对历史的回顾，让日本人特别是年轻人在了解历史的前提下，深刻体会到和平的重要；通过对上海近10多年来经济迅猛发展的内在要因的了解，把上海的经验和活力带回日本，以使日本经济早日走出困境。上海市总工会陈豪主席对此次活动给予了很高的评价。陈豪指出，举办两地青年为主体的、以和平与发展为主要内容的交流活动来隆重纪念两市结好30周年有着十分重要的意义。中日两国世代友好要后继有人，就要加大两地青年直接交流的力度，以增进双方的理解和友谊。上海市总工会有责任为增进中日世代友好、促进世界和平作出应有的贡献。以这样的交流来纪念两市结好30周年，是最好的并且是难以忘怀的纪念。 (李　庆)

11月，市总工会副主席汪兰洁率团赴德国考察

(沈雄德)

【沪陕两地工会建立对口交流关系】 4月14日至17日，陕西省总工会常务副主席李怡霞率领的陕西省总工会代表团一行11人访问了上海。4月14日下午，两地工会在海鸥饭店举行了签约仪式。由上海市总工会党组副书记、市总工会副主席吴申耀与陕西省总工会常务副主席李怡霞分别代表沪陕签订了《上海市总工会与陕西省总工会关于建立两地工会对口交流关系协议书》。上海市人大常委会副主任、市总工会主席陈豪主持了签约仪式。市人大常委会副主任包信宝，市总工会秘书长侯其彬出席了签约仪式。除上海市与陕西省签约外，其他建立对口交流关系的8个市、区、产业分别是：西安市总工会——浦东新区总工会；宝鸡市总工会——徐汇区总工会；咸阳市总工会——普陀区总工会；渭南市总工会——闸北区总工会；铜川市总工会——松江区总工会；陕西省教育工会——上海市教育工会；陕西省纺织工会——上海市纺织工会；陕西省财贸工会——上海市商业工会。根据协议，5年内，双方将在平等互利的基础上，加强友好交往合作，促进互相学习交流，实现共同发展。主要形式有：一是及时交流和交换各自的工作信息、工作文件；二是共同研究和探索新时期工会组织建设、工作机制、运作模式、社会保障、维权的实现途径等所关心的问题；三是互派工会干部进行工会工作学习、考察、培训，不定期的开展各种形式的联谊活动；四是按照互通有无、互惠互利的原则，为对方地区的经济发展、技术开发与职工技术协作等经济活动，提供信息服务、牵线搭桥。双方对合作的前景充满信心，一致认为这将有利于推进两地工会工作和工运事业的发展，共同开创新时期工会工作新局面。 (秦　旷)

【浦东新区总工会与西安市总工会建立对口交流关系】 由上海市总工会牵线联系，浦东新区总工会与陕西省西安市总工会建立了为期5年的对口交流关系。这是新区总工会继与大连经济开发区总工会建立友好交流关系后，与外省市总工会建立的第二个友好工会。4月14日，双方正式签订了《两地工会对口交流关系协议书》。协议规定，双方在平等互利的基础上，及时交流和交换各自工作的信息、工作文件；共同研究和探索新时期工会组织建设、工作机制、运作模式、社会保障、维权的实现途径等问题；互派工会干部进行工会工作学习、考察、培训，不定期的开展各种形式的联谊活动；为对方地区的经济发展、技术开发与职工技术协作等经济活动，提供信息服务等。 (蔡雪康)

【松江区总工会与江西宜春和陕西铜川缔结友好工会】 松江区总工会在与江西省宜春市总工会缔结友好工会后，两地工会已分批互派交流团开展访问活动，围绕如何发展两地经济，工会在加快两地经济发展中如何发挥应有作用进行交流。在上海市总工会的牵头协调下，本着互相学习、互相交流、共同推进工会事业发展这一主题，松江区总工会又与陕西省铜川市总工会缔结友好工会。4月15日，铜川市总工会主席韩树存亲临上海，到松江区总工会参加缔结友好工会的签约仪式，参观在建中的松江新城区和松江

大学城。9月18日,区总工会组成以高兴欢为团长的代表团一行7人,前往铜川市总工会开展学习交流活动。双方共同就新经济组织的工会组织建设、工会工作机制的建立和运行、职工社会保障和依法维权等方面的问题进行了深入的研究和探讨。11月11日,铜川市总工会副主席裘济华一行共10人到松江区总工会,就工会工作如何在私营企业中开展工作并发挥作用进行专题探讨,并参观了区私营企业——上海飞雕电器有限公司,与该公司工会进行了交流。 (莫永涛)

11月11日,松江区总工会与陕西省铜川市总工会缔结为友好工会 (莫永涛)

【医药工会开展国际民间文化交流】 医药工会和韩国国际写真交流会(I.P.C)缔结了文化交流协议,继上海医药职工摄影爱好者协会出访韩国大邱市以后,11月,应医药工会邀请,韩国国际写真交流会(I.P.C)率团来沪进行国际民间文化交流,并在上海图书馆联合举办中韩摄影艺术作品交流展,中韩摄影艺术家和爱好者交流了艺术作品,并举行座谈、进行实地采风等活动。双方民间艺术家对两国的摄影艺术、风俗、人情和文明建设进行了交流和探讨,摄影作品展反映了两国的风情、艺术风格和建设面貌。 (孙明南)

【市教育工会加强与西部地区工会交流协作】 市教育工会把加强与西部地区教育工会的协作与交流,作为教育系统服务西部、学习西部和支援西部的重要举措。近两年,市教育工会与新疆乌鲁木齐市教育工会签订学习交流协议,连续4年接受乌市教育工会干部来沪学习与挂职锻炼,其间,上海也将组织工会干部专程前往乌市共同举办专题性工作研讨会。两年来,前来上海学习的6位工会干部,先后被安排到相关学校和区教育工会挂职锻炼1至3个月,在实际工作中了解和参与上海的工会工作,提高了能力和工作水平。两地间的交流与协作,受到了乌市教育党工委、教委领导的充分肯定。2003年,市教育工会又与陕西省教育工会达成建立互相学习与交流机制的初步协议,两地将广泛开展工作内容、工作方式等方面的信息交流与资料交流,同时,将采用互访的形式,就教育工会重点工作进行研讨与交流。陕西省教育工会已在年内组团前来上海,并就学校教代会制度建设等专题前往复旦大学、财经大学,进行深入的交流与研讨。 (顾伯超)

国际工运理论与动态

【越南胡志明市劳联如何签订集体协议】 越南《劳动法》明确规定工人有罢工的权力。除部分企业如交通运输和服务部门不允许采取罢工行动外,其它企业工人和工会均享有罢工权,条件是必须有50%以上的工人赞成。越南工会强调协商和调解的作用,认为罢工应被视为解决劳资纠纷的最后手段。但一旦罢工发生,工会必须站在工人一边,维护他们的利益。作为劳动者的组织和协调解决企业职工与行政之间矛盾的代表,企业工会的职能是维护职工的合法权益,通过集体协商签订集体协议。一、集体协议的签订过程。按照法律,企业经理或其委托者应在开业后6个月内与工会签订一份集体协议。协议包括这些主要内容:企业中各工种的工资、工作条件、劳动保护、社会保险,集体福利以及其它由双方协商的内容。集体协议的条款不能违反劳动法的规定,但可以给职工以比法律条款更为有利的条件。集体协议一式3份,工会和资方各持1份,另1份交给当地劳动部门登记备案。当地劳动部门在收到协议15天内须就登记采纳情况予以答复。集体协议从当地劳动部门同意登记那天起生效,有效期为1到3年。但一个企业倘首次签订集体协议,它的有效期可以不到1年。集体协议的内容要让企业中所有的职工知晓。从集体协议生效之日起,各方要严格按所签订的条款行事。双方要本着合作的精神解决实施协议过程中出现的问题,以确保各方的正当权益。集体协议实施6个月后任何一方可按协议规定的权力提出修改或增删意见(有效期不到1年的集体协议任何一方可有权自生效起3个月后提出意见)。一方须在接到另一方要求修改的意见的15天内给予答复,并与之商量如何进行修改。当一方认为另一方没有完全按集体协议的条款行事或违反了集体协议,它就有权敦促其遵守协议,双方应一起检查并解决问题。如果不能解决的话,任何一方都有权按法律规定的程序向调解委员会、劳动仲裁委员会乃至人民法院提出解决劳动争议的申诉。集体协议期满前,签约双方可对是否签订新协议进行谈判。在谈判期间协议期满的话,该协议仍然有效并有约束力。如果协议期满后3个月内谈判仍未有结果,原协议自动失效。如果双方都不提出签订新的条约,原条约继续在新的期限内生效。在谈判、签订和修改集体协议期间所出现的所有费用均由雇主承担。二、有关休息和休假规定。一天正常工作时间为8个小时,但干繁重、有毒、危险工作的人、有7个月身孕的妇女、正在抚养不足12个月的婴儿的妇女和未满18周岁者每天至少减少1个小时的工作时间。上夜班者工间休息时间为45分钟。倒班工人在上下一班时至少休息12小时。加班须征求工会的意见,但1年最多不超过250个小时。职工享受以下天数的国定假日:元旦1天(1月1日),春节3天(阴历年的最后一天和新年的头两天),国际劳动节1天半(4月31日下午和5月1日),越南社会主义共和国国庆节2天(9月2日~3日)。按照劳动法规定,工人在企业工作了12个月后可享受年休假12天,从事繁重劳动、有毒或危险工作或在生活条件恶劣的地方工作或年龄不满18岁的人员可享受年休假14天。从事特别繁重、有毒或危险工作或在穷乡僻壤、气候恶劣地区从事繁重、有毒或危险工作或年龄不满18岁的人员可享受年休假16天。但根据集体协议,工作了1年后的职工每年可以带薪休假18天。年休假随着工作时间的增长而增长。在企业工作10年以上者、干有毒、繁重、危险活儿的人员和未满18岁者至少可以多休息6天。雇主只有在同工会商量后才有权定出年休假时段,但必须提前公示。在遥远地方工作的工人可要求把两年的公休一次休完。如需3年公休一次休完则须雇主同意。职工结婚有3天假,子女结婚1天假,父母(包括配偶的父母)、丈夫、妻子或子女去世3天假。产妇至少休息12周,其中产后至少要休息6周。如果产妇用完上述休息时间后仍不能工作,并有医生的证明,企业可以多给一些休息时间,但不超过12周。若得到企业同意,职工可以因私事不带薪休息,休息时间由双方商定。非全日制工人或合同工的休假情况由工人与雇主签订的劳动合同而定。三、外企签订集体协议尚处于起步阶段。据统计,越南全国外资企业签订集体合同的比例不足20%。就在外资企业发展最早的胡志明市开发区,集体协议的签订率也只有28%。究其原因,一方面雇主不愿承担责任,常以生产经营还不稳定为由拒绝同工会谈判。相当数量的外资企业对工会抱着不欢迎和不信任甚至敌视的态度,反对成立工会,有的以成立职工代表委员会来代替工会。加入工会的工人也成了企业中"不受欢迎的人",甚至被以种种借口解雇。另一方面,工会干部还缺乏有关知识与技能的培训,对谈判程序和技巧还不了解。有些企业工会干部年轻,缺乏工作经验,不敢大胆争取工人权利;还有些基层工会组织在成立后受到经费和通讯等方面的限制很难发挥工会组织的作用,不能及时调解劳资矛盾,导致劳资关系恶化。因此,在现阶段,外企工人工资和工作条件等具体权益还主要是通过工人个人的劳动合同来加以约束。虽然已有80%左右的外企工人同资方签订了劳动合同。但这些合同内容比较简单,在工作内容、工资福利、劳动时间、休假等具体内容的规定上还不完善。加上一些企业不愿严格地执行有关劳动保护法规,工人的权益还是得不到很好的保护。有的工资或奖金被拖欠,有的人格受到侮辱,从而引发劳资纠纷。为更好地维护外资企业工人的权益,越南工会采取了一系列措施,主要有:(1)加快外资企业工会组建工作;(2)组织工会干部参加培训课程,宣传《劳动法》和《工会法》,提高素质;(3)于1995年成立劳动法庭,专门调解劳资纠纷,工会代表有权参与审理,但无决定权;(4)积极参与立法,完善有关法律法规,并通过立法加强对工会干部的保护,保证外企工会工作的有交往开展;(5)积极学习外国工会工作经验,推广集体谈判和集体协议制度。

(张国峰)

【日本老年人的生活护理保险制度】日本社会的老龄化程度很高,且出现高速发展的趋势。据横滨市政府于1988年对老年人情况所作的调查显示,在现有老年人家庭中,单身生活和老年夫妇单独生活的家庭已占所有老年家庭数的一半。其中,女性约占70%,60岁以上的占50%以上。随着老龄化的加速,老年人家庭的增加,社会和家庭在护理老年人方面的负担也愈来愈重。为了减轻社会和家庭在护理老年人方面的负担,日本政府于1997年12月颁布了针对老年人的生活护理保险法等有关法规,建立了一系列旨在保障老年人晚年生活的护理保险制度,并于2000年4月1日开始实施。生活护理保险为强制性保险,符合条件者都必须参加。按照该保险制度的规定,被保险者分为两种:第一种为65岁以上者,第二种为40岁至64岁。根据个人年收入情况,保险费金额全日本共分为五个等级。但横滨市政府为了减轻参加保险人的负担,将第一、第二等级的费率降低,并增设了第六等级。六个等级的保险费具体如下:第一等级为领养老金者,年缴费为7110日元。第二等级为本人及家庭均是非纳税人,年缴费为18510日元(上述二个等级均低于全国标准25%)。第三等级为本人是非纳税人,但家庭成员中有纳税的,年缴费28480日元。第四等级为年总收入不满250万日元,且本人纳税,年缴费35600日元。第五等级为年总收入在250万日元以上,且本人纳税,年缴费42720日元。第六等级为年总收入在700万日元以上,且本人纳税,年缴费56970日元。个人保险费缴纳方法根据情况分为:第一种保险对象(65岁以上的):年养老金在18万日元以上的,保险费从其养老金中直接扣除。年养老金不满18万日元的,可以通过帐户转帐方式定期向地区办事处缴纳保险费。第二种保险对象(40~64岁),其保险费与医疗保险费一并缴纳。上述被保险对象如遇到特殊原因,在缴纳保险费有困难时,可根据情况缓期征收或实行减免。有资格接受生活护理保险服务的,个人支付全部费用的10%,余下的90%中,国家财政承担一半,保险基金承担一半。被保险人需要接受生活护理服务的,需事先向所在地区的办事机构提出申请,由后者派员上门进行核查,并请专业医生对申请人进行疾病记录。根据上述材料,由电脑参照认定标准进行初步筛选,入选者再由保健、医疗和福利方面的专家组成的审查委员会进行最后审定。有资格接受生活护理的,将根据本人是否属于卧床不起、痴呆或虚弱等情况进行分类，决定是在自已家中接受护理，还是接到老年护理院中接受日常生活护理。如在家中接受护理，由有关护理机构按时派保健医生和护理人员上门对老人进行日常生活护理。如需要送去老人护理院的，则由家属或护理院（需付费）每天派车接送。一般接受生活护理服务的周期为6个月，要延长服务时间的，则需提前60天提出延长服务申请。由于现在需要接受生活护理的老年人愈来愈多，申请者一般需要等上2至3年才能轮到一次。老人生活护理主要包括五个方面内容：直接生活协助，如帮助老人洗浴、排泄、用餐等；间接生活协助，如替老人洗衣服、打扫卫生等；问题行为协助，如老人走失时的寻找、不洁行为的收拾等；功能训练行为，如步行训练、日常生活训练等；医疗协助，如输液管理、褥疮处置等诊疗的辅助等。以在护理院接受生活护理为例，他（她）的一天是这样渡过的：上午10:00，护理院派车接他（她）去护理院，先进行健康检查，由护士量血压、测脉搏和体温。随后，在工作人员协助下入浴，可根据老人的爱好选择洗淋浴或盆池。浴室内装有专门设备，特别时盆池，配备有可自动升降的座椅，方便老人洗浴。洗完澡休息后吃午餐。午休后进行一小时功能训练。吃完点心后在下午15:00左右再由护理院派车送其回家。由于日本较早进入老龄化社会，经过多年的探索，它已基本上建立了一套适应其高速老龄化发展趋势的社会服务保障体系，并在不断地加以完善。 （沈雄德）

【工会学习基金资助下的英国员工培训】 英国职工大会（英国总工会）有着重视发展职工教育和培训、提高会员技能的悠久历史和传统。英国职工大会专设学习服务部，负责制定“会员基础技能培训计划”，通过提供进修和技能培训的机会为会员的个人发展和事业进步发挥工会组织独特的辅助作用。工会认识到在知识经济时代，职工需有过硬的本领才能得到工作并保住工作，学习能帮助会员更新知识，提高技能，使他们变得自尊自信，从容地面对世界上工作类型的变化，从而实现其自身的价值。英国政府也积极支持工会在鼓励会员参与进修方面所作的种种努力。教育和就业部于1998年制定了工会学习基金计划，得到了工会的积极响应。通过竞争，职工大会先后得到了政府拨给的100多项，每项5万英镑的学习计划的款项。工会的这些计划具有新颖、能持久的特点，强调四个方面的工作：(1)为职工提供咨询、指导；(2)策划学习方案；(3)支持并组织职工参加学习；(4)把重点放在年轻人身上。通过工会学习基金的资助，工会成功地为其会员提供了新世纪所需技能的学习机会，并创办了不同的学习模式。一、培养代表计划。工会用工会学习基金来办培养工会学习代表和终身学习顾问的课程。这些代表学成后为其同事当顾问，提建议，提供有关课程的信息，了解他们的具体学习要求，然后再制定进修计划，指导职工选读最适合他们的课程，甚至帮助他们填申请表。工会学习代表经培训后具备了与雇主进行谈判的技巧，他们能根据企业和劳动者的实际情况，争取得到雇主对职工参加学习计划和岗位培训的必不可少的支持和合作。二、资格培训计划。许多职工尽管技术不错，但没有文凭和技术证书。工会对此非常重视，希望通过培训使他们获得证书，得到社会和企业的承认。譬如，UCATT建筑工会通过和普雷斯顿学院、建筑业培训委员会等合作实施了正规的资格培训计划。该计划规定学员入学前得先进行测验，然后根据其实际水平去读不同等级的班，经过培训且考试合格后才能得到相应的技术证书。工会的此类培训计划得到了会员的拥护，也使职工队伍保持相对稳定。三、试验学习计划。根据由BIFU银行工会负责的试验学习计划，在布里斯托尔的顾客服务中心工作的年轻人可以免费进学院进修。由于工作内容复杂多变，还要与不同的顾客打交道，原先在该中心工作的员工士气低落，人员流动率很高。一些年轻人学校毕业后（上大学前）为了支付旅游费用或者在决定自己所要从事的职业前才到该中心一试。为此，BIFU与当地银行和菲尔通学院合作，设计了一个非全脱产的小规模试验计划，该中心年龄在30岁以下的员工均可报名参加，学习期间工资照拿。16个年轻人报名参加了这一试验计划。他们学习解答咨询、商务往来等各种知识，还有参加两个需要住宿的课程，到野外爬山、骑马，培养团队精神和与人交往的技能。该计划获得了成功，首期参与者成了第二期计划的宣传员，个别的甚至还加入计划小组来促进它的发展。四、学习网络计划。工会与总部设在菲尔德的开放式学院的网络系统合作设立了学习网络计划。职工可以拨打24小时开通的教育和培训咨询服务热线，提出诸如个人的前途之类的问题，也可以通过网络与分部取得联系。该计划旨在帮助先前因承担不起培训费用而没有进行职工培训的企业，使其能跟上那

11月，市总工会副主席杜仁伟率上海工会代表团访问德国 （李　庆）

些富有的公司的前进步伐。工会力图使雇主相信教育培训的重要性:教育不仅对职工的个人发展有好处,一支受过良好教育的劳动力队伍对企业的发展更有利。五、企业办学计划。许多从事体力活的工人下班后最需要的是洗澡而非上课。为此,英国职工大会西北地区分会(系上海市总工会的友好工会)专门设计了一种把教室办到工作场所去的做法。该工会认为,如果要让从事体力活的工人下班回家洗好澡后再到学校上课,那他们中的许多人很快就会退学;如果可以穿着工作服就地培训,他们倒愿意一试。在工会的安排下,如今已有400多名工人在30多个工作场所参加培训,课程内容涉及语言、信息技术等各个领域。能有机会参加培训,会员认为这张工会会员证是有价值的。而工会则由于得到了会员的信任,便深深地在基层扎下了根。六、远程学习计划。音乐工作者经常要排练和巡回演出,无法正常的上课。于是工会联合有关机构专门为其创办了一系列网上学习的课程。内容有音乐家如何在学校、青年团体和社区服务中心进行授课,如何办一个管弦乐队,如何指导学员演奏,如何来保证学员的健康和安全以及如何与人打交道、如何解决困难等。学员们还可以通过电子邮件相互交流学习心得。同样,自由撰稿人等职业群体也有这方面的课程可供选择,他们以前因付不起昂贵的商业培训费用而缺乏标准的包括图片加工处理在内的电脑编辑技能。工会希望通过网上教育建立一种更为灵活的学习体制,同时又能保持传统教育具有的集体讨论的优点。因此从某种程度上讲,远程学习比传统教育更加快捷、更有成效。七、快速反应计划。除了工会学习基金外,工会还成功地从欧洲基金中申请到一部分钱用于特殊情况的处理。例如,伦敦北部的一家电缆制造厂因亏损一下子裁员420名工人,而这些工人大多数在该厂工作了20多年,不少人年龄已超过50岁,几乎没有其它技能能使他们找到新的工作。为了帮助这些失业工人进入地方劳动力市场,ISTC工会和北伦敦培训和企业委员会联手开办了铲车驾驶、电脑技术、冷藏设备维修、书籍保存等国家承认的有资格证书的课程,通过新技术的强化培训来帮助他们转岗。到目前为止,英国政府已经投资了200多个培训项目,其中差不多一半由工会直接掌管。这对工会来说是机遇,也是挑战。工会须与政府合作使员工终身受教育的想法变为现实;工会须与雇主合作来提高员工技能,共享经济效益;工会须通过各种形式的学习培训把尚不稳定的新生代员工吸引进工会组织。在技能和资格倍受重视的今天,如何更有效地使用工会学习基金对员工的基础教育培训和技术等级提升显得尤为重要。工会正在总结经验,以期取得更大的成绩。总之,工会认为教育培训并非工会可有可无的工作,而应是其核心业务,工会应该充分信任学习代表和会员,引导青年人学校毕业后在第一时间内投入新的学习,因为只有把学习抓紧抓好,才能保住员工的岗位,改善他们的生活,为他们创造美好的未来。 (张国峰)

【台湾工会现状】 一、工会组织多元化、自由化。2000年前除少数民进党执政的县市有独立的产业工会外,台湾的工会得到国民党的扶植并受其控制,全岛只有一家"全国总工会"。陈水扁上台后即修改了《工会法》,劳工政策便由原先的以政府介入为主逐渐变成以市场为导向,劳工被赋予筹组工会和自主发展的权力,"全国"产职业总工会被视为合法。于是乎,台湾一下子冒出8个总工会,它们是:"全国总工会"、"全国产业总工会"、"全联总"、"全国劳工联盟总会"、"全国职业总工会"、台湾总工会、职业工会"全国联合总会"和"全国工人总工会"。其中"全国产业总工会"和"全国工人总工会"偏向民进党,余下六大工会都还属于泛蓝阵营。"全联总"由原台湾省总工会主席吴海瑞于2001年邀集台湾地区颇具规模的县市总工会、产业工会联合会和职业工会联合会共同筹组成立,号称岛内第一大工会,会员数近150万(全岛工会会员总数为286万,其中职业工会会员约230万,产业工会会员仅为60万弱,显然是因受经济全球化影响产业纷纷转型或外移所致)。对工会组织多元化、自由化的状况,"全联总"理事长吴海瑞持肯定态度,认为这是民主进步的体现,但他也承认这会分化工会力量,造成内耗,从而减弱工会的战斗力和对政府的监督力。二、工会工作专业化、社会化。在复杂多变的社会和经济环境中,各种劳工教育、劳资谈判和劳动争议的处理等都有赖于专业性的规划和实施。工会除了调整运作方式、讲究工作效率外,还需整合会员、专家学者及有关政府官员的力量,取得他们的合作,使其愿意为工会的目标共同努力。譬如,"全联总"结合岛内劳资政学四方

市总工会副主席谢峰率上海市工会代表团赴台湾访问

(市总工会港澳台办事处)

有志投入工会服务的精英，与有关大学和科研机构合作，开展工会干部教育培训(内容有如何进行集体谈判签订集体合同，如何调处劳资纠纷等)，培养员工知识技能(按《职工福利金条例》，政府每月要拨每人15元新台币的费用给用于职工技能培训的教育培训基金)，研究劳工政策和立法，进行劳动情势的调查统计与研究等，以此来协调劳资关系，改善劳动条件，创办并推进职工福利和社会保障，提升劳工地位，谋求会员福祉，促进社会和经济发展。工会还利用互联网让会员来分享工会组织内的知识和资源，也可通过它与政府相关部门和国际劳工组织等进行更有效的联系。工会运用计算机系统在线上进行会员召募、训练及远距教学等。台湾工会界人士认为过去工会只要为会员服务就行了，现在要与政府等方方面面打交道，要负社会责任，工会工作的专业性更强了，对工会干部的要求也更高了。三、工会面临的困难及发展趋势。集体协商和劳工参与是劳工运动的两大传统武器。然而由于不少企业不景气，失业率攀高，没有工会组织的企业很难筹组工会，一些有组织的也面临困境，只能求得保住工作，甚至被迫作出让步，与雇主一起设法削减成本。因此多年来集体协商制度一直未见明显功效。而劳工参与也仅处于劳资会议中咨商型的参与。尽管一些公营事业和民营企业有劳工代表担任董监事，但他们在企事业决策和劳动条件的谈判上居于弱势。由于不少传统产业转型或关闭，员工纷纷到服务等行业就业，工作的弹性化程度提高，非全时的工作者增加。而一些环境差、薪资低(台湾最低工资为15840新台币，人民币与新台币之比约为1:4)的体力活，基本上由来自泰国、印尼、菲律宾、越南等国的外籍劳工承担。如何强化集体协商和劳工参与？如何解决非全日制工日益增多的劳资争议？如何改善外劳的作业环境、保障他们的安全与健康？以及如何保护本地人就业？这些都成了台湾工会急需解决的问题。“全联总”希望各工会组织能相互支持，共同行动，也希望加强两岸工会的联系和往来，交流工作经验。虽然产业工会的力量在下降，但公共部门类似工会组织的生力军在出现。自1995年《教师法》通过之后，各校、县市和台湾地区教师会陆续成立。虽然教师会与工会略有差异，《教师法》也限制了教师会的协商权和争议处置权，但该组织在参与决策上发挥了相当的影响力，尤其是台湾地区教师会近两年的表现相当突出，其代表全体教师参与教育决策的地位已经形成。此外，《公务人员协会法草案》已拟定，一俟立法院审议通过此案，公务人员协会将是另一股工会运动的生力军。 (张国峰)

【意大利工会简况和现阶段主要任务】

一、意大利三大工会简况。意大利的第一批工人组织产生于19世纪60年代，这些组织带有互助会性质。1906年10月成立了包括各行业工人在内的意大利总工会，意大利共产党和左翼社会党起着主导作用。意大利共产党和工会力量的发展使美国深感不安。从1946年冷战开始以后，美国政府力图将共产党和社会党左派力量排挤出政府，同时分化瓦解意大利工会运动，并以此作为向意大利提供经济援助的先决条件。在美国的插手下，天主教民主党人于1948年退出意总，成立了意大利自由劳工联合会，1950年4月改组为意大利劳动人民工会联合会。社会民主党和共和党工会领导人也于1949年相继退出意总，并于1950年3月成立意大利劳工联盟。这样，意大利就分裂成三个总工会。1969年秋季，意大利爆发了大规模的罢工浪潮，并迅速席卷全国。在整个秋天，意大利没有一天不发生罢工事件，其中尤以11月19日的规模为最大，参加者达到2000万，相当于意大利全体劳动者的总人数，这就是意大利工运史上著名的“热秋”。工人阶级在斗争中取得重大胜利，迫使资方在提高工人工资、实行40小时工作制和扩大工会在企业中的权力等方面答应了工人的要求。进入七十年代，企业中工人委员会得以成立，三大工会的统一行动也有了新的发展。1972年三派总工会宣布成立“意总——意劳联——意劳盟联合会”，它们在许多重大问题上协调一致，使意大利工会运动的内部团结前进了一步。八十年代起，由于在国内政策上分歧加深，三大工会的联合处于停滞状态。到1984年2月，“联合会”不复存在。目前，意大利工运仍是三大工会鼎立的局面。尽管它们在政治路线问题上有分歧，在企业中有各自的组织，并在工人委员会中争夺代表权，但在工会运动中它们历来都配合得比较默契，经常开展一些联合活动。即使某一总工会举行罢工，另两大工会也从不阻止其所属会员参加。三大工会中实力最强的是意总，有近500万会员(其中米兰意总有24万)。意劳联有300万左右的会员。意劳盟较小，会员约130万。此外，意大利还有一个于1975年成立的独立工会联合组织——全国自主工会联盟。二、反对修改劳工政策，加紧发展员工入会。近年来意大利贝鲁斯科尼政府为使其经济融入欧共体进行了一系列的政策调整。为迎合资方利益，刺激经济增长，意政府还打算大幅修改劳工政策，以便使企业更容易聘用或解雇员工。对此，工会表示坚决反对。意政府起初拒绝向工会让步，导致双方协商破裂。于是意大利总工会就发动了意大利有史以来规模最大的超过两百万人参加的示威游行，抗议政府的修改劳工政策计划。1994年意大利政府就是因一连串劳工示威垮台而使贝鲁斯科尼登上总理宝座的。不过，现今的贝鲁斯科尼政府在国会占有优势，实力远胜以往。工会要想通过示威迫使其下台难度颇大。反过来，政府也看到了工会的力量，先前绝不妥协的立场也有所松动。于是双方又回到谈判桌上。这些年来，意大利的产业结构也发生了较大的变化，大型工业企业逐步减少，取而代之的是规模小、员工少的企业和大量新增的服务行业，固定就业人数减少，间歇就业和临时就业人数增多，从而造成10%左右的失业率，而南方城市则高达20%(右翼政府希望保持较高的失业率，这样资方就可因劳动力充足而降低用工标准，减少生产成本，从而提高竞争力)，工人利益因此受到较大的影响，会员数也有所下降。现企业的工会组建率约为50%。针对这些情况，工会在工作对象、工作内容和组织形式上相应进行了调整，并以发展高新技术企业白领和私营小企业雇员入会为当务之急。鉴于上海和米兰两地工会同样遇到在高新技术企业内组建工会难的问题，双方商定明年米兰总工会代表团访沪期间将与上海市总工会就如何吸引高新技术企业中白领阶层加入工会的做法举行一个小型研讨会。三、围绕退休制度改革所展开的斗争。根据意大利内阁会议通过的退休制度改革计划，全国各行业的职工退休年龄将逐步提高，从 2008 年起职工退休年龄男性为 65 岁、女性为 60 岁。职工在退休前缴纳社会养老保险的年限也从 35 年增加到 40 年。此外，从 2004 年起，政府将采取一定的措施鼓励职工晚退休，给达到退休条件而又决定继续工作的职工加薪，加薪幅度为他本人工资的 32.7%，在此期间职工可以少缴退休保险费。这一计划引起工会方的强烈不满，它们认为政府的做法违反了双方于 1995 年达成的劳资协议，要求政府不得触动现行的退休制度。政府劳工和社会政策部长马罗尼表示，政府准备就上述方案与工会方面进行谈判，并希望在今年年底前完成这一改革计划。他认为，意大利现行的退休制度已到了非改不可的地步。数字表明，意大利人口中 60 岁以上的老年人占 24%，但到 2050 年，这一比例将达 40%。随着人口的老龄化，退休金开支也大幅增加。政府现在每年仅支付退休金上的开支就占所有社会福利开支的 60% 以上，这一比例超出欧盟内的法国、德国和英国 10 多个百分点。2002 年意大利用于支付退休金方面的开支占国内生产总值的 14.2%。对此，欧盟以及国际货币基金组织最近不断向意大利政府施压，呼吁它对退休制度进行结构性改革，以压缩庞大的公共财政赤字，增强本国的经济竞争力。工会一方面与政府进行谈判，反对政府以养老基金入不敷出为由而提出的把职工退休年龄延长至 65 岁的退休制度改革方案。另一方面三大工会联手发起了全国职工总罢工。罢工持续了 4 个小时，涉及交通运输、银行、邮政等许多行业。工会还在罗马、米兰、那不勒斯等地举行集会。在首都罗马，约 15 万群众参加了从市中心区佩特奥塞利大街前往纳沃纳广场的列队游行。意劳联总书记萨沃诺·佩佐塔在集会上发表讲话，呼吁政府方面改变退休制度改革计划。他还警告，如果政府不采纳工会意见，工会将在罗马举行更大规模的示威活动。（张国峰）

【日本工会总联合会提出新的工作目标】 日本工会总联合会（简称“日本联合”）于 2003 年 8 月底召开了第八届代表大会，重点分析了当前存在的问题和需要着手运作的工作内容，通过了今后 3 年的工会运动计划。大会提出的口号是：加强工会自身改革，建立一个真正让职工感受到的生活稳定、待遇公正的社会。一、改变工运模式，提高工会运动实效。日本工会从 1955 年起，就开始了以“春斗”和“秋斗”为主要斗争形式的工会运动，从稳定就业、提高工资、改善劳动条件等方面同资方进行斗争，在广大职工中反响很大，吸引了日本 55% 以上的职工参加到工会组织中来。从 1970 年起，“春斗”和罢工几乎同时并举，为提高职工的工资待遇、改善劳动条件、稳定就业等起到了积极的作用。但是，随着日本经济的发展，企业的生产规模和生产方式均发生了很大的变化，原有的以“春斗”和“秋斗”为主要运动模式的斗争方式已不再奏效，以企业工会为主体的工会运动的模式也面临变革的要求。因此，工代会提出了“更新工会运动模式，真正起到工会组织应有的不可替代的作用”的口号。具体做法为：(1)回到工会成立时的原点重新思考工会组织存在的意义。提出了要强化生产第一线和地区组织的工会运动，要了解并尽可能地满足每个职工的需求和愿望，成为一个能让每个职工包括女性职工和青年职工都自觉愿意加入的组织；(2)要加强和支援占全国企业总数 99.7%、占职工总数 70.2% 的中小企业的工会运动。通过强化中小企业的对策、确保就业稳定和改善劳动条件以及最低工资线的斗争等，展开以产业工会和地区工会联合会为一体的运动。二、提高工会组织率，重显工会魅力。“日本联合”于 1989 年宣布成立时，会员率达到了 25%，实际会员数达 600 万之多。然而，经过 10 多年的变迁，工会组织率下降了 20%。最近，“日本联合”受到社会各界的评议，认为“日本联合”只是大企业职工利益的代表，难以应对社会变动所带来的问题，是组织率下降的主要原因之一。“日本联合”也已经注意到这一问题，提出：(1)在组织体制上更新：要关注弱势群体，站在他们的立场思考如何展开运动，聚集各个就业形态工作的职工，逐步建立一个由中小企业的工会、行业工会、地区联合会、总联合组成的工会组织机制，明确各个层面工会组织的作用，为提高和扩大工会组织率竭尽全力。(2)把临时工、短工组织起来，在维护合法权益的同时，扩大组织率。(3)在临时工、短工较多的企业设立劳动咨询、对话场所，以《临时工劳动法》为蓝本，提出“日本联合”的实施计划，争取在实际工作中，维护这一群体职工的合法权益，通过工作实绩让这一群体职工感受到工会的力量、是自己切身利益的代表，从而要求加入到工会组织中来。三、加强自身改革。社会有关人士对“日本联合”的评价是：“在现实社会中给人的印象是没有走在时代的前列，而只是落在时代的末尾”。对此，该会提出要认真地看待公众的评价，真挚地接受批评。并且要清醒地认识到，当前正面临着成立以来最严峻的考验，正是需要工会同仁竭尽全力，重创辉煌。具体在组织体制上，大量培养年轻干部，让年轻干部经常到基层，实地了解职工的真实想法，认识到作为上级工会应该为之做些什么，从而制定出符合一线职工意愿的工会运动方针。其次，培训一支符合时代要求、能够代表广大职工利益的工会干部队伍也是“日本联合”今后 3 年的重要工作之一。特别是针对中小企业工会干部力量的不足等，进行定期培训和上级部门派干部进行指导援助。

（李　庆）

概况

浦东新区总工会

主席：彭成兰

【概况】 浦东新区总工会下属局、开发(集团)公司、社区、镇工会47个,基层工会6082个。职工324821人,女职工166761人,会员295303人,其中女会员148294人。(1)更加注重源头参与,着力提升服务大局的工作能力。建立和健全新区劳动关系三方协商机制。会同新区劳动和社会保障局等单位共同推进建立新区层面劳动关系三方协商机制,召开新区劳动关系三方协商联席会议。不断完善厂务公开领导小组的指导机制,新区厂务公开领导小组两次召开专题会议研究推进厂务公开工作,提出2003年推进厂务公开工作的意见。进一步加强与新区有关部门的沟通和协调力度,与新区农村工作党委、城区工作党委、社会事业工作党委、企业工作党委召开党群工作联席会和恳谈会。(2)更加强化依法维权服务意识,着力形成依法维权的工作合力。首次召开新区工会法律工作会议,制作播放《把维权天职落到实处》的专题录像片,全面回顾近年来新区工会法律工作的成果,全区集体合同签约率为85%、工资平等协商率为71%、劳动争议调解委员会建制率为76%、劳动法律委员设立率为79%。组织部分工会干部旁听劳动仲裁案件开庭,参与劳动仲裁案件审理。召开了与劳动保障部门、法院、司法局、法律顾问团人员、经贸局劳动安全处等部门的工作恳谈会暨依法治会研讨会。积极参与协调劳动争议,全年直接参与协调处理突发性、群体性劳动争议案件12件,处理来信115件,接待来访165批次,接受16010999女职工求助热线电话咨询169个,参与处理职工工伤事故39件。与新区劳动监察大队联手,对近359家企业就签订劳动合同、组建工会、集体合同、工资平等协商等问题,进行劳动法律执行情况大检查。针对企业改制,职工分流,提出"属地管理、属地就业、属地帮困、属地保障"的工作办法,为1千多名分流职工提供保障。完善职工互助保障体系,推出《工会干部维权保障计划》等新的项目,全年为近24万人次的职工办理医疗互助保障,金额达1200多万元;为近4万人次在职和退休职工进行医疗、养老互助保险理赔,金额达1700万元。通过新区退管办,向12.33万人次退休职工、支内回沪定居退休职工、新疆生产建设兵团退休回沪职工发放了近1647万元的补贴、补助和慰问金。全区各级工会组织10多万人参加新区慈善周的联合捐款活动,捐款845万元。(3)更加规范组织建设,着力增强基层工会的工作活力。在花木地区和川沙地区先后成立了行业工会联合会分会,并召开了现场会进行推广,提出了针对行政无主管企(事)业工会组织的管理意见。在社区成立工会工作站基础上,今年在所有镇建立工会工作站。在各开发区工会联合会建立了网上服务的沟通平台,张江高科技园区开发区、外高桥保税区、金桥出口加工区分别建立会员(员工)服务中心。全年共新建工会350余家,发展会员2万余人。(4)更加注重素质工程创新,着力激励职工群众的创新动力。组织了"当代职工素质与上海城市精神"和"现代企业员工职业精神"两个论坛。推出了以"扬申博精神、强自身素质、塑可爱形象"为主题的增强职工素质的活动。(5)更加注重机关作风转变,着力夯实工会自身的工作实力。组织中国工会"十四大"和上海工会"十一大"学习交流会。加强调查研究,先后开展外来劳务工状况调研、民主管理和厂务公开工作调研、法律法规执行情况调查,探索工会工作方法创新,提高工会组织群众化、民主化和现代化水平。出台《浦东新区总工会工会代表会议制度(试行)》的文件,强化工会干部培训工作,新建新区工会干部培训中心。 (谢卫东)

徐汇区总工会

【概况】 徐汇区总工会辖有产业(系统)、集团公司工会14个,社区工会13个。基层工会1158个,覆盖企业6120家,职工101106人,会员95055名,其中女会员44441名。工作机构设办公室、组织民管部、职工权益保障部、生产宣教部和事业管理部。直属企(事)业单位有区工人文化体育中心、区职工疗休养服务中心、区职工技术咨询开发

主席：
赵惠惠

中心、五月苑大酒店等4家。(1)在抗击“非典”工作中发挥工会组织的作用。下发做好防治“非典”期间稳定劳动关系的通知，深入50多家基层工会为职工送上7万余元的消毒水等防范用品，对100余家非公企业开展安全生产检查。(2)深入推进职工素质工程。建立区职工素质工程联席会议制度；以座谈会、征文、拍摄电视专题片和出版《徐汇报》专刊等形式，组织各级工会和广大职工参与“以劳模精神为集中体现的工人阶级职业精神”大讨论。建立100万元的“徐汇区职工素质教育基金”。举办职工技能大赛，近千名职工参加培训，百余名职工取得计算机网络培训证书。举办徐汇区职工运动会，2100人次的职工参加了9个大类17个项目的比赛。(3)新建企业工会建设取得新进展。全面构建社区—小区工会工作两级平台，田林、徐家汇、漕河泾等社区成立社区餐饮行业工会。5808家新建企业建立工会，会员55367人。提高新建企业工会运转实效，加强分类指导，制订下发《小区工会工作规范》等规范性文件。发挥社区三方协商机制作用，漕河泾、天平、湖南等10个社区相继签订区域性工资集体协议。(4)履行维权职责取得新突破。深化帮困送温暖工程，各级工会共帮助职工近4万人次，发放金额800余万元，帮助近1000人次下岗职工重新走上工作岗位；推进平等协商和集体合同制度，开展《上海市工会条例》执行情况和企业分配情况的调查研究；成立徐汇区工资集体协商顾问团，加强基层民主建设，区属五大集团公司领导干部向职代会述职述廉和职工代表民主评议已形成制度。组织60余名职工董、监事和基层工会主席进行民主管理业务培训；开展法律援助工作，向职工免费发放2.5万册《职工保障法律法规手册》，组织法律工作者定期到社区为职工提供法律咨询，全年向职工无偿提供法律咨询和服务400余人次。(5)工会干部队伍建设取得新成绩。组织基层工会主席学习党的十六大和中国工会十四大精神；百余名基层工会干部参加工会工作实务培训。区总机关干部落实联系基层工会和职工群众制度，深入100余家新建企业提供工作指导和服务。推行基层工会主席直选制和工会代表常任制，请全区会员代表无记名投票测评区总全委会和经审会的工作；制定工会资产管理和监督办法，组织对17家工会进行财务审计，提出审计意见45条，挽回经济损失56万元。

（虞　蔚）

长宁区总工会

主席：
高建华

【概况】　长宁区总工会辖有产业(局)、街道(镇)、直属工会24个，基层工会1864个，职工66866人，会员59226人，其中女会员29340人。工作机构设办公室、财务部、法律部、组织民管部、宣传教育部、社会保障部、综合事业部。还设有经审办公室、女职工委员会、退管会办公室、职工技协办公室、工会三产管理办公室、工会职业介绍所，直属单位有长宁区工人俱乐部。(1)努力开拓，不断增强工会工作的基本职能。一是深化“凝聚力工程”建设。4月底下发了《关于全区各级工会组织立即行动起来，配合党政、发动职工、依靠科学、齐心协力打胜防非战斗的紧急通知》，区总工会领导前往医院看望和慰问了医务人员，并送上慰问金5万元。二是加强新建企业工会组建工作，当年新组建工会212家，累计组建工会1500多家，组建工会的企业职工数为3204人、会员数为3200人，累计职工数27120人、会员数20889人，工会组建率和职工入会率均达85%。三是弘扬劳模精神，下发了《关于动员全区广大职工“以劳模为榜样，培育新时代职业精神，为长宁经济和社会跨越式发展作贡献”的意见》，组织职工积极参与长宁新一轮发展的大讨论，发动广大职工在创建全国文明城区中建功立业，开展了第三届“长宁杯”立功竞赛活动，举行了“培育上海城市精神，塑造长宁文明城区”的职工演讲比赛。与区劳动局联手，积极开展职工技能登高活动，共举办了11个项目的技术操作培训和比赛，共培训了560名职工，有350名参加了竞赛，其中有125名获得了中级证书，64名获得了高级证书。四是推进企事业单位民主管理。制订《长宁区关于在非公有制企业实行职工(代表)大会制度的试行办法》的文件，评选职工信赖的好领导，推进了企事业单位的民主管理，使国有、集体企事业单位的职工代表大会的建制率达到98%。五是依法治会，切实维护广大职工的合法权益。在10个街道(镇)建立了长宁区职工法律援助分中心，与华东政法学院劳动法律服务中心联手创办上海社区劳动保障法律网，区和各街道(镇)均建立了劳动关系三方协商机制，继续推行平等协商和集体合同制度，年内签订和续签集体合同450家，有5家企业为市工资集体协商试点单位。全年接待劳动争议信访170起、处理调解11起，参与处理企业改革改制中的矛盾14起，办理劳动争议仲裁45起。六是积极举办各类文体活动，维护好职工的文化权利。举办了长宁区第十四届三八姐妹运动会以及“生命在于运动、健康掌握在自己手中”职工拳操比赛等。(2)强化意识，转变作风，增强工会组织吸引力。一是树立服务基层意识。修订落实《区总工会机关干部联系基层制度》。二是组织创新项目申报。在各部室的工作目标中，增加了创新目标。三是理顺工会经费收缴渠道。对各系统、街道(镇)工会核定了工会经费收缴指标，修订了“定额回拨、超收回拨”的奖励办法；在106个基层单位进行会计基础工作检查。四是建立两级会员代表大会制度。区总工会下发了《长宁区工会会员代表大会常任制的实施意见》，在区、系统和街道(镇)建立了会员代表常任制，还聘任了上海工会十一大代表担任工会巡视员。（陈慧君）

普陀区总工会

主席：叶小英

【概况】 普陀区总工会下辖8个产业局工会，9个街道(镇)工会，3811个基层工会。全区共有103168名职工，其中女职工人数为46394人。全区工会会员数100838人，其中女会员45640人。区总机构设办公室、信息调研室、组织部、民管法律部、建设宣教部、生活保障部、财务部、经审办、事业工作部、职工疗休养部、上海市职工保障互助会普陀区服务处暨普陀区职工互助保障中心、普陀区总工会职业培训介绍中心及普陀区总工会职工演艺中心。直属单位有上海沪西工人文化宫、普陀鑫乐影剧院、上海沪西职工技术交流站和普陀体育场。全区工会坚持按照《普陀区工会工作五年规划纲要》目标，坚持“1441”工会工作主线，着力提高工会整体工作水平取得了新的进展。(1)构筑职工素质“132”工程，开启智慧、凝聚力量，为普陀经济社会发展作出新贡献。区总制定了“一创造、三提升、二实施”的“132”计划，建立普陀区职工优秀人才发展促进会，开展千名青工网上行活动，先后举办50余场职工技术比武和劳动竞赛，大力推进职工素质工程建设取得了显著成效。(2)坚持机制维护，“四个轮子”一起转，工会维护水平有了新提高。全区工会坚持职代会厂务公开、三方平等协商、联席会议、法律援助监督“四个轮子”一起转，总结编写出了《非公企业职代会范例集》和《三方协商机制议题百题集》等工具书。全区非公企业独立职代会建制267家，建立区域、行业联合职代会14家，其中参与企业1664家，覆盖职工3.6万余人；5000余家企业与职工签订了集体合同。(3)全区工会形成了坚持八个结合，实施两项管理，开展两个建设的“822”组建工作思路。全区新建工会701家，发展会员10708名，工会组建率和入会率分别超过年初目标的101%和157%；涌现出学习型团队162个，学习型工会干部443人。(4)实施“信息、职介、培训、服务”四联动，工会“139”就业培训联动机制有了新发展。区总职介中心全年举办各类职介招聘会39场，帮助就业3076人次，有15595人次参加了培训，5000余人获得了技能证书。全区工会继续开展多种形式扶贫帮困活动，其中通过市、区职工医疗补充保障，助医帮困就达3.5万人次，累计给付金额达到1500万元。继荣获全国推行厂务公开工作先进集体、全国新建企业工会组建工作先进单位等荣誉称号后，长征镇工会荣获全国街道(镇)唯一一个全国模范职工之家称号，宏泉集团销售部荣获全国模范职工小家称号，区总工会主席叶小英荣获全国优秀工会工作者称号，区医务工会主席朱德成荣获全国优秀工会积极分子称号。（顾维兴）

闸北区总工会

主席：陶七一

【概况】 闸北区总工会依靠并发挥全区各级工会干部和广大职工的积极性、主动性、创造性，在推进闸北两个文明建设中发挥了积极的作用，工会工作整体水平有了新的提升。(1)切实发挥了广大职工在建设新闸北中的主力军作用。在开展新知识、新技能培训和技术练兵比武工作中，举办了多媒体制作培训班有20个班次，有近万人次的工会干部和职工参加；组织和发动各级工会开展技术练兵、技术比武达300余次，参加者共有2万人次。在组织职工开展经济技术创新活动中，围绕区产业结构调整、新型产业项目建设等方面，开展了以“我为建设新闸北献一计”为主题的合理化建议活动；推行创新成果预报制度；先后举办“技术创新与闸北新一轮发展”、“贯彻科教兴市战略，建设新闸北”论坛。(2)切实加强了职工队伍的精神文明建设。在推进学习型组织创建工作中，一是加强目标管理，与区属13个系统工会签订目标责任书；二是强化服务指导，深入到系统工会和基层工会，进行分层指导；三是拓展创建范围，在传统企事业单位创建学习型组织的同时，注重街道系统和私企的创建工作；四是建立长效机制。在深化读书活动中，制订3年行动计划，先后建立了“交际外语”、“环境保护”、“花卉种植”、“养生保健”和“创建学习型组织”5个读书沙龙，还举办了读书成才论坛和读书展示活动。(3)切实推进了基层政治民主进程。一是进一步完善了公有制企事业单位的职代会制度；二是推进了非公有制企业以职代会为基本形式的民主管理制度的建立；三是推进企务公开，提高了建制率和覆盖率；四是开展双爱双评活动。(4)切实突出了工会的维护职能。在开展工会法律工作中，一是推进以工资集体协商为核心的集体合同工作；二是开展法律监督专项检查；三是建立区级劳动关系三方协调机制；四是推进法律援助劳动争议调解工作。在强化工会保障工作中，多办实事、多办好事，一年来，慰问救助职工10738名，发放救助金达255万元；免费提供216张医疗帮困卡，价值9.98万元；为支内退休回沪等人员提供医疗救助17.02万元，并发放补助款562.22万元；为1507名生活困难的支内人员发放困难补助款

30.14万元。建立了区化解特殊困难群众医疗突出矛盾联席会议制度，筹集医疗帮困金45万元。还拓宽就业援助渠道，各级工会通过多种途径，帮助1160名下岗协保人员再就业。(5)切实加大了闸北工会组织自身建设的力度。加强全区基层工会的组织建设，规范工会组织和会员的日常管理；加强非公有制企业工会组建工作，一年来，地区新经济组织组建独立工会166个，联合工会43个，发展工会会员15212名；探索实行属系统、属地域、属行业的多种管理模式。对新上岗的40多名基层工会干部组织培训。加强调研，有计划地举办多次专题研讨会；将较有质量的调查报告、论文和经验交流汇编成《探索》(四)。（赵海春）

虹口区总工会

主席：宋美红

【概况】 虹口区总工会辖产业(局)街道、镇、集团公司工会31个，基层工会2089个，职工79755人、其中女职工41257人，会员75223人、其中女会员39161人。区总工会设办公室、组织人事部、生产民主管理部、宣传教育部、劳动权益保障部、综合服务部和退管会办公室、经审办公室、三产办公室、职工技协、职业介绍所、职工物价监督分站等，有直属单位4个。(1)以经济建设为中心，开展立功竞赛活动。结合虹口经济建设的情况，开展了“虹口职工大练兵活动”，各级工会结合自身特点开展了形式多样的劳动竞赛、合理化建议、技术创新和技术攻关等活动，全区有近3万人次参加了大练兵活动，近1万人次获得技术等级证书。(2)推进基层民主管理制度建设，调动职工的积极性，建立了虹口区劳动关系协调联席会议制度，加强了沟通和协作，在350家转改制企业中，切实维护职工合法权益。全区的厂务公开工作，已从局部试点到全面推行，全区企事业单位实施面已达95%，已建立“全心全意依靠工人阶级办好企事业”制度的单位有378家。(3)构建多层次的劳动关系协调机制，维护了职工权益，充分发挥三方协商机制的作用，突出源头维权，不断强化平等协商、签订集体合同工作，全区建立集体协商、集体合同制度的企业975家，完善了协调劳动争议的组织网络，突出依法协调劳动关系，区总工会和10个街道(镇)的工会法律援助中心，积极参与区劳动争议仲裁，为权益受到侵害的职工无偿代理法律诉讼。(4)推进送温暖工程和再就业工程，为职工排忧解难。全区帮扶困难职工11.33万人次，累计金额达1233万元。定帮困难职工90人、金额达4.5万元，在职和退休职工参加上海市总工会职工互助医疗保障计划，参保人数分别为50034人和78785人，参保率分别为70.78%和100%，17673名职工领取了804万元的医疗保障金。助学帮困对象有450人、金额有31.5万元，发放公惠医院帮困卡200人、金额达6万元，待业、失业救济人员有75人、发放金额3.7万元，在抗击“非典”的斗争中，区总工会拨出专项资金，用于支援医务和环卫等战斗在一线的广大职工。各级工会通过劳务输出、三产安置、家政服务等渠道，努力帮助下岗失业人员再就业，全区共建立再就业基地10个，会同有关部门举办大型劳务洽谈会，为千名协保下岗职工提供求职机会。全区10个街道(镇)社区工会志愿者服务站的工作为社区精神文明建设作出了积极努力。年内区总工会对17名全国劳模和全区历年来近200名上海市劳模生活状况进行了调查，及时帮助他们解决困难。(5)加快新建企业工会组建步伐，拓展工会工作新领域，积极做好改制企业和新建企业的工会组建工作。全区10个街道(镇)206个小区建立了工会，制订了新建企业工会组建的规范程序合职工入会程序，开展了虹口区职工状况和外来务工人员情况的调查。（章培娟）

杨浦区总工会

主席：王剑明

【概况】 杨浦区总工会有直属工会35家，职工60858人，其中女职工30596人，拥有会员58325人。区总工会内设机构有办公室、组织人事部、民管法律部、保障工作部、宣教经济部财务工作部、疗休养部、退管(三产)办公室、经审办，下属事业单位有沪东工人文化宫、杨浦区工人俱乐部、杨浦区职工文体中心、中原护理院、杨浦区职工技协交流站。(1)在围绕杨浦新一轮跨越式发展中有新举措。一是开展了以“服务大学城，聚焦五角场”为主题的推进大市政建设“五个一百”活动。和建委联手开展“奋战100天，加快区重大工程动迁步伐”的“三比三赛”立功竞赛。二是表彰了一批各行各业涌现出来的“职工职业道德建设标兵”。组织上海部分作家开展“看杨浦一日采风”活动，联合区委宣传部、团区委共同举办“放眼杨浦摄影展”。三是开展了“知区情、树信心、鼓实劲、共推进”的杨浦职工区情知识大考场活动和“知识杨浦与职工发展论坛”活动。四是积极探索职工稳定机制，形成《五角场商圈企事业改革改制中的职工思想动态》等调研报告。(2)在认真履行工会职责中有新作为。一是积极参与防治非典，开展了“发一封慰问信、筹集一批慰问专款、进行一次慰问、开展一次劳动安全保护检查、报道一批好人好事”的“五个一”活动。二是会同有关部门联合下发了《关于深化厂务公开，进一步推进区经济体制改革的指导意见》，召开了全区深化厂务公开、加强民主管理推进会。会同区纪委、区委组织部联合下发了《关于区属企事业单位实行职工教育培训规划和职工教育经费使用情况向职工(代表)大会报告制度的办法》。三是重视在改革改制中发挥工会组织的民主政治作用。多次召开区商业、建设、经委等系统工会及其下属8个集团公司工会负责人会议,就国有企业改革、改制情况和工会参与改革改制工作进行研究和部署。四是成立了职工援助中心,组织了"进百家门、知百家情、解百家难、暖百家心"系列活动。共帮困救助职工1.32万人次,总金额达270万元,下发295张医疗帮困卡,对支内、支疆人员、异地安置回沪人员发放各类补助共计2.83万人次,金额有161万余元。设立"厉明法律咨询服务处",为职工群众尤其是困难职工提供法律援助。落实职工三项医疗保障计划,基本做到全覆盖。举办了10期培训班,近800名职工参加了家政、母婴和择业观培训,推介下岗职工1500人次。五是组建了"杨浦工会劳模讲师团"和"杨浦职工培训基地"。(3)在加强工会组织自身建设中有新努力。一是积极探索工会组建模式,组建了杨浦区餐饮行业工会及四个社区餐饮行业分会。工会组建率和职工入会率均达到95%。二是10个社区工会召开了会员代表大会,直选出社区工会主席。建立对工会班子、工会主席的民主评议制度。三是加强各级工会干部培训工作。开展了工会干部"进千家企业,联万名职工"主题活动和机关科级以下干部双向竞聘工作。制定了《杨浦区总工会创新工作奖励办法》。四是重视调查研究,提出了"重心下移,静心思考,勤于实践"的明确要求。广大工会干部深入基层开展调研,形成了《关于建立区总工会职工援助中心与"一家四站"联动机制的报告》、《关于建立杨浦区餐饮行业工会的思考和对策》、《关于大桥社区工会推进特色工作情况的调查和思考》、《关于延吉社区区域工会联席会的调查》等多篇调研报告,并及时开展讲评,将调研成果用于指导工作实践。 (王　洪)

黄浦区总工会

主席:徐少伯

【概况】 黄浦区总工会辖产业(局)、企业集团(公司)、机关、社区和直属工会42家;基层工会2168家;职工88943人,其中女职工45134人;会员100426人,其中女会员50021人。工会工作机构设办公(研究)室、组织民管部、生活保障部、法律工作部、生产劳保(宣传教育)部、社区工作部、财务部。(1)围绕黄浦发展大局,组织职工开展"四个联手"活动。即与区经贸委、旅游办联手,在商业、旅游、文化等行业开展"振兴企业,发展黄浦100个金点子"征集评选;与区重大实事工程办联手,开展立功竞赛;与区劳动局联手,开展职工操作练兵技能月工作;与区国资办、体改办联手,全过程参与企业改革。促使全区企业改革的规范化程度总体上比往年有明显提高。(2)深化学习型组织创建,着重完善职工成才激励机制,实施各项创建联动。落实培训经费的单位不断增加,职工学习与分配晋级挂钩的措施逐步落实,结合实际自学成才的职工迅速增多。树立了一批学习型组织和成才典型。(3)深化文明班组建设。1家单位被评为市职工职业道德十佳单位,3件事被评为市职工精神文明百件好事,325个市、区文明班组,116个市、区红旗文明岗获得命名,13个班组被评为市500强智能型班组示范典型,区总工会被评为市"建、创、做"先进单位与全市三学活动区级唯一先进,新世界股份公司还获得了2003年全国五一劳动奖状。(4)壮大帮困基金,维护职工合法权益,推动各级工会在助训、助岗、助困、助医、助学、助保、助模、助干、助法、助老等十个"助"上取得了新成果,联办再就业援助招聘,达成用工意向2206人。全区工会培训职工技能3283人次,实现再就业2641人。全区各级工会为职工助困助医助学共有2.1万人次,发放帮困金520万元。组织19万名在职职工、13万名退休职工参加各类职工保障互助计划。905名社区失业协保人员参加了职工保障互助计划,比去年增加116%。把劳模工作纳入年度考核,写进集体合同,实行了为劳模服务6项制度。实施了《黄浦区工会主席"权益保护"援助办法》,为困难工会主席"雪中送炭"。实施《区劳动关系协调机制指导委员会工作办法》。培育并运行了社区"人民调解引入劳动争议调解"机制。抓了非公企业中409家维权薄弱点两法两条例执行情况检查,补签劳动合同98人,清退非法招工130人,追回拖欠工资18万元。(5)在防非斗争中强化领导责任。组织区总工会机关干部到170个基层工会宣传防非意义与措施;在工会系统宣传抗非先进事迹;实行防非预警制度;建立专项基金,及时慰问了防非医务人员及家属、小区工会和居委干部等。(6)深化自身建设与改革,实施《区工代表常任制试行办法》,在组建工会网络与开展工作两级平台基础上,重点突破了科技京城等商务楼宇、区机关等工会联合会、联合工会组建,工会组建正向"三高群体"进军;开展进城务工人员调研和工会组建;保证转制企业工会组织不断,工作不乱。确立以属地化为主体、行业化为特征的组织管理新体制:有4个社区筹建了7个行业工会,覆盖100家企业的2144名职工。抓紧培训基层工会骨干,有5家工会、3个工会小组分别获得市模范职工之家、市模范职工小家的荣誉称号。 (吕诚陆)

卢湾区总工会

主席:胡怀坤

【概况】 卢湾区总工会辖有产业(局)、集团工会9家,街道工会4家,基层以上工会37家,基层工会2109家,职工41318人,会员40690人,其中女会员19069人。区总工会机构设办公室、组织人事部、社会保障部、民主法律工作部、生产宣教部。直属事业单位2个。(1)认真贯彻实施《上海市工会条例》,重点推进工会组织建设。坚持以法律为依据,以感情为纽带,以服务为契机,加强与新建企业的联系和服务,对贯彻落实《上海市工会条例》和区委《关于进一步推进卢湾区社区工会工作的意见》情况作全面调研检查,组织机关和街道工会干部去兄弟区学习取经。协助区"两新两建"工作领导小组召开区"两新"组织工会建设工作会议,区委还专门发文,对"两新"组织工会工作作全面部署,今年"两新"组织工会组建率、职工入会率分别达到90%和85%。同时以创建合格职工之家为抓手,推进基层工会的组织建设。(2)积极履行工会维护职能,切实办好工会各项实事。组织各级工会和职工参加"一日捐"活动,总金额达61万余元,慰问特困职工10906人,帮困救助金额达263.2万元。继续做好三项医疗互助保障计划续保和投保工作。在职职工参加补充住院及特种重病保障计划的参保率分别达90%和73%;退休职工参加补充住院保障计划参保率达98.2%,均超额完成全年指标。区总工会还出资近10万余元,为9581名协保人员参加补充住院互助保障计划提供了贴补。协助政府做好支内退休回沪定居及新疆建设兵团退休、退职回沪定居人员的帮困稳定工作。组织近1万名女职工参加市女职工团体互助医疗保障计划,组织实施两年一次妇科普查工作。认真做好职工来信来访接待和处理工作,先后协调处理10多家企业职工群访事件。会同区安监局对252家安全生产重点单位和区域实施专项检查,查出安全隐患185个,发出整改书95封。组织慰问各行各业"抗非"一线职工,并将"抗非"防护用品赠送给区新建企业及员工代表。重点关心生活困难,身患疾病,孤老单居的退休职工。(3)完善基层民主建设,职工参与民主管理的渠道不断拓宽。充分履行职代会民主监督职权。会同区有关部门对4大企业集团领导班子进行民主考评。建立区劳动关系三方协商机制;建立与区体改办的联席会议制度;健全区劳动仲裁工作会议制度等,从机制上保证工会组织的源头参与,维护职工的合法权益。(4)开展职工技能培训,不断深化职工素质工程。发挥卢工俱乐部职工培训基地的作用,举办多期起重指挥培训班,经考核95名学员全部取得《操作证》,44名学员获得重新上岗的机会。同时把推进职工素质同"三学"活动相结合,取得了丰硕成绩。

(葛家敏)

静安区总工会

主席:
周文芳

【概况】 静安区总工会下属委、办、局、集团公司、街道工会25个,基层工会1635个,职工46655人,其中女职工21492人,会员44768人。区总工会设办公室、组织民管部、宣教文体部(经济工作部合署办公)、生活保障部、社区工作部和财务部。区总工会有工人俱乐部、工人体育场、工人游泳池等3家事业单位。区总工会根据"围绕中心要有新成效、重点工作要有新亮点、精神状态要有新面貌、自身建设要有新突破、各项工作要有新进展"的工作思路,一手抓机制、一手抓实事,为全区三个文明建设作出了新贡献。(1)加强工会组织建设,不断增强工会组织的影响力和凝聚力。区总工会开展了对新建企业的调研,理顺了部分新建企业工会隶属关系,举办了社区、小区工会干部的培训班。重点是依托党建加强商务楼工会的组建,组建了8幢大楼的工会联合会,36幢大楼的工会工作处。率先在全市试行职业工会干部招聘,录用2名职业工会干部,并经民主选举产生了申城首位职业大楼工会主席。区总工会与工商局、外经委等部门合作,建立了组建工会的告知制度。法玛西亚普强、恒邦房地产、大金、"第九城市"等著名企业相继建立了工会组织。还建立了都市型工业园区、静安科技园区、公安分局工会。开展了"业主爱员工、员工爱企业、企业爱社区"活动。(2)构建新型的劳动关系协调机制,进一步加大维权力度。召开区第三、第四次三方协商联席会议,对规范企业转制、变更劳动关系,企业解除职工劳动合同告知工会等议题作了规定。与区人大内司委对平等协商、集体合同、工资集体协商工作开展调研。举办集体合同培训班,国有、集团企业签订集体合同的有127家,外资企业签约109家,区域性集体合同覆盖新建企业993家。(3)实施和推进职工素质工程,进一步提高职工队伍的综合素质。组织"城市精神和职业精神"大讨论,征集"职业精神格言",开展职业道德"双十佳"评选。召开文明商务楼创建,评出一批文明行业、单位、班组、岗位和职工。全区有31.16%的班组开展创建活动。继续深入开展"建设双高区、再创新佳绩"劳动竞赛,在重点工程、实事项目中发挥工会的积极作用,全区1.2万名职工参加了技术练兵活动。(4)推行基层民主政治建设,进一步拓宽职工参与民主管理的渠道。加强职代会建设,强化"五位一体"考核,建立职工董事、监事向职代会述职,接受职代会评议制度。5个街道建立了工代会常任制,1个街道和3个小区建立了工会主席直选制。建立了全市第一个楼宇职代会和非正规就业劳动组织民主议事会,民主管理已覆盖了510家非公企业。(5)努力为职工做好事办实事,进一步发挥工会的桥梁纽带作用。各级工会慰问困难职工5500余人次,金额达190余万元,"一日捐"募集资金有83万余元,全部用于基层帮困,帮助退休职工21.24万人次,总金额达132.8万元,做好支内退休回沪人员的救助工作,继续推进三项保障计划,建立街道劳动争议调解中心。开展进城务工人员情况调研,推行维权试点,召开了现场交流会。举办第九届职工运动会,2600余名运动员参加了20个项目的竞赛。

(程忠俊)

宝山区总工会

主席:曹群华

【概况】 宝山区总工会辖基层工会4846个,职工139426人,会员124637人,其中女会员49822人。区总工会工作机构设办公室、组织民管部、保障工作部;直属事业单位3家。(1)广大职工在抗击"非典"战斗中体现出来的团结拼搏精神得到新提升。面对突如其来的"非典"疫情,动员全区职工参加"非典"群防群治战役,为打赢抗击"非典"战役作出了贡献。积极开展"世博会与上海新一轮发展,促进宝山大变样"的讨论活动。组织广大工会干部和职工参加大讨论,成功地组织了"劳模精神和宝山发展"、"职业精神和宝山发展"的两个专题讨论会,并在工作实践中丰富城市精神,提炼出宝山"敢为人先,永不懈怠"的精神。(2)拓宽组建渠道,工会组织建设得到进一步加强。区总工会加大工会组建的力度,一是重点在非公企业中建立工会组织;二是把已加入开发区联合工会的落地型、实体型、职工人数相对较多的非公企业,从联合工会中剥离出来,建立独立工会。截至年底,区新建企业建会总数已达4139家,新建企业职工入会总数79038人,组建率和职工入会率均动态保持在85%以上。(3)着力维权机制的建立,民主管理工作得到进一步规范。工会着力于维权机制建设,从源头上把好维权关。全区18个经济发展区除高境工业园区外均建立了劳动关系三方协商机制。在此基础上,建立了区级三方协商联席会议制度,乡镇、街道行政与工会联席会议制度完成50%以上,宝山区工会职工法律援助顾问团和首批工资协商试点工作也已完成,区属各集团公司及教育、卫生系统普遍建立了职代会制度,与国资办等10家单位联合发文,规范了企业改制的有关程序,源头参与了宝隆集团和经济技术开发公司转、改制的全过程;制订了未来五年厂务公开工作规范;继续做好法律援助和信访接待工作。(4)推动人的全面发展,职工队伍整体素质得到进一步提高。宝山区医保中心被评为"2003年上海市职工职业道德十佳单位"并推荐全总表彰。组织200多名职工参加"工商管理初级班"学习,编印"宝山职工精神文明荟萃"一书,组织"五一"宝山职工摄影展、健身长跑、羽毛球比赛和歌咏比赛等职工喜闻乐见的文体活动。选拔了8支队伍参加全市职工技能比武选拔赛。(5)关注特困弱势群体,维护保障工作取得新成效。全区走访困难职工9800余户,送帮困款285万余元,送帮困物品折款24万余元;实施定向帮困585人次,发放定帮款23万余元,临时救助203人次,发放救助款7万余元,助学257人次,发放助学金9万余元,发放公惠医院帮困医疗卡110张。支内、支疆回沪定居人员常规补助27403人次,补助款535万余元,一次性困难补助1154人次,补助金34万余元,医疗救助291人次,发放救助金23万余元;提前两个月全面完成了职工"四项互助保障"。计划"在职职工住院补充医保"投保率达88.3%。"特种重病互助医保"投保率达77.8%,"女职工特种重病互助医保"参保人数达14669人,"退休职工住院补充医保"参保人数比去年增加15.8%,办理退休职工住院给付人次比去年同期增加3%。

(窦恺芳)

闵行区总工会

主席:俞莉红

【概况】 闵行区总工会辖有大口、直属工会44个,基层工会4289个,职工169832人,工会会员155523人,其中女会员77051人。区总工会工作机构设办公室、组织宣教部、法律工作部、保障工作部、经济民管部,有直属事业单位4个。(1)认真实践"三个代表"重要思想,自觉服务工作大局。全区各级工会积极发动广大职工积极投身闵行区新一轮发展和实施"科教兴区"中,广泛开展"岗位争一流,班组争先进,企业争效益"的劳动竞赛,提出合理化建议1491条,已采纳实施804条,创造(或节约)价值折算人民币1819万元;完成技术革新项目98个,创造(或节约)价值折算人民币493万元;完成技术发明项目24项,创造经济效益人民币244万元。(2)深入开展"建、创、做"活动,提升职工群众综合素质。多渠道、多形式地举办职工学历培训、技术培训和再就业培训,开展技术比武和技能操作竞赛,鼓励职工岗位成才。组织1230人参加初级工商管理(EBA)资格培训,组织了35期电工、焊工培训班,培训职工1634人次;举办了再就业培训班5期,培训下岗职工122人。会同区劳动局举办计算机辅助设计等四项职工技能操作竞赛,组织1000多名职工参加"全球通"杯无线通讯业务及技术应用知识大赛。(3)依法履行维权基本职责。协助政府推进医疗保险制度改革,大力推进职工补充医疗保险,积极实施"特种重病"、"在职住院"和"退休住院"三项互助保障计划。年内完成退休投保392家单位,受保27286人,完成在职投保796家,受保64897人。区总工会为方便广大职工特别是退休职工就近参保理赔,在全区设立志愿者服务处(点)11个,理赔给付13496人,理赔金额624.8万元。(4)大力推进非公、改制企业民主管理,探索健全职代会和厂务公开制度。按照中央五部委的通知精神,加强各相关部门的工作协调,调整充实厂务公开领导小组和工作机构,加大了推行厂务公开制度的工作力度;全区已完成改制的581家企业中,483家坚持了职代会制度,438家建立了厂务公开制度,此外,在外资企业和私营企业中,有379家建立了职代会制度,有188家建立了厂务公开制度。(5)加强工会组织建设,不断增强基层工会活力。年内又新建工会单位564个,发展会员12549人;加强对进城务工人员情况的调研,有针对性地开展工会组建和服务工作,积极探索在进城务工人员相对集中的企业建立工会组织的有效途经和组织形式,如莘庄镇建立了餐饮业联合工会,七宝镇成立了上海九星综合贸易市场工会。(6)加强工会干部队伍建设,提升工会组织的凝聚力和影响力。努力推进区总工会机关领导工作的民主化、规范化、制度化建设,制定了"区总工会党组关于加强和改进自身建设的若干规定"和"区总工会领导班子议事规则",进一步加强民主集中制;强化区总机关内部管理,调整了部室设置和职能划分。建立了三项制度,即机关干部联系基层制度、部室工作月度测评考核制度和机关干部每周学习制度。 (叶民强)

嘉定区总工会

主席:吴 飚

【概况】 嘉定区总工会辖有镇、街道、工业区、委、局、公司工会55个,基层工会6477个,职工总数176998人,其中女职工76825人;会员158492人,其中女会员67545人。区总工会机构设办公室、组织基层部、保障法律部、经济工作部。直属单位有嘉定工人文化活动中心,下属嘉定工人俱乐部、嘉定工人影剧场、嘉定职工招待所、嘉定职工劳务开发公司。(1)组织职工为嘉定新一轮发展作贡献。在职工中开展"我为嘉定新一轮发展献一计"、"五比立功竞赛"和"创新工程"活动,提出合理化建议29215条,实施5612条,共创经济效益1.1亿元。(2)深化职工素质工程,推出"与建设上海国际汽车城同行——职工教育培训计划"。全年开办各类培训班236期,培训职工45011人,其中有18500多人取得各类证书,有12000多人晋升了技术等级。(3)抓组建、抓运作,激活基层工会活力。全年新建企业工会642家,新发展会员17400名,覆盖职工19600名,全区工会的组建率和入会率动态保持在85%以上。在抓好组建的基础上着力抓运作,以创建"合格职工之家"为抓手,加强基层工会民主政治和文化思想建设,职代会制度建制率和厂务公开制度实施率均超过95%以上。(4)加强维权机制建设,依法保障职工基本权益。全区13家镇、街道、工业区经过新一轮调整和充实,加强了"劳动关系三方协商机制"、"工会劳动法律监督机制"、"工会劳动争议调解机制"的建设;年内,新增969家企业建立了平等协商、集体合同制度。到年底,全区5699家企业建立了平等协商机制,签订了集体合同,建制率达到92.1%;由区人大内务司法委员会、区总工会联合组织对22个镇、街道、公司工会开展《上海市工会条例》实施情况的调研和自查自纠活动,还会同区劳动和社会保障局对166家企业开展贯彻《上海市劳动合同条例》的执法大检查;创新信访与法律援助有机结合、互为联动的工作机制。受理职工来信来访203件次,通过法律援助调处89件,解决了信访中的疑难杂症,信访办结率达100%。(5)继续深化送温暖工程,为职工做好事、办实事、解难事。一是区总工会根据扶贫帮困和再就业工作的实际,向全区各级工会发出《关于组织开展"千名结对帮困、千名就业"活动的实施意见》。落实结对帮困1046户,帮助1810名困难职工实现再就业,"双千"活动直接为困难职工提供帮困金额187.7万元。二是各级工会抓住重大节日走访慰问特困劳模、在职、退休职工家庭8346户,发出慰问救助金398.3万元。区总工会还为81户特困家庭实行每月定向救助,为180名特困职工子女进行春秋两季救助,金额达到52.3万元。三是通过多种形式扩盘帮困基金,到年底,全区三级帮困基金超过3000万元。四是年内又创建了"职工就业援助中心"并入驻嘉定区就业广场。五是年内有79572名职工参加了市总推出的各类互助补充保障计划,参保金额965.3万元,并为8924名职工办理了给付保障金343.5万元。(6)加强自身建设。一是注重多层次的干部教育培训,达5000多人。二是注重基层工会干部的直选和加大工会干部的协管力度。三是注重加强对工会工作新情况新问题的探索和研究。四是组建"抗非"志愿者队伍,出色完成区防非指挥部交给的96万份"健康信息联系表"的输入任务。

(唐身桂)

金山区总工会

主席:刘跃俊

【概况】 金山区总工会辖有镇、街道、局、区属公司以及区级机关工会39个,基层工会809个,涵盖法人单位1573个,职工总数96654人,工会会员93108人,其中女会员50201人。经过机构改革,区总机关现设四部一室:组织民管部、经济宣教部、事业部、维权保障部和办公室,附设区退休职工管理委员会办公室,还直管枫泾、朱泾、亭林三个工人俱乐部。(1)工会组建取得新进展。据统计,全区累计实业型新建企业组建工会1631家,建会率85.1%,职工入会55763人,入会率83.3%。积极探索建立地区工会和产业工会有机衔接的区域性行业工会,首家金山区纺织行业工会联合会,于12月21日正式揭牌成立。(2)职工素质工程有新途径。全区先后有2600多人参加计算机、维修电工等各类培训、比武,有490多名职工晋升技术等级;有1650多名职工参加合理化建议活动,提出合理化建议1560多条,被采纳535条,实施380多条,新增经济效益820多万元;在全区范围开展"职业精神大讨论"活动,评选出区十佳职业精神用语,区总还选择10名先进人物,将他们的事迹制作成电视光盘进行宣传。(3)多层次的劳动关系协调机制有新突破。一是建立了区政府和区总工会的联席会议制度,二是镇、街道一级建立了三方协商机制,全区有1392家企业签订集体合同,1077家企业开展工资协商,三是建立区职工法律援助中心,为权益爱到侵害的职工提供了法律援助,四是建立工会劳动保护监督检查网络,在新建企业设立劳动保护监督电话,五是参与劳动仲裁三方办案107次,六是会同区人大,区劳动与社会保障局联手开展《上海市工会条例》、《上海市劳动合同条例》的督查。(4)民主管理有新发展。区总在强化厂务公开工作的同时,加强不同所有制企业单位民主管理工作的指导,在试点中,形成枫泾镇菖梧村建立联合职代会制度、供销社职工代表巡视制和卫生系统分配制度改革方案职代会通过后实施等成功经验。(5)保障工作有新成效。一是工会直接帮助225名下岗人员重新走上工作岗位,二是多方筹措帮困资金185万元,先后对3000多人次特困人员进行了慰问,发放补助款64万多元,免费为100多名特困女职工体检;三是职工互助保障顺利推进,全区已有71020多人参加各类补充保险,投保额达420多万元,全区先后有5120人次获得理赔,给付保障金273.3万元;四是加强高温慰问的力度,出资30多万元,慰问230多家企业,一线职工3.5万人;五是出资5万多元,在抗击非典期间慰问白衣战士和在出境道口联合执勤的干部职工。 (吴　冲)

松江区总工会

主席:吴红星

【概况】 松江工会紧紧围绕实施松江新三年行动计划目标,服务大局,服务职工,开展卓有成效的工作。(1)组织开展三项活动。一是动员并引导职工开展抗击"非典"活动,二是组织开展塑造松江职工形象、松江城市精神的大讨论活动。动员和组织1万多名职工广泛开展劳动竞赛,组织3000多名职工,开展以攻克难关、提高质量、降低成本、增加效益为目的的重点工程立功竞赛等活动;三是开展树立五个理念(即终身学习和求知为荣的理念、爱岗敬业为荣的理念、勤劳俭朴为荣的理念、关心他人为荣的理念、遵纪守法为荣的理念)和开展五项竞赛系列活动(即学文化、学技术、学理论竞赛活动;争做智能型职工、争创智能型文明班组竞赛活动;建言献策、技术创新竞赛活动;互帮互助竞赛活动;做文明职工、建设"四有"职工队伍竞赛活动)。(2)推进四项重点工作。一是推进新建企业工会组建工作,采取上门宣传沟通、定期交流情况、召开专题会议等形式,全区以非公企业和外资企业为主的各类新建企业,共建立工会组织156家,吸纳工会会员10650名;二是推进三方协商和签订集体合同工作,各镇、街道和园区等工会进一步健全三方协商机制、完善协商制度,加强签订集体合同这项重点工作,年内共有342家企业新签集体合同。三是推进"职工素质工程"工作,组织4万余名职工,分别参加技术技能培训或技术操作比赛。四是广泛开展帮困送温暖工作,全年助学和大病帮困675户,帮困金80.87万元。慰问5785户困难职工家庭及824户区内支内回沪的困难退休职工家庭,送去慰问金和医疗帮困金142.29万元,配合政府对全区1170名支内回沪人员发放补助金100.20万元。在开展"一日捐"活动中,全区53348人次干部职工共捐款182万元。区总工会和全区各级工会采取培训、职介、目标考核、奖罚结合等方法,先后使1250名下岗职工获得再就业。(3)加大五方面工作力度:第一加大协调劳动关系力度,与区劳动和社会保障局联合开展劳动法律执法检查,举办维护外来务工人员权益大型现场法律咨询会,开通"松江区职工法律援助热线",建立每周六律师坐堂义务接待职工法律咨询制度。第二加大企事业单位实行民主管理力度,全区非公企业职代会建制单位356家,职代会活动率85%。全区推行厂务公开的国有资产控股企业和集体企业100%实行公开制度,动态公开率达100%。第三加大为全区劳动模范服务和管理工作力度,组织开展劳模疗休养,组织全区劳模进行体检和健康咨询,为困难劳模开展帮困救助工作,对40多名困难劳模家庭及时发放慰问金。第四加大工会互助保险工作力度,在职职工特种重病、在职职工住院、退休职工住院、女职工补充保险参保人数分别为21822人、36876人、19553人和3042人,为6725人次在职和退休职工办理给付金额255.38万元。第五加大工会自身建设力度,区总工会于8月20日召开松江区工会第二次代表大会,选举产生松江区总工会第二届委员会。 (莫永涛)

青浦区总工会

主席:吕健康

【概况】 青浦区总工会辖有工会54个,其中镇、工业园区工会13个,局工会工作委员会15个,直属工会26个。全区有基层工会792个,其中独立工会686个,联合工会106个,包含小企业

18755家。到年底全区工会会员总数达167588万人。区总工会机关设基层部、保障部、经济部、法律部、办公室。直属单位有青浦、朱家角两个工人俱乐部。(1)工会服务经济建设的力度进一步加强。全区有478个企业基层工会组织开展了以“我为家乡建设作贡献”为主题的经济技术创新活动,参与职工10.8万人次,参赛率达82%;全年有5.1万人次参加工会举办的各类技术业务培训,其中有1.09万人参加了技术升级培训,3287人通过培训晋升了一个技术等级。(2)维权机制不断完善,全区建立平等协商、签订集体合同企业17581家,集体合同建制率、覆盖面超过94%;有1209家实地型非公企业建立职代会制度,占实地型非公企业的87%;有279家企事业单位实施了厂务公开,占公有制企事业单位数的98%。全年帮困职工总数达到8982人,帮困金额超过350万元;工会通过中介服务,全年帮助2026名下岗职工实现了再就业,全年新增医疗互助补充保险6.04万人,累计参保人数近11万人。(3)工会自身建设取得了新进展,工会组织建设得到了加强,全区新建企业工会组建率、职工入会率始终保持在90%以上;对区属改制企业工会重组重建工作,做到了与企业改制同步进行。全区非公有制企业基层工会有411家建立了合格职工之家,培训镇局级工会干部486人次,各镇局工会培训基层工会干部1000多人次。 (程天爵)

南汇区总工会

主席:
潘新明

【概况】 南汇总工会辖有镇、委、局、区直属公司工会57个,基层工会1944个(其中联合工会112家,涵盖企业1079家)。职工总数111520人,工会会员104035人,其中女会员55731人。区总工会内设机构有主席室、办公室、保障部、基层部、事业部和退管部,直属事业单位有4家俱乐部。(1)围绕中心、服务大局上有新作为。通过开展丰富的各类劳动竞赛、技术创新、发明创造等活动,有力地推动了企业的结构调整、产品升级换代和生产技术的进步。积极开展文化知识和岗位技能培训,开设了两期工会干部轮训班,两期“三个代表”重要思想学习班;成功举办了女职工电脑操作比赛。开展了“诚信职工”评选活动,成功举办了由29个局、镇参加的“当诚信职工、展文明风采”的演讲比赛;开展了“世博会与上海新一轮发展、‘两港’建设与南汇新一轮发展大讨论征文活动”。(2)维权工作上有新成效。全区各镇建立由政府有关部门、工会和企业业主代表组成的劳动关系三方协调机制,新增221家私营企业签订工资协议。积极为职工提供法律咨询、法律援助。开展了“进城务工法律咨询日”活动。全年共接受法律咨询、法律援助达185人次,参与了17件劳动争议件的调解和仲裁。(3)组建工会、拓展领域上有新进展。各镇行政村基本上建立了村级联合工会。私营企业组建工会有新的成效,2003年,组建私营企业工会495家,入会职工9000余人,同时,镇级工会的撤并工作顺利完成,7个镇、4个委局选举产生了新一届的工会领导班子。(4)民主管理工作上有新突破。全区2025家非公企业中建立了以职代会为基本形式的民主管理制度。全区国有、集体企业全面推行了厂务公开工作,同时事业单位也相继实行了“校务公开”、“院务公开”。(5)情系职工,为民谋利上有新成果。送温暖活动使4500余名困难职工得到帮扶,发放各类帮困资金近200万元。同时继续开展“一日捐、献爱心”活动,共有10432人参加捐款活动,募得资金达52.5万元。再就业工作力度不断加大。全年帮助350多名下岗职工实现了再就业。医疗补充保障计划全面推进。在职职工住院保障人数达到33791人,理赔1518人次,赔付金额达68万余元;特种重病保障人数达到25412人,理赔33人次,赔付金额达23万余元;退休职工住院保障人数达到23106人,年给付金额近165万余元。(6)工会自身建设上有新突破。加强工会干部的业务培训,加强对在职的工会干部,特别是新任工会干部的业务培训。召开了南汇区工会第二次代表大会,大会选举产生了区总工会新一届领导班子成员。 (徐文安)

奉贤区总工会

主席:
黄金泉

【概况】 奉贤区总工会辖委局镇(开发区)工会、直属工会47个。全区基层工会2455个,其中联合工会243个;职工110445人,女职工54905人;会员96104人,其中女会员47040人。(1)服务大局有新的作为。区总工会举办学习十六大文件、“三个代表”重要思想专题报告会和知识竞赛活动。组织开展“工会与奉贤新一轮发展大讨论”,并注重讨论成果的运用,形成《奉贤区工会2003～2005年三年行动计划纲要》,进一步明确了今后三年工会围绕中心、服务大局、履行职责、创新工作的思路和六大工作目标体系。在抗击“非典”的重要时刻,各级工会在坚持防范“非典”的同时,积极协助企业抓好生产、促进生产。(2)工会组建步伐进一步加快。全区已有2850家企事业组建了工会,有95489名职工依法加入工会组织。(3)依法维权取得新的突破。一是建立健全区、镇(开发区)两级劳动关系三方协商机制,8月份成立了区劳动关系三方协商会议制度。二是基层企业建立了平等协商签订集体合同制度,全区累计有1977家企业签订集体合同,覆盖职工69724人;年内,签订工资集体合同134家,覆盖职工4189人。三是加强劳动法律监督工作,区总工会会同区劳动监察和卫生监督部门开展专项检查,依法维护好职工的合法权益。(4)推进职工素质工程有新的成效。全区496个企事业单位,30310人次职工参加技能知识培训、劳动竞赛、提合理化建议等活动,通过技术培训、比武、考核,有1832人获得了技术等级证书,1515人晋升了技术等级。区总工会成功举办了奉贤区第一届职工歌曲、戏曲大奖赛和乒乓、桥牌赛以及呼吸操、健身操、舞蹈训练班等。(5)民主管理工作有新的发展。全区195个国有、集体资产控股企业和教育系统104所学校以及卫生系统31个院所站都建立和健全职代会、厂务公开制度,1250家符合建立职代会的非公企业,已有787家建立了职代会制度,占总数的62.96%;有371家非公企业实行了厂务公开,占总数29.68%。(6)职工保障工作成效显著。一是继续做好帮困送温暖工作,据统计,全区工会系统共慰问困难职工4574人次,发放慰问金及实物205.83万元;区总工会和委局镇、直属工会两级职工救急济难互助会共救济困难职工3014人次,发放救助款、助学款120.56万元。二是切实做好补充保障工作,全区参加上海市总工会职工保障互助会推出的补充保障计划的职工41052人,参保金额达到2420267元,共获理赔5240人次,得到理赔金2188943元。三是积极配合政府做好支内退休回沪定居人员的帮困及稳定工作,对964人发放补助金578421元。四是努力帮助下岗职工实现再就业,通过各种形式为1302名下岗职工进行再就业技能培训,帮助2948名下岗失业、富裕人员实现再就业。继续巩固发展30个女职工再就业基地,青村镇下岗女工陶顺莲等创办的两个再就业基地被市总工会命名为“上海市工会女性自主创业示范基地”。(7)自身建设进一步加强。一是加强工会干部的教育培训,年内,区总工会和上海工会管理干部学院联合举办了两期工会主席培训班,173名基层工会主席通过培训取得了上岗证书。二是加强基层工会领导班子建设,11个委局、直属工会和300多个基层工会进行了换届改选。三是进一步转变干部作风,区总机关继续实行分片定点联系基层工会制度。

(沈永明)

崇明县总工会

主席：陆兆飞

【概况】 崇明县总工会辖有乡、镇工会14个,委、局及县管公司工会13个,直属工会39个,基层工会553个,涵盖企业1119家;职工72609名,其中女职工35013人;工会会员68926名,其中女会员33399名。县总工会机关设办公室、组织民管部、宣教生产部、法律保障部。内设机构有职工技协办公室、退休职工管理办公室、保障服务处、评模办公室。直属事业单位有两个工人俱乐部、法律咨询服务所。2003年,崇明各级工会把握机遇,迎接挑战,振奋精神,开拓进取,在服务崇明改革、发展、稳定的工作大局中作出了新的成绩。(1)通过发动全县职工广泛开展大讨论,初步形成对崇明职工新时代职业精神——即“创新精神、敬业精神、诚信精神和公益精神”的共识,同时开展多种形式的技能培训和岗位技能练兵,职工队伍素质有了新的提高;(2)坚持“党建指导工建,工建服务党建”的原则,探索多层次组建工会的形式,工会组织建设取得了新的进展;(3)坚持依法治会,加强法律监督,积极参与协调劳动关系,维护职工合法权益的工作有了新的举措;(4)以关心职工生活为己任,帮困送温暖、参与再就业和职工互助医保等工作取得了新的成绩;(5)以“三个代表”重要思想为指导,通过加强对工会干部的教育培训、健全规章制度、加强调研等途径,使工会的自身建设有了新的起色。崇明县总工会被上海市委、市政府、市警备区命名为上海市拥军优属模范单位;县总工会女职工委员会被上海市妇联授予上海市三八红旗集体荣誉称号。

(陈进修)

区、县总工会主席(主任)、副主席(副主任)名录

单位名称	主席(主任)	副主席(副主任)
浦东新区总工会	彭戌兰(女)	陆　雄　徐惠平
徐汇区总工会	赵惠惠(女)	开建中　陈　燕(女)　陆恒炯
长宁区总工会	高建华	马国蓉(女)　徐雍安　邢　炜
普陀区总工会	叶小英	严爱科(女)　梁立群　张德鑫　朱春洪(女)
闸北区总工会	陶七一	郁建伟　陆建秋　沈岱红(女)
虹口区总工会	宋美红(女)	孔春明　尤兴国　郑蔚芸(女)

单位名称	主席(主任)	副主席(副主任)
杨浦区总工会	王剑明	季胜鹤　王建平　段芬芳(女)
黄浦区总工会	徐少伯	季学斌　马忠荣　陈燮华(女)
卢湾区总工会	胡怀坤	沈春元　黄占鳌　宣学军　周　红(女)
静安区总工会	周文芳	李海立　路毅辉　张　愉(女)
宝山区总工会	曹群华	钱伟烈　高利华　王丽燕(女)
闵行区总工会	俞莉红(女)	李　萍(女)　严　俊　马建国
嘉定区总工会	吴　飚	张仙娣(女)　赵兴宝　樊国强
金山区总工会	刘跃俊	李春花(女)　杨　伟
松江区总工会	吴红星	高兴欢　张泰昌　阮珍珍(女)　顾　彬
青浦区总工会	吕健康	吴为涛　陆桂芳(女)
南汇区总工会	潘新明	颜龙弟　刘京蕾(女)
奉贤区总工会	黄金泉	石士康　黄亚萍(女)
崇明县总工会	陆兆飞	陈　英(女)

说明:1. 任职名单以 2003 年 12 月底为准。

2. 上述人员职务以市总工会批复为准。

(市总工会组织部)

· 政策摘编 ·

上海市职工保障互助会互助医疗保障计划参保给付办法

如何办理参保手续:

①填写投保单(并盖章);

②提供参保人员名册(姓名、身份证号)电脑盘片一张,打印相同的名单两份;

③提供可证明单位职工人数的复印件一份。

④缴纳足额保费(单位、工会、个人出资均可)。

如何办理给付手续:

①填写补充保障金申请给付审批表;

②"特种重病""女职工特种"保障计划提供以下材料:a.门诊病史及相关的化验报告、影象学报告、病理报告的原件、复印件;b.出院小结原件、复印件;c.身份证复印件;d.领取保障金时请带好单位介绍信,并出示领取者身份证。

③"在职住院"、"退休住院"保障计划被保障人需提供以下材料:a.住院或门诊大病医疗费专用收据原件和复印件;b.出院小结或门诊大病登记凭证、家庭病床建床证明;c.身份证复印件;d.在职职工提供上海银行存折"户名"页复印件(首次以下同)、退休职工提供上海银行或邮政储汇局存折"户名"页复印件。

办理给付手续地点和领取补充医疗保障金办法:

①"特种重病"、"女职工特种"保障计划:由单位工会到市职保会办理给付手续,本会收到被保障人手续齐备的申请,经核实后,在 90 天内通知单位领取互助医保金。领取时请带好单位介绍信,并出示领取者身份证。

②"在职住院"保障计划:在职职工由单位工会到市职保会办理给付手续。

③"退休住院"保障计划:a.退休职工可就近到居住地街道社区工会服务点申请办理给付手续。退休后居住在外地的,需将在外地住院治疗收据,到本市区县医保办报销结算,凭外地医疗费收据复印件以及本市结算凭证的原件和复印件,办理给付手续。b.本会收到被保障人手续齐备的申请,经核实后,在 30 天内把互助医保金划入被保障人的上海银行(邮政储汇局)存折中。(上海银行存折栏显示"发"字样,邮政储汇局存折栏显示"保障"字样。)

(周红燕)

局（产业）工会

概　况

上海市机电工会

主席：
左山虎

【概况】 上海市机电工会辖有公司集团工会35个，直属单位工会20个，院所校工会17个。基层工会303个，职工人数145491人，工会会员145391人。(1)围绕中心，推动发展，经济技术创新活动取得新成果。职工提出合理化建议12258条，采纳8500条，采纳率达69%；实施5248条，实施率达62%，开展技术革新、技术攻关765项，实现经济效益8047.78万元，实现技术发明172项，申请技术专利88项。会同五大事业部计20家单位开展的“守合同、讲诚信、抓重点项目、创一流品牌、树电气形象”劳动竞赛，吸引了数万名职工参赛。(2)学习李斌，提升素质，职工精神文化权益进一步得到维护。“上海电气李斌技师学院”，设立了机械类和自动控制类的国家职业资格鉴定站所和上海市职业技能鉴定中心的分中心，开设了12个紧缺工种班级，共354名学员。由机电工会和电气集团签订《关于进一步深入开展学习李斌，推进技术工人队伍建设的实施意见》和《关于合理使用1.5%职工教育经费的规定》两个协议，出台的《关于对自学成才的技师、高级技师实施奖励的暂行办法》等文件，规范了职工素质工程的深入推行。积极组织全系统686名职工参加车工、钳工、铣工、数控操作工、维修电工和CAD(高级)比赛，11名选手获得国家和劳动社会保障局颁发的技师证书，有228名选手获得高级证书。在全国职工职业技能大赛中，铣工获得团体第六名；高级工以上技术工人比例比上年提高了3.5%，为技术工人总数的14%。举办了“奋进中的上海电气”职工歌会。(3)源头参与，突出维护，协调劳动关系工作机制进一步完善。上海电气一届一次职工代表大会暨机电工会四届一次代表大会顺利召开。全系统开展平等协商和签订集体合同达到90%以上，有效协调劳动关系。有12家合资企业建立平等协商制度，全行业合资企业平等协商制度建立率达80%；8家合资企业签订企业集体合同，全行业合资企业集体合同签订率达到72%；11家合资企业签订工资集体协商办法和工资协议，全行业合资企业工资集体协商签订率达到51%。(4)大力帮扶，多做实事，替党政分忧、为职工解难的作用进一步显现。一是开展定向帮扶4000多人，帮困资金投放200多万元。二是开展助学帮扶，投放助学帮困资金60万元，使500多个困难职工子女直接受益。对特别困难的12个企业，发放专项帮困款25万元。职工住院补充保障，投保总金额41.59万元，特种重病补充保障总人数18450人，投保总金额为208.93万元，退休职工住院补充保障，投保总金额888.59万元，女职工特种重病补充保障，投保总金额103.27万元。职工团体补充养老保险新投保总人数83090人。发挥机电职介所作用，累计帮助1200多名下岗待工人员实现再就业。　（冯克华）

上海市仪表电子工会

主席：
黄鸿强

【概况】 上海市仪表电子工会辖有子公司工会10个，基层工会105个。职工总数40635人，其中女职工19374人，共有会员30209人，女会员13957人。工作机构设办公室、基层工作部、权益保障部、经济事业部等3部1室。(1)紧紧围绕仪电发展战略纲要，扎实推进职工素质工程。贯彻《关于深化创新活动，推进素质工程，加强工作研究的若干意见》，共有9个子公司参与创新活动的竞赛。其中，有效益的参赛单位近50家，完成项目80余项，参加职工达8千多人；合理化建议参加单位40多家，参加职工达13000多人；培训、技术练兵、比武参加单位有40多家1万多人次，完成各类项目100多项。(2)紧密结合完善法人治理结构，民主监督厂务公开规范运行。“年协商、季巡视、月通报”活动形成了机制完备、运行畅通、效果显著的特色。年内,组织了4次季度巡视和12次月度通报。厂务公开与民主监督进一步向纵深发展。下发了《上海仪电系统民主监督实施细则》的文件,厂务公开进一步向外商投资企业和非公企业发展延伸,形成了较完整的民主监督和管理体系。(3)把握两个维护的有机统一,集体协商运作机制健全完善。协商机制在各个层面普遍建立,工资集体协商以10%的速率递进。集体合同的建制率为88.9%,续签率为95.8%,履约率为95%。及时协调劳动关系矛盾,处理职工来信来访37件(次)。(4)积极推进保障工作的社会化、规范化、系统化建设,利用各种资源,争取多方支持,拓宽帮困渠道。全系统有2793人次获得了社区低保及医疗救助,共得救助款382万元。关心特困职工,千方百计办好实事工程。全年共慰问救助困难职工17026人次,慰问救助款总额为191.07万元,继续组织"一日捐"活动,有10877名职工参加,募集捐款达23.6万元。继续完善职工"自助、互助、救助"的保障机制,加强职工救助体系的建设。抓好劳动安全保障工作,组织"安全杯"竞赛活动,有15050名职工参加了竞赛,占参赛单位职工总数的90.5%。(5)切实抓好员工素质教育。组织了6次"工会干部学理论、学新知识双月讲座",举办工会干部集训班,100多名工会干部参加。制定教育培训实施计划,把培训教育与"塑造城市精神,培育新时代职业精神"结合起来,开展技术培训、岗位练兵、技术比武活动,"建、创、做"活动和"争建学习型班组"、"争建团队型班组"、"争建开拓进取型班组"等活动。(6)加强工会自身建设。基层工会按时规范换届改选,工会经费拨交达到了100%。建立"一会一卡、一企一卡"的工作制度。实行重点工作项目责任制。建立和完善工会数据库,初步实现了信息化管理。

(王建萍)

上海市化学工会

主席:陈惠莹

【概况】 上海市化学工会辖有23个子公司,154个基层工会,有职工66399人,其中女职工20793人;会员69748人,其中女会员22886人。工作机构设民主管理部、经济工作部、组织部、生活保障部、宣教部、女职工部、企事业部、办公室、调研室和经审办公室。(1)开展群众性经济技术活动取得新成效。以"主导产品双增双节"、"科技创新"和"安全环保达零"等"七杯赛"为核心内容,以契约化管理的方法推进主题劳动竞赛。成立劳模联谊会、发动劳模、先进献计献策和组织广大职工开展合理化建议活动。全系统参赛职工23548人次,提出合理化建议6248条,产生经济效益2040.48万元。(2)推进基层民主政治建设取得新成效。全系统基本完成了新一轮职工代表培训,普遍开展职工代表巡视活动,还结合自身工作积极探索如职代会质量评估制度等民主管理新方法。坚持平等协商制度,积极推进工资集体协商工作。化学工会与华谊行政举行了第8次民主协商会,有21家企业在平等协商中把工资集体协商作为重要内容。化学工会与华谊公司人力资源部联合召开了"上海化工系统推进工资集体协商工作研讨会"。(3)推进职工素质工程取得新成效。开展"世博会与上海新一轮发展"大讨论,开展岗位练兵和技术比武活动,采取企业内部培训和送出去培训相结合的手段,为职工成才创造条件。全系统共有19863人(次)职工参加了技术培训;有8285人(次)职工参加了技术练兵和技术比武活动。组织职工开展一系列学习型班组的创建活动、"五一林"捐树活动、班组建设成果征文和职工读书等活动。(4)突出维护职能,依法为职工办实事、办好事取得新成效。加大帮困送温暖工作力度,有16634人(次)得到程度不同的帮困,发放帮困金额391.65万元;有1308名困难职工子女得到助学扶持,扶持金额达34.51万元。职工救急济难基金共发放各类帮困款82.66万元。有38331名职工献爱心投身"一日捐"活动,共捐款73.3万元。全系统有79991名职工参加《在职职工住院补充医疗保障计划》,参保率达107%;有71317名职工参加《特种重病团体互助医疗保障计划》,参保率达95%;有13964名女职工参加了《女职工团体互助医疗特种保障计划》,占女职工数的66.81%;有31家企事业单位建立了企业内部补充医疗保险基金,基金总额达到921万元。通过树典型、立榜样、加大宣传力度和发挥生产自救带头人的作用,共帮助517名职工重新就业。(5)以改革精神推进工会自身建设取得新成效。化学工会召开了第五次代表大会,选举产生了新一届工会领导班子。

(虞仲义)

上海市轻工业工会

主席:胡云芳

【概况】 上海市轻工业工会辖有两级公司(集团)工会22个,直属企事业单位13个,基层工会492个,职工11.6万人,会员11.34万人。工作机构设办公室、组织、民管、宣教、生产、法律、生活再就业、女工、财务、技协三产办公室、疗休养办公室、退管会办公室。(1)开展"知改革、转观念、思发展、作贡献"主题教育活动。发动全系统的干部职工广泛开展职业精神的大讨论,提炼具有轻工特色、行业特点的轻工职工职业精神。同时,在不同阶段,为各级工会干部、职工代表举行各种报告会、座谈会,为职工解疑答难;邀请有关方面的领导、专家宣讲形势和政策;请已经转制或民营的企业当家人现身说法;请改制企业的员工畅谈"再就业"的心得;组织参观多元经济和民营经济的企业。(2)落实两个基本制度:一是以抓好厂务公开、职工民主管理为重点,切实加强职代会制度建设。开展了"一厂一策"、"一司一策"的职工代表培训,重点抓好两级公司改制过程中职工代表的培训,推行职代会事先报告制度,分流工作中推行方案选择制,在全行业推行"职工代表选举结果"、"职代会的议程议题"等公示制度。制订了《关于在企业改制中坚持履行民主程序的指导意见》、《关于推进多元投资企业职工民主管理的意见》等两个指导性文件。二是进一步建立和完善企业平等协商和集体合同制度,加大对《上海轻工控股(集团)公司平等协商制度实施办法》宣传贯彻的力度。把平等协商与厂情教育和解决实际问题结合起来,结合控股公司下发的52项管理制度,参与专题培训,强化舆论宣传,全系统85%的企业签订集体合同;举行了控股公司第九、第十次集体协商。(3)实施三大工程:一是"送温暖工程"。全年拿出800万元,做好3000名特困职工和2700名受助学生的帮困工作,特别是对享受低保待遇的困难职工做到"应保尽保";职工特种重病保险续保率93%、住院保险续保率118%,单位参保数100%。二是"再就业工程"。在实现"四个转变"、实施"十大援助"的基础上,年内挖掘培养了51名再就业带头人、培训3786名离岗职工、介绍4849名离岗职工实现重新就业;举办了"创业交响曲——上海轻工创业者风采展"系列活动,编辑出版了"追寻上海轻工创业者的足迹"和"上海轻工创业者风采撷英"两本书。三是"科技创新工程"。大力开展以群众性技术攻关、小改小革为主要内容的培训、练兵、比武、晋级"四位一体"技能登高活动,在上海图书馆举办了"科技兴轻、再铸辉煌"——上海轻工系统群众性科技创新成果展,85块展版用静态(画册、展板、实物)和动态(DVD光盘)相结合的方法,展示了轻工职工在群众性科技创新活动中的丰硕成果。举办了由27支参赛队、近千人参加的"兴轻工、扬品牌"知识竞赛。(4)进一步加强工会的自身建设,加大对工会干部的培训力度。举办了十六届三中全会精神辅导班。开办了两期有130余名基层工会干部参加的"新一轮工会干部培训"班,制定下发了《关于加强常委会自身建设的意见》和《关于确定工会委员会任期的意见》的文件。

(张 帆)

上海市纺织工会

主席:王水官

【概况】 上海市纺织工会辖有公司(集团)工会19个,直属工会5个,基层工会309个,职工82175人,会员近77294人,其中女会员39198余人。工作机构设办公室、组织民管部、宣教部、生产部、女工生活部和直属三产技协办公室、退休职工管理办公室。另有新东纺大酒店、纺织职工马山疗养院、纺织职工淀山湖疗养院、东纺宝洁产品专营公司、纺织职工疗休度假服务中心等8家直属企事业单位。(1)评选建设英豪,推动经济发展。纺织工会以评选纺织建设英豪活动为全年的主线,评选共设"市场营销行家"、"新品设计开发专家"、"技术创新标兵"等6种称号,通过组织开展职工技术创新活动和"金点子"建议活动等,搭建职工技能的展示平台。有155家企业组织了40多个项目的岗位技能培训,培训职工达11000余人次,有5623名职工和技协会员围绕科技创新、产品开发、质量升级等提出合理化建议2862条,实施合理化建议794条,万元以上的技术攻关成果129项、"金点子"10项,共计赢得经济效益1600多万元,有8个班组进入上海市智能型示范班组500强。(2)积极投保送温暖,多做实事好事。各级工会、退管会对37867人次实施救助,帮困金额总计369.75万元。职工"四项投保"工作也取得了显著的成绩。在职职工参加住院互助保障107000余人,完成指标的100%以上;参加大病互助保障24362人,超过指标5%;女职工参加特种互助保障9062人;其他险种19581人,超过指标5%;退休职工参加住院互助保障283530人,完成指标97.17%。出资为在职劳模、1000名困难女职工提供体检服务。(3)参与企业调整,促进改革稳定。年内,因市政规划建设的原因,涉及到一批纺织企业需要转移拔点,另有一批壳体企业终结销号,数万名职工待分流安置,工会做好职工思想工作,妥善调解,依法维权。建立了由各部门组成的综合协调机制,对突发事件作出快速反应。深入20多家转制企业提供政策咨询服务,宣传政策法规,举办《上海市劳动合同条例》等劳动关系处理新政策、新法规的培训,总数达400余人次。(4)深入建家创模,规范组织建设。据统计,在309家(其中27家工会以联合工会的形式开展工作,15家机关工会),参加建家创模活动的基层工会考核数是267家。通过创建,245家工会通过了合格职工之家以上称号的验收,占92%。其中模范职工之家22家,占8%;先进职工之家61家,占23%;合格职工之家161家,占60%。发展新会员454人,为失散会员补办会籍7945人,工会换届73家,经民主选举111位工会负责人当选为工会主席,170家工会按规定办理或更换了工会社团法人登记,184位工会主席经过培训取得了市总工会颁发的上岗证书。(5)创新组织体制,拓展工作领域。提出了建立与行业协会相对应的工会组织体制的有关设想,并与服装企业相对集中的金山区总工会合作建立区域性纺织行业工会。

(王慎微)

上海市医药工会

【概况】 上海市医药工会辖有公司工会6个,基层工会98家,职工41941人,会员44796人,其中女会员17112

主席：
陈 欣

人。工作机构设办公室、组织管理部、法律工作部、经济宣教部、权益保障部、研究室、退管办、财务室。(1)围绕集团聚焦产品,组织和动员职工开展操作练兵、技术比武等竞赛活动,构筑工会和职工参与企业生产经营活动的平台。举办"医药与市民"大型主题活动日,组织全市279家医药商店员工举办"让市民放心,为健康出力"的企业诚信社会公益活动,并推出"首席执业药师"挂牌服务,召开"我为打造'医药航母'献计谋"员工论坛,推出"为企业发展勤思考,为集团改革献计谋,为医药发展树形象,为打造'航母'多贡献"的群众性活动。在大讨论中两百余名职工提出了一批有理论、有实例、有数据、有分析的"金点子"。(2)积极开展职业精神和职业道德宣传教育。医药工会和下属事业部、子公司工会代表医药员工进行了诚信承诺签约,培育"卓越创业、务实诚信、宽容开放、协同进取"的企业文化。开展了女职工状况调研工作,召开了医药系统女性人才能力建设座谈会,建立了上药集团巾帼联谊会,为女性人才搭建了交流平台。各级工会积极致力于职工文化生活建设,开展艺术节、运动会等各类寓教于乐的文体活动。组织了中韩摄影爱好者艺术摄影交流活动。(3)在推进集团战略调整中源头参与民主管理工作。医药工会源头参与企业的兼并重组的调研,参与制定了《上药集团关于企业兼并、重组职工安置分流的指导意见》,对有序退出企业的工会主席进行政策培训,组织人员深入到面临改革改制的基层单位进行政策指导、法律法规咨询,同时重视参与劳动关系"个案"的处理,接待法律咨询108人次,接受法律援助案件5件。针对由劳动关系原因占信访较大比例的现状,探索工会信访和工会法律工作有机结合的机制,及时化解了劳动关系矛盾冲突。(4)加大帮困补助力度,推行多种形式的帮困送温暖工作。医药系统有3.41万名员工参加"一日捐"捐款,捐款金额达48.56万元。全年共对困难职工1694人次进行帮困,共发放帮困金63.91万元。对特困退休职工发放帮困卡130张、发放救急救难帮困金10万元慰问高龄退休职工90名,全年共计发放慰问金18万元。加强对集团下属企业的下岗人员进行转岗培训,医药工会在投资集团人力资源部办班的基础上,再出资举办了药品初级购销员上岗培训。积极推进互助保障工作,有58家基层企业的10611名女职工参加了"女职工特种重病互助保障计划"。(5)加强工会的自身建设。注重全委会制度建设,做到工会重大决策通过全委会决定,对基层工作进行分类指导、分类服务。继续开展"新里程、新跨越"工会干部培训班和各类单项培训。 (孙明南)

上海市电力公司工会

主席：
沈志荣

【概况】 上海市电力公司工会辖有基层工会21个,职工30047人,其中女职工6482人,工会会员29439人。(1)深化民主管理,履行维权职责。公司和各基层单位相继召开职代会,厂务公开工作全面展开,并纳入了工会的日常管理之中,集体协商和签订集体合同制度稳步推进,有10个基层单位签订了新一轮集体合同。(2)开展群众性经济技术创新活动,以重点工程实事立功竞赛为龙头,继续开展迎峰度夏、"安康杯"等劳动竞赛,并组织合理化建议和技术改进、技术攻关、技术革新活动。在安全月宣传活动中,组织征集安全警句和格言3780条,并把其中24条作为最佳警句格言制作成宣传卡片发给职工学习。(3)加强精神文明建设,丰富职工文化生活。开展"班组共建五一林,绿化上海作贡献"文明公益活动,有14个单位近900个班组的捐款金额达10.9287万元。公司工会积极配合优质服务活动的深入开展,举办以"窗口"为主题的征文活动,促使职工把"客户满意"活动落实到自己的工作职责及爱岗敬业的具体行动之中。职工读书活动继续深入。(4)关心群众生活、稳定职工队伍。继续开展"一日捐"活动,发挥职工互助会和"送温暖"工程基金的作用,公司工会下拨基层工会帮困基金10万元,战高温慰问费17.91万元。继续办好市职工互助保障会的职工大病、住院、退休职工住院等三项医疗互助补充保险,(5)注重自身建设,提高工会工作水平。加强对集体企业工会组织工作的指导,"建家"活动进一步深入,市区供电公司被评为"全国模范职工之家"。 (郭有成)

上海电力建设有限责任公司工会

主席：
张心定

【概况】 上海电力建设有限责任公司工会,下辖11个基层工会委员会,职工5680人,女职工667人,工会会员5464人,女会员663人。(1)组织职工学习党的十六大、中国工会十四大和上海工会十一大精神,教育职工树立工人阶级的使命感;举行上海电建成立五十周年庆祝活动,开展"科教兴市、建功立业"活动,激励职工为上海新世纪发展作贡献。(2)完善两个机制,深化民主管理。厂务公开做到了“四化”,(公开内容广泛化;公开形式多样化;公开程序规范化;公开监督群众化)。(3)以立功竞赛和技术比武活动为载体,推进职工素质工程。外高桥电厂工程60216只焊口一次合格率达99.7%,组织系统电焊工选拔赛,有3名选手代表上海市参加全国职工职业技能大赛,夺得了团体第二名。在市重大工程立功竞赛活动中,上电二公司、上电一公司外高桥二期电厂项目分别获“建设金杯”三连冠和“建设小金杯”称号,上电一公司荣获“全国五一劳动奖状”。(4)深入开展“安康杯”竞赛。上电一公司获全国“安康杯”先进单位称号,上电二公司和机械化公司获上海市“安康杯”先进单位称号,公司工会获全国“安康杯”竞赛活动优秀组织奖。(5)加强工会自身建设。上电二公司工会被全总和上海市总工会授予“全国模范职工之家”及“上海市模范职工之家”的称号,两个基层工会组织被上海市总工会授予“上海市模范职工小家”。(6)关心职工生活。系统为5763名职工作了特种重病补充保障,为4357名职工作了住院补充医疗保障,为94名职工作了意外伤害补充保障,为3705名退休职工作了住院补充医疗保障。对系统747名特困和重病职工进行了慰问和救助,慰问金额计33.12万元。(张文标)

上海宝钢集团公司工会

主席:卞恩君

【概况】 上海宝钢集团公司工会辖子公司、直属工会24个,有职工120105人,会员118154名,其中女会员25897名。工作机构设组织民管部、生产劳保部、生活保障部、宣教女工部、办公室。年内,集团公司工会提出“培育长效机制,打造特色品牌,把握关系处理,强化工作要求”的总体工作要求。一是“职工素质工程”得到深入推进。新增技师、高级技师243名,比2002年新增22.27%,总数已达1251名,占技术工人的2.31%;新增高级工2048名,比2002年新增27.77%;有10.17%的职工技能晋升一级;有43.7%的职工拥有两张以上岗位技能证书。宝钢股份、浦钢、宝检等子公司建立了16个职工技术创新小组。国际、宝信公司荣获“市学习型企业创建奖”。在“市第17届优秀发明选拔赛”中,集团职工共获优秀发明奖66项,比上年增长了60.97%,占全市获奖项目的12%。在“市职工技能大赛”中,集团参赛职工分获高级中式烹调师、高级维修电工、高级数控机床工比赛第1、2、6名的好成绩。股份公司热轧厂高级技师王军获市“十大工人发明家”榜首,一钢公司高级维修电工李功乙获“十大工人技术创新标兵”称号。集团工会积极探索推进“职工素质工程”的新颖载体,举办了“第一届班组体能大赛”和“第二届班组文化大赛”。在宝钢集团召开的职工素质工程现场经验交流会,宣传推广了宝钢集团推进职工素质工程的做法和经验。二是职工民主管理工作得到有效推进。集团公司制订了2003年深化厂务公开工作的意见,厂务公开进一步向企业管理、干部廉政建设、干部管理、完善职代会制度等方面延伸。开展职代会质量评估工作的子公司已占子公司总数的73.9%;各子公司在分流企业富余人员的过程中,坚持民主程序;2590名职工代表接受了现代企业制度下民主管理知识的培训;子公司集体合同续签率达100%。集团公司首届一次职代会顺利召开。三是群众生产工作取得丰硕成果。集团工会组织开展新一轮“环保节能劳动竞赛”;组织有关子公司的16个具体项目参加市重点工程立功竞赛,各重点工程项目按时、优质、安全完工;广泛开展“查隐患、促整改”活动,查出隐患4989处,绝大多数得到整改;集团工会组织90名职工参加“职业安全健康管理体系”内审员资格培训,均取得资格证书。劳模协会开展了“我为‘两个世界一流’作贡献的立功竞赛”。四是职工生活保障工作稳步推进。集团工会积极筹资,建立了80万元的特种大病救助资金,专门用于对困难企业患大病、特种重病职工的救助,当年救助8人,金额达6万元;继续开展定向助学帮困,全年助学1007人,金额达72.65万元;继续做好市职保会三项保障计划的续保工作,投保金额达626.34万元;全年理赔11382人次,给付金额达510.06万元;组织29802名女职工参加女职工特种重病保障计划,金额达122.36万元。继续推进再就业带头人创业基金运作,全年有11位再就业带头人获得53万元的无息借款。继续推进互助职介活动,全年职介成功945人。集团工会开展了职介所的筹建工作。五是工会自身建设得到加强。已形成每年坚持到基层工会进行调研的工作制度;提倡工作任务“菜单式”管理方法,鼓励不同类型的企业工会根据企业实际和职工需求开展工作;推广梅山公司探索基层工会主席直选制的做法与经验,全年委托上海工运学院培训子公司工会干部40名。各级工会围绕职代会质量评估、职工素质工程、厂务公开等重点工作,开展对工运理论的研究,并重视对重点课题调研成果的运用。

(孙康华)

上海宝钢冶金建设公司工会

主席:袁斌臣

【概况】 2003年是宝冶公司改制后的第一年,宝冶工会在自身建设,强化民主管理,深化维权等方面,主要做了以下工作:(1)加强民主管理,落实职代会各项职能。召开了三届八次、九次全委会议,审议通过了公司经营承包及工资总额分配方案和培训工作计划。以走访、座谈、调研等形式了解掌握基层工作基本状况。推进厂务公开工作。实行物资采购公开招标;重大事项进行公示。(2)围绕生产经营中心任务,积极开展立功竞赛、劳动保护监查及"双争双智"活动。开展了"大干100天、打好修造第一仗"、百日安全红旗竞赛等劳动竞赛。及时调整了劳动保护监督检查委员会成员;非典期间,配合行政开展"安全生产月"系列活动;组织生活福利委员会多次对食堂进行了检查。(3)关心职工生活,形成帮困送温暖工作长效机制。发放帮困资金10.21万元,慰问住院职工0.4万元。(4)树典型,学先进,提高职工素质,丰富职工文化生活。对历年的劳模进行了建档立案,在节日期间给予了慰问。丰富职工业余文化生活。与交巡警队进行了足球友谊赛;举办了"中秋联谊晚会";参加了宝山区军民共建座谈会等。 (沈蓓红)

上海宝冶建设有限公司工会

主席:刘安义

【概况】 上海宝冶建设有限公司(简称"宝冶建设"),于2003年1月17日由中国冶金建设集团公司对上海宝钢冶金建设公司进行分立式改制成立的国有控股公司。同年6月17日,公司召开了一届一次职代会和第一届工会会员代表大会,选举成立了第一届工会委员会和职代会组织机构。公司有两级工会13个,职工5835人,会员5508人。(1)加强员工集体股权管理,有效推进员工利益与企业利益共同增长、长效发展机制的建立。在公司资本构成中,员工集体股权占公司注册资本的45.5%。设立了员工集体股权管理委员会,委员会在职代会的授权下行使职权,重大问题递交职代会讨论决定。(2)形成了职工董事、监事由职代会选举产生并向职代会报告工作的制度。公司职代会选举产生了1名职工进入董事会,1名职工进入监事会,工会组织了职工董事、监事外出培训和到外单位学习取经。(3)围绕中心,深入开展立功竞赛活动。制定了立功竞赛管理办法,以宝钢股份"十五"规划项目、上广电、克虏伯、欧倍德等项目为重点,开展了"工程优质、事故为零"主题竞赛活动,并进一步向外省市重点工程项目辐射,公司共对21个集体和79名个人记大功,对31个集体和293名个人记功,奖励金额共计20万元。在市重点工程实事立功竞赛活动中宝冶建设公司被评为优秀公司。(4)加强了改制企业中工会组织的自身建设,理顺组织关系。在企业改制过程中及时解决了组织关系隶属问题,并对12家基层单位工会也进行了调整,出台和完善了相关工作制度,确保了工会工作"不断线"。(5)繁荣职工群众文化,推动企业文化建设。举办了第一届职工足球比赛,与东方书画院联合举办了"宝冶建设之春"书画笔会,在职工中开展了"读一本好书"活动等。 (毛一新)

上海高桥石油化工公司工会

主席:张安利

【概况】 公司工会辖有13个基层工会,职工14828人,其中女职工4992人,会员14828人。工会机构设生产劳动保护部、民主管理部、生活女工部、宣传文体部和办公室。(1)狠抓学习,更新观念,重点组织了"四个一"活动。一是组织"如何应对2007年生存大挑战"大讨论;二是举办黑板报宣传周活动;三是举办"女职工如何应对2007年生存大挑战"多媒体制作比赛;四是组织召开公司"三个代表"重要思想与工会理论研讨暨特色成果发布会。(2)紧贴生产、强化管理,以"抓管理、保安全、促效益"的劳动竞赛为抓手的群众性经济活动进一步深化。面上以公司为主体,点上以基层小指标竞赛为特点,开展了强化安全规范管理等10项专题劳动竞赛。合理化建议活动立足班组,全年,共提出合理化建议10739条,采纳7360条,实施4781条。(3)源头参与,注重实践。公司工会首次建立和落实公司教育培训经费提取、使用情况向职代会报告制度,落实专题报告预审制度,做到主题报告提前一周送到职工代表手中,公司工会坚持职代会专门委员会定期活动和专题活动相结合原则,围绕企业的重点工作和职工关注的热点问题,分别组织四个专门委员会和特约职工代表进行讨论和审议。继续完善厂务公开工作机制,首次举行以工资为主题的平等协商,公司工会与行政双方就分配原则、倒班津贴、病假待遇、加班工资和病假工资的计算基数等议题进行了广泛协商,并达成了协议。(4)坚持创新,提升素质。以"争创学习型组织,争当知识型职工"活动为抓手进一步推进职工素质工程。完善了一套职工技能升级机制。建立了"培训、练兵、比赛、晋级"四位一体的职工技能升级机制。积极参与以"高桥石化"杯命名的上海职工"读书与上海城市精神"演讲比赛。公司工会在广大职工中开展征集"爱岗敬业、忠于职守"格言、警句活动。树立了一批乐于奉献的先进人物。评选出化工厂盛宏伟《帮困助残、七年如一日》等8件最佳好人好事。(5)突出重点,做好帮困工作。截至12月底,共有30名患特种重病的职工得到保障金,共计给付保障金23.9万元;实施职工意外伤残互助保障计划,补助3名工伤职工共计31500元。坚持关心弱势群体职工。公司职工帮困基金全年共对54名困难职工实施了帮困,补助金额为12.55万元。公司行政领导在资助80万元资金的基础上,又一次性注入181万元。全公司共对1353人次困难职工进行了补助,补助金额为55.75万元。坚持开展“献爱心、一日捐”活动,全公司共有13008名职工参加,共捐款56.28万元。(6)精心筹备,全面规划,以换届改选为契机的工会自身建设得到进一步加强。一是以工会换届改选为契机,加强工会组织建设。二是加强工会干部和职工的培训。全年共组织4名基层工会主席参加上岗培训班;组织20名女职工干部参加市妇联组织的知识讲座;16名工会财务干部参加继续教育培训;17名基层班组长参加上海市初级工商管理资格培训。 (张振良)

中国石化上海石油化工股份有限公司工会

主席:高金平

【概况】 中国石化上海石油化工股份有限公司工会现有工会会员37434人,其中女会员12767人;基层直属单位工会委员会27个,装置、车间基层工会组织502个;公司及所属基层单位工会干部590名,其中,专职工会干部253名,兼职工会干部337名,女工会干部229名;有10%的工会干部具有大学本科以上文化程度,有50%具有大专以上文化程度。(1)构建职工素质工程新机制。成立了由工会召集,宣传部、党办、人力资源部、组织干部部、科协、团委和党校培训中心等部门参加的职工素质工程联席会议制度,下发了《上海石化职工素质工程建设的实施意见》,制定了统一的计划与措施,形成了一整套包括考核评审制度在内的新的工作机制。(2)深化基层民主管理工作。继续抓好职代会的运作质量和民主评议领导干部工作,继续把主要精力放在厂务公开实施细则的落实和检查上,积极探索基层实行厂务公开与推进职工代表大会制度之间的关系,进一步做好职工代表提案的征集上报、审理、落实和汇总工作,经常性的同职工代表就集体合同履行过程中出现的热点问题进行沟通交流,使公司平等协商机制得以深化和延伸。(3)维护职工群众的合法权益。针对公司的发展过程中所采取的一系列改革举措,公司工会在职工中做了大量的思想稳定工作,真实反映职工的思想热点问题,处理好职工的来信来访;切实关心职工生活,承担起“第一责任人”的职责,积极协助党政做好送温暖工作,及时为特困职工提供帮助。(4)积极开展群众性经济技术创新活动和精神文明建设。继续开展以“点上示范、寻求突破,线上延伸、把握重点,面上铺开、逐步推广”为指导思想的职工技能竞赛活动;继续开展以“精细管理、挑战先进”为主题的劳动竞赛活动;对两级单位女职工周末学校的办学资源进行整合;把“目标与差距”主题班会作为主要抓手,与创建学习型班组相结合开展活动;运用工会独特的群众优势,配合做好抗击“非典”的宣传教育工作;积极参加中石化集团公司首届职工运动会,与金山区石化街道共同举办文化艺术节,积极探索企业文化活动向社区延伸的新路子。(5)加强自身建设。在工会干部中进一步强化为职工、为基层工会服务的意识教育,开展工会干部队伍的调研工作;圆满完成公司第一届女职工委员会、劳动争议调解委员会、两级单位工会到期换届工作;组织各级工会干部进行业务工作培训。 (施东亮)

上海化学工业区工会

主席:陈兆麟

【概况】 上海化学工业区工会筹备组于2003年3月成立。根据化工区企业规模大,中外合资和外商独资企业多,企业技术含量高,化工区地域跨区等特点,提出了开发区区域性工会工作的意见。初步确立了化工区工会筹建工作的完成目标和要求。按时召开化工区第一次工会代表大会,初步构建了化工区工会的组织和管理模式。根据化工区区内企业的类型和特点,设想将区内企业工会组织分门别类地组成五个工会联合会,即组成以化工区发展公司投资为主体的发展公司工会联合会,以国有为主体的多元投资企业工会联合会,以中外企业为主体的合资企业联合会,以外商独资或外商控股的企业为主体的外商独资企业工会联合会,以管委会等政府行政机构为主体的综合工会联合会等。这些联合会依托某个单位工会组织,制订相应的章程,采取灵活多样的活动形式,起到上情下达,下情上传的作用。同时,各联合会可根据上级工会的具体要求,结合联合会企业的特点,开展适合自身需要和有效的活动。以形成点面结合,具有化工区工会特点的工会组织管理和活动模式。初步完善和建立了化工区工会基层工会组织,为化工区工会的组建提供了组织上的保证。年内,新组建工会8家,转移组织关系4家,组织关系已经列入化工区工会的单位共10家,有职工近1000人。另外还有5家企业待建工会组织;赛科、天原等区内企业已经建立工会组织,并有相应的工会组织隶属关系。 (丁贵忠)

国药集团医药控股有限公司工会

【概况】 国药集团医药控股有限公司(以下简称国药控股)工会成立于2003年8月。经工会第一次会员代表大会选举,产生了国药控股第一届工会委员会。国药控股是由中国医药集团总公司与上海复星高科技(集团)有限公

主席：
沈立年

司共同出资组建的大型医药集团性企业。公司成立于2003年1月，注册资本10.3亿元人民币，主营化学药品、生物化学药品、天然药物及化学试剂、玻璃仪器等全国批发分销、终端销售、现代物流及零售业务。2003年实现销售108亿元，居全国医药商业销售排行榜第一。为适应全球经济一体化趋势下国内外医药市场发展的最新需求，公司建立了有批发分销、市场代理、国际贸易和零售连锁等四大功能的营销体系，拥有北京、天津、上海、广州、沈阳、重庆、成都、西安、武汉、杭州、南宁、桂林、柳州等地的全资或控股子公司。其中上海地区共有下属单独工会3个，部门工会22个，工会干部52人，职工总数1480人，会员总数1396人。国药控股工会组建后，围绕实现国药控股"中国品牌第一、分销第一"发展战略目标，通过组织和参与"我心目中的国药控股"主题系列活动，动员和组织广大职工积极投身改革发展的实践，为实现"两个第一"战略目标建功立业。 (徐恒昌)

长江计算机(集团)公司工会

主席：
董信泰

【概况】 长江计算机(集团)公司工会辖有基层工会17个，职工1687人，会员1664人，其中女会员643人。(1)发挥主力军作用，深入开展建功创业活动。开展以"财富创造型"为主题的劳动竞赛，通过"争创十佳创优团队"、"争当十佳创新能手"、"长江十佳女性"等活动载体，引导创造物质财富和精神财富，使立功竞赛活动，更集中地体现到效益、体现到企业财富的积聚和个人价值的承认。劳动竞赛立项共34项，据统计，97%项目均如期完成并效果明显。(2)奏响推进职工素质工程的主旋律。开展以"创用户满意工程"现场交流会形式，推广新成公司诚信教育的实践经验。以及"诚信为本，操守为重"主题演讲、"学习型企业论坛"和"IT业职工精神风貌和品质要求专题沙龙"等活动。(3)履行一个主职能，突出维护机制建设。组织职工学习《上海市劳动合同条例》、《工伤保险条例》等劳动法规。针对职工安全生产意识以及劳动保护上存在的问题，制定了维护职工安全健康的"工会劳动保护工作规范"。制定了长江计算机(集团)公司《劳动管理规范》。抓住两个根本机制：即职工代表大会制度和集体合同制度。集团内已有14个企业建立集体协商和集体合同制度，签约率达93.3%。在职代会休会期间，各单位能充分发挥其他多种载体的作用，将企业的各项规章制度，包括内部分配制度、企业重大事项均向员工公开，让职工享有实在的知情权、参与权。工会关注三个不同群体：对困难弱势群体着眼于帮。助学帮困单亲女职工子女共9人；帮困送温暖共60人次；医疗救助15人。对优势群体着眼扶，培育了华威公司软件部、金鑫系统开发部为上海市500强智能型班组。还组织职工参加技术培训技能比赛，鼓励职工提升学历，提升技能。对一些利用业余时间充电并已拿到证书的员工，集团工会按规定给予奖励。有9名职工得到集团工会素质工程的奖励。对改革中利益调整群体着眼于有情操作，在企业改革改制中，涉及职工切身利益的，集团工会注重权益的维护以及利益的关心，做到有情操作。(4)积极组织青年职工开展喜闻乐见的活动，开展了"亚太杯"乒乓球锦标赛和"青年自娱自乐联谊"活动。(5)切实加强工会自身建设，及时做好基层服务工作，继续开展集团工会目标管理考核。 (朱毅敏)

上海有色金属(集团)有限公司工会

主席：
陈明奋

【概况】 上海有色金属(集团)有限公司工会所属基层工会25个。全公司职工16348人，其中女职工3156人。工会会员15954人，其中女会员3064人。公司工会设办公室、生产部、生活保障部及女工疗修养部。(1)积极参与中小型企业改革、改制，坚持和完善有色(集团)公司职工代表大会制度，履行工会维护职能。公司工会负责人参加有色(集团)公司改革、改制工作小组，代表工会和职工就中小型企业改革、改制工作发表意见和建议。在中小型企业改革、改制工作中，坚持有色(集团)公司职工代表大会的规定，企业的改革、改制方案必须经过职工代表大会审议。在全系统进行了第三次职工代表大会和厂务公开基本情况的调研检查。在公司二届一次职工代表大会，听取了有关业务招待费、职工收入和四金交缴情况的汇报。(2)以促进有色(集团)公司经济发展为目标，广泛开展群众性经济技术创新活动。在全公司范围内开展了各种形式的劳动竞赛活动，较好地完成了全年经济工作任务。加强有色职工技术、技能的培训，全系统共有10家企业255名职工参加了维修电工、钳工、化学分析、压力加工、行车工等5个工种的技能培训、操作比赛活动。开展"安康杯"、"安全生产宣传月"活动，全系统没有发生一起职工死亡和重伤事故。(3)

关心困难职工,积极开展送温暖活动。全系统共有338名各级领导干部,走访困难职工、困难退休职工3675人次,送发各类慰问金52.64万元。(4)加强职工队伍建设,加强工会自身建设。开展"建、创、做"活动,在全系统范围内形成市、有色(集团)公司、基层企业三级网络。开展"金三角"三厂读书联谊会活动。加强工会领导班子任期考核,调整、充实各级工会领导班子,对11个基层工会进行了调整充实,与20个基层工会签订2003年《工会工作目标责任书》。(5)深入基层调查研究。先后完成《基层工会任期》;《职工代表大会和厂务公开基本情况》;《工会条例》;《劳动合同条例》;《进城劳务工》等专题调查。 (陈益林)

鲁中冶金矿业集团公司工会

主席:沙宝珍

【概况】 鲁中冶金矿业集团公司工会下辖15个两级单位工会,现有在岗员工6549人,其中女员工1488人,会员5951人,其中女会员1486人。集团公司工会工作机构设有办公室、文体俱乐部、生产宣传部、民管部(业主办)和保障(财务、女工)部。(1)紧紧围绕企业生产经营中心,深入开展"群众性经济技术创新"活动和"安康杯"竞赛。会同生产安全部开展了"文明巷道"竞赛,共有14条巷道被评为"文明巷道"。会同人力资源部举办了电焊工、车工、选矿工、女核算员4个工种的技术比武。与技术开发中心等部门共同开展了合理化建议征集活动,共收到公司级合理化建议203条,10条建议被评为"金点子"奖。积极开展多种形式的"群众性经济技术创新"活动,生产经营创历史最好水平,实现税费3642万元,盈利700万元。以"安康杯"竞赛为抓手,深入开展了"安全生产月"和"百日安全无事故"活动。查处、整改事故隐患239起,堵塞了管理上的漏洞。配合公司"双认证"工作,积极开展以"降高温、降噪声、降粉尘"为内容的作业环境整治活动,对部分工作场所进行了环境监督,督促有关部门对查出的问题予以落实整改;举办了74名劳动保护监督检查委员会委员参加的培训班;为球团矿厂、轧钢厂、建安公司在高温环境作业下的员工,送去了空调、清凉饮料等防暑降温物品。(2)坚持职代会制度,深入推行厂务公开。组织职工代表与公司就《公司劳动合同实施细则》和《工资制度改革实施办法》进行了平等协商,并经公司十届五次职代会审查通过;公司工会不断加大厂务公开的推进力度,制定下发了《关于做好2003年厂务公开工作的通知》、《厂务公开责任规范》,重新修订并明确了党委、行政、纪委、工会及机关各部门在厂务公开工作中的职责范围,形成了责任明确到位、工作专人负责、运作规范有序的工作格局。(3)扎实做好帮困送温暖工作。认真贯彻执行《关于维护困难职工群众合法权益,实施帮困送温暖工程的意见》,充分发挥三级帮困网络的作用,通过深入细致的调查摸底,健全了特困员工档案;积极拓展救助渠道,协同有关部门,认真落实帮扶政策,为32户特困员工发放了特困证;先后两次对73名特困员工进行了救助,发放帮困金4.84万元;精心组织春节"送温暖"活动,走访、慰问困难员工690人次,发放慰问金13.61万元,看望生病住院员工112人次,支出慰问金(慰问品)8204.8元。(4)广泛开展丰富多彩的宣教文体活动,加强对外交流。组织广大员工开展了"学知识、强素质、展风采"女工读书活动,充分利用宣传橱窗、专栏、图片等形式,广泛宣传劳模、先进的典型事迹,营造了学习劳模、争做劳模的浓厚氛围。举办了第六届元宵灯会、第三届文化活动周、桥牌比赛和乒乓球赛。(5)鲁中工会注重抓好工会干部队伍素质的提高,积极开展调查研究,努力夯实工会工作基础。公司工会在培训中心的支持下,举办了3期有90余人参加的工会干部计算机初级知识学习班,提高了工会干部的计算机应用能力;举办了110余人参加的工会干部业务知识培训班,加强了新形势下工会工作的理论研讨,分别在工会干部和女员工中开展了论文征集评比活动,收到工会工作论文65篇,印发了女工论文专刊。 (杨庆荣)

上海航天局工会

主席:吴海中

【概况】 上海航天局工会辖有基层工会组织50个,在职职工20513人,会员19323人,其中女会员7017人。工作机构设有组织部、民管部、文体宣传部、经济工作部、法律生活保障部、财务女工部和办公室。围绕"突出一个重点,实现'三个突破'"为工会工作重点,一抓十六届三中全会、中国工会十四大、上海工会十一大精神的学习贯彻。二抓"班组工程"建设,以"十好"标准为目标,推动"质量信得过班组"达标活动向班组工程建设发展,强化了班组建设的综合性和全面性。全年组织了865名班组长进行局级培训,并通过深化班组管理、建设班组文化,建立育人机制,促进劳动竞赛、合理化建议、小改小革、QC小组等活动的开展,保障了以神舟五号为代表的各项重点型号任务的全面完成。三抓民主管理的新突破。结合新形势民主政治建设对职工民主管理工作提出的新要求,全面落实全心全意依靠工人阶级的方针,进一步突出工会的维护职能。提出了"四个突破"的工作目标和"抓思想认识、抓调研推广、抓运行规范、抓学习培训、抓检查考核、抓典型培育"的具体措施;通过组织外出学习、召开座谈会、组织研讨等活动,提高工会干部的思想认识。建立了特邀职工代表参加局工作会议等重大会议制度和局情通报制度,积极培育典型,组织下属3家单位参加“上海市百家职工最满意企业”评选活动。关心困难群体,做好职工互助保障工作,组织发动基层单位参加市总教育保障计划、女职工医疗特种保障工作。全局参加特种重病保障的职工有13820人,参保百分比达69.61%。参加在职住院保障的有13206人,参保率达66.51%。为困难企业申请了300多张女职工免费妇科检查名额。四抓多途径深入推进职工素质工程。发挥典型人物的引导作用,积极宣传唐建平事迹,促成唐建平班组与李斌班组开展“共创新时代职业精神”结对活动。以“班组工程”建设为基础,班组学习制度得到新的发展。五抓工会组织的自身建设。以深化职工之家的创建活动为抓手,制定目标和规范,加强过程管理。精心组织,圆满完成局工会换届选举工作,选出新一届局工会领导班子。(张爱娣)

上海船舶工业公司工会

主席:谢中全

【概况】 上海船舶工业公司工会辖属30个基层企业工会,会员42603名,占职工总数98.52%,其中女会员10484名,占女职工总数98.39%,。工作机构设办公室、经济工作部、组织民管部、生活女工部和宣传教育部。(1)以改革和科技进步为动力,广泛开展职工“经济技术创新”活动,引导广大职工为实现公司2015年建成世界第一造船集团的发展目标、为“振兴上海船舶”建功立业。2003年上海船舶公司系统在造船吨位、出口创汇等主要经济指标再创新高。公司系统合理化建议采纳3423件,创造或节约价值1101万元;技术革新328项,创造或节约价值2348万元;技术发明10项,4项申请专利,创经济效益2875万元。职工技协攻关、开发项目9项,创经济价值1207万元。(2)积极推行“职工素质工程”,通过“培训、练兵、比武、晋级”提升职工技能,参加技术培训10192人次,;参加各类练兵3303人次;公司组织计算机辅助设计、办公自动化、车工、管系工等各类比武4次;晋级人数506人,沪东中华集团秦毅荣获全国技术能手称号。(3)积极推行企业民主管理。建立职代会、员工代表大会制度24家,占企业总数80%;建立企业建立平等协商集体合同制度12家,占40%;建立民主评议干部制度23家,占76.67%;实行厂务公开20家,占66.67%。(4)做好职工生活保障工作。全系统30家单位全部参加上海市基本养老保险和基本医疗保险;建立了补充养老保险、补充医疗保险和职工互助合作保险的单位分别达到50%、23%和33%。(5)以改革的精神加强工会自身建设,推进工会工作群众化、民主化、法制化建设。组织工会干部参加市总和工会干部管理学院的新一轮培训25人。公司工会指导3家基层工会换届改选。编辑出版《我眼中的上海船舶工业》摄影集。编辑出版《百佳安全警句格言集》。健全办公室双月例会制度,进一步完善“6分钟信息发布”机制。(林创廷)

上海航空工业(集团)有限公司工会

主席:叶森明

【概况】 上海航空工业(集团)有限公司工会辖有基层工会13个,职工8849人,会员8751,女会员2556人。(1)利用各种形式组织工会干部认真学习贯彻党的十六大和中国工会十四大精神,举办了《提高干部创新创造能力》辅导报告会、工会十四大精神学习辅导班、贯彻工会十四大精神座谈会。(2)组织以“争创航空工业新高地、重振航空工业雄风”为主题的劳动竞赛,有6777人次参加。围绕新支线飞机生产节点,上飞厂和上飞所开展了“献智慧、绘蓝图、我为支线作贡献”和“奋战新支线、大干100天、拿下630”的劳动竞赛。深入开展“创建学习型班组,争当知识型职工”的活动,各级工会共组织各类培训70余次,培训人员达2千余人次。召开了推进“职工素质工程”交流会,表彰了10个学习型班组、27名技术能手和8个优秀组织者,下发了《关于实施职工素质工程的若干意见》的文件。召开了“劳模先进座谈会”,由公司工会出资,选送班组长参加“上海市初级工商管理(EBA)资格培训”。航发厂工会共组织技术比武3项,培训各类人员255名,出资外送9名班组长参加EBA班学习。(3)进一步深化企业民主管理工作。厂务公开工作实施和推进方面有了稳步提高,各单位对重大方案审议,坚持走职代会民主程序,坚持职工群众的知情和参与。积极探索拓展基层民主管理渠道。组织全体职工代表实地了解工厂重大技改项目投入使用情况。注重做好扶贫帮困的建章立制工作,积极探索新的帮困模式和方法。公司工会从实际出发,与党群部、人力资源部通力合作,对帮困资金、帮困对象进行统一调度、统一落实。做好各单位《女职工团体互助医疗特种保障计划》的推广工作。四大节日期间共慰问走访困难职工646人,补助款16.1万元。助学帮困20人次,补助款8600元。为患病职工送去公惠医院优惠医保卡50张,价值2.5万元。组织职工开展“一日捐”活动,共有2978人参加,收到捐款9.64万元。开展了建设先进“职工之家”活动,命名表彰了6个公司先进职工小家、11名优秀工会工作者和22名优秀工会积极分子。(4)在突发性、阶段性工作中积极发挥作用。抗击“非典”,组织广大职工群众开展抗非典、促生产工作,并拨出10万元抗非典专项补助款,支持基层工会开展各种抗非典公益活动和慰问、奖励生产一线先进职工。面对罕见高温,工会从实际出发,采取措施,协助行政落实好本单位重点岗位的防暑降温工作。

(季玉进)

上海工业技术发展基金会工会

主席:沈繁康

【概况】 上海工业技术发展基金会工会辖有9个基层工会,职工486人,女职工178人,会员467人,女会员162人。(1)突出维权稳定大局。针对工业基金会系统继续实施清理、整顿、改转制的任务和所有基层公司都没有签订集体合同的实际情况,充分利用职工(代表)大会的维权平台,按程序运用法律法规,积极维护职工的合法权益。对20个壳体企业的下岗、协保、内退和买断工龄的职工因拖欠工资、借款、股权、集资、劳动关系(出国)的认定以及退休、退工等方面的事件,按政策法规做好思想和服务工作,并充分的进行了调解,基本达到妥善处理。(2)提高职工素质、开展文明企业活动。上海大众卢湾维修站在教育经费保证的前提下,开展了技能等级提升竞赛活动,采用了单位保证职工每人每年不少于80小时的培训学习和个人业余外出“充电”相结合的方法。有3名高级工晋升为技师,5名中级工转为高级工,使大众卢湾维修站整体素质在行业中保留了第三名的荣誉。上海工业商务展览公司以提高职工素质为基础,干群一心创文明,面向国际市场,克服“非典”的负面影响,开拓创新举办了五个上海国际性的博览会和一个国内假日消费博览会。(3)做好生活保障工作。对10个基层公司和20个壳体公司因下岗、协保、重病、残疾、单亲子女读书而造成生活困难的55名职工(退休)开展送温暖活动,慰问金额达2.3万元,比2002年增加92%。积极动员在职和退休职工参加互助补充医疗保险,在职职工投保10.1万元,赔付1.7万元;退休职工投保3.4万元,赔付5.4万元。并有9个壳体公司的71名退休职工的互助补充医疗保险关系平稳的转移到社区去办理。

(朱临斌)

上海市烟草工会

主席:谢华庆

【概况】 烟草工会辖有基层工会5个,职工8888人,其中女职工3494人,会员8942人,工作机构设办公室、一科、二科、退管会办公室、职工活动中心。(1)围绕管理进步,强化班组创新能力。运用创建“特色示范班组”、诚信满意班组、班组文化塑造、班组课题立项成果发布等载体,培育班组自主管理及创新能力。全行业630个班组,建立管理课题212项,有30个班组参加局级成果发布;指导总结储运公司15个班组在实践中探索的经验,编辑了一本《现代班组管理探索》小册子。高扬公司电站班组“岗位成才、岗位奉献”的事迹,被全总授予“全国五一劳动奖状”称号。(2)围绕技术进步,开展群众性经济技术创新活动。开展“科技兴烟、我为烟草新一轮发展献一计”活动,征集合理化建议742条;举办“职工技术汇演”和“职工技术创新成果展”,有3人被评为“上海市职工技术创新能手”。(3)围绕新一轮发展,开展职业精神大讨论。结合“世博精神与上海烟草新一轮发展”大讨论,开展了“我的劳动观”教育活动,激励员工做一个“诚信、勤奋、学习、守纪”的上烟人。结合集团组建10周年庆典,开展了优秀歌曲、戏曲职工演唱赛,9000名职工参加的“诚信杯”知识竞赛,1760名职工参与投票的“上烟杯——职工书画影”好作品评选活动,精心举办了“畅想未来、前程似锦、与企业发展同行”诗文创作和朗诵会。(4)重视机制建设,保证企业民主管理规范运作。制定了“规范行业集体协商工作”意见,加强了对(集团)公司集体合同续签、职代会换届改选、干部民主评议和企业“三项”制度改革等重要环节的源头参与,及时做好上下沟通协商工作,保证企业民主管理规范有序地运作。(5)关爱职工生活,做到办实事、做好事、解难事。以建立多种形式的职工生活保障体系为目标,帮助困难职工排忧解难。据统计,391名职工得到79.25万元的援助,100多位职工子女得到助学资助。(6)重视自身建设,不断增强工会工作的有效性。认真贯彻落实市总工会十一大、中国工会十四大精神,采取定期下基层调查研究、完善“星级职工之家”考核等措施,提高干部指导服务基层的本领与创新能力。针对集团规模拓展,抓了海烟物流发展有限公司工会的筹建和白玉兰烟草材料有限公司工会的组建。

(江洪生)

上海汽车工业集团总公司工会

主席:李积荣

【概况】 (1)围绕集团“三大战略目

标"和"四大工程",大力推进多种形式的主题活动,动员和组织职工群众在新一轮发展中发挥主力军作用。开展"增强学习能力,万名职工创新绩"主题活动,全面推行四大工程。集团工会在全行业推广"持续改善活动",宣传学习上海市工业十大工人标兵——徐小平先进事迹,推出"企业合理化建议排行榜"评比制度,合理化建议数比去年同期增长2.4倍,节约金额和产生经济效益约5273.38万元。开展"确保抗击'非典'胜利、确保经济持续增长"立功竞赛活动,高温期间,各级工会关心职工劳动安全和身心健康,动员职工发扬连续作战精神,满足用户和市场需求。(2)围绕员工发展主题,大力推进职工素质工程,全面提升广大职工的技能水平、职业精神和文化素养。积极倡导"技术工人也是人才"的观念,全面实施职工技能登高计划。集团工会组织开展百名职工技术大比武等3次技术比武大赛,并组队荣获市"技能竞赛月"数控机床操作个人第1、2名,维修电工团体第2名的好成绩。通过加大以劳模为代表的职业精神的宣传力度,引导广大职工"敬业、创新、开放、成才",塑造SAIC职业精神的成功经验,开展评模创优活动。2003年上汽集团荣获全国集体最高荣誉——全国"五一劳动奖状"。开展特色文体活动,丰富企业文化内涵。集团工会举办"汽车·人与自然——上汽集团第八届职工摄影·书画作品展",出版"可爱的上汽人"画册。(3)围绕企业民主建设,大力推进职工民主管理机制的完善,着力提高职工参与企业民主管理的能力。《上海汽车工业(集团)总公司职工代表大会实施办法》等制度,使整个行业的民主管理工作真正做到有法可依、有章可循。同时,制定《集团工会劳动保护监督实施细则》,完善安全生产监督保护制度;完善平等协商、集体合同机制。集团对基层二、三层次企业共70家集体合同履行情况进行抽查,二层次企业集体合同签约率达88%,履约率达100%。在"六位一体"干部考核中,共组织1732名职工代表,对39家企业的187名厂级干部进行民主评议;坚持按照民主程序搞好企业的改制、转制工作。集团新创办非公经济实体16个,新增就业岗位1125个。(4)围绕企业和社会稳定大局,大力推进工会保障工作体系和机制建设,切实为职工办实事、谋利益。完善"困难救助、求学资助、医疗补助、创业帮助、法律援助"的"五助"保障体系,逐步形成帮困送温暖的新局面。关心退休困难劳模生活,通过慰问信和慰问金形式,表达集团党政对劳模的关心和感谢,发放慰问金5万余元。对292名重病、大病的职工,给予每人1000元的医疗补助;推行"四项"保障计划。在职职工、退休职工、特种大病保险续保和女职工大病保险达到80468人次,总金额为443万,共理赔6697人次,理赔金额305万元。在集团行政的大力支持下,集团的"救急济难"基金从200万元增加到1000万元,同时募集2300万元的"救急济难"基金增值,增强帮困力度。集团建立"创业基金",无息贷款给困难企业工会创办"三产",解决职工的岗位。集团和基层二级工会帮助390人实现了再就业,其中工会"三产"吸纳143人;继续深化"曙光计划"。截至年底,集团和基层单位工会共资助困难学生675人,资助金额达33.72万元。(5)围绕增强基层工会活力,大力推进各级工会组织建设,努力提升工会工作的整体水平。顺利召开集团四届一次工代会暨职代会,选举产生由23名委员组成的新一届工会委员会和9位同志组成的新一届工会经费审查委员会。以"建家创特色"为抓手,集团工会召开了创建先进职工之家、先进职工小家特色工作成果发布会,加强对工会经费的收缴和经审工作,出台《集团工会经费预算管理办法》,严格执行工会经费预算制,确保工会经费使用的科学性、规范性。　(吕　平)

上海工业投资(集团)有限公司工会

主席：周融江

【概况】　上海工业投资(集团)有限公司工会所辖基层工会29个,职工总数1709人,会员1557人,其中女会员502人。(1)组织提高技能的"比学赶帮超"活动,职工队伍素质得到提高。基层工会开展"四讲二提升"和"立功竞赛红旗小组"活动,成效显著。(2)维护职工合法权益,主动与企业领导和有关部门配合和协调,在厂务公开、重大决策、干部选拔等有关职工利益等进行了积极探索。(3)源头参与有成效。在改制企业的职工安置分流中,避免和减少各种矛盾的发生和激化,使企业利益和职工权益得到双赢。(4)关心困难职工生活,积极开展送温暖工作。对困难职工进行访问和帮助;对云南工投希望小学的捐款累计达38万元。(5)以建设"职工之家"为抓手,加强基层工会活力,为把工投工会建成职工信赖、企业满意、社会认同的"职工之家"迈开重要的一步。

(余君伟)

上海久事公司工会

主席：曹旭东

【概况】　上海久事公司是国有独资的综合性投资公司,成立于1987年12月。至2003年底,公司总资产715亿元,净资产156亿元。公司现有全资子公司2家,控股公司4家,职工527名。工会所属三产1个,职工技协组织1个。(1)发挥工会教育职能,全面提高员工素质。工会先后两次组织全体工会干部进行了专题学习,并结合形势研讨工会工作。另外,工会充分利用现有的设施,将中国工会十四大的宣传提纲、中央领导同志在中国工会十四大上的讲话等材料发表在公司局域网的《工会园地》上,让全体员工阅读学习。第二季度由工会、办公室、人力资源部联合举办的为期六周的员工电脑操作技术培训,共有150人次分别接受电脑操作基础班和提高班的培训。(2)发挥员工参与职能、推进公司民主管理。年初召开的公司四届一次职代会,听取了公司行政工作报告、职工"四金"缴存情况、公司业务招待费使用情况。久事公司本部开展的合理化建议活动,共有71人提交75份建议,参与率为70%。(3)开展各项娱乐活动、丰富员工文化生活。建立了"员工活动室",设有乒乓球台、桌球台、棋牌和做广播操的设备和场地;配备了一定数量的VCD影像资料供员工借阅;参加了计委系统第三届摄影巡回展活动;举办了《健康知识讲座》和《摄影知识讲座》;组织女职工"三八"妇女节活动;开展了久事公司第六届职工健身运动会,项目有保龄球、篮球、牌类、桌球等,历时两个月,约200人次参加各个项目的训练和比赛。(4)关心职工生活,增强公司凝聚力。工会建立了帮困基金,对14人次经济补助2.3万元。召开了扶贫济困募捐专题动员大会,并对进驻久事大厦的几十家中外企业单位都作了宣传发动工作,整个久事集团上下共有175人捐款18320元,捐衣被531件;进驻大厦的其他单位共捐款4670元,捐衣被543件。

(陈书华)

上海广电(集团)有限公司工会

主席:江　兵

【概况】　上海广电(集团)有限公司工会辖有13个直属公司工会(其中2个是上市公司工会)、67个基层工会。职工25428人。会员有23734人。工会工作机构设有办公室、经济工作部、组织部。(1)不断增强以"三个代表"重要思想统领工会工作全局的自觉性和坚定性。(2)围绕广电集团建成具有国际竞争力大集团目标,深入推进"学季凡、学先进、学技术"活动。集团工会连续开展万名职工技术登高、四新的活动。9月,召开了深化"三学"活动中途推进会,10月,集团工会对12家单位专门进行了调研。年底集团工会组织了"三学"活动成果申报,收到30个基层单位申报成果80项,"三学"活动成果展示板59块。(3)健全职代会制度,大力促进基层民主管理建设有新进展。(4)完善工会保障机制,突出为职工做好事,办实事。一是坚持开展了"一日捐"活动;二是坚持定期组织帮困、助学、元旦春节送温暖,慰问困难职工5126人次。三是坚持在高温季节做好防暑降温工作。四是集团工会出资组织了56名劳模先进和三八红旗手以及先进集体代表到香港、澳门进行考察。五是除了切实做好在职职工、退休职工住院和重大疾病互助保障计划外,还大力推进《女职工团体互助医疗特种保障计划》,六是继续资助协保人员。为他们投保《上海市特种重病团体互助医疗保障计划》。七是在"非典"期间,各级工会协助行政做了大量的工作。(5)开展三八红旗手(集体)评选表彰活动,大力弘扬先进事迹。(6)加强工会组织自身建设,努力提高工会工作水平。年内,集团工会成功地召开了第二次工会会员代表大会,进行了工会换届改选,确立了今后五年的工作目标和任务。

(朱金妹)

上海光通信公司系统工会

主席:倪子江

【概况】　上海光通信公司系统工会辖有中外合资企业工会5家。现有员工417人,其中工会会员417人,女职工112人。(1)坚持抓好思想政治建设。系统每年根据公司生产经营和员工的思想状况,明确当年工会工作的工作要点和重点任务,上半年工会重点在于抗击非典斗争中坚持生产的同时为广大员工办好事、做实事。下半年重点学习贯彻中国工会十四大及市总工会十一大会议精神,将修改后的《中国工会章程》发给每个员工,让全体员工进一步了解中国工会组织的性质和职能。对任届期满的工会组织条件成熟时及时改选。(2)坚持为职工办实事。在抗击非典斗争中,为改善工作环境,系统工会为每位员工提供一台电扇;为增强员工身体抵抗力,系统工会为大家代购相关紧缺药品和用品。工会积极做好被隔离人员的思想工作和生活安排。为员工购买防非典保险,在企业减员时,工会积极主动与行政进行协商,维护员工合法利益。系统工会成立职工食堂民主管理委员会,每月对食堂管理情况进行监督。(3)坚持开展员工喜闻乐见的文化娱乐活动。相继开展了"光通杯"乒乓球团体和个人比赛;"庆六一"儿童艺术展,在网上展示和评选(非典期间)健康宝宝、书画和手工作品;"光通杯"抗击非典篮球友谊赛;组织钓鱼爱好者到近郊开展钓鱼比赛,组织摄影爱好者去浙江松阳采风,举办员工摄影展览。(4)坚持抓好工会干部队伍建设。举办学习讲座,拓宽工会干部的知识面,对工会班子不健全的,及时进行补选。

(倪子江)

上海市质量技术监督局工会

【概况】　上海市质量技术监督局工会

主席：
周荣英

辖有基层工会12个，职工1696人，会员1696人，其中女会员535人。(1)认真组织理论学习。局工会把学习贯彻“三个代表”重要思想和党的十六大精神作为工会的首要政治任务来抓。组织工会干部专题学习胡锦涛同志的“七一”重要讲话，参加上海工会干部管理学院组织的“改革与发展”信息发布会、热点问题剖析会。通过组织报告会、举办学习班等形式，把学习贯彻“三个代表”重要思想活动不断引向深入。(2)积极配合，为夺取抗击“非典”胜利作努力。利用黑板报、宣传画廊等阵地做好预防宣传工作。为职工购买防疫药品和用品，对生病职工采取打电话、寄慰问品等特殊送温暖形式。(3)组织引导职工投身经济建设，服务质量技监事业。组织职工开展“世博会与上海新一轮发展”大讨论，开展解放思想、反骄破满，实现跨越式发展和质量技监文化的“三个大讨论”。深入开展技术革新、技术攻关、技术开发活动，1项科研项目获上海市科技进步三等奖。(4)坚持把职工素质工程不断引向深入。开展“塑造城市精神，培育新时代职业精神”活动，进行责任感、遵纪守法、职业礼仪、诚信等教育，继续深入开展“建、创、做”活动和各类劳动竞赛，组织班组长和班组骨干参加工商管理(初级)资格暨开放式大专学历培训，对17名成绩优异者给予物质奖励。(5)履行基本职责，维护职工合法权益。在局属事业单位全面实行聘用合同制和部分单位实行岗位工资制改革过程中，聘请有关专家讲解《上海市聘用合同办法》等法规，对职工代表和工会积极分子进行培训。组织好局属各单位工会全部参加市保障互助会的3项保障计划，积极做好续保和大量理赔给付工作。局工会连续5年被评为“推进互助医疗工作先进委员会”。(6)深入开展送温暖献爱心活动。组织元旦、春节的送温暖工作和夏季送清凉工作，补助慰问困难职工(含退休职工)871人，金额达36.3万元，组织开展“一日捐”活动，有4个单位工会，411人捐款2.2万元，还专门为身患重病的湖北通山县质量技监局职工黄向阳捐款2.7万余元。(7)加强工会自身建设。坚持每月工会工作例会制度，年中、年底局工会全委(扩大)会议制度。加强工会会费管理，制定管理办法，进行工会财务检查。

(陈汉新)

上海市漕河泾新兴技术开发区发展总公司工会

主席：
陈　克

【概况】 上海市漕河泾新兴技术开发区发展总公司工会辖有17个基层工会。其中有上海逸和龙柏饭店等8家外商投资联合企业基层工会挂靠在总公司工会，共有职工2456人，其中会员1854人，女会员789人。(1)顺利召开上海市漕河泾新兴技术开发区发展总公司工会第二届职工代表大会，换届选举产生了新一届工会委员会。指导下属6个基层工会进行了换届工作。(2)总公司工会全力协助党政，带领公司全体职工奋战在抗SARS第一线，为保证每个员工能够得到足够的防非典用品，工会通过各种渠道筹措各类物品，把防非典用品送到每个职工手中。抗非典取得阶段性胜利后，组织材料为总公司5月22日召开的“防治SARS，促进发展”座谈会提供了18位同志的事例报告。(3)以开展司务公开和对话制度作为强化维权的抓手，从源头上维护并有效促进民主管理的深化。已有11家单位与行政建立了集体协商谈判制度和签订了集体合同，合同覆盖面达61%。有3家公司工会分别进行工资协商谈判的试点工作。(4)为女职工办理《女职工特种重病的保险》，为住院、重病职工办理了医疗费理赔，累计3万元，元旦、春节总公司系统共慰问困难职工142人，慰问金额8万余元。(5)总公司出资30万元，员工捐资2万元援建革命老区江西省泰和县桥头镇津洞小学。还发动职工向希望小学捐书2037册。(6)开展健康有益的活动，举办了春节联欢会、三八妇女节女职工活动、八一建军节复退军人电影观摩；网球培训班；“创业杯”乒乓赛；“西区杯”棋牌全能赛。

(庄佩华)

中国能源化学工会华东电力工作委员会

主席：
庄毅群

【概况】 中国能源化学工会华东电力工作委员会，简称是中国能源化学工会在华东地区的派出机构，下设组宣部、生产生活部、办公室。省市电力公司及直属单位职工147599人，会员143779人，女职工32645人。上海地区直属工会7个，职工1994人，会员1992人，女职工565人。(1)贯彻十六大精神，掀起学习新高潮。工委召开全委会和民主管理工作会议，学习宣传贯彻上海工会十一大、全总十四大会议精神，兴起学习贯彻“三个代表”重要思想的新高潮。(2)积极宣传动员，搞好抗非防非。充分利用各种形式，加强对职工宣传教育，主动协助行政有关部门，开展群防群控活动；把抗非防非纳入工会劳动保护工作主要内容，加强情况交流、信息反馈,及时了解掌握工作动态和情况;采办发放预防药品;走访慰问电力医院和部分基层企业,努力促使"非典"对企业的影响降低到最小程度。(3)总结推广经验,深化民主管理。深入基层企业调查研究民主管理工作,总结提炼经验。组织工作会议,推广望亭发电厂等规范性、程序化和有操作性的民主管理经验,并召开企业民主管理研讨会,推动面上工作。(4)参与安全检查,完善竞赛活动的实施办法。会同行政认真参加安全大检查活动,对8个变电站、8个变电区进行竞赛工作检查。开展了上海与浙江、江苏与安徽劳动保护工作对口学习交流。(5)创新工作载体,建成信息网站。建成有9大版块、230项栏目、38个子页页面系统和22个管理功能平台组成的"职工之家"网站。8月1日网站开通,年内有1.6万多人次访问网站,职工投稿160篇,近13万字。开展工会工作创新成果征集活动,召开工会信息工作会议。(6)关心群众生活,发展企业文化。继续拨款支助尘肺疗养中心华东电力住院职工改善伙食条件。组织华东电力系统劳模及其家属180人分三批赴新落成的千岛湖职工培训中心疗养。组织了职工持股会扩配股和迎审工作;开展华东电力女职工干部培训;举办了华东电力女职工健美操比赛、第四届"友谊杯"职工乒乓比赛、第二届"团结杯"职工网球比赛;开展了工会财务竞赛考核和上海地区直属工会经审工作培训及规范化审计;组团出访考察劳动保障和工会工作。(7)加强自身建设,提高整体水平。参与新安江水电厂工会主席人选考察,指导换届改选;指导和帮助上海市电力公司完成换届改选。

(包伟良)

申能(集团)有限公司工会

主席:仇伟国

【概况】 申能(集团)有限公司于1996年经上海市人民政府批准,以申能股份国有股部分为基础组建成立,申能(集团)有限公司工会辖有基层工会9个,会员1400人,其中女会员347人。(1)学习"三个代表"重要思想和十六大精神,贯彻市十一次代表会议精神,使思想认识提高到一个新水平。(2)围绕企业生产经营开展安全生产、劳动保护和劳动竞赛活动。为进一步贯彻《安全生产法》,集团工会建立了由各单位工会安全生产检查员组成的安全生产检查网络,开展安全生产检查,关心职工劳动保护状况,增强职工自我保护意识。并于8月下旬召开了安全生产专题交流会,一些企业组织"金点子"、"双边会战"、"运行小指标竞赛"等活动成效显著,公司所属的天然气管网被评为市重点实事工程立功竞赛优秀公司(3)努力推进职代会建设和厂务公开制度,不断探索民主管理和参政议政的有效途径。工会广泛组织职工审议企业行政工作报告、业务招待费使用情况、企业重大改革方案和涉及职工福利待遇的方案,听取职工的意见和呼声,积极与行政沟通。(4)继续深化帮困送温暖工作,及时为困难职工排忧解难。两个单位建立帮困基金,其他各单位工会也通过购买医疗健康保险、开展捐助活动等及时为员工排忧解难,年内分别对3名困难员工开展捐款活动,共计捐款5万余元。(5)加强工会自身建设,于8月下旬在系统基层工会开展工作调研,主要围绕企业厂务公开制度落实情况、企业职代会落实情况、职工劳动保护工作情况、职工思想教育工作情况、职工文体工作和职工体质状况等五方面课题开展调研。(6)加强工会、技协的财务管理。组织各单位财务人员参加市总工会举办的《工会专业知识培训班》,并对4家企业工会财务、技协财务进行了抽查。(7)加强女工工作建设,保障女工权益。集团工会女职工委员会于7月10日进行换届选举,产生了新一届女职工委员会。

(杜佩佩)

上海机械设备成套(集团)有限公司工会

主席:张建平

【概况】 上海机械设备成套(集团)有限公司工会辖有基层工会3个,职工171人,会员171人,其中女会员66人。(1)加强工会的组织建设,及时修改了集团《职工(代表)大会工作条例》年初对职代会进行了换届改选,重新选举产生了职工代表,并建立了职代会工作班子与专门小组。(2)开展学习教育活动,努力提高职工思想政治素质,组织了学习贯彻十六大精神报告会。(3)结合上海开展"世博会与上海新一轮发展"的大讨论,展开了"抓住世博会商机,做强成套服务业"的讨论。为推动大讨论的深入开展,促进集团公司的发展,组织征询意见表,回收合理化建议300多条,(4)深入开展职工道德建设活动。(5)开展上海市实事重点工程立功竞赛活动。(6)继续做好"夏送清凉、冬送温暖"和"三个必访"的职工凝聚力工作,家访职工191人,资助困难企业1家,金额达4.2万元。(7)继续做好职工互助保障工作,集团在职职工全部参加续保,并为女职工投了一份《女职工团体互助医疗特种保障》。(8)开展形式多样寓教于乐的群众性文体活动,组织了朱家角一日游,开展了"保龄球"、"乒乓球"、棋牌比赛,及"迎新春联欢会"等娱乐活动。(9)做好退管会工作,为每位退休职工投上1份医疗互助保障,组织了退休职工辞旧迎新团拜会,敬老节组织东方绿舟一日游活动。

(钟云昌)

上海电器科学研究所(集团)有限公司工会

主席:
包　革

【概况】 上海电器科学研究所(集团)有限公司工会,下属9个部门工会,有合资子公司工会3个,有48个工会小组,职工686人,女职工201人,工会会员645人。全所近七百名职工中,具有高级技术职称110人,中级技术职称140余人,有42名专家享有政府特殊津贴。主要专业有电子信息技术、数字化、智能化系统集成,自动控制系统技术、新材料技术以及电机、电器、船用电机电器、电工合金材料等产业方面应用的新工艺、新技术。(1)重视工会干部队伍建设,为配合所多元化体制的改革,所工会组织所室两级工会干部,认真学习党的十六届三中全会精神,在工会干部中统一思想,提高认识,明确方向。定期召开工会办公会议,及所、室两级工会联席会议,抓好工会工作的规范化管理。(2)紧贴企业深化改革的工作重点,突出和加强民主管理的职能。进一步完善和规范了所务公开,民主评议干部,劳动关系预警机制,劳动争议调解,关心职工工作及帮困基金等实施细则和办法,(3)以学李斌活动为先导,所工会开展了创建李斌式班组、智能型班组、文明班组、红旗班组的活动,涌现了一批市、局级先进集体和先进个人。(4)实施"送温暖工程"。全所干部职工积极开展"一日捐"活动,不断完善、充实帮困基金。全年发放帮困金额达2.2万元。探望因病、困难职工近70人次,为受灾地区群众募集衣被343件。

(杨明麒)

上海华虹(集团)有限公司工会

主席:
顾晓春

【概况】 上海华虹(集团)有限公司工会辖有基层工会8个,职工3232人,其中女职工880人,工会会员2698人。(1)结合集团公司党委确定的"把握信息化机遇,提升国际化水平,凝聚专业化人才,推进企业文化精神"四个学习专题,组织参加各类讲座、交流会和研讨会,深入学习党的十六大精神和"三个代表"重要思想,通过板报、学习专栏和网络等多种形式,积极开展宣传和报道。(2)围绕经济建设中心,把稳定员工队伍和提高员工素质作为基础工作。集团公司加大了资源配置、结构调整和人员流动的力度。各级工会积极配合,做了大量工作,及时掌握员工的思想动态,并注重做好员工思想稳定工作,与行政充分沟通,协调好各方利益,组织开展了形式多样的劳动竞赛,为企业的经济建设献计献策。组织员工参加"华虹集团首届科技节",集团工会和团委联合举办英语演讲比赛和计算机技能比赛活动,和行政联合参加全国"安康杯"安全竞赛活动,开展了"安全月"宣传和安全知识问答,举办了安全经验交流会和应急演习等一系列活动,(3)继续加强企业民主管理工作,源头参与,在企业重大变革中维护好和实现好员工权益。组织举办"工资协商经验交流会",(4)积极推进企业文化创建工作,开展各种丰富多采的群众活动。在系统内组织了"我与华虹"征文比赛,收到员工32篇征文,年初,集团工会举办了首届文艺汇演,有6个公司10个节目参加演出。通过文艺汇演,展现了华虹人与时俱进、富有创新、敢于挑战的精神风貌。工会举办了羽毛球选拔赛,组建了羽毛球队;联合集团团委与医药集团团委举办了"青年联谊会"。集团工会还多次组织了各项募捐活动和帮困助学活动。共有2718名员工参加捐款活动,,共募捐金额13.57万余元。10月,集团工会再次组织50名员工赴江西"上海华虹希望小学"进行帮困助学,为学生们送去了650余册价值6000余元的图书和200套文具用品。在全市开展的"扶贫济困送温暖"的活动中,共有678人参加募捐,募集衣被1946件,捐款2334元。(5)加强自身建设,做好新建和改选工会工作,提高工会工作的有效性。按期完成了上海华杰芯片技术服务有限公司工会组建工作,有计划有步骤地完成了南华虹、贝岭、计通、先进和虹日公司的换届选举工作。在新建工会和换届工会中,注意做好配好、配强各级工会班子和工会青年干部的培养工作。

(徐友发)

中国铁路工会上海铁路局委员会

主席:
俞宝麟

【概况】 中国铁路工会上海铁路局委员会受中华全国铁路总工会和上海市总工会双重领导,以中华全国铁路总工会领导为主。全局辖区分布上海、浙江、江苏、福建、安徽四省一市,有分局(大口)级工会10个,局直属工会5个。其中上海地区基层工会58个,会员37415人。局工会机关设办公室、组织部、生产部、宣传教育部、保障工作部、女工部、财务部、经济事业管理办公室;代管中国火车头体育协会上海理事会、局退休职工管理委员会。在抗击"非典"斗争中,全局各级工会共投入资金547.63万元,用于职工健康防护和慰问;开通"帮困热线"、建立职工志愿者队伍、组织“一对一互助结对”活动。在铁路运输中,以“抓住机遇谋发展,增收节支作贡献”为主题,组织“万名职工献万条金点子”、举办“第二届职工暨第三届青工职业技能大赛”;开展“五个一”活动和“抗非”劳动保护专项检查及“安康杯”竞赛活动。在深化民主管理中,首次对路局领导从德、能、勤、绩、廉等方面进行全面测评和综合评价。对97%的路局、分局和基层职工代表分别进行了培训;制订下发了《关于进一步明确上海铁路局厂务公开工作责任的通知》。在促进企业改革中,围绕铁路实现跨越式发展战略,就工会如何发挥作用,组织各级工会领导进行专题研讨,在加强宣传教育、构筑工作格局、完善运行机制、形成整体合力方面理清了思路,提出了对策。围绕主辅分离、辅业改制试点,下发了《关于在主辅分离、辅业改制中发挥工会组织作用的指导意见》。在实施送温暖工程中,全局共筹措送温暖资金1084.2万元,各级党政工领导走访慰问了37363户困难职工家庭。出台了“关于加强对互助合作保障体系中各类基金管理的指导意见”,并制订《上海铁路局送温暖工程基金简章》和《上海铁路局职工互助合作保障基金管理办法》,纳入了修改后的《上海铁路局集体合同》。召开了第四次路局劳动争议调解指导委员会会议。在提高队伍素质中,局党政工联合下发了《关于创建“学习型”组织的实施意见》,召开了有30个单位参加的“创建学习型组织成果汇报会”。组织23566名工会干部及职工参加了全总“全面建设小康社会百题竞赛”、500名职工参加了上海市读书节市民综合知识测试、73名职工参加了初级工商管理[EBA]资格培训班学习、参与了上海“读书活动和上海市城市精神”演讲比赛等,为铁路跨越式发展创造了良好的舆论氛围。在强化自身建设中,编制了《上海铁路局工会ISO9000族工作标准》。积极推进全局工会系统电子会务建设,投入资金142万元,与各分局(大口)工会实行了联网。出台了《上海铁路局基层工会创建“模范职工之家”考核标准》和《管理办法》;组织了建家20周年系列活动。路局工会女职工委员会获得了全国、铁道部、上海市先进女职工集体。　(陆梅红)

中国海员工会中国海运(集团)总公司委员会

主席:
陈德诚

【概况】　中国海员工会中国海运(集团)总公司委员会,(简称中海集团工会),于1998年1月18日成立。该集团是跨地区、跨行业、跨所有制和跨国经营的中央直管特大型航运企业。工会接受国务院国有资产监督管理委员会党委、上海市总工会和中国海员建设工会全国委员会的双重领导。管理上海、北京、广州、大连、海南地区4万多名职工和近400艘各类船舶工会。直接领导和管理中海集团上海地区26个子公司工会及下属一级单位工会与157艘集装箱轮、油轮、货轮工会,管理上海地区职工22467人,其中女职工2979人;会员20277人,其中女会员2953人,工会编制5人。(1)中海集团成立6年多来,工会通过各种形式宣传贯彻党政领导关于企业改革发展重大决策,通过开展六届“中海杯”劳动竞赛等载体,激发职工的劳动生产积极性,把集团重大决策化为职工群众为企业改革发展作贡献的行动。(2)推行厂务公开,每年召开跨地区集团职代会,向职工代表报告企业改革发展情况形成制度;直属各单位和船舶工会结合实际形成各有特色的做法和经验。(3)工会协助党政抓企业稳定工作,推进职工再就业,促进企业稳定;关心职工,特别是关心困难职工和维护职工合法权益,深入开展帮困送温暖和帮困助学,2003年元旦、春节期间,中海在沪各单位慰问职工5662人,送慰问金163.8万元。开展献爱心“一日捐”活动,共有10361人捐款34.69万元。工会用帮困金19.9万元对992名职工实施帮困。(4)工会协同党政抗击“非典”,做好宣传和防范工作。购买和发放各种防非典的消毒和预防用品,团结职工守望相助,坚持一手抓抗“非典”,一手抓经济发展,发动职工捐款82.5万元,为抗非典作贡献。开展第六届“中海杯”劳动竞赛,动员职工为夺取年利润超过30亿元而拼搏。(5)配合“安全生产月”、“反三违月”、“安康杯”劳动竞赛和“船舶班组安全竞赛”。开展安全格言、警句、安全大家谈征文活动,1500多名职工参加,收集格言、警句2467条,安全大家谈征文168篇,并将选编成册下发各基层和船舶。(6)自觉为职工办实事、办好事。召开工会干部学习“三个代表”重要思想交流会。(7)发动职工参与集团党组开展的“一个新起点,我该怎么办”大讨论,组织集团职工演讲比赛,凝聚力量,振奋精神,为集团新一轮发展作贡献。(8)推进职工素质工程建设,推广和宣传长建轮以伙食管理为突破口,创建“学习型船舶”塑造一流船员队伍,适应集团创建世界一流航运企业的经验。(9)以改革精神推进工会自身建设,增强工会组织吸引力,安排新进工会岗位人员到各级工会学院参加工会业余培训,加强女职工工作的管理,做好工会财务检查和审计,对11个基层工会进行2003年度工会会计基础工作规范化考核和审计均达到良好水平。　(顾惠根)

上海国际港务(集团)有限公司工会

主席:
王晓华

【概况】 上海国际港务(集团)有限公司工会现有直属基层工会44个,在册职工36274人,其中女职工6376人;工会会员35231人,其中女会员6226人。集团工会工作机构设办公室、基层工作部和生活保障部,有专职工会干部7人。(1)求真务实抓调研,围绕中心,发挥源头参与作用。集团工会组织开展了"上海港老港区功能转换后职工分流安置情况调查"。调查对象涉及20家基层单位和三分之二以上的集团在册职工。在各方面的通力协作下,调研取得了积极成果,为集团领导下一步的改革决策提供了数据、动态等方面的翔实依据。(2)在抗击"非典"和战高温非常时期,凸现工会非常作用。在遭遇非典型肺炎和百年不遇的持续高温这些非常时期中,各级工会组织积极协助党政抗非典、战高温,确保港区生产建设的正常开展:一是召开专题会议,提高思想认识。二是广开宣传渠道,加强教育引导。三是深入基层慰问,认真检查指导,了解检查防"非典"工作和防暑降温措施。四是发挥工会优势,提供资金支持。在抗非典和战高温期间,各级工会纷纷出资购置各类防"非典"用品和防暑降温用品,为企业抗非典、战高温工作办实事。(3)健全制度求规范,落实职权,推进企业民主管理。集团召开了体改后的首次职工代表大会。厂务公开、集体合同和集体协商等工作也得到了进一步深化,努力抓好以动力机制、监督机制、参与机制、协调机制为内容的厂务公开机制建设,并注重拓展厂务公开的领域。部分基层单位还积极探索厂情共商会、民主议事恳谈会等行之有效的民主管理新模式,扩大了职工群众的知情权、参与权。集团公司(原港务局)还被授予"全国推行厂务公开工作先进单位"荣誉称号。(4)弘扬先进树典型,一是以形势任务教育引导职工了解形势,开拓视野,知情明理,增强信心。二是以弘扬先进典型振奋职工精神。三是以激活企业细胞凝聚职工队伍。集团工会下发了进一步深化"建、创、做"活动的意见,积极探索、开拓了以创劳模品牌为主线的班组创建工作新路子。四是以建设素质工程来提升职工素养。将建设职工素质工程与打造学习型企业、学习型班组和企业文化建设紧密结合,通过采取拜师学艺、技能展示、技术论坛、技术促进会等深化素质工程的新举措,努力提升职工队伍的思想道德和业务技能。(5)履行责任送温暖,排忧解难,维护困难职工权益。一是大力开展帮困送温暖活动。共家访慰问19604人次,慰问帮困总金额397.15万元。发放了春、秋两季助学帮困金62.2万元,有2172人次特困职工子女受益。为帮助考入普通高等院校的困难企业困难职工子女,集团工会从工会经费中拨出100万元,设立了助学帮困奖励基金,对当年考入普通高等院校的困难企业困难职工子女给予一次性助学帮困奖励,全年共有159人次受益,资助奖励总金额14.1万元;二是继续推进医疗补充保险。协助行政抓好职工补充医疗保险的实施运作。加大了对特困重病职工的帮困力度,向500名特困重病职工发放了500张(每张价值500元)的医疗帮困卡。三是继续做好职工来信来访的接待处理工作。(6)深入学习强自身,转变作风,树立工会全新形象。一是创新学习形式。举办了两期基层工会主席培训班。年内还汇编了《工会之声》专辑等。二是注重工作研讨。三是转变工作作风。将原每月一次的基层工会主席例会调整为逢双月召开一次,不再向基层工会具体布置月度工作,而将疗休养等更多的工作自主权下放给基层工会;四是强化工作规范。拟定了《集团工会岗位规范》和具体工作规范要求,并及时下发了《上海国际港务(集团)有限公司工会财务管理的若干规定》等文件。

(张晨琦)

中国海员工会上海长江轮船公司委员会

主席:徐志梅

【概况】 上海长江轮船公司辖有基层工会13个,工作机构设办公室、组宣民管部和生产生活女工部。(1)团结带领广大职工投身公司"二次创业"实践,推动企业发展。组织开展了"营销杯"、"质量杯"、"创新杯"、"安康杯"劳动竞赛和合理化建议活动,覆盖面达到了100%。公司工会还在职代会期间大张旗鼓地进行了公司改革发展亮点宣传,通过展示公司结构调整后创业发展新业绩,鼓舞职工士气。(2)落实"依靠"方针,尊重和维护职工的民主权利。坚持和完善职工代表大会制度,召开了公司十五届一次职代会,公司各级职代会建制率达到了100%,职代会各项职权得到进一步落实,各单位对企业重大问题和重大决策,特别是对涉及职工切身利益的改革改制方案,主动征求职工意见,提交职代会审议通过。建立了职工代表联系制度,组织职工代表进行了安全生产专题巡视检查,开展了职代会最佳提案评选活动。(3)坚持创新发展,进一步深化厂务公开,提高公开质量。积极推进厂务公开制度化建设,着力建立厂务公开长效机制,建立了以目标责任制、工作汇报制、职工评议制、检查考核制、责任追究制为重点的厂务公开五项制度。(4)积极协调劳动关系,维护企业稳定。公司范围内集体协商机制得到进一步完善,经与行政充分磋商,签订了公司新一轮3年期集体合同,有6个两级单位,签订了集体合同,并把职工关心的热点、难点问题作为平等协商和集体合同的重点,特别是将涉及劳动关系和职工切身利益方面的问题,及时列入集体协商的内容。公司工会先后两次组织职工代表开展了《上海市劳动合同实施条例》和集体合同执行、履行情况专项检查;积极协助上南船厂实施减员分流,切实保障下岗职工的生活,稳定了职工队伍。(5)送温暖办实事不断深入。组织开展了"下百家基层,访百户职工"活动,全公司共投入33.5万元,对特困职工、劳模先进等近1800人次进行了走访慰问;助学帮困力度进一步加大,共对63名特困职工子女进行了帮困助学，发放助学金6.02万元；继续对身患大病特困职工进行重点帮困，帮助他们解决生活困难；积极推动医疗互助保障工作，今年各单位参保率达到了100%，对长期遗留的宝江公司防波堤职工生活用水问题，在集团工会的关心和资助下，从根本上得到了解决；公司工会为部分船舶和公司集体宿舍配置了DVD、微波炉。(6)以文化活动为载体，促进企业文化建设。举办了以“展员工风采、创上轮辉煌”为主题的首届职工文化体育节，公司工会积极创新评先办法，“双十佳”评选活动使评先工作的内涵得到进一步拓展，已成为公司培育先进、弘扬先进、激励先进的重要载体。通过广泛提名、报纸公开事迹、职工评选投票、公司党政联席会讨论决定等一系列程序，评选出公司“双十佳”先进班组和先进生产(工作)者，并在职代会上进行隆重表彰和奖励。(7)切实加强工会自身建设。公司工会建立了双周学习制度和工会主席季度例会制度，实施了工会干部定点联系基层工作的办法，实行每周走访一户困难职工家庭制度，加强对基层工会财务的检查与指导。（黄铁明）

上海市运输工会

主席：黄伟建

【概况】 上海市运输工会有基层工会97个，工会会员31751人。工作机构设有办公室、宣教部、保障部、事业部等，并设有女职工委员会和退休职工委员会，所属事业单位有交运俱乐部、松江休养院和青浦休养院。(1)加强政治理论学习，在贯彻“三个代表”重要思想的认识上有新的提高。一是搭建“上下共学”平台。先后与汽修公司、联运总公司、轮渡公司，交运股份公司等工会开展共学《纲要》交流活动。二是搭建创建学习型组织(班组)平台。又有30家单位加入了创建行列。三是组织学习“三个代表”重要思想，班组长、老劳模看交运发展活动。召开工会干部学习“三个代表”重要思想理论交流会。(2)紧贴集团经济工作，组织职工开展竞赛活动取得新的成效。召开新一年立功竞赛动员大会，开展以“争一流、创佳绩、育人才”为主题的立功竞赛活动。直属单位有16家企业报名参赛，组织各类竞赛50多项(次)。组织开展了“战高温、增效益、保安全、把非典损失夺回来”、“岗位比贡献、行业树品牌、诚信在窗口、满意在交运”、“催讨应收账款”等专项竞赛活动。组织职工开展“人人献计献策、个个创新创效”合理化建议评选活动，整个活动共有4482人参与，收到建议1721条，其中有869条建议已被采纳，有121条合理化建议正在论证实施中。(3)推进职工素质工程，交运企业的诚信理念和职业精神有新的提升。一是抓决策参与。通过职代会、平等协商和签订集体合同等途径，规范企业制订职工培训教育各项决策。二是抓培训晋级。建立“培训—练兵—比武—晋级”工作机制，举办汽车维修中级技能培训班和中高级汽车维修工技能比武，参加比武的50位同志获得了技术晋级。三是抓“双争双智”。继续深化“争创智能型班组，争当智能型职工”活动，上海交运股份零部件分公司车身件厂模具组等4个班组被列入《上海市500强智能型班组典型示范》。四是抓诚信教育。运输工会在南京路世纪广场成功举办了“诚信在交运”社会展示活动。编辑出版《诚信教育手册》读本，召开诚信教育推广会。五是抓精神文明。组织评选集团精神文明十佳好事。六是抓职工文化。组织迎春大联欢；庆祝集团邮协成立20周年，举办“邮票上的苏州园林赏析会”；指导基层开展了丰富多彩的小型体育项目比赛活动。(4)突出工会基本职能，在推动“全依”方针的贯彻落实和职工权益保障上有新的进展。进一步强化职代会制度建设和厂务公开工作，坚持对直属单位职代会重大事项实行预报预审制度，组织集团系统98%的职工代表参加新一轮职工代表业务培训。继续推进厂务公开工作，探索建立厂务公开“三个三”工作法。进一步深化集体协商和集体合同制度。抓好集体合同到期的续签工作，有85%的企业完成续签。抓好集体合同履约情况，向职代会报告制度，有92%的企业实现了报告制度。进一步加大协调劳动关系和职工保障工作。一是抓好特困职工的动态管理。二是开展帮困送温暖活动。各级领导干部出访1411人次，帮困送温暖4098户次，给付帮困慰问金、生活用品78.5万余元，发放医疗帮困卡84张，计4万元；为2304名老劳模、特困退休职工家庭、孤老送慰问金27.5万元。“三八”国际妇女节期间，运输工会为300余名特困女职工提供了免费妇科检查。“一日捐”共收到捐款38.65万元。三是抓好市总医疗互助保险工作。有161个基层单位，3万余名职工参加了“住院”、“大病”医保，集团职工的参保率达到了93.5%，比去年同期提高了11%。四是抓企业内部互助专项基金的规范运作。新投入互助资金75万余元，基金总额达1119万余元，共帮困1499人次，给付帮困金52万余元。五是做好来信来访工作。(5)不断转变工作作风，工会的自身建设和各项改革取得新的成果。一是加强工会制度建设。制订了工会会议制度、议事制度和财务管理制度。坚持每双周的工会学习制度和工会办公会议制度，每月工会主席例会制度。二是加强工会组织建设。制订下发《工会工作评估机制》，对直属单位工会工作情况进行检查，通过自评、召开职工座谈会、听取党组织意见、上级工会评分等形式，评选出11家先进职工之家。三是推进工会自身改革。调整运输工会部门设置和部门职能。四是推进工会经济事业改革。召开了工会经济事业发展研讨会，强化了工会事业部的职能，工会财务统一集中，归口管理。（顾见华）

中国邮电工会上海市邮政委员会

【概况】中国邮电工会上海市邮政委员

主席：沈　华

会(简称上海邮政工会)现有下属基层工会40个,工会会员19596人。其中,女会员8290人,工会专兼职干部94人。工作机构设置为办公室、组织宣传部、基层工作部和权益保障部。(1)把"一手抓'非典'防治,一手抓经营发展"作为重大政治任务抓紧抓好。制定"非典"预防措施,成立了防治"非典"工作机构,拨出专款100万元,为全局职工购置预防"非典"物品。(2)加强维护职工合法权益机制建设,增强了维护的实效性。坚持平等协商、集体合同制度,就企业发展和职工生产生活条件改善等与行政进行了平等协商;召开了一届五次职代会,以无记名投票方式审议通过了新一轮《上海市邮政局集体合同》和《上海市邮政局职工奖惩办法》;以经营管理工作和服务工作为专题,组织职工代表进行巡视检查活动;举办了局务公开成果发布会。加大了职工生活保障工作,全局建立了376名困难职工档案,各级领导上门慰问困难职工946人,日常帮困和定期帮困4853人,帮困金额达173.7万元;《上海市邮政局职工重病医疗互助保障会》为48名患有重病和在职死亡职工按章程支付保障金48万元;全年安排职工休养1822人,4500名职工与家属参加了东海度假,近1万名职工参加健康体检、6186名女职工参加妇科体检。积极开展群众性文化体育活动,举办以"团结拼搏,发展邮政"为主题的上海邮政首届职工运动会。(3)推进职工素质工程和经济技术创新工程,为企业发展提供智力支撑和动力资源。开展了"团结一心抗非典,顽强拼搏促发展"和"世博会与上海新一轮发展"大讨论和演讲比赛,以《全民道德建设实施纲要》为抓手,推进职工职业道德教育,评选表彰了各类先进,开展了精神文明十佳好事评选活动;深化振兴中华读书活动,组织3000名职工参加了国家邮政工会举办的"创建学习型班组,争当知识型职工"读书知识竞赛活动,组织500名干部职工参加市综合知识测试活动,举行了"万名职工业务技术大练兵"活动,选树了30名"业务技术标兵",邮政工会被中国国防邮电工会评为推进职工素质工程"优胜单位"。围绕生产中心组织开展了邮政储蓄劳动竞赛活动,完成净增余额25亿元;开展了"营销达标"活动,完成营销收入 亿元。(4)围绕大局,充分发挥工会桥梁纽带作用。深入17个单位进行了专题调查研究,拨出专款12.33万元帮助基层改善职工的生产生活条件。　(陈干涛)

中国移动通信集团工会上海市委员会

主席：张新康

【概况】　中国移动通信集团工会上海市委员会(简称"上海移动通信工会"),下属16个1级工会,20个两级工会,254个工会小组,会员3418名,其中女会员1683名,工会的工作机构设基层工作部、权益保障部、办公室。(1)充分发挥工会的桥梁纽带作用、协调劳动关系。公司召开一届四次职代会,征集、处理员工提案80条,处理满意率达81%。拟订《职代会实施细则》。针对集体合同的履行情况,会同相关部室和部分职工代表进行巡视,并向职代会报告巡视情况。在实行"厂务公开"试点的基础上,推行公司层面的"司务公开"工作,组建司务公开领导小组、工作小组和监督检查小组,拟订"司务公开"实施办法。建立沟通制度,加强与员工联系。坚持两级工会主席每月下基层了解员工的需求,倾听员工的心声,收集员工的意见和建议。全年共巡回走访基层208次。完善帮困送暖,加大员工保障力度。开展"献爱心、送温暖"一日捐"和"抗击非典献爱心"募捐活动,共募集捐款540884元,列入公司帮困基金。全年帮困37人,总金额13.65万元,补助229人,总金额9.93万元。全年完成员工健康体检1819人,并为女员工投保上海市女职工团体互助医疗特种保障计划。(2)发挥工会宣传、组织、动员作用。围绕"服务与业务领先"战略和"管理年"目标和发展大局,先后开展"全员发展移动数据业务百日竞赛",发展移动数据业务(GPRS)44636户,"任E行"520户。开展"抗非典、促发展、保目标劳动竞赛",有效促进公司KPI指标全面完成。开展"支撑服务业务创优竞赛",针对竞赛中重点提升"全球通"品牌服务、全面实施"免填单、跨区服务、差错退一奖一"三项服务措施和百名服务明星评选等内容做好组织协调工作。开展"我为管理献一计"合理化建议活动,收集各类建议1600条,员工参与率60%。配合公司人力资源部开展"岗位操作大练兵活动。承办了"全球通杯"无线通信业务及应用知识大赛。(3)发挥工会教育培训作用,转变员工观念。开展"可爱的移动人"系列活动,内容分成合理化建议、寻找可爱的移动人主题活动、业务技能展示三大版块。通过寻找、弘扬、展示三个环节,倡导企业文化,树立优秀员工典范。活动历时5个月,基层参与率100%。开展精神文明"十佳好事"推荐活动,公司《沟通聋哑人信息》等4件好事分获上海市"十佳好事"和"百佳好事"奖。开展班组"建、创、做"活动,共有8个班组分获市文明班组和市红旗文明岗。丰富员工的业余文化生活,组建了文体协会球操分会和摄影爱好者分会;组队参加全国体协篮球比赛和移动集团首次乒乓赛,分获团体风采奖和团体亚军;启动公司员工健身基地,定期组织开展各类培训。　(徐莉萍)

中国电信集团工会上海市委员会

主席：陈鸿生

【概况】 中国电信集团工会上海市委员会(简称"上海市电信工会")，下属32个基层工会，14个外企工会，2110个工会小组，会员24251名，其中女会员7974名。工作机构设组织宣传部、经济工作部、权益维护部和工会办公室。(1)以培训、交流、研讨、开辟网上学习园地等形式深入学习、宣传和贯彻"三个代表"重要思想和中国工会十四大精神。(2)召开二次职代会，就涉及员工福利、公司改革发展方案等进行认真审议和表决。尤其是下半年职代会通过的"员工全面发展白皮书"，使广大员工倍受鼓舞，信心倍增。在抓好公司职代会工作的同时，重点推进公司两级职代会制度建设，全面推行职工代表的"五项制度"，实行多层次民主管理。(3)积极推进员工素质工程，全面开展职业精神大讨论，组织十佳好事评选。电信工会荣获"全国国防邮电系统提高职工素质活动优胜单位"和上海市总工会"我为科教兴市献一计主题活动优秀组织单位"。(4)完成国家信息产业系统劳模评选。落实上海市2001～2003年度劳模评选工作。(5)在全公司试行员工住房补贴办法；为全体员工购买了每人500元的商业保险；为每位女员工购买"双癌"保险；完成员工健康体检7000名，女员工妇科专项检查完成1825名。(6)参加上海市首届"职工最满意企业"评选工作。(7)继续推行工会主席直选工作，嘉定和崇明电信局工会换届，由会员代表直接选举产生工会主席。(8)成功举办首届员工运动会；确定每年6月6日为"上海电信全民健身日"并开展活动。(9)开展以"掌握安全生产知识，争做遵章守纪职工"为主题的全国"安康杯"劳动保护竞赛活动，全公司共有35个基层单位报名参赛(主业23家，实业12家)参赛面比去年扩大了45%。 (朱东亚)

中国海员工会交通部东海救助局委员会

主席：吴世昌

【概况】 根据国务院救捞体制改革方案的要求，原交通部上海救捞局划分为上海打捞局和东海救助局。交通部东海救助局于2003年6月28日正式挂牌成立。东海救助局下辖：厦门、福州、温州、宁波、连云港、上海6个救助基地和上海高东救助直升机场等12个基层单位，现有会员723人，其中女会员66人。工作机构设综合办公室、生产生活保障部、宣教文体部。(1)全面贯彻十六大精神，坚持局工会机关的和工会主席的学习活动日制度。推进基层工会主席直选制试点，坚持各级工会干部的选举制，健全工会内部决策、执行、监督和信息反馈等制度。(2)大力加强调查研究，深入基层、深入实际，对群众意见突出的热点问题组织了调查活动。先后开展了"职工购房补贴"、"职工疗休养"、"兴办职工技协"、"困难职工状况""职工队伍文化技能状况""改制单位工会资产分摊"等专题调研。(3)抓基础，把创建工作机制作为着力点。积极建设帮困送温暖工程，筹建了帮困基金，正在建立困难职工档案制度；职工疗休养在试点的基础上，完成了职工疗休养基本模式的建制。在调查了解和分析的基础上，对原上海救捞局的职工民主建制进行了扬弃，组织召开了东海救助局首届工代会、职代会，选举产生了第一届工委会和经费审查委员会；建立职代会6个专门工作委员会和职代会联席会议制度，较好地保证了东海救助局职工享受民主权益框架的形成。认真研究分析了原上海救助打捞局7个职工文化协会的经验和教训，保留并整顿了职工摄影、舞蹈、花卉、钓鱼、棋牌、集邮、球迷协会，并着手筹建职工书画协会，认真修订各协会的章程；继续开展"振兴中华读书活动"，建立了图书音像室管理制度。(4)关心船员家属，增进救助事业的凝聚力，正在深入开展"船员家属联谊会"建设工作。船员家属工作开始突破了工会女工部门业务范围的界限，促成了创建船员家属联谊会组织领导的网络化。局女职工委员会在维护女职工特殊权益中发挥积极作用。 (陈亚锋)

中国海员工会交通部上海打捞局委员会

【概况】 2003年6月28日成立的交通部上海打捞局(前身交通部上海救捞局)系交通部直属的自收自支的企业化管理的事业单位，现有11个直属二级单位，机关处室12个，在职职工1527名，其中，女职工201名，各类专业技术人员650名，工会会员总数1500名，固定资产规模达到13.5亿元(原值)。改革后的上海打捞局，致力于建立一支装备先进、技术精湛、吃苦耐劳、不畏艰险的国家专业海上打捞队伍为目标，在确保完成公益性的抢险打捞任务和履行海上国际公约、搞好海上财产救助的同时，坚持以发展经济为中心，以结构调整为重点，以科技兴局为指针，以提高经济效益为目的，使上海打捞局的经济运行逐步向企业化经营管理模式靠拢，真正与市场接轨、参与市场竞争。工会紧紧围绕救捞体制改革和党政的中心工作，积极发挥工会组织作为党联系群众的桥梁和纽带作用。一是在广大工会干部中有组织、有步骤地开展"三个代表"重要思想和中国工会十四大精神的学习、宣传和教育活动。二是在抗击"非典"中，积极协助党政做好职工的思想稳定工作，组织职工开展了为"神舟五号"发射海上安全保障作贡献的劳动竞赛活动,取得了积极的成效。特别是救捞体制完成后,按照交通部党组"三精两关键"重要指示精神,协助党政运用多种有效载体,开展了"三精两关键"专题演讲比赛、黑板报评比等系列活动,坚持以"争创学习型组织,争当知识型职工"为抓手,深入开展"职工素质建设"活动,帮助职工掌握先进技术、先进设备的应用和操作。三是加强民主管理工作,坚持以"党建指导工建,工建服务党建"为原则,以职代会为基本形式,努力推进职代会和厂务公开内容、程序、形式的规范化、制度化建设。四是认真履行帮困送温暖的职责,全年走访慰问困难职工150余户,为2775位职工建立了补充医疗互助保障。五是举行了"迎新春船员家属代表座谈会"等,局属各单位以不同形式开展了"船员家属联谊会"活动,受到广大职工和船员家属的欢迎。 (张建浩)

中国海员工会上海航道局委员会

主席:于卫良

【概况】 中国海员工会上海航道局工会下辖基层工会14个,职工6431人,会员6427人,其中女会员621人。工作机构设办公室、劳保部、生产部、宣传部。(1)自觉地把学习放在突出位置抓紧抓好。年中,局工会对加强和改进自身建设作出规定,并作为一项制度列入工会干部考核内容。一年来,两级工会干部队伍建设取得了较好成绩。局工会办公室人员在10月进行的基层工会民主测评中得到了好评。(2)积极开展"五增强五提高"立功竞赛活动,提出了"塑造一流的企业形象,一流的工程质量,一流的工作效率,一流的竞赛成绩"的竞赛目标,全局有4家单位荣获"上海市重点工程实事立功竞赛优秀公司"称号,另有8个市"优秀集体"、5名市"建设功臣"、19名市"记功个人"、4名市"优秀组织者"受到表彰。(3)继续推进普通工种培训计划,进一步实施职工素质工程。5、6月间,局工会评选出第一批局级"学习型企业"、"学习型班组"和"航道学习标兵",并会同局职工素质工程教育培训基地继续实施对局内水手、机工等工种的等级和复合型工种的培训工作计划,努力实现局"集体合同"中提出的培训要求和培训指标。(4)坚持和完善以职代会为基本形式的企业民主管理制度,进一步提高企务公开工作的质量,全面推进企业民主政治制度建设。一是制定"全依"制度,保障源头参与;二是注重职代会运行质量,健全职工代表民主参与机制;三是建立平等协商、集体合同制度,为源头参与提供法律保证;四是在各级职工代表中全面开展培训工作。同时,为规范职工代表评议工作,职代会民主评议领导干部采用光电读卡机进行统计,收到较好的效果。(5)立足基层,服务职工,一手抓调整劳动关系机制的建设,进一步推进平等协商、集体合同、职工代表大会、劳动法律监督、劳动争议调解制度建设;一手抓为职工特别是困难职工办实事、办好事,积极为职工排忧解难。 (汪正林)

中国海员工会中港第三航务工程局委员会

主席:徐以力

【概况】 中国海员工会中港第三航务工程局委员会辖有基层工会14个,职工7303人,会员7127人,其中女会员1284人。工作机构设办公室、经济民管部及宣传文体部。(1)理论学习有新收获。积极倡导学习,注重用先进的思想和理念引导工会干部。组织工会干部观看电影《首席执行官》,从海尔的管理理念、激励机制中汲取精华,自我超越,流程再造,积极思考新形势下工会工作创新。帮助工会干部进入学习—解决实际问题—不断提高自身能力的良性循环。(2)立功竞赛有新进展。针对今年特大型工程任务相当繁重的情况,把调动和发挥广大职工的积极性和聪明才智作为年度工会的重要任务,组织召开了立功竞赛工作务虚会和规划评审、论文发布会、争创优秀公司交流研讨会。在遭遇"非典"的特殊时期,坚持按计划推进立功竞赛活动,组织动员职工抓住工程节点目标攻关克难,一手抓防非,一手抓生产,确保工程计划的完成。(3)素质工程有新举措。在推进"职工素质工程"中,注重维护好职工的发展权,变"输血"为"造血",努力营造良好的学习氛围。培训中心举办各类培训班35期,参加培训达1300人。10月,召开第八届"主人杯"双献成果发布会,12月,开设了"三航局职工素质工程论坛",共收到来稿25篇。(4)民主管理有新发展。加强对基层职代会工作的指导和帮助,举办了提案工作专题培训。职代会共征集到代表提案68条,比去年增加15%,立案33条。组织全局596名职工代表对局、基层领导班子和78位两级班子成员进行了民主评议工作。坚持开展职代会决议和提案落实情况的中途检查,配合劳资部门开展《上海市劳动合同条例》履行情况专项检查,全年共培训代表635人次。(5)保障工作有新成效。在继续参加职工住院补充医疗互助保障计划基础上,又为4926名全部在岗职工办理了特种重病团体互助医疗保障参保手续,共拨出专项经费7.4万元,为634名女职工办理了女职工特种重病保障参保手续。走访离休老干部及遗孀55户、困难职工家庭815户,补助困难职工335人,发放慰问补助金15.3万元,同时为58名困难职工发放了医疗帮困卡。(6)日常工作有新提高。继续举办第十八届精神文明"十佳"好事推荐评选活动,加大了工会信息工作力度,财务工作和经审工作在今年上海市总工会的规范化抽查考核中,分别获得90和99分的好成绩。 (唐钧达)

中国海员工会中远集装箱运输有限公司委员会

主席:房迪坤

【概况】 中国海员工会中远集装箱运输有限公司委员会(简称中远集运工会)隶属中国海员工会中国远洋运输集团委员会,辖6个基层工会。会员22663人,其中女会员5109人。机构设办公室、组织民管部、生产劳保部和宣传教育部。2003年公司工会荣获"全国模范职工之家"称号,新鉴真轮荣获"全国五一劳动奖状"。2003年,中远集运工会紧紧围绕公司的中心工作,以深化"四项工程"建设为抓手,促进公司的改革、发展,维护稳定:以学习贯彻党的十六大精神为契机,抓开局、抓起步,认真实施"依法治会"工程,开展了"企业改制中的工会工作"主题研讨活动;利用举办理论讲座、培训班等对工会干部普遍进行了培训;樱花轮工会的《"三维"学习法,创新活源泉》特色工作获上海市总工会特色工作成果奖;12家基层单位的工会工作获得公司工会特色工作"十佳成果奖"奖;16家工会财务获得市总"财务规范化达标合格证书"。以"安全在我身边,降本增效从我做起"等活动为载体,贯彻落实中远集团"5·16"安全生产紧急电视电话会议精神,开展"八个一"和"八个我要""安全、效益"系列活动,3520名职工踊跃参加活动,提出合理化建议1038条,被采纳的合理化建议330条,已实施的合理化建议167条,产生效益735.46万元;推行"安全承诺书"做法;发现安全隐患684起,拟写安全小故事419篇;征集安全警句212条,开展"一法三条例"知识学习及竞赛活动;组织职工学习《安全生产法》和劳动保护监督检查工作"三个条例",开展建言献策、"形象大使"评选活动和职业道德演讲比赛,激励职工多揽货、揽好货;举办了安全文化年活动;10个班组被评为上海市500强"智能型班组"。坚持和完善职代会制度,认真实施"民主管理"工程,召开公司四届一次职工代表大会,对11位公司领导和53位部门负责人进行了民主测评,征集代表提案17件;对船舶管理公司,国贸公司等单位职代会(职工大会)进行了指导;成立的工会工作研究会,并开展调研活动;组织协商代表对集体合同条款进行协商,签订了新一轮集体合同。以扎实开展送温暖工程为途径,深化"凝聚力"工程,元旦春节期间慰问职工1158户,发放慰问救助金39.94万元;组织了1067名职工疗休养,并不断拓展外地船员就近疗休养对象,向外地大副、大管轮及以下船员延伸;3853名职工踊跃参加"一日捐"活动,共捐款17.86万元;2422名职工向灾区和贫困地区捐助了6772件(条)棉衣、棉裤等物品;组成12个慰问组对浙江、江苏、安徽3省87个县(市)的1012户在职船员、离退休船员以及困难船员等家庭进行了慰问,发放困难补助金13400元,慰问费82075元,并完成《进一步加强送温暖工作的调查报告》;举办帮困助学事迹报告会。

(周培军)

中国海员工会中远三林置业集团有限公司委员会

【概况】 中国海员工会中远置业集团有限公司委员会成立于1999年3月,于2002年3月挂靠上海市总工会,接受市总工会和中远(集团)有限公司的领导,2003年2月,由于企业改制,和印尼三林集团合资,更名为中国海员工会中远三林置业集团有限公司委员会。现有职工281人,工会会员269人。(1)继续深入推进厂务企务公开工作。继续深入贯彻落实集团总公司党组《关于学习贯彻全国厂务公开工作电视电话会议精神,推动厂务公开深入开展的意见》,制定下发《中远置业集团厂务企务公开工作实施意见》,完善和调整了公司厂务企务公开工作领导小组和监督小组,形成了党政领导齐抓共管的态势;全面推行中远两湾公司开展厂务企务公开的做法,并在全公司内推广实施。(2)稳定职工队伍,保一方平安。切实维护困难职工群体的合法权益,建立健全了劳动关系矛盾的预防、预警机制。(3)针对产权关系、企业经营管理机制变化的不同情况,对原有的集体合同的内容进行了必要的修订、调整和充实,在平等协商的基础上,续签了集体合同。同时加强了集体合同的动态管理,坚持做到企业改制、组建工会组织、签订集体合同"三同时"。(4)认真开展"安全在我身边,降本增效从我做起"活动。开展中远集团"安全在我身边,降本增效从我做起"主题活动,结合单位特点,制定计划,统一部署,贯彻落实活动的开展。进一步地健全和完善有关制度和机制,特别在加强内部管理,开源节流,降低成本等方面作了深入的推进。开展了群众性经济技术创新创效活动,各子公司相继成立了"四新"工作小组,组织了一批具备较高业务素质、技术能力的技术人员对工程项目建设进行科技攻关等。如:中远两湾公司开发了"我选我家"客户自助服务软件,为客户提供人性化服务,进一步提高了楼盘的竞争力核服务形象等。(5)大力开展群众性文化体育活动,全年共组织了3批在职员工和退休职工赴外地参观、疗休养。各单位结合实际因地制宜地开展了多种文体活动,充分调动了员工的积极性,丰富了员工的业余生活。(6)关心职工,发挥互助职能。安排了全体职工共380人,在远洋医院接受了全面的身体检查。集团公司领导、在瑞金医院也接受了体检。对有困难的职工,置业工会做到了定期家访探望,并对长期病假的职工进行了慰问和补助,同时,慰问了公司的退休职工。(7)置业集团工会结合企业实际进行职工安全意识教育,不断提高职工自我保护意识。加强工会劳动保护监督检查网络建设,行使了劳动保护监督检查员的职责。在安全方面加强教育,引导职工牢固树立"安全第一,预防为主"的观念,落实安全生产责任制。积极配合行政严格安全管理,加强安全检查,发动职工群防群治,消除各种事故隐患。防止了各类重大、特大事故的发生。

(史守平)

中国海员工会中波轮船股份公司委员会

主席:夏立建

【概况】 中国海员工会中波轮船股份公司委员会(简称:公司工会)辖有6基层工会,会员1239人,其中女会员69人,船员会员814人。办公室是工会工作机构,离退休办公室设在工会。中波公司工会工作重点是:抓住一条主线,围绕一个中心,做好三项工作。首先,抓住认真组织学习宣传党的十六大及十六届三中全会精神以及全国工会十四大和上海市工会十一大精神这条主线,通过进行"三个代表在中波"主题教育活动,以讲座、演讲会、宣传版等形式,依法维护职工的合法权益。其次,以企业经济效益为中心,组织员工开展以"揽货为中心,创优增效"为主题的劳动竞赛活动,重点是组织和发动船岸员工为降低生产成本、提高经济效益、增强管理水平。并把全国"水上运输安全管理年"和"安康"杯、中远集团工会"安全在我身边,降本增效从我做起"和"开展船舶、班组安全竞赛"等这些活动载体作为安全工作主要抓手,严格检查制度,抓好季节性安全工作,实现了公司和陆上企业安全生产责任制全面落实,防抗台成功率达到百分之百的优异成绩。同时,认真做好抗"非典"宣传,主席带队下基层依照防"非典"部署的要求逐项检查,严格执行船舶交接班制度,为离退休老同志送去防"非典"药品等。再次,做好三项工作。第一,开展以"爱岗敬业"为主题的职业道德教育活动。通过树先进典型、学模范事迹、讲爱岗奉献,塑造"爱远洋、爱中波、爱岗位"的中波精神;第二,坚持职代会、企务公开和船务公开工作、平等协商和签定集体合同三项工作制度,深化企业民主管理,推进企业民主政治建设,维护职工的合法权益。第三、夯实凝聚力工程,造就和睦、融洽的工作环境和工作合力。一是调查建档,掌握第一手材料,对困难员工给予经济上的资助,并坚持节假日慰问、及时探望住院治病员工制度。全年公司共慰问职工、离退休老同志272人次,发放慰问金4.86万元;帮困68人次,总金额达4.38万元;帮助困难职工子女就学35人次,总金额有2.06万元,另有29位员工的子女考入大学获得了奖励,金额3.7万元。二是加强对公司职工业余艺术协会的指导,通过组织钓鱼、观摩足球赛和美术、书法与摄影展活动,举办以人人运动起来,拥抱健康、阳光和美好的未来为主题的职工运动会。三是切实关爱离退休老同志。年内共慰问离休老干部、退休职工50人次。制订了《中波公司陆上企业退休管理条例》,使公司离退休工作更为规范化、制度化。四是召开船员家属站工作会议,表彰2002~2003年度优秀船员家属,优秀船员家属站和优秀船员家属工作者。

(朱卫平)

中国海员工会上海海事局委员会

主席:吴锦红

【概况】 中国海员工会上海海事局委员会(简称上海海事局工会)辖有基层工会19个,职工2718人,会员2698人,其中女工会员203人。(1)加强"素质工程"建设,打造一支高素质的职工队伍。把"素质工程"作为第一要务来抓,精心搭建提高职工综合素质的平台。开展岗位练兵技术比武活动,推进振兴中华读书活动向纵深发展。开展以"党的十六大和三个代表思想"为专题的知识竞赛活动。(2)完善职工代表大会制度,加强民主政治建设。进一步推进"局务公开"、"处务公开"工作,制定了《上海海事局局、处务公开实施细则》,强化职工民主意识。组织职工代表进行《工会法》培训,定期召开党政领导和职工代表座谈会,进一步发挥职工代表参政议政的作用,让每一个职工积极参与上海海事事业的发展,从而保障了职工群众的民主权益。(3)加强"凝聚力工程"建设,尽心尽力为职工办实事。大力推进夏送清凉、冬送温暖工程。完善职工基本医疗管理办法,维护改革、发展、稳定大局。充分发挥工会干部以高度的责任感和工作热情,加强调研,听取职工意见,反映职工心声,掌握困难职工实际情况,及时提出建议,有效维护职工合法权益。元旦、春节等节假日精心组织送温暖活动,全局共家访慰问困难职工335人次,共发放慰问金14万元。不断地完善职工疗休养实施办法,加强对退管工作和"三产"管理,强化工会审计规范化管理,积极配合党政部门打好"防非"战役,关心女职工工作,为全局女职工办理了团体互助医疗物种保险,维护和保障女职工特殊权益。(4)积极宣传推广先进,努力夯实班组建设的基础。开展多种形式围绕主业"春运"立功竞赛活动,把班组建设工作纳入到年度方针目标管理中,明确班组建设的地位作用,举办班组长学习班,开展"智能强技"活动,加强对局红旗班组跟踪考核,局行政站新友好轮、宝山宝钢班组、吴淞交管分中心被列入《上海市500强智能型班组典型示范》。(5)不断推进海事文化,丰富海事职工文体活动。积极提倡开展寓教于乐的文体活动,组织全局各基层单位开展乒乓球、扑克、桌球、篮球、棋类、广播操、摄影、演讲征文等文体活动。(6)加强“职工之家”建设。以创建合格“职工之家”为抓手,全面提高工会工作整体水平。 (戴志勇)

上海市锦江航运有限公司工会

主席:陆荣鹤

【概况】 上海市锦江航运有限公司主要从事近洋海上船舶集装箱运输。公司现有职工296人,其中女职工19人,会员285人。(1)加强职业道德建设,提高职工整体素质。开展“荣誉、命运、利益共同体”的公司理念教育,实施“以人为本、以法治理”方针,推广“干事创业、岗位成才”和“创建双文明星级船舶、双文明星级部室评比”等活动。(2)关心职工疾苦,认真执行送温暖工程。全面开展多层次全方位的慰问和帮困活动,把工作延伸到职工的家庭。(3)加大企业民主化管理的力度。深化“厂务公开”,建立集体劳动合同,进一步体现公司职代会的民主参与,涉及公司前途的重大事项和关系职工切身利益的问题,均由公司职代会全体会议审议通过,工会还每年对公司领导干部进行评议,对公司中层干部进行述职述廉评议和信任投票,并实施末位淘汰制。(4)努力加强工会的自身建设。结合公司的实际情况,有针对性地采取各种方式对工会干部进行培训和教育,进一步提高工会服务船舶、服务基层、服务职工的自觉性和责任性;(5)努力为职工办好事、实事。工会每年安排50名职工去疗休养,为船舶建立流动图书馆,为船舶工会提供活动经费和健身器材,为每位职工送生日贺卡和蛋糕等。(6)大力弘扬先进。开展“评比公司优秀员工的活动”,公司优秀员工均由公司职代会投票产生。公司有1名职工被光荣推选为第十届全国人大代表,同时被光荣评选为“全国女职工标兵”、“上海市十大杰出职业女性”和上海市“三八红旗手”。 (沈荣荣)

中国民航工会华东地区管理局委员会

【概况】 2003年,华东民航进行了体制改革,成立了民航华东地区管理局。在华东地区各省设立航空安全监督办公室,主要行使政府行业管理职能。原民航直属机场全部下放地方。原中国民航工会华东管理局委员会现更名为中国民航工会华东地区管理局委员会。民航上海地区有8个基层工会,共有会员3244名。华东地区管理局下设工会办公室,工会干部3名,负责局工会的日常工作。(1)积极开展“安康杯”竞赛活动,为实现民航运输飞行安全作贡献。年初,管理局工会主动配合行政部门下发了《关于开展2003年“安康杯”竞赛活动的通知》,7月份下发了关于开展“安康杯”竞赛活动自查、检查的通知,11月份配合全总、民航总局工会对华东空管局等单位开展“安康杯”竞赛活动进行了检查和抽查。(2)坚持签订集体合同制度,努力和谐劳动关系。年初,局工会要求各单位认真贯彻落实民航总局《关于认真做好到期集体合同续签工作的通知》精神,年底,局工会又发出通知,对此项工作进行了检查。全局建立集体合同制度6年来,运转情况良好。(3)工会组织工作进一步得到加强。3月份,召开了民航华东局工会二届七次全委扩大会议。为了建立、健全机关工会组织,发挥工会组织在机关建设中的作用,按照《中国工会章程》的规定,11月28日,民航华东地区管理局机关工会第一次代表大会胜利召开。大会选举产生了民航华东地区管理局机关工会第一届委员会和经费审查委员会。(4)积极开展职工文体活动,增强企业活力。主办了第二届“华东航空杯”乒乓球赛,共组成26支代表队、120多名运动员参加了比赛。10月份,华东局工会受民航总局工会委托,在华东地区组建一支男女乒乓球代表队,代表全国民航参加了全国行业职工乒乓球比赛。(5)积极参与抗击“非典”斗争和蓝天振兴计划,加强劳动保护和送温暖活动,增强单位凝聚力。针对抗击“非典”的严峻形势,局工会下发了《关于工会组织在非典时期围绕恢复生产、加强劳动保护开展各项的工作的通知》,在切实加强非典防治工作的同时,抓紧恢复生产,做好盛夏季节的劳动保护、防暑降温等各项工作。 (刘敬华)

中国东方航空集团公司工会

主席:钟　雄

【概况】 中国东方航空集团公司工会(简称东航集团工会)接受中国东方航空集团公司党组、中国民航工会、上海市总工会和国资委群工局的领导,工会系统以中国民航工会领导为主。东航集团工会所辖直属工会22个,基层工会59个(其中上海市12个,外省市47个),分会337个,工会会员25128名(其中上海地区3197名),女会员8850名(其中上海地区1091名)。(1)加强改革重组中的工会组织建设。7月4日,中国东方航空集团公司工会在上海召开一届一次全委会。会议选举产生了工会常委会、主席和经费审查委员会。集团工会还注重加强集团内部整合后的工会组织建设,帮助指导这些单位建立健全工会组织。(2)开展厂务公开,做好维权工作。8月份,在东航集团工资制度、干部制度、用工制度改革方案(讨论稿)出台之际,集团工会专门召集东航股份公司两级工会、西北公司、云南公司、通航和各主要投资公司工会主席参加的工会主席联席会议,对《"三项制度"改革方案》进行了研讨。(3)学习贯彻中国工会十四大精神。集团工会于11月中旬召开了"学习贯彻中国工会十四大精神会议",集团所属各直属工会20多名主席参加了会议。同时集团工会购买了《中国工会十四大精神学习问答》和《中国工会章程问答》等书籍下发给各直属工会。(4)关心困难职工,做好慰问工作。元旦、春节期间,开展"送温暖"活动。集团工会向所属工会拨款20余万,帮助、支持各基层单位开展"送温暖"活动。6月上旬,集团工会下发了《关于做好2003年防暑降温工作的通知》,夏季上海地区遇到了建国以来罕见高温,集团工会及时向生产第一线单位下拨了防暑降温费,为因故身亡、特种重病、住院的职工分别办理了上海市总工会职工互助保障计划保障金的给付。(5)扶贫济困,心系灾区。10月份,集团上海地区各级工会,组织、动员广大职工向云南、江西和安徽三省灾区捐献衣被,共捐献衣被350袋,计12148件。(6)组织了部分单位参加"安康杯"竞赛活动和全国、全国民航优胜企业评选活动。还组织了19个单位参加2003年全国"安康杯"竞赛活动。东航安徽分公司飞行部乘务二中队被评为全国先进女职工集体。(7)齐心协力抗非典,集团工会下发了《关于工会要在非典型肺炎预防工作中发挥作用的通知》,各级工会组织采取具体措施,确保各项制度、措施的落实。工会办公室还安排人员参加公司防"非典"值班和防"非典"青年志愿者活动。(8)举办了"东航集团第一届'春燕杯'网球比赛"。 (贺 晔)

上海机场(集团)有限公司工会

主席:汪良来

【概况】 上海机场(集团)有限公司工会所辖模块工会4个,直属工会4个,模块公司工会下属投资企业工会8个,基层(分公司、部门、机关)工会29个,工会会员6132人。(1)学习贯彻党的十六大精神,更好地把中国工会十四大和上海工会十一大提出的目标任务落到实处。举办"学习十六大精神,推进工会工作"等专题研讨和学习贯彻中国工会十四大精神培训班,各级工会干部撰写研讨论文33篇。(2)围绕经济建设中心工作,坚持两手抓,动员职工积极投入抗击"非典"和经济建设。"抗非"期间,各级工会共拨款50多万元用于"抗非"工作。同时集团工会积极参与"蓝天振兴"活动,开展劳动竞赛等群众性经济技术创新活动,努力把"非典"带来的损失降低到最低限度,职工参与率达90%以上。(3)以提高职工素质为重点,进一步深化"建、创、做"活动。开展了"塑造上海机场精神,推进职工素质工程"系列活动和"我为机场建设献计献策"活动。举办了班组工作交流会,进一步提升了班组创建活动的质量,全年参加岗位技术培训人数达2726人次。(4)以职代会为载体,加大劳动关系协调和职工切身利益维护的力度。全年召开了两次职代会,审议通过了《关于妥善安置富余人员的意见》等8个方案。职代会闭会期间,通过代表团长联席会议,参与制订集团公司调整部分工资结构的方案。(5)以吸收其他用工形式的职工入会为契机,加强工会组织建设。采用了劳务用工委托管理模式,解决了集团内部劳务工加入工会组织的问题。制定下发《关于加强工会经审工作的意见》,建立了工会经审工作的激励机制,同级工会审计达到90%。(6)以办实事为动力,做好工会各项工作。集团工会春节前夕走访探望5名患重病职工,模块和直属工会元旦春节期间共慰问、探访职工94人,全年各级工会塔探望病人和用于困难职工生活补助费用达20.54万元。继续实施"在职职工住院补充医疗"、"特种重病互助医疗"保障计划,共有5257名职工参加了双保计划,全年89人次兑付保障金19.62万元。 (郑培利)

上海航空股份有限公司工会

主席:钱怀民

【概况】 上海航空股份有限公司工会辖有基层工会9个,职工3291人,女职工1230人。(1)团结动员员工同心同德战"非典",共渡难关补损失。开展了"抗非典,抓安全,创收入,关龙头,见精神"为主题的宣传教育活动。组织了5000多份"防护消毒液"分发到每个职工手中。认真做好关心职工特别是一线员工的健康保护工作,及时做好职工的思想稳定工作和"非典"预防工作。公司工会主席冒着被感染的危险专程到北京、广州营业部等"非典"重灾区,关心慰问战斗在一线的职工。工会干部深入生产一线参加测温防疫队,把好上海空中大门。"非典"后,工会向全体职工发出了"大战7、8、9月份,把'非典'造成的损失夺回来"的倡议。(2)组织职工开展以"保安全,争赢利,岗位达标创一流"为主题的第20次"百日安全"劳动竞赛,实现了公司第18个安全年。组织开展了"确保航班正点率"等劳动竞赛,上航航班正常率在全民航中保持了领先地位。组织开展了群众性Qc攻关活动,全年共有60个班组开展了61项QC攻关项目,两项成果获得了全国优秀质量管理一等奖、民航华东管理局一等奖和上海市质量管理小组二等奖等。(3)评选表彰奖励了2001~2002年度上航十佳员工、先进集体和先进个人、先进女职工标兵,开展了"争做可爱的上海人,争做优秀的上航人"和"世博会与上航新一轮发展"大讨论,评选了"上航十佳好事",在职工中倡导了树立新时代职业精神,培育和强化员工的大局意识、良好的道德观念和行为规范。对56个文明班组、文明岗位开展对口检查,进一步推进"建、创、做"活动深入开展,不断提高班组管理水平和职工综合素质。输送了62名班组骨干参加EBA培训。开办了网络知识培训和QC知识培训班,提高了工会干部和班组骨干业务能力。发动职工开展"扶贫济困送温暖"活动,占99%的职工捐款10.48万元,捐献衣被3484件,支援云南、江西等灾区。(4)起草制定了《上航2003年集体合同》,召开了四届一次职代会,签订了集体合同。组织职工选举了长宁区人大代表,完成了人大选举任务。(5)参与组织开展了上海市"上航杯"知名企业乒乓球赛。组织职工合唱队参加了上海市"冠生园杯"企业歌唱大赛。开展了健身操活动,举办了职工羽毛球比赛、钓鱼比赛,组织举办了大型"迎春联欢会"。(6)为254名职工解决了住房补贴,为33名职工解决了住房借款,为83名职工参加医疗保险支付65741.41元。组织了空勤人员渡假整休,组织了离退休职工到锦溪、浦江游览。看望、慰问了病困职工及知青子女300多人次。高温季节,拨款10万元慰问职工2500人次。

(郭建平)

上海市建设工会

主席:周　炜

【概况】　上海市建设工会有基层工会54家,职工人数13498人,其中女职工4244人。会员人数12752人,其中女会员3775人。(1)突出重点工作,加强工会组织建设。全年共组织工会主席参加各种学习研讨会4次,包括学习党的十六大精神和"三个代表"重要思想学习研讨会、上海工会十一大、市妇代会和全国工会十四大召开后的学习传达。开展4项调研。一是关于"两法两条例"(《工会法》、《劳动法》《上海市工会条例》《上海市劳动合同条例》)的调研,专门组成调研小组,到了10家企业,通过问卷、座谈会等形式开展,最后形成了7000多字的调研报告。二是对建设系统厂务公开工作的调研,通过对面上情况的摸底了解,提出了2003年贯彻落实厂务公开全国电视电话会议精神的书面意见,并以文件形式下发至全系统各单位。三是开展对全系统困难职工基本情况的调查。基本摸清困难职工的分布和困难情况。四是开展"进沪建筑企业务工人员建立工会组织情况的调查"。开通"建设工会网站",畅通工会组织信息渠道。推进基层工会民主化建设,指导基层工会换届选举,通过民主程序配备好工会干部。(2)围绕"科教兴市"战略,深入推进职工素质工程。开展"我为'科教兴市'献一计"科技创新方案征集活动。共征集到了职工的各类建议方案共计118份,经过邀请有关评委评审推荐和专家点评等几个阶段的工作。在73份入选的建议方案中,有21份创新建议方案分别获得了创新奖。开展"地铁盾构杯"职工计算机操作技能竞赛活动,作为"深化素质工程建设,提升职工技能上台阶"主题活动的重要举措。共有150多位职工参加,占职工(具有中高级技能职称的职工)总数的20%。21个单位和27名职工分别获得团体和个人优胜。在"市技能竞赛月"决赛阶段比赛活动中,建设工会推荐的4个队共12名选手,参加了网页设计、计算机辅助设计、计算机室内设计和计算机网络技术设计四个项目的团体及个人(高级)比赛。举办职工代表"两法两条例"培训班,提高职工代表参政议政能力。举办了2期有关《劳动法》、《工会法》、《上海市劳动合同条例》和《上海市工会条例》培训。参加人数250人。(3)完善基层民主管理机制,深入推进平等协商集体合同制度。年底,已有90%的企业都已经建立了平等协商、签订集体合同制度。(4)组织职工开展重大工程立功竞赛活动。以科技创新、管理创新为重点,开展以"三精三保"为要求的立功竞赛活动。上海设计院F1国际赛车场项目组获得市重大工程"小金杯奖"。

(汪建然)

上海建工(集团)总公司工会

主席:肖长松

【概况】　上海建工(集团)总公司工会辖直属工会131个,职工43459人,会员41852人,其中女会员6826人。(1)坚持围绕大局,引导职工建功立业。积极主动配合党政做好防范"非典"和防暑降温工作,先后14次组织职工代表检查26个工地,编辑5期专题简报和录像片,在卢浦大桥、F1赛车场、东海大桥、上海南客站、东方艺术中心、轨道交通M8线等重点工程开展以"保节点、育人才、铸精品、不扰民"为主要内容的"精品杯"竞赛。(2)坚持源头参与,积极推进民营改革。通过问卷调查、召开座谈会和家访谈心,及时掌握职工面临企业民营属地和职工持股会股权转让等改革改制时的真实思想和具体要求,撰写《当前投资企业职工思想状况调查及建议》,提出切实推进投资企业深化改革、给予投资企业更实在帮扶等建议。至年底,已有17家投资企业顺利完成民营属地工作,有11户职工持职会完成股权转让撤销建制,涉及股本金1897万元(股)、职工1655名。(3)坚持依法维权,着力协调劳动关系。提出建立职工医疗互助会、扩大市总"两项保障计划"职工参保率等5项建议,与集团行政开展首次平等协商,并在年初召开的集团职代会上签订《关于完善企业补充医疗保险的协议》。推举产生集团劳动争议调解委员会，制定《上海建工(集团)总公司劳动争议调解委员会章程》，加强对基层劳动争议和职工来信来访的分析和调解工作，使历史上遗留的涉及工伤待遇的劳动争议和集体劳动争议得到妥善解决。各级工会还为就业困难职工牵线搭桥、提供就业援助，减轻企业分流压力。(4)探索有效途径，深化企业民主管理。集团职代会各民主管理专门委员会加大对投资决策、提案处理的参与力度，拓展民主评议、权益保障的有效途径，对维护全集团广大职工的经济、政治、民主权益，推进所属企业职代会制度建设和加强职代会专项工作探索，起到了促进作用。各级工会重视加强职工代表培训，代表培训面累计已达到90%。集团还荣获“全国厂务公开先进单位”称号。(5)弘扬劳模精神，推进企业文化建设。以上海建工创立50周年为契机，隆重举行“建工劳模辉煌之路”——庆祝上海建工创立50周年活动；积极宣传集团“和谐为本，追求卓越”的企业理念、“科学，合作，进取”的企业精神和“求真务实，顽强拼搏”的企业作风；广泛组织职工参与集团员工守则的征集，形成“文明，守纪，诚信，敬业”的员工守则，推进了企业文化建设。

(乔　瑜)

上海市市政工程管理局工会

主席：余忠兴

【概况】 上海市市政工程管理局工会辖直属工会27个，基层工会169个，职工29926人，会员29824人，其中女会员7230人，直属单位有职工休养所1个。(1)开展立功竞赛活动。设立中环工程、越江工程、架空线整治等11个立功竞赛赛区。结合竞赛开展了“我为‘科教兴市’献一计”、征集评选2002年度合理化建议和“四新成果”发布活动，收到合理化建设32件，“四新成果”32项，并汇编《“四双”成果选编》一书。结合安全生产开展征集职业安全、卫生格言、警句活动，收到300余条。(2)坚持扩大民主参与。开展厂务公开工作问卷调查，并就5年来推行厂务公开工作的好论文、好案例、好制度的“三好”征集，共收到34份材料。全局有2517名职工代表对156名领导干部进行评议，有33个单位对厂务公开工作进行了测评，有32个单位通过职代会对工作进行测评。实行季度报告制度，起到了下情上达的作用。(3)注重宣教文艺工作。在开展2002年度市政局(行业)职工精神文明“十佳”好事评比中共收到28件好事，评出10件为“十佳”好事，其中1件获市职工精神文明“十佳”好事提名奖，3件获市职工精神文明“百件”好事。全局有1273个班组参加“共建‘五一’林，绿化上海作贡献”文明公益活动，捐款11.46万元，局工会获市“五一”林活动优秀组织奖。有97名班组长和基层管理者参加上总、电大联办的初级工商管理(EBA)资格培训，局工会再次获得优秀组织奖。4月，局工会下发了《关于工会开展职工职业技术、职业技能培训的意见》。4个单位工会举办信息技术、计算机、物流、房产中介、英语口语、美容等培训班，有110名职工参加。举办公路监理员培训，使29名工会干部获得资格证书；举办3期创建学习型班组学习班，83名班组长参加培训。局工会组织6支学习、宣传“十六”大精神宣讲队，从4月8日至17日深入到23个基层单位进行宣讲，有近3000名职工参加了听讲。局工会与市政局党校联合举行市政局职工学习“三个代表”重要思想知识竞赛，28支代表队共84名选手参加初赛；10支代表队共30名选手参加决赛。9月18日至10月28日举办局第六届职工艺术节，先后进行了《班组之声》演唱、“城市精神在市政”演讲、《申城放歌》诗歌散文征文、职工艺术作品展、《阳光灿烂的日子》艺术插花等比赛活动。(4)召开庆祝“三八”妇女节暨服饰才艺展示会，组织女职工参与“世博会与上海新一轮发展”大讨论。全局有19506名职工参加“一日捐”活动，捐款557433.88元。局帮困、助学121人，发给补助、助学金46360元。有171名职工档案资料已进入市社会救助信息库。(5)加强工会组织建设。重新拟订局先进职工之家、先进基层职工之家的评选标准和办法，并在原有的基础上，对“建家”工作的评比作了相应调整。有152名工会干部参加上总工会干部学院培训，并按计划完成了职工代表的培训工作。

(经根宝)

上海市城市交通管理局工会

主席：李介麟

【概况】 上海市城市交通管理局工会管辖范围有五大集团公司和8个直属单位工会，现有职工695人，其中女职工201人。会员695人，女会员198人。(1)2003年春节一过，全国遭遇了一场突如其来的非典疫情，为有效阻击“非典”灾情，局工会先后下发《关于加强“非典”防范工作的通知》和《防范“非典”期间关心职工稳定队伍应急预案》，从历年节余工会经费中抽出100万元列入抗击“非典”专项基金，专款专用，局工会领导带队前往近100余个车队、医院等基层单位开展慰问，特别是行程三、四百公里，对奋战全市十五个陆上交通检查站职工开展慰问和赶制1.5万盒出租汽车保洁袋送到驾驶员手上。(2)以提升职工整体素质为己任，努力塑造城市交通新形象。组织积极参与“世博会与上海新一轮发展”大讨论，征集职工优秀服务格言，召开工会干部和劳模先进代表举行城市精神与职业精神座谈会,动员班组参加“共建五一林,绿化新上海”活动。为凝聚人心,激励斗志,城市交通局首届职工运动会拉开帷幕,30个体育代表团5000余运动员参加17个项目的比赛。(3)凸现工会的维护职能,协调劳动关系,维护职工合法利益,健全和完善职代会制度,努力使职工说话有场所,好坏有结果,民主管理和民主监督更趋完善,对各集团、直属单位职代会民主评议工作进行分析,召开厂务公开现场经验交流会,推广厂务公开局域网平台,使厂务公开更加及时、准确、有效,收到较好效果。(4)坚持为职工办实事解难事,促进社会保障功能更齐全,在巩固“一日捐”、定向帮困、大病帮困、节日帮困基础上,帮困送温暖工作向更广阔领域拓展。(5)以改革为动力,不断强化工会的自身改革和建设。积极争取党的领导,争取工作上的支持,发扬开拓创新精神,不断提高工会干部议事办事能力,进一步强化为职工排忧解难的意识,建立了信访工作责任制。 (姬承云)

上海申通集团有限公司工会

主席:董经伟

【概况】 为了加快上海轨道交通网络规划的实施,上海申通集团有限公司,作为市政府在上海轨道交通领域的投融资主体,经市政府批准,于2000年4月28日正式成立。并于次年成立了上海申通集团有限公司工会。集团工会下辖集团公司本部工会、上海磁浮交通发展有限公司工会、上海申通地铁股份有限公司工会。集团公司职工总数为335人,会员数335人(其中女会员76人)。(1)根据上海市精神文明建设要求和公司发展战略,开展了“创建学习型组织活动,争当知识型员工”的读书活动,会员们结合工作中遇到的问题和个人爱好,认真选读感兴趣、有帮助、健康向上的书刊。并就上海轨道交通“四分开”体制、公司的可持续发展和大家关心的问题开展讨论,撰写文章。(2)开展依法维权教育,提高员工维权意识。在职工代表大会和会员代表大会制度下,通过职工代表大会、会员代表大会和其他形式,积极开展维权宣传。(3)以开展公司凝聚力工程为抓手,提高员工向心力、稳定人心,促进公司发展。一是充分发挥每一个工会干部、组长和积极分子的作用,形成信息网络,掌握情况,对遇有突发事件的员工,及时伸出援助之手,进行帮助慰问;二是积极开展员工健身锻炼和其他文化活动,丰富员工业余生活,坚持每周的员工羽毛球、健身等体育锻炼活动,鼓励员工参加。举办了公司第二届“游泳比赛”、“羽毛球比赛”和“棋牌类比赛”等活动。并先后多次组织了与兄弟单位的羽毛球、足球、棋牌等友谊比赛;三是举办了公司第二届摄影比赛。 (林 斌)

上海市城市建设投资开发总公司工会

主席:童素正

【概况】 上海城投工会成立于1998年,原隶属建设工会,现直属市总工会。总公司工会现有4家下属工会组织,会员328人。(1)以十六大精神为指导,推进职工素质工程。结合城投公司的改革和发展,先后6次召开职工座谈会和有关法律方面业务讲座,倾听和反映员工对企业机制变化、机构调整、用工制度改革的意见和建议,提高职工运用有关法律和政策的水平,促进公司的和谐发展。(2)开展群众性世博大讨论,推进凝聚力工程。在总公司范围内开展世博大讨论,组织全体职工集思广益、建言献策,针对公司当前在功能定位、资金筹措、管理模式、企业精神等方面的问题,展开热烈讨论。(3)塑造企业文化,推进文明单位建设。在公司局域网上,开设工会之窗网页,传递工会信息,举办以“凝聚”为主题的大型歌会,通过自编自演的文艺节目,用身边的人和事教育员工。开展形式多样的文娱活动,先后建立了乒乓、足球、羽毛球三支体育队伍,城投青年足球队在城投、申通、工行、港铁联合举办的“友谊杯”足球邀请赛上荣获冠军;积极开展“献爱心活动”。城投员工先后为新疆地震灾区,云南、安徽、江西三省受灾区以及抗非典等捐款74480元,人均捐款227元。(4)加强工会自身建设,推进工作机制的不断完善。上半年,总公司工会召开第二次工会代表大会,49位工代会代表及9位列席代表参加了会议,大会以差额选举的办法,选举产生了第二届工会委员会和经审委员会。 (赵 勇)

上海市房屋土地资源管理局工会

副主席:王志兴

【概况】 (1)积极开展“塑造城市精神、培育新时代职业精神”活动,推动职工职业道德建设新发展。局工会开展了的“世博会与上海新一轮发展”大讨论,在局属各事业单位工会和广大职工中广泛开展了“塑造城市精神,培育时代职业精神”的活动。(2)继续推进职工素质工程,全面提升职工素质。局工会和事业单位工会先后举办了房地产政策法规、投资理财、医疗保健等各类讲座,安排部分职工代表参加了市总工会组织的协调劳动关系、维护职工合法权益等方面的系列讲座。局工会组织力量,积极参加上海"大众杯"羽毛球比赛、职工大合唱比赛、职工健身操比赛、"上海热线杯"职工网络游戏等比赛。(3)认真履行基本职能,深化民主管理,努力做好关心群众生产生活的工作。工会认真履行基本职能,加强了源头参与,积极参加各单位重大事项和方针政策的制定和讨论,使民主管理的水平不断提高。完成了职工大病、重病保险,职工住院和退休职工住院等三大保障计划,为全体女职工办理了"上海市女职工互助医疗特种保险"。(4)加强日常管理,抓好工会基础建设。一是完成了原市住宅局工会财务和职工技协的财务审计工作。二是加强了局属事业单位工会财务工作的审计和管理。三是进一步重视并加强了局属各单位工会技协工作的管理。四是继续做好退管会工作。(5)加强工会组织建设,不断提高自身建设的水平。一是对局工会领导班子及时进行了调整;二是对新组建的2个事业单位及时建立了工会组织,并完成局工会会员的重新登记工作;三是对任期届满的工会组织,如期进行了换届改选工作;四是坚持工会主席例会制度,指导基层开展工会工作。

(饶　斌)

上海建筑材料(集团)总公司工会

主席:王嘉余

【概况】 上海建筑材料(集团)总公司工会辖有基层工会43家,其中:国有企事业27家,合资企业16家。职工总数16309人,在岗职工11131人,退休职工总数17215人,工会会员数15894人,其中女会员数4088人。(1)动员广大职工群众,团结一致共抗"非典"。积极部署抗非工作,坚持一手抓防非,一手抓发展,动员广大职工坚守岗位、坚持生产、积极奉献,把经济损失降到最低限度;加强劳动保护监督和对职工身体状况的监控。(2)围绕集团中心工作,投身集团建设和发展。组织广大职工参与"世博会与上海新一轮发展"大讨论活动;以推进企业科技进步为重点,开展各类群众性经济技术创新活动;深入开展重点工程立功竞赛活动,组织参与洋山深水港等30多个上海市重大工程项目建设,为建材企业创品牌、树形象起到了积极的推动作用。(3)加强制度建设,提升民主管理水平。组织召开总公司一届三次职代会,修订《集体协商实施办法》;开展职工代表新一轮民主管理知识培训,培训率达90%;实施职代会质量评估。(4)加强工会法律监督,履行依法维权的职责。检查司属各单位贯彻《上海市工会条例》的实施情况;会同有关部门,督查司属企业执行劳动用工法规的情况,从维护就业权的角度,履行维护、监督职责;深入开展"安康杯"竞赛活动,坚持执行《工会劳动保护检查整改建议书》和《工会劳动法律监督整改建议书》制度,努力营造企业和职工自觉守法的良好氛围。(5)关心职工基本生活,切实为职工办实事。开展"一日捐"活动,倡导"捐一日工资、献一份爱心"的互助理念;实施送温暖活动,重点救助五类特困职工;扎实推动三项互助保障计划,提高职工抗风险能力。(6)突出重点抓落实,强化工会自身建设。完成9家司属企业工会的换届改选。

(沈培荣)

上海海洋石油局工会

主席:张新民

【概况】 上海海洋石油局辖基层工会组织10个,职工数为1669人,其中女职工为322人。(1)加强学习,努力提高理论水平。局各级工会以班组为基本的学习单位,围绕学习"三个代表"的重要思想及党的十六大精神,开展形式多样的学习活动。局工会为各级工会干部发放了学习资料,举行了学习十六大会议精神专题理论研讨会,有23篇论文进行了交流。为配合新《工会法》和《上海市工会条例》的颁布实施,分批组织工会干部外出学习,邀请工会学院专家来局宣讲辅导。为了提高职工代表参政议事的能力,提高思想认识,局工会会同有关部门在职工代表中开展了《学习党的十六大精神和"三个代表"重要思想知识答题活动。(2)积极开展职工文体活动。局工会根据职工的需求和单位的实际,因地制宜地开展了多项小型多样的活动。2003年,局工会组织成立了职工书画、摄影、钓鱼及交谊舞四个爱好者协会,并相继开展了活动。春季,局工会组织了职工保龄球赛;国庆前夕,举办了歌颂党、歌颂祖国歌颂美好生活的职工卡拉OK歌咏比赛;为配合局庆三十周年,举办了职工书画展,展出的出自职工之手的书法、绘画及摄影作品达百余幅;年底,还组织了职工拔河比赛。为了展示职工的多面才能,首次组队参加了中石化系统的职工桥牌赛。继2002年为一海、三海"勘二"、"勘三"添置了健身器后,年内再次为"勘二"、"勘三"、基地、研究院及局机关配置了健身器材和文艺活动用品。(3)关心职工生活。"非典"其间,各级工会想方设法,利用各种渠道为单位和职工购置宣传资料、防非药物。高温、寒冬季节,工会陪同有关部门及领导,北上南下,慰问了钻井平台、辅助船船队、建筑工地等基层生产一线,走访和慰问了生活困难、身患疾病的在职和退休职工。局工会先后两次组织40余名职工赴张家界、西安休养。会同局人事部门,对局、分公司的直管干部开展了体检。敬老节其间,举办了退休职工座谈会,分批组织了四次退休职工的游园活动。 (耿卫军)

上海市绿化管理局工会

主席:徐文发

【概况】 上海市绿化管理局工会辖有基层工会54个。会员数3698人,其中女会员数1340人。(1)学习贯彻党的十六大精神,认真实践“三个代表”要求。各级工会认真组织学习胡锦涛同志在全国工会十四大的重要讲话,增强了以“三个代表”重要思想统领工会工作的自觉性。(2)动员和组织广大绿化职工投身创建“国家园林城市”的主战场。2003年市府把绿化建设的主体工程列为一号工程,局工会通过抓宣传、抓重点、抓典型、抓交流、抓推动、积极动员组织广大绿化职工开展立功竞赛活动,有效促进了重点工程任务圆满完成。同时锻炼了过硬的职工队伍,塑造了绿化职工的职业精神。2003年涌现了12名建设功臣,70名记功个人和31个优秀集体,上海市园林工程有限公司还挤身于上海市“建设金杯公司”。(3)围绕创建绿化文明行业,深入开展“建、创、做”活动。局工会结合行业的特点,组织绿化职工投身“建文明班组,创红旗文明岗,做文明职工,争星级服务员,当十佳服务明星”活动。五一前夕评出绿化行业230名星级服务员,他们的事迹照片展现于绿化行业的各个窗口。10月份局工会又组织了万名绿化职工和市民网上评选绿化行业“十佳服务明星”活动。为了配合创建国家园林城市,局工会还组织了植树节广场宣传活动。绿化专题文艺演出和外环绿带健身活动。(4)组织世博会与上海绿化新一轮发展大讨论,引导职工“做可爱的上海绿化人”。局工会要求各级工会组织引导广大绿化职工开展“我们为创建国家园林城市能做什么”“我为做可爱的上海绿化人展风采”为主题的大讨论。为配合大讨论局工会还组织了马桂宁事迹报告会。同时,提出了“好读书、读好书”“工作学习化,学习工作化”等要求。(5)围绕绿化改革发展目标,强化职代会制度建设。为使在深化企事业体制改革过程中,发挥职工民主参与、管理、监督的作用,局工会十分注重调查研究,倾听职工意见,反映职工愿望,提出工会的建议。使强势群体得到鼓励,使弱势群体得到保障。为加强分类指导,局工会适时提出了《关于局属公园在管养分开改革中加强职代会工作的意见》。强化了职代会制度的刚性,有利于改革稳步的推进,也切实维护了职工的合法权益。(6)满腔热情地为职工做好事、办实事、解难事。各级工会把为职工办实事作为完成“三个代表”重要思想的内在要求和具体体现。2003年全局用于帮困、救助困难职工金额数达到35万元。帮困职工800多人次。局工会还重点组织了特困救助、金秋助学、医疗帮困等一系列活动,为困难职工增添了一份关爱。 (王均富)

上海市市容环境卫生管理局工会

主席:徐爱珍

【概况】 上海市市容环卫局工会辖,基层工会组织45个,职工总数7547人,其中女职工2369人;工会会员7507人。(1)认真学习、深刻领会、准确把握、贯彻落实好十六大精神。组织职工学习十六大精神,热心关注和及时掌握职工的思想动态,帮助职工解答学习中的难点和疑点问题。(2)学有所用,学以致用。将分级学习责任制度纳入年度工会工作考核目标之中,并采取专题讲座(报告会)与考察相结合、“请进来”与“走出去”相结合、集体学习与分散自学相结合的方法,提高工会干部的理论素养和实践能力。(3)对局直属单位职工代表大会制度执行情况进行调研,结合市容环卫实际,制定相应的实施细则,规范职代会操作程序。建立劳动保护监督机制,开展以预教、预查、预检、预报为主要内容、以“安康杯”竞赛活动为主要载体的职工劳动保护和安全生产等活动。(4)大力推进职工素质工程,弘扬行业精神,以“创建学习型班组、培育知识型职工”为主线,开展“抓重点育人才、抓热点转行风、抓亮点树形象”的立功竞赛和职工技术比武活动,提倡“强身益智”,呈现出“百家齐鸣,百花齐放”的繁荣景象,点线引路,注重对劳模的培育,不断提高职工职业道德水准,身体素质和技能素质和创新能力。(5)紧紧围绕全局中心工作、维护职工合法权益,工会牢牢抓住两者的结合点,在行业的综合改革、发展上做文章;向职工讲清行业改革的趋势,宣传行业精神,描绘行业发展前景,让职工以主人翁的积极姿态,投身行业改革、建设和发展中来。 (张慧萍)

上海住总(集团)总公司工会

主席:邬锡元

【概况】 上海住总(集团)总公司工会现有下属工会4个,职工927人,会员

927人,其中女会员302人。(1)以立功竞赛为载体,全面促进企业各项任务完成。在市重点工程建设中,积极响应赛区提出的各项竞赛目标,通过大张旗鼓的宣传、发动,做到了各个环节、各个主要岗位责任明确、措施落实,在确保安全、质量的前提下,使各节点目标优质高效得到完成。各后方单位以赛区提出的“提供优良服务和提供优质材料”为竞赛立足点。围绕“双优”竞赛,开展形式多样的分层次竞赛活动,由此涌现出一批先进集体和个人。(2)努力推进“职工素质工程”。认真落实集团工会下发的《关于贯彻实施素质工程的意见》,切实维护职工发展权益这一素质工程的总体目标,加大培训力度,拓宽培训广度,组织职工参加工商管理者(初级)培训;结合新一轮“百万职工大练兵”活动,组织参加各类岗位练兵、技能操作比赛。(3)深化厂务公开,加强基层民主建设。职代会以厂务公开为抓手,在提高建制率、扩大公开内容、深化公开程度和增强制度钢性方面有进一步发展,建立平等协商和签定集体合同制度的企业得到巩固,有效地保障企业劳资双方的利益,促进企业劳资关系的和谐和稳定。(4)以维护广大职工基本利益为出发点,大力推进送温暖工程,完善职工生活保障机制,维护企业改革、发展、稳定大局。元旦、春节等节日精心组织送温暖活动,根据集团领导关于住总集团结构调整不能影响到困难职工生活的精神,帮困送温暖款项比去年提高20%。建立多层次的职工医疗补充保障机制和大病、住院帮困送温暖保障机制,充分发挥职工救急济难基金会组织作用,不断深化“三心一结对”和助学帮困活动,及时调整帮困对象,使集团内最困难职工的帮困工作做到经常化、规范化、制度化。(5)继续加强工会干部的理论修养和实现自身素质的提高,坚持集团工会全委会季度例会和常委会月末周六学习制度。 (邬锡元)

上海闵行经济技术开发区工会

主席:沈旅铄

【概况】 12月8日经上海市总工会批准,上海闵行联合发展有限公司工会更名为上海闵行经济技术开发区工会,属于一级区域性工会组织,负责闵行联合发展有限公司直属企业、区域内无上级主管单位企业的工会工作,对区域内其他企业负有工作指导职责。(1)认真学习党的十六大会议精神、市委八届四次全委会和全国总工会十四大、市总工会十一大会议精神,通过例会、联谊会等交流形式推广基层企业在工会工作中好的经验和做法提高了工会工作的实效性。(2)针对外资企业中工会干部流动性大,离职突然的情况,在加强工会干部组织性、纪律性教育的同时,及时调整、充实了6个单位的工会领导班子,对3个任届期满的工会组织按时进行换届改选。(3)在“防非”工作中,发动员工团结一致共抗“非典”,落实专人做好开发区内企业“防非”工作,积极采购了“防非”用品发给员工。(4)积极抓好源头参与和行使“上级代表下级”的职能,维护员工的合法权益。为7家前来咨询的企业行政管理人员提供了有关政策、法律法规服务,接待、并成功调处因终止劳动合同、工伤、企业停产等引发的劳动纠纷47起,百人以上群体性突发事件一起,并在5家企业状况发生重大变化时,及时参与员工安置、补偿的协商,最大限度地维护了员工的利益。(5)学习、宣传《中华人民共和国安全生产法》,抓好安全生产责任制工作的落实。通过“实施安全生产法,人人事事保安全”的安全月活动,查找事故隐患28起,并全部落实了整改措施。对有高温岗位的企业进行了防暑降温工作的检查,慰问了全部(604名)高温作业的员工(6)坚持开展春节期间“人人献爱心,帮困送温暖”捐款活动。共援助16名家庭生活困难的员工,确保他们的基本生活需求。(7)分别组织基层工会干部、基层行政领导及企业员工旅游度假,为工会和企业领导、员工和企业领导加强沟通创造条件。还组织开展了开发区第二届乒乓球邀请赛。 (叶 敏)

上海虹桥经济技术开发区联合发展有限公司工会

主席:黄健健

【概况】 上海虹桥经济技术开发区联合发展有限公司工会,因企业经济结构调整和归并,现有基层工会4个,工会小组32个,会员481人,其中女会员155人。(1)组织职工学习、贯彻“三个代表”的重要思想和党的十六大会议的精神,在分组学习和集中辅导的基础上,通过职工知识竞赛的形式,提高职工政治学习的兴趣,引导广大职工自觉参加政治学习,增强职工的政治素质。(2)动员职工参与“世博会和上海新一轮发展”的大讨论,要求职工结合开发区的实际献计献策,并向广大职工有奖征集展现开发区发展新貌的标语,有奖征集公司新建重点项目的徽标和广告用语,使职工群众关心开发区的经济建设,振奋精神投入开发区的新一轮发展。(3)做好“防非抗非”的工作,工会及时加强宣传教育,安排各级工会干部联系自己部门的职工,增强防范意识,消除恐慌心理,还专项拨款购买防护和保健用品发放给职工,同时充分利用职工健身房开展体育活动。(4)扩大职工参加医疗补充保险范围,工会在经济条件许可的情况下,为职工和离退休职工购买多种医疗保险。(5)筹备工会换届改选。召开各种类型的座谈会,听取职工群众的意见,认真总结工会五年来的工作和经验,并对工会干部进行民主评议,推荐工会干部候选人,选出职工代表。

(侯秀琴)

上海市水务局工会

主席：
杨召之

【概况】 (1)兴起学习"三个代表"新高潮。各级工会采取各种有效措施,紧密联系职工的思想实际和关心的热点难点问题,广泛开展多层次、多形式的学习教育活动,努力使学习进企业、进班组、进职工头脑。全面构筑"防非"工作屏障。积极配合党政做好非典型肺炎防治工作。在广大职工中广泛开展"塑造城市精神,培育新时代水务职业精神,做可爱的水务人"系列活动。(2)全面展开"五比五创"立功竞赛活动。以新的理念、新的思路、新的举措,完成重大工程建设项目和实事任务。不断推进基层民主管理建设。各级工会进一步发挥工会组织的优势,积极宣传改革的意义,使职工不断增强大局意识、改革意识和责任意识。(3)全面实施科教兴市战略,发扬水务职工首创精神,大力推进群众性经济创新活动,深化"建、创、做"活动,在职工中倡导终身学习的观念,突出重点、紧扣主题、因地制宜、扎扎实实,丰富工会开展精神文明活动的内涵和外延。扎实深化精神文明创建活动。(4)深入帮困送温暖工作。不断加强各级工会组织建设。坚持在改革、改制中加强工会建设,最大限度地把广大职工群众组织起来,团结凝聚在党的周围。认真做好退休职工和疗休养工作。注重"老有所教、老有所学",开展多种形式适合退休职工需求的学习教育活动,丰富退休职工的精神文化生活。

(陶 诚)

上海市环境保护局工会

主席：
徐建民

【概况】 上海市环境保护局工会辖有基层工会组织12个,职工总数630人,工会会员630人,其中女职工250人。(1)抓好职工队伍思想建设。通过宣传橱窗、工会信息等宣传阵地大力宣传环保职工认真学习、深刻领会党代会精神和"三个代表"重要思想,为实施新一轮环保3年行动计划做好工作。(2)认真参加环保系统开展的"世博会与上海新一轮发展"大讨论。局工会着重开展了"如何以塑造上海城市精神为抓手,进一步提高上海环保队伍的整体素质,树立良好的政风、行风,形成符合时代特征的环保行业精神"的讨论,与党办和监察室合作完成了"以塑造上海城市精神为契机,建设符合时代要求的高素质环保干部队伍"专题调研报告。(3)积极参加"塑造上海城市精神,培育新时代职业精神"和"上海市环保系统创建文明行业"活动。大力树立先进典型,展示环保人形象。(4)加强组织建设,提高工会干部素质。协同基层单位党组织圆满完成届满的5家基层单位工会换届改选工作,(5)在市环保系统内发起了"建设环保林,绿化大都市"的文明公益活动,共募集捐款达65万元,参与率达100%,在外环线与华夏路交界处建"环保林"60余亩。(6)突出维护职能,深化重点工作。及时完成了为全局每位在职职工和退休职工投保工作,参加市总工会组织的"四项互助保障计划",并为全局每位在职职工至少投保了一份"补充养老保险";积极组织好"献爱心、一日捐"互助互济活动,全局598位职工参加了捐款,共募集捐款6.3万元,全年共动用"爱心基金"3.3万元,主要为职工投保、捐助灾区、帮困送温暖和慰问职工,动用"帮困基金"4.8万元,帮助住院手术、后有生活困难的25位职工,举办了首届"环保杯"乒乓球赛,局工会与局综治办在"119消防日"举办了市环保局第三届消防演练运动会,积极参加国家环保总局举办的"纪念中国环保事业创建30周年书画作品展"并获奖。

(夏伟成)

上海大屯能源股份有限公司工会

主席：
颛孙正宗

【概况】 上海大屯能源股份公司工会有基层工会9个,职工19966人;工作机构设办公室、组织部、民管部、生活女工部、生产保护部、宣教部、法律工作部、财务部等。(1)加强学习。通过举办辅导讲座、培训班、知识竞赛、学习交流、组织宣讲员宣讲等方式,抓好广大工会干部和广大职工的学习,年内收到学习"十六大"精神和"三个代表"重要思想体会和研讨文章72篇。(2)深化职工素质工程。开展以提高职工创新能力、操作能力为主要内容的新一轮"职工技能比武大练兵"。组织开展了第四届职工技能大比武活动,600余名经基层逐级选拔的优秀选手参与角逐。每个工种职工参与率达85%以上,开展岗位练兵145项次,参练职工达1.4万余人次,举办技能培训班近百期,参培人数近万人次。全年开展各类双效工程700项,为企业增加直接效益1400万元;提合理化建议4万多条;开展各类节支降耗700余项次,为企业减少材料消耗或支出840万元;技术创新项目立项840余项,创效益1400万元;开展小改小革活动1050余项次,有70项经济技术创新成果解决了企业生产经营中的难题。(3)履行维护基本职责。健全基层工会劳动法律监督委员会和劳动争议调解委员会组织,进一步修订完善了劳动法律监督等一系列制度,通过法律宣传月活动、法律知识竞赛、法制黑板报宣传、案例教育、法律咨询服务等形式,教育职工学法、用法、依法维护自身合法权益。(4)积极参加"安康杯"竞赛活动,提高了群众安全工作效果。1千多名群监员共汇报各类安全隐患2.08万余条,整改率达95%以上;全年组织安全视察116余次,查出隐患840多条;提安全合理化建议2100余条。公司工会加大"防非"宣传教育力度,宣传防"非典"知识,发放小知识5000份,送慰问信2000多封,公司女工委向全矿区职工家属发出"防控非典从家庭做起的倡议书"7000份,举办了防非典知识竞赛。(5)认真做好扶贫解困、送温暖工作。矿区建立健全了"助病、助困、助学"基金,筹集资金130余万元;全矿区有近30名患大病和突遇天灾人祸的职工家庭分别得到了1000元至7000元不等的资助,有60余名考入大中专院校的困难职工子女得到了400至4000元的资助,解决了特困贫职工的暂时急难问题。两级工会对困难职工发放补助及各项慰问金达158万余元;资助大病职工230人,金额11万元;助学350人,用款27万元;为遇突发事件的有特殊困难的15名职工,捐款28万元。公司工会还建立了"女职工特殊重大疾病基金"募集资金20.34万元。(6)进一步加强民主管理和厂务公开。制订出台了厂务公开考核和监督制度。中国中煤集团在公司召开了厂务公开现场推进会。召开了公司首届一次职代会,继续坚持抓好职工代表培训,全年举办职工代表培训班12期,培训职工代表1200多人次。(7)加强自身建设。全年送74名专职工会干部参加上海市总工会及中国能源化学工会组织的岗位培训;请上海工运学院教授来屯辅导。推行了工会重点工作目标责任制考核办法。深入基层加强调研,全年形成了有关职工素质状况和职工思想状况等10个专题的调研报告。 (王诗合)

上海现代建筑设计(集团)有限公司工会

主席:毛 卫

【概况】 上海现代建筑设计(集团)有限公司现有员工2125余人,拥有中国工程院院士2名,国家级设计大师3名等一批长期从事建筑设计工作的资深专家。创作设计了一批重大的、标志性的工程设计,如:东方明珠、上海八万人体育场、上海博物馆、上海科技馆、上海F1赛车场、北京国家电力中心、越南国家体育场等重大建筑工程。历年来,有300余项目(次)荣获国家、部、市优秀设计和科技进步及詹天佑工程大奖。现代设计集团以"三个代表"重要思想统揽工会工作的全局,以依法维护职工权益为基本职责,加强职工民主管理,完善协调劳动关系机制,深化职工素质工程。集团举办了第二届体育健身节,积极推进职工文体活动开展。华东院创作部、上海院创作部分别被评为上海市500强智能型班组。集团荣获2003年全国"五一"劳动奖状先进集体荣誉称号。

(毛 卫)

中国建筑第八工程局工会

主席:董勤顺

【概况】 中国建筑第八工程局工会(以下简称中建八局工会)辖8个子公司工会,9个直属公司工会。中建八局工会下设办公室、生产组织部、女工委等。全局基层工会委员会194个,专职工会干部58人,兼职工会干部179人,现有职工15060人,会员14379人,其中女职工会员2680人。(1)教育引导职工认清形势、转变观念,把职工的思想统一到实施企业第二次战略转型的实践上来。年内分别组织召开各类人员参加的职工座谈会88场(次),参加座谈会的人员达2500多人次,办黑板报、专栏橱窗195期(板),宣讲局改革发展的总体思路及采取的对策措施133场次,并组织了学习全总十四大文献知识竞赛,职工受教育面达90%以上。(2)企业民主管理和民主监督工作在改革中得到加强和发展。一是各级工会组织坚持把健全和完善职代会制度作为加强企业民主管理和民主监督的有效机制来抓,按时召开职代会。三是推行平等协商、签订集体合同制度。坚持集体合同履行情况报告制度并及时修订,不断完善。四是职代会民主评议领导班子成员制度得到了较好落实。五是坚持把日常民主管理工作与推行企务公开制度相结合。(3)突出维护职责,从源头上维护职工合法权益,积极做好职工生活保障、实施送温暖活动工作有新的突破。全局各级工会组织以建立"扶贫济困"专项资金为主要工作内容的实施送温暖活动顺利推进。局年初下发了《关于建立"扶贫济困"专项资金的通知》。全局共筹集建立"扶贫济困"及互助补充保险基金达130多万元。局工会直接安排的各类帮困,慰问困难职工196人(次),发放慰问金9.8万元;局属各单位走访慰问困难、特困、伤病残和离退休职工家庭956户,共支付帮困慰问金

36万元;在今年夏季高温季节深入近百个施工现场,慰问一线职工,送去清凉饮料共计折款25万元。(4)群众性的经济技术创新竞赛活动围绕中心,服务基层,工会经济工作有创新。继续抓好重点工程劳动竞赛出现了全过程、多层次、全员参与劳动竞赛的新局面。局工会与公司一起共同在上海北环高速、北京北开厂和南宁会展中心等重点工程项目上组织开展主体会战竞赛。一些基层单位在在建工程项目上开展群众性的经济技术创新和"项目成本核算"以及"科技方案QC攻关"比赛。将群众性生产竞赛由体力型向智力型和管理型转变,大打"塑品牌"、"树形象"之战,有力地推动了企业的建设。(5)工会自身改革和建设得到加强。按照《工会法》的要求,局党委及时制定下发了《关于加强和改进工会、共青团工作的若干意见》,《项目民主管理暂行办法》。(6)寓教于乐,促进企业文化建设。一是认真学习贯彻《公民道德建设实施纲要》,结合建筑行业特点,协同有关部门继续在全局开展了"创文明单位、建文明工地、造满意工程"为主要内容的讲道德、树新风、塑形象"系列教育活动。二是局属各单位结合纪念"建党节"、"国庆节"等重大节日,因地制宜地组织职工开展群众性文体活动。 (赵有全)

中国华源集团有限公司工会

主席:张建瑛

【概况】 中国华源集团有限公司是直属中央管理的国有重要骨干企业集团。现拥有海内外全资和控股子公司33家及华源股份、华源发展、华源制药、上海医药等5家上市公司。(1)组织工会干部学习党的十六届三中全会精神和全总十四大、市总十一大会议精神,不断提高思想认识,进一步把握新世纪新阶段工会工作的特点和规律,履行好工会的基本职责。组织各级工会开展工运理论研讨,收到论文50余篇,取得了一批高质量、有价值的研究成果。(2)围绕"抓住申博、申奥成功重大历史机遇,加快中国华源第三次历史性跨越步伐"讨论主题,开展"弘扬华源企业文化,塑造华源职业精神"讨论活动,通过讨论,进一步提升了华源企业文化和职业精神的理念和内涵。(3)以提高职工职业道德素质和职业技能素质为重点,以经济技术创新工程为主要载体,组织各级工会开展以"职业精神"为核心的企业文化建设、以"能力提升"为核心的职工经济技术创新和职工技能升级、以"自学成才"为核心的职工读书活动,推进职工素质工程,打造一支与华源发展相适应的高素质职工队伍。(4)组织各级工会开展新一轮合理化建议活动,有效地将合理化建议活动与技术创新、促进生产力发展结合起来,与提高产品质量、降本增效结合起来,与专利、专有技术和先进操作法结合起来,涌现了一大批科技含量高、经济效益好的合理化建议"金点子"。集团下属90%以上企业开展了合理化建议活动,提出有价值建议近7000项,其中申报集团级"金点子"成果奖34项,年降本增效可达4000万元。(5)开展创建模范职工之家活动。涌现出一批深受职工群众信赖的基层工会。有2家企业工会被评为全国模范职工之家,3家企业工会被评为省市级模范职工之家。 (陈卫中)

上海市商业工会

主席:李绍胜

【概况】 上海市商业工会有直属工会18个,基层工会98个,职工42514人,其中女职工14971人。会员41384人,其中女会员14464人。专职工会干部210人,其中女专职工会干部74人。2003年由于机构改革,市商业工会组织体制发生了较大变化,随集团公司划归国资委,原一百集团工会、华联集团工会、友谊集团工会和原物资局工会合并组建百联集团工会,原新亚集团工会与锦江集团工会随集团公司重组,成立锦江国际集团工会,原良友集团工会、水产集团工会、烟糖集团工会、蔬菜集团工会亦随集团划归国资委。市商业工会一年来积极配合政府机构改革,理顺工会组织关系,同时坚持开展日常工会工作,确保工会工作的不断不乱。 (陶鸿坤)

上海百联集团有限公司工会

筹备组长:刘晓敏

【概况】 百联(集团)有限公司于4月24日正式揭牌开业,是由上海一百(集团)有限公司、华联(集团)有限公司、上海友谊(集团)有限公司和上海物资(集团)总公司归并而成,拥有遍布全国20余省市4000多家营业网点,几乎涵盖了国际商贸流通集团现有的各种业态,是一个特大型的流通产业集团。在岗职工34057人,其中女职工15557人,下属基层工会168家。自百联集团工会筹备组于5月22日成立以来,紧紧围绕集团"国内第一,世界一流"的发展思路,坚持"维护、创新、高效"的工作原则,坚持调查研究的工作方法,努力探索适应集团发展要求的工会工作的理念、形式和机制。(1)开展职工思想跟踪调研工作。集团工会有计划地走访基层企业,及时反映广大职工对各项改革方案的看法和建议,反映职工对企业发展的呼声和意见,逐步建立起党政联系职工的一条热线。(2)2001～2003年度的市劳模评选工作。制定推荐人选产生的工作流程,明确推荐人选的条件,召开会议专题布置,坚持优中选优,推荐出职工信服、企业满意和具有行业领先水平的劳模和劳模集体。(3)建立帮困送温暖长效工作机制。集团工会建立困难职工的档案,上门慰问困难职工,并将走访慰问和机制建设联动,“输血”型援助和“造血”型帮扶结合,救急济难和矛盾化解交融,全面提升了工作质量。(4)制定相关工作制度。结合集团工作的实际,制订了《百联集团工会组建工作规范》和《百联集团工会资产管理的暂行规定》。(5)健全工会组织网络。坚持在企业改制转制的同时,对工会工作同步规划,对工会组织同步建立,对工会会员同步发展。建立了集团工会筹备组,完成了与市总工会工作的对接和与原4个集团工会工作的交接。建立了事业部、中心工会筹备组,理顺了基层企业与事业部、中心工会组织的关系。 (薛怡卿)

上海水产(集团)总公司工会

主席:
徐伟俊

【概况】 上海水产(集团)总公司工会辖有基层工会22家。职工11322人,会员11265人(其中女会员2896人)。(1)加强政治理论学习,坚持用“三个代表”重要思想统一工会干部的思想和行动。工会把认真学习“三个代表”重要思想作为首要政治任务,通过举行工会全委扩大会议形式和专题学习方法,着重抓了工会干部的学习。并在学习中为每人订阅了一份学习资料。通过深入学习和讨论,使各级工会干部增强了自觉意识、大局意识,群众意识和机遇意识,坚定了做好工会工作的决心。(2)动员和组织水产职工积极投身集团新一轮发展,充分发挥工人阶级主力军作用。一是根据集团党政部署,广泛组织职工开展了“抓住新一轮发展机遇,实现水产集团五年发展目标”大讨论活动。300名职工在讨论中提出合理化建议295条。二是利用节假日,认真做好水产品、保健药品的销售工作,销售金额达60余万元。三是开展了以“增产降耗,拓展市场”为主题的劳动竞赛活动,得到了基层工会的积极响应,并收到了预期效果。(3)深化职工民主管理,建立完善“两项机制”,确保基层民主建设。一是坚持和完善了以职代会为基本形式的职工民主管理制度。逐步建立了职代会六项工作制度。职代会建制率,两级企业已达到90%。基层企业对涉及职工切身利益方案出台,均能运用无记名投票方式进行表决。二是抓了集体合同的签订与续签工作。4家新建公司中已有3家完成签订集体合同基础工作。列入年内续签合同的3家,已经完成。三是进一步巩固和深化了厂务公开工作。4家新建公司已全部建立厂务公开制度。(4)建立和完善社会保障体系,坚持不懈地做好稳定职工队伍工作。一是做好了对困难职工和家庭的帮困工作。共慰问困难职工和家属4500人次,金额98.43万元。系统内有3090人次参加“一日捐”,金额达6.7万元。二是积极推进职工参加市总“两类保障”投保工作。在各级党政领导的重视和工会干部的努力下,参加投保的职工总人数有21670人次,“两类保障”投保工作完成面达到100%。三是主动配合党政推进再就业工程。下发了“关于促进再就业工作的意见”。树立郑卫、裴立明同志为水产系统再就业“带头人”。集团工会与基层工会帮助50人次协保职工实现了再就业。四是在做好稳定工作的基础上,继续完善了每季度的“工情”会议制度。(5)切实加强工会自身建设,努力推进工会各项工作不断发展。一是制订下发了“集团工会若干工作制度”、“集团工会组织工作制度”。二是根据市总《关于深入开展建设职工之家活动的实施意见》,在新建公司工会中,开展了创建合格职工之家活动。5家工会获得了“集团合格职工之家”称号。三是落实“职工素质工程”教育目标,组织10余名工会干部和班组长参加了“第三期上海市工商管理者(初级)培训班”;举办了2期约50余人次参加的女工干部和下岗女工技能培训班,推荐4名基层女工干部参加了市妇联举办的讲座;组织20余名职工参加了电脑培训班;举办了有60余人次参加的“创业者”培训班。

(杨红晴)

上海蔬菜(集团)有限公司工会

主席:
姚黄平

【概况】 集团工会成立于1999年12月,直辖基层工会12个,职工3421人,其中女职工1313人;会员3021人,女会员1608人。(1)加强宣传引导,增强大局意识。2003年,针对集团面临同行业激烈竞争的现状和内部人员结构调整工作中广大员工对集团前途及对改革产生的思想,集团工会及时开展了以“强改革意识,做发展主人”为主题的“七个一”活动:开展了一项问卷调查,进行了一次图片巡展,举办了一次由集团领导主讲的司情报告会,邀请了有关区总工会领导作一次企业改革转制经验介绍,举办了班组《论坛》,新辟了一个《员工》通讯专栏,组织了集团《员工》双月刊通讯员进行一次特别报道,赶在第一时间,对“抗非典、保供应”期间发生在一线党员、职工中的突出事例加以宣传报道。(2)切实有效保障,增强维护意识。首先体现在员工民主管理上,充分运用职代会实现广大员工参与企业管理的有效途径,特别强调凡涉及职工切身利益的方案必须由企业职代会表决通过。在集团系统内实行职代会预告制;在职代会闭会期间积极运用厂务公开这一形式,进一步让广大员工知情参与。同时要求所有基层一年召开不少于2次职代会及实行定期厂务公开制度。从制度上确保员工民主管理制度化。其次体现在职工互助帮困送温暖工作上,对集团120名特困群体做到家庭地址清、生活状况清、贫困原因清、低保情况清、救助需求清。在此基础上有针对性地开展送温暖工作,全年共帮扶各类困难职工781人次、款项达22.9万元,其中包括助学帮困、因病致贫帮困、低保收入家庭帮困。对特别困难的职工,落实两级党政领导进行结对帮困,使特困人群得到更有效的帮扶。对在册职工通过购买市总职工互助保障会的特种重病保险和职工住院保险两项保险。(3)推进素质工程,增强员工素质。大力开展“班组达标创优”建设活动。年初对所有班组建设台帐的表式内容进行了统一印制,既规范又符合班组实际,同时在制定达标创优班组具体标准方面,又进一步提出创优班组“四个高于”的新要求,即完成经济工作任务、文化知识业务技能、政治思想觉悟、团结互助氛围等四个方面要明显高于其他班组。年中,在典型企业召开了以“夯实班组基础,提升员工素质”为主题的现场交流会。年终,对所有创优班组进行检查,并在此基础上评比出一批优秀班组长和三学积极分子。开展劳动竞赛与技术练兵,进一步强化职工综合素质。年底集团召开总结表彰会,对各类竞赛练兵活动进行总结,对各类先进集体和优胜者进行表彰。(姚黄平)

上海市糖业烟酒(集团)有限公司工会

主席：徐静和

【概况】 上海市糖业烟酒(集团)有限公司工会成立于1994年7月29日,下有直属工会9家,基层工会18家。职工4958人,工会会员4958人,其中女会员1933人。(1)坚持开展合理化建议活动,充分激发职工创造性思维,挖掘职工潜能,发挥职工聪明才智。通过层层发动,集团系统共有1000余名职工提出合理化建议1200余条,其中采纳130条,实施34条。(2)加强班组建设工作,提升班组建设水平。一是在班组中开展“迎世博盛会,促班组建设”征文活动,得到广大班组长的积极响应,共计收到应征文章80余篇。班组长在征文活动中联系烟糖发展实际和世博机遇,畅谈品牌建设、诚信服务、企业商机、二次创业、班组管理等班组建设的新思路,使班组建设理论得到升华。二是继续开展以“建、创、做”为重点的“班组达标创优活动”。通过制定创优目标,召开班组长座谈会,组织班组长培训和班组长现场交流会等一系列活动,使班组长视野得到开拓,管理水平得到提高,总体素质得到增强,班组建设水平进一步上台阶。(3)注重职工素质提高,开展各类业务技能竞赛活动。在各基层工会举办各类技术比武活动基础上,集团工会组织举办了《公民道德建设实施纲要知识竞赛》、《业务、营业人员营养保健食品知识竞赛》、《商品保管知识竞赛》等,促进了员工思想、业务技能等素质的提高。(4)履行“第一责任人”职责,完善工会保障工作。通过各级工会的努力,全系统两类保障计划的复保率保持100%;“送温暖”工作坚持层层负责,加强动态管理,集团全年救助困难职工482人次,共计发放特困定帮、节日临帮、助学和医疗帮困等救助金15.7万元。(5)源头参与改革转制,突出工会维权职能。集团工会积极参与改革方案的制订、修改,认真组织好一届十三次职工代表大会的召开,通过《集团公司关于劳动用工制度改革方案》,平稳推进集团改革重组工作。

(梅凯年)

上海市对外经济贸易工会

【概况】 上海对外经济贸易工会下辖基层工会142家。职工总数26548多人,其中女职工12281人;会员25252人,其中女会员11289人。(1)顺利召开上海市对外经济贸易工会第二次代表大会。会议选举产生了新一届工会委员会和经审委员会。(2)广泛开展为外经贸发展建功立业的劳动竞赛。各类竞赛搞得生动活泼、富有新意。公司开展了抓出口、抓效益百日竞赛,选“明星职工”竞赛等。(3)积极开展“世博会和上海新一轮发展大讨论”。在《工会之声》发起大讨论,专门设置“世博会和上海新一轮发展大讨论”专栏,得到了系统干部、职工的热烈响应。《工会之声》对部分单位开展大讨论的情况进行了专题报道。(4)不断加强职工保障及送温暖工作力度。全系统共有22819人次参加了三项保障计划。全年慰问劳动模范、特困职工、退休及孤老职工5307人次,慰问补助金达262.1万元。(5)深入宣传再就业先进典型。工会编辑的《走出一片新天地》一书中的四篇下岗职工再就业文章,被《支部生活》摘登。《解放日报》还将下岗女工杨小凤的创业事迹写成《弘扬中国的茶文化》一文,《上海工运》杂志还登载了由外经贸工会组织总结、宣传的下岗女工宣妙英和徐爱中创业的事迹。(6)不断加强宣传信息阵地建设。举行了一次评刊活动,《工会之声》编写《学习贯彻十六大精神的辅导材料》一文和《以“三个代表”为指导思想,切实加强工会经费管理》一文,被《工会理论研究》杂志报道刊登。外经贸工会网站年初正式运行,通过网站全方位、多视角、快速度地展现外经贸职工的时代风采,反映工会工作的崭新面貌。(7)继续加强工会干部培训工作。先后举办了工会主席《工会法》培训,工会财务业务培训,工会女工干部“激扬户外”培训。鉴于外经贸行业的特点和2010年世博会的举行,工会还与上海干部教育中心联系开办了英语培训班。(8)众志成城抗非典。坚决贯彻中央和市里的有关决策和部署,团结带领广大职工投入抗非典。外经贸工会组织了“三八”红旗评比和先进事迹宣传活动;参加共建“五一林”活动,对系统180名劳模的生活状况开展了调查。(胡鹤鸣)

中国上海外经(集团)有限公司工会

主席:励国良

【概况】 中国上海外经(集团)有限公司工会成立于1996年8月9日。其前身分别是成立于1983年的中国上海对外经济技术合作公司工会和上海海洋石油服务总公司工会,1996年按现代企业改制组建,经上海市人民政府批准成立现在的外向型集团公司,同年成立第一届工会。2002年3月改选产生第二届工会。现工会下辖基层工会13家,会员总数318人,其中女会员97人,大专、大学以上学历的会员248人,中、高级专业技术人员146人,退休职工102人。(1)加强民主管理。涉及企业重大问题和与职工切身利益的决策都递交职代会审议,先后表决通过了《集团公司董事会职工代表》、《集团公司集体协商职工方代表》、《集体合同》、《工资考核分配办法》、《富余人员分流安置办法》等方案。(2)推行厂务公开。健全调整了集团厂务公开领导小组,制定厂务公开考核办法,推动各子公司厂务公开的具体实施,已制订试行实施了3家子公司的经营者年度管理目标及年薪认定的考核办法。(3)深入调查研究。配合集团党委部署在所属申合进出口公司、海洋石油服务公司推行经营机制优化及产权多元化的改制,先后以走出去、请进来的方式学习取经,走访了6家单位探讨改革途径;参与召开了10多个约100多人次的职工座谈会征求意见,使《富余人员分流安置办法》修改完善,最后在职代会上以94%的赞成票通过,根据《办法》分流了10人,安置5人,企业与职工均反映良好,促进了集团改革发展稳定的大好形势。(4)继续“送温暖”及职工保障工作。元旦春节走访特殊困难职工6人,对318名在职职工和102名退休职工进行两年一次的健康体检,对在职职工进行了住院、重病保险的续保和女职工特殊疾病的投保,年内有9人进行了保险理赔,金额达6524.50元。(5)关心和丰富职工文化生活。为推进企业文化,组织了交谊舞培训班、棋牌赛,开展了羽毛球、乒乓球等体育健身活动。(王文汀)

上海兰生(集团)有限公司工会

主席:徐尚仁

【概况】 上海兰生(集团)有限公司是1994年10月由上海市人民政府批准组建的国有大型企业集团,公司下辖基层工会11家,职工总数4420人,其中女职工2115人;专职工会干部6人,其中女专职工会干部3人。(1)关心群众生活,积极开展帮困送温暖工作。对特困职工上门送温暖,慰问困难职工66人,送温暖金额达33000元。(2)配合企业改革,认真做好再就业工作。各单位成立了再就业工作领导小组,加强对下岗分流人员的培训和再就业工作。工会每周编印一期《再就业信息》发至下属单位,供下岗分流或即将下岗分流的职工参考,共刊载各类用工信息288条,推荐介绍35人(次)职工应聘,为下岗职工再就业提供了一条通道。上海包装进出口公司创建了“集德快递服务社”,从事市内快递、市内运输和国际国内特快专递的代理服务,走出了一条再就业的新路。(3)坚持职代会制度,加强民主管理。各级工会坚持民主管理制度,坚持“厂务公开”原则,定期召开职代会。(4)组织和带领职工,为完成公司经营任务作出积极贡献。工会积极组织和发动职工结合企业实际,开展群众性技术创新活动。发起在广大职工中开展《改革发展再创业,我为企业献一计》的群众献计献策活动;开展了主题为“比绩效、比技能、比服务,争为出口超亿作贡献”的劳动竞赛。(5)提高工会干部自身素质,增强工会组织活力。财务人员参加了由市外经贸工会组织的各类学习和培训活动。(张倩)

上海东浩国际服务贸易(集团)有限公司工会

主席:张永林

【概况】 上海东浩国际服务贸易(集团)有限公司辖有基层工会38个,职工总数3427人,工会会员3427人,其中女会员1685人。(1)围绕发展大局,调动员工积极因素。工会积极组织员工学习十六大会议精神和“三个代表”重要思想,及时传达学习中国工会十四大和上海工会第十一次代表大会精神,自觉增强做好本职工作的责任感。针对“非典”影响,集团工会发起了以“抗击非典、增收节支”为主题的劳动竞赛,开展以“四有”为目标的素质教育活动。以

《公民道德教育实施纲要》等为重点内容,引导职工树立正确的世界观、人生观和价值观。引导职工树立终身学习的观念,因企制宜地开展各类技术培训、岗位练兵、技能比武等活动,激励职工自学成才、岗位成才。(2)突出维护职能,当好职工利益代表。以贯彻《劳动法》为抓手,积极协调改制中的劳动关系等问题。全面推行平等协商、签订集体劳动合同的工作,并在协商一致的基础上普遍签订了《工资集体协商意见书》。关注弱势群体的职工权益。工会积极推进再就业和救助帮困的工作,总结和推广了一批再就业的先进典型,并力所能及地开展企业内部帮困和社会救助活动。据统计,工会全年累计发放"送温暖"慰问金25.02万元,受惠的困难职工达596名。(3)推进民主管理,发挥桥梁纽带作用。集团各级工会坚持一年两次召开职工代表大会。按照开展厂务公开工作的总体要求,集团所属企业的重要改革方案、企业领导干部廉洁自律及收入情况等,都已逐步实行向职代会报告制。集团各级工会组织和由职工代表组成的各类民主管理小组,积极参与涉及企业重大改革方案的拟订工作或审议工作,努力使方案能体察民情、代表民心、反映民意。(4)加强自身建设,提高工会干部素质。按照"观念更新、工作创新、知识求新"的要求。集团工会坚持每两月一次的工会主席工作例会制度,及时传达上级重要指示,着重研究工会如何适应形势开展工作,密切关注企业两个文明建设,发挥好党联系职工群众的桥梁纽带作用。工会还在集团内部刊物上开辟了工会工作专栏,加强了工会组织之间的信息沟通和交流。(5)注重关心各级工会干部的工作、生活情况,维护所属工会组织及工会干部的权益,引导工会干部努力塑造新时期工会干部的良好形象,不断增强工会组织的影响力、凝聚力和渗透力。

(林涌章)

上海市金融工会工作委员会

主席:吴建融

【概况】 上海市金融工会工作委员会(简称市金融工会)于2000年9月正式建立,对上海市金融系统工会实施统一领导,并指导中央在沪金融机构的工会工作。下属银行、证券、保险公司等基层工会计66个,职工67157人,其中女职工33900人。(1)围绕建设现代化金融企业的要求,完善以职代会为基本形式的金融企业民主管理制度,切实维护职工利益。为加强金融企业基层民主建设,党委制定并下发《关于健全完善上海金融系统职工(代表)大会制度建设的意见》,推进系统各单位普遍建立健全以职代会为基本形式的民主管理、民主参与、民主监督的工作制度,进一步探索完善股份制金融企业、全国性公司职代会制度运行的方法途径,形成兼顾投资者、经营者和劳动者三者利益的企业民主管理工作机制,通过推进职代会制度建设、企务公开、平等协商、集体合同等方面的基层民主实践,切实保障金融职工民主权利的落实,营造良好的企业发展氛围。(2)以加强"职工之家"建设为载体,促进基层工会创建工作。宣传金融系统获市级"模范职工之家"单位的先进事迹,制订系统职工之家建设的有关办法,广泛开展创建"合格职工之家"、"合格职工小家"活动。创建了一批具有金融特色、职工满意的职工之家。(3)贯彻落实金融人才战略,提高职工队伍整体素质。弘扬劳模精神,突出"诚信"为内容的职业道德建设。通过开展窗口服务文化建设、职业生涯设计、诚信礼貌展示、职业规范评估、职业道德培训和先进评选等活动,把职业道德教育和实践管理有机结合起来,不断提高"窗口"、柜组、岗位和职工的文明程度。组织开展对保险代理人主题教育活动,在女职工中组织开展"巾帼建功"活动,以《她们扮亮金融中心》为题在《劳动报》用专版宣传系统内市"三八红旗手"的先进事迹。(4)按照建设优秀金融企业文化的要求,开展健康向上、生动活泼的职工文化体育活动。8月组建市金融体协,46家金融机构成为团体会员。举办"华安杯"足球邀请赛,有28支队参赛;与市职工体协联合举办"大众保险杯"上海职工羽毛球公开赛,获团体亚军;举办"激情年代"青年定向活动,26个单位的80余名男女青年参加活动;举办"上海银行杯"桥牌赛,55对选手参赛;举办"交行杯"乒乓球邀请赛,来自34家金融机构的309名干部职工参赛等。还组织了"太保杯"——发展中的金融业艺术摄影赛,共收到参赛作品660余幅,其中获奖作品82幅。组织了"三八"系统女干部联谊活动,20余家单位的26名女领导参加。发动系统职工募捐共建"五一林",共筹得28万余元,获上海市共建"五一林"活动特别贡献奖。(5)加强工会组织自身建设,增强基层工会组织活力。理顺中央在沪金融机构工会管理关系,会同市总下发《上海市总工会、市金融工作党委关于金融机构工会工作的若干问题的意见》。认真落实新建新进金融机构工会组织的覆盖率、入会率。推进基层工会主席直选,有条件的单位试行工代会代表常任制工作,实现工会工作制度化、规范化、程序化。组织两批新任工会主席参加专题培训。(钱旭璘)

上海市发展计划委员会系统工会工作委员会

【概况】 上海市发展计划委员会系统工会工作委员会,下辖单位19家,其中政府机关3家,事业单位7家,企业单位9家。其中临时代管单位4家,中央在沪挂靠单位3家。共有基层工会61家。现有职工7289人,其中女职工2042人;工会会员7695人,女会员1997人。系统工会中建立技协组织9家,包括各分支机构合计有23家。(1)系统工会组织学习贯彻上海市工会第十一次代表大会精神讨论会,分别以学习班、培训班、辅导报告、交流会等形式,积极、深入地开展学习宣传活动。在学习宣传中,注意和宣传贯彻《工会法》、《上海市工会条例》相结合,女职工委员会借助评选、表彰上海市"三八"红旗集体,"三八"红旗手、先进女职工标兵之机,大力宣传和弘扬先进人物的思想和事迹,激励广大女职工以奋发有为的精神状态立足本职,爱岗敬业,与时俱进,扎实工作。(2)进一步突出维护职能,充分调动和发挥广大职工的积极性,团结动员广大职工在经济建设主战场中发挥主力军作用。坚持"干什么、学什么、练什么、比什么"的宗旨,组织开展练兵比武活动;围绕"市场、效益、质量",因地制宜、因时制宜地开展合理化建议和劳动竞赛活动,增强了活力和市场竞争力。(3)进一步贯彻落实党的全心全意依靠工人阶级方针,切实加强民主管理、民主监督工作力度。加强内部制度建设,尤其在财务工作中严格按章办事,规范操作。系统工会财务工作实现规范化管理。各级技协组织积极发挥作用,收入较上年有大幅度增长。积极做好职工大病重病、退休职工住院、女职工特种重病等保障计划,有效缓解了职工就医负担。系统工会举办了第三届摄影巡回展、桥牌队式赛等。(吴根福)

上海市财政税务工会

主席:周振家

【概况】 (1)开展财税系统文化建设工作。一是年初举办了"财税系统迎新春音乐会",为财税系统文化建设年拉开了序幕。二是成功地举办了财税系统第五届职工运动会。围绕着"健康、文明、奋进"这一主题,积极参加了市局组织的有体操类、棋牌类、大小球类、田径类、拔河等数10个体育项目的比赛。三是提高干部文化修养,举办了多种内容、多种形式的文化系列讲座。采取请进来、走出去的学习方式。邀请了海运学院鲍日新教授作了有关礼仪等方面的讲座;邀请了市疾病中心的有关专家,为职工作预防非典的讲座。邀请著名音乐指挥家曹鹏先生作有关交响乐的知识讲座。(2)健全工会组织工作。开展了市局与基层两级工会工会积极分子的评选工作。8月,上海市财政税务工会召开了第二次代表大会,选举产生了上海市财政税务工会第二届委员会。(3)为职工办实事,增强职工队伍的凝聚力。办理了由市总工会组织的职工住院和职工患特种重病、女职工特种重病等团体保险。在抗击"非典"期间,各基层工会克服了"防非"物品紧张的困难,购买了"防非"口罩、消毒用品、保健药品等,及时分发到职工手中。(4)、积极开展扶贫帮困工作。开展了"冬衣暖人心"募捐献爱心活动,组织干部职工向受灾地区捐款、捐衣得到了广大职工的积极响应。全系统共有6460人捐款,金额达34.03万元。全系统捐衣、被26403件,参加人数为8237人。组织了各基层单位的干部职工向抗非典第一线人员捐款活动。全系统共10586人参加,共计捐款105万元。响应国税总局的号召"帮助贫困母亲",全系统共捐款28.26万元,参与人数达9690人。(田欢乐)

上海市城市规划管理局工会

主席:杨和平

【概况】 上海市城市规划管理局工会隶属机关及直属单位工会7个,现有工会会员865人。(1)全面开展"创建学习型班组、培育知识化职工"的素质工程。年初推出了创建学习型组织活动的实施意见,邀请上海明德学习型组织研究所教授为班组骨干110人上理论课;为全局94个班组赠送理论书籍;汇编了学习型组织基础知识读本;组织全局交流会,请上海市"争创智能型班组、争当知识化职工"500强典型示范和市级文明班组介绍经验和体会。(2)局属各单位工会结合实际摸索创建工作新路子:测绘院工会在全院开展学习型组织创建五周年"全面反思、自我超越"活动,发放调查问卷400份,召开座谈会、研讨会、演讲会等,收集反馈意见279条;规划院工会以规划职业的敏感,应对和探讨世博会召开与上海城市未来发展面临的问题和对策建议,全院共收应征稿件124篇,76%的职工动笔写稿;交通所工会以创建学习型班组为目标,在全所推出"我为世博献一计","做个可爱的上海人"的班组讨论,职工结合交通规划特点和特色在年中完成了《2010年世博会交通发展战略研究》等课题。(3)以世博会为机遇,开展"塑造城市精神、培育时代职业精神"活动;组织局属各单位职工点击局政务网,参与"城市规划与城市发展"专题讨论,组织全系统职工参观规划展示馆,感受世博会规划远景;以实际行动支持上海创建"国家园林城市",全局共筹款30万元,在外环线营造"规划师林"。(4)将依法维护职工合法权益,作为工会履行的第一职责:通过职代会,支持职工行使民主管理权利,测绘院和规划院工会坚持重大事项必须由职代会审议、各单位巩固和深化院务公开,扩大职工知情权、参与权和监督权,如交通所工会坚持重大问题必须全所职工投票表决,特别是所的一把手的情况向全所工会组长公开通报等做法。(5)开展送温暖,献爱心活动,为职工办理了重病医疗保险。(6)加强业务培训,提高工会干部的整体素质和工作能力:局工会与上海工会管理干部学院,上海市职工技协联手举办了不同类型的培训班。(7)以建家活动为载体,进一步加强基层,搞活基层。将基层工会建家创模活动纳入日常管理,通过

互相交流和示范，促进全局建家活动上一个新台阶，规划院工会被评为上海市模范职工之家。（王政龄）

上海市劳动和社会保障局工会

主席：高延平

【概况】 上海市劳动保障系统辖有基层工会33个，事业单位工会30个、其他有限责任公司工会2个、机关工会1个。工会小组156个。现有职工1725人，较之于2002年职工人数减少708人（原上海市高级技工学校，划归上海工程技术大学管辖），女职工716人，占全局职工人数的41.5%。（1）创建以"职工之家"为抓手，提升系统工会的整体水平。制订了《上海市劳动和社会保障局工会建立基层工会"职工之家"达标暂行规定》。局工会结合工作实际，采取"上下联动、广泛参与"的形式，构建"职工之家"局域网，对局系统33个基层工会及全体职工开放，共开设了新闻中心、艺术园地、巾帼风采等八项栏目，扩大职工视野。（2）发挥工会的桥梁和纽带作用，组织全局职工开展"简约化"活动，调动职工为劳动保障工作建言献策的积极性。召开基层工会开展"简约化"活动的动员大会进行学习、布置，积极发动职工，将献计献策建言工作落实到每一职工，采取网上或书面建言，有集体的、有个人等形式现已集到建言献策千余条，达到全局职工人均一条，经过筛选梳理后汇总出104条，已解决的条款占28%；正在解决的条款占49%；留作参考的条款占18%。（3）多形式、多渠道组织女职工学习、培训、推进女职工队伍整体素质的提高。开展以"学习新知识、树立新观念、掌握新本领、塑造新形象"为主题的女职工读书活动，女工委通过专题演讲会、学习会、报告会等多渠道组织工会女工干部学习领会党的十六大精神。（4）弘扬先进，激励更多职工奋发有为，不断创造新业绩。组织女职工开展"我为劳动保障作贡献，我为世博添异彩"立功竞赛活动，举办了此项立功竞赛活动内容演讲会，开展签订"服务承诺书"的活动，为全局719人女职工办理了《团体女职工医疗互助保障计划》和实现女职工专项体检，办理了《职工住院、大病重病团体医疗互助保障计划》，做到两个100%。

（赖　颖）

中国教育工会上海市委员会

主席：夏玲英

【概况】 中国教育工会上海市委员会下属大专院校和直属工会48个，职工61225人，会员59007人，其中女教职工会员25825人。连同区县总工会所属的19个教育工会，共有含大、中、小学校，幼儿园、职校、成人教育等教育机构的会员，约24万人。工会设办公室、基层工作部、生活文体部和女职工部。（1）重视理论学习，常委班子带头学习《"三个代表"重要思想学习纲要》，先后4次组织召开"科教兴市与工会工作座谈会"。成功组织特色工作评选和优秀论文调研报告评选，并已出版专辑。（2）与学校管理体制相适应，教代会、校务公开在学校政治民主建设中获得新发展。已有24所高校和19个区县建立了校务公开制度，形成了有效的工作格局。30所高校召开了教代会，80%的高校建立了两级教代会。教代会对涉及教职工切身利益的重大方案逐步采用无记名投票表决方式。（3）培育教师职业精神，为推进教职工队伍整体素质提高构筑新平台。两次组织大型劳模座谈会，开展"我为科教兴市献良策"系列活动，已从劳模中征集到70余条"金点子"。高校青年教师联谊会增至11个。在庆祝第十九届教师节期间，还会同有关单位共同组织了"与特级教师面对面——百名青年教师入师教育活动"。首次与市委宣传部、市文明办、市教育党委、市教委联合评选上海师德标兵。（4）先进教工之家评选引入新机制，华东师大等7个高校被评为先进"教工之家"免检单位，上海师大等10个高校被评为先进"教工之家"。复旦大学生命科学学院等22个高校部门被评为模范"教工小家"，28个高校工会通过了合格教工之家的验收考核。复旦大学工会等4个高校工会荣获2002年度市"模范职工之家"。华东师范大学工会荣获全国"模范职工之家"称号。（5）以关心人、温暖人为宗旨，形成多级多层次的保障工作网络。一是医疗保障进入常态效应，高校教职工参加市总在职职工住院保障计划，参保率达100%；参加大病重病补充医疗保障计划，参保率达20%；参加女职工特种重病保障计划，参保率达47%。继续与平安保险公司推行教师医疗补充保险，有效减轻参保教职工在门急诊和住院治疗中两个自负段的负担，该保险中设立的重大疾病援助基金，共下发81万元，近百位患病教职工得到及时救助。全年慰问教职工人数达33726人次，其中特困4664人；待岗造成生活困难1577人；重大疾病造成困难的10985人；其他各种原因的16500人。慰问金额达917.8万元。各级教育工会建立的帮困基金有65个，基金存款3884.5万元，比去年增长6%，建特困教工档案数3230人，参加送温暖的人数达13466人，参加"一日捐"活动人数140972人，募捐金额达434.4万元。二是教工休养有序、稳妥、积极开展工作。坚持一手抓抗非典，一手抓休养工作，以"有限制、小规模、点到点"为原则在非典后共组织了117个团，3102位教师赴海南、九寨沟、青海、新疆等地休息休养，各高校、区县教育工会都利用"非典"过后的暑期组织教授团、优秀青年教师团等外出休养、考察。三是大力开展教工文体活动，丰富教工生活，增强教工体质。教师绿叶艺术团以高雅的艺术和良好的艺德走进校园，深入体育学院等五个院校的演出，观众达上万人。精心组织的教工羽毛球比赛，有14支球队参加了角逐；复兴杯教工象棋比赛，吸引了近30个单位参加；历时数月的上海教工“阳光、大地、绿叶”合唱比赛，有31支参赛队伍，五运会后诞生的教工羽毛球队在市总组织的职工羽毛球比赛中勇夺冠军。2003年“三八”节，表彰了86位市三八红旗手、37个市三八红旗集体和7个上海市教育系统妇女工作品牌示范点。 （李 弢）

上海市医务工会

主席：马 强

【概况】 上海市医务工会辖有直属基层工会53个，职工42502人，会员43530人，其中女会员28432人。(1)在抗非中履行工会维护职责。一是2次召开会议和3次下发文件，布置职业防护工作；二是到4家定点医院和局防病办公室慰问防病人员；三是落实医疗责任保险以外的其他卫生人员的非典保险；四是接受社会捐赠款物，累计折合人民币4500万余元；五是组织767人次的一线医护人员参加疗休养，举行“生命的赞歌”大型慰问演出，近2000名医务工作者出席观看；六是评选表彰工会抗非先进集体31个和先进个人29名，汇编抗非先进事迹。(2)召开医务工会第六次代表大会。216名代表和25名列席代表出席，审议通过了工作报告，审议通过了财务工作报告和经审工作报告；选举产生由31名工会委员、7名经审委员组成的第六届工会委员会和经费审查委员会。(3)推进职工素质工程。扩大经费教育盘子，建立教育基金；落实素质工程教育计划，93名护士进入医科班学习。(4)继续开展“建、创、做”活动。评选“十佳道德”先进、“十佳”好事和模范职工之家(小家)；组织医务女性健身操比赛；参与主办“冠生园杯”企业(行业)歌大赛和组队参加“迎八一军民乒乓球联谊赛。(5)保障职工的合法权益。与局行政联合举办安全生产、消防和职工劳动保护培训班，对18家单位的安全、卫生和劳动保护等方面进行抽查；继续做好帮困送温暖和医疗互助保障工作，推出对女性患特有恶性肿瘤增加补助标准的新举措；继续做好疗休养工作，全年共组织767人次参加疗休养。(6)加强工会自身建设。调整7个工作委员会；举办工会、女工、财务和经审干部培训班；加强非在编职工入会工作的调研；指导9家基层工会换届改选。 （童秀妹）

上海市科学技术工会

主席：吴 捷

【概况】 科技工会有直属基层工会46个，工会会员18328人，其中女会员6267人。(1)学习贯彻中国工会十四大和上海市工会十一大精神，及时传达会议精神，下发《上海市科技工会关于认真学习贯彻中国工会十四大精神的通知》。严格按照民主程序，召开科技系统工会代表会议。(2)进一步加强基层民主政治建设。及时调整充实科技系统所务公开领导小组成员，由市科技党委、科委联合下发《上海市科技系统关于进一步推行所(厂)务公开制度的实施意见》；制定并下发《上海市科技系统企事业单位职工(代表)大会工作规范》(初稿)，通过设计职代会召开流程图，通过建立质量评估制度、报告制度，强调了职代会运行质量；开展系统内民主管理工作研讨论文评选表彰活动，编印《科技系统民主管理工作的优秀论文专辑》；承办全国科技系统民主管理工作研讨会，科技党委、科技工会、七O八所分三个层面在大会作了汇报交流。(3)突出工会维护职能，探索、建立职工互助保障新机制。科技工会对系统内参加《医疗互助保障计划》的职工实施理赔补贴，即对投保并获理赔的职工给予理赔部分的80%补贴。2003年科技工会共补贴金额24.7万元，共有304人次受益，其中最高受益者一次获得补贴2.2万元；对参加市总《女职工团体互助医疗特种保障计划》的职工予以三分之一的经费补贴。全系统有4774位女职工参加该项保障计划；2003年科技系统共帮困832人次，金额达37.27万元。暑期中，科技工会举办了“党的关怀伴我成长”结对助学主题活动，会上有10名学生与10家单位结成对子。(4)积极发挥工会组织优势，为抗击“非典”作贡献。及时成立预防非典型肺炎工作领导小组，下发《关于切实做好非典型肺炎预防工作的通知》文件；利用工会简报、发放宣传画等方法做好有关宣传工作；大力弘扬抗非先进事迹，及时上门做好慰问工作，先后慰问了技物所、药物所等单位的战斗在抗“非典”科研一线的科研人员和家属，送去慰问金2.26万元。(5)加强科技工作者职业道德教育，推进精神文明建设。科技工会会同科技系统文明办举行精神文明好事评选活动；开展解读《上海市科技工作者道德规范》征文、演讲比赛活动；举办“阳光、大地”科技系统党团员优秀歌曲演唱赛；开展《女性维权300问》知识竞赛活动；(6)切实抓好工会组织的自身建设。增加工会组织活力。致力于制度建设，编印了《科技系统工会工作文件选编》；加强工会干部的教育培训工作，年内有45位工会干部参加上岗资格培训。 （陶 薇）

上海市新闻出版工会

【概况】 上海市新闻出版工会辖有82

主席：李虹鸣

家基层工会，现有职工 12542 名，其中女职工 5655 名。工会会员 12224 名，其中女会员 5484 名。(1)加强理论和业务知识学习，不断提高工会干部综合素质。系统工会干部参加“三个代表”报告会，网上知识竞答，基层工会干部参与率达 100%；组织系统工会干部认真学习中国工会第十四次会议和上海工会十一次会议精神。编印下发了两期《工会干部学习资料》。(2)突出维护职能。参与编辑出版了《职业女性维权热线三百问》一书；组织专家学者联合全市区、县、局、产业工会干部共同参与编写出版《上海职工劳动权益保障手册》。(3)齐心协力抗击非典。4 月，“非典”疫情发生后，系统工会率先在工会网站开辟了《抗非纪实》频道；专项拨款 5 万元人民币，资助印刷集团下属 13 家困难企业(1986 名职工)购买防非典物品。(4)重视职工素质工程，加强分类指导，针对系统编、印、发不同特点，明确职工素质工程要求。以“创、建、做”为基础，以创建“文明班组”、“精品机台”等活动为主要载体，开展系列职工岗位技能竞赛等活动。(5)重视做好帮助特殊群体的工作。出资 40 万元，修缮改造嘉定老年公寓“晚晴楼”；调整“退休职工重病互助基金”参保时间和病种。共有 6681 位退休职工参保，占系统退休职工总人数的 66%。共资助 195 位身患重病的退休职工，资助金额达到 76.5 万元，系统工会近期又将参保期延长至 2005 年，并将原来参保的 5 类病种增加到 10 类。(6)开展帮困工作。年内，共有 77 家单位参加“一日捐”，总金额达 33.63 万元；春节期间，对困难职工进行家访、慰问。系统工会下拨 2.37 万元，资助印刷集团、新技术集团部分困难企业 1184 名女职工进行妇科检查；对在职人员帮困补助金额达到 9.98 万元，退休人员困难补助金为 12.34 万元。下拨帮困助学款 12.18 万元，帮困助学 349 人次。其中在职 334 人次，金额为 11.64 万元；退休 15 人次，金额达到 5400 元。(7)精心组织系列体育活动。举办了八十分、象棋、乒乓和跳绳比赛。

(陈宏华)

解放日报报业集团工会

主席：王祥安

【概况】 解放日报报业集团共拥有 9 报 3 刊 1 个网络和上海沪剧院、上海三联书店等基层单位。会员 889 人，其中女会员 369 人，下辖 12 个基层工会和 24 个工会小组。(1)集团工会顺利换届。新一届职代会第一次会议共收到代表提案 17 件，职能部门在工会的协同下，按规定要求，做到件件有回复。9 月份，召开临时职代会，代表们充分发表意见，会上民主气氛活跃。进行了上海市劳模和劳模集体的推选工作，明确推选要求、突出民主程序。(2)丰富职工文娱生活。举办集团第一届运动会。有 700 人次报名参与，首次组队参加宣传系统歌咏比赛。集团第一次组建合唱队，在比赛中取得好成绩。(3)全力做好防治非典工作。春夏之交，工会全力以赴做好防非典工作，在防非典物品发放、测量体温、环境治理、食堂卫生等方面做了大量工作。工会办公室同志坚持晚上轮流值班，保证了非典期间集团的安全、职工的健康。认真搞好职工体检，工会精心安排职工体检，体检人数近 1600 人，体检结果出来后，请医疗保健专家上门咨询服务。(4)工会为每位职工购买住院保险、大病重病保险和退休职工住院保险之外，又及时为女职工购买了女性特殊疾病保险。共为 45 名患病职工办了理赔，获理赔款 3 万多元。为 38 名职工补助医疗费共计 2.5 万元。

(单富年)

文汇新民联合报业集团工会

主席：顾家靖

【概况】 文汇新民联合报业集团工会下辖 7 个二级基层工会，86 个直属工会小组，现有工会会员 2415 人，女会员 850 人。(1)塑造品牌，创新载体，不断搭建精神文明建设的创建平台。发挥工会教育职能，积极引导职工投身于集团的改革。积极做好集团评选推荐市劳模候选人和劳模集体候选单位工作。“三八”妇女节期间，开展了评选上海市女职工标兵活动。创刊了《文新职工生活》；开展“文汇新民联合报业集团第四届职工文化艺术节”，在历时 4 个月的第四届职工文化艺术节中，分别举行了职工摄影作品评比和展示、文艺汇演、足球友谊赛、乒乓球(团体)锦标赛、拔河、钓鱼、象棋、80 分、登楼、踢键子、跳绳、双人自行车等 11 项比赛活动，集团 1300 余名职工参加艺术节活动。(2)联系实际，深化学习，不断提高工会工作的整体水平。着重抓了《“三个代表”重要思想学习纲要》、十六届三中全会和中国工会十四大和上海市工会第十一次代表大会精神的学习。(3)建立机制，强化措施，不断推进集团的民主政治建设。一是开好职工代表大会和职代会主席团会议，代表们听取集团两报责任主体、集团上半年经济工作、业务招待费使用、房改补充分配制度条例等情况通报。二是积极做好职工代表大会的提案落实工作。一届四次职代会代表提案为20项,并建立了职工代表提案落实情况公示制度。(4)履行职责,突出维权,不断实现和发展好职工的基本权益。在抗击非典时期,为了维护职工的基本权益,保障职工的身体健康,集团工会一是向全体员工发放了营养保健品、消毒液和毛巾,努力做好抗非的预防工作。二是深入基层,对坚持在工作第一线的职工进行慰问。支持上海越剧院排演越剧新戏《被隔离的春天》。共演出12场,1万余名观众观赏了演出。剧组还特地为上海市卫生局抗非第一线的白衣战士作了专场慰问演出,该剧被评为第十一届中国人口文化奖金奖。(5)以人为本,服务职工。积极为职工办实事,通过冬令补助送温暖工作和对生活有困难的职工给予适当的补助,1月至11月,总计补助了192人次,补助金额为11.25万元,集团工会为6位身患重病大病的职工通过每月定期补助和一次性补助相结合的方法,补助金额为6.7万元,缓解了重病大病职工生活困难的问题。为1780名职工办理了补充养老、住院、重病大病保险,保险金额为195.85万元。探望慰问在职职工计230多人次,充分体现了集团大家庭的温暖。集团工会还积极做好住院职工保险理赔工作,1~11月,集团工会已为67位住院职工办理了住院理赔,理赔金额为4.7万元;为4位身患重病大病的职工办理了理赔,理赔金额为4万元。(6)扩大建制,健全组织,不断增强基层工会的活力。集团工会新组建了上海日报工会,充实调整了上海家庭报、行报、文学报等基层工会班子。

(刘玉平)

新华通讯社上海分社工会

主席:李正华

【概况】 新华通讯社上海分社共有职工120人,会员120人,其中女会员55人。(1)切实抓好工会年初规划的各项工作,增强工会在职工中的凝聚力。2003年在分社党组的支持下,工会把疗休养与旅游结合起来,将游、休、玩融为一体,取得很好效果。特别是根据近年来年轻同志增加的特点,在活动中增加了多项适合年轻人的一些旅游项目。认真落实职工参加住院、大病补充医疗保险的保障计划。职工参保率连续三年保持100%,有5位职工及时得到了赔付。根据市总推出的“女职工团体参保计划”,召开座谈会,实现了“女职工团体参保计划”。搞好每年一次的职工体检工作,把这项工作扩展到离退休同志。积极开展文体活动,丰富职工文体生活。开展职工扑克牌友谊比赛。邀请市太极拳协会的同志来分社教授太极拳,春节前夕,举办了一次丰富多彩的职工联欢活动。(2)在抗击非典的突发事件中,工会根据自身特点,协助行政抓好生产、生活,确保分社稳定和职工安全。工会积极参与防治“非典”的战斗,在很短时间内,购置了消毒草液、口罩等物品。(3)召开了一次职工代表大会,认真总结工会工作,会议选举产生了出席市总工会第十一大的代表。

(丁建康)

上海市文化广播影视管理局工会

主席:苏宝艳

【概况】 局工会辖有基层工会9个,职工529人,其中女职工208人,会员478人,女会员199人。(1)配合党政领导做好凝聚力工作,提高职工队伍素质。一是召开局纪念“三八”国际劳动妇女节93周年暨表彰先进大会。二是开展评选上海市劳动模范工作。三是工会、妇委与文新、解放报业集团工会一起联合组织女先进、女干部赴浙江义乌学习考察。四是推荐美术馆工会主席孙大伟为上海市优秀工会工作者。推荐油雕院邱瑞敏(吴慧明)家庭为全国五好文明家庭。五是组织局系统职工积极参与“世博会与上海新一轮发展”大讨论。六是组织基层工会积极参加庆祝申博成功一周年网络知识团体邀请赛,局系统美术馆工会、少儿馆工会两个参赛队参加了此项活动。(2)完善职代会制度,一是及时将市总下发的有关文件及会议精神传达到基层,提高基层职代会的质量和实效。二是在基层召开职代会的过程中给予必要的指导和服务。三是指导基层工会严格地按有关规定,规范职代会的操作程序,使改革工作得以顺利进行。四是推广基层职代会工作的先进经验,(3)维护职工合法权益,切实为基层职工服务。一是积极做好每年帮困“一日捐”活动,全体机关干部在局领导带领下举行帮困“一日捐”活动,共捐款1.48万元。收到基层单位一日捐款2.29万元。二是积极做好为江西、云南、安徽等地扶贫送温暖工作,共收到捐款2.38万元,捐衣被1310件。三是元旦春节期间共探望慰问困难家庭17户,送出帮困资金1.44万元。全年走访职工家庭和看望患病干部职工46人次。四是参加上海市女职工团体互助医疗特种保障计划,为全局女职工投保特种保障计划。五是在抗击“非典”时期,工会及时召开会议,一手抓抗击“非典”,一手抓工作的部署。六是做好“六一”期间慰问工作尤其是关心困难家庭的少年儿童,为小朋友们发放了纪念品。七是精心组织做好局系统干部职工疗休养工作,局系统共有79名干部职工参加海南、温州疗休养。八是积极贯彻落实《全民健身计划纲要》,精心安排在系统内组织开展“人人运动,天天健康”的职工乒乓球比赛。(4)建立健全工会组织机构,不断加强工会自身建设,提高整体工作水平。一是健全局工会组织机构,召开一届九次全委会,选举局工会第一届委员会主席。二是加强基层单位工会组织建设,指导社会文化市场管理办公室筹建成立工会组织,落实艺术档案馆职工工会组织归属工作。三是坚持双向考评体系,注重提升工会工作的整体水平。四是在基层工会中开展工会会计基础考核工作。五是举办工会干部英语300句学习班。

(张国莺)

上海市文化广播影视集团工会

主席：郭连生

【概况】 上海文化广播影视集团是直属市委宣传部的事业单位。集团工会下设上海文广新闻传媒集团、上海电影集团公司、上海文广科技发展有限公司、上海文广实业有限公司、东方明珠股份有限公司、大剧院总公司等直属单位工会。基层工会组织56个,在编职工13228人。(1)围绕集团年度计划,确定工作目标。工会突出维权职能,加强职工职业道德建设,以企业文化为抓手,制订计划,对基层工会提出指导性意见。(2)围绕集团防范非典的工作部署,做好抗击非典的各项工作,向基层工会下发《关于切实做好非典预防工作的通知》,《关于开展'抗非典一日捐'活动的倡议书》。组织慰问抗非一线的职工等。(3)围绕集团企业文化建设,积极开展各项文体活动。提出了集团企业文化建设以铸造职工"素质工程、形象工程、凝聚工程、激励工程"为主要内容的工作思路。组织了"健身操、游泳和自行车越野赛"。开展了"我为上海献出一份爱,增添一份绿"的植树活动。召开了"文广巾帼赞——'三八'妇女节先进表彰会"。(4)围绕工会维权职能,做好帮困送温暖工作。组织了元旦"一日捐"活动。春节之前向困难职工发放了帮困金。成立了劳动争议协调小组,履行工会的维护职能、妥善处理用工纠纷、切实保障单位和职工的合法权益。(5)围绕集团"扁平化"管理模式,加强对基层工会的指导和服务。下发了《关于开展上海文化广播影视集团职工职业道德"双十佳"评比的通知》等文件,举办了集团系统工会干部学习"三个代表"重要思想学习班。加强了集团各级工会的财务管理和工会经费经审工作。

(夏仁庠)

上海社会科学院工会

主席：刘　华

【概况】 上海社会科学院工会辖属基层工会21个。其中,局级所工会8个,直属单位和处级研究所(机关)工会12个,挂靠1个。全院工会会员387人,其中女会员117人。(1)创新凝聚力工程的实现形式。1月,由院工会牵头组织了以"捐一日工资,献一份爱心"为主题的"一日捐"活动。所募集的款项定向资助患重大疾病的职工。3月,为全院女职工办理了市总的女职工互助特种医保。全院参加市总保障计划的覆盖率达100%,年内先后为28名患病职工办理了大病保障金、住院保障金的赔付。同时,院工会和各基层工会积极筹措资金,关心困难职工,为困难职工发放多笔困难补助金,计40余人次,达4.6万元。(2)完善有关的制度建设。在院工会工作会议上审议通过了《上海社会科学院工会工作条例》。年中,按照院机构调整的总体部署,完成了世界经济与政治研究院、社会发展研究院"两院"的工会组织组建;完成了作为挂靠单位的上海远东评估公司工会的组建。年内,完成了会员的规范性登记,并集中进行了新证的换领工作。(3)积极探索科研单位建立职工代表大会制度的新课题。召开了院第一届职工代表大会第一次会议,审议通过了《上海社会科学院职工代表大会条例》和《上海社会科学院全员聘用合同制系列文件》。并建立了相应的提案工作制度。

(毛雷杰)

上海市体育局工会

主席：颜雅珍

【概况】 上海市体育局工会有30个直属基层工会,有职工3505人,会员3031人。局工会以推进基层民主管理为重点,坚持和完善职代会制度,组织职工代表进行了专题培训。通过抓基层单位职代会建制率,来推动基层民主管理工作,全局职代会建制率已达96.8%。有关涉及职工切身利益的方案都由职代会通过,如人事制度改革、职工奖金、福利分配等方案,使职工有了知情权和参与权。局工会在职工中大力倡导学习为先,争当知识型职工的观念。各级工会还主动与行政部门配合,保证了教育培训费的合理使用,全局用于职工教育培训的费用为45万元,有3500多人次接受了各类培训。8月,在市体育局党政领导的倡导下,组织了全局系统帮困捐款活动,共筹集帮困资金113万元,建立了局系统职工帮困基金会,注重对困难职工、患重病、大病职工进行动态管理,坚持每月一次慰问和重大节日慰问制度。全年共探望慰问职工521人次,慰问总金额达26万多元。为丰富职工精神文化生活,局工会承办了市体育局系统"祖国至上"主题歌会,全局共有1500多人参加演唱。各级工会还积极开展多种丰富多彩的文体活动,有3459人次参加90余项文体活动。局工会还组织了41批940名职工疗休养,受到了基层职工群众的欢迎。在抗击"非典"期间,局工会全力打好攻坚战,为基层单位购买预防"非典"VCD,发放体温表,购买了红外线测温仪,慰问奋战在抗击"非典"一线的医务工作者家属,有力地配合了全局的抗击"非典"工作。此外,各级工会的财务和经费审计工作有新的进展,会费收缴超额完成任务,建立了局经审工作网络,开展对基层单位经审工作检查,确保各级工会经费的合理使用。 (乐俊平)

上海市农业委员会工会

主席:朱从余

【概况】 上海市农业委员会工会(简称农委工会)辖有直属工会26个,基层工会65个,现有职工5292名,会员5166名,其中女职工1934名,女会员1928名。(1)抓学习,着力提高职工的素质。重点抓了三项工作:一是每两个月举办一次讲座,先后举办了法律知识、国际形势、自我保健、传达市总十一大、全总十四大、全国妇联和市妇联会议精神等六次讲座;二是总结推广学习型工会的经验,积极参与申博大讨论。上半年,农委工会深入基层工会调查研究,帮助总结了中荷园艺培训中心工会、农科院作物所油菜室等7个基层工会"创学习型团队","培养团队精神,攀登科技高峰"的经验,总结了农委系统职工的爱岗敬业、实事求是、艰苦奋斗、团结协作、海纳百川、乐于奉献、谦虚谨慎、与时俱进的精神。三是召开学习研讨会。8月初,召开了学习"三个代表"重要思想研讨会,9个单位工会主席谈了学习实践"三个代表"重要思想的体会。(2)抓维权,着力做好职工的保障工作。积极参与职工互助医疗保障三项计划,各级工会积极参与,参与率达98%以上;重视维护女职工的特殊利益,一年两次组织女工妇科体检人数达1700多人;三是积极参与扶贫帮困和献爱心募捐活动,向贫困户发医疗卡30户,慰问贫困户158人次,向江西、云南灾区捐赠衣被5400余件。另外,各级工会组织职工就业培训500人次,帮助指导职工就业150人次。(3)着力推进工会的民主化进程。总结推广了绿地集团工会的做法和经验,逐步推行基层工会主席直选制,不断推进了农委系统各级工会的民主化进程。(4)抓贯彻,着力落实工会十四大精神。组织常委一班人及时开会学习并分别深入基层传达宣讲,同时,结合实际提出了贯彻意见。一是创学习型工会,切实提高职工的素质;二是不断推进工会的群众化、民主化和法制化建设;三是开展工会特色工作评比活动。(5)抓重点,着力加强工会干部队伍建设。推行了全员培训上岗制度,其次,每年举办一次工会主席学习、更新新知识的普训;三是推行工会达标活动,每年年初把工会工作细化为10项指标,量化为100分制,在自评的基础上,每两年进行一次考评、表彰活动;四是开展评比优秀工会工作者活动。 (许有宗)

上海市农工商(集团)总公司工会

主席:徐永炘

【概况】 上海市农工商(集团)总公司工会辖有基层工会25家,职工55986人,其中女职工21793人;会员52444人,其中女会员20405人。(1)在服务大局中发挥工会组织的作用。2003年,农工商集团经历了历史上规模最大的归并整合改革,集团工会在积极支持、参与改革的同时,进一步明确和重申了基层工会对涉及职工切身利益的改制方案必须切实履行民主程序的意见;建立和完善了企业改制方案、审计结果、资产评估的公示制度;参与了集团有关文件的修改制订,所提建议均被集团采纳,保证了这次归并工作的顺利进行。(2)在帮困救扶中履行工会的基本职能。进一步加大了帮困救助和保障工作力度,仅元旦、春节帮困送温暖集团系统共慰问救助各类困难职工就比2002年增加122.2%,慰问金额也增加207.3%;秋季助学帮困总额71.5万元,助学总数2037人;组织集团系统部分优势企业与23位农场困难职工家庭的子女进行结对助学帮困;年内又对830余名特困职工实施了重点帮困。继续加大推进职工互助保障工作的续保力度,有效地缓解了低收入职工因患大病重病医疗费负担重而产生的突出矛盾。(3)在主题活动中引导职工为企业改革和建设献计献策。开展了贯穿全年度的以"增收节支比贡献,乘胜前进创佳绩"为主题的群众性合理化建议和经济技术创新活动,使职工的思想和行动集中到企业发展上来。围绕企业降本增效、增收节支、新品开发和市场拓展等献计献策,全年共提出合理化建议2469条,其中被采纳实施876条,创经济效益7244.78万元。8月份举办了职工"技能竞赛月"活动。(4)在民主管理中维护职工的民主政治和经济权益。集团工会两次就厂务公开、平等协商和集体合同进展情况开展问卷调查,对8个子公司及10家基层企业的厂务公开工作进行了检查。在开展平等协商工作中,各单位工会与行政都在事前作好细致充分的准备,双方在协商中积极坦诚,努力寻找企业与员工关系的利益平衡点,取得了良好的效果。(5)在学习和探索中加强工会队伍的自身建设。举办培训班、组织辅导讲座和开展经验交流等形式,不断增强工会干部的大局意识、责任意识和群众意识。及时抓好归并整合后的工会组建,不断优化工会的组织结构,进一步探索工代会、职代会两会合一模式,加大对非公企业工会组建力度。经审会对15家子公司工会主席离任进行审计和净资产见证。（桑树德）

上海良友(集团)有限公司工会

主席：倪粹华

【概况】 上海良友(集团)有限公司工会下辖直属工会16个,基层工会28个,职工9690人,会员8962人,其中女会员3363人。(1)抓学习,适应转变观念。以办学习班和"一季一讲"的形式,组织工会干部认真学习党的十六大精神,坚定全心全意依靠工人阶级的决心,确立依靠职工办企业的观念。(2)夯基础,推进职工素质工程。集团工会发出《关于开展创建学习型班组活动的通知》,并制定了学习型班组的五条标准。继续组织职工开展以"学习一门新技术,提高一个技术等级,取得一门技能证书,参加一项技术比赛,提出一条好建议"为主要内容的"五个一"群众性经济技术创新活动,评出开展"五个一"活动优秀职工21名。集团工会组织了办公自动化技能比赛,廿多个单位的74名选手报名参赛;组织良友金伴便利公司参加全市超市收银技能大赛。(3)建机制,强化工会维权职责。强化职代会职权,对各级职代会实施细则进行了一次全面系统的补充修订。集团工会组织职工代表分四个小组对十二个单位的集体合同实施情况进行了巡视。坚持召开各级职代会审议通过用工制度改革方案,为这项涉及广大职工切身利益的改革,顺利推进打下了良好的基础,97%以上的职工置换了身份。(4)办实事,完善职工生活保障体系。在普遍建立各级职工救急济难基金的基础上,集团工会经审会组织了一次职工救急济难基金专项调查审计,确保管好、用好基金,发挥基金在帮助职工解决急难事件中的积极作用。对1854人次职工发放了39.89万元帮困款。集团职工医疗互助救助计划为集团系统低收入职工提供了509人次和55.63万元的医疗救助款。职工保障互助会的职工住院互助保障计划、特种重病互助保障计划续保率达到了两个100%。（周黎琼）

上海市民政局工会

主席：周其军

【概况】 上海市民政局工会有基层工会40家,职工7135人,会员6907人,其中女会员2783人。(1)在非典肆虐时期坚持两手抓,深入基层,走访慰问一线职工并拨出专款,向有关基层单位下拨"防非"慰问款。(2)开展"塑造城市精神,培育民政职业精神"系列活动,包括演讲比赛、职业精神优秀格言征集和合理化建议等活动(3)开展全市中级殡仪服务员技能操作比赛,43名选手通过比赛获得市劳动和社会保障局颁发的中级职业资格证书,比赛合格率87.8%。(4)加快自身建设,民主管理工作有新局面。坚持抓职代会的规范化、制度化建设,努力推进平等协商、集体合同工作。(5)积极发挥互助互济精神,突出重点抓对困难企业职工的医疗、助学帮困。元旦、春节期间,各级工会慰问困难职工2600多人次。年内,2300人次的困难职工得到生活和助学救助。广泛开展"一日捐"活动,募得捐款13.3万元。局职工帮困基金拨出20万元用于民政(集团)公司困难职工子女助学帮困;37人次大病和家中突发困难的职工得到局工会的应急救助,发放救助款4万元;92人次的困难职工得到定向帮困,140人次生活困难且患病的职工得到医疗救助。继续向福利企业在职职工和80岁以上的孤老拨出专款,补贴参加市总工会互助保障,补贴额4万元,职工参加住院补充保障的覆盖面达95%以上。(6)适应改革改制,成立民政(集团)公司工会,健全两级工会组建,完善组织体系,16家基层工会换届改选,两级工会组织体制模式得到统一。(7)召开局工会第四次代表大会。局属45个单位117名代表出席会议,大会选举产生了新一届工会委员会和经费审查委员会,研究确定了今后5年工会工作的奋斗目标和主要任务。（刘益平）

上海市人民防空办公室工会

主席：陈 亮

【概况】 市民防办工会辖有两级工会4个,基层工会33个,职工1935个,工会会员1802个,其中女会员482个。(1)加强学习宣传,提高队伍素质。一是抓好工会干部的学习,二是各级基层工会通过班组学习、工会园地、黑板报等形式,对职工进行宣传教育;三是开展工会业务培训。(2)保持职工队伍的稳定。一是建立了"社情民意"报告制度,及时了解、掌握职工的思想动态,妥善解决矛盾。二是从源头上参与改革。各级工会积极参与调整重组、改革方案的制订,较好地维护了职工的基本权益。三是确保"告知程序"的落实。在"事改企"过程中,实行"政策咨询、方案通报和切身利益问题职代会审议”的“告知程序”。(3)深化基层民主管理。规范职代会制度。把职代会列入年度工作计划,将改革方案、涉及职工切身利益的问题以及职工关心的事项提交职代会讨论、审议,进一步落实了职工的知情权、审议权、表决权等民主权利。调整充实了厂务公开领导小组成员,修订了厂务公开实施细则。普遍落实了行政工作(经营)情况、业务招待费使用情况、领导干部廉洁自律情况以及职工“四金”交纳情况向职代会报告的制度。(4)努力为职工办实事。做好帮困送温暖工作。一是建立帮困档案,对困难职工实施动态管理;建立“三级定向帮困”机制。二是重视经常性的慰问、走访工作,三大节日各级工会对发生暂时性家庭困难的职工开展救助,共走访慰问、帮助困难职工 239 人次,金额达 6.9 万元,组织职工参加在职大病、住院和女职工特种重病以及退休住院等五大保障计划,参保人数 2568 人次、金额 37.27 万元。举办了足球比赛,组织职工摄影评展等形式多样的文体活动,各基层工会共组织集体疗休养 7 批 311 人。(5)抓好自身建设和其他相关工作。各级女工委员会注重维护女职工的特殊权益,“三八”节组织专题报告会等活动。年内为退休人员送清凉 213 人,金额 3.36 万元;为 25 位高龄老人办理优待证。深入开展职工技协规范化管理,抓好技协合同的初审和为基层技协的服务工作,基层技协签订技协合同 45 份,合同金额 285.8 万元,完成管理费 21 万余元。基层职工技协的《800 兆集群终端设备在救灾指挥特殊场合下的应用》和《商品混凝土生产中的复合粉煤灰掺加技术》分别获得了上海市职工技协创新工程优秀成果奖和技术创新奖。 (穆云艳)

上海市监狱管理局工会

主席:蔡晓兰

【概况】 上海市监狱管理局工会辖有 18 个基层工会。共有干警、职工 9515 人,会员 9249 人,其中:女会员 2186 人。局工会下设组织宣传部和综合部(女工、办公室)。(1)推进职工素质工程,提高队伍整体素质。以“建、创、做”为抓手,开展班组培训、劳动竞赛,加强班组建设;建立“职业培训、技术练兵、操作比赛、技能晋级”的工作机制,并利用工会培训奖励基金对职工自学晋级进行奖励;开展职工之家评选活动,分别授予 2 个基层工会和 30 个分工会局优秀职工之家、小家的称号,并开展“三八”节表彰活动。(2)加强职代会民主管理,推进厂务公开工作。编印《职代会和厂务公开资料汇编》,组织职工代表学习培训;对 8 家企业实行厂务公开工作的情况进行了调研;开展了贯彻实施《市劳动合同条例》专项检查活动;以职代会为载体开展厂务公开工作,涉及职工切身利益的问题通过职代会审议;民星公司和劳钢厂工会将职代会的代表划成监狱组和企业组,积极探索和实践“监企分开”的职代会运作方式。(3)突出维护职能,为群众排忧解难。关心弱势群体,完善两级帮困动态网络。三大节日期间,监狱局各级工会共对 2960 人次的困难职工进行了慰问救助,金额达 62.3 万元;局工会帮困助学 458 人次,助学金达 20 余万元;组织干警、职工 4365 人次,向灾区募集衣被 355 包;为全局 17168 名在职退休干警职工续保了“市总医疗互助保障计划”,投保金额为 71.4 万元;为 1518 名女职工参保了“市女职工互助保障计划”,投保金额为 7.7 万余元。维护群众生命健康权。健全劳动保护监督网络和基层工会事故预防及报告制度,配合监狱局开展了“安全生产月”和“岗位纠违章、单位查隐患”专项整治月活动,共查出各类安全问题和事故隐患 1286 起,整改 1281 起,整改率达 99.6%;高温期间,做好防暑降温工作;对基层进行高温慰问,慰问金达 17 万元;对 3294 名干警职工和服刑人员开展了“职工安全生产知识电视培训”,共有 1505 人参加了“全国电视培训统一考试”,448 名班组长获得了全总颁发的证书;“抗非”期间,各级工会共出资 60 多万元购买了健身器材和防非物品,配合监狱全封闭管理,组织 30 万元资金慰问了一线的干警和职工;对 84 名在职残疾干警职工进行慰问,金额达 1.68 万元。抓实预警报告和信访工作。坚持每月一期《热点透视》,及时把基层的热点难点问题向局党委汇报,并妥善处理;制订了《监狱局工会信访工作实施办法》;全年共处理来信来访 46 人次。(4)加强自身建设和信息化管理。在监狱局的局域网上建立了“工会网站”;开展了劳动合同情况、厂务公开、困难群体等 6 项调研;组织开展了监狱局第三届桥牌、围棋、象棋比赛和第四届书画摄影展等文体活动;完成了 18 个基层工会的财务规范化考核。 (江海群)

锦江国际(集团)有限公司工会

主席:张树奎

【概况】 锦江国际(集团)有限公司是由原锦江集团和新亚集团重组而成。锦江国际集团工会辖有 8 个事业部工会,所属基层工会 111 家,职工 39350 人,其中女职工 18163 人,会员 34879 人。(1)深入学习党的十六大和十六届三中全会、中国工会十四大。和市总工会十一次代表大会精神,紧密联系集团和企业的奋斗目标和任务,利用报刊、宣传栏等阵地深入宣传,利用各种形式动员、组织和带领广大职工爱岗敬业,团结拼搏。(2)加强工会自身建设,进一步健全和完善集团系统工会组织体系,对到届的基层工会有计划地进行换届选举;对工会委员会缺员的基层工会组织进行补选。12月10日,召开锦江国际集团工会第一次代表大会,选举产生了第一届工会委员会和经费审查委员会。加强制度建设,制定了集团工会工作条例等规章制度。为提高工会干部自身素质,举办基层企业工会主席培训班。参加培训的40名工会干部学习成绩全部合格。(3)进一步提高职工队伍的素质。各级工会围绕经济工作,积极开展以建、创、做和"三学"等为主要内容的群众性精神文明创建活动,经过集团上下齐心协力,努力拼搏,提前一个月完成国有资产增值保值既定指标。(4)依法维护职工的合法权益。中外合资锦江麦德龙现购自运有限公司工会代表职工与企业签定了《集体合同》。在基层企业工会中,开展了"上海市企业使用劳务工情况"调研,对"用工单位使用劳务工情况问卷"和对劳务工进行了有关情况的了解和调查,提出有关建议15条。(5)为职工办实事、做好事,真心实意地为广大职工服务。特别在"非典"期间,在深入基层进行调研的同时,突出重点开展帮困送温暖活动,集团工会向基层企业工会拨款100.5万元,用于购买防非典用品和救助慰问特困职工。在高温期间,对安全生产和防暑降温设施状况进行检查,发放慰问品和慰问款17.66万元。还组织206名女职工进行了免费妇科检查。(6)不断推进企业文化建设,开展健康向上的文体活动,进一步活跃职工的业余生活,陶冶职工的高尚情操。并获得上海市第八届全民健身节"大众保险杯"、上海职工羽毛球公开赛优胜奖。 (高京生)

上海市东湖(集团)公司工会

主席:陆浩东

【概况】 上海市东湖(集团)公司工会辖有基层工会组织19个,职工总人数3255人,工会会员数3097人,其中女会员1229人。集团以西郊宾馆、虹桥迎宾馆、兴国宾馆、东湖宾馆、瑞金宾馆、丁香花园宾馆等高星级花园宾馆为骨干单位,拥有国际旅行社、汽车服务公司、物业管理公司、广告装饰公司等子公司。集团工会把认真学习、宣传、贯彻十六大精神作为2003年职工教育的主线,编写了《十六大的灵魂、主题、精髓》、《全面建设小康社会的十项基本指标》等10余篇辅导文章,把职工群众的智慧和力量凝聚到实现十六大目标上来。配合党的十六大精神的学习,开展了"镜头中的小康"的摄影比赛,继续开展职工的职业道德教育活动,开设"岗位明星榜"栏目,宣传工会开展劳动竞赛中涌现出来的明星,围绕创建目标,进行了年度基层单位《班组台帐》的年度评比工作,表彰了一批在创建活动中涌现出来的文明班组。集团工会积极关心职工生活,维护职工利益,做职工贴心人。在元旦、春节期间精心组织,开展帮困送温暖活动,累计走访慰问各类人员460多人,慰问款项达45万余元。抓紧做好职工团体医疗互助保障工作,组织2972名职工参加了团体医疗互助保障计划,召开了职工互助保障培训工作会议,并及时为基层提供及时的理赔服务。针对非典疫情对行业和职工生活带来的冲击。夏季高温季节到来之时,集团工会积极部署防暑降温工作,除购买正常的高温慰问品外,专门配置200个防暑降温、劳动保护"安全生产小药箱"发放基层班组。秋季开学前,集团工会和各基层单位工会广泛开展了帮困助学活动,开展帮困助学活动的单位、帮困学生数量、帮困助学金额都比去年有较大增加。共有职工子弟90名获得就学资助,帮困助学的总金额为2.7万元。努力开展职工"素质工程",把"创建学习型班组、培育知识型职工"作为职工素质的主要工作来抓,主办了集团营销创意实战比赛,积极配合业务部门开展旅游行业青年技能大赛,加强工会干部的业务培训,指导基层单位换届选举,加强了对基层工会财务规范化检查工作,开展工会经费审查工作。 (徐中尼)

上海市衡山(集团)公司工会

主席:胡玲娣

【概况】 上海市衡山(集团)公司是以旅游饭店、出租汽车为主业并承担市政府接待任务的企业集团,国有资产归口市国资委管理。集团工会辖上海大厦、衡山宾馆、扬子饭店以及衡山汽车服务公司等7个基层工会。职工3520人,会员3026人,其中女会员968人。(1)以庆祝集团成立十五周年为契机,开展群众性思想教育系列活动。开展"提高员工综合素质,塑造城市精神与企业精神,争做新上海人"的主题大讨论。在群众讨论基础上,召开集团讨论会,引导职工提升自身素质,树立良好职业精神风尚。发动职工募集4.5万元,认捐1500株树苗,并组织亲手种植,建成"衡山林"。开展评选优秀班组长活动。通过宣传班组长先进典型,推进"争创学习型班组、争当知识型职工"活动。(2)突出工会维护职能,拓展民主管理渠道。工会从源头参与关注基层工资改革方案的修订。坚持职代会讨论通过制度,突出维护职能。面对非典疫情的冲击和效益滑坡的现状,在广大员工中开展"我为企业创佳绩"金点子活动,有150名职工提出120条金点子。与人保部门联合进行《劳动合同条例》执行情况专项检查,纠正了个别单位执行中的不规范行为。(3)关心职工生活,不断增强企业凝聚力。非典期间,集团及基层两级工会购6.65万元的保健品分发职工,补助困难职工有35人,金额为9700元。两级工会还出资1.68万元,为495名女职工办理了特种医疗互助保障。举办集团职工健身活动日活动,组织沙滩排球、乒乓球、羽毛球、呼拉圈等项目比赛,并组队参加“大众杯”羽毛球比赛。继续做好疗休养工作。组织集团标兵、优秀班组长等分4批去井冈山、庐山、黄山疗休养,两级工会共组织职工疗休养480多人次。(4)加强工会干部的自身建设。组织工会干部参加业务知识培训,注意发掘和表彰集团内部工作成绩突出的工会干部。两次召开女工干部会议,研讨工作;组织专题报告会,培训女工干部。开展工会财务规范化检查和工会经审工作。 (施志康)

上海市市级机关工会工作委员会

主席:林 锋

【概况】 上海市市级机关工会工作委员会下属单位119个,其中系统工会28个,所含基层工会203个,直属基层工会91个,基层工会294个,职工35151人,其中女职工13468人,工会会员数33762,女会员12685人。(1)认真做好帮困“送温暖”和“一日捐”工作。积极采取措施,帮助困难职工。有14886人捐款69.99万元。6478人受到慰问救助,慰问救助总金额达154.41万元。157位局级党政工领导参加慰问活动。(2)市级机关工会、妇委会隆重举行“我们与时代同行”——上海市级机关系统纪念“三八”国际劳动妇女节93周年表彰联谊会。上海市“三八红旗手”、“三八红旗集体”代表、市级机关系统的优秀个人和先进集体以及来自不同岗位上的女领导、历届女先进、妇女工作者共400余人欢聚一堂。(3)传达贯彻好中国工会第十四次全国代表大会精神。由中国工会十四大代表、市级机关工会主任向与会者介绍了大会盛况和大会主要精神。(4)举办了“申花SVA文广杯”上海市机关围棋赛。市委办公厅、市委组织部、市教委等41家单位200余名选手参加;组织“慧锦杯‘中日韩’在沪八单位围棋邀请赛”。(5)举办了市级机关第六届“大怪路子”扑克牌比赛。市委办公厅、市委组织部、市纪监委、市人大、市政协等24家单位的200余名选手参赛。(6)创新妇女工作理念,提升妇女工作水平。市级机关工会、妇委会邀请了市级机关系统出席市第十二次妇代会代表和有关方面的女领导、妇女干部参加座谈会,围绕上海妇女发展的前景,市级机关妇女工作如何适应新形势,开拓新局面展开了讨论。 (邱永前)

上海市信息化工作系统工会工作委员会

主席:黄肇达

【概况】 上海市信息化工作系统工会工作委员会辖有直属工会19家,职工5467人,会员5359人,职工入会率达98%,其中女职工2261人,女会员2226人,专职工会干部23人。系统工会工作委员会下设办公室,专职工作人员2人。(1)把扩大工会覆盖面,加强工会组织建设作为当年工作的重点。全年共指导4家企事业单位组建工会,系统工会成立女职工委员会、职工技术协会和工会三产管理委员会。(2)积极参加全总和市总工会各类先进评比,树立系统先进典型。全年共组织各级工会参加4类全国先进和11类市级先进的评比,调动了全系统职工为上海信息化建设争做贡献的积极性和创造性。(3)切实关心职工群众生产生活,扎实开展帮困送温暖工作。通过开展“一日捐”活动,初步建立送温暖基金,全年共救助系统内困难职工38人次,累计支出金额达5万余元。在系统工会的带动下,各直属工会全年走访和慰问困难职工820人次,累计发放补助款24万余元。高温季节,工会领导慰问奋战在一线的职工,为他们送上清凉饮料;同时在资金上给予保障和支持,从工会经费中拨出5万余元,专款用于基层工会的高温慰问。(4)开展形式多样的群众性文体活动,丰富职工的精神生活,提高职工的身体素质。举办了全市性的“上海职工网络文化游戏大赛”和“女职工信息化知识竞赛”活动。还先后组织了首届“信息化杯”职工羽毛球公开赛和职工桥牌双人赛。此外,系统工会还积极组织职工参加第八届上海职工五人制足球锦标赛、庆祝申博成功一周年网络知识团体邀请赛等文体活动。(5)加强工会自身建设,进一步提高工会的工作水平和效率。中国工会十四大闭幕后,立即召开全体工会干部大会,邀请出席中国工会十四大代表传达中国工会十四大精神,同时选送干部60余人次参加市总工会组织的各类培训。 (饶晨华)

上海市工业合作联社工会

主席:何润培

【概况】 上海市工业合作联社(以下简称联社)是由参加联社的成员单位组成的集体所有制的联合经济组织,对下属企业担负着“指导、维护、协调、服务”的职能。联社系统共有成员单位76户,联社直接投资控股经营的新工联(集团)有限公司(以下简称新工联)为联社直属单位,新工联集团现有基层工会组织20个,职工1093人,会员1023人。(1)履行工会的维权职责,切实维护职工的合法权益。联社工会下发了“关于在深化产权制度改革中企业行使必要的民主程序的具体规定”的文件,工会还召开了各企业工会主席会议,分析职工思想动态、交流工作经验。各级工会干部协助企业党政向职工宣传讲解产权制度改革的目的、意义,严格履行必要的民主程度,使新工联新一轮产权制度改革取得了圆满的成功。(2)进一步完善急难帮困救助的工作机制。对系统内困难职工现状先后两次开展了调研,在排队摸底的基础上,完善系统帮困网络,完成了对困难职工的信息登录。提高对困难职工的帮困力度,把推动创业、鼓励自学成才作为根本性解困的重要手段。工会召开“自学成才”专题座谈会,开展“献爱心一日捐”募捐活动,组织开展“一帮一”结对子等助学帮困活动,研究制定鼓励就业、创业的优惠政策,积极安排下岗职工到系统内一些“三产”就业,帮助下岗职工自主创业、再就业,帮助困难职工提高脱贫能力。2003年底在原新工联职工急难互助基金的职能已经归入市联社职工急难互助基金的基础上,新建立了市联社职工就业扶持、自学成才等三个基金,基金规模各为100万元。(3)以培育和塑造集团公司企业文化为重点,把集团公司精神文明建设提高到一个新水平。开展了新工联第三届“创业明星”、“创业先进集体”的评选活动;参与策划和组织了10周年庆典活动的文艺演出和“我和新工联”征文活动。(4)加强联社工会和基层企业工会的财务工作。工会财务部坚持一年两次的财务工作交流、培训制度,实施执行了《财务管理制度》、《财务稽核管理制度》、《会计岗位责任制》和《出纳岗位责任制》,联社和各子公司工会充分利用系统中已建成的计算机局域网和远程登录系统,实行工会财务会计电算化管理。　(陈凤卿)

局(产业)工会主席(主任)、副主席(副主任)名录

单位名称	主席(主任)	副主席(副主任)
上海市机电工会	左山虎	周之龙　随幼君(女)　陆雅娟(女)　王立章
上海市仪表电子工会	蒉鸿强	陶丽娟(女)
上海市化学工会	陈惠莹	沈德蒂(女)　储征宇
上海市轻工业工会	胡云芳(女)	姚志贤　吴　翊(女)
上海市纺织工会	王水官	谭军梅(女)　王树珍(女)
上海市医药工会	陈　欣(女)	夷征宇(女)
上海电力公司工会	沈志荣	王　芸(女)
上海电力建设有限责任公司工会	张心定	李士根
上海宝钢集团公司工会	卞恩君	刘金喜
上海宝钢冶金建设公司工会	袁斌臣	王　琦(女)
上海宝冶建设有限公司工会	刘安义	顾伟兴
上海高桥石油化工公司工会	张安利	徐宝林　胡家春
上海石油化工股份有限公司工会	高金平	朱为炎　徐斯军(女)
长江计算机(集团)公司工会	董信泰	陈国杰
上海有色金属(集团)有限公司工会	陈明奋	陈益林
上海航天局工会	吴海中	侯继军　张爱娣(女)
上海船舶工业公司工会	谢中全	方争音(女)　任芳德
上海航空工业(集团)有限公司工会	叶森明	尹美娣(女)　丁　华
上海工业技术发展基金会工会	沈繁康	

单 位 名 称	主席(主任)	副主席(副主任)
上海市烟草工会	谢华庆(女)	吴俊春 周明德
上海汽车工业(集团)总公司工会	李积荣	李国明 马龙英(女)
上海市工业投资(集团)有限公司工会	周融江	沈金生
上海广电(集团)有限公司工会	江 兵	邬培斐(女) 林华勇
上海市质量技术监督局工会	周荣英(女)	陈汉新
上海市漕河泾新兴技术开发区发展总公司工会	陈 克	庄佩华(女)
中国能源化学工会华东电力工作委员会	庄毅群	陈仲里(女)
上海机械设备成套(集团)有限公司工会	张建平(女)	
上海华虹(集团)有限公司工会	顾晓春	袁吉祥
上海市工业合作联社工会	何润培(女)	冯九如 周炯儿
上海化学工业区工会	陈兆麟	严国基 李庆红(女)
国药集团医药控股有限公司工会	沈立年(女)	徐恒昌
上海百联(集团)有限公司工会	刘晓敏(女)筹	
上海水产(集团)总公司工会	徐伟俊	马红华(女) 陈鸣凤(女)
上海申通(集团)有限公司工会	董经伟	
上海久事公司工会	曹旭东	
上海城市建设投资开发总公司工会	童素正(女)	赵 勇
上海申能(集团)有限公司工会	仇伟国	周燕飞(女)
上海光通信公司工会	倪子江	
上海电器科学研究所(集团)有限公司工会	包 革	
上海良友(集团)有限公司工会	倪粹华	谢国英(女)
上海市糖业烟酒(集团)有限公司工会	徐静和	梅凯年
上海兰生(集团)有限公司工会	徐尚仁	章仁波
中国上海外经(集团)有限公司工会	励国良	成中年
东方国际(集团)有限公司工会	陈苏明	何志刚
上海东浩国际服务贸易(集团)有限公司工会	张永林	
上海市锦江航运有限公司工会	陆荣鹤	章 薇(女)
上海蔬菜(集团)有限公司工会	姚黄平	朱薇薇(女)
中国华源集团有限公司工会	张建瑛(女)	
中国铁路工会上海铁路局委员会	俞宝麟	吴小朋(女)
中国海员工会上海海运(集团)公司委员会	陈德诚	陆洪新
上海国际港务(集团)有限公司工会	王晓华	胡庭亮

单　位　名　称	主席(主任)	副主席(副主任)
中国海员工会上海长江轮船公司委员会	徐志梅(女)	
上海市运输工会	黄伟建	应为健　黄黎君(女)
中国邮电工会上海市邮政委员会	沈　华	陈兴昌　俞燕萍(女)
中国移动通讯集团工会上海市委员会	张新康	王立芳(女)
中国电信集团工会上海市委员会	陈鸿生	王明亮　郑　缨(女)
中国海员工会交通部东海救助局委员会	吴世昌	任能仕　徐　华
中国海员工会交通部上海打捞局委员会	姚世光	张建浩
中国海员工会上海航道局委员会	于卫良	温　弢
中国海员工会中港第三航务工程局委员会	徐以力	张　辉(女)
中国海员工会中远集装箱运输有限公司委员会	房迪坤	徐道顺
中国海员工会中波轮船股份公司委员会	夏立建	
中国民航工会华东地区管理局委员会		
中国东方航空集团公司工会	钟　雄	
上海机场(集团)有限公司工会		
上海航空股份有限公司工会	钱怀民	
中国海员工会上海海事局委员会	吴锦红	刘克勤
上海市信息化工作系统工会工作委员会	黄肇达	王永涛
中国海员工会中远三林置业集团有限公司委员会	李抗元	
上海市建设工会	周　炜(女)	
上海建工(集团)总公司工会	肖长松	胡健芳(女)　陈伟民　苏向明　黄　薪
上海市市政工程管理局工会	余忠兴	唐海寅
上海市城市交通管理局工会	李介麟	李荣华　丁　凌(女)
上海市房屋土地资源管理局工会		王志兴　张新华(女)
上海建筑材料(集团)总公司工会	王嘉余	张志远　周　毅
上海海洋石油局工会	张新民	傅连顺
上海市绿化管理局工会	徐文发	赵根妹(女)
上海住总(集团)总公司工会	郇锡元	吴　萍(女)
鲁中冶金矿业(集团)公司工会	沙宝珍	李秀娥(女)
上海市市容环境卫生管理局工会	徐爱珍(女)	张艳林(女)
上海闵行经济技术开发区工会	沈旅铄	林建白　初丽娴(女)
上海虹桥经济技术开发区联合发展有限公司工会	黄健健	沈志萍(女)
上海市环境保护局工会	徐建民	夏伟成　吴奇方

单位名称	主席(主任)	副主席(副主任)
上海市水务局工会	杨召之	陈美芳(女) 黄吉
上海大屯能源股份有限公司工会	颛孙正宗	任正军
上海现代建筑设计(集团)有限公司工会	毛卫	姚佩雯(女) 姚延康
中国建筑第八工程局工会	董勤顺	蒋来喜 王克复
上海市商业工会		李绍胜
上海市对外经济贸易工会		赵文山 王佳(女)
上海市金融工会工作委员会	吴建融	孙大明(女)
上海市发展计划委员会系统工会工作委员会		吴根福
上海市财政税务工会	周振家	席振平(女)
上海市城市规划管理局工会	杨和平	陈薇萍(女)
上海市劳动和社会保障局工会	高延平	赵水良 邵岭华(女)
中国教育工会上海市委员会	夏玲英(女)	吴采兰(女) 张中韧 叶银忠 陈阿根
上海市医务工会	马强	周崇礼 陈蓓(女) 王玉琦
上海市科学技术工会	吴捷	傅玲琍(女) 王震
上海市新闻出版工会	李虹鸣(女)	
解放日报报业集团工会	王祥安	单富年 忻玉华 马笑虹(女) 李克芳(女)
文汇新民联合报业集团工会	顾家靖	严惠芬(女) 潘克连 董之一
新华通讯社上海分社工会委员会	李正华	曹永安 高兴永
上海市文化广播影视管理局工会	苏宝艳(女)	
上海文化广播影视集团工会	郭连生	夏仁庠 袁家福 宋忆宁(女)
上海市文物管理委员会工会	李平	程志行 孙慧(女)
上海社会科学院工会	刘华(女)	毛雷杰 巫志南
上海市体育局工会委员会	颜雅珍(女)	周幼华(女) 刘昌乐
上海市农业委员会工会	朱从余	许有宗 肖龙根
上海市农工商(集团)总公司工会	徐永炘	郭志刚 祝一萍(女) 杨春花(女)
上海市民政局工会	周其军	刘益平(女)
上海市人民防空办公室工会	陈亮	徐秋凤(女)
上海市监狱管理局工会	蔡晓兰(女)	王春华 杨兵 王毅
锦江国际(集团)有限公司工会	张树奎	戚大安
上海市东湖(集团)公司工会	陆浩东	徐中尼
上海市衡山(集团)公司工会	胡玲娣(女)	
上海市市级机关工会工作委员会	林锋	何惠娟(女)

说明:1. 任职名单以2003年12月底为准。

2. 上述人员职务以市总工会批复为准。

(市总工会组织部)

市总工会直管单位

概　况

上海工会管理干部学院

【概况】　上海工会管理干部学院作为上海地区唯一的工会院校，创建于1951年，作为成人高等院校的全日制高职学历教育办学点，开设有社会保障、社会工作、计算机信息管理、电子商务、物流管理、市场营销（医药贸易方向）、英语（商务英语方向）、秘书（含涉外秘书方向）和工会学、劳动经济管理、劳动法等14个专业，现有教职工130多人，中高级师资占教师总数的90%，高级职称近40%。在校高职学生3160名，成人大专生770名。(1)积极改善教学条件和教学环境。投资3000多万元，在奉贤庄行地区购置土地400亩建设学院新校区，并采取多元化股份制形式实施新校区建设工程。还进行了较大规模的教学校区调整工作，完成了原南翔校区千余名学生搬迁奉贤的工作。利用寒暑假，对现有校区进行改造，新建了100座电脑房2个，50座语音室1个，电子阅览室1个，投资50万元对原有餐厅进行改造，并委托市企事业生活后勤协会面向社会公开招标食堂经营单位。(2)进一步加强师资队伍建设。建立激励机制，鼓励教师积极开展科研进修，对新引进的人才以及教师参加校外职称评议的，实行相应的教师职务岗位试聘制。先后引进本科、研究生高学历教师14名，有5名教师参加市教师职务评审，取得高级职务任职资格。(3)建设有行业特色的专业学科。学院根据工会参与社会管理和协调劳动关系的特点，以社会管理学科为主，以经济管理为辅，不断调整和完善现有专业，进一步拓展社会工作专业，稳步开拓社会安全防范、企业劳动安全管理等社会管理类专业（方向），并通过了市教委专家评估组对高职新专业的评估验收。(4)大力抓好毕业生推荐工作。学院成立了学生毕业推荐指导委员会，充分利用工会组织网络优势，积极建设相关专业的校外实习实训基地，并组织各大中型企业、职介所和人才中心等机构进院设招聘专场，组织毕业生向各招聘单位进行自我推介，鼓励学生进入市场找工作。2003年，261名首届高职毕业生有93.4%走上工作岗位。其中，英语专业95%的学生取得商务英语初级资格证书；秘书专业100%的学生取得秘书中级资格证书，31%的学生取得秘书高级证书；12名优秀学生被批准入党。　（任朝志）

上海国际海员俱乐部

【概况】　上海国际海员俱乐部海鸥饭店坐落在黄浦江和苏州河交汇处，是上海著名的景观酒店。饭店现有职工355人，行政共设13个部门。工会组织和职代会制度健全。2003年，饭店坚持改革创新，与时俱进，克服了“非典”和建造苏州河河口水闸带来的巨大困难，全面推进两个文明建设，全年营业收入达到年初制订的5000万元目标，主要可比经济指标继续保持在市同星级、同规模宾馆中的领先地位。饭店再次被评为“诚信免检企业”和“A类信用单位”。饭店认真贯彻党中央关于“一手抓防治非典，一手抓经济建设”的指示，积极部署“蓄势待发抓机遇”的各项工作，努力把损失减到最低限度。经过顽强拼搏，艰苦努力，饭店在后5个月中经营取得了突出成绩，各项经济指标比去年同期都有新的增长。客房、餐饮、会务三大主体经营都创下月收入最高纪录。同时，饭店千方百计挖潜力、降成本、增效益。通过进一步深化用工制度改革，在岗员工减少了10%，节约人工成本近80万元；通过加强能源管理，用水量降低了20%，用电量降低了5.2%，用油量降低了19.4%。为了加强海鸥品牌建设，饭店在荣获上海市文明单位称号的基础上，积极开展新一轮创建文明单位活动，扎实推进“素质工程”，大力开展培训、教育，发挥工会、共青团组织的作用，提高员工的综合素质，培养一支适应“海鸥”发展、有市场竞争力的员工队伍。受市总委托，海鸥饭店管理了上海职工对外交流中心、海鸥之星酒店和黄山休养院，饭店还有下属企业海鸥汽车服务公司。（闻学连）

上海市工人文化宫

【概况】　2003年上海市工人文化宫紧紧围绕上海工会工作的中心，坚持文化事业与文化产业同步协调发展、社会效益与经济效益并重的原则，以市宫第二轮发展规划制定的目标为契机，在遭遇“非典”侵袭、夏季持续“高温”、周边市政重大工程施工等极为不利的因素影响冲击下，全宫上下同心协力，众志成城，迎难而上，共谋发展，全年经济收入1885万元，实现毛结余385万元，上交市总资产占用费157万元，提取维修基金63万元，提取艺术基金50万元，偿还文化宫工程改造贷款350万元。根据市总推进职工素质工程的要求，市宫培训中心培训职工近1.1万人次，各类艺术培训、文化技能培训科目达60余种，开班近150个，培训中心还被列为“上海市社会力量办学A级学校”、“上海市社会力量办学先进集体”、“黄浦区2002～2003年度成人教育先进集体”。市宫电视制作中心全年共拍摄制作了上海工会新闻92条。创作并完成了“东方大律师”、“老爸老妈”、“想好以后再恋爱”三部电视连续剧的拍摄。与东方卫视联合制作的“读家报道”栏目在东方卫视播出后，收视率位居前10名。市宫电视制作中心获得国家甲级资质的认定。文化宫艺术部全年下基层演出72场，取得了良好的社会效应。（刘　骏）

劳动报社

【概况】 2003年是劳动报社取得稳健发展的一年。(1)开展“努力体现三贴近，着力提高影响力”的学习教育活动，圆满完成上海工会十一大和中国工会十四大会议精神报道任务。2003年，《劳动报》共刊发工会报道1182篇，市总工会的报道393篇，及时地报道工会工作的新经验，探讨工会工作的新课题。在上海工会十一大和中国工会十四大期间，《劳动报》发表社论，开辟专版，工会专项工作的报道有新的突破，从职业精神到女职工创业，从素质工程到模范职工之家，近20个专版精心编辑，令人耳目一新。(2)推进重大事件的新闻报道。《劳动报》以高度的政治责任感圆满完成了各项重大事件和重要报道任务。3月爆发的伊拉克战争延续一个多月，《劳动报》每天以消息、图片和专家述评等多种形式报道最新战况，特别是战争爆发当天，报社仅用1个小时就编辑完成对开2版的号外，“非典”期间，报社记者深入医院采访，美摄部以及李蓓、周振东被评为上海新闻界抗击非典新闻宣传先进集体和优秀记者，《筑起新的长城》等2篇报道被评为优秀作品。对“神舟五号”载人飞船的成功发射，《劳动报》在第一时间以2个通版作了详细报道。(3)开通两条新闻热线，推出劳权、财智等实用性专(周)刊，并自筹资金每周再扩8个版面。《劳动报》还推出了城事、经济、劳权、职场、健商等专刊，关注读者的就职、健康、劳动关系和城市生活，提供更多的服务信息和实用知识。此外，新办的《论 BAR》针砭时弊，《闲话运动》谈笑风生，为职工家庭理财作咨询服务的《财智周刊》独辟蹊径，都体现了相当的创意。《财智周刊》还受到远东出版社的关注，汇编出版了《理财，可以很简单》一书。《品位周刊》部和美编人员在年初创造性地进行了市场化的尝试，支持广告中心编发了一个月的富于现代销售意识的《时尚上海》。胡绳梁的《嵊泗的礁》获中国新闻奖报纸副刊作品银奖，任春的《首次启动修正案程序》获上海新闻奖二等奖。2003年，报社在去年已扩8版的基础上，再次自筹资金200多万元，每周又扩大了8个版面。(4)报社经济发展平稳，实现收支平衡，良性运作。2003年，报社总收入7203万元，比2002年增长6％。其中广告收入2656万元，发行收入2300万元，继续保持《劳动报》发行量稳定在20万份左右。印务中心抓住市场的机遇，实现外接报收入984万元。组版中心收入123万元，同比增长21%。报社总支出7199万元，其中上缴市总工会668万元，比2002年增加136万元；报纸比2002年每周增加8版，增加成本200多万元；纸张支出1310万元，控制得比较好。此外《上海工运》杂志盈利59万元。报社的净资产攀升到1.1685亿元。(5)印务中心工程全面启动，操作规范，开局良好。3月25日，市总工会批复同意报社添置高速轮转彩色印报机组。为此，报社就成立了工程领导小组。坚持采用科学先进的招投标方法，严格依法操作，降低报社成本。(6)统筹兼顾，各方面工作协调发展；努力为职工办一些实事；制订和修订46项规章制度，切实加强报社的管理和制度建设。在历年来制订各项管理规定的基础上，报社重新修订和完善了41个管理制度，新订了《关于实行法律顾问制度的暂行规定》、《关于高等院校学生实习的规定》、《固定资产管理制度》、《稿费开具发放的试行办法》和《关于发行费的管理规定》，报社实现了ADSL宽带网的传版，进一步缩短了传版时间，在技术上取得了突破。电子版和数据库的每日发布与储存运作正常。报社的106名采编人员参加了新闻岗位职业资格培训。（刘伟民）

上海市总工会休养度假中心

【概况】 上海市总工会休养度假中心，主要是从事休养、度假、康复、旅游、会务、教育培训业务。现有人员120人。中心占地330亩，近22万平方米，建筑面积近9万平方米。度假中心重点承担了对沙家浜度假村的管理职能和经营职能。沙家浜度假村地处江苏省常熟市昆承湖畔的著名风景区，距上海90多公里，周边景点相当丰富。沙家浜度假村设有四大中心，一是文化娱乐中心（相当于三星级宾馆）。二是医疗体检中心。由上总休养度假中心、华山医院和交大昂立公司共同合作组建保健体检中心。三是水上活动中心。18平方公里的昆承湖水域宽阔，水质清澈。四是康乐中心。建有华东地区最大的卡丁车赛车场，拥有60辆进口卡丁车，既可供游客娱乐，也可进行专业比赛。南北两大别墅群共有30家单位组成，建有近90幢别墅楼。2003年中心狠抓了队伍建设和内部经营管理。积极妥善地处理历史遗留问题，最大限度维护总工会形象和利益。按市场化运作方法，外拓市场，扩大市场份额。加大市场宣传力度，寻找合作伙伴，扩大销售网络。在市场经济的新形势下，既坚持工会事业的性质又努力探索适应市场经济的需要的新的疗休养基地管理模式。

（杨　洁）

上海市工人疗养院

【概况】 上海市工人疗养院设立科室13个，职工155人，全院总收入3038万元。围绕落实院四届一次职代会的

"一个中心"、"五项工程"任务,制定新一轮目标管理责任书,加强医疗窗口服务质量和后勤保障服务功能,抓住业务开拓提高职工素质,落实关心职工实事,达到了历史新高。始终抓住经济效益为中心不动摇,加大康复体检业务的比重,克服年初SARS带来的不利影响,下半年全院职工同心同德,奋战数月,体检、康复业务得到了迅速扩展,带动了休养、膳食业务的提高。率先在全国疗休养院业建立ISO9001:2000质量管理体系,采用职工、班组、科室、院部四级管理网络,拟写了27个程序文件,近90个相关文件,通过召开接口会议和评审会议,7月15日通过ISO9000国际认证工作,9月份拿到摩迪认证公司授予的铜牌和认证证书。改善疗养院环境,加大绿化的投入,采取有效措施,解决了香樟树的病虫害,连续10年被评为上海市花园单位。该院积极组织中层干部和业务骨干参观学习,提高业务能力,通过分析收集各类信息,研究康复保健新项目的开发拓展,扩大业务收治范围,从脑外科扩展到骨科、心脑血管病、烧伤、电击伤等多病种的康复,还积极开展神经网络仪、水疗和足浴等新项目的治疗。

(卓介江)

上海市总工会屏风山工人疗养院

【概况】 屏风山疗养院是市总工会上世纪50年代在杭州创建的老院所。她地处西湖风景区的"九溪十八涧"景点,紧挨着钱塘江大桥与六和塔,共设四个分院,占地360.2亩。自管运作的一、二分院有客房213间。2003年全院干群克服了突如其来的非典侵袭、以及夏季的持续高温、停电等带来的诸多困难,较好完成了全年的接待任务。院通过抓质量控制工程,提高服务质量、拓展客源市场。全年不仅接待了近300人参加的全国桥牌锦标赛和近1000人参加的全国高分子学术研讨会,还通过浙江省文化厅与对外文化交流公司合作接待了浙江省历史上人数最多、居住时间最长的外国团体——乌克兰基辅歌舞团。通过抓管理工程,改革管理机制,向管理要效益。实施了中层干部竞聘上岗、职工双向选择的用人机制。同时,还抓了员工的业务培训、节约能源、降低成本等工作,增加了院内效益。通过抓凝聚力工程,增强队伍的凝聚力和向心力。在杭职工2003年解决医疗保险,退休人员办理住院补充保险。组织离退休老同志畅游新西湖,联欢谈心;通过抓形象工程,打"屏风"品牌,推特色服务。统一设计制作有时代气息的院标、院牌、指示牌,使屏风山有了鲜明的品牌标志。9月份随着旅游旺季的到来,又推出"金秋赏桂有佳处,休闲品茶在屏风"等促销活动。 (余宏庆)

上海市总工会洞庭西山休养院

【概况】 上海市总工会洞庭西山休养院坐落在苏州太湖国家旅游度假区西山岛上,是上海市总工会的直属事业单位,占地面积48亩。现有职工119人,下设"六部一室"。"保工薪本色,为工友服务;以休养价格,为大众享受"是休养院的服务理念。"服务、服务、再服务"是休养院的办院宗旨。2003年,对于西山休养院来说,是极不平凡的一年。休养院经历了非典、高温等自然灾害的严峻考验,全院职工同舟共济、共渡难关。及时调整经营思路,克服困难,自筹资金,抓住非典停业两个月的时间,及时对部分客房、公共通道、走廊进行改造、翻新。提高了接待服务档次,增强了市场竞争能力。全院各个部门分别签订了经营管理目标考核协议书,制订了一整套管理考核办法和试行规定,更进一步激发了职工的工作积极性。同时,搭建三个平台,寻求新的经济增长点。与上海市同济大学附属东方医院合作建立体检中心,构建休养体检平台;与上海市行动者管理咨询公司合作,建立体验式培训基地,构建体验培训平台;积极拓展老年市场,构建了老年休养、度假接待服务平台。使西山休养院逐步走出了困境。西山休养院无论是从住宿的档次、客房的设施,还是就餐的环境、院容院貌,都有了明显的改变。

(沈建良)

上海市总工会东钱湖休养院

【概况】 2003年,休养院面对激烈的市场竞争,为求生存,摆脱困境,全院职工解放思想、开拓进取,根据休养院所处地理环境位置和周边经济发展的状况,经社会调查,确立了以稳定上海地区客源,对本地客源加大营销力量的经营策略,采取"引进—外联"等有效措施,院部班子注重团结协调,理顺管理体系,增加管理透明度,得到了干部和职工的理解和支持,齐心协力艰难地度过了不平凡的一年;营业性收入:115万元(比2002年下降57.72%);毛利:50.3万元(比2002年下降65.52%);累计亏损:48.8万元。该院在困难面前,为理顺内部关系,改变管理落后的局面,加大在用人、分配等机制方面的改革力度,采取了划小经济核算单位等措施,充分利用当地开发的契机,进一步解放思想,转变观念,加快对外联络,在办院宗旨不变的前提下,积极寻找诚信的合作伙伴,力争在经营机制和管理体制上有所突破,扭转亏损局面。 (蒋 奕)

上海职工休养旅游服务总社

【概况】 上海职工休养旅游服务总社直属上海市总工会。创办于1984年,是上海和全国工会系统最早成立的国内旅行社之一。建社近20年来,先后开辟了辐射全国各地的百余条疗休养、旅游、会务考察线路,成功组织和接待了近百万人次的职工、离退休人员、先进劳模和社会各行各业人士,成为全国工会职旅系统中的佼佼者。至今,已连续多年被评为上海市直属机关文明单位,是全国旅游百强和上海市50强之一。在上海旅游行业服务质量游客满意度指数市场跟踪抽样调查中名列前茅。非典期间,总社全体干部职工沉着应对,顾全大局,令行禁止,静下心来讨论业务,整理资料,规划新线。保持了昂扬向上、积极进取的精神。"非典"过后,又集中精力,面向市场,努力拼搏,努力提升旅游经营管理水平,提升旅游整体服务质量,提升企业品牌服务效应。把非典造成的影响和损失降到最低限度。总社从"强强联手,共创辉煌"出发,与多家旅行社联合推出了"快乐游",线路新颖,价格实惠,很受市场欢迎。导游管理是旅行社管理的一个重要方面。"非典"期间,在市旅委统一部署下,对全社导游进行了业务培训,考核和年审,为"非典"后旅游复苏导游重新带团打下了坚实基础。导管部门对每个导游的带团情况进行质量反馈跟踪,及时掌握第一手动态,正常导游的考察、培训、评比等管理活动,使全年导游带团优良率达到95%以上。同时全年做到安全出游无事故,无一批评、投诉。

(王胜普)

上海樱花度假村

【概况】 上海樱花度假村是一座具有园林特色的涉外二星级宾馆。位于虹桥开发区和古北新区之间。为增强宾馆的市场竞争能力,适应上海新一轮发展和国际、国内旅游业、商务市场及会展业的需求,全面提升宾馆的硬件服务设施和星级标准,实现企业可持续发展,经上海市总工会、上海市发展计划委员会批准,樱花度假村从2003年6月起,在原址上改(扩)建项目正式启动。新(扩)建宾馆为五星级标准,总建筑面积4万余平方米,主要服务设施功能:客房348间(标准间、套房、行政商务间)、中西餐厅、酒吧、国际会议(报告)厅、贵宾接待、商务中心及洽谈、健身中心、桑拿、室内游泳池、宽带高速上网等。新樱花建筑设计构思充分体现了融合自然、交融生态、显示出对园林、绿化、宁静环境的重视,展现出既优雅又充满现代活力的形象。随着经济全球化,旅游国际化和宾馆行业本身迅猛发展,新樱花建成后,为了能在高档次上参与市场竞争,提高酒店的竞争能力和赢利能力,在经营上将采取委托国际知名品牌的酒店管理公司进行管理的模式。

(沈瑞生)

上海市职工科技中心

【概况】 上海市职工科技中心是上海市总工会直属事业单位,位于虹口区大柏树地区。(1)承办上海市优秀发明选拔赛活动。第十七届优秀发明选拔赛共有550项发明项目报名参赛,其中职务发明260项,非职务发明127项,青少年发明100项,职工技术创新52项,经选拔赛评审委员会评审,共评出一等奖41项,二等奖92项,三等奖171项,四等奖70项,发明产品推广实施金奖11项,职工技术创新奖36项。(2)做好科技发明成果的转化工作。对技术含量高、市场前景好的发明项目,组织一定规模的推介会,帮助项目的实施;举办培训班,搞好成果转化的培训;成立成果转化专项指导咨询组,发挥专家在实施发明成果推广、转化的中介服务工作;加强与中国发明协会、上海市科委所属有关机构等单位合作,充分利用社会的信息资源、政策资源和资金渠道,做好发明成果的转化工作。(3)组团参加全国发明展鉴会,由国家知识产权局,国家科学技术部,全国总工会,中国发明协会,厦门市政府联合举办的第十四届全国发明展览会于10月24日至28日在厦门市国际展览中心举办。上海市职工科技中心参展团设6个展位,展出发明项目14项,经展览会评委会的评审,获得金奖2项,银奖4项,铜奖5项。上海市职工科技中心展团获"第十四届全国发明展览会优秀团体奖"。

(高忠兴)

上海市职工技协服务中心

【概况】 上海市职工技协服务中心是上海市总工会的直属事业单位,也是上海市职工技术协会和上海市总工会第三产业管理委员会的办事机构,下设技协基层科、三产基层科、经济发展部、财务科、信息协作科和办公室等五科一室。(1)组织召开了市总职工技协工作会议和市总工会企事业工作会议。会议确定上海职工技协要紧紧围绕经济发展的大局开展工作,指明了上海职工技协和工会企事业的工作方向,明确了职工技协工作定位。(2)形成了《上海市总工会关于在实施科教兴市战略中进一步加强职工技协工作的若干意见》。第一次以市总工会文件的形式,提出了工会职工技协在科教兴市形势下的工作要求,明确了科教兴市形势下上海职工技协的指导思想、工作目标、工作方式、工作重点和具体工作任务。(3)举办了上海市工会职工技协成立20周年成果展。共有180多个优秀成果参展,总结了上海职工技协成立20年来、特别是近年来立足企业、面向社会、开展多种群众性技术活动的经验,展示了技协在技术创新和科技成果转化中取得的成绩和成果。(4)举办了第17届市优秀发明选拔赛,共收到发明、创新成果550多个,还组织了14项发明成果参加于10月份在厦门举办的第14届全国发明展览会,并有12项获奖,上海展团还获得优秀展团奖。(5)继续开展了职工技协群众性经济技术创新活动各类先进的评选活动。在58个优秀技术成果中,分别有13项达到国际先进水平,13项达到国内先进水平,并为企业创造了非常可观的经济效益。(6)会同市总有关部门组织开展了全国职工职业技能大赛。共有2000多名职工参加了各基层的选拔活动,661名职工参加了各工种的市级选拔赛。(7)加强市技协科技服务体系建设,加强对基层技协的信息服务、开展各种社会信息的收集、整理、发布、交流和开发等工作;做好技术合同的认定登记服务、评比表彰技术合同管理工作先进集体;加强职工技术经纪公司的运作、开展职工技术中介、交易等科技服务工作,建立了市技协办、市高新技术成果转化服务中心东部分中心联合工作站,实施高新技术的推荐、高新企业的审核申报以及上市技术的咨询服务和科技项目的攻关服务。(8)把退休工程技术人员聚集起来、继续发挥作用，按照公益性和市场化运作要求，开展社会化的技术咨询、技术开发和技术服务，使他们继续为社会进步和经济发展发挥作用。(9)加强职工技协的组织、队伍建设，举办了9期技协干部培训班，集中学习、辅导当前职工技协的要求，分析职工技协在规范管理、财务运作、政策运用以及技术合同签订中要注意的事项和问题，600多名技协干部参加了学习培训。同时在年内又吸收团体会员150家。(王小龙)

上海市总工会幼儿园

【概况】 位于虹桥开发区的上海市总工会幼儿园是一所具有浓厚环保特色的一流寄宿制幼儿园。它占地15201平方米，建筑面积9300平方米。教职工130多人，中外幼儿600名左右。设有18个班，其中大班6个，中班6个，小班6个，招收3-6岁幼儿。教师全部是大专、本科毕业生，其中绝大部分毕业于华东师范大学学前教育专业。该园以"幼教"两法为准绳，建立和完善了23个方面制度，运用现代管理学和现代教育学理论，对日常管理及保教工作从制度上来严格规范，并有效控制其管理过程。以公开、公正、合理的考核及建设凝聚力工程的柔性管理来保证制度的切实执行，使管理制度化、规范化、科学化。为了扬长避短，办出寄宿制幼儿园的特色，组织了具有寄宿制特色的"快乐的周一活动"、家庭式的"四一活动"、愉快的"远足活动"、宽松的"自由活动"、提高体能的"晨锻活动"、情感交流的"亲子活动"、"大带小、老带新"的交往活动、模拟大社会的"自主活动"等。市总幼儿园还是上海市幼教重要外事窗口，成功地接待了多个日本教育代表团、德国、也门共和国代表团、香港政府公务员代表团、美国华盛顿州州长夫人率领的教育代表团、澳洲上海科技节代表团、毛里求斯共和国总统和夫人一行代表团等。(刘莉萍)

上海职工对外交流中心

【概况】 上海职工对外交流中心是上海市总工会下属的外事专职机构，是上海职工与外国及台、港、澳地区职工进行友好交流的窗口。其宗旨是围绕各国工人共同关心的"和平，发展，职工权益"三件大事，开展多层次多渠道的交流活动，以增进上海职工与各国及各地区职工之间的相互了解、友谊和合作。同时，也积极参与包括经济、技术、文化、艺术、体育等方面在内的社会其它领域的对外交流与合作活动。内部机构有办公室，财务部，外联接待部，台港澳部，并有全资企业——上海市总工会境外劳务服务公司和上海工益技工贸有限公司，以及中外合作企业——上海森山制衣有限公司。上海职工对外交流中心充分利用自身在长期对外交往中建立了广泛的国外友好关系和业务渠道；积累起比较丰富的业务工作经验等方面的长处，依托工会组织的强大合力和网络优势，积极进行各种形式的中、外交流和合作。接待国外和台港澳地区的工会及其他团体所组织来访的参观访问团队；为上海市有关产业(局)工会和基层工会开展对外交流交往活动提供多方面的服务；为经贸投资、文体科教和劳务研修等方面的中外合作项目提供咨询服务等。(石金海)

上海市总工会培训中心

【概况】 上海市总工会培训中心根据市总工会总体工作的要求，解放思想、艰苦奋斗，一切从实际出发，服务职工。克服了百年不遇的"非典"袭击所带来的困难和影响，经历了从免税单位变为纳税单位机制转换的严峻考验。在培训—职介—劳务输出一条龙服务工作中，为将培训中心建成全市职工技能培训的示范窗口和基地，勇于探索、尽心尽责。为下岗失业人员开展了多形式、多层面、全方位的技能培训；开展了人才交流、职业介绍工作；开展了企事业生活后勤工作的研讨、指导、服务工作和加强了中心内部的学习、管理工作等，各项工作都在蓬蓬勃勃地开展，取得了较好的成绩。(1)培训工作。加大培训工作的力度，举办了以技能为主的各类培训班，共培训学员5057人。根据市场的需求开展了再就业培训工作，举办了物业管理、烹调师、面点师、房产中介、水电工、后勤管理师、美容、美发、商品营业员、贵金属手工加工等10余个工种的培训班，共51期，培训了2450人。(2)职介工作。共接待求职人员登记5022人次，推荐5735人次，录用2406人次；举办了6场人才劳务洽谈会和职场，组织了2472家用工单位进场招聘，71200人进场洽谈，23083人次达成用工意向；国内劳务输出人数达1622人次。办好职介窗口，做好职业介绍、人才中介和择业指导工作。全年共接待求职人员的登记5022人，推荐5735人次，录用2406人。以奉献的精神，为特困人员解忧愁。全年帮助了10余个特困人员上岗，编写了13个帮困小故事。(3)扩大劳务输出业务，为下岗失业人员寻找再就业增长部门正职负责人对部门副职和其他岗位人员实行聘用，责任到人。在聘用和岗位双向选择中实行"公开、公正、公平"原则，充分体现了职工的民主权力。(4)抓好领导干部、中层干部的中心组学习，开展党内民主生活会和党风廉政建设，党员都能自觉注重塑造自己先锋模范形象，在各项工作中发挥应有的作用。工会组织先后召开了两次职工大会，对培训中心工作总结和计划进行审议；还通过民管小组对有关工作进行民主管理。(郑安苓)

上海市公惠医院

【概况】 2003年，经济效益继续得到较快增长。全年累计门急诊量35.93万人次，出院3018人次，分别比去年同期增长了25.18%和34.07%。1-12月医疗业务收入达到6571.28万元，比去年同期业务收入5302.58万元增长了23.93%。与此同时，职业的收入、福利待遇也有了较大的提高。(1)开拓医疗业务，培育医院特色。在去年与瑞金医院肾内科合作试运转的基础上,通过近半年的运作调整,于4月23日正式挂牌成立了“瑞金医院—公惠医院肾内科联合病房”,至今已收治了580人次的尿毒症等肾病患者,使困难职工在院享受到收费上的优惠,同时院的医疗技术水平及床位使用率也有进一步的提高。上半年还积极探索建立了“新华医院眼科中心—公惠医院分中心”,主要开展白内障超声乳化手术。近半年来已为77位患白内障的特困劳模进行免费眼科检查,并对其中32位有手术指征的患病老人进行免费白内障超声乳化手术,使困难职工得到有效的帮困。在此基础上,又开设了肾内科、眼科专家门诊,在力求为患肾病职工、患白内障职工提供优质价廉的医疗服务的同时,起步培育医院的医疗特色。(2)进一步完善医药分离管理新模式。在率先与医药集团联手,积极探索建立药房社会化管理新模式后,今年对药品利润分配比例作了进一步协商调整,医药集团返还给医院的药品利润比去年提高3个百分点。为进一步规范药品库房的管理工作,由医药股份出资,对原药品库房按社会药房标准进行改建,使之布局更为合理,管理也更为科学化、规范化。(3)加大人才培养和引进力度。一是充分利用“二医大”所属医院的医疗人才资源,今年又有29名中升高技术骨干来院实践,带教、指导医务人员,进一步提升了医疗技术质量。二是今年从两家医院引进了一名放射科副主任医师和一名骨科副主任,充实医疗队伍力量,逐步改变医务人员结构不尽合理的现状。三是积极选送青年医生、护士到二医大附属医院实习、进修,提高该院医务人员的技术水平。(4)全力以赴做好防范非典工作。抗击SARS的斗争使医院及全体医院人员得到了锻炼并经受了严峻的考验。医院根据卫生局统一部署及总工会要求,于3月中旬成立防范非典工作小组,3月底设立发热门诊,4月初设立留观病房。至12月底,共诊治了发热病人1011人次,留院观察病人8人,其中根据市府防范非典条块结合,属地化管理要求,接收了5位从静安区中心医院转来的医学观察病人,总体上达到市区卫生局有关工作要求。

(张利平)

上海市职工住宅合作社

【概况】 上海市职工住宅合作社于1991年1月经上海人民政府办公厅批准成立的一个公益性合作建房的经济组织,属下有上海上工房产实业有限公司、上工物业发展有限公司、上海洪康建材装璜有限公司、上海工惠房产经纪有限公司。上海市职工住宅合作社建社以来,先后以集资合作建房和招投标的中标形式,开发建设了“梅北小区”、“真光新村”、“益民住宅小区”等10多万平方米的平价房,为2000多户劳模、职工解决了住房问题。占地220亩,总建筑面积达21万平方米的平吉新村四街坊中标后,一期茗馨园4万多建筑平方米住宅,业主已在2002年全部入住,二期博馨园17万建筑平方米住宅,也于年内交付使用。“益民住宅小区”二期工程东块项目于6月份竣工。上海市职工住宅合作社属下的物业管理公司管辖的“梅北小区”和“益民住宅小区”被上海市政府评为市级优秀物业管理小区文明小区;平吉茗馨园被评为“园林式住居小区”。

(蔡康培)

上海市职工保障互助会

【概况】 上海市职工保障互助会是上海市总工会为贯彻党中央国务院“关于建立和完善多层次社会保障体系”的精神而于1994年成立的直管单位。(1)截至12月31日,职工“特种重病”、“在职职工住院”、“退休职工住院”及“女职工特种”等四项互助医保计划的有效会员达到741.34万人次,创历年新高,同比上升13.5%。(2)参保资金创新高,达6.19亿元,同比上升21.14%。(3)互助补充医保受益人数创新高,全年给付60.59万人次、计2.89亿元互助保障金,同比上升3.5%和3.2%;年内,领取互助医保金4万元的有21人,1万元以上至4万元以下的有4200人,切切实实为患病职工缓解了困难。(4)经职保会联系协调,退休职工参加“住院保障计划”通过银行代扣款人数创新高。凡100人以上单位均可申请办理代扣款手续,使代扣款人数达98万人,占退休职工参保总数的42.6%,同比上升27%,极大地方便了基层工会、退管会和广大退休职工。(5)享受城镇职工医保的破产企业下岗协保人员,失业后办理退休的人员等“散户”通过130个社区工会服务点参加“住院保障计划”人数创新高,达2.2万人,同比上升5%。“散户”参保增加了互助会的风险,但使弱势群体的困难职工加入到互助互济的队伍中,得到了保障。(6)退休职工住院治疗后通过街道社区工会服务处、服务点办理给付互助医保金人数创新高,达35.2万人次,占退休住院给付总数的75%,同比上升10.6%。(7)各服务处、点给付计算正确率创新高,达99.99%,同比上升1.3%。(8)年内开通了职保会网站 www.shzbh.org.cn 及基层网络查询系统,为做好各项管理提供支持,科技含量、服务水准上新高。(9)“特种重病”、“女职工特种”保障计划审核率创新高,达90%,同比上升52%,直接避免经济损失94.45万元。四项互助医保计划中,《女职工团体互助医疗特种保障计划》为市职保会与市总工会女职工委员会根据广大女职工的需要,于2月共同推出,当年参保45.8万人,占女职工总数的41.6%。2003年根据市总党组建议,市职保会常务理事会、理事会一致通过市总工会副主席谢峰同志担任理事长(唐国才同志调任市人大工作)。职保会还按照市总工会要求,进一步加强党风廉政建设及提升内部管理水平,修订完善了《加强和改进自身建设的若干规定》、《受托资金管理审核暂行办法》、《预算内费用报销办法》、《预算外资金的审批决定》,以及《关于编制预算的操作规定》等等,在规范化、科学化管理上又迈出了坚实的一步。

(周红燕)

上海市总工会直管单位法人代表名录

单位名称	职务	姓名
上海工会管理干部学院	院长	傅小龙
上海国际海员俱乐部(海鸥饭店)	主任(总经理)	杨伟健
上海市工人文化宫	主任	沈剑川(女)
劳动报社	总编	吴由之
上海市总工会休养度假中心	主任	郭金蓉(女)
上海市工人疗养院	院长	任新我
上海市总工会屏风山工人疗养院	院长	
上海市总工会黄山休养院	副院长	胡俊道
上海市总工会洞庭西山休养院	副院长	刘继明
上海市总工会东钱湖休养院	院长	夏懋璋
上海职工休养旅游服务总社	主任	张树林
上海樱花度假村	总经理	
上海市职工科技中心	主任	高兴国(兼)
上海市职工技协服务中心	主任	高兴国
上海市总工会幼儿园	园长	周稼超(女)
上海职工对外交流中心	秘书长	倪惠明
上海市总工会培训中心	主任	潘金叶(女)
上海市公惠医院	院长	彭剑明(女)
上海市职工消费合作总社	负责人	侯伟康
上海市职工住宅合作社	主任	刘鸣华
上海上工文化体育发展总公司	副总经理	胡雯龙
上海市职工保障互助中心	主任	彭剑明(女)
上海市退休职工管理委员会办公室	主任	徐中原

说明:法人代表名录以 2003 年 12 月底为准。

(市总工会组织部)

表　彰

全国五一劳动奖状(章)

一、全国五一劳动奖状(企事业)12个

上海市宜川中学
上海新世界股份有限公司
上海日立电器有限公司
上海电力安装第一工程公司
上海汽车工业(集团)总公司
宝山钢铁股份有限公司
上海市建筑装饰工程有限公司
上海城建(集团)公司
上海现代建筑设计(集团)有限公司
上海市对外服务有限公司
上海航空股份有限公司
上海大屯能源股份有限公司姚桥煤矿

二、全国五一劳动奖状(班组)6个

上海市徐汇区徐家汇环境卫生管理所徐家汇女子清道班
上海三菱电梯有限公司开发二部
上海市住安建设发展有限公司平山项目经营管理部
中远集装箱运输有限公司中日国际轮渡有限公司新鉴真轮
上海市儿童医院上海医学遗传研究所
上海京剧院《贞观盛事》剧组

三、全国五一劳动奖章(个人)42名

刘晓荣　陈俊峰　刘京海　孙稼麟
谢　毅　李长海　陆金光　石海云
胡剑平　陆仁军　陈伟峰　张建文
蒋　明　伍登熙　刘福根　陆根宝
胡恒法　任尔宁　徐　惠　王伟明
傅金娣(女)　谈浩明　汪惠萍(女)　陶惠福
杨勇伊　陆文铭　陈永心(女)　杨书甜
王伟雄　徐　健　许　宁(女)　庄东辰
廖昌永　金东寒　陶璐娜(女)　陈志国
张玉良　杨德新　严惠琴(女)　顾　立
周介昆　周建明

全国模范职工之家

浦东巴士交通股份有限公司工会
普陀区长征镇工会
上海内野有限公司工会
上海三菱电梯有限公司工会
上海石化股份有限公司环境保护中心工会
宝钢集团企业开发总公司工会
上海电力公司市区供电公司工会
上海电力安装第二工程公司工会
江南造船(集团)有限责任公司工会
延锋伟世通汽车饰件系统有限公司工会
上海市市政工程设计研究院工会
上海铁路分局上海站工会
上海邮电设计院工会
上海移动通信工会
上海大众三汽公司工会
中港疏浚股份有限公司工会
中远集装箱运输有限公司工会
上海港龙吴港务公司工会
上海市第六人民医院工会
华东师范大学工会

全国模范职工小家

浦东医药药材有限公司养和堂饮片厂工会
上海新路达集团美颖摄影公司工会
天山商厦女装班组工会小组
虹口区飞虹路小学课改组工会小组
杨浦区疾病控制中心质量管理科工会小组
上海宏泉集团有限公司销售部工会小组
黄浦区城管大队南京路步行街分队工会小组
卢湾区金玉兰物业管理有限公司安保甲班工会小组
松江区医药药材总公司余天成堂国药号工会小组
静安区环卫服务所南京西路清道班工会小组
闵行区虹桥中心小学行政工会小组
上海唐纳利干巷汽车系统有限公司油漆一车间工会小组
上海液压泵厂李斌班组工会小组
上海医药股份有限公司江杨库仓储部工会小组

上海JVC电器有限公司计划仓库工会小组
上海烟草储运公司国权北路仓库保管一组工会小组
上海申佳铁合金有限公司机动处检修五组工会小组
上海炼油厂石蜡车间工会
上海双钱载重轮胎公司VMI工会小组
上海汽车地毯总厂压模保全工会小组
上海仪表厂有限公司机械制造分厂工会
上海大众汽车有限公司汽车二厂区工会
上海通用动力总成厂发动机车间工会
宝钢冶金建设公司协力分公司铸钢车间工会
上海市安装公司容器厂球罐队工会
华东建筑设计研究院第三设计所工会
上海市排水市南防汛管理所黄浦组工会小组
上海联鸿物流中心工会
上海邮政局石泉路邮政支局工会
上海国际机场股份有限公司虹桥候机楼管理分公司工会
新华医院儿童医学中心工会
上海诺华动物保健有限公司工会

全国优秀工会工作者

左山虎 上海市机电工会主席
胡云芳 上海市轻工业工会主席
黄鸿强 上海市仪表电子工会主席
陈 欣 上海市医药工会主席
彭树明 上海石化股份公司建筑分公司工会主席
卞恩君 宝钢集团公司工会主席
汤洪芳 上海卷烟厂工会主席
陈明奋 上海有色金属(集团)有限公司工会主席
吴海中 上海航天局工会主席
周 炜 上海市建设工会主任
毛 卫 上海现代建筑设计集团工会主席
李俊华 中建八局机施公司工会主席
徐文发 上海市绿化管理局工会主席
杨 敏 上海市自来水市南有限公司工会主席
尤菊泉 上海地铁营运有限公司工会主席
徐以力 上海第三航务工程局工会主席
周崇礼 上海市医务工会副主席
李 军 上海邮电通信设备有限公司工会主席
叶小英 普陀区总工会主席
徐益华 新徐汇(集团)有限公司工会主席
周文芳 静安区人大副主任、区总工会主席
王剑明 杨浦区人大副主任、区总工会主席
张长华 黄浦区教育工会主席
高建华 长宁区总工会主席
许 民 卢湾区城建工会主任

全国优秀工会积极分子

顾美娣 上海电器股份有限公司党委副书记、工会主席
陈佩芳 上海联合利华股份有限公司工会主席
黄颉昌 贺利氏古莎齿科有限公司工会主席
付 江 宝钢股份公司科技发展部首席工程师
袁国芳 上海劳伦茨橡胶制品公司总经办主任、工会主席
陈杏生 第三航务工程勘测设计院工会主席
臧晓敏 上海交通投资(集团)有限公司办公室主任、工会主席
梅绍祖 上海电信公司长途通信事业部党委副书记、工会主席
李国培 上海市客运轮船有限公司纪委副书记、工会主席
康新华 上海市邮电局邮电学校党委副书记、工会主席
王为乐 上海绿地集团总裁助理、工会主席
钱瑞新 农工商集团前进农场党委副书记、工会主席
于东茂 上海金茂君悦大酒店工会主席
应庸吉 静安区建设总公司工会主席
朱德成 普陀区医务工会主席
黄成川 上海科宁油脂化学品公司工会主席
宋勤伯 南汇区书院镇工会主席
梅颖山 上海市延安初级中学工会主席
曹 芹 闵行区教育工会主席
查跃其 松江区建委工会主席

全国荣誉工会积极分子

史 伟 上海石化股份炼油化工部经理
张和进 吴泾化工有限公司董事长、党委书记、
蔡万生 中建八局大连公司党委书记、经理
徐卫斌 巴士电车有限公司党委书记
潘金林 上海老同盛有限公司党委副书记

第五届上海市十大工人发明家(10名)

王 军 宝山钢铁股份有限公司热轧厂
唐建平 上海航天局第八〇〇研究所数控加工中心
顾海金 上海市基础工程公司
张心一 上海老凤祥有限公司
张剑峰 上海人造板机器厂有限公司
李 瑶(女) 上海博星基因芯片公司
倪井兴 上海港张华浜港务公司
赵爱民 上海大众汽车有限公司汽车三厂
李苏明 上海亨通光电科技有限公司
周承功 上海静安市政工程有限公司

上海市职工技术创新标兵名单(10名)

夏 懿 上海复星医学科技发展有限公司
董菁雯(女) 上海电力设计院有限公司
李功乙 宝钢集团上海一钢机电公司
黄耀明 上海石化企业发展有限公司枢力公司仪控分公司

李克勇　上海交大附属第一人民医院
刘家禹　上海三爱富新材料股份有限公司
张雪祁　上海市社会保障卡服务中心
邹伟国　上海市政设计研究院科学研究所给排水研究室
陈月鸣　上海机械施工公司一分公司
黄晓明　上海现代设计集团建筑技术投资发展有限公司

上海职工素质工程教育培训基地示范单位

华东理工大学成人教育学院
上海宝钢集团公司教育培训中心
上海汽车工业培训中心
上海市医药股份有限公司培训中心
上海市交运(集团)公司教育中心
上海浦东新区工惠职工培训中心
上海广电电子学校
上海市长宁区新长宁教育培训中心
上海好事服务技能培训中心
上海市总工会沪西职工技术交流站

"宝钢杯"建设上海工业新高地立功竞赛先进名单

综合优胜杯(5个)

上海电气(集团)总公司
上海仪电控股(集团)公司
上海轻工控股(集团)公司
上海宝钢集团公司
上海汽车工业(集团)总公司

女职工优胜杯(2个)

上海市烟草工会女职工委员会
上海广电集团有限公司工会女职工委员会

优秀组织奖(7个)

上海华谊(集团)公司
上海纺织控股(集团)公司
上海医药(集团)有限公司
上海电力建设有限责任公司工会
上海石油化工股份有限公司
长江计算机(集团)公司工会
上海航天局

单项奖杯(8个)

科技创新杯——宝山钢铁股份有限公司
降本增效杯——宝钢集团上海第一钢铁有限公司
技术进步杯——上海电力安装第二工程公司
市场开拓杯——上海飞乐音响股份有限公司
质量创优杯——上海日立电器有限公司
新品开发杯——上海锅炉厂有限公司
出口创汇杯——上海申达股份有限公司
人才建设杯——上海信谊药业有限公司

十佳女技师(10人)

何建瑾　周凤妹　朱　凤　陈玲敏　朱明丽　张　莉　王秀芳　刘惠萍　戴兰珍　吴静芬

优胜企业(54个)

机电(11个)

上海柴油机股份有限公司
上海电站辅机厂有限公司
上海汽轮机有限公司
上海电机厂有限公司
上海联合电机(集团)有限公司南洋电机厂
上海纺织机械总厂
上海电气自动化设计研究所
上海电气集团现代农业装备成套有限公司
上海建设路桥机械设备有限公司
上海市机电设计研究院
上海法维莱交通车辆设备有限公司

仪电(2个)

上海金陵表面贴装有限公司
上海长丰智能卡有限公司

化工(3个)

上海三爱富新材料股份有限公司
上海涂料有限公司
上海高桥石化丙烯酸厂

轻工(5个)

上海冠生园(集团)有限公司
上海家化(集团)有限公司
上海轻工玻璃有限公司
上海海立特种制冷设备有限公司
上海海文(集团)有限公司

纺织(3个)

上海三枪集团针织九厂
上海司麦脱印染有限公司
上海嘉丰飞龙纺织有限公司

医药(3个)

上海市医药股份有限公司
上海旭东海普药业公司
上海市医疗器械批发部

电力(1个)

上海联能仪表有限公司

电力建设(2个)

上海电力安装第一工程公司
华东送变电工程公司

宝钢(9个)

宝钢集团上海梅山有限公司
宝钢集团上海浦东钢铁有限公司
宝钢集团上海五钢有限公司
宝钢集团企业开发总公司
宝钢集团上海益昌薄板有限公司
宝钢集团上海二钢有限公司
上海宝钢建设有限公司
上海宝钢化工有限公司

上海宝钢国际经济贸易有限公司

高桥石化(2个)

中石化上海高桥分公司炼油厂

上海高桥石化公司精细化工厂

上海石化(3个)

上海石油化工股份有限公司化工部

上海石油化工股份有限公司腈纶部

上海石油化工股份有限公司涤纶部

长江计算机(1个)

亚太公司

航天(1个)

上海仪表厂有限责任公司

船舶工业(2个)

沪东中华造船(集团)有限公司

上海船厂

烟草(2个)

上海(烟草)集团公司上海卷烟厂

上海烟草工业印刷厂

上汽(3个)

上海大众汽车有限公司

上海通用汽车有限公司

上海上汽大众汽车销售有限公司

华虹(1个)

上海贝岭股份有限公司

先进集体(46个)

机电(8个)

上海电站辅机厂有限公司容器车间军工班

上海联合电机(集团)有限公司人民电机厂一车间电工组

上海 MWB互感器有限公司设备科

上海先锋电机厂一车间施工组

上海电机厂有限公司高速电机分厂技术组

上海二纺机股份有限公司金一车间

上海日立家用电器 JIT改善小组

上海汽轮机有限公司锻冶处热锻组

仪电(5个)

上海金陵智能电表有限公司

上海盛昌天华电子有限公司

上海元一电子有限公司

上海精密科学仪器有限公司科技开发中心雷磁电化学研究室

飞利浦亚明灯具有限公司生产部

化工(3个)

上海吴泾化工有限公司醋酸分厂

上海焦化有限公司炭一分厂

上海氯碱化工公司股份有限公司电化厂液氯包装工段

轻工(4个)

正广和网上购物有限公司客户服务部

上海日立电器有限公司技术中心

上海晟隆国际货运代理有限公司客户服务部

上海海鸥照相机有限公司销售公司上海分公司

纺织(5个)

上海月季化纤公司冷冻小组

上海针织九厂销售科储运部

上海市服装研究所质检中心

上海东海毛巾厂毛巾后处理小组

上海第七棉纺厂电气电子组

医药(4个)

上海市医药股份有限公司华氏大药房

上海和黄药业有限公司提取班组

上海医药工业有限公司销售分公司

上海四药有限公司舒巴坦钠班组

电力(1个)

上海市电力公司宝山供电分公司

电力建设(2个)

上海电力建筑工程公司建筑分公司

上海电力建设机械化公司大众 POLO项目组

宝钢(6个)

宝山钢铁股份有限公司钢管分厂

宝钢集团上海梅山工程技术有限公司

宝钢集团上海第一钢铁有限公司炼钢厂

宝钢集团上海浦东钢铁有限公司厚板厂

宝钢集团上海五钢有限公司研究一所结构钢工模具钢室

宝钢集团企业开发总公司工业公司冷轧包装分公司

高桥石化(4个)

中国石化股份有限公司上海高桥分公司炼油厂催化三车间

中国石化股份有限公司上海高桥分公司化工厂质检科

高桥石化公司热电厂运行部

中国石化股份有限公司上海高桥分公司炼油厂重整二车间

上海石化(1个)

上海石化炼化部联合装置焦化单元一班

烟草(2个)

上海高扬国际烟草有限公司设备动力部动力班组

上海烟草(集团)公司储运公司成品仓库保管一组

华虹(1个)

上海华虹集成电路有限责任公司生产测试部

先进个人(54人)

机电(5人)

李　炎　上海电站辅机厂有限公司

朱武标　上海三菱电梯有限公司

吴骏雄　上海汽轮机有限公司

曹建峰　上海四方锅炉厂技术处

姚胜东　上海电气自动化研究所

仪电(7人)

赵乃容　上海金陵微电机有限公司

陈圣杰 上海精密科学仪器有限公司科技开发中心
张志良 上海精密科学仪器有限公司科技开发中心
阮传根 上海沪工汽车电器有限公司
郭振强 上海良标智能终端有限公司
李爱民 自仪股份公司自仪十一厂电器装配组
朱 强 自仪股份公司 DCS 公司研发部

化工(3 人)

周云鹤 上海三爱富新材料股份有限公司
汪耀华 上海高桥石化丙烯酸厂丙烯厂工会
岳春辰 上海轮胎橡胶(集团)股份有限公司载重轮胎厂

轻工(6 人)

乐文祥 上海冠生园食品有限公司糖食部
袁宗磊 上海家化联合股份有限公司
范肥林 白猫(集团)白猫(辽宁)分公司
辛志宏 老凤祥有限公司
钟振宇 国驰进出口公司
王 熙 海立特种制冷设备有限公司

纺织(3 人)

马忠宝 上海申一毛条有限公司
王 伟 上海飞马进出口贸易有限公司
邱凤德 上海第十二服装厂

医药(2 人)

杨成志 上海五洲药业股份有限公司
陆嘉生 上海医疗器械股份有限公司齿科材料厂

电力(1 人)

蔡电平 上海市电力公司沪北供电分公司

电力建设(5 人)

夏 强 上电安装一公司
王伟捷 上电安装二公司
张华刚 上电建筑公司预拌分公司
李建成 上电机械化公司
冯银芝 上电调试所

宝钢(7 人)

迟荣滨 宝山钢铁股份有限公司技改处
黄胜标 宝山钢铁股份有限公司冷轧厂
陈应耀 宝钢集团上海梅山有限公司热轧板厂
徐同建 宝钢集团上海第一钢铁有限公司炼铁厂
邵国平 宝钢集团上海浦东钢铁有限公司制造部
张社明 宝钢集团上海五钢有限公司研究所
王彩英 宝钢集团企业开发总公司协力公司

高桥石化(3 人)

许辉源 上海高桥石化工程公司
朱冯冰 高桥石化公司
陈风秋 高桥石化公司化工三厂

上海石化(1 人)

林 菘 上海石化股份有限公司

长江计算机(1 人)

印 峻 上海金鑫计算机系统工程有限公司

船舶工业(1 人)

汤春晖 江南造船(集团)有限责任公司

航空工业(3 人)

陈金荣 上海飞机制造厂
王应改 上海航空发动机制造厂
谢灿军 上海飞机研究所

烟草(2 人)

董仁群 上海卷烟厂
刘 宏 上海烟草工业印刷厂

上汽(2 人)

梁 波 上海大众汽车有限公司
刘启明 上海通用汽车有限公司

华虹(2 人)

朱 正 上海华虹集成电路有限责任公司
肖胜安 上海华虹 NEC 电子有限公司

2002 年度上海市优秀工会工作者

陆生元 上海浦东发展(集团)有限公司工会主席
姜佑宏 巴斯夫染料化工有限公司工会委员
杨金宝 浦东新区塘桥社区工会主席
汪顺明 浦东新区塘桥镇工会主席
杨有为 徐汇区漕河泾街道工会主席
郑 位 新路达商业(集团)有限公司工会副主席
王筱敏 徐汇区虹梅街道工会副主席
袁相贤 长宁区商业工会主席
唐鸿飞 长宁区大山路街道工会主席
严爱科 普陀区总工会副主席
杨宝琴 普陀区长征镇工会主席
陈志秀 普陀区建设和管理委员会工会主任
郁建伟 闸北区总工会副主席
曹迪曼 闸北区北站街道工会副主席
孔春明 虹口区总工会副主席
肖鸣伟 虹口区教育工会主席
王剑明 杨浦区总工会主席
邱红卫 杨浦区医务工会主席
钟 奕 杨浦区控江路街道工会主席
张长华 黄浦区教育工会主席
金红霞 黄浦区人民广场街道工会主席
袁思伟 上海南房(集团)有限公司工会主席
朱英豪 上海新世界股份有限公司工会主席
方林娣 卢湾区市政工程管理署工会主席
尉荣生 卢湾区打浦桥街道工会主席
周志宏 静安区教育工会主席
丁 红 静安区石门二路街道工会副主席
应庸吉 静安区建设总公司工会主席
顾裕明 宝山区长兴乡工会主席
陈玉飞 宝山区水务局工会主席
李 娟 宝山区总工会副主席
黄林法 闵行区梅陇镇工会主席
凌耀松 闵行区总工会主席(现闵行区人大常委会副主任)

王忆卿 闵行区建设管理局工会主席
沈宝娟 嘉定区江桥镇工会主席
吴飚 嘉定区总工会主席
邵美华 嘉定区教育工会主席
逢善德 嘉定区医务工会主席
徐方云 金山区建设和管理委员会工会主任
沈德林 金山区枫泾镇工会副主席
姚根发 金山实业投资发展有限公司工会主席
马连涛 松江区叶榭镇工会主任
查跃其 松江区建设和管理委员会工会主席
薛鸿斌 上海东洋电装有限公司工会主席
盛建明 青浦区赵巷镇工会主席
高福其 青浦区徐泾镇工会副主席
储颂辉 青浦区供销合作社联合社工会主任
宋勤伯 南汇区书院镇工会主席
朱云标 南汇区供销合作总社工会主席
周建君 南汇区新场镇工会副主席
黄金泉 奉贤区总工会主席
何燧初 奉贤区教育工会主席
邱伟庆 奉贤区奉城镇工会主任
陈玉香 崇明县竖新镇工会主席
石平 崇明县卫生局工会主任
左山虎 上海市机电工会主席
高坚平 上海柴油机股份有限公司工会主席
虞顺康 上海汽轮机有限公司工会主席
顾美娣 上海电器股份有限公司工会主席
刘伟民 上海自动化仪表股份有限公司工会主席
贺鸣雷 上海神明电机有限公司工会主席
陈洁强 上海轮胎橡胶(集团)有限公司双钱载重轮胎公司工会主席
马金凤 上海染料有限公司工会副主席
汪耀华 上海高桥石化丙烯酸厂工会主席
姚志贤 上海市轻工业工会副主席
王凌雨 上海家化(集团)有限公司工会主席
唐玉海 美铝(上海)铝业有限公司工会主席
付启文 上海皮革有限公司工会主席
玉宝麟 上海司麦脱印染有限公司工会主席
张春梅 上海第七棉纺厂工会主席
王建华 上海三毛纺织股份有限公司工会主席
黄德胜 上海市医药工会组织管理部部长
孙克刚 上海天禾制药有限公司工会主席
李新 上海物资贸易中心股份有限公司工会主席
季和平 上海闸北发电厂工会主席
张心定 上海电力建设有限责任公司工会主席
卞进利 宝钢集团上海第一钢铁有限公司工会主席
钱公匀 宝钢集团企业开发总公司工会主席
牟建强 宝山钢铁股份有限公司条钢厂工会主席
韩乃华 宝钢集团上海梅山有限公司工会副主席
彭培炎 宝钢集团上海浦东钢铁有限公司工会主席
袁斌臣 上海宝钢冶金建设公司工会主席
徐宝林 上海高桥石油化工公司工会副主席
徐宓 上海高桥石油化工公司炼油厂工会主席
周建军 上海石油化工股份有限公司工会基层工作部部长
李维云 上海石化汽车运输公司工会主席
赵义宝 上海石油化工股份有限公司公用事业公司工会主席
朱玉花 上海亚太计算机信息系统有限公司工会副主席
陈益林 上海有色金属(集团)有限公司工会副主席
林德光 上海申佳铁合金有限公司工会主席
吴海中 上海航天局工会主席
张同球 上海航天设备制造总厂工会主席
周荣华 沪东中华造船(集团)有限公司工会副主席
徐小妹 江南造船(集团)有限责任公司工会主席
尹美娣 上海航空工业(集团)有限公司工会副主席
吴玉兰 上海航空发动机制造厂工会主席
陶丽青 上海烟草工业印刷厂工会主席
汤红芳 上海卷烟厂工会主席
李永炎 延锋伟世通汽车饰件系统有限公司工会主席
乐强华 上海采埃孚转向机有限公司工会主席
邬彭年 上海上汽大众汽车销售有限公司工会主席
孙兰钧 上海易初通用机器有限公司工会主席
李德超 上海玻璃机械厂工会主席
张建瑛 中国华源集团有限公司工会主席
华伟锋 上海 JVC 电器有限公司工会主席
周荣英 上海市质量技术监督局工会主席
陈剑钢 上海新谷酒店管理有限公司工会主席
庄毅群 国家电力公司华东公司工会主任
丁安生 上海铁路局客运公司工会常委
陆文英 上海铁路分局上海西站工会主席
陈林宝 中海上海船员公司工会主席
陆伟庄 原上海港务局工会主席
王荣卿 上海港南浦港务公司工会主席
黄英赓 上海外高桥保税区港务公司工会主席
应为健 上海市运输工会副主席
周祯 上海市联运总公司工会主席
赵建国 上海长航船务港埠公司工会主席
张祖华 上海市邮政工会副主席
卞玉蓉 上海市邮政局汽车运输局工会主席
张新康 上海移动通信有限责任公司工会主席
郑敏 上海市电信公司网络部工会主席
白林秀 上海电信实业(集团)有限公司工会副主席
王连生 上海海上救助打捞局港作船队工会主席
张金虎 上海东方疏浚工程公司工会主席
谢钢红 上海三航工程船舶公司工会主席
沈才根 中国东方航空股份有限公司上海飞行部工会主席
黄绍南 上海机场(集团)有限公司运行管理公司工

会副主席
郑培利　上海机场(集团)有限公司工会干部
刘克勤　上海海事局工会副主席
李　军　上海邮电通信设备股份有限公司工会主席
朱治中　电信科学技术第一研究所工会主席
虞盛虎　上海市政工程设计院工会主席
周　炜　上海市建设工会主任
胡健芳　上海建工(集团)总公司工会副主席
秦伟忠　上海市第一建筑有限公司工会主席
何本权　上海市第四建筑有限公司工会主席
陈柳宏　上海市第七建筑有限公司工会主席
张荣德　上海现代建筑设计(集团)有限公司工会干部
孙春银　上海市陆上运输管理处工会主席
周蓓苓　上海宝山巴士公共交通有限公司工会主席
孙继元　上海强生集团有限公司工会主席
章　利　上海大众三汽公共交通有限公司工会主席
张德良　上海浦东煤气制气有限公司工会主席
薛大伟　上海隧道工程股份有限公司工会主席
徐文发　上海市绿化管理局工会主席
张新华　上海市房屋土地资源管理局工会副主席
邬锡元　上海住总(集团)总公司工会主席
林宪成　上海市住宅发展局工会办公室主任
沙宝珍　鲁中冶金矿业集团公司工会主席
黄乐军　市容环卫局劳动人事服务培训中心工会主席
金芒芒　上海市城市排水市中运营有限公司工会主席
孙庙江　上海市自来水市北有限公司工会主席
张国锋　上海大屯能源股份有限公司工会组织部部长
赵有全　中国建筑第八工程局工会生产组织部部长
李绍胜　上海市商业工会副主席
徐静和　上海市糖业烟酒(集团)有限公司工会主席
徐伟俊　上海水产(集团)总公司工会主席
奚众慧　上海市第一百货商店股份有限公司工会副主席
杨　乐　上海市工艺品进出口有限公司工会主席
孙绍锋　中国银行上海分行工会常务副主任
赵荣芳　上海银行工会主任
丁玲妹　国泰君安证券股份有限公司机关工会主席
邹金宝　申能(集团)有限公司工会主席
赵水良　上海市劳动和社会保障局工会副主席
吴采兰　上海市教育工会副主席
徐建中　上海第二医科大学工会常务副主席
方帼萍　华东理工大学工会常务副主席
杨伟民　华东师范大学工会常务副主席
周崇礼　上海市医务工会常务副主席
徐春扬　上海第二医科大学附属第九人民医院工会主席
徐克涛　上海市第六人民医院工会主席
陆建忠　上海材料研究所工会副主席
张　毅　中国船舶工业第七〇八研究所工会主席
杜静雅　上海市新闻出版局工会经审主任
张海平　上海新华书店宝山区店工会主席
单富年　解放日报报业集团工会副主席
陆兴隆　上海社会科学院经济研究所工会主席
孙大伟　上海美术馆工会主席
郭连生　上海文化广播影视集团工会主席
成占良　上海电影集团公司工会主席
董士祺　上海市体育局工会委员
黄成舟　上海市农业科学院工会主席
张苏华　上海市畜牧兽医站工会主席
徐永炘　上海市农工商(集团)总公司工会主席
钱瑞新　上海农工商集团前进总公司工会主席
裴嘉圆　上海市民政第二精神病院工会主席
陈桂珍　上海市宝兴殡仪馆工会主席
王友华　上海市军天湖监狱工会主席
章宝坤　上海锦江饭店工会主席
李啟明　花园饭店工会主席
徐中尼　上海市东湖(集团)公司工会副主席
胡国英　上海扬子饭店工会主席
何惠娟　上海市市级机关工会副主任
徐　林　上海市劳动教养工作管理局工会主席
黄瑞珍　中华人民共和国上海海关工会副主席

2002年度上海市心系职工好领导

吴福康　浦东新区环境保护和市容卫生管理局党组副书记、副局长
程　敏　新徐汇(集团)有限公司党委书记、董事长
高　平　长宁区教育局党工委书记
叶维华　中共普陀区委副书记、区政协主席
李　立　普陀区教育局党工委副书记
黄孟源　闸北区教育局党工委副书记、局长
周志刚　上海市虹口区环境卫生保洁总公司党委书记
陈安杰　中共杨浦区委书记、区人大常委会主任
韩胜华　上海卫百辛(集团)有限公司党委书记、董事长
顾振奋　上海新世界(集团)有限公司党委书记、董事长
陈国旋　上海中城企业集团房地产有限公司董事长、总经理
陈振鸿　中共静安区委书记、区人大常委会主任
王邦煜　上海梅龙镇(集团)有限公司党委书记、董事长
徐木泉　中共宝山区委副书记
刘　健　上海长江口商场股份有限公司党委书记、董事长
罗云芳　中共闵行区委副书记(现闵行区政协主席)

俞莉红　闵行区卫生局党委书记（现闵行区人大常委会副主任、区总工会主席）
刘雅琴　中共嘉定区委副书记、区人大常委会主任（现长宁区人大常委会主任）
曹抗美　西上海（集团）有限公司党委书记、董事长
施黄飞　金山区人民政府副区长
蔡福果　上海烟草集团金山烟草糖酒有限公司党总支书记、副总经理
韩顺芳　松江区岳阳街道党工委书记
钟燕群　中共青浦区委书记
陈纪忠　青浦区白鹤镇党委副书记
张才莲　中共南汇区委副书记
胡继民　南汇区书院镇党委副书记
陆慧仙　奉贤区供销合作总社党委副书记
沈卫国　崇明县教育局党委书记
吕亚臣　上海重型机器厂厂长
张林俭　上海仪电控股（集团）公司党委书记、董事长
仲宗尧　上海金陵股份有限公司党委书记
张培璋　上海华谊（集团）公司党委书记、董事长
侯德宝　上海化工机械二厂党委书记、厂长
张立平　上海轻工控股（集团）公司党委书记、董事长
张　琳　上海轻工玻璃有限公司总经理、党委副书记
朱匡宇　上海纺织控股（集团）公司党委书记、董事长
苏寿南　上海三枪集团有限公司（针织九厂）总经理、厂长
王俊国　上海医疗器械（集团）有限公司手术器械厂党委书记
徐文华　上海市木材总公司总经理、党委副书记
欧阳英鹏　宝钢集团公司党委常委（现宝钢集团公司党委副书记）
谢　蔚　宝钢集团上海五钢有限公司董事长、总经理
程志广　上海宝钢冶金建设公司总经理（现党委书记、董事长）
朱永贵　上海宝钢冶金建设公司建筑分公司党委书记、经理
王　迪　上海石油化工股份有限公司腈纶事业部党委书记
李耀明　上海第一铜棒厂厂长
王秋玉　上海航天局党委书记
郑义国　上海航天局第八〇四研究所党委书记
黄　岗　中国船舶工业第九设计研究院院长
董浩林　上海烟草（集团）公司党委书记、总经理
吴菊民　上海烟草（集团）公司上海卷烟厂厂长
孙菊清　上海幸福摩托车总厂党委书记
陈超贤　上海建筑材料（集团）总公司总经理（现长宁区区长）
王树新　上海建筑防水材料（集团）公司总经理
徐为熄　上海广电（集团）有限公司党委书记、董事长
顾忠惠　上海广电电子股份有限公司总经理
陆东福　上海铁路局党委副书记、局长
吴兴帆　上海铁路分局南翔站站长
叶意章　上海海运技术有限公司党总支书记、总经理
诸葛宇杰　上海港务工程公司董事长、经理
刘桂林　上海市城市交通管理局党委副书记、局长（现市政协常委、城建环保委员会副主任）
刘世才　上海交运（集团）公司党委书记、董事长
左成康　上海交运股份有限公司党委书记、副董事长
李惠德　上海市邮政局副局长
王恩伟　上海市电信有限公司长途通信事业部总经理
郑　杰　上海移动通信有限责任公司党委书记、董事长、总经理
丁振华　中远集运船舶管理公司船舶管理三部党委书记、总经理
许立荣　中远集运运输有限公司总经理
钱永跃　中国东方航空股份有限公司飞机维修基地党委书记、副总经理
刘东东　电信科学技术第一研究所党委书记、所长
张亚军　上海电话设备厂党委书记、厂长
谭企坤　上海地铁建设有限公司党委书记、董事长
范忠伟　上海建工（集团）总公司党委副书记
蒋一元　上海市第二建筑有限公司党委书记、董事长
朱美君　上海市建设工程管理有限公司党委书记、董事长
姜在渭　上海市绿化管理局党委书记
朱国治　上海市自来水闵行有限公司党委副书记、总经理
吴奇方　上海市环境保护局机关服务中心党支部副书记、主任
毛土敏　上海大屯能源股份有限公司徐沛铁路管理处党委书记
王志成　上海新亚（集团）股份有限公司南京饭店党支部书记、总经理
徐伟民　上海丝绸有限公司董事长
张鸿庆　中国工商银行上海市闸北支行党委书记、行长
丁晓云　上海证券有限责任公司党委书记、副董事长
于信汇　上海体育学院党委书记
彭裕文　复旦大学党委副书记
丁佩英　上海第二医科大学附属新华医院党委副书记
王龙根　中国科学院上海技术物理研究所党支部书记、副所长
钟修身　上海市新闻出版局党委书记
潘晓东　上海中华印刷有限公司党委书记、总经理
李保顺　上海文化广播影视集团党委副书记
陈金有　上海文广新闻传媒集团总裁助理
范陈杰　上海市农林局党委副书记（现崇明县政协主席）
徐　麟　上海农工商（集团）总公司党委书记、董事

长、总经理(现市民政局局长)
闻　森　上海农工商集团跃进有限公司董事长、总经理
华庆建　上海锦江汽车服务有限公司党委书记、总经理
张保华　上海国际贵都大饭店有限公司董事长

上海市获全国新建企业工会组建工作先进集体、先进个人

一、上海市获全国新建企业工会组建工作先进集体(14个)

上海市总工会
黄浦区总工会
浦东新区总工会
杨浦区总工会
闵行区总工会
静安区总工会
青浦区总工会
普陀区总工会
徐汇区总工会
闸北区北站街道工会
嘉定区安亭镇工会
长宁区新华街道工会
松江区岳阳街道工会
南汇区书院镇工会

二、上海市获全国新建企业工会组建工作先进个人(14个)

杜乃根　黄金泉　钱伟烈　宋美红(女)
吴　飚　潘永宽(女)　陆　非　马玉琴(女)
钱克强　王远明　薛兴龙　胡耀勤
陈玉香(女)　王理清

全国先进女职工暨上海市杰出职业女性

徐　燕　上海彭浦机器厂
汤　雁　嘉定区普通小学
武俊青　上海市计划生育科学研究所
周文玉　上海市水产研究所、水产技术推广站
张惠芬　上海市社会保障卡服务中心
张剑英　上海市政工程设计研究院
姚　莉　上海锦江航运有限公司
钮卫平　上海东方明珠股份有限公司
方雯璟　上海复旦金仕达计算机有限公司
胡志风　上海翡翠艺术装饰玻璃有限公司

全国先进女职工集体

上海市城市交通管理局工会女职工委员会
上海市电信工会女职工委员会
上海市商业工会女职工委员会
上海翡翠艺术装饰玻璃有限公司
上海市新闻出版协会女编辑委员会
上海市普陀区人民医院工会女职工委员会

全国文明职工家庭

应玉娟家庭　上海宝钢集团企业开发总公司
夏佩芬家庭　上海市聋哑青年技术学校
桂　森家庭　上海汇众汽车制造有限公司

上海市心系女职工好领导(12名)

陈士杰　中共上海市建设和管理工作委员会书记
程锡元　上海市电信公司党委书记兼总经理
王耕地　上海工业党委宣传处处长(副局巡视员)
吕永杰　上海轻工控股(集团)公司党委副书记
倪正宇　上海友谊(集团)有限公司党委副书记
陈辰康　上海交运(集团)公司副总裁
陆生元　上海浦东发展(集团)有限公司党委副书记、工会主席
李介麟　上海城市交通管理局党委委员、工会主席
吴智仁　上海科学技术出版社党委书记、社长
叶国平　宝钢集团企业开发总公司党委书记
张　路　上海长江轮船公司副总经理
李　军　上海邮电通信设备股份有限公司纪委书记、工会主席

上海市先进女职工标兵(117名)

方雯璟　上海复旦金仕达计算机有限公司
吴金珍　浦东新区上南小教学区浦东南路小学
郑　位　上海新路达商业(集团)有限公司
黄美娟　上海中山建设实业发展总公司
韩　霞　长征工业区管理委员会
吕佳琦　上海名流商厦
肖鸣伟　中国教育工会上海市虹口区委员会
徐任璇　杨浦区安图医院
方　颖　上海市第二人民医院
石渔然　上海市卢湾混凝土制品厂
王凌云　上海立丰食品有限公司
陈　红　上海宝建集团宝山市政房地产开发有限公司
徐东丽　上海市第五人民医院
汤　雁　嘉定区普通小学
吴秀英　上海盈路建设工程公司
杨慧玉　金山区供销合作社
赵小玲　松江区实验小学
钮松云　松江区第一中学
张红新　青浦区人民检察院
冯　霞　南汇区国家税务局惠南征收所
唐月莲　奉贤区教育局
丁美红　上海市恒远律师事务所
徐　燕　上海彭浦机器厂有限公司
瞿利勤　上海柴油机股份有限公司
许月芳　上海自动化仪表股份有限公司记录仪表制造部
李海政　上海仪电置业发展公司

许莉莉 上海制皂(集团)有限公司
陆芝青 上海家化(集团)有限公司
胡志凤 上海翡翠艺术装饰玻璃有限公司
周 虹 上海亚太酿酒有限公司
叶露萍 上海共康托老服务所
姚希毅 上海申达股份有限公司
吴 冰 上海九福药业有限公司
唐 皓 上海市化轻总公司第二供应公司
姜 玲 上海电力医院
杨 洁 上海电力安装第一工程公司
陈菊英 华虹NEC电子有限公司
沃文芸 上海宝钢益昌薄板有限公司
赵开英 宝钢股份公司热轧厂质检站
王新芝 上海宝冶宝钢协力分公司
宋虹霞 上海市高桥石油化工公司化工三厂
宣飞钗 上海石油化工股份有限公司炼油化工部
陈 洁 上海华威信息系统有限公司
陆福梯 上海金泰铜业有限公司
王 真 上海航天局科研二部
王晓红 上海航天局第八〇一研究所
吴静芬 沪东中华造船(集团)有限公司
孙 红 上海飞机研究所
韩喜春 上海长江电梯有限公司
季建萌 上海烟草(集团)公司三产管理部海烟大酒店
张 敏 上海延锋江森坐椅有限公司
彭兰萍 上海广电电子学校
李美英 上海市质量技术监督稽查总队
王龙梯 华东电力设计院
倪腊琴 华东电力培训中心
陆伟俐 上海百姓家庭装潢有限公司
邵德珍 上海铁路分局北郊站
刘 琼 上海港集装箱股份有限公司外高桥码头分公司
孙敏卿 上海江海建设开发公司
苏冬梅 上海交运股份有限公司汽车零部件分公司精冲件厂
李 红 上海市邮政局闵行区局七宝支局
张永丽 上海市电信公司电信卡事业部
金建美 上海市邮电器材工业公司
李冠茹 中海工业有限公司
陈 虹 上海航道勘察设计研究院
王雯芸 中港第三航务工程局
汤祥琴 中远集装箱运输有限公司计算机中心
俞 容 中国东方航空公司客舱服务部六分部
胡晴川 虹桥安检护卫分公司
袁德丽 上海航空公司
陈丽娟 上海移动通信有限责任公司
张 恬 上海市建筑材料质量监督站
张剑英 上海市政工程设计研究院
张 晶 上海市机械施工公司
陈 颖 上海市第八建筑有限公司
周 虹 上海市第一建筑有限公司
卞培莉 上海燃气浦东销售有限公司第三营业所
余玲莉 上海城市交通信息中心
刘聚元 上海申宏建筑装饰工程有限公司
陆芸兰 上海海洋石油钻井工程公司
钟 律 上海市园林设计院
张 炜 上海市住宅建设学校
陈 强 鲁中冶金矿业集团公司小官庄铁矿
黄雅娣 上海市渣土管理处
魏菊敏 上海市市容环境卫生水上管理处
姚 莉 上海锦江航运有限公司
黄 跃 上海外经集团公司上海国际招标有限公司
张海燕 上海市水务规划设计研究院
周文玉 上海市水产研究所水产技术推广站
陈玉芳 上海市浦东盐业公司
吴毓华 上海浦东发展银行第一营业部
刘 樱 上海国际集团有限公司
陈思勤 华能上海石洞口第二电厂
张惠芬 上海市社会保障卡服务中心
韦兰英 上海市测绘院
胡安琪 上海市劳动和社会保障局
徐敏华 上海市第六人民医院
武俊青 上海市计划生育科学研究所
李 昂 上海文艺出版总社
邱丹凤 上海学生英文报社
杨 俊 文新报业集团
王春晔 文汇出版社
陈超前 新华通讯社上海分社
钮卫平 上海东方明珠有限公司
高美芬 上海天蟾京剧中心逸夫舞台
裘文慧 上海博物馆
高文琦 上海市蔬菜科学技术推广站
王 英 新海农场中心小学
贾雪虹 上海市龙华烈士纪念馆
李佳范 上海市地下建筑设计研究院
冯冬梅 上海市军天湖监狱
戴鹤娟 上海市锦江汽车修理公司
吴 萍 上海市东湖(集团)公司
程美娟 上海大厦
马佩芳 上海海事法院
陆 燕 华东建筑设计研究院有限公司
杨改荣 中建八局工业设备安装公司

上海市先进女职工集体(111个)

上海市城市交通管理局工会女职工委员会
上海市电信工会女职工委员会
上海市商业工会女职工委员会
上海翡翠艺术装饰玻璃有限公司

上海市新闻出版协会女编辑委员会
普陀区人民医院工会女职工委员会
浦东商场金银首饰行
徐汇区医务工会女职工委员会
长宁区总工会女职工委员会
长宁区中心医院急诊输液观察室
普陀区民防车库综合管理中心区府车库控制中心
闸北区总工会女职工委员会
闸北区教育工会女职工委员会
虹口区总工会女职工委员会
新市学校一至三年级工会小组
杨浦区教育局工会女职工委员会
黄浦区曹光彪小学
新晖中学女生部
静安区人民防空通信站
宝山区婚姻登记管理所
闵行区文化广播电视管理局新闻部
马陆镇劳动和社会保障所
华东师范大学第三附属中学
松江区乐都医院预防保健科
上海市工商行政管理局青浦分局企业注册科
南汇区供销合作总社工会女职工委员会
奉贤区总工会女职工委员会
崇明县民政局婚姻登记处
上海市机电工会女职工委员会
上海锅炉厂有限公司工会女职工委员会
上海半导体器件二十一厂徐汇分厂
上海信息技术学校工业分析教研组
上海造币厂 961 包装组
上海市纺织工会女职工委员会
上海申达进出口七部
上海医疗器械厂工会女职工委员会
上海爱姆意机电设备连锁有限公司机械事业部
上海市电力公司市区供电公司客户服务中心帐务大用户班
上海电力安装第一工程公司科工贸生活服务部
梅山矿业公司选矿厂细碎乙班女工集体
上海五钢有限公司工会女职工委员会
上海宝冶工安公司结构厂工会女职工委员会
上海高桥石油化工公司工会女职工委员会
上海炼油厂油四海滨码头第二班
上海石油化工股份有限公司工会女职工委员会
上海跃龙新材料股份有限公司灯用荧光粉车间测试中心
上海航天局第八〇三研究所第二事业部自动驾驶仪装调组
上海船厂造船事业部女职工委员会
六一五研究所 DTE 课题组
上海大众汽车卢湾特约维修站
上海卷烟厂工会女职工委员会
上海汽车服务有限公司汽车齿轮总厂三车间齿轴类小组
上海广电健洋网络有限公司网络部
华东电力试验研究院工会女职工委员会
华源集团上海国际货运代理有限公司财务部
上海浦东水泥厂工会女职工委员会
上海铁路局工会女职工委员会
上海铁路分局上海西站工会女职工委员会
上海外高桥保税区港务公司工会女职工委员会
上海长航医院内一病区护理组
上海市联运总公司工会女职工委员会
上海市机要通信局收发科接收组
上海市电信公司南区电信局营业室
上海市电信公司西区电信局 112 受理中心
中海工业鸿宾公司鸿宾旅馆
上海浚浦物业有限公司租赁办
第三航务工程局第二工程公司工会女职工委员会
中远集装箱运输有限公司亚太部上海分部拼箱销售部
中国货运航空有限公司货运部虹桥货运操作部制单组
上海机场运行管理公司机场费管理中心虹桥收费科售检票二组
上海航空股份有限公司客舱服务部
太湖五里湖水环境综合整治项目组
上海建工医院工会女职工委员会
上海市第一建筑有限公司工会女职工委员会
上海市市政工程管理局工会女职工委员会
上海吴淞煤气制气有限公司女职工委员会
上海强生集团有限公司工会女职工委员会
上海市房地产学校
上海海洋油气分公司开发所春晓项目组
上海市住宅建设学校公共教研组
鲁中冶金矿业集团公司动力厂工会女职工委员会
上海市废弃物管理处特殊废弃物管理科
东方国际(集团)有限公司工会女职工委员会
上海水务局市南公司营业所“英姿表务队”
上海新亚(集团)有限公司工会女职工委员会
中国农业银行上海市宝山支行吴淞营业所
上海市发展计划委员会系统工会女职工委员会
上海市农村社会经济调查队
上海市测绘院制印一科
上海市卢湾区社会保险事业管理中心
上海电视大学法律系
华东医院东楼心脏监护病房医疗小组
上海技术物理研究所材料器件中心分子束外延(MBE)组
上海科技教育出版社第一编辑部
解放日报报业集团组织人事处
文汇报社会政法部

上海美术馆总务部前厅组
上海电视台生活时尚频道
中共一大会址纪念馆宣教部
上海市农业委员会工会女职工委员会
上海新杨种畜场葑塘孵化厅女子鉴别组
上海农工商超市有限公司第43店
上海市宝兴殡仪馆业务洽谈组
上海市白茅岭农场医院护理部
上海龙柏饭店房务部总台班组
东湖别墅服务中心
衡山集团扬子饭店总台班组
上海大屯能源龙东煤矿煤质科化验班
上海市遣送总站第一分站女子中队
上海华设公司IT建设课题组
上海市社会保障卡服务中心声讯服务部

上海市优秀女职工工作者(30名)

夏玲英　全总教科文卫工会女职工委员会副主任、上海市教育工会主席
苏玉芳　上海市对外经济贸易工会主席、上海市总工会女职工委员会副主任
李虹鸣　上海市新闻出版局工会主席、女职工委员会主任
傅玲琍　上海科技工会副主席、女职工委员会主任
吴小朋　上海铁路局工会副主席、女职工委员会主任
黄亚萍　奉贤区总工会副主席、女职工委员会主任
徐斯军　上海石油化工股份有限公司工会副主席、女职工委员会主任
倪菊娣　浦东新区社会发展局工会女职工委员会主任
郑丽融　虹口区总工会女职工委员会副主任
张　玲　卢湾区教育工会副主席
王慧君　上海万有全集团公司工会主席
方德珍　上海机电工会女职工委员会委员
韩霞芳　上海精密科学仪器有限公司工会副主席
张　萍　上海梅林食品有限公司工会副主席
罗秋燕　上海轻工玻璃有限公司工会副主席
许丽萍　上海实业马利画材有限公司工会主席
俞进艺　上海纺织工会宣教女工部部长
周宁远　上海汉森进出口有限公司机关工会主席
王薇军　上海航空股份有限公司客舱服务部女职工委员会主任
吴叶明　漕河泾西区锦虹公司总经理助理
许育华　上海长江轮船公司工会
阮越星　上海沪北物流发展有限公司工会副主席
郑　缨　上海市电信公司工会女职工委员会副主任、权益维护部部长
冯　华　上海市城市交通管理局工会
王永莉　上海友谊(集团)有限公司工会主席
赵荣芳　金融工会女职工委员会主任
高振玲　上海市文化广播影视管理局机关工会女职工委员会主任
张俐珠　上海市农业委员会工会女职工委员会主任
夏卫平　上海市农工商集团五四总公司工会副主席
朱雅琴　上海电话设备厂工会委员

上海工会共建“五一林”活动

特别贡献奖(5个)

上海市金融工会工作委员会
上海宝钢集团公司工会
上海市城市交通管理局工会
上海市医务工会
上海船舶工业公司工会

优秀组织奖(33个)

徐汇区总工会
上海市文化广播影视集团工会
上海市市政工程管理局工会
上海市电力公司工会
上海市浦东新区总工会
上海高桥石油化工公司工会
上海市宝山区总工会
上海汽车工业(集团)总公司工会
上海市杨浦区总工会
上海市化学工会
上海市商业工会
上海市纺织工会
上海宝钢冶金建设公司工会
上海市松江区总工会
上海市绿化管理局工会
中国电信集团工会上海市委员会
上海市科学技术工会
上海市闵行区总工会
上海市虹口区总工会
上海机场(集团)有限公司工会
上海市对外经济贸易工会
上海市嘉定区总工会
上海市建工(集团)总公司工会
中国移动通信集团工会上海市委员会
上海市水务局工会
上海航天局工会
上海市黄浦区总工会
上海市静安区总工会
上海市奉贤区总工会
中国海员工会上海港务局委员会
上海市闸北区总工会
上海市衡山(集团)公司工会
中国东方航空股份有限公司工会

组织奖(38个)

上海市发展计划委员会系统工会工作委员会
上海市青浦区总工会

锦江(集团)有限公司工会
上海市普陀区总工会
上海市农工商(集团)总公司工会
中国教育工会上海市委员会
上海市长宁区总工会
上海市机电工会
上海市南汇区总工会
中国海员工会上海海运(集团)公司委员会
上海市东湖集团公司工会
上海信息化工作系统工会
上海市卢湾区总工会
中国邮电工会上海市邮政委员会
上海华虹(集团)有限公司工会
上海市质量技术监督局工会
上海市烟草工会
中国海员工会中远集装箱运输有限公司委员会
上海市房屋土地资源管理局工会
上海市城市规划管理局工会
上海现代设计(集团)有限公司工会
中国石化上海石油化工股份有限公司工会
上海市运输工会
中国海员工会中港第三航务工程局委员会
上海市民政局工会
上海市建设工会
上海市农业委员会工会
上海建筑材料(集团)总公司工会
交通部上海海上救助打捞局工会
中国海员工会中波轮船股份公司委员会
中国海员工会上海海事局委员会
上海海洋石油局工会
中国海员工会上海长江轮船公司委员会
上海电力建设有限责任公司工会
长江计算机(集团)公司工会
上海市轻工业工会
上海市机械设备成套(集团)有限公司工会
上海有色金属(集团)有限公司工会

上海市职工职业道德双十佳(单位)

1. 宝山区医疗保险事务中心
2. 上海电信大客户服务中心
3. 上海日立家用电器有限公司用户咨询服务中心
4. 高桥石化公司化工三厂
5. 黄浦区职业介绍中心
6. 上海移动通信有限责任公司
7. 上海电视台新闻综合频道《新闻透视》栏目组
8. 上海市第一食品商店
9. 仁济医院
10. 上海市杨浦公安分局肖玉泉中队

上海市职工职业道德双十佳(标兵)

1. 徐小平 上海大众发动机厂
2. 陈玉琨 华东师范大学教育管理学院
3. 崔祝平 上药集团医疗器械股份有限公司医疗设备厂
4. 陈秀英 上海地铁运营有限公司保洁队
5. 金泰祺 上海铁路分局第二工务段
6. 巫善明 上海市传染病医院
7. 苏寿南 上海三枪集团
8. 葛建萍 上海市浦东新区人民法院
9. 陈新康 上海银行浦东分行
10. 秦宝华 上海市基础工程公司

2001~2002年度"建、创、做"活动先进单位

上海市静安区总工会
上海市宝山区总工会
上海市普陀区总工会
上海市黄浦区总工会
上海宝钢集团公司工会
上海市机电工会
上海市纺织工会
上海市轻工业工会
上海汽车工业(集团)总公司工会
上海市化学工会
上海航天局工会
上海市电力公司工会
上海港务局工会
上海市电信工会
上海市市政工程管理局工会
上海市城市交通管理局工会
上海市建设工会
上海市绿化管理局工会
上海市医务工会
锦江(集团)有限公司工会

2001~2002年度上海市文明班组

浦东新区

上海市建平中学语言组
浦东新区南门幼儿园教师组
浦东新区人民医院急诊科
浦东巴士公司983路班组
上海石油化工研究院催化二部
上海外高桥保税区联合发展有限公司总务组
上海市浦东土地发展(控股)公司逢缘实业发展有限公司世纪公司经营部
浦东新区城市管理监察大队六分队三小队
浦东新区水文资源管理署高桥水文站
浦东新区第三统计调查所统计业务一科
浦东新区档案局缩微室
浦东烟草糖酒有限公司营销销售电脑部
浦东新区畜牧兽医站兽医卫生监督组

浦东新区城市排水管理所远东班组
浦东路桥建设股份有限公司试验室

徐汇区

徐汇区疾病预防控制中心计免科
徐汇区中心医院中医科
上海西亚宾馆前厅部
上海汇联商厦休闲柜
汇成物业有限公司汇成苑物业组
徐房绿化有限公司天平管养段
上海西南位育中学教务处
徐汇区逸夫小学语言教研组
徐汇区就业促进中心虹桥所
漕河泾社区服务中心文化中心
上海申花钢管有限公司精品钢管组
上海美心酒家点心组

长宁区

上海华燕房地产经纪有限公司嘉利豪园售楼处
上海美丽华物业管理有限公司管理处清洁班
上海市延安中学物理教研组
上海市东延安中学外语教研组
长宁实验幼儿园中班年级组
上海市建青实验学校中学部数学教研组
上海市第三女子中学政治教研组
长宁区愚园路第一小学语文组
同仁医院介入诊疗科
长宁区中心医院急诊输液观察室
长宁区房屋土地管理局长宁房地产交易中心登记部
上海中山建设实业发展总公司动迁分公司班组
上海天山商厦有限公司一楼商场部
上海新长宁房产销售有限公司本部小组
华德饭店新泾店二服务组
上海鑫电电气设备安装有限公司外线班组

普陀区

普陀区有线电视中心电视制作中心
普陀区政府机管局服务中心组
普陀区市容环境卫生作业四队机扫班
上海芳芳日化有限公司生产流水线
宜川中学数学教研组
上海市曹杨中学外语教研组
普陀区长征地段医院内科门诊医生组
曹杨路街道社会保障科
上海旭升精细化工技术研究技术开发部
上海盛鑫建筑装潢工程有限公司闵行电厂项目部
普陀区足球学校足球教研组
上海曹杨建筑粘合剂厂应用技术部
普陀区民防车库综合管理中心区府车库控制中心
上海华洋电脑纸品有限公司胶印班组
普陀公安分局路政设施管理警组
上海祥好塑胶五金有限公司注塑车间
普陀区少年儿童游泳学校游泳教练组
普陀区青少年体育运动学校划船教研组

闸北区

上海名品商厦体育用品部
上海市和田地区深化治理办公室联合工会第二学习小组
上海新艺交通设施工程有限公司通讯网络工程部
闸北区中心医院中医病区医生组
上海市三泉学校德育领导小组
番瓜弄招待所服务组
闸北二少体武术教研组
闸北烟草糖酒有限公司名烟名酒班组
上海宝通物业管理有限公司物业管理处
上海振沪房屋拆迁有限公司动迁组
闸北区园林建设发展公司班组
上海市共康中学高二年级组
闸北区机关事务管理局大楼管理中心会务班
闸北区文化稽查队工会班组

虹口区

上海虹口动拆迁实业有限公司动迁部
华谊楼宇设备工程有限公司急修中心
上海亮东物业管理有限公司凉东管理处
上海宇宙电器有限公司汽车继电器班组
上海华电汽车窗厂焊割班组
虹口区第四中心小学数学组
上海市北郊高级中学第四工会
虹口区教育学院实验中学数学教研组
南湖职校公共教研组
东余杭路幼儿园教师大组
上海宏苑物业管理经营公司锦苑管理所
广中地段医院社区卫生服务科
上海市第一人民医院分院腹腔镜外科医生组
大祥食品有限公司营业二部
乍浦保洁公司乍浦清道班

杨浦区

杨浦房地产开发经营有限公司市场部
杨浦小学数学教研组
杨浦区同济小学四年级组
杨浦区政通路幼儿园教师组
杨浦区同济大学第一附属中学政治思想教育处
杨浦区水丰路小学第五工会组
杨浦区辽阳中小学数学教研组
杨浦区实验托儿所幼班教研组
上海阳普集团公司新阳普超市有限公司北斗星店散卖组
上海罗曼照明工程有限公司工程施工队
无锡市国有资产投资开发总公司上海公司水电班组
杨浦区中心医院内科三病区
杨浦区市东医院普外科
上海美亚文化传播有限公司非机动车综合管理项目组
平凉环卫所清道班东组

黄浦区

新世界城四楼商场三枪内衣自营柜
小绍兴大酒店客房班组
蔡同德堂药号西药柜
上海老同盛有限公司红声商场
豫园百货永青百货假发柜
黄浦区市政工程管理署路政管理科
黄浦区市政养护管理有限公司道桥班
南房集团东欣物业管理有限公司南花苑物业管理处
金外滩(集团)公司项目管理部
上海黄浦投资(集团)发展有限公司项目管理部
上海海狮体育救生用品有限公司技术科
车前托儿所
上海市尚文中学语言教研组
黄浦区好小囡幼儿园教师组
上海市第二人民医院呼吸科
黄浦区霓虹灯管理所灯光监控中心
上海达益物业发展有限公司装潢分公司
黄浦区抗灾救灾应急救援工作站特救队
上海新世纪演艺公司工程部
黄浦区环境卫生管理局第一运输公司储运场综合组
上海广隆置业发展有限公司水电班组

卢湾区

卢湾混凝土制品公司试验室
卢湾区辅读学校送教上门组
卢湾区文化馆演艺服务部
卢湾区公房修理应急中心
金辰大酒店客房部班组
上海隆登企业有限公司缝制班组
上海中城房产动拆迁公司动迁组
上海金玉兰物业管理有限公司电工组
盛兴点心店盛兴班组
卢湾区劳动和社会保障就业科
淮海街道社保中心

静安区

上海新中冶金设备厂设计科
静安区第六粮油食品商店
静安城建配套发展有限公司配套部
静安市政工程有限公司工程科
宝翔物业有限公司维修站
上海锦安企业发展有限公司动迁班组
上海市西初级中学初三年级组
上海市西中学数学教研组
静安区中心医院心血管内科
静安老年医院康复科
静安区图书馆读者服务部
静安区少体校排球教研组
静安区市政委环卫服务所南京西路清道班
静安区人民防空通信站班组
梅龙镇广场店怡悦堂服务组
百乐门大酒店客房部十七、十八楼班组
雷允上药城第三班组
上海开开百货有限公司营业一组
上海三阳盛南北货食品有限公司南货柜
上海正章洗染公司静安寺总店
静安区医疗保险办公室
静安区市容和市政管理委员会市容管理办公室

宝山区

红星幼儿园语言组
吴淞中学高三年级组
宝山区教师进修学院信息部
吴淞中心医院医学检验科
宝山区精神卫生中心一病区神经内科
宝山区疾病控制中心慢性病防治科
上海淞沪抗战纪念馆宣教部
上海市国家税务局刘行税务所
宝山区第二军干所
宝山区人民法院刑事审判庭
宝山区人民检察院侦查监督科
宝山区淞南环境卫生服务公司清运班
宝山区月罗环境卫生服务公司月浦道班
上海烟草集团宝山烟草糖酒有限公司永清商场
宝隆宾馆客房部服务班组
宝山区航务管理所吴淞监督站
宝山区农业技术推广中心土肥环监站
上海黄海制药有限责任公司固体制剂车间机修组
上海宝山大场日化厂制造组
上海中集冷藏有限公司生产部组焊乙班

闵行区

闵行区检察院行政装备科
上海青春实业有限公司青春公司工会
上海市第五人民医院泌尿科
上海申闵公路养护建设有限公司北桥养护道班
闵行区就业促进中心职介所
浦江镇浦江一小二楼办
闵行区畜牧水产技术服务中心技术服务部
上海氯碱包装实业公司电工组
上海梅陇新型钢窗厂二车间装配组
上海三佳建设(集团)有限公司龙吴路南段改扩建工程项目组

嘉定区

上海市轻纺市场发展有限公司市场管理部
上海一鸣过滤技术有限公司 JN 生产线
嘉定区妇幼保健院儿保科
嘉定区文广局文化馆演出服务队
嘉定娄塘镇朱桥自来水厂外管组
上海工业大学嘉定通用机械厂制造部综合技术组

金山区

金山中学政治教研组
瑞金药店

上海和泉时装有限公司企画班
上海市烟草专卖局金山分局烟草专卖办公室
金山区公路管理署征收站
金山区逢春福利院护理班组

奉贤区

上海市公安局奉贤分局刑侦支队技术室
奉贤区实验小学后勤组
上海雅新制衣有限公司缝纫二车间
奉城医院外科护理组
奉贤区国家税务局南桥征税所
南桥镇第一街道运河居委

松江区

松江劳动局职业介绍所
松江一中语言教研组
松江大众交通有限公司松江四线班组
凯达公路工程公司道路工程队
松江检察院未成年人案件刑事检察科
上海高屋时装有限公司整洗班组

青浦区

上海青雅实业有限公司装钟组
青浦区徐泾中心小学三年级组
青浦工业园区动拆迁办公室
上海香花纺织有限公司布机甲班
青浦区机关事务管理局管道组
青浦区青浦城东社区服务组

南汇区

南汇区人民检察院职务犯罪预防科
大团镇幼儿园计算教研组
南汇区机关托儿所
下沙供销合作社生产资料商店
上海汇丽集团二厂有限公司水性车间
上海康玻纸业有限公司纸箱流水线班组

崇明县

农保中心班组
崇明县中心医院超声科
崇明县实验小学音乐教研组
崇明沪剧团文艺演出组
上海顺利山海大酒店餐饮部服务组
崇明公路工程养护有限公司马桥道班

机电

上海三菱电梯有限公司金属部
上海电器科学研究所检测分所第二检验室
恒联企业发展有限公司财务组
现代农业装备成套公司数控车间
上海锅炉厂有限公司供应处圆钢组
上海汽轮厂有限公司产品包装计划组
上海电机厂有限公司综合服务公司利材工段服务班
上海电焊辅机厂有限公司工艺处焊接工艺组
上海天安轴承有限公司四车间专线超精研组
南洋电机厂车间装配组
上海液压泵厂钳装组
上海柴油机股份有限公司铸热分公司造型线组
上海彭浦机器厂箱体车间精加工室
上海金泰工程机械有限公司压路机车间冷工一组
上海锻压机床厂技术部女子组
上海工具厂有限公司锻轧厂冲床组
上海人造板机器厂有限公司设计三组
上海纺织机械总厂市场部
二纺机生产计划部
上海申威达机械有限公司金工车间龙刨组
上海大隆机器厂工程技术组
上海耐莱斯·詹姆斯伯雷阀门有限公司信息办
上海合众开利公司数控加工中心小组
上海开利运输冷气设备有限公司售后服务部
上海三菱电机上菱微波炉电器有限公司 AD 小组
上海日立家用电器有限公司 PCM 组
上海电缆厂电车班
上海华通开关厂高压车间 SF6 装配组
上海人民电器厂七车间钳床组
上海重型机器厂人力资源部安置办
上海建设路桥机械设备有限公司“三宝”维修服务中心

仪电

上海业成金属制造有限公司数控组
上海双灯照明电器有限公司运输组
上海浦江智能卡有限公司非接触 IC 卡小组
上海亚尔光源有限公司电极点焊组
金陵智能电表有限公司单相 95 系列装配组
福克斯波罗有限公司机架工段
中国唱片上海公司电脑制版组
上海帕瓦尔半导体有限公司光刻甲班

化工

上海制皂有限公司一车间甘油小组
大中华正泰轮胎公司物理试验组
双钱载重轮胎公司压出丁班
高桥石化丙烯酸厂机修车间泵修二组
上海振华造漆厂卷材系列产品组
上海信息技术学校医务室
上海试四赫维化工有限公司 OBPA 小组
上海助剂厂有限公司增白剂磨粉间班组
氯碱公司粒料厂采购部仓库小组
合成氨一厂合成车间铜洗班组
上海金鹿化工有限公司仓储小组
上海彭浦化工厂三氯化磷班组
胶带公司警卫班组
上海橡胶制品研究所一室研究班组
智亿化工工程橡胶分公司微波班组
上海涤纶厂方鑫物业班组
上海化工机械一厂经营服务部生产经营班
上海合成树脂研究所财务部

纺织

上海新一棉一织布机杨富珍小组
上海一棉绿藤实业发展有限公司
上棉十七厂阳光养老院
上棉三十五厂北纺丁班细纱四组
嘉丰飞龙布机甲班一组
上棉十九厂加工保全保养小组
上海飞马进出口贸易有限公司外贸五部
上海针织机械一厂门卫
上海织袜二厂邦大酒店客房总台服务组
上海飞马针织有限公司销售科
上海月季化纤公司纺整丁班
上海化纤浆粕总厂蒸煮丙班小组
上海宇航特种化纤厂锅炉小组
上海纺运公司关港仓库食堂班组
上海针织九厂销售科储运组
上海针织九厂漂染车间染一丙班
上海服装机械有限公司磨床组
上海飞羽绒服装总厂技术科
上棉八厂细纱丙班八组
上海安达棉纺织厂丙班清花小组
上海针织厂警卫室
上海荷叶公司细纱乙班一组(裔式娟小组)
上海司麦脱印染公司质监科
上海工业用呢厂织造车间乙班一组
上海汽车地毯总厂压模二车间机电小组
上海迪伊毛纺织公司梳纺车间甲班环锭筒子组
上海纺织职工大学图书馆
上海萃众毛巾总厂销售部
上海毛巾十六厂织造日班
上海汉森大酒店安保
上海纺织党校教务科
上棉七厂后加工乙班倍并小组

轻工

上海凹凸彩印总公司胶印一组
上海灯具城维修组
上海申华进出口有限公司业务组
上海飞轮有色冶炼厂运输组
上海机动车辆汽车配件有限公司车配八厂来利经营部
利用锁厂汽配分厂装配组
利用锁厂汽车销分厂机模小组
汽车锁分厂装配一组流水线
上海伦福德汽车配件有限公司运输组
上海市照明灯具研究所阿泰克金工装配车间
上海家具厂有限公司销售分公司营销部
工具厂产品开发中心
上海印钞厂检封三组
上海印钞厂凹印日印班组
上海白猫有限公司洗洁精机灌工段
上海白猫有限公司仪电组
上海人民印刷八厂货运车队
上海人民塑料印刷厂印刷八色机组
上海新伦纸业有限公司生产一部仪表维修班
上海滤清器厂滤清器车间机滤工段旋装滤小组
上工股份工业缝纫机总厂机壳一车间加工中心组
上工股份零件总厂五分厂(伞齿轮)
上工股份有限公司技术中心机壳零件试制组
上海市缝纫机研究所缝制设备信息中心
上海上工针业有限公司整磨组

电力公司

市区供电公司电缆公司运行一班
市南供电公司电缆管理处运行二班
市东供电公司浦东分公司电气试验班
市东供电公司电缆公司材料班
电力股份公司吴泾热电厂集控一班
超高压工程公司线路四班
闸北发电厂通讯班
电力表计厂客房服务班

电力建设

上海电力安装第一工程公司电气工地电缆一组
上海电力安装第二工程公司机修工地操作班

宝钢

股份公司条钢厂轧钢甲班初轧机组
股份公司制造部环境监测站水质二组
股份公司电厂发电分厂 B 值 3 号机
股份公司能源部设备室继保班
股份公司炼钢厂设备车间行车电气组
股份公司钢管分公司设备管理室热区机械点检五组
股份公司运输部成品码头机装 2 队装卸 5 组
梅山公司企发公司梅山物业第二维修班
梅山公司化工公司精炼车间酚大班
梅山公司运输部码头二区装卸甲班
梅山公司炼钢厂转炉炉前甲班
一钢公司炼铁厂 750 高炉中控室
一钢公司炼钢厂甲班方坯组
一钢公司型钢厂成品车间配售作业区乙班
一钢公司钢三路食堂切配组
二钢公司制品一分厂拉丝丁班作业区
浦钢公司三钢梅塞尔通用空压站
浦钢公司中板厂热轧车间轧钢甲班
五钢公司劳动服务公司驻上海书城安保组
五钢公司研究一所新品营销办
五钢公司钢管厂热轧甲班
五钢公司十钢公司花鸟服装市场管理班组
宝钢建设公司小车队
宝钢开发公司建筑维修公司消防分公司设备点检二区三班
宝钢开发公司饮食供应公司厂南分公司热一食堂综合一班

宝钢开发公司综合开发公司回收利用分公司废油一组
宝钢设计院土建室土建二组
宝钢国际实业公司供应中心月浦乙班料管组
化工公司化二厂蒽萘作业区丁班
检修公司信号检修组
益昌公司钢益饮食服务作业区日班
宝山宾馆北楼总服务台

宝冶

宝冶检修公司宝钢项目部协力点检班
宝冶电装公司 SGM 王港运行维护班
宝冶建筑分公司测量控制检查班
宝冶协力分公司铸钢车间一转炉 C 班
宝冶机装公司钢构二厂焊工一班

高桥石化

炼油厂气加车间气分第二班
炼油厂电气车间保养四组
化工厂二车间乙腈乙班
化工厂消防队消防一班
化工三厂动力污水车间冷冻丙班
精细化工厂二车间氨基醇丙班
热电厂运行部电运一班
公司机关小车班

上海石化

化工物料分公司修理车间二保班组
信息中心系统维护科
2＃芳炬加氢运转丙班
水厂营业所抄表二组
热电总厂热电二站锅炉运行四班
众达公司腈纶通信站
涤纶部 2＃长丝联合装置成品装置乙(1)班
腈纶部物试组
环保中心防水处理车间运转戊班
塑料部 2PE 联合装置 2PE 装置甲班
公用事业公司供热物网热力调度室
供销公司危险化学品仓库

长江计算机

上海金鑫计算机系统工程有限公司系统开发部

有色金属

跃龙新材料股份有限公司设备管理维修组
上海第一铜棒厂科二支部食堂
上海申佳铁合金有限公司经济民警分队
上海金鑫铜业有限公司稀贵车间精硒班组
上海金鑫铜业有限公司步进炉一热轧机组
上海申佳铁合金有限公司 600＃炉丁班
上海隆泰铜业有限公司铜带车间机修工段

航天

八〇二研究所档案资料处资料组
八〇六研究所第三研究室力学组
八〇九研究所标准档案组
八一〇研究所档案管理组
上海卫星工程研究所可靠性组
第八设计部二室结构组
上海仪表厂有限责任公司模具制造事业部钳工组
上海飞奥燃气设备有限公司营销组
上海新光电讯厂综合营销组
上海德尔福空调系统有限公司 102 车间数控弯管组

船舶

江南造船(集团)有限责任公司造船事业部机装车间机配工段镗排组
沪东中华造船集团造船一部外业车间电焊一组
上海船厂上船一号
上海外高桥造船有限公司总装部综合作业区拉划线组
第九设计院振华监理公司卢浦大桥引桥 3 标段监理组
海军 4805 厂潜艇车间燃机组

烟草

上海烟草(集团)公司市内营销部班组
上海烟草机械有限责任公司运输组
上海烟草工业印刷厂凹印车间 820 甲班
上海高扬国际烟草有限公司制造部制丝乙班组
上海烟草储运公司国权北路仓库保质组
上海卷烟厂二车间乙班 2 组
上海卷烟厂动力车间锅炉班组
上海卷烟厂一车间乙班制丝组

汽车

上海大众汽车有限公司冲压中心维修科(TSM)模修二工段
上海通用汽车有限公司冲压车间模修工段
上海上汽大众汽车销售有限公司江苏销售服务中心
延锋伟世通汽车饰件系统有限公司外饰系统厂油漆 I 线区域控制室班组
上海小糸车灯有限公司开发部设计科
上海汽车股份有限公司汽车齿轮总厂二车间外贸组
上海法雷奥汽车电器系统有限公司生产物流组
上海申雅密封件有限公司产品车间挤出二组
联合汽车电子有限公司技术中心第一工会小组
上海萨克斯动力总成部件系统有限公司液力变矩器(TC)总成班组
上海乾通汽车附件有限公司压铸车间模修组
上海汽车股份有限公司中国弹簧厂 35KV 变配电站
上海汽车股份有限公司汽车齿轮总厂销售营业厅
上海大众汽车有限公司冲压中心油漆整理工段
上海法雷奥汽车电器系统有限公司 HK 加工中心

广电

上海夏普电器有限公司洗衣机注塑丁班
上海上灯钨钼制品有限公司模子工段
上海海晶电子有限公司制造部油印班组
上海 JVC 电器有限公司计画仓库

上海索广映像有限公司 CRTLine＃2 后工程科炉工程 B 班
上海广联电子有限公司工艺技术科

技监

上海市质量技术监督稽查总队稽查一科
上海市金银饰品质量监督检验站

铁路

上海机务段“周恩来号”机车组
上海南浦站装卸出货乙组
上海西站运转一班乙机吊车组
上海站西藏路售票处
沪宁杭客运分公司 T716/715 次列车二组
沪宁杭客运分公司 T13/14 次列车四组
上海铁路旅行社有限公司
上海铁路局党委组织部组织、支部科
上海铁路中心防疫站环境卫生科
上海铁路建设集团三公司明珠线二期宝山路接轨工程项管组
上海铁路建设集团电务公司电力二班
上海铁路中心医院心内科
上海铁路通信工厂仪表一组

海运

货运上海分公司综合科
上海海员医院卫生监督所
中海燃料供应公司海供 8 号
裕海实业有限公司人事部
外轮修理厂坞修涂装班组
立丰船厂船体起重一组
中海货运公司长通轮
中海电信信息中心开发科
中海物流项目推进工作小组
中海集运向旺轮
中海油运枫林湾轮
中海供贸救生筏检修部

港务

民生公司库场队理货一班
煤炭公司北票码头装卸 309 组
张华浜公司生产经营部计划室
军工路公司行政部食堂点心班
龙吴公司货运业务部业务组
外理公司外高桥办事处理货三班
引航站沪港引 2 号轮舱面
复兴公司拖轮队海港 7 号轮
客运公司库场队理货一班
港务公司综合服务分公司食堂炊事班
罗泾公司维修车间斗链机管理组
外高桥港务公司工程部轮胎吊修理组
外高桥港务公司操作部道口一班
上港集箱外高桥码头分公司操作部业务三班
上港集箱国际集箱货运公司集箱部进口科
上港集箱 SCT 宝山码头桥轮吊组
上港集箱集海公司“集海兴”轮
宝山公司技术部车辆修理组
港湾实业公司物业公司修理班
海湾公司东方饭店修理组

长江轮船

上海华泰海运公司大江海轮班组
上海长航船务港埠公司长申 1005 轮班组
中国扬子江轮船股份有限公司盛泰轮班组
上海长江汽车检测维修有限公司长江东新机动车安全检测站班组
上海闵南船厂船修一队班组

运输

浦东交通巴士长途客运公司二组
上海交运股份公司焊接一组
上海振业汽车修理厂外修(车间)班组
钢铁储运分公司现代物流储经营班组
上海大众虹口特约维修站
上海市交通学校汽车实验室
上海长途汽车运输公司物流分公司调度组
上海龙马神汽车座椅有限公司帕萨特前靠班组
上海市沪东汽车运输公司内江路加油站
上海市联运总公司代理分公司物流部

电信

南区电信局营业室前台班组
北区电信局和田分局用户设备班
浦东电信局工程管理班
南汇电信局技术支撑中心监控班
奉贤电信局数据中心班
松江电信局支撑中心新业务组
长途通信事业部交换维护中心监控班
长途通信事业部汽车队营销服务部驾驶班
上海市电信公司数据通信事业部 ADSL 网管班
上海信息产业公司电子商务研发中心
上海市电信公司市场部客户一部
上海技术研究院固网短信业务研究项目组
上海电信帐务中心数据维护班
邮电发展总公司现代通信电器交易市场大厦有限公司房产开发组
上海市邮电器材工业有限公司研究所工程技术部

移动通信

动力维护部电力班
网络优化中心电测组
市场营销中心客户管理班组
客户服务中心 1860 横浜三班
北郊分公司崇明南门营业厅

邮政

市西区局真如支局北石邮政所
南汇区局横沔邮政所
市南投递分局徐汇支局女子投递班

市南区局东安路支局大木桥青年邮政所
汽车运输局21次郊县驾驶班
浦东新区局金桥支局大宗用户揽收班
奉贤区局头桥支局营业组
崇明县局南门支局营业组
邮区中心局进口函件科甲班挂号组
邮电大厦业务销售组

救捞

海上救助飞行队总务驾驶班
港作船队沪救17轮
拖轮公司德宏轮

航道

上海浚浦物业发展公司朱家浜物业站
上海航道仓储公司机关
上海航道船舶运输公司航施2001轮

三航

三航三公司砼8#船
三航工程船舶公司三航桩3号
三航二公司严桥拌站拌机组
三航局长江口NIIA标项目部陆域部

中远

中远集装箱运输有限公司民河轮
远洋海皇旋转餐厅
中远集箱运输有限公司中远集运船管公司安质部
船舶供应公司物料运输班
中远集装箱运输有限公司企业策划部企业管理部

东航

东航维修基地钣金车间机上一组
东航客舱服务部"凌燕"组
东航运行管理部飞行签派科

上航

上航保卫部安全队二队
上航商务部客运处虹桥传值机室
上航信技部总部话务班
上航客舱部飞鹤乘务组

机场

上海市公安局国际机场分局虹桥公安处空防科
上海机场(集团)有限公司运行管理公司虹桥运行保障部水暖科热力组
上海国际机场股份有限公司虹桥候机楼管理分公司服务部贵宾室

建设

上海勘测设计研究院科研所工程检测室
交通部第三航务工程勘察设计院设计一所水工2室
上海岩土工程勘察设计院投标小组
上海市建筑科学研究院环境检测班组
上海市政工程设计研究院道桥二所道路一组

建工

上海市第一建筑有限公司机械分公司唐国权塔吊班
上海市第二建筑有限公司宜山路接轨段项目部
上海市第三建筑有限公司共和新路高架12.6标项目部
上海市第四建筑有限公司设备租赁分公司机操班
上海申盈建筑施工有限公司俞丹辉架子组
上海市安装工程有限公司压力容器制造厂机修班
上海市安装工程有限公司第二分公司乔润达管道班
上海市基础工程公司奚国安起重组
上海市基础工程公司龚浩弟起重组
上海市机械施工公司葛德铭起重班
上海建工材料工程有限公司机运泵车修理班
上海建工材料工程有限公司真如试验室
上海市建筑构件制品公司第五构件厂拌台操作班
华东建筑机械厂搅拌车制造分厂郑仲华电焊组
上海市建筑装饰工程有限公司欧来祥施工项目部
上海建工医院内一病区

市政

浦东煤气有限公司冷凝鼓风工段
上海沪嘉高速公路实业有限公司计财部
打浦分公司3号#变配电站
吴淞煤气制气有限公司油煤气车间油气二
上海燃气市北销售有限公司营业部杨代表热线
上海燃气市北销售有限公司输配所真如煤气储配站
上海石洞口煤气制气有限公司金工组
上海大众燃气有限公司徐泾煤气储配站
上海液化石油气经营有限公司销售分公司兰坪供应站
上海燃气浦东销售有限公司第一营业所抄表与帐务联合组
上海煤气第二管线有限公司行政办公室小车班
上海煤气第一管线工程有限公司一分公司项目五组
上海耿耿市政工程有限公司机施分公司运输队
上海隧道股份盾构分公司周国第班组
隧道码头装卸经营部码头装卸作业组
上海建设机场道路工程有限公司第三分公司ACP2000型班组
公路分公司第二施工作业组
市政一公司浦东公司设备租赁部

城市交通

大众出租汽车公司安全服务部
上海浦东大众公交公司980甲班
大众三汽公司青浦车队沪朱线二班
巴士出租公司市北公司一部三班
宝山巴士公交公司118路三班
巴士一汽公交公司910路三班
巴士四汽公交公司天山路停车场票务日班
巴士电车公交公司一分公司20路空调车班组
巴士电车公交公司二分公司五车队25路空调车一班
强生公共汽车有限公司818路班组
强生出租汽车三分公司103小队
强生申强出租公司204小队

强生汽车修理公司修理三厂机电大组
申新巴士公司新南车队109路三班
五汽冠忠公交公司210路车队253路一班
电车供电公司京昌旅馆班组
地铁运营公司客运一分公司陕西南路站客运三班
地铁运营公司通号分公司信号一车间车载组

房地

上海市房屋检测中心综合管理科
上海市地质调查研究院地面沉降和水资源研究所
上海市房地产学校技训科
上海申地房地产有限公司工程部
上海建筑装饰(集团)设计有限公司设计二室
徐房集团上海永福物业有限公司第二维修站
上海房地产经营(集团)有限公司投资发展部
上海市土地费管理中心业务一科
上海上房物业管理有限公司市场部

建材

上海开捷门窗有限公司玻力幕墙公司工程部现场项目组
上海建材集团水泥有限公司浦东水泥厂一车间压气组

住总

上海市住安建设发展有限公司新虹桥项目班组
上海市住安建设发展有限公司明珠线二期大木桥车站项目部施工班组
上海市住安实业有限公司南京分公司材料供应班组
上海市住乐总公司设备租赁有限公司红旗塔吊班

住宅

上海建德企业发展有限公司销售部
上海友全物业管理有限公司
上海市住宅发展局机关工会信访室
成亿家园管理处保安部

海洋地质

第一海洋地质调查大队勘407轮钻工班
第三海洋地质调查大队勘探二号钻井二班

绿化

上海动物园园容园建科
上海共青森林公园度假村
上海野生动物园动物管理部圈养区班组
上海市园林设计院总师室
上海市园林科研所土壤肥料介质组

水务

上海市自来水给水设备工程公司项目一部秦怀庆班组
上海浦东威望迪有限公司泵站管理所三林泵站班组
上海市原水股份有限公司黄浦江原水厂严桥泵站电工组
上海市水务规划设计院规划设计二所
排水市中公司合流污水管理所西分所普一组
吴淞水厂制水班组
上海市防汛信息中心水情室
上海市水利投资建设有限公司上海海港新城水利建设项目管理部
排水市南公司长桥水质净化厂长桥处理大组

鲁中

鲁中冶矿集团公司运输部铁路车间工务班
鲁中冶矿集团公司小官庄矿四工区天井班

环卫

上海至诚环境服务有限公司机场保洁项目部
上海市容环卫局渣土管理处第三管理所
上海市容环卫局处置公司杨浦水上运输站沪环运拖162号轮

教育

上海师范大学学生工作部(处)
上海电力学院基础学院辅导员办公室
上海体育学院武术教研室
华东理工大学物理化学教研组
华东师范大学数学系学科教学论教研室
同济大学海洋地质与地球物理系古环境研究组
上海交通大学车身制造技术中心
上海水产大学社区管理中心

商业

一百集团八佰伴床上用品部
华联吉买盛休闲食品大类
华联集团冠心药房
友谊集团好美家装潢公司总服务台
供销社外贸部业务一科
富尔网络公司客户服务部
上粮十库储运一股保管一班
江桥市场服务处
中丝房产物业部维修组
粮食局盐业四批机电班

外经贸

外经公司日本部
创业闵行实业有限公司贸易部
爱建资金信托部
锦江航运船技部

医务

上海市第一人民医院消化科
上海市第六人民医院产科护理组
仁济医院老年病科
龙华医院中医外科
岳阳中西医结合医院神经内科护理组
新华医院门急诊收费组

民政

上海市龙华烈士陵园纪念堂管理科
上海市宝兴殡仪馆车队
上海市儿童福利院玫瑰园一组

监狱

上海平板玻璃厂浮法分厂主线机工班

锦江

华亭宾馆贵宾楼

锦江外事六车队调度班组

上海锦江旅游有限公司散客中心

上海锦江饭店锦江小礼堂餐饮部

上海锦江出租汽车公司一车队一小队

东湖

东湖车队第三班组

虹桥迎宾馆餐饮部 VIP 小组

东湖别墅开发经营有限公司服务中心

衡山

上海大厦车队

上海衡山汽车服务公司接待车队班组

规划

上海市测绘院浦东分院管网科

上海市测绘院二分院业务科

新闻出版

上海新华书店徐汇区新梅陇门市部

农委

上海中心气象台专业服务部

上海市农业技术推广服务中心农业科

人防

上海迪美广场有限公司机修组

上海市人防混凝土搅拌站钣工组

市级机关

中共上海市委办公厅行政处管理科 165 总机班

上海市人民政府机关服务中心餐饮科宴会组

市级机关汽车服务中心通勤车队

海鸥饭店前厅部礼宾班组

文广影视

上海美术馆教育组

2001~2002 年度上海市红旗文明岗

浦东新区

浦东新区新世界实验小学"学思岗"

浦东新区房屋拆迁管理署拆迁发证岗

上海高扬实业总公司安置岗

浦东新区河闸管理署三甲港水闸岗

上海浦东中油日航大酒店前台收银岗

浦东新区规划设计研究院电脑制作室

上海市浦东商场股份有限公司金银首饰行

上海浦东新区洋泾航运公司张家浜水上浏览服务部

徐汇区

徐汇区牙防所预防科

田林地段医院针伤科

金百汇商业有限公司皇宫钟表金银首饰行

徐房维急修中心接待组

上海申大物业公司接待组

徐汇区汇师小学二年级班主任集体

斜土环卫所机修车间

徐汇区宛平医院三病区护理组

长宁区

上海市长宁区环境监察支队信访室

上海新长宁集团新程物业有限公司新泾七村管理处

长宁区天山新村第五小学巾帼青年组

长宁区妇幼保健院超声室

上海市长宁区业余军事体育学校射击射箭教研组

长宁区人民法院技术宣传室

长宁区人大常委会办公室信访科

长宁区海贝幼儿园保育室

普陀区

上海市铜川学校电影课题组

普陀区石泉地段医院总院补液室

普陀区住宅发展局新建住宅交付使用审核科

上海复星实业股份有限公司小车班

上海中油石油仪器制造有限公司生产制造部车工组

上海爱达工业有限公司财务科

上海金环工业有限公司金桃物业管理维修岗

上海市中山商厦计算机信息部

闸北区

闸北陆管所对外接待窗口

上海恒阳电器有限责任公司财务科

天目西街道环卫科共和路厕所

芷江中路幼儿园龙潭分园文明岗

上海市北站医院外科

虹口区

虹口区西街幼儿园绿叶岗

虹口区柳营路小学春泥岗

广中保洁公司东江湾路保洁岗

兴城物业有限公司监控中心

舒乐巴士出租有限公司沪 DV—2488 车

虹口区欧阳路地段医院蒋家桥分中心病房护理

上海江湾医院高压氧舱室

上海恒源典当行有限公司典当柜面服务

杨浦区

上海奥力福实业有限公司新世界商城四楼"奥力福"专柜

杨浦区税务局 A 类企业纳税专窗

杨浦区延吉街道经济管理科企业服务窗口

杨浦区安图医院眼科

杨浦区公安分局交警总队钱龙根岗

上海潜星纺织艺术品有限公司资源采购和新产品开发部

杨浦区职工文体中心健身房吧台

杨浦区工人俱乐部辉煌舞厅

长海工贸公司长风旅馆服务总台

黄浦区

新世界城三楼商场金利来自营柜

上海十六铺物资公司浦南日用杂品商店瓷器花席柜

上海童涵春堂药业股份有限公司老城隍庙同涵春堂

西药柜
黄浦区城市管理监察大队三分队世纪广场岗区
人民公司一号门售货亭
豫园管理处接待组
上海市敬业中学档案信息分中心
城市齐爱出租汽车有限公司 B—M3651 车
黄浦区环卫局第一运输公司钳工岗

卢湾区

中城物业急修中心
淮海中路商务大楼虫控服务岗
上海市永民置业公司第四小区物业
卢湾烟草糖酒有限公司营销部卷烟分部
卢湾区陆上运输管理所稽查股
卢湾区图书馆图书阅览流动车

静安区

上海锦迪城市建设开发有限公司静安寺广场物业管理处
静安区住宅发展局计划科
上海张宅物业有限公司物业管理接待处
上海市华东模范中学网络中心
静安区石门二路地段医院放射科
静安区渣土管理所管理岗
梅龙镇广场店迎宾岗
雷允上药城中成药柜
上海三阳盛食品有限公司烟酒柜
静安区人口和计划生育委员会办公室

宝山区

宝山区精神卫生中心门诊医生站
宝山区妇幼保健所注射室
宝山区污水泵站管理所污水三号泵站
北翼商厦一楼商场医药滋补柜
上海市宝山区国家税务局税务稽查站
宝山区图书馆计算机信息部
华联新环超市四组助理岗
上海一德大药房淞滨店医保定药站

闵行区

闵行区图书馆借阅接待岗
闵行区卫生监督所证照中心卫生窗口
闵行区城管局陆上运输管理所经营管理岗

嘉定区

嘉定公安分局马陆派出所户籍窗口
徐行经济城财税部
嘉定区民政局收容遣送站查询室
嘉定区环保局监督管理科(区办证中心 15 号窗)
嘉定区南翔医院福利院社区服务点

金山区

兴塔经济管理所业务科
金山自来水有限公司朱泾营业厅
上海山岛制衣有限公司打样车间制版组
金山区人民法院信访立案庭

奉贤区

奉贤量具二厂胶校检验
奉贤区殡仪馆收银岗
奉贤区土地费征收管理所土地费征收岗位
上海古华山庄前厅部总服务台

松江区

佳华绿化保洁发展公司花卉岗
松江房地产交易中心受理岗
松江区法院立案接待室
上海强民经贸有限公司驻沪办事处招商岗
松江区水利工程管理所二里泾泵闸操作岗

青浦区

青浦区行政服务中心组织机构代码登记窗口
青浦益寿春医药商店西药柜
青浦区朱家角人民医院放射科摄片岗
青浦区疾病预防控制中心犬咬伤门诊
青浦区税务局征收税务所征收岗位

南汇区

南汇城建监察大队管理科
南汇烟草糖酒有限公司阳光名烟名酒店
上海南粮粮油购销有限公司财务
南汇区祝桥高级中学体育组

崇明县

崇明云峰物业公司城中住宅区报修报务窗口
上海瀛通集团有限公司营销中心售楼处
崇明旅游咨询服务中心
上海市工商行政管理局崇明分局企业注册大厅

机电

上海三菱电梯有限公司装配车间张玉麒
上海锅炉厂有限公司电气总公司包装车间喷砂工胡金浩
上海汽轮机有限公司汽轮机车间 2×6M 大车
上海电机厂有限公司门诊部杜陆原
上海振华轴承总厂模具钳工穆旭初
上海柴油机股份有限公司铸热分公司二次清理组整理工陈明龙
上海彭浦机器厂维修电工刘俭
上海机床厂有限公司通机床制造厂装配工
上海纺织机械专件总厂警卫室
上海精益电器厂产品售后服务岗

化工

上海白象天鹅电池有限公司钳工岗位
上海试剂一厂试剂八组氰化亚金钾岗位
氯碱公司氯碱房产物业管理接待、收费岗位
吴泾公司供销经营部铁路轨道衡岗位
上海尚翔汽车胶管有限公司打印岗位

纺织

上棉十七厂话务小组
上海鼎欣物业车库小组
上海新纺织实业用品有限公司进出口外贸

上棉七厂图书馆
上海三十六棉针织服装厂原棉成品仓库
上海迪伊毛纺织公司医务室
上海纺织职工大学电话总机
上海中华第一针织厂市百一店菊花专柜
上海锦乐纺织装饰品有限公司电话总机
上海针织机械一厂电话总机

轻工

上海白猫有限公司技术开发研究一室
上海白猫有限公司行政部电脑中心
上海灯具城广播台
上海环球玩具有限公司财务部
利用锁厂技术开发中心产品设计
利用锁厂装配组组长岗
上海滤清器厂滤清器车间机械维修工
上海飞人进出口有限公司外锁员(东南亚)
上海上工进出口有限公司综合部

电力公司

市区供电公司沪西分公司武定路营业室
长兴岛发电厂驾驶班驾驶员岗
超高压工程公司空调水电维修岗

电力建设

上海电力建设机械化公司700履带吊机组
上电调试所财务部

宝钢

钢研所焊机岗位
工艺所型钢公司制造部仓储组成品库
宝翼制罐公司内喷岗位
华宝公司基金筹备组
检测公司测量工
检测公司技术管理岗
教委网教中心网络维护岗
钢管公司新热轧环型加热炉岗
财务公司结算主管

宝冶

宝冶协力分公司落锤车间挖机操作岗

高桥石化

炼油厂生产处调度值班长岗
化工厂质监科顺二分析站色谱岗
化工三厂空分分馏岗
精细厂二车间加成聚合岗
热电厂运行部电气监盘岗

上海石化

腈纶部化工车间外罐区运转操作岗
塑料部研究所热分析岗位
涤纶部工会图书馆阅览岗
化工研究所碳五阻聚剂研究岗
炼化部质监中心分析二室质检岗
上海石化机械制造有限公司产一装配岗
化工研究所质检室技术岗

有色金属

铝材事业部铸造铝合金反射炉炉长岗
上海隆泰铜业有限公司铜带车间精轧岗

航天

八〇〇研究所导弹测试岗
航天物业管理有限公司会议服务岗
上海航天机电舒航分公司动平衡岗

船舶

江南造船(集团)有限责任公司造船事业二部船体车间放样下料组放样岗
上海航海仪器总厂绿化岗

烟草

上海卷烟厂二车间日班电工
海烟大酒店总台
英才实业公司第一门市部

汽车

上海上汽大众汽车销售有限公司客户服务科
延锋伟世通汽车饰件系统有限公司外饰系统厂仪表板区域帕萨特仪表板发泡岗
上海小系车灯有限公司专机设计
上海申雅密封件有限公司产品工程部CAD/CAE小组
联合汽车电子有限公司匹配科上海大众客户组
联合乾通汽车附件有限公司弱电维修组
上海汽车股份有限公司中国弹簧厂电话总机

广电

上海广电集团销售有限公司外修调度
上海广电电子股份有限公司电器分公司气体净化岗

技监

上海市产品质量监督所电子镇流器检测岗

铁路

上海站张庆桓服务台
北郊站货运提货值班窗口
沪宁杭客运分公司沪港一组车长办公席
沪宁杭客运分公司T13/14二组车长办公席

海运

海运服务公司驾驶台
船舶污水处理值班电工
中海工业财务会计

港务

民生公司货运市场部进出口台
高阳公司金岸物业公司营销部营销岗
煤炭公司机修车间电讯组话务岗
外高桥码头分公司营运操作部营业室受理台
外理公司安全质量监督科监督岗
物资公司油品业务部业务组司机岗
引航站引航调度室调派岗
龙吴公司集运中心操作部配载
港湾公司物业公司客房部服务总台

长江轮船

上海江海建设开发公司物业保安岗

上海船长酒店有限公司前厅部岗

运输

徐家汇客运站售票处

上海——宁波班线乘务员岗位

上海交通大众客运有限责任公司高速客运驾驶

上海市客运轮船公司沪航5号轮客运部

电信

上海长途通信事业部大客户一岗

南区电信局投诉中心岗

东区电信局112受理中心受理岗

上海邮电物业管理有限公司邮电二村管理处保安岗

上海电信市场部查号中心南泰台延伸一班信息查询岗

移动通信

上海移动市场营销中心南京西路营业厅

上海移动计费信息中心投诉处理岗

上海移动客户服务中心1860现场业务督导

邮政

市北投递分局鞍山路支局退信台

邮电医院预检服务台

市北区局鲁迅公园支局储蓄营销岗

市西投递新华路支局信函投递岗

邮区中心局押运科沪京六班押运员

救捞

物资公司仓储组长

上海救捞局飞行队场务管理

中波

中波轮船股份公司远洋船舶船长

东航

东航中货航货运部浦东货运大磅岗

上航

飞行部林日东机组

货运部东大门营业室

机场

上海机场管理公司护卫保障部浦东机坪八号岗

建设

上海中远物流有限公司企划部文明岗

石洞口城市污水处理厂施工指挥岗

建工

上海市第三建筑有限公司东宁公司建工大厦物业女子会务岗

上海市第七建筑有限公司实业公司装潢总汇马善源维修岗

上海市安装工程有限公司第五分公司磁浮轨道功能件装配岗

上海市机械施工公司机施安保第一岗

上海建工材料工程有限公司机械施工运输站泵车操作岗

上海市建筑构件制品公司第一构件厂机修小队汽修岗

上海建工医院康健苑

市政

南翔收费站6号收费亭

上海燃气市北销售有限公司营业所虹口办事处业务组

公路养路费征收管理办公室西区征稽站收费服务岗

上海大众燃气有限公司市场发展部民用业务柜台

上海燃气浦东销售有限公司外高桥站地区阀门组

上海市城建设计研究院文印岗

隧道股份浦东有限公司翻样班

城市交通

大众巴士公司机场三线7841－徐雁车组

大众出租二分公司DV0830车

二汽公交公司梅陇车队沪218路红都建材市场站调度岗

强生普陀汽车服务公司沪B－U2980车

强生一分公司沪B－N2429车

巴士一汽公交公司123路人民广场调度岗

巴士出租汽车公司巴士出租投诉窗口岗

巴士电车一分公司939路售票员岗

地铁运营公司客运一分公司莲花路站站务员岗

房地

上海房地宾馆前台部

上海市房地产学校学生一号宿管员

上海市房地产经营(集团)有限公司档案室

建材

上海开捷门窗有限公司型材挤出机乙班主手岗

住宅

上海市城市建设综合开发有限公司文书档案岗

住总

上海住安建设发展有限公司财务部

上海住乐设备租赁有限公司周国晨电梯机组

海洋地质

上海海地建设工程公司“黄兴花园”项目经理岗

局办公室文印室

绿化

上海新园林实业有限公司摆花外养护部

上海市园林工程有限公司办公室

园林绿化分中心对外接待窗口

水务

上海市上水闵行公司第一水厂星站泵站

自来水市北公司泵站管理所毛怀妹示范岗

上海市城市排水市中防讯汛公司大名泵站

鲁中

鲁中冶金矿业集团公司选矿厂选矿车间磁选

环卫

上海市环境卫生水上综合服务中心沪环货114号船

上海环城置业发展有限公司营销部

上海市市容环境卫生水上管理处黄浦江管理站巡查分队

教育

上海教育电视台技术中心播出部
上海中医药大学中医教研室主任
东华大学“七位一体”帮困助学文明岗
复旦大学学科建设办公室

商业

华联典当行典当岗
联华超市股份有限公司四平店蔬菜水果岗
上海远洋渔业有限公司“开明”轮驾驶岗
南京饭店厨房切配
配送公司高桥站消防队消安岗
上海市第一食品商店陈宝旺休闲食品岗
上海良安大饭店礼宾接待岗

外经贸

爱建房产金桥爱建园工程部经理岗
锦江航运“阪神穿梭快航”经营岗

金融

福建兴业银行上海分行闵行支行综合柜员岗
招商银行上海分行计划资金部
太平洋人寿保险有限公司银行保险部
太平洋安泰人寿保险有限公司兼业代理部机场销售组

医务

上海市中医医院石门路门诊部预检服务台
复旦大学附属儿科医院心血管科
华东医院特需门诊收费处
华山医院疑难杂症诊疗中心
华东疗养院护理部体检中心
同济医院检验科急诊组

民政

上海市双拥活动中心客房部前厅
上海市第一社会福利院日托活动中心

监狱

上海提篮桥监狱三监区青年分监区

锦江

锦江乐园客运部调度室
上海锦江汽车服务有限公司安保部

东湖

上海东湖别墅开发经营有限公司前台接待
东湖物业管理公司外滩观光隧道管理处售票点

衡山

上海衡山国际发展有限公司总台服务岗
上海衡山集团度假村安保巡逻岗

规划

上海城市规划展示馆讲解岗

新闻出版

上海书城计算机图书销售岗

农委

上海市畜牧兽医站药物残留检测岗
上海市兽医卫生监督管理所白鹤动物防疫检查岗

2002年度上海市职工精神文明十佳好事

王伟雄　大众出租营运五分公司
新华医院上海儿童医学中心(集体)
中远集装箱运输有限公司子牙河轮(集体)
上海职工帮教志愿者青浦监狱帮教小组(陶依嘉、施柏兴、侍冬梅、董之一、王仁华、顾明德、戴武等人及上海市第二污水管理所二分所党支部等单位)
范华伟　上海市金山区人事局
上海市电信有限公司“绿波”艺术团(集体)
尚润卿　上海重型机器厂
钱先大　石泉街道洵阳新村
吴金龙　上海市环境卫生恒丰水上运输站
东航客舱服务部五分部“凌燕”乘务示范组(集体)

2002年度“上海市五一新闻奖”表彰名单

一等奖(4个)

文汇报　邵　珍
《25万下岗职工重捧热饭碗》(通讯)
新民晚报　钱滢珎
《素质工程引发学习热潮》(消息)
东方电台　费闻丽
《知识型、专家型工人李斌办学校》(录音报道)
上海电视台　李姬芸　孙伯雄
《女职工权益难保障　完善法律仍是关键》(新闻)

二等奖(8个)

解放日报　傅贤伟
《快乐付出　快乐享受》(通讯)
文汇报　邵　珍
《“职介状元”陈敏12年义务帮助7658名下岗失业人员重新上岗》(通讯)
劳动报　张　路
《协助政府帮助百万人突围》(特别报道)
劳动报　王旦华
《泼点冷水》(言论)
新闻晚报　刘　昕
《16位的哥编出“厕所地图”》(消息)
东方电视台　顾海东　夏国勤　徐浩
《医疗救助 情暖人心》(专题)
新华社　冯亦珍
《全国劳模有了保健医生》(消息)
人民日报　白剑峰　吕网大
《新体制编织大众健康网》(通讯)

三等奖(9个)

解放日报　丁　波
《一线工人知识化技术化》(消息)
新民晚报　刘开明　袁燕舞
《公仆镜头中的主人》(摄影专版)
劳动报　韩建伟　宋长星
《员工要签合同竟被毒打一顿》(消息)

上海人民广播电台 周 亮
《时代需要知识工人》(录音报道)
东方广播电台 费闻丽
《技术工人工资超过厂长》(录音报道)
新闻晨报 朱晓芳
《你想裁,就裁得了吗?》(消息)
上海经济报 张义洪
《上海全面推行劳动关系三方协调机制》(消息)
上海电视台 陈思劼 蒋金轮 沈文琪
《下岗六年间》(专题)
上海电视台 余永锦 张小米
《自豪的蓝领》(专题)

生产自救带头人100强

孙晓亮 上海晟象自行车零件有限公司
万建菊 卢湾打浦米面俱佳服务社
胡惜明 卢湾妇婴服务社
杨秋燕 卢湾"老养残"家庭援助服务社
张裕根 打浦晶玉豆制品加工场
郑 卫 欣业综合经营部
张跃飞 金山石化信诚废品回收服务社
张佩芬 奋奋快餐厅
宋燕波 波波秀服装店
厉庆强 上海牛奶棚食品有限公司江宁店、淮海西路店
瞿 华 红枫叶服饰有限公司
吕玲娣 灵灵上理保洁公益服务社
张顺利 殷行废品回收服务社
马智强 帮帮曹杨赛奇饮食服务社
陈跃英 宝香养鸽场
孙月仙 永和小区保洁站
朱耀清 生乐一永久维修服务社
林基雄 大家乐曹家渡副食品服务社
胡迎红 百帮迎红服饰工场
许彩萍 上海邮电通信设备股份有限公司
魏 红 上海伟宏贸易有限公司
张巧俊 新欣保洁服务社
蒋晓麟 上海百帮康灵物业清洗服务社
邵惠烨 上海和欣美发厅
刘桂芳 上海顺泰百货有限公司
屠丽芳 百帮丽芳阳光报刊服务社
陈林声 陈林声美发美容有限公司
王永明 上海旅行车厂
陈彩玲 艺精针织有限公司
赵金妹 江宁街道淮安就业援助员
王如妹 英伦大厦保洁小组
倪骏鸿 俊浦物业有限公司仁和医院物业管理部
陈永敏 上海虹灵模具有限公司
周志勇 卢湾淮海久银餐饮服务社
戴行军 上飞织带厂
余锦渊 上海锦迪助剂材料有限公司
胡雪美 常帮美德快餐管理服务社
陈 萍 上海绿藤实业发展有限公司
龚 华 上海服装集团成衣制作销售中心
姚建华 上海虹民房地产经纪有限公司
张友根 上海嘉胜配线中心
张一德 上海信乎印染有限公司
洪 霞 胖阿姨文具店
张胜年 菲达装潢工程公司
宋培华 上海华银清洁装饰服务公司
张 音 联邦申浦中小学学区三保服务社
黄寅刚 益帮家政服务社
鲍增荣 民聚置业有限公司
孟 晋 亚日家用电器有限公司
朱光明 东新制冷设备经营部
黄曼萍 帮帮甘泉杨洋快递服务社
严 伟 盛枫商贸服务有限公司后勤服务社
龚解岭 瑞丽三星特色点心服务社
俞明舵 上海众鑫染料化工机械厂
袁志刚 骏马纸盒加工场
成淑贞 诚惠居室装潢清洁服务社
牟焕炳 焕中综合经营服务有限公司
周理君 上海环联工贸有限公司海尔专卖
张全弟 远谊煎送中药服务社
周炳良 人和面馆
盛小明 常帮天山特色食品加工场
陆智敏 常帮意公主车辆清洗服务社
陈德钦 华联超市虹桥店
张国庆 常帮长红家用通讯设备维修服务社
夏扣祥 常帮九洲集团长宁五交公司维修服务社
戴月娥 九洲华联超市定西店
孙祥英 祥和面馆
苏妙兴 乐帮上海山人米面制作社
朱巧申 英姿餐饮服务社
王冠玮 常帮会计代理服务社
周幼申 联华超市九亭(加盟)店
陈秀珍 常帮新志快餐服务社
钱志良 上海新立工业微生物科技有限公司
邢莉萍 半岛品珍舫
胡志凤 上海翡翠艺术装饰玻璃有限公司
吕香妹 上海新久虹纺织品有限公司
惠明森 上海鼎兴铆钉制造公司
方光华 上海家昌制罐有限公司
鲁光华 上海华明塔钟有限公司
叶露萍 上海共康托老服务社
周 蘋 永帮家政服务社
殷海兴 上海康园汽车配件厂
周国宝 上海凤凰新业经贸公司曲阳经营部
卢永安 乐帮轻工礼仪配送服务社
谢 静 上海甜益快餐有限公司
邹扣妹 叶凡花卉有限公司

刘　靖　上海骥速速递服务有限公司
张同美　上海建奕机电设备有限公司
李　勰　上海常青教育发展有限公司
丁自均　大谷食品有限公司
徐洪英　长百凝鑫快餐社
纪苗英　永馨花艺行
洪敏英　大家乐舒意家政服务社
连祖德　上菱劳动服务公司
陆必俭　帮帮革新餐饮服务社
李　建　实益物业管理有限责任公司
沈利明　宜华轴承销售合作社
张林华　彭浦金属门窗厂
陈志芳　上海柏一机床板金有限公司
江福元　元荣利用服务加工场

上海市总工会女职工创业示范点名单(共20家)

上海翡翠玻璃镜业制造有限公司
上海百帮康灵物业清洗服务社
上海新拾乐五金电料有限公司
上海安帮共和新绿餐桌服务社
上海新九虹纺织品有限公司
上海绿藤实业发展有限公司
长白灵灵上理公益服务社
上海嘉盈服饰有限公司
上海新志快餐有限公司
亚日家用电器有限公司
上海佳汇服饰百货商店
上海甜爱快餐有限公司
上海丽美服饰有限公司
大谷食品有限公司
通航河道保洁公司
迎红服饰加工服务社
新泰公益服务社
顺莲缝帮加工场
太太水饺店
共康托老所

上海市荣获全国工会经审工作先进集体

上海市总工会经费审查委员会办公室
上海市闵行区总工会经费审查委员会
上海市化学工会经费审查委员会

上海市荣获全国工会经审工作先进工作者

宣学军　上海市卢湾区总工会经审会
姚敏儿(女)上海市纺织工会经审会
李绍胜　上海市商业工会经审会
郭志刚　上海市农工商(集团)总公司工会经审会
胡庭亮　上海国际港务(集团)有限公司工会经审会

上海市市级文明单位

上海市总工会幼儿园
上海市总工会海鸥饭店

上海市市级机关工委文明单位

上海市职工保障互助会
上海市工人文化宫
上海工会管理干部学院
上海职工休养旅游服务总社

统计

工会组织一览表

单位	基层工会涵盖企业个数	职工	女职工	工会会员	女会员
	个	人	人	人	人
总计	86325	4037880	1677765	3807807	1570602
浦东新区总工会	5885	324821	166761	295303	148294
徐汇区总工会	6122	101106	46600	95055	44441
长宁区总工会	1864	66866	32745	59226	29340
普陀区总工会	3811	103168	46394	100838	45640
闸北区总工会	1366	55456	27452	51530	25711
虹口区总工会	2089	79755	41257	75223	39161
杨浦区总工会	948	60858	30596	58325	29619
黄浦区总工会	2168	88943	45134	100426	50021
卢湾区总工会	2109	41318	19442	40690	19069
静安区总工会	1635	46655	21492	44768	20681
宝山区总工会	4846	139426	54734	124637	49822
闵行区总工会	4289	169832	83743	155523	77051
嘉定区总工会	6477	176998	76825	158492	67545
金山区总工会	1573	96654	52450	93108	50201
松江区总工会	11261	144907	70516	125990	60289
青浦区总工会	19292	184451	77104	167588	70547
南汇区总工会	1944	111520	60122	104035	55731
奉贤区总工会	2455	110445	54905	96104	47040
崇明县总工会	1119	72609	35013	68926	33399
机电工会	303	145491	42421	145391	44013
仪表工会	105	40635	19374	30209	13957
化学工会	154	66399	20793	69748	22886
轻工工会	492	116067	47090	113446	45496

续 表

单 位	基层工会涵盖企业个数	职 工	女职工	工会会员	女会员
	个	人	人	人	人
纺织工会	309	82175	42788	77294	39198
医药工会	98	41941	18005	44796	17112
电力工会	21	30047	6482	29439	6482
电力建设工会	11	5680	667	5464	663
宝钢集团工会	193	120105	27077	118154	25897
建材工会	36	16309	5059	15894	4088
高桥石化工会	13	14828	4992	14828	4992
石化股份工会	27	39866	13421	37434	12767
长江计算机工会	17	1687	649	1664	643
有色金属工会	25	16348	3156	15954	3064
航天局工会	50	20513	7247	19323	7017
船舶工会	30	43241	10656	42603	10484
航空工业工会	13	8849	2585	8751	2556
工业技术工会	9	486	178	467	162
烟草工会	5	8888	3494	8942	3494
汽车工业工会	61	69119	19509	63188	19190
市工业投资工会	29	1709	613	1557	502
广电集团工会	67	25428	10360	23734	9882
技监局工会	12	1696	535	1696	535
漕河泾工会	17	2456	962	1854	789
华东电力工会	7	1994	565	1992	565
机械成套工会	3	171	66	171	66
华虹工会	8	3232	880	2698	758
工业合作联社工会	20	1093	431	1023	394
华源工会	33	2092	896	1974	860
化工园区工会	8	272	69	234	65
铁路工会	58	37530	6983	37415	6912
海运集团工会	26	22467	2979	20277	2953
港务集团工会	44	36274	6376	35231	6226
长江轮船工会	13	3015	590	3819	542
运输工会	97	31899	6911	31751	6842
邮政工会	40	25350	9590	19596	8290
移动工会	1	3418	1683	3418	1683
电信工会	67	25380	8468	24251	7974

续 表

单 位	基层工会涵盖企业个数	职 工	女职工	工会会员	女会员
	个	人	人	人	人
打捞局工会	13	1527	201	1500	200
东海救助局工会	6	723	66	723	66
航道局工会	14	6431	596	6427	621
第三航务工会	14	7303	1306	7127	1284
中远集装工会	40	25365	6020	22663	5109
中远置业工会	5	281	95	269	91
中波轮船工会	6	1257	71	1239	69
民航华东工会	8	3305	1273	3244	1241
东方航空工会	18	3158	1113	3197	1091
上海机场工会	16	6230	2479	6132	2448
上海航空工会	1	3291	1230	3291	1230
上海海事工会	19	2718	212	2698	203
现代设计工会	15	2125	772	2106	772
建设工会	54	13498	4244	12752	3775
建工工会	131	43459	7002	41852	6826
市政工会	169	29926	7523	29824	7230
城市交通工会	8	695	201	695	198
房地资源工会	11	1339	359	1339	359
宝冶工会	4	6538	1038	4077	975
海洋石油工会	10	1669	322	1646	319
绿化工会	54	3698	1340	3698	1340
住总工会	4	927	302	927	302
宝冶建设工会	13	5835	1364	5508	1329
鲁中冶金工会	15	6549	1488	5951	1486
市容环卫工会	45	7547	2369	7507	2326
闵开发工会	27	5309	3287	4249	2437
虹开发工会	3	636	225	481	155
水务局工会	106	14682	5275	14637	5152
环保局工会	12	630	250	601	243
大屯能源工会	9	19966	2435	19754	2403
中建八局工会	22	15060	2755	14379	2680
商业工会	191	42514	14971	41384	14464
外经贸工会	142	26548	12281	25252	11289
金融工会	66	67157	33900	65171	33800

续 表

单 位	基层工会涵盖企业个数	职 工	女职工	工会会员	女会员
	个	人	人	人	人
发展计划工会	61	7289	2042	7695	1997
财税工会	21	2624	1272	2624	1272
城市规划工会	7	865	280	865	280
劳动和社会保障工会	33	1725	716	1723	714
百联集团工会	168	34057	15557	32225	14538
教育工会	48	61225	27050	59007	25825
医务工会	53	42502	28069	43530	28432
科技工会	46	18711	6416	18328	6267
新闻出版工会	82	12542	5655	12224	5484
解放日报工会	11	889	369	889	369
文新报业工会	8	2533	925	2415	850
新华社上海分社工会	1	120	55	120	55
文广影视局工会	9	529	208	478	199
文广影视集团工会	56	13228	4957	12116	4597
文管会工会	5	709	318	692	313
社科院工会	9	387	117	387	117
体育局工会	30	3505	1355	3031	1171
信息化办公室工会	19	5467	2261	5359	2226
市农委系统工会	65	5292	1934	5166	1928
农工商集团工会	25	55986	21793	52444	20405
民政局工会	40	7135	3187	6907	2783
民防办工会	33	1935	550	1802	482
申江企业工会	18	9515	2532	9249	2186
锦江集团工会	111	39350	18163	34879	16116
东湖集团工会	19	3255	1267	3097	1229
衡山集团工会	7	3520	999	3026	968
市级机关工会	294	35151	13468	33762	12685

单 位	专职工会工作人员	女性	兼职工会工作人员	建立了工会女职工组织的基层工会	本级工会女职工工作人员		建立了工会经费审查组织的基层工会
					专职	兼职	
	人	人	人	个	人	人	个
总计	11263	4022	85971	15213	1367	24184	15030
浦东新区总工会	842	280	6919	1582	107	2140	1993
徐汇区总工会	175	90	3643	593	44	771	563
长宁区总工会	114	52	1815	508	12	724	363
普陀区总工会	138	56	4556	609	31	936	834
闸北区总工会	235	95	1723	332	32	450	268
虹口区总工会	164	68	2801	497	11	666	367
杨浦区总工会	128	81	2567	433	10	775	320
黄浦区总工会	462	239	2707	730	61	1013	457
卢湾区总工会	118	43	1582	312	18	481	261
静安区总工会	212	114	1681	357	26	442	323
宝山区总工会	22	16	6224	377	7	513	458
闵行区总工会	339	129	5720	1019	48	1467	1023
嘉定区总工会	313	84	2861	611	17	775	586
金山区总工会	182	59	2360	518	20	720	549
松江区总工会	334	111	3005	484	34	665	470
青浦区总工会	74	24	2183	699	7	844	804
南汇区总工会	248	92	3149	692	43	1097	491
奉贤区总工会	98	22	3066	604	10	748	480
崇明县总工会	187	41	2075	467	15	624	478
机电工会	545	157	1157	251	69	524	251
仪表工会	43	16	472	77	6	178	84
化学工会	272	89	722	128	28	252	137
轻工工会	546	188	1509	385	47	580	406
纺织工会	267	133	1025	271	40	451	300
医药工会	111	49	541	74	24	211	85
电力工会	131	43	265	21	13	93	20
电力建设工会	29	9	85	10	8	47	9
宝钢集团工会	413	130	1146	146	56	378	122
建材工会	38	13	166	27	7	61	35

续 表

单 位	专职工会工作人员	女性	兼职工会工作人员	建立了工会女职工组织的基层工会	本级工会女职工工作人员		建立了工会经费审查组织的基层工会
					专职	兼职	
	人	人	人	个	人	人	个
高桥石化工会	85	26	89	12	5	18	10
石化股份工会	236	92	428	23	26	109	21
长江计算机工会	19	10	38	16	0	16	4
有色金属工会	63	15	128	23	6	52	24
航天局工会	85	35	326	43	14	153	50
船舶工会	171	44	615	27	4	167	22
航空工业工会	33	17	85	13	8	45	11
工业技术工会	0	0	26	3	0	3	3
烟草工会	36	16	68	5	7	35	4
汽车工业工会	187	70	755	55	28	212	61
市工业投资工会	0	0	73	10	0	19	12
广电集团工会	20	7	310	48	5	85	62
技监局工会	5	3	40	9	2	20	8
漕河泾工会	12	5	79	11	1	14	16
华东电力工会	10	2	98	6	3	19	7
机械成套工会	0	0	14	1	0	1	
华虹工会	5	2	92	7	0	24	7
工业合作联社工会	5	2	51	10	1	14	16
华源工会	8	4	46	14	4	21	14
化工园区工会	0	0	19	2	0	3	
铁路工会	96	22	307	48	2	79	46
海运集团工会	47	15	235	22	6	68	26
港务集团工会	159	47	324	38	20	59	41
长江轮船工会	14	0	43	6	0	8	12
运输工会	160	23	315	42	9	88	49
邮政工会	71	29	211	39	0	59	39
移动工会	12	9	11	1	2	11	1
电信工会	100	43	753	55	10	171	60
打捞局工会	8	0	36	6	1	8	7
东海救助工会	3	0	9		0	0	

续 表

单 位	专职工会工作人员	女性	兼职工会工作人员	建立了工会女职工组织的基层工会	本级工会女职工工作人员		建立了工会经费审查组织的基层工会
					专职	兼职	
	人	人	人	个	人	人	个
航道局工会	52	9	125	14	6	14	14
第三航务工会	35	10	82	11	2	16	12
中远集装工会	153	51	356	35	27	72	39
中远置业工会	3	1	17	2	1	3	5
中波轮船工会	3	0	55	1	0	3	
民航华东工会	20	10	85	8	2	30	2
东方航空工会	24	11	77	11	4	25	11
上海机场工会	17	7	49	16	2	18	16
上海航空工会	8	4	9	1	2	8	1
上海海事工会	19	5	77	9	2	13	11
现代设计工会	2	2	63	12	1	23	2
建设工会	42	8	362	20	10	93	24
建工工会	222	41	401	104	2	181	50
市政工会	137	48	494	110	18	191	82
城市交通工会	1	0	38	5	0	7	7
房地资源工会	48	18	0	11	14	0	11
宝冶工会	23	5	16	3	1	12	2
海洋石油工会	6	2	42	8	2	14	10
绿化工会	12	6	117	33	1	43	20
住总工会	9	3	4	3	1	2	4
宝冶建设工会	14	6	146	13	4	61	13
鲁中冶金工会	25	5	117	15	5	66	14
市容环卫工会	60	20	110	36	9	56	37
闵开发工会	4	2	102	15	0	31	26
虹开发工会	0	0	14	2	0	4	1
水务局工会	86	31	317	60	14	84	84
环保局工会	2	0	43	10	0	11	9
大屯能源工会	87	16	145	9	12	71	9
中建八局工会	56	12	231	19	8	86	15
商业工会	544	171	609	156	44	224	160

续　表

单　　位	专职工会工作人员	女性	兼职工会工作人员	建立了工会女职工组织的基层工会	本级工会女职工工作人员		建立了工会经费审查组织的基层工会
					专职	兼职	
	人	人	人	个	人	人	个
外经贸工会	85	31	462	94	12	164	111
金融工会	127	55	891	43	7	164	49
发展计划工会	27	12	260	32	6	61	53
财税工会	16	8	67	11	2	13	14
城市规划工会	3	1	37	7	1	17	7
劳动和社会保障工会	0	0	118	33	0	51	27
百联集团工会	161	48	552	130	17	187	128
教育工会	153	70	1337	41	28	423	42
医务工会	109	65	397	48	24	141	53
科技工会	53	23	374	42	11	127	46
新闻出版工会	19	7	313	73	1	107	68
解放日报工会	0	0	25	5	0	6	5
文新报业工会	5	3	51	3	0	9	2
新华社上海分社工会	1	0	6	1	0	1	1
文广影视局工会	0	0	32	9	0	14	9
文广影视集团工会	23	7	274	39	4	85	38
文管会工会	2	0	25	5	0	5	5
社科院工会	0	0	31		0	0	9
体育局工会	6	2	109	9	1	19	19
信息化办公室工会	22	9	133	10	2	41	18
市农委系统工会	6	4	291	46	1	90	51
农工商集团工会	57	24	353	24	8	94	24
民政局工会	32	12	126	25	3	38	39
民防办工会	0	0	101	24	0	24	19
申江企业工会	50	24	255	18	8	67	16
锦江集团工会	66	18	481	61	9	183	62
东湖集团工会	8	3	70	10	1	19	16
衡山集团工会	4	2	42	7	1	20	7
市级机关工会	84	29	1106	202	11	345	231

工会组织建设状况(一)

行 业	基层工会	基层工会涵盖企业个数	职工	女职工	工会会员	女会员
	个	个	人	人	人	人
总计	25125	86325	4037880	1677765	3807807	1570602
按国民经济行业分组						
01 农林牧渔业	695	3158	122935	52085	113341	46559
02 采矿业	30	30	25022	3387	24229	3364
03 制造业	7409	24778	1680276	724730	1564562	662830
04 电力煤气水生产和供应业	269	277	83400	21779	81839	21099
05 建筑业	959	1107	148092	28917	139636	27696
06 交通运输仓储邮政	980	1056	286332	66686	270481	63254
07 信息传输、计算机服务和软件业	428	616	47928	17370	45004	16427
08 批发零售业	2579	12173	254088	118018	242158	112730
09 住宿和餐饮业	739	1688	104553	51302	94006	46231
10 金融业	120	134	71639	35771	69518	35600
11 房地产业	804	1296	62543	23018	60856	20591
12 租赁和商品服务业	1202	9466	187865	74435	173218	68906
13 科学研究、技术服务和地质勘探业	474	578	53242	18290	51550	17801
14 水利、环境和公共设施管理业	652	741	58311	21660	56852	21138
15 居民服务和其他服务业	2109	15966	193282	83197	181245	79779
16 教育	2342	2361	236384	137151	231778	133980
17 卫生、社会保障和社会福利业	775	849	143700	93616	143080	92490
18 文化、体育和娱乐业	594	669	50227	20646	47117	19525
19 公共管理和社会组织	1965	9382	228061	85707	217337	80602
按经济类型分组						
110 国有企业	3219	4138	1153004	388474	1133025	377475
120 集体企业	2624	12486	358120	159757	337381	150594
130 股份合作企业	1149	1811	152291	66510	140541	60882
140 联营企业	181	274	26896	14114	24266	12930
151 国有独资公司	109	112	22656	7236	21876	6861
159 其他有限责任公司	1561	3059	200362	73355	187250	69046
161 国有控股公司	358	388	218409	72508	209162	68897
169 其他股份有限公司	528	798	92403	37967	86746	36382
170 私营企业	6569	49374	606830	266692	547507	242708
190 其他内资企业	219	1049	16653	7067	16147	6591
200 港澳台商投资企业	831	885	132878	69661	112816	58507
300 外商投资企业	1564	1680	378398	183099	326737	156351
400 事业	5098	6831	548345	288779	535703	281727
500 机关	1115	3440	130635	42546	128650	41651

续 表

行 业	专职工会工作人员	女性	专职工会工作人员年龄构成		
			35岁及以下	36～50岁	51岁及以上
	人	人	人	人	人
总计	11263	4022	1289	6448	3526
按国民经济行业分组					
01 农林牧渔业	262	73	48	159	55
02 采矿业	108	21	17	68	23
03 制造业	4185	1424	422	2391	1372
04 电力煤气水生产和供应业	411	140	48	260	103
05 建筑业	623	149	82	320	221
06 交通运输仓储邮政	1090	299	120	578	392
07 信息传输、计算机服务和软件业	165	72	34	95	36
08 批发零售业	827	362	63	530	234
09 住宿和餐饮业	320	128	58	187	75
10 金融业	151	63	47	79	25
11 房地产业	375	112	51	198	126
12 租赁和商品服务业	497	186	77	283	137
13 科学研究、技术服务和地质勘探业	204	78	17	104	83
14 水利、环境和公共设施管理业	252	95	24	159	69
15 居民服务和其他服务业	485	215	56	297	132
16 教育	316	145	27	175	114
17 卫生、社会保障和社会福利业	289	167	25	170	94
18 文化、体育和娱乐业	129	51	16	72	41
19 公共管理和社会组织	574	242	57	323	194
按经济类型分组					
110 国有企业	4448	1484	442	2590	1416
120 集体企业	889	274	109	529	251
130 股份合作企业	513	169	51	288	174
140 联营企业	49	14	3	26	20
151 国有独资公司	119	39	13	70	36
159 其他有限责任公司	769	255	74	441	254
161 国有控股公司	743	276	83	457	203
169 其他股份有限公司	245	94	24	134	87
170 私营企业	973	416	176	546	251
190 其他内资企业	49	28	2	30	17
200 港澳台商投资企业	272	98	79	123	70
300 外商投资企业	581	182	82	298	201
400 事业	1276	550	116	725	435
500 机关	337	143	35	191	111

工会组织建设状况(二)

行业	专职工会工作人员文化程度构成						兼职工会工作人员	建立了工会女职工组织的基层工会	本级工会女职工工作人员	
	研究生	大学本科	大专	中专、中技	高中	初中及以下			专职	兼职
	人	人	人	人	人	人	人	个	人	人
总计	165	1536	4472	2422	1694	974	85971	15213	1367	24184
按国民经济行业分组										
01 农林牧渔业	3	15	98	68	49	29	2162	400	21	593
02 采矿业	1	16	44	14	27	6	243	26	17	114
03 制造业	35	428	1620	967	697	438	24522	4675	484	7567
04 电力煤气水生产和供应业	3	72	178	101	38	19	1281	185	57	406
05 建筑业	6	97	251	129	75	65	2891	566	45	872
06 交通运输仓储邮政	17	152	488	238	126	69	3736	612	116	968
07 信息传输计算机服务和软件业	7	68	55	25	7	3	1575	187	16	336
08 批发零售业	21	49	306	236	129	86	5925	1068	89	1461
09 住宿和餐饮业	9	34	135	59	55	28	1934	405	34	609
10 金融业	9	52	79	8	2	1	1075	83	11	215
11 房地产业	11	68	166	71	41	18	2173	464	57	616
12 租赁和商品服务业	12	56	187	119	86	37	5481	648	84	894
13 科学研究、技术服务和地质勘探业	5	55	87	34	21	2	1665	212	28	456
14 水利、环境和公共设施管理业	2	41	94	47	48	20	2098	440	38	681
15 居民服务和其他服务业	5	23	171	93	137	56	6318	910	26	1290
16 教育	10	106	112	55	21	12	11461	2142	50	3644
17 卫生、社会保障和社会福利业	4	81	117	46	21	20	3027	628	59	1201
18 文化、体育和娱乐业	1	17	65	21	18	7	1829	360	11	504
19 公共管理和社会组织	4	106	219	91	96	58	6575	1202	124	1757
按经济类型分组										
110 国有企业	51	586	1985	1030	571	225	14059	2440	551	4766
120 集体企业	3	35	254	217	190	190	7374	1586	73	2050
130 股份合作企业	2	28	134	141	123	85	2950	764	54	989
140 联营企业	0	5	18	7	9	10	514	110	6	144
151 国有独资公司	2	26	58	22	4	7	372	71	8	112
159 其他有限责任公司	10	87	325	169	109	69	4603	1031	73	1427
161 国有控股公司	16	139	378	134	54	22	2182	293	94	662
169 其他股份有限公司	6	22	102	57	37	21	1570	321	40	464
170 私营企业	21	61	205	216	283	187	19135	2299	120	3049
190 其他内资企业	0	2	14	5	25	3	399	72	3	129
200 港澳台商投资企业	7	27	102	66	37	33	2366	500	22	726
300 外商投资企业	23	103	243	103	72	37	6032	1028	49	1899
400 事业	21	318	503	217	150	67	20916	3968	196	6704
500 机关	3	97	151	38	30	18	3499	730	78	1063

工会保障工作(一)

行　业	工会所在单位本年度经济性裁员		参加联系生活困难职工户活动领导干部	领导干部联系困难职工家庭
	裁员人数	其中:得到经济性补偿		
	人	人	人	户
总计	28838	26504	20375	24574
按国民经济行业分组				
01 农林牧渔业	424	342	665	765
02 采矿业	0	0	66	109
03 制造业	18422	17410	6215	8118
04 电力煤气水生产和供应业	388	313	339	367
05 建筑业	379	357	1164	1371
06 交通运输仓储邮政	918	870	1093	1241
07 信息传输、计算机服务和软件业	7	7	131	157
08 批发零售业	4864	3844	1366	1740
09 住宿和餐饮业	344	301	373	503
10 金融业	0	0	156	158
11 房地产业	307	305	403	462
12 租赁和商品服务业	1473	1460	954	1144
13 科学研究、技术服务和地质勘探业	46	46	139	157
14 水利、环境和公共设施管理业	70	70	602	732
15 居民服务和其他服务业	516	515	771	856
16 教育	34	34	3236	3731
17 卫生、社会保障和社会福利业	312	312	402	449
18 文化、体育和娱乐业	327	311	316	385
19 公共管理和社会组织	7	7	1984	2129
按经济类型分组				
110 国有企业	17689	16615	5075	6435
120 集体企业	2155	2097	2555	3194
130 股份合作企业	1251	1250	971	1226
140 联营企业	23	14	147	186
151 国有独资公司	499	470	88	100
159 其他有限责任公司	2089	1993	1447	1697
161 国有控股公司	939	935	952	1192
169 其他股份有限公司	742	710	457	525
170 私营企业	1612	683	1430	1768
190 其他内资企业	69	69	44	48
200 港澳台商投资企业	555	555	261	300
300 外商投资企业	797	777	577	736
400 事业	417	335	4800	5531
500 机关	1	1	1571	1636

工会保障工作(二)

行业	开办工会职工互助合作保险的基层工会	参加本级工会开办的职工互助合作保险人数	医疗	养老	工伤	享受职工互助合作保险待遇人数		享受职工互助合作保险待遇金额	
						期末累积	本年度新增	期末累积	本年度新增
	个	人	人	人	人	人	人	元	元
总计	1544	547717	485317	69573	38038	137477	16528	47463482	9026940
按国民经济行业分组									
01 农林牧渔业	32	9500	8939	381	737	1385	220	876456	145379
02 采矿业	7	11918	11918	2973	2973	6109	23	216108	15128
03 制造业	365	247236	219569	43429	16912	59809	6962	18031479	3230727
04 电力煤气水生产和供应业	31	19102	17545	2240	555	1718	402	1817381	686475
05 建筑业	89	17993	16277	2992	893	4639	988	1479852	309730
06 交通运输仓储邮政	135	82534	70673	1048	8825	27261	3950	11481892	2089087
07 信息传输、计算机服务和软件业	24	2895	2516	299	1110	1053	99	377614	62810
08 批发零售业	75	14688	8577	716	327	3562	315	1154109	131241
09 住宿和餐饮业	44	11489	9927	900	101	2623	580	977871	132811
10 金融业	18	19734	18958	612	232	729	58	170624	88124
11 房地产业	80	6926	6282	1448	311	2890	188	293290	102958
12 租赁和商品服务业	55	6780	5849	398	84	2420	211	333691	125515
13 科学研究、技术服务和地质勘探业	36	13271	11277	2021	595	2009	413	1834167	489612
14 水利、环境和公共设施管理业	69	6401	5709	1560	376	856	123	713270	99628
15 居民服务和其他服务业	58	3355	2382	1694	726	1296	27	103490	15915
16 教育	187	35660	34186	4478	1730	7780	1158	4084542	537488
17 卫生、社会保障和社会福利业	76	17254	16538	591	317	6349	487	2288797	581681
18 文化、体育和娱乐业	66	9144	7447	400	125	1071	185	469228	164598
19 公共管理和社会组织	97	11837	10748	1393	1109	3918	139	759621	18033
按经济类型分组									
110 国有企业	463	310622	290949	37844	17277	83463	10479	28791636	5355108
120 集体企业	99	15774	13480	2060	2546	4691	222	843239	129539
130 股份合作企业	46	8119	6955	455	606	1642	154	230238	73506
140 联营企业	5	1098	1098	744	0	151	13	17785	12955
151 国有独资公司	15	5073	5073	551	0	469	147	630400	193349
159 其他有限责任公司	111	18603	16939	2262	749	4974	642	1157031	167698
161 国有控股公司	51	43925	29300	4567	5376	7632	1096	3090569	988393
169 其他股份有限公司	46	16164	13933	2390	2201	4085	300	409923	79562
170 私营企业	72	8585	3172	1019	444	628	130	89952	13230
190 其他内资企业	2	82	82	0	0	0	0	0	0
200 港澳台商投资企业	25	8337	5246	495	27	1091	129	1823897	204903
300 外商投资企业	91	31349	25426	7520	5165	6764	794	1597982	305316
400 事业	433	68079	61982	7552	2761	17596	2013	7945898	1429450
500 机关	85	11907	11682	2114	886	4291	409	834932	73931

工会集体合同工作(一)

行　业	建立了平等协商、集体合同制度的已建工会组织独立法人单位(60)		被区域性集体合同覆盖的已建工会组织独立法人单位(61)		被行业性集体合同覆盖的已建工会组织独立法人单位(62)	
	单位	职工	单位	职工	单位	职工
	个	人	个	人	个	人
总计	45802	2335859	36543	847150	10665	997550
按国民经济行业分组						
01 农林牧渔业	1445	76786	756	33046	802	17418
02 采矿业	23	23702	17	6992	18	22739
03 制造业	15476	1200497	11875	435007	2549	499551
04 电力煤气水生产和供应业	190	64518	77	11628	66	23326
05 建筑业	734	112212	366	36869	211	41307
06 交通运输仓储邮政	606	239034	169	27104	246	136658
07 信息传输、计算机服务和软件业	357	34803	238	4314	98	24352
08 批发零售业	7744	145551	7253	67860	869	58134
09 住宿和餐饮业	672	51026	460	19783	186	28720
10 金融业	35	3750	14	402	9	462
11 房地产业	576	32686	276	11780	277	14501
12 租赁和商品服务业	4544	99874	3961	53412	322	22671
13 科学研究、技术服务和地质勘探业	291	17653	230	7252	92	7093
14 水利、环境和公共设施管理业	216	16639	90	5777	85	6247
15 居民服务和其他服务业	9674	107291	8859	78335	3385	45732
16 教育	277	37340	65	6001	153	21828
17 卫生、社会保障和社会福利业	114	13365	51	3517	50	8622
18 文化、体育和娱乐业	187	13416	114	5184	55	3451
19 公共管理和社会组织	2641	45716	1672	32887	1192	14738
按经济类型分组						
110 国有企业	2120	856498	510	142694	1226	447213
120 集体企业	6522	206699	4238	113908	4243	89204
130 股份合作企业	850	106866	460	52532	316	40935
140 联营企业	209	18178	165	11626	33	7225
151 国有独资公司	52	16991	11	5114	19	5808
159 其他有限责任公司	1618	142462	516	45119	880	63090
161 国有控股公司	262	171119	68	42968	134	82633
169 其他股份有限公司	441	60807	268	22865	204	25879
170 私营企业	29911	329324	27893	239853	2418	48588
190 其他内资企业	862	13298	747	9788	46	1647
200 港澳台商投资企业	572	87096	282	32913	143	33901
300 外商投资企业	975	255511	492	101111	297	110316
400 事业	1408	71010	893	26659	706	41111
500 机关						

工会集体合同工作(二)

行业	将女职工特殊保护条款纳入劳动合同和集体合同的已建工会组织独立法人单位(63)		进行了工资集体协商制度签订了工资协议的已建工会组织独立法人单位(64)	
	单位	职工	单位	职工
	个	人	个	人
总计	36189	2379719	25580	1258121
按国民经济行业分组				
01 农林牧渔业	1555	76290	1008	34149
02 采矿业	26	24701	8	7541
03 制造业	10890	1191962	8533	670137
04 电力煤气水生产和供应业	180	72875	106	40135
05 建筑业	638	108105	443	86211
06 交通运输仓储邮政	597	239070	284	70115
07 信息传输、计算机服务和软件业	252	34942	240	24318
08 批发零售业	6015	147418	2853	70806
09 住宿和餐饮业	556	51571	237	24616
10 金融业	52	14369	15	905
11 房地产业	576	40453	345	20627
12 租赁和商品服务业	4329	99795	3797	71580
13 科学研究、技术服务和地质勘探业	208	25318	231	12224
14 水利、环境和公共设施管理业	230	19250	106	7127
15 居民服务和其他服务业	6774	88628	5847	67070
16 教育	395	55843	78	16404
17 卫生、社会保障和社会福利业	182	28787	54	4882
18 文化、体育和娱乐业	187	17432	59	5145
19 公共管理和社会组织	2547	42910	1336	24129
按经济类型分组				
110 国有企业	2242	882971	999	363464
120 集体企业	6477	202369	4776	126685
130 股份合作企业	864	108529	487	73364
140 联营企业	213	19036	73	10888
151 国有独资公司	67	19023	31	10356
159 其他有限责任公司	1580	139901	1142	88931
161 国有控股公司	266	184902	126	91501
169 其他股份有限公司	434	63349	292	37796
170 私营企业	20140	266639	15140	198941
190 其他内资企业	834	12472	846	13279
200 港澳台商投资企业	503	86823	343	51189
300 外商投资企业	960	275424	497	161116
400 事业	1609	118281	828	30611
500 机关				

民主管理工作(一)

行 业	基层工会所在单位建立职代会制度情况	
	1.建立了职代会制度	2.建立了职工大会制度
总计	9445	3138
按国民经济行业分组		
01 农林牧渔业	269	87
02 采矿业	24	2
03 制造业	3181	739
04 电力煤气水生产和供应业	147	52
05 建筑业	413	166
06 交通运输仓储邮政	550	131
07 信息传输、计算机服务和软件业	61	70
08 批发零售业	769	246
09 住宿和餐饮业	210	87
10 金融业	33	16
11 房地产业	297	202
12 租赁和商品服务业	431	171
13 科学研究、技术服务和地质勘探业	123	56
14 水利、环境和公共设施管理业	322	139
15 居民服务和其他服务业	356	199
16 教育	1421	436
17 卫生、社会保障和社会福利业	409	105
18 文化、体育和娱乐业	198	108
19 公共管理和社会组织	231	126
按经济类型分组		
110 国有企业	2056	451
120 集体企业	1145	318
130 股份合作企业	573	183
140 联营企业	87	19
151 国有独资公司	58	22
159 其他有限责任公司	764	314
161 国有控股公司	220	43
169 其他股份有限公司	242	68
170 私营企业	1038	471
190 其他内资企业	57	28
200 港澳台商投资企业	240	113
300 外商投资企业	443	171
400 事业	2522	937
500 机关		

民主管理工作(二)

行 业	本年度召开过职代会的基层工会	职代会职工代表	女职工代表	实行了业务招待费使用情况向职代会报告制度的基层工会	开展了民主评议企事业领导干部的基层工会	实行了厂务公开的基层工会
	个	人	人	个	个	个
总计	10311	309968	119521	8460	9061	9795
按国民经济行业分组						
01 农林牧渔业	292	7629	2723	239	218	257
02 采矿业	25	1721	298	26	25	26
03 制造业	3111	110048	39427	2302	2215	2547
04 电力煤气水生产和供应业	161	7227	1532	134	134	156
05 建筑业	477	14126	2648	438	476	514
06 交通运输仓储邮政	571	20704	4336	550	530	586
07 信息传输、计算机服务和软件业	89	3330	1155	75	84	82
08 批发零售业	809	17621	7124	705	689	764
09 住宿和餐饮业	228	7197	3059	182	193	229
10 金融业	33	3742	1592	24	43	40
11 房地产业	416	6953	2038	384	400	418
12 租赁和商品服务业	475	9839	3771	397	392	460
13 科学研究、技术服务和地质勘探业	147	5772	1786	141	142	149
14 水利、环境和公共设施管理业	410	8990	3309	392	413	424
15 居民服务和其他服务业	406	11720	5247	324	352	387
16 教育	1669	44280	25272	1306	1798	1797
17 卫生、社会保障和社会福利业	479	17450	10046	431	468	481
18 文化、体育和娱乐业	235	4991	1790	215	246	235
19 公共管理和社会组织	278	6628	2368	195	243	243
按经济类型分组						
110 国有企业	2085	91692	25815	2067	2074	2181
120 集体企业	1156	27189	10542	966	948	1133
130 股份合作企业	597	14461	5373	475	447	555
140 联营企业	84	2624	1230	66	63	83
151 国有独资公司	70	1912	522	65	71	72
159 其他有限责任公司	891	21264	6544	763	781	891
161 国有控股公司	232	12457	3522	212	223	240
169 其他股份有限公司	253	6946	2437	211	205	236
170 私营企业	1148	24793	10388	703	650	784
190 其他内资企业	57	1155	507	19	27	23
200 港澳台商投资企业	252	6891	3091	129	132	140
300 外商投资企业	463	18306	7975	232	246	260
400 事业	3023	80278	41575	2552	3794	3197
500 机关						

民主管理工作(三)

行 业	建立了董事会的基层工会	董事	职工董事	女职工董事	工会主席进入了董事会的单位	建立了监事会的基层工会	监事	职工监事	女职工监事	工会主席进入了监事会的单位
	个	人	人	人	个	个	人	人	人	个
总计	4128	19723	2293	989	1643	2463	6199	1303	637	1040
按国民经济行业分组										
01 农林牧渔业	81	358	52	24	42	53	141	37	23	21
02 采矿业		0	0	0			0	0	0	
03 制造业	1990	9688	868	396	673	908	2401	517	263	425
04 电力煤气水生产和供应业	51	221	27	13	20	34	71	15	9	19
05 建筑业	325	1528	278	71	168	245	635	156	48	94
06 交通运输仓储邮政	215	1089	154	49	102	158	396	87	31	69
07 信息传输、计算机服务和软件业	101	501	42	14	26	60	153	30	15	20
08 批发零售业	404	1781	274	144	179	325	708	141	85	123
09 住宿和餐饮业	103	475	66	34	49	63	153	32	20	30
10 金融业	30	251	15	4	5	26	123	26	8	6
11 房地产业	285	1400	180	72	127	214	556	101	47	77
12 租赁和商品服务业	236	1020	131	65	112	172	362	68	44	70
13 科学研究、技术服务和地质勘探业	43	199	26	12	15	28	55	13	7	11
14 水利、环境和公共设施管理业	21	85	12	6	10	17	49	6	2	5
15 居民服务和其他服务业	160	696	123	58	84	110	244	47	22	45
16 教育	11	60	6	4	4	3	10	0	0	1
17 卫生、社会保障和社会福利业	13	68	9	6	6	8	23	5	3	5
18 文化、体育和娱乐业	35	174	20	10	8	20	66	12	4	9
19 公共管理和社会组织	24	129	10	7	13	19	53	10	6	10
按经济类型分组										
110 国有企业										
120 集体企业	325	1480	231	124	188	258	600	126	78	116
130 股份合作企业	656	2959	553	249	359	539	1319	319	162	265
140 联营企业	50	287	20	9	20	24	64	11	7	9
151 国有独资公司	36	167	16	6	16	33	101	17	6	7
159 其他有限责任公司	983	4688	693	248	438	830	2054	416	176	307
161 国有控股公司	163	1096	102	42	60	145	515	118	46	69
169 其他股份有限公司	201	1077	142	61	88	172	473	109	57	73
170 私营企业	472	1904	292	154	219	281	611	128	72	136
190 其他内资企业	16	67	6	2	7	13	23	4	4	6
200 港澳台商投资企业	420	2009	88	25	81	69	156	17	9	15
300 外商投资企业	806	3989	150	69	167	99	283	38	20	37
400 事业										
500 机关										

工会劳动保护工作

行 业	建立了工会劳动保护监督检查委员会的基层工会	工会小组劳动保护检查员	工会劳动保护监督组织受理举报案件	工会提请劳动安全卫生监督部门处理案件	工会参加安全生产检查	工会参加处理工伤事故	工会参加“三同时”审查验收项目
	个	人	件	件	次	件	项
总计	6556	54076	776	315	55708	2456	2951
按国民经济行业分组							
01 农林牧渔业	239	1267	6	4	1465	87	75
02 采矿业	22	714	35	0	316	28	33
03 制造业	3265	32933	461	216	26853	1600	1561
04 电力煤气水生产和供应业	144	2727	13	7	1517	45	174
05 建筑业	387	2791	30	20	5151	173	403
06 交通运输仓储邮政	427	5907	48	29	4399	159	99
07 信息传输、计算机服务和软件业	80	734	6	3	629	3	81
08 批发零售业	580	1908	20	10	4436	59	53
09 住宿和餐饮业	195	686	16	5	1730	55	36
10 金融业	17	72	0	0	124	3	2
11 房地产业	266	789	31	7	2053	28	128
12 租赁和商品服务业	400	1104	80	10	2991	100	148
13 科学研究、技术服务和地质勘探业	59	351	1	1	373	13	12
14 水利、环境和公共设施管理业	61	270	0	0	650	8	36
15 居民服务和其他服务业	221	811	9	3	1500	50	56
16 教育	27	371	0	0	207	3	6
17 卫生、社会保障和社会福利业	22	102	0	0	204	4	0
18 文化、体育和娱乐业	40	193	4	0	361	8	8
19 公共管理和社会组织	104	346	16	0	749	30	40
按经济类型分组							
110 国有企业	1741	28978	260	120	17665	727	825
120 集体企业	1021	2976	82	22	6812	224	265
130 股份合作企业	519	2058	62	17	4279	187	116
140 联营企业	89	384	10	5	834	31	4
151 国有独资公司	32	923	5	3	472	11	18
159 其他有限责任公司	704	3040	85	19	6598	172	211
161 国有控股公司	205	5226	47	26	2093	107	93
169 其他股份有限公司	227	1095	19	8	1736	68	52
170 私营企业	1052	3170	87	38	6998	266	1091
190 其他内资企业	55	218	3	0	252	13	10
200 港澳台商投资企业	309	1245	40	14	2774	238	83
300 外商投资企业	602	4763	76	43	5195	412	183
400 事业							
500 机关							

工会法律工作(一)

行 业	领取了工会法人资格证书	工会法人领取了全国组织机构代码
	个	个
总计	8744	4755
按国民经济行业分组		
01 农林牧渔业	223	126
02 采矿业	12	5
03 制造业	2873	1332
04 电力煤气水生产和供应业	143	70
05 建筑业	385	237
06 交通运输仓储邮政	494	268
07 信息传输、计算机服务和软件业	111	74
08 批发零售业	598	309
09 住宿和餐饮业	175	114
10 金融业	68	50
11 房地产业	405	249
12 租赁和商品服务业	346	198
13 科学研究、技术服务和地质勘探业	147	71
14 水利、环境和公共设施管理业	280	183
15 居民服务和其他服务业	287	212
16 教育	1239	710
17 卫生、社会保障和社会福利业	393	222
18 文化、体育和娱乐业	167	92
19 公共管理和社会组织	398	233
按经济类型分组		
110 国有企业	2045	992
120 集体企业	915	535
130 股份合作企业	443	285
140 联营企业	71	42
151 国有独资公司	69	33
159 其他有限责任公司	727	389
161 国有控股公司	218	106
169 其他股份有限公司	193	128
170 私营企业	543	362
190 其他内资企业	6	2
200 港澳台商投资企业	281	121
300 外商投资企业	641	300
400 事业	2319	1306
500 机关	273	154

工会法律工作(二)

行 业	建立了工会劳动法律监督组织的基层工会	工会劳动法律监督员	本年度工会劳动法律监督组织受理违法、违规案件	工会劳动法律监督组织自行处理违法违规案件	建立了劳动争议调解委员会的基层工会	劳动争议调解委员会中工会和职工代表	本年度劳动争议调解委员会受理劳动争议	集体劳动争议	本年度劳动争议调解委员会调解成功劳动争议
	个	人	件	件	个	人	件	件	件
总计	3798	12325	650	519	5291	18253	4454	408	743
按国民经济行业分组									
01 农林牧渔业	142	389	1	1	141	627	31	2	14
02 采矿业	9	116	6	5	11	45	2	0	2
03 制造业	1899	6553	369	273	2454	8697	2553	168	421
04 电力煤气水生产和供应业	73	401	1	1	106	539	189	4	8
05 建筑业	177	565	3	1	329	1183	221	2	52
06 交通运输仓储邮政	236	1304	10	6	380	1578	84	3	32
07 信息传输、计算机服务和软件业	42	131	2	2	62	202	5	0	0
08 批发零售业	332	690	14	5	474	1295	372	2	86
09 住宿和餐饮业	99	258	0	0	180	569	138	0	67
10 金融业	8	63	0	0	27	184	234	0	3
11 房地产业	150	330	3	0	242	665	145	2	10
12 租赁和商品服务业	229	599	15	2	327	1028	68	3	32
13 科学研究、技术服务和地质勘探业	41	140	0	0	62	227	17	0	4
14 水利、环境和公共设施管理业	30	64	100	100	40	152	101	100	0
15 居民服务和其他服务业	190	349	1	1	282	707	18	0	3
16 教育	18	85	0	0	23	112	4	0	1
17 卫生、社会保障和社会福利业	15	56	0	0	22	75	3	0	0
18 文化、体育和娱乐业	25	65	3	2	35	106	102	2	5
19 公共管理和社会组织	83	167	122	120	94	262	167	120	3
按经济类型分组									
110 国有企业	1088	5298	241	219	1541	6421	2194	153	296
120 集体企业	653	1566	266	226	843	2534	458	226	120
130 股份合作企业	237	573	10	7	362	1071	94	4	27
140 联营企业	42	158	3	2	62	213	31	1	4
151 国有独资公司	22	225	0	0	36	158	7	0	2
159 其他有限责任公司	391	973	5	2	665	2002	202	6	44
161 国有控股公司	136	596	14	8	205	912	261	3	57
169 其他股份有限公司	125	328	53	15	190	619	113	1	45
170 私营企业	640	1291	16	8	695	2056	316	2	67
190 其他内资企业	46	67	1	0	70	183	1	0	0
200 港澳台商投资企业	130	311	4	3	197	641	288	1	12
300 外商投资企业	288	939	37	29	425	1443	489	11	69
400 事业									
500 机关									

工会法律工作(三)

行业	本年度劳动争议调解委员会受理劳动争议	受理的劳动争议案件按引发原因分类									
		变更、解除、终止、续订劳动合同	开除、除名、辞退职工	职工自动离职、辞职	劳动报酬	保险福利	工作时间和休息休假	劳动安全卫生	职业培训	未成年工和女职工特殊保护	其他原因
	件	件	件	件	件	件	件	件	件	件	件
总计	4454	2874	121	791	142	43	129	67	11	4	272
按国民经济行业分组											
01 农林牧渔业	31	18	2	3	0	0	0	0	0	0	8
02 采矿业	2	0	1	0	1	0	0	0	0	0	0
03 制造业	2553	1817	70	389	95	20	15	11	3	4	129
04 电力煤气水生产和供应业	189	161	1	10	4	5	1	2	3	0	2
05 建筑业	221	121	4	70	6	8	2	3	1	0	6
06 交通运输仓储邮政	84	42	5	8	9	2	5	0	0	0	13
07 信息传输、计算机服务和软件业	5	0	3	2	0	0	0	0	0	0	0
08 批发零售业	372	255	9	87	9	1	1	0	0	0	10
09 住宿和餐饮业	138	69	7	51	2	0	2	1	2	0	4
10 金融业	234	95	1	136	1	1	0	0	0	0	0
11 房地产业	145	125	2	12	2	0	1	0	0	0	3
12 租赁和商品服务业	68	21	3	13	7	3	0	5	2	0	14
13 科学研究、技术服务和地质勘探业	17	9	2	4	0	1	1	0	0	0	0
14 水利、环境和公共设施管理业	101	0	1	0	0	0	50	20	0	0	30
15 居民服务和其他服务业	18	8	0	4	3	1	0	0	0	0	2
16 教育	4	3	0	0	0	1	0	0	0	0	0
17 卫生、社会保障和社会福利业	3	2	0	0	0	0	0	0	0	0	1
18 文化、体育和娱乐业	102	88	10	1	2	0	1	0	0	0	0
19 公共管理和社会组织	167	40	0	1	1	0	50	25	0	0	50
按经济类型分组											
110 国有企业	2194	1705	28	309	54	17	6	5	1	0	69
120 集体企业	458	124	4	40	17	5	102	51	2	0	113
130 股份合作企业	94	36	12	19	11	2	3	1	0	0	10
140 联营企业	31	24	0	2	0	1	0	0	0	0	4
151 国有独资公司	7	3	1	3	0	0	0	0	0	0	0
159 其他有限责任公司	202	133	4	18	14	7	2	2	0	0	22
161 国有控股公司	261	67	5	155	8	3	6	2	2	0	13
169 其他股份有限公司	113	32	5	66	2	0	3	0	0	0	5
170 私营企业	316	254	19	25	8	2	0	0	2	0	6
190 其他内资企业	1	0	1	0	0	0	0	0	0	0	0
200 港澳台商投资企业	288	222	7	45	1	1	1	1	2	0	8
300 外商投资企业	489	274	35	109	27	5	6	5	2	4	22
400 事业											
500 机关											

工会经济技术工作(一)

行 业	开展了经济技术创新工程活动的基层工会	本年度职工提出合理化建议	本年度已实施合理化建议	已实施合理化建议创造(节约)价值折算金额	工会所在单位本年度技术革新项目	本年度技术革新创造(节约)价值折算金额	工会所在单位本年度技术发明项目	申请专利项目	本年度技术发明创造经济效益金额
	个	件	件	元	项	元	项	项	元
总计	2414	373412	154402	1611123069	6286	1931529532	1303	752	804995730
按国民经济行业分组									
01 农林牧渔业	45	2848	656	21284068	32	4251500	3	0	365000
02 采矿业	17	36066	17112	44150032	674	108556509	41	2	10060000
03 制造业	1001	239242	118322	1053409137	4474	1339926426	889	541	400940913
04 电力煤气水生产和供应业	79	13235	3324	104850907	296	308290700	50	15	8994500
05 建筑业	191	5809	1818	61618619	325	31186480	43	7	12811760
06 交通运输仓储邮政	217	26002	3577	80200165	175	11479616	35	21	5017057
07 信息传输、计算机服务和软件业	58	12836	3735	110706525	54	102125000	59	43	105974500
08 批发零售业	84	5957	648	4254579	5	409162	1	0	40000
09 住宿和餐饮业	58	5051	1281	4721715	33	536999	0	0	0
10 金融业	7	6192	19	3028500	0	0	0	0	0
11 房地产业	75	1639	362	21868476	10	856000	2	0	2025000
12 租赁和商品服务业	56	2577	515	23843036	17	74200	0	0	0
13 科学研究、技术服务和地质勘探业	52	2032	311	51588758	90	18810000	164	114	256625000
14 水利、环境和公共设施管理业	85	1548	427	6705989	30	2726000	14	9	2024000
15 居民服务和其他服务业	60	1009	234	1578454	2	115000	1	0	115000
16 教育	193	5198	901	5393401	2	100000	1	0	3000
17 卫生、社会保障和社会福利业	84	5286	786	3935278	54	798440	0	0	0
18 文化、体育和娱乐业	25	432	208	962191	4	150000	0	0	0
19 公共管理和社会组织	27	453	166	7023239	9	1137500	0	0	0
按经济类型分组									
110 国有企业	755	179955	57639	478272071	3062	580838147	440	196	408687298
120 集体企业	149	3060	1036	11424579	119	21168800	28	4	8412000
130 股份合作企业	157	4309	2233	12508468	109	11952586	18	9	7786000
140 联营企业	30	485	214	4199800	81	2792900	6	1	100000
151 国有独资公司	19	3480	1770	5746103	36	5640211	15	4	4541257
159 其他有限责任公司	212	20041	4506	30869106	253	23508820	150	121	61888176
161 国有控股公司	110	48956	30665	658725244	641	241778246	320	206	115305975
169 其他股份有限公司	59	8862	623	34234528	26	1970000	12	10	6840000
170 私营企业	202	2243	1308	18602659	138	9283205	41	31	12574000
190 其他内资企业	4	85	80	627500	2	30000	0	0	0
200 港澳台商投资企业	78	2836	984	35371007	192	8278900	52	21	12382800
300 外商投资企业	215	91221	51088	297093464	1400	1001051672	146	100	159565224
400 事业	424	7879	2256	23448540	227	23236045	75	49	6913000
500 机关									

工会经济技术工作(二)

行 业	工会所在单位本年度总结推广先进操作法项目	总结推广先进操作法创造(节约)价值折算金额	本年度参加劳动竞赛职工	本年度参加技术练兵、技术比武职工	本年度参加职工技术培训	建有职工技协组织的基层工会所在单位	技协会员	本年度技协开展技术攻关、技术开发项目	技协开展技术攻关技术开发创经济效益
	项	元	人次	人次	人次	个	人	项	元
总计	846	244081709	1064603	463670	1646546	1346	116948	1947	101935383
按国民经济行业分组									
01 农林牧渔业	19	2122600	10392	20034	22684	27	1118	36	1563300
02 采矿业	34	14010000	18221	9013	14158	3	91	23	6035000
03 制造业	527	178874592	366647	130900	383171	351	29608	536	34821795
04 电力煤气水生产和供应业	18	25090000	50282	13820	27610	75	18101	105	8716588
05 建筑业	99	9684035	144042	11964	41625	138	9276	114	12785920
06 交通运输仓储邮政	46	7999584	172118	72865	702803	155	11045	137	8004335
07 信息传输、计算机服务和软件业	11	2148698	25047	17605	33019	42	8316	378	6933771
08 批发零售业	13	467500	60692	10095	41223	42	1808	29	293075
09 住宿和餐饮业	26	332000	29614	16696	36538	16	1198	0	0
10 金融业	1	1000	26769	18247	36300	11	995	1	218193
11 房地产业	7	313000	12577	3716	25595	121	3664	77	3495787
12 租赁和商品服务业	4	135700	15481	48308	22363	23	1923	1	100000
13 科学研究、技术服务和地质勘探业	3	70000	8991	2021	14804	60	8181	45	1380334
14 水利、环境和公共设施管理业	10	2582000	31891	13000	7977	123	7230	116	5447671
15 居民服务和其他服务业	1	8700	9185	3646	8258	30	1675	58	458432
16 教育	3	17000	41065	37222	68266	21	4469	43	1417623
17 卫生、社会保障和社会福利业	17	219800	31243	30298	146880	58	5883	62	5521252
18 文化、体育和娱乐业	5	5000	4902	1953	4926	15	1045	37	1921000
19 公共管理和社会组织	2	500	5444	2267	8346	35	1322	149	2821307
按经济类型分组									
110 国有企业	322	120488361	487196	207431	378732	590	67083	1019	53373427
120 集体企业	21	2899000	15807	6339	17855	42	1970	20	955748
130 股份合作企业	51	7544261	25591	52021	27239	43	1969	23	2374377
140 联营企业	1	100000	9190	2240	5464	13	305	9	551000
151 国有独资公司	8	2212315	13429	2889	3808	25	1500	52	6310000
159 其他有限责任公司	85	5615775	59228	13948	54261	118	5241	136	9005820
161 国有控股公司	108	60347850	176142	41390	67070	83	9523	108	3789724
169 其他股份有限公司	1	250	28698	7663	19610	19	940	3	101000
170 私营企业	66	1103669	19988	9559	29993	31	774	34	798000
190 其他内资企业	0	0	464	150	1027	1	20	0	0
200 港澳台商投资企业	24	1416000	16781	7881	611768	14	535	12	675633
300 外商投资企业	99	39905478	104141	32492	189285	45	6499	50	3183233
400 事业	60	2448750	107948	79667	240434	322	20589	481	20817421
500 机关									

工会经济技术工作(三)

行　业	本年度技协推广新技术项目	本年度应用技协推广新技术创经济效益	本年度技协技术合同成交项目	本年度技协技术合同成交金额	本年度技协组织技术比赛	本年度参加技协组织技术比赛	本年度技协举办技术培训(讲座)	参加技协技术培训(讲座)	本年度技协帮扶困难企业	本年度技协帮扶困难企业项目
	项	元	项	元	场次	人次	次	人次	个	项
总计	254	24527154	9693	786744594	242	11449	800	30802	32	35
按国民经济行业分组										
01 农林牧渔业	17	1234000	23	811500	2	58	50	1192	2	2
02 采矿业	4	3000000	13	2072810	3	200	6	700	0	0
03 制造业	86	10279300	1972	445407956	116	6802	156	5337	10	16
04 电力煤气水生产和供应业	10	1080000	963	53934327	26	765	65	1186	1	1
05 建筑业	38	3111500	944	29782838	23	584	84	3137	2	2
06 交通运输仓储邮政	46	2735605	814	38024211	18	680	42	1791	4	8
07 信息传输、计算机服务和软件业	2	397253	593	33977880	24	1362	45	1036	0	0
08 批发零售业	0	0	35	737850	8	136	17	472	0	0
09 住宿和餐饮业	0	0	0	0	0	0	0	0	0	0
10 金融业	0	0	20	1492613	0	0	1	15	0	0
11 房地产业	1	30000	640	12126427	1	22	17	376	1	0
12 租赁和商品服务业	0	0	0	0	0	0	2	65	0	0
13 科学研究、技术服务和地质勘探业	2	100000	669	92821906	0	0	81	5041	0	0
14 水利、环境和公共设施管理业	2	45800	1371	34266160	12	467	69	1222	1	1
15 居民服务和其他服务业	3	90000	86	3799276	2	28	10	82	0	0
16 教育	0	0	41	5463349	0	0	21	859	0	0
17 卫生、社会保障和社会福利业	14	1728696	822	17545521	4	245	111	7654	1	0
18 文化、体育和娱乐业	0	0	36	986071	3	100	10	200	10	5
19 公共管理和社会组织	29	695000	651	13493899	0	0	13	437	0	0
按经济类型分组										
110 国有企业	77	8607753	3901	590966803	138	7382	220	6898	5	6
120 集体企业	0	0	58	2024335	5	156	46	2312	3	2
130 股份合作企业	1	10000	59	4769075	4	200	24	1133	3	3
140 联营企业	0	0	82	3036977	0	0	1	22	0	0
151 国有独资公司	3	4040000	209	7032713	7	305	34	254	1	4
159 其他有限责任公司	18	4260000	301	17671065	15	571	74	1529	0	0
161 国有控股公司	60	2392300	314	20959540	27	1351	25	1218	2	2
169 其他股份有限公司	0	0	3	59250	4	156	0	0	0	0
170 私营企业	13	522000	55	9409518	15	284	26	508	0	0
190 其他内资企业	0	0	0	0	0	0	0	0	0	0
200 港澳台商投资企业	3	61000	35	1076768	6	222	21	178	0	0
300 外商投资企业	10	910000	209	31954897	2	45	35	371	1	2
400 事业	69	3724101	4467	97783653	19	777	294	16379	17	16
500 机关	254	24527154	9693	786744594	242	11449	800	30802	32	35

职工文化体育工作

行 业	工会直属文化宫、俱乐部	工会直属图书馆(藏书1万册以上)	工会直属体育场、体育馆
	个	个	个
总计	229	110	45
按国民经济行业分组			
01 农林牧渔业	2	0	0
02 采矿业	7	4	1
03 制造业	71	44	14
04 电力煤气水生产和供应业	7	7	1
05 建筑业	9	2	3
06 交通运输仓储邮政	17	11	3
07 信息传输、计算机服务和软件业	4	1	0
08 批发零售业	5	3	2
09 住宿和餐饮业	11	4	0
10 金融业	3	4	0
11 房地产业	5	1	0
12 租赁和商品服务业	9	1	2
13 科学研究、技术服务和地质勘探业	5	2	2
14 水利、环境和公共设施管理业	7	2	0
15 居民服务和其他服务业	3	0	0
16 教育	26	6	5
17 卫生、社会保障和社会福利业	19	7	2
18 文化、体育和娱乐业	9	3	10
19 公共管理和社会组织	10	8	0
按经济类型分组			
110 国有企业	80	62	17
120 集体企业	7	1	2
130 股份合作企业	6	1	0
140 联营企业	1	0	0
151 国有独资公司	1	2	2
159 其他有限责任公司	14	3	2
161 国有控股公司	16	14	2
169 其他股份有限公司	5	0	0
170 私营企业	8	2	0
190 其他内资企业	0	0	0
200 港澳台商投资企业	4	2	0
300 外商投资企业	19	1	2
400 事业	65	19	18
500 机关	3	3	0

工会经审工作

行 业	建立了工会经费审查组织的基层工会	工会经费审查委员会人数	工会经费审查委员会开展了本级经费年度预、决算审查的基层工会
	个	人	个
总计	15030	31077	9712
按国民经济行业分组			
01 农林牧渔业	476	1057	272
02 采矿业	27	97	25
03 制造业	4795	10693	2887
04 电力煤气水生产和供应业	196	529	148
05 建筑业	508	1150	328
06 交通运输仓储邮政	643	1566	473
07 信息传输、计算机服务和软件业	203	366	118
08 批发零售业	884	1676	573
09 住宿和餐饮业	339	699	198
10 金融业	91	320	75
11 房地产业	526	981	382
12 租赁和商品服务业	676	1245	384
13 科学研究、技术服务和地质勘探业	223	470	181
14 水利、环境和公共设施管理业	421	956	320
15 居民服务和其他服务业	919	1446	390
16 教育	2063	3748	1566
17 卫生、社会保障和社会福利业	604	1266	482
18 文化、体育和娱乐业	364	645	249
19 公共管理和社会组织	1072	2167	661
按经济类型分组			
110 国有企业	2307	5916	1858
120 集体企业	1692	3355	893
130 股份合作企业	727	1537	394
140 联营企业	128	273	72
151 国有独资公司	90	224	70
159 其他有限责任公司	1031	2079	696
161 国有控股公司	269	746	222
169 其他股份有限公司	337	650	208
170 私营企业	2190	3882	863
190 其他内资企业	100	152	56
200 港澳台商投资企业	564	1165	300
300 外商投资企业	1080	2337	668
400 事业	3882	7460	2944
500 机关	633	1301	468

法律、法规

司法部　全国总工会关于保障职工合法权益加强职工法律援助工作的通知

各省、自治区、直辖市司法厅(局)、总工会：

保障职工合法权益，是我国社会主义法制建设和人权保障的重要组成部分，也是法律援助工作的重要内容。为了充分发挥各级司法行政机关和工会组织的职能作用，进一步加强并规范职工法律援助工作，切实维护职工合法权益，促进社会稳定，现就有关问题通知如下：

一、各级法律援助机构和工会组织要从认真实践“三个代表”重要思想和执政为民的高度，重视和开展职工法律援助工作。《工会法》明确规定“维护职工合法权益是工会的基本职责”，“县级以上各级总工会可以为所属工会和职工提供法律服务”。困难职工是特殊的困难群体，为困难职工提供法律援助，维护其合法权益，是各级司法行政机关和工会组织的共同任务，是贯彻落实《工会法》的重要内容，也是当前维护稳定大局的迫切需要。各级司法行政机关和工会组织要从讲政治、抓维护、促稳定的高度，充分认识开展职工法律援助工作的重要性与紧迫性，切实加强组织领导，认真研究部署，明确工作重点，采取有效措施，把这项工作落到实处。

二、要认真研究市场经济条件下劳动关系和劳动争议的规律和特点，采取有效措施，使符合条件的困难职工当事人得到优质的法律援助。对重大劳动争议案件，要及时立案援助；对可能影响社会稳定的突出问题，要及时向党委和政府反映，提出解决意见。各级工会组织要以贯彻实施修改后的《工会法》为契机，加强职工法律援助的组织和队伍建设，充分发挥自身优势，加大依法维权力度。要拨出专项经费，设立职工法律援助资金，确保职工法律援助工作的正常开展。

三、各级工会组织要遵循法律援助制度的基本原则，依据修改后的《工会法》和相关法律法规的规定开展职工法律援助工作，不断加强制度化和规范化建设。工会职工法律援助要以协调劳动关系、调处劳动争议为工作重点，以合法权益受到侵犯的困难职工、工会工作者和基层工会组织为主要对象，通过法律咨询、代书、非诉讼调解、仲裁代理和诉讼代理等手段，提供无偿法律服务，维护其合法权益。各级地方工会要加强对职工法律援助工作的组织管理。工会开展职工法律援助工作，应当接受司法行政机关的业务指导，确保规范化运作，不断提高工作水平。

四、各级司法行政机关和工会组织在为困难职工提供法律援助工作中要加强协调，密切配合。工会作为实施法律援助的重要社会力量，在维护困难职工合法权益方面发挥着不可替代的作用，司法行政机关应当给予积极支持。要组织经常性的培训、交流和研讨，不断提高工会法律援助人员的业务素质；要在制度上互相衔接，职能上优势互补，及时总结推广经验，定期评选表彰先进，推进职工法律援助工作深入开展。各级工会组织要加强与司法行政机关的联系，主动通报情况，提供需求信息，提出意见建议，协助制订相关措施和办法，共同促进职工法律援助工作的健康发展。

五、各级司法行政机关和工会组织要紧密结合职工法律援助工作的实际需要，采取多种形式，大力开展《劳动法》、《工会法》以及相关法律法规的宣传教育工作，提高广大职工、工会工作者的法律意识，自觉地运用法律武器维护自身合法权益；提高企业经营者的法律素质，促进他们自觉遵纪守法，保障职工的合法权益，不断优化开展职工法律援助工作的法制环境。

各地开展职工法律援助工作情况请及时报司法部和全国总工会。

二〇〇二年十一月二十一日

最高人民法院关于在民事审判工作中适用《中华人民共和国工会法》若干问题的解释

(2003年1月9日最高人民法院审判委员会第1263次会议通过)

为正确审理涉及工会经费和财产、工会工作人员权利的民事案件,维护工会和职工的合法权益,根据《中华人民共和国工会法》、《中华人民共和国民法通则》和《中华人民共和国民事诉讼法》等法律的规定,现就有关法律的适用问题解释如下:

第一条 人民法院审理涉及工会组织的有关案件时,应当认定依照工会法建立的工会组织的社团法人资格。具有法人资格的工会组织依法独立享有民事权利,承担民事义务。建立工会的企业、事业单位、机关与所建工会以及工会投资兴办的企业,根据法律和司法解释的规定,应当分别承担各自的民事责任。

第二条 根据工会法第十八条规定,人民法院审理劳动争议案件,涉及确定基层工会专职主席、副主席或者委员延长的劳动合同期限的,应当自上述人员工会职务任职期限届满之日起计算,延长的期限等于其工会职务任职的期间。

工会法第十八条规定的"个人严重过失",是指具有《中华人民共和国劳动法》第二十五条第(二)项、第(三)项或者第(四)项规定的情形。

第三条 基层工会或者上级工会依照工会法第四十三条规定向人民法院申请支付令的,由被申请人所在地的基层人民法院管辖。

第四条 人民法院根据工会法第四十三条的规定受理工会提出的拨缴工会经费的支付令申请后,应当先行征询被申请人的意见。被申请人仅对应拨缴经费数额有异议的,人民法院应当就无异议部分的工会经费数额发出支付令。

人民法院在审理涉及工会经费的案件中,需要按照工会法第四十二条第一款第(二)项规定的"全部职工"、"工资总额"确定拨缴数额的,"全部职工"、"工资总额"的计算,应当按照国家有关部门规定的标准执行。

第五条 根据工会法第四十三条和民事诉讼法的有关规定,上级工会向人民法院申请支付令或者提起诉讼,要求企业、事业单位拨缴工会经费的,人民法院应当受理。基层工会要求参加诉讼的,人民法院可以准许其作为共同申请人或者共同原告参加诉讼。

第六条 根据工会法第五十二条规定,人民法院审理涉及职工和工会工作人员因参加工会活动或者履行工会法规定的职责而被解除劳动合同的劳动争议案件,可以根据当事人的请求裁判用人单位恢复其工作,并补发被解除劳动合同期间应得的报酬;或者根据当事人的请求裁判用人单位给予本人年收入二倍的赔偿,并参照《违反和解除劳动合同的经济补偿办法》第八条规定给予解除劳动合同时的经济补偿金。

第七条 对于企业、事业单位无正当理由拖延或者拒不拨缴工会经费的,工会组织向人民法院请求保护其权利的诉讼时效期间,适用民法通则第一百三十五条的规定。

第八条 工会组织就工会经费的拨缴向人民法院申请支付令的,应当按照《最高人民法院关于适用〈中华人民共和国民事诉讼法〉若干问题的意见》第一百三十二条的规定交纳申请费;督促程序终结后,工会组织另行起诉的,按照《人民法院诉讼收费办法》规定的财产案件收费标准交纳诉讼费用。

关于本市工伤认定有关问题处理意见的通知

沪劳保福发(2003)35号

各委、办、局,控股(集团)公司,各区、县劳动保障局:

为规范工伤认定程序,维护劳动关系双方的合法权益,根据《上海市人民政府关于同意由劳动保障行政部门负责本市工伤认定工作的批复》(沪府(2003)57号),现就本市工伤认定有关问题的处理意见通知如下:

一、本市工伤认定适用的范围、对象为本市行政区域内城镇企业及与其建立劳动关系的职工。

二、上海市劳动和社会保障局(以下简称市劳动保障局)负责本市行政区域内的工伤认定工作,对区县的认定工作进行检查、监督和指导。

区县劳动保障部门负责住所地在本辖区内的企业的工伤认定工作。

三、职工劳动关系所在的企业(以下简称企业)应当自事故发生之日或者被诊断、鉴定为职业病之日起30日内,按属地原则向区县劳动保障行政部门书面提出工伤认定申请。遇有特殊情况,经报劳动保障行政部门同意,申请时限可以适当延长。

四、企业未在规定的期限内提出工伤认定申请的,职工本人在事故伤害发生之日或者被诊断、鉴定为职业病之日起1年内,按属地原则可以直接向区县劳动保障行政部门提出工伤认定申请。

职工本人无法申请的,其直系亲属或者工会组织可按上述条款提出工伤认定申请。

五、提出工伤认定申请应当提交下列材料:

(一)工伤认定申请表;

(二)职工本人身份证明;

(三)与企业存在劳动关系的证明材料;

(四)初次医疗诊断证明或者职业病诊断证明书(或者职业病诊断鉴定书);

职工本人无法申请、由其直系亲属或者工会组织提出工伤认定申请的,应同时提交申请人身份证明及申请人与伤亡职工关系的证明。

六、有下列情形之一并提出工伤认定申请的,除提供第五条要求的材料外,还应当同时提交相关部门出具的证据材料:

(一)属于交通事故的,提交公安交警管理部门确定的事故责任结论证明;

(二)从事抢险救灾、救人等维护国家、社会和公众利益活动的,提交市民政、公安部门出具的证明;

(三)因公、因战致残的军人复员转业到企业工作后旧伤复发的,提交伤残证件及指定医院的旧伤复发诊断证明;

(四)因公外出期间失踪的,提交人民法院宣告死亡的证明;

(五)因履行职责遭致人身伤害的,提交公安机关或人民法院出具的证明;

(六)特殊情况需提交的其他证明材料。

七、申请人提供材料不完整的,劳动保障行政部门应一次性书面告知申请人需要补正的全部申请材料。

八、工伤认定申请人提供的申请材料符合要求,并且在受理时效内的,劳动保障行政部门应当受理,并在7个工作日内发出受理通知书。

不符合上述受理条件的,劳动保障行政部门不予受理,并书面告知申请人。

九、劳动保障行政部门受理工伤认定申请后,可以根据需要采用下列方式进行调查核实,有关组织和个人应当予以协助:

(一)可以进入有关单位和事故现场进行调查;

(二)查阅或复制与工伤认定有关的资料,询问有关人员;

(三)其他必要的调查方式。

十、劳动保障行政部门对工伤认定进行调查时,应当由两名或者两名以上人员共同进行,坚持实事求是、客观公正的原则并保守有关单位的商业秘密及个人隐私。

十一、劳动保障行政部门工作人员在核实工伤认定材料过程中,可以要求企业和职工在规定时限提供补充证明。

十二、劳动保障行政部门应当自受理工伤认定申请之日起60日内作出工伤认定的决定,并以工伤认定结论书形式通知企业、职工或者其他申请人。

十三、企业、职工或者其他申请人对工伤认定结论不服的,可以依照《中华人民共和国行政复议法》或《中华人民共和国行政诉讼法》申请行政复议或者提起行政诉讼。

十四、参加综合保险的用人单位及使用的外来从业人员参照本通知进行工伤认定。

十五、劳动保障行政部门可以接受有关部门的委托进行工伤认定。

对同一事故的委托,劳动保障行政部门只接受一次。

十六、本市工伤保险办法出台后,工伤认定按本市工伤保险的规定执行。

十七、本通知自二〇〇三年七月二日起施行。

上海市劳动和社会保障局

二〇〇三年七月十八日

关于本市基本医疗保险支付部分费用诊疗项目范围、支付办法及有关事项的通知

沪医保(2003)108号

各区县卫生局、物价局、医疗保险办公室、医保定点医疗机构:

为了进一步规范基本医疗保险诊疗项目服务管理,完善医疗保险支付政策,逐步形成医疗供需双方的费用分担机制,保证基本医疗,减少浪费,根据劳动和社会保障部《关于印发城镇职工基本医疗保险诊疗项目管理、医疗服务设施范围和支付标准意见的通知》(劳社部发(1999)22号)和《上海市城镇职工基本医疗保险诊疗项目范围管理暂行办法》(沪医保(2001)170号),现就本市基本医疗保险支付部分费用诊疗项目(以下简称:医保部分支付诊疗项目)范围、支付办法及有关事项通知如下:

一、医保部分支付诊疗项目范围

(一)诊疗设备类

1.核磁共振成像装置(MRI)检查治疗费;

2.心脏及血管造影X线机(含数字减影设备)(DSA)检查治疗费;

3.单光子发射电子计算机扫描装置(SPECT)检查费;

4.高压氧治疗费(抢救治疗除外);

5.体外震波碎石治疗费。

(二)一次性使用和植入型人工器官和医用材料类

1.人工晶体材料费;

2.心脏瓣膜材料费;

3.冠状动脉疾病诊断与介入治疗使用的导管和腔内支架材料费。

二、医保部分支付诊疗项目办法

(一)对应用诊疗设备类项目所发生的检查费或治疗费,先由参保人员按10%比例现金自付,其余费用再按基本医疗保险的规定支付;

(二)应用国产或合资的一次性使用和植入型人工器官和医用材料所发生的材料费,先由参保人员按20%比例现金自付,其余费用再按基本医疗保险的规定支付;应用进口的一次性使用和植入型人工器官和医用材料所发生的材料费,先由参保人员按30%比例现金自付,其余费用再按基本医疗保险的规定支付。

三、医保部分支付诊疗项目有关事项

(一)高压氧抢救治疗的以下指征之一者,不纳入医保部分支付诊疗项目范围,仍按基本医疗保险的规定支付:

1.各种原因引起的心跳、呼吸骤停;

2.急性中枢及末梢循环衰竭;

3.急性一氧化碳及其他有害气体中毒;

4.急性神经损伤;

5.厌氧菌感染;

6.急性减压病。

(二)诊疗设备类项目中需要使用造影剂、核素药品的,医保支付范围和支付办法按照《上海市城镇职工基本医疗保险药品目录》的规定执行。

(三)本市老红军、离休干部、二等乙级以上革命伤残军人不实行个人自负医疗费。

(四)参保人员在外省市医疗机构就医所发生的符合基本医疗保险规定的,属于本市医保部分支付诊疗项目范

围的医疗费用,按照本市医保部分支付诊疗项目的规定执行。

四、关于加强医保部分支付诊疗项目医保管理

(一)医保定点医疗机构应当严格执行市物价管理部门的有关收费规定,按照市卫生、药监管理部门核准应用诊疗设备或一次性使用和植入型人工器官和医用材料的有关规定,加强医保分类支付项目服务的规范管理,坚持因病施治原则,合理检查、合理治疗。应用未经装备许可或不符合国家及本市质量管理规定的诊疗设备、医疗器械进行的诊疗项目,基本医疗保险不予支付。

(二)医保定点医疗机构应当根据市医保局医保部分支付诊疗项目政策的有关办法和规定,做好医保计算机结算系统应用软件的调整工作。

(三)医保定点医疗机构应当将本通知有关精神及操作办法及时布置到医务人员和工作人员,并耐心向参保人员做好宣传解释工作,确保医保部分支付诊疗项目政策的平稳实施。

五、本通知自二〇〇三年八月一日起施行

文件选编

中华全国总工会关于贯彻落实《国务院办公厅关于加快推进再就业工作的通知》的通知

各省、自治区、直辖市总工会,各全国产业工会,中共中央直属机关工会联合会,中央国家机关工会联合会,全总各部门、各直属单位:

5月12日,国务院办公厅下发了《关于加快推进再就业工作的通知》(国办发[2003]40号,以下简称《通知》)。为贯彻落实《通知》精神,更好地发挥各级工会组织在促进再就业工作中的作用,现就有关问题通知如下:

一、提高认识,加强领导,健全工作机制,切实落实目标责任制

各级工会要认真学习、宣传《通知》精神,进一步提高思想认识,搞好源头参与,强化群众监督,办好工会实事,把推动再就业工作作为工会一项重大而紧迫的任务抓紧抓好。要充分认识非典型肺炎疫情的突发,使我国经济发展环境的不确定因素增加,给就业工作带来新的困难和不利影响,以更加扎实的工作,积极协助政府努力实现国民经济持续快速健康发展和促进充分就业的双重目标。要继续结合本地区的实际情况,落实好工会促进再就业的目标责任制,层层分解工作指标,作为考核工会工作的重要内容。

各地工会要按照《通知》的要求,推动政府加强对就业和再就业工作的组织协调。国务院已经建立了由劳动保障部等部门和全国总工会参加的再就业工作部际联席会议制度。各省、自治区、直辖市总工会也要积极推动建立健全本地区再就业工作领导小组或厅(局)联席会议制度,推动市、县(区)建立起相应的工作机构和协调机制。各级工会领导机关要积极参与领导小组或联席会议的工作,推动本地真正形成党委统一领导、部门联动、齐抓共管、分工协作的再就业工作机制。要充分发挥工会再就业工作领导小组的作用,坚持主要负责同志亲自抓、负总责。工会再就业领导小组要有明确的工作制度和切实可行的工作计划,工会各有关部门要密切协作、相互配合,努力落实促进再就业的各项工作。

二、协助政府做好下岗失业人员再就业政策的落实工作

《通知》要求,地级城市应在2003年6月底前出齐本地再就业政策。各地工会要积极协助政府按期完成各项再就业配套政策的制订并使之不折不扣地得到落实,努力为就业和再就业创造更为宽松的环境。最近,国务院有关部门正在对已颁布的再就业政策加以细化、补充和完善,不久将陆续下发执行。其内容涉及小额担保贷款和财政贴息、国有大中型企业主辅分离、非全日制用工、城镇灵活就业人员医疗保险等方面。各地工会要积极参与这些方面政策的细化和完善工作,使本地区出台的政策更加有利于促进再就业、有利于解决本地再就业工作中的突出问题。各地工会要推动政府调整财政支出结构,真正把再就业资金按时足额落实到位。要督促政府有关部门加快政策落实的进度,推动再就业工作取得实效。

要高度重视并积极推动政府有关部门加快发放《再就业优惠证》,并参与完善本地优惠证发放办法,使最需要帮助的下岗失业人员能够得到政策扶持。各级工会要为下岗失业人员提供政策咨询和信息指导,帮助和指导符合条件的下岗失业人员和企业享受再就业优惠政策。

三、发挥工会自身优势,千方百计扶持下岗失业人员实现再就业

各级工会要采取有效措施,确保实现全总提出的今后三年内对150万下岗失业人员开展职业培训、为150万下岗失业人员提供职业介绍服务和依靠工会劳动福利事业和工会直接联系帮助150万下岗失业人员实现再就业的目标。要继续通过多种途径和渠道,扶持下岗失业人员特别是就业困难对象实现再就业。要注意总结和推广工会促进再就业工作的经验,努力开发一批新的就业岗位,重点对就业困难对象实施再就业援助。要注意培养创业带头人,使其带领下岗失业人员集体创业。工会兴办的职工劳动福利事业,要努力多安置下岗失业人员。继续抓好工会的小额借款工作,帮助和支持有创业意愿和创业能力的就业困难人员自谋职业、自主创业、灵活就业,并在实现再就业的资金、信息、服务等方面给予有效的帮助。

各地工会要进一步加强困难职工帮扶中心、职业培训中心、职业介绍中心的建设,完善工作机制,扩大工作成效。帮扶中心要真正承担起帮助困难职工解决在就业、医疗、生活、子女上学等方面遇到的困难和问题的责任,为困难职工特别是下岗失业人员提供直接、快捷、方便的帮助和服务。

继续推进领导干部联系困难职工家庭的工作，把扶持困难职工家庭脱困与促进再就业结合起来，与送技术、送信息、送岗位结合起来，积极探索具有中国工会特色、职工互助互济性质的促进下岗失业人员再就业的工作新路子。

四、加大工会职业介绍、职业培训力度，提高下岗失业人员就业和创业能力

要继续做好工会职业培训、职业介绍等再就业服务工作，进一步整合工会的职工学校、工会干校、文化宫、俱乐部等教育培训资源，开展多层次、多形式的再就业培训，增强培训的针对性和实效性。加强与就业服务机构和用人单位的联系，开展定向培训和"订单式"培训。在培训中要特别注意对下岗失业人员的自主创业提供创业指导，努力提高他们的创业能力。

要进一步规范工会职业介绍机构的管理和服务，提高工作质量，加强信息网络建设，提高工会职业介绍服务机构的工作实效。大力开展对下岗失业人员的"一站式服务"，尽可能实现求职登记、职业培训、职业鉴定、职业介绍、用人单位录用、签订劳动合同、社会保险关系接续、落实用人单位优惠政策等方面的全程衔接。有条件的地区可建立与政府劳动力市场联网的信息网络，开展跨地区的劳务协作和对外劳务输出。要重视发挥街道、社区工会和基层工会在为下岗失业人员提供再就业服务工作中的重要作用。

各地工会举办的职业介绍、职业培训机构要按照政府主管部门的要求加强规范化建设，争取纳入政府公共就业服务体系之中。2003年底前争取完成向政府主管部门申请资质认定的工作，以尽快取得职业介绍和再就业培训的政府补贴。

五、加强对下岗失业人员再就业政策落实情况的调查研究，加大监督检查力度

各地工会要监督本地区再就业政策的贯彻落实，注意分析研究再就业工作中出现的新情况、新问题，提出政策措施和建议。积极参加党委、政府及人大、政协开展的有关监督检查和视察活动，推动再就业政策的落实。要协同政府各级劳动保障部门加强社会劳动监察队伍的建设，做好就业与社会保障方面的群众民主监督工作。要配合政府有关部门加强对劳动力市场的监督和管理，对各类用人单位不签订劳动合同、滥用试用期、拖欠和克扣工资、拒缴社会保险费等违法行为依法予以查处。近期，各级工会要特别注意"非典"疫情对再就业的影响，充分估计可能遇到的困难和问题，注意配合政府开辟新的就业岗位和渠道。要按照全总《关于坚决制止用人单位非法解除"非典"患病职工或疑似"非典"患病职工劳动关系的紧急通知》（工发电[2003]23号）的要求，坚决制止用人单位以任何借口单方面解除患"非典"和疑似"非典"职工的劳动关系，杜绝借"非典"之机侵犯职工劳动权益。要加大对因"非典"原因造成的特困职工的帮扶力度，对低于当地最低生活保障线的，要督促政府及时将其纳入"低保"。

六、加大对再就业政策的宣传力度，在全社会营造一个人人关心下岗失业人员再就业的良好氛围

各地工会要广泛运用广播、电视、报刊等新闻媒体，大张旗鼓地宣传再就业政策。全总将向各级工会免费发放《促进下岗失业人员再就业政策汇编》和《下岗失业人员再就业政策问答》，各地工会也可翻印或编印再就业有关政策的宣传材料。要做好政策咨询和解释工作，使下岗失业人员了解自身的合法权益和应当享受的政策待遇。要加强对企业，特别是当前吸纳下岗失业人员较多的民营企业、劳动密集型中小企业及服务业优惠政策的宣传工作，提高用人单位吸纳下岗失业人员再就业的积极性。要大力宣传下岗失业人员自强不息、艰苦创业的典型，总结吸纳下岗失业人员再就业的企业及再就业带头人的成功经验。广大工会干部特别是领导干部要转变工作作风，带头学习好、理解好、把握好、宣传好再就业政策，善于运用政策来解决再就业工作中的实际问题，并要深入企业，深入社区，深入职工，宣讲再就业政策，帮助和指导下岗失业人员和企业用好用足再就业政策。

中华全国总工会

二〇〇三年五月三十日

中华全国总工会关于切实做好维护进城务工人员合法权益工作的通知

各省、自治区、直辖市总工会，各全国产业工会，中共中央直属机关工会联合会，中央国家机关工会联合会，全总各部门、各直属单位：

近些年来，随着社会主义市场经济的发展和经济结构、产业结构的战略性调整，城镇化、工业化步伐加快，进城务工人员日益增多，他们已成为推动我国经济社会持续快速健康发展，实现全面建设小康社会宏伟目标的一支重要力量。为了更好地维护进城务工人员的合法权益，现就有关问题通知如下：

一、提高思想认识，把维护进城务工人员合法权益作为工会的一项重要工作来抓

农村富余劳动力向非农产业和城镇转移，是我国工业化和现代化进程中的一种必然趋势。进城务工人员是新兴的以工资收入为主要生活来源的劳动者，已经和正在成为我国职工队伍中新的成员和重要组成部分。多年来，各级工会紧紧围绕党和国家工作大局，认真履行维护职工合法权益的基本职责，积极维护进城务工人员的合法权益，取得了一定成效。但是，应当看到，目前，在一些企业尤其是非公有制企业中，企业不与进城务工人员签订劳动合同、随意克扣拖欠职工工资，职工超时超强度劳动、生产生活条件恶劣，职业危害严重、恶性工伤事故频繁发生，职工基本的社会保障普遍缺失、甚至人身权利受到侵犯等问题，仍然十分突出。进城务工人员绝大部分集中在劳动密集型企业，从事苦脏累险工作，其合法权益得不到有效维护，不仅不利于调动他们的积极性和创造性，甚至还会产生严重的社会政治问题。各级工会组织一定要从全面贯彻“三个代表”重要思想和党的十六大精神的高度,从维护社会政治稳定,维护工人阶级和工会组织团结统一的高度,充分认识维护进城务工人员合法权益的重要性和紧迫性,这既是党政组织的重要责任,也是党中央赋予工会的政治任务,是工会组织责无旁贷、义不容辞的重要职责,从而以高度的政治责任感,切实把维护进城务工人员合法权益作为工会的一项重要工作抓紧抓好。

二、采取有力措施,依法把进城务工人员组织到工会中来

要依法维护进城务工人员参加和组织工会的权利。凡与用人单位建立劳动关系(含事实劳动关系)的职工,不论其户籍是否在本地区或工作时间长短,都有依法组织和参加工会的权利,任何组织和个人不得阻挠和限制。

各级工会要依照《工会法》、《劳动法》和《中国工会章程》的规定,组织进城务工人员加入工会。在公有制企事业单位,要按照有关法律政策规定,对进城务工人员与城镇职工一视同仁,不得拒绝他们入会。统计职工入会率,必须包括进城务工人员在内的所有职工。要抓紧做好非公有制企业特别是使用进城务工人员较多企业的工会组建工作,最大限度地把进城务工人员组织到工会中来。

要从实际出发,积极探索进城务工人员入会的多种组织形式和维权方式。进城务工人员输出地和输入地工会,都要采取积极措施,共同承担起维护他们合法权益的职责。输出地工会要加强对进城务工人员进行《工会法》、《劳动法》的宣传教育,使其了解劳动法律法规和自身的权利义务,增强维护自身合法权益的意识,同时,要主动与输入地工会取得联系,沟通情况,积极协助输入地工会做好维权工作;输入地工会要按照属地管理的原则,及时组织进城务工人员入会,并认真做好会员会籍关系接转工作,切实承担起维护进城务工人员合法权益的主要职责。

三、协同有关部门,切实解决当前侵犯进城务工人员合法权益的突出问题

各级工会要主动指导和帮助进城务工人员与用人单位依法签订劳动合同,监督企业严格执行并落实《劳动法》赋予劳动者的各项权利,不得在劳动合同期限内随意解除进城务工人员的劳动关系。积极推动、配合劳动行政部门加大监察力度,对用人单位不与进城务工人员签订劳动合同或采用欺诈、威胁等手段与进城务工人员签订非法合同,不依法履行劳动合同,强迫进城务工人员超时劳动、加班加点而不依法支付工资报酬等违反劳动法律规定的行为,坚决予以查处和纠正。

要协同政府有关部门,重点解决拖欠和克扣进城务工人员工资问题。工会代表职工与企业进行平等协商、签订集体合同,必须明确工资支付标准、支付项目、支付形式以及支付时间等内容。要加强对用人单位支付进城务工人员工资情况的监督,建立工资支付监控、企业欠薪公示公告制度,监督企业按时足额支付职工工资报酬。对拖欠和克扣进城务工人员工资的用人单位,要协同劳动行政部门责令其及时补发。

要进一步加强安全生产和防治职业危害的监督检查工作。加强工会劳动保护监督检查工作,落实工会劳动保护监督检查《三个条例》,加大安全生产群众监督力度,督促企业认真执行国家有关劳动安全卫生的法律法规和标准。要督促企业改善劳动安全卫生条件,严格执行安全生产责任制,防止重大生产安全事故的发生。要加大参与职工重大伤亡事故和严重职业危害问题处理的力度。监督企业改善进城务工人员食宿条件,努力解决进城务工人员基本生活方面存在的问题。

要积极促进政府有关部门研究制订进城务工人员参加养老、医疗、失业和工伤保险的具体办法,扩大社会保障对进城务工人员的覆盖面。要监督企业依照《工伤保险条例》,把进城务工人员纳入工伤保险范围,使进城务工人员依法享有工伤保险待遇。

四、加强组织领导,把维护进城务工人员合法权益工作落到实处

各级工会要进一步加强组织领导,切实把维护进城务工人员合法权益工作摆上重要议事日程,明确职责分工,形成合力,狠抓落实。

要加强维护进城务工人员合法权益的督促检查工作,组织力量进行认真的排查摸底,有针对性地解决进城务工人员合法权益受到侵犯的突出问题。要积极配合各级人大及有关部门开展对《工会法》、《劳动法》的执法检查,把维护进城务工人员合法权益问题列为执法检查的重要内容,对于片面追求经济利益而无视进城务工人员合法权益而造成严重后果的,要协同有关部门依法处理。

要努力为进城务工人员办实事、好事。各地大中城市、县(区)工会的困难职工帮扶中心(职工维权服务站),要把维护进城务工人员合法权益、为他们排忧解难纳入工作范围,对他们在生活和工作中遇到的困难主动给予帮扶。对进城务工人员因劳动争议提请仲裁、诉讼的案件,及时给予法律支持和援助。

要进一步加强调查研究工作,深入进城务工人员中去,了解他们的疾苦,积极向党和政府反映他们的意见和呼声,针对进城务工人员权益保障方面的问题,提出工会的政策主张,推动涉及进城务工人员权益保障方面法律政策的制订和出台。要注意研究新情况,解决新问题,及时总结实践中创造的经验,推动维护进城务工人员合法权益工作不断取得新的进展和成效。

要充分发挥新闻媒体的舆论监督作用,引导社会正确对待和尊重进城务工人员,为维护进城务工人员合法权益创造良好的社会环境。对严重侵犯进城务工人员合法权益的事件,要抓住典型案例予以揭露,坚决同一切侵犯进城务工人员合法权益的行为作斗争。

中华全国总工会
二〇〇三年八月七日

中华全国总工会关于建立困难职工帮扶中心的意见

为认真实践“三个代表”重要思想,贯彻落实党的十六大精神,更好地履行工会维护的基本职责,努力为职工群众特别是困难职工群体办实事,根据《中华全国总工会关于贯彻全国再就业工作会议精神的意见》(总工发[2002]25号),现就建立困难职工帮扶中心(以下简称“帮扶中心”)提出如下意见。

一、基本原则和工作目标

帮扶中心是工会深入实施送温暖工程、开展困难职工帮扶救助的有效载体,是送温暖工程的重要组成部分。各级工会组织要坚持面向职工、及时帮扶、快捷准确、释疑解惑、因地制宜、长期坚持的原则,努力把帮扶中心建成宣传党的路线方针政策、展示工会形象的窗口,调解劳动关系矛盾的渠道,依法维护困难职工合法权益的阵地。

二、基本职责

根据本地实际和工会自身能力,通过信访接待、政策咨询、职业介绍和职业培训、法律援助、生活救助等多种形式,为困难职工提供直接、快捷、方便的帮助和服务,与有关部门配合,帮助解决困难职工在就业、医疗、生活、子女上学等方面遇到的困难和问题,依法保障职工合法权益。帮扶重点是下岗失业人员和老、弱、伤、病、残职工及因遭受意外灾害、本人或家庭成员患大(重)病等原因造成的困难职工群体。

三、制度建设

帮扶中心要建立信访接待、职业介绍和培训、法律援助、生活救助等项制度。要落实工作责任制,实行规范化管理,提高服务水平和办事效率。要建立民主决策、民主管理、民主监督等项制度,重大事项须由集体研究决定,做到帮扶工作公开、公平、公正。要建立信息沟通与联系制度,加强同政府有关部门和职工所在单位联系,加强同工会领导机关、各相关部门联系,就解决职工权益保障问题进行沟通协商,提出解决问题的办法和对策。

四、机构设置和人员配备

帮扶中心作为工会维权的常设机构和形象窗口,要有相对固定的场所、人员和经费来源。各地可根据实际,确定帮扶中心设置形式,具体方案由各省、自治区、直辖市总工会确定。帮扶中心的工作人员应由具有一定理论政策水平和群众工作经验、具备相关专业知识和工作能力的人员担任,主任由地方工会负责同志兼任,其他工作人员从工会机关选派,也可面向社会进行招聘。

五、资金筹集和管理

稳定的资金来源是帮扶中心开展工作的可靠保证。要通过政府拨款、工会经费投入、社会捐助等方式筹集资金。要积极争取当地政府对帮扶中心的资金支持,通过多种形式筹集社会资金,努力拓宽资金和物资筹措渠道。地方工会要加大对帮扶中心的资金投入力度,拿出必要的经费用于帮扶中心。要严格资金使用和管理,严格遵守财经纪律,帮扶资金实行专户管理,接受政府财政、审计和工会审计监督。要建立物资登记、统计制度,帮扶款物发放要严格申请、审批程序,做到日清、月结,确保帮扶资金和物品用于最困难、最需要帮扶的职工。

六、组织领导

地方工会要加强对帮扶中心的组织领导,把帮扶中心作为重点工作来抓,主要领导人要亲自抓、负总责。要定期研究帮扶中心工作,对职工群众遇到的热点、难点问题和帮扶中心工作及时进行研究,提出解决的办法和建议。工会机关各有关单位和部门要树立服务意识和大局观念,加强对帮扶中心的工作支持和指导,在人、财、物等方面提供必要帮助。要善于发挥新闻媒体作用,注意舆论导向,努力为帮扶中心营造良好的社会环境。

各省、自治区、直辖市总工会可依据此《意见》制订具体实施办法,并请将建立帮扶中心的情况及时报全国总工会。

中共中央纪委、中共中央组织部、国务院国有资产监督管理委员会、监察部、中华全国总工会关于深入学习贯彻党的十六大精神做好2003年厂务公开工作的通知

中纪发[2003]8号

各省、自治区、直辖市厂务公开协调(领导)小组及各成员单位:

为了深入学习贯彻“三个代表”重要思想和党的十六大精神,进一步落实《中共中央办公厅、国务院办公厅关于在国有企业、集体企业及其控股企业深入实行厂务公开制度的通知》(中办发[2002]13号,以下简称“两办通知”)精神,巩固、规范、深化厂务公开工作,现就2003年厂务公开工作的几个重要问题通知如下:

一、深入学习“三个代表”重要思想和党的十六大精神,提高对厂务公开工作的认识

党的十六大报告指出,发展社会主义民主政治,建设社会主义政治文明是全面建设小康社会的重要目标;发展社会主义民主政治,最根本的是要把坚持党的领导、人民当家作主和依法治国有机统一起来;扩大基层民主,是发展社会主义民主的基础性工作。报告强调,要健全基层民主管理制度,完善公开办事制度,保证人民群众依法直接行使民主权利,管理基层公共事务和公益事业,对干部实行民主监督;坚持和完善职工代表大会和其他形式的企事业民主管理制度,保障职工的合法权益。这些重要精神对于搞好厂务公开、民主管理工作具有重大指导意义。要通过认真学习党的十六大精神,深刻认识到实行厂务公开、加强民主管理是实践“三个代表”重要思想的具体体现;是发展社会主义民主政治,建设社会主义政治文明的重要内容;是进一步落实党的全心全意依靠工人阶级指导方针的

有效途径;是加强企业管理,建立现代企业制度的内在要求;是搞好群众监督,加强企业领导班子建设,促进党风廉政建设的有力手段;是促进企业改革、发展和稳定的重要措施,进一步增强贯彻"两办通知",深入实行厂务公开的自觉性。

二、切实把厂务公开深入到经营管理领域,与建立现代企业制度结合起来

不断向企业管理领域延伸是厂务公开工作发展的必然要求,也是厂务公开的生命力之所在。要努力把厂务公开的要求融入依靠职工办企业的体制、机制和制度之中,在企业的各项业务管理制度、党风廉政建设制度、以职工代表大会为基本形式的职工民主管理制度中,都要充分体现厂务公开的原则,使厂务公开的各项要求成为企业管理的有机组成部分。要按照"两办通知"要求,把企业的除涉及国家秘密和商业秘密以外的重大决策问题、生产经营方面的重要问题、涉及职工切身利益方面的问题、与领导班子建设和党风廉政建设密切相关的问题,作为厂务公开的主要内容如实加以公开。要通过推行厂务公开,进一步坚持和完善平等协商和集体合同、选举职工代表参加公司制企业董事会和监事会、职代会评议企业领导人员、企业业务招待费使用情况向职代会报告等制度。要加强对职工代表的培训,提高其自身素质和参与民主管理的能力。

三、落实职工群众参与企业民主决策、民主管理和民主监督的权利,充分发挥职工代表大会的作用

职代会是厂务公开的主要载体。"两办通知"对落实职代会职权明确提出了"四项要求",这是保证厂务公开切实发挥作用的关键所在,必须认真贯彻落实。涉及职工切身利益的重大事项,职工代表大会依法行使决定权和否决权,既未公开又未经职工代表大会通过的有关决定视为无效。当前要特别强调,必须充分发挥职代会对关闭破产、主辅分离、企业裁员、人员分流及劳动关系处理问题的民主管理和民主监督作用,严格履行职工(代表)大会审议通过相关议案的法定程序。企业要将下岗职工基本生活保障和再就业政策的落实、企业社会保险费的缴纳,以及下岗职工和解除劳动关系人员的劳动关系处理、社会保险关系接续等情况作为厂务公开的重要内容,接受职工群众的监督。

实行公司制改革和股份制改造后的国有企业、集体企业及其控股企业,必须坚持和完善职工代表大会制度。职代会与股东大会的性质不同、权限不同,要通过建立健全制度,理顺两者的关系,使之互相配合。民主管理是现代企业制度的题中应有之义,职代会是企业法人治理结构的重要组成部分,绝不能用股东大会取代职代会。要认真总结和研究这类企业坚持和完善职代会制度的新经验,使职代会制度与时俱进,不断适应新形势,充满生机与活力。

要坚持职代会民主评议企业领导人员制度,进一步规范评议的程序和形式,通过适当的方式公开测评结果,探索建立职代会对民主评议不合格企业领导人员提出免职建议制度。

四、搞好制度建设,推进厂务公开的科学化、制度化、规范化

要按照"两办通知"的精神,制订和完善本地区本单位厂务公开的有关制度。要通过建立岗位责任制度、工作考核制度和责任追究制度,切实保证"两办通知"精神的落实。特别要进一步明确并落实企业行政主要领导作为厂务公开第一责任人的职责,有针对性地解决在一些企业不同程度存在的不公开、假公开,追求形式、不重实效等问题。要积极推动制订地方性法规,对厂务公开作出规定;也可以通过制订有关实施细则和办法,对深化厂务公开进行规范。全国厂务公开协调小组将继续推进制订有关厂务公开的法律和行政法规的工作。

五、继续推动非公有制企业依法实行厂务公开

在外商投资企业、私营企业等非公有制企业依法实行厂务公开,建立民主管理制度,是加强基层民主建设、维护职工合法权益、协调劳动关系、推动非公有制经济健康发展的需要。各地要按照"两办通知"的要求,继续加强对非公有制企业推行厂务公开的调查研究,注意总结经验,典型引路,逐步进行规范,积极引导非公有制企业采取与本单位相适应的形式,建立厂务公开、平等协商和集体合同、职(员)工代表大会、职工董事和职工监事、民主恳谈会、合理化建议等多种形式的民主管理制度。

依照有关法律规定,从非公有制企业的实际出发,总结各地的经验,非公有制企业以下内容应当公开:企业制订的规章制度;辞退和处分职工的情况及理由;职工养老、失业、医疗等社会保险金的缴纳情况;劳动安全卫生保护情况;集体合同及工资集体协议的签订、修订、续订、履行情况;涉及职工合法权益的其他事项;企业经营者和工会经过协商同意公开的其他事项。

六、进一步明确和落实有关领导机关的责任,切实履行各自的职责

"两办通知"明确了有关上级领导机关在厂务公开工作中的责任,各级党委、政府的有关部门和工会组织要切实履行各自的职责。对于企业改革和发展的重大决策,没有公开并提交职代会审议的,有关上级领导机关不能批准实施;经职代会民主评议和民主测评,大多数职工不拥护的企业领导人员,有关上级领导机关要及时采取组织措施;企业领导人员违反职代会决议和厂务公开有关规定,导致矛盾激化,影响企业和社会稳定的,有关上级领导机关要追究有关人员的责任。各级厂务公开协调(领导)机构及其办公室要加大工作力度,及时总结经验、发现问题,加强督促检查和分类指导,综合协调各方的力量,真正形成工作合力,不断推动厂务公开工作深入健康发展。

二〇〇三年四月八日

上海市总工会关于认真学习《“三个代表”重要思想学习纲要》，兴起学习贯彻“三个代表”重要思想新高潮的通知

各区、县、局(产业)工会：

市委八届三次全会通过了《关于认真学习胡锦涛同志在“三个代表”重要思想理论研讨会上的讲话，兴起学习贯彻“三个代表”重要思想新高潮的决定》，对学习《“三个代表”重要思想学习纲要》作出了重要部署，这对于各级工会深入学习贯彻“三个代表”重要思想和党的十六大精神，以“三个代表”重要思想统领工会工作全局，进一步团结动员全市职工为实现上海新一轮发展目标建功立业，具有十分重要的指导意义。各级工会要认真贯彻胡锦涛同志讲话精神，并按照中央和市委的统一部署，广泛发动，精心组织，统筹安排，扎实推进，把认真学习《纲要》，深入贯彻“三个代表”重要思想落到实处，兴起学习贯彻“三个代表”重要思想的新高潮。

一、认真学习《纲要》和“三个代表”重要思想，在思想认识上达到新高度

党的十六大把“三个代表”重要思想同马克思列宁主义、毛泽东思想、邓小平理论一道，确立为党必须长期坚持的指导思想，实现了我们党指导思想的又一次与时俱进。“三个代表”重要思想反映了我国最广大人民的共同意愿，体现了当今世界和中国发展的时代精神，显示了马克思主义科学理论的强大力量，是全党全国人民在新世纪新阶段继续团结奋斗的共同思想基础。要实现全面建设小康社会的宏伟目标，必须把学习贯彻“三个代表”重要思想不断引向深入。

学习贯彻“三个代表”重要思想，是各级工会当前和今后一个时期首要的政治任务。学习贯彻“三个代表”重要思想，关键是要牢牢把握立党为公、执政为民。要引导广大工会干部和职工群众通过深入学习领会“三个代表”重要思想的时代背景、实践基础、科学内涵和精神实质，更加深刻地认识“三个代表”重要思想的历史地位和指导意义；更加深刻地认识必须始终坚持解放思想、实事求是、与时俱进，坚持党的基本理论、基本路线、基本纲领和基本经验；更加深刻地认识必须坚定不移地抓住发展这个党执政兴国的第一要务，促进物质文明、政治文明和精神文明协调发展；更加深刻地认识必须最广泛最充分地调动一切积极因素、为实现全面建设小康社会的目标而奋斗。

二、坚持用“三个代表”重要思想统领工会工作全局，在联系实际上有新突破

用“三个代表”重要思想指导工会工作新的实践，这是工会兴起学习贯彻“三个代表”重要思想新高潮的基本要求。各级工会要大力发扬理论联系实际的马克思主义学风，坚持用“三个代表”重要思想统领工会工作全局，把“三个代表”重要思想贯彻到工会工作各个领域，要把指导实践、突破难点、探索思路，作为衡量学习成效的重要标准，更好地促进工会履行各项职责。

深入学习“三个代表”重要思想，关键是学以致用，要适应形势发展的要求，努力推进新形势下工会工作的创新和发展。要把学习理论与促进发展结合起来，努力探索如何实施科教兴市战略，动员组织广大职工群众在上海新一轮发展中建立新业绩；要把学习理论与巩固党的阶级基础、扩大党的群众基础结合起来，努力探索如何在加大新建企业组建工会工作力度和增强基层工会活力方面取得新进展；要把学习理论与弘扬时代精神结合起来，努力探索如何围绕培育上海城市精神和职工职业精神，大力推进职工素质工程，在实现职工队伍知识化和技能化方面取得新成效；要把学习理论与依法开展工会工作结合起来，努力探索如何加大工会立法参与、法律监督和劳动关系协调机制建设的力度，在提高工会依法维权水平方面取得新突破；要把学习理论与推进政治文明建设结合起来，努力探索如何推进职代会建设和厂务公开，全面落实职代会职权，在扩大基层民主方面开辟新途径；要把学习理论与关心帮助职工、为职工排忧解难结合起来，努力探索如何深入实施再就业和送温暖工程，促进社会保障体系的不断健全和完善，在为职工办好事、办实事方面体现新作为；要把学习理论与加强工会自身建设结合起来，努力探索如何在推进工会工作的群众化、民主化和法制化方面走出新路子。

三、加强《纲要》和“三个代表”重要思想学习的组织领导，把学习贯彻“三个代表”重要思想落到实处

各级工会要在党委的统一领导下，积极组织开展《纲要》学习活动，在全市工会系统和广大职工中兴起学习贯彻“三个代表”重要思想的新高潮。要分层次开展学习活动，各级工会领导干部要带头学习《纲要》，各区县局(产业)工会学习中心组要专门制订学习《纲要》和“三个代表”重要思想的计划，要结合学习《纲要》，认真研读十六大报告和党章，认真研读江泽民同志《论“三个代表”》、《论党的建设》、《江泽民论中国特色社会主义(专题摘编)》等一系列重要著作，从整体上深刻领会“三个代表”重要思想；要对工会干部学习《纲要》和“三个代表”重要思想作出具体安排，通过培训班、研讨班、讲座、辅导报告等，组织工会干部联系实际认真学习《纲要》和“三个代表”重要思想；要精心组织好广大职工群众学习《纲要》的活动，把《纲要》的学习作为基层班组学习的重要内容，编写深入浅出、通俗易懂的《纲要》学习材料发放到基层班组，辅导班组职工有针对性地开展学习。各级工会职工教育培训基地，要把学习《纲要》作为开展教育培训的重要内容。基层工会的各种宣传阵地要配合群众性学习《纲要》活动，开展有声有色的宣传，营造良好的学习氛围，引导广大职工群众进一步学习领会“三个代表”重要思想和党的十六大精神。

各级工会干部要在抓好自身学习的同时，深入到基层和职工群众之中，围绕热点，解疑释惑，帮助职工群众解决学习中遇到的问题，澄清思想上的模糊认识。各级工会要认真总结、及时推广和大力宣传工会干部和职工群众学习贯彻“三个代表”重要思想的新举措、新经验和创造的好形式、好方法，把学习贯彻“三个代表”重要思想的群众性活

动不断推向深入。

各区县局(产业)工会要加强对学习的指导和检查,扎扎实实把学习《纲要》和"三个代表"重要思想落到实处,并将学习情况及时上报市总工会。

二〇〇三年七月九日

上海市总工会关于进一步深化"争创学习型组织,争当知识型职工"活动,全面推进职工"素质工程"上新台阶的意见

各区、县、局(产业)工会:

党的十六大报告中提出了我国在本世纪头二十年全面建设小康社会的奋斗目标,其中有一个重要的内容就是"形成全民学习、终身学习的学习型社会,促进人的全面发展"。这为上海职工"素质工程"的发展,指明了前进的方向。为了进一步深化"争创学习型组织,争当知识型职工"活动,全面推进职工"素质工程"上新台阶,为推动上海城市新一轮发展,为塑造和培育上海的城市精神而努力奋斗,现提出以下意见:

一、普及深化终身教育理念,大力倡导"以人为本,学习为先"的学习型组织模式

江泽民同志在2001年5月亚太经合组织人力资源能力建设高峰会上提出了"构筑终身教育体系,创建学习型社会"的号召和构想。创建学习型组织,是对传统教育模式的一种超越。企业创建学习型组织,加快现行职工教育模式的改革,对于推进职工"素质工程"发展,具有十分重要的现实意义。

终身学习理念的普及程度,决定着上海职工"素质工程"的进程和水平。各级工会要采取多种形式,大力宣传学习型组织的先进理念,从维护职工的学习权、发展权的高度出发,宣传普及深化终身教育理念,努力实现四个转变:即学习观念上从一纸文凭定终身的传统思维定势向终身学习的全新理念转变;学习内容上从单一的岗位读书、技能培训向提升学习能力和注重新知识、新技术的输入转变;学习组织上从分散、无序的个体自学向有组织的团队学习转变;学习方式上从"缺什么、补什么"的被动学习方式向超前跨岗学知识、学本领,提升综合素质转变。努力把创建学习型组织作为职工"素质工程"的主要工作来抓。

二、要注重创建过程,提升创建水平,完善学习环境,构建评估体系

(一) 加强学习型团队建设,提升团队学习力

加强学习型团队建设,是创建学习型组织的一个重要方面。要以职工所在的组织为阵地,使职工的学习团队化。要分层次、分类型地加强学习型团队建设,要认真研究学习型团队组织方式和运作模式,认真总结和大力推广基层学习型团队的成功经验,为创建学习型企业奠定坚实的组织基础。市总工会今年将举办上海职工创建学习型团队擂台赛。

(二) 发展利益共同体,促进学习自主化

在创建学习型组织,推进职工"素质工程"的过程中,要努力维护职工的学习权和发展权,做到企业发展目标和个人发展目标的有机统一,激发职工的学习内在动力,要把员工职业生涯设计和为职工创造多种学习深造的途径,作为创建学习型组织的重要内容来抓。

(三) 加大创建力度,推广典型经验,开展理论研讨

在新的一年里,各区县局(产业)工会要进一步加大创建学习型组织,推进职工"素质工程"的力度,为此,市总工会推出以下举措:

1. 市总工会今年将推出《上海职工发展报告》,为创建学习型组织,推进职工"素质工程"提供理论和发展参数,并以上海电信、上海石化、上海电气、上海宝钢、城市交通、上海铁路和黄浦区、静安区、闸北区、杨浦区、长宁区、普陀区12个区局为先导,以新兴产业、民营企业和三资企业为重点,以每年10%的进度,实现5年内有50%的企事业单位开展创建学习型组织活动的目标,为把上海早日建成学习型的城市而努力奋斗。

2. 今年3月至5月上海市总工会和《上海工运》杂志联合举办"创建学习型组织之我见征文"活动,并在《上海工运》杂志上开辟"创建学习型组织之我见"专栏。

3. 发挥先进单位的榜样示范作用,逐步实现参加学习型企业创建单位之间的信息沟通和资源共享,建立上海市学习型企业创建奖单位的季度联席会议制度,进一步加强学习交流和典型示范。市总工会今年将召开上海工会创建学习型组织现场经验交流会。

(四) 建立科学的评估体系,探索具有中国企业特色的创建学习型组织新途径

1. 学习型组织评估体系的基本原则和核心内容

要从企业的领导层、管理层、团队层、员工层等四个层面,建立起一套符合中国企业实际的学习型企业评估体系。要以创建的质量、团队的可持续发展的学习能力、创新能力和改变企业的管理形态为创建活动的核心内容来进行评估。在学习型企业评估体系中,学习理念、学习环境、学习机制、学习团队和学习能力应该占有重要的地位。要正视学习理念对人的决定性的主导作用、学习环境对人的模塑作用、学习机制对人的促进和制约作用、学习团队对人的成长的熏陶和影响作用、学习能力对人的发展的重要的支撑作用,走出一条经得起实践检验的、有中国特色的创建学习型组织的新路来。

2. 学习型组织评估体系的测评内容

(1) 领导层测评内容

领导层的教育观念、管理观念、学习态度、学习方式、思维方式、自身学习是否与时俱进,企业是否建立学习激励保障机制,企业精神、企业理念、企业核心价值观和对创建学习型组织的态度及投入程度,对职工学习权、发展权的关爱程度等方面内容。

(2) 管理层测评内容

是否体现"以人为本,学习为先"的管理思想,企业管

理形态是制度加控制还是学习加激励,对员工学习力和潜在的员工积极性关注程度,企业是否建立学习交流平台和学习激励机制和教育培训机制,是否把创建学习型组织融入企业发展战略中去。

(3) 员工层测评内容

在职工中终身学习的理念普及程度,职工中学习电脑、外语、法律、新观念、新知识、新技术的广度和深度,广大员工综合素质的成长程度。

(4) 团队层测评内容

学习型团队的数量和质量,是否具有敢于质疑、超越自我、追求卓越的进取精神和通力协作的团队精神;具有良好的学习氛围、学习制度和学习环境;团队开放式的学习交流方式和效果及团队的学习能力。

学习型组织评估体系,体现了学习型组织的基本理念、整体构架、核心内容和创建途径,各区县局工会可以根据市总工会推出学习型组织的评估体系,把握其先进的基本理念、整体构架、核心内容,从不同企业的实际出发,逐步建立和完善本地区、本系统、本行业的学习型组织的评估体系,正确处理好创建活动和机制建设的关系,创建目标和评估体系的关系,资源共享和提升自身创建水平的关系,培育先进典型和形成具有自身区域特点、行业特征、企业特色的创建模式的关系,推进本系统创建学习型组织活动和职工"素质工程"的新发展。市总工会今年将调研、制定《上海职工学习成才奖励条例》。

(五) 评选表彰一批上海市创建学习型组织先进集体和个人

市总工会今年要评选表彰一批上海市学习型企业、创建学习型组织先进集体和个人,同时,编写出版《上海职工创建学习型组织100例》,继续办好每年一次的以创建学习型组织为主题的上海职工"素质工程"论坛。

二〇〇三年三月十一日

上海市总工会关于开展为"科教兴市"建功立业活动的通知

各区县局(产业)工会:

为了积极响应市委、市政府实施"科教兴市"战略的总体部署,动员组织本市广大职工为上海新一轮发展贡献力量。上海市总工会决定在本市广大职工中开展为"科教兴市"建功立业活动。现通知如下:

一、指导思想

以党的十六大精神和"三个代表"重要思想为指导,按照市委、市政府实施"科教兴市"战略部署,进一步提高各级工会抓住机遇、围绕大局、服务大局的水平;进一步组织动员职工解放思想,拓展思路,为上海新一轮发展献计献策;进一步加快上海职工队伍的知识化进程,提高职工综合素质和知识技能;进一步推进上海的人才高地建设,培育和造就一支高科技人才队伍和高级技术工人队伍,增强上海人才优势;进一步激发基层的首创精神,增进广大职工的创新热情和创造能力,促进形成以企业为主体的技术创新体系;为上海争创新优势,实现新发展,再攀新高峰建功立业。

二、主要内容

1. 广泛开展"我为'科教兴市'建言献策"大讨论和职工创新成果展示活动。举办"科教兴市和上海职工"研讨会,聘请科技、经济和信息等研究机构专家、劳动模范、企业家、科技人员、技术工人、工会干部等参加座谈,参与讨论。在"劳动报"、"上海工会网站"等刊物上开展征文和讨论活动。组织广大职工开展"我为'科教兴市'献一计"征集活动,形成人人献计献策,个个创新创效的良好的社会氛围。区县局(产业)工会要开展多层次的讨论活动,基层工会运用班组学习、宣传阵地等开展讨论,营造氛围,集思广益,凝聚各方智慧,参与"世博会与上海新一轮发展"大讨论,把世博会作为上海城市发展的重大机遇,把世博会作为一个重要的载体和抓手,凝聚全市职工,推动工会各方面工作不断上新台阶,促进上海经济发展、城市建设和社会事业发展。充分展示上海职工在实施"科教兴市"战略中的作用,展示职工重大技术创新、管理创新和服务创新成果,展示典型人物的先进事迹和职业精神风貌。要形象生动地展示职工发明创造和科技成果转化为现实生产力所产生的经济和社会效益,并通过展示进一步带动技术开发、技术转让、技术咨询、技术服务、技术交流,展示上海工人阶级与时俱进的先进性和历史作为。

2. 广泛开展"科学知识、劳动技能"学习培训练兵比武活动。全面实施"职工技能登高计划",在本市开展"六百"活动。即"百万职工大练兵"、"百项职工技能操作大赛"、"百佳技师传艺授教"、"百家教育培训基地模式推广"、"百分之三高级工技能提升"、"百户企业试点重点推进"等活动。实现每年有10%的技术工人技能上一等级,5%的技术工人拥有第二技能,8%的技术工人成为岗位或职业技能复合人才的目标,到2005年末,力争使上海技术工人队伍中的高级工(及以上)比例跃上15%的台阶。今年10月本市举办的"技能竞赛月"活动中开展一系列市级职工技能大赛,营造广大职工学习技能的良好氛围。深化开展"创建学习型班组,争当智能型职工"活动。每年"智能型班组"争创率达1%以上和"智能型职工"争做率达2%以上,职工合理化建议的参与率逾25%,采纳率逾35%,实施率逾20%,选树500强智能型班组和"创新能手"。要利用工会学院、工人文化宫、职工教育培训基地、女职工周末学校等资源,开展"科技新知识、劳动新技能"普及培训工作。为推进本市高级技能人才培训工程,加快技能人才培养步伐,为"多出人才、早出人才"创造有利条件。

3. 广泛开展"科研开发、科技攻关、技术革新"的群众性经济技术创新活动。全面实施"职工创新行动计划"。为了以实际行动迎接"世博会"的召开,在本市广大职工中倡导"动手又动脑"的新理念,开展"争做'五会'职工,争当

‘科教兴市’功臣”活动,激发职工的创造性和学习热情,(“五会”:即会岗位技能复合、会计算机上网、会外语会话、会手机发短信、会发明创造)。培养和造就一支高素质的创新人才队伍,形成人人学科学技术,个个创新发展的社会氛围。各级工会要以群众性经济技术创新活动为载体,重点开展绝技高招、创造发明、技术开发、技术创新、技术改进等活动,推进科技进步。以评选“上海市工人发明家”为契机,培育和宣传新时期智能型职工的模范典型人物,弘扬创新精神,引导职工增强创新意识,提高创新能力,形成争当“科教兴市”功臣的氛围。

4. 广泛开展“重点工程、科技项目”立功竞赛活动。要以举办“世博会”项目为上海新一轮发展目标,组织职工投身参与“重点工程、科技项目”立功竞赛活动,以增强城市综合竞争力为主线,推进现代化国际大都市建设。围绕“科技创新”,推进重大工程建设和城市长效管理,创重大工程建设新佳绩、城市管理新水平、工业新高地建设新特色。要以高科技产业和新兴产业项目、市政重大工程项目为舞台,组织职工开展具有科技含量的立功竞赛活动。在竞赛中要突出重点、培育精神、拓展内容、加强协调、完善考核,努力开创职工立功竞赛的新局面。

5. 广泛开展推进“法治化信息化规范化”进程的职工学法用法活动。要加大职工学习、运用法律维护保障合法权益的力度。组织职工学习《工会法》、《劳动法》、《上海市工会条例》和《知识产权法》等法律法规,推进建家工作,加强法制宣传和教育,提高职工群众和工会干部的法律素质。举办法律讲座和专利知识培训班,提高职工的法律意识和知识产权保护意识。加快工会工作信息化进程,构建工会工作信息平台,建立上海工会系统的网络体系。要加强工会工作的规范化、程序化和制度化建设。严格管理,健全制度,加强作风建设和队伍建设。大力开展计算机网络知识普及应用的培训,推进上海城市信息化和工会信息化建设,加快信息技术和网络技术的应用步伐,提高广大职工应用计算机网络和无线通信及信息技术的积极性及学习热情。

三、基本要求

1. 统一思想,提高认识,抓住机遇。要明确贯彻实施“科教兴市”战略活动的重要意义,围绕上海新一轮发展目标,增强广大职工参与经济建设和技术创新活动的自觉性和主动性。不断提高职工队伍的整体素质,充分发挥工人阶级的主力军作用。

2. 领导重视,分工负责,精心组织。本次活动由市总工会主席室领导。市总相关职能部门(单位)承担具体活动的组织实施,各相关职能部门(单位)负责人为所承担项目的责任人,根据活动的总体要求,结合各部门工作,制定项目实施计划书。各区县局(产业)工会要精心组织,认真落实,协调力量,按时间节点有序推进。

3. 统筹力量,相互配合,上下联动。要树立全局观念,确立“一盘棋”的思想,周密安排,完成好各自的任务,共同确保活动总体目标的实现。要充分调动基层工会和广大职工参与活动的积极性创造性,通过发挥好基层工会的作用,广泛组织和发动职工群众参与各项活动,增强活动的覆盖面和影响力。

4. 端正作风,务求实效,方法创新。整个活动的开展要真正体现工会组织在实施“科教兴市”战略中的积极作用,要以求真务实、真抓实干的精神和态度,做到思想务虚和工作实际相结合、面上部署和深入基层相结合、集中讨论和广泛参与相结合,使每一项目都能有所建树,有所成效。

二〇〇三年三月三十一日

上海市总工会关于在全市各级工会广泛开展“塑造城市精神,培育新时代职业精神”活动的通知

各区、县、局(产业)工会:

以世博会为机遇,加快上海新一轮的发展,塑造和培育上海城市精神,不断开创上海各项工作的新局面,是上海市委提出的要求。树立上海职工新时代的职业精神,是塑造城市精神的基础和重要内容,也是城市精神的体现。因此,各级工会要将塑造上海城市精神、弘扬新时代的职业精神,为上海新一轮的发展提供精神动力,作为工会的重要工作。市总工会决定在全市各级工会和广大职工中广泛开展“塑造城市精神,培育新时代职业精神”活动,特提出以下实施意见:

一、大力开展“塑造城市精神,培育职业精神”活动

城市精神是城市发展的灵魂,是凝聚人心、展示城市形象、提高城市文明程度和城市综合竞争力的重要体现,是民族精神的重要组成部分。上海职工的素质和职业精神是城市精神形成的基础,上海五百万职工的职业精神是上海城市精神的重要组成部分,是新时期职业道德要求的本质反映,是新时期上海工人阶级价值观和行为准则的生动体现。为配合全市性的“世博会与上海新一轮发展”大讨论活动,市总工会决定紧紧围绕塑造城市精神这一主题,在全市各级工会和广大职工中广泛开展“塑造城市精神,培育新时代职业精神”活动,推动职工“素质工程”和新时期上海职工职业道德建设的新发展。

(一) 全会动员,全员参与,全面开展“塑造城市精神,培育新时代职业精神”活动,大力推进职业道德建设

1. 各级工会要把开展“塑造城市精神,培育新时代职业精神”活动,作为当前工会工作的重要工作来做,全会动员,全员参与,全面开展“塑造城市精神,培育新时代职业精神”活动。各级工会要组织专家学者、职业道德标兵、三学状元、读书成才者等先进人物、工会干部和广大职工,召开各种类型和多种形式的座谈会、讨论会、展示会、讲评会,就“城市精神和职业精神”展开座谈,主要从理性思考和生动实例相结合的角度,座谈讨论职业精神与价值观、职业精神的核心内容、职业精神与行为方式、职业精神的

外延和内涵、职业精神和职业道德等方面的内容。市总工会将召开由各个层面的专家和先进人物参加的“城市精神和职业精神”大型座谈会，并在劳动报开辟专栏，就“塑造城市精神和培育新时代职业精神”深入展开讨论。

2．“塑造城市精神和培育新时代职业精神”活动，要落实到推进上海职工职业道德建设上。各级工会要以“建、创、做”活动为载体，增强群众性精神文明创建活动的道德含量，组织广大职工以爱岗敬业、诚实守信、办事公道、服务群众、奉献社会为基本规范，大力开展职业责任感教育、诚信教育、劳动观教育、遵章守纪教育和职业礼仪教育，广泛开展诚信礼貌展示、职业规范评估、职业道德培训和职业道德先进评选等活动，并逐步建立职工职业道德评估体系，把职业道德教育和实践、职业道德教育和管理有机结合起来，突出职业道德建设的针对性和实效性，全面提高职工思想境界、精神品格、自我修养和职业道德水平。市总工会将推出《上海职工职业道德建设实施意见》，进一步明确新时期新阶段开展职工职业道德建设的指导思想、目标、任务、原则、方法和具体要求，为深化新时期职业道德建设提供理论基础和实践条件。

3．市总工会要求各级工会在“塑造城市精神和培育新时代职业精神”活动中，组织各行各业的职工群众开展行业职业精神大讨论，剖析行业职业精神的内涵，探讨行业职业精神的培育途径，各行各业都要提炼出具有产业特色、行业特点和自身个性的行业职业精神。市总工会在适当的时候召开行业职业精神讲评会。在此基础上，围绕塑造上海城市精神，提炼出具有时代特征、上海特色的，以拼搏精神、独立精神、诚信精神、合作精神、学习精神、创新精神、敬业精神、奉献精神为主要内容的新时期上海职工职业精神。

4．各级工会要加强“塑造城市精神和培育新时代职业精神”活动的宣传舆论导向，组织区县局(产业)开展“塑造城市精神和培育新时代职业精神”活动，发动基层工会运用班组学习、工会画廊、黑板报、广播台，在广大职工群众中广泛开展大讨论，形成舆论导向。市总工会与劳动报将联合举办“上海职工职业精神格言征集活动”(通知另发)，由各区、县、局(产业)工会选送，主办单位经评选后择优在劳动报上刊出，并汇编成册。

(二) 塑造上海城市精神，“做可爱的上海人”，构建与上海城市新一轮发展相适应的上海职工职业精神建设框架

1．“城市精神和职业精神”教育，要以教育和培养一大批新时代的职业新人为目标，和新时期职业道德教育的实践紧密结合起来

各级工会要把“城市精神和职业精神”教育和职业道德教育紧密结合起来，和职工职业生涯发展紧密结合起来，和职工的品格修养培养紧密结合起来，要从新时期的国情教育、市情教育、企情教育着手，以职业精神、职业理想、职业道德、职业纪律、职业责任、职业品位、职业能力、职业知识为基本内容，以教育和培养一大批新时代的职业新人为目标，构建与上海城市新一轮发展相适应的上海职工职业精神建设框架。市总工会今年将开展“上海职工职业精神建设教育”活动，推出《上海职工职业精神建设教育大纲》，为基层工会开展职业精神建设提供教育思路和教材。

2．在“城市精神和职业精神”教育中，要注重培育和选树体现新时期“城市精神和职业精神”的职业道德标兵和“可爱的上海人”

各级工会要在“城市精神和职业精神”教育的实践中，注意培育一批具有时代特征的职业道德标兵和“可爱的上海人”代表，以职业明星、职业道德标兵等先进人物组成“职业精神报告团”，举办各种形式的“职业精神”报告会、展示会。市总工会将选树表彰一批体现新时期“城市精神和职业精神”的职业道德标兵和“可爱的上海人”，展示新时期上海职工的职业精神。

(三) 要以“塑造城市精神，培育新时代职业精神”为主要内容，开展各种形式的宣传展示活动，形成良好的舆论氛围

1．各级工会要以“塑造城市精神，培育新时代职业精神”为主要内容，深化群众性的精神文明创建活动，把“建、创、做”活动作为“城市精神和职业精神”教育的重要载体，充分发挥文明班组和红旗文明岗的带头作用。在“塑造城市精神和培育新时代职业精神”的进程中，市总工会将围绕上海职工发展的历史、环境、条件、特点，运用中外比较方法进行深入研究，形成《上海职工发展报告——上海职工进步状况及国际比较》，为推进上海职工职业精神建设，为上海职工发展提供理论依据和发展参数。

2．各级工会要以“塑造城市精神和培育新时代职业精神”为主线，着眼于塑造体现时代特征的上海城市精神，培育新时期的上海职工的职业精神，为促进人的全面发展，普及终身教育服务。为推动“塑造城市精神和培育新时代职业精神”活动的深入发展，今年市总工会要评选表彰一批上海市学习型企业、创建学习型组织先进集体和先进个人，同时，编辑出版《上海城市精神与创建学习型组织》一书。职工读书活动要在全面建设小康社会、上海率先基本实现现代化的历史进程中，大力开展“城市精神和职业精神”教育，充分发挥明理、立志的导向作用，通过举办“上海城市精神和职业精神”演讲比赛和培训活动，促进“城市精神和职业精神”教育的新发展，并推出《上海城市精神与读书》一书。

3．各级工会要在“城市精神和职业精神”教育中，大力鼓励和扶植反映先进职工的精品力作，用先进的文化来培育职业精神，用先进文化陶冶职工情操，用优秀的作品鼓舞职工群众。努力建设先进的职工文化，努力满足职工精神文化需求，大力营造新世纪浓厚的职工文化氛围，振奋职工精神，激励职工斗志，为培育和塑造上海的城市精神而努力奋斗。

二、各级工会要加强领导，明确意义，突出重点，紧扣主题，体现实效，推动“塑造城市精神，培育新时代职业精神”活动的健康发展

1．各级工会要进一步认识“塑造城市精神，培育新时

代职业精神”活动的深远意义、目的和任务，增强参与活动的自觉性和主动性，要把开展“塑造城市精神，培育新时代职业精神”活动同发挥工会围绕中心、服务大局的作用相结合，同提高职工队伍的思想道德、科学文化和健康素质相结合，同工会维权的基本职能相结合，同促进工会和各单位的实际工作相结合，要把“塑造城市精神和培育新时代职业精神”的过程作为统一思想、凝聚人心、形成合力的过程，把全市职工的注意力和兴奋点引导到上海新一轮发展上来，使广大职工的思想和行动凝聚到“塑造城市精神和培育新时代职业精神”上来，在解放思想中，统一思想，激励群众，振奋精神，奋发有为。

2. 各级工会要把活动作为当前工会工作的一项重要工作，做到精心组织，周密安排，各区县局工会都要对本系统的“塑造城市精神，培育新时代职业精神”活动作出计划和安排。各级工会要加强对活动的领导，“塑造城市精神，培育新时代职业精神”活动领导小组组长由工会的主要领导担任，工会的宣教部门负责活动的具体实施。“塑造城市精神和培育新时代职业精神”活动要突出重点，紧扣主题，要和国情教育、市情教育、企情教育相结合；和职业道德建设相结合；和做“可爱的上海人”相结合。

3. “塑造城市精神和培育新时代职业精神”活动，要遵循实事求是、一切从实际出发的原则，真正体现工会组织在铸造上海“城市精神”中的作为，要以求真务实、真抓实干的精神和态度使“塑造城市精神，培育职业精神”活动有所建树，有所成效。要做到思想务虚和推动实际工作相结合，面上部署和深入基层相结合，创新载体和夯实基础相结合，要采取职工群众喜闻乐见和愿意接受的方式进行，要加强对活动的正面引导和启发诱导，采取演讲交流、论辩比赛、格言征集、讨论座谈等方法，善于运用职工身边生动鲜活的典型事例来教育引导职工开展讨论，逐步形成共识，推动各项工作的开展。

二〇〇三年三月三十一日

上海市总工会2003年开展“提升职工法律素质，做新一代上海人”普法主题宣传教育活动的计划

各区、县、局(产业)工会：

2003年是全面贯彻落实党的十六大精神的第一年，是实施“四五”普法规划的第三年。为了认真贯彻市委八次全会和市十届人大提出的实施“科教兴市”的战略，积极响应市法制宣传教育领导小组提出的开展“提高法律素质，做新一代上海人”活动的要求，上海市总工会决定在本市广大职工中开展“提升职工法律素质，做新一代上海人”普法主题宣传教育活动。特提出2003年普法主题宣传教育计划如下：

一、总体目标

认真贯彻党的十六大精神，紧紧围绕2003年市总工会工作的指导思想和总体要求，坚持依法治会、依法维护职工合法权益的原则，通过开展“提升职工法律素质，做新一代上海人”普法主题宣传教育活动，逐步构建工会法律宣传网络体系；逐步培养一支专兼职工会劳动法律专家、法律工作者队伍；逐步建设一支学法、懂法、用法、守法的职工队伍，为发展社会主义民主政治，建设社会主义政治文明，促进本市两个文明建设作出新的贡献。

二、主要内容

(一) 加大培训力度，把法制宣传教育工作与学法用法相结合。

1. 突出重点，进一步重视对工会领导干部的学法用法工作。学习宣传和贯彻落实修改后的《中华人民共和国工会法》和《上海市工会条例》，是当前及今后相当一段时期工会工作的主要任务，也是工会领导干部学法的首要任务。为此，各级工会必须树立强烈的机遇意识，抓住机遇，乘贯彻实施修改后的《中华人民共和国工会法》和《上海市工会条例》的有利时机，结合本单位工会工作实践，进一步提高各级工会委员会领导班子依法治会、依法维护的意识。

2. 形式多样，进一步加强职工学习法律知识，提高法律素质的普法宣传教育工作。市总工会将继续通过工会网站、劳动报进行法律法规知识的宣传教育，将编印一些《劳动法律法规》知识读本下发到各基层单位组织学习，并在劳动报开辟“《上海市工会条例》专题宣传”栏目，对基层工会贯彻落实《上海市工会条例》的具体事例进行宣传；同时，市总工会与市委宣传部《班组学习与生活》编辑部联合在《班组学习与生活》读本中开辟“护身法宝”、“劳动世界”栏目，通过法律知识问答、以案说法等为班组的学法用法提供素材；此外，市总工会与上海电视大学将联合举办“上海市初级工商管理资格培训及开放式大专学历教育”项目，将有关法律知识纳入在教程中，以构筑一条“信息化、知识化、网络化”的提高职工法律素质的“绿色通道”。各级工会要发挥工会报刊、文化宫、俱乐部等宣传教育阵地的作用，并通过举办学习班、培训班及以会代训等形式，组织广大职工学习修改后的《中华人民共和国工会法》、《上海市工会条例》、《中华人民共和国劳动法》、《上海市劳动合同条例》等法律法规知识，从而使全市职工能通过不同宣传载体学习相关的法律法规知识，围绕社会稳定和社会发展开展专题教育，使广大职工手中有“法”，脑中树“法”，行动中守“法”，维权中依“法”，不断提高普法的实际效果。

3. 结合实际，紧紧围绕“世博会与上海新一轮发展”大讨论开展法制宣传教育。各级工会要紧扣“世博会与上海新一轮发展”的主题，从培育塑造上海城市精神和“提高法律素质，塑造新一代上海人”入手，结合本单位的实际，通过班组职工学习大讨论、职工演讲比赛、职工论坛、知识竞赛等形式，进一步营造提高职工法律素质的氛围，推进依法治市。

(二) 加强法律监督，把法制宣传教育工作与依法治理相结合。

工会的劳动法律监督是法律赋予我们各级工会的一种权力,而工会法制宣传工作的出发点,就在于提升广大职工的法律素质,不断增强各级工会组织依法治会、依法维权的法治意识,为推进本市工会工作的全面进步,建立和谐稳定的劳动关系,促进本市的民主与法制建设,创造良好的法治环境。

1. 市总工会与市人大内务司法委员会将联合在5月份至11月份进行《上海市工会条例》实施情况的调研检查,通过"全面自查"、"专题调研"和"抽查整改"三个阶段的活动,使这部地方性法规真正能够做到有法可依,违法必究。同时,市人大内司委、市总工会还将围绕13个专题调研提纲,会同有关区县人大内司委、有关区县局(产业)工会组成13个调研检查小组深入到基层单位进行调研检查,并加强对《上海市工会条例》的宣传力度,对认真贯彻落实《上海市工会条例》的先进典型大力宣传报道,对严重违反《上海市工会条例》的予以曝光,以形成良好的社会氛围,促进《上海市工会条例》在本市的进一步贯彻落实。各级工会在这次调研检查活动中要坚持实事求是原则,调研要与检查相结合,深入基层,深入群众,可通过抽样选点、开座谈会、问卷调查、访谈等方式,查找薄弱环节,对发现违反《上海市工会条例》规定的一些做法,要及时与有关单位的党政领导商量予以纠正。

2. 市总工会与市劳动监察总队联合在《上海市劳动合同条例》实施一周年之际,进行一次全市规模的执法大检查,通过劳动法律的监督,及时发现用人单位违反法律法规的行为,督促其限期改正,在监督过程中通过法律法规的宣传教育,增强企业经营者的法制观念,预防劳动争议的发生,建立起和谐稳定的劳动关系,从而维护劳动者的合法权益。

(三) 拓宽援助领域,把法制宣传教育工作与依法维护相结合。

上海市职工法律援助中心及区、县、局(产业)工会的职工法律援助分中心是各级工会宣传法律法规,教育职工依法维护自己的合法权益的重要窗口。市总工会将在原有的基础上,于5月份在上海市工会网站开设"网上职工法律援助"窗口,对广大职工进行法律宣传,并对符合法律援助条件的并需要法律帮助的职工进行无偿代理,无偿诉讼,依法维护。各级工会要通过工会的各种法律服务窗口,更好地为广大职工进行法律服务。

三、基本要求

1. 统一思想,提高认识。各级工会要认真学习党的十六大报告,深刻领会建设社会主义政治文明的精神实质,明确开展这次普法主题宣传教育活动是认真贯彻市委"依法治市,做新一代上海人"方针的重要举措,进一步树立大局意识,不断增强普法宣传教育工作的使命感和责任感,认清新形势、新任务、新要求,不断提高思想认识,努力使普法宣传教育工作在新的形势下,与时俱进,不断创新,取得实效。

2. 领导重视,精心组织。本次普法宣传教育活动由市总工会普法领导小组领导,市总法律工作部、宣教文体部承担具体活动的组织实施。各区、县、局(产业)工会也应建立或完善本单位的普法领导小组,要从人员配备、财力上予以具体落实,确保普法宣传教育活动的有效开展。同时,要根据文件要求,制订本单位的实施计划,做到有计划、有步骤、有针对性地开展法制宣传教育活动。

3. 方法创新,务求实效。各级工会要把法律宣传教育活动与推进平等协商和集体合同机制、法律援助机制、劳动争议处理机制、劳动法律监督机制、推进工会工作法治化相结合,针对工会工作的难点问题,进行调查研究,以此来开展贴近社会发展、贴近企业改革、贴近职工需求的形式多样的学法用法活动。在普法宣传教育活动中要不断抓典型,以点带面,推动全局,使普法宣传教育活动体现时代性,把握规律性,加强针对性,提高实效性,从而使工会的普法宣传教育活动提高到一个新的水平,使广大职工的法律素质得到提高,逐步成为具有上海城市精神的新一代上海人。

二〇〇三年四月十日

上海市总工会关于加强破产、转改制企业工会资产管理工作的通知

各区、县、局(产业)工会:

随着我国经济体制改革的不断深入,本市国有资产管理体制进一步调整,企业转改制力度进一步加大。为切实加强对破产、转改制企业工会资产的管理,防止工会资产的流失,依法维护职工的合法权益,根据《工会法》、《企业破产法》及有关政策规定,结合本市实际,特通知如下:

一、破产企业工会资产的处置

(一) 破产企业工会资产的界定,应严格按照工会资产管理办法执行。各级工会要依法维护工会资产的所有权。破产企业工会应在破产企业进入破产程序前,将工会资产按规定予以界定,并会同破产企业法人共同确认,对认定后的工会资产加强管理;破产企业工会的上级主管工会要做好具体指导和协调工作,保证工会对资产的所有权。

(二) 破产企业工会将经界定后属于工会所有的资产,经审计后确认并收回。破产企业工会组织撤销时,会计档案应按照同级行政档案管理办法执行。同时,工会资产应上交上级工会,由上级工会组织处置。

(三) 破产企业工会要认真做好破产企业工会经费的清算工作。收到清算后的工会经费除按规定比例上解外,基层工会留成部分应交上级工会,由上级工会组织处置。上级工会应加强监督和检查,并加强对工会经费的管理。

二、转改制企业工会资产的处置

(一) 转改制企业注销前,原工会组织必须对工会资产进行全面的清查、整理,列出详细的工会资产清单,经审计后将工会资产清单报上级工会组织,上级工会应对所属

工会上报的清单进行审核,并加强工作指导。

(二)转改制后继续保留的工会组织,其工会资产继续保留,其会计档案按同级行政档案管理办法执行;转改制后原工会组织撤销并相应建立若干个单位的工会组织,其工会资产由原工会组织协商解决,协商不成的,其工会资产先上交上级工会组织,由上级工会协调解决。其会计档案按同级行政档案管理办法执行或由上级工会协商解决。

三、撤并、重组企业工会资产的处置

(一)工会组织接到撤并决定后,应对工会资产进行全面的清查,整理,列出详细的工会资产清单,报上级工会组织。上级工会应对所属工会上报的清单进行审核。

(二)整体合并到其他单位的工会组织,工会资产相应转入,其全部工会资产和会计档案一并移交至所在工会组织。

(三)划分为若干个单位的工会组织,工会的资产由相应单位工会组织自行协商解决,如协商不成,其工会资产先上交上级工会,由上级工会协调解决。会计档案按同级行政档案管理办法执行或由上级工会组织协商解决。

四、国资改革单位工会资产的处置

(一)凡工会组织关系变更的应根据上级工会规定,在及时做好所属工会组织关系变更的同时,认真做好工会资产管理和移交工作。

(二)切实做好工会组织关系变更时的经费收缴、衔接工作。工会组织应按规定从关系变更的月份起按规定比例向上级工会上交工会经费和财务报表。

五、破产、转改制企业工会技协、三产、退管会资产的处置

由转改制企业工会组织投资兴办的工会技协、三产的清算、破产资产,应严格按上海市总工会关于转发《关于上海市职工技协财务管理规定》的通知(沪工总办〈2002〉168号)第三十五条至第三十七条有关规定及《破产法》的有关规定处理;退管会的工会资产应严格按照上海市退管会有关管理办法处理。各单位可根据本单位的实际情况制订实施细则并认真贯彻落实,以保证工会资产的完整性。

六、其他

(一)机关、事业单位工会凡涉及上述资产问题的,参照本《通知》精神执行;

(二)上述工会资产指工会组织所拥有的全部现金、银行存款、有价证券、债权、债务、投资、财产、结余经费和各类基金结余等;

(三)为保证工会资产在体制改革中的安全、完整,各级工会组织必须强化管理并自觉接受上级和本级工会经审组织的监督检查;

(四)各级工会组织在体制改革中要保证会计档案的安全、完整,工会财会人员必须自觉地做好会计档案管理工作。

(五)各级工会组织必须严禁借企业转改制之机违反规定,擅自抽调、挪用工会资产、突击花钱分物,对违反规定者要按有关规定严肃处理。

各区、县、局(产业)工会可根据本《通知》精神,结合实际情况,提出贯彻落实意见。

二〇〇三年八月六日

上海市总工会关于深入开展建设职工之家活动的实施意见

为深入贯彻党的十六大精神和"三个代表"重要思想,进一步增强工会基层组织的活力,健全工作机制和创新工作载体,提高工会组织的凝聚力、吸引力和整体工作水平,全面落实中国工会十四大和上海市工会十一大提出的各项工作任务,根据全国总工会《关于在新形势下深入开展建设职工之家活动的意见》(总工发[2003]18号)要求,上海市总工会就新形势下深入开展建设职工之家活动(以下简称建家活动),提出如下实施意见。

一、深入开展建家活动的重要意义。

(一)深入开展建家活动是工会服务于大局工作的需要。上海面临的新一轮发展,对工会工作提出了新的要求。在工会基层组织中深入开展建家活动,将进一步增强工会组织的吸引力和凝聚力,充分调动广大职工群众的积极性,更好地把工会履行维护的基本职责和坚持发展这一党执政兴国的第一要务结合起来,促进社会主义物质文明、政治文明和精神文明的协调发展。

(二)深入开展建家活动是全面提高工会基层组织工作水平的需要。工会基层组织是工会组织重要的基础,工会的各项工作要通过工会基层组织来落实,工会的作用最终要通过工会基层组织来体现。在工会组建已经取得阶段性成果的前提下,全面提高工会基层组织的实际工作水平,充分发挥工会基层组织在"改革、稳定、发展"中的作用,是上海工会面临的一项迫切任务。在工会基层组织中深入开展建家活动,把建会建制与建家有效地结合起来,把建家活动作为工会的一项经常性、长期性的工作,能进一步推进工会基层组织的组织健全、工作规范、工作创新、作用发挥和全面提高工会基层组织的工作水平。

二、深入开展建家活动的指导思想和原则

(一)深入开展建家活动的指导思想:以邓小平理论和"三个代表"重要思想为指导,认真贯彻中国工会十四大和上海工会十一大精神,紧紧围绕上海新一轮发展的战略目标,坚定不移地推动党的全心全意依靠工人阶级根本指导方针的贯彻落实,依法规范工会基层组织建设,切实履行工会维护职工合法权益的基本职责,努力把工会的重点工作落实到基层,不断增强工会基层组织的凝聚力和吸引力,全面提高基层工会组织的工作水平,促进上海的改革、发展和稳定。

(二)深入开展建家活动的原则:

1. 服务大局的原则。围绕中心,促进发展,正确把握开展建家活动与推进本单位建设发展的关系,充分调动职工群众生产劳动的积极性。

2. 突出维护的原则。突出工会维护职工合法权益的基本职责,推进工会各项工作的开展。

3. 服务群众的原则。工作求真务实、注重实效,倡导为职工群众办实事、做好事,把职工群众的需要,作为建家活动的重要内容。

4. 创新发展的原则。体现时代性、把握规律性、富于创造性,尊重基层的实践,不断赋予建家新内容,拓展新领域,注入新活力。

三、深入开展建家活动的目标和基本要求

(一) 深入开展建家活动的目标:通过建家活动,努力把工会基层组织建设成为组织健全、制度完善、维权到位、运作规范、开拓创新、作用明显和深受职工信赖的职工之家。新组建的工会基层组织要在一至二年内争取建成合格职工之家;五年内,上海市模范职工之家、全国模范职工之家的累计数要分别达到1000家和100家。

(二) 深入开展建家活动的基本要求:

1. 工会组织健全,职工基本入会。

依法组建工会,自觉维护工会组织的团结统一,始终保持工会组织网络的健全,所属基层单位要基本建立工会组织,并按照规定建立女职工委员会等工会的专门工作委员会。

按照有关规定和基层工会的实际工作需要,配齐、配强、配好工会主席、副主席和其他工会工作人员。

重视发展工会会员和会员管理工作,积极吸纳各种用工制度的职工群众尤其是进城务工人员加入工会组织,凡是在本单位从事生产劳动的职工都要吸纳入会。

2. 制度建设完善,工作运作规范。

(1) 建立完善平等协商、工资谈判、集体合同制度。定期举行平等协商和工资谈判。形成协调劳动关系的有效机制,劳动争议能依法妥善解决。依法签订集体合同,建立集体合同的履约责任制和监督检查制度,对集体合同的履约情况进行监督检查,并定期向职工(代表)大会报告,集体合同的履约率和职工认可率比较高。指导和帮助职工签订劳动合同。

(2) 建立完善职工民主管理制度。建立和完善以职工代表大会为基本形式的各种职工民主管理制度,落实职工代表大会的各项职权,保障职工的知情权和参与权。法律规定的工会参与企业管理、维护职工合法权益的各项制度得到落实并切实发挥作用。

国有、集体及其控股企业必须依照有关规定建立职工代表大会、并坚持向职代会报告工作的制度。选举职工代表参加董事会和监事会,职工董事和监事能积极发挥作用。认真实行厂务公开、职代会民主评议干部的制度。

非公有制单位要积极探索职工民主管理的有效实现形式。

(3) 建立完善工会互助补充保障制度。密切联系职工群众,倾听职工呼声,关心职工疾苦,积极开展帮困送温暖工作。在督促单位按时足额缴纳社会保险费的同时,积极参加工会兴办的多层次的职工互助补充保障计划、开展企业内部职工医疗救助工作。要特别关心困难职工在生活、就业和再就业、子女教育、就医等方面遇到的暂时困难,切实为他们排忧解难。

(4) 建立完善教育培训制度。贯彻“科教兴市”方针,开展职工“素质工程”,创建学习型组织,保证职工每年有一定的时间接受教育培训,努力提高职工的政治思想觉悟、职业道德水准、科学文化水平和生产劳动技能,维护好职工的发展权。

要积极开展工会干部的教育培训的工作,做到制度保证、计划落实、重点突出、形式多样,努力提高工会干部的综合素质。

(5) 建立完善劳动法律监督检查制度。根据本单位的实际情况和上级工会的要求,开展经常性的劳动法律监督检查。协助和监督本单位严格执行国家和地方关于劳动工资、工作时间、社会保障、职业安全卫生、女职工和未成年工特殊保护等各项法律法规。

(6) 建立完善工会内部管理制度。在同级党组织和上级工会的领导下,依靠会员和职工群众,依法独立自主地开展工作,活动正常,成效明显。坚持民主集中制的基本原则,定期召开工会委员会和工会经费审查委员会全体委员会议,重大问题必须经全体委员会议讨论通过;按时召开工会会员(代表)大会进行换届选举,工会基层组织的主席、副主席原则上应通过工会会员(代表)大会直接选举产生;积极推进基层工会民主化、群众化、法制化建设,充分发挥工会会员(代表)的作用;收好、管好和用好工会经费;职工小家建设工作扎实、规范。

3. 积极推进企事业单位的物质文明和精神文明建设。要组织开展劳动竞赛、合理化建议、技术革新、技术协作、创造发明等群众性经济技术创新活动。要组织开展形式多样、内容丰富、深受职工群众欢迎的文化体育活动。

4. 工会基层组织建家活动要勇于探索、不断创新,充分体现与时俱进。在加强工会各项基础管理、有效开展各项工作、努力为职工群众和企事业单位服务的同时,要注重制度创新、机制创新和工作创新。

5. 非公有企业开展建家活动要从自身特点出发,把“双爱双评”活动与建家活动有机统一起来,逐步提高建家水平。在建家基本要求的内容和标准上,可以与国有企业有所区别,形成特色。

6. 工会基层组织在深入开展建家活动中,要做到工作重心下移,切实抓好分工会和工会小组建设“职工小家”的活动,夯实建家的基础。

四、深入开展建家活动的组织领导和规范管理。

(一) 各级工会领导机关要进一步提高对深入开展建家活动重要性的认识,要把建家工作摆上重要议事日程。加强对建家活动的组织领导,明确工作职责,建立由分管主席负责、组织部门实施、相关部门参加的建家工作领导机构,定期研究有关问题,加强协作配合,形成工作合力。要继续发挥新建企业工会组建工作领导小组的作用,一手抓巩固和发展建会成果,一手抓深入开展建家活动,不断提高基层工会工作水平。

（二）上级工会要加强对深入开展建家活动的指导和服务，力求建会活动获得最大的实际效果。要根据不同所有制、不同规模和不同工会组织形式，给予分类指导，在建家工作内容要求、考核标准和考核条件上，可以有所不同，既要对工作细化、量化，又要便于操作和给基层工会留有创新发展的空间，追求工作实效，力戒形式主义。

（三）各级工会要加强对建家活动的规范管理和工作考核。

1．本市创建“职工之家”原则上分为“合格职工之家”、“区县局（产业）先进职工之家”、“上海市模范职工之家”和“全国模范职工之家”四个层次。

（1）“合格职工之家”由区、县、局（产业）工会按照市总工会的要求，组织考核验收。凡考核验收合格的，颁发由市总工会统一印制的“合格职工之家”证书。

“合格职工之家”的日常管理工作由区、县、局（产业）工会负责。

（2）“区县局（产业）先进职工之家”每两年考核评比一次。具体考核评比内容、标准和方法由区、县、局（产业）工会自行决定。

“区县局（产业）先进职工之家”的日常管理工作由区、县、局（产业）工会负责。

（3）“上海市模范职工之家”实行申报制，每两年考核评比一次，由市总工会组织实施。

“上海市模范职工之家”的日常管理工作由区、县、局（产业）工会负责，市总进行督查。

（4）“全国模范职工之家”每五年评比一次。由市总工会按照全总的要求具体组织实施。

“全国模范职工之家”的日常管理工作由市总工会和区、县、局（产业）工会共同负责，以市总工会为主。

2．各级工会要加强对已获各项荣誉称号的基层工会日常管理工作，要有计划地组织经验交流、工作考察，以促进建家工作水平的不断提高、勇于开拓创新和与时俱进。

3．对已获“合格职工之家”和“全国模范职工之家”称号的基层工会，要根据形势发展的需要和按照最新的建家条件、建家标准进行复查验收，复查验收合格的予以保持荣誉称号，对复查验收中发现严重问题的，撤销所获得的荣誉称号。

4．对作出突出贡献的基层工会，可以按照全总的规定，随时申报“全国模范职工之家”。

（四）各级工会要进一步改进工作作风，把工作重点放在基层，深入实际，贴近职工，要把职工群众的满意程度作为建家工作考核的重要指标。要创新工作方法，推动建家活动常建常新。要认真总结并及时推广基层工会开展建家活动的先进经验，加大对建家活动的宣传力度，形成良好的舆论氛围，推动建家活动深入开展。要建立激励机制，充分调动基层工会开展建家活动的积极性，不断增强工会基层组织的活力。

（五）各区、县、局（产业）工会要根据本《实施意见》，结合本单位、本系统的实际情况，制订开展建家活动的工作目标和具体工作方案，精心组织和指导工会基层组织开展建家活动。

二〇〇三年十月八日

上海市总工会关于在实施科教兴市战略中进一步加强职工技协工作的若干意见

市委、市政府提出实施科教兴市战略，是上海面临重要的战略机遇期作出的重要战略决策，也是上海新一轮发展的内在要求和必然选择。

职工技协是在工会领导下、由职工自愿结合开展群众性技术活动的科技性社会团体。二十年来，职工技协紧紧围绕经济发展的大局，积极组织职工开展群众性技术活动，为上海的经济发展、社会进步和工会建设作出了重要贡献。在新的形势下，职工技协要立足于科教兴市的高度，开拓视野，找准位置，拓展功能，与时俱进，自觉地把职工技协的工作重点放到为科教兴市服务上，在实施科教兴市战略中再现职工技协新作为。

一、新时期上海职工技协工作的指导思想

上海职工技协在当前和今后一个时期工作的指导思想是：以邓小平理论和“三个代表”重要思想为指导，按照市委、市政府的要求，紧紧围绕科教兴市战略，以发展为主题，以创新为动力，以科技成果转化为重点，组织职工深入开展群众性技术活动，推动科技创新，提高职工素质，推进原创性科技成果转化为现实生产力、合理化建议转化为经济效益，努力为上海新一轮发展作出新贡献。

各级职工技协要认真学习贯彻“三个代表”重要思想。要把实施科教兴市战略作为新时期职工技协的中心工作，牢固树立“科技是第一生产力”、“人才是第一资源”的理念，并渗透到职工技协的各项工作中去。要进一步增强大局意识、责任意识和使命意识，站在新的起点上，在实施科教兴市战略中发挥优势，奋发有为。

各级职工技协要抓住机遇，拓展职工技协的发展空间。加强能工巧匠、工程技术人员、管理干部的结合和企业、科研单位、高等院校的结合，发挥跨行业、跨企业、跨地区的健全的组织网络优势，坚持职工技协的群众性、科技性、协作性和市场性，以更加活跃、富有生机的群体形式，调动广大技协会员和职工参与实施科教兴市战略的积极性和创造性。

二、职工技协在实施科教兴市战略中的主要任务

职工技协的基本任务是立足企业、组织技协会员和广大职工开展群众性技术活动。要从本单位的实际出发，把解决企业经济技术发展中的难点作为职工技协工作的重点，紧紧围绕企业的经济发展目标开展革新攻关、发明创造、交流协作、合理化建议、成果转化等多种形式的群众性技术活动，帮助企业改进质量，降低成本，开发产品，改善管理，提高效益，增强企业核心竞争力，促进企业经济的延伸。

——将技协活动与企业的科技创新工作紧密结合起来。要突出技术的原始创新,发动技协会员和广大职工参与企业的技术改进、技术改造和新技术、新工艺、新产品、新设备的开发、研制,增强企业的科技开发能力,推进企业科技创新,实现"科技兴企"。

——推进科技成果转化为现实生产力、合理化建议转化为经济效益。职工技协要建立实施"两个转化"的推进机制,形成服务网络。要充分发挥广大科研人员、专业技术人员、经营管理人员及技术工人的智慧和创造力,鼓励职工创造发明和实施成果转化。要为职工的发明、创造提供机会和条件,给发明者以不同形式的扶助。要继续办好上海市优秀发明选拔赛,促进发明成果快速走向市场。

——把提高职工技术素质、培养技术人才作为职工技协的一项战略任务。要紧密结合企业生产实际,参与企业对职工的岗位技能、技术培训,开展复合型岗位练兵、技术比赛等活动,帮助职工岗位成才,提高技能水平。要认真总结、大力推广优秀技术工人的技术经验、绝技绝艺和先进操作法,开展拜师学艺、"名师带高徒"、技艺展示、技能交流等活动,发挥技术骨干的传帮带作用,促进企业职工整体素质的提高,推进企业的技术人才建设。

——认真维护职工群众的知识产权。职工技协在积极参与企业科技政策制订的过程中,要充分体现维护职工群众知识产权的要求,在企业中形成比较完善的维护职工知识产权的制度。

——开展面向社会的多种形式的科技服务活动。要为社会开展规范的有偿技术服务,推广实用技术,参与外单位科技难题的攻关,帮助企业发展经济,推进企业主业的市场延伸。

要加强技术的中介活动。有条件的职工技协可成立技术中介机构,充分发挥技术中介在科技创新、科技成果与市场需求中的桥梁作用,通过中介,推广和应用先进技术,开展技术交流、技术经营和技术产品贸易等技术服务。

要兴办高科技经济实体,提升职工技协经济实体的科技含量和智力含量。经济实体要大力开发、研制新产品、新技术,参与市场竞争。要用协作的方式,扶持一批以资产为纽带、由多种优势组合的支柱产业和骨干企业,增强职工技协的市场竞争力。

——加强同中西部地区的经济技术协作。要积极参与中西部开发,将上海职工技协的技术、人才、信息和网络优势同中西部地区的资源优势结合起来,加强信息交流,开展技术服务,推广技术成果,实施项目协作,促进当地经济的发展,并为职工技协参与国家经济建设和自身的发展开辟新的服务领域。

三、整合资源,提高社会化服务水平

职工技协的积余资金要为科技创新和社会进步服务。要把基层职工技协在开展有偿技术服务中积累的资金集中起来,为中小企业和发明人提供项目开发和发明创造的资金扶助。还要把职工技协的留利充分利用起来,并从机制上保障职工技协的分散资金集中使用到为科技创新和科技成果转化服务上。

职工技协要建立创新人才的激励机制。要制订奖励政策,鼓励职工开展科技创新、发明创造活动,调动技协会员实施科技创新和实施科技成果转化为现实生产力的积极性,推动企业的制度创新、技术创新、管理创新和服务创新。

职工技协要建立市和区县局(产业)两个层次的科技服务体系。要继续健全和完善科技服务信息库、中介服务中心、高新技术成果转化服务工作站,加强技术服务合同的认定、登记工作,进一步为基层职工技协实施科技创新和科技成果转化提供发展平台。

职工技协要加强同社会各方面力量的合作。要主动加强同高等院校、科研单位的紧密联系和联手,形成产、学、研一体的有效机制,引进高新技术,实施联合攻关,推动科技项目的市场化。市职工技协要成立专家咨询工作组,聘请有关方面专家,为职工技协的科技创新活动出谋划策,推进科技与经济的结合。

职工技协要加强信息网络工作。要注重信息网络在科技成果转化中的先导作用,建立职工技协的科技开发、成果转化信息系统,丰富职工技协的网页内容,做好有关科技服务信息和成果转化信息的采集、整理、发布、交流和开发工作。

四、切实加强管理,规范职工技协运作

各级职工技协要继续把规范管理作为一项重要工作抓实抓好。要认真贯彻执行各种有关的法律法规和规章制度,在规定的经营范围内,开展有偿技术服务活动,依法纳税,合法经营。

要加强"四技"服务项目的管理,认真做好技术合同的认定登记工作。

要加强财务管理,切实执行规范的资金管理准则,严格按规定使用积余资金。要认真执行团体会费管理制度和技术服务费发放管理制度。

要建立健全内部制约机制,加强监督检查。各级职工技协都要经常进行自查、互查和抽查,提高自管能力,自觉接受工会及社会有关部门的监督检查和财务审计。

各级技协干部要提高自身素质,认真学习市场经济理论,学习有关法律法规,学习相关的业务知识,不断增强遵纪守法、规范操作的意识,提高管理工作水平。

五、加强对职工技协工作的领导,促进职工技协健康发展

职工技协要主动争取企业党政的领导,经常向企业党政领导汇报工作,争取党政领导的帮助和支持。

各级工会组织要从维护职工根本利益的要求出发,从推进科技进步和经济建设的高度来认识发展职工技协的重要意义,切实重视和加强对职工技协工作的领导,定期听取和研究职工技协工作,并将职工技协工作列入工会工作的考核内容。

要健全职工技协的工作机构,稳定职工技协干部队伍,及时帮助职工技协和技协干部解决一些实际困难和问题,并加强教育,提高素质,保证职工技协的持久、健康发展。

要大力发展基层职工技协组织，壮大职工技协队伍。凡是有工会组织的单位，有条件的都要成立职工技协，组织职工开展群众性技术活动。要探索在新经济组织和非公有制企业组建职工技协的路子。技协会员队伍要增强青年技术骨干力量，扩大科技人员比例，形成专业结构平衡、年龄结构合理、技术技能人才密集的"三结合"队伍。

要加强同财税、工商、劳动、科委、协作等政府有关部门的联系、沟通和协商，积极寻求他们对职工技协活动的支持，创造有利于职工技协发展的良好环境。

二〇〇三年八月

参阅文件目录

杨浦区总工会创新工作奖励办法

杨浦区关于深化厂务公开，进一步推进区属国有集体企业产权制度改革的指导意见

松江区总工会关于开展科教兴区与塑造松江职工新形象大讨论的通知

松江区总工会关于开展评选2003年度松江区工会重点工作"十佳"的通知

崇明县总工会关于开展为"科教兴县"建功立业活动的通知

崇明县总工会关于加强非公经济企业工会工作的实施意见

市纺织工会关于在企业深化改革中规范工会组织工作程序的若干意见

电信工会关于设立上海市电信有限公司职工代表大会旁听席的通知

电信工会关于印发2003年度上海电信基层工会工作考评办法的通知

上海机场(集团)公司工会关于在机场管理体制改革中理顺工会组织关系和发挥职代会作用的意见

上海建工(集团)总公司关于进一步加强企业职工教育培训工作的协议

上海建工(集团)总公司关于完善企业补充医疗保险的协议

2003年《劳动报》新闻要目

序号	日 期	篇 目	作 者	版 面
1	1月1日	这个冬天不太"冷"	张 路	2版
2	1月2日	贯彻《工会条例》是全社会的共同责任——访市总工会副主席吴申耀	张 路	2版
3	1月5日	上海倾力打造"救助帮困"城市精神	新华社	2版
4	1月6日	人间温暖驱走严寒——上海帮困送温暖即景	新华社	1版、2版
5	1月7日	构筑特大型城市工会工作新格局 市总十届十次全委(扩大)会议提出今年总体工作要求	张 路 程友谨	1版
6	1月8日	本市将建工会干部保护机制 市总十届十次全委(扩大)会议闭幕	张 路	1版
7	1月8日	市总工会最新调查显示 上海相关人才紧缺问题凸现	张 路	13版
8	1月10日	为工会整体工作提供物质保障——访市总工会副主席张兴淮	张 路	13版
9	1月11日	送温暖送岗位 工会今在西宫举办劳务洽谈会	曹宏亮 张 路	2版
10	1月14日	工会工作应有特色 市总工会即日起展开网上评选	张 路	1版
11	1月17日	生产自救涌现一批"小老板" 市总工会树立百名自强不息典型	张 路	13版
12	1月17日	用感情援助就业 用真情呼唤创业	唐国才	13版
13	1月18日	工会关爱暖心窝 全总副主席倪豪梅慰问本市劳模和特困职工	张 路	1版
14	1月20日	王兆国走访慰问东北国企和困难职工时要求用党的关怀温暖人心 稳定人心振奋人心	新华社	1版
15	1月21日	职工发明创造活动硕果累累 市优秀发明选拔赛昨颁奖	陈正明	2版
16	1月22日	送温暖 拜早年 陈良宇等市领导走访群众家庭		1版、2版
17	1月26日	为职工托起希望的太阳 上海工会送温暖工程巡礼活动昨举行	张 路 陈 晖	1版
18	1月28日	劳模精神体现上海城市精神 陈良宇等市领导与劳模共迎新春	张 路	1版
19	1月31日	浦江两岸暖流涌动 上海工会送温暖掀热潮	陈 晖	13版
20	2月2日	除夕礼花硝烟未散 市总领导走街穿巷向劳模致以新春问候	本报记者集体采写	1版、2版

续 表

序号	日 期	篇 目	作 者	版 面
21	2月9日	与春天有个约会——沪上部分劳模春节剪影	张 路 杨子鸿	2版
22	2月10日	涌动了七年的爱流——残疾职工一封信引出一段帮困佳话	张 路	1版
23	2月27日	树立市总对外窗口品牌形象　樱花度假村改扩建工程奠基	张 路	2版
24	3月3日	看看为职工争取些啥——解读《2002年中国工会维权蓝皮书》	李 蓓	1版、2版
25	3月4日	上总召开十届十一次全委会	程友谨	1版
		陈豪当选市总工会主席	张 路	2版
26	3月4日	工会一刻不能脱离职工——访新当选的市总工会主席陈豪	张 路	1版、2版
27	3月6日	市总纪念“三八”妇女节　十大杰出职业女性受表彰	张 路	2版
28	3月21日	响应市委开展大讨论的号召	满顺华	2版
		市总倡议:我为科教兴市献一计	张 路	
29	3月22日	中日地方工会定期友好交流　陈豪昨会见伊东文生	张 路	1版
30	3月23日	劳模精神体现上海城市精神——市人大常委会副主任、市总工会主席陈豪看望劳模侧记	张 路	1版
31	3月25日	敢于做就会有所作为——访全总副主席李奇生	张 路	2版
32	3月26日	全国工会宣传工作会议在沪召开　李奇生陈豪等出席开幕式	张 路	1版
33	3月28日	提高工会宣教工作整体水平　全国工会宣传工作会议闭幕	张 路	1版
34	4月1日	市总工会向各级工会和广大职工发出号召	刘宝华	1版
		塑造城市精神　培育新时代职业精神	张 路	2版
35	4月1日	加深友谊加强沟通　陈豪会见俄罗斯客人	张 路	2版
36	4月4日	市总工会动员广大职工	满顺华	1版
		为“科教兴市”建功立业	张 路	
37	4月9日	争当塑造城市精神的楷模　市总举行“世博会与上海新一轮发展”大讨论	张 路	1版
38	4月10日	树立新时期上海工人新形象　市总工会举行“科教兴市与上海职工”研讨会	张 路	1版
39	4月11日	全国厂务公开工作电视电话会议部署　贯彻两办通知推进厂务公开	张 路	1版
40	4月11日	提炼具有上海特色的职业精神	刘宝华	2版
		市总和本报举行“城市精神和职业精神”讨论	张 路	
41	4月12日	市化学工会召开第五届工代会　陈惠莹再次当选为工会主席	虞仲义	2版
42	4月15日	互相学习　共同发展　沪陕两地工会建立友好对口交流关系	刘卫新 张 路	2版
43	4月21日	500万职工在行动——上海工会系统掀起“世博会与上海新一轮发展”大讨论热潮纪实	张 路	1版
44	4月22日	争当塑造城市精神的楷模	程友谨	1版
		争做可爱的上海人　本市表彰职工精神文明先进	张 路	
45	4月24日	市总工会昨日再次发出通知　切实维护职工身体健康生命安全	程友谨 张 路	1版
46	4月25日	全总表彰抗击“非典”贡献突出医务人员	新华社	1版
47	4月30日	全总市总拨专款　慰问抗非白衣天使	程友谨	1版
48	4月30日	市总工会发出通知　“五一”期间加强防范非典	张 路	2版
49	5月1日	劳模精神体现城市精神　本市举行庆“五一”劳模座谈会	张 路	1版
50	5月2日	向忙碌在“抗非”一线的职工问好　市总领导昨下基层慰问	满顺华 张 路	1版
51	5月6日	市劳动保障局市总工会发出通知　深化工资集体协商工作	孙明敏	2版
52	5月11日	青年职工与残疾人结对子　市总工会发起“五千残疾人职工稳岗”活动	罗 菁	2版
53	5月14日	提升职工法律素质　争做新一代上海人	张 路	13版
		工会普法宣教系列活动拉开序幕	崔 蔚	
54	5月14日	对患非典和疑似非典职工　全总要求不得解除其劳动关系	新华社	1版

续 表

序号	日 期	篇 目	作 者	版 面
55	5月16日	众志成城 共抗非典 市总工会发放100万元职工教育保障金	刘宝华 张 路	2版
56	5月17日	市总工会提出非典防治期间不得因非典随意解除劳动关系	孙明敏	2版
57	5月26日	愿为宝岛抗疫尽心尽力 全总慰问遭非典威胁的台湾人士	新华社	2版
58	5月30日	为工人阶级和工会工作鼓与呼 上海"五一新闻奖"揭晓	程友谨	2版
59	6月4日	以实际行动创城市精神 市总领导慰问卢浦大桥建设者	张 路	1版
60	6月4日	今夏高温天数比常年偏多 市总要求做好防暑降温工作	张 路	2版
61	6月7日	二十多年长盛不衰 市总工会将加大读书活动参与面和覆盖率	张 路	2版
62	6月10日	上海市工会十一大今开幕 预备会议昨天举行 陈豪主持通过大会议程	程友谨 张 路	1版
63	6月10日	上海市工会第十一次代表大会主席团举行第一次会议 会议通过陈豪吴申耀张兴淮汪兰洁杜仁伟为主席团常务主席	程友谨 张 路	1版
64	6月11日	新世纪上海工人阶级的首次盛会 上海市工会第十一次代表大会开幕 陈良宇作重要讲话 韩正龚学平蒋以任等出席 陈豪向大会作工作报告	张 路	1版、2版
65	6月11日	市工会十一大主席团举行第二次会议	程友谨 张 路	1版
66	6月11日	新形势下需要探索和实践——记陈豪同志参加代表讨论会	张 路	8版
67	6月11日	新老主席欢聚一堂(图片新闻)	吴良荣	8版
68	6月11日	为上海新一轮发展贡献智慧力量——今后五年上海工会工作的指导思想、工作目标和主要任务		1版
69	6月12日	与时俱进 开拓创新 奋发有为 上海市工会第十一次代表大会工作报告(摘要)		7版
70	6月13日	市总工会十一届一次全委会举行 新一届市总领导班子产生	程友谨 张 路	1版、2版
71	6月13日	不负党和职工重托——访新当选的上海市总工会主席陈豪	张 路	1版
72	6月13日	圆满完成各项议程 上海市工会第十一次代表大会闭幕	程友谨 张 路	1版、2版
73	6月13日	新一届市总领导班子产生	程友谨 张 路	1版、2版
74	6月17日	市总党组学习陈良宇王安顺讲话精神 提出四点要求 加强班子建设		1版 2版
75	6月18日	工会女工委做职业女性的贴心人 引领全市女职工建功立业	张 路	2版
76	6月19日	各级工会积极贯彻市工会十一大精神 誓将宏伟蓝图变成灿烂现实	张 路	2版
77	6月23日	学以致用 落到实处 市总就兴起学习贯彻"三个代表"重要思想新高潮提出要求		1版
78	7月4日	工地防暑降温状况如何 市总工会昨起开展专项检查	张 路 郇明亮	2版
79	7月12日	陈豪在市总有关会议上要求 兴起学习贯彻"三个代表"新高潮 全面落实工会十一大确定的任务	张 路 程友谨	1版
80	7月16日	实施科教兴市战略 推进职工技术创新 市总工会召开职工技协工作会议	张 路 王小龙	1版
81	7月19日	"你们是能吃苦能战斗的队伍"——记陈豪慰问奋战酷暑的建设者	张 路	1版
82	7月20日	真想留下来一起干——市总工会领导慰问洋山深水港建设者侧记	张 路	1版
83	7月21日	《被隔离的春天》献"天使" 市总领导昨天观看演出	曹志苑	4版
84	7月21日	日本旅游企业抵沪考察访问 陈豪会见并宴请访华团	张 路	1版
85	7月27日	给职工送去一片清凉 市总领导分六路下基层慰问	张 路 沈兰萍	1版
86	7月27日	市总为求职者提供更多的信息 送温暖招聘会一场变四场	张 路	2版
87	7月29日	陈豪慰问电力职工(图)	张 路 吴良荣	1版
88	7月30日	市总紧急通知要求做好防暑降温 工会要对职工健康进行监控	张 路	1版
89	7月30日	陈豪看望倪海宝程德旺时要求关心好老劳模的生活	张 路	1版

续表

序号	日 期	篇 目	作 者	版 面
90	8月4日	实现国家战略的历史选择——写在市总工会素质工程现场会召开之际	张 路	12版
91	8月5日	上海市总工会号召各级工会组织和广大职工 节约用电 共渡难关		1版
92	8月6日	深化职工素质工程 推进科教兴市战略 市总工会推广宝钢经验	张 路 程友谨	1版
93	8月7日	规范用工 实现双赢 市总领导带队进行劳动合同专项检查	张 路 甘党生	1版
94	8月8日	全总通知要求各级工会依法维权 组织进城务工者加入工会	新华社	2版
95	8月12日	白衣天使上黄山 抗非勇士疗休养计划昨正式启动	张 路 陈 晖 吴良荣	1版
96	8月12日	市总将免费为万名困难女职工体检 妇科检查咨询投诉热线开通	张 路	2版
97	8月27日	上海工会助学帮困16万户次 使6800多名困难职工子女完成学业	张 路 陈 晖	1版
98	8月28日	设立奖励金和重大题材创作孵化金 市总重奖职工优秀文艺作品	张 路	1版
99	9月7日	情系边疆庆中秋 本市举行慰问援边干部家属中秋联欢会	孙明敏 程友谨	1版
100	9月9日	挥别五十年历史老楼 新建二十五层大厦 全总大楼今天凌晨爆破	刘 骏	1版
101	9月10日	劳模为科教兴市献良策 陈豪代表市总向教育工作者致以节日问候	孙明敏 王 枫	1版
102	9月11日	职业精神新鲜出炉 首批16家单位在公约上签字	孙明敏	1版
103	9月12日	中国工会十四大二十二日召开 目前各项筹备工作顺利进行	新华社	2版
104	9月12日	厂务公开向非公企业延伸 市总提出今年增加独立建立职代会制度企业1000家	孙明敏 周永宝	1版
105	9月17日	上海工会推进再就业提出新目标 两年内再新增岗位2.5万多个	孙明敏 陈 晖	1版
106	9月19日	陈豪会见日本工会代表团	孙明敏	1版
107	9月20日	让女职工少一点后顾之忧	张 路 周红燕	1版
108	9月21日	陈豪慰问上海建工职工	陈正明 孙明敏	1版
109	9月21日	肩负各级工会和广大职工重托 上海出席中国工会十四大代表团抵京	陈正明 孙明敏	1版
110	9月21日	上海代表团团长陈豪寄语代表——尽心尽责开好工会十四大	陈正明 孙明敏	8版
111	9月22日	承前启后 继往开来 中国工会十四大今开幕	陈正明 孙明敏	1版
112	9月23日	肩负开创新世纪新阶段新局面的光荣使命 中国工会十四大在京开幕	新华社	1版、2版
113	9月23日	王安顺参加工会十四大上海代表团讨论时要求 切实将上海工会工作提高到新水平	陈正明 孙明敏	1版、2版
114	9月23日	工作依靠职工群众一切为了职工群众——上海代表团热烈讨论祝词和报告	陈正明 孙明敏	2版
115	9月25日	中国工会新一届领导机构产生	陈正明 孙明敏	8版
116	9月26日	温家宝为工会十四大作形势报告 希望各级工会组织继续努力发挥桥梁纽带作用	新华社	2版
117	9月26日	全国总工会第十四届执委会召开第一次全体会议 王兆国当选为全国总工会主席 市总工会主席陈豪当选主席团委员	新华社	1版
118	9月26日	开创上海工会工作崭新局面——访市总工会主席陈豪	陈正明 孙明敏	1版、8版
119	9月27日	团结动员亿万职工 全面建设小康社会 中国工会十四大在京闭幕	新华社	1版
120	9月27日	增加1条 修改15处 中国工会章程作出修改	新华计	2版
121	9月28日	让困难职工在国庆中更加温暖 本市各级工会开展节日帮困	孙明敏	1版
122	9月29日	胡锦涛在同全总新一届领导班子和工会十四大部分代表座谈会时强调 全面建设小康是新阶段工人运动主题	新华社	1版

续 表

序号	日 期	篇 目	作 者	版 面
123	9月30日	进一步增强使命感责任感紧迫感 市总部署贯彻工会十四大精神	孙明敏 程友谨	1版、2版
124	10月1日	将大会精神及时传递给职工 本市各级工会掀起传达贯彻工会十四大新高潮	孙明敏	2版
125	10月10日	市总要求认真学习贯彻工会十四大精神 开创上海工会工作新局面	孙明敏	1版
126	10月14日	市总党组中心组成员学习工会十四大精神时强调 新世纪工会组织要有新作为	孙明敏	1版
127	10月14日	陈豪昨天会见法国工会客人	孙明敏	1版
128	10月15日	最大限度提高工会组织覆盖面 重点放在社区和非公企业	孙明敏	1版
129	10月25日	用"三个代表"重要思想统领工会工作全局 市总工会召开学习交流会	孙明敏 程友谨	2版
130	10月28日	抓住发展机遇找准发展方向 陈豪要求各级工会学习领会十六届三中全会精神	孙明敏	1版
131	10月29日	职工应具备怎样的职业精神 陈豪要求提炼总结形成行为规范	唐海华	1版
132	11月6日	让更多人感受"工人"分量 浑然天成奇石捐赠市总工会	孙明敏	1版
133	11月6日	上海市工运研究会召开年会 陈豪对新世纪工运研究提出新要求	孙明敏	2版
134	11月12日	自觉服务经济发展大局 市工会职工技协二十年成果展开幕	孙明敏	1版
135	11月21日	从"开展"上升到"建设" 职工素质工程现场推进会在宝钢召开	宋长星	1版
136	11月25日	全总副主席黄彦蓉来沪调研 高度评价本市工会工作	孙明敏	1版
137	11月26日	准确把握工会文化事业定位 全国工人文化宫改革与发展研讨会在沪举行	孙明敏	1版
138	11月27日	全总推出首批职工文化示范基地 市宫成为影视话剧创作基地	孙明敏	2版
139	12月5日	培育造就新时代职业新人 上海职工"职业精神"论坛隆重举行	孙明敏 刘宝华	1版
140	12月7日	为进城务工人员讨回公道 本市19个区县举行法律咨询活动	孙明敏	1版
141	12月7日	让医药更好地为市民服务 上药集团向公惠医院捐赠300万元药品医疗器械	宋长星	2版
142	12月12日	充分发挥工会联系党和群众的桥梁纽带作用 本市召开区县党委书记工会工作恳谈会	孙明敏	1版
143	12月13日	为政府分忧 为企业解难 上海工会企事业创造大批就业岗位	孙明敏	2版
144	12月19日	市总党组中心组举行专题学习会 传达学习市委八届四次全会精神	孙明敏	1版
145	12月20日	2003年上海读书节开幕 本市表彰读书先进	孙明敏 刘宝华	1版
146	12月24日	市总举行十一届二次全委(扩大)会议 组织职工在新世纪发展中建功立业	孙明敏 程友谨	1版
147	12月25日	明确工会工作三项重点任务 市总十一届二次全委(扩大)会议闭幕	孙明敏 程友谨	1版
148	12月27日	咱们工人有智慧 咱们工会爱创新 上海表彰十大工人发明家	张 路 满顺华	1版
149	12月28日	件件掷地有声 申城成立首家进城务工人员权益保障服务站	张 路 倪忠平	1版
150	12月30日	彩虹总在风雨后——上海工会送温暖活动纪实	张 路 陈 晖	13版
151	12月31日	送上党和政府的关怀与温暖 市领导亲切慰问劳模、下岗职工和困难群众	孙明敏	2版

《工会理论研究》2003年要目

《上海工运》2003 年要目分类汇编

上海市总工会职工保障互助会
各区县总工会服务处、街道工会服务点一览表

服务处、点名称	地 址	接待时间	电 话	邮 编
浦东新区总工会服务处	**浦东大道141号2号楼222室**	(不对个人)	**58872528 58877988-2222**	**200120**
上钢社区工会服务点	昌里路335号103室	一、三、五上午	58864091	200126
南码头社区工会服务点	沂南路111号	一、三、五上午	50905272	200125
塘桥社区工会服务点	浦建路211弄12号113室	一、三、五上午	58737200	200127
周家渡社区工会服务点	南码头路1136弄35号甲	一、三、五上午	50788875	200125
金杨社区工会服务点	银山路330号	一、三、五上午	50710516	200135
洋泾社区工会服务点	博山路51弄60号	一、三、五上午	58603276	200135
浦兴社区工会服务点	凌河路69号	一、三、五上午	50363779	201206
梅园社区工会服务点	乳山路130弄21号	一、三、五上午	68756628	200120
东明社区工会服务点	上南路4206弄1号	一、三、五上午	50842255	200124
沪东社区工会服务点	柳埠路142弄43号	一、三、五上午	50380625	200129
潍坊社区工会服务点	浦电路149弄182号	一、三、五上午	58306497	200122
花木镇工会服务点	梅花路289号	一、三、五上午	50452710-8118	201204
川沙镇工会服务点	川环南路716号	一、三、五上午	68392012	201200
高桥镇社区工会服务点	海高路5号	一、三、五上午	50409668-16	200137
徐汇区总工会服务处	**桂林路46号车库**		**54189734 54204718**	**200233**
湖南路街道工会服务点	五原路291号101室	三、五全天	64330573	200031
天平路街道工会服务点	衡山路17弄1号	二、四全天	64673312	200031
斜土路街道工会服务点	茶陵路38号	一、五上午 二、四下午	64166061	200032
田林街道工会服务点	田林十三村17号	一、四全天	64366322	200233
康健新村街道工会服务点	桂林西街25号	一~五全天	54210576-8007	200233

续表

服务处、点名称	地 址	接待时间	电 话	邮 编
凌云路街道工会服务点	老沪闵路1039弄48号	一、四全天	64552736	200237
长桥街道工会服务点	罗秀新村112号	二、五全天	64779165－8307	200231
龙华街道工会服务点	龙华西路21弄80号	一、四全天	64562305	200232
华泾镇街道工会服务点	龙吴路2388弄120号	一、四全天	54827813	200231
徐家汇街道工会服务点	宜山路50弄1号	二～四全天	54244006	200030
枫林路街道工会服务点	中山南二路838号	一～五全天	64698697	200032
虹梅路街道工会服务点	虹梅路2019号301室	一、四全天	64018663	201103
漕河泾街道工会服务点	康健路135号	三、四全天	64750992	200235
长宁区总工会服务处	**安西路51号**		**62133699**	**200050**
天山路街道工会服务点	天山二村64号乙	二、五上午	62598183	200051
北新泾街道工会服务点	新泾一村144号	二、五全天	52184379	200335
华阳路街道工会服务点	长宁路396弄79号	二、五上午	62266219	200042
新华路街道工会服务点	番禺路222弄51号	二全天、五上午	62810498	200052
江苏路街道工会服务点	愚园路909弄2号	二、五上午	62520234－401	200050
周家桥街道工会服务点	玉屏南路560弄15号	二、五下午	62331380	200051
仙霞新村街道工会服务点	虹古路206号	二、五上午	62959244	200336
虹桥街道工会服务点	虹桥路1115弄19号	二、五上午	62097327	200051
程家桥街道工会服务点	程家桥路80弄5号	二、五上午	62428608	200336
新泾镇工会服务点	哈密路431号	二、五上午	62382506	200335
普陀区总工会服务处	**武宁路205号(乙)**		**32250855**	**200063**
曹杨新村街道工会服务点	棠浦路52号二楼	一～五上午	62439020	200062
甘泉路街道工会服务点	志丹路125号201室	一～五上午	66770313	200061
长寿路街道工会服务点	常德路1239号5楼	一～五上午	62983475	200060
真如镇工会服务点	兰溪路280弄72号	一～五上午	62220585	200062
长风新村街道工会服务点	枣阳路251弄100号	一～五上午	62430029	200062
宜川路街道工会服务点	华阴路298号底楼	一～五上午	66610109	200061
石泉路街道工会服务点	管弄路268号303室	一～五上午	32060081	200061
桃浦镇工会服务点	武威路1168号107室	一～五上午	66278058	200331
长征镇工会服务点	清峪路127号(社保中心二楼)	一～五上午	52706708	200333
闸北区总工会服务处	**芷江西路796号511室**		**56552033**	**200070**
彭浦新村街道工会服务点	彭浦新村62号社区事务受理中心	一、三、五全天	56816376	200435
大宁路街道工会服务点	共和新路1700弄70号甲2楼社保中心	一、四全天	56033336	200072
宝山路街道工会服务点	宝通路537号	一、四全天	66283557	200071
芷江西路街道工会服务点	共和新路710弄24号101室	一、三全天	66543570	200070
彭浦镇工会服务点	灵石路725号	二、三全天	56772537	200072
临汾路街道工会服务点	保德路345号	二、四全天	66983001	200435
共和新路街道工会服务点	平型关路487号	二～五全天	56337788－161	200072
北站街道工会服务点	国庆路43号、蒙古路28弄3号	一、五上午 周三全天	63804760 63800303－1113	200070
天目西路街道工会服务点	中兴路1731号	一～五全天	56720068	200070
虹口区总工会服务处	**三河路300号**		**35011013**	**200086**
凉城街道工会服务点	凉城路465弄41号甲	一、三、五全天	65287439	200434
曲阳路街道工会服务点	伊敏河路88号	一、三、五全天	65527184	200437
欧阳路街道工会服务点	曲阳路483弄1号	一、三、五全天	65083927	200081

续 表

服务处、点名称	地 址	接待时间	电 话	邮 编
四川北路街道工会服务点	四川北路1208弄16－18号	一、三、五全天	65873014 56965653	200085
新港路街道工会服务点	东余杭路1332号	一、三、五全天	65410099－104	200082
嘉兴路街道工会服务点	天宝路80号三楼	一、三、五全天	65797605	200086
广中路街道工会服务点	水电路609弄14号	一、三、五全天	65161028	200083
乍浦路街道工会服务点	北海宁路58弄20号	一、三、五全天	63646123	200080
提篮桥街道工会服务点	临潼西村附41号	一、三、五全天	65462821	200082
江湾镇工会服务点	奎照路419号	一、三、五全天	65607726	200434
杨浦区总工会服务处	**通北路540号**		**65846612**	**200082**
四平路街道工会服务点	鞍山五村14号	二、四全天	65139206	200092
江浦路街道工会服务点	周家嘴路2299号1楼	三、五上午	65145210	200082
长白街道工会服务点	图门路10弄8号	二、四全天	65491700	200093
延吉新村街道工会服务点	靖宇东路281号	二、四上午	65491473	200093
定海路街道工会服务点	长阳路2094号	一、三、五全天	65193396	200090
平凉路街道工会服务点	江浦路392号	一、五全天	35093525	200082
五角场街道工会服务点	政通路100弄11号	一、三、五上午	55621137	200433
控江路街道工会服务点	黄兴路605号	二、四全天	65434656	200093
大桥街道工会服务点	平凉路1730号	二、四全天	35080000 65431133	200090
殷行街道工会服务点	开鲁路286弄7号	一、三、五上午	65881593	200438
五角场镇工会服务点	翔殷路505弄3号	一、三、五上午	65487305－229	200433
黄浦区总工会服务处	**江西中路261号402室**		**63390671**	**200002**
预园街道工会服务点	县左街24弄16号	一、三、五全天	53511856	200010
人民广场街道工会服务点	凤阳路286号二楼	一、三、五全天	63753775	200003
南京东路街道工会服务点	新闸路274号	一、三、五全天	63752131	200003
小东门街道工会服务点	中山南路106弄11号	一、三、五全天	63303481	200010
老西门街道工会服务点	蓬莱路283号	一、三、五全天	33050114	200010
外滩街道工会服务点	河南中路575弄4号	一、三、五全天	63523184	200002
金陵东路街道工会服务点	广东路487号3楼	一、三、五全天	63509716	200001
半淞园路街道工会服务点	保屯路213号	一、三、五全天	63139448	200011
董家渡街道工会服务点	南车站路501号	一、三全天、五上午	63145796	200011
卢湾区总工会服务处	**淡水路464号**		**53832096**	**200025**
五里桥街道工会服务点	瞿溪路800弄2号	一～五上午	63024983	200023
淮海中路街道工会服务点	浏河口路88号	一～五上午	53822001－820	200021
瑞金二路街道工会服务点	复兴中路553弄97号	一～五全天	64679199	200025
打浦桥街道工会服务点	南塘浜路103号	一～五上午	63041102－8109	200023
静安区总工会服务处	**胶州路699号B幢一楼**		**32170107**	**200040**
南京西路街道工会服务点	延安中路929号	一、三、五上午	62472222	200040
江宁路街道工会服务点	常德路681号	一、三、五下午	62535982	200040
石门二路街道工会服务点	奉贤路193号	一、三、五下午	62671378	200041
静安寺街道工会服务点	常熟路113弄11号	一、三、五上午	54035331	200040
曹家渡街道工会服务点	万航渡路676弄46号	一～五下午	62112892	200042
宝山区总工会服务处	**友谊路50号**		**36071834**	**201900**
泗塘新村街道工会服务点	泗塘二村108号114室	二、四全天	36090354	200431
吴淞街道工会服务点	同济路60弄48号	二、四全天	56671312	200940
大场镇工会服务点	大场镇怡华苑路176号	二、四全天	66371560	200436
月浦镇工会服务点	月浦四村4号2楼201室	二、四全天	56937964	200941

续 表

服务处、点名称	地 址	接待时间	电 话	邮 编
淞南镇工会服务点	淞南路312号207室	二、四全天	66151597	200441
海滨新村街道工会服务点	青岗路69号	二、四全天	56564030	200940
友谊路街道工会服务点	友谊支路68号	二、四全天	56101036	201900
通河新村街道工会服务点	呼玛路800号	一～四上午	66210178	200431
闵行区总工会服务处	**沪闵路6200号车库楼309室**		**64121700－2147**	**201100**
江川路街道工会服务点	瑞丽路65号	二、四全天	34051052	200240
浦江镇工会服务点	浦江镇陈南路46号	一、三全天	54330698	201114
梅陇镇工会服务点	梅陇路396号	二、四全天	54289346	200237
华漕镇工会服务点	华漕镇吴漕路1045号	二、四全天	62203496	201106
古美路街道工会服务点	龙茗路1315号	一、三全天	54164190	201101
七宝镇工会服务点	沪松公路62弄42号	一～四全天	54791001－8028	201101
吴泾镇工会服务点	龙吴路5530弄40号	一～三全天	64520590	200241
龙柏街道工会服务点	航西路9号	二、四全天	54540393	201105
虹桥镇工会服务点	吴中路1068号	一、五全天	64466441	201103
莘庄工会服务点	莘浜路18号	一、四全天	64921564	201100
嘉定区总工会服务处	**清河路34弄37号**		**59523738**	**201800**
嘉定镇工会服务点	塔城路360弄8号	一～五上午	59917589	201800
新成路街道工会服务点	迎园四坊16号	一～五上午	59990950	201822
真新街道工会服务点	曹安路1885号	一～五上午	39180141	201824
菊园新村街道工会服务点	胜竹路2000号(三环线)	一～五上午	39988413	201800
南汇区总工会服务处	**惠南镇人民西路西水关桥堍**	**二、四全天**	**68001428**	**201300**
奉贤区总工会服务处	**南桥镇南桥路188号7楼**	**一～五全天**	**57106326**	**201400**
奉城镇工会服务点	东街85号	一、三全天	57526913	201411
松江区总工会服务处	**中山中路364号工人文化宫**	**二～五全天**	**57819333**	**201600**
永丰街道工会服务点	松汇西路1188号305室	一、四全天	37811540	201600
中山街道工会服务点	茸梅路8号305室	一、四全天	57781029	201613
泖港镇工会服务点	泖港镇宾乐路358号	一、四全天	57861437	201607
小昆山镇工会服务点	秦安街55号310室	一、四全天	57761013	201616
泗泾镇工会服务点	鼓浪路590号403室	一、四全天	57613864	201601
岳阳街道工会服务点	中山二路凤凰四村36号	一、四全天	57822225	201600
方松街道工会服务点	思贤路1018弄161号206室	一、四全天	67718138	201600
金山区总工会服务处	**金山大道2000号**	**一～五全天**	**57921040**	**200540**
石化街道工会服务点	临潮二村18号	一、二、五全天	57951843	200540
朱泾镇工会服务点	万安街709号	一～五全天	57320225	201500
张堰镇工会服务点	张堰镇张漕公路8号	一、二、五全天	57213266	201514
青浦区总工会服务处	**青松路35号**	**一～五全天**	**59732688**	**201700**
青浦镇工会服务点	青浦镇保安路103号	一、三、四全天	69712303	201700
崇明县总工会服务处	**城桥镇川心街4号**	**一～四全天**	**39610624**	**202150**
堡镇镇工会服务点	堡镇南路213号底楼	一、二全天	59426492	202157
庙镇镇工会服务点	庙镇大街10号2楼	一、二全天	59361150	202153
上海市职工保障互助会		周一—周五	6352068转各分机	
www.shzbh.org.cn	上海市西藏中路120号二楼	上午:9:00～11:45	咨询:63503375	200001
E－mail:bzhzh@shzgh.org		下午:1:30～4:30	咨询:63604018	

通 讯 录

序号	市总直管单位名称	主席(主任)	地 址	总 机	直 线	传 真	邮 编
1	上海市浦东新区总工会	彭戌兰（女）	浦东大道141号1号楼4楼	58877988	58871916	58871923	200120
2	上海市徐汇区总工会	赵惠惠（女）	漕溪北路336号8楼	64872222 –1204		64879330	200030
3	上海市长宁区总工会	高建华	愚园路1320号5号楼	62513499	62257126	62257126	200050
4	上海市普陀区总工会	叶小英	大渡河路1668号A座4楼	52564588	52500193	52500193	200333
5	上海市闸北区总工会	陶七一	大统路480号18楼	63805390 –6801	63542598	63542598	200070
6	上海市虹口区总工会	宋美红（女）	三河路300号		65038869	65036862	200086
7	上海市杨浦区总工会	王剑明	江浦路549号东大楼4楼	65419450	65894612	65894612	200082
8	上海市黄浦区总工会	徐少伯	延安东路300号东楼	33134800 –10411		33134800 –10412	200001
9	上海市卢湾区总工会	胡怀坤	重庆南路229弄5号	63848620 –106	53511408	53511408	200025
10	上海市静安区总工会	周文芳	胶州路699号B楼5楼		62175316	62181280	200040
11	上海市宝山区总工会	曹群华	宝山区友谊路50号		56692143	56692143	201900
12	上海市闵行区总工会	俞莉红（女）	沪闵路6258号	64120398 –416	54179616	64121459	201100
13	上海市嘉定区总工会	吴　飚	嘉定镇清河路34弄37号		39911506	39911506	201800
14	上海市金山区总工会	刘跃俊	金山区金山大道2000号	57921001	57921090	57921044	200540
15	上海市松江区总工会	吴红星	松江区中山中路364号		57822287	57822287	201600
16	上海市青浦区总工会	吕健康	青浦区青松路35号		59721345	59721345	201700
17	上海市南汇区总工会	潘新明	南汇区惠南镇城西路238号		58022785	68000245	201300
18	上海市奉贤区总工会	黄金泉	奉贤区南桥镇南桥路188号		57106925	57106925	201400
19	上海市崇明县总工会	陆兆飞	崇明县城桥镇南门路128号7楼		39622020		202150
20	上海市机电工会	左山虎	四川中路110号	63215530	63217192	63519582	200002
21	上海市仪表电子工会	黄鸿强	肇嘉浜路746号16楼	64676000	64453029	64453809	200030
22	上海市化学工会	陈惠莹	徐家汇路560号2004A	64736060	64457565	64457565	200025
23	上海市轻工业工会	胡云芳（女）	肇嘉浜路376号11楼	64159898		34060263	200031
24	上海市纺织工会	王水官	虹桥路1488号	62089000	62082160	62082163	200336
25	上海市医药工会	陈　欣（女）	福州路221号		63234482	63213258	200002
26	上海市电力公司工会	沈志荣	南京东路181号	63291010	63211454	63211454	200002
27	上海电力建设有限责任公司工会	张心定	高邮路68号	64336865	64315507	64315507	200031
28	上海宝钢集团公司工会	卞恩君	浦电路370号宝钢大厦1103室	58350000 58358888	68403062	68404468	200122
29	上海宝钢冶金建设公司工会	袁斌臣	宝山区月浦发四路88号		56935693	56935693	200941
30	上海宝冶建设有限公司工会	刘安义	宝山区月浦四元路168号	56646213	66930286 56923099	66930286	200941
31	上海高桥石油化工公司工会	张安利	浦东大道3000号	58711001	58713406	58711001 –22044	201208
32	中国石化上海石油化工股份有限公司工会	高金平	金山区金山卫金一路48号	57941941	57931272	57931272	200540

续 表

序号	市总直管单位名称	主席(主任)	地 址	总 机	直 线	传 真	邮 编
33	上海化学工业区工会	陈兆麟	目华路201号(化工大厦15-16楼)	67126666-6666		67120660	201507
34	国药集团医药控股有限公司工会	沈立年(女)	延安东路222号外滩中心42楼	63351899	63350929	63350966	200002
35	长江计算机(集团)公司工会	董信泰	山东中路337号712室	63516236	63221591	63517610	200001
36	上海有色金属(集团)有限公司工会	陈明奋	中山北一路82号11楼	65873399	56669982	56669931	200083
37	鲁中冶金矿业(集团)公司工会	沙宝珍	山东省莱芜市		0634-6811604	0634-6811316	271113
38	上海航天局工会	吴海中	漕溪路222号南楼2008室	64708188	64513873	64513823	200233
39	上海船舶工业公司工会	谢中全	周家嘴路3255号909室	65189966	65197965	65704520	200093
40	上海航空工业(集团)有限公司工会	叶森明	中山北路2668号(联合大厦)29楼2910室	62573626-233		62573350	200063
41	上海工业技术发展基金会工会	沈繁康	中山东二路22号312室	63262770	63260099	63736493	200002
42	上海市烟草工会	谢华庆(女)	许昌路1061号	65418740	65124461	65410075	200082
43	上海汽车工业(集团)总公司工会	李积荣	威海路489号20楼	22011888	22011027	22011777	200041
44	上海工业投资(集团)有限公司工会	周融江	江西中路181号9楼	33134633-618		63217696	200002
45	上海久事公司工会	曹旭东	中山南路28号	63308888-3737			200010
46	上海广电(集团)有限公司工会	江 兵	金都路3800号202室	64185050	54424406	64186237	201108
47	上海光通信公司工会	倪子江	桂菁路15号	64851867-6131	64957318	64851554	200233
48	上海市质量技术监督局工会	周荣英(女)	长乐路1227号	54045500	54049538	54042181	200031
49	上海市漕河泾新兴技术开发区发展总公司工会	陈 克	宜山路900号科技大楼A区	64850000	64850438	64850523	200233
50	中国能源化学工会华东电力工作委员会	庄毅群	南京东路201号7楼	23015222	23015152	23016434	200002
51	电能(集团)有限公司工会	仇伟国	复兴中路1号	63900888	63900659		200021
52	上海市机械设备成套(集团)有限公司工会	张建平(女)	长寿路285号1806室	62270300	62270810	62270301	200060
53	上海电器科学研究所(集团)有限工会	包 革	武宁路505号	62576021	62574990		200063
54	上海华虹(集团)有限公司工会	顾晓春	淮海中路918号18楼	64158818	64150829	64150830	200020
55	中国铁路工会上海铁路局委员会	俞宝麟	天目东路80号		63250568	51222759	200071
56	中国海员工会上海海运(集团)公司委员会	陈德诚	东大名路700号	65966666	65966066	65966066	200080
57	上海国际港务(集团)有限公司工会	王晓华	杨树浦路18号4楼	65460730	55970144	55970427	200082
58	中国海员工会上海长江轮船公司委员会	徐志梅(女)	浦东张扬路800号(长航大厦)	58351688	58351354	58351354	200122
59	上海市运输工会	黄伟建	凯旋北路1305号清水湾大酒店6楼	62609988		52712469	200063
60	中国邮电工会上海市邮政委员会	沈 华(女)	北苏州路276号	63936666	63646787	63646787	200085

续表

序号	市总直管单位名称	主席(主任)	地　址	总　机	直　线	传　真	邮　编
61	中国移动通信集团工会上海市委员会	张新康	北京东路668号东楼	33054668	53082422	53085982	200001
62	中国电信集团工会上海市委员会	陈鸿生	四川北路61号	63240069	63630424	63629663	200085
63	中国海员工会交通部东海救助局委员会	吴世昌	杨树浦路1426号	65191710－567、568	65196804	65196804	200090
64	中国海员工会交通部上海打捞局委员会	姚世光	杨树浦路1426号	65191710－214	35120275	35120275	200090
65	中国海员工会上海航道局委员会	于卫良	中山东一路13号7楼	63231994	63233713	63231995	200002
66	中国海员工会中港第三航务工程局委员会	徐以力	平江路139号	64030607	64034173	64034173	200032
67	中国海员工会中远集装箱运输有限公司委员会	房迪坤	东大名路378号(远洋大厦)	35124888	65952751	35124888－2539	200080
68	中国海员工会中远三林置业集团有限公司委员会	李抗元	浦东大道720号28楼	50367878－6802	50367668	50367668	200120
69	中国海员工会中波轮船股份公司委员会	夏立建	延安东路55号	63360108	63363654	63362892	200002
70	中国海员工会上海海事局委员会	吴锦红	四平路190号	53931500	53931417	53931417	200086
71	上海市锦江航运有限公司工会	陆荣鹤	延安东路1200号	63902200－601、608	63902062	63904798	200003
72	中国民航工会华东地区管理局委员会		虹桥路2550号	62688899－22188		62688899－21122	200335
73	中国东方航空集团公司工会	钟　雄	虹桥路2550号	62686268－30402		62686894	200335
74	上海机场(集团)有限公司工会		浦东新金桥路18号2405区	50554618－8617	50304098	50322613	201206
75	上海航空股份有限公司工会	钱怀民	江宁路212号21楼	62558888	62556150	62558888－6436	200041
76	上海市建设工会	周　炜(女)	宛平南路75号(建科大厦)1010室	54524500－2415	64435269	64435331	200032
77	上海建工(集团)总公司工会	肖长松	浦东福山路33号1601室	58885666	68871821	58766638	200120
78	上海市市政工程管理局工会	余忠兴	徐家汇路579号	63053300	63014825	63041438	200023
79	上海市城市交通管理局工会	李介麟	延安东路34号	63211200	63216819	63211865	200002
80	上海申通(集团)有限公司工会	董经伟	中山南路28号	63304040－3246		63302247	200010
81	上海城市建设投资开发总公司工会	董素正(女)	浦东南路500号31楼	58885500		58886262	200120
82	上海市房屋土地资源管理局工会	王志兴(副)	浦东崂山西路201号26楼2607室	58881688	58823573	58823573	200120
83	上海建筑材料(集团)总公司工会	王嘉余	北京东路240号	63217238－5114	63213311	63213311	200002
84	上海海洋石油局工会	张新民	浦东商城1225号525室	68763242－1532	68768392	68769284	200120
85	上海市绿化管理局工会	徐文发	制造局路130号1502室	63780808	63789812	63789812	200023
86	上海市市容环境卫生管理局工会	徐爱珍(女)	铜仁路331号1610室	62473288－1611、1614	62899038	62899038	200040
87	上海住总(集团)总公司工会	邬锡元	江西中路246号11楼	63211050－175	63234917	63291849	200002

续 表

序号	市总直管单位名称	主席(主任)	地 址	总 机	直 线	传 真	邮 编
88	上海闵行经济技术开发区工会	沈旅铄	闵行文井路135号	64300888	64300141	64300789	200245
89	上海虹桥经济技术开发区联合发展有限公司工会	黄健健	娄山关路83号	62756888	62750103	62194505	200336
90	上海市水务局工会	杨召之	铜仁路257号	62476232	62472411	62472411	200040
91	上海市环境保护局工会	徐建民	华山路1038弄161号12楼	62262788	62263867	62263867	200050
92	上海大屯能源股份有限公司工会	颛孙正宗	江苏省沛县大屯矿区		0516－4025706	0516－4015378	221611
93	上海现代建筑设计(集团)有限公司工会	毛 卫	石门二路258号	52524567	62464284	62464284	200041
94	中国建筑第八工程局工会	董勤顺	浦东源深路269号3楼	58525852－8205	58520834	58528080	200135
95	中国华源集团有限公司工会	张建瑛(女)	中山北路1958号1809室	62031188	62031071	62031071	200063
96	上海市商业工会	李绍胜(副)	北京东路356号8楼810室		63297988	63501485	200001
97	上海百联(集团)有限公司工会(筹)	刘晓敏(筹、女)	浦东新区张杨路501号19楼	58361172	58361221	58360558	200120
98	上海水产(集团)总公司工会	徐伟俊	丹东路18号	55211060－261、262	55213545	55213545	200082
99	上海蔬菜(集团)有限公司工会	姚黄平	东门路外咸瓜街39号617室	63306060	63307015	63307015	200010
100	上海市糖业烟酒(集团)有限公司	徐静和	汉口路460号	63224190－430	63507764	63223457	200001
101	上海市对外经济贸易工会	赵文山(副)	娄山关路55号1908室	62752200	62752052	62752129	200336
102	中国上海外经(集团)有限公司工会	励国良	淮海中路200号26楼		63861988		200021
103	上海兰生(集团)有限公司工会	徐尚仁	淮海中路8号32楼	63191010	53511434	63190960	200021
104	东方国际(集团)有限公司工会	陈苏明	娄山关路85号A座	62789999			200036
105	上海东浩国际服务贸易(集团)有限公司工会	张永林	金陵西路28号	63861111			200002
106	上海市金融工会工作委员会	吴建融	威海路48号1806室	53857711－1857	63590789	63590789	200003
107	上海市发展计划委员会系统工会工作委员会	吴根福(副)	人民大道200号	63212810	63119495	63585632	200003
108	上海市财政税务工会	周振家	肇嘉浜路800号1512室	54679568－15121	54906058	54906058	200030
109	上海市城市规划管理局工会	杨和平	斜土路2431号403室	64271866－411	64279128	64271866－411	200030
110	上海市劳动和社会保障局工会	高延平	天山路1800号	62748577－8504	62737951	62737951	200051
111	中国教育工会上海市委员会	夏玲英(女)	陕西北路500号1号楼		62539047 62530780	32185712	200041
112	上海市医务工会	马 强	汉口路223号237室	63212410	63214008	63212009	200002
113	上海市科学技术工会	吴 捷	中山西路1525号14楼	64645558	64645482	64645482	200235
114	上海市新闻出版工会	李虹鸣(女)	绍兴路5号	64370176	64332436	64718532	200020
115	解放日报报业集团工会	王祥安	汉口路300号	63521111	63528593	63514777	200001
116	文汇新民联合报业集团工会	顾家靖	威海路755号1106室	52921234	52921340	52921340	200041

续表

序号	市总直管单位名称	主席(主任)	地 址	总 机	直 线	传 真	邮 编
117	新华通讯社上海分社工会委员会	李正华	衡山路62号601室		64319844	64315274	200031
118	上海市文化广播影视管理局工会	苏宝艳(女)	北京东路2号	53088177	53089053	53089053	200002
119	上海市文化广播影视集团工会	郭连生	北京东路2号	53088177	53083316	53083316	200002
120	上海市文物管理委员会工会	李 平	人民大道201号	63723500－632	67727578	63727573	200003
121	上海社会科学院工会	刘 华(女)	淮海中路622弄7号	53060606	53064337	53560296	200020
122	上海市体育局工会委员会	颜雅珍(女)	南京西路150号911室	63275330－2910	63581039	63278846	200003
123	上海市农业委员会工会	朱从余	人民大道200号1301室	63212810	63732111	63732111	200003
124	上海市农工商(集团)总公司工会	徐永炘	华山路263弄7号	62474500	62497992	62483751	200040
125	上海良友(集团)有限公司工会	倪粹华	张杨路88号1504室	68871118－1504	58766861	58766861	200122
126	上海市民政局工会	周其军	江西中路215号	63232222	63210089	63210089	200002
127	上海市人民防空办公室工会	陈 亮	复兴中路593号2608室	24028888	24028646	64723010	200020
128	上海市监狱管理局工会	蔡晓兰(女)	长阳路111号	35104888	65414006	65414006	200082
129	锦江国际(集团)有限公司工会	张树奎	延安东路100号17楼	63264000－108	63291225	63237111	200002
130	上海市东湖(集团)公司工会	陆浩东	宛平路9号甲3楼		64740343	64740409	200030
131	上海市衡山(集团)公司工会	胡玲娣(女)	衡山路534号3001室	64377050－1818	64743642	64375516	200030
132	上海市市级机关工会工作委员会	林 锋	人民大道200号1601室	63212810	63584485	63212810－3400	200003
133	上海市信息化工作系统工会	黄肇达	淮海西路55号申通信息广场5楼E座	62822266	52989274	52989206	200030
134	上海市工业合作联社工会	何润培(女)	南京东路98号	63217662－2424	63234317	69291882	200002
	直管单位						
201	上海工会管理干部学院	傅小龙	中山北二路1800号	51019890	51019800	51019800	200437
202	上海国际海员俱乐部	杨伟健	黄浦路60号	63251500	63249376	63060061	200080
203	上海市工人文化宫	沈剑川(女)	西藏中路120号	63226155	63520300	63520300	200001
204	劳动报社	吴由之	昌平路700号	62186600	62187286	62185798	200040
205	上海市总工会休养度假中心	郭金蓉(女)	胶州路699号B楼2104室		32170350	62178121	200040
206	上海市工人疗养院	任新我	延安西路2558号	62759419	62088210	62197411	201103
207	上海市总工会屏风山工人疗养院		浙江省杭州市九溪路15号	0571－86591744	0571－86591495	0571－86591495	310008
208	上海市总工会黄山休养院	胡俊道	安徽省黄山区潭家桥镇		0559－8591328	0559－8591338	242706
209	上海市总工会洞庭西山休养院	刘继明	苏州吴中区西山镇镇夏街105号	0512－66271530	0512－66271527	0512－66272734	215112
210	上海市总工会东钱湖休养院	夏懋璋	浙江省宁波市莫枝镇	0574－88497382	0574－88497404	0574－88387777	315122
211	上海职工休养旅游服务总社	张树林	西藏中路120号408室		63518322	63226341	200001

续表

序号	市总直管单位名称	主席(主任)	地 址	总 机	直 线	传 真	邮 编
212	上海樱花度假村		农工路77号	62758350		62756457	201103
213	上海市职工科技中心	高兴国(兼)	伊敏河路20号		65530851	65530851	200437
214	上海市职工技协服务中心	高兴国	中山北二路1800号10楼		51019812	51019810	200437
215	上海市总工会幼儿园	周稼超(女)	虹桥路2264号	62429397	62427932	62429080	200335
216	上海市职工对外交流中心	倪惠明	胶州路699号B楼2302室	62722202	32170393	32170393	200040
217	上海市总工会培训中心	潘金叶(女)	吉林路2号	65467722	65454289	65454289	200082
218	上海市公惠医院	彭剑明(兼、女)	石门一路315弄6号	62539995	62584295	62584295	200041
219	上海市职工消费合作总社	侯伟康	胶州路699号B楼25层楼	62722202－2502	52905311		200040
220	上海市职工住宅合作社	刘鸣华	胶州路699号B楼1002室	62722202	62670769	62672627	200040
221	上海上工文化体育发展总公司	胡雯龙	胶州路699号B楼1401室	62722202	62726598	62729706	200040
222	上海市职工保障互助会	彭剑明(女)	西藏中路120号2楼	63520668	63617368	63617368	200001
223	上海市退休职工管理委员会办公室	徐中原	石谭弄250号3楼		63600017	63600017	200001

上海市总工会机关部门邮箱列表

用户名称	邮箱名称
办公室(机要室)	jiyaoshi@shzgh.org
办公室(秘书组)	mishushi@shzgh.org
办公室(电脑室)	dns@shzgh.org
办公室(年鉴办)	nianjianban@shzgh.org
办公室(信访办)	xinfangban@shzgh.org
办公室(接待办)	jiedaiban@shzgh.org
研究室	yanjiushi@shzgh.org
组织部	zuzhibu@shzgh.org
宣教文体部	xjwtb@shzgh.org
经济工作部	jjgzb@shzgh.org
保障工作部	bzgzb@shzgh.org
财务部	caiwubu@shzgh.org
民主管理部	mzglb@shzgh.org
法律工作部	flgzb@shzgh.org
女职工部	nzgb@shzgh.org
国际联络部	gjllb@shzgh.org
事业部	shiyebu@shzgh.org
经审办	shenjichu@shzgh.org
机关党委	jgdw@shzgh.org
机关工会	jggh@shzgh.org
机关团委	jgtw@shzgh.org
老干部室	lgbs@shzgh.org
退管会办公室	tghbgs@shzgh.org

上海市总工会直管单位邮箱列表

用户名称	邮箱名称
工会学院	ghxy@shzgh.org
海俱	haiju@shzgh.org
文化宫	wenhuagong@shzgh.org
劳动报	laodongbao@shzgh.org
休养度假中心	xydjzx@shzgh.org
工人疗养院	grlyy@shzgh.org
公惠医院	ghyy@shzgh.org
屏风山	pingfengshan@shzgh.org
黄山	huangshan@shzgh.org
西山	xishan@shzgh.org
东钱湖	dongqianhu@shzgh.org
工旅社	gongls@shzgh.org
樱花度假村	yhdjc@shzgh.org
科技中心	kjzx@shzgh.org
技协服务中心	jxfwzx@shzgh.org
幼儿园	youeryuan@shzgh.org
对外交流中心	dwjlzx@shzgh.org
培训中心	pxzx@shzgh.org
消费合作社	xfhzs@shzgh.org
住宅合作社	zzhzs@shzgh.org
文体公司	wtgs@shzgh.org
保障互助会	bzhzh@shzgh.org

上海市区、县、局(产业)工会邮箱列表

用户名称	邮箱名称
浦东	pudong1@shzgh.org
徐汇	xuhui2@shzgh.org
长宁	changning3@shzgh.org
普陀	putuo4@shzgh.org
闸北	zhabei5@shzgh.org
虹口	hongkou6@shzgh.org
杨浦	yangpu7@shzgh.org
黄浦	huangpu8@shzgh.org
卢湾	luwan9@shzgh.org
静安	jingan10@shzgh.org
宝山	baoshan11@shzgh.org
闵行	minhang12@shzgh.org
嘉定	jiading13@shzgh.org
金山	jinshan14@shzgh.org
松江	songjiang15@shzgh.org
青浦	qingpu16@shzgh.org
南汇	nanhui17@shzgh.org
奉贤	fengxian18@shzgh.org
崇明	chongming19@shzgh.org
机电	jidian20@shzgh.org
仪表电子	ybdz21@shzgh.org
化学	huaxue22@shzgh.org
轻工	qinggong23@shzgh.org
纺织	fangzhi24@shzgh.org
医药	yiyao25@shzgh.org
电力工业	dlgy27@shzgh.org
电力建设	dljs28@shzgh.org
宝钢	baogang29@shzgh.org
宝冶	baoye30@shzgh.org
高桥石化	gqsh31@shzgh.org
石化股份	shgf32@shzgh.org
计算机	jisuanji33@shzgh.org
有色金属	ysjs34@shzgh.org
航天	hangtian35@shzgh.org
船舶	chuanbo36@shzgh.org
航空工业	hkgy37@shzgh.org
工业技术	gyjs38@shzgh.org
烟草	yancao39@shzgh.org
汽车	qiche40@shzgh.org
工业投资	gytz41@shzgh.org
广电集团	gdjt42@shzgh.org
质量技监	zljj43@shzgh.org
漕河泾	caohejing44@shzgh.org
华东电力	hddl45@shzgh.org
机械成套	jxct46@shzgh.org
华虹	huahong47@shzgh.org

用户名称	邮箱名称
华源	huayuan48@shzgh.org
合作联社	hzls49@shzgh.org
铁路	tielu50@shzgh.org
海运	haiyun51@shzgh.org
港务	gangwu52@shzgh.org
长江轮船	cjlc53@shzgh.org
运输	yunshu54@shzgh.org
邮政	youzheng55@shzgh.org
移动通信	ydtx56@shzgh.ory
电信	dianxin57@shzgh.org
打捞局	dalaoju58@shzgh.org
航道	hangdao59@shzgh.org
三航	sanhang60@shzgh.org
中远集运	zyjy61@shzgh.org
中波	zhongbo62@shzgh.org
民航华东	mhhd63@shzgh.org
东方航空	dfhk64@shzgh.org
上海机场	shjc65@shzgh.org
上海航空	shhk66@shzgh.org
上海海事	shhs67@shzgh.org
中远置业	zyzy68@shzgh.org
现代建筑	xdjz69@shzgh.org
建设	jianshe70@shzgh.org
建工	jiangong71@shzgh.org
市政	shizheng72@shzgh.org
城市交通	csjt73@shzgh.org
房地资源	fdzy74@shzgh.org
建材	jiancai75@shzgh.org
海洋石油	hysy76@shzgh.org
绿化	luhua77@shzgh.org
住总	zhuzhong78@shzgh.org
住宅	zhuzhai79@shzgh.org
鲁中冶金	lzyj80@shzgh.org
市容环卫	srhw81@shzgh.org
闵行发展	mhfz82@shzgh.org
虹桥开发	hqkf83@shzgh.org
水务	shuiwu84@shzgh.org
环保	huanbao85@shzgh.org
大屯能源	dtny86@shzgh.org
中建八局	zjbj87@shzgh.org
商业	shangye88@shzgh.org
外经贸	wjm89@shzgh.org
金融	jinrong90@shzgh.org
发展计划	fzjh91@shzgh.org
财税	caishui92@shzgh.org
城市规划	csgh93@shzgh.org
劳动保障	ldbz94@shzgh.org
教育	jiaoyu95@shzgh.org

医务	yiwu96@shzgh.org
科技	keji97@shzgh.org
新闻出版	xwcb98@shzgh.org
解放报业	jfby99@shzgh.org
文新报业	wxby100@shzgh.org
新华社	xhs101@shzgh.org
文广影视局	wgysj102@shzgh.org
文广影视集团	wgysjt103@shzgh.org
文管会	wgh104@shzgh.org
社科院	sky105@shzgh.org
体育局	tyj106@shzgh.org
信息办	xxb107@shzgh.org
农委	nongwei108@shzgh.org

农工商	ngs109@shzgh.org
民政	minzheng110@shzgh.org
民防办	mfb111@shzgh.org
监狱管理	jygl112@shzgh.org
锦江	jinjiang114@shzgh.org
东湖	donghu115@shzgh.org
衡山	hengshan116@shzgh.org
市级机关	sjjg117@shzgh.org
百联集团	bljt118@shzgh.org
化工园区	hgyq119@shzgh.org
宝冶建设	byjs120@shzgh.org
东海救助局	dhjzj121@shzgh.org
国药集团	gyjt122@shzgh.org

索 引

Z

上海第二医科大学附属新华医院

上海第二医科大学附属新华医院是一家集医疗、科研、教学为一体的三级甲等综合性教学医院。院工会在院党委和市医务工会的领导下，贯彻落实依靠职工群众办院的方针，坚持一切从医院实际出发，从职工需要出发，始终不渝地把维护职工群众的切身利益作为工会工作的出发点和立足点，开展了富有思想性、时代性和主题鲜明的教育活动，有效地提高了职工的自学能力、自教能力、自律能力和创新能力。在实践中，总结出一条开展读书活动的新经验，即：读书自学、辅导助学、活动促学、干群共学。院工会以求实、创新的精神，服务大局，服务职工，努力开创新时期工会工作的新局面。医院被评为上海市学习型企业创建奖、上海市振兴中华读书活动先进单位、上海市百万职工大练兵先进单位和全国教科文卫体工会系统抗击“非典”先进集体。2003年，新华医院工会被全国总工会授予全国“模范职工之家”荣誉称号。

院领导带领工会干部慰问“抗非”一线职工

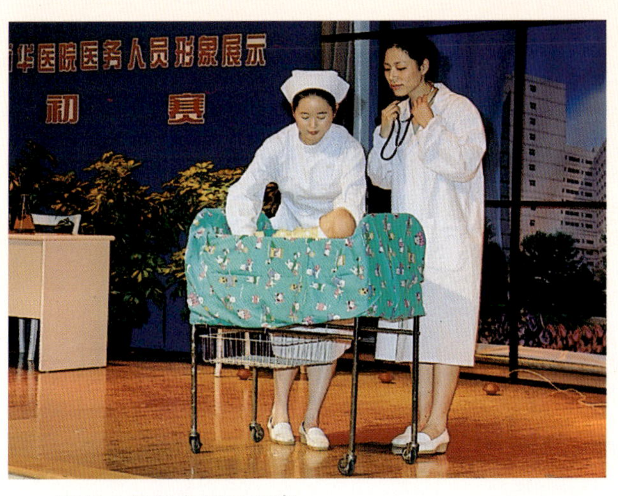

医务人员形象展示比赛

开展班组读书活动

院第五届职工文化艺术节

职工代表参政议政

松江区九亭镇工会

九亭镇地处上海市西郊，是松江区的东大门。镇工会在镇党委和上级工会的领导下，坚持以经济建设为中心，紧紧围绕改革、发展、稳定的大局，抓重点，求突破，勇于创新，大胆实践，努力做好维权和服务工作。一是做好基层工会组建工作；二是努力提高职工整体素质，由镇工会组织开展职工技能培训，增加就业岗位；三是抓好帮困送温暖工作；四是健全规范工会经费收缴制度，做好工会经费收缴工作；九亭镇工会被松江区工会评为先进集体，镇工会主席俞栋余被松江区工会评为先进个人。

工会主席俞栋余

九亭镇第八届运动会

松江区九亭镇政府大楼新貌

嘉定区马陆镇工会

镇工会坚持用“三个代表”重要思想统揽工会工作全局，以发展为主题，贯彻落实镇党委、镇政府工作目标，动员和组织全镇职工投身经济建设，发挥主力军作用。2003年发展会员3036人，新建工会16家。在“科教兴市”献一计活动中，有58家企业工会开展合理化建议，职工参与5129人，提出建议128条，被采纳115条，实施102条，技术攻关项目3个。职工培训参加5674人次。有5家企业班组被市总工会选入500强智能型班组。针对工会工作的新形势、新特点、新任务，镇工会决心进一步加强学习，创特色工作，全力使全镇工会工作再上一个新台阶。

镇工会第一次代表大会

劳动竞赛、技术比武现场交流会

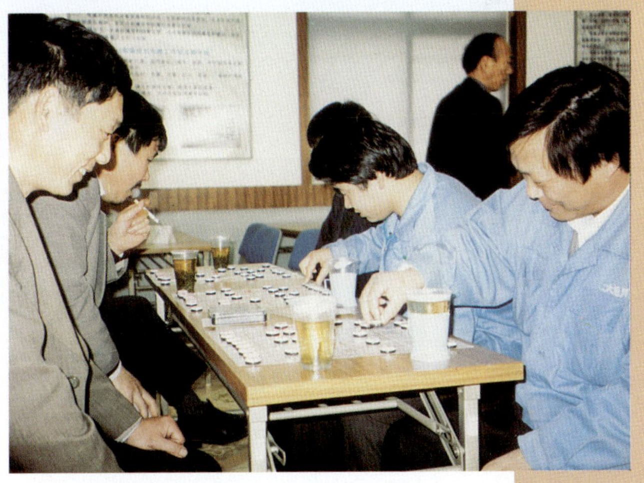
职工象棋比赛

研讨社区工会女职工工作

组织劳模旅游观光

上海石化安装检修工程公司

公司召开六届三次职代会

上海石化安装检修工程公司隶属中国核工业建设集团公司。近几年公司工会在公司党委和上级工会的领导下，牢牢把握“全心全意依靠职工群众办企业”这一指导方针，紧紧围绕企业生产发展和改革的大局，积极开展提合理化建议活动，组织发动员工参与社会主义劳动立功竞赛，2003年公司产值、利润创历史最好水平。公司曾先后荣获中国建筑工程鲁班奖、银奖、省部级优质工程奖、上海市白玉兰杯、申安杯优质工程奖，曾12次被评为上海市重点工程实事立功竞赛优秀公司，跻身于上海市建筑企业综合实力前50强之列。

领导班子研究企业发展规划

石化安装检修工程公司全景

公司第二期《集体合同》协商会

开展职工技能比赛

上海中波国际集装箱储运有限公司

公司工会紧扣经济建设中心，以《劳动法》、《工会法》为依据，在维护职工合法权益等方面做好实实在在的工作，开展了厂务公开，加强凝聚力工程建设，为职工办实事、办好事。如增买职工补充医疗费保险；为民工买“三保”；安排职工体检；每年组织职工旅游休假；成立公司业余合唱队；为考上大学的职工子女发助学金；春节、元旦期间开展送温暖活动等。组织职工积极参加社会公益活动，先后向“援藏扶贫献爱心”捐款，向“班组共建‘五一林’，绿化上海作贡献”捐款。在中波公司工会组织的各项活动中成绩名列前茅，先后被评为中波公司先进工会、上海市“模范职工之家”。

开展职工网络知识培训

举行计算机操作比赛

职工合唱“中波储运之歌”

组织职工参观考察

开展职工疗休养

中国石化上海石化环境保护中心

环保中心领导班子团结一心，锐意进取

中国能源化学工会委员会授予环保中心工会主席贾洪祥“优秀工会干部”称号

中国石化上海石化环境保护中心担负着上海石化及周边工业区的工业污水和石化地区生活污水处理的任务，是集环保治理、环境监测、环保科研、环境评价和环保产业为一体的上海石化下属二级单位，曾评为上海市文明单位、上海市环境保护先进集体。多年来，在环保中心党委和上级工会的领导下，与时俱进、开拓进取，使环保中心工会工作一直保持着较好的发展势头，并赢得了98%工会会员的信任，成为400多名职工可信赖的温馨“职工之家”。2003年，环保中心工会被中华全国总工会授予全国“模范职工之家”荣誉称号。

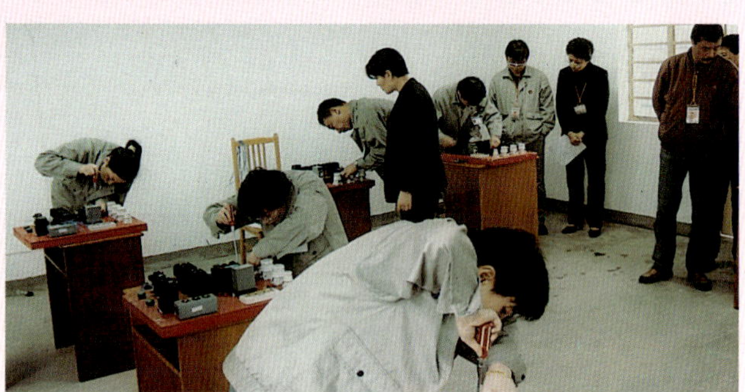

积极开发职工潜能，开展技能竞赛活动

加强民主管理，开展平等协商

加强凝聚力，丰富职工业余文化生活

上海市第六人民医院

(上海交通大学附属第六人民医院)

院工会认真贯彻党的"全心全意依靠工人阶级"的方针,在院党委和上级工会的领导下,努力实践"三个代表"重要思想,结合医院实际,解放思想,积极探索,求真务实,与时俱进。以"三医"联动改革为契机,注重抓好职工队伍思想教育;以"加强民主管理、突出维护职能"为抓手,切实维护职工合法权益,巩固和完善职工生活保障机制;围绕中心,发挥优势,以推进"素质工程"建设为契机,全面提高职工的整体素质;以"建、创、做"为载体,深入开展创建"模范职工之家"活动;开展经常性的劳动竞赛和技能培训,全面提升职工的综合素质,造就一支爱岗敬业、一岗多能的"四有"新型职工队伍。在党的十六大精神指引下,全院职工努力培育新时代职业精神,人人献计献策,个个创新争效,争创智能型班组,争做智能型职工,为实施"科教兴市"和新一轮发展建功立业。院工会被上海市总工会授予2002年度上海市"模范职工之家",2003年获全国"模范职工之家"荣誉称号。

院党政领导班子紧紧依靠广大职工,努力推进医院的改革、发展、创新

全院职工伸出援助之手,为患重病需肝脏移植的职工韩利民募捐21万元,谱写了一曲爱心之歌

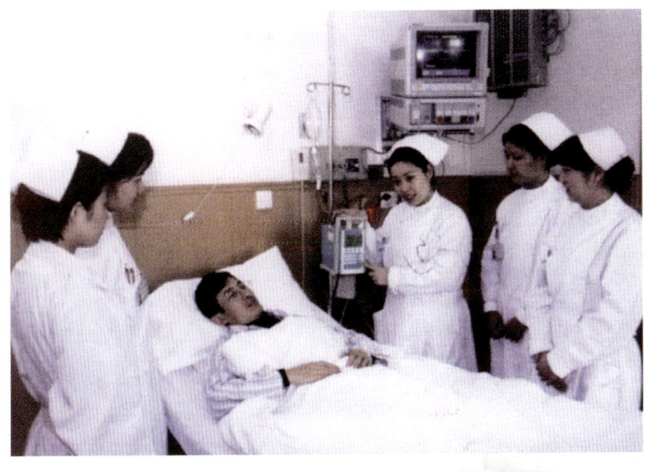

开展"塑造21世纪医务人员形象"主题活动,提高职工队伍整体素质

举办院第二届职工健身运动会,开展形式多样的救护接力竞赛

上海市军天湖农场工会

上海市军天湖农场工会认真实践“三个代表”重要思想，围绕监狱工作中心，结合农场的特点、行政工作的难点和职工关注的热点，充分发挥民主管理和维护职工合法权益的职能作用，以超前的意识从源头上维护职工群众的合法权益，健全和完善帮困救助制度；以职代会和厂务公开的形式广泛开展民主监督；大力宣传改革发展中涌现的典型；紧紧依靠全场干警职工“保安全、促稳定、求发展”，营造了“奋发有为，积极向上”的工作氛围；增强了工会组织的凝聚力，发挥了党联系群众的桥梁和纽带作用，取得了明显的工作成效，被上海市总工会授予2002年度上海市“模范职工之家”荣誉称号。

召开职工代表大会进行换届选举

在职代会上表彰先进

模范职工之家

上海市总工会

二00二年十二月

荣获上海市“模范职工之家”荣誉称号

开展丰富多彩的职工文体活动

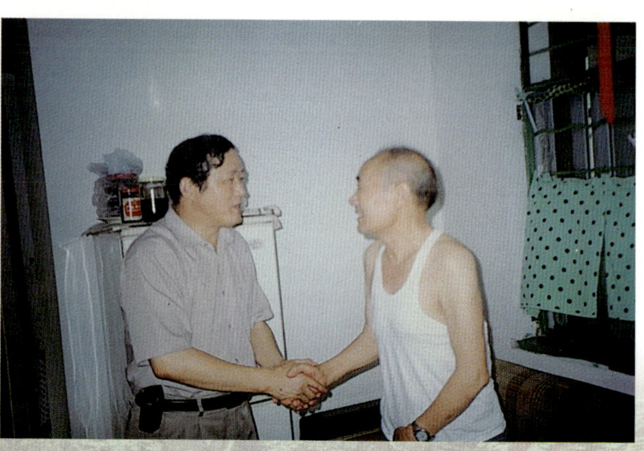
农场领导慰问困难职工

上海海博股份有限公司

本公司原为东海股份有限公司，2003 年 4 月更名为海博股份有限公司。公司现由以农工商出租汽车为主体的都市服务业，以思乐得不锈钢制品为代表的都市工业和以海博物流为代表的都市物流业三大业态构成。其中，农工商出租是上海出租汽车行业的五大骨干企业之一，以“蓝天白云”为标志色的农工商出租汽车以其靓丽温馨的车容车貌和服务文化，已成为广大市民出行“打的”的首选品牌之一，2003 年被中国质量协会评为全国用户满意服务企业。思乐得不锈钢制品公司以其精湛的制作工艺，不断推陈出新的设计，产品远销欧美中东地区，“思乐得”、“骆驼”已成为驰名商标。一只鼎食品有限公司以其“有华人的地方就有一只鼎”的执着追求和特色产品，成为上海地区的著名商标。海博公司正在新三年的目标指引下，为成为绩优上市公司而努力奋斗。

公司总裁陈忠信节日期间到东海农场慰问困难职工

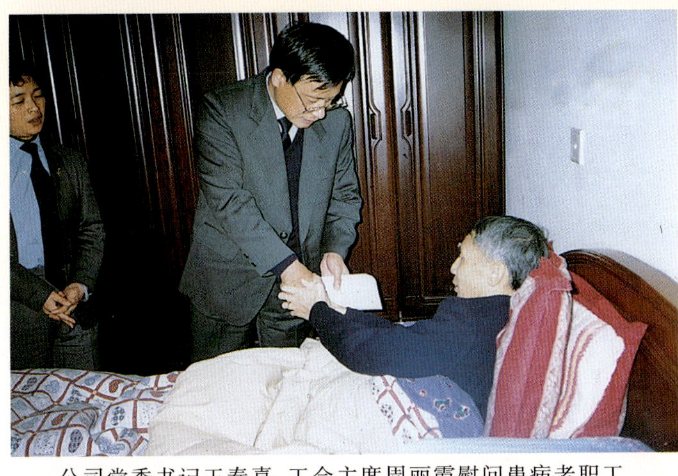

公司党委书记王春喜，工会主席周丽霞慰问患病老职工

农工商出租汽车第九分公司经理和班组长一起共商班组建设

公司领导慰问困难职工

公司员工向困难职工献上一份爱心

上海振宏市政工程有限公司

区工会领导参加公司首届五次职代会

公司召开首届五次职代会

为先进职工颁奖

上海振宏市政工程有限公司，是专营市政道路建设的非公有制经济企业，公司现有职工140人。2000年6月建立工会组织，通过区总工会“合格职工之家”验收。民主管理抓制度，建立以职代会为主要载体的厂务公开新机制，开好职代会，参与企业管理，40多份高质量的职工提案基本落实，促进企业民主管理上水平；平等协商抓规范，签订以保护全体职工合法权益的集体合同，每周一行政领导与工会的例会已形成制度；凝聚职工抓服务，形成工会组织为职工办实事、办好事的良好氛围，职工家中发生困难，工会总是第一个出现，得到了职工的广泛认可和好评。

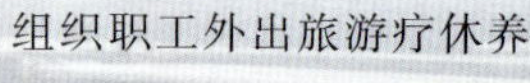
组织职工外出旅游疗休养

嘉定区江桥镇工会

组织“蓝天下的挚爱”助学帮困活动

誉称沪宁第一镇的嘉定区江桥镇工会，坚持“维护、建设、参与、教育”四项职能，依照工会章程独立自主地开展工作，各项工作都取得了可喜的成绩。工会组建工作每年跨大步，实现了“两个基本”；工会维权工作和保障工作成绩显著；工会送温暖工作深得人心；工会文体活动丰富多彩；职工大练兵活动和劳动竞赛深入开展；工会自身建设不断加强。镇工会连续五年在嘉定区总工会年终考核中获得特等奖，职工互助保障工作被评为上海市先进集体。

举办庆祝“五一”文艺汇演

职工开展技术攻关

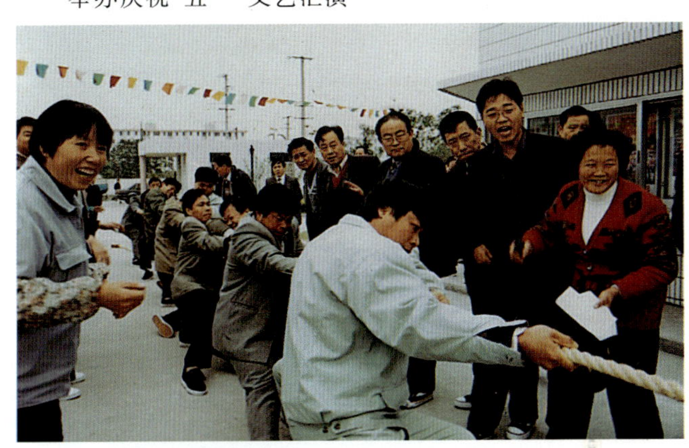
开展群众性体育活动

组织技能操作比赛

上海宝钢设备检修有限公司

召开第二届第一次"双代会"

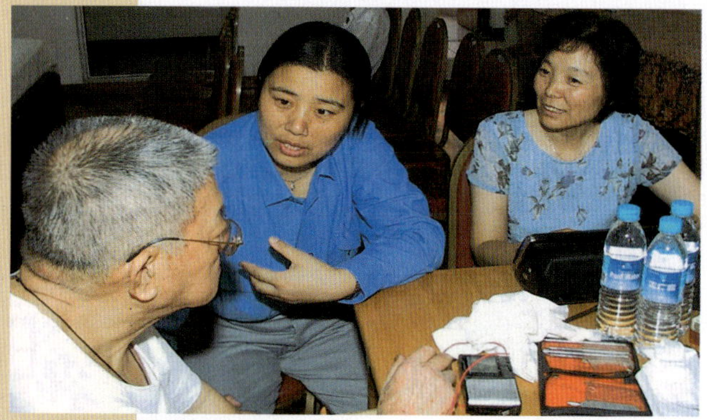
工会干部慰问困难职工

公司女职工先进表彰会

联欢晚会上精彩的文艺演出

"与文明同行"职工演讲会

上海宝钢设备检修有限公司主要承担宝钢股份主体设备的检修、机械加工、运行保障任务，是宝钢集团全资子公司。秉承"忠诚、认真、严格、不断学习"的企业精神，公司曾荣获上海市文明单位、设备管理先进单位称号。公司工会自觉实践"三个代表"重要思想，以支持改革，拓展"维护"舞台；以促进发展，创建"维护"条件；以源头参与，确保"维护"实效；以帮扶救助，实现"维护"功能。以"四贴近、四到位"为载体，心系公司发展，真情服务职工；以岗位技能复合和岗位技术创新为重点，不断提升职工的综合素质；深入开展建家竞赛活动，赢得公司党政和职工的认可。2002年荣获上海市"模范职工之家"称号，2003年被评为宝钢集团公司工会推进职工素质工程先进集体。

上海宝钢国际经济贸易有限公司

干群共商发展大计

上海宝钢国际经济贸易有限公司是一家集矿业、钢材贸易、加工配送、金属资源业、设备工程业、钢制品业、物流业、电子商务和汽车贸易于一体的综合性贸易公司。公司注重以人为本，倡导“沟通就是生产力”，加强与职工的信息沟通，民主沟通，价值沟通和情感沟通，增强队伍凝聚力。深化职工素质工程，积极营造职工成长、成才机制，把企业发展规划和职工个人发展计划紧密结合，推出和实施职工职业生涯规划，并写入公司集体合同，促进职工与企业共同发展。2003年，公司经营贸易创历史新高，全年实现销售收入766亿元，为宝钢迈向世界500强作出了积极贡献。近年来，宝钢国际获得全国“五一”劳动奖状、上海市文明单位、上海市“职业道德建设先进单位”、上海市“模范职工之家”、上海市重点工程实事立功竞赛优秀集体等荣誉称号。

宝钢国际首届一次职代会

宝钢国际运用电子商务服务用户

宝钢国际钢材贸易营业大厅一景

金山石油化工建筑公司

召开工会工作会议

金山石油化工建筑公司是房屋建筑工程施工总承包一级企业，先后承建了一大批重大工程，形成人才、技术、管理、信息等方面综合优势，在国内外树立了良好信誉，多次荣获“鲁班奖”、“白玉兰”奖，2003年公司第十四次被评为上海市重点工程实事立功竞赛优秀公司。公司工会牢牢把握维护职工合法权益这一工会的基本职能，在推动企业民主管理、民主参与、民主监督工作中建立了一套比较完善有效的制度，全心全意依靠广大职工，围绕企业中心工作，努力提高职工素质，在企业改革、发展、稳定大局中，工会组织发挥了作用。公司工会曾荣获全国医药系统先进基层工会，2002年荣获上海市“模范职工之家”称号，公司工会主席彭树明被评为2003年度全国优秀工会工作者。

公司六届四次职工代表大会

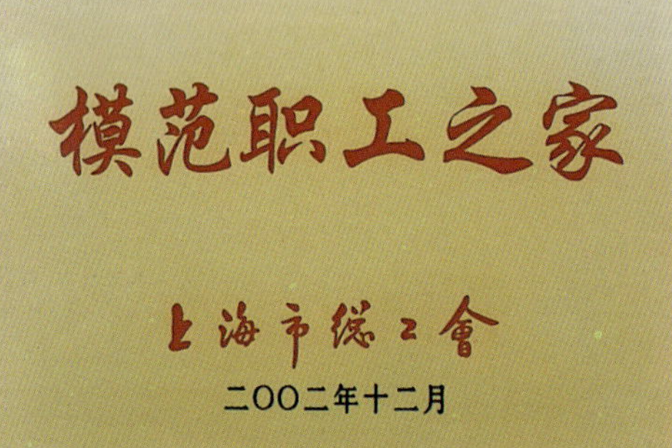

公司工会被上海市总工会评为2002年度上海市“模范职工之家”

举办劳模先进“迎国庆”座谈会

公司工会举办迎春团拜会，公司领导班子高歌一曲

浦东新区住宅发展署

浦东新区住宅发展署是一个连续四届荣获市级文明单位称号的事业单位。署工会以邓小平理论和“三个代表”重要思想为指导，以住宅建设管理为中心，全面履行工会各项职能，大力加强工会组织建设，在开展民主管理，提高员工素质，关心职工生活等方面做了大量工作。工会团结动员全体职工，以创建市级文明单位为目标，坚持与时俱进，创新工会工作，增强了员工的凝聚力，提高了队伍的战斗力。

署领导商议单位改革发展工作

党政工领导接受服务对象表扬锦旗

召开浦东新区住宅建设立功竞赛大会

积极参加新区群众文艺演出

经常开展有益的职工体育活动

同济大学工会

召开教职工代表大会

同济大学工会在学校党委和上海市教育工会的领导下，以“三个代表”重要思想为指导，认真学习和贯彻党的十六大和中国工会十四大精神，围绕中心，服务大局，突出维护和保障教职工的合法权益，努力提高教职工队伍的全面素质，为推进学校的改革、发展和建设，开展了许多富有成效的工作，取得了一定的成绩。校工会配合学校党政，深化校务公开，推进基层民主建设；组织和承办了全校“爱心募捐，助学帮困”捐款活动；在全校教职工中组织开展了建设“文明组室和文明岗”活动；校工会会同校离退休办公室建立了“同济大学法律咨询服务中心”；校工会坚持为教职工办实事，解决他们的后顾之忧。同济大学工会曾获得全国“教育工会先进集体”、“高校工会教工活动阵地示范单位”；连续五次获得上海市“先进教工之家”称号；被评为2002年度上海市“模范职工之家”。

教师节表彰会

慰问“抗非”医务人员

教工小组唱表演

举办群众歌咏会

上海金玉兰物业管理有限公司

上海金玉兰物业管理有限公司系专业物业管理公司。2001年9月通过ISO9001-2000质量认证。公司现已管理金玉兰广场、金穗大厦、金鸿苑住宅小区、卢湾都市花园(前期物业管理)等项目计30余万平方米建筑。公司工会在企业党组织和上级工会的领导下，坚持以“三个代表”重要思想为指导，紧紧围绕企业的中心工作，认真履行维护职工权益的基本职能，建立完善职代会制度，积极推进企业民主管理，通过组织各项活动，塑造企业文化，关心职工生活，提高职工的工作热情和责任心，增强企业的凝聚力，促进了各项工作顺利进行。2002年，公司下属的金玉兰广场管理处安保甲班被授予全国“模范职工小家”荣誉称号，电工组被评为上海市文明班组，金穗大厦管理处地下车库小组被评为市“巾帼建功”先进集体。

公司领导关心看望患病职工

公司工会换届改选，选出新一届工会委员会成员

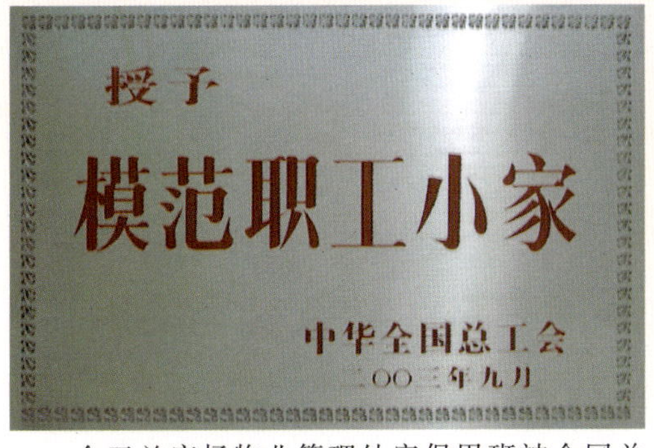

金玉兰广场物业管理处安保甲班被全国总工会授予“模范职工小家”称号

组织新春联欢会，推动企业精神文明建设

举办摄影作品大赛，展示企业文化

上海烟草工业印刷厂

领导班子研究企业发展规划

上海烟草工业印刷厂始建于1929年，现为上海烟草(集团)公司全额投资的子公司。企业先后引进了一系列国际先进的制版、胶凹印加工设备，集产品创意设计、制版、胶印、凹印、烫金、模切、糊盒于一体，并被评为中国包装200强先进包装企业、首批国家包装行业定点生产企业、上海市高新技术企业、上海市文明单位。厂工会在厂党政和烟草工会的支持关心下，积极推进职工素质工程建设，建立一项政务公示制度，不断深化企业民主管理活动；营造一种争做可爱的烟印人活动，努力塑造企业文化；强化自身建设，提升工会建家工作水平，为企业两个文明建设，发挥了应有的作用。厂工会先后被评为局工会三星级职工之家，上海市“模范职工之家”。

开展岗位读书活动

模范职工之家

上海市总工会

荣获上海市“模范职工之家”

弘扬企业文化，参加“上海烟草之声”文艺表演

开展职工岗位技能操作比武活动

上海能源股份有限公司姚桥煤矿

上海大屯能源股份有限公司姚桥煤矿是一个年生产能力300万吨的特大型现代化矿井，先后获得全国高产高效矿井、全国"安康杯"竞赛先进单位、全国"五一"劳动奖状等荣誉称号。矿工会以邓小平理论和"三个代表"重要思想为指导，以经济建设为中心，以贯彻落实《工会法》为契机，以深化建家为龙头，坚持"建家就是建企业，建家就是建队伍"的指导思想，实施四大工程，突出维护职能，使工会工作的整体水平得到提升，凝聚力得到增强。1996年以来，年年被公司工会评为"模范职工之家"，2000年被全煤地质工会评为"先进基层工会"，2002年被上海市总工会授予上海市"模范职工之家"荣誉称号。

工会主席郝敬坤向困难职工发放助学金

参加公司技运会开幕式的姚桥煤矿代表队

姚桥煤矿全景

兄弟单位到姚桥煤矿观摩厂务公开工作

矿工会开展"文化到基层、进社区"活动

普陀区长风新村街道社区工会

普陀区长风新村街道社区工会联合会成立于2001年。大胆实践，开拓进取，建立了社区工会与街道办事处联席会议制度，构建了社区型民主管理法律工作体系，推行了小区职工代表大会制度和社区型行业职工代表大会制度；试行了“上级工会代表下级工会，劳资双方各自聘请法律专业人士为谈判代表”的企业职工工资谈判形式；召开了以“协商共决权”为主题的社区职工代表大会，营造了社区民主管理与经济建设柔性互动的良好氛围；社区工会被上海市总工会授予上海市“模范职工之家”光荣称号。

普陀区长风新村街道社区第一届职工代表大会

普陀区长风新村街道与社区工会第三次联席会议

长风社区职工素质工程指导委员会成立仪式

长风社区工会联合会工资集体协商现场会

普陀区长风新村街道办事处主任徐琴琨慰问困难职工

上海市电信有限公司南汇电信局

上海市电信有限公司南汇电信局工会在局党委和上级工会的领导下，以维护职工合法权益为己任，实施“职工素质工程”，提高职工队伍素质；以凝聚力工程为基础，做好实事，落实帮困工作；以健康有益的文体活动为载体，深化企业文化；为南汇电信局夺取两个文明建设双丰收发挥了作用。局连续两届（1999~2000年度、2001~2002年度）被评为上海市文明单位，在上海市电信公司历年“双文明”考核中，南汇局屡获成绩显著单位，2001、2002、2003年荣获全国“安康杯”竞赛优胜企业三连冠。局工会连续四年（2000~2003年）荣获上海电信“先进职工之家”和上海市“模范职工之家”称号。

荣获全国“安康杯”竞赛优胜企业三连冠

员工参加互动式培训

召开推进企业工作研讨会

安全生产消防演习

开展丰富多彩的文体活动

上海航天局第八〇〇研究所

召开“班组工程”动员会

所工会为提高职工整体素质和班组管理水平，从“六抓”入手，全面推进“班组工程”建设。一是抓宣传动员，营造争创氛围；二是抓规范管理，提高争创水平；三是抓活动指导，确保争创质量；四是抓典型培育，发挥示范作用；五是抓班组文化，体现争创特色；六是抓经验交流，提高争创实效。通过“六抓”增强了职工质量意识和责任感，提升了班组长的学习能力和管理能力，涌现出以唐建平为代表的一批优秀班组长群体；推动了群众性QC活动和技术革新、合理化建议活动开展，促进了技术创新和提高了生产效率，有效保证了科研生产任务的完成，促进了整个企业管理水平的提高。

树立先进班组，发挥示范作用

召开班组建设工作交流会

开展以“班组工程”为主题的演讲活动

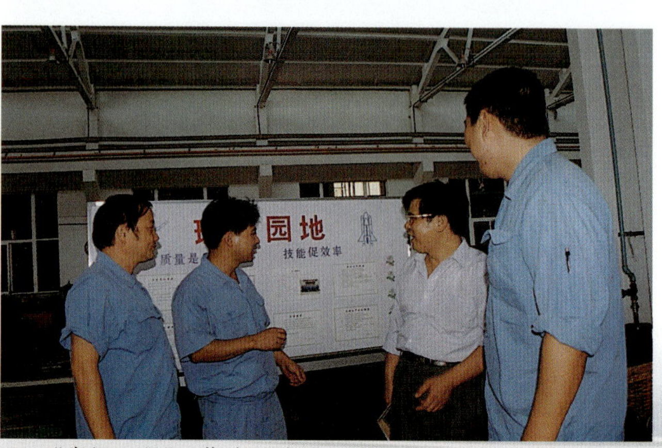

“班组工程”工作小组成员到班组检查指导

复旦大学附属金山医院

本院是上海市郊区唯一一家三级医院，地处杭州湾北岸，正式职工858人，会员858人，其中女会员595人。在组织工作方面，为非在编职工营造温馨的“家”，医院有非在编职工90人，单独成立了非在编职工工会组织“新星部门工会”。在民主管理方面，致力于职工关心的热点问题，对职工食堂的经营管理权以及组织职工疗养的旅游公司分别进行招标。在宣传教育方面，致力于弘扬医院文化，展示医务人员的艺术风采，医院举办了第一届文化艺术节，历时两个月的艺术节共有职工书画、摄影、手工艺品展、职工素质教育系列讲座等9个专题。在生活保障方面，致力于抗击“非典”工作中的职工保健。在女职工工作方面，致力于提高女职工的社会竞争意识，举办“女性成才讲座”，举办了4次职工素质教育系列讲座，深受全院职工，尤其是女职工的欢迎。

召开院八届一次职代会

金山医院外景

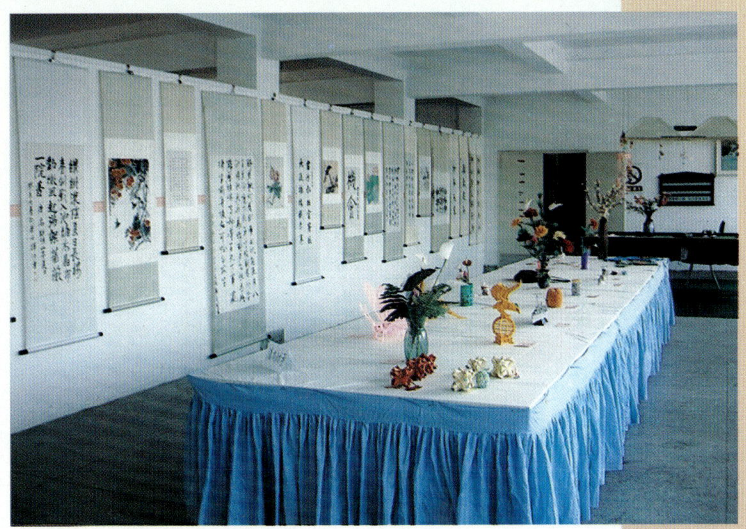
院第一届文化艺术节职工书画展览

举办院第一届文化艺术节

职工代表巡查工作

上海中医药大学

学校荣获上海市"模范职工之家"称号

上海中医药大学工会在校党委和上级工会的领导下，以"围绕中心，服务大局，服务教工，突出维护"的工作思路，以"民有所呼，我有所应"的工作理念积极开展工作。坚持以推进校务公开、加强和完善教代会制度为重点的民主政治建设；以师德建设为核心、以青年教师培养为重点的教职工队伍建设和以帮困送暖、补充保险、疗休养以及文体工作有机结合的保障工程建设；较好地履行了工会的社会职能，努力把教职工的智慧和力量凝聚到学校的改革和发展中来。1997年至今，已连续三次荣获上海市高校"先进教工之家"，2002年荣获上海市"模范职工之家"，2003年荣获上海市高校"先进教工之家免检单位"等荣誉称号。

组织优秀青年教师赴井冈山义诊考察

在教代会上表彰优秀提案

教工合唱团每年参加比赛和演出

教代会代表民主评议校领导

中国人民解放军四七二四工厂

中国人民解放军第四七二四工厂（又名“上海海鹰机械厂”）系海军直属军队保障性企业。厂工会建立于1979年。全厂职工大力弘扬“齐心协力、艰苦奋斗、爱岗敬业、求实创新”的企业精神，励精图治、锐意进取，工厂先后被评为全军思想政治工作优秀企业、海军优秀企业、上海市精神文明单位、上海航空工业（集团）有限公司精神文明单位。厂工会被评为2002年度上海市“模范职工之家”。2003年，厂工会认真学习贯彻党的十六大和全国总工会十四大精神，以“三个代表”重要思想为统揽，围绕中心，服务大局，切实履行在发展、改革、参与、帮扶中的维护职能，充分发挥了工会组织作为党联系群众的桥梁和纽带作用。

举办建厂45周年“激情海鹰”歌咏大会

召开“五·一”劳模先进座谈会

召开职工代表大会

举办《上海市劳动合同条例》辅导讲座

组织厂庆45周年职工运动会

上海汽车股份有限公司汽车齿轮总厂

上海汽车股份有限公司汽车齿轮总厂是目前国内规模最大，技术最先进的汽车变速器专业制造厂，其产品远销南美、北美、欧洲及大洋洲，2003年销售收入达到20亿元，各类汽车变速器总成突破40万台，出口创汇超过1500万美元。企业工会以职工素质工程为抓手，“创建学习型班组，争当知识化职工”已为企业和广大职工的共识。企业获得上海市文明单位、上海市最佳工业企业形象单位、机械工业部齿轮行业优秀企业、全国机械工业部质量效益特别贡献奖、上海市群众体育先进集体、上海市职工素质工程500强“智能型班组”等称号。厂工会被评为上海市“模范职工之家”。

上海市“青年技术能手”李迫梅和“中华杯”女职工技能奖获得者张迎峰在研究创新课题

降本增效，自行安装“金杯”变速器流水线

第十一届“迎春文体活动”广播操比赛

举行春节职工文艺汇演

上海铁路分局上海站

上海站是全国铁路系统客运大站中第一张ISO质量体系认证证书的获得者。2003年站党委获上海市先进基层党组织称号，站连续11次获得上海市文明单位称号，在2003年度全路客运大站评比中，车站再次被评为文明车站，实现了二十三连冠，被上海市质量管理协会评为上海市用户满意服务单位。上海站工会荣获全国“模范职工之家”，获上海市振兴中华读书活动先进单位。工会三产“上海站康凌综合经营公司”荣获中华全国总工会颁发的全国职工劳动福利事业百强单位。上海站在追求卓越、提升车站整体绩效的过程中，不断注目于将来，超越自我，努力创建学习型企业，培育知识化员工；不断创新服务理念，实现旅客满意；不断提高职工的整体素质，寻求企业生存和发展的新思路、新方法，为不断提升上海站的良好形象而奋发努力。

在车站第十八届二次工代会上，分局工会领导为车站颁发全国“模范职工之家”奖牌

上海站工会2003年荣获全国“模范职工之家”荣誉称号

为推进学习型企业创建，车站工会选购了大量好书，赠送给各车间的图书角

张庆桓服务台荣获“青年文明号”称号

上海站坚持职工代表安全巡检活动制度，发挥职工代表监督作用

上海电力安装第一工程公司

荣获全国“五一”劳动奖状

上海电力安装第一工程公司是国家电力工程施工总承包一级资质企业。公司以“承诺服务”的企业精神和“建中国第一电站，创中国第一精品，树中国第一品牌”的理念，运用先进科技和管理方法，优质高速安装好我国第一台90万千瓦超临界机组并提前42天并网发电。公司已十二连冠获得了市立功竞赛优秀公司的称号，连续三届被评为国家电力公司和上海市双文明单位，外高桥电厂二期工程夺得了上海重大工程实事立功竞赛活动“金杯奖”。公司以两个文明建设的辉煌业绩，铸就了“永争第一、敢争第一、善争第一”的企业之魂。2003年公司被全国总工会授予全国“五一”劳动奖状。

工会组织开展“500只焊口无返工”技能竞赛

组织职工参加“三学”和“双争双智”活动

市劳模集体汽机本体班安装的90万千瓦超临界发电机组的心脏——汽轮机，创全国电力建设汽机本体安装第一

在2003年全国职工职业技能大赛中获奖的先进职工

上海大屯能源股份有限公司龙东煤矿

龙东煤矿工会积极探索新形势下工会工作制度化、规范化和科学化建设的新路子，形成了约100万字的管理体系文件。坚持职代会制度，实行了职工代表竞选制和模范先进评选群众举荐制，启动了“助学、助困、助病、助残”工程；矿务公开工作得到了国资委、上海市总工会的好评；《运用ISO9000基本原理，建立现代企业党群工作管理新机制》研究成果获全国思想政治工作研究成果一等奖。企业荣获了全国“五一”劳动奖状和江苏省先进基层党组织、全国文明煤矿、“双十佳”煤矿和江苏省文明单位称号。矿长李北光获上海市职工信赖的好厂长（经理）称号，工会主席张玉党获全国煤炭系统优秀政研干部称号。矿工会在2003年被评为上海市“模范职工之家”。

中煤集团优秀共产党员、优秀党务工作者、矿党委书记刘潮

全国煤炭工业“双十佳”、矿长李北光

工会主席张玉党代表职工与矿长李北光签订集体合同

矿务公开工作得到了国资委、上海市总工会的好评

坚持职代会制度，加强企业民主管理

上海市第五人民医院

召开院第八届工会会员代表大会

上海市第五人民医院工会下属9个分工会，42个班组，会员1064名，其中女会员780名。近几年来，院工会牢牢把握维护职工合法权益的基本职能，加强民主管理，落实职代会五项职权，有步骤地推行并完善院务公开制度；加强文明班组建设，定期举办工会干部培训班；在抗击"非典"期间，落实防护措施，成立医院职工防护督查组和医院抗"非典"职工家庭生活援助服务队，慰问医务人员及家属，关心职工生活，建立帮困档案；丰富职工文化生活，开展休假旅游、职工运动会等活动；进行爱国主义和集体主义教育，增强团队意识和凝聚力，充分调动了广大职工的积极性和创造性。医院连续四届被评为上海市文明单位，院工会被评为2002年度上海市"模范职工之家"、上海市医务工会抗击"非典"先进集体。

组织职工消防演练

院工会与下属工会签订创建职工之家协议

举办员工迎新春联欢会

组织工会干部和职代会代表培训班

联华超市股份有限公司

联华超市创建于1991年5月，是上海首家以发展连锁经营为特色的超市公司。经过12年发展，联华已成为现今中国最大的商业零售企业，形成了大型综合超市（大卖场）、超级市场、便利店等多元业态联动互补的竞争优势。在上海、北京、天津、江苏、浙江、安徽、江西、广东、山东、山西、河南、河北、辽宁、吉林、新疆、内蒙等20个省市和自治区的100多个城市建立了强大的连锁经营网络，联华连续3年稳坐中国零售业之首。工会紧紧围绕商业的发展，以"三个代表"重要思想为指导，以学习贯彻《工会法》为契机，团结、教育、引导广大员工艰苦创业，求新务实，以奋发有为的精神状态，与时俱进，开拓创新，服从服务于企业的经济工作，坚持以法维权，服务发展；坚持突出重点，注重实效；坚持文化育人，凝聚队伍；发挥好工会的桥梁和纽带作用，为实现公司新一轮发展作出新贡献。

公司领导庆贺公司于2003年6月27日在香港主板市场挂牌上市

召开营业前的班组晨会

为三星级门店授牌

联华员工在东方广播电台介绍服务品牌并与广大听众进行直播交流

世纪联华举行员工操作技能大比武

上海市电信公司莘闵电信局工会

莘闵电信局工会下设12个部门工会。近年来，莘闵电信工会认真学习并实践"三个代表"重要思想，深入贯彻《工会法》，引导和动员全体员工支持改革，参与改革，投身于通信发展的主战场；积极推动提升职工素质工程；大力推进企业民主管理；努力为员工办实事、做好事，不断增强企业凝聚力；认真组织开展劳动竞赛，有效地促进了企业稳步、持续发展。在全体员工的共同努力下，莘闵电信局获得1999-2000年度上海市电信公司文明单位、2000年度上海市重点工程实事立功竞赛优秀集体、2001-2002年度上海市文明单位、并获得上海市服务诚信先进单位称号。局工会被评为2002年度上海市"模范职工之家"。

莘闵电信局一届一次职代会职工代表竞选

职工代表对职代会报告进行讨论

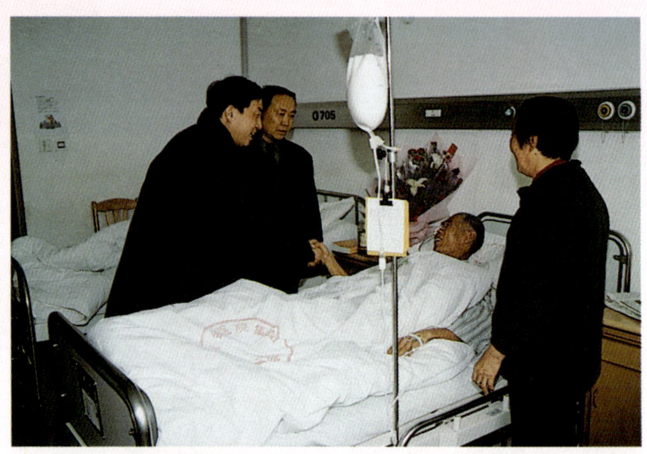

领导慰问患病职工

工会积极开展各类体育活动

举行退休职工迎春联欢会

中日国际轮渡有限公司

中日国际轮渡有限公司所属“新鉴真”轮是一艘航行于上海-大阪-神户间的快速客货周班轮。近十年来，“新鉴真”轮以“精心精到、全程全面”的经营理念，“安全、快速、准点、优质”的服务，连续九年实现了安全航行率、准班准点率、货运完好率、旅客满意率和人员无案率5个100%，在中日航线上赢得了很高的信誉，成为受到中外旅客和货主普遍认同的“第一品牌”。连续三届获得上海市交通邮电系统“最佳优质服务窗口”、上海市旅游系统“服务优胜单位”、上海市卫生标兵单位；连续四年获得交通部一级“五星文明客船”的第一名、全国“三八红旗集体”、全国“巾帼文明示范岗”等荣誉称号并荣获全国海员建设工会“金锚奖”和全国“五一”劳动奖状，成为中日航线上一颗熠熠闪亮的明星。

开展“为您服务”创服务品牌

为旅客提供优质服务

组织员工厨艺培训

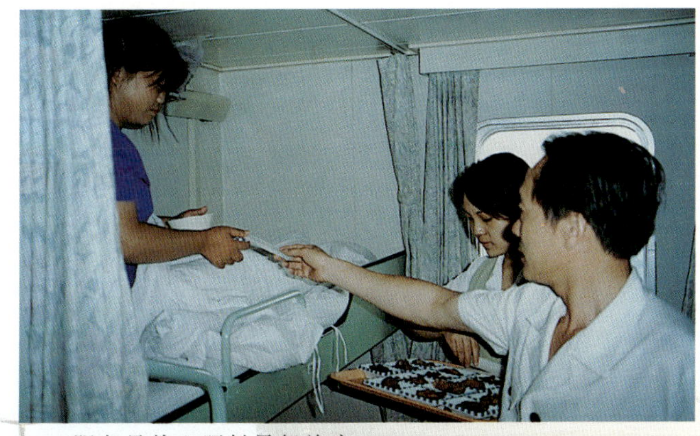
服务员热心照料晕船旅客

“新鉴真”轮乘风破浪

上海邮电通信设备股份有限公司

召开工会工作研讨会

上海邮电通信设备股份有限公司是一个有着50多年历史的老国企。在50多年的发展历程中，上海邮通以数百项科技成果的优异成绩确立了在中国通信制造业中骨干企业的地位。上海邮通公司工会认真实践“三个代表”重要思想，全面推进党的“全心全意依靠工人阶级”指导方针，按照全总建家工作要求，不断赋予新的时代特色和新的思想内容。以“强化民主管理、突出维护职能”为抓手，切实维护员工的合法权益；以创建“学习型企业”为载体，推进素质工程；在企业的两个文明建设中努力发挥桥梁和纽带作用，充分体现“时时关心您，处处维护您”的服务宗旨；使工会真正成为服务大局，服务员工，深受员工信赖的“职工之家”。公司工会被市总工会授予2002年度上海市“模范职工之家”荣誉称号。

在崇明徐根宝足球基地召开文体协会年会

公司工会干部在一起

工会领导春节慰问英年早逝的公司排头兵汤大轶的母亲

组织职工代表参观奉贤普天工业园

国泰君安证券股份有限公司

国泰君安证券股份有限公司工会在公司党委的领导下，认真贯彻落实“三个代表”重要思想，围绕公司“诚信、亲和、专业、创新”的经营理念和公司发展的总体目标，服务公司改革、发展、稳定的大局，积极发挥工会各级组织的作用和推进工会工作创新，以企业文化为载体，努力提高职工队伍的整体素质；建立和完善了公司职代会制度；坚持维护职工合法权益；开展丰富多彩的各类文体活动；进一步增强了公司的凝聚力，推动了公司两个文明建设和各项工作的开展。

“绿叶对根的情意”——企业文化演讲比赛

“精彩的运动人生，前进的国泰君安”——公司职工健身活动

浪漫沙滩中秋之夜联欢晚会

拼博、奋进的职工足球友谊赛

“浓情歌舞迎猴年，热力节拍庆新春”——春节联欢会

上海资信有限公司

公司总经理陈志国荣获2003年全国"五一"劳动奖章

上海资信有限公司成立于1999年7月，是经中国人民银行总行批准的新中国成立以来大陆首家个人征信机构。2002年3月，公司承建的上海市企业联合征信系统正式开通，业务范围扩展至企业征信领域。公司主要的信用和服务为：个人信用报告、个人信用风险评分及系列评分、个人信用数据增值服务、个人信用风险控制解决方案、企业综合作用报告、深度分析报告等。上海资信公司工会，通过组织各项活动提高了公司的凝聚力，也使工会工作和公司业务紧密结合起来，如开展"我为资信献一策"活动，员工的诚信宣誓活动等，塑造了良好的企业文化。公司总经理陈志国荣获2003年全国"五一"劳动奖章。

组织员工参观沙家浜革命传统教育基地

公司员工进行诚信宣誓

工会组织员工开展各类培训

工会组织员工参加自行车拉力赛

上海法维莱交通车辆设备有限公司

公司召开第二届工代会

组织技术练兵比武

上海法维莱交通车辆设备有限公司成立于 1994 年 6 月，是由法维莱集团下属的德国哈格诺克冷气机设备有限公司与上海冷气机厂共同组建的中外合资企业。上海法维莱主要生产列车空调机组、地铁空调机组、城市轻轨空调和车门系统等产品，在国内目前处于领先地位。工会注重源头参与，代表职工与行政签订了集体劳动合同；坚持以法律为保障，道德为支撑，在“创、建、做”上下功夫，不断提高员工整体素质。公司 2001-2002 年被评为市级文明单位、市“建设工业新高地先进单位”。公司工会 2003 年被评为上海市“模范职工之家”。

慰问生产一线职工

中外双方举行春节联欢

组织职工疗休养

上海市城市规划设计研究院工会

院工会每年组织班组长培训

上海市城市规划设计研究院作为国内技术力量雄厚的甲级城市规划设计单位，承担了上海市的总体规划，分区规划，城镇居住区详细规划，市政公用道路交通规划，风景区规划以及重大工程项目的规划设计。40多年来，为上海的城市建设和发展精心规划，潜心研究，创新设计，做了大量的卓有成效的工作。1993年以来，连续五届荣获市级文明单位荣誉称号。院工会在院党委的领导下，以“三个代表”重要思想为指导，贯彻党的全心全意依靠工人阶级指导方针，组织发动全院职工积极参与院的一系列改革，为推进院的改革和发展，发挥了工会的积极作用。

首届职工艺术节剪彩

青年职工艺术体操表演

开展创建“职工之家”活动，对先进班组进行授奖

开展群众性体育活动

上海宝冶建设有限公司建筑分公司

宝冶建设有限公司是国家特级建筑施工总承包资质企业，建筑分公司是其下属承揽建筑、装潢、安装等业务的分公司，在土木建筑行业享有较高声誉，公司现有在岗人员780名。按照宝冶建设“思想要有新观念、发展要有新思路、改革要有新突破、经营要有新模式、产业分布要有新格局、人力资源管理要有新机制、营销要有新市场、各项工作要有新发展”的总体工作要求，公司积极推进改革和经济发展，公司荣获宝冶建设2003年度双文明建设先进单位、全国“安康杯”竞赛优胜单位、上海市重点工程实事立功竞赛优秀集体和上海市劳模集体等荣誉称号。

公司召开首届四次职代会暨双文明表彰会

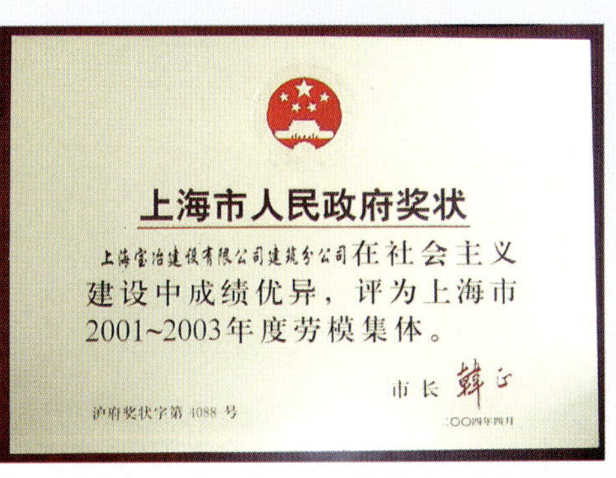

上海市人民政府奖状

上海宝冶建设有限公司建筑分公司在社会主义建设中成绩优异，评为上海市2001~2003年度劳模集体。

市长 韩正

沪府奖状字第4088号

二〇〇四年四月

公司被评为2001~2003年度上海市劳模集体

争创全国“安康杯”竞赛优胜企业汇报会

公司组建职工足球队

宝钢股份“十五”规划项目立功竞赛表彰会

上海东洋电装有限公司

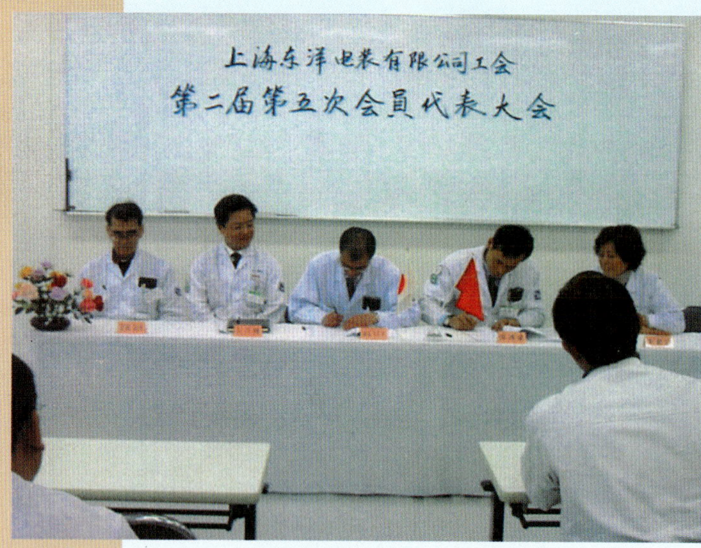

会员代表大会暨集体合同签约仪式

上海东洋电装有限公司坐落在上海市松江工业区内，是最早进入松江工业区的中日合作企业，公司现有员工1450余名，2003年实现销售收入6.68亿元，连续七年进入上海市产品销售收入前500家工业企业的行列。公司1994年8月正式投产，并于当年12月成立了工会，确立了“维护员工权益，共谋企业发展”的宗旨。公司逐步建立了一套完善的集体协商谈判制度，并于1995年度，成为工业区首家正式签订集体合同的外资企业。公司工会坚持抓好业余群体活动，一年一度的体育运动会、覆盖全体员工的旅游活动、迎春联欢活动，得到了广大职工的好评和积极参与。公司先后获得1999-2000年度、2001-2002年度上海市文明单位称号。

公司职工运动会开幕式

“七不”规范宣传队上街宣传

上海市文明单位挂牌仪式

上海石化工业学校

上海石化工业学校工会在学校党委和上级工会的领导下，以邓小平理论和“三个代表”重要思想为指导，认真学习贯彻党的十六大、十六届三中全会和中国工会十四大精神，围绕学校中心工作，突出工会维护职能，抓好校务公开、素质工程和生活保障三方面工作。深入开展“教工之家”建设活动，在推进学校民主管理，促进校务公开，提高教职工队伍素质，维护教职工合法权益，加强工会自身建设等方面取得了显著的成绩。上海石化工业学校工会连续四年被评为“金山区先进职工之家”、上海市中专校“先进教工之家”、2002年荣获上海市教育工会授予的“上海市教育系统先进教工之家”称号。

上海市教育工会领导为学校“先进教工之家”授牌

拜耳实训基地建设项目立项前，召开教职工代表听证会，听取意见和建议

拜耳实训基地建设中，校工会组织教职工代表巡视检查建设工地

召开四届一次教代会

开展教职工文体活动

东华大学工会

东华大学创建于1951年，是教育部直属的全国重点大学，国家“211工程”重点建设的高等院校，全国首批学士、硕士、博士三级学位授予单位。校工会在校党委和上级工会的领导下，履行维护教职工合法权益的基本职责，积极开展建立校院两级教代会为主要内容的民主建设工程；以师德建设为主要内容的素质工程和以医保、休养为重点的保障工程；促进学校物质文明、政治文明和精神文明建设，团结和组织教职工为观念兴校、学术兴校和管理兴校发挥工会组织不可替代的作用。2003年校工会首次荣获市教育系统“先进教工之家”称号。

建立校院两级教代会制度，积极推进民主政治建设

开展丰富多彩文艺活动，促进精神文明建设

构筑多层次帮困保障体系，校领导探望身患重病教师

举办校运会等各种体育活动，增强师生体质

校工会决心在新一轮建家活动中再创佳绩

上海闸北发电厂

上海闸北发电厂创建于1911年10月，在上海电力工业发展中，先后为宝钢自备电厂、石洞口电厂、外高桥电厂、燃机电厂等国内一流企业输送过无数管理精英和技术骨干，造就了一支纪律严明、技术过硬、作风顽强的团队。厂工会严格按照《工会法》、《劳动法》和《上海市工会条例》办事，依法维护职工的合法权益，尽力满足职工生存和发展的实际需要，围绕职工群众最关心、最直接的利益来开展工作。充分发挥职代会的作用，以厂务公开、民主管理为抓手，积极提高职工参政议政和建设企业、管理企业的能力。以创建职工小家活动为载体，加强班组建设，大力开展创建等级班组、红旗班组、红旗文明岗活动，努力提高和优化职工的综合素质，培养智能型班组、知识化员工，以不断适应日益加快的市场开拓需要。厂工会荣获2001~2002年度上海市“模范职工之家”光荣称号。

发挥职代会作用，提高职工参政议政能力

举行安全知识劳动防护知识竞赛

开展创建红旗班组、红旗文明岗活动

市电力公司和厂工会领导探望重病困难职工

积极开展职工健身活动，女职工健美操队在华东电力系统专项比赛中荣获优秀奖

商务印书馆上海印刷股份有限公司工会

国家新闻出版署领导到公司考察

工会委员会加强自身学习

召开平等协商会议

公司工会以邓小平理论和“三个代表”重要思想为指导，在公司党委和上级工会的领导下，进一步贯彻落实党的“全心全意依靠工人阶级”的指导方针，紧紧围绕企业改革发展大局，建立和健全民主管理保证体系，切实履行维护职能，巩固和完善职工生活保障机制。以中国工会十四大召开为新的动力，坚持与时俱进，奋发有为，以创新的精神，服务大局，服务职工，把提高职工综合素质作为工会的“第一要务”，努力开创工会工作的新局面，不断推进公司的改革和发展。公司工会被上海市总工会授予2002年度上海市“模范职工之家”荣誉称号。

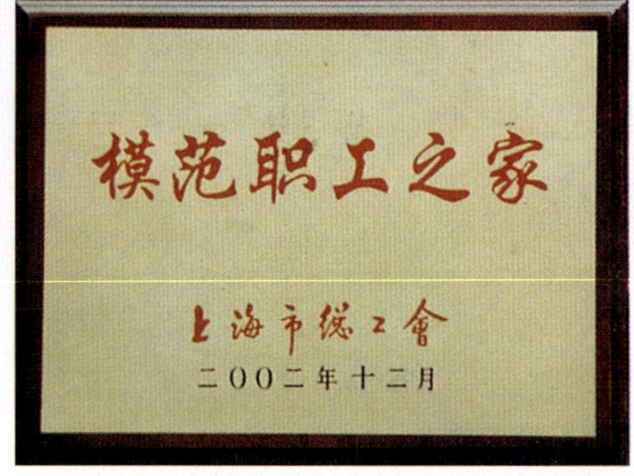

公司工会被市总工会授予上海市“模范职工之家”荣誉称号

开展丰富多彩的职工文艺活动

浦东新区花木镇工会

永不停息，追求一流的浦东新区花木镇工会，坚持依法建会抓巩固，三方协商抓实转，工资谈判抓覆盖，劳动安全抓深化，法律援助抓长效，民主管理抓建制，素质工程抓质量，帮困就业抓反复，很多有创意有成效的工作在新区各街道中率先完成。一是完成25人以上企业工资协议的签订；二是构筑了镇、社区、村区、行业、企事业多层次的三方协商或平等协商平台；三是成立了物业、饮食业行业工会；四是成立镇工会劳动关系协调服务中心，开设热线电话，做好每周四个半天的接待服务；五是推进劳动安全"绿色警钟"、"绿十字日历"的预警；六是成立镇劳模之家，各项活动有声有色。镇工会被评为上海市"模范职工之家"，连续四年评为新区模范工会。

新区总工会主席彭戌兰和花木镇党委书记顾晓鸣为新区首家镇物业行业工会揭牌

表彰镇十佳智能型职工

成立新区首家饮食行业工会

举办文化艺术节

开展行业劳动关系三方协商

徐汇区徐家汇环境卫生管理所

辛勤耕耘，女子清道班获得荣誉表彰

召开所二届四次职工代表大会

徐家汇环卫所现有工会会员228人，退休职工159人，是徐汇区市容环卫系统中人数最多的一个单位。徐家汇地区特殊的地理位置，市容环卫工作要求高、任务量大。为确保做好地区的市容环卫工作，提高凝聚力，所工会多年来坚持开好每年一至二次的职代会，审议所内的重大事项；参与职工分配，搞好扶贫帮困送温暖；开展各项活动，丰富职工业余生活；关心慰问退休职工；为全所创模活动、创建文明单位活动提供后勤服务；工会成为职工的温馨之家，赢得了职工的信赖。徐家汇环卫所已连续二届获得市级文明单位称号，成为市“爱心助老特色基地”，徐家汇女子清道班获得全国“五一”劳动奖状。

组织职工
外语培训学习

上海市电信有限公司中区电信局维护中心

维护中心共有员工45人，平均年龄31岁，其中，工技人员22名，占总人数的52%。电话交换网覆盖北起苏州路，南至中山南路，西到打浦路，东达中山东路方圆23平方公里，电话交换容量达到56万门。维护中心工会认真贯彻"三个代表"重要思想和党的十六大精神，大力推进全心全意依靠员工办好企业方针的落实，按照上级工会的部署，充分发挥工会组织的优势，把维护员工的具体利益与维护企业的整体利益统一起来，注重员工岗位技能的培养，定期举办各类技术培训，努力提高员工岗位技术水平，团结和引导广大员工创造性地完成各项通信生产任务，努力推进职工小家建设，被上海市总工会评为"模范职工小家"。中心的全体员工始终以"团结拼搏，同创价值；和谐创新，共享繁荣"的企业精神为宗旨，为上海电信的明天奉献青春。

维护中心一角

组织职工网络夏令营

关爱职工子女

开展读书、技能学习活动

组建职工足球队

上海市金山区农村信用合作社联合社

金山区农村信用合作社联合社工会自1997年4月成立以来，在联社党总支和上级工会的领导下，面对创业艰难的局面，工会紧紧围绕联社的中心工作，为经济建设服务，为员工服务，以"职代会制度建设"增强职工主人翁意识；以"劳动竞赛活动"发挥员工的创造能力；以"素质工程"提升员工队伍的整体素质；以"企业文化"增强团队精神；以"真情关心员工"增强凝聚力；在金山农信社艰难创业过程中，较好地发挥了工会的积极作用。金山联社工会2001年度被金山区总工会评为"先进职工之家"；2002年，被上海市总工会评为上海市"模范职工小家"。2003年，联社被评为上海市文明单位。

上海市劳动模范，联社主任王仁康同志

行使民主权利，推行职代会制度

参加市农信系统纪念建党80周年歌咏会

举行职工运动会

上海浦东巴士交通股份有限公司

公司二届二次职工(会员)代表大会

接待日本横滨市劳联访华团

公司帮困助学、解急济难形成制度

公司现有职工7000余人。公司推出了适应现代企业的职代会8项民主管理制度，依法签订《集体合同》;开展了“让职工满意、让乘客满意、让社会满意”的立功竞赛活动;推出了听取职工意见座谈会制度,成立了职工投诉中心；实施了管理人员招聘公示制度；建立了职工解急济难和大病重病互助会，以及职工子女奖学金和助学金制度。近年来,公司为各个站点配备了职工需要的生活设施，使职工有一个舒适的休息环境,组织安排职工赴浙江、江苏短途休养,激励职工的工作积极性。浦东巴士公司曾荣获上海市学习型企业创建单位、上海市读书活动示范单位、上海市模范退管会、上海市优秀公司、上海市文明单位等荣誉称号。公司工会被评为全国“模范职工之家”。

开展职工联欢活动

每年举办乒乓联赛等职工文体活动

上海一钢机电公司

公司工会坚持以邓小平理论和“三个代表”重要思想为指导，努力开创工会工作新局面

上海一钢机电公司在一钢产业结构调整中，经受了体制改革、职能增加、减员分流等严峻考验。在机遇和挑战中，公司工会在公司党委和上级工会的领导下，坚持以邓小平理论和“三个代表” 重要思想为指导，“深怀爱民之心，恪守为民之责，善谋富民之策，多办利民之事”，从“三个代表”的高度坚持把构筑人才高地、提高员工的综合素质作为目标，大力开展群众性经济技术创新活动，以创建学习型组织贯穿于企业管理的始终，促进企业的协调发展。机电公司在2003年荣获上海市文明单位称号。公司工会被评为上海市“模范职工之家”。

文明单位
Model Unit
上海市人民政府颁发
Issued by
Shanghai Municipality

一钢机电公司获得上海市“文明单位”称号

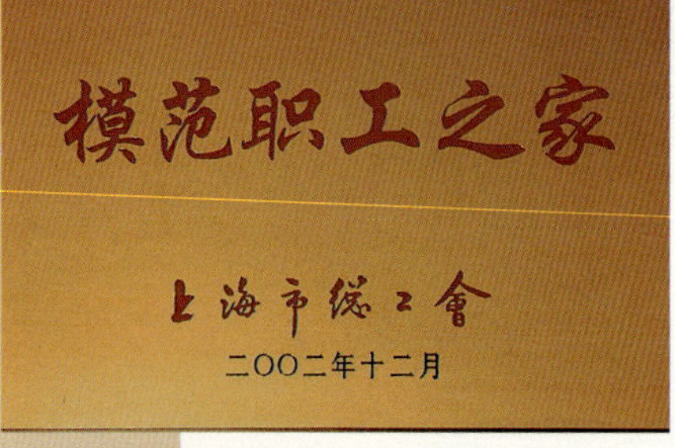

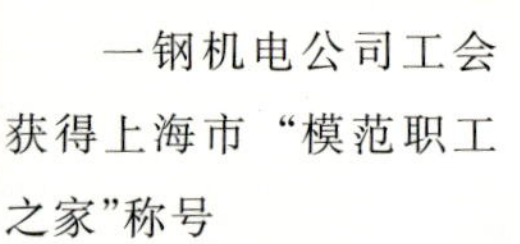

一钢机电公司工会获得上海市“模范职工之家”称号

积极开展技术创新、劳动竞赛、岗位练兵活动，全面提高职工的综合素质和企业核心竞争力

积极开展各类健康向上的职工文化体育活动

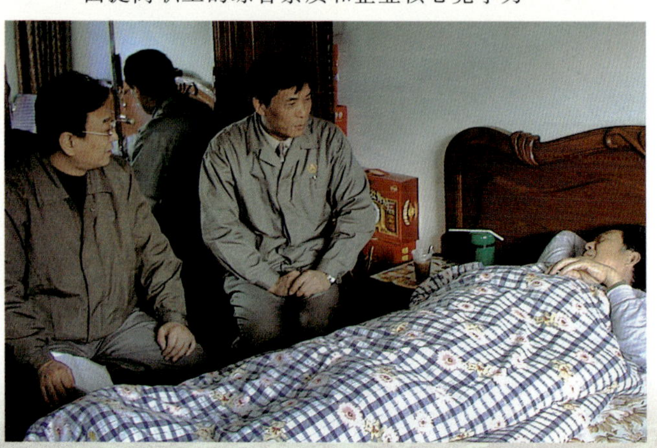

完善帮困机制，深入开展“送温暖”活动

中国建筑第八工程局机械化施工公司

中建八局机械化施工公司前身为中国人民解放军基建工程兵207部队，1983年9月开始企业化经营。公司工会在公司党委和上级工会的领导下，积极带领公司全体职工从企业改革、发展、稳定的大局出发，紧紧围绕公司的中心工作，切实履行工会四项职能，坚持和完善职代会为基本形式的民主管理制度，全面落实职代会各项职权，依法建立健全平等协商和集体合同制度，在公司两个文明的建设中，与时俱进，奋发进取，不断探索工会工作新路子，公司工会结合企业实际情况开展的职工互助补充保险与厂务公开工作，已形成了自身的特色。公司工会多次被南京市总工会评为“模范职工之家”，2003年南京市厂务公开先进集体。公司工会在2002年被上海市总工会授予上海市“模范职工之家”称号。

召开公司职工代表大会

公司领导慰问特困职工

公司举行劳动竞赛动员大会

公司工会开展学习十六大、《工会法》知识竞赛

文艺工作者慰问建设北环高速公路职工

上海航天设备制造总厂

第三轮集体合同签订仪式

上海航天设备制造总厂是承担运载火箭总装总测、战术武器发控设备、空间飞行器研制任务的航天骨干企业。总装生产的长征系列火箭"神舟"飞船获得了发射成功的佳绩，尤其"神舟"五号载人飞船的圆满成功，为我国航天技术屹立于国际先进行列作出了重要贡献。企业下属分工会11个，会员835人。企业工会从1992年至今继续保持全国"模范职工之家"称号。企业荣获全国"五一"劳动奖状、全国质量管理先进企业、全国职工培训先进等多项全国、上海市殊荣。

组织职工参加上海市"五一"歌会

举行"质量达标"班组评审会

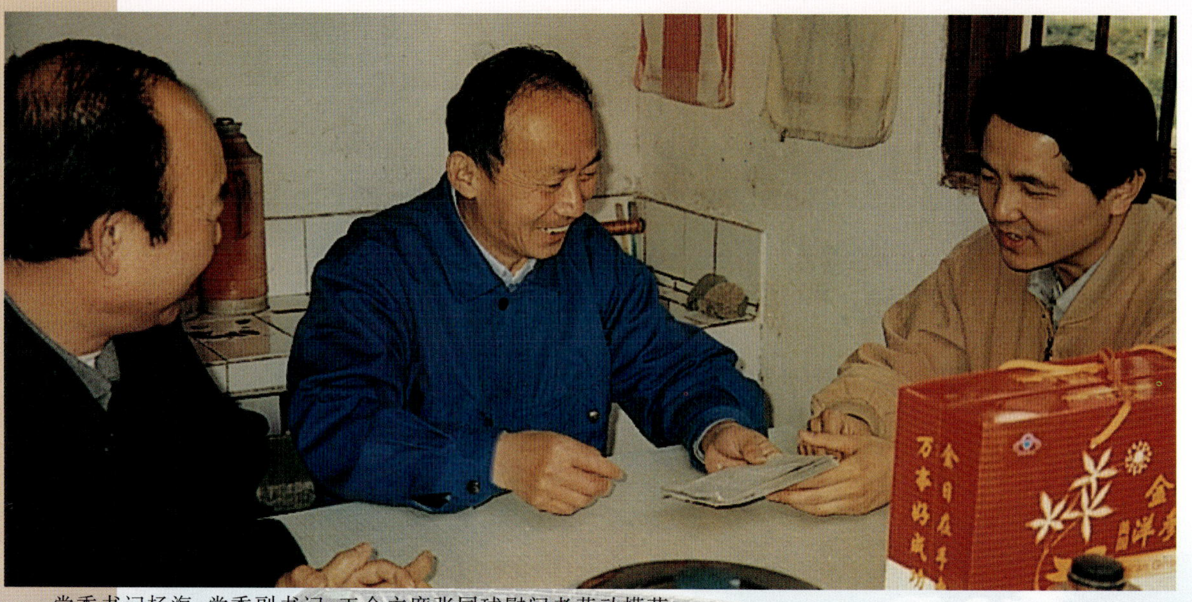
党委书记杨海，党委副书记、工会主席张同球慰问老劳动模范

上海电力安装第二工程公司

公司工会在党委和上级工会的领导下，推行厂务公开，定期召开民主恳谈会；围绕重点工程开展立功竞赛；推进素质工程，开展多种形式的技术比武活动，定期举办“企业文化节”，为职工提供了展示自我的舞台，满足职工多层次，多样化的需求。公司工会始终坚持“把职工的向往作为目标、把职工的满意作为追求，把职工的支持作为动力”的建家指导思想，把工会建设成为充满信赖和活力、温馨的职工之家，为企业的改革、发展、稳定作出了贡献。企业曾获得全国“五一”劳动奖状、上海市文明单位、上海市重大工程建设金杯“三连冠”等多项荣誉。2003年，公司工会被中华全国总工会授予全国“模范职工之家”荣誉称号。

深化班组建设活动

召开重大工程建设推进会

公司荣获全国“安康杯”竞赛优胜奖

向技术比武能手颁奖

多姿多彩的企业文化节

上海浦东城市建设实业发展有限公司

班组开展政治、业务学习

新区妇女发展指导中心与公司工会共建职工素质工程，抓好职工技能培训

职工绿化技能比武交流表彰会

上海浦东城市建设实业发展有限公司是1998年4月由浦东新区原城建局系统事业单位转制组建的，公司工会也随之建立。根据企业发展的需要，把推进职工素质工程教育培训作为工会工作的重点，多年来，先后组织职工700多人次参加各层次不同形式的技术培训和技术比武活动，成绩显著。2001年，公司工会成功承办了新区“城建杯”绿化工技能升级比武大赛，同年荣获上海市百万职工大练兵活动先进单位。在各类文艺汇演中，公司工会选送的小品、歌舞等节目屡获好评。2003年，在职工中开展“读一本好书，写一篇心得，做一名好员工”活动，引导职工读书明理，读书成才，读书强素质。通过坚持不懈开展教育培训，提高了职工队伍整体素质，工会工作找准了企业和职工共同发展的结合点，进一步发挥了工会的积极作用。

公司合唱团参加群众义演

组织插花艺术比赛

上海二纺机股份有限公司工会

党委书记、董事长郑元湖在表彰大会上为先进职工授奖

上海二纺机股份有限公司工会已连续四届荣获全国“模范职工之家”称号。公司工会坚持以维护为基本职能,充分发挥桥梁和纽带作用,着力“三大创新”,实现奋发有为。一是创新思路:贯穿一个主题,以“三个代表”重要思想为指导统揽工会全部工作。做好两个服务,为企业发展服务,为职工利益服务。落实“三为”方针,学习为先,维护为本,创新为魂。强化四项举措,依法治会,民主办会,全员兴会,实力强会。实现五实要求,察实情,讲实话,举实措,办实事,求实效。二是创新方法:以宣传发动、目标鼓动、榜样带动、机制推动、整体联动的“五动”工作法不断推进工会各项工作的深入开展。三是创新实践:紧紧围绕企业经济建设,组织开展精谋细划市场杯、精打细算降本杯、精雕细琢设计杯、精工细作生产杯、精益求精质量杯、精诚细致服务杯的“塑品牌夺六杯”劳动竞赛,充分体现了广大职工为实现小康目标建功立业的主人翁精神。

公司工会与公司行政签订集体合同,依法保障职工权益

公司工会坚持双月恳谈会制度

工会领导深入基层调研

积极开展职工文艺活动,陶冶情操,鼓舞士气

上海陆家嘴物业管理有限公司

召开公司四届工代会暨第三届职代会

上海陆家嘴物业管理有限公司成立于1992年5月，现为国家物业管理资质一级企业、中国物业管理协会常务理事、中国房地产业协会理事。公司目前管理的物业总面积为2000万平方米，居全国物业管理企业之首。公司现已通过“三贯标”的认证，并获得国家档案管理一级企业、2002年全国用户满意企业、2003年全国用户满意企业、2001~2003年上海市用户满意企业、2002年上海市标准化工作先进集体、上海市“质量管理奖”等称号。公司还名列2001年和2002年上海市物业管理“百强”企业第一位。公司工会成立12年来，围绕企业的中心工作，在不断加强工会自身建设；推进职工素质工程；维护职工合法权益；丰富职工业余生活；关心困难职工，开展帮困献爱心等方面发挥积极作用。公司工会年年被集团公司评为先进集体，2000年和2002年获浦东新区“先进职工之家”等称号。

举行集体合同签约仪式

参加集团公司第二届职工运动会

职工高歌庆“七一”

先进表彰暨公司艺术团成立

上海华友房地产开发有限公司

上海华友房地产开发有限公司属于私营房地产开发企业，几年来从小型的房地产公司逐步发展壮大，公司从1997年开始步入上海市房地产销售面积及房地产销售金额百强之行列。2001年始，在长宁区总工会的帮助指导下，公司建立平等协商机制，签订集体合同制度。公司定期召开员工大会，坚持将企业经营、管理、重大事项向员工进行通报，凡涉及员工切身利益的重大事项，广泛听取员工的意见并进行公开，让员工积极参与企业的各项工作，调动了员工的积极性与创造性。总经理蔡长村先生不仅是个勇于开拓、善于经营的优秀企业家，而且是关爱同仁的优秀员工之友。公司工会被长宁区总工会评为“先进职工之家”。

严谨的项目管理

捐赠希望小学签约仪式

一流的国际商务写字楼

组织员工疗休养

获得先进职工之家荣誉称号

上海农工商集团跃进有限公司

上海农工商集团跃进有限公司创建于1959年（原跃进农场和新海农场），是一家农工商综合经营，第一、二、三产业全面发展的集团型企业。公司坐落在崇明岛西北部，面积58.9平方公里，公司资产总额23.81亿元。公司工会目前拥有会员4654名，下属基层工会18个。近年来，公司工会围绕企业中心工作，积极开展以“艰苦奋斗创新业、增收节支比贡献”为主题的达标、夺杯和合理化建议活动；着力推进职工素质工程；注重凝聚力工程建设；强化企业民主管理，全面落实厂务公开制度；积极为职工办实事，不断完善帮困救助长效机制；为促进企业的改革、发展和稳定作出了应有的贡献。

工会主席潘洪代表职工与总经理闻森签订集体合同

工会主席潘洪为获得公司建设功臣的职工颁奖

召开公司职工代表大会

举行职工田径运动会

组织职工广场文艺晚会

上海烟草集团金山烟草糖酒有限公司

公司邀请全国著名劳模马桂宁作报告

上海烟草集团金山烟草糖酒有限公司由上海烟草（集团）公司、上海金山商社、上海海烟物流发展有限公司共同组建的大型商业企业，拥有大型百货、大卖场、连锁超市以及名烟名酒专营店、传统商店等自营网点38家。近年来，公司紧紧围绕“做精做强”的发展战略，整合优势，突出主业，壮大规模，深化改革，实现两个文明建设的稳步推进。在企业新一轮发展中，金山烟草工会充分发挥工会组织的作用，大力推进职工素质工程、企业凝聚力工程和职工互助保障工程，促进了企业发展。公司自1997年起连续三届保持上海市文明单位称号，连续四届获上海市金山区五星级企业称号，公司工会被市总工会授予上海市“模范职工之家”等称号。

举行职工拔河比赛

组织先进员工疗休养

组织职工技能培训

公司荣获先进荣誉

黄浦区外滩地段医院

书记罗洁鸣、院长袁毅出席工会工作会议

黄浦区外滩地段医院成立于1994年1月，是一级甲等医院，有工会会员155人，9个工会班组。医院核定床位72张，设有老年综合病房和肾内科病房，设有糖尿病、老年、高血压等特色门诊。院工会从“增强民主意识，强化民主管理”入手，积极开展创建职工之家工作；开展职工素质教育，组织“假如我是一个病人”等大型讨论；开展创建“文明班组”和“学习型班组活动”；每年组织医院文化艺术节和职工运动会；积极开展送温暖工作。医院连续十年被评为黄浦区文明单位，2003年被评为黄浦区厂务公开先进单位，2001年和2003年院工会两次被评为黄浦区“十佳”先进职工之家，2002年被评为上海市“模范职工之家”。

对职工代表进行民主管理培训

举行员工文艺会演

工会开展学劳模精神、与劳模结对活动

举办医院文化艺术节

上海松下电子应用机器有限公司

本公司是由日本松下电子应用机器有限公司与上海扬子江电子股份有限公司以6:4的出资比例合资的企业。公司成立于1994年8月，公司位于上海浦东新区张江高科技开发园区。近年来公司荣获了上海市外商投资先进技术企业、上海市高新技术企业、浦东新区文明园区、上海市文明企业、上海海关信得过企业等荣誉称号；在第五届上海"四新"产品博览会上公司磁控管系列产品获得金奖。公司提出了以争创世界一流企业为目标的经营口号，公司全体员工坚持以"三个代表"重要思想为指导，抓住机遇，深化改革，振奋精神，满怀信心，为创建世界上最强的磁控管生产基地而奋发努力。

公司工会与行政召开平等协商会议

公司职工足球队，参加广电集团组织的2003年"松下杯"足球赛，荣获第一名

举办工会组长培训班

开展各类文体活动，丰富职工业余文化生活，增强身体素质

组织辞旧迎新职工长跑活动

上海松下电工池田有限公司

与到公司调研的浦东新区工会领导共商工会工作

上海松下电工池田有限公司位于上海市浦东新区机场镇，主要生产高频变压器、电子和电感镇流器、感应自动门、照明自动升降装置、投光灯等产品。公司拥有从生产制造到售后服务一整套的运作体系，通过了ISO9001:2000质量管理体系认证和ISO14001环境管理体系认证，产品已分别获得CCC、VDE、TUV等认证标志。公司工会成立于1997年，工会以“双赢”为工作思路，与公司携手并进，创造了“人人为公司，公司为人人”的良好企业文化，不断提升员工的自身素质，推动公司的稳步发展。公司被上海市总工会评为2002年上海市“双爱双评”活动先进单位，被浦东新区工会评为2002年度“最受员工欢迎公司”。公司工会被浦东新区工会评为2001—2002年度“先进职工之家”。

开展产品质量宣传

职工文艺演出

举行职工拔河比赛

上海松下电工池田有限公司全景

浦东新区教育工会

在"三个代表"重要思想的指导下，浦东新区教育工会遵循《工会法》，在突出维护，民主参与、民主监督，加强精神文明建设，职工队伍建设和自身建设，女职工工作创新，推进教育事业改革和发展等方面取得了显著成绩。2003年，浦东新区教育工会女职工委员会获得上海市教育系统女职工工作品牌示范点称号。

开展工会创新工作交流

组织教师技能大赛

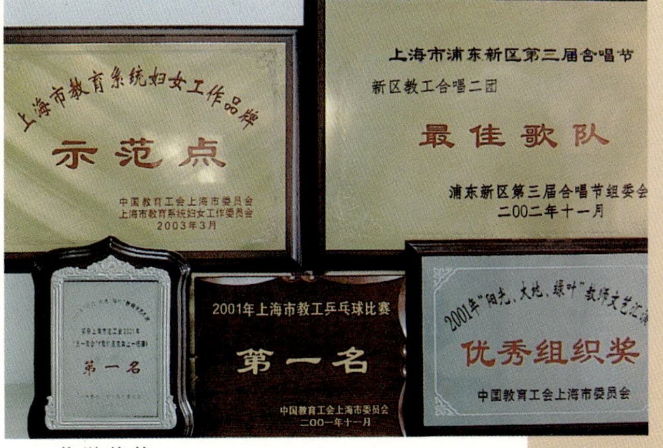

荣誉奖状

举行教工运动会

职工象棋比赛闭幕式

上海申银万国证券研究所有限公司

所领导向全所员工作"与时俱进"所史教育报告

上海申银万国证券研究所有限公司成立于1992年，现有员工138人，其中硕士以上学历占71%，是中国证券研究咨询行业中成立最早、规模最大、市场占有率最高、综合实力最强的机构。公司坚持"以市场为导向，以客户为中心"的经营方针和"品味绿色咨询，享受阳光利润"的咨询理念，连续三年夺得中国证券基金服务佣金收入冠军，在中国证券业协会、深圳证券交易所等研究成果评选中连续获得一等奖等重要奖项。公司倡导"以人为本，务实创新"的企业精神，开展了丰富多彩的企业文化建设活动，锻炼了员工性格意志，培养了员工良好的道德修养，极大地提升了企业凝聚力，为公司的可持续发展打下了坚实的基础。

干群欢聚一堂，共迎新年

举办"申银万国"新年音乐会

为四川省仁寿县一中颁发首届"申银万国爱心助学奖"

意气风发的研究所足球队

浦东新区公路管理署

浦东新区公路管理署共有职工145名，主要任务是对浦东新区范围内公路路面、桥梁、下水道、雨水管、泵站及公路绿化进行养护管理。署工会坚持以“三个代表”重要思想为指导，认真贯彻落实党的全心全意依靠工人阶级的宗旨，通过立功竞赛活动，推进建家工作不断取得新成绩。三年来，管理署以浦东公路好路率年年在全市名列前茅、远东大道创建成上海第一条文明样板路、养护市场化改革在全国率先推行为主要标志，开创了公路现代化管理的新篇章。全面确保浦东公路“畅、洁、亮、绿、美”的优质路况路容，为APEC会议、上海会议、亚行会议等重大国际会议在浦东召开作出了新的成绩。署工会连续被上级工会评为红旗工会，2002年被评为上海市“模范职工之家”。管理署被评为2002年、2003年上海市立功竞赛优秀单位、浦东新区文明单位。

署领导向立功竞赛先进颁奖

工会主席滕建华在职代会上讲话

举行迎新春联欢会

立功竞赛表彰大会

召开三届二次职代会

上海建德企业发展有限公司

上海建德企业发展有限公司是以房地产开发经营为主的综合性企业，"建德花园"、"建德南郊别墅"是沪上具有一定知名度的楼盘。公司从1999年起连续被评为上海市实施立功竞赛优秀公司和市文明单位，2003年被授予上海市房地产开发企业50强称号，所开发的楼盘先后获得国家、市、区等各类荣誉100多项。公司工会在公司党总支和上级工会的领导下，坚持"三个代表"重要思想，依靠和团结全体职工，不断开拓进取，积极探索工会工作的新思路和新方法。围绕公司方针目标和职工需求开展了"读书标兵"、"企务公开"、"集体合同" 等各项工作，得到职工的一致好评。2002年被评为上海市"模范职工之家"。

加强民主管理，公司工会代表职工与行政签订集体合同

发动职工奉献爱心，捐衣捐物支援灾区

组织乒乓球比赛，丰富职工业余生活

组织读书评论会，深化振兴中华读书活动

开展丰富多彩的职工体育活动

上海烟草集团南汇烟草糖酒有限公司

公司工会坚持加强企业民主管理，完善职工代表大会制度；切实维护职工的合法权益；积极探索和实践厂务公开；广泛开展合理化建议活动；以科教兴司为战略，全面开展业务培训，提高员工队伍素质；培育企业文化，坚持开展奋发向上文明健康的文体活动，寓教于乐融于一体，全面增强企业活力。在公司发展过程中，工会坚持动员和带领全体员工认真贯彻“苦练内功抓管理，规范服务树形象，全心全意为顾客，持续改进争一流”的质量方针，全面提升企业管理水平，使企业销售利润每年以2个百分点以上的水平增长，员工的收入也逐年相应增长，凝聚力得到增强，企业精神得到了弘扬。公司工会被市总工会授予2002年度上海市“模范职工之家”荣誉称号。

召开职代会，深化民主管理

加强企业文化建设

创建模范职工之家

开展大众体育活动

组织班组学习交流

上海市北印刷厂有限公司

公司工会委员会成员

上海市北印刷厂有限公司工会在公司党委和上级工会的领导下，全面贯彻“三个代表”重要思想，以创建“职工之家”为契机，依法履行维护职工合法权益的基本职能；积极探索新体制下民主管理的基本形式；大力加强工会自身建设；进一步推进职工素质工程；深入开展送温暖活动，不断增强企业凝聚力。在全体干部员工的共同努力下，市北印刷厂有限公司荣获2002年度上海市文明单位、上海市工业优秀企业称号。公司工会被市总工会评为2002年度上海市“模范职工之家”。

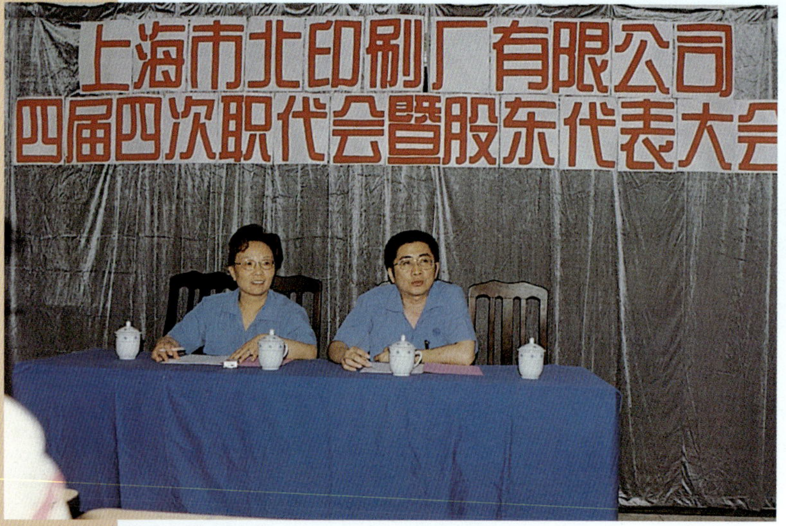

参政议政，加强民主管理

组织庆国庆迎中秋联欢会

公司领导与全体中层干部签订劳动合同仪式

关心青年职工成长，提高职工队伍素质

青浦区西岑镇工会

西岑镇工会有基层独立工会38家，会员13000多名。镇工会坚持以“三个代表”重要思想为指导，围绕镇的中心工作，积极开展工会工作。一是按照《工会法》，对未建工会的企事业单位，帮助建立工会组织，真正做到哪里有职工，哪里有工会组织，确保工会工作在党的领导下有效开展。二是依法建立平等协商签订集体合同制度和推行工资集体协商制度，从源头上保护职工的合法权益和企业的合法经营。三是贯彻全心全意依靠工人阶级的方针，坚持和完善职工代表大会制度和多形式的民主管理制度，体现工人阶级的主人翁地位。四是教育职工不断提高思想道德素质和科学文化素质，建设一支有理想、有道德、有文化、有纪律的职工队伍。

受职工群众欢迎的镇工会图书馆

开展群众性体育活动

举行群众歌唱大赛

组织丰富多彩的文体活动

贺利氏古莎齿科有限公司

贺利氏古莎齿科有限公司是成立于1986年的中德合资企业，主要产品为三层色合成树脂牙，超微填充补牙树脂及藻酸盐印模材料，2003年销售额1.2亿元。公司工会认真实践“三个代表”重要思想，在公司党支部的领导下，按照全总建家工作要求，不断赋予新的时代特色和新的思想内容，全面开展创建“模范职工之家”活动。公司工会坚持源头参与，突出维权职能，积极探索和推行适合合资企业的集体协商和员工代表大会制度，不断激发员工的积极性和创造性，增强凝聚力，充分体现员工的主人翁地位，努力建设员工信赖的职工之家。公司工会被上海市总工会评为2002年度上海市“模范职工之家”，工会主席黄颉昌被全国总工会授予“全国优秀工会积极分子”称号。

德国贺利氏集团员工（工会）委员会代表团成员到公司访问

公司总经理布鲁茨和工会主席黄颉昌在二届六次员工代表大会上续签集体合同

倡导健康向上的企业文化，推动企业两个文明建设

上海桥升商贸置业有限公司

公司工会在党支部的领导下，坚持以邓小平理论和“三个代表”重要思想为指导，认真贯彻落实党的“全心全意依靠工人阶级”的方针，深入开展创建“模范职工之家”活动，把维护职工的合法权益渗透到各项工作中去。公司注重对外树立企业形象，对内提高凝聚力，使公司的两个文明建设跃上一个新台阶。公司获得市、区文明单位、市绿化建设先进集体、区厂务公开示范单位、区三八红旗集体称号；公司总经理倪丽娟被市总工会授予“上海市职工信赖的好厂长（经理）”荣誉称号；公司工会被市总工会评为上海市“模范职工之家”。

加强职工民主管理

开展丰富多彩的群众文体活动

关心职工，增强企业凝聚力

组织劳动竞赛

图书在版编目(CIP)数据

上海工会年鉴.2004/《上海工会年鉴》编纂委员会编.—上海:上海社会科学院出版社,2004
ISBN 7-80681-443-4

Ⅰ.上... Ⅱ.上... Ⅲ.地方工会—工会工作—上海市—2004—年鉴 Ⅳ.D412.851-54

中国版本图书馆 CIP 数据核字(2004)第 052225 号

上海工会年鉴(2004)

编　　者　《上海工会年鉴》编纂委员会
责任编辑　晓　放
装帧设计　殳兆工作室
出版发行　上海社会科学院出版社
(200020)上海淮海中路 622 弄 7 号　021-63875741
http://www.sassp.com　E-mail:sassp@sassp.org.cn
经　　销　新华书店
印　　刷　上海长阳印刷厂
开　　本　889×1194 毫米　1/16 开
印　　张　29.5
插　　页　168
字　　数　1228 千字
版　　次　2004 年 7 月第 1 版　2004 年 7 月第 1 次印刷
印　　数　0001-3550

ISBN 7-80681-443-4/Z·026　定价:148 元